Gebhardt/Gerke/Steiner
Handbuch des Finanzmanagements

Handbuch des Finanzmanagements

Instrumente und Märkte der Unternehmensfinanzierung

herausgegeben von

Prof. Dr. Günther Gebhardt
Universität Frankfurt/Main

Prof. Dr. Wolfgang Gerke
Universität Erlangen-Nürnberg

Prof. Dr. Manfred Steiner
Universität Münster

C. H. Beck'sche Verlagsbuchhandlung
München 1993

Die Deutsche Bibliothek – CIP-Einheitsaufnahme

Handbuch des Finanzmanagements : Instrumente und
Märkte der Unternehmensfinanzierung / hrsg. von Günther
Gebhardt ... – München : Beck, 1993
  ISBN 3 406 36552 3
NE: Gebhardt, Günther [Hrsg.]

ISBN 3 406 36552 3

Druck: Buchdruckerei Wagner, Nördlingen
Gedruckt auf säurefreiem, aus
chlorfrei gebleichtem Zellstoff
hergestellten Papier.

Vorwort

Schnelle Veränderungen im Finanzbereich stellen Wissenschaft und Praxis gleichermaßen vor neue Herausforderungen. Durch die Globalisierung des Wettbewerbs und die Deregulierung der Finanzmärkte werden viele noch in den siebziger Jahren scheinbar festgefügte Grenzen aufgehoben. Modernes Finanzmanagement muß den Anforderungen der sich ständig verändernden Umwelt gewachsen sein. Dies gilt um so mehr, als die Bedeutung des finanzwirtschaftlichen Bereichs für den Gesamterfolg des Unternehmens in den letzten zwanzig Jahren stark zugenommen hat.

Die gewachsenen Anforderungen legen es nahe, dem Finanzmanagement ein umfassendes Kompendium zur Verfügung zu stellen, in dem die wichtigsten Probleme der Finanzierungspraxis aufgegriffen werden. Dem „Handbuch des Finanzmanagements" wurde diese Konzeption zugrunde gelegt. Primäre Zielgruppe des Handbuches sind Fach- und Führungskräfte von Industrie, Dienstleistungs- und Handelsunternehmen. Darüber hinaus richtet es sich an Dozenten und Studierende an Universitäten und Fachhochschulen, die ein Interesse an der Verknüpfung von Theorie und Praxis bei der Darstellung betriebswirtschaftlicher Probleme haben. Da die moderne Finanzierungspraxis nachhaltig und fruchtbar von den Entwicklungen der Finanzierungstheorie geprägt ist, wird in den Beiträgen für beide Zielgruppen eine problemorientierte Verknüpfung von Theorie und Praxis angestrebt.

Die relevanten Umweltbedingungen des Finanzmanagements sind teilweise von der Größe des jeweiligen Unternehmens abhängig. So ist die Beschaffung von Eigenkapital für mittelständische Unternehmen mit völlig anderen Schwierigkeiten verbunden als für internationale Konzerne. Die Beiträge dieses Handbuches nehmen in diesen Fällen gezielt zu derartigen größenspezifischen Problemen Stellung.

Das Handbuch ist in die fünf Hauptteile Finanzierungsrechnungen, Bewertung von Finanzströmen, Innenfinanzierung, Außenfinanzierung und Risikomanagement mit insgesamt 32 Beiträgen gegliedert. Als Autoren konnten renommierte Fachleute aus Wissenschaft und Wirtschaftspraxis gewonnen werden, denen an dieser Stelle für ihre Mitarbeit und gute Kooperation zu danken ist. Die Zusammensetzung der Autoren ermöglicht eine Bündelung des Know-hows aus Forschung und Praxis mit der Zielrichtung der Gestaltung eines optimalen Finanzmanagements. Außerdem bringt sie zum Ausdruck, welche Hilfestellung die Betriebswirtschaftslehre bei der Lösung finanzwirtschaftlicher Probleme zu leisten vermag, und zeigt Ansatzpunkte für weitere Forschungsbemühungen.

Die Zahl der Beiträge, die in diesem Handbuch aufgenommen wurden, stellte hohe Anforderungen an den Verlag. Es ist uns deshalb ein Anliegen, den im Verlag C. H. Beck Beteiligten für die reibungslose Abwicklung dieses Buchprojektes zu danken. Besonderer Dank gebührt dabei Herrn Dr. *Gerhard Finck* für die kompetente und geduldige Unterstützung. Auch Herrn Dipl.-Kfm. *Carsten Wittrock*, der neben der Bewältigung organisatorischer Aufgaben die Erstellung des Stichwortregisters redaktionell betreute, sei an dieser Stelle gedankt.

Die Herausgeber   Frankfurt, Nürnberg und Münster
Januar 1993

Inhaltsverzeichnis

Einführung: Ziele und Aufgaben des Finanzmanagements 1
von Prof. Dr. *Günther Gebhardt*, Prof. Dr. *Wolfgang Gerke* und Prof. Dr. *Manfred Steiner*

Teil A
Finanzierungsrechnungen

Kapitel 1: Finanzflußrechnungen als Grundlage für Finanzierungsentscheidungen 25
von Prof. Dr. *Walther Busse von Colbe*

Kapitel 2: Integrierte Finanz-, Bilanz- und Erfolgsplanungen . 43
von Prof. Dr. *Klaus Chmielewicz*

Kapitel 3: Konzern-Finanzierungsrechnungen 67
von Prof. Dr. *Klaus v. Wysocki*

Kapitel 4: Kurzfristige Finanzierungsrechnungen zur Finanzdisposition 87
von Dipl.-Betriebsw. *Helmut Korst*

Teil B
Bewertung von Finanzströmen

Kapitel 5: Beurteilungskriterien für Investitions- und Finanzierungsalternativen bei gegebenen Kapitalkosten ... 99
von Prof. Dr. *Franz Eisenführ*

Kapitel 6: Verfahren zur Berücksichtigung der Unsicherheit bei Investitions- und Finanzierungsentscheidungen . 121
von Prof. Dr. *Lutz Kruschwitz*

Kapitel 7: Marktbezogene Bestimmung der Kapitalkosten .. 131
von Prof. Dr. *Martin Weber*
und Dipl.-Volksw. *Dirk Schiereck*

Kapitel 8: Methoden der Unternehmensbewertung 151
von Prof. Dr. *Wolfgang Ballwieser*

Kapitel 9: Bewertung von Unternehmen an den Kapitalmärkten 177
von *Helmut Loehr*

Teil C
Innenfinanzierung

Kapitel 10: Formen der Innenfinanzierung 197
von Prof. Dr. *Otto L. Adelberger*

Kapitel 11: Finanzierung über Pensionsrückstellungen 229
von Prof. Dr. *Jochen Drukarczyk*

Kapitel 12: Ausschüttungspolitik unter Berücksichtigung der
Besteuerung 261
von Prof. Dr. *Hans Dirrigl*
und Prof. Dr. *Franz W. Wagner*

Teil D
Außenfinanzierung

Kapitel 13: Eigenkapitalbeschaffung durch Erstemission von
Aktien 287
von Prof. Dr. *Wolfgang Gerke*
und Dipl.-Kfm. *Heinz-Werner Rapp*

Kapitel 14: Vorzugsaktie und Genußschein 313
von Prof. Dr. *Dieter Reuter*
und Dipl.-Kfm. *Ralf Katschinski*

Kapitel 15: Gewinnung von externem Eigenkapital für nicht
börsennotierte Unternehmen 345
von Dr. *Günter Leopold*

Kapitel 16: Börsenhandel mit GmbH- oder KG-Anteilen sowie
Veränderungen des Aktienrechts („Kleine AG") . . 365
von Prof. Dr. *Lothar Vollmer*

Kapitel 17: Finanzierung besonderer Unternehmensphasen
(Management-Buy-Out, Management-Buy-In, Spin-
off, Existenzgründung, Innovationsvorhaben) . . . 383
von *Karl-Heinz Fanselow*

Kapitel 18: Kreditfinanzierung über Intermediäre 401
von Dr. *Peter Rösler*

Inhaltsverzeichnis

Kapitel 19: Finanzinnovationen 429
von Dr. *Martin Ramsler*

Kapitel 20: Anleihen als Instrumente der langfristigen Finanzierung 445
von Prof. Dr. *Günther Gebhardt*

Kapitel 21: Die Kapitalanlagen der Assekuranz als Quelle der langfristigen Finanzierung 477
von Prof. Dr. Dr. h. c. *Robert Schwebler*

Kapitel 22: Leasing: Erfolgs- und liquiditätsorientierter Vergleich zu traditionellen Finanzierungsinstrumenten 495
von Prof. Dr. *Hans E. Büschgen*

Kapitel 23: Factoring und Forfaitierung 519
von Prof. Dr. *Oswald Hahn*

Kapitel 24: Projektfinanzierung 531
von Prof. Dr. *Klaus Backhaus*, Dr. *Jörg Schill*
und Dr. *Heinrich Uekermann*

Kapitel 25: Außenhandelsfinanzierung 557
von Prof. Dr. *Reinhard Moser*

Kapitel 26: Eigen- und Fremdfinanzierung – Steuerliche Vorteilhaftigkeit und betriebliche Risikopolitik 585
von Prof. Dr. *Rainer Elschen*

Kapitel 27: Informationsasymmetrien am Markt für Beteiligungen an mittelständischen Unternehmen 619
von Prof. Dr. *Wolfgang Gerke*

Teil E
Risikomanagement

Kapitel 28: Grundlagen des finanzwirtschaftlich orientierten Risikomanagements 641
von Prof. Dr. *Michael Bitz*

Kapitel 29: Märkte für Instrumente zur Risikoabsicherung .. 669
von Prof. Dr. *Manfred Steiner*
und Dipl.-Kfm. *Carsten Wittrock*

Kapitel 30: Hedging mit Financial Futures 721
von Prof. Dr. *Manfred Steiner*
und Dipl.-Kfm. *Frieder Meyer*

Kapitel 31: Management von Kursrisiken bei Aktien 751
von Prof. Dr. *Otto Loistl*

Kapitel 32: Management von Währungsrisiken 763
von Prof. Dr. *Ehrenfried Pausenberger*
und Dr. *Martin Glaum*

Stichwortverzeichnis 787

Autorenverzeichnis 805

Einführung
Ziele und Aufgaben des Finanzmanagements

von *Günther Gebhardt*, *Wolfgang Gerke* und *Manfred Steiner*

1. Finanzmanagement im Wandel der Zeit 2
   1.1 Veränderungen von Umwelt und Unternehmen 2
   1.2 Entwicklung zu einer finanzmarktorientierten Unternehmensführung 4
2. Finanzmanagement als Mittler zwischen Unternehmen und Kapitalgebern 7
3. Die Bedeutung von Finanzinstitutionen für das Finanzmanagement 10
   3.1 Leistungen der Finanzinstitutionen 10
   3.2 Finanzintermediäre am deutschen Finanzmarkt 12
      3.2.1 Börsenwesen 12
      3.2.2 Kreditinstitute 13
      3.2.3 Versicherungen 14
      3.2.4 Investmentgesellschaften 15
      3.2.5 Kapitalbeteiligungsgesellschaften 15
4. Aufbau und Inhalt des Handbuches 17
   4.1 Finanzierungsrechnungen 17
   4.2 Bewertung von Finanzströmen 18
   4.3 Innenfinanzierung 19
   4.4 Außenfinanzierung 20
   4.5 Risikomanagement 22

1. Finanzmanagement im Wandel der Zeit

Das Aufgabenfeld und die Stellung des Finanzmanagements haben sich in den letzten zwanzig Jahren in vielen Unternehmen zum Teil tiefgreifend gewandelt. Noch zu Beginn der siebziger Jahre war der Leiter des Finanzbereiches vergleichsweise selten allein in dieser Funktion in den obersten Leitungsorganen von Industrie- und Handelsunternehmen vertreten. Heute ist er dort fast regelmäßig persönliches Mitglied und immer häufiger übernimmt er sogar den Vorsitz im Vorstand oder in der Geschäftsführung.

1.1 Veränderungen von Umwelt und Unternehmen

Die Ursachen für diese Aufwertung des Finanzbereiches sind vor allem in den Änderungen der Umwelt zu suchen. Damit angesprochen ist zuerst die ständig zunehmende Internationalisierung bzw. Globalisierung des Wettbewerbs auf den Absatz- und Beschaffungsmärkten für Sachgüter und Dienstleistungen. Diese Entwicklungen wurden zum einen gefördert durch den stetigen Abbau von Handelsschranken und eine vielfach beobachtbare Annäherung der Konsumentenpräferenzen. Ein Musterbeispiel dafür ist der sich entwickelnde Europäische Binnenmarkt, in dem die Unternehmen europaweite Produktions- und Absatzstrategien entwerfen und realisieren. Ein Zusammenrücken der Märkte beobachtet man vor allem auch in Nordamerika und in Ostasien.

Ein wichtiger Auslöser für die zunehmende Internationalisierung ist zum anderen die in vielen Bereichen geradezu rasante technologische Entwicklung. Global tätige Unternehmen können ihre durch aufwendige Forschung und Entwicklung oft mühsam erarbeiteten Wettbewerbsvorteile in Form von Produkt- oder Prozeßinnovationen konsequenter ausnutzen als die nur national oder regional tätigen Konkurrenten. Zu einer zusätzlich schnellen Nutzung aller Marktmöglichkeiten zwingt die ständig steigende Bedeutung der Vorlauf- und Fixkosten in der Produktion. Es gilt, die hohen Investitionsausgaben möglichst bald zurückzugewinnen, zumal die Produktlebenszyklen immer kürzer werden.

Global tätige Unternehmen sind durch ihre internationale Präsenz weiter auch in der Lage, auf Bedrohungen und Chancen schneller zu reagieren als nur national tätige Gesellschaften. So ist es für Unternehmen mit einem Führungsanspruch in der Informationstechnik und -verarbeitung heute unverzichtbar, als „global player" in den Ländern der sog. Triade (Nordamerika einschließlich Mexico, Westeuropa, Ostasien) mit umfassenden Aktivitäten, insb. auch mit Produktionsstätten sowie Forschungs- und Entwicklungslabors, vertreten zu sein. Dies gilt ähnlich für andere Schlüsselindustrien wie z. B. die Chemie oder den Fahrzeugbau. Der

1. Finanzmanagement im Wandel der Zeit

Wettbewerbsdruck in Richtung auf eine stärkere Internationalisierung beschränkt sich keineswegs auf Großunternehmen, sondern erfaßt zum Teil sogar mit größerer Intensität kleine und mittlere Unternehmen. Die typische Organisationsform derart überregional oder global tätiger Unternehmen ist der internationale Konzern mit Tochtergesellschaften im In- und Ausland.

Damit sind die Problemstellungen für das Finanzmanagement umfangreicher und komplexer geworden. Bei den finanziellen Entscheidungen für die einzelnen Teileinheiten sind die teilweise sehr unterschiedlichen lokalen Gegebenheiten (insb. Rechts-, Wirtschafts- und Steuersysteme, Kapitalmarktsituationen) zu berücksichtigen. Diese Entscheidungen sind zudem im Sinne einer intendierten Optimierung des Gesamtsystems aufeinander abzustimmen. Bei der finanziellen Abwicklung der grenzüberschreitenden Transaktionen entstehen zusätzlich besondere Risiken (insb. Währungsrisiken, Transferrisiken), die aufgrund ihres stark gestiegenen Umfanges besondere Beachtung verlangen.

Diese Entwicklungen gingen einher mit einer früher nicht gekannten hohen Volatilität von Zinssätzen, Wechselkursen und Güterpreisen. Es sei hier beispielhaft nur auf die zum Teil abrupten Änderungen der Wechselkursentwicklung des US-$ oder der Energiepreise verwiesen. Zur Bewältigung dieser Preisänderungsrisiken mußte das finanzwirtschaftliche Instrumentarium weiter entwickelt werden.

Parallel zu den Veränderungen an den Gütermärkten vollzogen sich tiefgreifende Veränderungen an den Finanzmärkten. Die Menge der dem Finanzmanagement zur Verfügung stehenden Finanzierungs- und Anlagemöglichkeiten wurde durch eine wahre Flut von Finanzinnovationen deutlich erweitert. Neben einer Vielzahl von Produktinnovationen – beginnend mit den Zerobonds bis hin zu immer neuen Varianten von Optionsgeschäften – haben sich Neuerungen vor allem auch bei den Finanzprozessen durchgesetzt. So gehören weltweite Clearing-Systeme heute zum Standardinstrumentarium des Cash Management. Dies wurde vor allem auch durch die Fortschritte in der Kommunikations- und Informationstechnologie möglich.

Durch diese Fortschritte und vor allem auch durch die weltweiten Deregulierungsmaßnahmen vollzog sich eine bemerkenswerte Integration der früher zum Teil stark separierten nationalen Finanzmärkte zu einem in vielen Bereichen heute bereits globalen Finanzmarkt. Das Finanzmanagement hat inzwischen an den nationalen und internationalen Finanzmärkten Zugriff auf ein sehr viel umfangreicheres und differenzierteres Angebot an Finanzierungs- und Anlagemöglichkeiten. Diese von einem intensiven Wettbewerb der Finanzmarktteilnehmer, insb. der Finanzdienstleistungsunternehmen, gebotenen Möglichkeiten müssen auch von den Industrie- und Handelsunternehmen aktiv genutzt werden, wenn man im Konkurrenzkampf u. U. entscheidende Wettbewerbsnachteile vermeiden will.

Die Entwicklungen an den Finanzmärkten wurden unterstützt, zum Teil sogar ausgelöst durch Fortschritte im Verständnis der Funktionsweise von Finanzmärkten, Finanzinstitutionen und Finanzierungsinstrumenten. Die Verleihung der Nobelpreise an *James Tobin, Franco Modigliani* und zuletzt an *Harry M. Markowitz, William S. Sharpe* und *Merton H. Miller* unterstreicht die große Bedeutung der Entwicklung der Finanzierungstheorie, die sich eher beschleunigt weiterentwickelt. Optionsmärkte, Terminbörsen und die Vielzahl neuer Finanzierungsinstrumente sind ohne die Fortschritte in der Theorie kaum denkbar.

Schließlich ist das Bewußtsein für die Bedeutung finanzwirtschaftlicher Entscheidungen für den Erfolg des Gesamtunternehmens gestiegen. Solche Entscheidungen werden immer sorgfältiger analysiert und immer seltener an spezialisierte Finanzdienstleistungsunternehmen delegiert. Bei der Auswahl und Zusammenstellung von Finanzierungspaketen verzichten große deutsche Industrieunternehmen zunehmend auf Dienstleistungen von Finanzintermediären, indem sie unmittelbar an Geld-, Kapital- und Gütermärkten tätig werden. Im Rahmen aktiver Finanzmanagementstrategien verstehen sich manche Finanzabteilungen von Industrieunternehmen heute bereits als unternehmensinterne Finanzdienstleistungssparte („corporate banks") mit Profit Center-Charakter. In einigen Fällen wurden sie sogar rechtlich verselbständigt und bieten ihre Leistungen auch Dritten an.

1.2 Entwicklung zu einer finanzmarktorientierten Unternehmensführung

Diese Umweltentwicklungen und die damit verbundenen Änderungen der Organisations- und Unternehmensstruktur haben die Aufgaben des Finanzmanagements deutlich verändert. Das Verständnis von der Finanzierungsfunktion als einer „Hilfsfunktion", die die Prozesse der betrieblichen Leistungserstellung durch die Bereitstellung ausreichender Finanzmittel für die laufende Geschäftstätigkeit und für Investitionen unterstützen und ansonsten möglichst wenig stören soll, wird den heutigen Gegebenheiten nicht mehr gerecht. Die **Sicherung der (situativen) Liquidität** des Gesamtunternehmens und seiner Teileinheiten durch eine termingerechte und ausreichend bemessene Bereitstellung von Finanzmitteln bleibt gleichwohl unverändert eine zentrale Aufgabe, bei der sich das Finanzmanagement mit einer stark gestiegenen Zahl von Handlungsmöglichkeiten in Form klassischer und neuer Finanzierungsinstrumente konfrontiert sieht.

1. Finanzmanagement im Wandel der Zeit

Eine Gefährdung der Liquidität und damit des Bestandes der Institution „Unternehmung" ist dann gegeben, wenn die an eine Teileinheit oder an das Mutterunternehmen gerichteten finanziellen Ansprüche nicht erfüllt werden können. Dabei ist zu unterscheiden zwischen fest vereinbarten Zahlungsansprüchen und Residualansprüchen auf die nach Erfüllung der Festansprüche verbleibenden finanziellen Überschüsse.

Ein Beispiel für fest vereinbarte Ansprüche sind die der Kreditgeber auf Zins- und Tilgungszahlungen. Die Höhe dieser Ansprüche kann dabei durchaus unsicher sein, wenn z. B. eine variable Verzinsung vereinbart oder der Rückzahlungsbetrag einer Anleihe vom Stand eines Wechselkurses oder eines Aktienindexes abhängig gemacht wird. Fest vereinbarte finanzielle Ansprüche resultieren auch aus weiteren vertraglichen Beziehungen. Damit angesprochen sind vor allem die Ansprüche der Lieferanten auf Begleichung ihrer Forderungen sowie die Ansprüche der Mitarbeiter auf Lohn- und Gehaltszahlungen. Zusätzlich sind hier finanzielle Ansprüche des Fiskus (auf Zahlung ertragsunabhängiger Steuern), von Gebietskörperschaften (Gebühren, Beiträge) und anderen staatlichen und privaten Institutionen (Krankenkassen, Sozialversicherungsträger, Verbände) zu nennen. Werden diese Ansprüche nicht erfüllt, so kann dies zur Auslösung eines Insolvenzverfahrens führen.

Existenzsicherung sollte jedoch im Normalfall nur ein Minimalziel der Unternehmenspolitik sein. An Unternehmen werden weitergehende Ansprüche in bezug auf die Höhe der nach Erfüllung der festvereinbarten finanziellen Ansprüche verbleibenden finanziellen Überschüsse (Residualansprüche) gestellt. In erster Linie sind hier die Ansprüche der Eigenkapitalgeber auf Ausschüttung des Gewinns sowie auf Auszahlung eines bei Auflösung verbleibenden Liquidations(netto)erlöses zu nennen, die im Falle einer Aktiengesellschaft insb. in Aktien verbrieft sind. Ansprüche auf Residualzahlungen werden aber auch in Verträgen mit Mitarbeitern, insb. mit Mitarbeitern in gehobenen Managementpositionen (erfolgsabhängige Gehaltsbestandteile), und sogar mit Kunden (Erfolgsbeteiligung bei Versicherungen) vereinbart. Von besonderer Art sind die Residualansprüche des Fiskus in der Form erfolgsabhängiger Steuern.

Es stellt sich hier die Frage, wessen Ansprüche maßgebend für die Entscheidungen des Finanzmanagements sein sollen. Es wird hier die Auffassung vertreten und der Konzeption des Handbuches zugrunde gelegt, daß Unternehmensentscheidungen im Hinblick auf die Zielsetzung einer Maximierung bzw. schwächer **Steigerung des Wertes der Residualansprüche der Eigenkapitalgeber** getroffen werden sollten. Diese finanzierungstheoretisch gut begründbare Orientierung an den Interessen der Anteilseigner („shareholder orientation") ist sicher heute (noch) keine allgemeingültige Beschreibung des tatsächlichen Verhaltens der Geschäftsführungen deutscher Unternehmen.

An einer Erhöhung der Residualansprüche und damit einer Mehrung ihres Vermögens dürften in der Regel die geschäftsführenden Eigner nicht börsennotierter Gesellschaften interessiert sein, die daran unmittelbar ihre Entscheidungen ausrichten werden. Die damit implizierte Zielsetzung einer Steigerung des Marktwertes der Anteile der Eigenkapitalgeber wird jedoch heute mehr und mehr vor allem für börsennotierte Gesellschaften gefordert und auch akzeptiert. In den großen Publikumsgesellschaften, für die häufig eine Trennung von Anteilsbesitz und Geschäftsführung charakteristisch ist, besteht zwar immer wieder die Gefahr, daß das Management Eigeninteressen zu Lasten der Residualansprüche der Anteilseigner verfolgt. Diese Gefahr kann jedoch durch geeignete Anreizsysteme (z. B. Aktienoptionspläne als Bestandteil der Managemententlohnung) oder Überwachungsmaßnahmen (z. B. periodische Rechnungslegung) vermindert werden.

Der Wert der Residualansprüche der Anteilseigner wird bestimmt durch die Höhe, zeitliche Verteilung und (Un-)Sicherheit der aufgrund der Beteiligung beim Anteilseigner anfallenden Einzahlungsüberschüsse. Für den Kleinaktionär einer börsennotierten Gesellschaft sind dies die erwarteten künftigen Dividenden. Anteilseigner mit größerem Einfluß können u. U. zusätzliche (Synergie-) Vorteile aus der Zusammenarbeit mit der Gesellschaft realisieren. Mehrheitsaktionäre haben teilweise erweiterte Möglichkeiten zur Nutzung der erwirtschafteten finanziellen Überschüsse, die sich bei der Marktbewertung in den sog. Paketzuschlägen zeigen.

Bei börsennotierten Unternehmen kann der Wert der Residualansprüche der Anteilseigner aus der Summe der Marktwerte der ausgegebenen Eigenkapitaltitel abgeleitet werden. Dazu zählen neben den Stamm- und Vorzugsaktien vor allem auch Optionsscheine auf den Bezug von Eigenkapitaltiteln („warrants"). Es sollte dann die Aufgabe nicht nur des Finanzmanagements, sondern der gesamten Unternehmensleitung sein, den Marktwert dieser Eigenkapitaltitel zu steigern.

Es ergibt sich daraus ein natürlicher Interessenkonflikt mit den anderen Personengruppen, vor allem mit den Inhabern von vertraglich fixierten Ansprüchen. Der Interessenausgleich erfolgt hier in den Vertragsverhandlungen unter Berücksichtigung der jeweiligen Verhandlungspositionen. Ein im Interesse der Anteilseigner handelndes Management wird dabei nicht primär kurzfristige Marktvorteile nutzen, sondern mit einer langfristigeren Perspektive den Vertragspartnern marktgerechte Konditionen anbieten und akzeptieren.

Dies gilt insbesondere für die Vertragsbeziehungen zu den Kapitalmarktteilnehmern, denen eine risiko- und marktgerechte Verzinsung ihrer Anlagen geboten werden muß, deren Höhe durch die Rendite vergleichbarer alternativer Kapitalmarktangebote bestimmt wird. Bei einem niedrigeren Renditeangebot würde man Schwierigkeiten bei der Kapitalaufnahme haben. Eine höhere Rendite ginge zu Lasten der Residualansprüche der aktuellen Eigenkapitalgeber. Für ein vertragstreues Management beinhaltet dies zugleich die Verpflichtung, die den Anlegern in Aussicht gestellten oder gar vertraglich zugesicherten Zinszahlungen (return on investment) und Kapitalrückzahlungen (return of investment) möglichst auch termin- und betragsgerecht bereitzustellen.

2. Finanzmanagement als Mittler zwischen Unternehmen und Kapitalgebern

Bei der Verfolgung der übergeordneten Zielsetzung stellen sich die Anschlußfragen, wie eine Marktwertsteigerung der Eigenkapitalanteile erreicht werden kann und welche Rolle bei diesen Bemühungen das Finanzmanagement spielen sollte.

Zu einer Wertsteigerung der Eigenkapitalanteile führen in erster Linie gute Investitionsentscheidungen, bei deren Realisierung weniger Finanzmittel eingesetzt als freigesetzt werden. Dazu ist die Entwicklung von realwirtschaftlichen Projektvorschlägen aus allen Unternehmensbereichen (z. B. Einführung einer modernen Fertigungssteuerung im inländischen Stammwerk, Durchführung einer Werbekampagne für einen neuen Auslandsmarkt) anzuregen, und es sind diese Projekte im Hinblick auf ihren Wertbeitrag zu analysieren. Dies ist keine Aufgabe nur des Finanzmanagements, sondern der gesamten Unternehmensführung.

Den anderen Unternehmensbereichen sollte das Finanzmanagement zunächst vor allem bei der Ermittlung der Wirkungen der Projektvorschläge auf die finanzwirtschaftlichen Zielgrößen Unterstützung bieten. Dazu stellt es Expertenwissen in Form von Berichtsinstrumenten (insb. Finanzierungsrechnungen, Investitionsrechnungen) und Daten (z. B. über Steuersätze, Transferbeschränkungen) bereit. Die gemeinsame Analyse der erwarteten Ein- und Auszahlungen und der damit verbundenen Risiken hat nicht selten Rückwirkungen auf die realwirtschaftlichen Planungen. Wenn etwa ein großer Teil der Einzahlungen eines Projektes voraussichtlich in Fremdwährung anfallen wird, so ist es im Sinne eines operativen Hedging u. U. sinnvoll, die Beschaffungsentscheidungen – nicht notwendig bei demselben Projekt – so zu treffen, daß auch sie in entsprechendem Umfang in Fremdwährung anfallen. Finanzwirtschaftliche Überlegungen haben so Einfluß auch auf realwirtschaftliche Planungen.

Zur Realisierung der ausgewählten Investitionsprojekte sind die benötigten Finanzmittel bereitzustellen. Diese Finanzierungsentscheidungen sind ein primärer Aufgabenbereich des Finanzmanagements. Es ist jedoch vergleichsweise schwierig, positive Beiträge zur Wertsteigerung durch Finanzierungsentscheidungen zu erreichen. Ansatzpunkte dafür sind eine Verminderung von Steuern und Transaktionskosten (z. B. durch Kreditaufnahme auf den Euromärkten), die geschickte Nutzung von Subventionen (z. B. Inanspruchnahme von regionalen Förderkrediten oder von Eigenkapitalhilfen) oder die Entwicklung innovativer Finanzierungsinstrumente mit einer neuartigen Verteilung von Zahlungen und/oder Risiken (z. B. Anleihen mit einer Verkaufsoption der Anleihezeichner zur Absicherung gegen Bonitäts- oder Zinsänderungsrisiken).

Insbesondere der letzte Punkt hebt hervor, daß man sich bei den Entscheidungen über eine Finanzmittelaufnahme an den Anlagewünschen der potentiellen Geldgeber und den sich diesen bietenden Anlagealternativen orientieren sollte. Diese Finanzmarktforschung gehört zu einem aktiven Finanzmarketing wie die traditionelle Produktmarktforschung zum absatzmarktbezogenen Marketing für die Absatzleistungen des Unternehmens.

Wie bei der Produktmarktforschung bietet es sich auch hier an, vom „Kundenproblem" auszugehen. Das Grundbedürfnis der Anleger besteht darin, eine Zeitreihe von Einkommenszahlungen (z. B. aus Berufstätigkeit oder Vermögensanlagen) in eine davon abweichende Zeitreihe von Konsumzahlungen zu transformieren. Diesen Transformationswünschen kann das Finanzmanagement durch das Angebot entsprechend ausgestatteter Finanzierungstitel entgegenkommen. Ein großer Teil der innovativen Finanzprodukte basiert explizit oder implizit auf solchen Überlegungen. So warb BMW bei der Ausgabe der Annuitäten-Bonds der BMW Finance N.V., die nach einer Reihe von 6/11/16/21/26 Freijahren jeweils fünf gleich hohe Zins- und Tilgungszahlungen vorsehen, explizit um den speziellen Anlegerkreis der vermögenderen Eltern künftiger Studenten, die damit das Studium ihrer Kinder einfacher finanzieren können. Unternehmensseitig wurde als Vorteil dieser Finanzinnovation angeführt, daß der für Anleihen bisher untypische Zahlungsverlauf eher der zeitlichen Struktur der erwarteten Einzahlungsüberschüsse der mit dem Emissionserlös zu finanzierenden Investitionsprojekte entspreche.

Es wird hier die Mittlerfunktion des Finanzmanagements zwischen den realwirtschaftlichen Projekten des Unternehmens und den Anlagewünschen seiner Kapitalgeber deutlich. Diese Mittlerfunktion beschränkt sich jedoch nicht auf eine reine Transformation von Zahlungen, sondern umfaßt auch eine Transformation von Risiken: Durch Ausgabe risikobehafteter Finanzierungstitel können die Risiken aus dem realwirtschaftlichen Bereich auf die Kapitalgeber übertragen werden. Ein Beispiel dafür wäre die Ausgabe einer Fremdwährungsanleihe, die aus den Erträgen aus einer Auslandsinvestition bedient werden soll. Die Ausgabe von Eigenkapitaltiteln überträgt die Restrisiken der realwirtschaftlichen Projekte auf die

2. Mittler zwischen Unternehmen und Kapitalgebern

Eigenkapitalgeber. In seiner Mittlerfunktion sollte sich das Finanzmanagement nicht als einfacher Makler, sondern als Anwalt der Interessen der bisherigen Anteilseigner verstehen.

Für die Übernahme zusätzlicher Risiken erwarten die Anleger regelmäßig eine zusätzliche Verzinsung (Risikoprämie). Die Höhe der Renditeforderungen der Anleger sollte dann zugleich der Ausgangspunkt für die Formulierung der Renditeforderungen sein, die an die realwirtschaftlichen Investitionsobjekte des Unternehmens gestellt werden müssen. Nur wenn diese erreicht bzw. überschritten werden, können langfristig die übernommenen bzw. in Aussicht gestellten Zahlungsverpflichtungen gegenüber den Kapitalgebern auch erfüllt werden. Es ist hier die Aufgabe des Finanzmanagements, den Verantwortlichen in den anderen Unternehmensbereichen diese Zusammenhänge zwischen Risiko und Renditeforderungen deutlich zu machen und dafür Sorge zu tragen, daß sie auch im Entscheidungsprozeß beachtet werden. Können die Renditeforderungen der Anleger nicht erfüllt werden, so sollten die Projektvorschläge nicht realisiert werden, auch wenn auf Unternehmensebene Finanzmittel frei verfügbar sind. Im Interesse der Anteilseigner handelt das Finanzmanagement, indem es freie Finanzmittel den Anteilseignern durch Ausschüttungen oder Kapitalrückzahlungen zur Verfügung stellt bzw. sich auf Kapitalmarktanlagen beschränkt.

Um die Ansprüche der Kapitalgeber erfüllen zu können, müssen von den realwirtschaftlichen Projekten ausreichend hohe Finanzmittel nicht nur geplant, sondern auch tatsächlich freigesetzt werden. Zur **strukturellen Liquiditätssicherung** muß das Finanzmanagement in den anderen Unternehmensbereichen das Bewußtsein dafür schaffen und wach halten, daß nicht nur buchhalterische Gewinne ausgewiesen, sondern frei verfügbare Finanzmittel („free cash flow") erwirtschaftet werden müssen. In wachsenden Unternehmen stehen die ausgewiesenen Jahresüberschüsse nicht in gleicher Höhe für Ausschüttungen zur Verfügung, sondern es werden die freigesetzten Finanzmittel für weitere Investitionen in das Anlagevermögen und vor allem auch in das Umlaufvermögen (insb. Forderungen, Vorräte) benötigt. In schrumpfenden Geschäften kann aufgrund von Desinvestitionen dagegen mehr als der ausgewiesene Jahresüberschuß freigesetzt werden.

Die herkömmliche Gewinnorientierung ist auf diesem Hintergrund finanzwirtschaftlich in Frage zu stellen. Sie ist nur für konstante bzw. stagnierende Geschäfte mit einem Reinvestitionsbedarf in Höhe der Abschreibungen angemessen. Damit paßt sie immer weniger auf die sich heute häufig ausgeprägt dynamisch entwickelnden Geschäfte. Gleichwohl ist der Gewinnausweis nicht völlig unbeachtlich, da bei Kapitalgesellschaften das Vorliegen von Gewinnen bzw. die Verfügbarkeit von Gewinnrücklagen Voraussetzung für eine Ausschüttung an die Anteilseigner ist. In diesem Sinne ist das Gewinnziel eher als eine institutionelle Restriktion aufzufassen. Als einperiodig konzipierte Zielgröße erfaßt der Gewinn zudem nur einen Ausschnitt des gesamten bewertungsrelevanten Geschehens.

Eine naive Gewinnorientierung und eine daran ansetzende Ausschüttungspolitik führen bei wachsenden Unternehmen zu Finanzbedarfen, die durch zusätzliche Außenfinanzierungsmaßnahmen gedeckt werden müssen. Wird dabei einseitig eine Fremdfinanzierung gewählt, so steigen die vertraglich fixierten Ansprüche auf die künftigen Einzahlungsüberschüsse des Unternehmens und damit die Finanzierungsrisiken. Bei einem ungeplanten Rückgang der Geschäfte können aufgrund einer ungünstigen Struktur der finanziellen Ansprüche dann sogar Liquiditätsschwierigkeiten auftreten.

Die Sicherung der situativen Liquidität – die kurzfristige Abstimmung der Ein- und Auszahlungen derart, daß fällige Zahlungsverpflichtungen jederzeit erfüllt werden können – gehört (natürlich) weiterhin zum Aufgabengebiet des Finanzmanagements. Langfristig gelingt die Erfüllung dieser Teilaufgabe jedoch nur, wenn die strukturellen Zusammenhänge beachtet werden.

3. Die Bedeutung von Finanzinstitutionen für das Finanzmanagement

3.1 Leistungen der Finanzinstitutionen

Einen wesentlichen Beitrag zur Erreichung der finanzwirtschaftlichen Ziele und zur effizienten Erfüllung der Aufgaben des Finanzmanagements leisten die Finanzmärkte. Finanzmärkte stellen Treffpunkte für Anbieter und Nachfrager von Finanzierungsmitteln dar.

Die Leistungen der Finanzinstitutionen werden vor dem Hintergrund des Denkmodells eines nicht-organisierten Finanzmarktes deutlich. In einem nicht-organisierten Finanzmarkt, der ohne Finanzinstitutionen, festgelegte Treffpunkte und Reglementierungen arbeitet, wäre die Vertragsabschlußwahrscheinlichkeit zwischen Kapitalanbietern und -nachfragern äußerst gering.

Die i.d.R. divergierenden Vorstellungen der potentiellen Vertragspartner über Laufzeiten, Renditen, Risiken und Losgrößen der Geldanlagen bzw. -aufnahmen müssen ausgeglichen werden. Diese Transformationsleistungen werden in einem organisierten Finanzmarkt durch **Finanzintermediäre** erbracht, von denen insbesondere die Börsen, Kreditinstitute, Versicherungen, Investmentfonds und Kapitalbeteiligungsgesellschaften als Mittler zwischen Unternehmen und Kapitalgebern von Bedeutung sind. Fi-

3. Die Bedeutung von Finanzinstitutionen

nanzintermediäre tragen als Treffpunkte und durch ihre Transformationsleistungen zu einer gegenüber einem unorganisierten Finanzmarkt erhöhten Vertragsabschlußwahrscheinlichkeit bei. Die Transformationsleistungen der Finanzintermediäre umfassen die Risiken-, Fristen-, Losgrößen- sowie die Publizitätstransformation.

Eine **Risikotransformation** wird bei divergierenden Risikovorstellungen von Kapitalanlegern und Kapitalnachfragern erforderlich. Durch die Vermittlung von Kreditinstituten muß ein Anleger nicht direkt das Investitionsrisiko eines Kapitalnachfragers tragen. Die Diversifikation des Kreditportefeuilles sowie die Haftungsfunktion des Eigenkapitals, die Haftungsverbunde der Kreditinstitute, die Einlagensicherungsfonds und die Risikobegrenzungsnormen tragen zu einer erheblichen Risikoreduzierung bei. Auch bei Investmentgesellschaften und Versicherungen erfolgt eine Risikosenkung für den Anleger durch die institutionelle Portefeuillebildung.

Die Vorstellungen über die Laufzeiten der Vertragsabschlüsse werden bei Kapitalanbietern und -nachfragern zumeist nicht übereinstimmen. Kreditinstitute gleichen unterschiedliche Planungshorizonte durch die **Fristentransformation** aus. Die Möglichkeiten zur Transformation von Fristen sind durch die entstehenden Zinsänderungsrisiken begrenzt. Auch Wertpapierbörsen erbringen eine Fristentransformationsleistung, indem sie die börsentägliche Handelbarkeit der Finanzierungstitel auf dem Sekundärmarkt gewährleisten.

Vertragsabschlüsse zwischen Kapitalanbietern und Kapitalnachfragern können durch unterschiedliche Vorstellungen über die Losgröße erschwert werden. Kreditinstitute erfüllen eine **Losgrößentransformation** indem sie die Anlage von Kleinstbeträgen ermöglichen, die in Kredite, Beteiligungen und sonstige Anlagen transformiert werden. Diese Leistung wird auch von Wertpapierbörsen erbracht, wo hohe Investitionsvolumina in kleine Losgrößen gestückelt werden.

Die Einschätzung der mit einer Kapitalanlage verbundenen Risiken erfordert eine professionelle Finanzanalyse, die von vielen einzelnen Anlegern nicht effizient durchgeführt werden kann. Die **Publizitätstransformation** ermöglicht es diesen Anlegern, sich auf die Bonitätsanalyse des Finanzintermediärs zu beschränken, die beispielsweise im Fall von Kreditinstituten zusätzlich durch aufsichtsrechtliche Risikobegrenzungsnormen gewährleistet ist.

Die immer komplexer werdenden finanzwirtschaftlichen Probleme setzen ein entsprechendes Know-how des Finanzmanagements voraus. Dies ist bei kleineren und mittleren Unternehmen nicht immer gegeben. Neben den originären Transformationsleistungen der Finanzintermediäre tritt zunehmend ihr Know-how-Transfer durch die **Beratungsfunktion** in den

Vordergrund. Hier ist beispielsweise an die Begleitung beim Gang an die Börse (Going Public) oder an die Steuerung und Optimierung von Zahlungsströmen durch Cash Management-Systeme der Kreditinstitute zu denken.

3.2 Finanzintermediäre am deutschen Finanzmarkt

3.2.1 Börsenwesen

Wertpapierbörsen stellen im Gegensatz zu den anderen Finanzintermediären, die ihre Intermediationsleistungen durch Eigeneintritt zwischen Kapitalanbietern und Kapitalnachfragern erbringen, einen Treffpunkt für Angebot und Nachfrage dar.

Das deutsche Börsenwesen ist durch eine dezentrale Struktur gekennzeichnet. Von den acht selbständigen Börsen nimmt Frankfurt eine dominierende Stellung ein.

Die deutschen Wertpapierbörsen werden von den Industrie- und Handelskammern, von privaten Vereinen und im Fall der Frankurter Wertpapierbörse seit 1.1.1991 von einem privatrechtlichen Unternehmen in Form der Aktiengesellschaft getragen. Mit der Gründung der Deutschen Börse AG wird zur Stärkung der internationalen Konkurrenzfähigkeit des deutschen Finanzplatzes eine Bündelung der Interessen der Kassa- und Futuresmärkte, der Regionalplätze, der Börsenteilnehmer sowie der Clearing- und Settlementinstitutionen angestrebt.

Die deutschen Wertpapierbörsen unterliegen der staatlichen Aufsicht. Diese beschränkt sich vor allem auf die Rechtsaufsicht und umfaßt die Prüfung der Rechtmäßigkeit des Handelns der Börsenselbstverwaltung, die Genehmigung von Börsen- und Gebührenordnungen, die Genehmigung der Errichtung oder die Aufhebung einer Börse und die Bestellung der Kursmakler. Die Aufsicht über das laufende Börsengeschehen (Handels- und Marktaufsicht) wird von der Börse selbst wahrgenommen. Auch im Bereich der Wertpapieraufsicht sind Reformen in der Diskussion, die die **Gütestempelfunktion** der deutschen Wertpapierbörsen auch im internationalen Bereich gewährleisten sollen.

Das Leistungsangebot der Wertpapierbörsen steht nicht allen Kapitalnachfragern uneingeschränkt zur Verfügung. Insbesondere kleinen und mittleren Unternehmen wird über die restriktiven Zulassungsbestimmungen der deutschen Wertpapierbörsen, die vor allem die Größe und Rechtsform der potentiellen Emittenten betreffen, die Eigenkapitalbeschaffung erschwert. Bei jungen, innovativen Unternehmen wird die Finanzierungssituation zusätzlich durch die unzureichende Bereitstellung von Risikokapital durch die Kreditinstitute verschärft.

3. Die Bedeutung von Finanzinstitutionen

Das Verhältnis zwischen nicht-emissionsfähigen Unternehmen und potentiellen Kapitalanbietern ist von starken Informationsasymmetrien geprägt, die sich nachteilig auf die Wettbewerbsfähigkeit auswirken. Diese **Informationsasymmetrien** entstehen durch die unzureichende Informationsausstattung potentieller Anleger, die fehlende Vergleichbarkeit von Beteiligungsangeboten und die mangelnde Transparenz des Beteiligungsmarktes.

Die teilweise unzureichende Eigenkapitalausstattung deutscher mittelständischer Unternehmen macht deutlich, daß in dieser Frage Handlungsbedarf besteht. Die Möglichkeiten zur Verbesserung der externen Eigenkapitalbeschaffung nicht-emissionsfähiger Unternehmen sind vielfältig. Eine wichtige Rolle spielen in diesem Zusammenhang die Kapitalbeteiligungsgesellschaften bzw. Venture Capital Fonds, die den nicht-emissionsfähigen Unternehmen in verschiedenen Unternehmensphasen Beteiligungskapital zuführen. Denkbar wäre auch die Schaffung eines Börsenparallelmarktes mit weit gefaßten Zulassungsbestimmungen, an dem bisher nicht-emissionsfähige Unternehmen Risikokapital beschaffen könnten. In der Diskussion stehen auch Vorschläge, die Mittelstandsunternehmen (GmbH und KG) den Zugang zu organisierten Kapitalmärkten ohne eine Änderung der Rechtsform ermöglichen sollen. Hierbei ist zwischen Modellen mit unmittelbarer und mit mittelbarer Anlegerbeteiligung („Stuttgarter Modell") zu unterscheiden. Die Einrichtung einer „Informationsbörse für Beteiligungen an mittelständischen Unternehmen (IFBM)" könnte die Kontaktaufnahme zwischen Kapitalanbietern und Kapitalnachfragern erleichtern und durch ein integriertes **Rating-System** bestehende Informationsasymmetrien abbauen.

3.2.2 Kreditinstitute

Den Kreditinstituten fließt im Rahmen ihrer Kapitalsammel- und -verteilungsfunktion ein wesentlicher Teil der Sparquote zu. Der Leistungsumfang der deutschen Universalbanken erstreckt sich über Anlagemöglichkeiten, Kreditvergaben, Zahlungsverkehrsabwicklung und Depotführung bis hin zur Anlageberatung. Zusätzlich treten sie als Wertpapierhändler auf und führen Wertpapiereigengeschäfte durch. Dieses breite Leistungsspektrum begründet die zentrale Stellung der Kreditinstitute auf den deutschen Finanzmärkten.

Die Geschäfte der Kreditinstitute sind durch die aufsichtsrechtlichen Bestimmungen des Kreditwesengesetzes und die Anordnungs- und Kontrollbefugnisse des Bundesaufsichtsamtes für das Kreditwesen geregelt und eingeschränkt. Weitere direkte Einflußfaktoren auf die Geschäftspolitik der Kreditinstitute bestehen durch die währungspolitischen Aktivitäten der Deutschen Bundesbank.

Die Bedeutung der Kreditinstitute für das Finanzmanagement der Unternehmen ist stark von der Größe des betreffenden Unternehmens abhängig. Die bereits dargestellten Schwierigkeiten kleiner und mittlerer Unternehmen bei der Beschaffung von Risikokapital sowie ihre zumeist geringeren personellen und technischen Ressourcen im Finanzmanagement führen zu einer stärkeren Nutzung des Leistungsangebots der Kreditinstitute. Die Wettbewerbsstellung der Kreditinstitute als Partner des Finanzmanagements von Großunternehmen läßt sich durch die Stichworte **Disintermediation** und **Securitization** charakterisieren.

Seit einigen Jahren ist ein zunehmender Trend zur **Disintermediation** zu beobachten, der sich insbesondere auf die Kreditinstitute auswirkt. Unter Disintermediation sind Direktfinanzierungen z. B. durch Revolving Underwriting Facilities (RUFs), Note Issuance Facilities (NIFs) oder Commercial Papers zu verstehen. Während bei RUFs und NIFs die Kreditinstitute durch stand-by-Linien oder Ankaufzusagen am Geschäft beteiligt sind, funktioniert der Commercial-Paper-Markt gänzlich ohne ihre Intermediationsleistung. Auch die zunehmende **Securitization**, also die wertpapiermäßige Verbriefung von Kreditbeziehungen durch Schuldverschreibungsemissionen, sorgt für eine wachsende Bedeutung der Börsen zu Lasten des Aktivgeschäfts der Kreditinstitute.

Zusätzliche Konkurrenz entsteht den Banken durch die bereits angesprochene Entwicklung einiger Konzernfinanzabteilungen zu sogenannten **Corporate Banks**, die Bankleistungen in Eigenregie erstellen. Auf den Stufen dieser Entwicklung werden die traditionellen Administrativ- und Einkaufsaufgaben der Finanzabteilung zur Optimierung der Finanzfunktion ausgebaut. Die Gründe für das Entstehen von Corporate Banks sind vielfältig. Neben der zunehmenden Bedeutung des Finanzmanagements für die Unternehmensstrategie und den Unternehmenserfolg legen insbesondere die Häufigkeit und die Volumina der Finanztransaktionen multinationaler Unternehmen die Eigenerstellung von Finanzdienstleistungen nahe. Bei Unternehmen mit höchster Bonität wird diese make-or-buy-Entscheidung zusätzlich durch die Kostenvorteile der Direktfinanzierung am Kapitalmarkt gegenüber dem traditionellen Bankkredit beeinflußt. Die Kreditinstitute verlieren dadurch nicht nur einen Teil ihres traditionellen Geschäfts, sondern konkurrieren teilweise mit den Corporate Banks auch um das Geschäft mit Dritten.

3.2.3 Versicherungen

Die Versicherungen gehören nach den Banken zu den größten Kapitalsammelstellen. Ähnlich wie bei den Kreditinstituten besteht auch bei den Versicherungen eine strenge gesetzgeberische bzw. aufsichtsrechtliche Kontrolle durch das Versichersicherungsaufsichtsgesetz und das Bundes-

3. Die Bedeutung von Finanzinstitutionen

aufsichtsamt für das Versicherungswesen, die u.a. Anlagegrundsätze für die eingezahlten Prämien festlegen.

Die Investitionsschwerpunkte der Versicherungen liegen eindeutig in der Refinanzierung der Kreditwirtschaft, gefolgt von der Finanzierung der gewerblichen Wirtschaft und der öffentlichen Hand. Ende 1991 betrugen die Vermögensanlagen der Versicherungen sowie die befristeten Guthaben bei Kreditinstituten 776 Mrd. DM. Dabei sind die Darlehen, Schuldverschreibungen und Schuldscheinforderungen mit 353 Mrd. DM der größte Einzelposten, gefolgt von den Anlagen in Wertpapieren mit 236 Mrd. DM.

3.2.4 Investmentgesellschaften

Investmentgesellschaften sind Kapitalsammelstellen, die Kleinanlegern ein diversifiziertes Wertpapiersparen ermöglichen (Publikumsfonds) oder als Spezialfonds mit institutionellen Anlegern in einer direkten Dienstleistungsbeziehung stehen, in deren Rahmen die professionellen Ressourcen der Kapitalanlagegesellschaft zur effizienten Mitverwaltung des Unternehmens eingesetzt werden. Der Vergleich des Anlagevolumens der Publikums- und Spezialfonds macht deutlich, daß dieses Dienstleistungsangebot in zunehmenden Maße genutzt wird. Das Anlagevolumen ist seit 1990 bei den Spezialfonds höher als bei den Publikumsfonds und lag 1991 bei 138,75 Mrd. DM gegenüber 123,49 Mrd. DM bei den Publikumsfonds.

Investmentgesellschaften sind Kreditinstitute im Sinne des Kreditwesengesetzes. Das Bundesaufsichtsamt für das Kreditwesen überwacht die Einhaltung der Vorschriften des Gesetzes über Kapitalanlagegesellschaften (KAGG). Die wichtigsten Änderungen und Ergänzungen der Neufassung des KAGG vom 1. März 1990 betreffen den § 8 des KAGG, der die Anlagemöglichkeiten des Sondervermögens spezifiziert. Obwohl diese Neufassung einen wesentlichen Harmonisierungsschritt im europäischen Kontext darstellt, bleibt eine liberale und marktnahe Gestaltung des deutschen Investmentrechts, die auch insbesondere den Wünschen der institutionellen Anleger gerecht wird, wünschenswert.

3.2.5 Kapitalbeteiligungsgesellschaften

Die Kapitalbeteiligungsgesellschaften stellen für nicht börsennotierte Unternehmen eine wichtige Quelle zur Beschaffung von externem Eigenkapital dar. Zu den Kapitalbeteiligungsgesellschaften gehört als Untergattung auch die Gruppe der Unternehmensbeteiligungsgesellschaften, die unter Beachtung des Gesetzes über Unternehmensbeteiligungsgesellschaften (UBGG) einem breiten Anlegerpublikum die mittelbare Beteiligung an mittelständischen Unternehmen ermöglichen sollen.

Die Kapitalbeteiligungsgesellschaften können nach ihren Gesellschaftergruppen und nach ihren Geschäftsfeldern differenziert werden. Als Gesellschafter und Kapitalgeber sind die Kreditinstitute mit 69% des den Kapitalbeteiligungsgesellschaften zur Verfügung stehenden Kapitals dominant. Die verbleibenden 31% verteilen sich fast gleichmäßig auf den Staat, auf Versicherungen, Privatpersonen, die Industrie und Sonstige. Die Geschäftsfelder führen zu einer Differenzierung in Universalbeteiligungsgesellschaften, Unternehmensbeteiligungsgesellschaften und öffentlich geförderte Kapitalbeteiligungsgesellschaften.

Die geschäftlichen Schwerpunkte der Kapitalbeteiligungsgesellschaften liegen in der Versorgung von kleinen und mittleren Unternehmen mit Eigenkapital (Finanzierungsfunktion) und häufig in der finanz- und betriebswirtschaftlichen sowie markt- und unternehmenspolitischen Beratung (Beratungsfunktion). Die Beteiligungsanlässe sind vielfältig und reichen von der Investitionsfinanzierung über die Beteiligungsfinanzierung bis hin zum Ersatz ausscheidender Gesellschafter.

Die Beteiligungsverträge werden i.d.R. den individuellen Bedingungen des potientiellen Partnerunternehmens angepaßt und sehen zumeist Minderheitsbeteiligungen vor. Die Beteiligungspolitik der meisten Kapitalbeteiligungsgesellschaften ist durch bestimmte Selektionsprinzipien determiniert, die gewährleisten sollen, daß möglichst nur wirtschaftlich gesunde Unternehmen in das Beteiligungsportefeuille aufgenommen werden. Die Streuung der Beteiligungen wird von der Risikopolitik bestimmt, die wegen der jeweiligen Portefeuillestruktur eine Konzentration auf bestimmte Marktsegmente erforderlich machen kann. Das Rentabilitätsstreben der Kapitalbeteiligungsgesellschaften und die Übernahme des Beteiligungsrisikos wirken sich auf die Kapitalkosten der Partnerunternehmen aus, die über der üblichen Fremdkapitalverzinsung liegen.

Die Aufgaben und Ziele des Finanzmanagements erfordern leistungsfähige Finanzmärkte und Finanzinstitutionen. Das Aufgabenspektrum der Finanzinstitutionen ist vielseitig und von den individuellen Anforderungen der Kapitalanbieter und Kapitalnachfrager bestimmt. Trotz dieser Vielfalt ist eine Wettbewerbsgleichheit beim Zugang zu bestimmten Marktsegmenten nicht gegeben. Gerade kleinen und mittleren Unternehmen wird die Eigenkapitalbeschaffung durch starre Reglementierungen und tradierte Vorstellungen erschwert. Die Schaffung von entsprechenden Marktsegmenten unter Berücksichtigung der Anforderungen des Anlegerschutzes könnte zu einer Verringerung der Eigenkapitallücke vieler, insbesondere mittelständischer Unternehmen beitragen.

4. Aufbau und Inhalt des Handbuches

Das vorstehend aufgezeigte Verständnis von den Aufgaben des Finanzmanagements und von den Funktionen der Finanzintermediäre prägen den Aufbau und Inhalt des Handbuches. Die erste Gruppe von Beiträgen in Teil A befaßt sich mit Finanzierungsrechnungen, in denen die Auswirkungen von Investitions- und Finanzierungsentscheidungen problemgerecht abgebildet werden können. Diesem in Literatur und Praxis zum Teil vernachlässigten Themenbereich wurde besonderes Gewicht aus der Überzeugung heraus beigemessen, daß finanzwirtschaftliche Entscheidungen sinnvoll nur auf Basis finanzwirtschaftlicher (i.e. zahlungsorientierter) Rechnungen getroffen und überwacht werden können.

Gegenstand der Beiträge in Teil B ist darauf aufbauend die Bewertung von Finanzströmen. Dort werden die grundlegenden Bewertungskonzeptionen für Investitions- und Finanzierungsalternativen sowie für ganze Unternehmen dargestellt. Besondere Berücksichtigung findet dabei die Ausfüllung dieser Konzepte mit kapitalmarktorientierten Bewertungsüberlegungen.

In den folgenden Teilen C und D werden die verschiedenen Finanzierungsalternativen dargestellt. Die Trennung in die Bereiche Innenfinanzierung und Außenfinanzierung ergibt sich dabei aus der Differenzierung der Finanzierungsarten nach dem Kriterium der Mittelherkunft.

Der zunehmenden Bedeutung des Risikomanagements aufgrund der gestiegenen Zinsänderungs-, Wechselkurs- und Aktienkursschwankungen wird in Teil E Rechnung getragen. Neben der Darstellung der dabei zum Einsatz kommenden und auf unterschiedlich organisierten Märkten gehandelten Finanzinstrumente wird dort insbesondere herausgearbeitet, wie diese im Sinne eines partiellen oder umfassenden Risikomanagements eingesetzt werden können.

4.1 Finanzierungsrechnungen

Busse von Colbe stellt in seinem Beitrag „**Finanzflußrechnungen als Grundlage für Finanzierungsentscheidungen**" auf dem Hintergrund der vor allem aus dem angelsächsischen Bereich wiederbelebten Diskussion um externe Finanzierungsrechnungen die verschiedenen Aufstellungsmöglichkeiten dar. Anschließend zeigt er die zentrale Bedeutung von intern orientierten Finanzierungsrechnungen im Rahmen einer integrierten Steuerung von Liquidität und Kapitalstruktur auf.

Mit der **Integration der Finanz-, Bilanz- und Erfolgsplanungen** befaßt sich anschließend *Chmielewicz* detaillierter. Er geht von den Zusammenhängen zwischen dem Erfolgs- und dem Liquiditätsziel aus und zeigt anschließend auf, wie die Finanzplanung mit der Erfolgs- und Bilanzplanung systematisch verknüpft werden kann. Im nächsten Schritt zeigt er den Zusammenhang zwischen den Gütermengenplanungen im Absatz- und Produktionsbereich und der integrierten Finanz-, Bilanz- und Erfolgsplanung auf. Er liefert so ein in der Darstellung zwar kurzfristiges integriertes Planungsmodell für eine Einzelgesellschaft, das aber bereits für eine Mehrperiodenplanung konzipiert ist.

Im anschließenden Beitrag greift *v. Wysocki* die zusätzlichen Fragen auf, die sich bei der Erstellung von Finanzierungsrechnungen von Unternehmen ergeben, die aus mehreren Teileinheiten bestehen. Nach der grundsätzlichen Darstellung der verschiedenen Aufstellungsmöglichkeiten für **Konzern-Finanzierungsrechnungen** werden zunächst Einzelfragen solcher Rechnungen für einen nationalen Konzern behandelt. Anschließend werden die Probleme von Finanzierungsrechnungen für internationale Konzerne behandelt, die vor allem auf der Verwendung unterschiedlicher Währungen und der Existenz von Transferbeschränkungen resultieren.

Der Beitrag von *Korst* über „**Kurzfristige Finanzierungsrechnungen zur Finanzdisposition**" zeigt auf, wie Finanzierungsrechnungen zur Steuerung der situativen Liquidität in einem international tätigen diversifizierten Unternehmen aufgebaut und EDV-technisch realisiert werden. Weiter wird die Verwendung dieser Rechnungen als Grundlage für ein konzernweites Cash Management aufgezeigt.

4.2 Bewertung von Finanzströmen

Nach der Bestimmung der finanzwirtschaftlichen Wirkungen von Investitions- und Finanzierungsentscheidungen in solchen Finanzierungsrechnungen stellt sich das Folgeproblem der Bewertung der Finanzströme. *Eisenführ* stellt zunächst die „**Beurteilungskriterien für Investitions- und Finanzierungsentscheidungen**" dar und zeigt deren konzeptionelle Stärken und Schwächen – letztere vor allem bei den in der Praxis verbreiteten Verzinsungsmaßen – auf. Dabei werden steuerliche Überlegungen in den Grundzügen bereits berücksichtigt, während die explizite Berücksichtigung der Unsicherheit dem folgenden Beitrag vorbehalten bleibt.

Kruschwitz geht auf **Verfahren zur Berücksichtigung der Unsicherheit bei Investitions- und Finanzierungsentscheidungen** ein. Nach ihrer Systematisierung werden die verschiedenen Methoden unter Verwendung von Beispielen im einzelnen vorgestellt. Dabei verdeutlicht der Autor sowohl die Schwächen als auch Gemeinsamkeiten und Unterschiede der einzelnen Verfahren, berücksichtigt aber auch die Gegebenheiten in der Praxis.

Diese ersten beiden Beiträge gehen gedanklich von gegebenen Kapitalkosten aus. Die Probleme einer **marktbezogenen Bestimmung der Kapitalkosten** sind Gegenstand des Beitrages von *Weber/Schiereck*. Darin werden

4. Aufbau und Inhalt des Handbuches

die in der modernen Investitions- und Finanzierungstheorie entwickelten konzeptionellen Grundlagen einer Bestimmung von Renditeforderungen aufgezeigt und die Möglichkeiten einer konkreten Ermittlung von Kalkulationszinsfüßen auf Basis des Capital Asset Pricing Model (CAPM) dargestellt. Besonders sorgfältig wird auf die Ermittlung der projektbezogenen ß-Risikomaße eingegangen.

Ballwieser diskutiert anschließend kritisch die gängigen **Methoden der Unternehmensbewertung**. Ausgangspunkt ist eine detaillierte Darstellung der Ertragswertmethode mit expliziter Berücksichtigung des Risikos durch Zuschläge beim Kalkulationszinsfuß oder durch Sicherheitsäquivalente. Der Ertragswertmethode wird die im angelsächsischen Bereich verbreitete Discounted Cash Flow-Methode gegenübergestellt, so daß die Unterschiede beider Verfahren deutlich herausgearbeitet werden. Nach einer Kritik der Einzelbewertungsverfahren (Liquidationswert, Substanzwert, Mischverfahren) wird abschließend auf Probleme der Ertragswertmethode im Kontext strategischer Akquisitionen und die Problematik einer Berücksichtigung von Mehrfachzielen bei der Unternehmensbewertung eingegangen.

Der Beitrag von *Loehr* über die **Bewertung von Unternehmen an den Kapitalmärkten** untersucht die Bestimmungsfaktoren der Marktpreisbildung für Eigenkapitaltitel. Nach einer allgemeinen Darstellung der Nachfragesituation für Aktien deutscher Unternehmen werden die in der Anlageberatungspraxis verbreiteten Beurteilungskriterien dargestellt. Die Möglichkeiten des Finanzmanagements zur positiven Beeinflussung des Börsenkurses durch Maßnahmen zur Nachfragesteigerung über eine aktive Investor Relations-Arbeit sowie zur Verminderung des Angebots durch einen Rückkauf von Aktien werden abschließend diskutiert.

4.3 Innenfinanzierung

Adelberger befaßt sich in seinem Beitrag „**Formen der Innenfinanzierung**" mit der Finanzmittelgenerierung aus dem leistungswirtschaftlichen Prozeß der Unternehmung. Einer Diskussion der finanzwirtschaftlichen Voraussetzungen und Wirkungen der verschiedenen Arten der Innenfinanzierung schließt sich eine differenzierte betriebswirtschaftliche Beurteilung an. Theoretische Aspekte der Innenfinanzierung werden im Rahmen der Ausführungen zur optimalen Selbstfinanzierung behandelt.

Die **Finanzierung über Pensionsrückstellungen** ist Gegenstand des Beitrages von *Drukarczyk*. Schwerpunkt seiner Ausführungen ist die Frage nach den finanziellen Konsequenzen von Altersversorgungs-Zusagen für die Position der Eigentümer. Die finanziellen Wirkungen werden unter vereinfachenden Bedingungen sowie unter Modellierung alternativer steuerlicher Szenarios transparent gemacht.

Dirrigl/Wagner beschäftigen sich mit der **Ausschüttungspolitik** als zielgerichteter Gestaltung des Zahlungsstroms zwischen einer Gesellschaft und ihren Anteilseignern. Die optimale Ausschüttungspolitik wird mit Hilfe theoretischer Modellvorstellungen erörtert. Der besonderen Relevanz steuerlich bedingter Effekte tragen die Autoren durch die schwerpunktartige Erweiterung der Untersuchungen unter Einbeziehung steuerlicher Einflüsse Rechnung. Einen möglichen Grund für den in der Realität von den Modellaussagen abweichenden empirischen Befund vermuten die Autoren in einer bislang nicht befriedigend erklärten Informationsfunktion der Dividenden.

4.4 Außenfinanzierung

Gerke/Rapp befassen sich in ihrem Beitrag mit der **Eigenkapitalbeschaffung durch die Erstemission von Aktien**. Dabei werden neben der grundsätzlichen Darstellung der Funktionen von Kapitalmärkten und des Emissionvorganges insbesondere die Problemfelder einer Erstemission diskutiert. Die Autoren stellen eine ausgeprägte Strukturschwäche des deutschen Erstemissionsmarktes fest und fordern zur Erhöhung der Effizienz u.a. ein neues Marktsegment für Risikokapital und einen stärkeren Wettbewerb im Bereich der Emissionsdienstleistungen.

Reuter/Katschinski vergleichen die Möglichkeiten der Außenfinanzierung durch die Ausgabe von **Vorzugsaktien und Genußscheinen**. Die Schwerpunkte ihres Beitrags liegen in einer juristischen Betrachtung der Probleme bei der Ausgabe von Vorzugsaktien und der Begründung eines Genußrechtsverhältnisses. Die Ausführungen werden jeweils durch eine steuer- und bilanzrechtliche Beurteilung abgeschlossen.

Der Beitrag von *Leopold* greift die besonderen **Probleme von nicht börsennotierten Unternehmen bei der Gewinnung von externem Eigenkapital** auf. Im Mittelpunkt des Interesses stehen die Leistungen von Kapital- und Unternehmensbeteiligungsgesellschaften bei der Reduzierung der Unterkapitalisierung vieler vornehmlich kleiner und mittlerer Unternehmen.

Vollmer setzt an der unzureichenden Eigenkapitalausstattung vieler Mittelstandsunternehmen an und fordert für sie den unmittelbaren **Zugang zum organisierten Kapitalmarkt unter Beibehaltung der Rechtsform der GmbH bzw. KG**. Die Reformvorschläge werden dabei vor dem Hintergund der bereits im Ausland gemachten Erfahrungen diskutiert und polarisieren die Möglichkeiten bei unmittelbarer und mittelbarer („Stuttgarter Modell") Anlegerbeteiligung.

Fanselow konzentriert sich in seinem Beitrag über die **Finanzierung besonderer Unternehmensphasen** auf die Problematik eines Management-Buy-Out bzw. -Buy-In. In diesem Rahmen werden die Grundmodelle eines

4. Aufbau und Inhalt des Handbuches

Unternehmenskaufes sowie die Interessenlagen der Beteiligten ausführlich diskutiert.

In dem Beitrag von *Rösler* über **Kreditfinanzierung über Intermediäre** werden die Anforderungen der Banken bei der Vergabe klassischer und neuerer Kreditformen aufgezeigt. Die Darstellung der rechtlichen und bankbetrieblichen Hintergründe dieser Anforderungen und Überlegungen zur Vertretbarkeit eines Kredits runden diesen Beitrag ab.

Ramsler gibt in seinem Beitrag einen Überblick über die in den letzten Jahren in Vielfalt und Anzahl stark angestiegenen **Finanzinnovationen**. Dabei geht er sowohl auf die Charakteristika dieser oft lediglich auf Variationen und Kombinationen bereits bestehender Konzepte basierenden Produkte ein, als auch auf die innovationsauslösenden Faktoren sowie den Prozeß der Generierung solcher Innovationen. Kritisch beurteilt er Produkt- und Prozeßinnovationen aus Sicht der Investoren, Unternehmen und Finanzinstitute und gibt einen Ausblick auf die weitere Entwicklung.

Der Beitrag von *Gebhardt* über **Anleihen als Instrumente der langfristigen Finanzierung** arbeitet zunächst die charakteristischen Ausstattungsmerkmale der klassischen Festzinsanleihen heraus. Innovative Anleiheformen werden als Varianten dieser Grundform dargestellt. Besonders wird dabei auf Kombinationen von Anleihen mit Swaptransaktionen und mit Optionsgeschäften eingegangen, die in der Praxis in den letzten Jahren größere Bedeutung erlangt haben.

Der Beitrag von *Schwebler* stellt die Bedeutung der **Kapitalanlagen der Assekuranz als langfristige Finanzierungsquelle** heraus. Im Anschluß an einen quantitativen Überblick über die Versicherungsbranche wendet sich der Autor dem aufsichtsrechtlichen Rahmen und den Zielsetzungen der Anlagetätigkeit zu. Der Beitrag wird durch eine detaillierte Darstellung der Investionsschwerpunkte der Assekuranz abgeschlossen.

Büschgen vergleicht **Leasing** mit traditionellen Instrumenten zur Investitionsfinanzierung. Nach einer grundsätzlichen Darstellung der verschiedenen Leasingformen erfolgt eine Beurteilung anhand des Rentabilitäts- und des Liquiditätskriteriums sowie anhand qualitativer Kriterien wie z. B. Risiko- und Flexibilitätsaspekte.

Hahn beschäftigt sich in seinem Beitrag mit den Möglichkeiten der Forderungsverwertung. Nach einer Gegenüberstellung von **Factoring und Forfaitierung** und einer Sortimentsbeschreibung der Factorbetriebe folgt die Beurteilung des Forderungsverkaufs unter finanz- und absatzwirtschaftlichen Gesichtspunkten.

In der Cash-flow-orientierten Kreditvergabe an ein Projekt sehen *Backhaus/Schill/Uekermann* das zentrale Merkmal der in ihrem Beitrag behandelten **Projektfinanzierung**. Ausgehend von den Ursachen und Anwendungsbereichen stellen sie die verschiedenen Charakteristika der **Projektfinanzierung** dar. Schwerpunktartig erläutern sie dann in einer phasenorientierten Betrachtung den Ablauf einer Projektfinanzierung, wobei insbesondere auf die Möglichkeiten der Reduktion und Verteilung der Projektrisiken eingegangen wird. Ein großes Anwendungspotential für die Projektfinanzierung sehen die Autoren in den osteuropäischen Staaten.

Die besonderen Instrumente der **Außenhandelsfinanzierung** sind Gegenstand des Beitrages von *Moser*, der nicht nur die klassischen Kreditfinanzierungsinstrumente behandelt, sondern auch neuere Formen wie das Countertrade und die Risikokapitalaufbringung im Rahmen aktiver Internationalisierungsstrategien berücksichtigt. Es wird dabei insgesamt ein Baukasten unterschiedlicher Finanzierungstechniken für Außenhandelsgeschäfte entwickelt, die in konkreten Anwendungsfällen zielorientiert optimal kombiniert werden können.

Elschen greift die im deutschen Steuerrecht **unterschiedliche Besteuerung von Eigen- und Fremdkapital** auf. Dabei zeigt er, daß sich die Zuführung von Beteiligungs- oder Kreditkapital aufgrund der unterschiedlichen Besteuerungsfolgen zwar unter den Kategorien Eigen- und Fremdkapital behandeln läßt. Unter betriebswirtschaftlichen Gesichtspunkten jedoch zweifelt er diese Vorgehensweise an, da durch die Vielfalt existierender Mischformen der Finanzierung wirtschaftlich Chance/Risiko-Positionen verfügbar sind, die durch das Steuerrecht begünstigt werden, obwohl sie bezüglich des Risikos eher den Charakter des steuerrechtlich benachteiligten Eigenkapitals aufweisen.

Gerke untersucht die **Wirkung von Informationsasymmetrien auf die Finanzierungskosten und -chancen** börsennotierter und nicht-börsennotierter Unternehmen. Zum Abbau von Informationsasymmetrien entwickelt er das Konzept einer Informationsbörse und Rating-Agentur für mittelständische Unternehmen.

4.5 Risikomanagement

Im ersten Beitrag dieses Teils legt *Bitz* das **theoretische Fundament für das Risikomanagement** durch eine Definition des Risikobegriffes und die Beschreibung von Risiko durch Erwartungswert und Varianz. Die risikotheoretischen Erkenntnisse führen unter Berücksichtigung der Korrelation direkt zu den Möglichkeiten des Risikomanagements, bei dem sich als theoretische Grundformen das Hedging, die Diversifikation sowie die Risikokumulation anbieten. Auf dieser Basis werden dann die risikopolitischen Instrumente ausführlich dargestellt.

Steiner/Wittrock geben in ihrem Beitrag einen Überblick über **Märkte**, auf denen die verschiedenen Finanzinstrumente **zur Absicherung von Währungs-, Zinsänderungs- und Aktienkursrisiken** gehandelt werden. Die

4. Aufbau und Inhalt des Handbuches

Autoren gehen insbesondere auf die Vor- und Nachteile der unterschiedlichen Marktorganisationsformen ein, die die Akzeptanz und Attraktivität von Produkten in hohem Maße beeinflussen. Dabei steht die Situation an der Deutschen Terminbörse im Vordergrund der Betrachtungen. Gleichzeitig erfolgen eine umfassende Bestandsaufnahme der neueren Entwicklungen auf den Terminmärkten und eine Einführung in die Preisbildungsprozesse sowie die theoretische Bewertung der wichtigsten Derivative.

In ihrem Beitrag „Hedging mit Financial Futures" befassen sich *Steiner/Meyer* mit Finanzterminkontrakten und ihrer Anwendung im Rahmen der Risikoabsicherung. Nach einem kurzen Überblick über die bisherigen Forschungsansätze zur Analyse des Hedging werden zunächst die wesentlichen Charakteristika und Arten von Financial Futures erläutert, bevor unterschiedliche Ansätze ihrer Bewertung dargestellt werden. Anschließend werden die Elemente der Hedging-Planung behandelt. Einen besonderen Stellenwert messen die Autoren dabei den verschiedenen Verfahren zur Ermittlung des Hedge-Verhältnisses zwischen dem Umfang der einzusetzenden Terminkontrakte und der abzusichernden Kassaposition bei (Hedge Ratio). Abschließend erfolgen Überlegungen zur Messung des risikobezogenen Hedge-Erfolges sowie zum verbleibenden Restrisiko.

Loistl beschreibt in seinem Beitrag „**Management von Kursrisiken bei Aktien**" zunächst die Möglichkeiten der Aktienanalyse. Da eine exakte Prognose der Kursentwicklung auch bei intensiver Informationsauswertung nicht möglich ist, wendet sich der zweite Teil des Beitrags der Risikominderung durch Diversifikation zu. Die ständige Veränderung der relevanten Umweltbedingungen erfordert zudem eine Risikoanpassung durch Portefeuilleumschichtungen.

Aufgrund der erheblichen Volatilität der Wechselkurse nimmt das **Management von Währungsrisiken** einen besonderen Stellenwert im Rahmen des finanzwirtschaftlichen Risikomanagements ein. *Pausenberger/Glaum* stellen die relevanten Konzepte zur Messung des Währungsrisikos dar und zeigen auf dem Hintergrund theoretischer Erklärungsansätze aus der Außenwirtschaftstheorie verschiedene Strategien des Währungsmanagements auf. Die dabei zum Einsatz kommenden Techniken und Instrumente werden im Überblick dargestellt.

Teil A
Finanzierungsrechnungen

Kapitel 1
Finanzflußrechnungen als Grundlage für Finanzierungsentscheidungen

von *Walther Busse von Colbe*

1. Grundlagen 26
   1.1 Problemstellung 26
   1.2 Begriff der Finanzflußrechnung 26
   1.3 Interne Finanzflußrechnungen 27
   1.4 Externe Finanzflußrechnungen 27
2. Formen 28
   2.1 Bewegungsbilanzen 28
   2.2 Finanzflußrechnungen 28
      2.2.1 Finanzflußrechnungen ohne Ausweis der Ertragseinzahlungen und Aufwandsauszahlungen 29
      2.2.2 Vollständige Finanzflußrechnungen mit direktem Ausweis der Ertragseinzahlungen und Aufwandsauszahlungen 31
3. Finanzflußrechnungen für die Unternehmenssteuerung 36
   3.1 Finanzflußrechnungen als Instrument der Steuerung von Liquidität und Kapitalstruktur 36
   3.2 Finanzflußrechnungen als zentrales Element einer integrierten Finanzplanung 36
   3.3 Simulationsmodelle für Finanzflußrechnungen 40
   3.4 Segmentierte Finanzflußrechnung 40
Literatur 41

1. Grundlagen

1.1 Problemstellung

Die Erzeugung und Vermarktung von Sachgütern und Diensten erfordert die Bereitstellung von sachlichen Produktionsfaktoren in Form von Anlage- und Umlaufvermögen sowie die Anwerbung und Ausbildung von Personal. Die Auszahlungen dafür fallen in der Regel früher an als die Einzahlungen aus dem Verkauf der Produkte. Damit entsteht ein Bedarf an Geld, der durch **Finanzierungsmaßnahmen** gedeckt werden muß. Finanzflußrechnungen – auch als **Kapitalflußrechnungen** bezeichnet (*Busse von Colbe* 1966, S. 82–114; *Käfer* 1967; *Busse von Colbe* 1992, Sp. 1074–1085) – sollen Entscheidungen über den Rechts-Charakter (**Eigen-** oder **Fremdkapital**), **die Fristigkeit,** Herkunft (**extern** aus dem Geld- und Kapitalmarkt oder **intern** aus dem Umsatzprozeß) und den **Betrag** an benötigtem Geld unterstützen. Solche Kalküle können sich als Planungsinstrumente **prospektiv** auf künftige Perioden oder als Kontrollinstrumente **retrospektiv** auf vergangene Perioden beziehen. Sie können sich auf die gesamte Wirtschaftseinheit (Unternehmen, Konzern, gemeinnützige oder öffentliche Einrichtung) oder auf deren Teile (Sparten, Divisions, Betriebsstätten, Filialen, Tochtergesellschaften) erstrecken.

1.2 Begriff der Finanzflußrechnung

Finanzflußrechnungen stellen für die betrachtete Einheit und die betrachtete Periode die Zuflüsse an Geld und anderen liquiden Mitteln aus dem Umsatzprozeß und externen Finanzierungsmaßnahmen (**Mittelherkunft**) und deren Abflüsse für Investitionen, für den laufenden Betrieb, für Verzinsung und Tilgung von Fremdkapital sowie Bedienung und Rückzahlung von Eigenkapital (**Mittelverwendung**) übersichtlich dar.

Elemente von Finanzflußrechnungen sind grundsätzlich Zahlungen als Zu- und Abflüsse liquider Mittel (**Zahlungsströme, Cash-flow**). Da deren Ermittlung aus dem Rechnungswesen und den Planungsunterlagen schwierig sein kann, werden anstelle von Zahlungen z.T. Surrogate, wie Einnahmen und Ausgaben im Sinne der monetären Gegenwerte von Güterzu- und -abgängen, Aufwendungen und Erträge als periodisierte Zahlungen oder Kosten und Erlöse verwendet. Je kürzer die betrachtete Periode ist, um so genauer müssen zumindest für Planungen die zeitlichen Unterschiede zwischen echten Zahlungen und Surrogaten beachtet werden. Das gilt insbesondere für die Steuerung der Liquidität zur Sicherung der Zahlungsbereitschaft und zur Vermeidung von Ertragseinbußen infolge der Haltung nicht benötigter liquider Mittel (zu den Grundfragen siehe *Chmielewicz* 1976).

1.3 Interne Finanzflußrechnungen

Intern aufgestellte Finanzflußrechnungen sind aus der Sicht der wirtschaftlichen Einheit, die die Zahlungsströme auslöst, Instrumente des **Finanzcontrolling.** Sie dienen der möglichst günstigen Steuerung der Zu- und Abflüsse an liquiden Mitteln, um den Zielsetzungen der Wirtschaftseinheit unter Beachtung der Nebenbedingung, der **Aufrechterhaltung ihrer Zahlungsbereitschaft** auf kurze wie auf lange Sicht, gerecht zu werden. Im einzelnen wird mit Hilfe von Finanzflußrechnungen das **Innenfinanzierungsvolumen** und der Bedarf an externer **Finanzierung** durch Aufnahme von Eigen- und Fremdkapital ermittelt sowie die Einhaltung von **Liquidität** und **Kapitalstrukturen** verfolgt, die für das Standing des Unternehmens am Kapitalmarkt erforderlich sind (zu einem Katalog von Zwecken siehe *Buchmann/Chmielewicz* 1990, S. 4 f.).

1.4 Externe Finanzflußrechnungen

Finanzflußrechnungen werden aber auch **extern** von **Kapitalgebern** – oder zu deren Information von anderen Unternehmen – aufgestellt, um **Entscheidungen über Investition in oder Desinvestition von Anteilen** des Unternehmens sowie über die Bereitstellung von liquiden Mitteln in Form von **Krediten** an das Unternehmen zu unterstützen (*Haarmann* 1989, S. 248). Diese externen **Finanzflußrechnungen** unterscheiden sich gewöhnlich im Detailliertheitsgrad von den internen Finanzflußrechnungen und beziehen sich, soweit sie veröffentlicht werden, i.d.R. auf die Vergangenheit. Spiegelbildlich zur Finanzierungsentscheidung der kapitalaufnehmenden Einheit dienen sie der Entscheidung der Kapitalgeber, das Unternehmen mitzufinanzieren.

In **Deutschland** müssen Unternehmen externe Finanzflußrechnungen zur Information Dritter nicht regelmäßig aufstellen. Eine EG-Regelung existiert bisher dafür nicht. Kapitalflußrechnungen sind nur für die Zulassung von Wertpapieren zur amtlichen Börsennotierung in den **Börsenprospekt** gem. § 23 Börsenzulassungs-Verordnung von 1987 aufzunehmen. Freiwillig publiziert jedoch die Mehrheit der großen Unternehmen, insbesondere die der börsennotierten Gesellschaften, Finanzflußrechnungen, wobei sich aber bislang noch keinerlei Konsens über die Form herausgebildet hat.

In den **USA** sind von börsennotierten und anderen prüfungspflichtigen Unternehmen Finanzflußrechnungen neben Bilanz und Gewinn- und Verlustrechnung als weiterer Teil des Jahresabschlusses zunächst gem. APB-Opinion Nr. 19 (1971) und seit 1988 gem. FASB-Statement No. 95 „Statement of **Cash Flows**" des Financial Accounting Standards Board aufzustellen und zu veröffentlichen (*FASB* 1987, S. 139–169). Ähnliches trifft auch für **Großbritannien** zu. Dort wurden von publizitätspflichtigen Unternehmen Finanzflußrechnungen seit 1975 gem. SSAP 10 verlangt. Für Geschäftsjahre, die nach dem 23.03.1992 enden, gilt der **FRS No. 1** „Cash Flow Statements" des Accounting Standards Board (*ASB* 1991, S. 129–140). Den Entwurf einer entsprechenden Empfehlung hat das IASC veröffentlicht (*IASC* 1991).

2. Formen

2.1 Bewegungsbilanzen

Als Vorformen der Finanzflußrechnungen sind die **Veränderungsbilanz in Kontoform** als Gegenüberstellung der Veränderungen der Bilanzposten zweier zeitlich aufeinanderfolgender Bilanzen eines Unternehmens und deren Ordnung zu einer **Bewegungsbilanz** nach **Mittelverwendung** (Mehrung von Aktiv- und Minderung von Passivposten) auf der einen Seite und **Mittelherkunft** (Mehrung von Passiv- und Minderung von Aktivposten) auf der anderen Seite anzusehen (*Chmielewicz* 1991, S. 74–77). Solche Bewegungsbilanzen haben den Mangel, daß wichtige Finanzflüsse, wie insbesondere die Bruttoinvestitionen im Anlagevermögen, sowie die Quellen der Innenfinanzierung (z. B. die Gegenwerte der Abschreibungen und des Jahresüberschusses) aus ihnen nicht ersichtlich sind. Daher wurden sie um einzelne Finanzflußelemente erweitert (*Röhrenbacher/Fleischer* 1989, S. 69 ff. und 260 ff. stellen die Erweiterungsschritte detailliert dar).

Eine **erweiterte Bewegungsbilanz** enthält auf der Seite der **Mittelverwendung** die gesamten Ausgaben für immaterielle Vermögensgegenstände, Sach- und Finanzanlagen sowie in manchen Fällen die Gewinnausschüttungen für das Vorjahr. Auf der Seite der **Mittelherkunft** stehen die Abschreibungen des Jahres, die Buchwerte der abgegangenen Gegenstände des Anlagevermögens und der Jahresüberschuß (*Busse von Colbe* 1990, Sp. 1002 f.). Die Bezeichnung Bilanz für eine erweiterte Bewegungsbilanz ist insofern nicht mehr zutreffend, als sie neben den Differenzen von bilanziellen Bestandswerten Elemente der Gewinn- und Verlustrechnung (z. B. die Abschreibungen) aufweist. Daher werden für sie auch neutrale Bezeichnungen (z. B. Finanzierungsrechnung) verwendet.

2.2 Finanzflußrechnungen

Ein weiterer Schritt zur Finanzflußrechnung besteht in formaler Hinsicht darin, daß anstelle der Kontoform die **Staffelform** tritt und häufig ein **Fonds** ausgegliedert wird.

Für die Darstellung des Finanzmittelflusses ist die **Definition des Fonds** der Finanzmittel wichtig. In Literatur und Praxis reicht die Abgrenzung vom

2. Formen

Bestand an liquiden Mitteln (Kasse, Bankguthaben, evtl. börsengängige Wertpapiere des Umlaufvermögens, Schecks und Wechseln), über das Netto-Geldvermögen (liquide Mittel zuzüglich kurzfristiger Forderungen unter Saldierung mit den kurzfristigen Verbindlichkeiten) bis zum Netto-Umlaufvermögen (Saldo zwischen Umlaufvermögen und kurzfristigen Verbindlichkeiten) (*Kloock* 1979, S. 471–473; *Busse von Colbe* 1992, Sp. 1078 f.).

Nachdem in den USA noch bis in die achtziger Jahre die Fondsabgrenzung des Netto-Umlaufvermögens weit verbreitet war, setzte sich danach eine stärker liquiditätsorientierte Abgrenzung des Fonds durch (*Häusler/Holzer* 1988, S. 1406), die dann durch das FASB-Statement No. 95 vorgeschrieben wurde. Das britische ASB und das IASC sind dieser Konzeption gefolgt. Mit einer auch vom Arbeitskreis Finanzierungsrechnung der Schmalenbach-Gesellschaft geforderten geldnahen Abgrenzung werden Einflüsse der Bewertung, z. B. der Vorräte, auf den Fonds vermieden oder zumindest stark eingeschränkt (*Buchmann/Chmielewicz* 1990; *Bartram* 1989, S. 2392).

In materieller Hinsicht zeigt sich die Fortentwicklung darin, daß weitere Finanzflußelemente aufgenommen werden.

Die Staffelrechnung wird gewöhnlich zumindest nach

– **laufender Geschäftstätigkeit**
– **Investitionstätigkeit** und
– **externer Finanzierungstätigkeit**

untergliedert (*Vellmann* 1991, S. 309). Die Tätigkeitsbereiche werden in der Praxis unterschiedlich abgegrenzt.

2.2.1 Finanzflußrechnungen ohne Ausweis der Ertragseinzahlungen und Aufwandsauszahlungen

Die Finanzflüsse aus laufender Geschäftstätigkeit (Umsatzüberschuß) werden in internen und externen Finanzflußrechnungen weitgehend saldiert in Form des **Cash-flow** abgebildet (zu Begriff und Arten des Cash-flow *Busse von Colbe* 1976, S. 241–252; *Dellmann/Kalinski* 1986, S. 177 ff.). Dabei wird der Cash-flow gewöhnlich **retrograd** additiv aus seinen Elementen ermittelt (sog. **indirekte Methode**). Deren wichtigsten sind:

– **Jahresüberschuß**,
– **Abschreibungen auf Anlagen**,
– **Veränderung der langfristigen Rückstellungen**.

Erhebliche Zuschreibungen insbesondere infolge einer Wertaufholung gem. § 280 HGB und in Konzernabschlüssen infolge der Anwendung der Equitymethode für die Bewertung von Beteiligungen an assoziierten Unternehmen gem. § 312 Abs. 4 HGB sind als Abzugsposten zu berücksichtigen (Verband der Chemischen Industrie 1991, S. 13).

Ein **Beispiel** für eine Finanzflußrechnung mit einer indirekten Ermittlung des Cash-flow ist die externe Kapitalflußrechnung des VEBA-Konzerns, die innerhalb des Lageberichts für 1990 veröffentlicht wurde (Abb. 1). Diese Finanzflußrechnung ist in die drei Bereiche Innenfinanzierung, Außenfinanzierung und Investition gegliedert. Die Veränderung einer Nettoliquidität wird durch einen ausgegliederten Fonds dargestellt. Gewöhnlich werden – wie in Abb. 1 – die **Buchwerte der Anlageabgänge** dem Cashflow zugeordnet, obgleich sie statt dessen auch im Investitionsbereich als Mittelzufluß ausgewiesen werden könnten. Die **Veränderung der Vorräte**

Abb. 1: Finanzflußrechnung der VEBA AG mit ausgegliedertem Fonds

Konzern-Kapitalflußrechnung

	1989 Mio DM	1990 Mio DM
Mittelherkunft		
Jahresüberschuß	1.340	1.209
abzüglich Ausschüttung des Vorjahres	– 439	– 492
Abschreibungen auf Anlagevermögen	3.042	3.560
Zuschreibungen	– 5	– 61
Anlagenabgänge	295	633
Erhöhung der Pensionsrückstellungen	292	263
Erhöhung der sonstigen langfristigen Rückstellungen u.a.	662	392
Innenfinanzierung/Cash-flow	5.187	5.504
Kapitalerhöhung	1.142	42
Veränderung der Anteile Dritter	49	14
Erhöhung der langfristigen Verbindlichkeiten	12	71
Außenfinanzierung	1.203	127
	6.390	5.631
Mittelverwendung		
Investitionen Sachanlagen und Beteiligungen	5.303	4.558
Erweiterung des Konzernkreises durch Erwerb	280	95
Erhöhung sonstiger langfristiger Vermögenswerte	1.294	1.039
	6.877	5.692
Veränderung der Netto-Liquidität	– 487	– 61

	31.12.1989 Mio DM	31.12.1990 Mio DM	Veränderung Mio DM
Entwicklung der Netto-Liquidität			
Flüssige Mittel	4.358	4.147	– 211
Kurzfristige Forderungen abzüglich kurzfristiges Fremdkapital	– 3.810	– 3.626	184
Vorräte	4.650	4.616	– 34
	5.198	5.137	– 61

2. Formen

wird in diesem Beispiel als Teil des Fonds gezeigt; in den meisten Fällen wird sie jedoch als Teil der Investitionstätigkeit abgebildet.

Der Fonds in Abb. 1 ist eine **Nettogröße**, da er das kurzfristige Fremdkapital als negatives Element enthält. Die in Abb. 1 als Netto-Liquidität bezeichnete Größe läßt sich deutlicher als **Netto-Umlaufvermögen** (net working capital) charakterisieren. Durch die Aufgliederung wird jedoch auch die Veränderung der flüssigen Mittel sichtbar.

Soweit Finanzflußrechnungen in Deutschland und in anderen Ländern **veröffentlicht** werden, sind sie i.d.R. nach der hier beschriebenen indirekten Methode erstellt. Sie zeigen damit die bedeutsamsten Zahlungsströme – die Umsatzeinzahlungen und Aufwandsauszahlungen – nicht detailliert, sondern nur den Cash-flow als Residuum des Zahlungsstroms aus dem Umsatzprozeß.

Inwieweit von Unternehmen **intern** für Planung und Kontrolle derartige „partielle" Finanzflußrechnungen verwendet werden, entzieht sich der Erfassung. Sofern der Cash-flow – und nicht dessen Elemente (insb. Umsatzeinzahlungen, Materialauszahlungen) – als Planungs- und Kontrollelement verwendet wird, reicht eine solche partielle Rechnung aus.

2.2.2 Vollständige Finanzflußrechnungen mit direktem Ausweis der Ertragseinzahlungen und Aufwandsauszahlungen

Vollständiger sind Finanzflußrechnungen, wenn sie möglichst sämtliche Geldströme zwischen einem ausgegliederten Fonds liquider Mittel oder einem integrierten Liquiditätsbereich und den übrigen Bereichen des Unternehmens (Umsatzbereich, Investitionsbereich, Außenfinanzierungsbereich) detailliert ausweisen. Die Geldströme innerhalb des Fonds oder Liquiditätsbereichs, also z. B. die Umsätze auf den Geldkonten und den Konten der kurzfristigen Forderungen bzw. im Falle eines Nettofonds auch der kurzfristigen Verbindlichkeiten, werden saldiert und nur die Veränderungen der Bestände gezeigt.

Eine solche Finanzflußrechnung kann zur Ermittlung der Ertragseinzahlungen und Aufwandsauszahlungen von **periodisierten Größen**, wie Umsatzerlösen und Materialverbrauch, ausgehen und durch den **Ansatz der Differenzen korrespondierender Bestandsgrößen** (z.B. den Veränderungen des Bestandes an Forderungen aus Lieferungen und Leistungen sowie an erhaltenen Anzahlungen) **näherungsweise** zu einer Rechnung mit Zahlungsströmen entwickelt werden (*Gebhardt* 1981, S. 1014–1034; *Buchmann/Chmielewicz* 1990, S. 19–27; *Dellmann/Kalinski* 1986, S. 179 ff.). Dieser derivative Ermittlungsweg steht externen Bilanzanalytikern, z. B. zur Beurteilung der Kreditwürdigkeit, offen, ist jedoch mühsam, und das Ergebnis ist wegen fehlender Angaben im Jahresabschluß nicht exakt.

Eine solche Finanzflußrechnung kann originär **intern** aber auch als **Zahlungsstromrechnung** aus den Unterlagen der Finanzbuchhaltung oder aufgrund von Hilfsrechnungen aufgestellt werden. Der direkte Ausweis der Ertragseinzahlungen und der Aufwandsauszahlungen wird sowohl durch das FASB-Statement No. 95 als auch durch den FRS No. 1 empfohlen, aber nicht verlangt. In der Praxis sind sie noch selten zu finden. Ein **Beispiel** für eine solche Finanzflußrechnung enthielt der Jahresabschluß 1990 der Schmalbach-Lubeca AG (Abb. 2). Sie ist in Kontoform aufge-

Abb. 2: Finanzflußrechnung der Schmalbach-Lubeca AG für 1990, ausgehend von den Umsatzeinnahmen

		SLW-AG	
	Mio DM	Mittel-verwendung Mio DM	Mittel-herkunft Mio DM
1. Innenfinanzierung			
1.1 Umsatzbereich			
betriebliche Einnahmen	1670,0		
betriebliche Ausgaben	1505,4		
betriebliche Nettoeinnahmen	164,6		164,6
1.2 Sachanlagenbereich			
(einschl. immaterieller)			
Investitionen (ohne			
aktivierte Eigenleistungen)	88,5		
Erlöse für veräußerte Sachanlagen	3,6		
	84,9	84,9	
1.3 Finanzierungsbereich			
Investitionen	5,6		
Erlöse für Abgänge	0,7		
Finanzanlagenbereich			
insgesamt	4,9	4,9	
2. Außenfinanzierung			
2.1 Eigenfinanzierung			
2.2 Fremdfinanzierung			
Verminderung der			
– Bankverbindlichkeiten	12,3		
	12,3		
Erhöhung der			
– Verbindlichkeiten aus Lieferungen			
und Leistungen	25,5		
– Verbindlichkeiten gegenüber			
Konzernunternehmen	0,6		
– sonstige Verbindlichkeiten	1,6		
2.3 Erhöhung der Fremdfinanzierung			
(Saldo 2.2)	15,4		15,4
3. Auszahlung der Dividende für 1989	22,5	22,5	
4. Geldbereich			
Erhöhung der			
– flüssigen Mittel	84,0		
	84,0	84,0	
Verminderung der			
– Forderungen gegen Konzernunternehmen	6,0		
– anderen kurzfristigen Forderungen	10,3		
	16,6		16,3
		196,3	196,3

2. Formen 33

stellt und in die Bereiche Innenfinanzierung, Außenfinanzierung, Dividenden und Geldbereich gegliedert. Die Darstellung beginnt bei der Innenfinanzierung mit den Einnahmen und Ausgaben des Umsatzbereichs, der mit den **betrieblichen Nettoeinnahmen** abschließt. Es folgt innerhalb der Innenfinanzierung der Ausweis des Investitionsbereichs mit seinen Abflüssen für Investitionen und Zuflüssen aus Desinvestionen. Die Außenfinanzierung zeigt nur die Veränderung der Verbindlichkeiten und ist insofern eine Nettorechnung. Die Rechnung schließt mit dem integrierten Geldbereich, der die Veränderung an flüssigen Mitteln und kurzfristigen Forderungen ausweist. Die Rechnung wird vom Unternehmen zur Erläuterung der finanzwirtschaftlichen Situation u. a. mit dem Hinweis kommentiert, daß Investitionen und Dividenden aus den Nettoeinnahmen gedeckt werden konnten.

Die in Abb. 2 wiedergebene Finanzflußrechnung ist stark komprimiert. Sie weist Ein- und Auszahlungsströme, wie z. B. Personal-, Steuer- und Zinszahlungen, Neuaufnahme und Tilgung langfristiger Verbindlichkeiten, nicht gesondert aus, die für interne Steuerungs- sowie für externe Analysezwecke interessant sein können. Ein Vergleich mit der Gewinn- und Verlustrechnung ist damit nur sehr eingeschränkt möglich (*Buchmann/Chmielewicz* 1990, S. 13 ff.).

Eine tiefere Gliederung und sogar eine Abstimmung der betrieblichen Nettoeinnahmen mit dem Jahresüberschuß erscheint nicht nur zum besseren Verständnis der Rechnung, sondern auch für interne Steuerungsmaßnahmen, die dem Gewinnziel und der Sicherung der Liquidität gleichermaßen dienen, angezeigt.

Abb. 3 (S. 34 f.) zeigt ein **Musterbeispiel** für eine entsprechend gestaltete vollständige Finanzflußrechnung als direkte Zahlungsstromrechnung aus dem bereits erwähnten britischen FRS No. 1 (ASB 1991, S. 135; ein entsprechendes Beispiel enthält auch das Statement des IASC 1991, S. 18). Diese Form ist in der Hauptgliederung vorgeschrieben. Für den ersten Bereich der betrieblichen Tätigkeit wird vom ASB und vom IASC zwar die direkte von den Umsatzeinnahmen ausgehende Methode empfohlen, jedoch ist auch die indirekte Ermittlung des Cash-flow zulässig.

In Abb. 3 beginnt die Darstellung mit den vom Umsatzprozeß direkt ausgelösten Gruppen von Ein- und Auszahlungen sowie Zahlungen infolge von Stillegungen und dem Zahlungssaldo aus laufenden Operationen. Dieser wird im nächsten Schritt ergänzt um Zins-, Dividenden- und Steuerzahlungen. Die Bedienung des Eigen- und Fremdkapitals wird mithin getrennt vom Finanzbereich ausgewiesen. Es folgt die Darstellung der Investitionen und Desinvestionen.

Dem Gesamtsaldo der Zahlungen aus dem so abgegrenzten Bereich der betrieblichen Aktivitäten werden die Einzahlungen aus der Aufnahme

Abb. 3: Cash-flow statement on a gross basis (direct method)

XYZ Group PLC
Cash flow statement for the year ended 31 March 1992

	£'000	£'000
Operating activites		
Cash received from customers	195,016	
Cash payments to suppliers	(109,225)	
Cash paid to and on behalf of employees	(56,434)	
Other cash payments	(12,345)	
Net cash inflow from continuing operating activities	17,012	
Net cash outflow in respect of discontinued activities and reorganisation costs	(990)	
Net cash inflow from operating activities		16,022
Returns on investments and servicing of finance		
Interest received	508	
Interest paid	(2,389)	
Interest element of finance lease rentals payments	(373)	
Dividend received from associated undertaking	15	
Dividends paid	(2,606)	
Net cash outflow from returns on investments and servicing of finance		(4,845)
Taxation		
UK corporation tax paid	(2,880)	
Overseas tax paid	(7)	
Tax paid		(2,887)
Investing activities		
Purchase of tangible fixed assets	(3,512)	
Purchase of subsidiary undertakings (net of cash and cash equivalents acqired)	(18,221)	
Sale of plant and machinery	1,052	
Sale of business	4,208	
Sale of trade investment	1,595	
Net cash outflows in respect of unsuccessful takeover bid	(3,811)	
Net cash outflow from investing activities		(18,689)
Net cash outflow before financing		(10,399)

Financing	
Issue of ordinary share capital	(49)
New secured loan repayable in 1995	(1,091)
New unsecured loan repayable in 1993	(1,442)
New short-term loans	(2,006)
Repayment of amounts borrowed	847
Capital element of finance lease rental payments	1,342

Net cash inflow from financing	(2,399)
Decrease in cash and cash equivalents	(8,000)
	(10,399)

Notes to the cash flow statement
1 RECONCILIATION OF OPERATING PROFIT TO NET CASH INFLOW FROM OPERATING ACTIVITIES

	£'000
Operating profit	20,249
Depreciation charges	3,158
Profit on sale of tangible fixed assets	(50)
Increase in stocks	(12,263)
Increase in debtors	(3,754)
Increase in creditors	9,672
Net cash inflow from continuing operating activities	17,012
Net cash outflow in respect of discontinued activities and reorganisation costs	(990)
Net cash inflow from operating activities	16,022

2 ANALYSIS OF CHANGES IN CASH AND CASH EQUIVALENTS DURING THE YEAR

	£'000
Balance at 1 April 1991	78
Net cash outflow before adjustments for the effect of foreign exchange rate changes	(8,000)
Effect of foreign exchange rate changes	(102)
Balance at 31 March 1992	(8,024)

3 ANALYSIS OF THE BALANCES OF CASH AND CASH EQUIVALENTS AS SHOWN IN THE BALANCE SHEET

	1992 £'000	1991 £'000	Change in year £'000
Cash at bank and in hand	1,041	1,279	(238)
Bank overdrafts	(9,065)	(1,201)	(7,864)
	(8,024)	78	(8,102)

Quelle: ASB (1991), S. 135

von Eigen- sowie von lang- und kurzfristigem Fremdkapital sowie der Tilgung von Fremdkapital und schließlich der Veränderung der liquiden Mittel gegenübergestellt. Anfangs- und Endbestand sowie die Veränderung des Nettofonds liquider Mittel abzüglich kurzfristiger Bankschulden werden in den Anmerkungen 2 und 3 nachgewiesen.

Ergänzt wird die Finanzflußrechnung in Anmerkung 1 durch eine Abstimmung zwischen dem Betriebsergebnis vor Steuern und Zinsen (operating profit) und den entsprechenden Nettoeinnahmen aus laufenden Operationen.

Die Finanzflußrechnung gemäß FRS No. 1 soll den externen Adressaten eine Grundlage für die Abschätzung der künftigen Cash-flows und zusammen mit Bilanz und Gewinn- und Verlustrechnung für weitere Prognosen bieten sowie den Vergleich mit anderen Unternehmen erleichtern.

3. Finanzflußrechnungen für die Unternehmenssteuerung

3.1 Finanzflußrechnungen als Instrument der Steuerung von Liquidität und Kapitalstruktur

Gegenstand der mittel- und langfristigen, d. h. der über ein Jahr hinausgehenden, Planung und Kontrolle sind die wichtigsten Aktivitäten, insbesondere im Entwicklungs-, Beschaffungs-, Produktions-, Absatz-, Investitions- und Finanzierungsbereich des Unternehmens. Zum Zweck der finanziellen Steuerung werden diese Aktivitäten in Geldeinheiten abgebildet. Für die **Steuerung der Zahlungsbereitschaft** werden sie als Ein- und Auszahlungen, für die **Steuerung des Gewinns**, der gewinnabhängigen Steuern und der Bilanzstruktur, insbesondere der **Kapitalstruktur** als wichtige Basis für die Kapitalbeschaffung, werden sie in periodisierten Größen (i.e. Aufwendungen und Erträgen) und daraus abgeleiteten Forderungen und Verbindlichkeiten dargestellt (*Vellmann* 1991, S. 311 f.).

3.2 Finanzflußrechnungen als zentrales Element einer integrierten Finanzplanung

Die einzelnen in Geld ausgedrückten und nach Funktionen oder Produktbereichen aufgestellten Teilpläne sollten zu einer integrierten, liquiditäts- und gewinnorientierten Gesamtplanung und -kontrolle des Unternehmens zusammengeführt werden (vgl. z. B. *Chmielewicz*, in diesem Handbuch, sowie *Hahn* 1989, S. 781 ff.). Rechnergestützte Modelle haben sich für diesen Planungsprozeß bewährt.

3. Finanzflußrechnungen für die Unternehmenssteuerung 37

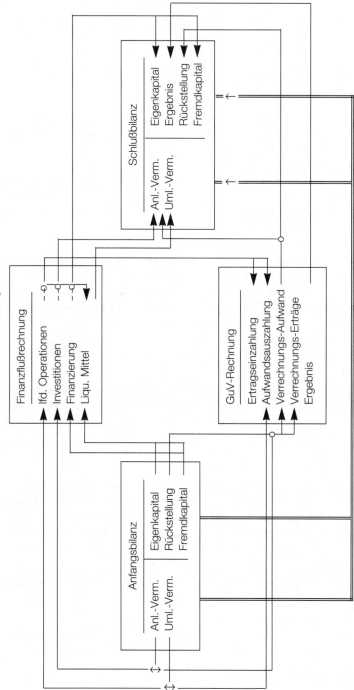

Abb. 4: Struktur der Verknüpfung der Finanzflußrechnung mit Anfangs- und Schlußbilanz und der Gewinn- und Verlustrechnung

Sehr vereinfacht ist eine integrierte Planung der **Bewegungs- und Bestandsgrößen** mit Hilfe einer Planfinanzflußrechnung in Verbindung mit der **Plan-Gewinn- und Verlustrechnung** und der **Planbilanz** (*Berndt/Sigle* 1984, S. 129–142) in Abb. 4 dargestellt (vgl. die ähnliche Darstellung bei *Buchmann/Chmielewicz* 1990, S. 41). Den Ausgangspunkt einer solchen geschlossenen Finanzplanung eines Unternehmens bilden die Bestandsgrößen an Vermögen und Kapital, dargestellt in einer Anfangsbilanz. Für mittel- und langfristige Finanzplanungen können diese Bestandsgrößen im ersten Schritt mit Hilfe einer Finanzflußrechnung fortgeschrieben werden. Dafür sind aus den Teilplänen nur die Ein- und Auszahlungen aus **laufenden Operationen**, wie Umsatzeinzahlungen und Auszahlungen für Personal, Material, Dienste Dritter und Abgaben, zu entnehmen. Sofern nicht erhebliche Änderungen der Umsätze, Zahlungsbedingungen oder der Lagerhaltung geplant sind, können in erster Annäherung statt der Zahlungen die entsprechenden periodisierten Größen, wie Erlöse, Personal- und Materialaufwand, verwendet werden. Für den **Investitionsbereich** und den **Finanzierungsbereich** der Finanzflußrechnung sind aus den Teilplänen die entsprechenden Zahlungen zu übernehmen. Dazu gehören Aus- und Einzahlungen für Investitionen und Desinvestitionen, aus der Aufnahme sowie Tilgung und Verzinsung von mittel- und langfristigen Krediten sowie aus Dividenden und Kapitalerhöhungen sowie aus der Inanspruchnahme von mittel- und langfristigen Rückstellungen. Die Verbindungslinien zwischen Anfangsbilanz und Finanzflußrechnung sollen dies andeuten.

In einem weiteren Schritt sind für die **Steuerung des Gewinns** und der gewinnabhängigen Steuern die Verrechnungsaufwendungen, wie insbesondere **Abschreibungen** und die Bildung mittel- und langfristiger **Rückstellungen** sowie gegebenenfalls Zuschreibungen und Auflösung von Rückstellungen, zu erfassen. Durch die Zusammenfassung dieser in der einzelnen Periode zahlungsunwirksamen Aufwendungen und Erträge mit dem Ergebnis der laufenden Operationen aus der Finanzflußrechnung lassen sich Gewinn und gewinnabhängige Steuern ermitteln und eine Plan-Gewinn- und Verlustrechnung ableiten. Die Zusammenhänge sollen durch die Verbindungslinien zwischen Anfangsbilanz und Finanzflußrechnung einerseits und GuV-Rechnung andererseits verdeutlicht werden.

Aus der Anfangsbilanz, ihrer Fortschreibung durch die Finanzflußrechnung und der Berücksichtigung des Verrechnungsbereichs bzw. der Plan-Gewinn- und Verlustrechnung läßt sich die vorläufige Endbilanz der Planungsperiode ermitteln.

Die in Abb. 4 skizzierte Struktur der Verknüpfung der Finanzflußrechnung mit Anfangs- und Schlußbilanz sowie Gewinn- und Verlustrechnung der Planungsperiode wird in Abb. 5 durch ein einfaches Zahlenbeispiel illustriert.

3. Finanzflußrechnungen für die Unternehmenssteuerung

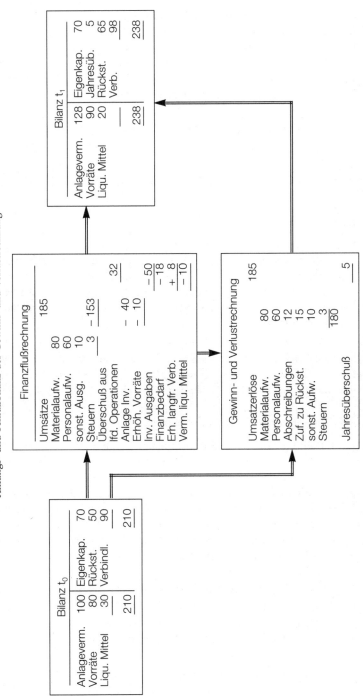

Abb. 5: Einfaches Zahlenbeispiel für die Verknüpfung der Finanzflußrechnung mit Anfangs- und Schlußbilanz der Gewinn- und Verlustrechnung

Das Beispiel der Abb. 5 geht für die Finanzflußrechnung im Bereich der laufenden Operationen von Erträgen und Aufwendungen aus und unterstellt, daß die gewinnabhängigen Steuern bereits ermittelt seien. Da die Investitionen im Beispiel nicht aus dem Überschuß aus laufenden Operationen gedeckt werden können, sind eine Erhöhung der langfristigen Verbindlichkeiten und eine Verminderung der liquiden Mittel geplant.

3.3 Simulationsmodelle für Finanzflußrechnungen

Entspricht die Bilanz zum Ende einer Planungsperiode ihrer Struktur nach nicht den Vorstellungen des Unternehmens, indem sie z. B. einen zu hohen Anteil kurzfristiger Verbindlichkeiten aufweist, müssen zusätzliche Maßnahmen (z. B. im Bereich der langfristigen Finanzierung) ergriffen oder andere Teilpläne dadurch geändert werden, daß Investitionen gekürzt oder aufgeschoben werden. Mit Hilfe von **Simulationsmodellen** kann die Gesamtplanung sukzessiv dem erwünschten Planungszustand angenähert werden. Die Finanzflußrechnung nimmt die Variationen der Zahlungsgrößen, die aus einer Änderung von Teilplänen für die unternehmerischen Aktivitäten resultieren, primär auf. Für den Verrechnungsbereich und damit für die Gewinn- und Verlustrechnung können weitere Änderungen resultieren.

In Literatur und Praxis sind komplexe Simulationsmodelle zur finanziellen Steuerung entwickelt worden (siehe die Übersicht bei *Hahn* 1989). Die Finanzflußrechnung spielt dabei als Grundlage für Finanzierungsentscheidungen eine wichtige Rolle.

3.4 Segmentierte Finanzflußrechnung

Für Einzelunternehmen und Konzerne mit verschiedenen Produktsparten ist für die finanzielle Steuerung über Finanzflußrechnungen eine Segmentierung zweckmäßig. Das gilt auch für Konzerne mit größeren Tochtergesellschaften mit Sitz im Ausland. Eine Segmentierung kann nach rechtlichen Einheiten, innerhalb oder über die Grenzen der Rechtseinheit hinweg, nach Produktsparten, aber auch nach geographischen Kriterien (Regionen), nach Währungen und Kundengruppen, vorgenommen werden (*Gebhardt* 1992, Sp. 1803) und ist auch in der Praxis anzutreffen (*Vellmann* 1989, S. 327–390).

Die Finanzflußrechnungen für Segmente lassen sich in Staffelform spaltenweise darstellen. Um segmentierte Finanzflußrechnungen für das Gesamtunternehmen zusammenzufassen, ist bei einer Segmentierung nach Währungen eine Umrechnung und bei gegenseitigen Finanzbeziehungen eine Konsolidierung erforderlich.

Segmentierungen nach Währungen oder Regionen sind insbesondere dann für die Steuerung von Liquidität und Finanzierung zweckmäßig, wenn einzelne Währungen nicht oder nur eingeschränkt konvertibel sind. Die Umrechnung in die Konzernwährung kann zwar für die Finanzflußrechnung zum Durchschnittskurs der Periode vorgenommen werden, die Verknüpfung mit den Bilanzen und der Gewinn- und Verlustrechnung wirft aber alle Umrechnungsprobleme des internationalen Konzernabschlusses auf.

Literatur

ASB (1991), FRS No. 1: Cash Flow Statements (abgedruckt in: Accountancy 108 (November 1991), S. 129–140)
Bartram, W. (1989), Einblick in die Finanzlage eines Unternehmens aufgrund seiner Jahresabschlüsse, in: Der Betrieb 42, S. 2389–2395
Berndt, H./Sigle, H. (1984), Bilanzplanung, in: *Busse von Colbe, W./Müller, E.* (Hrsg.), Planungs- und Kontrollrechnung im internationalen Konzern, in: ZfbF Sonderheft 17
Buchmann, R./Chmielewicz, K. (Hrsg.) (1990), Finanzierungsrechnung: Empfehlungen des AK „Finanzierungsrechnung" der Schmalenbach-Gesellschaft – Deutsche Gesellschaft für Betriebswirtschaft e.V., in: ZfbF Sonderheft 26
Busse von Colbe, W. (1966), Aufbau und Informationsgehalt von Kapitalflußrechnungen, in: ZfB 36, Ergänzungsheft 1, S. 82–114
Busse von Colbe, W. (1976), Cash Flow, in: *Büschgen, H.* (Hrsg.): HdF, Stuttgart, Sp. 241–252
Busse von Colbe, W. (1990), Funds Flow Statement, in: *Grochla, E./Gaugler, E. u. a.* (Hrsg.), GBM, Stuttgart/ Berlin, Sp. 1000–1016
Busse von Colbe, W. (1992), Kapitalflußrechnung, in: *Chmielewicz, K./Schweitzer, M.* (Hrsg.): HWR, 3. Aufl., Stuttgart, Sp. 1074–1085
Chmielewicz, K. (1976), Betriebliche Finanzwirtschaft, Bd. I: Finanzierungsrechnung, Opladen
Chmielewicz, K. (1991), Bewegungs- und Veränderungsbilanz, in: *Busse von Colbe, W.* (Hrsg.): Lexikon des Rechnungswesens, 2. Aufl., München, S. 74–77
Coenenberg, A. (1992), Jahresabschluß und Jahresabschlußanalyse, 13. Aufl., Landsberg a. Lech, S. 587–647
Dellmann, K./Kalinski, R. (1986), Die Rechnungslegung zur Finanzlage der Unternehmung, in: DBW 46, S. 174–187
FASB (1987), SFAS No. 95: Statement of Cash Flows, Stamford (abgedruckt in: Journal of Accountancy 165 (February 1988), S. 139–169)
Gebhardt, G. (1981), Externe Aufstellung konsolidierter Kapitalflußrechnungen, in: ZfbF 33, S. 1014–1034
Gebhardt, G. (1992), Segmentierte Finanzierungsrechnungen, in: *Chmielewicz, K./Schweitzer, M.* (Hrsg.), HWR, 3. Aufl., Stuttgart, Sp. 1801–1808
Hahn, D. (1989), Integrierte Planung, in: *Szyperski, N.* (Hrsg.), HWPlan, Stuttgart, Sp. 770–788
Häusler, H./Holzer, P. (1988), Entwicklung und Status der Kapitalflußrechnung in der modernen Praxis, in: Der Betrieb 41, S. 1405–1411
IASC (1991), Proposed International Accounting Standard (IASC E 36): Cash Flow Statements (abgedruckt in: WPg 44, S. 518–524)
Käfer, K. (1967), Kapitalflußrechnungen, Zürich
Kloock, J. (1979), Kapitalflußrechnungen als den Jahresabschluß ergänzende Dokumentationshilfe, in: BFuP 31, S. 469–484

Röhrenbacher, H./Fleischer, W. (1989), Von der Bilanz zur Kapitalflußrechnung, Wien
Vellmann, K. (1989), ROI-Kennzahlen im Konzern, in: *Küting, K./Weber, C. P.* (Hrsg.), Handbuch der Konzernrechnungslegung, S. 327–390
Verband der Chemischen Industrie e.V. (Hrsg.) (1991), Cash Flow und Finanzierungsrechnungen unter besonderer Berücksichtigung des Konzernabschlusses, Frankfurt am Main

Kapitel 2
Integrierte Finanz-, Bilanz- und Erfolgsplanungen

von *Klaus Chmielewicz*

1. Finanzierungs- und Finanzrechnung 44
   1.1 Begriff und Zwecksetzung 44
   1.2 Bestands- oder Stromgrößen 44
   1.3 Konto- oder Staffelform 47
   1.4 Ist-Finanzrechnung und Finanzplan 48
2. Integration von Finanzrechnung und Zielsystem 50
3. Integration der Finanzrechnung in Bilanz und Erfolgsrechnung 55
   3.1 Ableitung des Finanzplans aus dem Erfolgsplan 56
   3.2 Ableitung des Finanzplans aus einem Planabschluß 57
   3.3 Integrierter Finanz- und Erfolgsplan 59
4. Integration des Finanz- und Erfolgsplans mit dem Gütermengengerüst 62
5. Zusammenfassung 65
Literatur 66

1. Finanzierungs- und Finanzrechnung

1.1 Begriff und Zwecksetzung

Finanzierungsrechnungen bezwecken eine Überwachung und Steuerung der Finanzsphäre. Der Terminus Finanzen ist dabei in der Fachliteratur mindestens doppeldeutig:

(1) **Finanzen** i. S. v. geldbezogenen Aktivitäten. Finanzen stehen dabei im Gegensatz zu Organisation oder Marketing, aber nicht zu Gewinn und Rentabilität. Diese weite Begriffsfassung ist z. B. gemeint, wenn vom Finanzbereich, Finanzvorstand oder von der Finanzverfassung der Unternehmung gesprochen wird. Als Überwachungsinstrument dient das **Rechnungswesen im ganzen**.

(2) **Finanzen** i. S. v. liquiditätsbezogenen Aktivitäten. Rentabilitätsaspekte und im Rechnungswesen Gewinn- und Verlustrechnung (GuV) sowie Kosten- und Erlös-Rechnung sind dabei im Gegensatz zu (1) ausgeschlossen. Gemeint ist nur die Zahlungsfähigkeit (Liquidität) oder Zahlungsunfähigkeit (Illiquidität) bzw. die Erfassung, Überwachung und Steuerung von Zahlungsgrößen. Als rechnerisches Überwachungsinstrument der Liquidität fungieren die hier interessierenden **Finanzierungsrechnungen** als liquiditätsbezogener Teilbereich des Rechnungswesens.

1.2 Bestands- oder Stromgrößen

Die Liquidität kann aus der Sicht eines bestands- oder stromgrößenorientierten Weltbildes analysiert werden.

Bei **bestandsgrößenorientierter Darstellung** erscheint gemäß Abb. 1 als zentrale Finanzierungsrechnung die **Bilanz**. Sie weist die Haupterscheinungsformen der Außenfinanzierung (Eigenfinanzierung durch Einlagen von Anteilseignern und Fremdfinanzierung durch Gläubiger) auf der Ak-

Abb. 1: Bestandsgrößenorientierte Darstellung der Außenfinanzierung

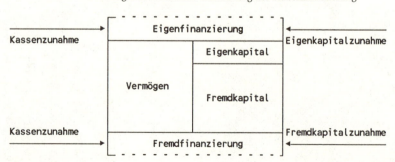

tivseite als Geldzufluß (Kassenzunahme) aus, auf der Passivseite als Zunahme des Eigen- bzw. Fremdkapitals. Buchungstechnisch liegt in beiden Fällen eine erfolgsunwirksame Bilanzverlängerung vor. Für die Darstellung von Problemen der Innenfinanzierung ist die Bilanz dagegen weitgehend ungeeignet.

Abb. 2: Stromgrößenorientierte Darstellung der Innen- und Außenfinanzierung

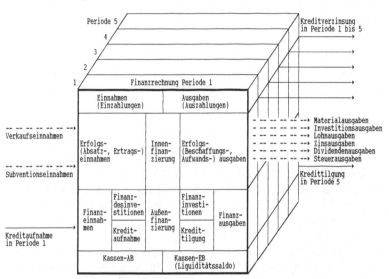

Bei **stromgrößenorientierter Darstellung** erscheint als zentrale Finanzierungsrechnung die **Finanzrechnung**. Abb. 2 zeigt den Grundaufbau einer solchen Finanzrechnung und ergänzend die Darstellungsweise der Innen- und Außenfinanzierung.

Die Finanzrechnung stellt die **Stromgrößen der Einnahmen und Ausgaben** (gleichbedeutend: Einzahlungen und Auszahlungen) einer Periode ohne Periodisierung und ohne Diskontierung gegenüber, ergänzt durch den Kassen-Anfangsbestand (AB) und Kassen-Endbestand (EB) der Periode als Liquiditätssaldo.

Bei Bedarf können die Einnahmen und Ausgaben gemäß Abb. 2 in eine **Innen- und Außenfinanzierungsphäre** untergliedert werden. Im Rahmen der Innenfinanzierung stehen sich Erfolgseinnahmen (oder Absatz- oder Ertragseinnahmen) und Erfolgsausgaben (oder Beschaffungs- oder Aufwandsausgaben) gegenüber. Erscheint die Gegenbuchung zu einer Einnahme (Ausgabe) – ggf. nach Periodisierung – in der Ertrags- (Aufwands-) Spalte der GuV, so wird die Zahlung hier als erfolgswirksam oder kürzer als Erfolgseinnahme (-ausgabe) bezeichnet.

Als **Innenfinanzierungssaldo** ergibt sich ein **Erfolgszahlungssaldo** = Erfolgseinnahmen – Erfolgsausgaben = Absatzeinnahmen – Beschaffungsausgaben = Ertragseinnahmen – Aufwandsausgaben. Bei der hier gewählten Abgrenzung entspricht dieser Innenfinanzierungssaldo in der Totalperiode (gesamte Lebensdauer der Unternehmung) der Gewinneinbehaltung; in der Einzelperiode (z. B. Jahr) fallen Innenfinanzierungssaldo und Gewinneinbehaltung durch Periodisierung wertmäßig auseinander. Ein dauerhaft negativer Erfolgszahlungssaldo führt zu einem lawinenartigen Wachstum von Zins- und Tilgungszahlungen aus der dann nötigen Außenfinanzierung.

Im Rahmen der **Außenfinanzierung** stehen sich Finanzeinnahmen und Finanzausgaben gegenüber; das ist sprachlich eine verkürzte Fassung für nur finanzwirksame (d. h. nicht erfolgswirksame) Einnahmen bzw. Ausgaben. Finanzeinnahmen entstehen aus der Kreditaufnahme von (1) Eigenkapital und (2) Fremdkapital, Finanzausgaben aus der zugehörigen Kapitalrückzahlung (während die zugehörigen Dividenden bzw. Zinsen hier gemäß Abb. 2 als Erfolgsausgaben betrachtet werden).

Als Außenfinanzierungssaldo ergibt sich ein **Finanzzahlungssaldo** = Finanzeinnahmen – Finanzausgaben. Soweit bei Eigen- und Fremdkapitalkrediten wie im Normalfall Aufnahme- und Tilgungsbetrag identisch sind, ist dieser Außenfinanzierungssaldo in der Totalperiode null. In der Einzelperiode ist der Außenfinanzierungssaldo dagegen positiv (Finanzeinnahmen größer als Finanzausgaben, d. h. Nettoneuverschuldung) oder negativ (Finanzeinnahmen kleiner als Finanzausgaben, d. h. Nettoentschuldung).

Als Spiegelbild zur Aufnahme von Eigen- bzw. Fremdkapital erscheint die **Gewährung von** (3) **Eigenkapital** (z. B. Kauf von Aktien, Beteiligungen oder ganzen Tochtergesellschaften) **bzw. von** (4) **Fremdkapital** (z. B. Kreditgewährung durch Banken). Die Fälle (3) und (4) können mit (1) und (2) im Finanzzahlungs- als Außenfinanzierungssaldo zusammengefaßt werden (vgl. Abb. 2). Kreditaufnahme und -gewährung werden dann gleich behandelt; der Null-Ausgleich in der Totalperiode und damit Erfolgsunwirksamkeit gilt für alle vier Fälle.

Abb. 2 zeigt ergänzend auch, wie sich die **Außenfinanzierung** in einer solchen **Finanzrechnung** niederschlägt. Bei einem Bankkredit mit 5 Jahren Laufzeit erscheint die Kreditaufnahme als Finanzeinnahme der Periode 1, die Kredittilgung als Finanzausgabe der Periode 5, die laufende Verzinsung als Erfolgsausgabe der Perioden 1 bis 5.

Von den Verkaufseinnahmen (und ggf. Subventionseinnahmen) einer beliebigen Periode fließt im Rahmen der Innenfinanzierung ein Teil als Material-, Investitions-, Lohn-, Zins-, Dividenden- oder Steuerausgaben ab. Ein anderer Teil – der in erster Annäherung der Höhe der Gewinneinbe-

1. Finanzierungs- und Finanzrechnung

haltung entspricht – fließt dagegen nicht zahlungswirksam ab und liefert so einen Erfolgszahlungssaldo als **Innenfinanzierungssaldo**.

Der für Liquiditätszwecke letztlich entscheidende **Liquiditätssaldo** kann aus einer Finanzrechnung gemäß Abb. 2 **auf formal verschiedenen Wegen** ermittelt werden:

(1) Liquiditätssaldo = Kassen-AB + Periodeneinnahmen-Überschuß
(2)   = Kassen-AB + Periodeneinnahmen – Periodenausgaben
(3)   = Kassen-AB + Erfolgseinnahmen + Finanzeinnahmen – Erfolgsausgaben – Finanzausgaben
(4)   = Kassen-AB + Erfolgszahlungssaldo + Finanzzahlungssaldo

Die rechte Gleichungsseite von (1) bis (4) ist aber nur aus der Finanzrechnung erkennbar, nicht aus der Bilanz.

Insgesamt wird hier die **Finanzrechnung als überlegene Finanzierungs**rechnung im Vergleich zur Bilanz angesehen. Sie kann erstens wie skizziert auch die Innenfinanzierung ausweisen. Zweitens zeigt sie auch detaillierte Finanzierungsquellen i. S. v. Gleichung (1) bis (4) statt nur den globalen Liquiditätssaldo. Allerdings gibt sie anders als die Bilanz keine Hinweise auf Zahlungsvorgänge (Forderungseingänge, Schuldenfälligkeit) künftiger Perioden; dieser Mangel kann aber durch Finanzpläne mehr als nur geheilt werden.

1.3 Konto- oder Staffelform

Die bisherigen Beispielsschemata gemäß Abb. 1 bis 2 zeigen die traditionelle **Kontoform**. Für Bilanzen ist diese Kontoform betriebswirtschaftlich üblich und gesetzlich in Deutschland bisher allein zulässig.

Für Stromgrößenrechnungen ist dagegen die **Staffelform** im Vordringen. Für die deutsche handelsrechtliche GuV war die Staffelform bis 1959 unzulässig, bis 1965 wahlweise und ab 1965 allein zulässig. Auch für die Finanzrechnung dürfte die Staffelform an Boden gewinnen. Die Staffelform hat gegenüber der Kontoform zweifellos einige Informationsnachteile (z. B. weniger Einheitlichkeit und kein Ausweis der Einnahmen- und Ausgabensummen), kann das aber durch die Einfügung aussagekräftiger Zwischensummen kompensieren oder sogar überkompensieren.

Das Beispiel einer **Finanzrechnung in Staffelform** gemäß Abb. 3 (S. 48) stellt die Empfehlung eines Arbeitskreises der Schmalenbach-Gesellschaft dar, der mit Unternehmungspraktikern und betriebswirtschaftlichen Hochschullehrern besetzt ist. Im Vergleich zu Abb. 2 und 3 fallen folgende Unterschiede auf:

– **Staffel- statt Kontoform;**

Abb. 3: Finanzrechnung in Staffelform (*Buchmann/Chmielewicz* 1990, S. 15)

1		Umsatzeinzahlungen		1000
2	+	Sonstige betriebliche Einzahlungen		+ 3
3	–	Materialauszahlungen		– 334
4	–	Personalauszahlungen		– 346
5	–	Sonstige betriebliche Auszahlungen		– 90
6	=	**Laufender Absatzüberschuß** (Zwischensumme I, aus Nr. 1 bis 5)		+ 233
7	+	Einzahlungen aus Dividenden, Beteiligungserträgen und Gewinnabführungen	+ 4	
8	+	Zinseinzahlungen	+ 1	
9	–	Zinsauszahlungen	– 32	
10	–	Auszahlungen für Dividenden und Gewinnabführungen	– 20	
11	=	**Zins- und Dividendenüberschuß** (Zwischensumme II, aus Nr. 7 bis 10)		– 47
12	+	Außerordentliche Einzahlungen	+ 8	
13	–	Außerordentliche Auszahlungen	– 70	
14	=	**Außerordentlicher Finanzierungsüberschuß** (Zwischensumme III, aus Nr. 12–13)		– 62
15	–	Steuerauszahlungen		– 50
16	=	**Finanzierungsüberschuß vor Investitionen** (Zwischensumme IV = Nr. 6+11+14–15)		+ 74
17	–	Investitionsauszahlungen für immaterielle und Sachanlagen		– 64
18	–	Investitionsauszahlungen für Finanzanlagen		0
19	=	**Finanzierungsüberschuß nach Investitionen** (Zwischensumme V = Nr. 16–17–18)		+ 10
20	+	Einzahlungen aus Eigenkapitalaufnahme	+ 15	
21	+	Einzahlungen aus Fremdkapitalaufnahme von Kreditinstituten (Finanzschulden)	+ 25	
22	=	**Brutto-Außenfinanzierung** (Zwischensumme VI, aus Nr. 20+21)		+ 40
23	–	Auszahlungen für Eigenkapitalrückzahlung		0
24	–	Auszahlungen für Fremdkapitalrückzahlung		– 60
25	=	**Netto-Außenfinanzierung** (Zwischensumme VII = Nr. 22–23–24)		– 20
26	+	Liquiditäts-Anfangsbestand		+ 20
27	=	**Stand der Liquidität** (**Liquiditätssaldo VIII** = Nr. 19+25+26)		+ 10

- eingefügt sind **Beispielszahlen**;
- die **Reihenfolge der Staffelposten** ist grundsätzlich an die gesetzliche Gliederung der GuV nach dem Gesamtkostenverfahren angelehnt (§ 275 II HGB). Im Rahmen der Planung folgen damit Finanz- und Erfolgsplanung gleichen Gliederungsprinzipien. Ferner sind Zweifelsfälle der Postenabgrenzung wie in der GuV zu klären, so daß eine eigenständige Kasuistik der Postenabgrenzung überflüssig wird;
- jedoch ist auf die Bildung aussagekräftiger **Zwischensummen** geachtet worden (Ziffer 6, 11, 14, 16, 19, 22, 25);
- gegenüber der GuV-Gliederung kommt die **Außenfinanzierung** am unteren Ende der Staffel hinzu, aufgeteilt in Brutto- (Ziffer 22) und Netto-Außenfinanzierung (Ziffer 25);
- jedoch wurde auf eine eindeutige **Schnittlinie zwischen Innen- und Außenfinanzierung** verzichtet. Der Erfolgszahlungssaldo im vorher erläuterten Sinn wäre bei Bedarf hinter Ziffer 17 einzufügen;
- Einnahmen und Ausgaben aus **Zinsen und Dividenden** werden als Erfolgszahlungen zusammengefaßt und als Zwischensumme ausgewiesen (Ziffer 11); sie spielen für Banken, Kapitalanlagegesellschaften und Konzern-Holdings eine dominierende Rolle;
- gewährte Eigen- und Fremdkapitalkredite (Ziffer 18) werden als **Finanzinvestitionen** interpretiert und von der **Außenfinanzierung** aus Eigen- und Fremdkapitalaufnahme (Ziffer 20, 21) mit zugehöriger Tilgung (Ziffer 23, 24) deutlich getrennt.

1.4 Ist-Finanzrechnung und Finanzplan

Die Finanzrechnung kann vergangenheitsorientiert (**Ist-Finanzrechnung**) oder zukunftsbezogen (**Finanzplan**) aufgestellt werden. Die Ist-Finanzrechnung dient Dokumentationszwecken (wie der Jahresabschluß) oder wird als Kontrollrechnung der Finanzplanung verwendet, um als Differenz Finanzabweichungen zwischen Plan und Ist aufzudecken (wie Kostenabweichungen der Plankostenrechnung).

Die Finanzplanung bezweckt eine Prognose künftiger Zahlungsströme; diese Vorschau wird durch eine Vorgabekomponente ergänzt (z. B. normative Vorgabe von möglichst zu erreichenden Soll-Verkaufseinnahmen). Der **Planungshorizont der Finanzplanung** hängt von den praktischen Prognosemöglichkeiten ab. Grundlage ist eine Jahres-Finanzplanung, ergänzt einerseits durch eine kurzfristige (z. B. Monats-) Finanzplanung, andererseits durch eine mehrjährige Finanzplanung.

2. Integration von Finanzrechnung und Zielsystem

Die Notwendigkeit des Rechnungswesens im allgemeinen und einer Finanzrechnung im besonderen ergibt sich aus dem **Zielsystem der Unternehmung**, insb. aus wertmäßig definierten Formalzielen der Unternehmung. Abb. 4 zeigt als Koordinatensystem eine Kombination von Liquiditäts- und Gewinnziel der Unternehmung.

Abb. 4: Liquiditäts- und Erfolgsziel

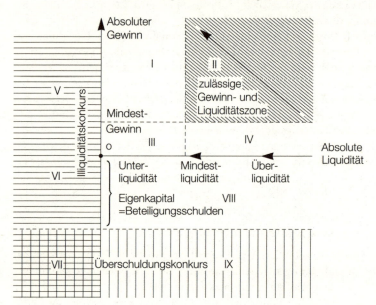

Das **Liquiditätsziel** als Abszisse von Abb. 4 ist kein Gründungsmotiv, wohl aber eine Existenzbedingung der Unternehmung und dient als Entscheidungsziel für Finanzierungsentscheidungen. Maßgröße ist der Liquiditätssaldo aus Abb. 2 bis 3. Illiquidität links vom Nullpunkt führt in der Ist-Finanzrechnung zum Konkurs der Unternehmung, muß deshalb schon im Finanzplan vermieden werden. Unterliquidität bedeutet zwar Liquidität, erfüllt aber nicht die Mindestliquidität in Höhe der unternehmungsindividuell vorgesehenen Soll-Liquiditätsreserve. Überliquidität wird abgebaut, weil die finanziellen Sicherheitsüberlegungen dort erfüllt sind und ein Abbau der Überliquidität die Rentabilität vergrößert.

Das **Gewinnziel** als Ordinate von Abb. 4 ist das zentrale Gründungsmotiv und Unternehmungsziel der marktwirtschaftlichen Unternehmung. Maßstab ist ein näher zu präzisierender Gewinn (insb. der Jahresüberschuß

2. Integration von Finanzrechnung und Zielsystem

der GuV). Unterhalb des Nullpunkts liegt die Verlustzone vor, bei der eine Eigenkapitalauszehrung erfolgt. Übersteigt der Verlust sogar das vorhandene Eigenkapital, so ist das Eigenkapital aufgezehrt; als Folge tritt bei haftungsbeschränkten und/oder Kapitalgesellschaften im Ist der Überschuldungskonkurs ein. Oberhalb des Nullpunkts liegt die Gewinnzone vor. Der Gewinn soll möglichst hoch sein und vor allem den für Substanzerhaltung, Selbstfinanzierung und Dividende nötigen Mindestgewinn überschreiten.

Die Unternehmung muß schon in der Planung die waagerecht schraffierte **Illiquiditätszone** ebenso vermeiden wie die senkrecht schraffierte **Überschuldungszone**; entsprechende Pläne stellen entscheidungstheoretisch unzulässige Lösungen dar. Angestrebt wird der positive Quadrant rechts oberhalb des Nullpunkts. Zusätzlich sollen Mindestliquidität und -gewinn erfüllt sein (diagonal schraffierte Zone). Innerhalb dieser zulässigen Gewinn- und Liquiditätszone werden Pläne mit möglichst weit links oben liegenden Gewinn/Liquiditäts-Kombinationen angestrebt.

Wachstum als drittes mögliches Formalziel muß auf einem anderen Maßstab als Abb. 4 beruhen, weil Wachstum der Liquidität als Überliquidität unerwünscht ist bzw. Wachstum des Gewinns nur ein umbenanntes Gewinnziel wäre. In Frage kommt als Wachstumsmaßstab im Idealfall eine outputorientierte Stromgröße (z. B. Umsatzeinnahmen oder Wertschöpfung). Eine Bestandsgröße (z. B. Bilanzsumme der Industrieunternehmung) oder Inputgröße (z. B. Kapazität, Arbeitnehmerzahl) hat demgegenüber Nachteile.

Abb. 5 (S. 52) zeigt das entstehende **System der wertmäßigen Unternehmungssteuerung** mit dem Schwerpunkt auf Stromgrößenrechnungen. Zunächst werden die Zahlungsströme der Unternehmung im Zahlungszeitpunkt in der Finanzrechnung als (6) Ausgaben bzw. (7) Einnahmen erfaßt; gegenüber Abb. 2 bis 3 liegt aus darstellungstechnischen Gründen eine Links/Rechts-Vertauschung in der Finanzrechnung vor. Die (Erfolgs-)Ausgaben und Einnahmen werden im nächsten Schritt periodisiert und führen dann zu (4) Aufwand bzw. (5) Ertrag (= Umsatz) der GuV (erfaßt im Verbrauchs- bzw. Lieferzeitpunkt).

Der Kassen-EB der Finanzrechnung dient wie erläutert als Maßstab oder Zielgröße des (1) **Liquiditätsziels**, der Gewinn der GuV als Zielgröße des (2) **Gewinnziels**, die Ertragssumme der gleichen GuV als Zielgröße des (3) **Wachstumsziels** (ersatzweise Wertschöpfung der gleichen GuV oder Einnahmensumme der Finanzrechnung, in Abb. 5 zeichnerisch nicht berücksichtigt). Im Beispiel ist unterstellt, daß der Kassen-Endbestand als Liquidität mindestens 1% der Perioden-Einnahmen ausmachen soll, der Gewinn mindestens 10% des Periodenumsatzes (Umsatzrentabilität also mindestens 10%) und das Mindestwachstum mindestens 10% gegenüber dem Vorjahr. Im Prinzip reicht also eine kombinierte (oder integrierte)

Abb. 5: Stromgrößenrechnung und Unternehmenssteuerung

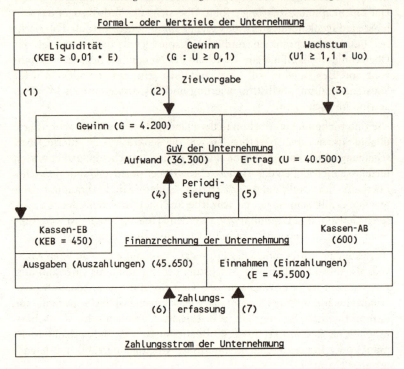

Finanz- und Erfolgsplanung zur Überwachung der zentralen Formalziele Liquidität, Gewinn und Wachstum aus.

Die Pfeilrichtungen können gegenüber Abb. 5 auch umgekehrt werden. Eine Umkehrung bei (1) bis (3) bedeutet eine **Zieländerung** (insb. wegen mangelnder Realisierbarkeit der Ziele in der Finanz- oder Erfolgsplanung, z. B. faktische Verlustbegrenzung statt der gesetzlich vorgegebenen Gewinnerzielung bei der Bundesbahn). Eine Umkehrung der Pfeile (4) bis (7) bedeutet dagegen, daß die Finanz- und Erfolgsplanung bzw. die dahinter stehenden Unternehmungsziele den Anstoß liefern, die **Zahlungsströme** der Unternehmung im Sinne besserer Zielerreichung aktiv **zu ändern**. Eine Einflußnahme bei (4) und (5) bei unveränderter Finanzrechnung bedeutet nur eine andere Periodisierung und damit nur eine Gewinn- oder Verlustverlagerung in andere Perioden. Eine dauerhafte Liquiditäts- oder Gewinnverbesserung erfordert darüber hinaus eine Ausgabensenkung (6) oder Einnahmenerhöhung (7) innerhalb der tatsächlichen Zahlungsströme.

Abb. 6 knüpft an diese Konzeption an und gibt einige Zusatzinformationen. Insbesondere sind Finanz- und Erfolgsrechnung als Stromgrößen-

2. Integration von Finanzrechnung und Zielsystem

Abb. 6: Rechnungswesen und Zielsystem

1	Name des Rechnungssystems	Finanzrechnung (F)		Bilanz (B)		Erfolgsrechnung (E)	
2	Komponenten und Salden des Rechnungssystems	Perioden-Einnahmen 45500 Anfangs-bestand 600	Perioden-Ausgaben 45650	Nichtgeld-Vermögen 48800	Schulden 46550	Perioden-Aufwand/ Kosten 36300 Dividende 1500	Perioden-Ertrag/ Erlös 40500
				Liquiditätssaldo = 450		Gewinneinbehaltung 2700	
3	Ziel system	Liquidi-tätsziel	detailliert	global		–	
4		Erfolgs-ziel	–	global		detailliert	
5		Wachs-tumsziel	Einnahmen-Wachstum	Vermögens-Wachstum		Ertrags- (Umsatz-) Wachstum	

rechnungen jetzt nebeneinander angeordnet und durch eine dazwischen eingeschobene Bilanz als Bestandsgrößenrechnung ergänzt. Gleichbedeutend kann auch gesagt werden, daß der übliche **Jahresabschluß** (bestehend aus Bilanz und GuV) durch eine **Finanzrechnung** zu einem **dreiteiligen Rechnungssystem** ergänzt wird. Dieser Mechanismus gilt für Ist- und Planrechnungen grundsätzlich in gleicher Weise, obwohl die unternehmungspolitische Vorteilhaftigkeit eines dreiteiligen Rechnungssystems als Planungssystem größer sein dürfte; dann liegt eine integrierte Finanz-, Bilanz- und Erfolgsplanung vor (statt nur Finanz- und Erfolgsplanung).

Fragt man nach dem unternehmungspolitischen Lenkungsnutzen der zusätzlich eingefügten Bilanz, so gilt:

(a) Die **unternehmungspolitische Zielüberwachung** wird durch die Bilanz nicht oder kaum verbessert. Die Bilanz kann wie die Finanzrechnung das Liquiditätsziel überwachen, aber wie erläutert nur in globaler Form (Liquiditätssaldo) statt detailliert (Einnahmen- und Ausgabenstruktur). Ebenso kann die Bilanz wie die GuV das Erfolgsziel überwachen, aber nur in globaler Form (Gewinnsaldo) statt detailliert (Ertrags- und Aufwandsstruktur). Die Bilanz kann ferner das Wachstum überwachen, sofern es wie in Bankbetrieben an der Bilanzsumme gemessen wird. Die Bilanz liefert bei jedem Unternehmungsziel eine schlechtere Zielüberwachung als die jeweils geeignete Stromgrößenrechnung, kann allerdings als Mehrzweckinstrument mehrere Unternehmungsziele nebeneinander überwachen. Ein hohes Vermögen ist kein Ziel der Unternehmung; allenfalls ist ein niedriges Vermögen bei einer Industrieunternehmung als typischem Nettoschuldner Mittel zum Zweck der Kapitalkostensenkung und damit der Gewinnerhöhung.

54 *Kapitel 2: Integrierte Finanz-, Bilanz- und Erfolgsplanungen*

Vor diesem Hintergrund ist es dem Verfasser seit einem Vierteljahrhundert ein Rätsel, warum die BWL des 20. Jahrhunderts die **Bilanz** in Theorie und Praxis in den Mittelpunkt stellt, die **GuV** dagegen vernachlässigt und sich um die **Finanzrechnung** nur ganz am Rande kümmert. Die wichtigen Stromgrößenrechnungen werden permanent unterschätzt. Dieses Rätsel wird noch größer, wenn man bedenkt, daß *Schmalenbach* (1962) in seiner Dynamischen Bilanzlehre der GuV seit einem dreiviertel Jahrhundert Vorrang gegenüber der Bilanz einräumt und daß die mangelnde Eignung des traditionellen Jahresabschlusses für Zwecke der Liquiditätsüberwachung seit Jahrzehnten einhellig beklagt wird.

(b) Eine ganz andere Überlegung ist, daß die **Bilanz als buchhaltungstechnisches Verbindungsglied** zwischen Finanz- und Erfolgsrechnung dient. Fallen Zahlungs- und Gewinneffekt nach Werthöhe und Zeitpunkt zusammen (z. B. Barverkäufe, Löhne, Zinsen), so wird nur die

Abb. 7: Zusammenhang der Veränderungsbilanz mit Anfangs-, Schlußbilanz und Stromgrößenrechnung

	Anfangsbilanz 1	
	Grundstücke 5.000 Gebäude 5.000 Maschinen 16.200 Material 1.350 Produkte 5.900 Forderung 7.500 Kasse 600	Eigenkapital 16.550 Fremdkapital 25.000
	41.550	41.550

Finanzrechnung 1		Veränderungsbilanz 1		Erfolgsrechnung 1	
Verkauf 40.500 Kredit 5.000 Kassen-AB 600	Material 14.150 Lohn 7.500 Investition 10.000 Zinsen 2.500 Verwaltung 6.000 Dividende 1.500 Tilgung 4.000 Kassen-EB 450	Grundstücke 0 Gebäude -500 Maschinen 7.950 Material 1.350 Produkte -2.950 Forderung 2.000 Kasse -150	Gewinneinbehaltung 2.700 Fremdkapital 5.000	Material 12.800 Bestandsverringerung 2.950 Lohn 7.500 Abschreibung 4.550 Zinsen 2.500 Verwaltung 6.000	Ertrag 40.500
				Gewinn 4.200	
46.100	46.100	7.700	7.700	40.500	40.500

	Schlußbilanz 1	
	Grundstücke 5.000 Gebäude 4.500 Maschinen 24.150 Material 2.700 Produkte 2.950 Forderung 9.500 Kasse 450	Eigenkapital 19.250 Fremdkapital 30.000
	49.250	49.250

3. Integration in Bilanz und Erfolgsrechnung 55

Finanz- und Erfolgsrechnung betroffen, nicht aber die Bilanz. Fallen Zahlungs- und Gewinneffekt dagegen wertmäßig oder zeitlich auseinander, so springt die Bilanz als buchhaltungstechnisches Verbindungsglied ein und erfaßt z. B. Kundenforderungen, Pensionsrückstellungen oder auch Sachanlagen als Differenzgrößen zwischen Liquidität und Gewinn. Die Bilanz erfaßt damit Bestände als Abfallprodukte der Periodisierung von Stromgrößen. Das betrifft in Abb. 7 zunächst die Veränderungs- oder Bewegungsbilanz, die horizontal Stromgrößendifferenzen zwischen Liquidität und Gewinn erfaßt, vertikal Bestandsdifferenzen zwischen Anfangs- und Schlußbilanz. Die Beispielszahlen von Abb. 7 entsprechen denen von Abb. 5, 6 bzw. denen der folgenden Abb. 12.

Insgesamt ergibt sich, daß die Bilanz als buchhaltungstechnisches Verbindungsglied und als Bestandsgrößenausweis, weniger aber für die Überwachung von Unternehmungszielen bedeutsam ist. Deshalb wird hier auch programmatisch von einem **integrierten Finanz- und Erfolgsplan** gesprochen, obwohl zusätzlich eine Planbilanz enthalten ist.

3. Integration der Finanzrechnung in Bilanz und Erfolgsrechnung

Im Abschnitt 2 wurde zu zeigen versucht, warum eine Finanzrechnung (insb. Finanzplanung) im Hinblick auf das Zielsystem der Unternehmung erforderlich ist. Das läßt die Frage offen, wie eine **integrierte Finanzrechnung realisiert** werden kann. Dazu werden jetzt mehrere Möglichkeiten betrachtet. Vorab können drei Alternativen aus der weiteren Betrachtung ausgeschlossen werden:

(1) Die **Bilanz** gemäß Abb. 1 ist als Bestandsgrößenrechnung für finanzrechnerische Zwecke wie erläutert wenig geeignet.

(2) Die **Bewegungs- oder Veränderungsbilanz** wird zwar oft auch Kapitalflußrechnung genannt, ist aber als Finanzierungsrechnung ebenfalls weniger geeignet. Gemäß Abb. 7 ist sie eigentlich eine Differenzenrechnung zwischen Liquidität und Gewinn und damit keine rein liquiditätsbezogene Rechnung. Sie enthält bei indirekter Ermittlung z. B. Posten wie Gewinn, Anlagenabschreibungen und Zuweisung zu Rückstellungen, deren finanzrechnerische Zusammenhänge nur Eingeweihte überblicken.

(3) Ein **isoliert aufgestellter Finanzplan** wird ohne personellen und/oder sachlichen Zusammenhang mit dem Erfolgsplan aufgestellt, indem andere Unternehmungsmitglieder andere Ausgangsgrößen benutzen und dadurch mit hoher Wahrscheinlichkeit zu einem Finanzplan kommen, der nicht kompatibel mit dem Erfolgsplan ist.

3.1 Ableitung des Finanzplans aus dem Erfolgsplan

Eine Minimalform der Integration liegt vor, wenn der **Finanzplan** gemäß Variante (1) von Abb. 8 **aus** einem bereits vorliegenden **Erfolgsplan** abgeleitet wird.

Abb. 8: Erstellung des Finanzplans

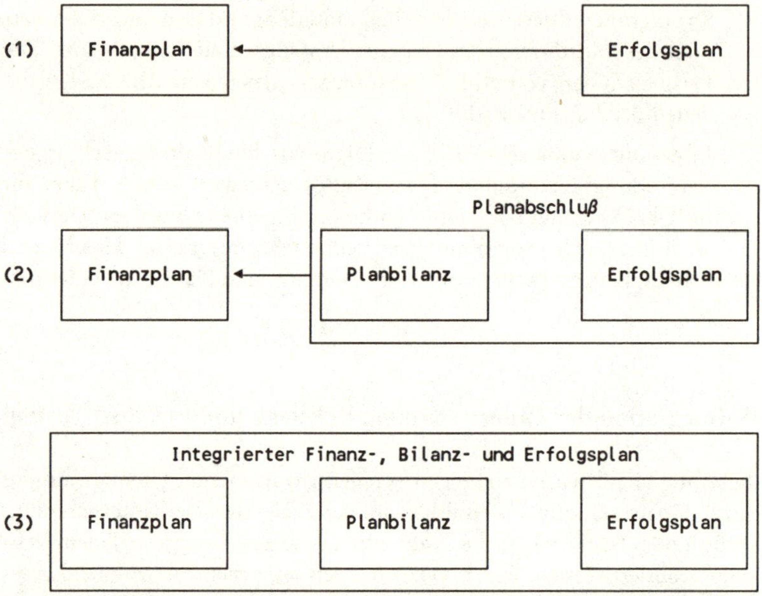

(1) Finanzplan ← Erfolgsplan

(2) Finanzplan ← Planbilanz — Erfolgsplan (Planabschluß)

(3) Finanzplan — Planbilanz — Erfolgsplan (Integrierter Finanz-, Bilanz- und Erfolgsplan)

Das theoretische Problem ist dann, aus periodisierten Erfolgsgrößen auf unperiodisierte Zahlungsgrößen zurückzuschließen. Dabei treten im Erfolgsplan als Ausgangsgröße im einzelnen folgende Störfaktoren auf:

(a) Fehlende Finanzeinnahmen und -ausgaben einschließlich Finanzinvestitionen bzw. -desinvestitionen,
(b) Fehlende Ausgaben für nichtabnutzbare Anlagen (z. B. Grundstücke),
(c) Periodisierung in bezug auf die Lagerdauer (z. B. Lagerumschlag für Werkstoffe, Maschinen, Gebäude usw.),
(d) Periodisierung in bezug auf die Zahlungsfristen (Anzahlungs- und Zielkaufsanteil in Absatz und Beschaffung),
(e) Existenz ausgabenloser Zusatzkosten,
(f) Fehlen betriebszweckneutraler Ausgaben und Einnahmen,
(g) Vorliegende Segmentierung der Rechnung nach Produktarten,
(h) Vorliegende Segmentierung der Rechnung nach Produkteinheiten (Stücken).

3. Integration in Bilanz und Erfolgsrechnung 57

Soll der Finanzplan aus einer **Plankostenkalkulation** abgeleitet werden, so liegen alle Probleme (a) bis (h) vor; die Aufgabe ist fast unlösbar. Dient eine **Kostenträger-Zeitrechnung** als Ausgangsbasis des Finanzplans, entfällt wenigstens Problem (h); es liegen immerhin schon Perioden- statt Stückgrößen vor. Eine **Kosten- und Erlösrechnung der Gesamtunternehmung** als Ausgangsbasis läßt zusätzlich Problem (g) verschwinden; es liegen bereits Periodenwerte der Gesamtunternehmung statt einer Produktart vor. Sofern der gewünschte Finanzplan aus einer **Plan-GuV** abgeleitet werden soll, entfallen weiterhin (e) und (f); es muß weder ein unbekannter Zusatzkostenanteil eliminiert noch die unbekannte Höhe betriebsneutraler Zahlungen ergänzt werden.

Eine **Plan-GuV** liefert also die relativ beste Ausgangsbasis für den gewünschten Finanzplan. Trotzdem verbleiben die Probleme (a) bis (d). Es muß abgeschätzt werden, wie weit Ausgaben und Einnahmen vom Aufwand bzw. Ertrag abweichen durch (d) Zahlungsfristen im Ein- und Verkauf und (c) Lagerdauer bzw. -umschlag für Sachgüter. Als Hilfsmittel kommen Zahlungsspektren bzw. Lagerumschlagskoeffizienten in Frage. Ferner muß die in der GuV fehlende Höhe der (b) Grundstückskäufe sowie (a) Finanzzahlungen einschl. Finanzinvestitionen schätzungsweise ergänzt werden. Je höher diese Posten sind und je weniger Informationen darüber vorliegen, desto größer ist das Fehlschätzungsrisiko für die Finanzplanung mit der Folge eines falschen Innen- und/oder Außenfinanzierungssaldos und damit eines falschen Liquiditätssaldos. Insofern sind derartige Versuche nur erfolgversprechend, wenn ausnahmsweise hinreichende Informationen vorliegen.

3.2 Ableitung des Finanzplans aus einem Planabschluß

Viel günstiger ist die Situation, wenn der gewünschte **Finanzplan** gemäß Variante (2) von Abb. 8 **aus einem Planabschluß** abgeleitet werden soll. Neben der ohnehin günstigen Ausgangssituation einer Plan-GuV liegt dann zusätzlich eine Planbilanz vor. Damit verschwinden im Grundsatz auch die genannten Probleme (a) bis (d). Die Effekte von (d) Zahlungsfristen und (c) Lagerfristen sowie die fehlende Höhe von (b) Grundstückskäufen sowie (a) Finanzzahlungen einschl. Finanzinvestitionen sind dann grundsätzlich aus der hinzukommenden Planbilanz zu erkennen. Allerdings verschwindet damit nicht das Problem von Fehlprognosen im Planabschluß bzw. im daraus abgeleiteten Finanzplan.

Das gleiche Resultat läßt sich auch aus Abb. 7 ableiten. Mit dem Planabschluß liegt neben der Erfolgsrechnung auch eine Schluß- und Anfangsbilanz und damit als Differenz auch eine **Bewegungs- oder Veränderungsbilanz** vor. Wenn die Veränderungsbilanz wie erläutert eine Liquiditäts-/Gewinn-Differenzenrechnung ist, liefert ihre Addition mit der **Erfolgsrechnung** die gewünschte **Finanzrechnung**. Diese indirekt ermittelte Rechnung wird als **Kapitalflußrechnung** statt Finanzrechnung bezeichnet, ist aber vom Aussagewert her grundsätzlich gleichwertig. Wie Abb. 7 zeigt, ist eine solche Rechnung weder vom Ermittlungsweg noch vom Aussagewert her mit einer Bewegungs- oder Veränderungsbilanz gleichzusetzen. Bei richtiger Rechnung kommt ein betragsgenauer Liquiditätssaldo heraus; allerdings ist die Aufspaltung in einen betragsrichtigen Innen- und Außenfinanzierungssaldo nicht immer möglich.

Abb. 9 verdeutlicht, daß diese Kapitalflußrechnung im Vergleich zur Finanzrechnung bei gleicher Zwecksetzung auf Umwegen ermittelt wird:

Abb. 9: Zusammenhang von Finanz- und Kapitalflußrechnung

(a) aus der Finanzrechnung als Auflistung aller unperiodisierten Einnahmen und Ausgaben entsteht durch **Periodisierung der Zahlungen** ein Jahresabschluß, bestehend aus Bilanz und GuV (allgemein: Erfolgsrechnung);
(b) aus der Jahresbilanz sowie der Bilanz der Vorperiode läßt sich eine **Veränderungs- oder ggf. Bewegungsbilanz** ableiten;
(c) die additive Verknüpfung dieser Bewegungsbilanz und der GuV ergibt schließlich die **Kapitalflußrechnung**; sie entspricht in der Zwecksetzung und -zumindest näherungsweise – im Aufbau der ursprünglichen Finanzrechnung. Damit ist der Kreis geschlossen; die Periodisierung ist rückgängig gemacht. Aus der unperiodisierten ist die peri-

3. Integration in Bilanz und Erfolgsrechnung

odisierte Rechnung geschaffen und wieder rückgängig gemacht worden, so daß wieder eine unperiodisierte Rechnung wie am Anfang der Kette vorliegt.

Für den **externen Jahresabschlußadressaten**, welcher die tatsächlichen Zahlungsströme und damit die Finanzrechnung nicht kennt, ist der beschriebene Ermittlungsweg der Kapitalflußrechnung sinnvoll, ja sogar notwendig. Etwas anderes gilt dagegen für den **unternehmungsinternen Aufsteller** des Jahresabschlusses; er kann direkt eine Finanzrechnung erstellen.

Vom Zahleninhalt her liegt bei dieser (Kapitalfluß-) Rechnung eine sachliche Integration mit dem Planabschluß gemäß Variante (2) von Abb. 8 vor. Der äußeren Form nach sind aber **zwei** völlig verschieden aussehende **Untervarianten** möglich:

– **Faßt man** wirtschaftlich zusammengehörige GuV-Posten (z. B. Umsatzerlöse) und Bilanzposten (z. B. Änderung der Kundenforderungen und erhaltene Anzahlungen) **zusammen**, entsteht als Saldo die gewünschte Umsatzeinnahme. Voraussetzung sind aber vorhandene Zusatzinformationen über diese Zusammengehörigkeit für jeden Bilanzposten.

– **Faßt man dagegen** wegen fehlender Zusatzinformationen diese zusammengehörigen Posten **nicht zusammen**, so weist die entstehende Rechnung im Beispiel sowohl Umsatzerlöse als auch Änderungen der Kundenforderungen und erhaltenen Anzahlungen getrennt aus. Das Fehlen der nötigen Zusatzinformationen verhindert dann nicht die Aufstellung der gewünschten Finanzierungsrechnung. Als Folge entsteht trotzdem eine betragsgenaue Liquiditätsrechnung, die aber durch die verbleibenden Postenbezeichnungen des Jahresabschlusses terminologisch verfremdet ist. Ein Uneingeweihter würde kaum vermuten, daß diese Rechnung einer Finanzrechnung gleichwertig ist.

3.3 Integrierter Finanz- und Erfolgsplan

Die theoretisch sauberste Lösung liegt vor, wenn der Finanzplan nicht sukzessiv aus dem Planabschluß abgeleitet wird, sondern gemäß Variante (3) von Abb. 8 simultan mit ihm erstellt wird. Dann liegt eine **integrierte Finanz- und Erfolgsplanung** im engeren Sinne **mit zwischengeschalteter Planbilanz** als Verbindungselement vor.

Abb. 10: Ermittlung der Finanzrechnung

Kapitel 2: Integrierte Finanz-, Bilanz- und Erfolgsplanungen

Gemeinsamer Hintergrund ist die Überlegung gemäß Abb. 10, daß (1) **differenzierte Einnahmen- und Ausgabenkonten** (z. B. Verkaufseinnahmen, Lohnausgaben) am Periodenende zur (2) **Finanzrechnung** abgeschlossen werden (Schritt a) und der Liquiditätssaldo dieser Finanzrechnung in das (3) **Geldkonto der Bilanz** übertragen wird (Schritt b). Dann bieten sich drei Alternativen an, um einen mit dem Planabschluß integrierten Finanzplan entstehen zu lassen (bzw. für Kontrollzwecke eine mit dem Jahresabschluß integrierte Ist-Finanzrechnung):

(I) Der übliche Planabschluß weist nur ein Geldkonto (3) aus. Dieses **Geldkonto** muß in einem zusätzlichen Planungsschritt **manuell ausgewertet** und in einzelne (1) Einnahmen- und Ausgabenkonten aufgelöst werden. Die Einnahmen- und Ausgabenkonten müssen so tief differenziert werden, wie es die angestrebte Gliederung der Finanzrechnung verlangt. Dieser manuelle Weg ist aber mühselig.

(II) Alle Zahlungsvorgänge werden wie üblich auf dem (3) Geldkonto erfaßt. Alle **Zahlungsvorgänge** erhalten aber schon vor der (tabellarischen oder buchhalterischen) Erfassung im Plan eine zusätzliche **Kontrollziffer** mit der Nummer des zuständigen (1) Einnahmen- oder Ausgabenkontos eingegeben. Die Kontierung erfolgt also doppelt. Eine EDV-Auswertung aller Zahlungsvorgänge liefert dann die (1) Einnahmen- und Ausgabenkonten, die im Jahres- oder ggf. Monats-, Wochen- oder Tagesrhythmus zur (2) Finanzrechnung abgeschlossen werden (Abschlußbuchung a aus Abb. 10).

(III) Alle **Zahlungsvorgänge werden von vornherein** auf dem (1) **Einnahmen- oder Ausgabenkonto** statt (3) Geldkonto erfaßt. Die Menge der Zahlungsbuchungen bleibt dabei gegenüber dem üblichen Erfassen auf einem Geldkonto unverändert. Es kommen lediglich für jedes Einnahmen- und Ausgabenkonto eine Abschlußbuchung a aus Abb. 10 hinzu und eine Abschlußbuchung b der Finanzrechnung zur Bilanz. Im Ist statt Plan sollen die Abschlußbuchungen a und b nach § 146 I AO allerdings täglich erfolgen.

Der Weg (III) ist der theoretisch perfekteste. Faßt man die Zahl der Buchungen als Indikator für die Kosten der laufenden Durchführung auf, bleiben die Buchungsanzahl und damit die Kostenhöhe praktisch fast unverändert (im Vergleich zum üblichen Jahresabschluß). Die Schwierigkeiten liegen also nicht in der **laufenden Kostenhöhe**, sondern im **einmaligen Umstellungsaufwand** (insb. Änderung des Kontenrahmens, der EDV-Programme, Organisationsabläufe usw.). Nimmt man diese Mühe auf sich, erhält man ohne nennenswerten laufenden Mehraufwand ein aussagekräftigeres Planungsrechnungssystem, in dem gemäß Abb. 6 die globale durch eine detaillierte Liquiditätsüberwachung ersetzt ist.

3. Integration in Bilanz und Erfolgsrechnung

Abb. 11: Gütertransaktionen und Rechnungswesen

Rechnungssystem \ Gütertransaktion			Finanzrechnung				Bilanz						Erfolgsrechnung
			FE	EE	FA	EA	RF	NF	BG	AV	RS	NS	A/K	E/E
			Finanzeinnahmen	Erfolgseinnahmen	Finanzausgaben	Erfolgsausgaben	Realforderungen	Nominalforderungen	Bargeld-Vermögen	Absolutes Vermögen	Realschulden	Nominalschulden	Aufwand/Kosten	Ertrag/Erlös
	I. Bar-	1		+										+
(A) Absatz (Verkauf)	II. Zielverkauf	2						+				−		+
		3	+					−						
	III. Anzahlungsverkauf	4	+									+		
		5										−		+
(B) Beschaffung (Einkauf)	I. Bareinkauf	6				+			+					
		7							−				+	
	II. Zieleinkauf	8							+		+			
		9				+			−					
		10							−				+	
	III. Anzahlungseinkauf	11				+	+							
		12					−				+			
		13							−				+	
(C) Selbständige Nominalkredite	I. Gewährung	14				+	+							
		15	+				−							
	II. Aufnahme	16	+									+		
		17				+						−		

Abb. 11 zeigt den Weg (III) in schematischer Darstellung. Alle **Absatzvorgänge** erscheinen in Zeile 1 bis 5 als Erfolgseinnahmen und Ertrag, die bei Barverkauf zeit- und wertgleich anfallen. Der Buchungssatz lautet: Erfolgseinnahme an Ertrag; ein Plus in diesen Spalten bedeutet eine Wertzunahme dieser Posten. Beim Ziel- und Anzahlungsverkauf fallen Einnahmen und Erträge dagegen zeitlich auseinander und werden durch Bilanzposten überbrückt (Nominalforderungen i. S. v. Geldforderungen bzw. Realschulden i. S. v. erhaltenen Anzahlungen).

62 Kapitel 2: Integrierte Finanz-, Bilanz- und Erfolgsplanungen

Alle **Beschaffungsvorgänge** erscheinen in Zeile 6 bis 13 als Erfolgsausgabe und Aufwand. Beim Bareinkauf nicht lagerfähiger Güter sind beide Posten ebenfalls zeit- und wertgleich (Buchungssatz: Aufwand an Erfolgsausgabe). Bei Lager- und Zahlungsfristen fallen Aufwand und Ausgabe dagegen zeitlich auseinander und werden durch absolutes i. S. v. Sachvermögen (bei Lagerfristen) bzw. durch Realforderungen i. S. v. geleisteten Anzahlungen bzw. durch Nominalschulden i. S. v. Geldschulden (bei Zahlungsfristen) überbrückt.

Bei **Kreditaufnahmen** i. S. v. Außenfinanzierung (Zeile 16 f.) bzw. **Finanzinvestitionen** (Zeile 14 f.) entstehen Finanzeinnahmen und -ausgaben bzw. zur zeitlichen Überbrückung der Kreditlaufzeit in der Bilanz Nominalschulden bzw. -forderungen. Die zugehörigen Zinsen bzw. Dividenden erscheinen unter Ziffer 1 bis 13. Am Periodenende werden die Salden von Finanz- und Erfolgsrechnung in die Bilanz als Verbindungsglied übertragen.

4. Integration des Finanz- und Erfolgsplans mit dem Gütermengengerüst

Liegen überschaubar einfache Produktionsstrukturen vor (wenige Produkte bis hin zum Einproduktbetrieb), kann die integrierte Finanz- und Erfolgsplanung gemäß Abb. 11 zusätzlich mit dem **Gütermengengerüst** verzahnt werden. Dadurch entsteht eine weitere Integrationsebene. Alle Wertegrößen lassen sich dann auf Mengen- und/oder Preiseffekte zurückführen. Mengen- oder Preisänderungen ziehen automatisch Wertänderungen nach sich. Interdependenzen zwischen den Wertgrößen über das Mengengerüst werden automatisch erfaßt (z. B. Zusammenhang von Umsätzen und Investitionsausgaben über mengenmäßige Bestandsänderungen und Produktionskoeffizienten).

Formell werden dabei vier Elemente zugrunde gelegt:

(1) **Wertegleichung:** Wert = Menge × Preis
(2) **Lagerformel,** aufgelöst nach dem nötigen Zugang: Zugang = Abgang + Endbestand − Anfangsbestand
(3) **Faktorverbrauchsformel:** Produktionsfaktormenge = Herstellmenge × Produktionskoeffizient
(4) Erfassung der Wertgrößen mit Hilfe der **doppelten Buchhaltung** gemäß Abb. 11.

Die Werte des integrierten Finanz- und Erfolgsplans mit Planbilanz werden gemäß (1) in eine Mengen- und Preiskomponente aufgelöst. Das Mengengerüst des Plans wird nach der Lagerformel (2) und Faktorverbrauchsformel (3) entwickelt. Die Wertgrößen des Plans (4) werden doppisch gemäß Abb. 11 eingebucht.

4. Integration mit dem Gütermengengerüst

Abb. 12: Beispiel eines integrierten Finanz- und Erfolgsplans (in TDM)

Mengenplanung	Preis [DM]	Finanzrechnung		Bilanz		Erfolgsrechnung	
		Ein-nahmen (E)	Aus-gaben (A)	Ver-mögen (V)	Schul-den (S)	Aufwand/Kosten (K)	Ertrag/Erlös (E)
I. Produktmengen							
Verkaufsmengen 4500		9000	35500	5000			40500
Forderungs-AB				7500			
Forderungstilgung			3000	−3000			
Anzahlung			2000			2000	
+EB ⎫ Bestandsver- 500				−2950			2950
−AB ⎭ ringerung=500 1000		5900		5900			
= Herstellung 4000							
II. Einsatzgüter-							
Verbrauchsmengen							
(= Herstellmenge 4000							
× Produktionskoeffizient)							
Werkstoff 400000							
Arbeit 15000000							
Maschine 14400000							
Strom 20000000	0,1		2000			2000	
III. Werkstoffmengen	27						
Verbrauch aus II 400000				−10800		10800	
+EB 100000							
− AB 50000				1350			
= Zugang 450000			12150	12150			
IV. Personalzahlen							
− Nötiger AB =							
15000000:125000 = 120		60000	7200			7200	
− Leer-AB 5		60000	300			300	
= − Vorhandener AB 125							
+ EB 160							
+ Abgang 10							
= Einstellungen 45							
V. Maschinenzahlen							
− Nötiger AB =							
14400000:120000= 120		30000		−3600		3600	
− Leer-AB 15		30000		−450		450	
= − Vorhandener AB 135		300000		16200			
+ EB 160							
+ Abgang 15							
= Investitionen 40		300000		12000	12000		
VI. Immobilien							
Grundstücke				5000			
Gebäude				5000			
− Abschreibung	5%			−500		500	
VII. Verwaltung				6000		6000	
VIII. Kredite und Kasse							
Kassen-AB			600				
Eigenkapital					16550		
Dividende			1500			1500	
Darlehensschulden					25000		
Tilgung			4000		−4000		
Zinsen	10%		2500			2500	
Vorläufige Summe			41100	47650	48800	39550	37800	40500
Maschinenkauf auf Ziel				−2000		2000	
Kreditaufnahme			5000		5000		
Revidierte Summen			46100	45650	48800	46550	37800	40500
Salden				450		450	2700	2700
Endsummen			46100	46100	49250	49250	40500	40500

Abb. 12 zeigt dazu ein Zahlenbeispiel. Grundlage ist der integrierte Jahresplan einer **industriellen Einproduktunternehmung mit vier Elementarfaktoren** (Werkstoffe, Strom, Arbeit, Maschinen). Am Anfang oben links steht der Absatzmengenplan als Primärplan. Von dort aus werden nach unten gemäß (2) und (3) die Gütermengen abgeleitet, nach rechts gemäß (1) und (4) aus der Mengenspalte über die Preisspalte die sechs Wertespalten eines integrierten Finanz- und Erfolgsplans.

Auf der **Mengenebene** entstehen vertikal (I) nach der Lagerformel aus der Verkaufs- die Herstellmengen, (II) nach der Faktorverbrauchsformel aus den Herstellmengen der Produktionsfaktorbedarf und (III) nach der Lagerformel aus dem Werkstoffbedarf der Werkstoffbestand und -zugang. Unter (IV) ergibt sich aus dem Arbeitszeitbedarf der nötige Personal-Anfangsbestand und daraus in Verbindung mit dem erwarteten Personalabgang am Periodenende (z. B. Pensionierung, Kündigung) und dem gewünschten Personal-Endbestand der nötige Personalzugang am Periodenende (Einstellungsbedarf). Analog ergibt sich unter (V) aus dem Maschinenzeitbedarf der nötige Maschinen-Anfangsbestand und daraus in Verbindung mit dem erwarteten Maschinen-Abgang und dem gewünschten Maschinen-Endbestand der nötige Maschinen-Zugang (Investitionsmenge).

Wertmäßig entsteht im Beispiel gemäß Abb. 12 aus der Absatzmenge 4 500 und dem Absatzpreis von 9 000 DM ein Ertrag von 40 500 TDM; bei einem Zielverkaufsanteil von 5 000 TDM bedeutet das eine Erfolgseinnahme von 35 500 TDM (Buchung 1 bzw. 2 aus Abb. 11). Hinzu kommen Erfolgseinnahmen aus erhaltenen Anzahlungen (2 000) und aus Tilgung früherer Zielverkäufe (3 000); das entspricht Buchung 4 bzw. 3 aus Abb. 11.

Aus der Produktionsfaktorplanung sei beispielhaft nur die **Maschineninvestition** betrachtet. Mengenmäßig ergibt sich aus der Absatzmenge 4 500 und der geplanten Bestandsverringerung 500 eine (I) Herstellmenge 4 000 bzw. zusammen mit dem Produktionskoeffizienten von 3 600 min/Stück ein (II) Maschinenzeitbedarf von 14,4 Mio. Minuten. Das bedeutet unter (V) bei einer Jahreskapazität von 120 000 min/Maschine einen nötigen Anfangsbestand von 120 Maschinen. Bei einem vorhandenen Anfangsbestand von 135 Maschinen ergibt sich eine rechnerische Leerkapazität von 15 Maschinen bzw. eine Kapazitätsauslastung von 120 : 135 = 89%. Zusammen mit dem Abgang von 15 schrottreifen Maschinen am Periodenende und dem gewünschten Endbestand von 160 Maschinen (abgeleitet aus der Produktionsplanung des Folgejahres) ergibt sich ein rechnerischer Investitionsbedarf von 40 Maschinen am Periodenende. Der Anfangsbestand von 120 nötigen Maschinen erzeugt bei einer Jahresabschreibung von 30 000 DM/Maschine Nutzkosten von 120 × 30 000 = 3 600 TDM; bei 15 Maschinen Leerkapazität entstehen ferner Leerkosten von 15 × 30 000 = 450 TDM. Die Gesamtabschreibung beträgt 3 600 + 450 = 4 050 TDM (Buchung 7 aus Abb. 11).

Aus den Investitionen von 40 Maschinen entsteht bei einem Einkaufspreis von 300 000 DM/Maschine eine Investitionsausgabe von 12 000 TDM (Buchung 6 aus Abb. 11). Am unteren Ende des Plans zeigt sich ergänzend, daß zur Bankkreditbegrenzung 2 000 TDM aus dem Maschinenkauf als Zielkauf abgewickelt werden.

Insgesamt bedeutet die Absatzmenge 9 000 also im integrierten Finanz- und Erfolgsplan einen **Umsatz** von 40 500, **Erfolgseinnahmen** von 35 500 bzw. 40 500, **Investitionsausgaben** von 12 000 bzw. 10 000 und eine **Jahresabschreibung** von 4 050 TDM, ferner eine **Nettoinvestition** von 12 000–4 050 = 7 950 TDM.

Erweiterungen des Planansatzes gemäß Abb. 12 sind in verschiedener Richtung möglich:

- Bei Bedarf können in den integrierten Finanz- und Erfolgsplan zusätzlich Bestimmungsgleichungen für die Höhe der (a) anfallenden **Gewinnsteuern**, der (b) nötigen **Höhe der Außenfinanzierung** und/oder der (c) zulässigen **Höhe des Verschuldungsgrades** eingehen. Durch solche simultanen Gleichungssysteme lassen sich Wechselwirkungen zwischen Liquidität, Gewinn und Bilanzstrukturkennziffern darstellen und bestimmen.

- Ferner kann durch (ggf. EDV-unterstützte) **Simulationsvorgänge** ermittelt werden, welche Liquiditäts-, Gewinn-, Vermögens- und Schuldeneffekte durch gezielte Änderungen einzelner Planvariablen ausgelöst werden (z. B. durch Produktion auf Lager, Arbeitszeitverkürzungen, höhere Kapazitätsreserven, größere Wachstumsraten oder durch Neugründung der ganzen Unternehmung). Die Effekte einzelner unternehmungspolitischer Alternativlösungen lassen sich so mengen- und wertmäßig durchspielen.

- Eine weitere Komplikation besteht darin, den **zeitlichen Vorlauf der Produktion** im Mengengerüst explizit zu erfassen. Voraussetzung ist eine feinere Periodenunterteilung.

- Eine Verallgemeinerung von Abb. 12 für den **Mehrprodukt- und/oder Mehrperiodenfall** führt zu Matrixkalkülen.

5. Zusammenfassung

Die Finanzplanung ist das zentrale Instrument zur Überwachung des Liquiditätsziels und zur **Steuerung der Zahlungsströme und -bestände**. Da das Liquiditäts- und Gewinnziel sachlich eng miteinander verbunden sind, sollten auch die Überwachungsinstrumente für diese Ziele (**Finanz- und**

Erfolgsplanung) miteinander verzahnt aufgestellt werden. Als Verbindungselement zwischen Finanz- und Erfolgsplan und als Überwachungsinstrument für die Güterbestände kommt als drittes Planelement eine **Planbilanz** hinzu. Für die Ermittlung eines derartigen **dreiteiligen integrierten Planungssystems** kommen unterschiedliche Verfahren in Frage, die von pragmatischen Näherungslösungen bis zu einem buchungstechnisch integrierten Plan mit Gütermengengerüst reichen.

Literatur

Buchmann, R./Chmielewicz, K. (Hrsg.) (1990), Finanzierungsrechnung: Empfehlungen des Arbeitskreises „Finanzierungsrechnung" der Schmalenbach-Gesellschaft – Deutsche Gesellschaft für Betriebswirtschaft e. V., in: ZfbF-Sonderheft 26

Chmielewicz, K. (1976), Betriebliche Finanzwirtschaft, Bd. I: Finanzierungsrechnung, Berlin u. a.

Chmielewicz, K. (1976), Stichwort „Finanz- und Erfolgsplanung, integrierte", in: *Büschgen, H. E.* (Hrsg.), Handwörterbuch der Finanzwirtschaft, Stuttgart, Sp. 616–630

Hahn, D. (1981), Stichwort „Finanz- und Erfolgsplanung, integrierte", in: *Kosiol, E./Chmielewicz, K./Schweitzer, M.* (Hrsg.), Handwörterbuch des Rechnungswesens, 2. Aufl., Stuttgart, Sp. 557–568

Hahn, D. (1989), Stichwort „Integrierte Planung", in: *Szyperski, N.* (Hrsg.), Handwörterbuch der Planung, Stuttgart, Sp. 770–788

Hahn, D./Hölter, E./Disselkamp, E. (1983), Computergestütztes Modell zur Ausschüttungs-, Rücklagen- und Körperschaftsteuerberechnung, in: ZfbF 35, S. 727–741

Hauschildt, J. (1974), Entwicklungsschritte auf dem Weg zu einer integrierten Erfolgs- und Finanzplanung, in: Beiträge zur Finanzplanung und Finanzpolitik 14, S. 17–30

Kosiol, E. (1955), Finanzplanung und Liquidität, in: ZfhF (NF) 7, S. 251–272

Lehmann, M. R. (1925), Die Dreikontenreihentheorie, in: ZfhF 19, S. 341–361

Michel, R. (1979), Finance Controlling, Heidelberg

Schmalenbach, E. (1962), Dynamische Bilanz, 13. Aufl., Köln u. a.

Szyperski, N./Luther, F. (1980), FIESTA und PLAN: Dialogmodelle des BIFOA und der DATEV zur integrierten Finanz-, Ergebnis- und Steuerplanung kleiner Unternehmen, in: *Stahlknecht, P.* (Hrsg.), Online-Systeme im Finanz- und Rechnungswesen, Berlin, S. 220–228

Thoms, W. (1960), Die Buchhaltung als Instrument der Planungsrechnung, Herne u. a.

Windler, A./Stier, Th./Luther, F. (1981), Betriebswirtschaftliche Dokumentation des Simulationsmodells zur integrierten Finanz-, Ergebnis- und Steuerplanung FIESTA, Köln

Kapitel 3
Konzern-Finanzierungsrechnungen
von *Klaus v. Wysocki*

1. Aufgaben von internen und externen Finanzierungsrechnungen . . 68
2. Finanzierungsrechnungen im nationalen Konzern 69
   2.1 Aufstellungsmöglichkeiten für Konzern-Finanzierungsrechnungen 70
      2.1.1 Ableitung einer Finanzierungsrechnung aus dem Konzern-Jahresabschluß (derivative Konzern-Finanzierungsrechnung) 70
      2.1.2 Additive Ermittlung der Konzern-Finanzierungsrechnung durch Summierung der Einzel-Finanzierungsrechnungen der einbezogenen Unternehmen 71
      2.1.3 Konzern-Finanzierungsrechnung durch Konsolidierung der Einzel-Finanzierungsrechnungen der einbezogenen Unternehmen 72
   2.2 Einzelfragen der Ableitung von konsolidierten Finanzierungsrechnungen 74
      2.2.1 Probleme der Abgrenzung des Konsolidierungskreises im Hinblick auf die Darstellung der Finanzlage 74
      2.2.2 Probleme bei Änderung des Konsolidierungskreises . . 74
      2.2.3 Die Behandlung von Unterschiedsbeträgen aus der Konsolidierung 75
      2.2.4 Behandlung der „at equity" bewerteten Beteiligungen des Konzerns an assoziierten Unternehmen 76
      2.2.5 Besonderheiten bei quotaler Konsolidierung von „Gemeinschaftsunternehmen" 76
3. Besonderheiten von Finanzierungsrechnungen im internationalen Konzern 77
   3.1 Konzern-Finanzierungsrechnungen im internationalen Konzern bei voll konvertiblen Währungsverhältnissen 77
      3.1.1 Derivative Finanzierungsrechnungen im internationalen Konzern 78
      3.1.2 Entwicklung der Welt-Finanzierungsrechnung aus den Einzelabschlüssen der einbezogenen in- und ausländischen Konzernunternehmen 78
      3.1.3 Die Finanzierungsrechnung im internationalen Konzern nach SFAS No. 95 79

3.2 Konzern-Finanzierungsrechnungen im internationalen Konzern bei nicht voll konvertiblen Währungsverhältnissen ... 81
3.2.1 Nicht konvertierbare Währungen 82
3.2.2 Verwendungsbeschränkungen im Rahmen von Devisenzwangsbewirtschaftungen 82
4. Zusammenfassung 83
Literatur 84

1. Aufgaben von internen und externen Finanzierungsrechnungen

In der Bundesrepublik werden nach bisherigem und nach neuem Bilanzrecht externe Finanzierungsrechnungen (üblicherweise werden die Bezeichnungen **Finanzierungsrechnung, Finanzflußrechnung** und **Kapitalflußrechnung** synonym gebraucht) nur freiwillig publiziert. Zur Gestaltung dieser freiwilligen Finanzierungsrechnungen hat das Institut der Wirtschaftsprüfer im Jahre 1978 als Empfehlung die Stellungnahme HFA 1/1978 „Die Kapitalflußrechnung als Ergänzung des Jahresabschlusses" veröffentlicht, durch die eine Standardisierung solcher Rechnungen bewirkt werden sollte. In den angelsächsischen Ländern, insbesondere in den USA und in Großbritannien, werden dagegen von den börsennotierten Gesellschaften seit längerem externe Finanzierungsrechnungen als Teil des offenzulegenden Jahresabschlusses verlangt (aktuell für die USA FASB 1987; für Großbritannien ASB 1991).

Hauptzweck der aufzustellenden externen Finanzierungsrechnungen ist nach der Stellungnahme SFAS No. 95 „**Statement of Cash Flows**" (FASB 1987, Tz. 5 ff.) die Offenlegung von Zahlungsströmen (Cash flows), die – zusammen mit den aus der Bilanz und der Erfolgsrechnung verfügbaren Informationen – den Investoren, Gläubigern und der Öffentlichkeit gestatten soll, Informationen zu erhalten über

– die Fähigkeit des Unternehmens, **Zahlungsüberschüsse** zu erwirtschaften;
– die Fähigkeit des Unternehmens, seinen Verbindlichkeiten nachzukommen, Dividenden zu zahlen sowie kreditwürdig zu bleiben;
– die möglichen Divergenzen zwischen dem Jahresergebnis und den dazugehörigen Zahlungsvorgängen;
– die Auswirkungen zahlungswirksamer sowie zahlungsunwirksamer Investitions- und Finanzierungsvorgänge auf die **Finanzlage** des Unternehmens.

Die Aufgaben interner Finanzierungsrechnungen, die nicht zur Veröffentlichung bestimmt sind, sondern für interne Dokumentations- und Dispositionszwecke aufgestellt werden, dürften mit den Aufgaben externer Finanzierungsrechnungen weitgehend übereinstimmen. Auch hier geht es um die Erfassung von durch die Unternehmenstätigkeit veranlaßten Zahlungs- und Finanzmittelströmen. Restriktionen, die aus dem Publizitätsinteresse bei externen Finanzierungsrechnungen ggf. wirksam werden, brauchen bei internen Finanzierungsrechnungen nicht berücksichtigt zu werden.

Sämtlichen Finanzierungsrechnungen sollten entsprechend ihren Aufgaben die folgenden Gestaltungsgrundsätze gemeinsam sein:

(1) Die Finanzierungsrechnungen sollen als **Liquiditätsnachweis** die Veränderungen einer **Liquiditätsposition** i.S. eines Bestandes liquider bzw. liquidisierbarer Mittelbestände (und ihrer Komponenten) während einer Abrechnungsperiode nachweisen (sog. Finanzmittelfonds).

(2) Die Finanzierungsrechnungen sollen die Herkunft und die Verwendung der liquiden Mittel als Einnahmen (Einzahlungen) und Ausgaben (Auszahlungen) während der Abrechnungsperiode zeigen.

(3) Die Finanzierungsrechnungen sollen mindestens die Liquiditätsveränderungen aus den Bereichen „Laufende Geschäftstätigkeit", „Finanzierung" und „Investition" während der Abrechnungsperiode darstellen; eine weitergehende Segmentierung ist insbesondere bei internen Finanzierungsrechnungen zweckdienlich.

(4) Die Finanzierungsrechnungen sollen nachprüfbar aus dem Zahlenwerk der **Geschäftsbuchhaltung** abgeleitet sein; zumindest sollten **Brückenrechnungen** zur Finanzbuchhaltung bzw. zum Jahresabschluß (Bilanz/GuV) möglich sein.

(5) Die Finanzierungsrechnungen sollen Informationen liefern, die (zumindest) direkt aus der Jahresbilanz und der Gewinn- und Verlustrechnung nicht entnommen werden können.

Bloße Bewegungs- oder **Veränderungsbilanzen**, die die **Mittelherkunft** und die **Mittelverwendung** aus Bestandsänderungen von Bilanzposten ableiten, vermögen gegenüber dem offiziellen Jahresabschluß keine zusätzlichen Informationen zu liefern. Sie stellen allenfalls „Lesehilfen", nicht aber Finanzierungsrechnungen im hier verstandenen Sinne dar. Finanzierungsrechnungen können nach verschiedenen Verfahren (direkte/indirekte Methode) aufgestellt werden. Sie können sich durch verschiedenartige Abgrenzung des sog. Finanzmittelfonds unterscheiden (vgl. ausführlicher dazu *Busse von Colbe* in diesem Handbuch).

2. Finanzierungsrechnungen im nationalen Konzern

Betrachtet man einen **Konzern** als die wirtschaftliche Einheit der rechtlich selbständigen **Konzernunternehmen** (Mutterunternehmen und einbezogene **Tochterunternehmen**), so hat der Konzern nach der sog. Einheitstheorie so Rechnung zu legen, als ob er auch rechtlich eine Einheit bilden würde (vgl. für die handelsrechtliche **Konzernrechnungslegung** § 297 HGB). Folgt man der Einheitstheorie auch bei der Darstellung der finanziellen Verhältnisse, so sind im Rahmen einer internen oder externen Finanzierungsrechnung die zahlungswirksamen Vorgänge im Investitionsbereich, im Finanzierungsbereich und im Bereich der laufenden Geschäftstätigkeit zu zeigen, soweit sie im Geschäftsverkehr mit (konzernfremden) Dritten stattgefunden haben. Zahlungsvorgänge innerhalb des Konzerns, also innerhalb der einzelnen Konzernunternehmen und zwischen den einbezogenen Konzernunternehmen, sind deshalb im Grundsatz aus der Rechnung fernzuhalten, es sei denn, die Finanzierungsrechnung soll auch die konzerninternen Zahlungsströme nach Herkunft und Verwendung zeigen.

Bei der Aufstellung von Konzern-Finanzierungsrechnungen dürften Sonderprobleme grundsätzlich nicht auftreten, wenn die Rechnung originär aus einer geschlossenen **Konzernbuchführung** entwickelt wird. Dazu müßten die in der Konzernbuchführung berücksichtigten Geschäftsvorfälle nach ihrer Zahlungswirksamkeit/Zahlungsunwirksamkeit im Verhältnis zu Konzernfremden von den übrigen Geschäftsvorfällen getrennt erfaßt und in geeigneter Gliederung als Mittelherkunft und Mittelverwendung gezeigt werden. Da indes geschlossene Konzernbuchführungen regelmäßig nicht existieren (*Gebhardt* 1981; *Serfling* 1984, S. 88; *Bieg* 1992, S. 956), müssen die Konzern-Finanzierungsrechnungen entweder aus den Buchführungen der einzelnen einbezogenen Konzernunternehmen, aus den Finanzierungsrechnungen der einzelnen einbezogenen Unternehmen oder aus dem Konzernabschluß selbst abgeleitet werden (*Müller* 1978; *Gebhardt* 1981).

Nachfolgend werden die bei der Ableitung der Konzern-Finanzierungsrechnungen entstehenden Fragen zuerst für nationale Konzerne behandelt. Daran anschließend wird den Sonderfragen nachgegangen, die sich bei Einbeziehung auch ausländischer Tochterunternehmen in den Konzernverbund ergeben können (**Welt-Finanzierungsrechnung**).

2.1 Aufstellungsmöglichkeiten für Konzern-Finanzierungsrechnungen

E. Müller (1978, S. 517–528) diskutiert verschiedene Möglichkeiten zur Aufstellung von auf einen Konzern bezogenen Finanzierungsrechnungen anhand eines einheitlichen Zahlenbeispiels, dem hier gefolgt wird.

2.1.1 Ableitung einer Finanzierungsrechnung aus dem Konzern-Jahresabschluß (derivative Konzern-Finanzierungsrechnung)

Eine naheliegende Möglichkeit, eine Finanzierungsrechnung für den Gesamtkonzern aufzustellen, besteht darin, die Finanzierungsrechnung für den Konzern derivativ aus dem Konzernabschluß (**Konzernbilanz, Konzern-Gewinn- und Verlustrechnung** und ggf. **Konzernanhang**) abzuleiten.

2. Finanzierungsrechnungen im nationalen Konzern

Externe Finanzierungsrechnungen werden regelmäßig derivativ nach der indirekten Methode in den Geschäfts- bzw. Lageberichten der Konzern-Muttergesellschaften publiziert.

Da in einer derivativ aus dem Konzernabschluß abgeleiteten Finanzierungsrechnung nur jene Zahlungsströme erfaßt werden, die als Mittelherkunft und Mittelverwendung im Verkehr mit (konzernfremden) Dritten stattgefunden haben, bleiben die finanzwirtschaftlichen Beziehungen zwischen den in den Konzernabschluß einbezogenen einzelnen Konzernunternehmen unberücksichtigt. Sie sind durch die Maßnahmen der Kapital-, Zwischenerfolgs- und Schuldenkonsolidierung sowie durch die Konsolidierung der Erfolgsrechnungen eliminiert worden. Aus diesem Grund eignet sich die derivativ aus dem Konzernabschluß entwickelte Finanzierungsrechnung vornehmlich als externe Informationsrechnung. Einblicke in die innerkonzernlichen Zahlungsvorgänge kann und soll eine solche Rechnung nicht vermitteln.

2.1.2 Additive Ermittlung der Konzern-Finanzierungsrechnung durch Summierung der Einzel-Finanzierungsrechnungen der einbezogenen Unternehmen

Im Gegensatz zu der derivativ ermittelten Konzern-Finanzierungsrechnung kann eine Konzern-Finanzierungsrechnung auch in der Weise aufgestellt werden, daß in einem ersten Schritt die Einzel-Finanzierungsrechnungen der in den Konzernabschluß einbezogenen Unternehmen originär oder derivativ, nach der direkten oder nach der indirekten Methode aufgestellt und diese dann in einem zweiten Schritt additiv zur Konzern-Finanzierungsrechnung zusammengefaßt werden. Ein Beispiel für die additive Entwicklung einer Konzern-Finanzierungsrechnung findet sich in Tab. 1, S. 72 (vgl. *Müller 1978*, S. 519).

Der Vorzug dieser Vorgehensweise besteht darin, daß die Finanzierungsrechnungen der einzelnen einbezogenen Konzernunternehmen gezeigt werden können. Der Nachteil ist aber offenkundig: Die additiv ermittelte (Gesamt-)Konzern-Finanzierungsrechnung ist durch die **innerkonzernlichen Vorgänge** der Zahlungen aus Mittelherkunft und Mittelverwendung aufgebläht und gibt insoweit die Zahlungsvorgänge des Gesamtkonzerns mit Dritten nicht mehr korrekt wieder.

Dem Beispiel (Tab. 1 und 2) liegen die folgenden Vorfälle zugrunde:

(1) Es bestehen Forderungen und Verbindlichkeiten zwischen den einbezogenen Unternehmen:

Unternehmen A hat Forderungen gegenüber B in Höhe von 65 und gegenüber C in Höhe von 40;

Unternehmen B hat Forderungen gegenüber C in Höhe von 50 und Verbindlichkeiten gegenüber A in Höhe von 65;

Kapitel 3: Konzern-Finanzierungsrechnungen

Unternehmen C hat Verbindlichkeiten gegenüber A in Höhe von 40 und Verbindlichkeiten gegenüber B in Höhe von 50;

(2) C gab an A ein langfristiges Darlehen in Höhe von 55;
(3) A legte eine Anleihe auf, davon hat C 20 erworben;
(4) C erhöhte das Kapital um 60; die Mittel wurden von A aufgebracht;
(5) A lieferte Waren an B; darin sind Zwischengewinne in Höhe von 110 enthalten;
(6) B schüttet den Gewinn des Vorjahres in Höhe von 100 an A aus.

Tab. 1: Additive Ermittlung der Konzern-Finanzierungsrechnung

Posten der KFR	Konzernunternehmen			Gesamtkonzern
	A	B	C	
Liquide Mittel	40	2	20	62
Wertpapiere des UV	5	–	22	27
kurzfr. Forderungen	135	118	114	367
kurzfr. Verb.	–130	–140	–126	–396
Liquiditätsfonds	50	–20	30	60
Cash-flow				
Periodenerfolg	400	100	–50	450
+ Abschreibungen	300	150	200	650
+/– langfr. Rückst.	+50	–10	–20	20
Brutto-Cash-flow	750	240	130	1 120
Gewinnausschüttung	–350	–100	–	–450
Netto-Cash-flow	400	140	130	670
Finanzierungsvorg.				
+/– EK-Änderungen	–	–	60	60
+/– FK-Änderungen	120	50	–20	150
Zwischensumme	120	50	40	210
Investitionen				
– Anlagezugang	–400	–100	–50	–550
+/– Änd. Vorräte	+20	–115	–10	–105
+/– Änd. langfr. Fo.	–90	+5	–80	–165
Zwischensumme	–470	–210	–140	–820
Änd. Finanzmittel	50	–20	30	60

2.1.3 Konzern-Finanzierungsrechnung durch Konsolidierung der Einzel-Finanzierungsrechnungen der einbezogenen Unternehmen

Die Nachteile der derivativ ermittelten Finanzierungsrechnung und die Nachteile der additiv ermittelten Finanzierungsrechnung können vermieden werden, wenn die auf der Ebene der Einzelabschlüsse der einbezogenen Konzernunternehmen ermittelten Einzel-Finanzierungsrechnungen (vgl. die in Tab. 2 mit „KFR" bezeichneten Spalten) konsolidiert werden. Dazu sind die in den Einzel-Finanzierungsrechnungen enthaltenen konzerninternen (Zahlungs-)Vorgänge miteinander aufzurechnen (vgl. die in

2. Finanzierungsrechnungen im nationalen Konzern 73

Tab. 2: Finanzierungsrechnungen auf der Ebene der Einzelabschlüsse mit Konsolidierung

Posten der KFR	Konzernunternehmen									Konzern
	A			B			C			
	KFR	KON	KFK	KFR	KON	KFK	KFR	KON	KFK	
Liquide Mittel	40		40	2		2	20		20	62
Wertpapiere des UV	5		5	–		–	22	–20	2	7
kurzfr. Forderungen	135	–65	30	118	–50	68	114		114	212
		–40						+40		
kurzfr. Verb.	–130		–130	–140	+65	–75	–126	+50	–36	–241
Liquiditätsfonds	50	–105	–55	–20	+15	–5	30	+70	+100	40
Cash-flow Periodenerfolg	400	–110	190	100		100	–50		–50	240
		–100								
+ Abschreibungen	300		300	150		150	200		200	650
+/– langfr. Rückst.	+50		+50	–10		–10	–20		–20	20
Brutto-Cash-flow	750	–210	540	240		240	130		130	910
Gewinnausschüttung	–350		–350	–100	+100	–	–		–	–350
Netto-Cash-flow	400	–210	190	140	+100	240	130	–	130	560
Finanzierungsvorg. +/– EK-Änderungen	–			–			60	–60	–	–
		–20								
+/– FK-Änderungen	120	–55	45	50		50	–20		–20	75
Zwischensumme	120	–75	45	50		50	40	–60	–20	75
Investitionen										
– Anlagezugang	–400	+60	–340	–100		–100	–50		–50	–490
+/– Änd. Vorräte	+20		+20	–115	+110	–5	–10		–10	+5
+/– Änd. langfr. Fo.	–90		–90	+5		+5	–80	+55	–25	–110
Zwischensumme	–470	+60	–410	–210	+110	–100	–140	+55	–85	–595
Änd. Finanzmittel	50	–225	–175	–20	+210	190	30	–5	25	40

Tab. 2 mit „KON" bezeichneten Spalten). Es verbleiben die um die konzerninternen Vorgänge bereinigten Einzel-Finanzierungsrechnungen der einbezogenen Unternehmen, die dann ihrerseits additiv zur Konzern-Finanzierungsrechnung – wie in Tab. 2 (*Müller* 1978, S. 522) gezeigt – zusammengefaßt werden können.

Die aus der Konsolidierung der Einzel-Finanzierungsrechnungen im Konzern entwickelte Gesamt-Finanzierungsrechnung des Konzerns hat den Vorteil, daß nicht nur die Zahlungsvorgänge mit Konzernfremden, sondern auch die innerkonzernlichen Zahlungsvorgänge erkennbar sind. Im Zuge der Konsolidierung werden jene **Zusatzinformationen** zur Verfügung gestellt, die weder die derivativ noch die additiv aufgestellte Konzern-Finanzierungsrechnung zur Verfügung stellen kann.

2.2 Einzelfragen der Ableitung von konsolidierten Finanzierungsrechnungen

2.2.1 Probleme der Abgrenzung des Konsolidierungskreises im Hinblick auf die Darstellung der Finanzlage

Die Entwicklung einer Konzern-Finanzierungsrechnung auf der Grundlage der konsolidierten Einzel-Finanzierungsrechnungen kann allerdings die Finanzlage auch eines nationalen Konzerns nur unter einigen Vorbehalten vollständig darstellen. *Küting/Siener* (1990, S. 19 ff.; vgl. auch *Gebhardt* 1981, S. 9, und *Sanwald* 1989, S. 494) weisen darauf hin, daß ein Konzern-Cash-flow (und damit auch eine darauf aufgebaute Konzern-Finanzierungsrechnung) wegen der systembedingten Eigenarten handelsrechtlicher Konzernabschlüsse die Zahlungsströme im Konzern bzw. des Konzerns nicht zweifelsfrei darstellen kann. Der Konzernabschluß bildet nicht immer die wirtschaftliche Einheit „Konzern" ab. Das Einbeziehungsverbot nach § 295 HGB und die Einbeziehungswahlrechte nach § 296 HGB sind geeignet, den Konzernbereich unscharf abzugrenzen. Es besteht nach § 310 HGB ferner die Möglichkeit, auch die nicht zum Konzernkreis gehörenden sog. Gemeinschaftsunternehmen quotal in den Konzernabschluß einzubeziehen. Entsprechend sind im Konzernabschluß auch finanzwirtschaftliche Vorgänge abgebildet, die nicht zum Konzernkreis gehören. In solchen Fällen ist insbesondere dann, wenn Finanzierungsrechnungen für interne Zwecke aufgestellt werden, ein von dem offiziellen Konzernabschluß abweichender Konsolidierungskreis zugrunde zu legen.

2.2.2 Probleme bei Änderung des Konsolidierungskreises

Falls im Zeitablauf Änderungen des Konsolidierungskreises durch Neuaufnahme von Tochterunternehmen oder durch Ausscheiden von Konzernunternehmen eintreten, können sich Fehlinterpretationen der finanziellen Entwicklung im Konzern ergeben. Im Fall der Neuaufnahme in den Konsolidierungskreis treten an die Stelle der Beteiligung die Aktiva und Passiva des betreffenden Unternehmens; im Falle des Ausscheidens werden durch **Entkonsolidierung** die Aktiva und Passiva des ausscheidenden Unternehmens durch den Posten „Beteiligung" ersetzt, sofern es nicht veräußert wurde. Dies kann bewirken, daß u. U. Zugänge (Abgänge) bei den Aktiven des Konzerns als Mittelverwendung (Mittelherkunft) bzw. Fondsabnahmen (Fondszunahmen) oder Zugänge (Abgänge) bei den Passiva als Mittelherkunft (Mittelverwendung) bzw. Fondszunahmen (Fondsabnahmen) interpretiert werden.

War ein Tochterunternehmen vor der Einbeziehung in den Konsolidierungskreis bereits Konzernunternehmen oder bleibt das aus dem Konsolidierungskreis ausscheidende Unternehmen dennoch Konzernunterneh-

2. Finanzierungsrechnungen im nationalen Konzern

men, liegt also weder ein Zukauf noch ein Verkauf von Anteilen durch den Konzern vor, so liegt vom Standpunkt des Gesamtkonzerns aus gesehen grundsätzlich weder ein Investitions- noch ein Desinvestitionsvorgang vor. Werden dennoch in der Konzern-Finanzierungsrechnung entsprechende Bestandsänderungen gezeigt, so sollte zumindest auf den fiktiven Charakter solcher Investitionen, Desinvestitionen oder Fondsveränderungen hingewiesen werden.

Erfolgt die Änderung des Konsolidierungskreises durch vollständigen oder teilweisen Erwerb der Anteile an einem Unternehmen, das dadurch zum Konzernunternehmen wird und deshalb in den Konsolidierungskreis aufzunehmen ist, so stellt dieser Vorgang eine Investition des Konzerns dar. Diese Investition erfolgt allerdings nicht in das Finanzanlagevermögen (in die Beteiligung), sondern in die verschiedenen monetären und nichtmonetären Aktiva und Passiva des erworbenen Tochterunternehmens.

Bei unterjähriger Aufnahme eines Konzernunternehmens in den Konsolidierungskreis bedarf es schließlich einer Abgrenzung derjenigen Zahlungs-, Investitions- und Finanzierungsvorgänge, die dem Konzern bzw. dem in den Konsolidierungskreis aufgenommenen Unternehmen zuzurechnen sind. Entsprechendes gilt für den Fall eines Ausscheidens im Geschäftsjahr. Hier bieten sich zwei unterschiedliche Vorgehensweisen an: Entweder wird (in einer Nebenrechnung) das betreffende Konzernunternehmen bereits in den vorhergehenden Konzernabschluß aufgenommen bzw. aus ihm ausgeschieden und die Finanzierungsrechnung dementsprechend für den jeweiligen Betrachtungszeitraum aufgestellt. Eine solche Angleichung der Konsolidierungskreise ist von *Käfer* (1984, S. 381 ff.) vorgeschlagen worden. Eine andere Lösung besteht darin, die durch die Änderung des Konsolidierungskreises bewirkten Änderungen in der Finanzierungsrechnung durch eine besondere Zeile: „Veränderung des Konsolidierungskreises" zu dokumentieren (vgl. z. B. *Bieg* 1992, Sp. 960–962).

2.2.3 Die Behandlung von Unterschiedsbeträgen aus der Konsolidierung

Im Zusammenhang mit der Änderung des Konsolidierungskreises ist auch auf die Behandlung der Unterschiedsbeträge aus der Konsolidierung einzugehen. Ein **aktivischer Unterschiedsbetrag aus der Kapitalkonsolidierung**, der sich daraus ergibt, daß der Kaufpreis der Anteile an dem erworbenen Unternehmen höher ist als das zu Erwerbspreisen bewertete Reinvermögen des erworbenen Unternehmens, stellt eine Investition in einen **Geschäfts- oder Firmenwert** dar. Diese sollte – sofern sie zahlungswirksam ist – als solche in der Finanzierungsrechnung ausgewiesen werden. Die in den Folgeperioden notwendige Abschreibung dieses Postens ist als zahlungsunwirksam zu behandeln. Ergibt sich ausnahmsweise ein passivischer Unterschiedsbetrag aus der Kapitalkonsolidierung, so ist die Entstehung und ggf. Auflösung dieses Unterschiedsbetrags grundsätzlich als zahlungsunwirksamer Vorgang zu behandeln. Verfälschungen der Finanzierungsrechnung können sich danach dann ergeben, wenn entweder aktivische und passivische Unterschiedsbeträge aus der Kapitalkonsolidierung miteinander aufgerechnet werden oder wenn ein aktivischer Unterschiedsbetrag erfolgsunwirksam mit den **Konzernrücklagen** verrechnet wird (§ 309 Abs. 1 Satz 3 HGB), obwohl es sich um einen zahlungswirksamen Vorgang handelte.

Unterschiedsbeträge aus der Schuldenkonsolidierung (Differenzen aus der Aufrechnung von **konzerninternen Forderungen** mit den entsprechenden **konzerninternen Verbindlichkeiten**) sowie Unterschiedsbeträge aus der **Zwischenerfolgseliminierung** sind als grundsätzlich erfolgswirksame aber zahlungsunwirksame Vorgänge in der Finanzierungsrechnung entsprechend zu behandeln.

2.2.4 Behandlung der „at equity" bewerteten Beteiligungen des Konzerns an assoziierten Unternehmen

Eine Besonderheit der im handelsrechtlichen Konzernabschluß at equity bewerteten Beteiligungen an nicht in den Konzernabschluß einbezogenen sog. assoziierten Unternehmen besteht darin, daß Gewinne und Verluste des assoziierten Unternehmens im Konzernabschluß nicht erst im Zeitpunkt der Ausschüttung vereinnahmt werden, sondern bereits mit Ende des Geschäftsjahres des assoziierten Unternehmens zeitkongruent vereinnahmt werden müssen. Folglich sind – bei derivativer Aufstellung der Finanzierungsrechnung – zumindest die Gewinnvereinnahmungen auf ihre Zahlungswirksamkeit zu untersuchen.

2.2.5 Besonderheiten bei quotaler Konsolidierung von Gemeinschaftsunternehmen

Im handelsrechtlichen Konzernabschluß können Beteiligungen an sog. **Gemeinschaftsunternehmen**, d. h. Beteiligungen an Unternehmen, die unter **gemeinsamer Führung** eines Konzernunternehmens und eines anderen Unternehmens stehen, quotal in den Konzernabschluß übernommen werden (§ 310 HGB). Die nur anteilmäßige Übernahme sämtlicher Vermögensgegenstände, Schulden und Geschäftsvorfälle in den Konzernabschluß bereitet konzeptionelle Schwierigkeiten.

Bei quotaler Einbeziehung der Gemeinschaftsunternehmen auch in die Konzern-Finanzierungsrechnung müßte unterstellt werden, daß auch alle zahlungswirksamen Vorgänge zwischen dem Gemeinschaftsunternehmen und Dritten sowie zwischen dem Gemeinschaftsunternehmen und dem Konzern nur quotal abgewickelt werden. Dies aber entspricht nicht den

3. Finanzierungsrechnungen im internationalen Konzern

tatsächlichen Gegebenheiten. Da eine vollständige Einbeziehung der Gemeinschaftsunternehmen in einen Konzernabschluß nicht in Betracht kommt (das Gemeinschaftsunternehmen ist nicht Konzernunternehmen), dürfte eine saubere Problemlösung darin bestehen, das Gemeinschaftsunternehmen in der Konzern-Finanzierungsrechnung wie ein Drittunternehmen zu behandeln und ggf. die entsprechenden Zahlungsvorgänge in der Konzern-Finanzierungsrechnung entsprechend zu kennzeichnen.

3. Besonderheiten von Finanzierungsrechnungen im internationalen Konzern

Sind die einzelnen einbezogenen Konzernunternehmen in unterschiedlichen Währungssystemen tätig, so treten weitere Erschwerungen bei der Aufstellung aussagekräftiger Konzern-Finanzierungsrechnungen auf. Diese Erschwerungen haben ihre Ursache einmal in der Tatsache, daß der Konzernabschluß und die mit diesem verknüpfte Konzern-Finanzierungsrechnung in Einheiten der Konzern-Berichtswährung aufgestellt werden müssen. Die Zahlungsvorgänge im Konzern bzw. des Konzerns werden dann nicht in den Währungseinheiten dargestellt, in denen die Zahlungsvorgänge tatsächlich abgewickelt werden. Vielmehr werden nur die in Einheiten der Konzern-Berichtswährung umgerechneten Zahlungsvorgänge wiedergegeben, die somit durch die angewendeten Umrechnungsverfahren beeinflußt werden. Schwierigkeiten können sich ferner daraus ergeben, daß Währungseinheiten, mit denen der internationale Konzern arbeitet, keineswegs untereinander voll konvertibel sind. Die liquiden Fremdwährungspositionen unterliegen nicht in allen Fällen der freien Verfügbarkeit durch die Konzernleitung, sei es, daß **Transferbeschränkungen** in das Sitzland des Mutterunternehmens bestehen, sei es, daß durch die nationalen Gesetzgebungen **Verwendungsbeschränkungen für** heimische und/oder für fremde **Währungsbestände** bestehen.

3.1 Konzern-Finanzierungsrechnungen im internationalen Konzern bei voll konvertiblen Währungsverhältnissen

Sind die im internationalen Konzern benutzten Währungen untereinander voll konvertibel, d. h. können die unterschiedlichen Währungen jederzeit und unbeschränkt mit Hilfe der jeweiligen Wechselkurse innerhalb des Konzernbereichs ausgetauscht werden, so reduzieren sich die Probleme auf die angemessene Berücksichtigung der Einflüsse, die aus (schwankenden) Wechselkursen zwischen den einzelnen Währungen hervorgehen können. Es reicht dann offensichtlich aus, die Zahlungsströme aus Mittelherkunft und Mittelverwendung sowie die Bestände an liquiden Mitteln in Einheiten der Konzern-Berichtswährung darzustellen, weil voraussetzungsgemäß die Einheiten der verschiedenen Währungen nach der Transformation mit Hilfe der Wechselkurse untereinander gleichwertig sind.

3.1.1 Derivative Finanzierungsrechnungen im internationalen Konzern

Wenn die Finanzierungsrechnung unmittelbar aus dem (Welt-)Konzernabschluß abgeleitet wird, sind gegen eine solche Vorgehensweise zunächst die gleichen Einwendungen zu erheben wie gegen die derivative Ableitung der Finanzierungsrechnung im nationalen Konzern: Grundsätzlich gehen in eine solche Finanzierungsrechnung nur die Finanzströme zwischen dem Konzern und der außerkonzernlichen Umwelt, nicht aber diejenigen zwischen den Konzernunternehmen ein. Dies kann im Rahmen externer Finanzierungsrechnungen durchaus gewollt sein, im Rahmen interner Finanzierungsrechnungen aber als Mangel empfunden werden.

Zusätzlich entstehen Probleme aus der Umrechnung der Einzelabschlüsse der Auslandstöchter in die Berichtswährung des Konzerns. Liegen während der Berichtsperiode Wechselkursschwankungen vor, so können in den Bilanzen und in den Erfolgsrechnungen der einbezogenen ausländischen Tochterunternehmen Umrechnungsdifferenzen entstehen, die ihre Ursache darin finden, daß ggf. Aktiva mit anderen Kursen umgerechnet werden als Passiva und daß Aufwendungen und Erträge ihrerseits mit unterschiedlichen Kursen umgerechnet werden (vgl. aus der umfangreichen Literatur z. B. *Busse von Colbe/Ordelheide* 1984, S. 314–368; *v. Wysocki/Wohlmuth* 1986, S. 176–197, *Gebhardt/Bergmann* 1991, Rn. 161–224).

Die Umrechnungsdifferenzen gehen in den Konzernabschluß je nach Umrechnungsmethode erfolgswirksam bzw. erfolgsunwirksam ein und können in der aus diesem Konzernabschluß abgeleiteten Finanzierungsrechnung ggf. als Mittelherkunft, Mittelverwendung oder als Änderung des Bestands an liquiden Mitteln ausgewiesen werden, obwohl diesen Umrechnungsdifferenzen keinerlei Zahlungsvorgänge zugrunde liegen (vgl. hierzu die Beispiele bei *Holzer/Häusler* 1989, S. 223–230).

3.1.2 Entwicklung der Welt-Finanzierungsrechnung aus den Einzelabschlüssen der einbezogenen in- und ausländischen Konzernunternehmen

Wie im nationalen Konzern kann eine Finanzierungsrechnung in mehreren Schritten aus den Einzelabschlüssen entwickelt werden. Im internationalen Konzern müssen die ausländischen Einzelabschlüsse zusätzlich an die (konzerneinheitlichen) Bilanzierungs- und Bewertungsregeln angepaßt werden. Die Anpassung entspricht den durch das deutsche HGB in den §§ 300 Abs. 2 und 308 getroffenen Vorschriften zur **konzerneinheit-**

3. Finanzierungsrechnungen im internationalen Konzern 79

lichen Bilanzierung und Bewertung. Die Einzelabschlüsse der ausländischen Konzerntöchter müssen ferner in Währungseinheiten der Konzern-Berichtswährung umgerechnet werden:

1. Schritt: Aufstellung der sog. **Handelsbilanz I (HB I)** in Landeswährung nach Landesrecht.
2. Schritt: Anpassung der HB I an die konzerneinheitlichen Bilanzierungs- und Bewertungsgrundsätze (sog. **Handelsbilanz II** oder „Ergänzungsrechnung") und Umrechnung in die **Berichtswährung des Konzerns**.
3. Schritt: Aufstellung der Einzel-Finanzierungsrechnungen.
4. Schritt: Konsolidierung der Einzel-Finanzierungsrechnungen.
5. Schritt: Zusammenfassung zur Konzern-Finanzierungsrechnung.

Auch diese Vorgehensweise ist nicht befriedigend, weil die Finanzierungsrechnung je nach der angewandten Umrechnungsmethode Finanzbewegungen zeigt, die ggf. nicht realisierte **Kursdifferenzen** sind. Es können auch bei der Ableitung der Konzern-Finanzierungsrechnung aus den in- und ausländischen Einzelabschlüssen **Währungsumrechnungsdifferenzen** ggf. als Mittelherkunft, Mittelverwendung oder als Änderung des Bestands an liquiden Mitteln ausgewiesen werden, obwohl diesen Umrechnungsdifferenzen ebenfalls keinerlei Zahlungsvorgänge zugrunde liegen. Entsprechende Korrekturen, etwa i.S.d. nachfolgend wiedergegebenen Verfahrensweise der US-Stellungnahme SFAS No. 95 können deshalb angezeigt sein.

3.1.3 Die Finanzierungsrechnung im internationalen Konzern nach SFAS No. 95

Der FASB hat in SFAS No. 95 eine Vorgehensweise (für den US-Bereich) vorgeschrieben, die darauf ausgerichtet ist, die Differenzen, die sich aus der Währungsumrechnung von ausländischen Einzelabschlüssen ergeben, auf keinen Fall in der Finanzierungsrechnung als Zahlungsmittelbewegungen auszuweisen (FASB 1987, Ziff. 101: „But exchange rate changes do not themselves give rise to cash flows, and their effects on items other than cash thus have no place in a statement of cash flows.")

Um diesen Zweck zu erreichen, geht SFAS No. 95 zunächst von einer sehr engen Abgrenzung des Begriffs der finanziellen Mittel (Finanzmittelfonds) aus: Zu den finanziellen Mitteln, die als Einzahlungen und Auszahlungen in der Finanzierungsrechnung gezeigt werden sollen, gehören nur „cash" und „**cash equivalents**", also grundsätzlich nur liquide Mittel (FASB 1987, Ziff. 8).

Die Einzahlungen und Auszahlungen im Finanzierungsbereich, im Investitionsbereich und aus der laufenden Geschäftstätigkeit der Auslandstöchter werden mit den gültigen Kursen zu den Zeitpunkten der zahlungswirksamen Geschäftsvorfälle in die Konzern-Berichtswährung umgerechnet. Aus Vereinfachungsgründen können jedoch gewogene Durchschnittskurse insbesondere für Aufwandsausgaben, Ertragseinnahmen und Erfolgsverwendungen angewandt werden, wenn dies nicht zu erheblichen Abweichungen führt (FASB 1987, Ziff. 25).

Auch die Wertänderungen der **Bestände in Auslandswährung** (cash und cash equivalents), die sich durch Kursschwankungen im Zeitablauf ergeben, sollen durch einen Korrekturposten zur Berücksichtigung von Kursschwankungen der ausländischen Zahlungsmittel („**effect of exchange rate changes on cash balances held in foreign currencies**") aufgefangen werden (FASB 1987, Ziff. 25 u. 105). Die Berechnung dieses Korrekturpostens zeigt Tab. 3 (nach FASB 1987, Ziff. 146).

Tab. 3: Zur Ermittlung des „effect of exchange rate changes on cash balances held in foreign currencies"

Anfangsbestand an Cash in Landeswährung	LW 38,00	
× Nettokursänderung während des Geschäftsjahres	× 0,05	
= Cash-Effekt des Anfangsbestandes		DM 1,90
Cash-Zufluß aus der lfd. Tätigkeit in LW	LW 37,00	
× Kurs am Schlußbilanztag	× 0,45	
= Cash aus der lfd. Tätigkeit, umgerechnet nach Schlußkurs	DM 16,65	
./. Cash aus lfd. Tätigkeit in der Finanzierungsrechnung	DM 16,–	
= Cash-Effekt aus laufender Tätigkeit		DM 0,65
Nettozahlungen für den Investitionsbereich in LW	LW (325)	
× Kurs am Schlußbilanztag	× 0,45	
= Cash für Investitionen, umgerechnet nach Schlußkurs	DM (146,25)	
./. Cash für Investitionen in der Finanzierungsrechnung	DM (142,00)	
= Cash-Effekt aus Investitionen		DM (4,25)
Nettoeinnahmen aus Finanzierung in Landeswährung	LW 275,00	
× Kurs am Schlußbilanztag	× 0,45	
= Cash aus Finanzierung, umgerechnet nach Schlußkurs	DM 123,75	
./. Cash aus Finanzierung in der Finanzierungsrechnung	DM 113,00	
= Cash-Effekt aus Finanzierungen		DM 10,75
= Effect of exchange rate changes on cash balances held in foreign currencies		DM 9,05

3. Finanzierungsrechnungen im internationalen Konzern 81

Zusammenfassend ergibt sich nach SFAS 95 die folgende Vorgehensweise bei der Aufstellung von Finanzierungsrechnungen im internationalen Konzern:

1. Schritt: Entwicklung der Einzel-Finanzierungsrechnung in Landeswährung. Die KFR kann sowohl nach der direkten als auch nach der indirekten Methode entwickelt werden; offensichtlich wird der direkten Methode der Vorzug gegeben (FASB 1987, Ziff. 27, 28).
2. Schritt: Umrechnung der Einzel-Finanzierungsrechnung in die Konzern-Berichtswährung. Hierbei ist entweder die Bilanzstichtags- oder die Zeitbezugsmethode anzuwenden.
3. Schritt: Ermittlung des Korrekturpostens zur Berücksichtigung von Kursschwankungen der ausländischen Zahlungsmittel.
4. Schritt: Konsolidierung der Einzel-Finanzierungsrechnungen zur Konzern-Finanzierungsrechnung. Die Form der Konsolidierung ist dabei nicht festgelegt, sie kann in der Form der Einzelkonsolidierung erfolgen (vgl z. B. oben Tab. 2).

Als Ergebnis ist festzustellen, daß es nach der vom FASB vorgesehenen Vorgehensweise durchaus gelingt, die Kursumrechnungsdifferenzen, die sich bei schwankenden Wechselkursen durch die Umrechnung ausländischer Jahresabschlüsse der Tochterunternehmen in die Konzern-Berichtswährung ergeben können, von den Kurseinflüssen auf den Zahlungsbereich und die Bestände an Zahlungsmitteln zu separieren. Dies gelingt durch die Umrechnung der Zahlungen mit den jeweiligen Tageskursen und durch die separate Erfassung der durch die Kursschwankungen verursachten Wertänderungen der Zahlungsmittelbestände (cash und cash equivalents). Eine nach den vorstehend wiedergegebenen Grundsätzen aufgestellte Finanzierungsrechnung ist durchaus in der Lage, die (reinen) Zahlungsvorgänge in den Bereichen „Finanzierung", „Investition" und „laufende Geschäftstätigkeit" im internationalen Konzern wiederzugeben. Sie gestattet es ferner, da die Finanzierungsrechnung des Konzerns aus den einzelnen Finanzierungsrechnungen der einbezogenen Unternehmen abgeleitet wird, nicht nur die Zahlungsvorgänge im Außenbereich des Konzerns darzustellen, sondern auch – bei geeigneter Aufgliederung – die Zahlungsvorgänge innerhalb des Konzerns, also zwischen den einzelnen einbezogenen Unternehmen zu erfassen.

3.2 Konzern-Finanzierungsrechnungen im internationalen Konzern bei nicht voll konvertiblen Währungsverhältnissen

Gegen eine Zusammenfassung der Finanzierungsrechnungen zur internationalen Konzern-Finanzierungsrechnung bestehen dann keine Bedenken, wenn alle Währungsbestände frei konvertierbar sind, weil es dann nicht ganz abwegig sein dürfte, von der Unterstellung auszugehen, daß es letztlich gleichgültig sei, in welcher Währung die Zahlungsvorgänge innerhalb des Konzerns und im Verkehr mit Dritten abgewickelt werden. Die Liquiditätslage des Konzerns und ihre Darstellung bleiben von der Wahl der für die finanziellen Transaktionen benutzten Währungen letztlich unberührt.

3.2.1 Nicht konvertierbare Währungen

Ist die Voraussetzung der freien Konvertierbarkeit der im Konzern benutzten Währungen nicht oder nur unvollkommen gegeben, so wird die Aussagekraft der nach den vorstehend wiedergegebenen Mustern aufgestellten Finanzierungsrechnungen im internationalen Konzern erheblich eingeschränkt.

Eine Beschränkung der **Konvertierbarkeit** der im internationalen Konzern benutzten Währungen untereinander kann zunächst darin bestehen, daß die Verwendbarkeit einzelner Währungen auf regionale (nationale) Bereiche begrenzt ist: Die betreffenden Währungen können deshalb nicht oder nur beschränkt in die Zahlungsdispositionen des Gesamtkonzerns einbezogen werden. Eine weitere Folge kann sein, daß die betreffenden Währungen (offiziell) nur zu unrealistischen Kursen in andere Währungen, vor allem in die Berichtswährung des Konzerns, umgetauscht werden können.

Liegen solche Beschränkungen der Konvertierbarkeit einzelner im Konzern verwendeter Währungen vor, so empfiehlt sich möglicherweise eine Segmentierung der Finanzierungsrechnungen nach Ländern und nach dem Grad der Konvertierbarkeit der einzelnen Währungen bzw. Währungsgruppen. Dies dürfte indes auf erhebliche Schwierigkeiten stoßen. Eine Lösung des Problems wäre allenfalls dadurch zu erreichen, daß die Konzern-Finanzierungsrechnungen durch einzelne Länder-Finanzierungsrechnungen, die sich auf die einzelnen **Währungsgebiete** beziehen, ergänzt werden. Wenn man davon absieht, so empfiehlt sich nach *Müller* zumindest eine Aufgliederung der Zahlungsmittelbestände nach Ländern bzw. Währungsgruppen und ggf. nach dem Grad der Konvertierbarkeit der jeweiligen Währungen bzw. Währungsgruppen entsprechend der Tab. 4 (*Müller* 1978, S. 524).

3.2.2 Verwendungsbeschränkungen im Rahmen von Devisenzwangsbewirtschaftungen

Neben den Beschränkungen in der Konvertierbarkeit einzelner Währungen über die Grenzen des jeweiligen Währungsgebietes hinaus sind weitere Beschränkungen möglich, die durch eine Segmentierung i.S. der Tab. 4 nicht ohne weiteres erfaßt und dargestellt werden können.

Es geht um jene Fälle, in denen Bestände von an sich voll konvertierbaren Währungen durch administrative Maßnahmen der nationalen Regierun-

4. Zusammenfassung

Tab. 4: Aufgliederung der Liquiditätsposition im Rahmen der Finanzierungsrechnung im internationalen Konzern

	Währungen			Konzern-währung DM
	konvertible	beschränkt konvertible	nicht konvertible	
	A | B | ...	A | B | ...	A | B | ...	
Liquiditätsposition				
liquide Mittel Wertpapiere des Umlaufvermögens kurzfristige Forderungen kurzfristige Verbindlichkeiten				
verfügbare Mittel				

gen mehr oder weniger strengen Verwendungsbeschränkungen unterworfen sind (*Gebhardt* 1981, S. 9). So ist es z. B. möglich, daß DM- oder Dollarbestände aus bestimmten Ländern weder in das Sitzland des Konzern-Mutterunternehmens noch in dritte Länder transferiert werden dürfen, oder es ist möglich, daß die Bestände an konvertierbaren Währungen innerhalb dieser Länder nur bestimmten Verwendungen, z. B. zur Finanzierung bestimmter im nationalen Interesse liegender Importe, zugeführt werden können, wobei die zugelassenen Verwendungszwecke keineswegs im jeweiligen Konzerninteresse liegen müssen.

Es erscheint nach Vorstehendem zweifelhaft, ob herkömmliche Finanzierungsrechnungen in einer Welt unvollkommener Währungsverhältnisse für die Adressaten jene Informationen zu liefern in der Lage sind, die zur Beurteilung der finanziellen Konzernverhältnisse von Bedeutung sein können. Vielmehr sollten die Finanzierungsrechnungen durch umfangreiche Zusatzangaben im Konzernanhang bzw. im Konzernlagebericht ergänzt werden.

4. Zusammenfassung

Finanzierungsrechnungen (Kapitalflußrechnungen, Finanzflußrechnungen) haben die Aufgabe, Herkunft und Verwendung finanzieller Mittel und die Veränderung der Struktur der finanziellen Mittel (des sog. Finanzmittelfonds) darzustellen. Sie können als externe Finanzierungsrechnungen die Jahresbilanz und die Jahreserfolgsrechnung ergänzen; interne Finanzierungsrechnungen können als Grundlage für Finanzdispositionen benutzt werden.

Konzern-Finanzierungsrechnungen können an sich nach den gleichen Verfahren aufgestellt werden wie die Finanzierungsrechnungen für einzelne Unternehmen. Da in der Praxis eine gesonderte Konzernbuchführung meist nicht vorhanden ist, kann eine Konzern-Finanzierungsrechnung regelmäßig nur auf der Grundlage des Konzernabschlusses oder auf der Grundlage der Einzelabschlüsse der in den Konzernbereich einbezogenen Unternehmen aufgestellt werden. Im letzteren Fall bedarf es einer Konsolidierung der Einzel-Finanzierungsrechnungen. Sonderprobleme ergeben sich im Hinblick auf Abgrenzung und Änderung des Konsolidierungskreises, im Hinblick auf die Behandlung von Konsolidierungsausgleichsposten, im Hinblick auf die Equity-Bewertung und im Hinblick auf die Quotenkonsolidierung bei Gemeinschaftsunternehmen.

Im internationalen Konzern tritt das Währungsproblem hinzu. Es geht hierbei nicht nur um die Berücksichtigung von Wechselkursänderungen in einer Konzern-Finanzierungsrechnung, sondern auch um die adäquate Berücksichtigung von Maßnahmen der Währungs-Zwangswirtschaft in vielen Ländern.

Literatur

ASB (1991), FRS No. 1: Cash Flow Statements, London (abgedruckt in: Accountancy 108 (November 1991), S. 129–140)

Bieg, H. (1992), Stichwort „Kapitalflußrechnung, Konzernabschluß, Prüfung der", in: Coenenberg, A. G./v. Wysocki, K. (Hrsg.), Handwörterbuch der Revision, 2. Aufl., Stuttgart, Sp. 955–969

Buchmann, R./Chmielewicz, K. (Hrsg.) (1990), Finanzierungsrechnung: Empfehlungen des AK „Finanzierungsrechnung" der Schmalenbach-Gesellschaft – Deutsche Gesellschaft für Betriebswirtschaft e.V., in: ZfbF Sonderheft 26

Busse von Colbe, W./Ordelheide, D. (1984), Konzernabschlüsse: Rechnungslegung für Konzerne nach betriebswirtschaftlichen Grundsätzen und gesetzlichen Vorschriften, 5. Aufl., Wiesbaden

Financial Accounting Standards Board (Hrsg.) (1987), SFAS No. 95, Statement of Cash Flows, Stamford (abgedruckt in: Journal of Accountancy 165 (February 1988), S. 139–169)

Gebhardt, G. (1981), Aufstellung von Kapitalflußrechnungen auf der Grundlage publizierter Einzel- und Konzernabschlüsse, Bochum

Gebhardt, G./Bergmann, J. (1991), Internationale Konzernabschlüsse, in: v. Wysocki, K./Schulze-Osterloh, J. (Hrsg.), Handbuch des Jahresabschlusses in Einzeldarstellungen, Abt. V/7, Köln

Holzer, H. P./Häusler, H. (1989), Die moderne Kapitalflußrechnung und die internationale Konzernrechnungslegung, in: WPg 42, S. 221–231

Institut der Wirtschaftsprüfer (Hrsg.) (1978), HFA-Stellungnahme 1/1978: Die Kapitalflußrechnung als Ergänzung des Jahresabschlusses, in: WPg 31, S. 207–208

Käfer, K. (1970), Kapital- und Finanzflußrechnung, in: *Kosiol, E.* (Hrsg.), Handwörterbuch des Rechnungswesens, 1. Aufl., Stuttgart, Sp. 802–816

Käfer, K. (1984), Kapitalflußrechnungen, 2. Aufl., Stuttgart

Küting, K./Siener, F. (1990), Die finanzwirtschaftliche Aussagekraft des Cash-Flow im Rahmen der externen Konzernabschlußanalyse, in: BB 18, Beilage 6 zu Heft 6/1990

Müller, E. (1978), Kapitalflußrechnungen für den Gesamtkonzern (Konzern-Kapitalflußrechnung) als Planungs- und Kontrollinstrument, in: ZfB 48, S. 517–528

Sanwald, G.-H. (1989), Kapitalflußrechnung im Konzern, in: *Küting, K./Weber, C.-P.* (Hrsg.), Handbuch der Konzern-Rechnungslegung: Kommentar zur Bilanzierung und Prüfung, Stuttgart, S. 487–497

Serfling, K. (1984), Die Kapitalflußrechnung: ein Instrument zur Darstellung und Analyse der finanziellen Lage der Unternehmung, Berlin

v. Wysocki, K. (1990), Direkte Cash-Flow-Rechnung als unterjähriger Informationsträger für kleine und mittlere Betriebe, in: *Ahlert, D./Franz, K.-P./Göppl, H.* (Hrsg.), Finanz- und Rechnungswesen als Führungsinstrument, Herbert Vormbaum zum 65. Geburtstag, Wiesbaden, S. 317–339

v. Wysocki, K./Wohlgemuth, M. (1986), Konzernrechnungslegung, 3. Aufl., Düsseldorf

Kapitel 4
Kurzfristige Finanzierungsrechnungen zur Finanzdisposition

von *Helmut Korst*

1. Aufgaben und Funktionen 88
2. Auswahl einer Finanzierungsrechnungsform 88
3. Organisation der Finanzierungsrechnung 89
   3.1 Bestimmung der zeitlichen Strukturierung 89
   3.2 Strukturierung der Ein- und Auszahlungen 90
   3.3 Erfassung der Ein- und Auszahlungen 92
4. Planung der Zahlungsströme 92
   4.1 Prognoseprobleme 92
   4.2 Analyse der Zahlungsströme 93
   4.3 Prognoseverfahren 93
5. Währungsfragen 94
6. Cash Management in der Praxis 94
   6.1 Integrierte Software 94
   6.2 Electronic Banking 96
   6.3 Liquiditätsmanagement durch „Corporate Banks" 96
7. Zusammenfassung 97
Literatur 97

1. Aufgaben und Funktionen

Finanzplanung, -disposition und -kontrolle sind wesentliche Elemente des Cash Managements zur Sicherung der ständigen Zahlungsfähigkeit. Das Cash Management, hier verstanden als Management des kurzfristigen Zahlungsverkehrs, hat sicherzustellen, daß zu jedem Zeitpunkt ausreichende Finanzmittel vorhanden sind, um fälligen Zahlungsverpflichtungen nachkommen zu können.

Da gerade die Zahlungsströme des kurzfristigen Bereichs nicht bis ins letzte geplant werden können sowie darüber hinaus finanzielle Voraussetzungen für ein schnelles Reagieren auf veränderte Marktbedingungen gegeben sein müssen, ist das Halten einer Liquiditätsreserve unabdingbar. Größtmögliche Liquidität kann jedoch niemals Alleinziel sein, sondern es gilt gleichfalls, die Opportunitätskosten, interpretiert als Verzicht auf die Erträge aus der Anlage freier Mittel, zu minimieren.

Kurzfristige Zeiträume abbildende Finanzierungsrechnungen haben im Rahmen des Cash Managements die Aufgabe, sämtliche innerhalb eines individuell zu bestimmenden Zeitraums (in der Regel bis zu einem Jahr) anfallenden zahlungswirksamen Vorgänge zeitpunkt- und betragsgenau zu erfassen und innerperiodisch auftretende Überschüsse bzw. Unterdeckungen aufzuzeigen. Eine derart organisierte Finanzierungsrechnung liefert dem Cash Management wesentliche Informationen:
- über die hereinkommenden und hinausgehenden Zahlungsströme,
- zur Steuerung der fristgerechten Verfügbarkeit der erforderlichen Finanzmittel,
- zur Steuerung der kurzfristigen Geldanlage bzw. -aufnahme.

Darüber hinaus bietet sich die kurzfristige Finanzierungsrechnung aufgrund ihrer Aktualität zur Überprüfung und entsprechenden Fortschreibung des jeweiligen im Rahmen der mehrjährigen Finanzplanung gültigen Jahresplans an.

2. Auswahl einer Finanzierungsrechnungsform

Innerhalb der Finanzplanung finden zwei verschiedene Methoden Anwendung:
- die Zahlungsstromrechnung (als Ein-/Auszahlungsrechnung),
- die Bewegungsbilanzrechnung.

Innerhalb der **Zahlungsstromrechnung** werden alle Ein- und Auszahlungen von Bar- und Buchgeld sowohl betragsmäßig als auch hinsichtlich der Zahlungszeitpunkte innerhalb einer bestimmten Periode unsaldiert erfaßt. Dieses Vorgehen hat für die Finanzierungsrechnung zur kurzfristigen Finanzdisposition den Vorteil, daß zu bestimmten Terminen anfallende Zahlungsüberschüsse bzw. Unterdeckungen frühzeitig erkannt und entsprechende Maßnahmen geplant werden können.

Wird die Zahlungsstromrechnung ergänzend zum Monatsabschluß aufgestellt, so ist bei einer Fondsabstimmung die Doppik zur Bilanz gegeben. Die **Bewegungsbilanzrechnung** basiert demgegenüber auf periodisierten Stromgrößen des Jahresabschlusses. Das primäre Ziel dieser Rechnung besteht damit in der Vorbereitung aller Maßnahmen im Hinblick auf eine langfristig ausgewogene Unternehmensfinanzierung. Die Einbeziehung zahlungsunwirksamer Vorgänge wie die Verrechnung von Abschreibungen oder die Bildung bzw. Auflösung von Rückstellungen ist fester Bestandteil dieser Rechnung und steht dem Ziel der kurzfristigen Finanzierungsrechnung, Informationen bezüglich der zahlungswirksamen Finanzströme einer Unternehmung zu liefern, entgegen.

In der Praxis findet aus diesen Gründen die Bewegungsbilanzrechnung im langfristigen und die Zahlungsstromrechnung im kurzfristigen Bereich Anwendung.

3. Organisation der Finanzierungsrechnung

3.1 Bestimmung der zeitlichen Strukturierung

Bei der Installierung einer Finanzierungsrechnung ist einerseits der relevante Planungszeitraum und andererseits die Häufigkeit der Planerstellung festzulegen. Über die zeitliche Struktur der Rechnung lassen sich Aussagen am besten dadurch treffen, daß von ihrer Aufgabe bzw. Funktion ausgegangen wird:

- Um die kurzfristige Liquidität zu gewährleisten, ist eine inhaltlich und zeitlich möglichst detaillierte Planung erforderlich, denn unabweisbare Zahlungsverpflichtungen müssen zu ihren jeweiligen Fälligkeitszeitpunkten erfüllt werden können.
- Um den im Rahmen der mehrjährigen Planung jeweils aktuellen Jahresplan überprüfen zu können, bieten sich größere Planungszeiträume an, deren maximales Ausmaß jedoch auf ein Jahr begrenzt ist.

Als Konsequenz dieser Ziele ergibt sich eine gewisse Gegensätzlichkeit zwischen dem Bestreben nach längeren Planungsperioden, um die künftige längerfristige Entwicklung möglichst frühzeitig erkennen und entsprechend die günstigsten Maßnahmen im finanz- und güterwirtschaftlichen Bereich einleiten zu können, und dem Bestreben nach einer möglichst aktuellen Rechnung zur Liquiditätssicherung.

Ob eine wöchentliche, monatliche oder andere Zeiträume umfassende Finanzierungsrechnung zur Finanzdisposition am sinnvollsten ist, kann deshalb nicht generell entschieden werden. In aller Regel wird die Rechnung jedoch einen Zeitraum von mindestens einem Monat umfassen. Die Planung unter einem Monat – nach Dekaden, Wochen oder Arbeitstagen – als weitere Grundlage der kurzfristigen Finanzdisposition bleibt dem jeweiligen Disponenten überlassen.

Für die Ein- und Auszahlungsplanung, die den Monat als kleinste Zeiteinheit vorsieht, bieten sich die Gesamtplanung bzw. die rollierende Planung als alternative Verfahren an.

Bei der **Gesamtplanung einer Planungsperiode** werden zunächst sämtliche Ein- und Auszahlungen pro Jahr ermittelt. Diese können entweder aus den verschiedenen verfügbaren Einzelplänen (bezüglich Umsätzen, Rohstoffbezug, Investitionen etc.) oder aus einer Ableitung der innerperiodisch zahlungswirksamen Vorgänge aus der jeweiligen Bilanz- und Ergebnisplanung gewonnen werden. Bei letzterem Vorgehen ist es jedoch erforderlich, daß die Ergebnisplanung auf der Basis des Gesamtkostenverfahrens erfolgt, da bei diesem Verfahren im Gegensatz zum Umsatzkostenverfahren alle Aufwands- und Ertragsarten separat gezeigt werden.

Hieran anschließend werden die für das Jahr ermittelten Daten in Quartals- bzw. Monatswerte aufgeteilt. Hierzu sind weitere Informationen erforderlich, da sich die Zahlungszeitpunkte nur in Ausnahmefällen gleichmäßig auf die Quartale bzw. Monate verteilen. Da die Planung der Zahlungen der letzten Monate des Geschäftsjahres aufgrund zunehmender Unsicherheit an Genauigkeit verliert, wird diese Planung in der Praxis monatlich bzw. quartalsmäßig aktualisiert.

Bei der **rollierenden Planung** werden unabhängig von der Gesamtplanung die Zahlungen für einen Zeitraum von 3–6 Monaten in überlappenden Intervallen jeden Monat aktualisiert und der Planungszeitraum entsprechend fortgeschrieben.

Folgende Daten werden im einzelnen für die Aufstellung und Kontrolle der Planungsrechnung herangezogen:

– die Istwerte für die entsprechenden Planmonate des vergangenen Jahres,
– die kumulierten Istwerte des vergangenen Jahres bis zum Planmonat,
– die kumulierten Istwerte des laufenden Jahres bis zum Planmonat.

3.2 Strukturierung der Ein- und Auszahlungen

Zur organisatorischen Vereinfachung der Planung und Erfassung der relevanten Ein- und Auszahlungen empfiehlt sich eine Strukturierung nach verschiedenen Kriterien, die gleichzeitig zur Anwendung gelangen können. Im einzelnen bieten sich etwa an:

3. Organisation der Finanzierungsrechnung

- Kontenplan
- konzerninterne/-externe Kriterien
- projektbezogene Kriterien.

Der Kontenplan bietet sich als **Gliederungskriterium** an, da sich der überwiegende Teil der Ein- und Auszahlungen aus Bewegungen bestimmter Kontenklassen ergibt. In diesem Zusammenhang zu nennen sind:

- Warenkonten
- Anlage- und Kapitalkonten
- Finanzkonten
- Kostenarten- und Erlösarten.

Entscheidet man sich für das Gliederungskriterium Kontenplan, so empfiehlt es sich, im Interesse einer übersichtlich gestalteten Finanzierungsrechnung eine weitere Strukturierung vorzunehmen.

Dabei werden in einem ersten Schritt – entsprechend der bereits im Kontenplan vorgesehenen Verdichtung – die verschiedenen Ein- und Auszahlungsarten zu bestimmten Ein- und Auszahlungsgruppen zusammengefaßt. Im zweiten Schritt werden dann diese Gruppen übergeordneten Ein- und Auszahlungspositionen zugeordnet, wobei die Zuordnung zu den außerordentlichen Ein- und Auszahlungspositionen von den jeweiligen unternehmens- bzw. branchenspezifischen Kriterien abhängig ist.

Eine **Differenzierung bezüglich konzerninterner/-externer Zahlungen** ist insbesondere dann angebracht, wenn ein Konzernclearing vorgesehen bzw. durchgeführt wird. Dabei ist im einzelnen zu entscheiden, ob die Rechnung auf den handelsrechtlichen Konsolidierungskreis, auf den Konzern zuzüglich Gemeinschaftsunternehmen oder aber nur auf 100%ige Tochterunternehmen abgestellt wird.

Je weitreichender innerhalb einer Unternehmensgruppe von den Möglichkeiten eines zentralen Finanzausgleichs Gebrauch gemacht wird, um so größere Vorteile ergeben sich durch

- Kostenersparnisse aufgrund des Ausgleichs durch Überschüsse anderer verbundener Unternehmen statt mit Kreditaufnahmen,
- Zinsgewinne durch niedrigere „Vorsichtskassen" in der Unternehmensgruppe,
- Zinsgewinne durch Ballungsfunktion eines größeren Anlagebetrages,
- Ausnutzung von Devisenbeständen bei Zahlungen im Ausland, insbesondere bei schwankenden Kursen.

Eine **projektbezogene Gliederung** erscheint bei der kurzfristigen Finanzierungsrechnung nur dann sinnvoll, wenn die liquiditätsbezogenen Auswirkungen einzelner Projekte auf die Liquidität der Unternehmung bedeutsam sind und eine genaue Erfassung bzw. Abgrenzung der projektbezogenen Zahlungsströme möglich ist.

3.3 Erfassung der Ein- und Auszahlungen

Die Erfassung der Zahlungen kann auf unterschiedliche Weise erfolgen:

- Direkte (originäre) Methode:

  Unmittelbare Erfassung der effektiven Zahlungen außerhalb des geschlossenen Systems der Buchhaltung mittels separater Statistiken bzw. Aufzeichnungen in den verschiedenen Unternehmensbereichen, z. B. Einkauf, Verkauf, Personal, Forschung oder Umweltschutz. Gerade in größeren Unternehmen stößt diese Methode jedoch wegen der weitgehenden Funktionsteilung häufig auf organisatorische Schwierigkeiten.

- Indirekte (derivative) Methode:

  Ableitung der Zahlungsströme aus effektiven in der Buchführung erfaßten Aufwendungen, Erträgen und Bestandsänderungen durch eine zusätzliche Finanz-Kennziffer (Kontrollziffer) mit der Kontierung des Finanzkontos. Durch eine separate DV-Auswertung aller Finanzkontenbuchungen je Monat werden die Zahlungsströme durch entsprechende Strukturierungen aufgezeigt.

4. Planung der Zahlungsströme

4.1 Prognoseprobleme

Die relative theoretische Klarheit und Unkompliziertheit der oben aufgezeigten Organisation der Ist-Rechnung darf jedoch nicht über die in der Praxis auftretenden Schwierigkeiten hinwegtäuschen, wenn es darum geht, die für einen festgelegten Planungszeitraum zu erwartenden Zahlungen zu planen. So hängt der Erfolg bzw. die „Trefferquote" der Planung unter anderem wesentlich von der Regelmäßigkeit des Umsatzprozesses, der Qualität der Ausgangsinformationen sowie der Planungserfahrung des Finanzplaners ab.

Bei der konkreten Durchführung der Planung bietet sich zunächst eine Unterteilung der Zahlungen in einen güter- und einen finanzwirtschaftlichen Bereich an.

Da die durch größere rein finanzwirtschaftliche Maßnahmen bedingten Zahlungen häufig zum Planungszeitpunkt bereits per Abrede bzw. vertraglich fixiert sind, ist deren Prognose relativ unproblematisch.

Schwieriger gestaltet sich die Planung der Zahlungen des güterwirtschaftlichen Bereichs. So bereiten bei der Planung der Auszahlungen insbesondere die Bestimmung des zukünftigen Preisniveaus der Beschaffungsmärkte sowie der voraussichtlichen Umsatzerlöse Probleme, wobei Fehleinschätzungen mengenmäßige Anpassungen im Beschaffungsbereich zur Folge haben können. Fest stehen im Gegensatz dazu die Zahlungen aufgrund der bestellten Lieferungen und damit auch die entsprechenden Zahlungszeitpunkte sowie schließlich auch alle periodisch zu leistenden Zahlungen.

Auf der Einzahlungsseite stehen dagegen in der Regel weder die Höhe der eingehenden Zahlungen noch deren Zahlungszeitpunkt fest, da beide Komponenten von den Handlungen externer Entscheidungsträger abhängig sind. Als besondere Einflußfaktoren zu nennen sind hier die Absatzfähigkeit der produzierten Produkte sowie das Zahlungsverhalten der Kunden.

4.2 Analyse der Zahlungsströme

Ein wesentliches Mittel zur Planung der zukünftigen Zahlungsströme ist die Analyse der vergangenen Entwicklung. Dabei stehen zwei Fragestellungen im Vordergrund:

- Einerseits ist der relative Anteil der einzelnen Zahlungsströme am gesamten Zahlungsvolumen zu bestimmen. Dabei ist im Zeitablauf besonders auf Strukturverschiebungen zu achten und, falls solche zu beobachten sind, sind deren Ursachen zu analysieren.
- Andererseits ist zu untersuchen, ob einzelne Zahlungsströme im Zeitablauf typische Verläufe aufzeigen.

Bei solchen Analysen erweisen sich graphische Darstellungen als besonders hilfreich. Die optische Darstellung dient zum einen der Information über die Intensität und Stabilität der Schwankungen. Darüber hinaus werden die einzelnen Phasen der Kapitalfreisetzung bzw. Mittelbindung im Zeitablauf sowie sogenannte kritische Zahlungsströme sichtbar. Letztere sind dadurch gekennzeichnet, daß sie

- besonders starken zeitlichen Schwankungen unterliegen, die nur selten eindeutig erklärbar und/oder
- die gesamten Ein- und Auszahlungsstrukturen in erheblichem Umfang beeinflussen.

Je mehr kritische Zahlungsströme bei der Finanzanalyse festgestellt werden, um so schwieriger gestaltet sich naturgemäß für den Planenden die Aufgabe, eine möglichst hohe Treffsicherheit bzw. Planqualität zu erreichen.

4.3 Prognoseverfahren

Zur Planung der zukünftigen Zahlungsströme können sowohl qualitative als auch quantitative Verfahren angewendet werden.

Qualitative Verfahren basieren im wesentlichen auf den subjektiven Erwartungen des Planenden. Insofern kann der eigentliche Planungsprozeß häufig nur schwer nachvollzogen werden.

Quantitative Verfahren bedienen sich hingegen Methoden der Statistik, was Annahmen und Ergebnisse weitgehend auch für Dritte nachprüfbar macht. Eine Einschränkung ergibt sich jedoch daraus, daß in der Regel auch bei diesen Verfahren qualitative Annahmen notwendig sind.

5. Währungsfragen

Die Finanzierungsrechnung zur kurzfristigen Finanzdisposition beschränkt sich in der Praxis in der Regel auf einen geschlossenen Währungsbereich.

Spezielle Bewertungsprobleme von in ausländischer Währung fließenden Zahlungsströmen, wie sie sich bei der Aufstellung von Bewegungsbilanzrechnungen als Folge notwendiger Stichtagsbewertungen ergeben, treten bei dieser Rechnung insoweit nicht auf.

Der Umfang der Fremdwährungstransaktionen einerseits und das Ausmaß der Schwankungen der Wechselkurse andererseits können jedoch im Einzelfall den Unsicherheitsfaktor der Finanzprognose erheblich erhöhen, da Über- oder Unterdeckungen innerhalb eines Währungssystems durch die eines anderen Systems ausgeglichen werden müssen.

6. Cash Management in der Praxis

6.1 Integrierte Software

Die Entscheidungsfindung und Durchführung von Maßnahmen im Rahmen der Finanzdisposition des Finanzmanagements wird durch DV-Systeme erleichtert.

Neben den in den Unternehmen selbst entwickelten Systemen sind die verstärkten Softwareangebote sowohl für PC als auch für Großrechner von Bedeutung. Werden die Finanzdispositionssysteme im Rahmen der bereits eingesetzten Software für das gesamte Buchwerk des Rechnungswesens eingesetzt, so ergeben sich aus dieser integrierten Lösung beachtliche Effekte.

Die Integration in bestehende Buchhaltungs-Systeme gewährleistet beispielsweise jederzeit einen Zugriff auf gespeicherte Daten wie offene Posten, Bestellungen, Aufträge, Banken etc. Darüber hinaus können zur Abrundung des Bildes erwartete bzw. geplante Dispositionsposten wie Zahlungsavise, Bankinformationen, Lohnzahlungen usw. erfaßt und in die Planung einbezogen werden.

Hierbei wird häufig in den Programmen zwischen dem Tagesfinanzstatus und der Finanzdisposition unterschieden.

6. Cash Management in der Praxis

Der **Tagesfinanzstatus**, auch als Bankenmanagement bezeichnet, beinhaltet alle bankenbezogenen Transaktionen. Er sollte sich nur auf einen Zeithorizont von weniger als fünf Tagen beziehen, da innerhalb dieses Zeitraums eine relativ hohe Sicherheit bezüglich des Eintreffens der Ein- und Auszahlungen gegeben ist. Innerhalb des Finanzstatus wird zwischen folgenden Elementen unterschieden:

- Dispositionsquellen
- Dispositionsgruppen
- Dispositionsebenen.

Als **Dispositionsquellen** werden alle relevanten Informationen bezeichnet, die den Tagesfinanzstatus durch einen hohen Wahrscheinlichkeitsgrad des Eintreffens beeinflussen. Dazu zählen z. B. Bankenbestand, Scheckausgang, Überweisungsausgang auf Bankkonto gebucht, fällige Termingelder, valutierte Zahlungseingänge.

Die **Dispositionsgruppen** haben die Aufgabe, die Elemente der Disposition zu definieren. So werden z. B. die Bankkonten als Element der Disposition selektiert und zur besseren Transparenz in Einheiten aufgeteilt, z. B. das DB-Bankkonto in Girokonto, Überweisungen Inland und Festgeld.

Die **Dispositionsebenen** haben eine für die Gruppen erklärende Wirkung. Dabei werden typische Finanzbewegungen in Ebenen aufgeteilt und geben soweit zusätzliche Steuerungsinformationen. Folgende Ebenen spielen dabei eine Rolle: Scheckausgang, Überweisungsausgang, avisierte Zahlungseingänge.

Während der Tagesfinanzstatus sich durch einen hohen Wahrscheinlichkeitsgrad des Eintretens auszeichnet, sind die Zeithorizonte in der **kurzfristigen Finanzdisposition** durch den planerischen Charakter gekennzeichnet und schließen auch Zukunftserwartungen ein.

Der Aufbau im System ähnelt dabei bereits dargestellten Elementen, wobei auch hier die Verknüpfungen mit dem gesamten Buchhaltungssystem als Voraussetzung angesehen werden muß. So werden die Quellen der Finanzdisposition ergänzt um den Bestellbestand aus der Einkaufsverwaltung und den Auftragsbestand aus dem Vertriebssystem. Hierbei werden die Aufträge und Bestellungen in zu erwartende Einnahme- bzw. Ausgabeströme im Programm umgerechnet nach der Formel: Liefertermin + Zahlungsbedingung aus Debitoren- bzw. Kreditorenstamm. Die Komponente Finanzdisposition zeichnet sich dabei im System durch eine revolvierende Planungsmethode aus. Dabei werden die disponierten Daten wertmäßig und gemäß Fristigkeit mit fortschreitender Zeitdauer laufend korrigiert, sobald aktuellere und präzisere Angaben vorliegen. So erfolgt z. B. eine erste Disposition eines Zahlungsausgangs bereits mit der Warenbestellung, mit dem Risiko eines abweichenden Liefertermins oder abweichender Liefermenge.

Bei Rechnungseingang werden Dispositionstag und -betrag präzisiert, bei Zahlungsregulierung wird aufgrund der gewählten Zahlungsart der endgültige Zahlungsausgangspunkt korrigiert.

6.2 Electronic Banking

Die Angebote der Geschäftsbanken zur Unterstützung des Cash Managements durch Electronic Banking zielen mittels einer rationelleren Kontoführung der Firmenkunden darauf ab, Liquidität und Rentabilität zu optimieren.

Hierbei sind unter dem Begriff EFTS (Electronic Funds Transfer Systems) Systeme bekannt geworden, die zuerst im engeren nationalen Bereich und später weltweit Datenübertragungen auf elektronischem Weg durchführten. Hinzuweisen ist aber darauf, daß hierbei nicht nur Zahlungen veranlaßt, sondern auch andere Informationen weitergegeben werden. Dabei ermöglichen diese Systeme die Erstellung eines aktuellen, bei Realtime-Verarbeitung minutengenauem weltweiten Liquiditätsstatus als Grundlage der kurzfristigen Finanzierungsrechnung, und zwar aufgrund der extremen Beschleunigung der Zahlungsvorgänge.

6.3 Liquiditätsmanagement durch „Corporate Banks"

Dem Erfolg der Banken durch Electronic Banking steht die Emanzipation vieler multinationaler Konzerne auf dem professionell geführten Gebiet ihrer Finanzabteilungen gegenüber. Die hier nun entstehenden „Corporate Banks" vergleichen sich nicht mehr mit den traditionellen administrativen Aufgaben bis hin zur Optimierung der Finanzierungsrechnungen; sie werden als organisatorisch selbständige Finanzsparte geführt mit in der Regel wiederum gewinnorientierten Geschäftsbereichen für die unterschiedlichsten Finanzdienstleistungen. Hierbei gehen bei den einzelnen Unternehmen die Zielvorstellungen über den weiteren Ausbau unterschiedlich weit.

Die Strategie der Optimierung des gruppenweiten Liquiditätsmanagement ist jedoch vorherrschend. Hierbei werden die Zahlungsströme aus allen Aktiva und Passiva eines Unternehmens im System berücksichtigt. Dies erfolgt einmal kurzfristig über ein weltweites Cash Management und entsprechende Mittelanlage der Überschüsse wie auch in der mittelfristigen Finanzierungsrechnung über eine gruppenweite Planungsrechnung. Eine solche Unternehmenspolitik stellt ab auf:

– Sicherstellung der Liquidität im Gesamtkonzern
– Minimierung der Währungsrisiken
– Nutzung weltweiter Finanzierungsressourcen
– Minimierung der Refinanzierungskosten im Konzern

- Sicherstellung und Realisierung von Refinanzierungen, Finanz- und Kapitalstrukturen
- Sicherstellung einer konzerneinheitlichen Bankenpolitik
- Optimierung der Finanzströme und des Finanzergebnisses.

7. Zusammenfassung

Die Finanzierungsrechnungen gliedern die pagatorischen Vorgänge des Unternehmens nach den Kriterien
- Mittelbestand,
- Mittelzuflüsse,
- Mittelabgänge.

Sie ermöglichen die Erfassung und Analyse der finanzwirtschaftlichen Vorgänge in abgeschlossenen Beobachtungsperioden und damit die Ableitung von zu prognostizierenden Zahlungsströmen.

Obwohl die Grenzen zwischen den Betrachtungszeiträumen fließend sind, d. h. die kurzfristige in eine langfristige Finanzierungsrechnung mündet, spielen in den verschiedenen Ausprägungen unterschiedliche Zielsetzungen eine Rolle.

So steht beim Tagesfinanzstatus die Optimierung der Finanzressourcen im Vordergrund. Die Frage der optimalen Mitteldisposition bestimmt die kurzfristige Finanzierungsrechnung, wobei zum einen die Kontrolle der Planwerte und die tatsächlichen Mittelzuflüsse und -abflüsse interessieren, zum anderen eine Optimierung der Verzinsung des gegebenen Mittelbedarfs unter gegebenen Fristigkeiten und Konditionen der Kapitalarten angestrebt wird. Die langfristige Finanzierungsrechnung stellt schließlich auf die Sicherung einer langfristig ausgewogenen Finanzierung der Unternehmung ab. Sie ist somit im Zusammenhang mit der Gesamtunternehmensplanung zu sehen und steht in Wechselwirkung mit der Ergebnis-, Steuer- und Investitionsplanung.

Literatur

Buchmann, R./Chmielewicz, K. (Hrsg.) (1990), Finanzierungsrechnung: Empfehlungen des AK „Finanzierungsrechnung" der Schmalenbach-Gesellschaft – Deutsche Gesellschaft für Betriebswirtschaft e. V., in: ZfbF-Sonderheft 26
Büschgen, H. E. (1979), Grundlagen betrieblicher Finanzwirtschaft, 2. Aufl., Frankfurt am Main
Chmielewicz, K. (1972), Integrierte Finanz- und Erfolgsplanung, Stuttgart
Chmielewicz, K./Caspari, B. (1985), Zur Problematik von Finanzierungsrechnungen, in: DBW 45, S. 156–169
Deppe, H.-D. (1975), Grundriß einer analytischen Finanzplanung, Göttingen
Hahn, D. (1985), Planungs- und Kontrollrechnungen – PuK, 3. Aufl., Wiesbaden

Harms, J. E. (1973), Die Steuerung der Auszahlungen in der betrieblichen Finanzplanung, Wiesbaden

Hauschildt, J. (1976), Finanzmanagement, in: *Büschgen, H. E.* (Hrsg.), HWF, Stuttgart, Sp. 508–515

Hielscher, U. (1985), Electronic Banking, in: ZfB 55, S. 477–494

Jetter, Th. (1988), Cash-Management-Systeme, Wiesbaden

Scheer, A.-W. (1991), EDV-gestützte Cash-Management-Systeme – Konzeption und beispielhafte Anwendungen, in: *Rückle, D.* (Hrsg.), Aktuelle Fragen der Finanzwirtschaft und der Unternehmensbesteuerung, Wien, S. 567–603

Schneider, D. (1976), Finanzplanung, Koordination mit der Gesamtplanung, in: *Büschgen, H. E.* (Hrsg.), HWF, Stuttgart, Sp. 547–567

Serfling, K./Marx, M. (1991), Finanzplanung und Finanzdisposition als Aufgabe des Finanzmanagements mittelständischer Unternehmen, in: DB 44, S. 105–112

Spahni-Klass, A. (1988), Cash-Management im multinationalen Industriekonzern, Diss., Bern u. a.

Süchting, J. (1989), Finanzmanagement, 5. Aufl., Wiesbaden

Verband der Chemischen Industrie e. V. (Hrsg.) (1980), Unterjährige Finanzplanung, -kontrolle und -disposition in der Chemischen Industrie, Frankfurt am Main

Witte, E. (1981), Finanzrechnung, insb. Finanzplanung, in: *Kosiol, E./Chmielewicz, K./Schweitzer, M.* (Hrsg.), HWR, 2. Aufl., Stuttgart, Sp. 544–557

Teil B
Bewertung von Finanzströmen

Kapitel 5
Beurteilungskriterien für Investitions- und Finanzierungsalternativen bei gegebenen Kapitalkosten

von *Franz Eisenführ*

1. Definitionen und Prämissen 100
2. Beurteilungskriterien bei einheitlichem Kalkulationszinsfuß ... 102
   2.1 Entnahmegrößen 102
      2.1.1 Der Endwert 102
      2.1.2 Der Kapitalwert 104
      2.1.3 Die Annuität 104
      2.1.4 Der durchschnittliche Jahresgewinn 105
   2.2 Verzinsungsmaße 106
      2.2.1 Der interne Zinsfuß 106
      2.2.2 Die Kapitalrentabilität 108
   2.3 Die Amortisationsdauer 108
   2.4 Wahl zwischen mehreren Projekten 109
   2.5 Die optimale Laufzeit eines Projekts 110
3. Berücksichtigung von Gewinnsteuern 113
4. Mehrere Kalkulationszinsfüße 115
   4.1 Ein Zinsfuß in jeder Periode 115
   4.2 Mehrere Zinsfüße pro Periode 116
Literatur 118

1. Definitionen und Prämissen

Investitions- und Finanzierungsalternativen einer Wirtschaftseinheit (die im folgenden als „Entscheider" bezeichnet wird) sind Projekte, die durch Zahlungsströme zwischen dieser Einheit und ihrer Umwelt beschrieben werden können. Die Beurteilung eines Projekts wird im Rahmen dieses Beitrags allein aus den Zahlungen abgeleitet, die es auslöst. Alle weiteren Attribute, wie z. B. Prestigewirkung oder Umweltverträglichkeit, bleiben aus den Erörterungen ausgeklammert.

Den Zahlungsstrom eines Projekts bilden wir als diskrete „Zahlungsreihe" z, d. h. eine Reihe periodischer Einzahlungs- bzw. Auszahlungsüberschüsse z_t im Zeitpunkt t ab, mit t = $\{0, 1, \ldots, T\}$. Mit $z_t > 0$ wird ein Einzahlungs-, mit $z_t < 0$ ein Auszahlungsüberschuß gekennzeichnet, d. h. ein Nettozufluß bzw. -abfluß von Zahlungsmitteln.

Entscheidungen sind immer Wahlprobleme. Auch wenn nur über ein einzelnes Projekt zu entscheiden ist, existiert eine zweite Alternative, nämlich das Unterlassen des Projekts. Man kann diese Unterlassensalternative als den „Basisfall" bezeichnen. Die einem Projekt zuzurechnende Zahlungsreihe z ergibt sich aus der Differenz der Zahlungsströme:

Zahlungsreihe des Projekts = Zahlungsreihe zwischen Entscheider und Umwelt „mit dem Projekt"
minus
Zahlungsreihe zwischen Entscheider und Umwelt im Basisfall.

Daher ist es eine wichtige, keineswegs immer triviale Aufgabe, vor einer Investitionsentscheidung den Basisfall zu analysieren und nach Möglichkeit zu optimieren. Vor dem Hintergrund eines schlecht gewählten Basisfalls kann manches Projekt sich vorteilhaft ausnehmen, das in Vergleich zu einem optimierten Basisfall nicht mehr rentabel wäre. Zum Beispiel mag eine Kapazitätsausweitung zum Zweck der Aufnahme eines zusätzlichen lukrativen Produkts vorteilhaft erscheinen. Würde man jedoch das Produktionsprogramm bei gegebener Kapazität optimieren, würden das neue Produkt aufgenommen und weniger lohnende Artikel eliminiert werden. Vor diesem Hintergrund würde eine Kapazitätsausweitung sich dann nicht mehr lohnen.

Als **Investitionsprojekt** bezeichnen wir ein Projekt, bei dem in der ersten Periode oder in den ersten Perioden die Auszahlungen überwiegen. In der Regel haben Investitionsprojekte die Struktur − − + + +, d. h. auf Auszahlungen folgen Einzahlungen. **Finanzierungsprojekte** dagegen weisen typischerweise eine Struktur + + − − − auf. Wir sprechen im folgenden von „typischen" Investitions- bzw. Finanzierungsprojekten, wenn nur ein Vorzeichenwechsel in der Zahlungsreihe auftritt.

1. Definitionen und Prämissen

Wenn im folgenden von „Projekt" die Rede ist, dann ist eine gegebene, zu beurteilende Zahlungsreihe gemeint. Weiter wird von „Ergänzungsprojekten" gesprochen. Das sind solche Investitions- oder Finanzierungsvorhaben, die nur den Zweck haben, Zahlungen des Projekts zeitlich zu verlagern.

Ist das Vorzeichen aller z_t gleich, so ist die Beurteilung des Projekts als vorteilhaft oder unvorteilhaft trivial. Projekte mit wechselnden Vorzeichen der Zahlungen jedoch lassen sich nicht auf triviale Weise beurteilen. Sie müssen mit Ergänzungsprojekten so kombiniert werden, daß eine Zahlungsreihe $c = c_0, c_1 \ldots, c_T$ entsteht, die nur ein einziges Vorzeichen aufweist und somit eindeutig günstig oder ungünstig ist. Bei der Wahl zwischen sich gegenseitig ausschließenden Projekten gilt: Projekt A ist gegenüber Projekt B vorzuziehen, wenn sich durch Kombination mit Ergänzungsprojekten erreichen läßt, daß $c_t^A \geqslant c_t^B$ für alle t ist.

Die aus der Kombination der ursprünglichen Projektzahlungsreihe und ergänzender Investitions- oder Finanzierungsprojekte entstehenden c_t repräsentieren den Nutzen, den der Entscheider aus dem Projekt zieht. Ein $c_t > 0$ kann als entnahmefähiger Betrag gedacht werden, den das Projekt – im Vergleich zum Basisfall – zusätzlich bereitstellt; es kann dabei offen bleiben, was der Entscheider oder die Interessenten, für die er ggfs. tätig ist, mit den Überschüssen anfangen (konsumieren, verschenken, wieder anlegen). Wir werden im folgenden die c_t als „Entnahmen" apostrophieren. Es kann unterstellt werden, daß der Nutzen monoton mit der Höhe der Entnahme steigt. Ein $c_t < 0$ läßt sich entsprechend als ein Zuschuß (negative Entnahme) interpretieren, den das fragliche Projekt erfordert, also eine Vermögenseinbuße im Vergleich zur Nichtdurchführung.

Über die mit einem Projekt verbundenen Zahlungen herrscht im Zeitpunkt der Entscheidung naturgemäß keine sichere Kenntnis. Die Unsicherheit wird hier jedoch nicht zum Thema gemacht (vgl. hierzu den Beitrag von *Kruschwitz* in diesem Handbuch). Wir behandeln Beurteilungskriterien, die eine eindeutig prognostizierte Zahlungsreihe des Projekts voraussetzen.

Manche Projekte haben eine feste Laufzeit, bei anderen ist das Ende noch nicht abzusehen. Da mit zunehmender zeitlicher Entfernung die Unsicherheit der Schätzung tendenziell steigt, muß man sich zu einer mehr oder weniger willkürlichen Festlegung des Planungshorizonts entschließen. Zum Beispiel mag der Aufbau einer neuen Produktionsstätte auf der Basis der erwarteten Rückflüsse über eine Laufzeit von 10 Jahren beurteilt werden. Dann sollte mangels Wissen über die spätere Zukunft der geschätzte Verkaufserlös im Zeitpunkt 10 mitberücksichtigt werden.

2. Beurteilungskriterien bei einheitlichem Kalkulationszinsfuß

Eine besondere Vereinfachung der Situation liegt in der Annahme, zu einem einheitlichen Zinsfuß Beträge aufnehmen oder anlegen zu können, und zwar in jedem Umfang, der dem Investor wünschenswert erscheint, um die Projektzahlungsreihe z in eine Entnahmezahlungsreihe c zu überführen. Diese Annahme wird irreführend als „Prämisse des vollkommenen Kapitalmarkts" bezeichnet. Auch ohne vollkommenen Kapitalmarkt kann die Anwendung eines einheitlichen Zinsfußes durchaus realitätsnah sein. Wird eine Investition beispielsweise aus einem Kontokorrentkredit finanziert und fließen die späteren Einzahlungen auf dieses stets im Soll stehende Konto, so ist der Zinsfuß für die Finanzierung (Sollzins, Kapitalkosten) identisch mit dem Zinsfuß, zu dem Geld angelegt wird (Habenzins). Das gleiche gilt, wenn das Investitionsprojekt durch Auflösung von Finanzanlagen finanziert wird und die Rückflüsse in die gleichen Finanzanlagen reinvestiert werden.

In diesem Abschnitt entwickeln wir die Beurteilungskriterien für Projekte unter der Prämisse beliebiger Kombinierbarkeit mit ergänzenden Finanzierungs- und Wiederanlageprojekten zu einem einheitlichen Zinsfuß i (zur kapitalmarktorientierten Bestimmung unterschiedlicher risikoabhängiger Kapitalkosten vgl. den Beitrag von *Weber* in diesem Handbuch). Als Kriterien kommen in DM ausgedrückte Entnahmegrößen, in Prozent ausgedrückte Renditegrößen und in Jahren ausgedrückte Amortisationsdauern in Betracht.

2.1 Entnahmegrößen

Die Projektzahlungsreihe z, die in der Regel sowohl negative wie positive Zahlen aufweist und daher nicht direkt beurteilbar ist, wird mit Ergänzungsprojekten so kombiniert, daß die Zahlungsreihe c der Projektkombination nur noch nichtnegative bzw. nur noch nichtpositive Zahlen enthält. Diese Zahlen interpretieren wir als (potentielle) Entnahmen. Das Projekt ist genau dann lohnend, wenn das Vorzeichen aller Entnahmen positiv ist.

2.1.1 Der Endwert

Der Endwert eines Projekts ist die maximal mögliche Entnahme im Abschlußzeitpunkt T, die der Entscheider infolge des Projekts tätigen kann. Er wird ermittelt durch Aufzinsen aller Zahlungen mit dem Kalkulationszinsfuß i:

$$C_T = \sum_{t=0}^{T} z_t (1 + i)^{T-t}$$

2. Beurteilungskriterien bei einheitlichem Kalkulationszinsfuß 103

Das Aufzinsen einer Auszahlung (z. B. z_0) bedeutet, daß ein ergänzendes Finanzierungsprojekt möglich ist, welches z_0 durch eine (höhere) Auszahlung zu einem späteren Zeitpunkt ersetzt. Das Aufzinsen jeder Einzahlung bedeutet ein potentielles ergänzendes Investitionsprojekt, d. h. die Rückflüsse werden wieder angelegt. Ein Zahlenbeispiel für ein vorteilhaftes Projekt (also ein Projekt mit positivem Endwert) gibt Tabelle 1, in der – wie in den folgenden Tabellen – ein Kalkulationszins von 10% verwendet wird.

Tab. 1: Ermittlung des Endwertes für ein Investitionsprojekt

Zeitpunkt	0	1	2	3
Projektzahlungsreihe z	−1 000	400	500	500
Ergänzungsfinanzierung	1 000			−1 331
Ergänzungsinvestition		−400		484
Ergänzungsinvestition			−500	550
Zahlungsreihe c der Projektkombination	0	0	0	203

Betrachten wir nun als zu beurteilendes Projekt ein Finanzierungsprojekt (Tab. 2). Dem Entscheider wird ein Kredit zu folgenden Konditionen angeboten: Auszahlung 98%, jährliche Zinszahlung auf die jeweilige Schuldsumme 7%, Tilgung nach zwei tilgungsfreien Jahren in zwei gleichen Raten à 50%.

Tab. 2: Ermittlung des Endwertes für ein Finanzierungsprojekt

Zeitpunkt	0	1	2	3	4
Projektzahlungsreihe z	98	−7	−7	−57	−53,5
Ergänzungsinvestition	−98				143,48
Ergänzungsfinanzierung		7			−9,32
Ergänzungsfinanzierung			7		−8,47
Ergänzungsfinanzierung				57	−62,70
Zahlungsreihe c der Projektkombination	0	0	0	0	9,49

Auch dieses Projekt ist lohnend, da der Endwert positiv ist. Nimmt der Investor den angebotenen Kredit auf und tätigt die entsprechenden Ergänzungsmaßnahmen, so ist er nach vier Jahren um 9,49 DM je 100 DM Kreditsumme reicher als er es wäre, wenn er das Angebot ausschlüge.

2.1.2 Der Kapitalwert

Das zu beurteilende Projekt kann so mit Ergänzungsprojekten kombiniert werden, daß lediglich in t = 0 eine von null verschiedene Entnahme entsteht. Die maximale Entnahme in t = 0 heißt Kapitalwert. Der Kapitalwert wird durch Abzinsen („Diskontieren") aller Zahlungen auf den Anfangszeitpunkt t = 0 berechnet:

$$C_T = \sum_{t=0}^{T} z_t (1 + i)^{-t}$$

Zur Illustration sei das erste Zahlenbeispiel herangezogen (Tab. 3).

Tab. 3: Ermittlung des Kapitalwerts

Zeitpunkt	0	1	2	3
Projektzahlungsreihe z	−1 000	400	500	500
Ergänzungsfinanzierung	363,64	−400		
Ergänzungsfinanzierung	413,22		−500	
Ergänzungsfinanzierung	375,66			−500
Zahlungsreihe c der Projektkombination	152,52	0	0	0

Wie man aus den Formeln sieht, lassen sich Endwert und Kapitalwert gemäß

$$C_T = C_0 (1+i)^T$$

ineinander überführen. Der Endwert ist der aufgezinste Kapitalwert, der Kapitalwert ist der abgezinste Endwert. Da $(1+i)^T$ praktisch nur positiv sein kann, ist das Vorzeichen beider Größen gleich. Die beiden Kriterien führen also zur gleichen Entscheidung über ein Projekt.

2.1.3 Die Annuität

Das zu beurteilende Projekt kann in der Weise mit Ergänzungsprojekten kombiniert werden, daß in t = 0 keine Entnahme, in den übrigen Zeitpunkten 1, 2, ..., T eine gleich hohe Entnahme entsteht. Die Annuität ist also der dem Projekt entnehmbare (bzw. im negativen Fall zuzuschießende) gleiche Betrag am Ende jedes Jahres der Laufzeit.

Die Annuität c läßt sich sowohl über den Kapitalwert wie über den Endwert berechnen:

$c = C_0 \cdot$ KWF (i, T)

$c = C_T \cdot$ RBF (i, T)

2. Beurteilungskriterien bei einheitlichem Kalkulationszinsfuß

$$\text{KWF}(i,T) = \frac{iq^T}{q^T-1} \quad \text{mit } q = 1+i$$

$$\text{RBF}(i,T) = \frac{1}{\text{KWF}(i,T)}.$$

Der Ausdruck KWF(i,T) steht für „Kapitalwiedergewinnungsfaktor". Er gibt den Betrag einer T-jährigen nachschüssigen Rente, also einer gleichhohen Zahlung in den Zeitpunkten 1, 2, ..., T an, die einem Betrag von 1 DM beim Zinssatz i im Zeitpunkt 0 äquivalent ist. Der Ausdruck RBF(i,T) steht für „Rentenbarwertfaktor". Er gibt den Kapitalwert einer T-jährigen nachschüssigen Rente von jährlich 1 DM an.

Offensichtlich hat die Annuität auch immer das gleiche Vorzeichen wie Kapitalwert und Endwert, so daß die Kriterien äquivalent sind.

2.1.4 Der durchschnittliche Jahresgewinn

Die dargestellten Kriterien Endwert, Kapitalwert und Annuität sind „dynamische" Kriterien, die an Zahlungen anknüpfen und deshalb finanzmathematisch korrekt sind. In der Praxis wird jedoch häufig auf einfachere, approximative, „statische" Kriterien zurückgegriffen (zur Verbreitung dynamischer und statischer Verfahren in der Praxis siehe *Wehrle-Streif* 1989 und *Küpper et al.* 1990). Sie erfordern nicht die Schätzung von Einzahlungen und Auszahlungen in einzelnen Jahren des Projekts, sondern nur die Schätzung durchschnittlicher jährlicher Erträge und Aufwendungen. Somit ist der Informationsaufwand geringer. Auch sind die statischen Kriterien leichter zu berechnen, was eine überschlägige Abschätzung im Kopf ermöglicht. Zudem entsprechen sie dem kaufmännischen Denken eher als die dynamischen Kriterien.

Einen Näherungswert für die Annuität stellt der Durchschnittsgewinn dar. Er berechnet sich wie folgt:

Durchschnittliche laufende Erträge
− durchschnittliche laufende Aufwendungen
− durchschnittliche Abschreibungen
− durchschnittliche Zinsaufwendungen

= Durchschnittsgewinn.

Sei A die Anschaffungsausgabe und T die Projektlaufzeit, so beträgt die durchschnittliche jährliche Abschreibung A/T, sofern kein Resterlös nach Ende der Nutzungsdauer erwartet wird. Um einem Resterlös R Rechnung zu tragen, verallgemeinert man die Formel für die durchschnittliche Abschreibung zu (A−R)/T.

Die durchschnittlichen jährlichen Zinsaufwendungen werden wie folgt geschätzt: Man unterstellt, daß die Anschaffungsausgabe gleichmäßig zurückfließt. Dann ist im Durchschnitt die halbe Anschaffungsausgabe als gebundenes Kapital zu betrachten. Die Kapitalkosten betragen $iA/2$ bzw. bei Existenz eines Restwertes $i(A+R)/2$.

Die genannte Annahme über die durchschnittliche Kapitalbindung ist natürlich recht grob. Der tatsächliche Verlauf der Rückflüsse wird nicht beachtet. Dies bewirkt, daß der Durchschnittsgewinn nicht mit der finanzmathematisch ermittelten Annuität übereinstimmt.

2.2 Verzinsungsmaße

2.2.1 Der interne Zinsfuß

Kapitalwert, Endwert und Annuität sind abhängig vom Kalkulationszinsfuß. Beispiele für Kapitalwertfunktionen gibt die Abbildung 1. Die fallende Kurve links stellt den Kapitalwert einer typischen Investitionsalternative dar, d.h. einer Zahlungsreihe, bei der am Anfang die Auszahlungen überwiegen und erst später die Einzahlungen folgen. Der Verlauf der steigenden Kurve links beschreibt entsprechend eine typische Finanzierungsalternative. Die Verläufe im rechten Teil der Abbildung entstehen aus untypischen Zahlungsreihen, in denen sich Ein- und Auszahlungsüberschüsse abwechseln.

Abb. 1: Kapitalwertfunktionen in Abhängigkeit vom Zinsfuß

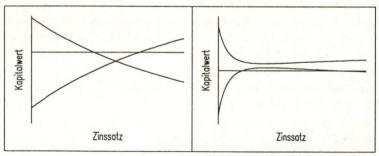

Hat die Kapitalwertfunktion (und damit auch die Endwert- und die Annuitätsfunktion) eine eindeutige Schnittstelle mit der Zinsachse, so ist dieser Zinsfuß von Interesse. Er wird als „interner Zinsfuß" r des Projekts bezeichnet. Der interne Zinsfuß ist also durch

$$C_0(r) = \sum_{t=0}^{T} z_t (1+r)^{-t} = 0$$

2. Beurteilungskriterien bei einheitlichem Kalkulationszinsfuß   107

definiert. Fällt der Kapitalwert mit steigendem Zinsfuß (typisches Investitionsprojekt), so ist das Projekt genau dann lohnend, wenn r > i, da dann der Kapitalwert positiv ist. Steigt der Kapitalwert mit steigendem Zinsfuß (typisches Finanzierungsprojekt), so gilt umgekehrt, daß das Projekt genau dann rentabel ist, wenn r < i gilt. Der interne Zinsfuß ist also ein kritischer Wert für den Kalkulationszinsfuß.

Es liegt nahe, den internen Zinsfuß als die „**Rendite**" (auch „Effektivverzinsung" genannt) eines Projekts anzusehen. Die Rendite ist derjenige Zinssatz, den das jeweils noch nicht getilgte Kapital erbringt. Diese Vermutung ist jedoch nicht immer richtig. Sie trifft nur dann zu, wenn alle Ergänzungsprojekte vom gleichen Typ sind, also nur Ergänzungsfinanzierungen oder nur Ergänzungsinvestitionen auftreten. Hinreichend dafür ist, daß das Vorzeichen in der Zahlungsreihe z nur einmal wechselt. Um beispielsweise bei einem typischen Investitionsprojekt den Kapitalwert (und Endwert) null zu erzeugen, sind ausschließlich Ergänzungsfinanzierungen zum internen Zinssatz r durchzuführen. Dies bedeutet, daß Finanzierungskosten bis zur Höhe von r auftreten können, bevor das Projekt unrentabel wird. Daher ist r die Rendite des Projekts. Analog bei typischen Finanzierungsprojekten: r ist hier der Zinsfuß, zu dem das aufgenommene Geld mindestens angelegt werden muß, wenn es sich lohnen soll. Der interne Zinsfuß gibt also die effektiven Kapitalkosten an.

Bei Projekten mit mehreren Vorzeichenwechseln kann es jedoch unvermeidbar sein, daß sowohl Ergänzungsfinanzierungen wie Ergänzungsinvestitionen getätigt werden, um einen Kapitalwert von null hervorzubringen. Die Zahlungsreihe (-100, 200, -91) ist ein Beispiel dafür, daß Ergänzungsprojekte beider Typen notwendig sein können. Der interne Zinsfuß des Projekts beträgt 30%. Im Zeitpunkt 0 werden 100 für ein Jahr aufgenommen, im Zeitpunkt 1 werden 70 für ein Jahr angelegt. In diesem Fall existiert überhaupt keine Rendite im definierten Sinn. Allerdings kann man Renditen für Kombinationen des Projekts mit bestimmten Ergänzungsprojekten definieren, so beim Ansatz von *Baldwin* (beschrieben u. a. bei *Blohm/Lüder* 1991 und *Busse von Colbe/Laßmann* 1990) oder im Konzept der Initialverzinsung (*Hax* 1985).

Ein Vorteil der Anwendung des internen Zinsfußkriteriums ergibt sich dann, wenn der Kalkulationszinsfuß nicht genau bestimmbar ist, wohl aber ein Intervall angegeben werden kann, in dem er liegen wird. Befindet sich der interne Zinsfuß des Projekts nämlich außerhalb dieses Intervalls, so ist eine Entscheidung über das Projekt möglich, ohne daß man den unsicheren Kalkulationszins genau bestimmen muß. Hat ein Projekt etwa ein r = 65%, so erübrigt sich die Überlegung, ob der Kalkulationszinsfuß i eher bei 9 oder bei 10% liegt.

2.2.2 Die Kapitalrentabilität

Das statische Gegenstück zum dynamischen Kriterium des internen Zinsfußes bildet die „durchschnittliche Kapitalrentabilität" von Investitionsprojekten. Diese (auch Return on Investment, RoI genannt) soll aussagen, mit wieviel Prozent sich das investierte Kapital in dem Projekt durchschnittlich verzinst, so daß analog zur Vorgehensweise beim internen Zinsfuß aus einem Vergleich mit dem Kalkulationszins auf die Vorteilhaftigkeit des Projektes geschlossen werden kann.

Die Berechnungsvorschrift lautet:

Durchschnittliche laufende Erträge
− durchschnittliche laufende Aufwendungen
− durchschnittliche Abschreibungen
= Durchschnittlicher Kapitalertrag.

Durchschnittlicher Kapitalertrag
geteilt durch durchschnittlich gebundenes Kapital
= Durchschnittliche Kapitalrentabilität (RoI).

Als durchschnittlich gebundenes Kapital wird der Durchschnitt aus Anschaffungs- und Restwert angesetzt. Dies ist bestenfalls näherungsweise richtig.

2.3 Die Amortisationsdauer

Die Amortisationsdauer (Payoff-Periode) umfaßt die Zeitspanne zwischen der ersten Auszahlung eines Investitionsprojekts und dem Zeitpunkt, an dem die anfänglichen Auszahlungen durch Einzahlungen aus dem Projekt wieder vollständig zurückgeflossen sind.

Häufig werden dabei die Zinsen vernachlässigt; aussagefähiger ist jedoch der Zeitpunkt, zu dem die Anfangsauszahlung zuzüglich der darauf entfallenden Zinsen zurückgeflossen sind; diese Variante wird im folgenden unterstellt. Die Amortisationsdauer ist dann beendet, wenn der „**Stand des Projekts**" beim jeweiligen Zinsfuß positiv wird. Der Projektstand ist im Zeitpunkt null gleich dem ersten Auszahlungsüberschuß. Dieser wird durch eine Ergänzungsfinanzierung gedeckt, welche ein Jahr später getilgt wird. Der Einzahlungsüberschuß im nächsten Jahr minus Tilgung und Verzinsung der Ergänzungsfinanzierung des vorigen Jahrs ergibt den neuen Projektstand. Im Beispiel (Tab. 4) beträgt die Amortisationsdauer bei einem Kalkulationszinsfuß von 10% knapp drei Jahre.

Für den Fall, daß der Stand des Projekts mehr als einen Vorzeichenwechsel aufweist, ist der Begriff der Amortisationsdauer allgemeiner zu fassen. Ein Projekt gilt dann als vorteilhaft, wenn seine Amortisationsdauer eine bestimmte vorgegebene Größe nicht übersteigt. Diese Vorgabe wird im-

2. Beurteilungskriterien bei einheitlichem Kalkulationszinsfuß 109

Tab. 4: Fortschreibung des Projektstands zur Ermittlung der Amortisationsdauer

Zeitpunkt	0	1	2	3	4
Projektzahlungsreihe	−5 000	−5 000	3 000	10 000	2 000
Tilgung und Verzinsung der Ergänzungsfinanzierung aus Vorperiode		−5 500	−11 550	−9 405	
Stand des Projekts	−5 000	−10 500	−8 550	595	

mer relativ willkürlich sein. Eine solche Entscheidungsregel kann einen Sinn haben, wenn die zukünftigen Zahlungen des Projekts nur mit beträchtlicher Unsicherheit zu schätzen sind. Gewöhnlich sind Vorgänge in naher Zukunft mit größerer Sicherheit vorhersehbar als weiter entfernt liegende. Die Vorgabe einer maximalen Payoffdauer ist also eine – wenn auch primitive – Schutzmaßnahme gegen Fehlinvestitionen aufgrund zu optimistischer Zukunftserwartungen. Die Amortisationsdauer sollte nur als ergänzendes, keinesfalls als einziges Kriterium verwendet werden.

2.4 Wahl zwischen mehreren Projekten

Bei einheitlichem Kalkulationszinsfuß spielt es keine Rolle, ob der Kapitalwert, der Endwert oder die Annuität als Auswahlkriterium herangezogen werden. Es ist darauf zu achten, daß beim Kapitalwert und Endwert alle Zahlungen der Projekte auf den gleichen Zeitpunkt ab- bzw. aufgezinst werden müssen. Die Annuität kann sinnvollerweise nur verwendet werden, wenn die Projekte sich alle über den gleichen Zeitraum erstrecken. Dies gilt natürlich auch für den statischen Durchschnittsgewinn.

In der Praxis finden häufig reine Kostenvergleiche zwischen Alternativen statt. Sich auf die Auszahlungsseite zu beschränken, ist nur sinnvoll, wenn die Einzahlungen von der Entscheidung nicht berührt werden. Zum Beispiel ist bei der Wahl zwischen Projekten mit unterschiedlicher Laufzeit zu fragen, ob eine einmalige oder wiederholte Durchführung beabsichtigt ist (siehe Abschn. 2.5). Zwischen zwei einmaligen Projekten unterschiedlicher Dauer ist ein Vergleich auf Kostenbasis in aller Regel sinnlos. In vielen Fällen sind gar nicht einmalige Projekte, sondern Wiederholungen (Investitionsketten) gemeint. Bei der Wahl zwischen zwei Lkw-Typen, von denen einer acht, der andere 10 Jahre gefahren wird, kann unterstellt werden, daß jeder Lkw nach seinem Ausscheiden ersetzt wird. Mangels Wissen über das zukünftige Ersatzmodell kann man Ersatz durch das jeweils gleiche Modell annehmen. Die Wahl zwischen den beiden Lkw-Typen wird zur Wahl zwischen zwei Investitionsketten gleicher Laufzeit. Unter dieser Prämisse ist dann der Vergleich nach den Auszahlungs-Annuitäten (bzw. statisch: jährlichen Durchschnittsausgaben) gerechtfertigt.

Verzinsungsmaße eignen sich nicht für die Wahl zwischen Projekten. Abbildung 2 zeigt die Kapitalwertfunktionen für folgende Projekte:

Abb. 2: Nichtanwendbarkeit eines Internen Zinsfuß-Vergleichs

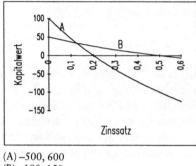

(A) −500, 600
(B) −100, 150

Obwohl B den höheren internen Zinsfuß hat (50%) als A (20%), weist es doch bei kleinen Kalkulationszinsfüßen den niedrigeren Kapitalwert auf als A.

Daß ein Projekt B mit hohem internen Zinsfuß nicht unbedingt einem Projekt A mit niedrigerem internen Zinsfuß überlegen ist, kann vor allem zwei Gründe haben: Erstens kann B ein „kleines" Projekt mit geringer Investitionsausgabe ein, so daß trotz hoher interner Verzinsung die absolute Entnahme geringer ist als bei A. Zweitens kann B eine kürzere Laufzeit haben. Erst wenn man mit Hilfe von Ergänzungsprojekten Kombinationen erzeugt, deren Zahlungsreihen sich nur noch in einem einzigen Zeitpunkt voneinander unterscheiden, kann man aus dem Vergleich der internen Zinsfüße dieser Kombinationen auf das vorteilhaftere Projekt schließen. Allerdings liegt dann auch ohne Berechnung dieser Zinsfüße auf der Hand, welches Projekt besser ist. Die gleichen Einwände wie gegen einen Projektvergleich auf der Basis von Verzinsungsmaßen treffen auch für die statische Kapitalrendite (RoI) zu.

2.5 Die optimale Laufzeit eines Projekts

Häufig ist die Projektdauer (z. B. die Nutzungsdauer einer Maschine oder die Laufzeit eines Kredits) nicht vorgegeben, sondern Gegenstand einer Entscheidung. Es handelt sich dann um die Wahl zwischen verschiedenen Zahlungsreihen, also einen speziellen Anwendungsfall des im vorigen Abschnitt behandelten Problems. Prinzipiell bedarf dieses Problem also keiner weiteren Erörterung. Eine Vereinfachung ergibt sich jedoch, wenn man unterstellt, daß die Zahlungen $z_0, z_1, \ldots, z_{t-1}$ für alle Laufzeiten von

2. Beurteilungskriterien bei einheitlichem Kalkulationszinsfuß 111

t oder mehr Jahren gleich sind, wie dies in Tabelle 5 angedeutet ist. Zunächst sei ein Projekt mit bekannter Zahlungsreihe und maximaler Laufzeit T angenommen. Es wird ohne Einschränkung der Allgemeinheit weiterhin unterstellt, daß bei Beendigung des Projektes im Zeitpunkt t eine **Liquidationszahlung** L_t anfällt (im Falle einer Investitionsalternative entweder ein Resterlös oder aber eine Restausgabe für Stillegungsmaßnahmen, bei Finanzierungsprojekten etwa eine vorzeitige Tilgung). L_t kann also positiv, negativ oder null sein. Nach Beendigung des Projektes ist vorgesehen, unmittelbar ein Nachfolgeprojekt anzuschließen, das in seinem Anfangszeitpunkt einen Kapitalwert C aufweist.
Die Zahlungsreihen bei alternativen Laufzeiten bzw. Ersatzzeitpunkten sind in Tabelle 5 beschrieben. Dabei steht C als mögliche Entnahme aus dem Nachfolgeprojekt stellvertretend für dessen Zahlungsreihe.

Tab. 5: Wahl zwischen verschiedenen Projektdauern

Zeitpunkt	0	1	2	...	T
P_0: Nichtdurchführung	$z_0 + L_0 + C$				
P_1: Ersatz nach einem Jahr	z_0	$z_1 + L_1 + C$			
P_2: Ersatz nach zwei Jahren	z_0	z_1	$z_2 + L_2 + C$		
...	.	.	.		
P_T: Ersatz nach T Jahren	z_0	z_1	z_2	...	$z_T + L_T + C$

Definitionsgemäß sei $L_0 = -z_0$. Somit entspricht P_0 der Nichtdurchführung des Projekts bzw. dem sofortigen Beginn des Nachfolgeprojekts. Vergleicht man nun jeweils die Zahlungsreihen zweier „benachbarter" Alternativen und bildet die Differenz ihrer Endwerte, so ergibt sich

$$C_t(P_t) - C_t(P_{t-1}) = z_t - (L_{t-1} - L_t) - iL_{t-1} - iC.$$

Die Fortführung des Projektes von t–1 auf t lohnt sich, wenn die Differenz positiv ist, d. h. wenn gilt

$$z_t - (L_{t-1} - L_t) - iL_{t-1} > iC.$$

Der Term auf der linken Seite wird auch als **Grenzeinzahlung** g_t bezeichnet. Die Grenzeinzahlung gibt den auf den Zeitpunkt t bezogenen Überschuß bei Fortführung des Projekts um ein Jahr von t–1 bis t an; sie setzt sich zusammen aus der Zahlung z_t, der Verringerung der Liquidationszahlung und der (entgangenen) Verzinsung der Liquidationszahlung in t–1. Die rechte Seite beschreibt den Zinsverlust (Zinsgewinn), den man durch die Verschiebung des Nachfolgeprojektes mit einem positiven (negativen) Kapitalwert erfährt.
Als Ergebnis läßt sich also festhalten, daß die optimale Laufzeit dann erreicht ist, wenn die Grenzeinzahlungen kleiner werden als der Zinsverlust auf den Kapitalwert des Nachfolgeprojekts. Die optimale Laufzeit

Kapitel 5: Beurteilungskriterien für Investitionsalternativen

ist eindeutig festgelegt, falls die Grenzeinzahlungen monoton fallen. Schwanken sie jedoch um den Wert iC, so können nur diejenigen Zeitpunkte t optimal sein, für die $g_t > 0$ und $g_{t+1} < 0$ gilt. Zum Beispiel kann durch eine Großreparatur die Grenzeinzahlung in einem Jahr sehr gering, in den Folgejahren aber wieder höher sein. Zwischen diesen lokalen Optima empfiehlt sich dann ein Kapitalwertvergleich der entsprechenden Zahlungsreihen.

Für den Fall, daß das Nachfolgeprojekt nicht stets dasselbe ist, sondern von der Laufzeit des zu ersetzenden Projekts abhängt, sei der Kapitalwert des Nachfolgeprojekts, das in t begonnen wird, mit C(t) bezeichnet. Das Kriterium lautet dann: Verlängerung der Projektlaufzeit von t–1 auf t ist lohnend, wenn

$z_t - (L_{t-1} - L_t) - iL_{t-1} > C(t) - (1+i) C(t-1)$.

Ist die optimale Laufzeit eines Projekts gesucht, für das (noch) kein Nachfolgeprojekt bekannt ist, so sind alle $C(t) = 0$, und das Projekt wird so lange ausgedehnt, wie die Grenzeinzahlung $g_t > 0$ ist. Bei mehreren lokalen Optima ist wiederum das Gesamtoptimum zu bestimmen.

In vielen Fällen ist die optimale Nutzungsdauer eines Gegenstands gesucht, der nicht nur ein einziges Mal angeschafft werden soll, sondern stets wieder ersetzt wird. Mangels Kenntnis der Zahlungsreihen der späteren Ersatzobjekte hilft man sich mit der Prämisse, alle Folgeobjekte hätten die gleiche Zahlungsreihe wie das erste. Das Nutzungsdauerproblem wird dann zu einer Wahl zwischen mehreren **unendlichen Investitionsketten**. Offensichtlich ist diejenige Kette die günstigste, deren Annuität die größte ist. Man sucht also diejenige Nutzungsdauer, bei der die Annuität (statisch: der durchschnittliche Jahresgewinn) ein Maximum aufweist. Kann man, wie häufig, die Einzahlungsseite außer Betracht lassen, ist die Nutzungsdauer mit der niedrigsten Auszahlungs-Annuität (statisch: den niedrigsten durchschnittlichen Jahresaufwendungen) gesucht.

Tabelle 6 enthält ein Beispiel. Der Gegenstand habe einen Anschaffungspreis von 100 000 DM. In der Tabelle sind die jährlichen Betriebsausgaben sowie die Liquidationserlöse im Verkaufsfall angegeben. Der Kalkulationszins sei 10%. Die maximale Annuität (= minimaler periodischer Auszahlungsbetrag) wird bei zweijähriger Nutzungsdauer erreicht.

Tab. 6: Bestimmung der optimalen Nutzungsdauer bei unendlicher Wiederholung

t	0	1	2	3	4	5
z_t	–100 000	–10 000	–10 000	–25 000	–15 000	–20 000
L_t	100 000	85 000	70 000	50 000	30 000	10 000
Annuität		–35 000	–34 286	–39 637	–39 716	–40 254

3. Berücksichtigung von Gewinnsteuern

Eine Variante des Problems der optimalen Nutzungsdauer liegt darin, daß es sich bei dem zu ersetzenden Gegenstand um einen bereits vorhandenen handelt und bei dem Ersatzobjekt um einen noch zu erwerbenden mit möglicherweise unterschiedlicher Zahlungsreihe (Ersatzproblem). Die Grenzeinzahlung (bzw. Grenzauszahlung) des vorhandenen Gegenstands ist mit der Verzinsung des Kapitalwerts des Ersatzobjekts zu vergleichen. Folgt nach Ausmusterung des vorhandenen Objekts eine unendliche Kette identischer Wiederholungen des Ersatzobjekts, so ist der Weiterbetrieb des vorhandenen Objekts so lange lohnend, wie dessen Grenzeinzahlung größer ist als die Annuität des Ersatzobjekts, bzw. bei reinen Auszahlungsprojekten: solange die Grenzauszahlung des vorhandenen Objekts geringer ist als die minimale Auszahlungs-Annuität des Ersatzobjekts.

Zur Illustration seien die relevanten Daten einer vorhandenen Anlage gegeben (Tab. 7). Gefragt ist, wann sie durch die in Tabelle 6 beschriebene Anlage ersetzt werden soll.

Tab. 7: Optimaler Ersatzzeitpunkt

t	0	1	2
z_t (alt)		−20 000	−25 000
L_t (alt)	35 000	25 000	10 000
g_t (alt)		−33 500	−42 500

Die Antwort lautet: Die vorhandene Anlage ist noch ein Jahr weiterzubetreiben, da die Grenzauszahlung 33 500 DM beträgt im Vergleich zu einer Auszahlungs-Annuität von 34 286 DM bei der neuen Anlage. Ein zweites Jahr sollte die Laufzeit der alten Anlage nicht verlängert werden.

Man beachte, daß der Anschaffungspreis, der Buchwert und die Abschreibungen des vorhandenen Objekts bei Überlegungen über den optimalen Ersatzzeitpunkt keine Rolle spielen, zumindest wenn steuerliche Wirkungen nicht berücksichtigt werden.

3. Berücksichtigung von Gewinnsteuern

Das zu beurteilende Investitions- oder Finanzierungsprojekt wird die Bemessungsgrundlagen für die gewinnabhängigen Steuern (Gewerbeertragsteuer, Körperschaftsteuer, Einkommensteuer) in der Regel verändern. In den Jahren, wo ein Investitionsprojekt den Gewinn erhöht, werden zusätzliche Steuern ausgelöst, während Verluste des Projekts steuermindernd wirken. Insoweit wird durch die Besteuerung der positive Kapitalwert eines Projekts gemindert (das Projekt wird weniger lohnend), der Betrag des negativen Kapitalwerts eines Projekts ebenfalls (das Projekt wird weniger aufwendig).

Allerdings treten die steuerlichen Wirkungen oft zeitversetzt ein, insbesondere dann, wenn das Unternehmen sich insgesamt im Verlustbereich befindet und daher keine Gewinnsteuern zahlt. Gewinne oder Verluste aus dem Projekt in t wirken sich dann über Verlustvortrag bzw. Verlustrücktrag in den Jahren aus, in denen der Verlust aus t gegen Gewinne aufgerechnet werden kann.

Inwieweit für die Entscheidung die Körperschaftsteuer und/oder die Einkommensteuer relevant sind, hängt neben der Rechtsform auch davon ab, ob das Projekt im Fall einer Kapitalgesellschaft die Ausschüttungen verändern soll, d. h. ob Zahlungsüberschüsse zu Mehrausschüttungen und Defizite zu Minderausschüttungen führen. Besonders bei einer Familien-Aktiengesellschaft und einer gesellschafterdominierten GmbH liegt es nahe, daß nicht die Körperschaftsteuer auf die Ausschüttung, sondern die endgültige Belastung durch die persönliche Einkommensteuer der Anteilseigner in Betracht gezogen wird. Wegen der Progression des Einkommensteuertarifs müßte für jedes Jahr der Projektlaufzeit das zu versteuernde Einkommen des Investors geschätzt werden, um den im jeweiligen Jahr anzuwendenden marginalen Steuersatz ermitteln zu können. Dies führt zu Schwierigkeiten, insbesondere bei Existenz mehrerer Teilhaber mit unterschiedlichem Einkommensniveau, doch ist eine approximative Schätzung des Steuersatzes gegenüber einer Vernachlässigung der Besteuerung vorzuziehen.

Die steuerliche Abschreibung wirkt sich so aus, daß Steuerzahlungen um so weiter in die Zukunft verschoben werden, je „schneller" abgeschrieben wird. Am günstigsten ist die steuerliche Sofortabschreibung, sofern der Steuersatz konstant bleibt. Erwartet man jedoch einen steigenden Steuersatz, so kann es attraktiv sein, steuerliches Einkommen vorzuziehen, Abschreibungen also weiter in die Zukunft zu verschieben.

Gewinnsteuern wirken nicht nur auf die Zahlungsreihe, sondern auch auf den Kalkulationszinsfuß. Sofern unterstellt wird, daß Schuldzinsen steuerlich abzugsfähig sind und Zinserträge versteuert werden müssen und außerdem für die ganze Projektlaufzeit ein marginaler Steuersatz s gilt, ist der steuerlich korrigierte Zinssatz

$$i_s = (1-s) \, i$$

bei der Berechnung von Kapitalwerten, Endwerten und Annuitäten anzuwenden. Indem so der Kalkulationszinsfuß verkleinert wird, wird ein positiver Kapitalwert in der Regel erhöht, ein negativer in der Regel verringert (verschlechtert). Dieser Effekt wirkt dem der Besteuerung der Gewinne entgegen. Welche Tendenz stärker ist, läßt sich nicht allgemein sagen. Es kann sehr wohl ein Projekt nach Steuern einen höheren Kapitalwert haben als vor Steuern. Sogar der paradox scheinende Fall, daß ein vor Steuern unrentables Projekt nach Steuern lohnend wird (sog. Steuerparadoxon), kann eintreten.

4. Mehrere Kalkulationszinsfüße

4.1 Ein Zinsfuß in jeder Periode

Die dynamischen Beurteilungskriterien lassen sich ohne Schwierigkeiten auf den Fall verallgemeinern, daß in jedem Jahr der Projektlaufzeit ein anderer Kalkulationszinsfuß i_t gilt. Eine solche Annahme kann einerseits sinnvoll sein, wenn generelle Zinsniveauänderungen erwartet werden. Hinweise auf vom Markt erwartete Zinsänderungen lassen sich aus dem Vergleich der Effektivrenditen von festverzinslichen Wertpapieren gleichen Risikos, aber unterschiedlicher Laufzeit gewinnen (*Copeland/ Weston* 1988, S. 65 ff.). Gilt zum Beispiel für Papiere mit einjähriger Restlaufzeit eine Rendite von 8%, bei zweijähriger Restlaufzeit eine von 9% und bei dreijähriger Restlaufzeit von 10%, so folgt daraus
für das zweite Jahr: $1,09^2/1,08 = 1,1$, d. h. im zweiten Jahr gilt ein Zinssatz von 10%;
für das dritte Jahr: $1,1^3/1,09^2 = 1,12$, d. h. im dritten Jahr gilt ein Zinssatz von 12%.

Andererseits kann die Annahme veränderlicher Zinsfüße sich auch aus der Prognose der Liquiditätssituation des Unternehmens im Basisfall (also ohne das Projekt) ergeben.

Sei P_t die prognostizierte **Liquiditätssituation im Basisfall** im Zeitpunkt t. Bei $P_t > 0$ besteht ein Liquiditätsüberhang; Geld ist in kurzfristig liquidierbaren Anlagen untergebracht, die sich mit i_A verzinsen. Bei $P_t < 0$ nimmt das Unternehmen Kredit zum Zinsfuß i_F in Anspruch, der kurzfristig getilgt werden kann. In die Definition der Liquiditätssituation P_t gehen nur disponible Beträge ein, die bei Bedarf verändert werden können. Hat das Unternehmen z. B. im Zeitpunkt t Anleiheschulden, die noch nicht getilgt werden können oder sollen, und verfügt es andererseits über liquide Mittel einschließlich kurzfristiger Finanzanlagen, so ist die Liquiditätssituation positiv. Etwaige Rückflüsse des Projekts in t, soweit sie nicht zur Entnahme bestimmt sind, werden zu diesem Zins angelegt, etwaige Auszahlungsüberschüsse durch Auflösung von Finanzanlagen zum gleichen Zins finanziert. Bei negativer Liquiditätssituation besteht ein disponibler Kredit. Rückflüsse des Projekts werden zur Tilgung dieses Kredits verwendet, Finanzbedarf durch Erhöhung des Kredits gedeckt. Der Einfachheit halber sei zunächst angenommen, daß durch das betrachtete Projekt das Vorzeichen der Liquiditätssituation sich nicht ändert. Dann gilt: In jedem Zeitpunkt ist für die folgende Periode nur ein Zinsfuß relevant, entweder i_F oder i_A.

Sei allgemein i_t der Zinsfuß, der im Zeitintervall (t, t+1) relevant ist, so gelten folgende Berechnungsformeln für Kapitalwert, Endwert und Annuität:

$$C_0(r) = z_0 + \sum_{t=1}^{T} z_t \prod_{\tau=1}^{t} (1 + i_\tau)^{-1}$$

$$C_T = z_T + \sum_{t=0}^{T} z_t \prod_{\tau=t}^{T-1} (1 + i_\tau)$$

$$C = \frac{C_0}{\sum_{t=1}^{T} z_t \prod_{\tau=0}^{t-1} (1 + i_\tau)^{-1}}$$

Zur Veranschaulichung diene ein Zahlenbeispiel (Tabelle 8).

Tab. 8: Von Periode zu Periode unterschiedliche Kalkulationszinsfüße

t	0	1	2	3
z_t	–1 000	400	500	600
i_t		0,08	0,10	0,12

Hier berechnet man die Kriterien wie folgt:

C_0 = –1 000 + 400/(1,08) + 500/(1,08 · 1,1) + 600/(1,08 · 1,1 · 1,12)
= 242,18

C_3 = 600 – 1 000·1,08·1,1·1,12 + 400·1,1·1,12 + 500·1,12
= 322,24

$$c = \frac{242{,}18}{1/1{,}08 + 1/(1{,}08 \cdot 1{,}1) + 1/(1{,}08 \cdot 1{,}1 \cdot 1{,}12)}$$
= 96,14.

Die drei Kriterien sind auch in diesem Fall äquivalent.

4.2 Mehrere Zinsfüße pro Periode

Es kann vorkommen, daß für die Beurteilung eines Projekts mehrere Zinsfüße pro Periode relevant sind. Dies gilt zum einen, wenn für Ergän-

4. Mehrere Kalkulationszinsfüße

zungsfinanzierungen mehrere Finanzierungsquellen mit unterschiedlichen Zinssätzen herangezogen werden können und/oder für Ergänzungsinvestitionen unterschiedliche Anlagemöglichkeiten zur Verfügung stehen. Da man im allgemeinen nur die jeweils günstigste Alternative heranziehen wird, erhalten mehrfache Zinsfüße erst dann Bedeutung, wenn die günstigste Finanzierungsquelle und/oder die günstigste Reinvestitionsmöglichkeit im Umfang so beschränkt sind, daß man zusätzlich auf weniger günstige Angebote zurückgreifen muß.

Soweit ergänzende Finanzierungs- und Investitionsprojekte fest vorgegebene Tilgungsmodalitäten haben, stellen sie kein Problem dar. Ihre Zahlungsreihen werden mit der ursprünglichen Projektzahlungsreihe zusammengefaßt. Die Verzinsung ist in dieser Zahlungsreihe explizit berücksichtigt. Bei der Beurteilung des Projekts spielen die Zinssätze keine weitere Rolle.

Eine zweite Ursache für die Relevanz mehrerer Kalkulationszinsfüße in der gleichen Periode kann darin liegen, daß die Liquiditätsposition, die für den Basisfall geplant ist, in einer oder mehreren Perioden durch das Projekt ein anderes Vorzeichen erhält. Ist zum Beispiel für einen Zeitpunkt t ein $P_t = -300$ geplant und liefert das Projekt flüssige Mittel von 500, so verzinsen sich 300 mit dem Zinsfuß, der für die zu tilgenden Schulden gilt, und 200 mit dem Zinsfuß der Ergänzungsinvestitionen, die getätigt werden.

Innerhalb der Modellwelt der modernen Kapitalmarkttheorie ist der Fall unterschiedlicher Zinssätze bei sicheren Erwartungen nicht denkbar (*Schmidt* 1986, S. 101 ff.). In der Realität können sich jedoch insbesondere kleine und mittelständische Unternehmen, die keinen oder nur beschränkten Zugang zum Kapitalmarkt haben, durchaus in einer derartigen Situation befinden. Deshalb soll auch dieser Fall hier kurz betrachtet werden.

Die Situation mehrerer relevanter Zinsfüße pro Periode unterscheidet sich von den bisher behandelten Fällen dadurch, daß erstens keine geschlossenen Ausdrücke für die Ermittlung der Vorteilhaftigkeitsmaße angegeben werden können und zweitens die zeitlichen Entnahmepräferenzen des Investors bekannt sein müssen, wenn zwischen alternativen Projekten gewählt werden soll. Beispielsweise kann ein Projekt A präferiert werden, wenn der Investor die Maximierung des entnahmefähigen Betrags im Planungshorizont T (Endwert) anstrebt, aber ein Projekt B, wenn eine möglichst große gleichmäßige Entnahme (Annuität) das Ziel ist.

Die rechnerische Ermittlung des Endwerts geschieht durch sukzessive Berechnung der Projektstände S_t in t = 0, 1, 2, ..., T. Dabei müssen in jedem Zeitpunkt unter Beachtung der Liquiditätsposition die optimalen Ergänzungsfinanzierungen bzw. Ergänzungsinvestitionen ermittelt werden.

Kapitel 5: Beurteilungskriterien für Investitionsalternativen

Das Beispiel in Tabelle 9 soll dies zeigen. Hier treten vier Arten von Ergänzungsprojekten auf:

Ergänzungsfinanzierung Kredit: Kreditaufnahme
Ergänzungsfinanzierung Finanzanlage: Auflösung von Finanzanlagen
Ergänzungsinvestition Kredit: Kredittilgung
Ergänzungsinvestition Finanzanlage: Investition in Finanzanlagen.

Analog kann man retrograd den Kapitalwert durch Berechnung der Projektstände in $t = T, T-1, \ldots, 1, 0$ bestimmen. Die Annuität wird durch Probieren gefunden. Man setzt zunächst willkürlich eine jährliche Entnahme fest und prüft, welchen Endstand das Projekt in T aufweist. Ist $S_T > 0$, kann die jährliche Entnahme erhöht werden; ist $S_T < 0$, muß sie gesenkt werden. Die Entnahme wird also so lange variiert, bis $S_T = 0$ erreicht ist.

Tab. 9: Endwertermittlung durch Fortschreibung des Projektstands bei unterschiedlichen Zinsfüßen in jeder Periode

t	0	1	2	3	4
P_t (Liq.-Pos. im Basisfall)	300	−200	−200	−100	
z_t (Projektzahlungsreihe)	−1 000	500	700	500	300
Tilgung der Ergänzungsprojekte:					
aus Erg.-Fin. Kredit			−784,00	−683,65	
aus Erg.-Fin. Finanzanl.			−321,00		
aus Erg.-Inv. Kredit				18,48	113,00
aus Erg.-Inv. Finanzanl.					451,96
S_t (Stand des Projekts)	−1 000	−605,00	16,35	518,48	864,96
Erg.-Fin. Kredit	700,00	605,00			
Erg.-Fin. Finanzanlage	300,00				
Erg.-Inv. Kredit			−16,35	−100,00	
Erg.-Inv. Finanzanlage					−418,48
Zinsfuß Kredit		12%	13%	13%	13%
Zinsfuß Finanzanlage		7%	8%	8%	8%

Literatur

Blohm, H./Lüder, K. (1991), Investition, 7. Aufl., München
Brealey, R./Myers, S. (1991), Principles of corporate finance, 4. Aufl., New York u. a.
Busse v. Colbe, W./Laßmann, G. (1990), Betriebswirtschaftstheorie, Band 3: Investitionstheorie, 3. Aufl., Berlin
Franke, G./Hax, H. (1990), Finanzwirtschaft des Unternehmens und Kapitalmarkt, 2. Aufl., Berlin

Literatur

Grob, H. L. (1989), Investitionsrechnung mit vollständigen Finanzplänen, München
Hax, H. (1985), Investitionstheorie, 5. Aufl., Würzburg
Kruschwitz, L. (1990), Investitionsrechnung, 4. Aufl., Berlin – New York
Küpper, H.-U./Winckler, B./Zhang, S. (1990), Planungsverfahren und Planungsinformationen als Instrumente des Controlling, in: DBW, Vol. 50, S. 435–458
Levy, H./Sarnat, M. (1991), Capital Investment and Financial Decisions, 4. Aufl., New York u. a.
Müller-Hedrich, B. W. (1990), Betriebliche Investitionswirtschaft, 5. Aufl., Ehningen
Olfert, K. (1988), Investition, 4. Aufl., Ludwigshafen
Rückle, D. (1983), Betriebliche Investition, in: DBW, Vol. 43, S. 457–476
Schmidt, R. H. (1986), Grundzüge der Investitions- und Finanzierungstheorie, 2. Aufl., Wiesbaden
Schneider, D. (1990), Investition und Finanzierung, 6. Aufl., Wiesbaden
Seicht, G. (1990), Investition und Finanzierung, Wien
Swoboda, P. (1986), Investition und Finanzierung, 3. Aufl., Göttingen
Wehrle-Streif, U. (1989), Empirische Untersuchung zur Investitionsrechnung, Köln

Kapitel 6
Verfahren zur Berücksichtigung der Unsicherheit bei Investitions- und Finanzierungsentscheidungen

von *Lutz Kruschwitz*

1. Einführung 122
2. Verfahrensüberblick 123
3. Methoden zur Ermittlung möglicher Realisationen einer Zielgröße 124
   3.1 Sensitivitätsanalysen 124
   3.2 Korrekturverfahren 125
   3.3 Szenario-Technik 126
4. Methoden zur Ermittlung der Wahrscheinlichkeitsverteilung einer Zielgröße 127
5. Verfahren zur Ermittlung der optimalen Entscheidung 128
Literatur 130

1. Einführung

Will man Investitions- und Finanzierungsentscheidungen allgemein charakterisieren, so kann man sagen, daß es sich um die Auswahl von Alternativen handelt, die in der Zukunft Zahlungen verursachen, welche sich nicht mit Sicherheit vorhersagen lassen. Zahlungswirksamkeit, Zukunftsbezogenheit und Unsicherheit stellen die typischen Elemente aller finanzwirtschaftlichen Entscheidungen dar.

Die Unsicherheit im leistungswirtschaftlichen Bereich ist damit zu erklären, daß ein Unternehmer in der Regel nur ungefähre Vorstellungen darüber entwickeln kann, wieviele Erzeugnisse oder Dienstleistungen er zu welchen Preisen verkaufen wird. Sie hängt des weiteren damit zusammen, daß sich künftige Beschaffungspreise für Fertigungsmaterial oder Energie, künftige Lohnsätze und künftige Steuertarife einer genauen Prognose entziehen. Denkt man auf der anderen Seite an Unsicherheiten im Zusammenhang mit dem Erwerb von Finanztiteln (Kauf von Aktien, GmbH-Anteilen, Erwerb von Anleihen, Kreditvergabe an Unternehmen), so ist diese zunächst durch das gleiche leistungswirtschaftliche Risiko geprägt, denn natürlich kann an alle Kapitalgeber eines Unternehmens gemeinsam nicht mehr verteilt werden als die Investitionen des Unternehmens insgesamt an Erträgen abwerfen (business risk). Jedoch kann man durch entsprechende Gestaltung der Kapitalüberlassungsverträge dafür sorgen, daß nicht alle Kapitalgeber einen gleich großen Anteil dieses Risikos tragen müssen. Vereinbart man beispielsweise eine me-first-rule für Kreditgeber, so tragen Fremdkapitalgeber weniger Risiko als Eigenkapitalgeber. Mit steigender Verschuldung nimmt dabei das Risiko für die Eigentümer zu. Das leistungswirtschaftliche Risiko wird von einem finanzwirtschaftlichen Risiko (financial risk) überlagert.

Sowohl in der Theorie als auch in der Praxis des Finanzmanagements wird gern davon abstrahiert, daß unter Unsicherheit entschieden werden muß. Die Gründe für diese Art der Entscheidungsvereinfachung sind unterschiedlich.

Wenn man sich in der Theorie dazu entschließt, die Unsicherheit „wegzudefinieren", so geschieht das in der Regel deswegen, weil man sich ungestört mit dem Zeitaspekt von Investitions- und Finanzierungsentscheidungen auseinandersetzen will. Eine solche Vorgehensweise erscheint zulässig, wenn die Analyse des Risikoaspektes nicht nur für später in Aussicht gestellt, sondern tatsächlich auch nachgeholt wird. Daß dieses Versprechen eingelöst wird, darf man der theoretischen Forschung dann auch tatsächlich bescheinigen. Wenn Praktiker die Tatsache vernachlässigen, daß alle Investitions- und Finanzierungsentscheidungen risikobehaftet sind, so tun sie das zumeist deswegen, weil ihnen die explizite Berücksichtigung der Unsicherheit zu kompliziert erscheint. In der Praxis herrscht eine gewisse Vorliebe für einfache Rezepte, sei es, weil Entscheidungen unter meist nennenswertem Zeitdruck getroffen werden müssen, sei es, weil man nicht die beste, sondern nur eine gute Entscheidungsalternative sucht.

2. Verfahrensüberblick

Die Methoden zur Berücksichtigung der Unsicherheit bei finanzwirtschaftlichen Entscheidungen lassen sich in drei Gruppen einteilen: Das sind zum ersten **Verfahren zur Ermittlung möglicher Realisationen einer Zielgröße**. Unter einer Zielgröße verstehen wir die Rentabilität, den Gewinn, den Kapitalwert oder eine andere Entscheidungsgröße, die ein Investor zu maximieren oder zu minimieren trachtet. Welchen Wert eine solche Zielgröße annimmt, hängt nun unter Unsicherheit davon ab, welche Zukunftsentwicklung später eintreten wird. Im Rahmen der ersten Verfahrensgruppe wählt man nun eine bestimmte Zukunftsentwicklung aus (beispielsweise eine besonders ungünstige, also den sogenannten worst case) und untersucht, welchen Wert die Zielgröße in diesem Fall annimmt.

Wer sich ein vollständiges Bild über die mit einer Investition verbundene Unsicherheit erarbeiten will, darf sich nicht auf die Analyse von Zielgrößen bei ausgewählten Zukunftsentwicklungen beschränken. Er muß vielmehr versuchen, Informationen über alle möglichen Situationen und deren Eintrittswahrscheinlichkeiten zu gewinnen. Methoden, die derartiges leisten, nennen wir **Verfahren zur Ermittlung der Wahrscheinlichkeitsverteilung einer Zielgröße**. Sie geben einem Entscheidungsträger die Möglichkeit, sich umfassend über die gesamte Bandbreite möglicher Zielgrößenrealisationen zu informieren. Darauf aufbauend lassen sich Entscheidungen anhand des Erwartungswertes, anhand von Erwartungswert und Streuung oder auch mit Hilfe der Risikonutzentheorie (*Bernoulli*prinzip) treffen.

Abschließend sind **Verfahren zur Ermittlung der optimalen Entscheidung unter Unsicherheit** zu nennen. Während die beiden zuerst genannten Verfahrensgruppen sich darauf beschränken, Informationen zu erzeugen, mit denen die Entscheidung vorbereitet werden kann, geht es bei der dritten Gruppe darum, die optimale Entscheidung tatsächlich auch zu treffen. Da eine Entscheidung unter Unsicherheit nicht nur berücksichtigen muß, welche Realisationen eine Zielgröße annehmen kann (was alles geschehen kann), sondern auch davon geprägt wird, welche Risiken die Entscheidungsträger zu übernehmen bereit sind, müssen in die zuletzt genannte Gruppe von Verfahren auf irgendeine Weise Informationen über die Risikoeinstellung der Entscheidungsträger einfließen.

Wir beginnen nun mit der Darstellung der Verfahren im einzelnen.

3. Methoden zur Emittlung möglicher Realisationen einer Zielgröße

In die unter dieser Überschrift zu behandelnde Gruppe von Methoden gehören die Sensitivitätsanalysen, das Korrekturverfahren und die Szenario-Technik.

3.1 Sensitivitätsanalysen

Sensitivitätsanalysen (auch Empfindlichkeitsanalysen genannt) wendet man an, wenn die Frage beantwortet werden soll, ob der Einfluß eines kritischen Parameters auf die Zielgröße groß oder klein ist. So mag beispielsweise die Rendite einer Investition auf der Ausgabenseite des Unternehmens von den Lohnsätzen für Facharbeiter der metallverarbeitenden Industrie abhängen. Dieser Parameter sei kritisch, weil der Tarifvertrag demnächst ausläuft und schlecht abgeschätzt werden kann, auf welchem Niveau und für welchen Zeitraum Gewerkschaft und Arbeitgeberverband sich in der bevorstehenden Tarifrunde einigen werden.

Man klärt dann zunächst mit den für die Entscheidung verantwortlichen Personen, innerhalb welcher Bandbreite sich die neuen Lohnabschlüsse voraussichtlich bewegen werden. Anschließend rechnet man sich die Rendite der Investition für die gesamte Skala der als möglich erachteten Lohnsätze aus und stellt den funktionalen Zusammenhang zwischen Zielgröße und kritischem Parameter (hier: Investitionsrendite und Lohnsatz) entweder in Form einer Wertetabelle oder graphisch dar. Dabei wird offenkundig, mit welcher Empfindlichkeit die Zielgröße auf Veränderungen der kritischen Einflußgröße reagiert.

Ist die Reaktion gering, so braucht man der Unsicherheit in bezug auf diesen Parameter keine besondere Aufmerksamkeit zu schenken. Fällt sie dagegen heftig aus, so empfiehlt es sich, ihr gebührendes Interesse entgegenzubringen. Diese nicht besonders präzise Handlungsempfehlung konkret umzusetzen, bleibt in der Praxis dem Anwender überlassen.

Häufig fragt man danach, welchen Wert eine Einflußgröße nicht über- oder unterschreiten darf, ohne daß die Zielgröße unter einen oder über einen bestimmten Wert hinausgeht. So könnte man beispielsweise untersuchen, bis zu welchem Niveau die Lohnsätze angehoben werden können, ohne daß die Investitionsrendite unter die Kapitalmarktrendite sinkt, oder bis auf welches Niveau die Verkaufspreise zurückgehen könn-

3. Ermittlung möglicher Realisationen einer Zielgröße   125

ten, bis der Kapitalwert der Investition negativ wird. In der Literatur hat man diese Form der Sensitivitätsanalyse als **Verfahren der kritischen Werte** bezeichnet.

Problematisch am Konzept der Sensitivitätsanalyse ist, daß sie in der hier beschriebenen Form letztlich immer nur in bezug auf eine einzige Einflußgröße durchgeführt werden kann, womit implizit unterstellt wird, daß alle übrigen Einflußgrößen ihre Ausgangswerte beibehalten oder nicht unsicher sind. Werden mehrere Einflußgrößen gleichzeitig variiert, die nicht von einem gemeinsamen Parameter abhängen, so sind Sensitivitätsanalysen rechnerisch nur noch schwer zu handhaben. Aber auch die Resultate solcher Analysen sind nur mit Mühe interpretierbar.

3.2 Korrekturverfahren

In der Praxis recht beliebt, aber hinsichtlich seiner Brauchbarkeit logisch kaum begründbar ist das Korrekturverfahren. Je nach Ausmaß der Unsicherheit werden an allen in die Entscheidung einfließenden Größen entsprechende Risikozuschläge oder Risikoabschläge vorgenommen. Soll beispielsweise die Entscheidung über eine Investition anhand des Kriteriums Kapitalwert getroffen werden, so ist wie folgt vorzugehen:

In einem ersten Schritt ist zu klären, von welchen Einflußgrößen der Kapitalwert abhängt. Formal sind das die Zahlungsreihe der Investition und der Kalkulationszinssatz. Hinter der Zahlungsreihe verbergen sich dann die Investitionsausgaben, die Rückflüsse und die Nutzungsdauer des Projektes. Die Rückflüsse wiederum lassen sich in Umsatzeinnahmen und laufende Ausgaben für die Produktion aufspalten. Die Umsatzeinnahmen lassen sich getrennt für verschiedene Produktarten oder unterschiedliche Märkte in Absatzmengen und Verkaufspreise aufteilen. Entsprechend kann man die laufenden Ausgaben für die Produktion in Faktormengen und Faktorpreise für verschiedene Faktorarten (Material, Arbeit, Energie) zerlegen.

Im zweiten Schritt müssen den genannten Größen konkrete Werte zugemessen werden. Dabei wird man zunächst solche Zahlen wählen, die man für „höchst wahrscheinlich" (most likely) hält. Diese werden nun aber nach oben oder unten korrigiert, und zwar um so stärker, je unsicherer die Situation ist. Das Ausmaß der Unsicherheit kann allerdings nicht objektiv ermittelt werden, sondern läßt sich allenfalls subjektiv empfinden. Wie die Risikozu- und -abschläge im Detail festgelegt werden, bleibt somit gänzlich dem Fingerspitzengefühl der mit der Entscheidung befaßten Personen überlassen.

Wenn viele Personen damit betraut sind, die für eine Entscheidung relevanten Daten zusammenzutragen, und jede von ihnen Risikokorrekturen nach eigenem Gusto vornimmt, so ist das letztlich für die Entscheidung verantwortliche Gremium nicht mehr dazu in der Lage, die Auswirkungen der Unsicherheit zu erkennen. Es kann höchstens noch darüber befinden, was geschehen sollte, wenn Entwicklungen eintreten, die verschiedene Personen sich unter ungünstigen Bedingungen vorstellen können. Da sich der eine darunter den schlimmsten aller denkbaren Fälle (worst case) vorstellt, während der andere sich nur zu einer konservativen Schätzung nach dem Prinzip der kaufmännischen Vorsicht veranlaßt sieht, muß letztlich unter Unsicherheit über die Unsicherheit entschieden werden.

3.3 Szenario-Technik

Ein wesentlicher Nachteil des Korrekturverfahrens besteht darin, daß man sich ausschließlich Gedanken darüber macht, in welche Lage man bei ungünstiger Zukunftsentwicklung geraten kann. Nun ist zwar durchaus vorstellbar, daß man eine Investition realisiert und anschließend ohne Ausnahme ungünstige Ereignisse eintreten, indem sowohl die Verkaufszahlen stocken als auch die Absatzpreise verfallen, darüber hinaus auch noch die Löhne scharf ansteigen und die Materiallieferanten die Preise erhöhen. Allzu wahrscheinlich ist ein derartiges Zusammentreffen unglücklicher Entwicklungen freilich nicht. Deswegen verdient das Korrekturverfahren auch Kritik.

Bei der Szenario-Technik versucht man, den beschriebenen Fehler zu vermeiden, indem man verschiedene mögliche Zukunftsentwicklungen betrachtet (z. B. steigende Konjunktur, Stagnation und rückläufige Konjunktur) und analysiert, welche Werte die Zielgrößen annehmen, wenn die eine oder andere Lage eintritt. Man hätte dann für jedes genannte Szenario Informationen über das Ausmaß der Zielerreichung und müßte seinen Blick nicht ausschließlich auf ungünstige Zukunftsentwicklungen richten.

Eng mit dem hier beschriebenen Ansatz verwandt ist die mitunter als **Drei-Werte-Verfahren** bezeichnete Methode. Dabei werden drei Standard-Szenarien zugrunde gelegt. Im ersten Szenario entwickelt sich alles sehr günstig (best case), im zweiten alles sehr ungünstig (worst case), und im dritten wird unterstellt, daß sich die relevanten Einflußgrößen so entwickeln, wie man es als besonders wahrscheinlich (most likely) annimmt.

Im Gegensatz zum Korrekturverfahren unterrichtet die Szenario-Technik sowohl über die Risiken als auch über die Chancen, die mit einer bestimmten finanzwirtschaftlichen Entscheidung verbunden sind. Allerdings sagt sie nichts über die Eintrittswahrscheinlichkeit der einzelnen Szenarien aus. Immerhin wird aber die Bandbreite sichtbar, innerhalb derer sich die Zielgrößen bewegen können, wenn man sich für die eine oder andere Alternative entscheidet. Das für die Entscheidung verantwortliche Gremium weiß also, worauf es sich einläßt, wenn es für diese oder jene Maßnahme votiert.

4. Methoden zur Ermittlung der Wahrscheinlichkeitsverteilung einer Zielgröße

In der Entscheidungstheorie geht man grundsätzlich davon aus, daß das für die Entscheidung verantwortliche Gremium dazu in der Lage ist, Ergebnismatrizen aufzustellen. Darunter stelle man sich eine Tabelle vor, die aus mindestens zwei Zeilen und mindestens zwei Spalten besteht. Die Zeilen repräsentieren die Entscheidungsalternativen, zwischen denen eine Wahl zu treffen ist, die Spalten stehen für alternative Zukunftsentwicklungen, mit denen der Entscheidungsträger sich konfrontiert sieht. Dabei wird von einer Entscheidung unter Risiko gesprochen, wenn der Entscheidungsträger sich dazu in der Lage sieht, die Eintrittswahrscheinlichkeiten der verschiedenen Zukunftsentwicklungen anzugeben. In den einzelnen Feldern der Entscheidungsmatrix findet man Informationen über das Ausmaß der Zielerreichung der jeweiligen Alternative für den Fall, daß die betreffende Zukunftslage eintritt. Mit Hilfe einer Ergebnismatrix wird demnach jede Entscheidungsalternative durch eine Wahrscheinlichkeitsverteilung ihrer Zielgröße beschrieben. Wie solche Wahrscheinlichkeitsverteilungen von Entscheidungsalternativen gewonnen werden, kümmert die Entscheidungstheorie nicht. Sie betrachtet sie als gegeben.

Nun dürfte kein Entscheidungsträger dazu in der Lage sein, alle für relevant gehaltenen Zukunftsentwicklungen vollständig aufzuzählen und deren Eintrittswahrscheinlichkeiten direkt zu schätzen. Man mache sich vor dem Hintergrund einer langfristigen Investitionsentscheidung klar, daß sich beispielsweise Umsatzzahlen und Rohstoffbeschaffungspreise innerhalb bestimmter Bandbreiten bewegen können und jede Kombination beider Größen innerhalb dieser Bandbreiten eine relevante Zukunftsentwicklung verkörpert. Wenn man daran denkt, daß bei einer Investitionsentscheidung nicht nur zwei (hier: Umsatz und Rohstoffpreis), sondern Dutzende, wenn nicht hunderte von unsicheren Einflußgrößen wirksam sind, so wird deutlich, daß das explizite Aufzählen der Zukunftslagen und die direkte Ermittlung der Eintrittswahrscheinlichkeiten ein ganz aussichtsloses Unterfangen wäre. Genau an dieser Stelle versucht die **Risikoanalyse**, Hilfestellung zu leisten. Die Vorgehensweise ist folgende: Man beginnt damit, die in die Zielgröße einfließenden Parameter in zwei Gruppen aufzuteilen, die sicheren und die unsicheren. Sodann schätzt man die Wahrscheinlichkeitsverteilungen der unsicheren Einflußgrößen. Anschließend ermittelt man unter Berücksichtigung eventueller Abhängigkeiten zwischen den Parametern die Wahrscheinlichkeitsverteilung der Zielgröße. Dies kann entweder analytisch oder mit Hilfe von Simulationsexperimenten geschehen. Die analytische Methode ist an relativ enge Voraussetzungen geknüpft, weswegen man normalerweise die Simulationstechnik vorzieht.

Will man die Risikoanalyse kritisch würdigen, so sind zwei Problembereiche anzusprechen, nämlich zum einen die Datenerhebung (Schätzung von Wahrscheinlichkeitsverteilungen der Einflußgrößen, Analyse von Abhängigkeiten zwischen den Parametern) und zum anderen die Datentransformation (Ableitung der Wahrscheinlichkeitsverteilung der Zielgröße aus dem betreffenden Datenmaterial). Kritisch ist zunächst und vor allem der Prozeß der Datenerhebung. Praktiker, die zur Abgabe entsprechender Urteile aufgefordert werden, verfügen im allgemeinen nur über wenig Erfahrungen im Arbeiten mit Wahrscheinlichkeiten, und es reicht nicht aus, wenn etwa mitgeteilt wird, daß Absatzzahlen zwischen 80 und 100 Stück für wahrscheinlicher gehalten werden als Verkaufszahlen zwischen 100 und 120 Stück (ordinale Wahrscheinlichkeitsmessung). Vielmehr müssen die Wahrscheinlichkeitsurteile auf einer Intervallskala gemessen werden, beispielsweise in der Form, daß der schwächere Absatzbereich als doppelt so wahrscheinlich gilt wie der stärkere. Noch schwieriger wird es, wenn man Antworten auf die Frage sucht, ob und wie stark die eine Einflußgröße von der anderen abhängt. Genaueres als „starke positive Abhängigkeit" oder „geringe negative Abhängigkeit" wird man selten hören. Aber auch damit kann man sich nicht zufriedengeben, wenn aus solchen Daten die Wahrscheinlichkeitsverteilung der Zielgröße abgeleitet werden muß. Vielmehr müssen auch die Abhängigkeiten in Form von Korrelationskoeffizienten quantifiziert werden. Das ist eine zeitraubende und mühselige Angelegenheit. Aber selbst dann, wenn man noch so viel Sorgfalt in die Datenerhebung investiert, bleibt es letztlich eine Frage des Fingerspitzengefühls. Und es kommt hinzu, daß die Urteilskraft mehrerer Sachbearbeiter in unterschiedlichen Funktionsbereichen gefragt ist, wobei jeder seine individuelle Einstellung zu Risiko und Unsicherheit ins Spiel bringen wird. Von interpersonell konsistenten Wahrscheinlichkeitsschätzungen wird man daher grundsätzlich nicht ausgehen können.

Vor dem Hintergrund solcher Schwierigkeiten lassen sich die Probleme der Datentransformation fast vernachlässigen. Wenn – wie üblich – mit Hilfe der Simulation gearbeitet wird, benötigt man einen Computer sowie einen brauchbaren Zufallszahlengenerator. Beides ist heute fast überall verfügbar, und deswegen kann man feststellen, daß Risikoanalysen jedenfalls bei großen Vorhaben heute schon routinemäßig durchgeführt werden. Nicht zuletzt wegen der oben beschriebenen Datenerhebungsprobleme ist jedoch die Akzeptanz des Verfahrens nach wie vor begrenzt.

5. Verfahren zur Ermittlung der optimalen Entscheidung

Die bisher beschriebenen Methoden eignen sich sämtlich nur zur Entscheidungsvorbereitung. Jetzt wenden wir uns Ansätzen zu, deren An-

5. Verfahren zur Ermittlung der optimalen Entscheidung 129

spruch weiter geht. Sie erlauben es, die beste unter einer Reihe miteinander konkurrierender Alternativen zu bestimmen.

Ein bekanntes Resultat der Investitions- und Finanzierungstheorie läuft auf die Regel heraus, daß Entscheidungen über Investitions- oder Finanzierungsmaßnahmen unter den Bedingungen eines vollkommenen Kapitalmarkts mit Hilfe des Kapitalwertkriteriums getroffen werden sollten, wenn Sicherheit gegeben ist. Wer diese Regel beachtet, maximiert seinen finanziellen Wohlstand, gleichgültig, welche zeitlichen Konsumpräferenzen er besitzt.

Zumindest in Deutschland ist nicht ganz so bekannt, daß sich diese Regel auch dann noch empfehlen läßt, wenn man es mit einer riskanten Entscheidungssituation zu tun hat. Jedoch ist der **Kapitalwert** dann etwas anders als bei Sicherheit zu berechnen. Er muß an das Risiko angepaßt werden (risk adjusted net present value). Die Technik der **Risikoadjustierung** kann dabei zwei Wege gehen: Um sie besser zu begreifen, rekapitulieren wir, wie man den Barwert künftiger Rückflüsse unter Sicherheit berechnet: Man diskontiert die sicheren Rückflüsse mit dem Zinssatz für risikolose Kapitalanlagen (Sicherheitszinssatz).

Die erste Technik der Risikoadjustierung geht nun so vor, daß im Falle von Unsicherheit **erwartete Rückflüsse** diskontiert werden. Die Abzinsung erfolgt aber nicht mit dem Sicherheitszinssatz, sondern mit einem um eine **Risikoprämie** erhöhten Zinssatz. Eine zweite hierzu im Ergebnis ganz gleichwertige Technik verwendet auch im Falle des Risikos den **Sicherheitszinssatz**, wendet diesen aber nicht auf erwartete Rückflüsse, sondern auf deren **Sicherheitsäquivalent** an. Dieses gewinnt man, indem man die erwarteten Rückflüsse durch Abzug eines geeigneten Risikoabschlages nach unten korrigiert.

Was die formale Vorgehensweise betrifft, scheint das Verfahren große Ähnlichkeiten mit dem oben beschriebenen Korrekturverfahren zu haben, denn hier wie dort wird mit Risikozuschlägen und Risikoabschlägen gearbeitet. Allerdings ist diese Ähnlichkeit eine rein äußerliche. Die Unterschiede zum Korrekturverfahren sind gravierend. Es handelt sich um folgende zwei:

Erstens wird als Entscheidungskriterium immer der Kapitalwert benutzt, während sich das Korrekturverfahren auf beliebige Beurteilungskriterien anwenden läßt. Zweitens – und dieser Unterschied ist elementar – werden die vorzunehmenden Risikozuschläge bzw. -abschläge nicht dem subjektiven Fingerspitzengefühl individueller Entscheidungsträger überlassen. Vielmehr kann man aus der Kapitalmarkttheorie objektive Leitlinien entwickeln, wenn es darum geht, die Risikoprämie bzw. das Sicherheitsäquivalent für ein konkretes Investitionsobjekt festzulegen. Eine solche Risikoprämie repräsentiert im übrigen nicht nur die Unsicherheit, welche in dem zu beurteilenden Projekt selbst steckt, sondern sie versucht darüber hinaus zu berücksichtigen, welche Wirkungen von diesem Projekt im Verbund mit anderen riskanten Kapitalanlagen des Entscheidungsträgers ausgehen.

Literatur

Albach, H. (Hrsg.) (1975), Investitionstheorie, Köln
Blohm, H./Lüder, K. (1991), Investition, 7. Aufl., München
Brealey, R./Myers, S. C. (1991), Principles of Corporate Finance, 4th edition, New York
Franke, G. (1989), Betriebliche Investitionstheorie bei Risiko, in: OR Spektrum, 11. Jg., S. 67–82
Hertz, D. B. (1964), Risk Analysis in Capital Investment, in: Harvard Business Review, Vol. 42, No. 1, S. 95–106
Hertz, D. B./Thomas, H. (1983), Risk Analysis and its Applications, Chichester/New York
Hertz, D. B./Thomas, H. (1984), Practical Risk Analysis, Chichester/New York
Jöckel, K.-H./Pflaumer, P. (1981), Stochastische Investitionsrechnung, in: Zeitschrift für Operations Research, 25. Jg., S. B 39–47
Kilger, W. (1965), Kritische Werte in der Investitions- und Wirtschaftlichkeitsrechnung, in: Zeitschrift für Betriebswirtschaft, 35. Jg., S. 338–353
Kruschwitz, L. (1980), Bemerkungen zur Risikoanalyse aus theoretischer Sicht, in: Zeitschrift für Betriebswirtschaft, 50. Jg., S. 800–808
Kruschwitz, L. (1990), Investitionsrechnung, 4. Aufl., Berlin/New York
Kruschwitz, L./Schöbel, R. (1987), Die Beurteilung riskanter Investitionen und das Capital Asset Pricing Model (CAPM), in: Wirtschaftswissenschaftliches Studium, 16. Jg., S. 67–71
Ross, S. A./Westerfield, R. W./Jaffe, J. F. (1990), Corporate Finance, 2nd edition, Homewood/Ill.
Rudolph, B. (1986), Klassische Kapitalkostenkonzepte zur Bestimmung des Kalkulationszuflusses für die Investitionsrechnung, in: Zeitschrift für betriebswirtschaftliche Forschung, 38. Jg., S. 608–617
Rudolph, B. (1986), Neuere Kapitalkostenkonzepte auf der Grundlage der Kapitalmarkttheorie, in: Zeitschrift für betriebswirtschaftliche Forschung, 38. Jg., S. 892–898
Schindel, V. (1978), Risikoanalyse, 2. Aufl., München
Schmidt, R. H. (1986), Grundzüge der Investitions- und Finanzierungstheorie, 2. Aufl., Wiesbaden
Schneider, D. (1990), Investition, Finanzierung und Besteuerung, 6. Aufl., Wiesbaden
Sharpe, W. F. (1981), Investments, 2nd edition, Englewood Cliffs/N. J.

Kapitel 7
Marktbezogene Bestimmung der Kapitalkosten
von *Martin Weber* und *Dirk Schiereck*

1. Problemstellung 132
2. Capital Asset Pricing Model (CAPM) 132
   - 2.1 Vorüberlegungen 132
   - 2.2 Portefeuilletheoretische Basis des CAPM 133
   - 2.3 Kapitalmarktlinie 136
   - 2.4 Wertpapierlinie 137
3. Kapitalkosten auf Basis des CAPM 139
   - 3.1 Grundgedanken 139
   - 3.2 Kapitalwert für riskante Investitionsprojekte 140
   - 3.3 Risikofreier Zins und Marktpreis des Risikos 141
     - 3.3.1 Auswahl einer Näherungsgröße für den risikofreien Zinssatz 141
     - 3.3.2 Auswahl einer Näherungsgröße für den Marktpreis des Risikos 142
   - 3.4 Risiko des Investitionsprojekts 143
     - 3.4.1 Zusammenhang zwischen Equity Beta und Asset Beta 144
     - 3.4.2 Ermittlung des Equity Betas 144
     - 3.4.3 Vorgehen bei unvollständigen Kapitalmarktdaten ... 146
     - 3.4.4 Allgemeine Einflußgrößen für Betafaktoren 147
4. Zusammenfassung 148
   Literatur 149

1. Problemstellung

Im Rahmen der langfristigen Planung sind Investitionsentscheidungen zu fällen, deren Investitionsrückflüsse über mehrere Perioden hinweg unsichere Größen darstellen. Die Zahlungen bergen Risiken und Chancen in sich, die in angemessener Weise zu berücksichtigen sind. Generell gilt dabei die Feststellung, daß der geforderte Ertrag mit dem Risikograd der Rückflüsse zunehmen sollte.

Die wirtschaftswissenschaftliche Theorie zur adäquaten Berücksichtigung der Unsicherheit zukünftiger Zahlungsströme hat ihren Ursprung in der Betrachtung von Kapitalmärkten. Aufbauend auf der Portefeuilletheorie von *Markowitz* (1952) und dem Separationstheorem von *Tobin* (1958) entwickelten *Sharpe* (1964), *Lintner* (1965) und *Mossin* (1966) ein vereinfachendes und idealisierendes Gleichgewichtsmodell. Dieses **Capital Asset Pricing Model (CAPM)** bietet eine allgemein anerkannte Basis zur Erklärung des Zusammenhangs von Ertrag und Risiko im Kapitalmarkt. Es bildet die Grundlage für eine marktbezogene Bestimmung der Kapitalkosten und wird daher in Abschnitt 2 vorgestellt. In Abschnitt 3 wird gezeigt, wie riskante Investitionen zu beurteilen sind und wie der im CAPM beschriebene Rendite-Risiko-Zusammenhang zur Ermittlung der Kapitalkosten herangezogen werden kann. Die Bundesrepublik Deutschland mit ihren Kapitalmärkten bildet dabei den institutionellen Rahmen.

2. Capital Asset Pricing Model (CAPM)

2.1 Vorüberlegungen

Der Kapitalmarkt soll ausgehend vom Entscheidungsproblem einer Portefeuille-Managerin betrachtet werden. Der Managerin stehen als Anlagealternativen festverzinsliche Wertpapiere und Aktien deutscher Emittenten zur Verfügung. Die Einschränkung auf deutsche Titel erfolgt aus Vereinfachungsgründen, um Wechselkursrisiken von der weiteren Betrachtung ausschließen zu können.

Festverzinsliche Wertpapiere und Aktien unterscheiden sich in Renditen und Risiko. Eine Anlage in festverzinsliche Wertpapiere erzielte in den letzten 10 Jahren eine durchschnittliche Rendite von 7,64%, während Aktien als die mit höherem Risiko behaftete Anlageform in den letzten 10 Jahren im Durchschnitt 10,05% Rendite erbrachten. Als Kompensation für das höhere Risiko der Aktien erhielten die Anleger eine Prämie von 2,41 Prozentpunkten.

2. Capital Asset Pricing Model (CAPM)

Diese im Kapitalmarkt erzielten Renditen bieten einen ersten Anhaltspunkt für die Berechnung der **Opportunitätskosten des Kapitals**. Ein sicheres Investitionsprojekt müßte zum geltenden risikolosen Zinssatz diskontiert werden, ein im Sinne des Aktienmarktes durchschnittlich riskantes Vorhaben gemäß der durchschnittlichen Aktienrendite. Um zu allgemein gültigen, theoretisch abgesicherten Aussagen zu kommen, sind zunächst Definition, Meßvorschrift und Bewertungsgleichung für das Risiko von Anlagealternativen darzustellen.

2.2 Portefeuilletheoretische Basis des CAPM

In einem ersten Schritt sollen ausschließlich riskante Anlagealternativen betrachtet werden, d. h. Alternativen, deren zukünftige Erträge nicht mit Sicherheit vorhersagbar sind. Riskante Anlagealternativen bzw. deren Erträge können als Zufallsvariablen bzw. Wahrscheinlichkeitsverteilungen abgebildet werden. Der erwartete Ertrag (Erwartungswert der Verteilung der Erträge) kann als Maß für den Ertrag der Anlage dienen. Unter der vereinfachenden Annahme normalverteilter Erträge kann die Varianz oder die Standardabweichung als Maß für das Risiko des Wertpapiers definiert werden (zur Diskussion dieser Risikodefinition *Weber* 1990).

Die Portefeuille-Managerin wird bemüht sein, bei gegebenem Ertrag das Risiko ihrer Anlage zu reduzieren. Es kann gezeigt werden, daß sie dazu in der Regel ihr Kapital in verschiedene Wertpapiere anlegen wird: sie diversifiziert ihr Portefeuille. Wird die Rendite als Maß für den Ertrag des Portefeuilles genommen und mit r_P bezeichnet, so errechnet sich die Rendite des Portefeuilles als Summe der mit den Anteilen (x_i) am Anlagebetrag gewichteten Renditen (r_i) der einzelnen im Portefeuille enthaltenen Wertpapiere:

(1) $r_P = \Sigma\, x_i\, r_i; \quad \Sigma\, x_i = 1$

Durch die Möglichkeit zur Diversifikation ist das Risiko eines Wertpapiers keine Größe, die isoliert, d. h. unabhängig vom Portefeuille der Managerin betrachtet werden darf. Durch das Ausnutzen des **Diversifikationseffekts** soll erreicht werden, daß das Risiko (die Varianz) des Portefeuilles geringer als die gewichtete Summe der Risiken (der Varianzen) der einzelnen Anlagealternativen im Portefeuille ist; nur dann ist eine Diversifikation überhaupt sinnvoll.

Um das Ausmaß des Diversifikationseffekts bestimmen zu können, sind die stochastischen Abhängigkeiten zwischen den Renditen der einzelnen Wertpapiere zu berücksichtigen. Diese Abhängigkeiten werden durch die Kovarianzen der Verteilungen der Wertpapierrenditen abgebildet. Je stärker sich die Renditen in zukünftigen Umweltsituationen unterschiedlich zueinander entwickeln und je kleiner demzufolge die Kovarianzen sind, desto größer wird der Diversifikationseffekt sein.

Kapitel 7: Marktbezogene Bestimmung der Kapitalkosten

Mathematisch läßt sich die Varianz eines Portefeuilles aus zwei Wertpapieren i und j als Funktion der Varianzen σ_i^2 und σ_j^2 sowie der Kovarianz σ_{ij} wie folgt ermitteln:

(2) $\sigma_p^2 = x_i^2 \sigma_i^2 + (1-x_i)^2 \sigma_j^2 + 2 x_i (1-x_i) \sigma_{ij}$

Zur leichteren Interpretierbarkeit tritt an die Stelle der Kovarianz σ_{ij} der auf Werte zwischen +1 und -1 normierte Korrelationskoeffizient $\delta_{ij} = \sigma_{ij}/(\sigma_i \sigma_j)$.

(2') $\sigma_p^2 = x_i^2 \sigma_i^2 + (1-x_i)^2 \sigma_j^2 + 2 x_i (1-x_i) \delta_{ij} (\sigma_i \sigma_j)$

Bei vollkommener positiver stochastischer Abhängigkeit, d. h. $\delta_{ij} = 1$, ist die Varianz des Portefeuilles gleich der gewichteten Summe der Varianzen der Wertpapiere i und j. Für jeden Korrelationskoeffizienten kleiner als 1 liegt das Risiko des Portefeuilles unterhalb der gewichteten Summe, die Diversifikation zeigt ihre beabsichtigte Wirkung. Im Grenzfall vollkommener negativer Abhängigkeit, d. h. $\delta_{ij} = -1$, kann sogar ein risikofreies Portefeuille zusammengestellt werden.

Als Verallgemeinerung ergibt sich für die Varianz eines Portefeuilles mit beliebig vielen Wertpapieren:

(3) $\sigma_p^2 = \Sigma x_i^2 \sigma_i^2 + \underset{i \ne j}{\Sigma \Sigma} x_i x_j \sigma_{ij}$

Aus der Menge aller zulässigen Portefeuilles kann mittels eines Optimierungsansatzes die Menge der effizienten Portefeuilles berechnet werden (zur rechentechnischen Vorgehensweise *Markowitz* 1959 und zur EDV-mäßigen Aufbereitung *Markowitz* 1987). Ein Portefeuille heißt effizient, wenn bei gleicher erwarteter Rendite kein Portefeuille mit geringerem Risiko existiert bzw. kein Portefeuille zusammengestellt werden kann, das bei vorgegebenem Risiko eine höhere Rendite erwarten läßt. Die risikoscheue Managerin verhält sich rational, wenn sie nur Portefeuillemischungen auswählt, die auf dieser **Effizienzlinie** liegen.

An dieser Stelle ist es sinnvoll, auch sichere Anlagemöglichkeiten in das Optimierungskalkül mit einzubeziehen. Unter einer sicheren Anlage kann man sich beispielsweise risikolose Fremdkapitaltitel vorstellen. Sichere Anlagen sind dadurch gekennzeichnet, daß die Varianz der Rendite und sämtliche Kovarianzen gleich null sind.

Unter Hinzuziehung der sicheren Anlage liegen alle **risikoeffizienten Portefeuilles** auf einer Geraden, die in Abbildung 1 dargestellt ist. Die Gerade effizienter Portefeuilles wird durch zwei Punkte determiniert:

2. Capital Asset Pricing Model (CAPM)

- die Rendite der sicheren Anlage (auch risikoloser Zins r_f genannt),
- den Punkt M, den Punkt, an dem eine Gerade durch r_f den effizienten Rand riskanter Anlagealternativen tangiert.

Jede Gerade durch r_f mit einer größeren Steigung ergibt Portefeuilles, die nicht darstellbar sind, jeder darunter liegende Verlauf resultiert in risikoineffizienten Positionen.

Abb. 1: Menge der effizienten Portefeuilles bei sicherer Anlage

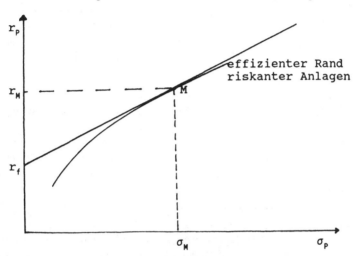

Die Portefeuille-Managerin wird ihr optimales Portefeuille entsprechend ihrer Risikoeinstellung als Kombination aus sicherer Anlage und ausgezeichnetem riskanten Portefeuille M bestimmen. Unterschiedliche Risikoeinstellungen von Investoren spiegeln sich, wie im *Tobin*schen Separationstheorem bewiesen, nur in der Mischung von sicherer Anlage und M, nicht jedoch in der Zusammensetzung von M wider. Portefeuilles auf dem effizienten Rand der riskanten Anlagen werden durch die obige Linearkombination dominiert.

Alle Kombinationen, die links von M auf der effizienten Geraden liegen, heißen „lending portfolios". Diese Positionen sind dadurch gekennzeichnet, daß die Managerin einen Teil des Vermögens zum risikolosen Zinssatz r_f anlegt und den Rest in das riskante Portefeuille M investiert. Im Punkt M wird das gesamte Vermögen im riskanten Portefeuille angelegt, während in den Punkten rechts davon noch zusätzlich Geld zum Zinssatz r_f aufgenommen und in M investiert wird. Deshalb heißen diese Positionen auch „borrowing portfolios".

2.3 Kapitalmarktlinie

Im letzten Abschnitt wurde das Optimierungskalkül eines individuellen Anlegers betrachtet. Unter der Annahme, daß alle Marktteilnehmer sich entsprechend dieses Kalküls verhalten, kann ein Kapitalmarktgleichgewichtsmodell entwickelt werden.

Risikoscheue Anleger mit identischen Erwartungen bezüglich Renditen, Varianzen und Kovarianzen der möglichen Anlagealternativen errechnen unter der Annahme eines vollkommenen Kapitalmarktes ohne Steuern und sonstige Transaktionskosten identische Kurven effizienter Portefeuilles. Ein Kapitalmarkt ist vollkommen, falls die Investoren zu einem identischen Zinssatz r_f Geld aufnehmen und anlegen können. Dadurch sind für alle Investoren gleichartige Portefeuilles generierbar, die aus der sicheren Anlage und dem riskanten Portefeuille M bestehen.

Die optimalen risikoeffizienten Portefeuilles sind für alle Investoren durch die Gerade r_f – M (vgl. Abb. 1) bestimmt. Diese Gerade wird **Capital Market Line** oder **Kapitalmarktlinie** genannt. In der Kapitalmarktlinie kommt die Beziehung zwischen Risiko und Rendite für die effizienten Portefeuilles des Kapitalmarktes zum Ausdruck. Alle Anleger halten in dieser Modellwelt nur die sichere Anlage und Anteile am Portefeuille M. Lediglich die Gewichtung der beiden Anlagealternativen läßt die Risikoneigung des einzelnen Investors erkennen.

Da alle Anleger identische Erwartungen besitzen, müssen im Rahmen der Modellwelt sämtliche im Markt gehandelten riskanten Titel im Portefeuille M enthalten sein. Das Portefeuille M wird deshalb auch als **Marktportefeuille** bezeichnet. Implizit fließt hier die Annahme mit ein, daß sich der Kapitalmarkt im Gleichgewicht befindet, Angebot und Nachfrage für eine Markträumung gesorgt haben.

Der durch die Kapitalmarktlinie erklärte Zusammenhang zwischen Risiko und Rendite von effizienten Wertpapieren wird in (4) mathematisch abgebildet:

(4) $\quad r_M = r_f + \dfrac{(r_M - r_f)}{\sigma_M} \sigma_p \;=\; r_f + (r_M - r_f)\,\sigma_p/\sigma_M$

Die Basis zur Berechnung der erwarteten Rendite eines Portefeuilles, das auf der Kapitalmarktlinie liegt, bildet die Rendite der sicheren Anlage r_f. Zum risikolosen Zins r_f wird der Ausdruck $(r_M - r_f)\,\sigma_P/\sigma_M$ addiert, der als Risikoprämie bezeichnet wird. Die Höhe dieser Prämie ist marktdeterminiert, d. h. je risikoscheuer die Marktteilnehmer als Ganzes sind, desto größer wird die geforderte Rendite des Marktportefeuilles r_M sein. Der Term $(r_M - r_f)/\sigma_M$ kann als Marktpreis für eine Einheit Risiko angesehen werden, der mit der Menge Risiko des einzelnen Portefeuilles σ_p multipliziert wird.

2.4 Wertpapierlinie

In Abschnitt 2.3 konnte der Rendite-Risiko-Zusammenhang für effiziente Portefeuilles abgeleitet werden. Effiziente Anlagen stellen immer Kombinationen der sicheren Anlage mit dem Marktportefeuille dar. Die Kapitalkosten sollen jedoch nicht nur für im Sinne der Theorie effiziente Anlagealternativen ermittelt werden. Der Zusammenhang Rendite-Risiko muß daher auch für beliebige Anlagen abgeleitet werden. Genau dieser allgemeine Zusammenhang wird durch das CAPM ausgedrückt. Auf eine mathematische Ableitung des CAPM soll hier verzichtet werden (vgl. die Originalarbeit von *Sharpe* 1964 sowie *Copeland/Weston* 1988 oder *Weber* 1990).

Das CAPM besagt, daß die erwartete Rendite einer beliebigen Anlage sich proportional zum erwarteten Risiko dieser Anlage entwickelt. Das Risiko der Anlage ist durch die Kovarianz der Rendite der Anlage mit der Rendite des Marktportefeuilles definiert. Formal ergibt sich

$$(5) \quad r_i = r_f + (r_M - r_f) * \frac{\text{cov}(r_i, r_M)}{\sigma_M^2}$$

Um Gleichung (5) kompakter zu gestalten und ihre Ergebnisse einprägsamer zu machen, werden zwei ihrer Komponenten unter dem griechischen Buchstaben Beta zusammengefaßt.

$$(6) \quad \beta_i = \text{cov}(r_i, r_M)/\sigma_M^2$$

Der Term $(r_M - r_f)$ repräsentiert wieder den Preis für eine Einheit Risiko und β_i stellt das Maß für das Risiko des Wertpapiers dar. Damit läßt sich Gleichung (5) in einer verkürzten Version schreiben.

$$(7) \quad r_i = r_f + (r_M - r_f) * \beta_i$$

Die graphische Darstellung der Rendite eines beliebigen Wertpapiers in Abhängigkeit vom Risiko ergibt eine Gerade, die **Security Market Line** oder Wertpapierlinie genannt wird. Die Wertpapierlinie ist in Abb. 2 (S. 138) dargestellt.

Die Wertpapierlinie zählt zu den wichtigsten Aussagen der Kapitalmarkttheorie. Im Gegensatz zur Kapitalmarktlinie, die die Beziehung zwischen erwarteter Rendite und Risiko effizienter Portefeuilles darstellt, dokumentiert die Wertpapierlinie den Zusammenhang zwischen erwarteter Rendite eines einzelnen Wertpapiers und seines Risikobeitrags zum Marktportefeuille, gemessen als Kovarianz. Mit zunehmender Höhe des Betas eines Wertpapiers steigt die erwartete Rendite dieses Wertpapiers, oder anders ausgedrückt, je höher die Kovarianz des Wertpapiers mit dem Marktportefeuille ist, desto größer wird die geforderte Verzinsung des

Abb. 2: Wertpapierlinie

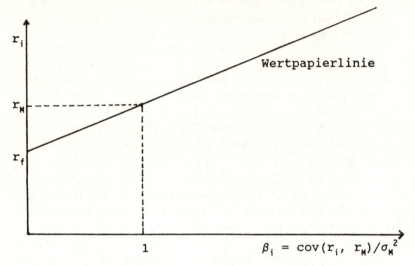

Anlegers sein. Bei einer Kovarianz von null entspricht die erwartete Rendite dem risikofreien Zinssatz r_f, bei einer negativen Kovarianz liegt sie sogar unterhalb dieses Satzes. Eine Aktie, deren Rendite eine hohe Varianz aufweist, muß nicht notwendigerweise eine höhere erwartete Rendite besitzen als eine Anlage mit geringer Varianz. Nur ihre Kovarianz mit dem Marktportefeuille ist relevant, ein Zusammenhang, der sich auch als Grenzbetrachtung aus Formel (3) ableiten läßt.

Aufgrund der Wichtigkeit des CAPM stand das Modell seit seiner ersten Veröffentlichung im Zentrum der Forschung. Es wurde eine Fülle von Erweiterungen vorgestellt, die die ursprünglich restriktiven Annahmen des Modells abschwächten (vgl. zu einer Übersicht *Copeland/Weston* 1988 und *Rudolph* 1979 b). Weiterhin wurde in umfangreichen Untersuchungen getestet, inwieweit sich der durch die Wertpapierlinie vorhergesagte **Rendite-Risiko-Zusammenhang** im Kapitalmarkt widerspiegelt. Für den amerikanischen Markt (Daten der New York Stock Exchange) konnte das Modell als Ganzes nicht bestätigt werden. Die Studien stimmen darin überein, daß ein linearer Zusammenhang zwischen Risiko und Rendite nachgewiesen werden konnte (*Fama/MacBeth* 1974 und *Black/Jensen/Scholes* 1972). *Roll* (1977) kritisierte diese empirischen Studien. Er zeigte, daß die Gültigkeit des CAPM gleichbedeutend mit der Effizienz des Marktportefeuilles ist. Da das Marktportefeuille aus allen vorstellbaren Anlagemöglichkeiten besteht und damit nicht meßbar ist, kann keine Überprüfung seiner Effizienz erfolgen (zum Stand der Diskussion *Copeland/Weston* 1988, *Haugen* 1990 oder *Huang/Litzenberger* 1988).

3. Kapitalkosten auf Basis des CAPM

Auch für den deutschen Aktienmarkt wurde eine Reihe von Untersuchungen durchgeführt. Diese Arbeiten unterscheiden sich im Untersuchungsdesign, in der Wahl des Untersuchungszeitraums und hinsichtlich der einbezogenen Aktien deutlich voneinander. Dementsprechend unterschiedlich sind auch die Resultate von einem signifikant positiven linearen Zusammenhang zwischen Rendite und Risiko (*Pogue/Solnik* 1974), über vorsichtigere Einschätzungen (*Frantzmann* 1987) bis hin zur Ablehnung dieses Zusammenhangs (*Winkelmann* 1984).

In einer umfassenden Arbeit von *Möller* (1988) konnte gezeigt werden, daß für viele Zeitpunkte deutsche Aktionäre für die Übernahme des durch Beta verkörperten Risikos entschädigt wurden und daß diese Entschädigung direkt proportional zur Höhe des von ihnen übernommenen Risikos verlief. Dabei muß allerdings stets im Auge behalten werden, daß die für den deutschen Kapitalmarkt geschätzten Betas im Zeitablauf größeren Schwankungen unterliegen (*Frantzmann* 1990). Die mangelnde Stabilität der Betas ist zwar kein Argument gegen das CAPM als Gleichgewichtsmodell, aber die Übertragung des Modells in die Praxis und die Anwendung in Planungsinstrumenten wird doch eingeschränkt.

Fassen wir die Ergebnisse des 2. Abschnittes zusammen: Aufbauend auf den Ergebnissen der Portefeuilletheorie für die Anlage in riskante und sichere Wertpapiere wurde ein Gleichgewichtsmodell für den Kapitalmarkt abgeleitet. Dabei wurde für das Marktportefeuille als Vereinigung sämtlicher riskanter Anlagen eine Rendite bestimmt, die sich als Summe aus risikolosem Zinssatz und Risikoprämie errechnet. Abschließend konnte der Renditeerwartungswert eines einzelnen Wertpapiers als Funktion seines Risikos, definiert als Beta der Anlage, hergeleitet werden.

3. Kapitalkosten auf Basis des CAPM

3.1 Grundgedanken

Das Kapitalkostenkonzept basiert auf der Idee, daß sich die Bedingungen der Kapitalbeschaffung als Kriterien der Vorteilhaftigkeit eines Investitionsvorhabens durch die Renditeforderungen der Kapitalgeber ausdrücken lassen. Dabei werden weniger die Finanzbeziehungen des Unternehmens zu individuellen Kapitalgebern betrachtet, sondern man beschränkt sich weitgehend auf die Analyse anonymer Kapitalmärkte (*Rudolph* 1979 a, S. 133). Die Preise und Dividenden der Wertpapiere bestimmen die Renditen der im Kapitalmarkt gehandelten Anlagemöglichkeiten. Im Sinne des **Opportunitätskostenprinzips** müssen die geforderten Kapitalkosten einer Investition gleich der für eine äquivalente Anlage am Kapitalmarkt erzielbaren Rendite sein.

Zu klären bleibt „nur" noch, was eine äquivalente Anlage ist und wie deren Rendite ermittelt werden kann. Für eine derartige kapitalmarktorientierte Analyse der Kapitalkosten bietet das CAPM eine gute Berechnungshilfe zur Ermittlung der projektspezifischen Kapitalkosten.

3.2 Kapitalwert für riskante Investitionsprojekte

Das CAPM zeigt, daß die erwartete Rendite einer Anlage proportional ist zum erwarteten Risiko, gemessen als Beta der Anlage. In diesem Abschnitt ist zu zeigen, wie ein risikoadäquater Kalkulationszins unter Verwendung des CAPM bestimmt und zur Beurteilung eines nicht näher definierten Investitionsprojekts herangezogen werden kann.

Das Risiko eines einperiodigen Investitionsprojektes muß im Sinne des CAPM durch das Beta des Projektes gemessen werden, d. h.

(8) $\beta_{projekt} = \text{cov}(r_{projekt}, r_M)$,
mit $r_{projekt} = (z_1 - z_0) / z_0$,

wobei z_0 die sichere Anfangsauszahlung und z_1 die riskante Einzahlung am Ende der Periode darstellt. Die nach dem CAPM zu fordernde Rendite $r_{projekt}$ ergibt sich in (9). Die Gleichung definiert den für ein bestimmtes Investitionsprojekt relevanten Zuschlag (oder Abschlag) zum sicheren Kalkulationszins.

(9) $r_{projekt} = r_f + (r_M - r_f) \beta_{projekt}$

Für die Preis- bzw. Renditeforderungen der Kapitalgeber wird hier angenommen, daß sie sich bei gegebenen Zukunftserwartungen aus unternehmensspezifischen und allgemeinen Kapitalmarktdaten ermitteln lassen. Wird weiter unterstellt, daß sich die Finanzierungsbedingungen eines Unternehmens mit Planung und Durchführung des Investitionsvorhabens nicht grundsätzlich ändern, stellen die so gemessenen Kapitalkosten den für die Investitionsentscheidung relevanten Kalkulationszinsfuß dar.

Auf Basis von (9) läßt sich der Kapitalwert C_0 eines Investitionsprojekts im einperiodigen Fall definieren. Gleichung (10) gibt diese Definition wieder.

(10) $C_0 = z_0 + \dfrac{z_1}{(1 + r_{projekt})} = z_0 + \dfrac{z_1}{1 + r_f + (r_M - r_f) \beta_{projekt}}$

Die bisherige einperiodige Betrachtung ist sicherlich für die Investitionsrechnung noch nicht befriedigend. Zur mehrperiodigen Betrachtung der Kapitalkosten müßte das CAPM auf den Mehrperiodenfall erweitert werden. *Bogue/Roll* (1974), *Fama* (1977) und *Constantinides* (1980) haben

3. Kapitalkosten auf Basis des CAPM

diese Erweiterungen vorgenommen. Im einfachsten Fall läßt sich das Kapitalwertkalkül wie in (11) definieren:

(11) $\quad C_0 = \sum_{i=0}^{n} z_i / (1 + r_f + (r_M - r_f) \beta_{projekt})^i$

Riskant sind in (11) nur die Zahlungen z_i. Der risikofreie Zins, die Kovarianzen und der Zins für das Marktportefeuille sind gegeben und für alle betrachteten Perioden identisch.

Zur praktischen Anwendung des auf dem CAPM basierenden Kapitalwertkalküls (11) sind die drei Komponenten zu ermitteln, die eine den Opportunitätskosten des Kapitals entsprechende Diskontierungsrate determinieren: der Zinssatz der risikolosen Kapitalanlage r_f, der Marktpreis des Risikos r_M und der individuelle Betafaktor des Investitionsprojekts $\beta_{projekt}$.

3.3 Risikofreier Zins und Marktpreis des Risikos

3.3.1 Auswahl einer Näherungsgröße für den risikofreien Zinssatz

Der risikofreie Zinssatz ist eine theoretische Größe, die einen Ertrag verkörpert, der ohne Übernahme irgendeiner Art von Risiko zu erzielen ist. Dabei ist der Ertrag aus der risikolosen Anlage mit den Erträgen aller anderen Anlagealternativen nicht korreliert, d.h die Kovarianz zwischen der Rendite der sicheren Anlage und der der riskanten Anlage ist null. Da diese Art von Anlage in der Realität nicht ohne weiteres zu beobachten ist, müssen Näherungsgrößen für die sichere Anlage herangezogen werden.

Verschiedene Alternativen bieten sich an, etwa der Zinssatz einer Bundesobligation mit einer Restlaufzeit von 5 Jahren, der Zinssatz einer Bundesanleihe mit einer Restlaufzeit von 10 Jahren oder der Zins für einen Pfandbrief mit 25 Jahren Restlaufzeit. Alle diese Anlageformen bieten bei Ausschluß eines vorzeitigen Verkaufs ein sehr hohes Maß an Sicherheit. Sie unterscheiden sich jedoch in der Restlaufzeit und in der Regel im Zinssatz.

Als Entscheidungskriterium zur Auswahl eines möglichst geeigneten Referenzzinssatzes wird in Anlehnung an *Copeland/Koller/Murrin* (1990) das Durationskonzept herangezogen. Um mit einem gegebenen Investitionsvorhaben vergleichbar zu sein, muß die Anleihe eine entsprechende **Duration** (durchschnittliche Restbindungsdauer des eingesetzten Kapitals, zur Definition von Duration vgl. *Bühler* 1983, S. 90) besitzen. Das schließt die Bundesobligation in aller Regel aus. Die Bundesanleihe bietet im Vergleich zum Pfandbrief neben der in aller Regel passenderen Duration den Vorteil, daß sie eine geringere Liquiditätsprämie enthält und damit dem Ideal einer sicheren Anlage näher kommt. Wir werden daher im folgenden die Rendite einer Bundesanleihe mit 10 Jahren Restlaufzeit als Näherungsgröße für den risikofreien Zins heranziehen.

3.3.2 Auswahl einer Näherungsgröße für den Marktpreis des Risikos

Der Marktpreis für eine erwartete Einheit Risiko ist im Rahmen des CAPM gleich der erwarteten Rendite des Marktportefeuilles. Bei der praktischen Bestimmung des Marktpreises des Risikos wird angenommen, daß dieser Marktpreis im Zeitablauf konstant bleibt. Er kann dann aus Vergangenheitsdaten geschätzt werden.

Die Zusammensetzung dieses wahren Marktportefeuilles entspricht der Summe aller risikobehafteten Anlagemöglichkeiten und ist genauso wie der risikofreie Zins ein theoretisches Konstrukt. Das Marktportefeuille aller Anlagen enthält nicht nur Anlagen, die auf organisierten Kapitalmärkten gehandelt werden (zur Zusammensetzung des Marktportefeuilles *Steiner/Kleeberg* 1991). Die auf dem Aktien- und Rentenmarkt gehandelten Papiere stellen damit nur eine Teilmenge aller riskanten Anlagemöglichkeiten dar. Ein in der Regel zur Abbildung des Kapitalmarkts gewählter Aktienindex bildet wiederum nur eine Teilmenge der gehandelten Papiere ab. Trotz dieser Einschränkung auch in Ermangelung einer besseren Größe wird das Marktportefeuille durch einen Aktienindex modelliert.

Für den deutschen Aktienmarkt existiert eine Reihe von Indices, unter denen eine Auswahl zu treffen ist. Auf der Basis des CAPM zeichnet sich das wahre Marktportefeuille dadurch aus, daß es in Verbindung mit der risikofreien Anlage die höchste erwartete Rendite bei gegebenem Risiko garantiert. Daher kann die Höhe der gewährten **Risikoprämie** als Beurteilungsmaßstab für die Qualität der Indizes herangezogen werden (*Möller* 1986, S. 99 ff.).

Frantzmann (1990) und *Winkelmann* (1981) kommen für eine Vielzahl publizierter, marktgewichteter Börsenindizes und einen gleichgewichteten Index zu dem Ergebnis, daß es keine nennenswerten Unterschiede in der Performancemessung gibt, so daß die Wahl des Index keine ausschlaggebende Bedeutung besitzt. Der bereits einen Tag nach Börsenschluß vorliegende, telefonisch abrufbare Index des Statistischen Bundesamts besitzt eine hohe Akzeptanz. Er wird hier als Basis zur Bestimmung der erwarteten Rendite des Marktportefeuilles vorgeschlagen, weil er sich auf die Gesamtheit der an deutschen Börsen zum amtlichen Handel oder im geregelten Freiverkehr zugelassenen Aktiengesellschaften mit Sitz in der Bundesrepublik Deutschland bezieht. Die Errechnung erfolgt aus den Kursnotierungen der Stammaktien von rund 290 ausgewählten Gesellschaften, die entsprechend der Nominalwerte der börsennotierten

3. Kapitalkosten auf Basis des CAPM 143

Stammaktien gewichtet werden. Tab. 1 gibt beispielhaft die Jahresdurchschnitte des Index der Aktienkurse für die letzten 10 Jahre an. Gleichzeitig ist die jeweilige durchschnittliche Jahresrendite einer öffentlichen Anleihe mit zehnjähriger Restlaufzeit dargestellt und die Über- bzw. Unterrendite des Aktienmarkts errechnet.

Tab. 1: Börsenindex des Statistischen Bundesamts (30. 12. 1980 = 100) im Vergleich zur Bundesanleihe (10 Jahre Restlaufzeit)

Jahr	Index	Veränderung in. v.H.	Anleiherendite	Diff. in Proz.pkt.
1980	101,9	−4,6 %	8,45 %	−13,05
1981	101,8	−0,1 %	10,12 %	−10,13
1982	102,7	0,9 %	8,97 %	−8,07
1983	135,2	31,6 %	8,08 %	23,52
1984	153,6	13,6 %	7,98 %	5,62
1985	209,2	36,2 %	7,02 %	29,18
1986	295,7	41,3 %	6,12 %	35,18
1987	257,5	−12,9 %	6,24 %	−19,14
1988	217,9	−15,4 %	6,50 %	−21,90
1989	278,5	27,8 %	6,97 %	20,83

Die Überrenditen müssen noch zu einer durchschnittlichen Größe aggregiert werden, um den Marktpreis des Risikos zu errechnen. Es ist dazu empfehlenswert, einen langfristigen geometrischen Durchschnitt der Überrenditen des Index des Statistischen Bundesamtes gegenüber der Bundesanleihe zu bestimmen. Auf diese Weise können kurzfristige Anomalien eliminiert werden (zu diesem Vorschlag *Copeland/Koller/Murrin* 1990, die auch die Vorzüge des geometrischen Index verdeutlichen). Für den deutschen Aktienmarkt ergibt sich basierend auf den Jahren 1980–1989 als geometrisches Mittel eine durchschnittliche Überrendite von 2,25%.

3.4 Risiko des Investitionsprojekts

Der Betafaktor stellt die Komponente der Kapitalkosten dar, deren Herleitung den größten Aufwand verursachen kann. Zu unterscheiden sind zwei in der Regel verschiedene Betas: das Equity Beta (β_{EK}) und das Asset Beta (β_{Asset}). Das Equity Beta umfaßt das gesamte vom Eigenkapital getragene Risiko, d. h. es beinhaltet sowohl das **leistungswirtschaftliche Risiko** als auch das auf dem **Leverageeffekt** beruhende finanzielle Risiko. Das Asset Beta umfaßt dagegen nur das leistungswirtschaftliche Risiko. Für unverschuldete Unternehmen sind Asset Beta und Equity Beta identisch. Zur Beurteilung von Investitionsprojekten ist das leistungswirtschaftliche Risiko β_{Asset} heranzuziehen und geht als $\beta_{projekt}$ in die Formel

(11) ein. Da am Kapitalmarkt (nur) β_{EK} direkt ermittelt werden kann, wird in 3.4.1 der formale Zusammenhang zwischen β_{EK} und β_{Asset} abgeleitet. In Abschnitt 3.4.2 werden anschließend Methoden zur Ermittlung von β_{EK} vorgestellt.

3.4.1 Zusammenhang zwischen Equity Beta und Asset Beta

Die Eigentümer einer Unternehmung, hier einer Aktiengesellschaft, halten das Eigenkapital der Gesellschaft. Sie haben jedoch nur einen begrenzten Anspruch auf das Gesellschaftsvermögen, das auch den Gläubigern für die Überlassung des Fremdkapitals als Sicherheit dienen muß. Das Risiko der Fremdkapitalgeber ist in der Regel deutlich unterhalb der Eigentümerposition angesiedelt; bei den großen deutschen Kapitalgesellschaften geht der Betafaktor für das Fremdkapital gegen null.

Der Betawert für das Unternehmen – das Asset Beta – errechnet sich als gewichtete Summe aus den Betawerten für das Eigen- und Fremdkapital:

(12) $\beta_{Asset} = \beta_{FK} (FK/GK) + \beta_{EK} (EK/GK)$

Das Asset Beta drückt das leistungswirtschaftliche Risiko eines Investitionsvorhabens, einer Unternehmenssparte bzw. eines gesamten Unternehmens im Verhältnis zum Markt aus. Für den Fall $\beta_{FK} = 0$ gilt $\beta_{Asset} = \beta_{EK} (EK/GK)$. Die Differenz zwischen Asset Beta und Equity Beta dient als Maßzahl für das finanzielle Risiko. Je höher der Verschuldungsgrad eines Unternehmens, um so größer ist auch dessen finanzielles Risiko und damit das Equity Beta (vgl. 13).

(13) $\beta_{EK} = \beta_{Asset} + (\beta_{Asset} - \beta_{FK}) * FK/EK$

Für ein Unternehmen mit $\beta_{Asset} = 1$, $\beta_{FK} = 0$ und einem Verschuldungsgrad von eins (FK/EK = 1) gilt $\beta_{EK} = 2$.

3.4.2 Ermittlung des Equity Betas

Der einfachste Fall für die Bestimmung der Kapitalkosten eines Investitionsprojekts liegt bei einer allgemeinen Ausweitung der Unternehmenstätigkeit vor. Ein derartiges Vorhaben hat in etwa den gleichen Grad an Risiko wie die bereits bestehenden Geschäfte, so daß das Equity Beta aus Kapitalmarktdaten ermittelt werden kann.

Die Beta-Bestimmung erweist sich für börsennotierte Gesellschaften als recht praktikabel. Die Beta-Werte könnten für einzelne Unternehmungen aus den Vergangenheitsdaten der entsprechenden Aktienkurse mit Hilfe von statistischen Verfahren geschätzt werden. Diese statistischen Verfahren sind in den Arbeiten zur empirischen Überprüfung des CAPM hinlänglich beschrieben (vgl. Abschnitt 2.4 und insbesondere für den deut-

3. Kapitalkosten auf Basis des CAPM

schen Aktienmarkt *Frantzmann* 1990 und *Winkelmann* 1984). Entsprechend der zuvor dargestellten Vorgehensweise werden diese aus Vergangenheitswerten abgeleiteten Betas für die Schätzung der erwarteten Rendite, d. h. der Kapitalkosten der Investition herangezogen.

Für die deutschen Aktiengesellschaften, die im deutschen Aktienindex DAX enthalten sind, ist eine eigenständige Berechnung nicht notwendig. Das Handelsblatt veröffentlicht die Betafaktoren dieser Werte täglich auf Basis der Kurse der letzten 250 Börsentage. Eine den amerikanischen Kapitalmärkten entsprechende Market Sensitivity Statistics (Merryll Lynch 1986) mit Betafaktoren aller Börsengesellschaften – inklusive deren Streuung und Bereinigung – ist für die Bundesrepublik Deutschland bisher nicht verfügbar. Eine Unternehmung sollte aber nach der Entwicklung der Kapitalmarkttheorie daran interessiert sein, „ihr" Beta zu kennen.

Für den Fall, daß in verschiedenen Quellen differierende Betafaktoren für ein Unternehmen ermittelt wurden, schlagen *Copeland/Koller/Murrin* (1990) Verhaltensregeln vor. Bietet ein Anbieter qualitativ bessere Daten als andere, so sind ausschließlich die Werte des ersten Anbieters zu verwenden. Bei gleicher Qualität der Anbieter und Differenzen in den Betawerten von nicht mehr als 0,2 liefert das arithmetische Mittel eine gute Annäherung an den wahren Betafaktor. Bei größeren Unterschieden ist ein Übergang auf den Betafaktor des jeweiligen Industriezweiges angebracht, der sich als Durchschnitt der Betas aller börsennotierten Unternehmen einer Branche errechnet. Zu einem Beispiel für ein derartiges Vorgehen sei auf die Literatur verwiesen (*Brealey/Myers* 1988, S. 182–184).

Mögliche unterschiedliche Angaben zu den Betawerten deuten darauf hin, daß die Schätzung der Betawerte von Schätzmethode, Index oder Zeitraum abhängen kann. Die Konfidenzintervalle, d. h. die Schwankungsbereiche, in denen die wahren Betawerte mit einer bestimmten Wahrscheinlichkeit liegen, können insbesondere für den deutschen Kapitalmarkt ziemlich groß werden. Ein Betafaktor, der mit einer Wahrscheinlichkeit von 90% zwischen 0,2 und 1,6 liegt, ist für die Kapitalwertberechnung nur beschränkt hilfreich.

Zufällige Schätzfehler heben sich in der Regel auf, wenn anstelle einzelner Werte Portefeuilles betrachtet werden. Das rechtfertigt auch den Übergang von Betafaktoren einzelner Gesellschaften zu Betawerten von Industriezweigen (**Industriebetas**), bei dem Schätzfehler für einzelne Unternehmen sich im Durchschnitt der Betawerte aller Unternehmen derselben Branche tendenziell aufheben. Bei dieser Vorgehensweise wird implizit angenommen, daß das leistungswirtschaftliche Risiko und die Kapitalstruktur innerhalb einer Branche für alle Unternehmen in etwa gleich groß sind.

Kapitel 7: Marktbezogene Bestimmung der Kapitalkosten

Zur korrekten Risikoeinschätzung eines Mischkonzerns sind die Kapitalkosten für jede Sparte getrennt zu bestimmen. Die Verwendung eines Betafaktors für das Gesamtunternehmen führt bei der Beurteilung der Vorteilhaftigkeit von Investitionsvorhaben dazu, daß je nach Sparte entweder ein zu niedriges oder zu hohes Beta angesetzt wird.

3.4.3 Vorgehen bei unvollständigen Kapitalmarktdaten

In den vorigen Abschnitten wurden Equity und Asset Betas für den Fall der Ausweitung der Unternehmenstätigkeit ermittelt. Die Kapitalkosten für die Investition wurden direkt aus den marktbestimmten Kapitalkosten der Unternehmung abgeleitet. Natürlich hängt auch das Risiko von Erweiterungsinvestitionen von eingesetzter Technologie und Kostenstruktur ab. Im Rahmen der Schätzgenauigkeiten, die Kapitalmarktdaten zulassen, wurde jedoch vorausgesetzt, daß das Risiko der Investition gleich dem bisherigen Risiko der Unternehmung ist.

Eine marktbezogene Bestimmung der Kapitalkosten muß nun noch für Investitionen, die keine allgemeine Ausweitung der Unternehmenstätigkeit und für Unternehmen, deren Anteile nicht am Kapitalmarkt gehandelt werden, diskutiert werden. Gemäß der Bewertungsgleichung des CAPM muß die Kovarianz der Rendite der Investition mit der Rendite des Marktportefeuilles berechnet werden. (Im mehrperiodigen Kalkül muß u. U. eine erweiterte Kapitalwertformel verwendet werden, vgl. hierzu *Copeland/Weston* 1988, S. 401 ff.) Es sei ausdrücklich darauf hingewiesen, daß ausschließlich das Beta, d. h. die Kovarianz mit der Marktrendite betrachtet werden darf. Inwieweit die Rendite der neuen Investition mit der Rendite der (alten) Unternehmung korreliert ist, spielt bei einer kapitalmarktbezogenen Bestimmung der Kapitalkosten keine Rolle.

Diese isolierte Betrachtung der neuen Investition wird durch die Eigenschaft der **Wertadditivität** des hier vorgestellten Investitionskalküls bei Risiko ermöglicht (vgl. *Franke/Hax* 1990, S. 269 ff.): Der Gesamtwert eines Unternehmens inklusive der neuen Investition ist gleich dem Wert des Unternehmens plus dem Wert der neuen Investition. Aufgrund der Wertadditivität läßt sich z. B. das Asset Beta einer Unternehmung, deren Vermögen aus an Börsen oder auf anderen Märkten gehandelten Gütern besteht, als Summe der gewichteten Betafaktoren dieser Güter ermitteln.

Zur Bestimmung des Betas für neue Investitionen oder nichtnotierte Unternehmen muß eine am Kapitalmarkt notierte Unternehmung mit ähnlichem Risiko gesucht werden. Deren Beta oder eventuell der Betafaktor der entsprechenden Branche kann die Grundlage zur Bestimmung der Kapitalkosten bilden. Grundsätzlich könnten die benötigten Kovarianzen auch direkt geschätzt werden. Hierbei ist jedoch größte Vorsicht geboten, da nachgewiesenermaßen Entscheider große Probleme beim Schätzen von Wahrscheinlichkeiten besitzen.

3. Kapitalkosten auf Basis des CAPM

Pauschale Risikoaufschläge auf die risikofreie Diskontierungsrate, wie sie in der Praxis oft noch angewandt werden, sind auf jeden Fall zu vermeiden. Diese Art der Einbeziehung von Risiken führt oft zu einer Überreaktion: Denkbare negative Resultate werden überbetont, und die beobachteten Risiken erhalten eine isolierte Betrachtung. Wie wiederholt dargelegt, dürfen als Risikomaße nur die Kovarianzen der Projektrendite mit der Marktrendite berücksichtigt werden.

3.4.4 Allgemeine Einflußgrößen für Betafaktoren

Ein bereits mehrfach erwähnter Fehler bei der Risikoeinschätzung von Investitionsvorhaben liegt in der isolierten Betrachtung des Risikos der erwarteten Gewinnverteilung. Diese Vorgehensweise übersieht die Bedeutung der Beziehung zwischen dem Unternehmensergebnis und der allgemeinen Marktentwicklung. Unternehmen, deren Gewinne bzw. Cashflows stark mit der allgemeinen konjunkturellen Entwicklung korrelieren, besitzen tendenziell ein höheres Beta als konjunkturunabhängige Unternehmen. So weist die US-amerikanische Automobilbranche ein nahezu doppelt so hohes Beta aus wie die Gruppe der Stromerzeuger (*Brealey/Myers* 1988, S. 182), und auch der Beta-Wert der Volkswagenaktie liegt fast 30% über dem von Veba (Werte gemäß Handelsblatt vom 7.10.1991).

Eine zweite allgemeine Aussage läßt sich bezüglich der zahlungswirksamen Kostenstruktur innerhalb einer Unternehmung treffen. Ähnlich wie der Financial Leverage das Equity Beta erhöht, wirkt sich ein hoher fixer Auszahlungsblock auf die Risikostruktur aus. Der Cash-flow eines Unternehmens läßt sich in Einzahlungen, fixe und variable Auszahlungen aufspalten.

(14) Cash-flow = Einzahlungen − fixe Auszahlungen
− variable Auszahlungen

Im Rahmen einer zahlungsstromorientierten Betrachtung ist der Wert des Unternehmensvermögens gleich dem Kapitalwert der zukünftigen Cashflows. Wird dieser Kapitalwert mit C_{Asset} bezeichnet, gilt:

(15) $C_{Asset} = C_{Einzahlung} - C_{fixe\ Auszahlung} - C_{var.\ Auszahlung}$

Werden diese Größen zur Analyse des systematischen Risikos auf die Betaebene übertragen, läßt sich aus Gleichung (14) die folgende Formel ableiten:

(16) $\beta_{Asset} = \beta_{Einzahlung} (C_{Einzahlung} / C_{Asset})$
$- \beta_{fixe\ Auszahlung} (C_{fixe\ Auszahlung} / C_{Asset})$
$- \beta_{var.\ Auszahlung} (C_{var.\ Auszahlung} / C_{Asset})$

In Anlehnung an die Betrachtungen in Abschnitt 3. 4. 1 kann die Risikoposition der Empfänger der fixen Zahlungen mit der Stellung von Fremdkapitalgebern verglichen werden. Für den Betawert der fixen Zahlungen sei daher der Wert Null angesetzt. Da Einzahlungen und variable Auszahlungen durch den Output bestimmt werden, muß ihr Betawert in etwa gleich sein, so daß beide Variablen gleichgesetzt werden können. Damit kann Gleichung (16) wie folgt geschrieben werden:

$$(17) \quad \beta_{Asset} = \beta_{Einzahlung} (C_{Einzahlung} - C_{var.\ Auszahlung}) / C_{Asset}$$
$$= \beta_{Einzahlung} (1 + C_{fixe\ Auszahlung}/C_{Asset})$$

Formel (17) verdeutlicht, daß das Asset Beta mit zunehmendem Kapitalwert der fixen Auszahlungen (im Verhältnis zum Vermögen) ansteigt. Werden Kosten und Zahlungen zur Vereinfachung gleichgesetzt, kann gesagt werden, daß ein hoher Fixkostenblock das Asset Beta erhöht. Dies erklärt die vergleichsweise hohen Betas anlageintensiver Unternehmen wie z. B. der Automobilindustrie.

Zum Schluß der Betrachtung sei noch der Leser angesprochen, den die marktbezogene Bestimmung der Kapitalkosten aufgrund möglicher Schätzprobleme mit Unbehagen erfüllt. Einerseits läßt sich sagen, daß eine theoretisch ähnlich fundierte, datenmäßig besser abgesicherte Methode nicht existiert. Andererseits kann natürlich auch auf die hier vorgestellte Vorgehensweise das Instrumentarium der Entscheidungstheorie angewandt werden, d. h. es können beispielsweise kritische Werte für Betafaktoren oder Marktrenditen berechnet werden.

4. Zusammenfassung

Im vorstehenden Beitrag haben wir uns die Aufgabe gestellt, Möglichkeiten zur marktbezogenen Bestimmung der Kapitalkosten aufzuzeigen. Dazu wurde zunächst abgeleitet, wie Anleger am Kapitalmarkt den Rendite-Risiko-Zusammenhang bewerten. Das Capital Asset Pricing Model (CAPM) wurde als die herrschende Theorie zur Erklärung dieses Zusammenhangs vorgestellt. Gemäß des Opportunitätskostenprinzips muß die am Kapitalmarkt erzielbare Rendite als Kapitalkostensatz für eine Investition mit vergleichbarem Risiko herangezogen werden.

Die Bestimmung des Kapitalkostensatzes erfordert die Kenntnis der Rendite des Marktportefeuilles, des Zinssatzes der sicheren Anlage und des Risikos (Betas) des Investitionsprojekts. Für alle drei Größen wurden Methoden zur Ermittlung bzw. Schätzung vorgestellt.

Im anglo-amerikanischen Sprachraum ist die hier vorgestellte Vorgehensweise zur Gewinnung der Kapitalkosten schon weit verbreitet. In

Deutschland ist zu berücksichtigen, daß die Implementierung der Renditeformel des CAPM aufgrund der lückenhaften Datenbasis noch etwas schwer fällt. Die absehbare Entwicklung entsprechender Informationsdienste wird daher die Akzeptanz dieser Methode in der Praxis verbessern.

Literatur

Black, F./Jensen, M. C./Scholes, M. (1972), The capital asset pricing model: some empirical tests, in: Jensen, M. C. (Hrsg.), Studies in the theory of capital markets, New York

Bogue, M. C./Roll, R. (1974), Capital budgeting of risky projects with „imperfect" markets for physical capital, in: Journal of Finance 29, S. 601–613

Brealey, R. A./Myers, S. C. (1988), Principles of corporate finance, 3. Aufl., New York

Bühler, W. (1983), Anlagestrategien zur Begrenzung des Zinsänderungsrisikos von Portefeuilles aus festverzinslichen Titeln, in: Zeitschrift für betriebswirtschaftliche Forschung, Sonderheft 16, S. 82–137

Constantinides, G. M. (1980), Admissible uncertainty in the intertemporal asset pricing model, in: Journal of Financial Economics 8, S. 71–86

Copeland, T. E./Weston, J. F. (1988), Financial theory and corporate policy, 3. Aufl., Reading

Copeland, T. E./Kollar, T./Murrin, J. (1990), Valuation measuring and managing the value of companies, New York

Fama, E. F./MacBeth, J. D. (1973), Risk, return and equilibrium: empirical tests, in: Journal of Political Economics 81, S. 607–636

Fama, E. F. (1977), Risk-adjusted discount rates and capital budgeting under uncertainty, in: Journal of Financial Economics 5, S. 3–24

Franke, G./Hax, H. (1990), Finanzwirtschaft des Unternehmens und Kapitalmarkt, 2. Aufl., Berlin

Frantzmann, H.-J. (1987), Der Montagseffekt am deutschen Aktienmarkt, in: Zeitschrift für Betriebswirtschaft 57, S. 611–635

Frantzmann, H.-J. (1990), Zur Messung des Marktrisikos deutscher Aktien, in: Zeitschrift für betriebswirtschaftliche Forschung 42, S. 67–83

Haugen, R. A. (1990), Modern investment theory, 2. Aufl., Englewood Cliffs

Huang, C./Litzenberger, R. H. (1988), Foundations for financial economics, New York

Lintner, J. (1965), The valuation of risk assets and the selection of risky investments in stock portfolios and capital budgets, in: The Review of Economics and Statistics 47, S. 13–37

Markowitz, H. M. (1952), Portfolio selection: in: Journal of Finance 7, S. 77–91

Markowitz, H. M. (1959), Portfolio selection: efficient diversification of investments, New York

Markowitz, H. M. (1987), Mean-variance analysis in portfolio choice and capital markets, Oxford.

Möller, H. P. (1986), Bilanzkennzahlen und Ertragsrisiken des Kapitalmarkts, Stuttgart

Möller, H. P. (1988), Die Bewertung risikobehafteter Anlagen an deutschen Wertpapierbörsen, in: Zeitschrift für betriebswirtschaftliche Forschung 40, S. 779–797

Mossin, J. (1966), Equilibrium in a capital asset market, in: Econometrica 34, S. 768–783

Pogue, G. A./Solnik, B. H. (1974), The market model applied to European common stocks: some empirical results, in: Journal of Financial and Quantitative Analysis 9, S. 917–944

Roll, R. (1977), A critique of the asset pricing theory's tests, Part I: On past and potential testability of the theory, in: Journal of Financial Economics 4, S. 129–176

Rudolph, B. (1979 a), Kapitalkosten bei unsicheren Erwartungen, Berlin

Rudolph, B. (1979 b), Zur Theorie des Kapitalmarktes: Grundlagen, Erweiterungen und Anwendungsbereiche des Capital Asset Pricing Model (CAPM), in: Zeitschrift für Betriebswirtschaft 49, S. 768–783

Sharpe, W. (1964), Capital asset prices: a theory of market equilibrium and conditions of risk, in: Journal of Finance 19, S. 425–442

Steiner, M./Kleeberg, J. (1991), Zum Problem der Indexauswahl in der wissenschaftlich-empirischen Anwendung des Capital Asset Pricing Model, in: Die Betriebswirtschaft 51, S. 171–182

Tobin, J. (1958), Liquidity preference as behavior towards risk, in: Review of Economic Studies 25, S. 65–86

Weber, M. (1990), Risikoentscheidungskalküle in der Finanzierungstheorie, Stuttgart

Winkelmann, M. (1981), Indexauswahl und Performance-Messung, in: *Göppl, H./Henn, R.* (Hrsg.): Geld, Banken und Versicherungen, Bd. 1, Königstein/Ts., S. 475–487

Winkelmann, M. (1984), Aktienbewertung in Deutschland, Königstein/Ts.

Kapitel 8
Methoden der Unternehmensbewertung
von Wolfgang Ballwieser

1. Methodenüberblick 152
2. Gesamtbewertungsverfahren 153
   2.1 Ertragswertmethode 153
      2.1.1 Ertragswertdefinition 153
      2.1.2 Ertragsschätzungen 153
      2.1.3 Ertragswertformeln 155
      2.1.4 Kalkulationszinsfuß 159
      2.1.5 Berücksichtigung von Steuern 162
   2.2 Discounted Cash Flow-Methode 164
      2.2.1 Bewertungskonzept 164
      2.2.2 Cash-flow-Definition 164
      2.2.3 Diskontierung mit gewogenen Kapitalkosten 165
      2.2.4 Vergleich mit der Ertragswertmethode 166
   2.3 Multiplikatorenmethode 167
3. Einzelbewertungsverfahren 169
   3.1 Liquidationswertermittlung 169
   3.2 Substanzwertmethode 169
4. Mischverfahren 170
5. Unternehmenswerte unter strategischen Gesichtspunkten 172
   5.1 Kritik an der Ertragswertmethode 172
   5.2 Unternehmensbewertung bei Mehrfachzielen 173
Literatur 174

1. Methodenüberblick

Der Wert eines Unternehmens ergibt sich aus den Beiträgen, die das Unternehmen zur Zielrealisierung seiner Eigentümer verspricht. Die Eigentümerziele sind vielfältig und nicht notwendigerweise nur finanzieller Natur. Die Methoden der Unternehmensbewertung lassen sich im Hinblick auf die erfaßten Ziele und die Art, wie Zielbeiträge berücksichtigt werden, unterscheiden in:

(1) Methoden zur Berücksichtigung finanzieller Ziele
   (11) Gesamtbewertungsverfahren
      (111) Ertragswertmethode
      (112) Discounted Cash Flow-Methode
      (113) Multiplikatorenmethode
   (12) Einzelbewertungsverfahren
      (121) Liquidationswertermittlung
      (122) Substanzwertmethode
   (13) Mischverfahren
(2) Programmplanung (oder tabellarische Methode) zur Berücksichtigung finanzieller und nichtfinanzieller Ziele

Der Beitrag behandelt die Methoden vergleichend, wobei wegen ihrer praktischen Bedeutung die Ertragswertmethode als Referenzpunkt dient. Da sie in jüngerer Zeit dahingehend kritisiert worden ist, daß sie für den Erwerb von Unternehmen unter strategischen Gesichtspunkten unzureichend sei (vgl. zum Überblick *Hafner* 1989, S. 8–14), wird auch auf die Bewertung unter strategischen Aspekten eingegangen. Hierbei wird freilich nicht an Verhandlungsstrategien und zugehörige Argumentationswerte gedacht (vgl. hierzu *Matschke* 1977, S. 91–103; *Wagenhofer* 1988 a, 1988 b), vielmehr steht die Grenzpreisermittlung im Mittelpunkt (vgl. *Sieben* 1977, S. 57–71; *Moxter* 1983, S. 9–15). Gefragt wird, was ein Käufer maximal für ein Unternehmen bezahlen darf bzw. ein Verkäufer mindestens erhalten muß, ohne sich ökonomisch zu verschlechtern. Die Überlegungen zur Bewertung ganzer Unternehmen gelten grundsätzlich auch für die Bewertung von Beteiligungen.

2. Gesamtbewertungsverfahren

2.1 Ertragswertmethode

2.1.1 Ertragswertdefinition

Bei Einzelbewertungsverfahren ergibt sich der Unternehmenswert als Summe der Werte der einzelnen Vermögensgegenstände abzüglich der Schulden des Unternehmens. Ausgangspunkt der Bewertung sind Inventar oder Bilanz. Gesamtbewertungsverfahren unterscheiden sich hiervon durch ihre investitionstheoretische Ausrichtung. Geschätzt werden die aus dem Unternehmen zu erwartenden finanziellen Zielbeiträge für die Eigentümer. Die diskontierten Zielbeiträge ergeben den Unternehmenswert. Je nach Art der Diskontierung wird der Ertragswert oder der Discounted Cash Flow ermittelt. Auf die Discounted Cash Flow-Methode wird in Abschnitt 2.2 eingegangen.

Der Ertragswert ist der Bruttokapitalwert des Investitionsobjektes „Unternehmung" (Kapitalwert vor Abzug der Investitionsausgaben). Der Ertrag stellt die am Bewertungsstichtag für die Zukunft erwarteten Nettoausschüttungen aus dem Unternehmen an die Eigentümer dar. Sie entsprechen den Nettoentnahmen. Bei zu erwartender späterer Veräußerung des ganzen Unternehmens oder von Unternehmensteilen sind die Veräußerungserlöse ebenfalls eine Ertragskomponente.

Die Diskontierung von erwarteten Gewinnen anstelle von Nettoentnahmen führt zu Fehlern. Zum einen ist ein Teil von Gewinnkomponenten in einer betrachteten Periode nicht zahlungswirksam. Auch wenn die Zahlungen nur zeitlich verschoben sind, stimmt der Barwert der Nettoentnahmen mit dem Barwert der Gewinne wegen der unterschiedlichen zeitlichen Struktur der diskontierten Größen höchstens zufällig überein. Zum anderen ergibt sich eine Doppelzählung, wenn ein Teil von zahlungswirksamen Gewinnen im Unternehmen investiert wird, da dann sowohl die Investitionsausgaben als auch die daraus resultierenden Erfolge als Ertrag gezählt werden (vgl. Moxter 1983, S. 79). Für Ertragswertberechnungen sind deshalb Annahmen über die Ausschüttungs- bzw. Entnahmepolitik nötig.

Die konkrete Höhe des Ertragswertes ergibt sich aus den Ertragsschätzungen und dem Kalkulationszinsfuß bei Anwendung der richtigen Ertragswertformel.

2.1.2 Ertragsschätzungen

Die erwarteten Nettoentnahmen der Eigentümer sind eine Funktion der Geschäftspolitik und der Umweltentwicklungen. Die Entnahmeschätzung setzt eine Auseinandersetzung mit diesen Einflußfaktoren voraus. Bevor man dies angeht, ist eine **Vergangenheitsanalyse** des Unternehmens zweckmäßig. Gesucht werden Unterlagen, die es erlauben, die Struktur der Zahlungen in der Vergangenheit und deren Einflußfaktoren zu erkennen. Bei Kenntnis von Struktur und Einflußfaktoren läßt sich prüfen, was sich hieran in Zukunft vermutlich ändert und welche historischen Bedingungen wahrscheinlich konstant bleiben werden.

Hilfreich für die Vergangenheitsanalyse sind Verträge, Jahresabschlüsse und Prüfungsberichte, Marktstatistiken, Daten der Kosten- und Leistungsrechnung, der Investitions- und Finanzierungsrechnung u. a. m. Um erste Anhaltspunkte für das auszuwertende Material zu bekommen, kann man auf Checklisten zurückgreifen (vgl. z. B. Arbeitskreis Unternehmensbewertung; *Scheffler* 1984, S. 49–60).

Von besonderer Bedeutung ist die Analyse des letzten Jahres vor dem Bewertungszeitpunkt, da die in diesem Jahr gegebenen Zahlungen die aktuellen Rahmenbedingungen meist besser als frühere Zahlungen widerspiegeln. Hilfreich sind eine „Letztjahresgewinnermittlung" (*Moxter* 1983, S. 107–113) und eine „Trägheitsprojektion" (*Ballwieser* 1990, S. 78–80), bevor die Nettoausschüttungen in Abhängigkeit zukünftiger Umweltentwicklungen und zukünftiger Geschäftspolitik geschätzt werden.

Bei der **Ermittlung des Letztjahrsgewinns** werden die im letzten Jahr gegebenen Umsatzerlöse, und damit auch die in der Periode gegebene Umweltentwicklung und Geschäftspolitik, als zukünftig geltend unterstellt. Den Umsatzerlösen werden die durchschnittlichen Zahlungen gegenübergestellt, die nötig sind, um sie zu realisieren. Der Letztjahrsgewinn ist keine Größe der Gewinn- und Verlustrechnung des letzten Geschäftsjahres. Erstens sind bestimmte Positionen in ihr nicht als durchschnittliche Zahlungen zur Realisierung der zukünftigen Umsatzerlöse interpretierbar, wie z. B. an den historischen Anschaffungs- oder Herstellungskosten orientierte planmäßige Abschreibungen, außerordentliche oder periodenfremde Aufwendungen oder durch eine extreme Kapitalmarktsituation geprägte Fremdkapitalzinsen. Zweitens können in der Gewinn- und Verlustrechnung bestimmte Positionen fehlen, wie z. B. Forschungs- und Entwicklungsausgaben, wenn die Aktivitäten unterlassen worden sind, oder die als Indikator für durchschnittliche Investitionsausgaben zu überprüfenden Abschreibungen bei bereits voll abgeschriebenen Gütern. Drittens ist der Letztjahrsgewinn mehrwertig, weil man die durchschnittlichen Auszahlungen nur in Bandbreiten schätzen kann.

Bei der **Trägheitsprojektion** löst man sich von der Annahme konstanter Umweltbedingungen, unterstellt aber eine konstante, insofern „träge", Geschäftspolitik. Gefragt wird, wie die Ausschüttungserwartungen sind, wenn sich die Umwelt (speziell das Verhalten der maßgeblichen Nachfrager und Konkurrenten) wie erwartet verändert, aber die Unternehmensleitung wie in der Vergangenheit reagiert. Die Entnahmeschätzung kann erneut nur mehrwertig sein.

Letztjahrsgewinnermittlung und Trägheitsprojektion gehen von Bedingungen aus, die der Bewerter eines Unternehmens möglicherweise für unrealistisch hält. Viele Unternehmen werden gekauft, um strategische Ziele des Erwerbers zu realisieren und die bisherige Geschäftspolitik zu ändern. Die Annahmen über eine unveränderte Geschäftspolitik bzw. Umwelt dienen nur dazu, um erste Anhaltspunkte für zukünftige Erträge zu erhalten. Sie sollen als Referenzpunkt für die Ertragsschätzung unter der Annahme zukünftiger Umweltentwicklungen und veränderter Geschäftspolitik fungieren. Die Beschäftigung mit beiden Konzeptionen kann davon abhalten, Erträge „ins Blaue hinein" zu schätzen.

Maßgeblich für die Bewertung sind die Ertragsschätzungen aufgrund optimaler Geschäftspolitik (vgl. *Ballwieser* 1980, S. 52–67; *Sieben/Diedrich* 1990, S. 799–805; anders die Konzeption des objektivierten Wertes gemäß Institut der Wirtschaftsprüfer 1992, S. 6–7). In die Ertragsschätzungen eines potentiellen Käufers sind auch **Synergieeffekte** oder Effekte aus einer Restrukturierung einzubeziehen, soweit sich für sie realistische Anhaltspunkte ergeben (vgl. *Moxter* 1983, S. 91; *Scheffler* 1984, S. 9 f.). Der Käufer sollte seinen maximalen Kaufpreis an den gesamten Vorteilserwartungen ausrichten, die mit einem Kauf verbunden sind. Das in praxi beliebte Argument, daß man für die selbst geschaffenen Synergieeffekte den Verkäufer nicht entgelten kann, verkennt die Funktion von Grenzpreisen.

Die Ertragsschätzungen müssen mehrwertig sein. Ohne mehrwertige Ertragsschätzung ist die Berücksichtigung des Risikos der Erträge nicht auf nachvollziehbare Art und Weise möglich (vgl. unten 2. 1. 4). Aus Gründen der Komplexität der Ertragsschätzung wird man sich mit groben Ertragsprognosen begnügen müssen. Sie können z. B. auf Umweltentwicklungen basieren, die als eher gut, als eher schlecht bzw. als dazwischen liegend eingeschätzt werden. Statt mit drei Entwicklungen läßt sich auch mit Bandbreiten operieren.

2.1.3 Ertragswertformeln

Um den Ertragswert eines Unternehmens zu ermitteln, muß man über die Umweltzustände und die Zeit aggregieren. Hierzu bieten sich zwei Alternativen an. Zum einen lassen sich zuerst die geschätzten Ertragsbandbreiten zu Sicherheitsäquivalenten zusammenfassen, die anschließend mit einem (quasi-) sicheren Zinsfuß abgezinst werden. Das Sicherheitsäquivalent einer Wahrscheinlichkeitsverteilung ist der sichere Betrag, der dieser

Verteilung gleichgeschätzt wird. Für risikoscheue Bewerter ist es kleiner als der Erwartungswert μ_t, aber höchstens so klein wie die Mindestentnahme M_t der Wahrscheinlichkeitsverteilung:

(1) $M_t \leq SÄ_t < \mu_t$.

Nach diesem Verfahren ergibt sich der Ertragswert nach der Formel:

$$(2) \quad EW = \sum_{t=1}^{T} \frac{SÄ_t}{(1+i)^t},$$

mit $SÄ_t$ = Sicherheitsäquivalent der Ausschüttungsverteilung (inklusive eventuellem Veräußerungserlös) in Periode t,
i = (quasi-) sicherer landesüblicher Zinsfuß (Umlaufsrendite festverzinslicher Wertpapiere),
t = Periodenindex.

Zum anderen kann man zuerst die Ausschüttungsreihen abzinsen und eine Wahrscheinlichkeitsverteilung von Barwerten erzeugen, die anschließend auf ihr Sicherheitsäquivalent aggregiert wird. Diese Aggregationenfolge liegt der sog. Risikoanalyse zugrunde (vgl. z. B. *Hertz/Thomas* 1983; bezogen auf die Unternehmensbewertung vgl. *Coenenberg* 1970, S. 798–804; *Bretzke* 1975, S. 189–192; *Siegel* 1991a, S. 627–633). Die Reihenfolge der Aggregation läßt das Ergebnis in der Regel nicht unberührt (vgl. *Ballwieser* 1980, S. 68 f.). Hier wird nur die erste Variante betrachtet, weil sie in der deutschen Praxis bevorzugt zu sein scheint.

Das Beispiel in Abbildung 1 verdeutlicht die Anwendung von Formel (2).

Abb. 1: Ertragswertberechnung nach Formel (2)

Periode t	Erträge in 1000 DM	$SÄ_t$	Barwert $SÄ_t$ (i = 9 %)
1	40 – 60	49,0	44,9
2	30 – 70	45,8	38,6
3	25 – 80	44,7	34,5
4	30 – 80	49,0	34,7
5	100 – 150	122,5	79,6
Ertragswert			232,3

Im Beispiel wurde angenommen, daß alle Werte der Bandbreite gleichwahrscheinlich sind. Für die aus den Eckwerten erfolgende Berechnung des Sicherheitsäquivalents wurde als Risikonutzenfunktion des Bewerters die Logarithmus-naturalis-Funktion unterstellt. In praxi ist diese Funktion wohl kaum bekannt. Aber auch bei Unkenntnis der konkreten Risi-

2. Gesamtbewertungsverfahren 157

konutzenfunktion läßt sich mit dem Konzept des Sicherheitsäquivalents praktisch arbeiten (kritisch hierzu *Schneider* 1985, S. 1680 f.). Hierbei wird man die Regel beherzigen, daß es um so kleiner (größer) eingeschätzt wird, je risikoscheuer (weniger risikoscheu) der Bewerter ist. Das Sicherheitsäquivalent läßt sich iterativ gewinnen, indem man verschiedene sichere Werte der Bandbreite gegenüberstellt.

Sind die Ausschüttungen erwartungsgemäß in Zukunft in jeder Periode gleich hoch und fallen sie unendlich lange an, so vereinfacht sich Gleichung (2) zu dem bekannten **Rentenmodell**

$$(3) \quad EW = \frac{S\ddot{A}}{i}$$

mit SÄ = Sicherheitsäquivalent der konstanten Ausschüttungsverteilung.

Wenn die Ausschüttungen für T Perioden periodenabhängig sind, danach aber als eine uniforme, unendliche Rente erwartet werden, so resultiert eine Variante des Stufen- oder **Phasenmodells** (Institut der Wirtschaftsprüfer 1992, S. 50):

$$(4) \quad EW = \sum_{t=1}^{T} \frac{S\ddot{A}_t}{(1+i)^t} + \frac{S\ddot{A}_{T+1}}{i(1+i)^T}.$$

Hier ist als neues Symbol $S\ddot{A}_{T+1}$ hinzugekommen. Es bezeichnet das Sicherheitsäquivalent der ab der Periode T+1 auf unendlich lange Zeit erwarteten konstanten Ausschüttungsverteilung.

Zur Erfassung der Unsicherheit läßt sich statt mit Sicherheitsäquivalenten auch mit Risikozuschlägen arbeiten. Danach ergeben sich die Ertragswerte gemäß

$$(2a) \quad EW = \sum_{t=1}^{T} \frac{\mu_t}{(1+i+z_t)^t} \quad \text{bzw.}$$

$$(3a) \quad EW = \frac{\mu}{i+z} \quad \text{bzw.}$$

$$(4a) \quad EW = \sum_{t=1}^{T} \frac{\mu_t}{(1+i+z_t)^t} + \frac{\mu_{T+1}}{(i+z_{T+1})(1+i)^T}$$

mit μ_t = Erwartungswert der Ausschüttungsverteilung in Periode t,
z_t = Risikozuschlag für Verteilung der Periode t.

Damit im Modell (2a) **eindeutige** Risikozuschläge z_t resultieren, die denselben Ertragswert erzeugen, wie er aus Anwendung von Modell (2) folgt, reicht es nicht hin, die Identität der Summe der Barwerte zu verlangen. Es würden sich beliebig viele z_t bestimmen lassen. Um dies zu vermeiden, könnte man strenger fordern, daß

$$(5) \quad \frac{SÄ_t}{(1+i)^t} = \frac{\mu_t}{(1+i+z_t)^t}.$$

Diese Zusatzbedingung weist aber Implikationen für z_t auf, die kontraintuitiv sind. Z.B. sinken bei gleichbleibender Verteilung und dementsprechend gleichem Risiko mit wachsendem t die Zuschläge. Anders gesagt, bedeuten konstante Zuschläge bei identischen Verteilungen mit wachsendem t sinkende Sicherheitsäquivalente (vgl. *Robichek/Myers* 1966, S. 82 f.; *Brealey/Myers* 1991, S. 204). Modell (2a) sowie Gleichung (5) implizieren, daß das Risiko einer Zahlung im Zeitpunkt t sich gleichmäßig über die Perioden t' = 1,2,...t verteilt. Der Risikozuschlag z_t wird gedanklich für jede Periode in gleicher Höhe erhoben. Löst sich die Unsicherheit über die Höhe einer Zahlung im Zeitpunkt t nicht gleichmäßig über die Perioden bis t auf, so können auch periodenspezifische Risikozuschläge berücksichtigt werden (vgl. zum Hintergrund auch insb. *Fama* 1977; *Haley/Schall* 1979, S. 195–202; *Haley* 1984, allerdings bezogen auf das mehrperiodige Capital Asset Pricing Model). Gleichung (2a) ist dann durch Gleichung (2b) zu ersetzen:

$$(2b) \quad EW = \sum_{t=1}^{T} \frac{\mu_t}{\prod_{t'=1}^{t} (1+i+z_{tt'})}$$

Löst sich die Unsicherheit z.B. erst in Periode t auf, so sind die Risikozuschläge $z_{tt'} = 0$ für t' = 1, 2, t-1 und ist $z_{tt'} \neq 0$ für t' = t. In diesem Sonderfall läßt sich der Ertragswert bestimmen als

$$(5a) \quad EW = \sum_{t=1}^{T} \frac{\mu_t}{(1+i+z_{tt'})} \cdot \frac{1}{(1+i)^{t-1}} = \sum_{t=1}^{T} \frac{SÄ_t}{(1+i)^t} \quad \text{oder}$$

$$(5b) \quad \frac{SÄ_t}{1+i} = \frac{\mu_t}{1+i+z_{tt'}}$$

Dabei ist die linke Seite von Gleichung (5b) das auf den Zeitpunkt t-1 abgezinste Sicherheitsäquivalent einer unsicheren Zahlung zum Zeitpunkt t. Statt $z_{tt'}$ läßt sich wieder vereinfachend z_t schreiben.

Damit die Werte aus dem Rentenmodell (3) und (3a) identisch sind, muß gelten:

$$(6) \quad \frac{SÄ}{i} = \frac{\mu}{i+z}.$$

2. Gesamtbewertungsverfahren   159

Selbstverständlich wird man nicht mehr mit Zuschlägen rechnen, wenn man Sicherheitsäquivalente diskontiert hat. Das Umgedrehte ist hingegen sinnvoll: Die Gleichungen dienen dazu, „gegriffene" Risikozuschläge auf ihre theoretische Fundierbarkeit mit Hilfe von implizierten Sicherheitsäquivalenten zu beurteilen. Das zeigt der nächste Abschnitt.

2.1.4 Kalkulationszinsfuß

Der Kalkulationszinsfuß dient rechentechnisch gesehen zur Abzinsung. Ökonomisch verbirgt sich hinter ihm ein Vergleich von Entscheidungsalternativen: Ein Unternehmenskäufer mit genügend Eigenkapital zur Finanzierung des Objektes verdrängt durch die Kaufentscheidung alternative Investitionsobjekte. Die damit verbundenen, nunmehr entgehenden Renditen bestimmen den Kalkulationszinsfuß. Ein Unternehmenskäufer mit fehlendem Eigenkapital muß sich zum Kauf verschulden. Würde er dies unterlassen, könnte er die Schuldzinsen sparen. Der Effektivzinssatz bestimmt nunmehr den Kalkulationszinsfuß. Bei teilweiser Eigen- und Fremdfinanzierung des Unternehmenskaufes ist ein Mischsatz angemessen. Für den Unternehmensverkäufer ergeben sich analoge Überlegungen.

In den obigen Gleichungen wurde der Kalkulationszinsfuß in zweierlei Hinsicht normiert. Erstens wurde den sicherheitsäquivalenten Erträgen der landesübliche Zinsfuß gegenübergestellt. Das geht auf das Postulat der **Risikoäquivalenz** zurück, was eines von mehreren Äquivalenzprinzipien ist, die zu beachten sind (vgl. *Moxter* 1983, S. 155–204; *Ballwieser/Leuthier* 1986, S. 607–609). Sofern ein potentieller Unternehmenskäufer alternativ mehr als den landesüblichen Zinsfuß erwirtschaften kann, ist der höhere sicherheitsäquivalente interne Zins des profitableren Vergleichsobjektes zugrunde zu legen. Zweitens wurde implizit auf einen Kauf mit genügendem Eigenkapital abgestellt. Fehlt dies, so sind effektive Schuldzinsen zu berücksichtigen.

Insbesondere in der Gerichtspraxis werden die Erträge häufig mit einem Zinsfuß diskontiert, der sich aus dem landesüblichen Zinsfuß und einem **Risikozuschlag** ergibt (*Seetzen* 1991; *Piltz* 1989, S. 140 und 158–161; *Ballwieser* 1988, S. 799; *Hackmann* 1987, S. 121–143). Der Risikozuschlag soll das allgemeine oder generelle Unternehmerrisiko erfassen, während das konkrete oder spezielle Unternehmensrisiko bereits bei der Ertragsschätzung im Zähler der Ertragswertformel zu berücksichtigen sei (vgl. auch *Scheffler* 1984, S. 14; Institut der Wirtschaftsprüfer 1992, S. 98 und 100).

Die Begründung des Risikozuschlages aufgrund des allgemeinen Unternehmerrisikos überzeugt nicht. Die damit verbundenen Assoziationen von Haftungsrisiken, unvorhersehbaren Ergebnisschwankungen oder gar Krieg und politischen Unruhen sind i.a. zu vage, als daß sie berücksichtigt werden könnten. Mit einer solchen Vagheit läßt sich alles (und nichts) rechtfertigen. Soweit sie im konkreten Fall nicht zu vage sind, sind sie bei der Ertragsschätzung in einem Szenario zu berücksichtigen. Sieht man deshalb das Risiko (und die Chance) allein in der Ertragsbandbreite dargelegt, dienen die Formeln aus dem letzten Abschnitt dazu, einen konkreten Risikozuschlag auf seine Plausibilität zu überprüfen.

Geht man vom Rentenmodell (3a) aus, so kann ein begründbarer Zuschlag z nicht größer sein als z(max), das berechnet wird als:

(7) $z(max) = (\dfrac{\mu}{M} - 1)i,$

mit M = Mindestentnahmeerwartung.

Die Bestimmung von z(max) folgt aus Gleichung (6) unter Berücksichtigung, daß M das kleinstmögliche Sicherheitsäquivalent eines risikoscheuen Bewerters ist.

Ohne genaue Kenntnis des Sicherheitsäquivalentes läßt sich das konkrete z im Rentenmodell zum Beispiel **annäherungsweise** (d. h. nutzentheoretisch nicht mehr exakt) mit einer linearen Funktion bestimmen:

(8) $z = (\dfrac{\mu - M}{\mu}) \, i$

Hinter der Beziehung (8) steht die Überlegung, daß eine größere Bandbreite der Ausschüttungen (gemessen mit $\mu - M$) ein größeres Risiko und einen größeren Risikozuschlag impliziert. Bei Sicherheit ($\mu = M$) ist der Risikozuschlag $z = 0$. Gegen die Bedingung für z(max) nach Gleichung (7) wird nicht verstoßen.

Ein Beispiel verdeutlicht die Anwendung von (7) und (8): Ist die Ertragsbandbreite mit 8–12 Mio. DM geschätzt worden, wobei alle Werte gleichwahrscheinlich sind, und beträgt der landesübliche Zinsfuß 8%, so resultiert ein

$z(max) = (\dfrac{10}{8} - 1) \, 0{,}08 = 0{,}02.$

Zuschläge von mehr als 2%-Punkten auf den landesüblichen Zinsfuß von 8% (das ist 25% der Ausgangsbasis) sind im konkreten Fall logisch nicht zu begründen. Nach Gleichung (8) kann man näherungsweise rechnen mit

(8) $z = (\dfrac{10-8}{10}) \, 0{,}08 = 0{,}016.$

2. Gesamtbewertungsverfahren

Als Ertragswert resultiert nach (3a):

$$EW = \frac{10}{0,096} = 104,2.$$

Das implizierte Sicherheitsäquivalent resultiert aus Gleichung (6) in Höhe von 8,333 Mio. DM.

Entsprechende Überlegungen lassen sich im Nichtrentenmodell anstellen. Nach Gleichung (5b) gilt:

$$(9) \quad z_t(\max) = (\frac{\mu_t}{M_t} - 1)(1+i).$$

Das konkrete z_t läßt sich wieder **vereinfachend** bestimmen als

$$(10) \quad z_t = (\frac{\mu_t - M_t}{\mu_t})(1+i).$$

Mit den Zahlen des Beispiels von Abbildung 1 folgen (die Diskontierung mit dem risikoangepaßten Zinsfuß erfolgt wegen (5a) nur in der betreffenden Periode, sonst gilt 9%):

Abb. 2: Rechnen mit Risikozuschlägen im Nichtrentenmodell

Periode t	Erträge in 1000 DM	μ_t	z_t	Barwert μ_t (i = 9 %)
1	40 – 60	50	21,8 %	38,2
2	30 – 70	50	43,6 %	30,1
3	25 – 80	52,5	57,1 %	26,6
4	30 – 80	55	49,5 %	26,8
5	100 – 150	125	21,8 %	67,7
Ertragswert				189,4

Die Rechnung impliziert nach (5b) folgende Sicherheitsäquivalente:

Abb. 3: Zugehörige Rechnung mit Sicherheitsäquivalenten

Periode t	Erträge in 1000 DM	$SÄ_t$	Barwert $SÄ_t$ (i = 9 %)
1	40 – 60	41,6	38,2
2	30 – 70	35,7	30,1
3	25 – 80	34,4	26,6
4	30 – 80	37,8	26,8
5	100 – 150	104,2	67,7
Ertragswert			189,4

Daß die Sicherheitsäquivalente von Abb. 1 und Abb. 3 nicht übereinstimmen, war zu erwarten. In Abb. 1 wurden sie mit einer (idealerweise als bekannt vorausgesetzten) logarithmischen Risikonutzenfunktion berechnet, während sie sich in Abb. 3 als Implikation der Zuschläge gemäß Gleichung (10) ergeben, wobei die Zuschläge ohne Kenntnis der genauen Risikonutzenfunktion bestimmt wurden. Ob der Bewerter die Zuschläge als angemessen empfindet, kann er anhand der implizierten Sicherheitsäquivalente in Abb. 3 überprüfen.

Zum Teil wird neben einem Zuschlag aus Risikogründen auch ein Abschlag aus Gründen der **Geldentwertung** vorgenommen (*Seetzen* 1991; *Piltz* 1989, S. 161–163; *Ballwieser* 1988, S. 799; *Hackmann* 1987, S. 144–172). In Sicherheitsmodellen läßt sich der Geldentwertungsabschlag begründen, wenn die Nettoentnahmen unendlich lange von Jahr zu Jahr mit der Geldentwertungsrate wachsen (*Schildbach* 1977, S. 230 f.; *Ballwieser* 1981, S. 108 f.). Die theoretische Begründung in Unsicherheitsmodellen ist ungleich schwerer (*Ballwieser* 1988, S. 806) und wird i.a. vernachlässigt (vgl. *Weston/Chung/Hoag* 1990, S. 144–163). Zwar wurden hinreichende Bedingungen für einen gleichzeitigen Risikozuschlag und Geldentwertungsabschlag erarbeitet, aber sie sind sehr restriktiv und verlangen u. a. einen Bewerter mit konstanter relativer Risikoaversionsfunktion (*Ballwieser* 1988, S. 810–811). Inhaltlich bedeutet dies, daß bei proportionalem Wachstum von Vermögen und Wettgrößen die Bereitschaft zum Wetten konstant bleibt. Plausibler erscheint eine abnehmende Bereitschaft (vgl. *Arrow* 1970, S. 96 f.). Bei einer Logarithmus- oder Potenzfunktion ist die verlangte Bedingung erfüllt. Da aber nicht einzusehen ist, daß Bewerter diese Art der Risikoscheu tatsächlich erfüllen, ist das praktische Vorgehen i.a. theoretisch nicht zu begründen.

2.1.5 Berücksichtigung von Steuern

Da alle Steuern (auf Unternehmensebene und im privaten Bereich) die Zielrealisierung mindern, sind sie im Bewertungskalkül zu erfassen. Für die Unternehmensebene ist dies auch in praxi üblich. Hierzu ist es nötig, neben der Schätzung zukünftiger Zahlungen diese in eine Planbilanz und Plan-Gewinn- und Verlustrechnung zu transformieren. Die privaten Steuern werden hingegen häufig deshalb nicht erfaßt, weil man als Bewerter die relevanten Umstände der Eigentümer nicht kennt oder weil man auf einen Fehlerausgleich hofft, wenn bei den Erträgen und dem Zinsfuß jeweils brutto (= vor Abzug von privaten Steuern) gerechnet wird. Im Rentenmodell unter Sicherheit ist die Übereinstimmung von Brutto- und Nettorechnung plausibel:

2. Gesamtbewertungsverfahren

(11) $EW_b = \dfrac{E}{i} = \dfrac{E(1-s)}{i(1-s)} = EW_n$

mit E = sichere Entnahme,
i = sicherer Zinsfuß,
s = Einkommensteuersatz,
EW_b = Ertragswert brutto,
EW_n = Ertragswert netto.

Löst man sich hingegen vom Rentenmodell, so ist bereits im Sicherheitsmodell der Bruttowert anders als der Nettowert, selbst wenn man die Besteuerung des Veräußerungserlöses nur grob als proportional zum Veräußerungserlös erfaßt (zur genaueren Erfassung vgl. *Siegel* 1991b, S. 236) und den Unterschied zwischen Steuerbemessungsgrundlage und Nettoentnahmen nicht problematisiert:

(12) $EW_b = \sum\limits_{t=1}^{T} \dfrac{E_t}{(1+i)^t} \neq \sum\limits_{t=1}^{T} \dfrac{E_t(1-s)}{(1+i(1-s))^t} = EW_n$

Deshalb sind bereits im Nichtrentenmodell unter Sicherheit Steuern zu berücksichtigen, wenn man keinen Fehler begehen will.

Aber auch im Rentenmodell gilt bei Aufhebung der Prämisse der Sicherheit die Identität von Brutto- und Nettorechnung nur unter der Annahme, daß der Eigentümer des Unternehmens eine konstante relative Risikoaversionsfunktion aufweist (*Leuthier* 1988, S. 168–174). Das ist in praxi allenfalls zufällig gegeben (vgl. auch 2.1.4).

Die Berücksichtigung der Steuern unter realistischen Bedingungen schafft eine Vielzahl von Problemen. Z. B. ist die Ausschüttungspolitik steueroptimal zu gestalten, wobei neben den üblichen Annahmen über die Anlage- und Verschuldungsmöglichkeiten des Unternehmens auch solche über die Entscheidungsfelder der Eigentümer und deren Grenzsteuersätze nötig werden.

Bei der Bewertung von Kapitalgesellschaften ist in praxi häufig strittig, wie das latente Anrechnungsguthaben für Körperschaftsteuer und die latente Körperschaftsteuerlast den Unternehmenswert beeinflussen. Die Literatur zeigt, daß die Antwort hierauf stark von Annahmen über die zukünftige Geschäftspolitik beeinflußt wird (*Dirrigl* 1988, S. 320–591). Ob z. B. Körperschaftsteuerreserven bei einer Veräußerung im Kaufpreis zu vergüten sind, hängt besonders von der Teilwertbestimmung beim Erwerber und den Möglichkeiten der ausschüttungsbedingten Teilwertabschreibung ab. Generelle Aussagen fallen bisher selbst in Sicherheitsmodellen schwer.

2.2 Discounted Cash Flow-Methode

2.2.1 Bewertungskonzept

Wenn mit der Discounted Cash Flow-Methode die Ertragswertmethode gemeint ist, ergeben sich keine Besonderheiten gegenüber dem vorhergehenden Abschnitt. In der amerikanischen Praxis ist aber auch ein abweichendes Vorgehen üblich. Danach werden als Cash-flow die den Eigentümern *und* den Fremdkapitalgebern nach Abzug von Unternehmenssteuern zur Verfügung stehenden Zahlungsüberschüsse verstanden, die mit dem gewogenen Kapitalkostensatz der Eigen- und Fremdkapitalgeber diskontiert werden. Der Kapitalkostensatz der Fremdkapitalgeber ist wegen der (in den USA geltenden) Abzugsfähigkeit der Fremdkapitalzinsen um den Unternehmenssteuersatz gemindert. Der Kapitalkostensatz der Eigentümer wird auf Basis des Capital Asset Pricing Model (CAPM) bzw. eines Indexmodells geschätzt (vgl. *Loistl* 1991, S. 229–231; eine Abzinsung der Cash-flows für die Eigentümer alleine mit dem Kapitalkostensatz nach CAPM findet man z. B. bei *Reimann* 1987, S. 191–197; *Brealey/Myers* 1991, S. 201–205). Die Summe der abgezinsten Cash-flows ergibt den Marktwert des Unternehmens für Eigen- und Fremdkapitalgeber. Von ihm wird der Marktwert des Fremdkapitals abgezogen, um zum Wert des Eigenkapitals zu gelangen. Diese Bewertung liegt z. B. dem „Shareholder Value"-Konzept von *Rappaport* (vgl. *Rappaport* 1979 und 1986) zugrunde, das die deutschsprachige Literatur mehrfach übernommen hat (vgl. *Gomez/Weber* 1989; *Bühner* 1990; *Bühner/Weinberger* 1991; *Weber* 1991). Die rechentechnische Umständlichkeit der Simulationsrechnungen von *Rappaport* wird freilich von anderen Vertretern der Discounted Cash Flow-Methode zu Recht moniert (*Weston/Chung/Hoag* 1990, S. 159–161).

2.2.2 Cash-flow-Definition

Der Cash-flow in einer Periode t läßt sich z. B. aus einer Plan-Gewinn- und Verlustrechnung ermitteln (*Rappaport* 1979, S. 101):

    Gewinn vor Zinsen und Unternehmenssteuern × (1 − Steuersatz)
+ Abschreibungen und andere zahlungsunwirksame Aufwendungen
− Investitionsausgaben für Anlagevermögen
− Zuwachs des „net working capital"
= Cash-flow

Der Cash-flow ist als Zahlungsüberschuß nach Unternehmenssteuern und vor Zinsabzug zu verstehen. Der Gewinn im obigen Schema darf deshalb keine zahlungsunwirksamen Erträge enthalten. Der Cash-flow wird gelegentlich auch als Free Cash Flow bezeichnet und kann alternativ auf vielfache Art und Weise berechnet werden (vgl. *Weston/Chung/Hoag* 1990, S. 135–138).

2.2.3 Diskontierung mit gewogenen Kapitalkosten

Der gewogene Kapitalkostensatz ergibt sich als (vgl. *Rappaport* 1979, S. 105; *Rappaport* 1986, S. 55–57; *Gerling* 1985, S. 111–122; *Weston/Chung/Hoag* 1990, S. 181):

$$(13) \quad k = \frac{FK}{GK} r_{FK} (1 - t) + \frac{EK}{GK} r_{EK}$$

mit

$$(14) \quad r_{EK} = i + Beta(r_M - i).$$

Hierbei bezeichnen:

k = Kapitalkostensatz
FK = Marktwert des Fremdkapitals
EK = Marktwert des Eigenkapitals
GK = Marktwert des Gesamtkapitals
r_{FK} = Renditeforderung der Fremdkapitalgeber
r_{EK} = Renditeforderung der Eigenkapitalgeber
t = Steuersatz auf Unternehmensebene
i = risikolose Rendite (landesüblicher Zinsfuß)
r_M = Erwartungswert der Rendite des Marktportfolios (hilfsweise gemessen mit einem Aktienindex)
Beta = Volatilitätsmaß für Aktienrendite der zu bewertenden Gesellschaft.

Hintergrund der Gleichung (14), die auch als Wertpapiermarktlinie bezeichnet wird, ist das Capital Asset Pricing Model oder CAPM (zur Anwendung auf die Unternehmensbewertung vgl. *Göppl* 1980; *Coenenberg* 1981, S. 237–240; *Ossadnik* 1984, S. 208–233; *Gerling* 1985, S. 122–126; *Coenenberg/Sautter* 1988, S. 703–709; *Ballwieser* 1990, S. 173–176).

Das CAPM ist ein Gleichgewichtspreismodell, das strenggenommen für ungleichgewichtige Situationen, wie sie der Suche nach unterbewerteten Unternehmen zugrunde liegen, nicht gilt (*Ballwieser* 1990, S. 175 f.; *Trautwein* 1989, S. 537–539), aber für praktische Zwecke einen Modellrahmen abgeben soll. Hierbei wird für börsennotierte Gesellschaften eine Regressionsgerade erzeugt, die die vergangenen Renditen aus der Anlage in einem Aktienkursindex auf die vergangenen Renditen des Wertpapiers der Gesellschaft bezieht. Das Steigungsmaß dieser Regressionsgerade ist das Beta der Gesellschaft. Dieser Wert wird mit der durchschnittlichen historischen Überrendite ($r_M - i$) multipliziert, um zu einer Schätzung von r_{EK} zu gelangen.

Da die Gewichtungsfaktoren in (13) schon den gesuchten Unternehmenswert EK beinhalten (er ist auch Element von GK), ist von für die Zukunft maßgeblichen, geschätzten Eigen- und Fremdkapitalanteilen auszugehen (*Rappaport* 1986, S. 56).

Bezeichnen CF_t die periodenbezogenen Cash-flows, dann ergibt sich der Unternehmenswert für die Eigentümer als:

$$(15) \quad UW = \sum_{t=1}^{T} \frac{CF_t}{(1+k)^t} - FK.$$

2.2.4 Vergleich mit der Ertragswertmethode

Es ist nicht klar, welche Vorteile die indirekte Ermittlung des Unternehmenswertes für die Eigentümer nach Gleichung (15) hat. Man muß hierzu eine den Eigentümer nicht interessierende Größe diskontieren und den Marktwert des Fremdkapitals berechnen und abziehen. Naheliegender ist es, die erwarteten Fremdkapitalzinsen vom Cash-flow abzuziehen und die sich ergebende Größe mit dem risikoangepaßten Zinsfuß der Eigentümer zu diskontieren. Da die sich ergebende Größe der Ertrag i. S. d. Ertragswertmethode ist, entspricht dies der Ertragswertmethode, wenn die Risikoanpassung wie in Abschnitt 2.1.4 erfolgt. Das Gegenargument, wonach Finanzierungsentscheidungen die Fremd- und Eigenkapitalkosten beeinflussen (so *Bühner/Weinberger* 1991, S. 192), trifft auch die Discounted Cash Flow-Methode, weil die gewogenen Kapitalkosten angepaßt werden müssen und dies Probleme bereitet (siehe übernächsten Absatz).

Auch nach dem CAPM werden Sicherheitsäquivalente mit dem risikolosen Zinssatz oder Erwartungswerte mit einem risikoangepaßten Zinssatz diskontiert (vgl. z. B. *Franke/Hax* 1990, S. 283 f.). Die Cash-flows CF_t in Gleichung (15) sind deshalb als Erwartungswerte zu interpretieren. Nun wird die Unsicherheit bei der Discounted Cash Flow-Methode i. d. R. mit Risikoanalysen berücksichtigt. Z. B. werden Cash-flow-Reihen aufgrund einer „konservativen", „wahrscheinlichsten" und „optimistischen" Entwicklung der Umwelt geschätzt und diskontiert (vgl. *Rappaport* 1979, S. 105). Das schafft Bandbreiten, hinter denen nochmals Bandbreiten stehen, die nicht offenbart werden. Es ist nicht einzusehen, welchen Vorteil die Vernachlässigung der Risikostruktur hinter den Erwartungswerten der Cash-flows hat. Sofern man die Cash-flows hingegen nicht als Erwartungswerte auffassen sollte, ist die Diskontierung mit einem risikoangepaßten Eigenkapitalkostensatz nicht zu begründen.

Der gewogene Kapitalkostensatz nach Gleichung (13) resultiert aus dem Rentenmodell (vgl. z. B. *Busse von Colbe/Laßmann* 1990, S. 246). Zu dem Rentenmodell paßt die Annahme einer konstanten Kapitalstruktur, von der die Gewichtungsfaktoren abhängen (EK/GK bzw. FK/GK). Bei sich ändernder Kapitalstruktur im Zeitablauf stellt sich die Frage, wie Gewichtungsfaktoren für r_{EK} und r_{FK} angemessen zu bestimmen sind. Die Empfehlungen der Literatur (vgl. z. B. *Weston/Chung/Hoag* 1990,

S. 181 f.) sind sehr vage. Selbst bei unveränderter Kapitalstruktur setzt aber die Kenntnis der Gewichtungsfaktoren voraus, daß man den zu bestimmenden Unternehmenswert bereits kennt. Diesen kann man (außerhalb des Rentenmodells) allenfalls iterativ bestimmen, was aber die Literatur nicht diskutiert (vgl. z. B. *Bühner* 1990, S. 41).

Statt den Risikozuschlag der Eigentümer von der explizierten Ertragsbandbreite abhängig zu machen, wie es Abschnitt 2. 1. 4 zugrunde lag, wird er bei der Discounted Cash Flow-Methode durch eine Regressionsbeziehung in Analogie zu Gleichung (14) determiniert. Sie setzt börsennotierte Kapitalgesellschaften voraus. Durch die Extrapolation der Regressionswerte wird von einem konstanten Bedingungskomplex vor und nach Eigentumsübergang für ein Unternehmen ausgegangen. Die Risikosituation kann sich aber durch Eigentümerwechsel ändern (vgl. *Rappaport* 1979, S. 102; *Coenenberg/Sautter*, S. 707 f.). Soweit das Beta modifiziert werden soll, bleibt offen, wie das zu erfolgen hat. Nach der oben dargestellten Ertragswertmethode schlagen sich veränderte Risikosituationen in veränderten Bandbreiten nieder, die die Risikoprämie auf nachvollziehbare Weise bestimmen. Die Bewertung ist auch für nicht börsennotierte Gesellschaften problemlos möglich. Im übrigen bleibt zu bedenken, daß die Betawerte je nach zugrunde gelegtem Index als Annäherung an das Marktportefeuille und je nach Berechnungszeitraum für die Rendite differieren (vgl. *Frantzmann*, 1990; *Loistl* 1991, S. 233). Eine Bereichsschätzung von Beta (*Weber* 1991, S. 231) bringt neben den geschätzten Gewichtungsfaktoren für r_{EK} und r_{FK} neue Nachprüfbarkeitsprobleme ein, deren man ledig ist, wenn man den Risikozuschlag aus der erwarteten Ertragsbandbreite ableitet.

Der Steuersatz t wird im Discounted Cash Flow-Modell als ein Unternehmenssteuersatz verstanden. Er darf sich, soweit persönliche Steuern unberücksichtigt bleiben sollen, für deutsche Verhältnisse (neben den Substanzsteuern) nur auf die Gewerbeertragsteuer beziehen. Hier ist aber entgegen der Modellrechnung keine volle Abzugsfähigkeit gegeben. Soweit er alternativ auch die Körperschaftsteuer erfassen sollte, wäre auch die geforderte Eigenkapitalrendite als Nachsteuersatz zu berechnen. Abbildung 4 (S. 168) zeigt noch einmal die wesentlichen Unterschiede zwischen Ertragswert- und Discounted Cash Flow-Methode auf.

2.3 Multiplikatorenmethode

In der Bewertungspraxis werden erste Anhaltspunkte für die Unternehmenswertbestimmung häufig mit Hilfe von Multiplikatoren gesucht. Gefragt wird, wieviel einer Bezugsgröße, wie z. B. einem bereinigten Gewinn vor Körperschaftsteuer, zur Zeit „am Markt" für vergleichbare Unternehmen aufzuwenden ist. Die Multiplikatoren werden in Bandbreiten mit

Abb. 4: Ertragswert- und Discounted Cash Flow-Methode

	Ertragswert	Discounted Cash Flow
Wertkategorie	Kapitalwert	Kapitalwert
Diskontierte Größe	Ausschüttung für Eigentümer	Ausschüttung für Eigentümer plus Fremdkapitalzinsen
Diskontierungssatz	Alternativrendite für Eigentümer	Gewogener Kapitalkostensatz
Risikozuschlag	resultiert aus Ausschüttungsbandbreite durch Vergleich mit impliziertem Sicherheitsäquivalent; erfaßt systematisches und unsystematisches Risiko	resultiert aus Regressionsgerade über Aktienrendite des zu bewertenden Unternehmens und Marktfolio (Index) gemäß CAPM; erfaßt nur systematisches Risiko

Unterschieden für einzelne Branchen angegeben (vgl. z. B. Impulse 11/1990, S. 110).

Will man eine sinnvolle Rechnung anstellen, muß man die Bezugsgröße als Indikator zukünftiger Ausschüttungen und die Marktbewertung als relevant für die eigene Unternehmenswertbestimmung ansehen. Beides ist fragwürdig: Die Bereinigung von Gewinnen führt nur selten in Richtung zukünftiger Ausschüttungserwartungen. Die Einwertigkeit der Bereinigungsrechnung verdeckt die Unsicherheit der Ausschüttungserwartungen. Die Bewertung „des Marktes" kann allenfalls Anhaltspunkte darüber geben, von welchen Voraussetzungen ein Verhandlungspartner ausgehen könnte, wenn er die Marktbewertungen akzeptieren würde. Jeder Bewerter ist zur Einschätzung der Marktbewertungen aufgerufen. Nur so kann der potentielle Käufer (Verkäufer) feststellen, ob der Wert den Preis übersteigt (unterschreitet).

Auch weitere Versuche, die Multiplikatoren mit der Ertragswertmethode bzw. der Erfassung der Risikostruktur eines Unternehmens in Verbindung zu bringen (*Bretzke* 1988), sind theoretisch nicht überzeugend (*Ballwieser* 1991, S. 56–63).

3. Einzelbewertungsverfahren

3.1 Liquidationswertermittlung

Die Liquidation eines Unternehmens kann gegenüber seiner Fortführung optimal sein. Bei Berücksichtigung nur finanzieller Zielbeiträge ist der Liquidationswert deshalb dem Ertragswert gegenüberzustellen. Der höhere der beiden Werte ist der maßgebliche Unternehmenswert, wenn die Liquidation möglich ist (zu Einschränkungen vgl. *Havermann* 1986, S. 169).

Ausgangspunkt der Liquidationswertermittlung ist das Inventar. Es enthält i. d. R. mehr Vermögensgegenstände als die Bilanz, z. B. selbsterstellte immaterielle Anlagewerte, die nicht aktiviert werden dürfen (§ 248 Abs. 2 HGB), oder voll abgeschriebenes Vermögen. Die Vermögensgegenstände sind mit den Zerschlagungswerten zu bewerten, von der Wertsumme ist die Summe der Ablösebeträge der Schulden im Zerschlagungszeitpunkt abzuziehen.

Die Wertermittlung ist insofern erschwert, als die Zerschlagungsgeschwindigkeit, die Zerschlagungsintensität (was ist das Zerschlagungsobjekt?) und die mit der Zerschlagung verbundenen Ausgaben (Abbruchkosten etc.) geschätzt werden müssen. Auch ist zu bedenken, daß sich bei Zerschlagung regelmäßig Zahlungsverpflichtungen ergeben, die in dem Inventar fehlen, insbesondere Sozialplanausgaben. Andererseits entfallen bestimmte bilanziell ausgewiesene Rückstellungen, insbesondere die Aufwandsrückstellungen und die Rückstellungen für Kulanzen.

3.2 Substanzwertmethode

Die Substanzwertermittlung setzt ebenfalls am Inventar an. Die Vermögensgegenstände werden in betriebsnotwendige und nicht betriebsnotwendige unterteilt. Das betriebsnotwendige Vermögen wird mit Wiederbeschaffungswerten (für Güter mit entsprechender Abnutzung) bewertet, das nicht betriebsnotwendige mit Veräußerungserlösen. Von dieser Wertsumme wird der Wert der Schulden abgezogen.

Hintergrund der Substanzwertmethode ist der **Nachbau eines Unternehmens** in seiner bilanziellen Gestalt „auf der grünen Wiese" und die Frage, was für den Nachbau aufzuwenden wäre. Durch Erwerb des Unternehmens spart man Nachbauaufwendungen (vgl. *Sieben* 1963). Man kann sie für das Unternehmen ausgeben. Unter ökonomischen Aspekten interessiert nicht der Nachbau des Unternehmens in der bilanziellen Gestalt, sondern der Nachbau des Ausschüttungsstroms, den das zu bewertende Unternehmen verspricht. Kennt man den (niedrigsten) Preis für denselben oder einen äquivalenten Ausschüttungsstrom am Markt, so hat man den Unternehmenswert ermittelt. Zwar hängen die Ausschüttungen von der Unternehmenssubstanz ab, aber auch von Faktoren, die in jedem Inventar oder in jeder Bilanz fehlen bzw. fehlen müssen. Dies sind die „rein wirtschaftlichen Güter", die den originären Goodwill bestimmen, z. B. Kundenstamm, Standortvorteil, Managementqualität, gute Lieferbeziehungen etc. (so schon das Reichsgericht in einer Entscheidung vom 18. 9. 1908; vgl. hierzu *Moxter* 1989, S. 299, Fn. 8). Da man sie weder vollständig aufzählen noch einzeln bewerten kann, beantwortet der Substanzwert eine Frage, die man unter ökonomischen Gesichtspunkten für die Bewertung nicht stellt. Er stellt nur einen „Teilrekonstruktionswert" dar. Ob Goodwill vorhanden ist, ergibt nur ein Vergleich von Ertragswert mit dem Substanzwert. Hat man den Ertragswert, benötigt man den Substanzwert nicht mehr. Hat man allein den Substanzwert, kann man hingegen nicht begründet die notwendigen Ausgaben für den Goodwill addieren, um zum Ertragswert zu gelangen.

Auch die früher gängigen Begründungen, daß der Substanzwert als Referenzwert für den Ertragswert diene, um das Risiko der Erträge zu indizieren, oder daß er erheblich nachprüfbarer zu ermitteln sei als der Ertragswert, hat die Literatur längst widerlegt (*Sieben* 1963; *Moxter* 1981; *Moxter* 1983, S. 41–55). Selbst die sog. Hilfsfunktionen des Substanzwertes (Institut der Wirtschaftsprüfer 1992, S. 124) basieren auf einer Verwechslung von Substanz und Substanzwert. Die Substanz muß man schon allein zur Kontrolle der vollständigen Übergabe des Unternehmens, aber auch für die Ertragsschätzung kennen. Dazu ist es aber nicht notwendig, auch den Substanzwert zu berechnen.

Bedeutung hat der Substanzwert noch in der Gestaltung von Gesellschaftsverträgen, im Steuerrecht (vgl. Abschnitt 4) und beim Argumentieren in Verhandlungen. Aufgrund des Grundsatzes der Vertragsfreiheit wird man ersteres nicht monieren können. Im Steuerrecht dient der Substanzwert einem Massenbesteuerungsverfahren, das auf vielfachen Normierungen aufbaut. Daß mit dem Substanzwert argumentiert wird, wenn es Verhandlungen erleichtert, verschafft ihm noch keine normative Güte.

4. Mischverfahren

Mischverfahren bestehen aus einer Kombination von Gesamt- und Einzelbewertungsverfahren. Sie lassen sich auf folgende **Strukturgleichung** bringen (*Jacob* 1960, S. 209 ff.; vgl. ferner *Moxter* 1983, S. 56–60; *Piltz* 1989, S. 41–43):

4. Mischverfahren

(16) UW = SW + b(EW − SW)

mit
UW = Unternehmenswert,
SW = Substanzwert,
b = variabler Faktor.

Für b = ½ resultiert das Mittelwertverfahren, für b = in mit i für den Diskontierungssatz und n für die Dauer eines sogenannten Übergewinns (als Differenz von Erträgen E und Substanzwertverzinsung SWi) resultiert das Verfahren der undiskontierten Übergewinnabgeltung. Weitere Varianten von b erklären weitere, früher übliche Verfahren.

Die Mängel der Mischverfahren sind der Bezug auf den Substanzwert bzw. die Interpretation der Substanzwertverzinsung als Normalgewinn (vgl. *Moxter* 1981; *Moxter* 1983, S. 45–49). Die Literatur hat ferner gezeigt, daß die Mischverfahren i. a. ungeeignet sind, das Risiko im Sinne der Bernoullitheorie angemessen zu erfassen. Unter bestimmten Prämissen könnte allenfalls ein Bewerter mit einer quadratischen Risikonutzenfunktion oder ein Bewerter, der normalverteilte Erträge erwarten kann, implizit das Risiko angemessen erfassen (vgl. *Philipp/Köth/Rath* 1981).

Im Steuerrecht findet sich mit dem sog. Stuttgarter Verfahren ein besonderes Mischverfahren in Abschnitt 76 ff. VStR zur Ermittlung des gemeinen Wertes von nichtnotierten Anteilen von Kapitalgesellschaften, wenn vergleichbare Marktpreise fehlen (vgl. § 11 Abs. 2 BewG). Danach ergibt sich der Wert dieser Anteile als:

(17) UW = SW + n(E − UWi)

mit E = Ertrag

Da n = 5 und i = 8% normiert werden, ergibt sich nach Ausnutzung der Rentenformel EW = E/i, Umformung und Rundung der Wert

(18) UW = 0,7 SW + 0,3 EW.

Dieses Verfahren wurde vom BGH bei gesellschaftsrechtlichen Abfindungen als „nicht schlechthin ungeeignet" angesehen (BGH II ZR 249/85 vom 14. Juli 1986). Die Begründung hierzu hat Mängel (vgl. *Moxter* 1989, S. 304–309).

5. Unternehmenswerte unter strategischen Gesichtspunkten

5.1 Kritik an der Ertragswertmethode

In jüngerer Zeit hat sich die Kritik an der Ertragswertmethode gehäuft. Bemängelt wurde zum einen, daß die Funktion des Ertragswertes als Entscheidungswert in Frage gestellt sei, wenn der Käufer andere Zielsetzungen als den Erwerb eines bestimmten Erfolgsstroms verfolge: „Als solche kommen etwa der Erwerb eines im Käuferunternehmen vorhandenen Know-how, gut ausgebauter Vertriebswege oder eines Kundenstammes oder etwa auch ein Erwerb zum Zweck des Abbaus vorhandener Überkapazitäten in Betracht" (*Havermann* 1986, S. 167). Der Unternehmenswert ergäbe sich in diesen Fällen aus den ersparten Ausgaben, die bei Nichterwerb und eigenen Anstrengungen zu leisten wären, oder aus dem Wert der durch Abbau der Überkapazitäten resultierenden Überschüsse.

Zum anderen wurde moniert, daß in die Ertragswertberechnung die Strategie des Erwerbers nicht einfließe. Die herkömmlichen Methoden der Unternehmensbewertung reichten z. B. „nicht mehr aus, um etwa den Wert künftiger Wettbewerbsvorteile ins Kalkül einzubeziehen" (*Schneider* 1988, S. 523). Möglicherweise gäbe es „spezifische, aus strategischen Überlegungen ableitbare Gründe", die im Grenzpreis nach der Ertragswertmethode nicht berücksichtigt seien (*Sieben/Diedrich* 1990, S.795).

Die Argumentation *Havermanns* ist schlüssig, wenn z. B. die Entscheidung für die Investition in Know-how oder ausgebaute Vertriebswege bereits gefällt ist. Bevor man aber diese Entscheidung, unter finanziellen Gesichtspunkten betrachtet, fällen kann, ist der Kapitalwert dieser Investition zu berechnen. Er ist der Ertragswert aus der Investition in Know-how bzw. Vertriebswege abzüglich der Investitionsausgaben. Die Argumentation *Havermanns* unterstellt entweder, daß dieser Kapitalwert positiv ist, oder daß in Know-how bzw. Vertriebsweg auch ohne Kapitalwertkalkulation zu investieren ist. Die Gründe für die zweite Annahme könnten in der schwierigen Berechnung (vgl. *Sieben* 1988, S. 88; *Hafner* 1989, S. 62) oder im nicht mehr zu begründenden strategischen Ziel liegen.

Die Argumentation *Schneiders* beruht darauf, Ertragswerte zu kritisieren, deren Berechnung keine zukünftige Geschäftspolitik zugrunde gelegt worden ist. Diese Kritik kann durch die sog. objektivierte Wertermittlung der Wirtschaftsprüfer, die auf einer „trägen" Geschäftspolitik basiert (vgl. Institut der Wirtschaftsprüfer 1992, S. 6 f.; zur Kritik *Sieben* 1988, S. 85), begünstigt worden sein. *Schneiders* eigener Vorschlag (*Schneider* 1988, S. 527–531) ist jedoch zumindest theoretisches Allgemeingut (*Ball-*

wieser 1980; Kraus-Grünewald 1982, S. 113–201; Moxter 1983, S. 103 f.; Sieben 1988, S. 84; Ballwieser 1990, S. 23–26 und 75–160). Die Kritik an der Ertragswertmethode ist deshalb m.e. nur insofern berechtigt, als andere als finanzielle Zielsetzungen wichtig sind. Sie dürfen, um keine Doppelzählung zu haben, kein Substitut finanzieller Ziele sein (solch eine Substitutionsfunktion könnte z. B. bei Marktanteilen gegeben sein). Die potentielle Bedeutung von solchen weiteren Zielen hat die Literatur immer gesehen (Sieben 1969; Moxter 1983, S. 23 f., 75 f.), jedoch gibt es bisher lediglich zwei grundsätzliche Ansätze zu ihrer Erfassung, die im folgenden skizziert werden.

5.2 Unternehmensbewertung bei Mehrfachzielen

Mit der Bewertung von Unternehmen bei Mehrfachzielen hat sich schon früh Sieben auseinandergesetzt (vgl. Sieben 1969, S. 97–100; vgl. auch Arbeitskreis „Unternehmensbewertung im Rahmen der unternehmerischen Zielsetzung" 1976, S. 114–120). Die Grundidee für den Käufer besteht darin, im ersten Schritt ein optimales Investitionsprogramm aufzustellen, das den Unternehmenskauf vernachlässigt (Programmplanung oder tabellarische Methode). Hierbei bekommen die Investitionsprojekte einen Nutzenwert zugeordnet, der sich als gewogenes Mittel von Teilnutzenwerten ergibt. Die Teilnutzenwerte werden für die einzelnen Ziele berechnet; die Gewichtungsfaktoren für die Teilnutzenwerte erfassen deren Wichtigkeit (sind Ausdruck der Zielartenpräferenz). Der Nutzenwert ergibt sich also durch additive und multiplikative Verknüpfungen. Die Unsicherheit von Zielbeiträgen läßt sich z. B. mit Erwartungswerten berücksichtigen, die zeitliche Struktur der Zielbeiträge kann über eine Zeitpräferenzfunktion erfaßt werden. Das optimale Investitionsprogramm vernachlässigt Alternativen, die dominiert werden, und weist einen bestimmten Nutzenwert aus.

Im zweiten Schritt wird nun bei aufrechtgehaltenem Nutzenwert des Programms dieses derart umstrukturiert, daß das Unternehmen aufgenommen und andere Investitionsprojekte verdrängt werden. Die durch die Substitution der Investitionsprojekte durch das Unternehmen maximal freigesetzten Mittel ergeben den Unternehmenswert.

Die bei dem Verfahren vorgenommene multiplikative und additive Verknüpfung der Präferenzen unterstellt eine wechselseitige Präferenzunabhängigkeit, d. h. die Präferenz für ein Ziel ist von den Zielausprägungen anderer Ziele nicht abhängig. Nur unter dieser Bedingung ist es sinnvoll, die Gewichtungsfaktoren für die Zielelemente im vorhinein vorzugeben. Die Annahme wechselseitiger Präferenzunabhängigkeit ist nicht besonders realistisch, denn: „In Verlustsituationen kann die Schaffung eines zusätzlichen Arbeitsplatzes einen ganz anderen Wert haben als bei glänzender Ertragslage" (Hafner 1989, S. 57).

Hafner hat deshalb jüngst gezeigt, wie mögliche Abhängigkeiten erfaßt werden können (*Hafner* 1989, S. 151–226). Die Verfahren sind so komplex, daß eine unmittelbare Anwendung von seiten der Praxis unwahrscheinlich ist. Sie sind freilich nichts anderes als der Preis für eine nachvollziehbare Erfassung von Mehrfachzielen unter einigermaßen realistischen Bedingungen. Man kann nicht berechtigterweise erwarten, daß mit einer Anhebung des Realitätsgehalts der Annahmen eines Bewertungskalküls der Kalkül selbst einfacher wird (vgl. *Hafner* 1989, S. 232).

Literatur

Arbeitskreis Unternehmensbewertung (AKU) des Instituts der Wirtschaftsprüfer (Hrsg.), Erhebung wesentlicher Grundlagen und qualifizierter Daten für eine Unternehmensbewertung, Düsseldorf o. J.

Arbeitskreis „Unternehmensbewertung im Rahmen der unternehmerischen Zielsetzung" (1976), Unternehmungsbewertung als Grundlage unternehmerischer Entscheidungen, in: ZfbF 28, S. 99–121

Arrow, K. J. (1970), The theory of risk aversion, in: *Arrow, K. J.* (Hrsg.), Essays in the theory of risk aversion, Amsterdam u. a., S. 90–120

Ballwieser, W. (1980), Möglichkeiten der Komplexitätsreduktion bei einer prognoseorientierten Unternehmensbewertung, in: ZfbF 32, S. 50–73

Ballwieser, W. (1981), Die Wahl des Kalkulationszinsfußes bei der Unternehmensbewertung unter Berücksichtigung von Risiko und Geldentwertung, in: BFuP 33, S. 97–114

Ballwieser, W. (1988), Unternehmensbewertung bei unsicherer Geldentwertung, in: ZfbF 40, S. 798–812

Ballwieser, W. (1990), Unternehmensbewertung und Komplexitätsreduktion, 3. Aufl., Wiesbaden

Ballwieser, W. (1991), Unternehmensbewertung mit Hilfe von Multiplikatoren, in: *Rückle, D.* (Hrsg.), Aktuelle Fragen der Finanzwirtschaft und der Unternehmensbesteuerung, Festschrift für Erich Loitlsberger zum 70. Geburtstag, Wien, S. 47–66

Ballwieser, W./Leuthier, R. (1986), Grundprinzipien, Verfahren und Probleme der Unternehmensbewertung, in: DStR 24, S. 545–551 und S. 604–610

Brealey, R. A./Myers, S. C. (1991), Principles of corporate finance, 4. Aufl., New York u. a.

Bretzke, W.-R. (1975), Das Prognoseproblem bei der Unternehmungsbewertung, Düsseldorf

Bretzke, W.-R. (1988) Risiken in der Unternehmensbewertung, in: ZfbF 40, S. 813–823

Bühner, R. (1990), Das Management-Wert-Konzept: Strategien zur Schaffung von mehr Wert im Unternehmen, Stuttgart

Bühner, R./Weinberger, H.-J. (1991), Cash-Flow und Shareholder Value, in: BFuP 43, S. 187–208

Busse von Colbe, W. (1957), Der Zukunftserfolg: Die Ermittlung des künftigen Unternehmungserfolges und seine Bedeutung für die Bewertung von Industrieunternehmen, Wiesbaden

Busse von Colbe, W./Laßmann, G. (1990), Betriebswirtschaftstheorie, Bd. III: Investitionstheorie, 3. Aufl., Berlin u. a.

Coenenberg, A. G. (1970), Unternehmungsbewertung mit Hilfe der Monte-Carlo-Simulation, in: ZfB 40, S. 793–804

Literatur 175

Coenenberg, A. G. (1981), Unternehmensbewertung aus der Sicht der Hochschule, in: 50 Jahre Wirtschaftsprüferberuf, Düsseldorf, S. 221–245

Coenenberg, A. G./Sautter, M. T. (1988), Strategische und finanzielle Bewertung von Unternehmensakquisitionen, in: DBW 48 (1988), S. 691–710

Dirrigl, H. (1988), Die Bewertung von Beteiligungen an Kapitalgesellschaften: Betriebswirtschaftliche Methoden und steuerlicher Einfluß, Hamburg

Fama, E. F. (1977), Risk-adjusted discount rates and capital budgeting under uncertainty, in: Journal of Financial Economics 5, S. 3–24

Franke, G./Hax, H. (1990), Finanzwirtschaft des Unternehmens und Kapitalmarkt, 2. Aufl., Berlin u. a.

Frantzmann, H.-J. (1990), Zur Messung des Marktrisikos deutscher Aktien, in: ZfbF 42, S. 67–83

Gerling, C. (1985), Unternehmensbewertung in den USA, Bergisch Gladbach

Gomez, P./Weber, B. (1989), Akquisitionsstrategie, Stuttgart

Göppl, H. (1980), Unternehmungsbewertung und Capital-Asset-Pricing-Theory, in: WPg 33, S. 237–245

Hackmann, A. (1987), Unternehmensbewertung und Rechtsprechung, Wiesbaden

Hafner, R. (1988), Unternehmensbewertung bei mehrfacher Zielsetzung, in: BFuP 40, S. 485–504

Hafner, R. (1989), Grenzpreisermittlung bei mehrfacher Zielsetzung: Ein Beitrag zur Bewertung strategischer Unternehmensakquisitionen, Bergisch Gladbach u. a.

Haley, C. W. (1984), Valuation and risk-adjusted discount rates, in: Journal of Business Finance & Accounting 11, S. 347–353

Haley, C. W./Schall, L. D. (1979), The theory of financial decisions, 2. Aufl., New York u. a.

Havermann, H. (1986), Aktuelle Grundsatzfragen aus der Praxis der Unternehmensbewertung, in: Wirtschaft und Wissenschaft im Wandel, Festschrift für Carl Zimmerer zum 60. Geburtstag, Frankfurt am Main, S. 157–170

Hertz, D. B./Thomas, H. (1983), Risk analysis and its applications, Chichester u. a.

Institut der Wirtschaftsprüfer (1992), Wirtschaftsprüfer-Handbuch 1992, 10. Aufl., Bd. II, Düsseldorf

Jacob, H. (1960), Die Methoden zur Ermittlung des Gesamtwertes einer Unternehmung, in: ZfB 30, S. 131–147 und 209–222

Kraus-Grünewald, M. (1982), Ertragsermittlung bei Unternehmensbewertung – dargestellt am Beispiel der Brauindustrie, Wiesbaden

Leuthier, R. (1988), Das Interdependenzproblem bei der Unternehmensbewertung, Frankfurt am Main u. a.

Loistl, O. (1991), Kapitalmarkttheorie, München u. a.

Matschke, M. J. (1977), Die Argumentationsfunktion der Unternehmungsbewertung, in: *Goetzke, W./Sieben, G.* (Hrsg.), Moderne Unternehmungsbewertung und Grundsätze ihrer ordnungsmäßigen Durchführung, Bd. I, Köln, S. 91–103

Moxter, A. (1981), Wirtschaftsprüfer und Unternehmensbewertung, in: *Seicht, G.* (Hrsg.), Management und Kontrolle, Festschrift für Erich Loitlsberger zum 60. Geburtstag, Berlin, S. 409–429

Moxter, A. (1983), Grundsätze ordnungsmäßiger Unternehmensbewertung, 2. Aufl., Wiesbaden

Moxter, A. (1989), Das Stuttgarter Verfahren im Zivilrecht, in: *Delfmann, W.* (Hrsg.), Der Integrationsgedanke in der Betriebswirtschaftslehre, Festschrift für Helmut Koch zum 70. Geburtstag, Wiesbaden, S. 297–309

Münstermann, H. (1970), Wert und Bewertung der Unternehmung, 3. Aufl., Wiesbaden

Ossadnik, W. (1984), Rationalisierung der Unternehmungsbewertung durch Risikoklassen, Thun u. a.

Philipp, F./Köth, U./Rath, K. (1981), Zur nutzentheoretischen Fundierung der sogenannten Praktiker-Verfahren der Unternehmensbewertung, in: ZfB 51, S. 370–387

Piltz, D. J. (1989), Die Unternehmensbewertung in der Rechtsprechung, 2. Aufl., Düsseldorf

Rappaport, A. (1979), Strategic analysis for more profitable acquisitions, in: Harvard Business Review 57, S. 99–110

Rappaport, A. (1986), Creating shareholder value: the new standard for business performance, New York u. a.

Reimann, B. C. (1987), Managing for value: a guide to value-based strategic management, Oxford u. a.

Robichek, A. A./Myers, S. C. (1966), Optimal financing decisions, Englewood Cliffs

Scheffler, H. E. (1984), Bewertung von Unternehmen, in: *Tanski, J. S.* (Hrsg.), Handbuch Finanz- und Rechnungswesen, Landsberg a.L., 4. Nachlieferung, Abschnitt B.I.7.

Schildbach, Th. (1977), Die Berücksichtigung der Geldentwertung bei der Unternehmungsbewertung, in: *Goetzke, W./Sieben, G.* (Hrsg.), Moderne Unternehmungsbewertung und Grundsätze ihrer ordnungsmäßigen Durchführung, Köln, S. 225–235

Schneider, D. (1985), Ein Ertragswertverfahren als Ersatz fehlender Handelbarkeit stiller Beteiligungen?, in: BB 13, S. 1677–1684

Schneider, J. (1988), Die Ermittlung strategischer Unternehmenswerte, in: BFuP 40, S. 522–531

Seetzen, U. (1991), Unternehmensbewertung im Spruchstellenverfahren, in: WPg 44, S. 166–172

Sieben, G. (1963), Der Substanzwert der Unternehmung, Wiesbaden

Sieben, G. (1969), Die Bewertung von Unternehmen auf Grund von Erfolgsplänen bei heterogenen Zielen, in: *Busse von Colbe, W./Meyer-Dohm, P.* (Hrsg.), Unternehmerische Planung und Entscheidung, Bielefeld, S. 70–100

Sieben, G. (1977), Die Beratungsfunktion der Unternehmungsbewertung, in: *Goetzke, W./Sieben, G.* (Hrsg.), Moderne Unternehmungsbewertung und Grundsätze ihrer ordnungsmäßigen Durchführung, S. 57–71

Sieben, G. (1988), Unternehmensstrategien und Kaufpreisbestimmung, in: Festschrift 40 Jahre Der Betrieb. Stuttgart, S. 81–91

Sieben, G./Diedrich, R. (1990), Aspekte der Wertfindung bei strategisch motivierten Unternehmensakquisitionen, in: ZfbF 42, S. 794–809

Siegel, T. (1991a), Das Risikoprofil als Alternative zur Berücksichtigung der Unsicherheit in der Unternehmensbewertung, in: *Rückle, D.* (Hrsg.), Aktuelle Fragen der Finanzwirtschaft und der Unternehmensbesteuerung, Festschrift für Erich Loitlsberger zum 70. Geburtstag, Wien, S. 619–638

Siegel, T. (1991b), Grundlagen der Unternehmensbewertung, in: WiSt 20, S. 231–237

Trautwein, F. (1989), Zur Bewertung von Unternehmensakquisitionen, in: DBW 49, S. 537–539

Wagenhofer, A. (1988a), Der Einfluß von Erwartungen auf den Argumentationspreis in der Unternehmensbewertung, in: BFuP 40, S. 532–552

Wagenhofer, A. (1988b), Die Bestimmung von Argumentationspreisen in der Unternehmensbewertung, in: ZfbF 40, S. 340–359

Weber, B. (1991), Beurteilung von Akquisitionen auf der Grundlage des Shareholder Value, in: BFuP 43, S. 221–232

Weston, F. J./Chung, K. S./Hoag, S. E. (1990), Mergers, restructuring, and corporate control, Englewood Cliffs

Kapitel 9
Bewertung von Unternehmen an den Kapitalmärkten

von *Helmut Loehr*

1. Einleitung 178
2. Allgemeine Einflußfaktoren für die Nachfrage nach Aktien ... 178
   2.1 Gesamtwirtschaftliches Umfeld 178
      2.1.1 Akzeptanz der Aktie als Anlageform 178
      2.1.2 Steuerliche Rahmenbedingungen 180
      2.1.3 Einfluß ausländischer Anleger 180
   2.2 Unternehmensspezifische Rahmenbedingungen 181
      2.2.1 Aktionärsstruktur 181
      2.2.2 Marktkapitalisierung 181
3. Beurteilungskriterien der Marktteilnehmer 182
   3.1 Kennzahlenanalyse 182
      3.1.1 Price-Earnings Ratio (PER) 182
      3.1.2 Ergebnis nach DVFA/SG 183
      3.1.3 Price-Cash-Flow Ratio 183
   3.2 Portefeuille-orientierte Aktienanalyse 184
   3.3 Technische Aktienanalyse 184
   3.4 Neubewertung von Unternehmen durch „Aktive Investoren" 185
      3.4.1 Investoren mit unternehmerischen Interessen 185
      3.4.2 Investoren mit rein finanziellen Interessen 186
   3.5 Sonstige Bewertungsüberlegungen 187
      3.5.1 Ethisch-moralische Anlagekriterien 187
      3.5.2 Psychologie und Börse 188
4. Möglichkeiten des Unternehmens zur Nachfragesteigerung ... 189
   4.1 Investor Relations 189
      4.1.1 Aufgabenstellung 189
      4.1.2 Inhaltliche Ausgestaltung 190
      4.1.3 Finanzpublizität 191
   4.2 Erhöhung des Nachfragepotentials durch Börseneinführungen im Ausland 191
   4.3 Einfluß von Höchststimmrechten auf den Aktienkurs 192
5. Möglichkeiten zur kurzfristigen Beeinflussung des Angebots .. 193
   5.1 Aktienerwerb zur Ausgabe von Belegschaftsaktien 193
   5.2 Aktienrückkauf 194
Literatur 195

Kapitel 9: Bewertung von Unternehmen an den Kapitalmärkten

1. Einleitung

Die Bewertung börsennotierter Aktiengesellschaften wird täglich durch den Markt vorgenommen. Dabei üben die Wertpapierbörsen durch den Ausgleich von Angebot und Nachfrage eine zentrale Preisbildungsfunktion aus.

Ist die Anzahl der Aktien eines Unternehmens – abgesehen von gelegentlichen Kapitalerhöhungen – vorgegeben, so vollzieht sich die Aktienkursbildung im wesentlichen über eine höhere oder geringere Nachfrage. Die Nachfrage nach Aktien eines Unternehmens wiederum wird dadurch bestimmt,

- in welchem Zustand sich das gesamtwirtschaftliche Umfeld und die allgemeine Börsenstimmung befinden;
- ob der Markt in der Aktie ein Kursveränderungspotential sieht, da möglicherweise der aktuelle Börsenkurs den wahren, inneren Unternehmenswert nicht angemessen reflektiert;
- ob sog. „Aktive Investoren" mit entweder rein finanziellen Interessen (sog. Financial Buyers) oder mit unternehmerischen Interessen sich von der Erlangung des Mehrheitsbesitzes der Aktien finanzielle oder marktstrategische Vorteile versprechen;
- inwieweit das Unternehmen selbst durch eine aktive Investor Relations-Politik oder durch ein Erschließen neuer Kapitalmärkte mittels Börseneinführungen im Ausland das Anlegerinteresse zum Kauf seiner Aktien steigert.

Der Beitrag soll einen Überblick über die genannten Einflußfaktoren für die Preisbildung auf den Aktienmärkten geben.

2. Allgemeine Einflußfaktoren für die Nachfrage nach Aktien

2.1 Gesamtwirtschaftliches Umfeld

Die grundsätzliche Bereitschaft eines Anlegers, in die Aktie eines Unternehmens zu investieren, wird zunächst überlagert von der Frage, inwieweit die Aktie in Deutschland überhaupt als Anlage- und Finanzierungsform genutzt wird.

2.1.1 Akzeptanz der Aktie als Anlageform

Sowohl vom Angebot als auch von der Nachfrageseite her muß der deutsche Aktienmarkt im internationalen Vergleich als unterentwickelt angesehen werden. Trotz einer Welle von Börseneinführungen in der zweiten Hälfte der achtziger Jahre und einer Börsenrechtsreform mit der Schaf-

2. Allgemeine Einflußfaktoren für die Nachfrage nach Aktien

fung des Geregelten Marktes, gibt es zur Zeit nur etwa 600 börsennotierte Aktiengesellschaften mit einem Kurswert von etwa 550 Mrd. DM. Im Vergleich hierzu beträgt der Kurswert der in den USA gehandelten börsennotierten Gesellschaften mehr als 4 500 Mrd. DM und der in Tokio gehandelten Unternehmen etwa 6 500 Mrd. DM (Stand Ende 1990).

Neben der im Verhältnis zur Wirtschaftskraft Deutschlands geringen Börsenkapitalisierung deutscher Unternehmen ist aber auch die Nachfrage nach Aktien sowohl privater Investoren als auch institutioneller Anleger vergleichsweise schwach ausgeprägt. Von dem gesamten Geldvermögen der privaten Haushalte sind nur etwa 190 Mrd. DM bzw. 7% in Aktien angelegt worden. In Deutschland fehlt generell eine „Kultur des Aktiensparens". Rückblickend wäre eine Aktienanlage im Vergleich zu einer Rentenanlage deutlich vorteilhafter gewesen. Dies zeigt ein Erfolgsvergleich (Deutsche Bank AG 1990) eines langfristig angelegten Kapitalbetrages:

Gemessen an der Entwicklung des Gesamtmarktes wäre ein Ende 1969 am deutschen Aktienmarkt angelegter Kapitalbetrag in 20 Jahren einschließlich wiederangelegter Dividenden auf rund das $4^{1}/_{2}$ fache angewachsen. Seine Wertentwicklung hätte einer jahresdurchschnittlichen „Rendite" von ca. 8% entsprochen. Im 5-Jahreszeitraum seit 1984 beträgt die jahresdurchschnittliche „Rendite" der Aktie schon $16^{1}/_{2}$%. Diese positive Wertentwicklung am Aktienmarkt erfolgte jedoch nicht kontinuierlich, sondern in Schüben.

Die Aktie hat damit die Rentenanlage eindeutig übertroffen. Je nach Laufzeitstruktur hätte die Rentenanlage bei einem Anlagezeitraum von 20 bzw. 5 Jahren nur eine jahresdurchschnittliche Rendite zwischen rund $6^{3}/_{4}$ und $5^{1}/_{4}$% erbracht.

Da die Anlage-Mentalität in Deutschland nicht kurzfristig verändert werden kann, wird von seiten der Industrie, der Banken und der Börsen kontinuierliche Aufklärungsarbeit geleistet. Über den von börsennotierten Gesellschaften getragenen „Arbeitskreis Aktie e. V." wird für die Aktie geworben. Die Akzeptanz der Aktie als Anlageform zeigt insbesondere bei der jüngeren Bevölkerung erste Erfolge.

Die Zahl der privaten Aktionäre in der Bundesrepublik ist seit 1981 absolut zwar nur um 300 000 auf 3,5 Mio. im Jahre 1989 gewachsen. Jedoch sind bereits 22% der Aktionäre jünger als 30 Jahre, obwohl gerade diese Bevölkerungsgruppe über die geringsten Einkommen verfügt (lt. Aktionärsstrukturerhebung des Arbeitskreises Aktie e. V. 1988).

Ein weiterer Grund für den wachsenden Prozentsatz jüngerer Menschen ist die beginnende Erbschaftswelle. Die Generation der Jüngeren wird mehr Vermögen erben als jede Generation vor ihr. Die jüngere Generation wird darüber hinaus in viel stärkerem Maße auf die private Altersvorsorge angewiesen sein, weil der sog. Alterslastkoeffizient weiter wachsen wird. Während zur Zeit 100 Erwerbstätige 49 Rentner zu ernähren haben, werden es bis zum Jahr 2030 etwa 108 sein. Dementsprechend wird die Aktie als Mittel der Altersvorsorge, ähnlich wie in anglo-amerikanischen Ländern, an Bedeutung gewinnen.

Nicht nur im privaten Portefeuille, sondern auch bei deutschen institutionellen Investoren spielen Aktienanlagen eine untergeordnete Rolle. Die deutschen Lebensversicherungen halten nur einen sehr geringen Teil ihres Deckungsstocks in Form von Aktien. Amerikanische Pensionsfonds halten etwa ein Viertel, britische annähernd ein Drittel ihrer Bestände in inländischen Wertpapieren. Die Pensionskasse der Bayer AG z. B. hat von ihrem Vermögen von ca. 5 Mrd. DM hingegen 12 bis 15% in Aktien investiert (Stand Ende 1990).

Insgesamt liegt das von deutschen Versicherungen gehaltene Aktienvermögen einschließlich mittelbarer Beteiligungen über Investmentfonds deutlich unter 10% des anzulegenden Vermögens. Gerade Versicherungen und Pensionskassen sind aber langfristig orientierte Anleger. Ihr stärkeres Engagement am Aktienmarkt ergäbe eine kontinuierliche Nachfrage und würde dem Finanzplatz Deutschland nachhaltig zugute kommen.

2.1.2 Steuerliche Rahmenbedingungen

Die Aufhebung der Börsenumsatz- und Gesellschaftsteuer Anfang 1991 bzw. 1992 kann als erster Schritt einer Strukturverbesserung betrachtet werden, um den Finanzplatz Deutschland international wettbewerbsfähiger zu machen (Arbeitskreis Aktie 1990). Im folgenden sollen lediglich die für Aktionäre unmittelbar nachteiligen steuerlichen Rahmenbedingungen dargestellt werden (*Elschen*, in diesem Handbuch).

(1) Die doppelte Vermögensbesteuerung sowohl bei der Kapitalgesellschaft wie beim Aktionär sollte aufgegeben werden. Diese Doppelbelastung wird noch verstärkt durch die Nichtabzugsfähigkeit der Vermögensteuer bei der Ermittlung des steuerpflichtigen Gewinns.

(2) Die Mittelanlage in Aktien von betrieblichen Pensionskassen wird steuerlich benachteiligt, weil ihnen als steuerbefreite Körperschaften das Körperschaftsteuerguthaben nicht zugute kommt. Dagegen fließen ihnen die Einkünfte aus der Anlage in festverzinslichen Papieren und in Grundbesitz ungeschmälert zu.

(3) Ausländischen Anteilseignern ist eine Anrechnung des Körperschaftsteuerguthabens in der Regel verwehrt, so daß das ausländische Interesse an deutschen Aktien zumeist nur kurzfristig auf die Erzielung von Kursgewinnen ausgerichtet ist.

2.1.3 Einfluß ausländischer Anleger

Infolge der relativen Enge des deutschen Aktienmarktes haben Portfolio-Dispositionen ausländischer Großanleger bedeutenden Einfluß auf das

2. Allgemeine Einflußfaktoren für die Nachfrage nach Aktien

Börsengeschehen. Besonders deutlich wurde dies in der Zeit nach dem Börsencrash vom Oktober 1987, als sich der deutsche Aktienmarkt länger nicht von den erheblichen Verkäufen vor allem auch ausländischer Anleger erholte.

Dennoch hat dem anhaltenden Trend zur Globalisierung folgend das Nettoinvestment ausländischer Anleger in den achtziger Jahren kontinuierlich zugenommen (*Burda* 1985, S. 34). Deutsche Aktien zählen damit zur Zeit, nicht zuletzt auch wegen der Osteuphorie, zu den beliebtesten Anlagen internationaler Investoren. Geschätzt werden vom Ausland die prompte Geschäftserfüllung und die in Deutschland praktizierte Freizügigkeit im Kapitalverkehr.

Das wachsende Interesse ausländischer Anleger birgt vor allem die Chance, über eine steigende Nachfrage eine höhere Börsenbewertung deutscher Industrieunternehmen zu erlangen.

2.2 Unternehmensspezifische Rahmenbedingungen

Auf die Aktienkursbildung für ein einzelnes Unternehmen haben die Aktionärsstruktur und die Marktkapitalisierung einen nicht zu unterschätzenden Einfluß. Größere Aktienpakete im Festbesitz können zu einem engen Markt führen, in dem bereits kleine Kauf- oder Verkaufsorders zu größeren Kursausschlägen führen. Ein hohes Grundkapital vergrößert die Aufnahmefähigkeit des Marktes und vermindert damit die Kursschwankungsbreite der Aktie.

2.2.1 Aktionärsstruktur

Unterscheidet man nach den Motiven des Aktienbesitzes, so ist zu differenzieren zwischen reinen Finanzanlagen und Beteiligungen, mit denen Einfluß auf die Unternehmenspolitik genommen werden kann. Beteiligungen von insgesamt mindestens 25% des Grundkapitals werden als Festbesitz bezeichnet. Nach einer Erhebung der Commerzbank AG befinden sich etwa 42% des Grundkapitals aller börsennotierten Aktiengesellschaften in festen Händen. Eine Aufschlüsselung nach Branchen ergab überdurchschnittlich hohe Festbesitzquoten, u. a. bei Verkehrswerten (81%), Brauereien (76%) und der Bauwirtschaft (67%). Umgekehrt weisen die Chemie mit nur 19% und das Kreditgewerbe mit 20% besonders niedrige Festbesitzquoten auf (Commerzbank AG 1989, S. 13).

2.2.2 Marktkapitalisierung

Die Marktkapitalisierung der deutschen Großchemie beträgt etwa 10% des Wertes aller an der Börse gehandelten deutschen Aktien. Dies wird häufig als Begründung dafür gegeben, daß die Kursentwicklung von Bayer, BASF und Hoechst trotz innovativer Produkte, glänzendem Ertragsniveau und hoher Dividenden weit unter dem allgemeinen Kursniveau an deutschen Börsen liegt. Obwohl der Handel mit Chemiewerten sehr intensiv ist – das Grundkapital der Bayer AG von knapp 3,2 Mrd. DM wird jedes Jahr an den Börsen mehr als einmal umgesetzt – führt der hohe Kapitalmarktanteil zu einer gewissen Schwerfälligkeit der Aktien. Die Henkel KGaA hingegen konnte sich von der unbefriedigenden Kursentwicklung der Großchemie positiv abheben. Ein Grund dafür mag der relativ enge Markt für ihre Vorzugsaktien sein.

3. Beurteilungskriterien der Marktteilnehmer

Der Börsenwert einer Aktiengesellschaft ist das Ergebnis der täglichen Unternehmensbewertung durch den Markt. Er errechnet sich durch Multiplikation des amtlichen Börsenkurses mit der Anzahl der ausgegebenen Aktien. Für einen potentiellen Aktionär stellen sich vor einer finanziellen Investition in eine Aktiengesellschaft u. a. folgende Fragen:

– Reflektiert der aktuelle Börsenkurs den inneren, wahren Unternehmenswert oder ist er lediglich Ausdruck einer kurzfristigen, allgemeinen Börsenstimmung?
– Wo liegt die Grenze für den Kaufpreis, den er für den Erwerb von Anteilen zu bezahlen bereit ist?

Zunächst ist zwischen den verschiedenen Zielen und Erwartungen einzelner Aktionärsgruppen zu unterscheiden: Für einen Kleinaktionär stehen das Kurssteigerungspotential und die voraussichtliche Dividendenrendite einer Aktie im Vordergrund. Institutionelle Investoren, wie Investmentfonds, Pensionsfonds oder Versicherungen werden den Kaufpreis in stärkerem Maße von Aspekten der Risikostreuung abhängig machen. Aktive Aktionäre legen zur Erlangung der Kontrollmehrheit einer Aktiengesellschaft wiederum völlig anders geartete Maßstäbe für die Kaufpreisfindung an.

3.1 Kennzahlenanalyse

Als Maße für die Ertragskraft werden von Finanzanalysten vor allem die Price-Earnings Ratio, der Gewinn nach DVFA und die Price-Cash-Flow Ratio verwendet.

3.1.1 Price-Earnings Ratio (PER)

Die Price-Earnings Ratio (PER) errechnet sich aus dem Quotienten von Aktienkurs und (bereinigtem) Gewinn pro Aktie. Man spricht z. B. von einer PER von 10, wenn die Aktie mit dem 10fachen ihres Gewinns an der Börse bewertet wird. Die Price-Earnings Ratio ist als Bewertungsfaktor

3. Beurteilungskriterien der Marktteilnehmer 183

jedoch nur dann sinnvoll einzusetzen, wenn der ermittelte Wert mit anderen Gesellschaften verglichen wird. Nur eine solche Gegenüberstellung kann ergeben, ob eine Aktie „analytisch" billig ist.

Um die Qualität der Ertragskraft beurteilen zu können, greift man auf eine Reihe von Indikatoren zurück, die in ihrer Gesamtheit ein Bild darüber vermitteln sollen, mit welcher Price-Earnings Ratio, welchem Vielfachen des Jahresgewinnes also, die Aktie eines Unternehmens unter rationalen Gesichtspunkten bewertet werden kann. Zu den einzubeziehenden Indikatoren gehören z. B. Ertragsfähigkeit, Wachstumspotential, Stabilität der Erträge, Gewinnausschüttungsverhalten. Darüber hinaus steht die Anlage in Aktien in Konkurrenz zur Anlage in festverzinslichen Wertpapieren, so daß das Zinsniveau in die Kalkulation einzubeziehen ist. Ohne eingehende Analyse dieser Faktoren läßt sich über die „richtige" Höhe der PER relativ wenig aussagen.

3.1.2 Ergebnis nach DVFA/SG

Einer der zentralen Begriffe der ertragsorientierten Unternehmensanalyse ist der Gewinn, dessen Abgrenzung für deutsche Unternehmen nach einer von der Deutschen Vereinigung für Finanzanalyse und Anlageberatung (DVFA) und der Schmalenbach-Gesellschaft (SG) entwickelten und heute allgemein auch von den Unternehmen anerkannten Methode erfolgt (*Busse von Colbe/Geiger/Reinhard/Schmitt* 1991). Ziel der Ermittlung eines um Sondereinflüsse bereinigten Ergebnisses ist es, eine Größe zu ermitteln, die besser als der Jahresüberschuß oder das Ergebnis der gewöhnlichen Geschäftstätigkeit geeignet ist, den Ertrag eines Unternehmens im Zeitablauf zu vergleichen und den Vergleich von Unternehmen untereinander zu ermöglichen.

Kritik an dem DVFA/SG-Ergebnis wird insbesondere geübt, weil eine externe Errechnung auf Basis des veröffentlichten Jahresabschlusses nicht möglich ist. Zusatzinformationen werden aber bereitwillig von nahezu allen großen Aktiengesellschaften zur Verfügung gestellt. Teilweise geben die Unternehmen ihr DVFA/SG-Ergebnis bereits in ihren Geschäftsberichten oder Bilanzpressekonferenzen bekannt. Dies gilt z. B. für die Farbennachfolger Bayer, BASF und Hoechst.

3.1.3 Price-Cash-Flow Ratio

Die Price-Cash-Flow Ratio (PCFR) ist der Quotient aus Börsenkurs und Cash-flow pro Aktie. Ein hoher Cash-flow bezogen auf den Aktienkurs deutet an, daß die Aktien dieser Unternehmung, im Verhältnis zu ihrer finanziellen Kraft, analytisch billig sind. Entsprechend weist eine im Vergleich zu anderen Unternehmen hohe Price-Cash-Flow Ratio auf ein überhöhtes Preisniveau hin.

Die PCFR ist wie die PER nur branchenintern vergleichbar und im Verhältnis zur PER durch die Einbeziehung der Abschreibungen regelmäßig niedriger. Die deutsche Großchemie beispielsweise hat eine PCFR von durchschnittlich 3 (Stand: Juni 1990, Hoppenstedt Stock Guide II/90). Im Verhältnis zu ausländischen Chemiewerten, wie den Firmen DuPont mit einer PCFR von 5, ICI von 6 oder gar Mitsubishi Chemicals von 19 muß sie als fundamental unterbewertet angesehen werden.

3.2 Portefeuille-orientierte Aktienanalyse

Unter Portefeuille-Gesichtspunkten steht nicht mehr die einzelne Aktie, sondern ihre Einbettung in ein Portefeuille und die Bewertung des Portefeuilles als solches im Vordergrund. Dabei wird der zukünftige Ertrag einer Aktie als eine Zufallsgröße betrachtet. Sodann wird in Form von sog. Beta-Faktoren ein Risikomaß für Kursschwankungen einer Aktie relativ zu einem Marktportefeuille berechnet (*Weber*, in diesem Handbuch, sowie *Hielscher* 1988, S. 29 ff.).

Der Beta-Faktor zeigt, in welchem Ausmaß der Kurs einer einzelnen Aktie die Schwankungen des gesamten Marktes mit vollzieht. Aktien mit einem Faktor größer als 1 weisen überproportionale Schwankungen, Aktien mit einem Faktor unter 1 hingegen unterproportionale Schwankungen zum Aktienindex auf. Bei Kenntnis der allgemeinen Börsensituation kann man Beta-Werte für Anlageentscheidungen nutzen: Besteht die Erwartung, daß eine Hausse bevorsteht, dann sollte man Papiere mit einem hohen Beta wählen. Steht eine Baisse bevor, dann sollte man Aktien mit einem niedrigen Beta wählen, sofern keine sonstigen fundamentalen Bedenken bestehen. Innerhalb der deutschen Industriewerte haben beispielsweise die Automobilindustrie Beta-Faktoren von durchschnittlich 1,2, die Banken von 1,1, die Bauindustrie von 1,0. Dagegen weisen die chemische Industrie mit etwa 0,7 und die Versorgungswerte mit 0,5 deutlich unter dem Durchschnitt liegende Kursschwankungen auf (WestLB Capital Management 1990).

Die Portefeuille-Theorien gewinnen bei institutionellen Investoren zunehmend an Bedeutung. Dies wird zur Folge haben, daß sich die Nachfrage nach Aktien und auf diese Weise auch die Unternehmensbewertung in stärkerem Maße an den aufgezeigten Grundgedanken orientieren werden.

3.3 Technische Aktienanalyse

Der Grundgedanke der technischen Aktienkursprognose basiert auf der Hypothese, daß die Analyse der Reihenfolge vergangener Kurse bzw. Kursänderungen Aussagen über zu erwartende Kursentwicklungen in nächster Zukunft ermöglicht. Diese Zeitreihenbetrachtungen werden graphisch auf Tabellen, sog. Charts dargestellt. Die „Chartisten" leiten aus den verschiedenen, visuell dargestellten Chartformationen, wie z. B.

3. Beurteilungskriterien der Marktteilnehmer

Wimpel, Doppeltop, Doppelbottom, Aussagen zur Aktienkursentwicklung ab. Einen besonderen Schwerpunkt in der Chartanalyse bilden darüber hinaus die gleitenden Durchschnittskurse mit üblichen Betrachtungszeiträumen von 38 und 200 Tagen (*Welcker/Thomas* 1981, S. 89 ff. m. w. N.).

Die Chartanalyse ist umstritten. Kritiker räumen jedoch ein, daß sich aufgrund des Verhaltens von Chartisten technische Reaktionen am Aktienmarkt mit nicht unerheblichem Einfluß auf die Kursentwicklung einer Aktie ergeben können. So problematisch die Chartanalyse auch sein mag: Sie hat einen Einfluß auf die Aktienkurse, da viele Anleger an sie „glauben".

3.4 Neubewertung von Unternehmen durch „Aktive Investoren"

In den achtziger Jahren haben sich insbesondere in den USA und in England neue Praktiken für Unternehmensübernahmen gebildet. „Aktive Investoren" – mit entweder rein finanziellen oder auch unternehmerischen Interessen – haben häufig durch den Aufkauf ganzer Aktiengesellschaften eine vollständige Neubewertung börsennotierter Unternehmen veranlaßt. Gelungene wie auch gescheiterte Take-Over-Versuche haben regelmäßig zu deutlichen Aktienkurssteigerungen geführt. Schon die Möglichkeit der Übernahme einer Gesellschaft beflügelt meist die Kursphantasie und bildet damit ein zusätzliches Bewertungskriterium für eine Aktie.

3.4.1 Investoren mit unternehmerischen Interessen

Die klassische Begründung für eine Unternehmensübernahme besteht darin, die Kontrolle über ein anderes Unternehmen zu gewinnen, um dessen Geschäft mit dem eigenen zu verbinden. Häufig handelt es sich hierbei um Wettbewerber oder um artverwandte Unternehmen einer vor- oder nachgelagerten Marktstufe, deren Erwerb zur Absicherung oder Verbesserung der eigenen Unternehmenssituation und zur Ausnutzung von Synergieeffekten sinnvoll erscheint.

Die Realisierung von Synergieeffekten, die Ausschaltung eines mißliebigen Wettbewerbers, die Vergrößerung des Marktanteils, der Kauf einer Marke oder eingeführten Produktlinie, der Erwerb von Forschungskapazitäten kann für einen unternehmerisch tätigen Investor einen ausschlaggebenden Einfluß auf die Höhe seines Kaufpreisangebots haben.

Aufgrund dieser anders gelagerten Interessen sind solche Investoren häufig bereit, einen deutlich höheren Preis für den Aktienerwerb zu zahlen, als er bei losgelöster Betrachtung zu rechtfertigen wäre. Dies führt zu einer vollständigen Neubewertung der Aktien der betroffenen Gesellschaft und ist regelmäßig für die scheidenden Altaktionäre finanziell von Vorteil.

Beispiel: Übernahme von Genentech durch die Roche-Gruppe

Die Schweizer Roche-Gruppe machte im Februar 1990 ein öffentliches Übernahmeangebot für 60% der Anteile an Genentech Inc., San Francisco, dem größten amerikanischen Unternehmen für Biotechnologie. Das Übernahmeangebot in Höhe von 2,1 Mrd. US $ entsprach einem Aktienkurs von 36 US $. Dies bedeutete eine Höherbewertung des Unternehmens um mehr als 60%, denn vor Bekanntgabe des Übernahmeangebots schwankte der Aktienkurs zwischen 21 und 25 US $.

Der Kaufpreis entsprach einer Bewertung mit dem 10fachen des Jahresumsatzes von Genentech und wurde von Finanzanalysten als „massiv überbezahlt" angesehen. Hauptgrund für die Übernahme durch La Roche war der Erwerb der hervorragenden „Research Pipeline" von Genentech in der aufwendigen Grundlagenforschung bei der Gen- und Biotechnologie. Diese marktstrategische Großakquisition eines europäischen Unternehmens auf dem US-Markt führte zu einer grundsätzlichen Neu- bzw. Höherbewertung zahlreicher anderer Pharma- und Biotechnologieaktien in den USA.

3.4.2 Investoren mit rein finanziellen Interessen

Solche Investoren versuchen, über den Mehrheitsbesitz der Aktien die Kontrolle über ein Unternehmen zu gewinnen, um dann die einzelnen Unternehmensteile früher oder später separat zu verkaufen. Bei den Initiatoren solcher Übernahmeangebote handelt es sich typischerweise um Investmentgesellschaften oder finanzstarke Personengruppen, die in der Regel an der langfristigen unternehmerischen Führung der Gesellschaft nicht interessiert sind. Deren Übernahmeinteresse resultiert aus einer konkreten Bewertung der einzelnen verwertbaren Teile eines Unternehmens, insbesondere seiner Tochtergesellschaften und Fabrikationsstätten, und der Kenntnis, ob und zu welchem Preis diese an Dritte veräußert werden können.

Bislang ist es in Deutschland noch nicht zu einer rein zerschlagungsorientierten Unternehmensübernahme einer großen börsennotierten Aktiengesellschaft gekommen. Bei der Übernahme der Feldmühle Nobel AG durch die schwedische Stora-Gruppe im Jahre 1990 standen unternehmerische Interessen auf dem Papiersektor im Vordergrund.

Die Simplizität dieser Zerschlagungsmethode ist erstaunlich. Sie ist allerdings nur möglich, wenn ein Investor in der Lage ist, kurzfristig sehr hohe Fremdmittel aufzunehmen. Die Finanzierung der Unternehmensübernahmen erfolgt über einen sog. Leveraged Buy Out (LBO) (*Fanselow*, in diesem Handbuch).

Beispiel: LBO von RJR Nabisco durch Kohlberg Kravis Roberts

Als bislang spektakulärstes Beispiel eines LBO muß die im Dezember 1988 erfolgte Übernahme des amerikanischen Lebensmittel- und Tabakkonzerns RJR Nabisco für etwa 25 Mrd. US $ angesehen werden. Nach einer „wilden Übernahmeschlacht" unter verschiedenen Bietern setzte sich schließlich das vergleichsweise kleine New Yorker Investmenthaus Kohlberg, Kravis, Roberts (KKR) mit einem Gebot von 109 US $ je Aktie durch. Vor Bekanntgabe der LBO-Absichten hatte der Börsenkurs bei nahezu der Hälfte, bei 56 US $ gelegen.

Zur Finanzierung ihres eigenen Kaufpreises mußte RJR Nabisco Fremdmittel von ca. 20 Mrd. US $ bei einem Umsatz von knapp 17 Mrd. US $ im Jahre 1988 aufnehmen.

3. Beurteilungskriterien der Marktteilnehmer

Zins- und Tilgungslast wirkten sich seither verheerend auf das Unternehmensergebnis aus. Während das Unternehmen 1988 noch einen Reingewinn von 1,4 Mrd. US $ auswies, schloß das Geschäftsjahr 1989 mit einem Verlust von 1,2 Mrd. US $ ab.

Rein finanzorientierten Unternehmensübernahmen, die zudem gegen den erklärten Willen der betroffenen Geschäftsleitungen erfolgen, steht man in Deutschland, insbesondere von seiten der Industrie, kritisch gegenüber. Für ehemals profitable und gesunde Unternehmen besteht infolge von Umsatzeinbußen oder eines gestiegenen Zinsniveaus die Gefahr, daß die aufgrund des LBO stark aufgeblähten Fremdmittel nicht mehr bedient werden können. Es droht außer der Illiquidität vor allem auch der Verlust von Arbeitsplätzen.

Unfreundlichen Übernahmeversuchen stehen in Deutschland folgende Hindernisse bzw. Erschwernisse im Unterschied zum anglo-amerikanischen Rechtsbereich entgegen:

(1) Die Möglichkeit zur Auswechslung des Vorstandes und mitbestimmenden Aufsichtsrats ist viel langwieriger. Die Arbeitnehmervertreter im Aufsichtsrat werden ohnehin nicht von der Aktionärsseite berufen. Die in der Regel für fünf Jahre bestellten Vorstandsmitglieder können gemäß § 84 Abs. 3 AktG nur aus wichtigen Gründen vorzeitig abberufen werden.
(2) Höchststimmrechte können in begrenztem Umfang unerwünschte Mehrheitsbildungen auf der Hauptversammlung verhindern.
(3) Bei einem hohen Anteil von Belegschaftsaktionären werden diese nicht ohne weiteres einer Zerschlagung „ihres Unternehmens" zustimmen.

3.5 Sonstige Bewertungsüberlegungen

Für die Aktienbewertung spielen nicht nur betriebswirtschaftliche Bewertungsüberlegungen eine Rolle. Ethisch-moralische Werthaltungen werden von einer wachsenden Zahl von Anlegern eingebracht. Schwer abschätzbar sind weiterhin psychologische Einflußfaktoren.

3.5.1 Ethisch-moralische Anlagekriterien

Sog. Ethik-Fonds, welche ihre Einlagen nur in Wertpapieren ökologisch und sozial fortschrittlicher Unternehmen investieren, werden zur Zeit mit wachsendem Erfolg „umweltbewußten Anlegern" in Deutschland angeboten. Auf diese Weise wird versucht, über einen indirekten Appell an das persönliche Verantwortungsbewußtsein des Anlegers diesen in seinem Verhalten bei der Kapitalanlage sozial- und umweltpolitisch miteinzubinden. Ethik-Fonds haben im Ausland wachsenden Erfolg. In den USA haben die sieben größten Fonds etwa 12 Milliarden DM, in England haben bereits 14 Fonds 500 Millionen DM in sog. Umwelt-Aktien investiert (*Bröckers* 1990).

Die ersten Ethik-Fonds in England und den USA trafen ihre Depot-Auswahl ausschließlich nach Negativ-Merkmalen und schlossen etwa Unternehmen aus, die an der Herstellung von Militärgütern beteiligt waren, Atomenergie erzeugten, umweltschädigende Produkte herstellten oder Tierversuche machten. Mittlerweile sind die „Investment-Manager mit Moral" jedoch zunehmend dazu übergegangen, auch nach Positivmerkmalen auszuwählen: umweltfreundliche Energiegewinnung, Entsorgungs-Technologie, Naturverfahren (im Pharma- und Ernährungsbereich) oder humane Arbeitsbedingungen.

Gerade diese Positivmerkmale könnten sich mittelfristig für solche Unternehmen vorteilhaft auswirken, die zwar in sensiblen, aber lebensnotwendigen Branchen tätig sind, sich aber in vorbildlicher Weise für eine Lösung der Probleme einsetzen.

3.5.2 Psychologie und Börse

Immer dann, wenn an den Börsen Außergewöhnliches geschieht, spricht man gerne von psychologischen Faktoren. In Situationen unvollständiger Information, hoher Komplexität und vorhandenen Zeitdrucks werden die Entscheidungen nicht rational, sondern – so haben wirtschaftspsychologische Untersuchungen gezeigt (*Waschkowski* 1971, S. 39, 101) – häufig nach Faustregeln und intuitiven Erwägungen getroffen.

Ein bedeutender psychologischer Einflußfaktor auf das Börsengeschehen sind die sog. Kontrollüberzeugungen. Hierunter ist der Glaube an die Fähigkeit zu verstehen, selbst wahrgenommene Einflußchancen auf die Umwelt beim Kauf von Aktien verwenden zu können. Kommt es nun an der Börse zu unvorhergesehenen negativen Kursentwicklungen, so verliert der Investor plötzlich seinen Glauben an seine eigene Kontrollüberzeugung. Er neigt dann dazu, kollektiven Verhaltensweisen zu folgen. Diese wiederum können die negativen Kursentwicklungen verstärken. Man spricht von sich selbst erfüllenden Erwartungen. Einen nicht zu unterschätzenden Einfluß auf solche kollektiven Verhaltensweisen haben dabei renommierte „Börsengurus", die durch Interviews und Empfehlungen in Börsenbriefen u. ä. das allgemeine Anlageverhalten faktisch mitbestimmen können.

Der Kurs einer Aktie ist aus dieser Sicht somit nichts anderes als die aggregierte Meinung der Mehrheit der Investoren über den Wert einer Aktie.

4. Möglichkeiten des Unternehmens zur Nachfragesteigerung

Die beste Werbung, die ein Unternehmen zur Steigerung der Nachfrage nach seiner Aktie machen kann, ist die Erwirtschaftung eines möglichst hohen Gewinns und die Ausschüttung einer ertragsorientierten Dividende an die Aktionäre. Im Rahmen der Globalisierung der Aktienmärkte, eines ständig steigenden Informationsangebots über in- und ausländische Konkurrenzunternehmen, einer zunehmend kurzfristiger orientierten und kritischeren Anlagepolitik der Investoren ist es heutzutage jedoch erforderlich, dem Aktionär mehr zu bieten als eine gute Dividendenrendite. Hierzu zählen eine vertrauensbildende, kontinuierliche Aktionärspflege durch eine umfassende Informationspolitik und eine Präsenz des Unternehmens auf den wichtigsten Finanzmärkten der Welt.

4.1 Investor Relations

Kern einer kontinuierlichen Information des Aktionärs, Anlageberaters oder Finanzanalysten ist heutzutage die Investor Relations-Arbeit. Darunter versteht man eine professionelle Aktionärspflege und Finanzkommunikation, die weit über die gesetzlichen Veröffentlichungspflichten eines Unternehmens hinausgeht und ein aktives Aktien-Marketing beinhaltet.

Ziel der Investor Relations-Arbeit ist es, die Aktionärsstruktur zu stabilisieren, die Nachfrage in- und ausländischer Investoren nach den Aktien des Unternehmens durch einen wachsenden Bekanntheitsgrad zu erhöhen, um damit den Aktienkurs zu maximieren und letztendlich Eigenkapital zu günstigeren Bedingungen zu erhalten (*Bauer* 1990; *Hirschbil* 1990).

4.1.1 Aufgabenstellung

Ansprechpartner sind vorrangig potente Investoren oder Finanzanalysten, die mit ihren Analyseberichten eine wichtige Mittler-Funktion ausüben und die ein spezielles Informationsbedürfnis, insbesondere über Finanzdaten, Marktstellung, Forschungsergebnisse oder Wachstumsprognosen des Unternehmens haben.

Eine solide Investor Relations-Arbeit beginnt zunächst damit, die Aktionärsstruktur sowie die regionale Aufteilung der Aktionäre im In- und Ausland festzustellen. Wichtig für eine zielgruppengerechte Ansprache der Investoren ist es zu wissen, ob es Aktionäre mit größeren Aktienpaketen gibt, welche in- oder ausländischen Fonds eine nennenswerte Anzahl von Aktien halten oder in welchen Ländern mit großem Anlagepotential die Aktie noch zu wenig verbreitet ist.

Im Zeitalter der Informationsüberflutung der Finanzmärkte reichen Finanzanzeigen, Pressemitteilungen oder andere Veröffentlichungen nicht mehr aus. Verlangt wird heute eine möglichst individuelle Betreuung der sog. Entscheider auf dem Finanzmarkt. Es ist notwendig, Möglichkeiten der Ansprache zu entwickeln, bei denen der persönliche Kontakt gewährleistet werden kann, um die Ziele und Botschaften des Unternehmens wirksam kommunizieren zu können. Ein kontinuierlicher Dialog mit den für das Unternehmen wichtigen Entscheidern am Finanzmarkt sollte ein Vertrauensverhältnis aufbauen, das gerade auch in Krisensituationen mögliche Glaubwürdigkeitsverluste abfedern kann.

Am Beispiel der Bayer AG, welche als eine der ersten deutschen Aktiengesellschaften mit einer kontinuierlichen Investor Relations-Arbeit begonnen hat, soll dies verdeutlicht werden (*Loehr* 1990, S. 1052).

(1) Für den laufenden Kontakt mit Finanzanalysten und Aktionären in aller Welt unterhält Bayer eine Investor Relations-Abteilung, die dem Finanzbereich der Leverkusener Konzernzentrale zugeordnet ist.
(2) Bayer veranstaltet zweimal pro Jahr in der Firmenzentrale die Bayer Investor Conference, die von etwa 100 Finanzanalysten aus Europa und den USA besucht wird.
(3) Darüber hinaus ist Bayer regelmäßig „vor Ort" auf den wichtigsten Finanzmärkten der Welt präsent. Diesem Zweck dienen Serien von Unternehmenspräsentationen, welche stets von einem Vorstandsmitglied geleitet werden.
(4) In einem „Jour fixe" finden jeden Monat kleinere Präsentationen vor Fondsmanagern und Analysten zu speziellen Themenbereichen statt.
(5) Auf Aktionärsmessen ist Bayer regelmäßig mit einem Informationsstand vertreten, an dem sich auch Kleinaktionäre individuell beraten und informieren können.

4.1.2 Inhaltliche Ausgestaltung

Erhielten die Kapitalgeber bis vor kurzem fast ausschließlich Informationen über Geschäftsergebnisse und zu erwartende Erträge, so versuchen die Unternehmen nun darüber hinaus, allen Beteiligten auch über Entwicklungen innerhalb des Unternehmens Auskunft zu geben. Dieser Wandel bei den Bemühungen, Transparenz zu schaffen, ist eine zentrale Aufgabe von Investor Relations.

Das technische Wissen, die Forschungskapazitäten, die Unternehmensphilosophie, die Zufriedenheit der Mitarbeiter, die Akzeptanz in der Öffentlichkeit, das Verhalten beim Umweltschutz oder hausinterne Konflikte sind nur einige Aspekte, die eine Anlageentscheidung positiv oder negativ beeinflussen können. Zusätzlich zu dem jährlich erscheinenden Geschäftsbericht kann es sich empfehlen, im laufenden Jahr eine ein- bis

4. Möglichkeiten des Unternehmens zur Nachfragesteigerung 191

zweimal erscheinende Aktionärszeitschrift zur Abrundung des Informationsangebots herauszugeben. Der Anleger bekommt den Einblick, welche Produkte, Verfahren und Forschungsprojekte hinter der Aktie stehen und ihre Ertragskraft verbürgen. Auf diese Weise kann eine engere Beziehung zum Aktionär aufgebaut werden.

Des weiteren kann die Vermittlung einer ansprechenden Unternehmensstory, die eine emotionale Bindung zur Unternehmensgeschichte oder zur Unternehmensleitung herstellt, den Bekanntheitsgrad und die Begehrlichkeit nach einer Aktie verstärken. Aber auch die Qualität des Managements, das Charisma des Vorstandsvorsitzenden, sein Auftreten in der Öffentlichkeit sowie seine Stellungnahmen zu Thesen, die über die täglichen Problemstellungen des von ihm vertretenen Unternehmens hinausgehen, beeinflussen und personifizieren in zunehmend stärkerem Maße den Bekanntheitsgrad und die Meinungsbildung über eine Gesellschaft.

4.1.3 Finanzpublizität

Die moderne Finanzkommunikation verlangt mehr als die Veröffentlichung eines Jahresabschlusses im Geschäftsbericht. Im Zuge der Internationalisierung der Finanzmärkte und der Aktionärsstrukturen der großen deutschen Publikumsgesellschaften ist es erforderlich, sich auch beim „Financial Reporting" internationalen Gepflogenheiten, d. h. den Informationsbedürfnissen ausländischer institutioneller Anleger, anzupassen.

(1) Freiwillig veröffentlichte Quartalsberichte und ein Halbjahresbericht mit einer zusammengefaßten Bilanz und Gewinn- und Verlustrechnung geben dem Investor zeitnahe Informationen.
(2) Ein separates Kapitel im Geschäftsbericht über wichtige Kennzahlen der Aktie, wie DVFA-Ergebnis, PER, Cash-flow je Aktie, Dividende mit Steuergutschrift, Dividendenrendite, Börsenwert, Börsenumsätze, Anzahl eventuell noch ausstehender Optionsrechte etc. erleichtert dem Anlegerpublikum die Meinungsbildung.
(3) Eine freiwillige Aufgliederung des operativen Konzernergebnisses nach divisionalen und regionalen Kriterien ermöglicht einen detaillierten Einblick in die Gewinnquellen eines Unternehmens und damit eine ausführliche Risikoanalyse (ausführlich hierzu *Schneider/Menn* 1990).

4.2 Erhöhung des Nachfragepotentials durch Börseneinführungen im Ausland

Eine Erhöhung der Nachfrage nach Aktien kann langfristig auch durch Börseneinführungen im Ausland erreicht werden. Dies ist insbesondere bei solchen Unternehmen sinnvoll, die bereits über einen großen Verbreitungsgrad ihrer Aktie in ihrem Heimatland verfügen und bei denen demzufolge die Ergiebigkeit des heimischen Kapitalmarktes für steigende Nachfrage begrenzt ist.

Ausländische Börseneinführungen empfehlen sich besonders in solchen Ländern, die über einen funktionierenden Aktienmarkt verfügen und zu denen das Unternehmen einen besonderen Bezug hat. Dieser Bezug kann sich durch eigene Tochtergesellschaften oder durch eine starke Marktstellung der Produkte des Unternehmens in diesen Ländern ergeben. Die Vorteile von Börseneinführungen im Ausland können wie folgt zusammengefaßt werden:

– Internationalisierung der Aktionärsstruktur
– Erleichterter Aktienhandel für ausländische Investoren
– Erhöhung des Bekanntheitsgrades des Unternehmens durch täglich sichtbare Präsenz am Aktienmarkt
– Erschließung des ausländischen Kapitalmarktes für spätere Kapitalbeschaffungsmaßnahmen.

4.3 Einfluß von Höchststimmrechten auf den Aktienkurs

Eine Reihe deutscher Publikumsgesellschaften hat insbesondere Mitte der siebziger Jahre sog. Höchststimmrechte zwischen 5% und 20% in ihre Satzungen (Übersichten geben *Baums* 1990, S. 221; *Hansen* 1990, S. R 167) aufgenommen, um sich vor ungewollter Einflußnahme z. B. der arabischen Staaten – Stichwort: Petrodollars – zu schützen. Höchststimmrechte sind jedoch durch Kritik aus dem Ausland (Booz Allen Acquisition Service 1989) wie auch durch verschiedene Anträge der Deutschen Schutzvereinigung für Wertpapierbesitz e. V. auf Hauptversammlungen deutscher Aktiengesellschaften (Gegenanträge wurden z. B. im Jahre 1990 bei Deutsche Bank, Feldmühle Nobel, Contigummi, AVA gestellt) in die politische Diskussion geraten.

Als Argumente gegen Höchststimmrechte werden z. B. vorgebracht:

– Verengung des Kapitalmarktes durch Abschreckung insbesondere ausländischen Kapitals;
– Schädigung der „Kursphantasie" hinsichtlich möglicher Übernahmen;
– unangemessener Einfluß des Vorstandes auf die Aktionärsstruktur;
– das Höchststimmrecht bilde einen Fremdkörper in der Aktionärsdemokratie: Verletzung des Grundsatzes „one share – one vote" in dem Sinne, daß der Zusammenhang zwischen Kapitalrisiko und der Befugnis zur Mitentscheidung außer Kraft gesetzt wird;
– kein Schutz vor feindlichen Übernahmen, da weitgehende Umgehungsmöglichkeiten durch Stimmrechtspools, Einsatz von Strohmännern oder Treuhändern bestehen.

Im Gegensatz zu Bayer und BASF gibt es bei Hoechst keine Höchststimmrechte. Betrachtet man die über Jahre hinweg fast parallele Kursentwicklung der Chemiekonzerne, so fällt es schwer, für die Praxis einen signifikanten Einfluß der Stimmrechtsbeschränkung festzustellen.

Die Unternehmensübernahme von Feldmühle Nobel durch Stora im Jahre 1990 hat gezeigt, daß trotz des Bestehens des Höchststimmrechts ein Inhaberwechsel faktisch ohne größere Hindernisse möglich ist. Bei Feldmühle Nobel wurde das 1989 gerade zur Sicherung des Publikumscharakters der Gesellschaft eingeführte Höchststimmrecht in der Hauptversammlung 1990 wieder abgeschafft, nachdem Stora mittel- und unmittelbar bereits die Kontrolle über 85% des Grundkapitals ausübte. Auch bei den Auseinandersetzungen zwischen Continental und Pirelli spielte der angebliche Schutz der Stimmrechtsbeschränkung keine maßgebliche Rolle bei einer möglichen Übernahme der unternehmerischen Führerschaft des Reifengeschäfts durch Pirelli.

Die Höchststimmrechtsklauseln sollten überdacht werden, sobald die sog. EG-Informationsrichtlinie in innerdeutsches Recht umgesetzt worden ist und sobald es bessere Schutzmaßnahmen für Aktionäre gibt. Hier kommt es insbesondere auf die Etablierung sinnvoller Regeln für Übernahmeangebote an, um einen geordneten Ablauf und ein faires Verhalten mit dem Ziel der Gleichbehandlung aller Aktionäre zu gewährleisten.

Die von der EG-Kommission in Vorbereitung befindliche sog. Übernahmerichtlinie ist diesbezüglich grundsätzlich zu begrüßen, jedoch noch verbesserungsfähig (Stellungnahme des BDI 1989 und ablehnende Schlußempfehlung des Rechtsausschusses des Deutschen Bundestages, Deutscher Bundestag 1990).

5. Möglichkeiten zur kurzfristigen Beeinflussung des Angebots

Die Möglichkeiten zur kurzfristigen Beeinflussung des Angebots, im Sinne einer Kurspflege für die eigene Aktie, sind für deutsche Unternehmen nur sehr begrenzt vorhanden.

5.1 Aktienerwerb zur Ausgabe von Belegschaftsaktien

Mit dem Kauf eigener Aktien an der Börse und der sich daran anschließenden Ausgabe als Belegschaftsaktien an die Arbeitnehmer läßt sich das Angebot der im Markt befindlichen Aktien kaum in geeigneter Weise beeinflussen.

Nach Feststellungen des Arbeitskreises Aktie e. V. gab es Ende 1989 in der Bundesrepublik 1,1 Mio. Belegschaftsaktionäre bei rund 300 Unternehmen. Die Bayer AG bietet z. B. seit 1953 Belegschaftsaktien an. Etwa 4–5 % der Bayer-Aktien werden bereits von Arbeitnehmern gehalten, die auf diese Weise auch einen engeren Bezug zu ihrem Unternehmen bekommen. Maßgebliche Einflußmöglichkeiten im Sinne einer wirksamen Kurspflege sind jedoch durch Belegschaftsaktienangebote insbesondere bei Kapitalgesellschaften mit einem hohen Grundkapital nicht zu erreichen und auch in zeitlicher Hinsicht nicht flexibel genug handhabbar.

5.2 Aktienrückkauf

Weiter bietet sich grundsätzlich die Möglichkeit des Rückkaufes eigener Aktien an. § 71 AktG beschränkt allerdings den Rückkauf eigener Aktien bis zur Höchstgrenze von 10% des Grundkapitals auf klar umrissene Spezialfälle. Er ist u. a. nur zulässig, wenn der Erwerb notwendig ist, um einen schweren, unmittelbar bevorstehenden Schaden von der Gesellschaft abzuwenden. Ein solcher „schwerer, unmittelbar bevorstehender Schaden" muß damit die Aktiengesellschaft selbst betreffen.

Als Argumente für einen erleichterten Erwerb eigener Aktien werden u. a. angeführt:

- Es könne sinnvoll sein, aus Gründen der Kurs- oder Marktpflege technisch oder psychologisch bedingte Überreaktionen des Marktes auch außerhalb von „Crash-Situationen" abzufedern oder die Bedingungen für eine bevorstehende größere Emission zu verbessern (*Kübler* 1989, S. 43).
- Durch den Abbau von Liquidität könnten Anreize für ein feindliches Übernahmeangebot reduziert werden.
- Im Unternehmen gebundene Mittel werden an den Kapitalmarkt zurückgegeben, der nunmehr nach dem Gesetz von Angebot und Nachfrage über die Reinvestition entscheiden könne. Dies bedeute, daß die Möglichkeit des Erwerbs eigener Aktien den Kapitalmarkt belebt und seine Allokationseffizienz steigert.
- Durch eine Verminderung der umlaufenden Aktien wird der auf jede Aktie entfallende Gewinn rechnerisch erhöht. Dies habe für eine vergleichende Unternehmensbewertung auf der Basis von Price-Earnings Ratios oder anderen Kennziffern, welche auf die Anzahl der Aktien abstellen, einen günstigen Einfluß.

In den USA gibt es die Möglichkeit zum Erwerb eigener Aktien. Die von einer US-Corporation erworbenen eigenen Aktien gelten als nicht emittiert. Werden diese Aktien dem Markt wieder zur Verfügung gestellt, so erstarken sie wieder zum vollwertigen Beteiligungsrecht.

Im Grundsatz ist mehr Flexibilität beim Rückkauf eigener Aktien für deutsche Unternehmen zu wünschen. Allerdings sollte dabei den Gesichtspunkten des Gläubigerschutzes und der Sicherung des Aktionärsvermögens Rechnung getragen werden. Der Rückkauf eigener Aktien sollte damit nur finanzstarken Unternehmen offenstehen.

Literatur

Arbeitskreis Aktie (1988), Aktionärsstrukturerhebung für 1988 des Arbeitskreises Aktie e. V., Düsseldorf

Arbeitskreis Aktie (1990), Steuermemorandum des Arbeitskreises Aktie e. V. vom Mai 1990, Düsseldorf

Bauer, S. (1990), Der Aktionär wird König, in: Industriemagazin 24, S. 231–239

Baums, T. (1990), Höchststimmrechte, in: Die Aktiengesellschaft 35, S. 221–242

BDI (1989), Stellungnahme vom 21. 6. 1989 zur 13. gesellschaftsrechtlichen Richtlinie für Übernahmeangebote, Köln

Booz Allen Acquisition Service (1989), Ausführliche Studie für die Kommission der Europäischen Gemeinschaft, Paris, DGXV-B-2

Bröckers, M. (1990), Drum prüfe, wer sich ethisch bindet, in: Natur 10, S. 32 f.

Burda, W. A. (1985), Mit der Gewalt einer Springflut, in: Handelsblatt Magazin 40, Nr. 5, S. 34

Busse von Colbe, W./Geiger, K./Haase, H./Reinhard, H./Schmitt, G. (Hrsg.) (1991), Ergebnis nach DVFA/SG: Gemeinsame Empfehlung, Stuttgart

Commerzbank (Hrsg.) (1989), Rund um die Börse, Darmstadt

Deutsche Bank AG (1990), Unveröffentlichte Studie Deutsche Bank AG vom April 1990, Frankfurt am Main

Deutscher Bundestag (1990), Ablehnende Schlußempfehlung des Rechtsausschusses des Deutschen Bundestages vom 8. 3. 1990, Bundestagsdrucksache 11/6612

Hansen, H. (1990), Das Höchststimmrecht und seine Probleme, in: Die Aktiengesellschaft 35, S. R 167-R 170

Hielscher, U. (1988), Finanzmathematische Grundkonzepte der modernen Investmentanalyse, in: Deutsche Vereinigung für Finanzanalyse und Anlageberatung (Hrsg.), Beiträge zur Wertpapieranalyse 25, S. 29 ff.

Hirschbil, H. (1990), Identität vermarkten, in: Wirtschaftswoche 44, Nr. 29, S. 99 f.

Hoppenstedt Stock Guide II/90, Darmstadt

Kübler, F. (1989), Aktie, Unternehmensfinanzierung und Kapitalmarkt, Köln

Loehr, H. (1990), Wie Bayer sich um die Anleger bemüht, in: Das Wertpapier 38, S. 1052–1054

Schneider, M./Menn, B.-J. (1990), Dynamische Informationspolitik im Spannungsfeld nationaler und internationaler Rechnungslegungsnormen, in: *Ahlert, D./Franz, K.-P./Göppl, H. (Hrsg.)*, Finanz- und Rechnungswesen als Führungsinstrument, Festschrift für Herbert Vormbaum zum 65. Geburtstag, Wiesbaden

Waschkowski, H. (1971), Prognose von Aktienkursen, Frankfurt am Main

Welcker, J./Thomas, E. (1981), Finanzanalyse, München

WestLB Capital Management GmbH, Aktienführer 6/1990, Düsseldorf u. a.

Teil C
Innenfinanzierung

Kapitel 10
Formen der Innenfinanzierung

von Otto L. Adelberger

1. Begriffliche Grundlagen 198
2. Finanzkreislauf und Innenfinanzierung 198
   2.1 Komplementäre Ansätze zur Ableitung der Innenfinanzierung aus dem Finanzkreislauf der Unternehmung 198
   2.1.1 Das Grundschema der betrieblichen Kapitalbewegungen 199
   2.1.2 Ein Schema des Finanzkreislaufs der Unternehmung . 199
   2.1.3 Ableitung der Innenfinanzierung aus Kontenbewegungen in der Finanzbuchhaltung 202
   2.2 Unternehmens- und betrieblicher Cash-flow 205
3. Finanzwirtschaftliche Voraussetzungen und Wirkungen einzelner Formen der Innenfinanzierung 206
   3.1 Gewinneinbehaltung 206
   3.2 Verrechnung von Abschreibungen 206
   3.3 Bildung und Auflösung von Rückstellungen 209
   3.4 Bildung und Auflösung sonstiger Bilanzpositionen 210
   3.5 Vermögensumschichtung 211
4. Zur betriebswirtschaftlichen Beurteilung der Innenfinanzierung 212
   4.1 Finanzwirtschaftliches Zielsystem und Innenfinanzierung . . 212
   4.2 Rechtsform der Unternehmung und Innenfinanzierung . . . 215
   4.3 Kapitalkosten der Hauptformen der Innenfinanzierung . . . 216
   4.4 Steuern und Innenfinanzierung unter bes. Berücksichtigung des Schütt-aus/Hol-zurück-Verfahrens 219
5. Zur Theorie der optimalen Selbstfinanzierung 220
   5.1 Eine ertragstheoretische Begründung der Selbstfinanzierung (Innenfinanzierung) 221
   5.2 Thesen zur Irrelevanz/Relevanz der Dividenden- bzw. Gewinnausschüttungspolitik 222
6. Innenfinanzierung in gesamtwirtschaftlicher Betrachtung 224
   6.1 Die Innenfinanzierung des Unternehmenssektors in der gesamtwirtschaftlichen Finanzierungsrechnung 224

Kapitel 10: Formen der Innenfinanzierung

6.2 Kritik an der Innenfinanzierung als Fehlallokation von volkswirtschaftlichen Ressourcen 224
7. Zusammenfassung 227
Literatur 228

1. Begriffliche Grundlagen

In der Systematik der Finanzierungsformen einer Unternehmung steht der Begriff **Innenfinanzierung** zunächst dem der **Außenfinanzierung** gegenüber. Während die Außenfinanzierung die Beschaffung von (Geld) Kapital durch spezifisch hierfür vorgesehene Finanzierungstransaktionen bewirkt (Vertragsschließung mit Eigen- oder Fremdkapitalgebern als Anbietern von Finanzmitteln auf dem Geld- und Kapitalmarkt und deren Vollzug durch Übertragung der entsprechenden Zahlungsmittel an die kapitalaufnehmende Unternehmung), erfolgt die Innenfinanzierung im Wege der Gewinnung bzw. Zurückbehaltung von Finanzmitteln durch die Unternehmung selbst aus ihrem leistungswirtschaftlichen Finanzkreislauf. Auch wenn die Finanzmittel der Unternehmung letztlich hierbei ebenfalls von außen (im wesentlichen durch den Erlöserzielungsprozeß für die an die Abnehmer veräußerten Absatzgüter) zufließen, knüpft der Begriff Innenfinanzierung an die Vorstellung an, daß diese Finanzmittelgenerierung durch Vorgänge „im Inneren der Unternehmung" erfolgt. Nach *Bierich* (1988, S. 193) sind dies „... Finanzmittel, die aus der laufenden Geschäftstätigkeit als Umsatzerlöse, Zinsen, Beteiligungs- oder sonstige Erträge in das Unternehmen zurückfließen und dort zurückbehalten werden ..."

Unter Formen der Innenfinanzierung werden im gegebenen Zusammenhang solche Kategorien von finanzwirtschaftlichen Transaktionen bzw. von abgrenzbaren Wertekategorien des finanzwirtschaftlichen Rechnungswesens der Unternehmung verstanden, welche die Quellen bzw. die Entstehungsursachen dieser Innenfinanzierungsbeiträge inhaltlich bzw. rechnungstechnisch definieren und voneinander abgrenzen (zur konkreten Beschreibung dieser Kategorien wird insbes. auf Abschn. 3, unten S. 206 ff., verwiesen).

2. Finanzkreislauf und Innenfinanzierung

2.1 Komplementäre Ansätze zur Ableitung der Innenfinanzierung aus dem Finanzkreislauf der Unternehmung

Die folgenden drei Erklärungsansätze dienen dazu, die Entstehung aus dem und die Auswirkung der einzelnen Formen der Innenfinanzierung auf den **Finanzkreislauf der Unternehmung** anschaulich und im dritten Fall auch in exemplarischer Weise numerisch darzustellen.

… 2. Finanzkreislauf und Innenfinanzierung 199

2.1.1 Das Grundschema der betrieblichen Kapitalbewegungen

Die Abbildung 1 (S. 200) enthält eine grundlegende Kategorisierung finanzwirtschaftlicher Transaktionen der Unternehmung in vier Hauptgruppen, aus welchen die Vorgänge der Innenfinanzierung wie folgt ableitbar sind: (Positive) Finanzierungswirkungen ergeben sich naturgemäß nur aus Einnahme-Zahlungsströmen, welche in kapitalzuführende und kapitalfreisetzende Einnahmen unterschieden werden. Während die ersten drei Positionen in der Rubrik der kapitalzuführenden Einnahmen als Transaktionsfolgen der Unternehmung mit außenstehenden Kapitalgebern zweifelsfrei der Außenfinanzierung zuzuordnen sind, stellen die finanziellen Überschüsse aus dem betrieblichen Leistungsprozeß und aus a. o. Erträgen, die vierte Position der kapitalzuführenden Einnahmen, Elemente der Innenfinanzierung dar. Die vier Positionen in der Rubrik der kapitalfreisetzenden Einnahmen werden hingegen sämtlich dem Bereich der Innenfinanzierung zugeordnet; häufig werden sie auch als Finanzmittelzufluß aus Vermögensumschichtungen (im bilanziellen Sinne) bezeichnet. Zum Bereich der (negativen) Innenfinanzierung gehört aber auch die an dritter Stelle stehende Position der kapitalentziehenden Ausgaben; durch finanzielle Fehlbeträge (Verluste) aus der betrieblichen Leistungstätigkeit oder durch Spekulationsverluste werden dem Unternehmen Innenfinanzierungsmittel entzogen, d. h. es findet ein Kapitalabfluß statt, dessen Deckung dann ggf. aus anderen Finanzierungsmittelquellen zu erfolgen hat.

2.1.2 Ein Schema des Finanzkreislaufs der Unternehmung

In der Abbildung 2 (S. 201) sind drei Arten betrieblicher Werteströme wiedergegeben: finanzwirtschaftliche Transaktionen (in Zahlungsmitteln), güterwirtschaftliche Transaktionen (Faktorleistungen, Produktionsergebnisse, Güterabsatz) und Transaktionen in Rechten (Forderungen und Verbindlichkeiten).

Im oberen Teil des Schaubilds vollzieht sich der güterwirtschaftliche Leistungsprozeß der Unternehmung (Beschaffung, Produktion, Absatz), dem entsprechende Zahlungsstrom- und Rechte-Transaktionen entgegenlaufen, während der untere Teil die kapitalmarktbezogenen Transaktionen, die Investitions- und Finanzierungsvorgänge und die Bestandshaltung an Vermögensgütern und Kapitalpositionen der Unternehmung wiedergibt.

Die Innenfinanzierung der Unternehmung resultiert im Kern aus denjenigen **Zahlungsmittelüberschüssen**, welche sich aus der betrieblichen Leistungstätigkeit ergeben. Über die Absatzmärkte (1) (in der Abbildung 2 mit 1 bis M bezeichnet) werden Produkterlöse erzielt, die sich in Zahlungen auf den Geldkonten (2) oder in Zugängen an Forderungen aus Lieferungen und Leistungen (3) (Debitoren) niederschlagen (Gegenwerte der

Abb. 1: Das Grundschema der betrieblichen Kapitalbewegungen

Einnahme – Zahlungsströme		Ausgabe – Zahlungsströme	
Kapitalzuführende Einnahmen	Kapitalfreisetzende Einnahmen und Abbau von Geldbeständen	Kapitalbindende Ausgaben und Geldbestandserhöhungen	Kapitalentziehende Ausgaben
– Einnahmen aus Eigenkapitaleinlagen (Inhaber-, Gesellschaftereinlagen, Kapitalerhöhungen) – Einnahmen aus Fremdkapitalaufnahme (lang-, mittel- und kurzfristige Kredite durch Finanzierungsmaßnahmen) – Einnahmen aus dem Erhalt staatlicher Zuschüsse (Subventionen, Prämien) – Finanzielle Überschüsse aus dem betrieblichen Leistungsprozeß (echte Selbstfinanzierung) und aus a. o. Erträgen (z. B. Spekulationsgeschäften, Zins- und Dividendeneinnahmen)	– Einnahmen aus der marktlichen Verwertung von Leistungen in Höhe der dafür erfolgten Kapitalbindung – Einnahmen aus Rückzahlungen von Darlehen (im Rahmen aktiver Finanzierung) – Einnahmen aus der marktlichen Verwertung nicht verzehrter Produktionsfaktoren (Desinvestitionen, Veräußerung nicht betriebsnotwendigen Vermögens) – Verminderung von Geldbeständen (Kasse, Barkgutshaben)	– Ausgaben für die Beschaffung von Produktionsfaktoren (Investitionen, Vorleistungen, Arbeits- und Dienstleistungen) – Ausgaben infolge Kapitalüberlassung an andere Wirtschaftseinheiten (Beteiligungen, Darlehen = aktive Finanzierung; Kauf von Wertpapieren) – Ausgaben für gewinnunabhängige Steuern (Kostensteuern, z. B. Vermögen-, Gewerbekapital-, Grundsteuer) – Erhöhung von Geldbeständen (Kasse, Bankguthaben)	– Ausgaben infolge Eigenkapitalentnahme (Rückgewährung von Einlagen) – Ausgaben für Fremdkapitaltilgung (Kreditrückzahlung) – Finanzielle Fehlbeträge (Verluste) aus der betrieblichen Leistungstätigkeit und bei a. o. Verlusten (z. B. Spekulationsgeschäften) – Ausgaben für gewinnabhängige Steuern (Körperschaft-, Gewerbeertragsteuer) – Ausgaben für Gewinnausschüttungen und Zinszahlungen

Quelle: *Kappler/Rehkugler* 1991 (modifiziert vom Verf.)

2. Finanzkreislauf und Innenfinanzierung

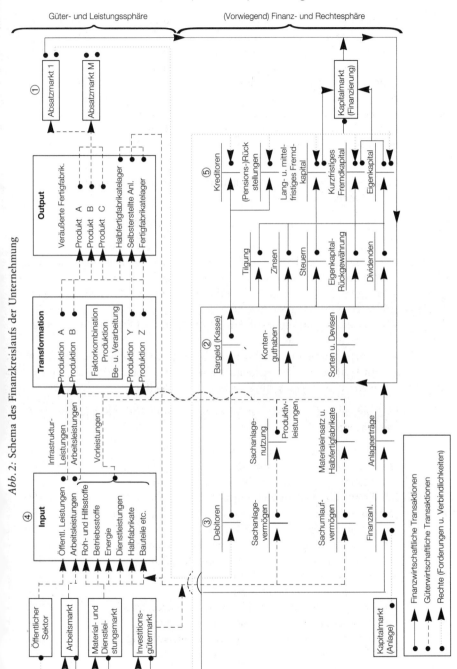

Abb. 2: Schema des Finanzkreislaufs der Unternehmung

Umsatzerlöse); diesen Zuflüssen stehen leistungsbezogene Abflüsse von Finanzmitteln für die Bezahlung der „Inputs" von den Beschaffungsmärkten und dem öffentlichen Sektor (4) bzw. Kreditierungen aus Lieferungs- und Leistungsbezug der Unternehmung (5) (Kreditoren) gegenüber. Innenfinanzierung resultiert aus der positiven Differenz dieser periodenbezogenen Leistungseinnahmen und der Leistungsausgaben. In welcher Weise sich diese finanzwirtschaftliche Umsatzüberschußerzielung vollzieht, geht aus der anschließenden exemplarischen Darstellung hervor.

2.1.3 Ableitung der Innenfinanzierung aus Kontenbewegungen in der Finanzbuchhaltung

Die folgenden Annahmen liegen der finanzbuchhalterischen Darstellung zugrunde:

– Die finanzwirtschaftlichen Vorgänge werden für eine abgeschlossene Wirtschaftsperiode (etwa ein Kalenderjahr) betrachtet.
– Es finden (zunächst) keine Kreditierungsvorgänge (Entstehung von Debitoren oder Kreditoren) statt.
– Lagerhaltung im Input- und im Outputbereich wird (zunächst) ausgeschlossen.
– Bilanzpositionen in der Eröffnungs- und Schlußbilanz werden nur in dem Umfang wiedergegeben, wie es für das Verständnis der Innenfinanzierungsvorgänge als zweckmäßig erscheint.

Die folgenden Transaktionen (in Zahlungsmittel- oder Recheneinheiten) werden unterstellt:

(1)	Umsatzerlöse (veräußerte Fertigfabrikate)	10 000
(2)	Umsatzausgaben (2a bis 2d, zusammengefaßt)	6 700
(2a)	Materialbezug (Roh-, Hilfs-, Betriebsstoffe)	2 500
(2b)	Lohn- und Gehaltszahlungen	3 500
(2c)	Energiebezug	500
(2d)	Gebühren für öffentliche Leistungen	200
(3)	Abschreibungen auf das Sachanlagevermögen	1 000
(4)	Rückstellungen (4a bis 4b, zusammengefaßt)	800
(4a)	für Produkt-Garantieleistungen	300
(4b)	für Pensionsverpflichtungen	500
(5)	Zins- und Beteiligungseinnahmen (Anlageerträge)	800
(6)	Zinszahlungen für aufgenommene Kredite	300
(7)	Gewerbeertrag- und Körperschaftsteuerzahlung	600
(8)	Gewinnausschüttung an die Gesellschafter	500

Die Verbuchung der vorstehend angenommenen Transaktionen stellt sich in den entsprechenden Konten wie in Abbildung 3 wiedergegeben dar.

2. Finanzkreislauf und Innenfinanzierung

Abb. 3: Finanzbuchhalterische Darstellung der Innenfinanzierung

```
              ... Positionen der ...
                Eröffnungsbilanz (EB)

              Anlagen     5000    . . . .
              . . . .             Eigenkap. 8000
                                  . . . .
```

Anlagen (AN)		Umsatzerlöse (UE)		Umsatzausgaben (UA)		Abschreibung (AB)	
(EB) 5000	(3) 1000 (SB) 4000	(GV) 10000	(1) 10000	(2) 6700	(GV) 6700	(3) 1000	(GV) 1000
5000	5000						

Allg. Rückstell. (AR)		Pens.-Rückst. (PR)		Zinserträge (ZE)		Zinsaufwand (ZA)	
(4a) 300	(GV) 300	(4b) 500	(GV) 500	(GV) 800	(5) 800	(6) 300	(GV) 300

Ertragsteuern (ES)		Gewinnentnahme (GE)		Eigenkapital (EK)		Bil. Rückstell (BR)	
(7) 600	(GV) 600	(8) 500	(EK) 500	(GE) 500 (SB) 8900	(EB) 8000 (GV) 1400	(SB) 800	(4a) 300 (4b) 500
				9400	9400	800	800

Bank/Kasse (BK)		... Positionen der ... Schlußbilanz (SB)				Gewinn- und Verlustrechn. (GV)	
(1) 10000 (5) 800	(2) 6700 (6) 300 (7) 400 (8) 500 (SB) 2700	. . . . (AN) 4000 (BK) 2700	. . . .	(EK) 8900 (BR) 800	(UA) 6700 (AB) 1000 (AR) 300 (PR) 500 (ZA) 300 (ES) 600 (EK) 1400	(UE) 10000 (ZE) 800	
10800	10800					10800	10800

Der **Gesamtbetrag der Innenfinanzierung** ergibt sich mit 2 700,
bestehend aus

- Gewinneinbehaltung (Gewinnerzielung 1 400
  abzüglich Gewinnentnahme 500)   900

- Zuweisung zu den Rückstellungen   800

- Abschreibung auf Anlagevermögen   1 000
                                                                 ------
                                                                  2 700
                                                                 ======

Im Ergebnis schlägt sich die Innenfinanzierungswirkung der verbuchten Transaktionen als Aktivsaldo des Bank-/Kassekontos im Höhe von 2 700 Zahlungsmitteleinheiten nieder. Dieser Saldo stimmt überein mit der Summe der Sachanlageabschreibungen (1 000), der Rückstellungszuweisungen (800) und der Gewinneinbehaltung nach Steuern (Netto-Eigenkapital- bzw. -Rücklagenzuweisung 900), und man kann (bezogen auf das Zahlenbeispiel) somit festhalten, daß sich die Innenfinanzierung aus diesen drei finanzwirtschaftlichen Transaktionen „zusammensetzt". Die Begründung hierfür liegt darin, daß der Unternehmung in den Transaktionen (1) und (5) insgesamt 10 800 an Finanzmitteln zugeflossen sind, welchen lediglich 8 100 an ausgabenwirksamen Aufwendungen in den Transaktionen (2), (6), (7) und (8) gegenüberstanden. Wie man hieraus erkennt, kann der Innenfinanzierungsbeitrag der Periode sowohl aus der Finanzrechnung der Unternehmung als auch aus der Erfolgsrechnung abgeleitet werden.

Der Zusammenhang der Nachweisbarkeit der Innenfinanzierung in diesen beiden Rechnungssystemen ist darin gegeben, daß umsatzbezogene Aufwendungen, die keine Auszahlungen in derselben Rechnungsperiode verursachen, zwar das erfolgsrechnerische Periodenergebnis mindern, nicht jedoch den finanzwirtschaftlichen Überschuß, und daß dem einbehaltenen Gewinnbetrag in seiner Entstehung ohnehin keine umsatz- oder ergebnisbezogene Auszahlung von Finanzmitteln gegenübersteht.

Für die drei Grundformen der Innenfinanzierung kann dieser Sachverhalt auch wie folgt formuliert werden: Den verrechneten Abschreibungen bzw. in gleicher Höhe in Umsatzerlösen eingenommenen Abschreibungsgegenwerten stehen deswegen keine Auszahlungsbeträge in der gleichen Abrechnungsperiode gegenüber, weil diese Auszahlungen bereits in früheren Wirtschaftsperioden, nämlich bei der Beschaffung und Bezahlung der entsprechenden Anlagegüter geleistet worden sind, jetzt also keinen Zahlungsbedarf mehr verursachen können. Den verrechneten Rückstellungen stehen ebenfalls in der gegenwärtigen Abrechnungsperiode keine Auszahlungsbeträge gegenüber, weil diese definitionsgemäß erst in einer der folgenden Wirtschaftsperioden anfallen können, wenn es später überhaupt zu solchen Auszahlungsverpflichtungen kommt.

Den einbehaltenen Gewinnanteilen stehen schließlich zu keinem Zeitpunkt entsprechende Auszahlungsverpflichtungen gegenüber, es sei denn, bei später auftretenden Verlusten wird Eigenkapital aufgezehrt und Finanzmittel fließen tatsächlich aus dem Finanzkreislauf wieder ab, oder das Eigenkapital wird explizit an die Kapitalgeber zurücküberwiesen, etwa im Falle einer Eigenkapitalentnahme durch Inhaber und Beteiligte oder durch eine erfolgende Liquidation der Unternehmung. Man kann also kurz gefaßt sagen, die Auszahlungen im Zusammenhang mit Abschreibungen sind bereits **früher** erfolgt, bei den Rückstellungsverpflichtungen werden sie ggf. **später** anfallen, und bei der Gewinneinbehaltung erfolgen sie (im Normalfall und in kürzerfristiger Betrachtung) überhaupt nicht, d. h. zeitlich gesehen **nie**.

2.2 Unternehmens- und betrieblicher Cash-flow

Im Zusammenhang mit den hier diskutierten Vorgängen der Innenfinanzierung wird häufig der Begriff und die finanzanalytische Konzeption des **Cash-flow** gebraucht. In möglichst sinngetreuer Übersetzung aus dem anglo-amerikanischen finanzwirtschaftlichen Rechnungswesen (financial accounting) bedeutet Cash-flow „finanzwirtschaftlicher Umsatzüberschuß". Damit ist zweierlei zum Ausdruck gebracht:

(1) Es handelt sich um eine finanzwirtschaftliche und nicht (in erster Linie) um eine erfolgswirtschaftliche Stromgröße, dargestellt in einer Kenn- bzw. Berichtszahl des Rechnungswesens.

(2) Es handelt sich um denjenigen Finanzmittelbeitrag (-entzug), der im Zusammenhang mit dem betrieblichen Leistungs- oder Umsatzprozeß generiert wird (und nicht etwa durch Außenfinanzierungsvorgänge, Vermögensveräußerungen o. ä.). Der Unternehmens-Cash-flow bezieht darüber hinaus auch die übrigen Finanzmittelüberschüsse aus der Unternehmensaktivität mit ein, wie etwa die Netto-Erträge aus der ertragswirtschaftlichen Nutzung des Finanzanlagevermögens (im vorstehenden Finanzbuchführungsbeispiel die Transaktionen (5) und (6)), während sich der betriebsbedingte Cash-flow auf die leistungswirtschaftlich gewonnenen Finanzmittelüberschüsse beschränkt (in der Praxis gibt es hierzu allerdings häufig auch Abgrenzungsschwierigkeiten, z. B. bei der Zuordnung von Steuer- oder Zinszahlungen). Von Bedeutung ist ferner, daß Brutto- und Netto-Cash-flows in zweifacher Hinsicht unterschieden werden sollten: Einmal spricht die Literatur (und Praxis) von Brutto-Cash-flow als dem Cash-flow vor Abzug von Ertragsteuern (die auf den Gewinnbestandteil des Cash-flow erhoben werden können), sowie dementsprechend nach Abzug von Ertragsteuern von Netto-Cash-flow; und andererseits wird mit Brutto-Cash-flow der Umsatzüberschuß vor Gewinnentnahmen bzw. vor Dividendenausschüttung bezeichnet und analog der Netto-Cash-flow. Zweckmäßig wäre somit eine einheitliche Nomenklatur, die alle diese vier Fälle (vom „Brutto-Brutto-" bis zum „Netto-Netto-Cash-flow") genau und abgegrenzt definiert. Zu den vielfältigen Ermittlungsansätzen und Interpretationen des Cash-flow als finanz- und erfolgswirtschaftlichem Ergebnisindikator kann auf die einschlägige Literatur (z. B. *Coenenberg* 1990, S. 603–606 u. 668–673) verwiesen werden.

3. Finanzwirtschaftliche Voraussetzungen und Wirkungen einzelner Formen der Innenfinanzierung

3.1 Gewinneinbehaltung

Um die finanzwirtschaftlichen Voraussetzungen und Wirkungen der Einbehaltung von Gewinnen diskutieren bzw. in der Praxis des Managements beurteilen zu können, bedarf es grundsätzlich einer Lösung der mit dem Gewinnbegriff verbundenen Definitions- und Meßprobleme. Da diese seit langer Zeit ein zentraler Gegenstand der Betriebswirtschaftslehre sind, kann hierzu auf die einschlägige Literatur verwiesen werden, im gegebenen Zusammenhang und für weiterführende Referenzen exemplarisch auf (*Wöhe* 1987, S. 95 f. u. 373–388). Welche Gewinnermittlungskonzeption angewendet werden kann oder sollte, richtet sich in erster Linie nach den verfolgten Rechnungs- bzw. Analysezwecken. Meßkonzeptionen, die den Innenfinanzierungsbeitrag einer Unternehmung auf der Grundlage des finanzwirtschaftlichen Rechnungswesens i. S. der handels- und steuerrechtlichen Vorschriften und der Grundsätze ordnungsmäßiger Buchführung zu ermitteln oder prognostizieren versuchen, haben sich grundsätzlich am Nominalwertprinzip zu orientieren und die entsprechenden Bewertungsvorschriften zu beachten. In der Regel wird auch vorausgesetzt, daß Gewinnerzielung mit finanzwirtschaftlichen Überschüssen einhergeht und daß damit die Disponibilität von Finanzmitteln eo ipso gegeben ist – eine nicht immer zutreffende Annahme. Zum Verständnis der Innenfinanzierungsvorgänge in Form der Gewinnerzielung und -einbehaltung ist es ferner hilfreich, sie auf der Grundlage der Wertschöpfungsrechnung zu analysieren, da der „Gewinn" ein essentieller Bestandteil der **Wertschöpfung** einer Unternehmung ist. Folgt man der Gliederung der Wertschöpfungsrechnung in die vier aufeinander aufbauenden Teilsysteme Entstehungs-, Verteilungs-, Umverteilungs- und Verwendungsrechnung, so ist die Gewinneinbehaltung naturgemäß erst als Ergebnis der Umverteilungsrechnung, d. h. auf der dritten dieser vier Stufen, ermittelbar. Insbesondere ist dann als Wirkung der Innenfinanzierung lediglich die Anreicherung des Finanzmittelaufkommens der Unternehmung zu verstehen, nicht aber auch deren (wie auch immer geartete) investive Verwendung.

3.2 Verrechnung von Abschreibungen

Die Innenfinanzierungswirkung von Abschreibungen beruht darauf, daß in den vereinnahmten Produkt- bzw. Leistungserlösen finanzwirtschaftliche Gegenwerte für die in den zur Produkt- oder Leistungserstellung verrechneten Aufwendungen für die (Ab-) Nutzung von dauerhaft nutzbaren Produktivgütern (betrieblichen Anlagen) enthalten sind. Da diese ver-

3. Voraussetzungen und Wirkungen einzelner Formen   207

rechneten Aufwendungen für die Anlagenabnutzung in der betrachteten Nutzungsperiode nicht mit entsprechenden Auszahlungen verbunden sind, bleiben die anteilig wieder freigesetzten Finanzmittel solange und insoweit verfügbar, als sie nicht (1) entweder für die Rückzahlung der ursprünglich für die originäre Investition beschafften Finanzierungsmittel (z. B. Kredittilgung) oder (2) für die Ersatzbeschaffung einer nicht mehr nutzungsfähigen (im rechnungstechnischen Sinne voll abgeschriebenen) Anlage benötigt werden. Ihr Finanzierungseffekt ist somit i. d. R. zeitlich beschränkt.

Mit der Beurteilung der Finanzierungswirkung von Abschreibungen ist eine Reihe von konzeptionellen und rechnungstechnischen Fragen verbunden, die ihres Umfangs und Komplexitätsgrades wegen hier nur kurz bzw. in Hinweisen behandelt werden können. Von besonderer Bedeutung ist der mit der Abschreibungsverrechnung und dem normalerweise daraus resultierenden **Kapitalfreisetzungseffekt** häufig einhergehende **Kapazitätserweiterungseffekt**, der sich dann ergibt, wenn die aufgrund der Abschreibungsverrechnung freigewordenen Kapitalbindungsbeträge unmittelbar reinvestiert werden, obwohl diejenigen Anlagen, für die die Abschreibungen in Ansatz gebracht wurden, noch funktionsfähig sind und weiterhin betrieblich genutzt werden. Die Verbindung von Kapitalfreisetzungs- und Kapazitätserweiterungseffekt wird in der Literatur auch als *Lohmann-Ruchti*-Effekt bezeichnet; er läßt sich in vielfältiger Weise variierbar aus unterschiedlichen Prämissen über Art und Zahl der Anlagegüter, mit welchen ein Betrieb erstausgestattet wird, deren Anschaffungsauszahlungen, ihre Nutzungsdauer, den Abschreibungsverlauf, die Reinvestitionszeitpunkte und den Folge-Abschreibungsverlauf der nachbeschafften Anlagen und andere Planungsdaten ableiten. Eine sich im wesentlichen selbst erläuternde, der finanzwirtschaftlichen Lehrbuchliteratur entnommene Beispielstabelle wird zur Veranschaulichung des Kapitalfreisetzungs- und Kapazitätserweiterungseffektes in der Abbildung 4 (S. 208) wiedergegeben.

Ergänzend hierzu ist darauf hinzuweisen, daß die Abgrenzung zwischen offener Selbstfinanzierung und Abschreibungsfinanzierung rechnungstechnisch bzw. buchhalterisch eindeutig vorgenommen werden kann (verrechnete Abschreibungen vermindern im gleichen Betrag das erfolgsrechnerische Periodenergebnis, so daß sich insoweit Gewinn- und Abschreibungsfinanzierung gegenseitig ausschließen), daß sich die Abgrenzung von stiller Selbstfinanzierung und Abschreibungsfinanzierung jedoch als arbiträr erweisen kann. Unter **stiller Selbstfinanzierung** versteht man den Finanzierungseffekt, der sich ergibt, wenn ein Wirtschaftsgut in der Periodenerfolgsermittlung bzw. in der Abschlußbilanzierung mit einem „zu niedrigen" Wertansatz, als geboten wäre, ausgewiesen wird bzw. ein im Jahresabschluß zu bewertender Passivposten der Bilanz (z. B.

Kapitel 10: Formen der Innenfinanzierung

Abb. 4: Zahlenbeispiel zum Kapazitätserweiterungseffekt der Abschreibungsfinanzierung

Periode	Außen-finan-zie-rungs-betrag	Kapital-freiset-zung in der Periode	Gesamte Kapitalbindung				Periodenkapazität (Anzahl der Maschinen)			Totalkapazität (Anzahl der Restnutzungsperioden)		
			Kapital-bindung in der Periode	Verän-derung in der Periode	Stand am Ende der Periode	Verfüg-barer Kapital-rest am Perioden-ende	Zu-gang	Ab-gang	Be-stand	Zu-gang	Ab-gang	Be-stand
t	KA_t	KF_t	KB_t	ΔK_t	K_t	KR_t	ZP_t	AP_t	BP_t	ZT_t	AT_t	BT_t
0	1000	0	1000	1000	1000	0	10	0	10	40	0	40
1	0	250	200	−50	950	50	2	0	12	8	10	38
2	0	300	300	0	950	50	3	0	15	12	12	38
3	0	375	400	25	975	25	4	0	19	16	15	39
4	0	475	500	25	1000	0	5	10	14	20	19	40
5	0	350	300	−50	950	50	3	2	15	12	14	38
6	0	375	400	25	975	25	4	3	16	16	15	39
7	0	400	400	0	975	25	4	4	16	16	16	39
8	0	400	400	0	975	25	4	5	15	16	16	39
9	0	375	400	25	1000	0	4	3	16	16	15	40
10	**0**	**400**	**400**	**0**	**1000**	**0**	**4**	**4**	**16**	**16**	**16**	**40**
11	0	400	400	0	1000	0	4	4	16	16	16	40
12	0	400	400	0	1000	0	4	4	16	16	16	40
13	0	400	400	0	1000	0	4	4	16	16	16	40
14	0	400	400	0	1000	0	4	4	16	16	16	40
15	0	400	400	0	1000	0	4	4	16	16	16	40
16	0	400	400	0	1000	0	4	4	16	16	16	40
17	0	400	400	0	1000	0	4	4	16	16	16	40
18	0	400	400	0	1000	0	4	4	16	16	16	40
19	0	400	400	0	1000	0	4	4	16	16	16	40
20	0	400	400	0	1000	0	4	4	16	16	16	40

Annahmen:
Anschaffungskosten einer Maschine A   100 Geldeinheiten
Nutzungsdauer einer Maschine T   4 Perioden
Restveräußerungserlös am Nutzungsdauerende R 0 Geldeinheiten

Quelle: *Matschke* 1991, S. 148

Rückstellungen) im Wertansatz „zu hoch" angesetzt wird; dadurch verkürzt sich das Jahresergebnis, so daß (unter gegebenen Bedingungen) weder der Fiskus durch Besteuerung noch die Kapitalgeber, insbes. die gewinnbezugsberechtigten Inhaber oder Beteiligten einer Unternehmung, hierauf Zugriff nehmen können. So bleiben die entsprechenden Beträge zunächst solange dem Blick verborgen bzw. vor dem Zugriff bewahrt, bis die Aufdeckung dieser so gelegten stillen Reserven (etwa bei Veräußerung oder „korrekter" Neubewertung dieser Vermögensgüter in einer der folgenden Bilanzierungsperioden) erfolgt. Damit ergibt sich zumindest ein transitorischer Finanzierungseffekt (Steuerstundung mit interimistischen

3. Voraussetzungen und Wirkungen einzelner Formen

Zinserträgen) bzw. vorübergehender Verzicht auf Ausschüttung dieser Beträge als Gewinn. Werden nun Abschreibungen auf Anlagegüter verrechnet, welche höher als die „korrekterweise" anzusetzenden Wertminderungen in der Abrechnungsperiode sind, dann verursachen die als Überabschreibung anzusehenden Verrechnungsbeträge Finanzierungswirkungen, die eigentlich der Legung stiller Reserven zuzuordnen sind.

3.3 Bildung und Auflösung von Rückstellungen

Die Bildung von Rückstellungen in der Bilanz wird vorgenommen, um ungewisse Verbindlichkeiten oder Lasten, die die Unternehmung in Zukunft zu berichtigen bzw. zu tragen haben könnte, in der Periode der Entstehung bereits erfolgsrechnerisch und im Kapitalausweis zu berücksichtigen. Rückstellungen sind demnach Vorsichtspositionen in der Aufwandsrechnung bzw. in der Abschlußbilanz für Verbindlichkeiten bzw. Lasten, die zwar dem Grunde nach bereits bekannt sind, nicht jedoch ihrer Höhe bzw. auch dem Fälligkeitszeitpunkt nach, da sich diese erst in der (ungewissen) Zukunft herausstellen werden. Rückstellungen „reservieren" sozusagen betriebliche Werte (u. U. in Form von disponiblen Finanzmitteln) und bewahren diese zunächst ebenfalls vor dem Zugriff von Gläubigern (Rückstellungen für ungewisse Verbindlichkeiten), von gewinnbezugsberechtigten Eigenkapitalgebern (für den Fall, daß die Rückstellungen sich später als gar nicht erforderlich und damit ex post als stille Selbstfinanzierungsbeträge erweisen sollten) und i. d. R. auch des Fiskus (Rückstellungen sind im Regelfall von Steuerbemessungsgrundlagen der Substanz- und Ertragbesteuerung der Unternehmung absetzbar). Rückstellungen können kurz-, mittel- und langfristige Zahlungs- bzw. Leistungsverzögerungen und damit Finanzierungswirkungen haben. Steuerrückstellungen werden meist kurzfristig angelegt, Instandhaltungs- oder Produktgarantierückstellungen mittelfristig, Rückstellungen für Bergschäden, für die Stillegung und Entsorgung von Kernkraftwerken oder für betriebliche Pensionsverpflichtungen werden dagegen i. d. R. lange Vorsorgezeiträume umfassen. Entsprechend lange werden die Finanzierungseffekte aus der Bildung dieser Rückstellungen anzusetzen sein. Die Finanzierungseffekte von betrieblichen Pensionszusagen dürfen jedoch nicht nur aus der Sicht der Rückstellungsbildung beurteilt werden; vielmehr ist in das Kalkül mit einzubeziehen, welche Auswirkungen die später notwendig werdende Auflösung bzw. die tatsächliche Auszahlung der entsprechenden Versorgungsleistungen in finanzwirtschaftlicher und steuerlicher Hinsicht haben werden. Schließlich ist die Beurteilung der Finanzierungswirkungen im Aggregat der Pensionsverpflichtungen gegenüber sämtlichen Berechtigten und in der jeweiligen Betrags- und Zeitstruktur vorzunehmen, so daß allgemeine Aussagen zur Finanzierungswirkung der Pensionsrückstellungen nur mit vielen Vorbehalten formu-

Abb. 5: Mittelbindung, Zuführung zur sowie Auflösung der Pensionsrückstellung und Pensionszahlung

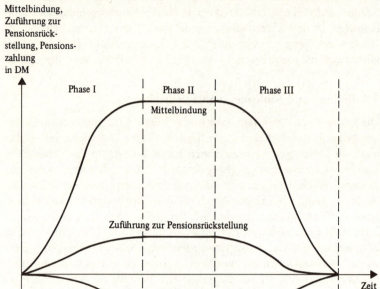

Quelle: *Wöhe/Bilstein* 1991, S. 311

liert werden können. Ein möglicher Zeitverlauf der drei relevanten Variablen eines Aggregates von Pensionszusagen ist in der Abbildung 5 dargestellt. Wegen der handels- und steuerrechtlichen Berechnungs- bzw. Bewertungsvorschriften für die zu bildenden sowie aufzulösenden Pensionsrückstellungsbeträge und der damit verbundenen versicherungs- und finanzmathematischen Kalküle wird auf die einschlägige Literatur verwiesen (z. B. *Wöhe* 1987, S. 563–576; *Matschke*, S. 155–168).

3.4 Bildung und Auflösung sonstiger Bilanzpositionen

Finanzierungswirkungen können neben den in den Abschnitten 3.1 bis 3.3 beschriebenen Hauptformen der Innenfinanzierung auch noch von weiteren, allerdings in Volumen und Disponibilität diesen eher untergeordneten Bilanzpositionen ausgehen. Wie bereits oben bei der Diskussion der Abschreibungsfinanzierung ausgeführt wurde, kann durch die bewußte Unterbewertung von Sachanlagegütern auf dem Wege der Legung

3. Voraussetzungen und Wirkungen einzelner Formen 211

stiller Reserven eine zumindest vorübergehende Finanzierungswirkung erzeugt werden. Dies kann in ähnlicher Weise bei Positionen des finanziellen Anlagevermögens (Beteiligungen, längerfristig gehaltene Fremdwährungs- oder Wertpapierbestände), bei betrieblichen Umlaufvermögensbeständen (Vorräte, Halb- und Fertigfabrikate bzw. Forderungen aus Lieferungen und Leistungen u. ä.) geschehen. Ferner ist es möglich, finanzierungswirksame stille Reserven durch den gegenteiligen Vorgang, d. h. durch Überbewertung von Passivpositionen der Bilanz, zu bilden, vor allem im Bereich der bereits diskutierten (allgemeinen) Rückstellungen oder ggf. bei Fremdwährungsverbindlichkeiten. Zuweilen bedeutende Finanzierungswirkungen können schließlich durch die Bildung von Sonderposten mit Rücklageanteil in der Bilanz, d. h. von offenen steuerfreien Rücklagen aus dem unversteuerten Gewinn der Unternehmung ausgehen; hier wird zu Lasten des Periodenergebnisses eine Rücklage gebildet, die sowohl die Ertragsteuerbemessungsgrundlage der Veranlagungsperiode als auch das ausschüttungsfähige Jahresergebnis im handelsrechtlichen Sinn kürzt und damit eine Mitteleinbehaltung bewirkt, die so lange anhält, bis diese Rücklagen wieder aufgelöst werden müssen. Diese weit mehr institutionell als betriebswirtschaftlich begründeten Maßnahmen können in Einzelfällen erhebliche (beabsichtigte) Steueraufschub- und Finanzierungswirkungen haben; ihre Veranlassung ist im einzelnen durch das jeweils geltende Steuerrecht geprägt, so daß auf das hierzu vorliegende Spezialschrifttum verwiesen wird.

3.5 Vermögensumschichtung

Als Formen der Innenfinanzierung werden in der Literatur und in der betrieblichen Praxis schließlich Vorgänge angesehen, bei welchen im betrieblichen Anlage- oder Umlaufvermögen bislang gebundene Kapitalbeträge wieder freigesetzt werden, deren Gegenwerte dann meist in Form finanzieller Mittel als Erlöse aus der Veräußerung dieser Vermögensbestände vorliegen. So ist die Veräußerung nicht betriebsnotwendigen Anlagevermögens (Grundstücke, Gebäude, maschinelle Anlagen) oder von Finanzanlagevermögensbeständen (Beteiligungen, Wertpapierbestände) Vermögensumschichtung „in liquide Mittel", sofern die Gegenwerte der Unternehmung finanzwirksam zufließen. *Matschke* (1991, S. 169–173) faßt zweckmäßigerweise auch den Forderungsverkauf im binnen- und außenwirtschaftlichen Kreditmanagement der Unternehmung (Factoring, Forfaitierung) unter den Begriff der Vermögensumschichtung. Voraussetzung für deren Finanzierungswirkung ist (bilanziell gesehen) ein „Aktivtausch", in dem diese Vermögenspositionen gegen Barguthaben eingetauscht werden. Häufig sind diese Finanzierungsvorgänge auch mit erfolgswirtschaftlichen und steuerlichen Konsequenzen verbunden, dann nämlich, wenn die Buchwerte der veräußerten Vermögensgegenstände nicht mit den effektiv erzielten Erlösen übereinstimmen und somit zusätzlich außerordentliche Aufwendungen oder Erträge entstehen, welche ihrerseits wiederum Innenfinanzierungswirkungen aus der Gewinnverwendung nach sich ziehen können. Finanzierungswirksam bleiben diese Vermögensumschichtungen ferner nur dann, wenn die freigewordenen Mittel nicht zur Rückzahlung von Kapital verwendet werden (müssen), welches ursprünglich bei der Investition in die nunmehr veräußerten Vermögensteile beschafft wurde, d. h. für die Rückgewähr von Eigenkapitaleinlagen oder für die Tilgung von Krediten.

4. Zur betriebswirtschaftlichen Beurteilung der Innenfinanzierung

4.1 Finanzwirtschaftliches Zielsystem und Innenfinanzierung

Will man die Zielkonformität der Innenfinanzierung insgesamt oder in ihren einzelnen Formen beurteilen, ist es erforderlich, zu unterscheiden zwischen den **Zielen und Zielsystemen der Inhaber** und Beteiligten einerseits und andererseits den Zielen und dem Zielsystem, die in der Literatur als „**unternehmensbezogene Ziele**" einer Unternehmung (so etwa *Schneider* 1980, S. 161–168) beschrieben werden. Letztere werden von der „Interessenkoalition" Unternehmung als Organisationseinheit, konkret repräsentiert durch entsprechende Unternehmensorgane, insbes. das Management, zum Ausdruck gebracht und im Entscheidungsprozeß entsprechend manifestiert. Die grundlegende Interessendichotomie aufgrund von eigentümerbezogenen und unternehmens- (management-) bezogenen Zielstrukturen liegt zunächst bzw. vordergründig darin, daß Innenfinanzierung i. d. R. Nichtausschüttung von Gewinnen oder Nicht-Rückgewähr von Kapitaleinlagen an Eigenkapitalgeber bedeutet, wo diese u. U. ein (vitales) Interesse an der individuellen oder persönlichen Verfügung über diese Finanzmittel haben. Ob sich Innenfinanzierung statt Gewinnausschüttung oder Eigenkapitalrückgewährung letztlich aber zum Vorteil oder zum Nachteil der Inhaber oder Beteiligten einer Unternehmung auswirkt, ist keine a priori und leicht entscheidbare Frage, da sie von einer großen Zahl entscheidungsrelevanter Faktoren und sehr komplexen Kalkülstrukturen zur Ermittlung oder Abschätzung dieser Vor- oder Nachteile abhängt (zu theoretischen Ansätzen für solche Überlegungen wird auf den Abschnitt 5, unten S. 220 verwiesen).

Beschränkt man sich hingegen auf die Frage der Konformität der Innenfinanzierung mit den „klassischen" unternehmensbezogenen Zielen bzw. Zielsystemkomponenten, dann ist zu prüfen, inwieweit die einzelnen Formen der Innenfinanzierung den finanzwirtschaftlichen Handlungsmaximen **Liquidität**, **Rentabilität**, **Flexibilität** und **Unabhängigkeit** der Unternehmung entsprechen. Offensichtlich ist, daß die Liquiditätslage einer Un-

4. Zur betriebswirtschaftl. Beurteilung der Innenfinanzierung 213

ternehmung durch Innenfinanzierungsvorgänge, gleich welcher Form (mit Ausnahme der zunächst liquiditätsunwirksamen stillen Selbstfinanzierung durch Bewertungsmaßnahmen, welchen keine Finanzmittelzuflüsse gegenüberstehen), verbessert wird. Es kann aber auch durchaus zieladäquat sein, die Liquiditätslage einer Unternehmung vor einer Verschlechterung zu bewahren, so daß letztlich alle Innenfinanzierungsvorgänge dem Liquiditätsziel bzw. der Einhaltung dieser in einem kapitalmarktwirtschaftlichen Wirtschaftssystem streng geltenden Nebenbedingung unternehmerischen Finanzwirtschaftens dienen können. Auch hier ist jedoch erneut auf die Unterscheidung zwischen Finanzmittelentstehung (Kapitalfreisetzung) und Finanzmittelverwendung als nachfolgende Kapitalbindung in einem neuen investiven Vorgang hinzuweisen: Die erneute Kapitalbindung kann in der Kapitalbindungsdauer und im Liquiditätsgrad der Objekte der Mittelwiederverwendung durchaus eine Beeinträchtigung der Liquiditätssituation im Vergleich zu der originären Kapitalbindung mit sich bringen.

Die Rentabilitätswirkung der Innenfinanzierung läßt sich in zweierlei Richtung interpretieren. Zunächst kann geprüft werden, inwieweit sich die Finanzierungskosten der einzelnen Formen oder des Gesamtbetrags der Innenfinanzierung unterscheiden von den Kapital- oder Finanzierungskosten, die mit alternativen Kapitalbeschaffungsmaßnahmen (Außenfinanzierung bzw. Leasingverträge) entstehen würden (s. hierzu den nachfolgenden Abschnitt 4.3, unten S. 216 ff.). Von Bedeutung ist naturgemäß ferner, welche Ertragsveränderungen bzw. Rentabilitätswirkungen mit der (Re-) Investition der Finanzmittel, d. h. mit der dann folgenden produktiven betrieblichen oder außerbetrieblichen Kapitalverwendung (etwa Finanzanlagen der Unternehmung) verbunden sein könnten oder sein werden; dies ist dann allerdings kein spezifisches Problem der Innenfinanzierung mehr, sondern betrifft alle Formen der Finanzierung gleichermaßen, auch wenn deren Kapitalkosten in partieller Betrachtung naturgemäß unterschiedlich sein können. Die hiermit im Zusammenhang stehenden Probleme werden ebenfalls weiter unten, insbes. in den Abschnitten 5.1, S. 221, bzw. 4.4, S. 219, nochmals aufgegriffen.

Ob das dritte der oben genannten klassischen finanzwirtschaftlichen Hauptzielkriterien, das der Flexibilität, hier verstanden als finanzdispositive Anpassungsfähigkeit der Unternehmung an sich ändernde Wirtschafts-, insbes. Finanzmarktbedingungen, durch Innenfinanzierungsvorgänge besser erfüllt werden kann und daraus folgend mehr Freiheitsgrade gewährt werden, als sie durch Außenfinanzierungsmaßnahmen gewährt werden könnten, ist eine unterschiedlich beantwortbare Frage. Die Formen der Innenfinanzierung sind prinzipiell keine durch das Unternehmens- oder gar Finanzmanagement dispositiv einsetzbaren Instrumente im Sinne der Handhabung sog. Entscheidungsvariablen der Unternehmung, sondern das finanzwirtschaftliche Ergebnis der leistungswirtschaftlichen Aktivität einer Unternehmung. Etwas plakativer formuliert, ist die Entstehung des Cash-flow einer Unternehmung aus finanzwirtschaftlicher Sicht nicht direkt beeinflußbar, sondern im Kern lediglich konstatierbar; sie hängt von den Umsatzeinnahmen (Produkt-, Preis-, Absatzpolitik) und von der Verursachung bzw. Steuerung finanzwirksamer Aufwandskategorien in der Leistungserstellung ab, ist also keine direkt kontrollierbare, sondern (lediglich) eine Ergebnisvariable. Daß Abschreibungs- und Bewertungspolitik die Formen bzw. die Zusammensetzung des Cash-flow sehr wohl beeinflussen können (etwa Sonderabschreibungen oder außerordentlich hohe Rückstellungszuweisungen zu Lasten des Jahresergebnisses), widerspricht dieser Feststellung nicht im Grundsatz, selbst wenn unter steuerlichen Aspekten und im Hinblick auf die Gewinnverwendungspolitik das Innenfinanzierungsvolumen in absoluten Beträgen gesehen durchaus auch von diesen Entscheidungen abhängen kann.

Demgegenüber mag man, je nach den gegebenen spezifischen Finanzierungsverhältnissen und Finanzmarktbeziehungen einer Unternehmung, durchaus flexiblere Bedingungen und höhere Feiheitsgrade in der Außenfinanzierung vorfinden, so daß die Anpassungsfähigkeit an veränderte Umstände, etwa bei drohenden Liquiditätskrisen oder bei der kurzfristigen Wahrnehmung kostengünstiger Finanzierungsalternativen (z. B. etwa Fremdwährungsfinanzierungen auf volatilen internationalen Märkten), im Außenfinanzierungsbereich wesentlich höher sein kann als dies in der Innenfinanzierung der Fall wäre. Hinzu kommt, daß gerade auch die Einbehaltung von Gewinnen bzw. der Grad der offenen Selbstfinanzierung von Unternehmen in der Regel von der Bereitschaft der Unternehmensanteilsinhaber, auf Gewinnbezüge zu verzichten, abhängt; im Falle etwa der Publikumsaktiengesellschaft ist durch institutionelle Regelungen der Verteilungsspielraum des Managements zugunsten der Selbstfinanzierung gesetzlich (§ 58 Abs. (2) AktG) eingegrenzt, andererseits unterliegt die Aktiengesellschaft nach § 272 Abs. (2) AktG dem Gebot, die gesetzliche Rücklagen mit jeweils 5% des Jahresergebnisses bis zu einer Höhe von 10% des Grundkapitals zu dotieren – gewiß, keine einschneidende, aber dennoch die finanzwirtschaftliche Flexibilität der Unternehmung beschränkende Vorschrift. Daß die Innenfinanzierung in den Folgewirkungen hingegen weitaus flexiblere Finanzierungsbeziehungen (zu ihren Kapitalgebern) als die Fremdfinanzierung schafft, ist ebenso unbestritten, da sie keine förmlichen oder expliziten Finanzierungskontrakte mit Kapitalgebern von außen bewirkt, solche allenfalls durch die Wiederverwendung von Abschreibungsgegenwerten oder Rückstellungsbeträgen fortsetzt oder wiederholt.

4. Zur betriebswirtschaftl. Beurteilung der Innenfinanzierung

Weitgehende Übereinstimmung herrscht somit in der Literatur und Praxis darüber, daß die Innenfinanzierung die Unabhängigkeit des Finanzmanagements und der Unternehmung schlechthin von ihren Kapitalgebern im Vergleich zur Außenfinanzierung stärkt bzw. gewährleistet, da durch sie weder zusätzliche Mitbestimmungsrechte von Eigenkapitalgebern noch Zins- und Tilgungsverpflichtungen gegenüber Darlehensgebern begründet werden. Auch wird die Informations- und Rechenschaftspflicht gegenüber den jeweiligen Kapitalgebern in der Innenfinanzierung vom Finanzmanagement als i. d. R. weitaus weniger verbindlich angesehen, als dies etwa bei der Kreditüberwachung für eine als Objekt abgrenzbare Projektfinanzierung der Fall sein dürfte.

Schließlich wird dieser Gesichtspunkt der Unabhängigkeit des Finanzmanagements häufig auch geltend gemacht bei der Beurteilung der Innenfinanzierung unter Kapitalverwendungsaspekten, obwohl dieses Argument logisch nicht der Finanzierungs-, sondern der Investitionspolitik der Unternehmung zugeordnet werden müßte; Innenfinanzierung, insbes. stille Selbstfinanzierung und Abschreibungs- sowie Rückstellungsfinanzierung, vollzieht sich weithin unbeobachtet bzw. routinemäßig im Finanzkreislauf der Unternehmung, richtet sich nach etablierten oder etablierbaren Grundsätzen des Finanzmanagements, die häufig Ausdruck in Kennzahlen zur Vermögens- und Kapitalstruktur, zu Liquiditätsgraden, Investitionsquoten oder des dynamischen Verschuldungsgrades der Unternehmung finden, und erscheinen somit als relativ immun gegen managementfremde Einflüsse und Kritiken.

4.2 Rechtsform der Unternehmung und Innenfinanzierung

Bedingt durch die unterschiedlichen institutionellen Voraussetzungen und Konsequenzen der Innenfinanzierung von Unternehmen, insbes. aus handelsrechtlicher, steuerlicher und kapitalmarktorientierter Sicht, können die Formen der Innenfinanzierung nicht unabhängig von der Rechtsform (und damit partiell auch von der Größe und Bedeutung) einer Unternehmung beurteilt werden. Allein die Stärkung oder Verminderung der durch Eigenkapital-Buchbeträge mitbestimmten Haftungsbasis und Kreditwürdigkeit einer Unternehmung ist ein klares Indiz für die Relevanz dieser Frage, sowohl für die Einzelunternehmen und die Personengesellschaften als auch für die die persönliche Haftung der Gesellschafter beschränkenden Formen der Kapitalgesellschaften. Daß die Besteuerung von Unternehmen die Verteilung und Umverteilung der betrieblichen Wertschöpfungsanteile und den damit im Zusammenhang stehenden Cash-flow beeinflußt, ist nicht mehr als eine im gegebenen Zusammenhang triviale Feststellung, und um so genauer sind die steuerlichen Implikationen insbes. der rechtsformenabhängigen Bilanzpolitik und der Gewinnverteilungs- und -verwendungsentscheidungen zu beurteilen und zu beachten (letztere umfassen nicht zuletzt auch Aspekte der staatlichen Transfer-, d. h. Subventionspolitik für die Unternehmen). Daß diese Fragen eine noch viel weitergehende Bedeutung haben können, zeigt der Hinweis auf die Vielfalt und Komplexität von Unternehmensverbindungen, insbes. die Bildung und die finanzwirtschaftlichen Funktionsbereiche nationaler und vor allem internationaler Konzerne. Hier geht es in erster Linie um den allokativen Ressourcentransfer innerhalb der Konzernmitglieder sowie insbes. um die internationalen distributiven Effekte, welche vor allem durch gezielte Bilanz- und Bewertungspolitik der einzelnen Konzernmitglieder, durch Verrechnungspreis- und Dividendenpolitik, aber auch durch eine Reihe weiterer reallokativer und redistributiver Maßnahmen zu sehr erheblichen Finanzierungseffekten führen können.

4.3 Kapitalkosten der Hauptformen der Innenfinanzierung

Die Kapitalkosten der einzelnen Formen und des Gesamtvolumens der Innenfinanzierung sind, wie bereits oben im Abschn. 4.1 im Zusammenhang mit der Rentabilitätszielsetzung der Unternehmung erwähnt, einer der wichtigsten Gesichtspunkte zur betriebswirtschaftlichen Beurteilung der Vor- und Nachteile der Innenfinanzierung gegenüber den anderen Finanzierungsalternativen. Unter Kapitalkosten werden im gegebenen Zusammenhang sowohl die **expliziten** als auch die **impliziten Kapitalkosten** verstanden (zu dieser Unterscheidung s. u. a. *Süchting* 1989, S. 418–427; vgl. auch *Hielscher/Laubscher* 1989, S. 3–6). Unter expliziten Kapitalkosten einer Unternehmung werden für die Zwecke dieser Darstellung die von der Unternehmung zu tragenden Kapitalnutzungsentgelte (Zinsen der Fremdkapital- bzw. Gewinnerwartungen der Eigenkapitalgeber) sowie die mit der Kapitalbeschaffung, -verwaltung, -verzinsung und -rückzahlung verbundenen expliziten Transaktionskosten verstanden. Von besonderer Bedeutung ist ferner im jeweiligen Beurteilungs- und Entscheidungszusammenhang, ob die Kapitalkosten als **Brutto-** oder **Nettokapitalkosten**, d. h. vor oder nach der Berücksichtigung steuerlicher (und negativ-steuerlicher) Einflüsse definiert und gemessen werden. Ferner kann es von Bedeutung sein, ob es sich um nominelle oder reale (im Sinne der Inflationsbereinigung) Kapitalkosten handelt.

Die in der traditionellen Finanzierungsliteratur und in der „naiven" Finanzierungspraxis früher häufig geäußerten Meinungen, Innenfinanzierung stelle der Unternehmung besonders billiges oder gar kostenloses Kapital zur Verfügung, da diese Mittel der Unternehmung ja ohnehin gehörten und niemand darauf einen direkten Anspruch haben könne (mit Ausnahme etwa der Eigenkapitalgeber auf die einbehaltenen Gewinne),

4. Zur betriebswirtschaftl. Beurteilung der Innenfinanzierung 217

haben sich in ihrer Irrtümlichkeit mittlerweile weitgehend selbst ad absurdum geführt. Ohne die geschichtliche Entwicklung der Lehre von den Kapitalkosten (nicht nur in theoretischen, sondern auch in normativpraktischen Ansätzen der Betriebswirtschaftslehre) hier im einzelnen nachvollziehen zu können, ist es heute wohl allgemein anerkannt, daß die Kosten der Innenfinanzierung generell zumindest durch die Opportunitätskosten, d. h. durch ihre Alternativertragsätze (der erwartbaren Rendite in bestmöglichen anderweitigen investiven Verwendungen) bestimmt werden. Dies gilt insbes. für die Gewinneinbehaltung, deren Transaktionskosten (etwa für den Vollzug einiger Buchungssätze) i. d. R. zudem als sehr gering veranschlagt werden können. Ein konkreter Ausdruck dieser Opportunitätskosten ist die risikospezifisch angepaßte Eigenkapital-Renditeerwartung der auf Gewinnentnahme verzichtenden Eigenkapitalgeber der Unternehmung. Sicherlich können auch mit deren Bestimmung erhebliche Meßprobleme auftreten, aber von der kapitaltheoretischen Begründung her kann dieses Konzept im Prinzip nicht in Frage gestellt werden. Die Definition und rechnungstechnische Meßbarkeit von Kapitalkosten der Pensionsrückstellungen bereiten wegen dem (derzeit mit 6%) gesetzlich vorgegebenen Auf- bzw. Abzinsungszinssatz in der Barwert- bzw. Teilwertberechnung der Pensionsverpflichtungen und damit der versicherungsmathematisch auf biologischen Wahrscheinlichkeitsannahmen beruhenden exakten Berechnung der jährlich zu bildenden bzw. aufzulösenden Rückstellungsbeträge in jedem einzelnen Vertragsfall keine grundsätzlichen Schwierigkeiten. Zu berücksichtigen ist allerdings, daß Pensionszahlungen nach gesetzlichen Vorschriften „dynamisch" erfolgen, d. h. der allgemeinen Inflationsentwicklung angepaßt werden. Dies hat zur Folge, daß die definitiv zu leistenden Pensionszahlungen inflationsratenabhängig und damit unsicher sind, so daß auch die Kapitalkosten der Pensionsrückstellungen ein Element der Unsicherheit beinhalten.

Dagegen ist die Vermutung, Ermittlung oder Schätzung von Kapitalkosten für Finanzierungsbeträge, die auf allgemeinen Rückstellungen kurzfristiger Art (etwa für Garantieleistungen, Schadensersatzpflichten oder Prozeßrisiken) ruhen, schon wesentlich problematischer, da sie praktisch niemals explizit vereinbart und im Bilanzansatz der Rückstellungen kaum als Element des Wertes dieser unsicheren Verbindlichkeit erkannt oder berücksichtigt werden. Hilfsweise ist also auch für diese Finanzierungsform der Opportunitätskostensatz heranzuziehen. Langfristige Rückstellungen, etwa für Bergschäden, Anlagenstillegungen und -beseitigung oder lang wirkende Produkt- oder Verfahrenshaftpflichten können ebenfalls mit spezifisch risikoangepaßten Kalkulationszinsfüßen diskontiert und mit diesem Ansatz bewertet werden, wenn man von der Vorstellung ausgeht, daß die durch diese Rückstellungspositionen langfristig gebundenen

Mittel in der Unternehmung langfristig ertragbringend eingesetzt werden können bzw. diese Rückstellungen Finanzierungsmaßnahmen ersetzen, welche alternativ für die unternommenen Investitionen hätten herangezogen werden müssen.

Konzeptionelle und meßtechnische Probleme bereitet häufig die Bestimmung der Kapitalkosten der Abschreibungsfinanzierung, für die in erster Linie behauptet wurde, sie sei kostenlos, da die Mittel der Unternehmung ohnehin zur Verfügung stünden und keine expliziten Kapitalkosten verursachen würden. Das Thema Kapitalkosten der Abschreibungsfinanzierung hat in der finanzwirtschaftlichen Fachliteratur bislang praktisch kaum eine Beachtung und Bearbeitung gefunden, wohl vor allem deshalb, weil die Definition und die Ermittlung von Kapitalkosten in erster Linie oder ausschließlich auf die (bilanziell abbildbaren) Bestandspositionen der Finanzierung, d. h. auf das in den Passivpositionen ausgewiesene Kapital zu den jeweiligen Bilanzierungsstichtagen abgestellt sind. Abschreibungen hingegen sind eine reine Strom- oder Bewegungsgröße und sind (abgesehen von den fast obsoleten Fällen der Verbuchung von indirekten Abschreibungs- oder Wertberichtigungspositionen auf der Passivseite der Bilanz für das abzuschreibende Anlagevermögen) so gesehen in der Bilanz einer Unternehmung nicht auffindbar. Der Ansatz und auch die Berechnung der Kapitalkosten der Abschreibungen sind hingegen im Verhältnis zu anderen Kapitalformen der Innenfinanzierung eher unproblematisch: Abschreibungsgegenwerte als Finanzierungsmittel tragen (sofern man diese Abgrenzung überhaupt vornehmen will oder kann) diejenigen Kapitalkosten, die die Finanzierungsmittel verursach(t)en, die zur Finanzierung der Investitionsgüter herangezogen worden sind, die jetzt abgeschrieben werden, und deren Finanzierung auch heute noch aussteht bzw. wirksam ist. Die Kosten der Abschreibungsfinanzierung sind demnach die historischen (durchschnittlichen) Kosten der Finanzierung früher beschaffter und jetzt genutzter bzw. bereits abgeschriebener Kapitalgüter. Diese Kapitalkosten können natürlich in einer bestandsbezogenen Finanzierungskostenrechnung nicht sowohl für das noch ausstehende Bestandskapital als auch für die neu unternommenen Abschreibungsfinanzierungen (d. h. zweimal) angesetzt werden. Operationale Bedeutung haben die Kosten der Abschreibungsfinanzierung somit lediglich als marginale Kapitalkosten, können als solche jedoch durchaus als entscheidungsdienlich angesehen werden, etwa wenn eine Projektbeurteilung aufgrund eines Investitionsrechnungsverfahrens vorgenommen wird, dessen Vergleichs- oder Kalkulationszinsfuß auf der Grundlage von Kapitalkosten einer (mit) herangezogenen Abschreibungsfinanzierung zu ermitteln ist.

4.4 Steuern und Innenfinanzierung unter bes. Berücksichtigung des Schütt-aus/Hol-zurück-Verfahrens

Die Zusammenhänge zwischen der Innenfinanzierung und der **Substanz-, Verkehrs- und Ertragbesteuerung** der Unternehmung sind vielfältig und komplex, so daß hier nur einige grundlegende Fragen angesprochen werden können. Zunächst ist festzustellen, daß die einzelnen Formen der Innenfinanzierung unterschiedliche Folgen bei der Veranlagung zur Vermögen- und Gewerbekapitalsteuer der Unternehmung haben, da die auf Gewinneinbehaltung beruhende Eigenfinanzierung die Steuerbemessungsgrundlage für diese Steuern grundsätzlich in vollem Umfang erhöht, während Finanzierungen aus Abschreibungen und Vermögensumschichtungen sie im Prinzip unverändert gegenüber dem steuerlichen status quo lassen, Rückstellungszuweisungen hingegen die Bemessungsgrundlagen nicht oder nur zum Teil erhöhen. Zu bemerken ist jedoch, daß diese Aussagen lediglich die „Kapitalseite" der Bilanz betreffen, Steuerwirkungen aber auch von der Art der Verwendung der verfügbaren Finanzmittel (Vermögensbildung) auf der Aktivseite ausgehen können.

Die einzelnen Formen der Innenfinanzierung werden in ihrer Entstehung ebenfalls steuerlich unterschiedlich behandelt. Die Gewinnerzielung unterliegt der Gewerbeertragsteuer in vollem Umfang, Abschreibungs- und Rückstellungsaufwendungen sind hingegen im Prinzip unbeschränkt von den Steuerbemessungsgrundlagen der Einkommen- bzw. Körperschaftsteuer abzugsfähig, so daß die Finanzierungsbeträge quasi „brutto für netto" zur Verfügung stehen. Umschichtungsfinanzierungsvorgänge vollziehen sich ebenfalls prinzipiell ergebnis- und damit steuerneutral, soweit nicht durch sie erfolgswirksame Buchverluste oder -gewinne entstehen. Die Wirkungen der Körperschaftsteuerbelastung der Innenfinanzierung sind zunächst einfach abzuschätzen, da die Besteuerung der Gewinneinbehaltung (brutto, d.h. vor Abzug der Körperschaftsteuern) mit linear 50% erfolgt, somit also die Kapitalkosten der Gewinneinbehaltung durch diesen Besteuerungseffekt gegenüber den nicht besteuerten Innenfinanzierungsformen praktisch verdoppelt werden (steuerliche Diskriminierung der Eigenkapitalbildung). Die definitiv zu tragende Steuerlast läßt sich jedoch im Endeffekt erst bestimmen, wenn über eine spätere Verwendung der in die Rücklagen eingestellten Gewinnanteile entschieden wird: Sofern sie nämlich in späteren Veranlagungsperioden doch noch oder wieder zur Ausschüttung als Dividendenzahlung oder Gewinnanteil des GmbH-Gesellschafters kommen, findet eine Nachentlastung bzw. Reduktion der Besteuerung auf den Körperschaftsteuersatz für ausgeschüttete Gewinne in Höhe von derzeit 36% statt; ferner sind die von der Unternehmung entrichteten Ausschüttungskörperschaftsteuern in der dann folgenden persönlichen Einkommensteuerveranlagung der Empfänger der Gewinnausschüttungen wiederum voll auf die sich errechnende

Steuerschuld anrechenbar, so daß es sehr unsicher bzw. schlecht absehbar ist, welche steuerliche Belastung die Innenfinanzierung definitiv bzw. ggf. über die Lebensdauer einer Unternehmung gesehen zu tragen hat.

Unter den Bedingungen des geltenden Körperschaft-/Einkommensteuer-Anrechnungssystems mit dem ‚gespaltenen' Körperschaftsteuertarif von 50 bzw. 36% für einbehaltene und ausgeschüttete Gewinne der Kapitalgesellschaften und der einem progressiven Steuertarif unterliegenden persönlichen Einkommensbesteuerung ergibt sich die Frage, unter welchen Bedingungen es vorteilhaft sein kann, Gewinne nicht zur offenen Selbstfinanzierung einzubehalten, sondern sie vollständig auszuschütten, der persönlichen Einkommensbesteuerung zu unterwerfen und sie dann durch die Kapitalanteilsinhaber im Wege einer Kapitalerhöhung der Unternehmung wieder als Eigenkapital zur Verfügung stellen zu lassen. Die Vorteilhaftigkeit dieses Verfahrens ist steuertechnisch dann gegeben, wenn die Grenzbesteuerung der Kapitaleinkommen (ggf. unter Berücksichtigung von Kirchensteuern) im Ausschüttungs- und Wiederanlagefall (Schütt-aus-/Hol-zurück-Verfahren) geringer ausfällt als die Körperschaftsbesteuerung der einbehaltenen Gewinne. Nicht vernächlässigt werden sollten in diesem Kalkül jedoch auch anfallende Transaktionskosten, insbes. etwa Emissionskosten einer Kapitalerhöhung und ggf. Kapitalverkehrsteuern. Ob es schließlich unter finanzierungstechnischen und -politischen Gesichtspunkten als möglich bzw. opportun erscheint, ausgeschüttete Gewinnbeträge von den Anteilsinhabern im erwarteten Umfang wieder zurückzuerhalten, kann, insbes. bei Publikumsaktiengesellschaften mit anonymen Kapitalgebern, sehr fraglich sein. Das Verfahren ließe sich daher allenfalls bei Familien- bzw. Konzernaktiengesellschaften und ebenfalls familienbezogenen Gesellschaften mit beschränkter Haftung und überschaubarem Gesellschafterkreis sowie allenfalls bei Wirtschaftsgenossenschaften praktizieren. Für eine Darstellung der steuerlich geprägten finanzwirtschaftlichen Kalküle in den geschilderten Entscheidungssituationen sei auf die einschlägige Literatur verwiesen, hier beispielshalber auf *Wöhe/Bilstein* 1991, S. 341–346.

5. Zur Theorie der optimalen Selbstfinanzierung

Die Theoriegeschichte der Unternehmensfinanzierung ist seit langer Zeit wesentlich geprägt von der Frage, ob es möglich ist, eine optimale Zusammensetzung der Finanzierungsformen (ein **optimales Finanzierungsmix oder -portefeuille**) einer Unternehmung abzuleiten und zur Grundlage von Handlungsempfehlungen für die Praxis der unternehmerischen Finanzierungspolitik zu machen. In diesem Zusammenhang müßte dann auch die Frage geklärt werden, ob ein Optimum an Selbstfinanzierung bestimmt werden kann, was unter bestimmten Annahmen dem Problem äquivalent ist, eine optimale Dividenden- oder Gewinnausschüttungspolitik der Unternehmung abzuleiten. Die vorstehend angedeutete Problematik läßt sich in erster Annäherung in zwei Hauptfragestellungen differenzieren, die in den folgenden Abschnitten kurz beleuchtet werden.

5.1 Eine ertragstheoretische Begründung der Selbstfinanzierung (Innenfinanzierung)

Zunächst ist es von Interesse, eine Entscheidungsregel dafür abzuleiten, ob finanzwirtschaftliche Umsatzüberschüsse oder (in engerer Fassung dieser Cash-flow-Konzeption) erwirtschaftete Periodengewinne im Interesse der Eigenkapitalgeber auf dem Wege der offenen Selbstfinanzierung der Unternehmung zur Reinvestition belassen oder besser ausgeschüttet und außerhalb dieser durch die Anteilsinhaber auf dem Finanzmarkt selbst angelegt werden sollen. Hierzu wird in der Abbildung 6 eine von Schneider (1980, S. 484) entwickelte und im Detail formal ergänzte Modellformulierung (ohne die Berücksichtigung von Steueraspekten) wiedergegeben, welche dieses Entscheidungsproblem im Prinzip zu lösen erlaubt. Auf der Abszisse der Abbildung 6 ist im Punkt G der verfügbare Periodengewinnbetrag dreier Unternehmungen A, B und C abgetragen.

Abb. 6: Ertragstheoretische Begründung der Innenfinanzierung

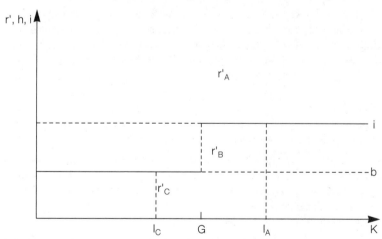

Die n herrschenden Kapitalmarktzinssätze haben das Niveau i (Kreditzinssatz für die Aufnahme, das Borgen) und h (Anlagezinssatz für die Anlage, das Verleihen) von Finanzmitteln. In r_A, r_B und r_C sind Funktionen der bei zunehmendem Kapitaleinsatz K abnehmenden Grenzertragsraten der betrieblichen Investitionen abgebildet, woraus sich die drei unterscheidbaren Gewinnverwendungsstrategien der Firmen A, B und C bestimmen lassen. A sollte den gesamten Überschuß einbehalten und zusätzlich Kredit in Höhe von $I_A - G$ zum Zinssatz i aufnehmen, um alle nettorentablen Investitionsprojekte realisieren zu können; B sollte den gesamten Gewinn einbehalten und reinvestieren, aber auch nicht mehr, weil die Fremdfinanzierungskosten höher lägen als die Grenzrendite (im Punkt G), und C würde mit dem Investitionsvolumen I_C eine Grenzrendite erwirtschaften, die der Außenrendite des Kapitalmarktes h entspräche; ob die Unternehmung ihrerseits den verbleibenden Gewinnbetrag auf dem Kapitalmarkt anlegt oder ausschüttet, so daß die Kapitalanleger dies selbst tun könnten, ist hier irrelevant; bestimmt ist durch das Modell jeweils das optimale Investitionsvolumen der drei Firmen A, B und C und das optimale Selbstfinanzierungsvolumen für A und B.

5.2 Thesen zur Irrelevanz/Relevanz der Dividenden- bzw. Gewinnausschüttungspolitik

Stellt man nicht die unterschiedlichen Wiederanlagerenditen der verfügbaren Investitionsmittel als Entscheidungskriterien für die Gewinnverwendung in den Vordergrund, sondern die Frage, wie bei einheitlichen oder gegebenen Annahmen über die investive Verwendung des Kapitals die Finanzierungsentscheidungen getroffen werden sollten, dann ist zu untersuchen, ob es vorteilhafter ist, Eigenfinanzierung durch Selbstfinanzierung, durch Kapitaleinlagen oder Fremdfinanzierung für die Mittelbereitstellung zu betreiben. Das in der modernen finanzwirtschaftlichen Zieltheorie hierfür maßgebliche Entscheidungskriterium ist der Gegenwartswert der Positionen (Anteile) der Unternehmenseigentümer, und die in der Finanzierungspolitik zu verfolgende Strategie ist die Maximierung dieses Kapitalwerts. Das theoretische und in der empirischen Forschung letztlich analytisch zu lösende Problem besteht somit darin, die Abhängigkeit des Kapitalwerts der Eigentümerposition von den Anteilen der einzelnen Finanzierungsformen und ihrer Kombination zu ermitteln.

Die sog. neoklassische Finanzierungs- und finanzwirtschaftliche Bewertungstheorie reduziert die Formen der Finanzierung radikal auf die beiden Kategorien „Eigenkapital" (equity) und Fremdkapital (debt) und definiert auf diese einfache Weise die **Kapitalstruktur** einer Unternehmung als das Verhältnis dieser beiden Formen oder als ihren relativen Anteil am Gesamtkapital der Unternehmung. Die Fragestellung reduziert sich damit auf die Abhängigkeit des Eigenkapitalwerts der Unternehmung von dieser Kapitalstruktur. Da diese durch Innenfinanzierungsvorgänge (Gewinneinbehaltung) beeinflußt werden kann und das Komplement der Gewinneinbehaltung die Gewinnausschüttung darstellt, läßt sich das Problem der Bestimmung der optimalen Kapitalstruktur (neben vielfältig ausgeprägten anderen Ansätzen der Finanzierungstheorie) auch definie-

5. Zur Theorie der optimalen Selbstfinanzierung

ren als das Problem der Bestimmung der optimalen Selbstfinanzierung oder, in komplementärer Weise, als das der Bestimmung der optimalen Dividendenpolitik der Unternehmung. Da zudem unter bestimmten Annahmen, u. a. über die Marktbedingungen (Marktvollkommenheitsgrade) und das Risikoverhalten der Teilnehmer des Kapitalmarkts, auf dem die Eigen- und Fremdkapitalanteile bewertet werden, das Problem der Bestimmung des maximalen Gegenwartswerts der Eigenkapitalanteile an einer Unternehmung dem Problem der Bestimmung der minimalen Kapitalkosten der Unternehmung äquivalent ist, kann das Problem der optimalen Selbstfinanzierung auch als kapitalkostentheoretisches Problem formuliert werden.

Thesen zur Irrelevanz der Dividenden- bzw. Gewinnausschüttungspolitik besagen nunmehr im Ergebnis, daß es unter einer Reihe von spezifischen modelltheoretischen Annahmen ohne Bedeutung für das Bewertungsergebnis des Eigenkapitalanteils ist, ob die Unternehmung Gewinne einbehält oder ausschüttet, da der Wertzuwachs zum Eigenkapitalanteil an der Unternehmung, der durch die Selbstfinanzierung erzielbar ist, genau gleich ist dem, der sich für die finanzwirtschaftliche Position des Anteilsinhabers ergibt, wenn dieser die ausgeschütteten Gewinne außerhalb der Unternehmung bewertet (Konsequenz der Irrelevanz der Kapitalstruktur nach *Modigliani/Miller*). Dieses (seinerzeit) revolutionäre Ergebnis sowie die damit einhergehende Hypothese, daß die Unternehmensgewinne (und nicht die Dividendenzahlungen) die anteilswertbestimmenden Größen seien (Gewinnthese), stehen im Gegensatz zu den Annahmen bzw. Aussagen von Thesen zur Relevanz der Dividenden- bzw. Gewinnausschüttungspolitik. Diese aus der Tradition der klassischen Finanzwirtschaftslehre hervorgegangenen und in der neoinstitutionalistischen Finanzierungstheorie erneut und genauer begründeten Auffassungen beruhen auf spezifischen Annahmen über die Kapitalmarktbedingungen und auf Verhaltensannahmen der Marktteilnehmer mit dem Ergebnis, daß Anteilsinhaber die Vermögensbildung in der Unternehmung durch Selbstfinanzierung anders bewerten als die Verfügbarkeit über Zahlungsströme im „Privatvermögen", hervorgehend oder erwartbar aus Dividendenzahlungen von Unternehmen. Unter den spezifischen und letztlich nur empirisch bestätigbaren oder widerlegbaren verhaltenstheoretischen Annahmen über die (individuellen) Voraussetzungen dieser Bewertungsentscheidungen ergibt sich somit grundsätzlich eine potentielle Begründung für die Existenz einer optimalen Selbstfinanzierungspolitik der Unternehmung, deren analytische Operationalisierung jedoch noch immer ein ungelöstes Problem der Finanzierungstheorie der Unternehmung darstellt.

6. Innenfinanzierung in gesamtwirtschaftlicher Betrachtung

Als Abschluß dieses Beitrages sollen noch zwei Aspekte der Innenfinanzierung der Unternehmen kurz beleuchtet werden, die aus gesamtwirtschaftlicher Sicht besonderes Interesse verdienen.

Zunächst wird das auf wirtschaftsstatistischem Wege ermittelte gesamtwirtschaftliche Volumen der Vermögensbildung (Investitionen und Geldvermögensbildung) für das Berichtsjahr 1990 aus der gesamtwirtschaftlichen sektoral differenzierten Finanzierungsrechnung der (alten) Bundesrepublik Deutschland wiedergegeben und kurz erläutert; im folgenden Abschnitt wird schließlich kurz auf das häufig gegen die Selbstfinanzierung der Unternehmen vorgebrachte Argument der Fehlallokation von Ressourcen aus gesamtwirtschaftlicher Sicht eingegangen.

6.1 Die Innenfinanzierung des Unternehmenssektors in der gesamtwirtschaftlichen Finanzierungsrechnung

Ein Auszug aus der Tabelle der gesamtwirtschaftlichen Vermögensbildung und ihrer Finanzierung für das Jahr 1990 ist in der Tabelle 1 wiedergegeben. Sie zeigt in hoch aggregierter Form für das Jahr 1990 das Finanzierungsbild der westdeutschen Produktionsunternehmen. Von besonderem Interesse im gegebenen Zusammenhang sind hierbei die absoluten Beträge der Innenfinanzierung des Unternehmenssektors und ihr Anteil am gesamten Finanzmittelaufkommen. Sie ist im wesentlichen enthalten in den Positionen Abschreibungen und Ersparnis, während die Vermögensübertragungen Zuflüsse von Finanzmitteln von außen darstellen. Um die relative Bedeutung der Innenfinanzierung im Gesamtzusammenhang der gesamtwirtschaftlichen Vermögensbildung und ihrer Finanzierung der deutschen Unternehmen besser abschätzen zu können, sind auch hier die entsprechenden Positionen aus der o. a. Veröffentlichung in der Tabelle 1 vollständig wiedergegeben.

6.2 Kritik an der Innenfinanzierung als Fehlallokation von volkswirtschaftlichen Ressourcen

Die Praxis der Innenfinanzierung der Unternehmen wird in ihrer gesamtökonomischen Rationalität häufig in Frage gestellt und unter Allokationseffizienz- bzw. Wohlfahrtsgesichtspunkten kritisiert, weil sie unter Umgehung der Wettbewerbsverhältnisse auf den Finanzmärkten dazu verleite oder das Finanzmanagement der Unternehmen legitimiere, Kapitalverwendungsentscheidungen zu treffen, welche den (strengen) Kriterien der Kapitalgeber auf den Finanzmärkten für die risikobewußte Hingabe ihrer Finanzierungsbeträge im Wege der Außenfinanzierung nicht

6. Innenfinanzierung in gesamtwirtschaftlicher Betrachtung

Tab. 1: Vermögensbildung und ihre Finanzierung im Jahre 1990

Mrd. DM

Position	Sektor	Unternehmen		
		insgesamt	Produktionsunternehmen	Wohnungswirtschaft[1]
Sachvermögensbildung				
Bruttoinvestitionen		469,78	334,67	135,11
Abschreibungen		277,23	208,47	68,76
Nettoinvestitionen		192,55	126,20	66,35
Ersparnis und Vermögensübertragungen		107,67	85,56	22,11
Ersparnis		44,15	64,19	−23,04
Vermögensübertragungen (netto)		66,52	21,37	45,15
Finanzierungsüberschuß bzw. -defizit[2]		−84,88	−40,64	−44,24
Statistische Differenz[3]		59,00	59,00	−
Geldvermögensbildung				
Geldanlage bei Banken		55,18	54,68	0,50
Bargeld und Sichteinlagen		37,70	37,20	0,50
Termingelder		17,96	17,96	−
Spareinlagen		−0,48	−0,48	−
Geldanlage bei Bausparkassen		0,43	0,43	−
Geldanlage bei Versicherungen		1,51	1,51	−
Erwerb von Geldmarktpapieren		6,38	6,38	−
Erwerb festverzinslicher Wertpapiere		38,56	38,56	−
Erwerb von Aktien		32,81	32,81	−
Auslandsposition der Deutschen Bundesbank		−	−	−
Bankkredite		−	−	−
Kurzfristige Bankkredite		−	−	−
Längerfristige Bankkredite		−	−	−
Darlehen der Bausparkassen		−	−	−
Darlehen der Versicherungen		−	−	−
Sonstige Forderungen		52,47	52,47	−
an das Inland		0,65	0,65	−
an das Ausland		51,82	51,82	−
Innersektorale Forderungen		−	1,44	−
Summe		187,34	188,28	0,50

noch Tab. 1

Position	Sektor	Unternehmen	
	insgesamt	Produktionsunternehmen	Wohnungswirtschaft[1]
Kreditaufnahme und Aktienmission			
Geldanlage bei Banken	–	–	–
Bargeld und Sichteinlagen	–	–	–
Termingelder	–	–	–
Spareinlagen	–	–	–
Geldanlage bei Bausparkasen	–	–	–
Geldanlage bei Versicherungen	–	–	–
Absatz von Geldmarktpapieren	–1,59	–1,59	–
Absatz festverzinslicher Wertpapiere	7,30	7,30	–
Emission von Aktien	21,99	21,85	0,14
Auslandsposition der Deutschen Bundesbank	–	–	–
Bankkredite	124,48	91,48	33,00
Kurzfristige Bankkredite	42,11	40,72	1,39
Längerfristige Bankkredite	82,37	50,76	31,61
Darlehen der Bausparkassen	4,00	–1,04	5,04
Darlehen der Versicherungen	10,61	4,91	5,71
Sonstige Verpflichtungen	46,43	47,02	–0,59
gegenüber dem Inland	20,66	21,24	–0,59
gegenüber dem Ausland	25,77	25,77	–
Innersektorale Verpflichtungen	–	–	1,44
Summe	213,22	169,92	44,74

1) einschließlich Erstellung und Vermietung von Wohnungen öffentlicher und privater Haushalte
2) Ersparnis- und Vermögensübertragungen (netto) abzüglich Nettoinvestitionen; entspricht der Nettogeldvermögensbildung bzw. -kreditaufnahme
3) Entspricht dem Restposten im Finanzierungskonto des Auslands aufgrund der statistisch nicht aufgliederbaren Vorgänge im Zahlungsverkehr mit dem Ausland sowie mit den neuen Bundesländern.

Quelle: Ergänzungslieferung zum Sonderdruck Nr. 4 der Deutschen Bundesbank 1991, S. 76

oder weniger gut entsprechen, als wenn diese der Konkurrenz der Kapitalnehmer um die Finanzierung der bestmöglichen Kapitalverwendungen ausgesetzt wären. Hieraus entstünden volkswirtschaftliche Produktivitäts-, Rentabilitäts- und Wohlfahrtsverluste, und letztlich Einbußen der Wachstumsdynamik. Die Berechtigung dieser Kritik wäre ohne tiefergehende Analyse des tatsächlichen Investitionsverhaltens der Unternehmensentscheidungsträger in diesem spezifischen empirisch zu ermittelnden Begründungszusammenhang kaum beurteilbar, und sie ist auch bislang nicht hinreichend nachgewiesen, allenfalls vermutet worden. Aus betriebswirtschaftlicher Sicht ist ihr entgegenzuhalten, daß auch innenfinanzierte Investitonen und die dafür aus dem Finanzkreislauf der Unternehmen aufgebrachten Kapitalbeträge entsprechende explizite und implizite Kapitalkosten tragen und daß diese den finanzwirtschaftlichen Entscheidungsträgern, die über die entsprechenden Investitions- und Finanzierungsbudgets befinden, durchaus auch bewußt sind. Wenn also Fehlallokationsentscheidungen getroffen würden, dann wären diese prinzipiell nicht in der Möglichkeit begründet, überhaupt Innenfinanzierung zu betreiben, sondern darin, daß das Finanzmanagement ineffiziente Investitionsentscheidungen trifft. Aber auch dies ist naturgemäß eine empirische Frage, deren definitive Beantwortung, wenn überhaupt, nur aufgrund spezifischer hierauf gerichteter Untersuchungen möglich wäre.

7. Zusammenfassung

Nach einer Erläuterung der in diesem Beitrag vorkommenden Hauptbegriffe werden die Formen der Innenfinanzierung aus dem Finanzkreislauf der Unternehmung hergeleitet, in ihrer Entstehung begründet und im Konzept des betrieblichen Umsatzüberschusses (Cash-flow) zusammengefaßt. Im einzelnen werden dann die Hauptformen der Innenfinanzierung, die Gewinneinbehaltung, Abschreibungsfinanzierung und Rückstellungsbildung sowie die Vermögensumschichtungen nach ihren finanzwirtschaftlichen Voraussetzungen und Wirkungen diskutiert; daran schließt sich eine differenzierte betriebswirtschaftliche Beurteilung an. Theoretische Aspekte der Innenfinanzierung bzw. der optimalen Selbstfinanzierung werden insbes. an Hand von Thesen zur Relevanz oder Irrelevanz der (komplementären) Dividendenpolitik für den Gegenwartswert der Unternehmensanteile bzw. die Kapitalkosten referiert. Den Abschluß bilden zwei gesamtwirtschaftliche Aspekte der Innenfinanzierung (Volumen und Struktur der Innenfinanzierung sowie das Argument der Fehlallokation von volkswirtschaftlichen Ressourcen).

Literatur

Bierich, M. (1988), Innenfinanzierung der Unternehmen, in: *Christians, F. W.* (Hrsg.), Finanzierungshandbuch, 2. Aufl., Wiesbaden

Bitz, M./Hörnig, B. (1985), Innenfinanzierung – Definition und Abgrenzung, in: WiSt, 11, S. 551–558

Coenenberg, A. (1990), Jahresabschluß und Jahresabschlußanalyse, 12. Aufl., Landsberg am Lech

Deutsche Bundesbank (1991), Ergänzungslieferung zum Sonderdruck Nr. 4 der Deutschen Bundesbank

Hielscher, U./Laubscher, H. D. (1989), Finanzierungskosten – Kostenbestandteile, Kostenvergleiche und Usancen der Industriefinanzierung, 2. Aufl., Frankfurt am Main

Kappler, E./Rehkugler, H. (1991), Kapitalwirtschaft, in: *Heinen, E.* (Hrsg.), Industriebetriebslehre – Entscheidungen im Industriebetrieb, 9. Aufl., Wiesbaden

Matschke, M. J. (1991), Finanzierung der Unternehmung, Berlin

Perridon, L./Steiner, M. (1991), Finanzwirtschaft der Unternehmung, 6. Aufl., München

Schneider, D. (1980), Investition und Finanzierung, 5. Aufl., Wiesbaden

Spremann, K. (1991), Investition und Finanzierung, 4. Aufl., München/Wien

Süchting, J. (1989), Finanzmanagement, Theorie und Politik der Unternehmensfinanzierung, 5. Aufl., Wiesbaden

Wöhe, G. (1987), Bilanzierung und Bilanzpolitik, 7. Aufl., München

Wöhe, G./Bilstein, J. (1991), Grundzüge der Unternehmensfinanzierung, 6. Aufl., München

Kapitel 11
Finanzierung über Pensionsrückstellungen

von *Jochen Drukarczyk*

1. Einführung und Problem 230
2. Interpretation von § 6a EStG 233
3. Direktzusage, Rückstellungsbildung und finanzielle Folgen ... 235
   3.1 Vorgehensweise 235
   3.2 Ablauf ohne Berücksichtigung von Steuern 236
   3.3 Ablauf bei Berücksichtigung einer einfachen Gewinnbesteuerung 239
4. Steuerliche und finanzielle Wirkungen im deutschen Steuersystem 241
   4.1 Grundzüge der Regelungen 241
   4.2 Zahlungswirkungen 246
   4.3 Folgerungen 247
   4.4 Einschränkungen 249
5. Zusammenfassung 256
Literatur 257

1. Einführung und Problem

Unter den verschiedenen Organisationsformen für Leistungen der Alters-, Invaliditäts- und Hinterbliebenenversorgung, die ein Arbeitgeber für seine Arbeitnehmer und deren Angehörigen erbringen kann, nimmt die unmittelbare Versorgungszusage mit weitem Vorsprung den ersten Rang ein. Pensionskassen, Unterstützungskassen und Direktversicherung werden in dieser Reihenfolge auf die Plätze verwiesen. Bei einer unmittelbaren Versorgungszusage des Arbeitgebers übernimmt es dieser, die zugesagten Altersversorgungs-Leistungen (AV-Leistungen) in der Rentenphase aus dem betrieblichen Cash-flow zu leisten. Zur Vorbereitung der finanziellen Leistungen in der Rentenphase können (müssen) in der Anwartschaftsphase in Steuerbilanz und Handelsbilanz Pensionsrückstellungen gebildet werden, die über die Handelsbilanz die entsprechenden Vermögensentzugssperren errichten und über den steuerlichen Ansatz Aufwandsantizipation und andere steuerliche Vorteile ermöglichen. Die Summe der gebildeten Pensionsrückstellungen belief sich 1990 auf 242 Mrd. DM; die Dunkelziffer aus nicht passivierten Zusagen wird auf etwa 2% geschätzt. Pensionsrückstellungen erreichen mit durchschnittlich 16% der Bilanzsummen von Aktiengesellschaften nicht unerhebliches Gewicht. Die Summe der geleisteten Rentenzahlungen übersteigt das Zweifache der Ausschüttungen der Gesellschaften. Der jährliche Aufwand für betriebliche Altersversorgung, die im Wege der Direktzusage realisiert wird, beträgt ca. 23 Mrd. DM (Stand 1986).

Nachdem die Frage, ob Pensionsrückstellungen passiviert werden müssen oder nicht, entschieden ist – für Zusagen ab dem 1.1.1987 einschließlich späterer Erhöhungen dieser Zusagen gilt Passivierungspflicht; für Altzusagen, die bis zum 31.12.1986 gemacht wurden einschließlich deren Erhöhungen, auch wenn diese nach dem 1.1.1987 erfolgen, bleibt es bei dem zu Recht scharf kritisierten, auf die BGH-Entscheidung aus dem Jahre 1961 zurückgehenden Passivierungswahlrecht –, ist die Frage nach den präzisen Finanzierungswirkungen von Pensionsrückstellungen und damit den Kosten von Direktzusagen wieder verstärkt in den Vordergrund des Interesses getreten. In der Literatur besteht aber wenig Einigkeit in bezug auf die Modellkonstruktion, mittels derer sich akzeptable Aussagen zu den Finanzierungskosten von Direktzusagen ableiten ließen und in bezug auf die Ergebnisse entsprechender Kalküle.

Fragen der Modellkonstruktion werden in der Diskussion zwischen *Franke/Hax* (1988, 1989) und *D. Schneider* (1989a, 1989b) aufgeworfen. Während *Franke/Hax* ihre These massiver steuerlicher Begünstigungen der Direktzusage im Kern auf das zeitliche Auseinanderfallen von Aufwandsverrechnung in der Anwartschaftsphase und Rentenzahlung in

1. Einführung und Problem

der Rentenphase, also auf die zeitliche Vorverlegung von Steuerminderzahlungen stützen, argumentiert D. *Schneider*, daß es zunächst der Bestimmung einer begründeten Vergleichsbasis, eines „Eichstrichs" bedürfe, um die von *Franke/Hax* behaupteten „Steuerersparnisse" dingfest zu machen. Ohne eine Vorstellung von „richtiger" Besteuerung seien „Steuerersparnisse" nicht zu definieren. D. *Schneider* (1989b) schlägt als möglichen Bezugspunkt eine „entscheidungsneutrale" Besteuerungsregelung vor, die die Vor-Steuer-Vorteilhaftigkeit von Investitionsobjekten bzw. Finanzierungsmaßnahmen nach Steuern unverändert läßt.

D. *Schneider* weist auf ein weiteres Problem der Definition des Bezugspunktes hin (1989a, S. 892): Es kann sinnvoll sein, von einer **gegebenen** Zusage für AV-Leistungen auszugehen. Dies wäre notwendig, wenn über die finanziellen Auswirkungen alternativer „Durchführungswege" (Organisationsformen) der Altersversorgung nachgedacht wird. Es könnte auch sinnvoll sein, wenn die Einführung einer betrieblichen Altersversorgung auf das Verhalten der begünstigten Arbeitnehmer Auswirkungen hätte – z. B. verringerte Fehlzeiten, verringerte Fluktuationsraten, erhöhte Einsatzbereitschaft – und sich diese Einflüsse wegen der involvierten Meßprobleme nicht überzeugend nachweisen und deshalb nicht quantifizieren ließen. Hinter einem Vergleich unter der Prämisse **gegebener** AV-Zusagen, die den Arbeitnehmern äquivalente Leistungen versprechen, stünde dann die Vorstellung der Konstanz der schwer oder nicht quantifizierbaren Einflüsse und damit ihre potentielle Unbeachtlichkeit.

Eine für die Kosten oder die Vorteilhaftigkeit von AV-Zusagen für die Eigentümer des zusagenden Unternehmens entscheidende Frage ist, ob AV-Zusagen wie manche Attribute betrieblicher Sozialpolitik Geschenkcharakter haben, also den begünstigten Arbeitnehmern ohne Gegenleistung zufließen, oder ob betriebliche AV-Leistungen Bestandteil einer Gesamtkompensation der Arbeitnehmer sind, die somit andere Lohn-(Gehalts-)elemente substituieren. Nehmen wir etwas heroisch an, das Lohn-(Gehalts-)niveau begünstigter Arbeitnehmer wäre über die Gesamtarbeitszeit um den Betrag niedriger, der bei äquivalenter Umrechnung dem Vorteil künftiger Renten entspräche, dann sieht das Arrangement, AV-Zusagen im Wege der Direktzusage zu gewähren, ganz anders aus als in dem Fall, in dem die Versorgungsleistungen Geschenkcharakter haben. Im ersten Fall ließe sich ein einfallsreiches, für beide Seiten klar vorteilhaftes Arrangement vermuten (*Thelen* 1989, 1990): Arbeitnehmer, die äquivalente Versorgungsleistungen auf privater Ebene etwa in Form von Lebensversicherungen erwerben würden und, wegen der regelmäßigen Ausschöpfung der Sonderausgaben diese aus versteuertem Einkommen zu finanzieren hätten, könnten unter Beachtung der Versicherungsfunktion des Pensions-Sicherungs-Vereins (PSV) via betrieblicher Direktzusage äquivalente Leistungen erhalten und die „Prämien" (in Form gleichbleibender Jahresbeträge i. S. v. § 6a EStG) aus dem Einkommen vor Steuern und unter Vermeidung von Sozialversicherungsbeiträgen finanzieren. Zwar werden in der Rentenphase Rentenleistungen von der Steuer erfaßt, allerdings nur in stark verdünnter Form: Versorgungsfreibeträge, Altersfreibeträge und niedrigere Steuersätze in der Rentenphase senken die Steuerzahlungen. Zudem sind die verrenteten Mittel aus Versicherungsverträgen ebenfalls zu besteuern. Die Eigentümer (Manager) der zusagenden Unternehmen haben den Vorteil der freien Verfügung der akkumulierten Mittel und der gleich zu erläuternden steuerlichen und finanziellen Folgen, die bei dem hier zunächst nur unterstellten Austausch von AV-Zusagen und Lohnzahlung das Arrangement klar als vorteilhaft ausweisen.

Entscheidend für diese Argumentation ist, ob die (zunächst nur angenommenen) Austauschraten zwischen Lohn und betrieblichen AV-Zusagen sich nachweisen lassen. Die von *Thelen* angeführten Belege (1989, S. 66–68) erscheinen nicht als sehr belastbar. Die kollektiven Lohn-Verhandlungen mit Repräsentanten, die sowohl AV-Unternehmen als auch Unternehmen vertreten, die keine AV-Zusagen geben, machen explizite Absprachen über Substitutionsraten eher unwahrscheinlich. Kompensationen können indes stattfinden für Arbeitnehmer, deren Gehälter nicht tarifvertraglich gebunden sind. Beim derzeitigen Stand der empirischen Forschung muß die Frage wohl als offen bezeichnet werden.

Die These, AV-Zusagen könnten deutliche Bindungswirkungen entfalten, ist von Praktikern noch nie als bedeutend eingestuft worden. Die Unverfallbarkeits-Regelungen des BetrAVG haben mögliche Bindungswirkungen weiter geschwächt.

Die folgende Behandlung des Problems geht von einigen Voraussetzungen aus:

(1) Eine Kapitalgesellschaft führt eine betriebliche Altersversorgung im Wege der Direktzusage ein. Vergleichsbasis ist ein unter allen Aspekten identisches Unternehmen ohne AV-Zusage.
(2) AV-Zusagen werden als freiwillige zusätzliche Leistung des Unternehmens konzipiert, mit dem keine ganz oder z. T. kompensierenden Lohnreduktionen verbunden sind. Auch bleiben andere, vorteilhafte Verhaltensänderungen der Belegschaft (in bezug auf Fehlzeiten, Fluktuationsrate, Streikbereitschaft, Motivation) außer Betracht.
(3) Für jede Periode werden positive steuerliche Bemessungsgrundlagen unterstellt.
(4) Betrachtet wird eine Zusage an einen Arbeitnehmer. Länge der Anwartschaftsphase, Rentenphase und Rentenzahlung werden als sicher angesehen. Leistungen bei Invalidität und an Hinterbliebene bleiben unbeachtet.

(5) Das Problem der Anpassung von Rentenleistungen i. S. v. § 16 BetrAVG bleibt zunächst unbeachtet.

Geprüft wird, wie AV-Zusagen unter unten zu präzisierenden Bedingungen die Vermögensposition der Eigentümer des zusagenden Unternehmens beeinflussen.

In Abschnitt 2 wird die Konstruktionsidee von § 6a EStG erläutert. Die Abschnitte 3 und 4 erläutern den Modellaufbau und zeigen für alternative steuerliche Szenarios die resultierenden finanziellen Wirkungen. Auf die Einschränkungen, die aus der Struktur des einfachen Modells folgen, wird hingewiesen.

2. Interpretation von § 6a EStG

Diese Vorschrift regelt, wann eine Pensionsrückstellung gebildet werden darf und welcher Wertansatz höchstens zulässig ist. Eine Pensionsrückstellung darf nur gebildet werden, wenn drei Bedingungen erfüllt sind:

(1) Der Pensionsberechtigte hat einen Rechtsanspruch auf einmalige oder laufende Pensionsleistungen.

(2) Die Pensionszusage enthält keinen Vorbehalt, daß die Pensionsanwartschaft oder die Pensionsleistung gemindert oder entzogen werden kann, es sei denn, der Vorbehalt erstreckt sich auf Tatbestände, bei deren Vorliegen nach allgemeinen Rechtsgrundsätzen eine Minderung oder ein Entzug zulässig ist.

(3) Die Pensionszusage muß schriftlich erteilt sein.

Erstmals darf eine Pensionsrückstellung gebildet werden für das Wirtschaftsjahr, in dem die Pensionszusage erteilt wird, frühestens jedoch für das Wirtschaftsjahr, bis zu dessen Mitte der Berechtigte das 30. Lebensjahr vollendet. Bei Eintritt des Versorgungsfalles darf die Pensionsrückstellung im Jahr des Eintritts gebildet werden.

Sind die genannten Voraussetzungen erfüllt, setzt § 6a EStG eine Bewertungsobergrenze in Höhe des Teilwertes der Pensionsverpflichtung. Als Teilwert gilt nach Beendigung des Dienstverhältnisses des Berechtigten der Barwert der künftigen Pensionsleistungen zum Schluß des Wirtschaftsjahres, in dem der Arbeitnehmer ausscheidet. Dabei ist ein Rechnungszinsfuß von 6% anzuwenden. Während der Laufzeit des Dienstverhältnisses des Berechtigten ist der Teilwert definiert als Barwert der künftigen Pensionsleistungen bezogen auf das Ende des Wirtschaftsjahres abzüglich des für denselben Zeitpunkt berechneten Barwertes „betragsmäßig gleichbleibender Jahresbeträge". Diese betragsmäßig gleichbleibenden Jahresbeträge (J) sind so zu bemessen, daß ihr Barwert zu Beginn des Wirtschaftsjahres, in dem das Dienstverhältnis begonnen hat, gleich dem Barwert der künftigen Pensionsleistungen ist. Auch in dem Jahr, in dem mit der Bildung der Pensionsrückstellung begonnen wird (Erstjahr), darf die Rückstellung bis zur Höhe des Teilwertes der Pensionsverpflichtung am Ende des Wirtschaftsjahres gebildet werden. Die Zuwächse einer Pensionsrückstellung während der Anwartschaftsphase dürfen folglich höchstens dem Teilwertzuwachs entsprechen.

Ein Beispiel soll die Konstruktionsidee des Gesetzgebers verdeutlichen. Folgende Symbole werden benutzt:

B_t Barwert der künftigen Rentenzahlungen zum Stichtag t,
B^J_t Barwert der gleichbleibenden Jahresbeträge J zum Stichtag t,
T_t Teilwert der Pensionsrückstellung zum Stichtag t,
ZPR_t Zuführung zur Pensionsrückstellung in t,
B_{RA} Barwert der künftigen Rentenzahlungen zum Stichtag RA.

Tab. 1: Gleichbleibende Jahresbeträge (J_t), Teilwert der Pensionsverpflichtung (T_t) und Zuführung zu Pensionsrückstellungen (ZPR_t) in der Anwartschaftsphase.

(1) t	(2) J_t	(3) T_t	(4) $ZPR_t = T_t - T_{t-1}$	(5) B_t	(6) B^J_t	(7) $T_t = B_t - B^J_t$
0	0	0	0	0	0	0
1	61,10	61,10	61,10	224,43	163,32	61,10
2	61,10	125,87	64,77	237,90	112,02	125,87
3	61,10	194,52	68,65	252,27	57,64	194,52
4	61,10	267,30	72,78	267,30	0	267,30

Die Teilwerte T_t ergeben sich aus zwei äquivalenten Definitionen:

(1) als Endwert der bereits geleisteten „betragsmäßig gleichbleibenden Jahresbeträge" J zum Stichtag t und unter Benutzung des Rechnungszinsfußes von 6%. Diese Teilwerte sind in Spalte (3) ausgewiesen;
(2) als Differenz des Barwertes der auf den Stichtag t bezogenen künftigen Pensionsleistungen R_t und des Barwertes der auf t bezogenen zwischen t+1 und RA noch zu erbringenden „gleichbleibenden Jahresbeträge" J. Beide Barwerte werden mit dem Rechnungszinsfuß von 6% berechnet. Diese Teilwerte sind in Spalte (7) ausgewiesen.

Die Zuführung zur Pensionsrückstellung in der Periode (ZPR_t) darf gemäß der gesetzlichen Definition höchstens der Differenz $T_t - T_{t-1}$ entsprechen. Die Zuführung entspricht damit nicht J_t, sondern – da ein Rechnungszinsfuß von i = 0,06 anzuwenden ist – $J_t + iPR_{t-1}$. PR_{t-1} bezeichnet den Bestand an bereits gebildeten Pensionsrückstellungen am Ende der Vorperiode. Die Zuführung in Periode 2 beträgt somit 61,10+0,06·61,10=64,77.

Zweck der gesetzlichen Regelung ist es, die Bilanzierenden zu veranlassen, einen Betrag in Höhe des Barwertes B_{RA} durch Akkumulierung und

3. Direktzusage, Rückstellungsbildung und finanzielle Folgen

Verzinsung von gleichbleibenden Jahresbeträgen zum Zeitpunkt RA bereitzustellen.

In der Rentenphase reduziert sich der Bestand an Pensionsrückstellungen, wenn wir weiterhin den Fall nur eines berechtigten Arbeitnehmers betrachten. Ursache der Verminderung ist, daß der zum Zeitpunkt RA gebildete Barwert B_{RA} durch die Rentenleistung R_t aufgebraucht wird. Tabelle 2 stellt die Entwicklung des Teilwertes und der Zuführungen zur Pensionsrückstellung in der Rentenphase dar.

Tab. 2: Entwicklung des Teilwerts (T_t) bzw. des Bestandes an Pensionsrückstellungen (PR_t) in der Rentenphase

(1)	(2)	(3)	(4)	(5)
t	$T_t^V = PR_t^V$ [1]	R_t	$PR_t^V - R_t$	$ZPR_t = iPR_{t-1}$
4	267,30	-	267,30	-
5	283,34	100	183,34	16,04
6	194,34	100	94,34	11,00
7	100	100	0	5,66

[1] T_t^V bzw. PR_t^V bezeichnen den Teilwert bzw. den Bestand an Pensionsrückstellungen vor der Rentenzahlung.

Die Auszahlung in jeder Periode der Rentenphase entspricht R_t. Der Aufwand der Periode ist definiert durch iPR_{t-1}: Der Bestand an Pensionsrückstellungen zu Beginn der Periode ist nach wie vor zu verzinsen. Er wächst um die Zinsen und fällt um die Rentenzahlung. R_t ist Auszahlung, nicht Aufwand der Periode. Der Summe der Auszahlungen (300) entspricht eine gleich hohe Summe der Aufwendungen, die durch J_t und die Zinsen auf den jeweiligen Bestand an Pensionsrückstellungen repräsentiert werden.

3. Direktzusage, Rückstellungsbildung und finanzielle Folgen

3.1 Vorgehensweise

Die finanziellen Wirkungen von betrieblichen Pensionszusagen an Arbeitnehmer zeigen sich klar, wenn man sie bis zu ihrer Einwirkung auf die Entnahmen der Eigentümer (Ausschüttungen) zurückverfolgt. Dieser Weg wird hier eingeschlagen. Gefragt wird, wie die betriebliche Pensionszusage an einen Arbeitnehmer über ihre finanziellen und steuerlichen Wirkungen auf die Entnahmen der Eigentümer wirkt: Ein Unternehmen, das AV-Zusagen gibt (AV-Unternehmen) wird verglichen mit einem Vergleichsunternehmen (V-Unternehmen), das auf solche Zusagen verzichtet.

Insbesondere zwei Faktoren können diesen Vergleich stören: Divergierende Investitionsprogramme und divergierende Kapitalstrukturen. Unterstellt man, daß per Rückstellungsbildung ausschüttungsgesperrte Mittel für Investitionsobjekte verwendet werden, die das V-Unternehmen nicht realisiert, handelt man sich die Reinvestitionsrendite als störende Variable ein, die die Ergebnisse verfälschen kann. Läßt man divergierende Kapitalstrukturen zu, handelt man sich das Problem unterschiedlichen Finanzierungsrisikos ein. **Beide** Probleme werden hier vermieden. Divergierende Investitionsprogramme **und** Kapitalstrukturen werden dadurch ausgeschlossen, daß sichergestellt wird, daß durch Rückstellungsbildung im Unternehmen gebundene Mittel andere, bereits aufgenommene Fremdmittel ersetzen. Die Investitionsprogramme von AV- und V-Unternehmen sind somit identisch. Die Reinvestitionsrendite kann somit das Ergebnis nicht beeinflussen. Zugleich bleibt die Kapitalstruktur im AV- und V-Unternehmen dann gleich, wenn man akzeptiert, daß der Barwert künftiger Rentenleistungen in Höhe von PR_{t-1} die gleichen Risikowirkungen hat wie der Barwert einer Zahlungsverpflichtung in Höhe von F_{t-1} =PR_{t-1} an einen Gläubiger, der nicht zugleich Arbeitnehmer ist.

3.2 Ablauf ohne Berücksichtigung von Steuern

Damit durch Rückstellungsbildung im AV-Unternehmen ausschüttungsgesperrte Mittel Fremdmittel ersetzen können, müssen beide Unternehmen im Ausgangszustand verschuldet sein. Es wird angenommen, daß die Verbindlichkeiten den maximalen Rückstellungsbestand PR^{max} übersteigen. Fremdmittel werden entsprechend dem Wachstum von PR_t abgebaut. Schrumpft der Rückstellungsbestand in der Rentenphase, wird der Fremdmittelbestand wieder aufgefüllt. Das V-Unternehmen weist eine konstante Verschuldung und ein konstantes Eigenkapital im Zeitablauf auf. Die Investitionsrendite wird mit r, der Zins für Fremdmittel mit i_V, der Rechnungszins gemäß § 6a EStG mit i bezeichnet. Zunächst wird unterstellt, daß gilt $r=i_V=i$.

Die Entnahmen des Vergleichsunternehmens sind definiert durch:

(1) $D_t^V = r\ (EK+F_{t-1}) - i_V F_{t-1}$

Für das AV-Unternehmen gilt in der **Anwartschaftsphase**:

(2) $D_t^{AV} = r\ (EK+F_{t-1}^*+PR_{t-1}) - i_V F_{t-1}^* - J_t - iPR_{t-1}$

Dabei gilt $F^*_{t-1}+PR_{t-1}=F_{t-1}$: Der Bestand an Fremdkapital **und** Pensionsrückstellungen des AV-Unternehmens entspricht in jeder Periode der Verschuldung des V-Unternehmens. Da die Zuführungen zu den Pensionsrückstellungen in der Anwartschaftsphase $ZPR_t=J_t+iPR_{t-1}$ betragen, sinkt die Verschuldung des AV-Unternehmens um eben diesen Betrag mit der Folge eines unveränderten Investitionsprogramms.

3. Direktzusage, Rückstellungsbildung und finanzielle Folgen 237

Die Unveränderlichkeit des Investitionsprogramms ist auch in der **Rentenphase** sicherzustellen. In dieser schrumpft der Bestand an Pensionsrückstellungen in jeder Periode um $aPR_t = R_t - iPR_{t-1}$. Da der Desinvestitionsprozeß annahmegemäß nicht zu Lasten des Investitionsprogramms gehen darf, ist die Verschuldung des AV-Unternehmens jeweils um aPR_t zu **erhöhen**.

Wie wirkt diese Modellkonstruktion auf die Entwicklung der Entnahmen (Ausschüttungen) des AV-Unternehmens? Tabelle 3 (S. 238) entwickelt das Ergebnis anhand des oben benutzten Beispiels. Die Kapitalstruktur beider Unternehmen ist im Ausgangszustand gleich: Das Eigenkapital beträgt 2000; die Verschuldung beträgt 1000. Die Fremdkapitalkosten i_V sind 6%; die Investitionsrendite r ist ebenfalls 6%.

In der Anwartschaftsphase beträgt der Bruttoerfolg des AV-Unternehmens vor Zinsen und vor AV-Zusage $r \, (EK + F^*_{t-1} + PR_{t-1}) = 180$. Die Rückstellungsbildung verlangt die Einbehaltung von Mitteln in Höhe von ZPR_t. In Höhe dieses Betrages werden Fremdmittel getilgt. Die Zinszahlungen an Gläubiger vermindern sich entsprechend. In der Anwartschaftsphase gilt somit:

(3) $D_t^{AV} = r \, (EK + F^*_{t-1} + PR_{t-1}) - ZPR_t - i_V F^*_{t-1}$

ZPR_t ist Periodenaufwand: Der Anteil J_t reduziert die Entnahme; der Anteil iPR_{t-1} entspricht genau dem Betrag, um den die Fremdkapitalzinsen fallen. Weil die Kosten der Rückstellungsbildung (i) im Beispiel gleich den Kosten der substituierten Fremdmittel (i_V) sind, resultiert kein Finanzierungsvorteil und keine Entnahmewirkung. Ein Vorteil könnte resultieren, wenn $i_V > i$ gälte.

Vergleicht man die Entnahmen des AV-Unternehmens gemäß (1) mit denen des V-Unternehmens gemäß (3), erhält man:

(4) $\Delta D_t^{AV} = D_t^{AV} - D_t^V = -J_t - iPR_{t-1} - i_V F^*_{t-1} + i_V F_{t-1}$

Da annahmegemäß gilt $PR_{t-1} + F^*_{t-1} = F_{t-1}$, folgt

(4') $\Delta D_t^{AV} = -J_t + (i_V - i) PR_{t-1}$

Die Substitution von Fremdmitteln durch die Bildung einer Pensionsrückstellung hätte genau dann positive Wirkungen, wenn $i_V > i$ gälte. Da im Beispiel $i_V = i$ gilt, bleibt dieser Vorteil aus. Gemäß (4') sinkt somit das Entnahmeniveau in der Anwartschaftsphase um J_t.

In der **Rentenphase** ist R_t zu leisten. R_t wird finanziert aus a) den nicht an Gläubiger zu leistenden Zinsen in Höhe von $i_V PR_{t-1}$ und b) aus der Wie-

Tab. 3: Entwicklung der Entnahmen eines AV-Unternehmens bei konstantem Investitionsprogramm in einer Welt ohne Steuern

Periode	1	2	3	4	5	6	7
I Vergleichsunternehmen $D_t^V = r(EK+F_0) - i_V F_0$	120	120	120	120	120	120	120
II AV-Unternehmen							
(1) Cash-flow vor Zinsen ohne AV	180	180	180	180	180	180	180
(2) Aufwand AV a) J_t	61,10	61,10	61,10	61,10	–	–	–
b) iPR_{t-1}	–	3,67	7,55	11,67	16,04	11	5,66
(3) Zuführung zu $PR_t = ZPR_t$	61,10	64,77	68,65	72,77	–	–	–
(4) Auflösung von $PR_t = aPR_t$	–	–	–	–	83,96	89	94,34
(5) Verschuldungsumfang $F_t^* = F_{t-1} - ZPR_t + aPR_t$	938,90	874,13	805,48	732,71	816,67	905,67	1.000
(6) Zinsen: $i_V F_{t-1}^*$	60	56,33	52,45	48,33	43,96	49	54,34
(7) Rentenleistung: R_t	–	–	–	–	100	100	100
(8) Entnahme in der Anwartschaftsphase: $D_t^{AV} = (1)-(3)-(6)$	58,90	58,90	58,90	58,90	–	–	–
(9) Entnahme in der Rentenphase: $D_t^{AV} = (1)+(4)-(6)-(7)$	–	–	–	–	120	120	120
(10) D_t^{AV}	58,90	58,90	58,90	58,90	120	120	120

3. Direktzusage, Rückstellungsbildung und finanzielle Folgen 239

derauffüllung des Fremdmittelbestandes in Höhe von aPR_t. In der Rentenphase gilt somit:

(5) $D_t^{AV} = r\ (EK+F_{t-1}^*+PR_{t-1}) - i_V F_{t-1}^* + aPR_t - R_t$

und wegen $R_t = aPR_t + iPR_{t-1}$

$D_t^{AV} = r\ (EK+F_{t-1}^*+PR_{t-1}) - i_V F_{t-1}^* - iPR_{t-1}$

Vergleicht man diese Entnahme mit der des V-Unternehmens gemäß (1), folgt:

(6) $\Delta D_t^{AV} = D_t^{AV} - D_t^V = - i_V F_{t-1}^* - iPR_{t-1} + i_V F_{t-1}$

$= i_V (F_{t-1} - F_{t-1}^*) - iPR_{t-1}$

Wegen $PR_{t-1} = F_{t-1} - F_{t-1}^*$, gilt

(6') $\Delta D_t^{AV} = (i_V - i)\ PR_{t-1}$

Die Entnahme ist in der Rentenphase im AV-Unternehmen genau dann höher, wenn $i_V > i$ gilt. Das ist im Beispiel nicht der Fall. Wegen $i_V = i$ sind die Entnahmereihen in der Rentenphase identisch. Insgesamt erhalten wir die folgenden Entnahmeunterschiede:

(7) $D_t^{AV} - D_t^V = \begin{cases} -J_t + (i_V - i)\ PR_{t-1} & \text{für die Anwartschaftsphase} \\ (i_V - i)\ PR_{t-1} & \text{für die Rentenphase.} \end{cases}$

Was bewirkt die Zusage im Beispiel? Ein Vergleich der Barwerte zeigt, daß für den Fall $i_V = i$ eine bloße Umverteilung erfolgt: Das, was die Arbeitnehmer gewinnen, verlieren die Eigentümer.

Barwert D_t^V (t=1,2,...,7) = 669,89
Barwert D_t^{AV} (t=1,2,...,7) = 458,16
Barwert R_t (t=5,6,7)   = 211,73

Es gibt somit keine finanziellen Anreize in der unterstellten steuerfreien Welt, Arbeitnehmern Pensionszusagen zu machen, soweit deren Leistungsverhalten, Lohnniveau, Fluktuationsrate, Fehlzeitverhalten mit und ohne betriebliche Altersversorgungszusagen keine spürbaren, die finanziellen Nachteile für Eigentümer ausgleichenden Unterschiede zeigt.

3.3 Ablauf bei Berücksichtigung einer einfachen Gewinnsteuer

Unterstellen wir eine einfache Gewinnsteuer in Höhe von $s_u = 0,5$ und die steuerliche Abzugsfähigkeit von Fremdkapitalzinsen und Zuführungen zu Pensionsrückstellungen. Wie sehen die Entnahmen aus dem AV-Unter-

Tab. 4: Entwicklung der Entnahmen eines AV-Unternehmens bei konstantem Investitionsvolumen in einer Welt mit einer einfachen Gewinnbesteuerung

Periode	1	2	3	4	5	6	7
I Vergleichsunternehmen							
(1) Bruttoerfolg: $r(EK+F_0)$	300	300	300	300	300	300	300
(2) $S^V_t = s_U[r(EK+F_0) - i_V F_0]$	120	120	120	120	120	120	120
(3) $i_V F_0$	60	60	60	60	60	60	60
(4) $D_t = (1)-(2)-(3)$	120	120	120	120	120	120	120
II AV-Unternehmen							
(1) Bruttoerfolg ohne AV	300	300	300	300	300	300	300
(2) Aufwand AV a) J_t	61,10	61,10	61,10	61,10	–	–	–
b) iPR_{t-1}	–	3,67	7,55	11,67	16,04	11	5,66
(3) Zuführung zu $PR_t = zPR_t = (2)a) + (2)b)$	61,10	64,77	68,65	72,77	–	–	–
(4) Auflösung von $PR_t = aPR_t$	–	–	–	–	83,96	89	94,34
(5) Verschuldungsumfang: F^*_t $F^*_t = F_{t-1} - zPR_t + aPR_t$	938,90	874,13	805,48	732,71	816,67	905,67	1.000
(6) Zinsen: $i_V F^*_{t-1}$	60	56,33	52,45	48,33	43,96	49	54,34
(7) Steuern in Anwartschaftsphase: $s^{AV}_t = [(1)-(3)-(6)]s_U$	89,45	89,45	89,45	89,45	–	–	–
(8) Steuern in Rentenphase: $s^{AV}_t = [(1)-(2b)-(6)]s_U$					120	120	120
(9) Rentenleistung: R_t					100	100	100
(10) Entnahme in Anwartschaftsphase: $D^{AV}_t = (1)-(3)-(6)-(7)$	89,45	89,45	89,45	89,45	–	–	–
(11) Entnahme in Rentenphase: $D^{AV}_t = (1)+(4)-(6)-(8)-(9)$	–	–	–	–	120	120	120
(12) Entnahme: D^{AV}_t	89,45	89,45	89,45	89,45	120	120	120

4. Steuerliche und finanzielle Wirkungen 241

nehmen jetzt aus? Tabelle 4 erläutert die Herleitung der Entnahmen aus AV- und V-Unternehmen. Um für das V-Unternehmen gleich hohe Entnahmen nach Steuern wie in Abschnitt 3.2 herzustellen, wird r auf 10% angehoben. Zu beachten sind die Zeilen (2b) und (8). Die Finanzverwaltung schreibt vor, daß nach dem Eintritt des Versorgungsfalles „die Pensionsrückstellung... in jedem Wirtschaftsjahr in Höhe des Unterschiedsbetrages zwischen dem versicherungsmathematischen Barwert der künftigen Pensionsleistungen am Schluß des Wirtschaftsjahres und dem Schluß des vorangegangenen Wirtschaftsjahres **gewinnerhöhend** aufzulösen ist; die laufenden Pensionsleistungen sind dabei als Betriebsausgaben abzusetzen". Im hier benutzten Beispiel werden die Zahlungs- und Steuerwirkungen aus einer Altersversorgungszusage an einen Arbeitnehmer betrachtet. Sobald dieser in die Rentenphase eingetreten ist, wachsen zeitlich benachbarte Bestände an Pensionsrückstellungen um iPR_{t-1} und fallen um die Rentenzahlung R_t. Damit verkürzt der Term iPR_{t-1} in der Rentenphase die steuerliche Bemessungsgrundlage.

Die Entnahmen des AV-Unternehmens in Zeile (12) zeigen im Vergleich zu Zeile (10) in Tabelle 3 deutlich, daß der Nachteil für die Eigentümer geringer geworden ist; dies ist Ergebnis der im Vergleich zur Fremdfinanzierung zusätzlichen steuerlichen Abzugsfähigkeit von J_t. Noch immer verteilen AV-Zusagen jedoch Vorteile um. Allerdings geht die Umverteilung nicht mehr allein zu Lasten der Eigentümer; auch der Fiskus ist beteiligt.

Unter Benutzung der Überlegungen aus Abschnitt 3.2 und Beachtung der Definition steuerlicher Bemessungsgrundlagen ergeben sich die Entnahmeunterschiede zwischen AV- und V-Unternehmen aus

(8) $\Delta D_t^{AV} = \begin{cases} [-J_t + (i_V - i) PR_{t-1}] (1-s_U) & \text{für die Anwartschaftsphase} \\ [(i_V - i) PR_{t-1}] (1-s_U) & \text{für die Rentenphase.} \end{cases}$

4. Steuerliche und finanzielle Wirkungen im deutschen Steuersystem

4.1 Grundzüge der Regelungen

Im folgenden wird eine Kapitalgesellschaft unterstellt, die die erzielten Überschüsse nach Steuern voll ausschüttet. Damit entfällt die Notwendigkeit, die steuerliche Belastung durch Körperschaftsteuer explizit zu beachten; besteuert werden die Ausschüttungen (Entnahmen) mit dem Einkommensteuersatz der Ausschüttungsempfänger (s_I). Zu berücksichtigen sind weiterhin die Vermögensteuer, die Gewerbekapital- und die Gewerbeertragsteuer.

Bemessungsgrundlage der Vermögensteuer ist das Rohbetriebsvermögen i. S. v. § 95 BewG, vermindert um die Schulden des Unternehmens, die nach § 103 BewG mit der Gesamtheit des gewerblichen Betriebs in wirtschaftlichem Zusammenhang stehen. Die Vermögensteuer knüpft somit am eigenfinanzierten Teil des Betriebsvermögens (Einheitswert) an. Betriebsrentenverpflichtungen aus unmittelbaren Versorgungszusagen kürzen den Einheitswert in Höhe des Teilwertes der Pensionsverbindlichkeit zu Beginn der Periode, also in Höhe von PR_{t-1}. Da ein konstantes Investitionsprogramm unterstellt ist und als Alternative zur Finanzierung über Pensionsrückstellungen Fremdmittel angesehen werden, entfällt wegen $F_{t-1} = F^{*}_{t-1} + PR_{t-1}$ eine unterschiedliche vermögensteuerliche Belastung von AV- und V-Unternehmen.

Bemessungsgrundlage der Gewerbekapitalsteuer ist gemäß § 12 i. V. m. § 6 GewStG der Einheitswert des Betriebsvermögens, korrigiert um bestimmte Hinzurechnungen bzw. Kürzungen. Die wichtigste Hinzurechnung ist nach § 12(2) Ziff. 1 GewStG ein Teil der Verbindlichkeiten, der bei der Ermittlung des Einheitswertes gerade abgezogen wurde: Die Hälfte der Verbindlichkeiten, die wirtschaftlich mit der Gründung, dem Erwerb, der Erweiterung oder der Verbesserung des Unternehmens zusammenhängen, muß dem Einheitswert hinzugerechnet werden. Das Gewerbekapital des V-Unternehmens beträgt somit $EK + 0,5\ F_{t-1}$. Pensionsrückstellungen sind indessen kein Korrekturposten. Ein Unternehmen, das Fremdmittel durch Mittel aus PR_{t-1} ersetzt, erzielt somit einen relativen Vorteil.

Bemessungsgrundlage der Gewerbeertragsteuer ist der „Gewerbeertrag" gemäß § 6 GewStG. Dies ist der „Gewinn aus Gewerbebetrieb" (§ 7 GewStG), modifiziert um Hinzurechnungen und Kürzungen. Die wichtigste Hinzurechnung (§ 8 GewStG) ist die Hälfte der Zinsen für sog. Dauerschulden, die bei der Ermittlung des „Gewinns aus Gewerbebetrieb" gerade abgezogen wurden. Die Bemessungsgrundlage des V-Unternehmens ist somit $r(EK + F_{t-1}) - 0,5\ i_V F_{t-1}$. Die Existenz von Pensionsrückstellungen löst keine Hinzurechnungspflicht aus; das AV-Unternehmen erzielt somit einen relativen Vorteil.

Unter Beachtung der Abzugsfähigkeit der Gewerbekapitalsteuer von der Gewerbeertragsteuer und der Abzugsfähigkeit der Gewerbeertragsteuer von der eigenen Bemessungsgrundlage sind die Entnahmen des V-Unternehmens wie folgt definiert:

(9) $\quad D_t^V = [r\,(EK + F_{t-1}) - S_{GK} - S_{GE} - i_V F_{t-1}]\,(1 - s_I)$

$S_{GK} = s_{GK}\,(EK + 0,5 F_{t-1})$

$S_{GE} = s_{GE}\,[r\,(EK + F_{t-1}) - 0,5 i_V F_{t-1} - s_{GK}\,(EK + 0,5 F_{t-1})]$

4. Steuerliche und finanzielle Wirkungen 243

In der Anwartschaftsphase erzielt das AV-Unternehmen:

(10) $D_t^{AV} = [r\,(EK+F_{t-1}^*+PR_{t-1}) - S_{GK} - S_{GE} - i_V F_{t-1}^* -$

$-J_t-iPR_{t-1}](1-s_I)$

$S_{GK} = s_{GK}\,(EK+0{,}5F_{t-1}^*)$

$S_{GE} = s_{GE}\,[r\,(EK+F_{t-1}^*+PR_{t-1}) - 0{,}5i_V F_{t-1}^* - s_{GK}\,(EK+0{,}5F_{t-1}^*) -J_t-$

$-iPR_{t-1}]$

Folgende Unterschiede in der steuerlichen Belastung des AV- und des V-Unternehmens bestehen:

bei der Gewerbekapitalsteuer: $0{,}5\,s_{GK}\,PR_{t-1}$,

bei der Vermögensteuer: 0

bei der Gewerbeertragsteuer: $-s_{GE}[(0{,}5i_V+0{,}5s_{GK})PR_{t-1}-J_t-iPR_{t-1}]$.

Insgesamt folgt:

(11) $\Delta D_t^{AV} = (-J_t - iPR_{t-1})\,(1-s_{GE})\,(1-s_I) + 0{,}5s_{GK}\,PR_{t-1}\,(1-s_{GE})\,(1-s_I)$

$+ (i_V - 0{,}5i_V s_{GE})\,PR_{t-1}\,(1-s_I)$

Der erste Term zeigt die Entnahmebelastung des AV-Unternehmens durch die Rückstellungszuführung nach Gewerbeertrag- und Einkommensteuer. Der zweite Term zeigt den Vorteil aus der Nichtanrechnung von PR_{t-1} auf die Bemessungsgrundlage der Gewerbekapitalsteuer nach Steuern. Der dritte Term enthält die potentielle Zinsersparnis auf das freigesetzte Fremdkapital ($i_V PR_{t-1}$) und die Minderung, die durch die Hinzurechnung der hälftigen Fremdkapitalzinsen beim Gewerbeertrag und die damit ausgelöste höhere Gewerbeertragsteuer eintritt.

In der Rentenphase gilt für das V-Unternehmen unverändert (9). Für das AV-Unternehmen gilt:

(12) $D_t^{AV} = [r\,(EK+F_{t-1}^*+PR_{t-1}) - S_{GK} - S_{GE} - i_V F_{t-1}^* + aPR_t - R_t](1-s_I)$

Zu erläutern sind aPR_t und R_t in (12). aPR_t entspricht der Erhöhung des Fremdkapitals; R_t ist die Rentenzahlung. Die Ausschüttung D_t^{AV} fällt um die Differenz. Steuerlich gilt R_t als Betriebsausgabe; die Rückstellungsdifferenz PR_t-PR_{t-1} ist gewinnerhöhend zu behandeln. Diese Rückstellungsdifferenz entspricht $(R_t-iPR_{t-1})=aPR_t$. aPR_t bezeichnet somit auch die gewinnerhöhende Rückstellungsauflösung. (12) definiert deshalb korrekt sowohl die Zahlungsebene als auch die Steuerbemessungsgrundlage.

Tab. 5: Entwicklung der Entnahmen eines AV-Unternehmens bei konstantem Investitionsvolumen im deutschen Steuersystem

Periode	1	2	3	4	5	6	7
I Vergleichs-Unternehmen							
(1) Bruttoerfolg: $r[EK+F_0]$	300,00	300,00	300,00	300,00	300,00	300,00	300,00
(2) Gewerbekapitalsteuer: $s_{GK}[EK+0,5F_0]$	20,00	20,00	20,00	20,00	20,00	20,00	20,00
(3) Gewerbeertragsteuer: $s_{GE}[(1)-0,5i_{\sqrt{}}F_0-S_{GK}]$	41,67	41,67	41,67	41,67	41,67	41,67	41,67
(4) Zinsen: $i_{\sqrt{}}F_0$	60,00	60,00	60,00	60,00	60,00	60,00	60,00
(5) Einkommensteuer: $s_1[(1)-(2)-(3)-(4)]$	89,17	89,17	89,17	89,17	89,17	89,17	89,17
(6) $D^v=(1)-(2)-(3)-(4)-(5)$	89,17	89,17	89,17	89,17	89,17	89,17	89,17
II AV-Unternehmen							
(1) Bruttoerfolg ohne AV	300,00	300,00	300,00	300,00	300,00	300,00	300,00
(2) Aufwand AV							
(a) J_t	61,10	61,10	61,10	61,10	-,-	-,-	-,-
(b) iPR_{t-1}	-,-	3,67	7,55	11,67	16,04	11,00	5,66
(3) Zuführung zu $PR_t = ZPR_t$	61,10	64,77	68,65	72,77	-,-	-,-	-,-
(4) Auflösung von $PR_t = aPR_t$	-,-	-,-	-,-	-,-	83,96	89,00	94,34
(5) Verschuldung: $F_t^* = F_{t-1}^* - ZPR_t + aPR_t$	938,90	874,13	805,48	732,71	816,67	905,67	1000,00
(6) Zinsen: $i_{\sqrt{}}F_{t-1}^*$	60,00	56,33	52,45	48,33	43,96	49,00	54,34

4. Steuerliche und finanzielle Wirkungen

Periode	1	2	3	4	5	6	7
(7) Gewerbekapitalsteuer: $s_{GK}[EK+0,5F^*_{t-1}]$	20,00	19,76	19,50	19,22	18,93	19,27	19,62
(8) GewESt Anwartschaftsphase: $s_{GE}[(1)-0,5i_vF^*_{t-1}-S_{GK}-J_t-iPR_{t-1}]$	31,49	31,22	30,94	30,65	-,-	-,-	-,-
(9) GewESt Rentenphase: $s_{GE}[(1)-0,5i_vF^*_{t-1}-S_{GK}-iPR_{t-1}]$	-,-	-,-	-,-	-,-	40,52	40,88	41,37
(10) Einkommensteuer Anwartschaftsph.: $s_I[(1)-(3)-(6)-(7)-(8)]$	63,71	63,96	64,23	64,52	-,-	-,-	-,-
(11) Einkommensteuer Rentenphase: $s_I[(1)-(2b)-(6)-(7)-(8)]$	-,-	-,-	-,-	-,-	90,28	89,93	89,56
(12) Rentenleistung R_t	-,-	-,-	-,-	-,-	100,00	100,00	100,00
(13) Entnahme Anwartschaftsphase: $D_t^{AV}=(1)-(3)-(6)-(7)-(8)-(10)$	63,70	63,96	64,23	64,52	-,-	-,-	-,-
(14) Entnahme Rentenphase: $D_t^{AV}=(1)+(4)-(6)-(7)-(9)-(11)-(12)$	-,-	-,-	-,-	-,-	90,27	89,92	89,55
(15) D_t^{AV}	63,70	63,96	64,23	64,52	90,27	89,92	89,55

Daten:
$EK = 2000$
$F_0 = 1000$
$i = 0,006$
$r = 0,10$
$s_I = 0,50$
$i_v = -0,006$

$s_{GK} = 0,008$
$s_{GE} = 0,1667$
$J_t = 61,10$
$R_t = 100$

Insgesamt beträgt der Unterschied in der **Rentenphase** unter Beachtung von $R_t = aPR_t + iPR_{t-1}$:

(13) $\quad \Delta D_t^{AV} = -iPR_{t-1} (1-s_{GE}) (1-s_I) + 0{,}5 s_{GK} PR_{t-1} (1-s_{GE}) (1-s_I)$
$\qquad\qquad\quad + (i_V - 0{,}5 i_V s_{GE}) PR_{t-1} (1-s_I)$

Der erste Term definiert die Belastung der Eigentümer nach Steuern während der Rentenphase, die aus dem Verzinsungsgebot von PR_{t-1} folgt. Der zweite und dritte Term sind aus (11) bekannt. Auch während der Rentenphase fallen diese Vorteile an, wenn auch mit abnehmendem Gewicht wegen der schrumpfenden Größe PR_{t-1}.

Tabelle 5 (S. 244 f.) verdeutlicht die Zahlungswirkungen für das oben benutzte Beispiel.

Setzt man die Tabellenwerte in (11) bzw. (12) ein, erhält man die ausgewiesenen periodischen Entnahmeunterschiede. Ein Vergleich von D_t^V und D_t^{AV} legt die Vermutung nahe, daß im Beispiel noch immer Umverteilungen stattfinden: Zwar ist der Finanzierungsbeitrag der Eigentümer zum Geschenk an die Arbeitnehmer im Vergleich zu Abschnitt 3 gesunken, der des Fiskus gestiegen. Doch ist der Beitrag der Eigentümer noch immer positiv. Damit ist nicht gesagt, daß AV-Zusagen nicht auch für Eigentümer vorteilhaft sein könnten; im Beispiel sind sie es jedenfalls nicht.

4.2 Zahlungswirkungen

Die relativen Entnahmewirkungen einer AV-Zusage sind somit:

(14) $\Delta D_t^{AV} = \begin{cases} (-J_t - iPR_{t-1})(1-s_{GE})(1-s_I) + & \text{in der Anwartschaftsphase} \\ PR_{t-1}[0{,}5 s_{GK} (1-s_{GE})(1-s_I) + (i_V - 0{,}5 i_V s_{GE})(1-s_I)] & \\ -iPR_{t-1}(1-s_{GE})(1-s_I) + & \text{in der Rentenphase.} \\ PR_{t-1}[0{,}5 s_{GK} (1-s_{GE})(1-s_I) + (i_V - 0{,}5 i_V s_{GE})(1-s_I)] & \end{cases}$

D_t^{AV} hängt in jeder Periode der Anwartschafts- **und** Rentenphase ab von $PR_{t-1}[i_V(1-0{,}5 s_{GE}) - i(1-s_{GE})](1-s_I)$.

Für $i = i_V = 0{,}06$ und $s_I = 0{,}5$ beträgt die Differenz 0,25% von PR_{t-1}. Mit steigendem Satz i_V steigt der relative Vorteil der Ablösung von Fremdmitteln durch über Pensionsrückstellungen gebundene Mittel. Die Bruttokosten (i_V) der durch PR_{t-1} freigesetzten Mittel sind neben der Länge der Anspar- und Rentenphase entscheidend für das Gewicht des Finanzie-

4. Steuerliche und finanzielle Wirkungen 247

rungsbeitrages der Eigentümer. Äquivalenz von Vor- und Nachteilen aus der Sicht der Eigentümer bestünde, wenn (15) gälte:

$$(15) \quad \sum_{t=1}^{RA} J_t(1-s_{GE})(1-s_I)(1+i_s^*)^{-t} =$$

$$= \sum_{t=1}^{RE} \{PR_{t-1}[i_V(1-0,5s_{GE}) - i(1-s_{GE})](1-s_I)$$

$$+ 0,5s_{GK}(1-s_{GE})(1-s_I)\}(1+i_s^*)^{-t}$$

Zu begründen ist i_s^* in (15). Eine eigentümerbezogene Äquivalenzprüfung muß beantworten, ob die Nachteile (Ausschüttungsverkürzungen) der Eigentümer durch die Vorteile (Ausschüttungsmehrungen) in dem Sinne kompensiert werden könnten, daß Minderausschüttungen durch Kredite auf das Bezugsniveau D_t^V angehoben und Mehrausschüttungen durch Rückführung dieser Kredite auf das Bezugsniveau D_t^V gesenkt werden und ob die so definierten Kreditaufnahmen durch die so definierten Rückzahlungen voll verzinst und abgetragen werden können. Bei dieser Fragestellung ist i_s^* als (langfristiger) Fremdkapitalsatz nach Steuern zu definieren:

$$(16) \quad i_s^* = [i_V - 0,5s_{GK} - (0,5i_V - 0,5s_{GK})s_{GE}](1-s_I) - 0,75s_V$$

Für h = 400, i_v = 0,06 und s_I = 0,5 beträgt i_s^* = 0,02133. Wird i_v variiert, um (15) zu erfüllen, ist i_s^* entsprechend anzupassen.

Von Interesse ist nun, unter welchen Bedingungen (15) erfüllt ist. Für alternative Längen von Anwartschafts- und Rentenphasen zeigt Tabelle 6 (S. 248) die gleichbleibenden Jahresbeträge (J_t) für eine zugesagte Rente R_t = 100 bei einem § 6a EStG entsprechenden Ansparmodus und die Fremdkapitalkosten vor Steuern i_V*, die die Äquivalenz gemäß (15) herstellen.

4.3 Folgerungen

Es ist klar, daß aus diesem einfachen Modell keine Folgerungen gezogen werden können, die ohne Umschweife auf Versorgungssysteme übertragen werden könnten. Dennoch ist eine Reihe von interessanten Folgerungen möglich.

(1) Ob betriebliche Altersversorgungszusagen für Eigentümer nachteilig, ohne Belang oder von Vorteil sind, hängt unter den gesetzten Annahmen bei gegebenem m und n insbesondere von der Höhe der Fremdkapitalkosten vor Steuern i_V im betrachteten Zeitraum ab. Fremdkapital, das weniger als i_V* vor Steuern kostet, sollte nicht durch PR$_t$-induzierte Mittel abgelöst werden.

(2) Die kritischen Zinssätze i_V*, bei deren Geltung über die betrachtete

Tab. 6: Vorteilsneutrale Fremdkapitalkostensätze (i_v^*) für $s_I = 0{,}5$

Länge der Anwartschaftsphase (m)	20	30	20	30	20	30	20	30	20	30	20	30
Länge der Rentenphase (n)	5	5	10	10	15	15	20	20	25	25	30	30
gleichbleibende Jahresbeiträge (J)	11,45	5,33	20,01	9,31	26,40	12,28	31,18	14,51	34,75	16,17	37,42	17,41
die Äquivalenz in (15) herstellende Fremdkapitalkosten (i_v^*)	11,24	8,57	10,13	8,06	9,34	7,67	8,76	7,37	8,32	7,13	7,98	6,94

4. Steuerliche und finanzielle Wirkungen

Laufzeit Vor- und Nachteile einer AV-Zusage sich die Waage halten, fallen ceteris paribus mit der Länge der Anwartschaftsphase (m). Mit zunehmender Länge der Ansparphase steigt die Chance, daß sich ceteris paribus eine AV-Zusage auch für die Eigentümer lohnt.

(3) Die kritischen Zinssätze i_v*, bei deren faktischer Geltung eine AV-Zusage für die Eigentümer vorteilsneutral ist, fallen bei gegebener Anwartschaftsphase, gegebenen Steuersätzen und gegebenen Rentenzahlungen (R_t) mit steigender Länge der Rentenphase (n). Für eine 30jährige Anwartschaftsphase weist Tabelle 7 (S. 250) für n=15 einen kritischen Zinssatz von 7,67%, für n=30 einen kritischen Zinssatz von 6,94% aus. Das bedeutet, daß gestiegene Lebenserwartungen der Arbeitnehmer und die damit verbundenen längeren Rentenphasen n dann kein entscheidendes Hindernis für AV-Zusagen sein können, wenn diese längeren Rentenphasen in der Anwartschaftsphase korrekt antizipiert werden: Die benutzten Sterbetafeln sollten jederzeit auf dem aktuellen Stand sein.

(4) Ob sich AV-Zusagen für Eigentümer lohnen, hängt bei gegebenem m und n und gegebenen steuerlichen Parametern entscheidend von den Kosten des Fremdkapitals vor Steuern ab, das PR-induzierte Mittel ersetzt. Im Rahmen des hier benutzten Modells legt Tabelle 7 den Verdacht nahe, daß eine Reihe von m,n-Kombinationen für die Eigentümer nicht zu Vorteilen führt, wobei allerdings der explizite Ausschluß sonstiger denkbarer Vorteile von betrieblichen AV-Zusagen zu beachten ist.

4.4 Einschränkungen

(1) Es ist denkbar, daß betriebliche AV-Zusagen zu reduzierten Personalkosten führen in Form niedrigerer Löhne, geringerer Fehlzeiten, geringerer Fluktuationsraten und einfacheren Akquisitionsmöglichkeiten für Personal. Solche Vorteile erhöhten die Vorteilhaftigkeit für die Eigentümer. Ob sie faktisch eintreten und welches Gewicht sie ggf. annehmen, muß als offen bezeichnet werden. Am interessantesten ist hier die oben erläuterte These bezüglich einer annähernden Konstanz der Gesamtkompensation von Arbeitnehmern.

(2) Unternehmen, die AV-Leistungen im Wege der Direktzusage versprechen, müssen Zwangsbeiträge an den Pensions-Sicherungs-Verein, den Träger der gesetzlichen Insolvenzsicherung für Arbeitnehmer, deren Arbeitgeber insolvent geworden sind, leisten. Die Höhe der Beiträge ist nicht abhängig vom Risiko des Eintritts eines Schadenereignisses, sondern ausschließlich von der Höhe des Teilwertes der gemachten Zusagen eines Unternehmens. Sie knüpfen somit an PR_t an. Der Beitragssatz variiert je nach Höhe der Schadensfälle pro Jahr.

1986 betrug der Beitragssatz 1‰; nach 1986 lag er noch unter diesem Satz. PSV-Beiträge mindern die Vorteilhaftigkeit von AV-Zusagen für Eigentümer. Allerdings halten sich die Auswirkungen auf die Kosten in Grenzen: Tabelle 7 belegt in Spalte (2), daß die Beachtung eines PSV-Beitrags in Höhe von p=0,001 die vorteilsneutralen Fremdmittelkosten (i_V^*) nur marginal änderte.

(3) Die Bewältigung der mit AV-Zusagen verbundenen Aufgaben erfordert den Einsatz von Ressourcen. Diese Verwaltungskosten erhöhen

Tab. 7: Vorteilsneutrale Fremdkapitalkostensätze (i_V^*) für alternative Datenkonstellationen

Anwartschaftsphase	Rentenphase	Jahresbeträge	Vorteilsneutrale FK-Kostensätze (i_V^*)					
m	n	J	(1)	(2)	(3)	(4)	(5)	(6)
15	5	18.10	0.1374	0.1395	0.1419	0.1474	0.1582	0.1713
20	5	11.45	0.1124	0.1143	0.1165	0.1217	0.1303	0.1407
25	5	7.68	0.0965	0.0983	0.1002	0.1054	0.1126	0.1213
30	5	5.33	0.0857	0.0873	0.0891	0.0941	0.1004	0.1080
35	5	3.78	0.0779	0.0795	0.0811	0.0860	0.0916	0.0983
15	10	31.62	0.1192	0.1213	0.1238	0.1294	0.1390	0.1507
20	10	20.01	0.1013	0.1032	0.1054	0.1107	0.1186	0.1281
25	10	13.42	0.0892	0.0909	0.0929	0.0981	0.1048	0.1130
30	10	9.31	0.0806	0.0823	0.0840	0.0890	0.0950	0.1022
35	10	6.60	0.0742	0.0758	0.0774	0.0823	0.0877	0.0942
15	15	41.73	0.1072	0.1092	0.1117	0.1173	0.1261	0.1369
20	15	26.40	0.0934	0.0953	0.0975	0.1029	0.1102	0.1192
25	15	17.70	0.0838	0.0855	0.0875	0.0927	0.0991	0.1068
30	15	12.28	0.0767	0.0784	0.0801	0.0852	0.0909	0.0978
35	15	8.72	0.0714	0.0730	0.0746	0.0795	0.0847	0.0909
15	20	49.28	0.0986	0.1006	0.1032	0.1088	0.1171	0.1271
20	20	31.18	0.0876	0.0894	0.0917	0.0971	0.1041	0.1126
25	20	20.91	0.0796	0.0814	0.0834	0.0886	0.0947	0.1021
30	20	14.51	0.0737	0.0754	0.0771	0.0821	0.0877	0.0943
35	20	10.29	0.0691	0.0707	0.0723	0.0772	0.0823	0.0883
15	25	54.92	0.0923	0.0943	0.0969	0.1026	0.1104	0.1200
20	25	34.75	0.0832	0.0850	0.0873	0.0927	0.0994	0.1076
25	25	23.30	0.0764	0.0782	0.0802	0.0854	0.0913	0.0985
30	25	16.17	0.0713	0.0730	0.0747	0.0798	0.0851	0.0916
35	25	11.47	0.0673	0.0689	0.0705	0.0754	0.0803	0.0862
15	30	59.14	0.0875	0.0894	0.0921	0.0978	0.1053	0.1145
20	30	37.42	0.0798	0.0816	0.0839	0.0893	0.0958	0.1037
25	30	25.09	0.0739	0.0756	0.0776	0.0828	0.0886	0.0956
30	30	17.41	0.0694	0.0710	0.0728	0.0778	0.0831	0.0894
35	30	12.35	0.0658	0.0674	0.0690	0.0739	0.0787	0.0845
s_{GE}			0.1667	0.1667	0.1667	0.1667	0.0909	0.0000
s_{GK}			0.0080	0.0080	0.0080	0.0000	0.0000	0.0000
h			400.0000	400.0000	400.0000	400.0000	400.0000	0.0000
s_V			0.0060	0.0060	0.0000	0.0000	0.0000	0.0000
s_I			0.5000	0.5000	0.5000	0.5000	0.5000	0.5000
k^1			0,0000	0,0100	0,0100	0,0100	0,0100	0,0100
p			0.0000	0.0010	0.0010	0.0010	0.0010	0.0010

[1]Kosten k fallen nur während der Rentenphase an

4. Steuerliche und finanzielle Wirkungen 251

die Belastungen von AV-Zusagen für Eigentümer. Veranschlagt man den Ressourcenverzehr (k) mit 1% und wählt als Bezugsgröße die Rentenleistungen (R_t), erhält man die in Tabelle 7, Spalte (2) ausgewiesenen vorteilsneutralen Fremdkapitalkosten, die nur marginale Änderungen erfahren.

(4) Die obigen Überlegungen ließen Sterbewahrscheinlichkeiten von Arbeitnehmern und Hinterbliebenen, Invaliditätsrisiken und Fluktuationsraten von Arbeitnehmern unbeachtet. Für die Dauer der Anwartschafts- und der Rentenphase wurde Sicherheit unterstellt. Diese Annahme muß für praktische Berechnungen aufgehoben werden: § 6a (3) EStG fordert, daß bei der Berechnung des Teilwerts die anerkannten Regeln der Versicherungsmathematik anzuwenden sind. Sterbewahrscheinlichkeiten sind amtlich zugelassenen Sterbetafeln zu entnehmen. Enthalten die AV-Zusagen auch Witwenrenten, werden Wahrscheinlichkeiten dafür benötigt, daß der Arbeitnehmer im Todeszeitpunkt verheiratet ist, Wahrscheinlichkeiten für das Alter der Ehefrau und deren Sterbewahrscheinlichkeiten. Schließt die AV-Zusage auch Leistungen für den Fall der Invalidität ein, sind Invaliditätswahrscheinlichkeiten erforderlich. Zudem ist zu beachten, daß sich die Sterbewahrscheinlichkeiten Invalider von denen aktiver Berechtigter unterscheiden. Von Bedeutung ist weiterhin, daß Witwen in aller Regel nur ein Teil der Mannesrente zugesagt wird und daß invaliden Arbeitnehmern wegen der i. d. R. an die Betriebszugehörigkeit gekoppelten Rentenleistung nur ein Anteil der für sie erreichbaren maximalen Rentenleistung zusteht. Diese Modifikationen berühren nicht die **prinzipiellen** Überlegungen, die anhand des deterministischen Modells erläutert wurden. Die Berechnungen der Rückstellungsbarwerte (Teilwerte) sind lediglich aufwendiger (*Sturm* 1980; *Hieber* 1987; *Schwab* 1988; *Haegert/Schwab* 1990; *Scheffler* 1990). Folglich kann das oben entwickelte Vorteilhaftigkeitskalkül für ein Kollektiv von Arbeitnehmern prinzipiell übernommen werden.

(5) Die Aussagen über die Vorteilsneutralität von AV-Zusagen hängen entscheidend von den Definitionen von Bemessungsgrundlagen und Steuersätzen ab. Hier ist die aktuelle Diskussion um eine Reform der Gewerbesteuer von Bedeutung. Reduktionen der Gewerbekapitalsteuersätze und/oder der Gewerbeertragsteuersätze erhöhen die vorteilsneutralen Fremdkapitalkosten (Tabelle 7, Spalten, (4), (5), (6)).

(6) Das Modell stellt auf die Rückwirkungen von AV-Zusagen auf die Eigentümerposition, genauer auf die Entnahmereihen ab. Dies ist zielkonform. Das Vorgehen könnte auf Vorbehalte stoßen zum einen, weil streng Eigentümer-bezogene Kalküle sich nicht allzu großer Verbreitung erfreuen, zum anderen, weil ein Durchschlagen der finan-

Tab. 8: Entwicklung des Fremdmittelbestandes bei konstantem Investitionsvolumen im deutschen Steuersystem

Periode	1	2	3	4	5	6	7
I Vergleichs-Unternehmen							
(1) Bruttoerfolg: $r[EK+F_0]$	300,00	300,00	300,00	300,00	300,00	300,00	300,00
(2) Gewerbekapitalsteuer: $s_{GK}[EK+0,5F_0]$	20,00	20,00	20,00	20,00	20,00	20,00	20,00
(3) Gewerbeertragsteuer: $s_{GE}[(1)-0,5i_vF_0-S_{GK}]$	41,67	41,67	41,67	41,67	41,67	41,67	41,67
(4) Zinsen: i_vF_0	60,00	60,00	60,00	60,00	60,00	60,00	60,00
(5) Körperschaftsteuer $s_K[(1)-S_{GK}-S_{GE}-i_vF_0]$	89,17	89,17	89,17	89,17	89,17	89,17	89,17
(6) Thesaurierung: (1)-(2)-(3)-(4)-(5)	89,17	89,17	89,17	89,17	89,17	89,17	89,17
(7) **Ausschüttung D_t^V**	**0,00**	**0,00**	**0,00**	**0,00**	**0,00**	**0,00**	**0,00**
II AV-Unternehmen							
(1) Bruttoerfolg: $r[EK+F^*_{t-1}+PR_{t-1}]$	300,00	300,00	300,00	300,00	300,00	300,00	300,00
(2) Aufwand AV							
(a) J_t	61,10	61,10	61,10	61,10	-,-	-,-	-,-
(b) iPR_{t-1}	-,-	3,67	7,55	11,67	16,04	11,00	5,66
(3) Zuführung zu $PR_t = ZPR_t$	61,10	64,77	68,65	72,77	-,-	-,-	-,-
(4) Auflösung von $PR_t = aPR_t$	-,-	-,-	-,-	-,-	83,96	89,00	94,34
(5) Verschuldung: $F^*_t = F^*_{t-1}-(14)$	964,37	925,56	883,35	837,51	923,42	1.014,78	1.111,92

4. Steuerliche und finanzielle Wirkungen 253

Periode	1	2	3	4	5	6	7
(6) Zinsen: $i_v F^*_{t-1}$	60,00	57,86	55,53	53,00	50,25	55,41	60,89
(7) Gewerbekapitalsteuer: $s_{GK} [EK+0,5F^*_{t-1}]$	20,00	19,86	19,70	19,55	19,35	19,69	20,06
(8) GewESt Anwartschaftsphase: $s_{GE} [(1)-0,5i_v F^*_{t-1}-S_{GK}-J_t-iPR_{t-1}]$	31,49	31,08	30,65	30,20	-,-	-,-	-,-
(9) GewESt Rentenphase: $s_{GE} [(1)-0,5i_v F^*_{t-1}-S_{GK}-iPR_{t-1}]$	-,-	-,-	-,-	-,-	39,92	40,28	40,65
(10) Körperschaftsteuer Anw.phase: $s_K [(1)-i_v F^*_{t-1}-S_{GK}-S_{GE}-J_t-iPR_{t-1}]$	63,71	63,22	62,74	62,24	-,-	-,-	-,-
(11) Körperschaftsteuer Rentenphase: $s_K [(1)-i_v F^*_{t-1}-S_{GE}-iPR_{t-1}]$	-,-	-,-	-,-	-,-	87,22	86,81	86,37
(12) Rentenleistung R_t	-,-	-,-	-,-	-,-	100.--	100.--	100.--
(13) Reinvestition analog zu V-Untern.	89,17	89,17	89,17	89,17	89,17	89,17	89,17
(14) durch AV-Zusage bedingte Veränderung von Fremdmitteln	35,63	38,81	42,21	45,84	-85,91	-91,36	-97,14
(15) Ausschüttung D_t^{AV}	0,00	0,00	0,00	0,00	0,00	0,00	0,00

Daten:
EK = 2000 s_{GK} = 0,008 s_i = 0,50
F_0 = 1000 s_{GE} = 0,1667 i_v = 0,006
i = 0,006 J_t = 61,10
r = 0,10 R_t = 100

254 Kapitel 11: Finanzierung über Pensionsrückstellungen

ziellen Wirkungen von AV-Zusagen auf Entnahmen nicht als verallgemeinerungsfähiger Modellbestandteil angesehen werden könnte. Wäre die Entnahmestrategie von der AV-Zusage unabhängig und wird die Modelleigenschaft konstanter Investitionsprogramme in AV- und V-Unternehmen aus den angeführten Gründen beibehalten, sieht die Problemstruktur so aus: Bei vorgegebener Entnahmestruktur für V- und AV-Unternehmen und gleicher Investitionsstrategie in beiden Unternehmen, bewirken AV-Zusagen in der Anwartschaftsphase via Aufbau des Rückstellungsbestandes relative Steuerminderzahlungen wegen der Abzugsfähigkeit von ZPR_t, die zu Fremdkapitalrückführungen eingesetzt werden müssen. Diese Rückführungen bewirken verminderte Zins- und Gewerbekapitalsteuerzahlungen, die ebenfalls zum Abbau vorhandener Drittmittel eingesetzt werden. Der Fremdmittelbestand im AV-Unternehmen entwickelt sich somit in der Anwartschaftsphase gemäß (17):

(17) $\quad F_t^* = F_{t-1}^* - (s_K + s_{GE} - s_K s_{GE})\, ZPR_t$

$$- i_V \sum_{t'=1}^{t-1} T_{t'}\, (1 - 0{,}5\, s_{GE})\, (1 - s_K)$$

$$- \sum_{t'=1}^{t-1} T_{t'}\, 0{,}5\, s_{GK}\, (1 - s_{GE})\, (1 - s_K)^{\,1)}$$

1 $s_K = 0{,}5$. $T_{t'}$ bezeichnet die in einer Periode freigesetzten Drittmittel.

Entscheidungskriterium ist, ob der verdrängte Fremdmittelbestand ausreicht, um im Wege der Wiederauffüllung die Rentenzahlungen R_t in der Rentenphase zu leisten. Tabelle 8 erläutert diese Fragestellung für die oben in Tabelle 6 benutzten Daten. Vereinfachend gilt $D_t^V = D_t^{AV} = 0$. Zudem wird unterstellt, daß die Thesaurierung bzw. Reinvestition (89,17) notwendig ist, um den Bruttoerfolg auf dem angegebenen Niveau zu halten, und keine Substanzsteuerwirkungen auslöst: sie ersetzt Rohbetriebsvermögen in Höhe der verrechneten Abschreibungen.

Diese Modellkonstruktion kann ein Durchschlagen auf die vorzugebenden Entnahmeniveaus nur vermeiden, wenn – wie im Beispiel – ein Überschreiten des Ausgangsniveaus der Verschuldung (1 000) zugelassen wird. Ansonsten sind Rückwirkungen auf das Entnahmeniveau unvermeidlich.

(7) Betriebsrenten sind anzupassen. § 16 BetrAVG bestimmt lapidar: „Der Arbeitgeber hat alle drei Jahre eine Anpassung der laufenden Leistungen der betrieblichen Altersversorgung zu prüfen und hier-

4. Steuerliche und finanzielle Wirkungen

über nach billigem Ermessen zu entscheiden; dabei sind insbesondere die Belange des Versorgungsempfängers und die wirtschaftliche Lage des Arbeitgebers zu berücksichtigen." Klar ist, daß der Gesetzgeber Nachteile der Rentenempfänger, die aus der Geldentwertung resultieren, ausgleichen oder mildern will. Geklärt ist auch, daß nur laufende Rentenzahlungen, nicht aber Anwartschaften der Anpassungsprüfungspflicht unterliegen. Geklärt ist auch, daß die Verpflichtung zur Anpassungsprüfung im Abstand von drei Jahren nach Beginn der Rentenphase nicht zur Bildung von höheren Teilwerten in der Anwartschaftsphase führen kann. Nach § 6a (3) Satz 3 EStG können Erhöhungen der Pensionsleistungen nach dem Schluß des Wirtschaftsjahres, die hinsichtlich des Zeitpunktes ihres Wirksamwerdens oder ihres Umfangs ungewiß sind, erst dann bei der Berechnung des Barwertes der künftigen Pensionsleistungen und damit der gleichbleibenden Jahresbeträge berücksichtigt werden, wenn sie eingetreten sind. Das Anpassungsgebot nach § 16 BetrAVG verlangt somit eine steuerlich nicht antizipationsfähige Leistung, was ihre Übernahme durch den Arbeitgeber nicht einfacher macht.

Fast alle übrigen Aspekte dieser Vorschrift sind unklar. Unklar ist, warum der Arbeitgeber die Minderung des Realeinkommens aus der Rente ausgleichen muß. Überzeugende Argumente in der Literatur sind rar. Argumentiert man mit der sog. Entgelttheorie des BAG, ist zu belegen, daß die Entgelte nicht nominal, sondern in Einheiten gleicher Kaufkraft zu leisten sind. Argumentiert man mit dem „Vermögensfonds", der dem Arbeitgeber in Höhe von PR_t langfristig zur Verfügung steht, muß man belegen, daß die Vorteile aus dessen Bildung die laufenden Anpassungen i. S. v. § 16 BetrAVG zu finanzieren erlauben.

Unklar ist, wie das in § 16 BetrAVG intendierte Abwägungsgebot zwischen den Belangen des Versorgungsempfängers und der wirtschaftlichen Lage des Arbeitgebers zu interpretieren ist. Unklar ist weiterhin, wie die „wirtschaftliche Lage" des AV-Unternehmens für den vorliegenden Zweck zu messen ist und wie eine zweckkonforme Belastungsrechnung aussehen könnte.

Die „großzügige" Formulierung des § 16 BetrAVG bewirkte, daß das BAG viele offene Fragen zu klären hatte. Diese Auslegungen sind hier nicht nachzuvollziehen oder zu kommentieren. Ein wichtiger ökonomischer Aspekt des Anpassungsgebotes soll dagegen erläutert werden. Oben wurde die Indifferenz-Bedingung für Eigentümer in (15) definiert: Die linke Seite definiert den Barwert der gleichbleibenden Jahresbeträge nach Steuern; die rechte Seite den Barwert der Zins- und Steuervorteile, die aus dem Aufbau und Verzehr eines Rückstellungsbestandes PR_t resultieren. Anpassungen i. S. v. § 16 BetrAVG können in der Anwartschaftsphase per Rückstellungsbildung aufwandsmäßig nicht antizipiert werden. Erst im Jahre der Anpassung kann zum Schluß des Wirtschaftsjahres eine dem Barwert der Rentenerhöhung entsprechende Zuführung zum Teilwert gebildet werden. Dann erst tritt auch die steuerliche Abzugsfähigkeit ein. Diese Regelung verschlechtert die Äquivalenzbedingungen aus zwei Gründen: (1) Die Zahlungsbelastung durch Rentenleistungen wächst wegen der geforderten Anpassung an die Geldentwertung. (2) Die potentiellen Zins- und Steuervorteile fallen nur für einen Teil der Rentenphase an. Dies bedeutet, daß der vorteilsneutrale Fremdkapitalzinssatz i_v^* für alle m-n-Kombinationen steigt. Die Veränderung hängt von der Rate der Geldentwertung und der Anpassungsintensität ab.

Der Vollständigkeit halber muß erwähnt werden, daß man versuchen kann, die in § 16 BetrAVG geforderte Anpassung zu ersetzen durch eine im Zeitpunkt der Zusage getroffene vertragliche Regelung der Rentenanpassung an in der Rentenphase steigende Lebenshaltungskosten. Die Vereinbarung eines entsprechenden Anpassungsmodus erlaubt die Antizipation der erhöhten Rentenzahlungen im Wege der steuerlich zulässigen Rückstellungsbildung. Dieser Weg ist indessen nicht problemlos. Bleibt die vertragliche Anpassungsverpflichtung hinter einer § 16 BetrAVG entsprechenden Anpassung zurück, könnten Arbeitnehmer mit Hilfe des BAG die volle Anpassung vermutlich durchsetzen. Übersteigt die vertragliche Anpassungsverpflichtung die gebotene i. S. v. § 16 BetrAVG, ist guter Rat teuer. Verzichten die Rentner nicht freiwillig auf die vertraglichen höheren Steigerungsraten, wird der Arbeitgeber leisten müssen. Versieht man die vertraglich zugesagten Anpassungsraten mit der Bedingung, sie auf den tatsächlich niedrigeren Anpassungsbedarf zurückschneiden zu können, verliert man die fiskalische Billigung zur Rückstellungsbildung.

5. Zusammenfassung

Pensionsrückstellungen erreichen einen erheblichen Anteil an den Passiven in den Bilanzen deutscher Unternehmen. Während juristische Literatur und Rechtsprechung den Entgelt- bzw. Fürsorgecharakter von Zusagen, die personalwirtschaftlich orientierte Literatur das akquisitorische Element in den Vordergrund stellt, wird hier unter präzisierten, vereinfachenden Bedingungen nach den finanziellen Konsequenzen von AV-Zusagen für die Position der **Eigentümer** gefragt: Als problemkonforme Zielgröße werden die Entnahmereihen definiert. Die Modellierung wird für alternative steuerliche Szenarios durchgespielt, um die finanziellen Wirkungen transparent zu machen.

Die hier benutzte Modellierung hat folgende Eigenschaften: Sie bewirkt erstens in allen Perioden der Anwartschafts- und Rentenphase gleiche Investitionsprogramme in AV- und V-Unternehmen. Damit ist eine u. U. erhebliche Verzerrungen bewirkende Reinvestitionsrendite als störende Variable ausgeschaltet. Sie hält zweitens die Kapitalstruktur von AV- und V-Unternehmen konstant und beseitigt damit unerwünschte und den Vergleich störende Unterschiede im Finanzierungsrisiko. Die vergleichbare Kapitalstruktur wird durch die Eigenschaft bewirkt, daß der Bestand an Fremdkapital des V-Unternehmens (F_{t-1}) in jeder Periode den Beständen $F^*_{t-1}+PR_{t-1}$ des AV-Unternehmens gleicht und der (nicht ausgeführten) These, daß die vertragliche Härte von Ansprüchen aus AV-Zusagen nach Erreichen der Unverfallbarkeit und in der Rentenphase wegen der einschlägigen Rechtsprechung des BAG denen institutioneller Fremdkapitalgeber nicht nachsteht. Schließlich wird ein Dominanzkriterium entwickelt, um die Entnahmereihen ordnen zu können.

Bei der Interpretation der Ergebnisse sind die Annahmen, auf denen die Modellkonstruktion aufbaut, zu beachten. Abschnitt 4.4 erörtert den Einfluß von zunächst ausgeschlossenen Parametern, schätzt z. T. deren Wirkungen ab und weist auf eine alternative Modellformulierung hin.

Literatur

Beier, M./Hocker, U. (1983), Die Zeitbombe tickt, in: Wertpapier, S. 741–748
Biedendieck, U. (1986), Pensionsverträge als Finanzierungskontrakte, Eine optionspreistheoretische Untersuchung der Insolvenzsicherung in der Betrieblichen Altersversorgung, Diss. Ulm
Blomeyer, W. (1984), Geänderte Rahmenbedingungen für die betriebliche Altersversorgung, in: *Blomeyer, W.* (Hrsg.), Betriebliche Altersversorgung unter veränderten Rahmenbedingungen, Karlsruhe, S. 1–19
Blomeyer, W. (1985), Die wirtschaftliche Lage des Arbeitgebers, in: Neue Zeitschrift für Arbeits- und Sozialrecht 2, S. 1–8
Blomeyer, W. (1986), Rechtliche Kriterien für die Unternehmensbewertung im Rahmen der betrieblichen Altersversorgung, in: RdA 39, S. 69–85
Blomeyer, W./Otto, K. (1984), Gesetz zur Verbesserung der betrieblichen Altersversorgung, Kommentar, München
Brockhoff, K. (1979), Betriebliche Sozialpolitik und betriebliche Leistung, in: DBW 39, S. 585–600
Brockhoff, K. (1981), Betriebliche Sozialpolitik und betriebliche Leistung: eine Ergänzung, in: DBW 41, S. 279–283
Bunge, Th. (1981), Die Sicherung der Betriebsrenten bei wirtschaftlicher Notlage des Arbeitgebers, in: RdA 34, S. 13–17
Deutsche Bundesbank (1984), Betriebliche Altersversorgung in der Bundesrepublik Deutschland, in: Monatsberichte der Deutschen Bundesbank 36, S. 30–37
Dietrich, Th. (1986), Die jüngste Rechtsprechung des BAG zur Anpassung und Kürzung von Betriebsrenten, in: Neue Zeitschrift für Arbeits- und Sozialrecht 3, S. 41–42

Drukarczyk, J. (1990), Was kosten betriebliche Altersversorgungszusagen?, in: DBW 50, S. 333–353

Feudner, B. W. (1984), Sicherheit und Widerruflichkeit von Betriebsrenten, in: DB 37, S. 613–617

Forster, K.-H. (1985), Das Bilanzrichtlinien-Gesetz aus der Sicht der Wirtschaftsprüfer, in: ZfbF 37, S. 742–751

Franke, G./Hax H. (1988), Finanzwirtschaft des Unternehmens und Kapitalmarkt, Berlin/Heidelberg/New York

Franke, G./Hax, H. (1989), Pensionsrückstellungen und Steuerersparnisse, in: DB 42, S. 1881–1882

Funk, J. (1987), Änderungen in den wirtschaftlichen und rechtlichen Voraussetzungen der betrieblichen Altersversorgung und ihre Folgen für die Praxis, in: ZfbF 39, S. 875–893

Gaugler, E. (1987), Die Rolle der betrieblichen Altersversorgung aus personalwirtschaftlicher Sicht, in: ZfbF 39, S. 860–874

Haegert, L. (1987), Besteuerung, Unternehmensfinanzierung und betriebliche Altersversorgung, in: Kapitalmarkt und Finanzierung, *Schneider, D.* (Hrsg.), Schriften des Vereins für Socialpolitik, Berlin, S. 155–168

Haegert, L./Schwab, H. (1990), Subventionierung direkter Pensionszusagen im Vergleich zu einer neutralen Besteuerung, in: DBW 50, S. 85–102

Held, Th. (1985), Pensionsrückstellungen bei erhöhtem Diskontierungszinsfuß – Das tatsächliche Bilanzierungsverhalten deutscher Industrieaktiengesellschaften nach der Zinssatzänderung, in: ZfB 55, S. 59–68

Henke, K.-D. (1988), Die betriebliche Altersvorsorge aus einkommensteuersystematischer Sicht, in: Finanzarchiv 46, S. 268–282

Heubeck, G. (1983a), Die Pensionsrückstellung, in: ABA (Hrsg.), Handbuch der betrieblichen Altersversorgung, Bd. I, 6. A., S. 4–103

Heubeck, K. (1983b), Betriebswirtschaftliche Fragen der betrieblichen Altersversorgung, in: ABA (Hrsg.), Handbuch der betrieblichen Altersversorgung, Band I, 6. A., Wiesbaden, S. 1–96

Heubeck, K. (1987), Unternehmensfinanzierung durch betriebliche Altersversorgung, in: ZfbF 39, S. 908–922

Heubeck, K./Löcherbach, G./Rößler, N. (1987), Berücksichtigung der wirtschaftlichen Lage des Arbeitgebers im Rahmen der Anpassungsprüfung nach § 16 BetrAVG, in: BB 42, S. 2–16

Hieber, O. L. (1986), Der Einfluß der betrieblichen Altersversorgung auf den Unternehmenswert – Ein Beitrag zur Unternehmensbewertung, Frankfurt am Main/Bern/New York

Hieber, O. L. (1987), Ökonomische Analyse der Passivierungspflicht für Pensionsverpflichtungen nach neuem Bilanzrecht, in: Wpg 40, S. 531–539

Höfer, R./Abt, O. (1982), Gesetz zur Verbesserung der betrieblichen Altersversorgung, Kommentar, München

Höhne, G. (1983), Die betriebliche Altersversorgung, in: ABA (Hrsg.), Handbuch der betrieblichen Altersversorgung, Band I, 6. A., Wiesbaden, S. 3–35

Krause, M.-W. (1971), Die Finanzierung mit Pensionsrückstellungen, in: *Hahn, O.* (Hrsg.), Handbuch der Unternehmensfinanzierung, München, S. 694–717

Leffson, U. (1987), Die Grundsätze ordnungsmäßiger Buchführung, 7. A., Düsseldorf

Lorenz, E. (1981), Anmerkung zum Urteil vom 6. 12. 1979–3 AZR 274/78, in: SAE, S. 80–82

Maul, K.-H. (1973), Zur Passivierungspflicht für Pensionsverpflichtungen, in: DB 26, S. 2460–2466

Otto, K. (1984), Liquiditätshilfen durch steuerliche Rückstellungen für die betriebliche Altersversorgung, in: *Blohmeyer, W.* (Hrsg.), Betriebliche Altersversorgung unter veränderten Rahmenbedingungen, Karlsruhe, S. 91–110

Rebel, W. (1984), Der Widerruf des betrieblichen Ruhegeldes bei wirtschaftlicher Notlage des Arbeitgebers, Diss. Köln

Reuter, E. (1983), Kapitalbindung durch die betriebliche Altersversorgung, in: *Bruns, G./Häuser, K.* (Hrsg.), Der nicht-organisierte Kapitalmarkt, Frankfurt am Main, S. 139–185

Sadowski, D. (1984), Der Handel mit Sozialleistungen – Zur Ökonomie und Organisation der betrieblichen Sozialpolitik, in: DBW 44, S. 579–590

Sadowski, D. (1988), Währt ehrlich am längsten? Personalpolitik zwischen Arbeitsrecht und Unternehmenskultur, in: *Budäus/Gerum/Zimmermann* (Hrsg.), Betriebswirtschaftslehre und Theorie der Verfügungsrechte, Wiesbaden, S. 219–238

Schackmann, V. (1985), Die Entwicklung der Pensionsrückstellungen, Eine empirische Untersuchung in der Bundesrepublik Deutschland für die Jahre 1972–1981, Frankfurt am Main/Bern/New York

Schaub, G./Schusinski, E./Ströer, H. (1976), Altersvorsorge, München

Scheffler, W. (1990), Betriebliche Altersversorgung, Wiesbaden

Schneider, D. (1989a), Steuerfreie Kapitalbildung in dreistelliger Milliardenhöhe durch Pensionsrückstellungen?, in: DB 42, S. 889–895

Schneider, D. (1989b), Steuerersparnisse bei Pensionsrückstellungen allein durch die Aufwandsvorwegnahme?, in: DB 42, S. 1883–1887

Schulte, K.-W. (1989), Betriebliche Altersversorgung und neues Bilanzrecht, in: BB 44, S. 659–663

Schwab, H. (1988), Die Betriebliche Altersversorgung – ein praktisches Modell für die Planung und Gestaltung, Hamburg

Sieben, G. (1987), Die „wirtschaftliche Lage" des Arbeitgebers – ein zentraler Begriff der betrieblichen Altersversorgung aus betriebswirtschaftlicher Sicht, in: ZfbF 39, S. 923–940

Sieben, G./Becker, R. (1986), Zur Beurteilung der wirtschaftlichen Lage nach § 16 BetrAVG, in: RdA 39, S. 85–94

Sigloch, J./Haneisen, P. (1983), Direktversicherung und Pensionszusage im wirtschaftlichen Vergleich, in: DB 36, S. 349–353

Strobel, W. (1977), Die betriebliche Altersversorgung als Entscheidungsproblem, in: DB 30, S. 781–787

Strobel, W. (1978), Betriebsrenten als Problem der Unternehmensplanung und der Bilanzierung, in: ZfbF 30, S. 71–88

Stumpf, A. (1985), Die wirtschaftliche Lage des Arbeitgebers in § 16 BetrAVG, Diss. Erlangen

Sturm, N. (1980), Die Entscheidung über die Einführung betrieblicher Altersrenten, Göttingen

Thelen, K.-P. (1989), Ökonomische Analyse der betrieblichen Altersversorgung, Bergisch-Gladbach/Köln

Thelen, K.-P. (1990), Pensionsrückstellungen: Zur Diskussion um eine steuerliche Vergünstigung des Arbeitgebers, in: DB 42, S. 437–440

Weihrauch, H. (1969), Finanzierungseffekt der Rückstellungen, insbesondere der Pensionsrückstellungen, in: *Janberg, H.* (Hrsg.), Finanzierungshandbuch, 2. A., Wiesbaden, S. 319–345

Wiedemann, H. (1985), Zum Widerruf von betrieblichen Versorgungszusagen, in: *Lutter, M./Mertens H.-J./Ulmer, P.* (Hrsg.), Festschrift für Walter Stimpel zum 68. Geburtstag, Berlin/New York, S. 955–975

Windel, E. (1983), Die Insolvenzsicherung der betrieblichen Altersversorgung, in: ABA (Hrsg.), Handbuch der betrieblichen Altersversorgung, Bd. I, S. 3–49

Woelke, H. G. (1987), Anforderungen an zukünftige Versorgungswerke und an eventuelle Änderungen bestehender Versorgungswerke aus der Sicht des personalwirtschaftlichen Praktikers, in: ZfbF 39, S. 894–907

Wöhe, G. (1987), Bilanzierung und Bilanzpolitik, 7. A., München, S. 553–561, S. 563–576

Kapitel 12
Ausschüttungspolitik unter Berücksichtigung der Besteuerung
von *Hans Dirrigl* und *Franz W. Wagner*

1. Einführung 262
2. Der rechtliche Rahmen für Ausschüttungen im Aktiengesetz .. 263
3. Konzeptionen und Zielsetzungen der Ausschüttungspolitik ... 266
   - 3.1 Firmenbezogene Ausschüttungspolitik 266
   - 3.2 Anteilseignerbezogene Ausschüttungspolitik 267
4. Ausschüttungspolitik unter Berücksichtigung der Besteuerung . 272
   - 4.1 Konzepte steuerorientierter Ausschüttungspolitik 272
   - 4.2 Gewinnverwendungs- und Thesaurierungspolitik in personenbezogenen Kapitalgesellschaften 273
     - 4.2.1 Gewinnverwendungspolitik bei progressiver Einkommensteuer im Rahmen des Schütt-aus-Hol-zurück-Verfahrens 274
     - 4.2.2 Gewinnverwendung und Anteilsveräußerung 278
   - 4.3 Gewinnverwendungs- und Thesaurierungspolitik in börsennotierten Publikumskapitalgesellschaften 278
     - 4.3.1 Schütt-aus-Hol-zurück-Verfahren in der Publikumskapitalgesellschaft 279
     - 4.3.2 Steuerlich induzierte Klientel-Effekte 280
5. Empirische Befunde – Dividenden als Informationsträger 282
6. Zusammenfassung 284
Literatur 285

1. Einführung

Die Ausschüttungspolitik hat die zielgerichtete Gestaltung des Zahlungsstroms zwischen einer Gesellschaft und ihren Anteilseignern zum Gegenstand, soweit sich die Zahlungen bilanziell als eine Verminderung des Eigenkapitals niederschlagen. In der Regel werden Untersuchungen der Ausschüttungspolitik auf Unternehmen mit eigener Rechtspersönlichkeit – vornehmlich Kapitalgesellschaften – beschränkt. Für die Höhe des Betrages, der aus dem Gesellschaftsvermögen an die Anteilseigner ausgeschüttet wird, gibt es grundsätzlich keine Obergrenze, da die planmäßige Kapitalherabsetzung bzw. Auflösung einer Gesellschaft wirtschaftlich genauso sinnvoll sein kann wie ihre Gründung bzw. eine Kapitalerhöhung. So gesehen ist unter der Ausschüttungspolitik im weitesten Sinne die Gestaltung der Zahlungen zwischen Gesellschaft und Gesellschaftern über die gesamte Lebensdauer einer Unternehmung zu verstehen. Die Planung der Ausschüttungsoptimierung im Zeitablauf geht allerdings über das gängige Verständnis der Ausschüttungspolitik im üblichen Sinne hinaus, worunter meist nur die periodische Disposition von Gewinnen des laufenden Geschäftsjahres bzw. früherer Geschäftsjahre verstanden wird. Die Ausschüttungspolitik beschränkt sich dann auf die **Gewinnverwendungspolitik** bzw. **Thesaurierungspolitik**.

Dies wirft die Fragen auf, wie der zur Disposition stehende Betrag bestimmt wird, welcher Anteil davon als ausschüttbar angesehen wird, wem die **Ausschüttungskompetenz** übertragen wird und von welchen Zielvorstellungen die Ausschüttung geleitet sein sollte bzw. tatsächlich geleitet ist. Somit umfaßt die Ausschüttungspolitik eine komplexe Gestaltungsaufgabe, die eine Vielzahl von Problemen hinsichtlich ihrer Determinanten, ihres institutionellen Rahmens und der theoretischen Erklärung des empirisch beobachtbaren Ausschüttungsverhaltens stellt. Für die Durchdringung dieser Zusammenhänge ist es zweckmäßig, zunächst die gesellschaftsrechtlichen Rahmenbedingungen darzustellen; dies geschieht im folgenden in bezug auf die AG. Anschließend sollen die theoretischen Modellvorstellungen für die Ausschüttungspolitik erörtert werden, wobei zunächst die Grundstruktur ohne Einbeziehung steuerlicher Einflüsse dargestellt wird und anschließend schwerpunktartig in Abschnitt 4 um steuerliche Einflüsse erweitert wird.

Wenngleich alles dafür spricht, daß es bei der Ausschüttungspolitik vor allem um die Gestaltung von Zahlungen zwischen Gesellschafter und Gesellschaft geht und die Ausschüttungspolitik sich nur auf die vorteilhafte Festlegung von Höhe und Zeitpunkt dieser Zahlungen richten kann, so stehen dieser **zahlungsorientierten** Interpretation der Dividendenpolitik doch empirische Befunde entgegen, die nicht zu den durch Mo-

2. Der rechtliche Rahmen für Ausschüttungen 263

dellbildung abgeleiteten Empfehlungen bezüglich optimaler Ausschüttungen passen: Weder die verbreitete Übung, bei hohen Gewinnen entsprechend hohe Dividenden zu zahlen, noch die häufig beobachtbare Bemühung um **Dividendenkontinuität** lassen sich aus den auf eine Optimierung des Zahlungsstroms zwischen Unternehmung und Kapitaleigner ausgerichteten Entscheidungsmodellen folgern. Neben der naheliegenden Erklärung irrationalen Verhaltens haben sich in der Literatur zunehmend Befürworter eines **informationsorientierten** Erklärungsansatzes insbesondere für die Dividendenpolitik von Publikumskapitalgesellschaften gefunden, der seinen Ursprung in der Vermutung einer Informationsasymmetrie zwischen Unternehmensleitung und Kapitaleigner hat und am Schluß in Abschnitt 5 dargestellt wird.

2. Der rechtliche Rahmen für Ausschüttungen im Aktiengesetz

Die Regelung von Verfügungsrechten bezieht sich auf mittels des Jahresabschlusses festgestellte Kapitalpositionen. Die Kompetenzen im Hinblick auf Kapitalpositionen zu definieren, ist nicht selbstverständlich, denn aus der Sicht ökonomischer Vorteilhaftigkeitsüberlegungen hat die Art der Periodisierung von Zahlungsströmen und die Bildung von Kapitalposten, wie sie in der Bilanz vorgenommen wird, zunächst keine Bedeutung. Der Handlungsspielraum für Ausschüttungen wird nämlich nicht durch die abstrakten Rechengrößen „Gewinn" und „Eigenkapital" begrenzt, sondern durch den konkreten Bestand an liquiden Mitteln. Die bilanzielle Aufgliederung des Eigenkapitals hat demgegenüber keine ökonomische, sondern rein rechtliche Bedeutung, indem sie abstrakt die Summe von Geldeinheiten bestimmt, in deren Höhe die Verfügungsrechte der einzelnen Gesellschaftsorgane über die Vermögensmasse ausgeübt werden können.

Das Problem besteht für die gesetzliche Aufteilung von Verfügungsrechten allerdings nicht darin, Optimalausschüttungen an die Anteilseigner zu bestimmen, sondern eine **Schlichtungsregelung** für die Abgrenzung von Interessen zu finden. An Schlichtungsregeln sind andere Anforderungen als an Entscheidungskalküle zu richten: Im Vordergrund steht das Bedürfnis nach „robusten" und „leicht justiziablen" Vorschriften. In dieser Hinsicht besitzen Bilanzen als Instrumente zur Kompetenzverteilung erhebliche Vorzüge, da sie die ausgewiesenen Kapitalbeträge als Summe einer Vielzahl von standardisierten Ansatz- und Bewertungsregeln für die einzelnen Aktiva und Passiva ermitteln.

Das Ausmaß der Verfügungsrechte über das Eigenkapital hängt somit in hohem Maße von Bilanzierungs- und Bewertungsvorschriften ab. Es ist daher sinnvoll, Bilanzierungs- und Ausschüttungskompetenzen stets im

Zusammenhang zu betrachten, da die unmittelbare Ausschüttungskompetenz ansonsten von den mit der Aufstellung und Feststellung des Jahresabschlusses befugten Organen unterlaufen werden könnte (*Niedernhuber* 1988, S. 243 ff.):

Hinsichtlich der Verwendungskompetenz von Kapitalteilen ist in § 266 HGB eine Unterteilung in folgende Positionen vorgesehen:

A. Eigenkapital
  I. Gezeichnetes Kapital
  II. Kapitalrücklage
  III. Gewinnrücklagen
    1. Gesetzliche Rücklage
    2. Rücklage für eigene Anteile
    3. Satzungsmäßige Rücklagen
    4. andere Gewinnrücklagen
  IV. Gewinnvortrag/Verlustvortrag
  V. Jahresüberschuß/Jahresfehlbetrag.

Die aktienrechtliche Regelung der Verfügungskompetenzen basiert auf folgenden „Konfliktvermutungen" (*Wagner* 1976):

– **Eigner/Gläubiger**: Da die Aktiengesellschaft den Gläubigern der Gesellschaft nur begrenzt in Höhe des Gesellschaftsvermögens haftet, ist es erforderlich, Ausschüttungen an die Gesellschafter zum Zweck des Schutzes der Gläubiger zu begrenzen, um diese vor Übervorteilung durch Ausschüttungen zu schützen. Zu diesem Zweck besteht eine Ausschüttungssperre in Höhe des Grundkapitals und der gesetzlichen Rücklage, die als buchhalterischer Puffer wirken, damit Verluste nicht stets zu Lasten der Gläubiger gehen. Änderungen dieser gesetzlich zwingenden Ausschüttungs-Sperrbestände des Eigenkapitals sind nur durch Kapitalherabsetzungen oder Liquidation möglich.

– **Mehrheits-/Minderheitsaktionäre**: Konflikte zwischen Aktionärsgruppen hinsichtlich der jeweils optimalen Investitions- und Ausschüttungspolitik lassen sich im allgemeinen nur durch Mehrheitsregeln lösen. Um eine Benachteiligung der Minderheitsaktionäre zu vermeiden, gibt es ein System von Schutzvorschriften. Einen spezifischen Minderheitenschutz gegen das Aushungern der Minderheitsaktionäre durch Thesaurierung bietet § 254 AktG, der unter bestimmten Umständen ein Anfechtungsrecht des Gewinnverwendungsbeschlusses gewährt.

– **Alte/Neue Aktionäre**: Bei der Einbringung von neuem Kapital entsteht das Problem der Festlegung eines „Einstandspreises" für die neuen Aktionäre, da die alten Aktionäre gewinnträchtiger Unternehmen Anteile an neue Gesellschafter nicht zum Nominalwert ausgeben werden, weil sie hierdurch zugunsten neuer Gesellschafter benachteiligt würden. Dies wird durch Einräumung von Bezugsrechten verhindert. Der

2. Der rechtliche Rahmen für Ausschüttungen

Ausgabekurs neuer Aktien ist im Falle eines Agios aus buchungstechnischen Gründen in Grundkapital und Kapitalrücklage aufzuspalten, wodurch mit spezifischen Rechten verbundene Kapitalteile geschaffen werden, in bezug auf die Verwendungskompetenzen der Gesellschaftsorgane definiert werden müssen. Für die nach § 272 Abs. 2 HGB in die Kapitalrücklage einzustellenden Agio-Beträge gelten die gleichen Auflösungsbedingungen wie für die gesetzliche Rücklage (§ 150 AktG).

Aufgrund der durch die vorstehend genannten Vorschriften geschaffenen Ausschüttungssperren verbleibt für die Gesellschaftsorgane noch eine Verfügungskompetenz über die nicht ausschüttungsgesperrten anderen Gewinnrücklagen, einen etwaigen Gewinnvortrag und den Jahresüberschuß. Es wäre grundsätzlich möglich, die Verfügung hierüber insgesamt entweder der Hauptversammlung oder der Verwaltung zu überlassen. Die Regelung des Aktiengesetzes 1965 hat demgegenüber in § 58 AktG einen Kompromiß vorgesehen.

Wenn Vorstand und Aufsichtsrat den Jahresabschluß feststellen – also im Regelfall – so können sie maximal die Hälfte des Jahresüberschusses in andere Gewinnrücklagen einstellen, sofern nicht Satzungsvorschriften einen höheren Prozentsatz vorsehen. Die Hauptversammlung entscheidet dann über den **Bilanzgewinn**, der sich aus dem verbleibenden Jahresüberschuß zuzüglich eines eventuellen Gewinnvortrags aus dem Vorjahr ergibt. Nach § 58 Abs. 3 AktG kann die Hauptversammlung aus dem Bilanzgewinn weitere Beträge in Rücklagen einstellen oder erneut als Gewinn vortragen. Während die Zuführungsbefugnis zu den anderen Gewinnrücklagen durch § 58 AktG also genau festgelegt ist, fehlen im Aktiengesetz 1965 ausdrückliche Regelungen für Entnahmen aus diesen Rücklagen.

Das Gesetz liefert jedoch eine Reihe von Anhaltspunkten, aus denen eine eindeutige Zuweisung der Auflösungsbefugnis abgelesen werden kann. Demzufolge sind Veränderungen anderer Gewinnrücklagen nicht zur Gewinnverwendung, sondern noch zur Feststellung des Jahresabschlusses zu zählen. Somit fällt die Auflösung anderer Gewinnrücklagen automatisch in die Hände des zur Feststellung befugten Organs. Die Hauptversammlung ist hierzu nur befugt, soweit sie nach § 173 Abs. 1 AktG feststellendes Organ war. Andernfalls ist die Hauptversammlung auch dann nicht zur Auflösung von Gewinnrücklagen berechtigt, wenn sie diese im Wege der Verwendung des Bilanzgewinns selbst gebildet hat, denn einen Grundsatz, daß das Organ, das zur Bildung von Rücklagen befugt ist, auch zu deren Auflösung berechtigt ist, gibt es bislang nicht.

Wenn die Hauptversammlung sich weitere Dispositionen über die von ihr selbst vorgenommenen Thesaurierungsentscheidungen vorbehalten wollte, so könnte sie bei der Verwendung des Bilanzgewinns einen beliebig hohen Gewinnvortrag bilden; dieser erhöht im Gegensatz zu gebildeten Gewinnrücklagen automatisch den Bilanzgewinn des nächsten Geschäftsjahres und fällt damit erneut unter die Verfügungskompetenz der Hauptversammlung. Bislang spielt dieses Instrument jedoch kaum eine Rolle, da Hauptversammlungen in der Regel allenfalls unbedeutende Restbeträge auf neue Rechnung vortragen, da sie zu einer Vollausschüttung des Bilanzgewinns neigen.

3. Konzeptionen und Zielsetzungen der Ausschüttungspolitik

Die Ausfüllung der durch gesetzliche Regelungen zugelassenen Spielräume kann nach unterschiedlichen Vorstellungen erfolgen und verschiedene Interessenlagen berücksichtigen.

3.1 Firmenbezogene Ausschüttungspolitik

Eine der älteren Betriebswirtschaftslehre entlehnte und heute noch teilweise in der Praxis verbreitete Vorstellung der Ausschüttungspolitik geht davon aus, daß die Höhe der Ausschüttung stets unter der Bedingung steht, daß der **Fortbestand der Unternehmung** durch ausreichende Thesaurierung zu sichern sei. Diese Vorstellung ist vor allem dann sinnvoll, wenn die Unternehmung die einzige Einkommensquelle des Anteilseigners bildet und er aus den Ausschüttungen seinen persönlichen Konsum speist; mit der Unternehmung erhält er seine Einkommensquelle auf Dauer. Wenn der Kapitaleigner jedoch eine Kapitalanlage in einer bestimmten Unternehmung als eine von mehreren Anlagealternativen betrachtet, so besteht an der Erhaltung jeweils einer bestimmten Unternehmung kein Interesse, wenn er seinen Wohlstand durch einen Abzug des Kapitals und die Investition in einer anderen Unternehmung steigern kann.

Die Annahme, daß Kapitaleigner mit der Unternehmung ihre Einkommensquelle erhalten wollen, läßt sich allenfalls dann begründen, wenn für Unternehmensanteile keine Märkte bestehen. Auf **organisierten Kapitalmärkten** ist die Erhaltung einzelner Unternehmen für den Anteilseigner nicht sinnvoll. Kommt es Anteilseignern nicht auf die Erhaltung eines bestimmten Einzelengagements innerhalb ihres Investment-Portefeuilles an, sondern auf die Mehrung ihres persönlichen Vermögens, so ist eine auf die Erhaltung einer Institution „Kapitalgesellschaft" ausgerichtete Politik verfehlt. Eine **erhaltungsorientierte Ausschüttungspolitik** übersieht außerdem, daß es keineswegs zwingend ist, den Kapitalbedarf durch **Selbstfinanzierungsmaßnahmen** zu decken, da dieser grundsätzlich auch über den Kapitalmarkt durch Ausgabe neuer Beteiligungstitel oder über die Aufnahme zusätzlichen Fremdkapitals finanziert werden kann.

Die Orientierung der Ausschüttungspolitik einer Unternehmung an deren Fortbestand ist vor allem für diejenigen von Vorteil, deren Einkommens-

3. Konzeptionen und Zielsetzungen der Ausschüttungspolitik

erzielung gerade an den Fortbestand einer bestimmten Unternehmung gebunden ist; hierzu werden vor allem Arbeitnehmer und Manager zu zählen sein. Aus der Sicht der am Fortbestand ihrer Einkommenserzielung interessierten Manager ist es verständlich, wenn diese eigene Zielvorstellungen für eine ihre Interessen wahrende Ausschüttungspolitik entwickeln, die sie im Rahmen der ihnen gesetzlich eingeräumten Gewinnverwendungskompetenzen entsprechend nutzen. Diese **mit** der Unternehmung verfolgte Zielsetzung der Manager darf jedoch nicht als eine Zielsetzung **der** Unternehmung als solcher mißverstanden werden (*Wagner* 1988, S. 226 ff.).

3.2 Anteilseignerbezogene Ausschüttungspolitik

Ausgangspunkt für die Ausschüttungspolitik aus der Sicht der Anteilseigner einer Unternehmung ist deren Bestreben, ihr persönliches Vermögen, bestehend aus der Summe von Ausschüttungen und dem nach Ausschüttungen verbleibenden Unternehmensvermögen zu maximieren.

Da nicht ausgeschüttete Mittel im Unternehmensvermögen verbleiben und dessen Wert erhöhen können, ist zunächst denkbar, daß die Höhe der Ausschüttung für den Kapitaleigner ökonomisch irrelevant ist (*Miller/Modigliani* 1961). Inwieweit dies der Fall ist, hängt von den Antworten auf folgende Fragen ab:

1. Wie wird der Anteilswert durch die Ausschüttung beeinflußt?
2. Wie wird das Gesamtvermögen des Anteilseigners durch die Ausschüttung beeinflußt?

Der Wert eines Anteils wird bestimmt als Barwert der künftigen Ausschüttungen zuzüglich des Barwertes des Anteilswertes am Ende des Planungszeitraums. Bei gegebenem Investitionsprogramm der Unternehmung resultieren aus der Ausschüttung rechnerische Wirkungen auf den Anteilspreis, da eine höhere Ausschüttung einen niedrigeren Anteilswert zur Folge hat und umgekehrt. Daher ist bei der Ausschüttungspolitik nach der **optimalen Kombination von Ausschüttung und Gewinneinbehaltung** zu suchen.

Wenn die Ausschüttung genau der Minderung des Anteilspreises entspricht, so kann von der **Irrelevanz der Ausschüttungspolitik** gesprochen werden. Diese ist offensichtlich dann gegeben, wenn die auf Unternehmensebene mögliche Verzinsung der einbehaltenen Mittel mit der vom Anteilseigner bei Anlage der Ausschüttungen erzielbaren Verzinsung bis zum Planungshorizont übereinstimmt, also ein vollkommener Kapitalmarkt vorliegt und keine steuerlichen Einflüsse bestehen (zur Bedeutung der Besteuerung vgl. *Swoboda* 1991b). Die Ausschüttungspolitik ist letztlich deshalb irrelevant, weil auf einem vollkommenen Kapitalmarkt mit gleicher Investitionsrendite innerhalb und außerhalb der Unternehmung es bedeutungslos ist, wo investiert wird (*Gordon* 1962).

Weichen die innerhalb und außerhalb einer Unternehmung erzielbaren Anlagerenditen voneinander ab, gewinnen die Höhe und der Zeitpunkt der Ausschüttung Bedeutung, weil sie nach **Konstellation der intern und extern erzielbaren Rendite** vorzunehmen ist; auch in diesem Fall bleibt die optimale Ausschüttung ein nachgeordnetes Residuum der Investitionsrendite. Streng genommen kann von einer Ausschüttungspolitik sui generis nicht gesprochen werden (*Drukarczyk* 1991, S. 236 f.).

Eine zielorientierte Ausschüttung ist unter der Annahme nicht-vollkommener Kapitalmärkte von folgenden Einflußfaktoren abhängig:

– Rendite selbstfinanzierter Investitionen
– Alternativrendite der Kapitaleigner
– Finanzierungskosten von alternativ zur Selbstfinanzierung verfügbaren Mitteln
– Planungshorizont
– Konsumpräferenzen der Anteilseigner
– Reaktionen des Anteilswertes auf Ausschüttung und alternative Thesaurierung
– Steuerliche Folgen der Thesaurierung, Ausschüttung und Wiedereinlage von Mitteln.

Sollen alle Einflußgrößen gleichzeitig erfaßt und quantifiziert werden, so sind verhältnismäßig komplizierte Kalküle nötig (*Lehmann* 1978). Um deren Darstellungsaufwand zu vermeiden, sollen im folgenden zunächst die ökonomischen und anschließend die steuerlichen Einflußfaktoren der Ausschüttungspolitik dargestellt werden.

Die Rendite thesaurierter Mittel bestimmt die Reaktionen des Anteilswertes bis zum Planungshorizont. Dies ist vor allem bei personenbezogenen Kapitalgesellschaften wie der GmbH eine problemlose Annahme, wenn der Anteilseigner Informationen über die Vermögensentwicklung auf Gesellschaftsebene und die Verfügungskompetenz besitzt, das Vermögen der Unternehmung zu entnehmen. Der Wert des Gesellschaftsvermögens läßt sich für den Anteilseigner rechnerisch als aufgezinster Wert der thesaurierten Mittel bestimmen und wird durch ihre Entnahme am Ende des Planungszeitraums realisiert. Denkbar ist auch ein Verkauf der Anteile, wobei der Preis für die Anteilsrechte sich aufgrund einer bilateralen Verhandlung zwischen Verkäufer und Käufer ergibt.

Als Kriterium für die Maximierung der Summe aus Ausschüttungen und Anteilswert kann der Gesellschafter bei der personenbezogenen Kapitalgesellschaft bei gegebenem Zinssatz auch den Kapitalwert verwenden. Danach ist jede Investition auf Gesellschaftsebene dann durchzuführen, wenn ihr **Kapitalwert** positiv ist und zu unterlassen, wenn er negativ ist.

3. Konzeptionen und Zielsetzungen der Ausschüttungspolitik 269

Die Unterlassung der Investition auf Gesellschaftsebene ist demnach mit der Ausschüttung der Mittel verbunden. Dies bedeutet im Ergebnis, daß Ausschüttungen dann erfolgen sollen, wenn sich auf Gesellschaftsebene keine Investitionsobjekte mit positiven Kapitalwerten mehr realisieren lassen. Ausschüttungen an die Gesellschafter werden also ausschließlich mit einer **ungenügenden Rendite** auf Gesellschaftsebene begründet.

Dies kann an einem Beispiel erläutert werden: Eine GmbH, deren Nominalkapital DM 1 Mio. beträgt, stehe vor dem Problem, wie sie einen in liquider Form vorliegenden Gewinn von DM 200 000 auf Ausschüttung und Rücklagen aufteilen soll. Die Eigner verfügen über eine Alternativanlage mit einer Verzinsung von 10%. Die Unternehmung kann **zusätzlich** zur laufenden Planung ein Investitionsobjekt verwirklichen, das durch folgenden Zahlungsstrom beschrieben wird:

t = 0	1	2	3	4
−120 000	+ 20 000	+ 40 000	+ 60 000	+ 60 000

Darüber hinaus stehe auf Unternehmensebene nur eine 9%ige Anlage ihrer Mittel zur Verfügung. Der Kapitalwert des Objekts beträgt bei einem Diskontierungssatz von 10% DM 137 299,36 − DM 120 000 = DM 17 299,36. Wird nun ein Betrag in Höhe von DM 120 000 thesauriert, so steigt der Ertragswert der Unternehmung um DM 17 299,36, wenn die Zahlungsüberschüsse aus dem Investitionsobjekt später ebenfalls ausgeschüttet werden. Da für den Restbetrag von DM 80 000 nur eine Verzinsung von 9% erzielbar ist, ist es sinnvoll, DM 80 000 auszuschütten und die Mittel dadurch der günstigeren Alternativverzinsung der Anteilseigner zuzuführen. Wäre demgegenüber der gesamte Gewinn von DM 200 000 ausgeschüttet worden, so wäre dies ungünstig gewesen, da außerhalb der Unternehmung nur eine Verzinsung von 10% erzielbar wäre und die entsprechenden Investitionen einen Kapitalwert von null hätten. Dies zeigt, daß die Thesaurierung von DM 120 000 die optimale Politik ist: Bei Vollausschüttung des Gewinns wäre ein Kapitalwert von null erzielt worden; bei Vollthesaurierung wäre der Kapitalwert niedriger als im Optimum.

Während bei einer personenbezogenen Kapitalgesellschaft der Gesellschafter i.d.R. durch Entnahme in den Genuß seines Gesellschaftsvermögens gelangt, ist dies bei AG mit börsennotierten Anteilen zwar unrealistisch, doch besteht anstelle der Entnahme des Gesellschaftsvermögens die Möglichkeit, den Wert des Gesellschaftsvermögens durch Veräußerung der Anteile zum Marktwert oder Börsenkurs zu realisieren. An die Stelle der **Kapitalwertmaximierung** künftiger Entnahmen tritt daher die **Maximierung des Marktwertes**, bestehend aus dem Barwert der Ausschüttungen und des Börsenkurses (*Moxter* 1976).

Die Zielsetzung der Marktwertmaximierung bietet den Vorteil, daß die Dividendenpolitik von den **Konsumpräferenzen** der Eigner unabhängig wird. Möchte ein Eigner weniger konsumieren als die optimale Dividende nach dem Modell der Marktwertmaximierung beträgt, so kann er die nicht benötigten Mittel außerhalb der Unternehmung verzinslich anlegen bzw. Aktien der betreffenden Unternehmung hinzukaufen. Benötigt er mehr als ausgeschüttet wird, so kann er sich durch Verkauf der entsprechenden Menge von Aktien – die nötige Teilbarkeit wird vorausgesetzt – unter Verzicht auf die daraus erzielbare Rendite die entsprechenden Mittel beschaffen. Die Konsumpläne der Eigner und die Ausschüttungspolitik der Unternehmung werden somit **voneinander unabhängig**; die Wünsche der Anteilseigner nach höheren Ausschüttungen können folglich nicht durch ihren Konsumbedarf erklärt werden. Auch die Erklärung der Dividendenkontinuität durch konstante Ausgaben für die Lebensführung der Aktionäre scheidet aus (*Drukarczyk* 1980, S. 90 ff.).

Wenn die Investitionsmöglichkeiten als gegeben angesehen werden, konzentriert sich die Problematik des Modells der Marktwertmaximierung auf die Festlegung der von den Eignern geforderten **Mindestverzinsung** im Kalkulationszinsfuß. Die Ausschüttungen können von den Eignern grundsätzlich dazu verwendet werden, Anlagen in anderen Finanzinvestitionen zu tätigen oder Aktien der betreffenden Unternehmung zu kaufen. Da das Modell der Marktwertmaximierung davon ausgeht, daß der Aktienmarkt funktioniert, ermöglicht die Dividende dem Anteilseigner den Verzicht auf den Verkauf entsprechender Aktien bzw. zwingt die Thesaurierung von Gewinnen bei vorliegenden Konsumbedürfnissen den Eigner zum Verkauf von Aktien und somit zum Verzicht auf die mit der Aktie erzielbare Rendite, jedoch ohne die Vermögenssituation des Eigners zu berühren. Deshalb ist die von den Eignern alternativ erzielbare Rendite der Investitionsrechnung der Unternehmung zugrunde zu legen.

Die von den Anteilseignern erwartete Rendite (der **Eigenkapitalkostensatz** für die Unternehmung) läßt sich bei börsennotierten Anteilen aus dem Kurswert und den erwarteten Ausschüttungen aus der Unternehmung ermitteln: Bei periodenkonstanter und vollständiger Ausschüttung ergibt sich der Eigenkapitalkostensatz als Quotient aus Ausschüttung und Kurswert. Wird hingegen jeweils eine konstante Thesaurierung eines Anteils b der Periodengewinne unterstellt, die sich mit dem Satz r in der Unternehmung verzinsen, so ist der Eigenkapitalkostensatz um das Produkt aus Einbehaltungsquote b und Anlagerendite r zu erhöhen (*Lehmann* 1978, S. 41 ff.).

Als problematisch erweist sich beim Modell der Marktwertmaximierung vor allem die unterstellte **Funktionsfähigkeit des Aktienmarktes** und damit die Kursreaktion. Eine Kursreaktion in der unterstellten Höhe, die Voraussetzung dafür ist, daß der Aktionär die Dividendenpolitik lediglich als

3. Konzeptionen und Zielsetzungen der Ausschüttungspolitik 271

Renditeproblem behandelt, geht davon aus, daß der Kapitalmarkt jeweils die Information besitzt, um die Aktie rechtzeitig und betragsrichtig, d. h. zum Ertragswert der Investitionen zu bewerten. Das Konzept impliziert, daß es keine zu hoch oder zu niedrig bewerteten Aktien geben kann, die Kurse sich also zu jedem Zeitpunkt im **Gleichgewicht** befinden, obgleich sich der Informationsstand im Hinblick auf die Investitionsplanung und -politik zwangsläufig im Zeitablauf ändern muß. Die Problematik einer solchen Implikation braucht nicht weiter illustriert zu werden; bevor man sie ablehnt, muß aber bedacht werden, daß die Alternative hierzu im Verzicht der Erfassung des Börsenkurses bei Strategien der Dividendenpolitik besteht, was ohne Zweifel noch wesentlich unzutreffendere Ergebnisse bringt, da die Reaktion des Kapitalmarktes auf die Ausschüttungspolitik in diesem Fall völlig vernachlässigt würde.

Wenn realistischerweise in Betracht gezogen wird, daß Aktionäre nicht ausreichend informiert sind, um die durch Thesaurierung von Gewinnen neu entstehenden Kapitalwerte aufzudecken, einbehaltene Gewinne also zu niedrig bewerten, werden sie für den Verzicht auf die Ausschüttung durch den Kursgewinn nicht ausreichend entschädigt. Dies könnte als Erklärung dafür dienen, daß es abweichend von der Konzeption der Marktwertmaximierung in der Aktionärsschaft zu einer starken Präferenz für Gegenwartsausschüttungen kommt. Dem könnte vom Management einer Gesellschaft durch verbesserte Informationen über die künftigen Ertragschancen der selbstfinanzierten Investitionen entgegengetreten werden.

Eine andere Erklärung für den Wunsch nach höheren Dividenden könnte die Befürchtung der Aktionäre liefern, daß mit einbehaltenen Mitteln auf Gesellschaftsebene Investitionen getätigt werden, die sich unterhalb der Alternativrendite der Aktionäre verzinsen und daher zu negativen Kapitalwerten führen. Möglicherweise können Manager durch Thesaurierung besser das eigene, an die Einbehaltung der Gewinne gebundene Einkommensinteresse verfolgen (*Niedernhuber* 1988, S. 157 ff.).

Trotz der unrealistischen Informationsannahmen ist deshalb das Konzept der Marktwertmaximierung als Leitlinie der Ausschüttungspolitik keineswegs wertlos:

1. Es liefert im Gegensatz zu der an der Erhaltung der Unternehmung orientierten Ausschüttungsmaxime zunächst einmal eine am Wohlstand der Anteilseigner orientierte Vorstellung für die Unternehmensleitung.
2. Es gibt im Gegensatz zu der Vermutung, Aktionäre benötigten Ausschüttungen für Konsumzwecke, eine Erklärung, warum Aktionäre überhaupt Ausschüttungen wünschen: nämlich entweder wegen ihres schlechteren Informationsstandes oder ihrer – berechtigten – Befürchtung suboptimaler Reinvestition einbehaltener Mittel.

Somit erweist sich das theoretische Ideal gerade für die Erklärung des empirisch beobachtbaren Verhaltens als notwendig. Darüber hinaus ist die einzelwirtschaftliche Optimalausschüttung Bestandteil gesamtwirtschaftlicher Mechanismen, da sich in den Erlösen, die abzüglich der Kosten die Rendite bestimmen, die Knappheit von erzeugten und eingesetzten Realgütern manifestiert, die über den Preismechanismus nach markttheoretischen Vorstellungen ihrer gesamtwirtschaftlich optimalen Verwendung zugeführt werden. Eine über Ausschüttungen stattfindende **renditegesteuerte Kapitallenkung** ermöglicht dadurch gleichzeitig eine volkswirtschaftlich erwünschte Reallokation knapper Ressourcen (*Pütz/Willgerodt* 1985).

4. Ausschüttungsspolitik unter Berücksichtigung der Besteuerung

4.1 Konzepte steuerorientierter Ausschüttungspolitik

Eine steuerorientierte Ausschüttungspolitik kann für verschiedene Konstellationen und mit Hilfe unterschiedlicher Aktionsparameter realisiert werden. In der konzernunabhängigen Kapitalgesellschaft stehen im Mittelpunkt der steuerorientierten Ausschüttungspolitik die Steuerbelastungsdifferenzen

(a) zwischen der Tarifbelastung mit Körperschaftsteuer auf Gesellschaftsebene und der individuellen Einkommensteuerbelastung auf Anteilseignerebene,

(b) zwischen der Einkommensteuerbelastung auf Dividendenausschüttungen und der (Nicht-)Besteuerung von Kapitalgewinnen.

Soll mit Hilfe der Ausschüttungspolitik die Steuerbelastung für Kapitalgesellschaftsgewinne optimiert werden, so ist ein zweifacher Abwägungsprozeß vorzunehmen:

(1) Einmal ist zu prüfen, ob wegen der mit Ausschüttungen verbundenen Verlagerung in den **progressiv ausgestalteten Einkommensteuerbereich** günstigere steuerliche Konsequenzen im Vergleich zur **proportionalen Körperschaftsteuer** verbunden sind.

(2) Zum anderen ist zusätzlich zu prüfen, ob mit der ausschüttungsabhängigen Verlagerung in den Bereich der einkommensteuerlichen Normalbelastung nicht die **steuerlichen Vergünstigungen** aufgegeben werden, die mit einer **Besteuerung thesaurierter Gewinne** als Kapitalgewinne bei einer **Anteilsveräußerung** erreichbar wären.

Die mit (1) angesprochene Vorteilhaftigkeitsüberlegung findet ihren Ausdruck im sogenannten **Schütt-aus-Hol-zurück-(SAHZ)-Verfahren** (*Dirrigl* 1980; *Dirrigl/Schaum* 1989, S. 295 ff.; *Hax* 1979; *Kruschwitz* 1983; *Schneider* 1977; *Siegel* 1981a; *Siegel* 1988; *Wagner/Dirrigl* 1980, S. 130 ff.). Im Zusammenhang mit der vorteilhaften Anwendung des

4. Ausschüttungspolitik und Besteuerung

SAHZ-Verfahrens muß bedacht werden, daß die Tarifbelastung mit Körperschaftsteuer in einem Anrechnungssystem keine definitive Steuerbelastung darstellt. Sie wird entweder auf direkte oder indirekte Weise später in eine endgültige Steuerbelastung erst in der Gesellschaftersphäre umgewandelt:

- Eine direkte Substitution findet dann statt, wenn zu einem späteren Zeitpunkt die thesaurierten Gewinne an den Gesellschafter ausgeschüttet werden und der zu diesem Zeitpunkt geltenden Einkommensbesteuerung unterliegen (*Dirrigl* 1980).

- Eine indirekte Umwandlung ist dann gegeben, wenn die thesaurierten Gewinne bei einem späteren Verkauf der Anteilsrechte den Kapitalgewinn erhöhen und somit den Regelungen für die Besteuerung von Kapitalgewinnen unterworfen werden.

Zur Optimierung dieser beiden Möglichkeiten einer „Steuersubstitution" ist es erforderlich, über den statischen Modellrahmen des SAHZ-Verfahrens, der unter 4.2.1 erörtert wird, hinaus weitergehende Entscheidungsmodelle zu entwickeln: In Modellen der mehrperiodigen Ausschüttungsplanung, die hier nicht ausführlich dargestellt werden können, wird angenommen, daß zunächst thesaurierte Gewinne innerhalb des Planungszeitraums ausgeschüttet und der Einkommensteuer unterworfen werden. Ziel hierbei ist, durch eine **interperiodische Glättung** der Einkommensteuer-Progression vorteilhafte steuerliche Konsequenzen zu erreichen (*Dirrigl/Schaum* 1989, S. 300 ff.; *Siegel* 1981b; *Siegel* 1982; *Wagner/Dirrigl* 1980, S. 299 ff.).

In Modellen des „**Gewinnverkaufs**" wird die Möglichkeit einer Nutzung steuerlicher Begünstigungen bei der Besteuerung von Kapitalgewinnen berücksichtigt (*Dirrigl* 1990; *Dirrigl/Müller* 1990). Der Gewinnverkauf wird dabei via Anteilsveräußerung vorgenommen, die somit zu einem Einflußfaktor der Gewinnverwendungspolitik wird (*Dirrigl* 1988, S. 358 ff.).

Wegen der Unterschiede zwischen personenbezogenen Kapitalgesellschaften einerseits und börsennotierten Publikumskapitalgesellschaften andererseits wird im folgenden eine Differenzierung zwischen diesen beiden Grundtypen von Kapitalgesellschaften vorgenommen.

4.2 Gewinnverwendungs- und Thesaurierungspolitik in personenbezogenen Kapitalgesellschaften

Eine personenbezogene Kapitalgesellschaft ist durch eine begrenzte Gesellschafterzahl charakterisiert, wobei einzelne Gesellschafter zugleich eine Geschäftsführungsfunktion als Gesellschafter-Geschäftsführer übernehmen können. Typisch für die Rechtsform personenbezogener Kapitalgesellschaften ist die GmbH, in ihrer extremen Form als Einmann-

GmbH. In personenbezogenen Kapitalgesellschaften sind steuerliche Faktoren für die Gewinnverwendungs- bzw. Thesaurierungspolitik von ausschlaggebender Bedeutung.

4.2.1 Gewinnverwendungspolitik bei progressiver Einkommensteuer im Rahmen des Schütt-aus-Hol-zurück-Verfahrens

Durch Einsatz des SAHZ-Verfahrens lassen sich bis zu bestimmten Grenzen der Steuerbelastung auf Gewinnausschüttungen steuerliche **Ausschüttungsprämien** erreichen. Kann die Gesamtbelastung bei Ausschüttung höher sein als die Tarifbelastung mit Körperschaftsteuer für thesaurierte Gewinne, so ist nach den Grenzen der Vorteilhaftigkeit für die Anwendung des SAHZ-Verfahrens zu suchen. Als Einflußfaktoren sind hierbei zu berücksichtigen:

(1) Körperschaftsteuerliche Tarifbelastung für thesaurierte Gewinne: Seit dem 1.1.1990 beträgt die körperschaftsteuerliche Tarifbelastung 50%.

(2) Nichtsteuerliche Kosten der Ausschüttung und Wiedereinlage (Emissionskosten).

(3) Steuerbelastung für ausgeschüttete Gewinne: Gewinnausschüttungen unterliegen als Einkünfte aus Kapitalvermögen der individuellen Einkommensteuerbelastung bei den Gesellschaftern. Dazu zählen auch die Körperschaftsteueransprüche, die mit $9/16$ der Barausschüttung anzusetzen sind. Bei Angehörigen von kirchensteuerpflichtigen Religionsgemeinschaften ist auch die Kirchensteuer auf die aus Barausschüttung und körperschaftsteuerlichem Anrechnungsanspruch zusammengesetzte Bruttoausschüttung in die Berechnung der Vorteilhaftigkeitsgrenze für das SAHZ-Verfahren einzubeziehen.

Bei Anwendung des SAHZ-Verfahrens kann eine steuerliche „Ausschüttungsprämie" erreicht werden, wenn die mit (3) angesprochene Steuerbelastung niedriger ist als die körperschaftsteuerliche Tarifbelastung auf thesaurierte Gewinne. Zentraler Bestimmungsfaktor der Gewinnverwendungspolitik ist somit die Ausgestaltung des Tarifverlaufs der Einkommensteuer bis zur Erreichung des Spitzensteuersatzes.

Als Kernstück der Steuerreform 1990 wurde ein linear-progressiver Einkommensteuertarif eingeführt. Die Einkommensteuerbelastung S^{ek} wird bei einer linear-progressiven Tariffunktion in Abhängigkeit von den Tarifkoeffizienten A, B und C als Funktion 2. Grades bestimmt als:

(1) $S^{ek} = A\, y^2 + B\, y + C$

Hierbei ist y nach § 32a EStG ein zehntausendstel des 8100 DM übersteigenden Teils des abgerundeten zu versteuernden Einkommens. Bezeichnet man das zu versteuernde Einkommen mit E, so kann unter Au-

4. Ausschüttungspolitik und Besteuerung

ßerachtlassung der Abrundungsvorschrift die ESt-Funktion mit W bzw. G als den Parametern des Funktionsarguments der geltende Tarif dargestellt werden als:

$$(2) \quad S^{ek} = 151{,}94 \left(\frac{E-W}{G}\right)^2 + 1900 \frac{E-W}{G} + 472$$

Mit A = 151,94, B = 1900 und C = 472 als Konstante kann mit W = 8100 und G = 10 000 eine Einkommensteuerfunktion abgeleitet werden, die in direkter Abhängigkeit vom zu versteuernden Einkommen E steht, wobei nunmehr die abgeleiteten Tarif-Koeffizienten a, b und c verwendet werden:

$$(3) \quad S^{ek} = a\,E^2 + b\,E + c$$

Für den geltenden Tarif ergeben sich die abgeleiteten Tarif-Koeffizienten im linear-progressiven Tarifabschnitt mit:

$a = 151{,}94 \cdot 10^{-8}$
$b = 0{,}1653857$
$c = -967{,}31$

Aus der Tariffunktion für die absolute Einkommensteuerbelastung S^{ek} kann durch Differentiation die Funktion des Grenzsteuersatzes $s'^{ek} = dS^{ek}/dE$ bestimmt werden:

$$(4) \quad s'^{ek} = 2\,a\,E + b$$

Mit der Steuerreform 1990 wurde eine Senkung des Spitzensteuersatzes bei der Einkommensteuer von bislang 56% auf 53% vorgenommen. Da gleichzeitig die Tarifbelastung mit Körperschaftsteuer von 56% auf 50% abgesenkt wurde, resultiert eine Spreizung zwischen dem Einkommensteuer- und dem Körperschaftsteuertarif, die den Bereich einer unvorteilhaften Anwendung des SAHZ-Verfahrens erweitert hat: Während bei Übereinstimmung von körperschaftsteuerlicher Tarifbelastung und Spitzensteuersatz der Einkommensteuer das SAHZ-Verfahren, von sonstigen Emissionskosten abgesehen, nur bei zusätzlicher Berücksichtigung der Kirchensteuerbelastung gegenüber einer Sofort-Thesaurierung unvorteilhaft ist, kann bei einer Spreizung zwischen körperschaftsteuerlicher Tarifbelastung und höherem Spitzensteuersatz der Einkommensteuer die Anwendung des SAHZ-Verfahrens bereits ausschließlich wegen der Einkommensteuer unvorteilhaft sein.

Wird für die Abgrenzung des Vorteilhaftigkeitsbereichs ausschließlich die Einkommensteuerbelastung berücksichtigt, so kann als Bedingung für die optimale Ausübung des SAHZ-Verfahrens die folgende Relation formuliert werden:

$$(5) \quad 1 - s^{kn} = (1 - em_s)(1 - s'^{ek})$$

Diese Optimalbedingung bringt zum Ausdruck, daß der nach Abzug der körperschaftsteuerlichen Tarifbelastung mit dem Satz s^{kn} verbleibende

Kapitel 12: Ausschüttungspolitik unter Steueraspekten

Thesaurierungsbetrag einer Gewinneinheit bei Sofort-Thesaurierung (linke Seite) so hoch sein muß wie der bei Durchführung des SAHZ-Verfahrens für Thesaurierungszwecke verfügbare Betrag (rechte Seite), der beeinflußt wird von

(aa) der Grenz-Einkommensteuerbelastung mit dem Satz s'^{ek} und

(bb) bei Wiedereinlage in Form von Eigenkapital durch die nach Steuern verbleibende effektive Belastung mit Emissionskosten, die im Faktor em_s zusammengefaßt sind.

Bei Auflösung nach dem Grenz-Einkommensteuersatz s'^{ek} ergibt sich für diesen ein kritischer Wert von:

$$(6) \quad s'^{ek} = 1 - \frac{1-s^{kn}}{1-em_s}$$

Die Ausgestaltung des Einkommensteuertarifs seit der Steuerreform 1990 erlaubt nunmehr die Bestimmung einer Vorteilhaftigkeitsgrenze in Abhängigkeit vom zu versteuernden Einkommen (*Dirrigl/Schaum* 1989). Mit der Funktion (4) zur Ermittlung des **Grenz-Einkommensteuersatzes** kann für die Bestimmung der Vorteilhaftigkeitsgrenze auch geschrieben werden:

$$(7) \quad 2 \cdot a \cdot E + b = 1 - \frac{1-s^{kn}}{1-em_s}$$

Bezeichnet man mit E_0^{ek} die obere Grenze für die vorteilhafte Anwendung des SAHZ-Verfahrens bei ausschließlicher Berücksichtigung der Einkommensteuerbelastung, so kann aus (7) dafür die folgende Relation durch Auflösung nach E gewonnen werden:

$$(8) \quad E_0^{ek} = \frac{1}{2a} [1 - \frac{1-s^{kn}}{1-em_s} - b]$$

Mit den geltenden Koeffizienten $a = 151{,}94 \cdot 10^{-8}$ und $b = 0{,}1653857$ ergibt sich:

$$(9) \quad E_0^{ek} = \frac{10^8}{303{,}88} [1 - \frac{1-s^{kn}}{1-em_s}] - 54424{,}67$$

Soll auch die Kirchensteuerbelastung mit dem nach Bundesländern verschiedenen Satz s^{ki} von 8% bzw. 9% für die Berechnung der Vorteilhaftigkeitsgrenze des SAHZ-Verfahrens berücksichtigt werden, so ist die Optimalbedingung dadurch zu modifizieren, daß anstelle der Grenzeinkommensteuerbelastung s'^{ek} nunmehr die Grenzbelastung für die kombinierte Einkommensteuer und Kirchensteuer s'^e zu setzen ist. Als Grenze in Form eines „kritischen" kombinierten ESt-/KiSt-Faktors s'^e_0 ergibt sich dann die Relation:

4. Ausschüttungspolitik und Besteuerung 277

$$(10)\ s_0^{'e} = \frac{s^{kn} - em_s}{1 - em_s}$$

Eine kombinierte (Grenz-)Belastung durch die Einkommensteuer und Kirchensteuer unter Berücksichtigung der Abzugsfähigkeit der Kirchensteuer als Sonderausgabe kann mit dem kombinierten ESt/KiSt-Faktor $s^{'e}$ angegeben werden als:

$$(11)\ s^{'e} = \frac{s^{'ek}(1 + s^{ki})}{1 + s^{'ek} \cdot s^{ki}}$$

Bei Auflösung nach dem Grenz-Einkommensteuersatz $s^{'ek}$ ergibt sich daraus:

$$(12)\ s^{'ek} = \frac{s^{'e}}{1 + s^{ki}(1 - s^{'e})}$$

Mit der Funktion (4) kann damit eine Relation für das zugehörige zu versteuernde Einkommen E formuliert werden:

$$(13)\ E = \frac{1}{2a}[\frac{s^{'e}}{1 + s^{ki}(1 - s^{'e})} - b]$$

Wird die Bedingung (10) in diese Relation eingesetzt, so kann als Vorteilhaftigkeitsgrenze für das SAHZ-Verfahren eine Bedingung in Abhängigkeit vom zu versteuernden Einkommen E_0^e abgeleitet werden:

$$(14)\ E_0^e = \frac{1}{2a}[\frac{s^{kn} - em_s}{1 - em_s + s^{ki}(1 - s^{kn})} - b]$$

Analog zum Fall der ausschließlichen Berücksichtigung der Einkommensteuerbelastung kann dafür auch geschrieben werden:

$$(15)\ E_0^e = \frac{10^8}{303{,}88} \frac{s^{kn} - em_s}{1 - em_s + s^{ki}(1 - s^{kn})} - 54424{,}67$$

Bei der erfolgten Modellbetrachtung wurde nur die Einkommensteuerprogression der Periode der Gewinnerzielung in die Ausschüttungsüberlegung einbezogen. Die Analyse kann nun durch Einbeziehung der Kapitalanlagemöglichkeiten innerhalb und außerhalb der Gesellschaft und durch interperiodige Einkommensverlagerung erweitert werden. Die Kapitalgesellschaft bietet im Gegensatz zur Personengesellschaft ideale Voraussetzungen für eine **mehrperiodige Ausschüttungsplanung** durch Progressionsglättung. Für die Darstellung dieser etwas aufwendigeren, jedoch in der Praxis einfach zu handhabenden Modelle muß hier auf die einschlägige Literatur verwiesen werden.

4.2.2 Gewinnverwendung und Anteilsveräußerung

Die Berücksichtigung einer Veräußerung von Anteilsrechten verändert den Bezugsrahmen für eine steuerorientierte Gewinnverwendungs- und Thesaurierungspolitik. Wegen der begünstigten Besteuerung von Veräußerungsgewinnen gemäß § 34 EStG kann es vorteilhaft sein, durch eine weitgehende Gewinnthesaurierungspolitik die Anteilswerte zu erhöhen und so die Vorteile der Anteilswertbesteuerung zu nutzen (*Dirrigl* 1990, S. 1046 ff.).

Die Entscheidung über diesen „**Gewinnverkauf**" durch Thesaurierung erfordert Überlegungen, die über die Modelle der einperiodigen und mehrperiodigen Ausschüttungsplanung (zu den verschiedenen Modellklassen vgl. *Dirrigl/Schaum* 1989, S. 291 ff.) hinausgehen. Diese Komplexitätserweiterung resultiert vor allem aus der Notwendigkeit, in den Vorteilhaftigkeitsvergleich für den „Gewinnverkauf" auch Annahmen zur Preisbildung für die veräußerten Anteile einzubeziehen, wobei es sich als zweckmäßig erweist, hinsichtlich der Anteilspreismodellierung zwei Konstellationen zu unterscheiden:

– Bei nicht-börsennotierten Anteilen an (personenbezogenen) Kapitalgesellschaften vollzieht sich der Anteilsverkauf über eine bilaterale Preisverhandlung, wobei auf die Erkenntnisse der Unternehmensbewertung zurückgegriffen werden kann. Der Charakter des Körperschaftsteuerpotentials als latente Reserve kann dabei unter der Annahme der Ausschüttungssteuerung werterhöhend berücksichtigt werden (vgl. dazu *Dirrigl* 1988, S. 369 ff.).

– Bei börsennotierten Anteilen an Kapitalgesellschaften vollziehen sich Eigentumstransaktionen über die Marktpreise. Bei Einflußlosigkeit von Anteilseignern auf die Ausschüttungspolitik ist klärungsbedürftig, ob und wie die **latente Körperschaftsteuer-Reserve** in die Marktpreise Eingang gefunden hat (*Dirrigl/Müller* 1990, S. 399 ff.).

4.3 Gewinnverwendungs- und Thesaurierungspolitik in börsennotierten Publikumskapitalgesellschaften

Die Stückelung des Nominalkapitals und dessen Börsennotierung kann für die Ausschüttungspolitik bzw. Gewinnverwendungspolitik Konsequenzen haben:

Zunächst kann der Einfluß der Ausschüttungspolitik auf den Aktienkurs einer Gesellschaft untersucht werden (*Swoboda/Köhler* 1971; *Strömer* 1973). Darüber hinaus kann das Aktienkursniveau über die Kapitalerhöhungspolitik beeinflußt werden, die in einem Zusammenhang mit der Gewinnverwendung bzw. Ausschüttungspolitik steht (*Lehmann* 1978, S. 55 ff.). Dieser Zusammenhang ergibt sich über die Festlegung des Bezugskurses von Aktien und durch die Möglichkeit der **Kapitalerhöhung aus Gesellschaftsmitteln**.

4. Ausschüttungspolitik und Besteuerung

Nach der Art der Erhöhung des Nominalkapitals sind die Kapitalerhöhung gegen Einlagen und diejenige aus Gesellschaftsmitteln zu unterscheiden. Bei einer Kapitalerhöhung gegen Einlagen ist der Bezugskurs für junge Aktien und das Bezugsverhältnis festzulegen, wobei Aktionäre bei der Ausgabe neuer Aktien anscheinend einen „günstigen" Bezugskurs erwarten.

Als Alternative zu einer solchen „aktionärsfreundlichen" Kapitalerhöhungspolitik kann die Ausgabe von Gratisaktien bei der Kapitalerhöhung aus Gesellschaftsmitteln erwogen werden, bei der eine Umwandlung von Gewinnrücklagen, die aufgrund früherer Thesaurierungen gebildet wurden, in Eigenkapital stattfindet. Dies stellt in gewissem Sinne einen Ersatz für das SAHZ-Verfahren dar. Nach dem geltenden Recht wird die Kapitalerhöhung aus Gesellschaftsmitteln steuerneutral behandelt. Auf Gesellschaftsebene wird sie also nicht als Quasi-Ausschüttung fingiert. Auch auf der Ebene der Gesellschafter führt die Kapitalerhöhung aus Gesellschaftsmitteln nicht zu steuerpflichtigen Einkünften.

4.3.1 Schütt-aus-Hol-zurück-Verfahren in der Publikumskapitalgesellschaft

Gerade für Publikumskapitalgesellschaften könnte das SAHZ-Verfahren in Betracht kommen, wenn die Gewinnausschüttungen niedrig besteuerten Anteilseignern zufließen bzw. aufgrund von Freibeträgen gänzlich unbesteuert bleiben. Bei der Bestimmung von Grenzen für die Anwendung des SAHZ-Verfahrens ist die Besonderheit der Börsennotierung zu berücksichtigen. Dabei kann von folgenden Annahmen ausgegangen werden (*Hax* 1979, S. 327):

(1) Der Gesamt-Marktwert der Anteile an der börsennotierten Kapitalgesellschaft wird aufgrund des SAHZ-Verfahrens nicht verändert.

(2) Der Bezugspreis für die aufgrund des SAHZ-Verfahrens neu ausgegebenen Beteiligungsrechte ist irrelevant.

Unter diesen Annahmen läßt sich das Ergebnis ableiten, daß die für den Rahmen personenbezogener Kapitalgesellschaften berechnete Vorteilhaftigkeitsgrenze für das SAHZ-Verfahren in Gestalt eines kritischen Einkommensteuersatzes auch bei börsennotierten Publikumskapitalgesellschaften gilt (*Hax* 1979, S. 329). Hierbei werfen die Anwendung des SAHZ-Verfahrens und die hierfür unter den angegebenen Prämissen abgeleitete Vorteilhaftigkeitsgrenze die folgenden Fragen auf:

1. Wie kann der repräsentative Einkommensteuersatz der Anteilseigner ermittelt werden, mit dem dann aufgrund eines Vergleichs mit dem **kritischen Einkommensteuersatz** entschieden werden kann, ob die Anwendung des SAHZ-Verfahrens noch lohnend ist?

2. Führt die Orientierung der Gewinnverwendungspolitik an der Vorteilhaftigkeitsgrenze für das SAHZ-Verfahren zu einer „Spaltung der Aktionärsinteressen durch die Besteuerung" (*Pütz/Willgerodt* 1985, S. 89 f.)?

3. Ist das SAHZ-Verfahren tatsächlich eine unter Steuergesichtspunkten optimale Gewinnverwendungsstrategie?

Unvorteilhaft ist eine Anwendung des SAHZ-Verfahrens für solche Anteilseigner, die ihre zugeflossenen Dividenden einem höheren als dem SAHZ-kritischen Einkommensteuersatz unterwerfen müssen, während für Anteilseigner mit einer niedrigeren als der kritischen Einkommensteuerbelastung eine Voll-Ausschüttung und Anwendung des SAHZ-Verfahrens adäquat ist. Damit wäre bei einer **steuerlich-inhomogenen Gesellschafterstruktur** ein Interessengegensatz gegeben. Doch ist es möglich, daß dies durch Anpassungsreaktionen der hoch besteuerten Anteilseigner vermieden werden kann. Hierbei lassen sich zwei Verhaltensweisen denken (*Niedernhuber* 1988, S. 110 ff.):

(a) Es werden „unerwünschte" Dividenden durch einen Verkauf der Anteile kurz vor der Ausschüttung auf solche Marktteilnehmer transferiert, denen die Dividende unter steuerlichen Gesichtspunkten gelegen kommt. Nach dem Ausschüttungstermin werden die Anteile sofort wieder erworben.

(b) Bereits vor einem Anteilserwerb wird das voraussichtliche Dividendenverhalten berücksichtigt; dementsprechend werden nur solche Anteile erworben, die den steuerlichen Verhältnissen des Aktionärs entsprechen.

Mit (a) wird das „**Dividendenstripping**" beschrieben. Dieses konnte empirisch anhand der vor dem Dividendentermin bei einzelnen Aktien gestiegenen Umsätze beobachtet werden. Ein solches Kauf-/Verkaufsgeschäft nur zum Zwecke der Steuerersparnis könnte eine steuerrechtliche Problematik im Sinne eines Mißbrauchs rechtlicher Gestaltungsmöglichkeiten i.S.d. § 42 AO aufwerfen (vgl. dazu den Erlaß des Finanzministeriums Nordrhein-Westfalen vom 28. 8. 1978 – 2252–29-VB2 – zur steuerrechtlichen Behandlung des Dividendenstripping).

Neben dem „Dividendenstripping" bliebe als Anpassungsreaktion die unter (b) beschriebene Verhaltensweise, die im folgenden Abschnitt zu behandeln ist.

4.3.2 Steuerlich induzierte Klientel-Effekte

Ist der Gesellschafterkreis in seinen steuerlichen Belastungen heterogen, so stellt sich für eine Kapitalgesellschaft die Frage, an welchen Gesellschaftergruppen sie sich bei der Ausgestaltung der Dividendenpolitik orientieren sollte. Lassen sich dagegen **Steuerklientel-Effekte** finden, die zu

4. Ausschüttungspolitik und Besteuerung

einer homogenen Anteilseignerstruktur führen, so ist die Dividendenpolitik irrelevant.

Zur empirischen Überprüfung von **Klientel-Effekten** aufgrund der Besteuerung wurden in der amerikanischen Literatur zwei Ansätze konzipiert, die auch für die Steuersysteme anderer Länder übernommen werden können. Der ältere Ansatz knüpft am **Dividendenabschlag** der Kurse aufgrund der Dividendenausschüttung an (*Elton/Gruber* 1970); neuere Überlegungen zu Steuerklientel-Effekten stützen sich auf den Theorierahmen des **Capital Asset Pricing Models** (CAPM).

Basis des Dividendenabschlagsmodells sind die Dividendenzahlung pro Aktie D, der Aktienkurs vor dem Dividendenabschlag K_a und der Aktienkurs nach dem Dividendenabschlag K_n. Zunächst ist zwischen diesen Größen der folgende Zusammenhang zu vermuten:

(16) $D = K_a - K_n$

Empirische Untersuchungen zeigen, daß dieser Zusammenhang nicht immer gegeben ist, vielmehr die Kursdifferenz zwischen dem Aktienkurs „cum Dividende" und „ex Dividende" geringer ist als die ausgezahlte Dividende. Erklärungen solcher Diskrepanzen stützen sich auf steuerliche Einflüsse, insbesondere die Steuerbelastungsdifferenzen zwischen der **Dividendenbesteuerung** und der **Kapitalgewinnbesteuerung**, die mit den folgenden Größen in den Modellzusammenhang einbezogen werden können:

K_0 = Anschaffungskurs der Aktie
s^{ek} = Einkommensteuersatz auf Dividende
s^{kg} = Kapitalgewinnsteuersatz

Kurz vor der Dividendenausschüttung bieten sich einem Aktionär zwei Strategien, für die jeweils die nach Steuern verbleibenden Nettoerlöse bestimmt werden sollen:

- Bei einem Verkauf der Aktie unmittelbar **vor** der Dividendenausschüttung („**cum Dividende**") ergibt sich der Nettoerlös NE^{cum} als:

(17) $NE^{cum} = K_a - s^{kg} (K_a - K_0)$

- Bei einem Verkauf der Aktie unmittelbar **nach** der Dividendenausschüttung („**ex Dividende**") ergibt sich dagegen der Nettoerlös NE^{ex} als:

(18) $NE^{ex} = K_n + D (1 - s^{ek}) - s^{kg} (K_n - K_0)$

Die Indifferenzbedingung für die Gleichheit der Nettoerlöse kann nach Vereinfachungen formuliert werden als:

$(1 - s^{kg}) K_a = (1 - s^{kg}) K_n + D (1 - s^{ek})$

Wird diese Relation nach dem Einkommensteuersatz s^{ek} aufgelöst, so folgt hierfür:

(19) $s^{ek} = 1 - \dfrac{(1-s^{kg})(K_a - K_n)}{D}$

Mit dieser Relation ist eine Möglichkeit zur Berechnung eines „impliziten" Einkommensteuersatzes aufgrund des **Dividendenabschlags** gegeben. Wird für den „Grenzanleger" unterstellt, daß er nur über eine unwesentliche Beteiligung im Privatvermögen verfügt, so ist der Kapitalgewinnsteuersatz s^{kg} mit null anzunehmen. Die insoweit noch zu vereinfachende Formel (19) ist die Basis für empirische Untersuchungen zum Steuerklientel-Effekt aufgrund des Dividendenabschlags. Auf der Basis dieses Modells sind neuere empirische Untersuchungen inzwischen auch für deutsche Verhältnisse vorgenommen worden (*Swoboda/Uhlir* 1975; *Bay* 1990, S. 102 ff.). Sie kommen teilweise zum Ergebnis, daß sich für den Zeitraum nach Einführung des körperschaftsteuerlichen Anrechnungsverfahrens solche Steuerklientel-Effekte nachweisen lassen.

Die Untersuchung von Klientel-Effekten kann auch auf das CAPM gestützt werden, das in der modernen Finanzierungstheorie große Bedeutung erlangt hat. Aufgrund amerikanischer Vorbilder (*Litzenberger/Ramaswamy* 1979; *dies.* 1980) wurden für den schweizerischen Aktienmarkt Untersuchungen auf der Grundlage des CAPM zur Ableitung von Steuerklientel-Effekten vorgenommen (vgl. *Capitelli* 1989), die zum Schluß gelangten, daß die „Preisstruktur des schweizerischen Aktienmarktes am besten mittels unterschiedlichen Steuerclientèlen beschrieben wird" (*Capitelli* 1989, S. 122). Ebenfalls auf der theoretischen Basis des CAPM durchgeführte empirische Untersuchungen für den deutschen Aktienmarkt konnten dagegen keinen statistisch signifikanten Schluß erbringen, daß sich für den bundesrepublikanischen Aktienmarkt steuerlich bedingte Klientel-Effekte finden lassen (*König* 1990, S. 177).

5. Empirische Befunde – Dividenden als Informationsträger

Bislang wurde vorausgesetzt, daß Ausschüttungen die Übertragung finanzieller Mittel zum Gegenstand haben, wobei die Vorteilhaftigkeit der Übertragung vom gegebenen Informationsstand über ein bestimmtes Investitionsprogramm abhängig ist. In diesem Fall enthält die Ausschüttung selbst keine Information, sondern basiert auf der Annahme der Richtigkeit vorhandener zukunftsgerichteter Informationen; die Ausschüttungspolitik ist Reflex der Investitionspolitik.

Eine eigenständige Ausschüttungspolitik kann aber auch damit begründet werden, daß in der Dividende primär ein Instrument der **Informationspolitik** gesehen wird (*Miller/Modigliani* 1961). Dies kann dann der Fall sein, wenn beobachtete Abfolgen von Dividenden in mehrperiodige Abhängigkeiten eingeordnet werden können. Derartige Hypothesen gehen meist auf eine von *Lintner* 1956 publizierte empirische Untersuchung zurück (*Lintner* 1956). Danach sind viele Manager davon überzeugt, daß

5. Empirische Befunde – Dividenden als Informationsträger

Aktionäre eine stabile Dividende bevorzugen. Die Festlegung einer beizubehaltenden Zielausschüttung erfolgt, um zu vermeiden, daß eine erhöhte Dividende nach kurzer Zeit wieder zurückgenommen werden muß, da bei Dividendenkürzungen mit Sanktionen der Anteilseigner gerechnet wird.

Wenn man davon ausgehen kann, daß es eine Bestrebung nach konstanten Dividenden unter Managern gibt, dann kann man aus einer trotzdem erfolgenden Senkung der Dividende schließen, daß Manager aufgrund interner Informationsquellen nicht mehr damit rechnen, die Dividendenhöhe aufrechterhalten zu können, weil sich ihre Zukunftserwartungen substantiell verändert haben. Dividendenänderungen stellen dann eine Form der Mitteilung von **Erwartungsänderungen** dar. Bei dieser Sichtweise wird auch erkennbar, warum eine höhere Dividende eher zu einem Kursanstieg auf dem Kapitalmarkt führt, was aus der Sicht der Modelle der optimalen Ausschüttung bei gegebenem Investitionsprogramm zunächst widersinnig erscheint, da in diesen Modellen der Kurs nach Maßgabe der Ausschüttung sinken müßte. Wenn höhere Dividenden ein Anzeichen dafür sind, daß die Unternehmensleitung zusätzliche Ertragschancen aufdeckt und die Kapitaleigner daran teilhaben lassen will, dann stellt dies zu Modellen der optimalen Ausschüttung, die auf einem gegebenen Investitionsprogramm beruhen, keinen Widerspruch dar, weil zusätzliche Investitionschancen infolge Erwartungsrevision entstanden sind und die Information darüber den Aktionären mit der Erhöhung der Dividende zugeht.

Gegen die These vom **Informationsgehalt der Dividendenpolitik** läßt sich einwenden, daß die Unternehmensleitung ihre veränderten Erwartungen den Anteilseignern auch über den Jahresabschluß im Lagebericht mitteilen kann (*Drukarczyk* 1991, S. 248 f.). Selbst wenn die Leitung sich darum bemüht, auf anderem Wege zu informieren, schließt dies aber nicht aus, daß Kapitalmärkte – unabhängig von der von der Leitung verfolgten Absicht – Dividendenänderungen für ein besonders authentisches Signal halten, das ihre Erwartungen stärker verändert als eine Änderung des Gewinns. So zeigen denn auch empirische Untersuchungen, daß Börsenkurse auf Dividendenänderungen stärker reagieren als auf Gewinnänderungen und bestätigen damit den **Prognosewert** von Dividenden (*Sahling* 1981). Dies ist nicht überraschend, da auch neuere empirische Untersuchungen für Deutschland zu dem Ergebnis kommen, daß das *Lintner*-Modell das Ausschüttungsverhalten deutscher Aktiengesellschaften zutreffend beschreibt (*Hort* 1984, S. 256; *König* 1990, S. 34).

Während die auf der *Lintner*-Hypothese beruhenden Tests keinen Grund dafür angeben können, warum mit Dividenden Informationen übertragen werden, hat die **Signalling-Theorie** hierfür einen theoretischen Rahmen geschaffen (*Swoboda* 1991a, S. 207 f.). Wenn die Unternehmensleitung durch Dividenden an die Anteilseigner Signale senden will, die deren Erwartungen hinsichtlich des Kursniveaus verändern, dann müssen diese Signale glaubwürdig sein. Dies ist dann der Fall, wenn es sich nicht lohnt, falsche Signale zu verbreiten, weil mit der Verbreitung des Signals Kosten und Erlöse verbunden sind, deren Relation davon abhalten soll, bewußt falsch zu informieren (*Hartmann-Wendels* 1986, S. 86).

Die **Kosten des Signalisierens** werden in den unterschiedlichen Modellen auf verschiedene Arten bestimmt: Im Signal-Modell von *Miller/Rock* (1985) resultieren die Signalkosten aus den entgangenen Investitionserträgen, weil die Investitionen mit positiven Kapitalwerten reduziert werden, um die Dividendenzahlungen (als Signal) erhöhen zu können. In dem alternativen Modell von *John/Williams* (1985) fungieren als Signalkosten die Steuern auf Dividendenzahlungen, die sich im amerikanischen Steuersystem aus der Doppelbelastung der Ausschüttung ergeben. *Feldstein/Green* (1983) gehen davon aus, daß die Signalkosten für die USA jährlich 10 Mrd. $ betragen.

Die Signalling-Theorie kann die Dividendenpolitik wegen der dabei entstehenden Kosten nur dann erklären, wenn die Höhe der Dividende auch ohne Auftreten des Signalling nicht irrelevant wäre. Signal-Effekte bewirken im Ergebnis, daß mehr ausgeschüttet wird als optimal wäre, wenn die Anteilseigner den Informationstand des Managements besäßen. Doch läßt sich letztlich nicht beweisen, ob die Abweichungen vom Ausschüttungsoptimum tatsächlich wegen der damit verbundenen Informationsabsicht in Kauf genommen werden oder ob hierfür nicht möglicherweise andere Gründe verantwortlich sind (vgl. z.B. *Shefrin/Statman* 1984).

6. Zusammenfassung

Die Bestimmung der optimalen Ausschüttung ist aus der Sicht der Kapitaleigner nur dann sinnvoll, wenn sowohl die Ausschüttungshöhe als auch der Anteilswert nach Ausschüttung in die Betrachtung einfließen. Modellanalysen optimaler Ausschüttung führen zu dem Ergebnis, daß nur bei ungünstigen Ertragsaussichten auf Unternehmensebene ausgeschüttet werden sollte. Diese Empfehlungen werden im Ergebnis durch steuerliche Einflüsse relativiert; Steuern dürfen daher bei der Ausschüttungspolitik nicht außer acht gelassen werden.

Empirische Befunde können über die Modellansätze der optimalen Ausschüttung nicht befriedigend erklärt werden. Eine Ursache hierfür könnte möglicherweise in einer bislang nicht befriedigend geklärten Informationsfunktion der Dividenden liegen.

Literatur

Bay, W. (1990), Dividenden, Steuern und Steuerreformen, Wiesbaden

Capitelli, R. (1989), Dividenden, Steuern und Aktienpreise, Bern/Stuttgart

Dirrigl, H. (1980), Gewinnverwendungsstrategien bei steuerlichen Ausschüttungsprämien, in: ZfB, S. 148–163

Dirrigl, H. (1988), Die Bewertung von Beteiligungen an Kapitalgesellschaften – Betriebswirtschaftliche Methoden und steuerlicher Einfluß –, Hamburg

Dirrigl, H. (1990), Gewinnverkauf bei der Anteilsveräußerung, in: DB, S. 1045–1052

Dirrigl, H./Schaum, W. (1989), Ausschüttungsplanung nach der Steuerreform 1990, in: ZfB, S. 291–309

Dirrigl, H./Müller, R. (1990), Eigenfinanzierung und Eigenkapitalkosten bei begünstigter Besteuerung von Veräußerungsgewinnen, in: ZfbF, S. 390–417

Drukarczyk, J. (1980), Finanzierungstheorie, München

Drukarczyk, J. (1991), Finanzierung, 5. Aufl., Stuttgart/New York

Elton, J./Gruber, M. (1970), Managerial Stockholder Tax Rates and the Clientele Effect, in: Review of Economics and Statistics, S. 68–74

Feldstein, M./Green J. (1983), Why do companies pay dividends?, in: AER, S. 17–30

Gordon, M. J. (1962), The Investment, Financing, and Valuation of the Corporation, Homewood, Ill.

Hartmann-Wendels, T. (1986), Dividendenpolitik bei asymmetrischer Informationsverteilung, Wiesbaden

Hax, H. (1979), Zur Bedeutung der Körperschaftsteuerreform von 1977 für die Dividendenpolitik von Aktiengesellschaften, in: ZfbF, S. 322–334

Hort, H. (1984), Zur Dividendenpolitik der Aktiengesellschaften des verarbeitenden Gewerbes der Bundesrepublik Deutschland, Diss., Saarbrücken

John, K./Williams, J. (1985), Dividends, Dilution, and Taxes: A Signalling Equilibrium, in: JoF, S. 1053–1070

König, R.-J. (1990), Ausschüttungsverhalten von Kapitalgesellschaften, Besteuerung und Kapitalmarktgleichgewicht, Hamburg

Kruschwitz, L. (1983), Kritische Einkommensteuersätze für die Schütt-aus-hol-zurück-Politik nach dem Körperschaftsteuergesetz 1977, in: DB, S. 683–686

Lehmann, M. (1978), Eigenfinanzierung und Aktienbewertung, Wiesbaden

Lintner, J. (1956), Distribution of Incomes of Corporations among Dividends, Retained Earnings, and Taxes, in: AER, S. 97–113

Litzenberger, R. H./Ramaswamy, K. (1979), The Effect of Personal Taxes and Dividends on Capital Asset Prices: Theory and Empirical Evidence, in: JoFE, S. 163–195

Litzenberger, R. H./Ramaswamy, K. (1980), Dividends, Short Selling Restrictions, Tax-Induced Investor Clienteles, and Market Equilibrium, in: JoF, S. 469–482

Miller, M. H./Modigliani, F. (1961), Dividend Policy, Growth, and the Valuation of Shares, in: Journal of Business, S. 411–433

Miller, M. H./Rock, K. (1985), Dividend Policy under Asymmetric Information, in: JoF, S. 1031–1051

Moxter, A. (1976), Selbstfinanzierung, optimale, in: Handwörterbuch der Finanzwirtschaft, Stuttgart, Sp. 1603–1619

Niedernhuber, G. (1988), Ausschüttungsregelungen für Aktiengesellschaften, Hamburg

Pütz, P./Willgerodt, H. (1985), Gleiches Recht für Beteiligungskapital, Baden-Baden

Sahling, C. (1981), Die Reaktion des Aktienmarktes auf wesentliche Ausschüttungsänderungen, Schwarzenbek

Schneider, D. (1977), Lohnt sich eine „Schütt-aus-Hol-zurück-Politik" nach der Körperschaftsteuerreform, in: ZfbF, S. 155–162

Shefrin, H. M./Statman, M. (1984), Explaining Investor Preference for Cash Divdends, in: JoFE, S. 253–282

Siegel, T. (1981a), Das Schütt-aus-Hol-zurück-Verfahren bei Nichterreichen der Standardausschüttung, in: DB, S. 1847–1851

Siegel, T. (1981b), Ein Ansatz zur simultanen Optimierung von Gewinnausweis und Ausschüttung in der personenbezogenen Kapitalgesellschaft, in: StuW, S. 126–134

Siegel, T. (1982), Zur Integration der Wiedereinlageplanung in die simultane Planung von Gewinnausweis und Ausschüttung, in: ZfB, S. 909–922

Siegel, T. (1988): Die Schütt-aus-hol-zurück-Politik unter Berücksichtigung der Finanzierungs-Aneutralität der Besteuerung, in: WISU, Teil I S. 603–608; Teil II, S. 670–675

Swoboda, P. (1991a), Betriebliche Finanzierung, 2. Aufl., Heidelberg

Swoboda, P. (1991b), Irrelevanz oder Relevanz der Kapitalstruktur und Dividendenpolitik von Kapitalgesellschaften in Deutschland und in Österreich nach der Steuerreform 1990 bzw. 1989?, in: ZfbF, S. 851–866

Swoboda, P./Köhler, C. (1971), Der Einfluß einer Kapitalgewinnsteuer auf den Aktienkurs und die Dividendenpolitik von Aktiengesellschaften, in: ZfbF, S. 208–231

Swoboda, P./Uhlir, H. (1975), Einfluß der Einkommensbesteuerung der Aktionäre auf den Dividendenabschlag – eine empirische Untersuchung, in: ZfbF, S. 489–499

Wagner, F. W. (1976), Substanzerhaltung und Gewinnverwendung bei Publikumskapitalgesellschaften, in: WPg, S. 487–494

Wagner, F. W. (1988), Allokative und distributive Wirkungen der Ausschüttungskompetenzen von Hauptversammlung und Verwaltung einer Aktiengesellschaft – Eine ökonomische Analyse des Art. 50 des Entwurfs einer 5. EG-Richtlinie, in: ZGR, S. 210–239

Wagner, F. W./Dirrigl, H. (1980), Die Steuerplanung der Unternehmung, Stuttgart/New York

Teil D

Außenfinanzierung

Kapitel 13

Eigenkapitalbeschaffung durch Erstemission von Aktien

von *Wolfgang Gerke* und *Heinz-Werner Rapp*

1. Aufgabe und Funktion von Kapitalmärkten 288
2. Erstemission von Aktien am Kapitalmarkt (Going Public) . . . 289
   2.1 Begriffsbestimmung 289
   2.2 Voraussetzungen einer Erstemission von Aktien 289
   2.3 Unternehmensziele bei der Erstemission von Aktien 290
   2.4 Institutionelles Umfeld und Finanzintermediäre 292
      2.4.1 Börsensegmente 292
      2.4.2 Emissionsbegleiter 293
   2.5 Ausgestaltung der Emission 296
      2.5.1 Bestimmung des Emissionsvolumens 296
      2.5.2 Allokation der Emissionserlöse 297
      2.5.3 Auswahl des Börsensegments 298
      2.5.4 Festlegung der Titelkategorie 299
   2.6 Abwicklung der Emission 300
      2.6.1 Selbstemission 300
      2.6.2 Fremdemission 301
   2.7 Emissionsverfahren und Preisfindung 302
      2.7.1 Verfahren mit Preisfixierung 302
      2.7.2 Verfahren ohne Preisfixierung (Tenderverfahren) . . . 304
   2.8 Sonderfälle der Erstemission 305
      2.8.1 Bedingte Öffnung 305
      2.8.2 Privatplazierung 306
      2.8.3 Auslandsemission 306
      2.8.4 Internationale Plazierung 306
      2.8.5 Internationale Emission 307
3. Probleme bei der Erstemission von Aktien am Kapitalmarkt . . 307
   3.1 Anlegerschutz und Marktzutrittsbarrieren 307
   3.2 Asymmetrische Informationsverteilung 307
   3.3 Ineffiziente Emissionsallokation 308
   3.4 Strukturschwäche des deutschen Emissionsmarktes 309
4. Zusammenfassung 310
Literatur 310

1. Aufgabe und Funktion von Kapitalmärkten

Die Hauptaufgabe eines funktionsfähigen Kapitalmarktes besteht in der zentralen Zusammenführung von Kapitalangebot und -nachfrage aller Wirtschaftssubjekte und im Ausgleich individueller Investitions- und Finanzierungsvorhaben auf aggregierter Ebene (**Marktausgleichsfunktion**). Potentielle Suchkosten, die kontrahierungswillige Kapitalanbieter und Kapitalnachfrager in einer Welt ohne organisierten Kapitalmarkt aufwenden müßten, um aufeinanderzutreffen, werden dadurch reduziert. Durch Konventionen oder rechtsverbindliche Normen lassen sich Mindeststandards der Marktorganisation definieren, um Risiken beim Vertragsabschluß zu reduzieren (**Selektionsfunktion**). Unsicherheit zwischen Kapitalanbietern und Kapitalnachfragern besteht insbesondere hinsichtlich der jeweiligen Bonität und Seriosität sowie bezüglich eventuell vorhandener Informationsvorteile der Marktgegenseite.

In Abhängigkeit vom Grad der rechtlichen und organisatorischen Ausgestaltung lassen sich in der Gesamtheit der Kapitalmärkte unterschiedliche **Teilmärkte** unterscheiden. Während der nicht-organisierte („graue") Kapitalmarkt durch ein erhebliches Maß an Unsicherheit gekennzeichnet ist (*Spannagel* 1983), bieten Wertpapierbörsen als Kapitalmärkte mit sehr hohem Organisationsgrad aufgrund ihrer ausgeprägten Institutionalisierung, Standardisierung und Spezialisierung den Marktteilnehmern weitgehende Vertragssicherheit.

Wertpapierbörsen repräsentieren für Kapitalanbieter und -nachfrager einen zentralen Treffpunkt, um möglichst kostengünstig und unter Reduktion gegenseitiger Unsicherheit Verträge zur langfristigen Überlassung von Kapital schließen zu können. Zur Erleichterung des Entstehens von Finanzierungsverträgen werden standardisierte Wertpapiere mit verbrieften Eigentumsrechten und Zahlungsversprechen konstruiert. Die so geschaffenen homogenen Finanztitel können dann unter Nutzung der Marktstrukturen an Investoren verkauft werden (**Primärmarkt- oder Emissionsfunktion**). Dieser Homogenisierungseffekt der Börse reduziert Unsicherheit und Transaktionskosten und ermöglicht eine schnelle und reibungslose Übertragung der Titel vom Ersterwerber auf andere Marktteilnehmer (*Schmidt* 1988, S. 7–11). Kapitalanleger können sich somit jederzeit durch Weiterverkauf der Wertpapiere am Markt aus bestehenden Finanzierungskontrakten lösen, ohne die Finanzierungsfunktion aus Sicht des Kapitalnachfragers zu beeinträchtigen (**Sekundärmarkt- oder Zirkulationsfunktion**).

Der Begriff der Eigenfinanzierung kennzeichnet alle diejenigen Vorgänge, mit denen sich ein Unternehmen neues Eigenkapital verschafft. Eigenfinanzierung kann entweder durch Einbehaltung von im Unternehmen erwirtschafteten Finanzmitteln (**interne Eigenfinanzierung**) oder durch Aufnahme von Beteiligungskapital von externen Kapitalgebern (**externe Eigenfinanzierung**) erfolgen (*Perridon/Steiner* 1988, S. 196–200). Der organisierte Kapitalmarkt bietet in seiner Emissionsfunktion ein geeignetes Umfeld zur Durchführung eigenkapitalorientierter Finanzierungsvorgänge. Der Kapitalmarkt erfüllt dabei die wichtige Aufgabe, kapitalsuchende Unternehmen und potentielle Kapitalgeber zusammenzuführen und durch Bereitstellung effizienter Marktstrukturen den Abschluß von Finanzierungsverträgen zu erleichtern. Kapitalsuchende Unternehmen können dann durch Ausgabe standardisierter Finanztitel am Kapitalmarkt externes Eigenkapital zur Finanzierung von Investitionsprojekten aufnehmen.

2. Erstemission von Aktien am Kapitalmarkt (Going public)

2.1 Begriffsbestimmung

Der Begriff der Erstemission charakterisiert den erstmaligen Zutritt eines kapitalsuchenden Unternehmens zum organisierten Kapitalmarkt. Im Rahmen der externen Eigenfinanzierung veräußert das Unternehmen Aktien als verbriefte Anteile am Grundkapital an außenstehende Kapitalgeber. Grundsätzlich steht der Terminus **Emission** stellvertretend für ein **öffentliches Angebot** zur Zeichnung der neu herausgegebenen Aktien und für eine **breite Streuung** der Titel beim Anlegerpublikum. Um die anschließende Handelbarkeit am Sekundärmarkt zu ermöglichen, ist dieser Vorgang regelmäßig mit einer **Börseneinführung** der Titel verbunden. Als Börseneinführung wird die Zulassung der Wertpapiere zum Börsenhandel auf Antrag des Emittenten gemäß den Vorschriften des Börsengesetzes (§§ 36, 71 BörsG) bezeichnet. In einer strengen Abgrenzung bezieht sich der Begriff der Emission ausschließlich auf die Plazierung der Titel beim Publikum. In der Praxis wird jedoch überwiegend mit dem Begriff der Emission auch der zusätzliche Tatbestand einer simultanen Börsenzulassung assoziiert. Darüber hinaus wird neben dem Prozeß der Titelausgabe oft auch das Gesamtvolumen der emittierten Titel als Emission bezeichnet.

2.2 Voraussetzungen einer Erstemission von Aktien

Die Erstemission von Aktien am organisierten Kapitalmarkt setzt auf Seiten des kapitalsuchenden Unternehmens neben der Rechtsform der Aktiengesellschaft bestimmte Mindestqualifikationen voraus. Hierbei lassen sich **qualitative und quantitative Kriterien** unterscheiden, die zusammengefaßt als Indikatoren für die **Börsenreife** des Unternehmens dienen (*Bittermann* 1987, *Christians* 1988, S. 551–554). Die Erfüllung dieser Anforderungen führt zu einer **Vorselektion von Emittenten**, wodurch Anlagerisiken reduziert und ein ordungsgemäßer Börsenhandel ermöglicht werden sollen (*Hopt* 1986).

Als **qualitative Vorbedingungen** für den Gang an die Börse und die damit zusammenhängende Publikumsöffnung gelten möglichst positive Ausprägungen der folgenden Faktoren:

- Managementqualität
- Wettbewerbsposition
- Branchenentwicklung
- Wachstumschancen
- Innovationskraft
- Publizitätsbereitschaft
- Qualität der externen Rechnungslegung.

Unter den **quantitativen Vorbedingungen** für eine erfolgreiche Aktienemission ist die Fähigkeit des Emittenten zur nachhaltigen Gewinnerzielung von entscheidender Bedeutung. Daneben finden weitere Kennzahlen und Merkmale Berücksichtigung:

- Dauer des Bestehens als Aktiengesellschaft
- Höhe des Grundkapitals des Emittenten
- Anteil der zu emittierenden Aktien am Grundkapital
- Anzahl der frei handelbaren Aktien
- Gewinnhistorie des Emittenten
- Gewinnpotential des Emittenten
- erwartete Eigenkapitalrendite des Emittenten
- erwartete Dividendenrendite der Titel
- erwartete Gesamtrendite der Titel
- erwartete Varianz der Gesamtrendite der Titel.

Während einige der quantitativen Kriterien explizit im **Börsengesetz** bzw. in den **Börsenzulassungsverordnungen** aufgeführt werden, beruhen die qualitativen Anforderungen überwiegend auf Konventionen der Marktteilnehmer sowie insbesondere der Emissionsbanken (*Walter* 1984, S. 405–406). In Abhängigkeit von bestimmten Börsensegmenten bestehen dabei graduelle Abstufungen (*Schmidt* 1988, S. 36–39). Allgemein wird jedoch kritisiert, daß die bestehenden Börsenzulassungsvoraussetzungen insbesondere für innovative mittelständische Unternehmen zu unflexibel seien und Nachteile bei der externen Eigenkapitalfinanzierung zur Folge hätten (*Gerke* 1988; *Schmidt* 1988, S. 40–44).

2.3 Unternehmensziele bei der Erstemission von Aktien

Die grundlegenden finanzwirtschaftlichen Zielsetzungen einer Unternehmung können mit dem Streben nach Rentabilität, Liquidität, Sicherheit und Unabhängigkeit charakterisiert werden (*Arnold* 1989, S. 60–89). Die Finanzierungsziele bei einer Erstemission von Aktien lassen sich aus die-

2. Erstemission von Aktien am Kapitalmarkt

sen Oberzielen ableiten und ergeben sich aus den typischen Merkmalen von Eigenkapital. Eigenkapital erfüllt insbesondere eine:
- Finanzierungsfunktion
- Haftungsfunktion
- Verlustausgleichsfunktion.

Die Zuführung von externem Eigenkapital wird häufig erforderlich, um Wachstum, Innovationskraft und Marktpräsenz des Unternehmens langfristig zu sichern. Folgende Phasen der Unternehmensentwicklung mit hohem externen Eigenkapitalbedarf, oft auch als kritische Wachstumsschwellen bezeichnet (*Albach* 1976), lassen sich grundsätzlich identifizieren:

a) **Innovationsfinanzierung:**
Entwicklung von Produkt- oder Verfahrensinnovationen mit hohem Investitionsbedarf und langfristigem Zeithorizont.

b) **Expansionsfinanzierung:**
Wachstumsstrategie mit internen oder externen Wachstumszielen (z. B. Globalisierung durch Übernahme von Wettbewerbern).

Insbesondere für mittelständische Unternehmen stellen diese Konstellationen kritische Phasen im Lebenszyklus dar. Da die intern erwirtschafteten Mittel vielfach nicht zur Unterlegung der geplanten Investitionsvorhaben ausreichen, eröffnet die Beschaffung von externem Eigenkapital am Kapitalmarkt zusätzliche unternehmerische Freiheitsgrade (*Fritsch* 1978, S. 39–63).

Neben den originären finanzwirtschaftlichen Zielen können mit dem Going Public auch derivative Ziele verbunden sein. Diese liegen sowohl auf der Ebene des Unternehmens als auch im Umfeld der Gesellschafter (*Oettingen* 1990, S. 101–108):

mögliche Ziele aus Sicht des Unternehmers:
- Wertrealisation der unternehmerischen Leistung über die Börse
- Diversifikation des privaten Vermögens durch Verkauf von Unternehmensanteilen
- Sicherung der unternehmerischen Nachfolge und Erleichterung von Erbauseinandersetzungen durch personenunabhängige Rechtsform
- Professionalisierung der Unternehmensführung durch Trennung von Eigentumsrechten und Managementfunktionen.

mögliche Ziele aus Sicht des Unternehmens:
- Sicherung von Fortbestand und Erfolg des Unternehmens durch dauerhaften Zutritt zum Kapitalmarkt
- Erhöhung der unternehmerischen Flexibilität durch stärkere Unabhängigkeit von Kreditgebern

- Erzielung von Wettbewerbsvorteilen aufgrund günstiger Refinanzierungsmöglichkeiten
- Realisation von Image- und Standingvorteilen durch höheren Bekanntheitsgrad
- Steigerung der Attraktivität auf verschiedenen Märkten (Personal-, Kapital-, Absatz-, Beschaffungsmärkte).

Trotz dieser Vielzahl alternativer Ziele im Rahmen eines Going Public ist jedoch im Regelfall von einer Dominanz der finanzwirtschaftlich orientierten Zielsetzungen auszugehen. Zwischen originären und derivativen Zielen können jedoch vielfach erhebliche Synergieeffekte vorliegen, und auch im Rahmen der Vorteilhaftigkeiten für das Unternehmen bzw. den Unternehmer treten nur in Einzelfällen Interessenkonflikte auf.

2.4 Institutionelles Umfeld und Finanzintermediäre

2.4.1 Börsensegmente

Die Wertpapiermärkte werden durch ein breites Spektrum gehandelter Zahlungsversprechen und Verfügungsrechte geprägt. Dieses heterogene Angebot an Finanztiteln am Markt führt zu Transparenzverlust und Qualitätsunsicherheit auf seiten der Kapitalanleger und kann aufgrund zunehmenden Anlegermißtrauens partielles Marktversagen hervorrufen (*Akerlof* 1970). Durch Einrichtung unterschiedlicher Börsensegmente kann bei gleichzeitiger Verbesserung des Anlegerschutzes einem Marktversagen entgegengewirkt werden. **Vertikal abgestufte Börsensegmente** mit unterschiedlich restriktiven Anforderungen an Größe, Qualität, Publizität und Plazierungsvolumen der Emittenten bilden relativ homogene Teilmärkte innerhalb des heterogenen Titelangebots und verleihen den an ihnen jeweils gehandelten Wertpapieren graduell abgestufte Gütestempel. Diese Gütestempel der einzelnen Börsensegmente übermitteln der Marktgegenseite standardisierte Informationen bezüglich Mindestqualität und -liquidität der jeweiligen Titelkategorie und reduzieren so die Informationsunsicherheit der Kapitalanleger (*Schmidt* 1988, S. 41–42).

Differenzierte und mit unterschiedlichen Anspruchsnormen ausgestattete Börsensegmente bieten wesentliche Zugangserleichterungen für Emittenten von Finanztiteln. Kleinere und risikoreiche Emissionen könnten in einem einheitlichen Börsenmarkt aus Anlegerschutzerwägungen kaum plaziert werden, da die Anleger aufgrund unvollständiger Informationen nicht in der Lage wären, zwischen risikoreichen und risikoarmen Emissionen zu unterscheiden (*Koch/Schmidt* 1981). Segmentierte Börsenmärkte ermöglichen dagegen grundsätzlich auch sehr jungen und risikoreichen Unternehmen den Kapitalmarktzutritt (Kommission „Zweiter Börsenmarkt" 1987, S. 13–34). Voraussetzung ist dabei lediglich, daß die

2. Erstemission von Aktien am Kapitalmarkt

Emission in einem speziellen und entsprechend gekennzeichneten Börsensegment stattfindet. In diesem Fall haben alle Anleger die Möglichkeit zu einer realistischen Risikobeurteilung, so daß die Qualitätsunsicherheit am Markt überwunden und die Fähigkeit des Kapitalmarktes zur Allokation von Risikokapital verbessert werden kann (*Schmidt* 1988, S. 40–44).

Der deutsche Kapitalmarkt folgt dieser Konzeption der vertikalen Segmentierung und weist derzeit **drei Börsensegmente** mit abgestuften Ausgestaltungsmerkmalen und Marktzugangserfordernissen auf (*Rosen* 1989, S. 90–91):

- **amtlicher Handel**
- **geregelter Markt**
- **Freiverkehr**.

Der **amtliche Handel** ist aufgrund eher restriktiver Marktzugangsanforderungen lediglich für etablierte Aktiengesellschaften als Marktsegment zur Erstemission von Aktien geeignet. Dagegen bietet der **geregelte Markt** mit erleichterten Zulassungsmöglichkeiten auch jüngeren Kapitalgesellschaften ein angemessenes Emissionsumfeld. Seit seiner Errichtung 1987 hat sich der geregelte Markt als adäquates Börsensegment zur Versorgung insbesondere mittelständischer Unternehmen mit Eigenkapital erwiesen (*Rosen* 1989, S. 91). Aufgrund relativ schwach ausgeprägter Marktzutrittsrestriktionen erscheint der **Freiverkehr** grundsätzlich als Marktsegment zur Aufbringung von Risikokapital geeignet. Geringe Markttransparenz, negative Anlegererfahrungen sowie eine starke Zurückhaltung der Kreditinstitute verhindern jedoch offensichtlich eine Nutzung des Freiverkehrsmarktes als Grundsegment zur Risikokapitalbeschaffung (*Schmidt* 1988, S. 38–44). Tabelle 1 (S. 294) stellt die unterschiedlichen Ausgestaltungsmerkmale der drei Marktsegmente zusammenfassend dar.

2.4.2 Emissionsbegleiter

Die Erstemission von Aktien am Kapitalmarkt stellt für den Emittenten einen komplexen Vorgang dar, der weitreichende juristische, betriebswirtschaftliche und kapitalmarktspezifische Detailkenntnisse erfordert. Dies ist insbesondere für kleinere Emittenten problematisch, da diese in der Regel weder über das entsprechende Spezialwissen noch über das für eine problemlose Unterbringung der Emission erforderliche Standing am Kapitalmarkt verfügen.

Durch Einschaltung eines Finanzintermediärs als Emissionsbegleiter lassen sich diese Probleme reduzieren. Die möglichen Aufgaben eines Emissionsbegleiters umfassen:

- **Beratungsfunktion**
- **Informationsfunktion**

Kapitel 13: Eigenkapitalbeschaffung durch Aktienerstemission

Tab. 1: Marktsegmente am deutschen Kapitalmarkt

	amtlicher Handel	geregelter Markt	Freiverkehr
Rechtsgrundlage	§§ 36–44d BörsG	§§ 71–77 BörsG	§ 78 BörsG
Börsenaufsicht	hoheitlich	hoheitlich	privatrechtlich
Regulierung	Börsenvorstand	Börsenvorstand	Händlervereinigungen
Zulassungsantrag	Kreditinstitute (§ 36 II BörsG)	Kreditinstitute/ geeignete Unternehmen (§ 71 BörsG)	nicht gesetzlich fixiert
Emissionspublizität	Prospektpflicht	Unternehmensbericht	Unternehmensbericht
laufende Publizität	Zwischenbericht „ad-hoc-Publizität" (§ 44a BörsG)	Jahresbericht „ad-hoc-Publizität" (§ 76 i. V. m. § 44a BörsG)	Jahresbericht nicht gesetzlich fixiert
Unternehmenshistorie	min. 3 Jahre	1 Jahr	nicht gesetzlich fixiert
Plazierungsvolumen	min. 2,5 Mio. DM	min. 0,5 Mio. DM	nicht geregelt
Plazierungsquote	min. 25%	min. 10%	nicht geregelt

– Abwicklungsfunktion
– Risikoübernahmefunktion
– Haftungsfunktion
– Betreuungsfunktion.

In seiner **Beratungsfunktion** stellt der Emissionsbegleiter dem Emittenten das erforderliche Spezialwissen für den Börsengang zur Verfügung. Er unterstützt und überwacht die Erstellung des Emissionsprospekts, berät den Emittenten im Rahmen der vom Gesetzgeber vorgesehenen Spielräume in steuerlichen und rechtlichen Fragen der Emission und ermittelt in Abstimmung mit dem Emittenten Preis und Volumen der Emission.

Die **Informationsfunktion** des Emissionsbegleiters ergibt sich aus der Notwendigkeit, den Kapitalmarktteilnehmern wesentliche Informationen zur wirtschaftlichen Situation des Emittenten zu vermitteln. Da Selbstauskünfte des Emittenten vom Markt nicht immer als glaubwürdig eingeschätzt werden, entsteht ein Akzeptanzproblem. Hier kann der Emissionsbegleiter ersatzweise als Produzent impliziter oder expliziter Informationen auftreten, die dem Emittenten **Emissionskredit** verschaffen (*Booth/Smith* 1986).

Die **Abwicklungsfunktion** umfaßt die technischen Fragen der Börseneinführung. Der Emissionsbegleiter stellt den Antrag auf Zulassung zum Börsenhandel und organisiert in der Regel auch die Plazierung der Titel am Markt.

2. Erstemission von Aktien am Kapitalmarkt

Die **Risikoübernahmefunktion** tritt dann ein, wenn zwischen Emittent und Emissionsbegleiter eine feste Übernahme mit anschließender Plazierung der Titel durch den Emissionsbegleiter vereinbart wurde. Das Risiko einer unzureichenden Akzeptanz der Titel am Markt (**Plazierungsrisiko**) sowie die Unsicherheit bezüglich des realisierbaren Emissionserlöses (**Preisrisiko**) gehen in diesem Fall vollständig auf den Emissionsbegleiter über. Zur Reduzierung dieser Risiken werden regelmäßig unter Einbeziehung anderer Emissionshäuser **Emissionskonsortien** gebildet. Diese Konstellation stellt bei der Durchführung von Neuemissionen am deutschen Kapitalmarkt den Regelfall dar.

Die **Haftungsfunktion** des Emissionsbegleiters ist eng mit der Informationsfunktion verbunden. Sofern vom Emittenten oder seinem Emissionsbegleiter wissentlich oder grob fahrlässig falsche Informationen verbreitet wurden, kann hieraus ein Rechtsanspruch der geschädigten Erstzeichner und Aktionäre erwachsen. Im Rahmen der sogenannten **Prospekthaftung** haften dabei Emittent und Emissionsbegleiter gesamtschuldnerisch (§ 45 BörsG) und sind gegebenenfalls zur Ersatzleistung an geschädigte Aktionäre verpflichtet (§ 46 BörsG).

Die **Betreuungsfunktion** kann sich fakultativ nach der Durchführung der Emission aus bestimmten Bedürfnissen des Emittenten ergeben. Beispielhaft lassen sich hier die dauerhafte Marktpflege, die Beratung hinsichtlich weiterer Finanzierungsmaßnahmen am Kapitalmarkt oder die Unterstützung bei publizitätsorientierten Aktivitäten anführen.

Insgesamt dient die Einschaltung eines Emissionsbegleiters den Zielen der **Markttransparenz** und des **Anlegerschutzes**. Durch Vorselektion und Überprüfung der Emittenten können Anlagerisiken reduziert und durch sachkundige Aufklärung über die wirtschaftliche Lage des Emittenten die Qualitätsunsicherheit auf seiten der Anleger abgebaut werden (*Chan* 1983).

Der Gesetzgeber verlangt bei Zulassungsanträgen zum amtlichen Börsenhandel die Hinzuziehung eines Kreditinstitutes als Emissionsbegleiter (§ 36 II BörsG). Börseneinführungen in den geregelten Markt können dagegen grundsätzlich auch von anderen Emissionsbegleitern durchgeführt werden, sofern diese über die erforderliche fachliche Eignung und Zuverlässigkeit verfügen (§ 71 II BörsG). Für Erstemissionen im Freiverkehrs-Segment ist grundsätzlich kein Emissionsbegleiter erforderlich, faktisch wird jedoch hier ebenso wie im geregelten Markt von den Zulassungsausschüssen der Börsen regelmäßig die Zuziehung eines Kreditinstitutes verlangt (*Schmidt* 1988, S. 39).

Kreditinstituten wird regelmäßig die für einen Emissionsbegleiter erforderliche Kompetenz, Detailkenntnis und Plazierungskraft zugebilligt. Faktisch dominieren jedoch die Großbanken den deutschen Emissionsmarkt. Eine stärkere Einbeziehung innovativer Emissionshäuser, darunter auch Nichtbanken, in das Emissionsgeschäft könnte dazu beitragen, den Wettbewerb um Emittenten und damit die Mobilisierungsfunktion der Börse für Risikokapital zu erhöhen (*Gerke* 1988).

2.5 Ausgestaltung der Emission

2.5.1 Bestimmung des Emissionsvolumens

Durch eine Aktienemission am Kapitalmarkt soll in der Regel eine ausreichende Eigenkapitalbasis für einen mehrjährigen Planungshorizont sichergestellt werden. Diese Langfristigkeit der Planung resultiert aus dem hohen organisatorischen und finanziellen Aufwand einer Börsenemission sowie aus dem Bestreben des Emittenten, eine Inanspruchnahme der Kapitalanleger durch häufige Folgeemissionen zu vermeiden.

Das im Rahmen einer mittelfristigen Emissionsplanung erforderliche **Emissionsvolumen** kann anhand folgender Determinanten abgeschätzt werden:

− derzeit bestehende Eigenkapitalausstattung
− angestrebte Eigenkapitalausstattung am Ende der Planungsperiode
− Wachstumserwartungen im Planungszeitraum

Beispiel:
Ein emissionswilliges Unternehmen weise bei einem Eigenkapital von DM 30 Mio. eine Eigenkapitalquote von 25% auf. In den Jahren $T_0 - T_5$ wird mit einem jährlichen Umsatzwachstum von 15% gerechnet.

Folgende Bedingungen sind bekannt:
1. Aufgrund eines hohen Kapitalumschlagfaktors nimmt die Bilanzsumme nur unterproportional zum Umsatz zu (Faktor 0,9).
2. Am Ende der Periode T_5 soll eine Eigenkapitalquote von 50% realisiert werden.
3. Die erwartete Eigenkapitalrendite betrage 20% pro Jahr.
4. Eine jährliche Dividendenausschüttung in Höhe von 30% des Jahresgewinnes wird angestrebt.
5. Die einmalige Aktienemission in T_0 soll die in T_5 gewünschte Eigenkapitalausstattung sicherstellen.

Problemstellung:
Wie hoch ist das zur Realisation der Bedingungen 1.-5. erforderliche Emissionsvolumen in T_0?

Lösung:
1. In T_5 wird Eigenkapital in Höhe von $30 \text{ Mio} * 50/25 * (1 + (0{,}15 * 0{,}9))^5$ DM = 113 Mio. DM benötigt.
2. Das aus Gewinnthesaurierung realisierbare interne Wachstum des Eigenkapitals beträgt von Periode $T_0 - T_5$ $(0{,}20 * (1-0{,}30)) = 0{,}14 = 14\%$ pro Jahr.
3. Das in Periode T_0 erforderliche Eigenkapital beträgt somit:
$113 \text{ Mio} * (1{,}14)^{-5} = 58{,}69$ Mio. DM
4. Das zur Realisation der Finanzierungsziele erforderliche Emissionsvolumen in Periode T_0 beträgt:
$58{,}69 - 30 = 28{,}69$ **Mio. DM.**

2. Erstemission von Aktien am Kapitalmarkt 297

Die Beispielrechnung zeigt, anhand welcher Faktoren das zieladäquate Emissionsvolumen grundsätzlich zu bestimmen ist. Zusätzlich zu diesen rein finanzwirtschaftlichen Dimensionen sind bei der Planung des Emissionsvolumens folgende sechs Faktoren als Nebenbedingungen zu berücksichtigen:

1. Um eine angemessene Liquidität im Sekundärmarkt zu erreichen, sollte das Emissionsvolumen eine „kritische Masse" in Form einer **Mindestanzahl** handelbarer Aktien erreichen. Diese beträgt je nach Börsensegment ca. 20 000–50 000 Stück.
2. Je nach Börsensegment und Börsenplatz wird die Emission bestimmter **Mindestvolumina** sowie **Mindestquoten** des Grundkapitals vorgeschrieben (§§ 2, 9 Börsenzulassungsverordnung).
3. Altaktionäre wünschen vielfach auch nach der Emission den Erhalt einer qualifizierten **Stimmrechtsmehrheit**. Die **Emissionsquote** übersteigt deshalb in der Praxis nur selten 25% des stimmberechtigten Kapitals.
4. Ein zu hohes **absolutes Emissionsvolumen** (Emissionserlös) kann die zukünftige Eigenkapitalrendite des Unternehmens reduzieren und die Attraktivität der Aktien aus Anlegersicht mindern (**Verwässerungseffekt**).
5. Ein zu hohes **relatives Emissionsvolumen** (Emissionsquote) kann vom Kapitalmarkt als Signal für unvorteilhafte Ertragserwartungen der Altaktionäre interpretiert und durch einen Kursabschlag abgegolten werden (**Signaleffekt**).
6. Die Höhe des **Emissionspreises** determiniert die Struktur des Emissionsvolumens. Durch einen hohen Aufschlag der jungen Aktien zum Buchwert (Agio) kann ein bestimmtes Emissionsvolumen mit einer relativ geringen Anzahl ausgegebener Aktien realisiert werden.

Die Bestimmung des angemessenen Emissionsvolumens stellt somit ein Optimierungsproblem unter Nebenbedingungen dar. Grundsätzlich erfordert die Festlegung eines optimalen Emissionsvolumens einen situationsbezogenen Ansatz, der unter Beachtung gesetzlicher und faktischer Mindesterfordernisse sowohl die individuellen Ziele des Emittenten als auch die der Anleger angemessen berücksichtigt (*Oettingen* 1990, S. 249–279).

2.5.2 Allokation der Emissionserlöse

In engem Zusammenhang mit der Festlegung des optimalen Emissionsvolumens steht die Frage der Allokation der Emissionserlöse. Grundsätzlich lassen sich zwei Emissionsvarianten unterscheiden:

a) Kapitalerhöhung:
Im Falle einer Erstemission von Aktien aus einer Kapitalerhöhung werden **neue Aktien** der Gesellschaft ausgegeben und beim Anlegerpublikum pla-

ziert. Der Emissionserlös fließt dem Unternehmen zu und dient dort in voller Höhe der Verstärkung der Eigenkapitalbasis.

b) Umplazierung:
Im Falle einer Umplazierung werden **bereits vorhandene Aktien** aus dem Besitz der Altaktionäre veräußert und am Markt plaziert. Der Emissionserlös fließt in diesem Fall ausschließlich den Altaktionären zu. Erstemissionen von Aktien dienen vielfach dem Ziel einer partiellen Wertrealisation der Altaktionäre. Reine Umplazierungen werden jedoch aufgrund des negativen Signaleffekts vom Kapitalmarkt in der Regel mit einem Preisabschlag quittiert. In der Praxis sind häufig gemischte Emissionen zu beobachten, bei denen gleichzeitig sowohl Aktien umplaziert als auch neu ausgegeben werden. Um die Aufnahmefähigkeit des Kapitalmarktes nicht zu überfordern, wird bei Neuemissionen häufig eine sogenannte **Marktschutzklausel** vereinbart. Diese macht im Rahmen einer oft mehrjährigen Sperrfrist einen über das Emissionsvolumen hinausgehenden Verkauf von Aktien durch die Altaktionäre von der Zustimmung der Emissionsbank abhängig.

2.5.3 Auswahl des Börsensegments

Die Auswahl des adäquaten Börsensegments wird überwiegend von formalen und gesetzlichen Anforderungen der jeweiligen Börsenplätze bzw. Börsensegmente determiniert. Weitere entscheidungsrelevante Einflußfaktoren sind unterschiedliche Kosten der Börsenzulassung, Signal- und Standingeffekte sowie die Möglichkeit einer zielgruppenorientierten Streuung der Aktien bei bestimmten Anlegergruppen.

Die spezifischen Zulassungsvoraussetzungen einzelner Börsensegmente haben das Ziel, auf der Grundlage der jeweiligen wirtschaftlichen Rahmenbedingungen des Emittenten eine Vorselektion durchzuführen. Ungeeignete Emittenten werden abgelehnt oder gegebenenfalls an ein nachrangiges Börsensegment verwiesen. Insgesamt soll im Rahmen des heterogenen Gesamtmarktangebotes eine möglichst homogene Zusammensetzung der jeweiligen Börsensegmente realisiert werden, um die Qualitätsunsicherheit auf seiten der Anleger zu verringern (*Koch/Schmidt* 1981, S. 237).

Die bestehende, stark an der Unternehmensgröße ausgerichtete Organisation der deutschen Börsen in drei abgestuften Marktsegmenten führt zu einer Klassifikation potentieller Emittenten in drei Qualitätsstufen. Emittenten werden in der Regel das für sie höchstmögliche Marktsegment auswählen, um so die Qualität des eigenen Unternehmens glaubwürdig zu signalisieren (*Titman/Trueman* 1986). Gleichzeitig erhöhen sich in den oberen Marktsegmenten Anzahl und Anlagebereitschaft potentieller Investoren.

2. Erstemission von Aktien am Kapitalmarkt

Aufgrund dieser positiven Signal- bzw. Nachfrageeffekte können Emittenten in oberen Marktsegmenten in der Regel höhere Emissionserlöse realisieren. Bei der Auswahl des adäquaten Marktsegments ist jedoch darauf zu achten, daß die Größen- und Risikoprofile von Marktsegment und Emittent übereinstimmen und daß durch Emission einer ausreichenden Anzahl von Aktien eine dem Marktsegment angemessene Mindestliquidität der emittierten Titel gewährleistet ist. Eventuelle Kostenunterschiede der Börsenzulassung in verschiedenen Marktsegmenten sollten dagegen bei der Auswahlentscheidung nicht überbewertet werden, da geringeren Zulassungsgebühren und Einführungsprovisionen der niedrigeren Börsensegmente Opportunitätskosten in Form reduzierter Börsenkurse gegenüberstehen können (*Amihud/Mendelson* 1988).

2.5.4 Festlegung der Titelkategorie

Aktienkapital kann gemäß §§ 11 und 12 AktG in **Stammaktien** und **Vorzugsaktien** unterteilt werden. Im Gegensatz zu Stammaktien ist es bei Vorzugsaktien möglich, das Stimmrecht des Aktionärs auszuschließen, sofern die Vorzugsaktien mit einem kumulativen Dividendenanspruch gemäß § 139 I AktG ausgestattet werden. Vorzugsaktien sind deshalb grundsätzlich dazu geeignet, externes Eigenkapital ohne Veränderung bestehender Mehrheitsverhältnisse der Altaktionäre aufzunehmen. Zahlreiche Neuemissionen der letzten Zeit wurden aus diesem Grund mit einer Ausgabe von Vorzugsaktien durchgeführt. Der Anteil stimmrechtsloser Vorzugsaktien ist gemäß § 139 II AktG auf maximal 50% vom Grundkapital beschränkt. Neben Vorzugsaktien können auch Namensaktien bzw. vinkulierte Namensaktien dazu dienen, die Interessen der Altaktionäre abzusichern. In diesem Fall lauten die Aktien auf den Namen des Aktionärs und können nur unter Eintragung in das Aktienbuch der Gesellschaft (Namensaktien) bzw. mit Zustimmung der Aktiengesellschaft übertragen werden (vinkulierte Namensaktien). Aufgrund geringer Akzeptanz am Kapitalmarkt werden Namensaktien jedoch nur in Ausnahmefällen (z. B. Versicherungsgesellschaften) emittiert.

Bei einer Erstemission von Aktien sind somit grundsätzlich folgende drei Konstellationen möglich:

- **Ausgabe von Stammaktien**
- **Ausgabe von Vorzugsaktien**
- **Gleichzeitige Ausgabe von Stamm- und Vorzugsaktien.**

Die Auswahl aus diesen Alternativen orientiert sich primär am Zielsystem und der Zielgewichtung der Altaktionäre. Durch eine Ausgabe von Stammaktien übertragen die Altaktionäre Teile ihrer Einflußmöglichkeiten an Publikumsaktionäre. Gleichzeitig signalisieren sie dem Kapitalmarkt ein partnerschaftliches Verhältnis zwischen alten und neuen Aktionären auf der Grundlage gleicher Aktionärsrechte. Dagegen dient eine Ausgabe von Vorzugsaktien hauptsächlich einer Konservierung bestehender Stimmrechtsverhältnisse der Altaktionäre, die Fremdbestimmung und einen Verlust an unternehmerischer Freiheit fürchten.

Am Kapitalmarkt werden Vorzugsaktien durchschnittlich mit einem Wertabschlag von rund 15–20% gegenüber entsprechenden Stammaktien bewertet. Mit einer Ausgabe von Vorzugsaktien ist deshalb in der Regel ein gegenüber Stammaktien geringerer Emissionserlös verbunden. Darüber hinaus impliziert die auf Vorzugsaktien zu entrichtende Mehrdividende eine weitere Verteuerung der Eigenkapitalbeschaffung. Aus Sicht risikoaverser Kapitalanleger kann eine Emission von Vorzugsaktien dagegen vorteilhaft sein, da diese regelmäßig eine erheblich höhere Dividendenrendite aufweisen als Stammaktien.

Die Auswahl zwischen Stammaktien und Vorzugsaktien stellt somit für die Altaktionäre ein Entscheidungsproblem dar, bei dem ein Erhalt bestehender Einflußmöglichkeiten mit erheblichen Kostennachteilen erkauft werden muß. Aufgrund der langfristigen Konsequenzen für Eigentumsverhältnisse, Eigenkapitalkosten und Standing eines Unternehmens zählt die Entscheidung über die zu emittierende Titelkategorie zu den wichtigsten Fragen bei einer Erstemission.

2.6 Abwicklung der Emission

2.6.1 Selbstemission

Die Emission von Aktien als reine Plazierung von Finanztiteln beim Publikum ist begrifflich und inhaltlich von der Zulassung der Titel zum Börsenhandel zu trennen. Während für die Börsenzulassung regelmäßig der Zulassungsantrag eines Kreditinstitutes oder eines qualifizierten Emissionsbegleiters erforderlich ist, kann der Vorgang der Emission prinzipiell auch vom Emittenten selbst durchgeführt werden (**Selbstemission**). In diesem Fall versucht der Emittent auf eigene Rechnung und eigenes Risiko, die neu zu begebenden Aktien am Markt zu plazieren. Einer Ersparnis von Bankprovisionen für Vertrieb, Plazierung und Prospekthaftung steht dabei das erhöhte Risiko eines Fehlschlags der Emission gegenüber (*Scholze* 1973, S. 287).

Im Gegensatz zu Kreditinstituten verfügt ein Emittent nicht über ein ausgedehntes Vertriebsnetz zur Distribution von Wertpapieren. Gleichzeitig fehlt es dem Emittenten zumeist an Fachkompetenz, um Fragen der Emissionspreisfindung und der technischen Abwicklung der Emission zufriedenstellend lösen zu können. Die Akzeptanz von Selbstemissionen am Kapitalmarkt ist dementsprechend gering, da diese für Kapitalanleger eine verstärkte Informations- und Qualitätsunsicherheit implizieren.

2. Erstemission von Aktien am Kapitalmarkt

In der Regel wird ein Emittent eine Selbstemission nur dann erfolgversprechend durchführen können, wenn er bereits über einen festen Kreis potentieller Erstzeichner (z. B. Kunden, Mitarbeiter) verfügt. Diese Voraussetzung ist prinzipiell bei relativ kleinen Unternehmen oder im Falle einer Plazierung größerer Aktienpakete bei befreundeten Adressen gegeben. Die praktische Bedeutung von Selbstemissionen ist relativ gering und bleibt auf kleinere Freiverkehrstitel sowie auf Privatplazierungen beschränkt.

2.6.2 Fremdemission

Sofern die technische Abwicklung der Erstemission vom Emittenten an einen Finanzintermediär delegiert wird, spricht man von einer **Fremdemission** (*Scholze* 1973, S. 289–292). In der Praxis wird die Abwicklungs- und Vertriebsfunktion regelmäßig von Kreditinstituten übernommen, die über geeignete Absatzkanäle zur breiten Plazierung von Wertpapieren im Publikum verfügen. Um die Plazierungskraft zu erhöhen und Mißerfolgsrisiken zu reduzieren, bilden Emissionshäuser dabei regelmäßig **Emissionskonsortien**.

Bei der Ausgestaltung der Fremdemission können verschiedene Kontraktformen definiert werden, die eine unterschiedliche Risikoallokation zwischen Emittent und Emissionskonsortium zur Folge haben (*Delorme/Hoessrich* 1971, S. 54–55). Sofern sich das Konsortium verpflichtet, die Wertpapiere vom Emittenten zu einem Festpreis komplett zu übernehmen und auf eigene Rechnung und eigenes Risiko am Kapitalmarkt zu plazieren, liegt ein **Übernahmekonsortium** vor. Sowohl das Plazierungsals auch das Preisrisiko gehen dabei vollständig auf das Konsortium über. Die Abwälzung dieser Risiken durch den Emittenten wird durch Zahlung einer Übernahmeprovision an das Konsortium abgegolten. Der Vorteil aus Sicht des Emittenten liegt somit darin, daß unabhängig vom Erfolg der Plazierung ein garantierter Emissionserlös erzielt wird.

Im Rahmen eines **Begebungskonsortiums** wird dagegen die Aufgabe des Konsortiums auf die reine Plazierungsfunktion beschränkt. In diesem Fall dient das Konsortium als Zusammenschluß von Vertriebsagenten, die lediglich für den Vertriebserfolg entlohnt werden. Während das Plazierungsrisiko in Form des Erfolgsrisikos teilweise auf das Konsortium übergeht, verbleibt das Preisrisiko vollständig beim Emittenten. Aufgrund des hohen Residualrisikos für den Emittenten werden für die Durchführung einer Erstemission nur relativ selten reine Begebungskonsortien herangezogen. In der Praxis des deutschen Emissionsgeschäftes sind **kombinierte Übernahme- und Begebungskonsortien** üblich, in denen das Übernahmekonsortium gleichzeitig auch die nachgelagerte Funktion eines Begebungskonsortiums übernimmt (*Scholze* 1973, S. 291–292).

2.7 Emissionsverfahren und Preisfindung

2.7.1 Verfahren mit Preisfixierung

Als Emissionsverfahren wird hier die Ausgestaltung des Eigentumsübergangs vom Emittenten (bzw. Emissionskonsortium) auf die Erstzeichner der Emission bezeichnet. Bei einer **öffentlichen Emission** wird dem breiten Anlegerpublikum unter Vorlage eines Emissionsprospektes ein befristetes Angebot zur Zeichnung der Titel unterbreitet. Durch Einreichung eines Zeichnungsauftrages bzw. Eintragung in eine Zeichnungsliste verpflichtet sich der Erstzeichner zum Kauf. Nach Ablauf der Zeichnungsfrist erfolgt die Zuteilung der emittierten Titel, wobei im Falle einer Übernachfrage (**Überzeichnung**) rationiert werden muß. Alternative Plazierungsverfahren, insbesondere bei Selbstemissionen, sind der sogenannte **freihändige Verkauf**, bei dem der Emittent die Titel entsprechend der laufenden Nachfragesituation sukzessive veräußert, sowie der **Verkauf über die Börse**, bei dem zunächst eine Börsenzulassung der neu ausgegebenen Titel erfolgt und die Titel dann vom Emittenten direkt in den Sekundärmarkt abgegeben werden. Beide Verfahren treten jedoch am deutschen Kapitalmarkt nur selten auf.

Sofern einem Zeichnungsangebot ein verbindlicher **Zeichnungspreis** zugrunde liegt, handelt es sich um eine Emission mit Preisfixierung. Dieses Verfahren stellt in Deutschland den Regelfall dar und wird insbesondere von seiten der Emissionsbanken stark vertreten. Da hierbei eine **gleichzeitige Fixierung von Preis und Menge** der angebotenen Titel vorliegt, wird ein Ausgleich von Angebot und Nachfrage über den Preismechanismus verhindert. Als Folge dieser teilweisen Ausschaltung der Marktkräfte treten entweder **Überzeichnungen** mit anschließender Rationierung der Titel oder **Angebotsüberhänge** auf, die beim Emittenten bzw. dem Emissionskonsortium verbleiben.

Sowohl aus Sicht des Emittenten als auch aus Sicht der Emissionsbanken ist es sehr schwierig, einen marktgerechten Zeichnungspreis für die Emission festzulegen. Die Preisfindung erfolgt in der Regel auf der Basis finanzanalytischer Bewertungsmodelle, wobei anhand eines Vergleichs mit börsennotierten Referenzunternehmen „angemessene" Bewertungskennzahlen (z. B. Dividendenrendite, Kurs-Gewinn-Verhältnis) abgeleitet werden (*Christians* 1988, S. 555–558). Eine derartige Preisfindung ohne genaue Kenntnis der Nachfragesituation ist unvollständig, da sie bewertungsrelevante Informationen anderer Marktteilnehmer nicht ausreichend berücksichtigt.

Die Nachteile dieses Emissionsverfahrens liegen somit in einer ineffizienten Allokation der Titel sowie in der Möglichkeit einer starken (positiven oder negativen) Abweichung des später realisierten Marktpreises vom fixierten Zeichnungspreis. Als Rechtfertigung für das Festpreisverfahren wird von den deutschen Emissionsbanken vor allem die einfache Handhabung des Verfahrens angeführt. Darüber hinaus soll das Festpreisverfahren der Interessewahrung des Anlegers dienen, da dieser bereits vor einer Zuteilung den effektiven Zeichnungspreis kennt.

Bei Emissionsverfahren auf der Basis fixierter Zeichnungspreise tritt häufig das sogenannte **Underpricing-Phänomen** auf. Der Begriff **Underpricing** bezeichnet die positive Preisdifferenz einer Neuemission zwischen Zeichnungspreis und dem ersten Kurs im Börsenhandel (Zeichnungsgewinn). Underpricing impliziert, daß bei Neuemissionen gezielt ein zu niedriger Zeichnungspreis festgelegt wird, was den Ersterwerbern erhebliche Zeichnungsgewinne beschert. Das Underpricing-Phänomen läßt sich bei Emissionen mit fixiertem Zeichnungspreis in nahezu allen relevanten Kapitalmärkten nachweisen, wobei durchschnittliche Zeichnungsgewinne von rund 15–20%, bezogen auf den Zeichnungskurs, auftreten (*Uhlir* 1989).

Da hohe Zeichnungsgewinne der Anleger Markteffizienzüberlegungen widersprechen und aus Sicht des Emittenten erhebliche Opportunitätskosten darstellen, wird das Underpricing-Phänomen sehr kontrovers diskutiert (*Ritter* 1987, *Uhlir* 1989). Als Begründung für das Auftreten systematischer Zeichnungsgewinne wird vielfach angeführt, die Emissionsbanken versuchten durch bewußtes Underpricing den Zeichnungserfolg der Emission zu Lasten potentiell höherer Emissionserlöse sicherzustellen. Aufgrund der einseitigen Risikoverteilung kann ein derartiges Verhalten speziell bei Übernahmekonsortien grundsätzlich nicht ausgeschlossen werden (*Tinic* 1988, *Beatty/Ritter* 1986).

Andere Erklärungsansätze gehen davon aus, daß der Markt für Erstemissionen von Qualitätsunsicherheit und asymmetrischer Informationsverteilung zwischen Emittenten und Anlegern sowie von unterschiedlichen Fähigkeiten einzelner Anlegergruppen zur Informationsverarbeitung geprägt wird. Anleger mit Informationsvorteilen würden in derartigen Märkten nur unterbewertete Titel zeichnen und überbewertete Emissionen meiden. Aufgrund auftretender Rationierung bei attraktiven Emissionen und geringer Nachfrage nach überbewerteten Titeln würden diese überwiegend den schlecht informierten Anlegern zugeteilt. Bewußtes Underpricing könnte hier dazu dienen, schlecht informierten Anlegern gezielte Zeichnungsanreize zu bieten und diese so für erlittene Verluste aus überbewerteten Emissionen zu entschädigen (*Rock* 1986). Darüber hinaus könnte in Märkten mit Qualitätsunsicherheit Underpricing auch von seiten der Emittenten gezielt eingesetzt werden, um Anlegern eine superiore Qualität der eigenen Titel zu signalisieren (*Allen/Faulhaber* 1989).

Trotz zahlreicher theoretischer Erklärungsansätze fällt es schwer, überzeugende Argumente für systematisches Underpricing auf Emissionsmärkten zu finden. Dies gilt um so mehr, als Underpricing ein spezifisches Phänomen ist, das ausschließlich bei Emissionsverfahren mit Preisfixierung auftritt (*Uhlir* 1989; *Wessels* 1989; *Husson/Jacquillat* 1989). Da die Opportunitätskosten des Underpricing insbesondere kleineren Emittenten einen Börsenzugang erschweren, sollten zukünftig verstärkt auch Emissionsverfahren ohne Preisfixierung angewendet werden (*Uhlir* 1989, S. 15).

2.7.2 Verfahren ohne Preisfixierung (Tenderverfahren)

Während in Deutschland ausschließlich die sogenannte Festpreisemission angewandt wird, sind in Ländern wie Großbritannien, Frankreich oder den Niederlanden zusätzlich auch Emissionsverfahren ohne Preisfixierung üblich (*Fanning* 1982, S. 67–68; *Husson/Jacquillat* 1989; *Wessels* 1989). Diese stellen Variationen eines echten Auktionsverfahrens dar und berücksichtigen bei der Plazierung der Titel explizit die Nachfragesituation am Markt. Die Anleger reichen hierbei unter Angabe ihrer individuellen Preis- und Mengenpräferenzen Zeichnungsgebote an den Emittenten oder an ein Begebungskonsortium ein. In der Regel ist dabei ein vom Emittenten festgelegter Mindestpreis zu berücksichtigen. Das Konsortium oder spezielle Börsengremien teilen dann auf der Grundlage der vorliegenden Preis- und Mengenstruktur die Emission an die Zeichner mit den jeweils höchsten Geboten zu. Grundsätzlich kann zwischen diskriminierenden und kompetitiven Auktionsverfahren unterschieden werden (*Harris/Raviv* 1981). Während bei ersteren die Titel zu den individuellen Preisgeboten der Bieter zugeteilt werden (**amerikanischer Tender**) wird bei letzteren ein markträumender Gleichgewichtspreis festgelegt, der für alle berücksichtigten Gebote einheitlich ist (**holländischer Tender**).

Beiden Verfahren ist gemeinsam, daß ausgehend von den Höchstgeboten retrograd genau soviele Gebote jeweils vollständig in die Zuteilung einbezogen werden, wie dies zur Plazierung aller Titel erforderlich ist. In der internationalen Praxis wird bei Aktienemissionen überwiegend der holländische Tender angewendet. Der dabei ermittelte Gleichgewichtspreis entspricht grundsätzlich dem Preis des letzten noch berücksichtigten Gebotes. In der praktischen Anwendung wird das Verfahren jedoch häufig so modifiziert, daß unlimitierte oder unrealistisch hohe Gebote unberücksichtigt bleiben und der effektive Zuteilungspreis aus Gründen der Marktpflege geringfügig unter dem echten Gleichgewichtspreis festgelegt wird (*Jacquillat/McDonald/Rolfo* 1978). Rationierungseffekte treten bei Tenderverfahren grundsätzlich nicht auf. Ausnahmen sind jedoch möglich, wenn aus Gründen einer möglichst breiten Streuung der Titel auch Gebote unterhalb des Gleichgewichtspreises mitberücksichtigt werden sollen (*Fanning* 1982, S. 68).

2. Erstemission von Aktien am Kapitalmarkt

Beispiel:	Emissionsvolumen:	100000 Aktien
	Mindestpreis:	350,– DM
eingegangene Gebote:	Menge	Preis
	800,–	5000
	395,–	20000
	380,–	10000
	375,–	30000
	370,–	50000
	365,–	25000
	350,–	80000

Zuteilungsmodus:

1. Das Gebot zu 800.– DM stellt eine verdeckte unlimitierte Order dar und wird nicht berücksichtigt.
2. Alle Gebote von 395.– DM bis 370.– DM werden berücksichtigt. Der Gleichgewichtspreis beträgt 370.– DM. Alle Gebote unter diesem Preis werden abgelehnt.
3. Die berücksichtigten Gebote repräsentieren 110 000 Stück. Da das Emissionsangebot um 10% überschritten wird, tritt eine geringfügige Rationierung ein.
4. Alle Nachfragemengen werden bei der Zuteilung um einen entsprechenden Prozentsatz gekürzt.
5. Die Zuteilung erfolgt nach Absprache mit dem Emittenten zu einem (ermäßigten) Emissionspreis von 366.– DM.

Aus Sicht des Emittenten stellen Emissionsverfahren in der dargestellten Form eine sinnvolle Methode zur Aufnahme von externem Eigenkapital dar. Da grundsätzlich kein Underpricing-Effekt auftritt, werden die Emissionserlöse infolge der marktgerechten Bewertung optimiert und die Kosten der Emission dadurch reduziert. Alle am Markt verfügbaren bewertungsrelevanten Informationen schlagen sich über die Gebote bereits im Emissionspreis nieder, was spekulative Kurseinflüsse reduziert und zu einer dauerhaften Plazierung der Titel beiträgt. Um eine freie Verfahrensauswahl der Emittenten bei Erstemissionen zu ermöglichen, sollte deshalb auch in Deutschland vor allem von seiten der Emissionsbanken die Durchführung von Tenderemissionen forciert werden.

2.8 Sonderfälle der Erstemission

2.8.1 Bedingte Öffnung

Emissionsvorgänge weisen den Charakter einer **bedingten Öffnung** auf, wenn der Aspekt einer fungiblen Beteiligung des Publikums am Kapital der Gesellschaft vor anderen Finanzierungszielen des Emittenten zurücktritt. Als Beispiel kann die Selbstemission von Aktien ohne nachfolgende Börsenzulassung, z. B. in Form einer **Venture Capital-Finanzierung** beim Publikum, genannt werden. Auch die Emission von Optionsrechten auf erst in unbestimmter Zukunft zu emittierende Aktien im Rahmen sogenannter **Going Public-Optionsanleihen** stellt eine bedingte und somit unvollständige Publikumsöffnung dar.

2.8.2 Privatplazierung

Im Gegensatz zu einer öffentlichen Emission erhält bei einer **Privatplazierung** lediglich eine beschränkte Anzahl von Kapitalanlegern (z. B. Geschäftspartner, Kapitalanlagegesellschaften) ein Kaufangebot für die zu emittierenden Titel. Titelangebot und Titelnachfrage können dabei im Gleichgewicht gehalten werden, so daß Rationierungen nicht auftreten. Privatplazierungen erfolgen vielfach im Wege der Selbstemission und sind insbesondere für kleinere Unternehmen geeignet. Da die Erstzeichner dabei in der Regel langfristige Anlageinteressen verfolgen, können Privatplazierungen grundsätzlich auch unabhängig von einer späteren Börseneinführung durchgeführt werden und stellen somit eine mögliche Vorstufe zu einer späteren Publikumsöffnung dar.

2.8.3 Auslandsemission

Als **Auslandsemission** wird in diesem Zusammenhang die Durchführung einer Erstemission mit anschließender Zulassung zum Börsenhandel in einem anderen Land als dem Sitzland des Emittenten bezeichnet. Diese Vorgehensweise kann dann sinnvoll sein, wenn ausländische Kapitalmärkte dem Emittenten für sein spezifisches Finanzierungsvorhaben ein günstigeres Emissionsumfeld bieten. Beispiele sind Auslandsemissionen von Explorations- oder Technologieunternehmen an kanadischen oder US-amerikanischen Börsensegmenten mit Venture Capital-Charakter, wie z. B. der Börse Vancouver oder dem amerikanischen over-the-counter-market. Darüber hinaus ermöglichen es Auslandsemissionen, die Aktien des Emittenten gezielt bestimmten ausländischen Investorengruppen zugänglich zu machen.

2.8.4 Internationale Plazierung

Bei der Durchführung von Erstemissionen kann es aus Sicht des Emittenten sinnvoll sein, einen Teil der Emission bei internationalen Anlegern zu plazieren. Insbesondere bei Emissionen mit hohem Plazierungsvolumen läßt sich so das Plazierungsrisiko reduzieren und eine breitere Streuung der Titel erzielen. Im Gegensatz zur Auslandsemission erfolgt jedoch bei der **internationalen Plazierung** die Zulassung zum Börsenhandel am heimischen Kapitalmarkt. Bei der Durchführung einer internationalen Plazierung wird in der Regel eine feste Quote des Titelangebotes für ausländische Zeichner reserviert, denen dann gegebenenfalls über ein internationales Begebungskonsortium ein gezieltes Zeichnungsangebot unterbreitet wird.

2.8.5 Internationale Emission

Eine internationale Erstemission ist durch simultane Plazierung und Zulassung an verschiedenen sowohl inländischen als auch ausländischen Börsenplätzen gekennzeichnet. Die **internationale Emission** verbindet somit die Merkmale der internationalen Plazierung mit denen der Auslandsemission. Internationale Erstemissionen eignen sich vorwiegend für Emittenten mit hohem weltweiten Bekanntheitsgrad, die entsprechend der Internationalität ihrer Unternehmensaktivitäten auch eine internationale Finanzierungsbasis anstreben. Aufgrund der hohen Kosten und der Komplexität eines simultanen Plazierungs- und Zulassungsverfahrens an mehreren Kapitalmärkten ist die praktische Bedeutung internationaler Erstmissionen jedoch sehr gering.

3. Probleme bei der Erstemission von Aktien am Kapitalmarkt

3.1 Anlegerschutz und Marktzutrittsbarrieren

Die Leistungsfähigkeit eines Kapitalmarktes zur Erfüllung der Primärmarktfunktionen wird von den jeweiligen segmentspezifischen Marktzutrittsbarrieren für Emittenten und Anleger beschränkt. Die im deutschen Rechtssystem verfolgten Ziele des Anlegerschutzes schließen faktisch Emissionsmärkte und Marktsegmente für sehr junge, innovative und tendenziell risikoreichere Unternehmen aus (*Schmidt* 1984). Dadurch wird die Innovationsfähigkeit des Wirtschaftssystems reduziert, da die Kosten der Innovationsfinanzierung für einen Innovator ohne Zugang zu externen Eigenkapitalquellen teilweise prohibitiv hoch sein können (*Gerke* 1985). Die Einrichtung eines speziellen Börsensegmentes, z. B. in Form einer **Innovationsbörse**, könnte die Aufnahme von Risikokapital am organisierten Kapitalmarkt auch für sehr junge Unternehmen ermöglichen. Geringeren Anlegerschutzerfordernissen an der Innovationsbörse müßten dann jedoch objektive Informationen über potentielle Chancen und Risiken einer Anlage an einem derartigen Marktsegment gegenüberstehen (*Gerke/Aignesberger* 1987).

3.2 Asymmetrische Informationsverteilung

Die Emission von Anteilen an Unternehmen entspricht einem Marktvorgang bei asymmetrischer Informationsverteilung. In der Regel besitzen der Unternehmer bzw. das Management bessere Informationen über das zu erwartende Rendite-/Risikoprofil der emittierten Titel als die Ersterwerber. Derartige Informationsasymmetrien können auf Märkten mit Qualitätsunsicherheit zu partiellem Marktversagen führen (*Akerlof* 1970). Da die Anleger von einer durchschnittlichen Qualität aller Erstemissionen ausgehen, werden ihre Preisgebote auch für Titel hoher Qualität nur ein durchschnittliches Niveau erreichen. Insbesondere Emittenten hoher Qualität könnten dadurch von einer Emission abgehalten werden, da ihre Erlöserwartungen am Markt nicht realisierbar sind. Der Rückzug von Emittenten hoher Qualität vom Markt hat eine dynamische Negativauswahl zur Folge, da die verbleibenden Emittenten von zunehmend schlechterer Qualitität sein werden. Sobald die Anleger dieses „lemon-Problem" erkennen, werden auch sie sich vom Markt zurückziehen, so daß der Marktprozeß letztlich zum Stillstand kommt.

Ähnliche Ergebnisse treten auf, wenn Emittenten häufig versuchen, in einer Situation zyklischer Spitzengewinne die Emissionserlöse zu maximieren. Sofern die Zeichner ein solches Verhalten der Emittenten antizipieren, werden sie generell ihre durchschnittlichen Preisgebote für Neuemissionen reduzieren (*Koch/Schmidt* 1981, S.247). Da diese Schutzmaßnahme sich auf alle weiteren Emittenten auswirkt, könnten wiederum Emittenten mit realistischen Preisvorstellungen von einer Emission abgehalten werden (*Myers/Majluf* 1984). Aus diesen Gründen ist es erforderlich, durch geeignete Maßnahmen die Informationsasymmetrien am Markt für Neuemissionen abzubauen. Hierfür kommen insbesondere eine objektive und frühzeitige Informationspolitik potentieller Emittenten sowie eine stärkere Berücksichtigung der am Markt vorhandenen Informationen im Preisfindungsprozeß in Betracht (*Fishman/Hagerty* 1989; *Raviv* 1989).

3.3 Ineffiziente Emissionsallokation

Die in Deutschland vorherrschenden Emissionsverfahren mit Preisfixierung weisen aus markttheoretischer Sicht verschiedene nachteilige Eigenschaften auf:

a) Mengenrationierung

Bei Überzeichnung der Emission tritt ein teilweise erheblicher Rationierungseffekt mit der Folge einer atomistischen Zuteilung der emittierten Titel auf. Grundsätzlich stellt Mengenrationierung einen starken Eingriff in Marktprozesse dar und sollte möglichst vermieden werden.

b) Underpricing / Overpricing

Bewußtes Underpricing stellt einen Markteingriff dar, der im Gegensatz zur Preisfindungsfunktion effizienter Kapitalmärkte steht. Andauerndes Underpricing von Neuemissionen erzeugt aufgrund von Konditionierungseffekten spekulative Erwartungen der Kapitalanleger. Dies führt zur verstärkten Zeichnung von Neuemissionen aufgrund spekulativer Underpricing-Erwartungen und weniger auf der Grundlage fundamentaler Einschätzungen (*Christians* 1988, S.557–558). Umgekehrt können bei

3. Probleme bei der Erstemission von Aktien

Emissionsverfahren mit Preisfixierung auch Neuemissionen auftreten, deren Zeichnungspreis deutlich über dem später realisierten Marktpreis liegt (**Overpricing**). Overpricing verhindert vielfach die erfolgreiche Plazierung einer Neuemission und kann darüber hinaus auch den Absatz nachfolgender Neuemissionen gefährden. Derartige Konstellationen treten dann auf, wenn negative Erfahrungen von Anlegern bei der Zeichnung von Neuemissionen zu Lern- und Konditionierungseffekten führen, die sich in einer stark reduzierten Zeichnungsbereitschaft dieser Anleger auch bei nachfolgenden Neuemissionen niederschlagen.

c) Stagging

Starke spekulative Underpricing-Erwartungen bei der Zeichnung von Neuemissionen können zu kurzfristig orientiertem Anlegerverhalten führen, das sich in einer schnellen Realisation erzielter Zeichnungsgewinne durch sofortigen Verkauf der Titel am Markt ausdrückt (**stagging**). Die üblicherweise bei einer Emission angestrebte Plazierung der Titel bei langfristig orientierten Erstzeichnern wird damit konterkariert (*Aggarwal/Rivoli* 1990).

d) Crowding out

Langfristig orientierte Kapitalanleger werden bei Emissionszuteilungen vielfach durch spekulativ überhöhtes Zeichnungsinteresse von Anlegern mit stagging-Motiven verdrängt (**crowding out**). Dieser Effekt stellt eine ineffiziente Allokation der Emission dar, da potentielle Daueranleger letztlich einen höheren Preis für die Titel entrichten müssen als spekulativ eingestellte „stags".

Die hier dargestellten Nachteile der Festpreisemissionen könnten durch Einführung von Tenderemissionen weitgehend eliminiert werden. Die vor allem von seiten der deutschen Emissionsbanken vorgebrachte Kritik an der angeblichen Verfahrenskomplexität von Tenderverfahren und dem „Ausreizen" der Emissionspreise sollte deshalb vor dem Hintergrund möglicher Vorteile des Verfahrens für Emittent, Anleger und Gesamtmarkt relativiert werden.

3.4 Strukturschwäche des deutschen Emissionsmarktes

Der deutsche Kapitalmarkt weist im internationalen Vergleich eine relativ geringe Zutrittsrate neuer Emittenten am Kapitalmarkt auf. Die Marktnachfrageseite ist dagegen durch ein hohes Kapitalangebot bei überwiegend starker Risikoscheu gekennzeichnet. Die Struktur der Finanzintermediäre und Emissionsbegleiter wird durch ein Oligopol großer Emissionsbanken sowie durch einen vollständigen Ausschluß kleinerer spezialisierter Emissionshäuser definiert. Auch das Spektrum der möglichen Emissionsverfahren und Emissionskontrakte ist gegenüber internationalen Standards eher unterentwickelt. Insgesamt läßt sich eine ausgeprägte Strukturschwäche des deutschen Marktes für Erstemissionen feststellen, die die Finanzierungsfähigkeit insbesondere der mittelständischen Wirtschaft erschwert. Konzertierte Anstrengungen sowohl der Banken, Börsen, Unternehmen, Kapitalanleger als auch des Gesetzgebers sind erforderlich, um diese Strukturschwäche im Interesse der internationalen Wettbewerbsfähigkeit zu beheben (*Gerke* 1988).

4. Zusammenfassung

Ein möglichst freier Zugang zahlreicher Emittenten zum Kapitalmarkt liegt im Interesse der internationalen Wettbewerbsfähigkeit der deutschen Volkswirtschaft. Bei einer kritischen Analyse der spezifischen Marktverhältnisse zeigt sich, daß strukturelle und organisatorische Weiterentwicklungen des deutschen Marktes für Neuemissionen erforderlich sind. Neben der Errichtung eines zusätzlichen Marktsegmentes für die organisierte Aufbringung von Risikokapital könnten insbesondere eine größere Vielfalt möglicher Emissionsverfahren, mehr Wettbewerb bei Emissionsdienstleistungen durch Zulassung spezialisierter Emissionshäuser sowie ein stärkeres Vertrauen potentieller Emittenten und Anleger in die Leistungen des organisierten Kapitalmarktes dazu beitragen, die Effizienz des deutschen Marktes für Neuemissionen zu erhöhen.

Literatur

Aggarwal, R./Rivoli, P. (1990), Fads in the initial public offering market?, in: Financial Management, S. 45–57

Akerlof, G. A. (1970), The market for „lemons": quality uncertainty and the market mechanism, in: Quarterly Journal of Economics, 84, S. 488–500

Albach, H. (1976), Kritische Wachstumsschwellen in der Unternehmensentwicklung, in: Zeitschrift für Betriebswirtschaft, 10, S. 683–696

Allen, F./Faulhaber, G. R. (1989), Signaling by underpricing in the IPO market, in: Journal of Financial Economics, 23, S. 303–323

Amihud, Y./Mendelson, H. (1988), Liquidity and asset prices: Financial management implications, in: Financial Management, Spring, S. 5–15

Arnold, W. (1989), Finanzierungsziele – Anforderungen mittelständischer Unternehmen an Beteiligungskapital, Frankfurt am Main et al.

Beatty, R. P./Ritter, J. R. (1986), Investment banking, reputation, and the underpricing of initial public offerings, in: Journal of Financial Economics, 15, S. 213–232

Bittermann, F. (1987), Kriterien zur Beurteilung der Börsenreife, in: Österreichisches Bankarchiv, 2, S. 71–81

Booth, J. R./Smith, R. L. (1986), Capital raising, underwriting and the certification hypothesis, in: Journal of Financial Economics, 15, S. 261–281

Chan, Y.-S. (1983), On the positive role of financial intermediation in allocation of venture capital in a market with imperfect information, in: Journal of Finance, 38, 5, S. 1543–1561

Christians, F. W. (1988), Erschließung des Kapitalmarktes als Quelle für Risikokapital, in: Christians, F. W. (Hrsg.), Finanzierungshandbuch, 2., überarb. Aufl., Wiesbaden 1988, S. 525–562

Delorme, H./Hoessrich, H.-J. (1971), Konsortial- und Emissionsgeschäft, 2., neubearbeitete Auflage, Frankfurt am Main

Fanning, D. (1982), Marketing company shares, Aldershot

Fishman, M. J./Hagerty, K. M. (1989), Disclosure decisions by firms and the competition for price efficiency, in: Journal of Finance, 44, 3, S. 633–646

Fritsch, U. (1978), Mehr Unternehmen an die Börse: Bedeutung und Möglichkeiten der Publikumsaktiengesellschaft, Köln

Gerke, W. (1985), Die Verbesserung der Wettbewerbsfähigkeit durch Bereitstellung von Risikokapital, in: WiSt, 7, S. 359–362

Gerke, W. (1988), Hemmnisse für die Börsenneueinführung innovativer Mittelstandsunternehmen durch Beschränkung der Gewerbefreiheit für Investmentbanken, in: Gerke, W. (Hrsg.), Bankrisiken und Bankrecht – Festschrift für Fritz Philipp, Wiesbaden, S. 213–228

Gerke, W./Aignesberger, C. (1987), Computergestützte Handelsverfahren und deren Anwendbarkeit an einer Innovationsbörse, in: Österreichisches Bankarchiv, 4, S. 209–220

Harris, M./Raviv, A. (1981), Allocation mechanisms and the design of auctions, in: Econometrica, 49, 6, S. 1477–1499

Hopt, K. J. (1986), Segmentspezifischer Anlegerschutz für börsengehandelte Titel, in: Gerke, W. (Hrsg.), Risikokapital über die Börse – Mannheimer Bankenforum, Symposium 25. 1. 1985, Berlin et al., S. 103–119

Husson, B./Jacquillat, B. (1989), French new issues, underpricing and alternative methods of distribution, in: Guimaraes, R. M. C./Kingsman, B. G./Taylor, S. J. (Hrsg.), A reappraisal of the efficiency of financial markets, NATO ASI Series, Berlin u. Heidelberg

Jacquillat, B. C./McDonald, J. G./Rolfo, J. (1978), French auctions of common stock, in: Journal of Banking and Finance, 2, S. 305–322

Koch, H.-D./Schmidt, R. H. (1981), Ziele und Instrumente des Anlegerschutzes, in: Betriebswirtschaftliche Forschung und Praxis, 3, S. 231–250

Kommission „Zweiter Börsenmarkt" (1987), Börsenzugang für kleine und mittlere Unternehmen – Bericht der Kommission „Zweiter Börsenmarkt", hrsg. v. Ministerium für Wirtschaft, Mittelstand und Technologie Baden-Württemberg

Myers, S. C./Majluf, N. S. (1984), Corporate financing and investment decisions when firms have information that investors do not have, in: Journal of Financial Economics, 13, S. 187–221

v. Oettingen, M. (1990), Die Planung des Gangs an die Börse unter besonderer Berücksichtigung steuerlicher Aspekte, Köln

Perridon, L./Steiner, M. (1988), Finanzwirtschaft der Unternehmung, 5. Aufl., München

Raviv, A. (1989), Alternative models of investment banking, in: Bhattacharya, S./Constantinides, G. M. (Hrsg.), Financial markets and incomplete information, Rowman & Littlefield, S. 225–232

Ritter, J. R. (1987), The costs of going public, in: Journal of Financial Economics, 19, S. 269–281

Rock, K. (1986), Why new issues are underpriced, in: Journal of Financial Economics, 15, S. 187–212

v. Rosen, R. (1989), Finanzplatz Deutschland, Frankfurt am Main

Schmidt, H. (1984), Venture Capital vom Publikum, in: Zeitschrift für das gesamte Kreditwesen, 15, S. 713–718

Schmidt, H. (1988), Wertpapierbörsen, München

Scholze, H. (1973), Das Konsortialgeschäft der deutschen Banken, 1. Halbband, Berlin

Spannagel, W. (1983), Der alternative („graue") Kapitalmarkt, in: *Bruns, G./Häuser, K.* (Hrsg.), Der nicht-organisierte Kapitalmarkt, Frankfurt am Main, S. 186–202

Tinic, S. M. (1988), Anatomy of initial public offerings of common stock, in: Journal of Finance, 43, 4, S. 789–822

Titman, S./Trueman, B. (1986), Information quality and the valuation of new issues, in: Journal of Accounting and Economics, 8, S. 159–172

Uhlir, H. (1989), Der Gang an die Börse und das Underpricing-Phänomen, in: Zeitschrift für Bankrecht und Bankwirtschaft, 1, S. 2–16

Walter, H. (1984), Der Gang an die Börse, in: Die Bank, 9, S. 400–411

Wessels, R. E. (1989), The market for initial public offerings – An analysis of the Amsterdam Stock Exchange (1982–1987), in: *Guimaraes, R. M. C./Kingsman, B. G./Taylor, S. J.* (Hrsg.), A reappraisal of the efficiency of financial markets, NATO ASI Series, Berlin u. Heidelberg.

Kapitel 14
Vorzugsaktie und Genußschein

von *Dieter Reuter* und *Ralf Katschinski*

1. Einleitung ... 314
2. Die Vorzugsaktie ... 314
   - 2.1 Definition ... 314
   - 2.2 Die Vorzugsaktie und der Gleichbehandlungsgrundsatz ... 317
   - 2.3 Entstehung, Änderung und Aufhebung von Vorzugsaktien . 317
     - 2.3.1 Entstehung ... 317
       - 2.3.1.1 Schaffung von Vorzugsaktien durch die ursprüngliche Satzung ... 317
       - 2.3.1.2 Schaffung von Vorzugsaktien durch Satzungsänderung ... 318
     - 2.3.2 Änderung ... 320
       - 2.3.2.1 Gleichmäßige Änderung aller Aktiengattungen 320
       - 2.3.2.2 Änderung der Rechte einzelner Aktiengattungen 320
     - 2.3.3 Entzug der Mitgliedschaft ... 321
   - 2.4 Vorzugsaktien im Steuer- und Bilanzrecht ... 321
3. Der Genußschein ... 321
   - 3.1 Die Eigenart des Genußscheins ... 321
   - 3.2 Die Genußscheinemittenten ... 322
   - 3.3 Das Genußrechtsverhältnis ... 323
     - 3.3.1 Begründung ... 323
     - 3.3.2 Änderung ... 323
     - 3.3.3 Beendigung ... 325
   - 3.4 Die Genußscheinbedingungen ... 326
     - 3.4.1 Der Grundsatz ... 326
     - 3.4.2 Die AGB-Kontrolle ... 326
     - 3.4.3 Der sog. aktiengleiche Genußschein ... 328
   - 3.5 Der Schutz der Genußscheinberechtigten ... 330
     - 3.5.1 Schutz gegen unmittelbare Verschlechterung ... 330
     - 3.5.2 Schutz gegen mittelbare Verschlechterung ... 331
   - 3.6 Der Schutz der Gesellschafter ... 334
   - 3.7 Der Schutz der Geschäftsgläubiger ... 335
   - 3.8 Behandlung des Genußscheins beim Jahresabschluß ... 336
   - 3.9 Steuerrechtliche Behandlung von Genußscheinen ... 337
- Abkürzungen ... 340
- Literatur ... 342

1. Einleitung

Im Bereich des Finanzmanagements von Unternehmen unterscheidet man grundsätzlich zwischen der Außen- und der Innenfinanzierung (*Brede* 1981, S. 39; *Schneider* 1987; S. 350 ff.; *Wöhe* 1990, S. 832 ff.). Sowohl die Ausgabe von Vorzugsaktien als auch die von Genußscheinen zählen dabei zum Bereich der Außenfinanzierung (*Wöhe* 1990, S. 832 ff.), d. h. zum Bereich der Geldbeschaffung über den Geld- und Kapitalmarkt (*Schneider* 1990, S. 350). Während die Ausgabe von Vorzugsaktien wie diejenige sonstiger Aktien und Gesellschaftsanteile zum Bereich der Einlagen- und Beteiligungsfinanzierung gehört, bei der dem Betrieb durch den Inhaber im Falle des Einzelunternehmens bzw. den Gesellschaftern bei den Personen- und Kapitalgesellschaften Eigenkapital zugeführt wird (*Brede* 1981, S. 39; *Wöhe* 1990, S. 832), bewegt sich die Ausgabe von Genußscheinen im Grenzbereich zwischen Eigen- und Fremdkapitalfinanzierung. Dies zeigt besonders deutlich die bilanzrechtliche und steuerrechtliche Behandlung der Genußscheine. Sie gleicht je nach der rechtlichen Ausgestaltung der Genußscheinbedingungen mal mehr der von Gesellschaftsanteilen und mal mehr der von Verbindlichkeiten der Gesellschaft.

2. Die Vorzugsaktie

2.1 Definition

Vorzugsaktien sind Aktien besonderer Gattung i. S. v. § 11 S. 2 AktG, die mit gesetzlich zulässigen vermögens- oder verwaltungsbezogenen Vorrechten ausgestattet sind[1]. Aktien der Gesellschaft, die solche Vorrechte nicht aufweisen, werden Stammaktien genannt (*Baumbach/Hueck*, AktG, § 11 Rn. 3).

Zu den in der Aktie verkörperten Vermögensrechten zählen das Gewinnrecht, die Beteiligung am Abwicklungserlös und das Bezugsrecht. Diese Vermögensrechte des Aktionärs sind weitgehend frei regelbar. Daher findet sich in diesem Bereich eine besonders große Vielfalt von Vorrechten. In der Praxis am meisten verbreitet sind Vorzugsrechte hinsichtlich der Verteilung des Gesellschaftsgewinnes und hinsichtlich der Beteiligung am Abwicklungserlös (*Geßler-Eckardt*, § 11 Rn. 18). Gem. § 139 I AktG ist es für die Ausgabe **stimmrechtsloser** Aktien sogar **erforderlich**, daß diese mit einem nachzuzahlenden Vorzug bei der Verteilung des Gewinns ausgestattet sind. Der Vorzug bei der Gewinnverteilung äußert sich darin,

---

1) Vgl. *Kraft* in Kölner Kommentar zum AktG (2. Aufl.) § 11 Rn. 18.

2. Die Vorzugsaktie

daß die Vorzugsaktionäre eine bestimmte Dividende erhalten, bevor der Gewinn an die anderen Aktionäre verteilt wird (*Baumbach/Hueck*, AktG, § 139 Rn. 2; *Bezzenberger* 1991, S. 43 ff.). Die Höhe des Vorzuges liegt im Ermessen der Gesellschaft. Er kann so gestaltet werden, daß die Vorzugsaktionäre die Garantiedividende **zusätzlich** zur Normaldividende bekommen, aber auch so, daß sie auf die Garantiedividende beschränkt bleiben, d. h. u. U. schlechter abschneiden als die Stammaktionäre (*Geßler-Hefermehl*, § 139 Rn. 7; *Bezzenberger* 1991, S. 51 ff.). Ob letzteres auch dann zulässig ist, wenn es sich um stimmrechtslose Vorzugsaktien im Sinne der §§ 139 ff. AktG handelt, ist umstritten (*Geßler-Hefermehl*, § 139 Rn. 7). Dagegen spricht der Zweck der §§ 139 ff. AktG. Die Regelung will den durch den Wegfall des Stimmrechts bedingten geringeren Einfluß auf das Schicksal der Gesellschaft durch eine entsprechende Verringerung der Teilhabe am Gesellschaftsrisiko entschädigen. Der Versuch, die verminderte Risikoteilhabe mit dem Ausschluß von den Gewinnchancen der Gesellschaft zu verbinden, ist damit nicht vereinbar[2].

In jedem Fall muß der Vorzug im Sinne der §§ 139 ff. AktG objektiv bestimmbar sein. Dies ist der Fall, wenn er in einem festen Prozentsatz, z. B. 8% des Vorzugsaktienkapitals, oder mit Hilfe eines sog. gleitenden Maßstabs, z. B. in Anlehnung an den Diskontzinssatz der Deutschen Bundesbank, ausgedrückt wird[3].

Dagegen ist die objektive Bestimmbarkeit des Vorzuges nicht gewahrt, wenn der Vorzug von dem Gewinn der Gesellschaft abhängig gemacht wird, so z. B., wenn drei Viertel des von der Gesellschaft erzielten Gewinnes an die Vorzugsaktionäre als Vorzug ausgeschüttet werden sollen oder diese das Doppelte des auf die stimmberechtigten Anteile entfallenden Gewinns erhalten sollen (*Geßler-Hefermehl* § 139 Rn. 6). Denn ein solcher Vorzug gewährleistet nicht die relativ geringere Teilhabe am Gesellschaftsrisiko, die die §§ 139 ff. AktG durchsetzen wollen.

Von einem Vorzug bei der Gewinnverteilung **mit Nachbezugsrecht** spricht man, wenn die in einem Jahr ausgefallene Vorzugsdividende aus dem Gewinn späterer Jahre zeitlich unbegrenzt mit Vorrecht nachzuzahlen ist (*Baumbach/Hueck*, AktG, § 139 Rn. 2.). Man unterscheidet dabei zwischen dem selbständigen und unselbständigen Nachbezugsrecht[4]. Ein selbständiges Nachbezugsrecht liegt vor, wenn der Vorzugsaktionär schon mit dem Ausfall der Zahlung oder der nicht vollständigen Zahlung

---

2) *Zöllner* in Kölner Kommentar zum Aktiengesetz § 139 Rn. 12; *Bezzenberger* [1991, S. 55].
3) *Barz* in Großkommentar zum AktG § 139 Anm. 2; *Geßler-Hefermehl*, § 139 Rn. 6 f.
4) RGZ 82, 138, 140, 82, 144, 145 f. BGHZ 7, 263, 9, 279, WM 1956, 87; *Baumbach/Hueck*, AktG, § 140 Rn. 4; *Zöllner* in Kölner Kommentar zum AktG § 140 Rn. 9 f.; dagegen lehnt neuerdings *Bezzenberger* [1991, S. 65 ff.] diese Unterscheidung ab.

der Vorzugsdividende einen durch spätere Gewinnverwendungsbeschlüsse bedingten selbständigen Individualanspruch auf Nachzahlung erlangt (*Geßler-Hefermehl*, § 140 Rn. 13). Ein unselbständiges Nachbezugsrecht ist dagegen dadurch gekennzeichnet, daß der Anspruch erst mit dem späteren Gewinnverwendungsbeschluß in der Hauptversammlung entsteht (*Geßler-Hefermehl*, § 140 Rn. 13). Das selbständige Nachbezugsrecht ist unentziehbar, da es ein Gläubigerrecht darstellt und nicht mehr Bestandteil der Mitgliedschaft ist. Dagegen kann das unselbständige Nachbezugsrecht als Bestandteil der Mitgliedschaft gegen den Willen einzelner Vorzugsaktionäre durch Satzungsänderung beseitigt werden. Hierzu bedarf jedoch der satzungsändernde Beschluß der Hauptversammlung gem. §§ 141 I, III AktG der Zustimmung der Vorzugsaktionäre durch einen von diesen mit Dreiviertelmehrheit zu fassenden Sonderbeschluß (*Baumbach/Hueck*, AktG, § 140 Rn. 4; *Geßler-Hefermehl* § 140 Rn. 13). Solange die Satzung keine abweichende Regelung enthält, ist gem. § 140 III AktG nur ein unselbständiges Nachbezugsrecht anzunehmen, das somit durch eine spätere Änderung der Satzung noch beseitigt werden kann. Möglich ist daneben die Einräumung sonstiger Vermögensrechte als Vorrechte einzelner Aktien, wie z. B. ein Vorzug in Form eines Benutzungsrechts von Einrichtungen der AG (*v. Godin* § 11 Anm. 3).

Die wesentlichen Verwaltungsrechte, die sich aus der Mitgliedschaft in der Aktiengesellschaft ergeben, sind das Stimmrecht, das Recht auf Auskunft sowie das Widerspruchs- und Anfechtungsrecht gegen Hauptversammlungsbeschlüsse[5]. Mit Ausnahme des Stimmrechts sind die Regelungen des AktG über diese Aktionärsrechte zwingender Rechtsnatur. Gem. §§ 12 I, 139 I AktG kann das Stimmrecht bei Vorzugsaktien ausgeschlossen werden. Als Ausgleich für den Stimmrechtsausschluß ist diesen Aktien jedoch ein Vorzug bei der Gewinnverteilung in Verbindung mit einem Nachbezugsrecht zu gewähren. Reicht der Gewinn zur Zahlung des Vorzuges bzw. zur Begleichung der Rückstände beim Nachbezug nicht aus, so lebt das Stimmrecht des Aktionärs gem. § 140 II AktG wieder auf. Bei den Vorzugsaktien bleiben gem. § 140 I AktG die übrigen Aktionärsrechte unberührt. Gem. § 139 II AktG darf der Nennbetrag der stimmrechtslosen Aktien nur die Hälfte des Nennbetrags aller anderen Aktien betragen.

Neben den Vorzugsaktien ohne Stimmrecht gem. §§ 139 ff. AktG kennt das AktG noch die Mehrstimmrechtsaktien gem. § 12 II AktG als Vorzugsaktien mit besonderen verwaltungsrechtlichen Vorrechten. Zwar sind gem. § 12 II 1 AktG Mehrstimmrechtsaktien grundsätzlich verboten, jedoch sind Ausnahmen von diesem Grundsatz gem. § 12 II 2 AktG mit

---

5) *Kraft* in Kölner Kommentar zum AktG, 2. Aufl., § 11 Rn. 11.

2. Die Vorzugsaktie

Genehmigung der für Wirtschaft zuständigen obersten Landesbehörde zur Wahrung gesamtwirtschaftlicher Interessen zulässig.

2.2 Die Vorzugsaktie und der Gleichbehandlungsgrundsatz

Der aktienrechtliche Gleichbehandlungsgrundsatz (§ 53a AktG) besagt, daß die Aktionäre beim Vorliegen gleicher Voraussetzungen gleich zu behandeln sind. Eine Ungleichbehandlung ist nur zulässig, wenn sie sachlich berechtigt ist und damit nicht den Charakter der Willkür trägt[6]. Aus dem Grundsatz der Gleichbehandlung folgt jedoch nicht, daß alle Aktionäre gleichberechtigt sein müssen[7], vielmehr erlaubt § 11 AktG, Aktien verschiedener Gattung zu schaffen, die unterschiedliche Rechte gewähren. Soweit es der Grundsatz der Gleichbehandlung zuläßt und die Vorschriften des AktG dispositiv sind, können einzelnen Aktionären grundsätzlich Vorrechte entweder durch die Satzung bzw. einen satzungsändernden Beschluß der Hauptversammlung, durch einfachen Beschluß der Hauptversammlung oder sogar durch den Vorstand eingeräumt werden (*Geßler-Eckardt* § 11 Rn. 16.). Wird das Vorrecht an die Aktie gekoppelt und nicht an die Person des Aktionärs, so bilden diese mit dem Vorrecht ausgestatteten Aktien eine eigene Aktiengattung gem. § 11 S.2 AktG, welche gem. § 23 III Nr. 4 AktG in der Satzung festzustellen ist[8].

2.3 Entstehung, Änderung und Aufhebung von Vorzugsaktien

2.3.1 Entstehung

2.3.1.1 Schaffung von Vorzugsaktien durch die ursprüngliche Satzung

Als Schaffung von Aktien einer besonderen Gattung i.S.v. § 11 S. 2 AktG setzt die Schaffung von Vorzugsaktien gem. § 23 III Nr. 4 AktG eine entsprechende Feststellung der Satzung voraus. Diese kann zum einen durch die **ursprüngliche** Satzung geschehen. Soweit der Umfang der Mitgliedschaftsrechte bereits durch die ursprüngliche Satzung erweitert oder beschränkt wird, spielt der Grundsatz der Gleichbehandlung keine Rolle, da infolge der Einstimmigkeit, die zur Feststellung der Satzung nötig ist, auch eine eventuelle Ungleichbehandlung der verschiedenen Aktien gedeckt ist[9]. Dabei sind die speziellen Voraussetzungen der verschiedenen Arten von Vorzugsaktien zu beachten. So bedürfen gem. § 12 II 2 AktG

---

6) RGZ 52, 287; 120, 177, 180; BGHZ 33, 175; 44, 245, 255; OLG Frankfurt WM 1986, S.1144; *Geßler-Eckardt* § 11 Rn.5; *v. Godin* § 11 Anm.2.
7) *Kraft* in Kölner Kommentar zum AktG, 2.Aufl., § 11 Rn. 8; *Baumbach/Hueck*, AktG, § 11 Rn.2.
8) Keine eigene Aktiengattung i. S. v. § 11 S.2 AktG bilden Inhaber- und Namensaktien sowie die Verwaltungsaktie, da sie ihren Inhabern keine besonderen Rechte im Vergleich zu anderen Aktien einräumen.
9) *Kraft* in Kölner Kommentar zum AktG, 2.Aufl., § 11 Rn.20.

die Mehrstimmrechtsaktien einer besonderen Genehmigung durch die für Wirtschaft zuständige oberste Landesbehörde, die nur erteilt wird, soweit dies zur Wahrung gesamtwirtschaftlicher Belange erforderlich ist. Ohne diese Genehmigung gewähren die Mehrstimmrechtsaktien nur ein einfaches Stimmrecht. Vorzugsaktien ohne Stimmrecht setzen einen Vorzug bei der Gewinnverteilung verbunden mit einem Nachbezugsrecht als Ausgleich für die Stimmrechtslosigkeit der Aktien voraus; ferner dürfen die Vorzugsaktien gem. § 139 II AktG nur bis zu einem Gesamtnennbetrag in Höhe desjenigen aller anderen Aktien ausgegeben werden. Ein Verstoß gegen § 139 II AktG macht den Beschluß der Hauptversammlung über die Ausgabe von Vorzugsaktien nach § 241 Nr. 3 AktG nichtig[10]. Die Ausgabe stimmrechtsloser Aktien ohne Vorzug mit zulässigem Inhalt führt kraft Gesetzes zu stimmberechtigten Aktien. Das gleiche gilt, wenn zwar ein Vorzug vorgesehen ist, aber das Nachbezugsrecht fehlt[11]. Die Gegenansicht[12] vertauscht Voraussetzung und Folge des § 139 I AktG, der die Stimmrechtslosigkeit vom nachzuzahlenden Vorzug abhängig macht, nicht den nachzuzahlenden Vorzug zur Folge der Stimmrechtslosigkeit erklärt.

2.3.1.2 Schaffung von Vorzugsaktien durch Satzungsänderung

Vorzugsaktien können auch durch Satzungsänderung entstehen. Dies kann einmal in der Form geschehen, daß bestehende Stammaktien in Vorzugsaktien umgewandelt werden, zum anderen dadurch, daß neue Aktien mit Vorzugsrechten ausgegeben werden[13]. Bei der Schaffung von Vorrechten einzelner Aktien durch Satzungsänderung ist der Grundsatz der Gleichbehandlung zu berücksichtigen, d. h. es muß allen Aktionären die Möglichkeit geboten werden, unter den gleichen Bedingungen die gleichen Vorrechte zu erwerben[14]. Wird bei der Einführung der Vorrechte durch einen satzungsändernden Beschluß der Grundsatz der Gleichbehandlung nicht beachtet, so führt dies nach der h. L.[15] und der Rspr.[16]

---

10) *Barz* in Großkommentar zum AktG § 139 Anm. 5; *Geßler-Hefermehl* § 139 Rn. 12; *Baumbach/Hueck* § 139 Rn. 4.
11) So *Geßler-Hefermehl* § 139 Rn. 10; *Barz* in Großkommentar zum AktG § 139 Anm. 3.
12) *Zöllner* in Kölner Kommentar zum AktG § 139 Rn. 18 f.; *Bezzenberger* [1991, S. 83 ff.].
13) *Zöllner* in Kölner Kommentar zum AktG § 139 Rn. 22.
14) *Meyer-Landrut* in Großkommentar zum AktG § 11 Anm. 2; *Baumbach/Hueck*, AktG, § 11 Rn. 2.
15) So *Geßler-Eckardt* § 11 Rn. 14; *Meyer-Landrut* in Großkommentar zum AktG § 11 Anm. 2; *Baumbach/Hueck*, AktG, § 11 Rn. 2; *Hueck, G.* [1958, S. 311 ff.] mit ausführlicher Begründung; a. A. noch *Fischer* [1956, S. 363] und *Hueck, A.* [1924, S. 110 ff.], die davon ausgehen, daß ein entsprechender Beschluß nichtig ist. Hiergegen spricht, daß in § 243 II AktG die Erlangung von Sondervorteilen zum Schaden der Gesellschaft oder anderer Aktionäre als Anfechtungsgrund aufgezählt wird.
16) RGZ 118, 67; BGH WM 1960, S. 1007, 1009.

2. Die Vorzugsaktie

nicht zu dessen Nichtigkeit, sondern zur Anfechtbarkeit des Beschlusses gemäß § 243 I AktG.

a) Schaffung von Vorzugsaktien durch Neuemission

Zur Einführung von Vorzugsaktien durch Neuemission von Aktien bedarf es eines satzungsändernden Beschlusses mit einer Dreiviertelmehrheit aller Aktionäre. Da alle Aktionäre dank ihres Bezugsrechts gleiche Chancen haben, die neuen Vorzugsaktien zu erwerben, verlangt nicht etwa der Gleichbehandlungsgrundsatz die Zustimmung aller Aktionäre[17]. Der Grundsatz der Gleichbehandlung ist aber zu beachten, soweit bei der Neuemission der Vorzugsaktien das Bezugsrecht ausgeschlossen ist. In einem solchen Fall ist dafür Sorge zu tragen, daß bei der Ausgabe der neuen Aktien nicht einzelne Aktionäre oder Aktionärsgruppen bevorzugt werden[18].

b) Schaffung von Vorzugsaktien durch Umwandlung von Stammaktien

Außer durch Neuemission können Vorzugsaktien auch durch Änderung von vorhandenen Stammaktien geschaffen werden. In diesem Fall müssen alle Aktionäre, die das Vorrecht nicht eingeräumt bekommen sollen, der Satzungsänderung zustimmen, da insoweit eine Ungleichbehandlung zu ihren Lasten vorliegt. § 179 III AktG, der nur die Änderung bereits bestehender Aktiengattungen betrifft, kann hier nicht entsprechend angewandt werden. Umstritten ist, welche Aktionäre der Umwandlung von Stammaktien in Vorzugsaktien ohne Stimmrecht zustimmen müssen. Die wohl h. M. nimmt an, das Zustimmungserfordernis beschränke sich auf diejenigen, die ihr Stimmrecht verlieren sollen; denn nur diesen drohe die Benachteiligung[19]. Nach anderer Ansicht[20] sollen auch die Aktionäre zustimmen müssen, die ihre Aktien unverändert behalten; denn diese sollen durch die Vorenthaltung des Vorzugs benachteiligt werden. Dem ist zu folgen. Das Argument der h. M., der Vorzug sei nur ein Ausgleich für den Nachteil des Stimmrechtsverlustes, überzeugt nicht. Es ist nicht mehr als eine Frage der Sprachregelung, ob man den Vorzug nur als Ausgleich für den Stimmrechtsverlust oder den Stimmrechtsverlust als Preis für den Vorzug bezeichnet. Richtigerweise ist das „Paket" aus Stimmrechtsverzicht und Vorzug insgesamt zu würdigen, das je nach Präferenz des einzelnen Aktionärs mal nachteilig und mal vorteilhaft sein mag. Wenn man wegen des Entzugs des Stimmrechts die Zustimmung der dadurch benachteiligten Aktionäre verlangt, dann muß man das gleiche wegen der Vorenthaltung des Vorzugs anerkennen.

---

17) Zöllner in Kölner Kommentar zum AktG § 139 Rn. 24.
18) Zöllner in Kölner Kommentar zum AktG § 139 Rn. 24.
19) Geßler-Hefermehl § 139 Rn. 14; Kraft in Kölner Kommentar zum AktG (2. Aufl.) § 11 Rn. 37.
20) Zöllner in Kölner Kommentar zum AktG § 139 Rn. 23.

2.3.2 Änderung

2.3.2.1 Gleichmäßige Änderung aller Aktiengattungen

Die gleichmäßige Erweiterung der Aktionärsrechte aller Aktionäre kann in einer im Vergleich zu § 58 AktG günstigeren Regelung der Gewinnverteilung für die Aktionäre oder in einer Erschwerung des Bezugsrechtsausschlusses bestehen. Als gleichmäßige Beschränkung der Aktionärsrechte kommt die Einschränkung des Dividendenrechts oder des Rechts am Liquidationserlös sowie die Einführung von Höchststimmrechten[21] in Betracht. Ein gleichmäßiger Ausschluß des Stimmrechts aller Aktionäre ist wegen § 139 II AktG ausgeschlossen. Für die gleichmäßige Änderung der Rechtsstellung aller Aktionäre ist gem. § 179 II 1 AktG ein satzungsändernder Beschluß der Hauptversammlung erforderlich[22].

2.3.2.2 Änderungen der Rechte einzelner Aktiengattungen

a) Erweiterung der Rechte von Aktien einer Gattung

Für die Erweiterung der Rechte der Aktionäre einer Aktiengattung ist grundsätzlich ein satzungsändernder Beschluß der Hauptversammlung gem. § 179 I 1 AktG erforderlich. Daneben ist ein Sonderbeschluß der Aktionäre der Aktiengattungen, die die Vorrechte nicht eingeräumt bekommen, gem. § 179 III 2 AktG bzw. § 141 III 2 AktG nötig.

b) Beschränkung der Rechte von Aktien einer Gattung

Die Beschränkung der Rechte der Aktien einer Gattung kann einerseits in dem Entzug des Sonderstatus dieser Gattung oder in sonstigen Beeinträchtigungen bestehen.

Für die Beschränkung des Sonderstatus einer Aktiengattung ist grundsätzlich ein satzungsändernder Beschluß der Hauptversammlung erforderlich; dieser bedarf der Zustimmung durch die betroffenen Aktionäre in Form eines Sonderbeschlusses gem. § 179 III AktG bzw. bei Vorzugsaktien ohne Stimmrecht gem. §§ 141 I, III 2 AktG[23], der mit einer Kapitalmehrheit von 75% gefaßt werden muß (*Werner* 1971, S. 69 ff.). Lediglich die Abschaffung von Mehrstimmrechtsaktien, denen der Gesetzgeber kritisch gegenübersteht, ist erleichtert. Sie setzt nur einen satzungsändernden Beschluß der Hauptversammlung gem. § 5 EGAktG voraus.

Satzungsändernde Beschlüsse können auch indirekt in die Rechtsstellung der Aktionäre einer besonderen Aktiengattung eingreifen. Der wichtigste Fall dieser Art ist die Ausgabe neuer Aktien. Werden neue Vorzugsaktien

---

21) Siehe zum Höchststimmrecht *Geßler-Eckardt* § 134 Rn. 10 ff.; *Zöllner* in Kölner Kommentar zum AktG § 134 Rn. 24 ff.
22) Vgl. zum Ganzen *Kraft* in Kölner Kommentar zum AktG, 2. Aufl., § 11 Rn. 34 f., 40 f.
23) Siehe zum systematischen Verhältnis von §§ 141 I, III 2 AktG zu § 179 III AktG *Bezzenberger* [1991, S. 115 ff.].

3. Der Genußschein 321

ausgegeben, die den bestehenden stimmrechtslosen Vorzugsaktien bezüglich der Gewinnverteilung oder des Liquidationserlöses vorgehen, so ist für eine solche Kapitalerhöhung gem. § 141 II 2 i. V. m. III 2 AktG die Zustimmung der vorhandenen Vorzugsaktionäre mit Dreiviertelmehrheit erforderlich. Bestehen andere Aktiengattungen in der Gesellschaft, so müssen die Aktionäre sämtlicher Gattungen dem in der Hauptversammlung gefaßten Erhöhungsbeschluß mit Dreiviertelkapitalmehrheit gesondert gem. § 182 II AktG zustimmen.

2.3.3 Entzug der Mitgliedschaft

Schließlich kann der Vorzugsaktionär seine Rechte durch Verlust der gesamten Mitgliedschaft einbüßen. Gegen seinen Willen kann ihm die Mitgliedschaft freilich nur in den Fällen der §§ 64 I, 222 IV Nr. 2, 237 I, 262 I Nr. 2 AktG und 9 UmwandlungsG entzogen werden. Ob daneben ein Aktionär aus wichtigem Grund aus der AG ausgeschlossen werden kann, wird nicht einheitlich beurteilt. Die h. M.[24] und die Rspr. (BGHZ 18, S. 350, 365) verneinen dies, da hierfür kein Bedürfnis bestehe.

2.4 Vorzugsaktien im Steuer- und Bilanzrecht

Vorzugsaktien werden im Steuerrecht genauso wie die Stammaktien behandelt, d. h. ihre Dividenden unterliegen beim Aktionär gem. § 20 I Nr. 1 EStG der Einkommensteuer. Die Aktiengesellschaft hat vor Ausschüttung der Dividende gem. § 27 KStG die Ausschüttungsbelastung herzustellen und gem. § 43 EStG die Kapitalertragsteuer abzuziehen. Beide Vorbelastungen werden bei inländischen Steuerpflichtigen auf deren persönliche Einkommensteuerschuld angerechnet.
In bilanzrechtlicher Hinsicht ist zu beachten, daß die Vorzugsaktien gem. §§ 152 I 2, 160 I Nr. 3 AktG als Aktien besonderer Gattung in der Bilanz unter dem Posten Eigenkapital und im Anhang gesondert auszuweisen sind.

3. Der Genußschein

3.1 Die Eigenart des Genußscheins

Der Genußschein wird im gesamten deutschen Gesetzesrecht nur ein einziges Mal, nämlich in § 2 I Nr. 2 f. 5. VermBG erwähnt. Häufiger stößt man auf den Begriff Genußrecht (§§ 160 I Nr. 6, 221 IV AktG, 2 I Nr. 2 l 5. VermBG, 10 V KWG). Gesetzlich definiert ist keiner der beiden Begriffe; der Gesetzgeber setzt sie jeweils als bekannt voraus. Entstanden

---

24) *Geßler-Eckardt* § 11 Rn. 39; *Kuhn* [1957, 1143]; a. A. *v. Gierke* [1956, 156].

sind die Genußrechte im 19. Jahrhundert als Abfindungen für eingezogene Aktien. Im späteren Verlauf haben sie auch als Entlohnung von AG-Gründern (vgl. § 26 II AktG) und als Gegenwert für eingebrachte Lizenzen und Patente gedient[25]. Dieser Vergangenheit entspricht es, daß man heute unter Genußrecht ein **Gläubigerrecht**[26] versteht, das seinem Inhalt nach ein mitgliedschaftstypisches Wertrecht verleiht. Als solche Wertrechte kommen vor allem die Beteiligung am Gewinn und/oder am Liquidationserlös, aber auch z. B. ein Recht auf Bezug neuer Aktien oder auf die Benutzung von Einrichtungen in Betracht (*Geßler-Lutter* § 221 Rn. 66; *Würdinger* 1981, S. 85; *Ernst* 1967, S. 77). Der Genußschein verbrieft das Genußrecht. Er läßt sich als Inhaberpapier (§ 793 BGB), Namenspapier (§ 808 BGB) und Orderpapier (§ 363 I 3 HGB) gestalten[27]. Als technische Erscheinungsformen kennt die Praxis sowohl den Einzel- als auch den Sammelgenußschein (= mehrere Genußrechte umfassend) (*Pougin* 1985, S. 278).

3.2 Die Genußscheinemittenten

Die Eigenart des Genußscheins als Verbriefung von Gläubigerrechten, d. h. schuldrechtlichen Forderungen, bedingt, daß er grundsätzlich von jedermann ausgegeben werden kann. Die Bindung an die AG ist historischer Zufall, nicht rechtliches Gebot. Außer der AG können also auch sämtliche anderen Gesellschaften und sogar Einzelpersonen Genußscheine emittieren (*Thielemann* 1988, S. 107 ff.; *Schmidt* 1984, S. 782; *Vollmer* 1984, S. 329 ff.; *Rid-Niebler* 1989, S. 101 ff.; *Emde* 1987, S. 36–55). Lediglich die Verbriefung in einem Orderpapier (kaufmännischer Verpflichtungsschein, § 363 I 3 HGB) setzt als besondere Qualifikation des Emittenten die Kaufmannseigenschaft (§§ 1–6 HGB) voraus (*Thielemann* 1988, S. 66). Für die Genossenschaften wird allerdings bisweilen die Ansicht vertreten, gewinnabhängige Gläubigerrechte seien unzulässig[28]. Wäre das richtig, so wären neben der Beteiligung als stiller Gesellschafter und der Gewinnschuldverschreibung auch der auf Gewinnteilhabe lautende Genußschein betroffen. Die h. M.[29] teilt diese Ansicht indessen nicht, und das zu Recht: Aus § 19 I GenG, der die Verteilung von Bilanzgewinn und -verlust auf die Genossen anordnet, läßt sich lediglich analog § 221 AktG auf ein Mitspracherecht der Generalver-

---

25) *Schilling* in Großkommentar zum AktG § 221 Anm. 9; *Geßler-Lutter* § 221 Rn. 65; *Hachenburg-Goerdeler/Müller* Anh. § 29 Rn. 18.
26) RGZ S. 105, 236, 238; 132, 199, 204; BGH WM 1959, S. 434 ff.; BGHZ S. 28, 259, 265; *Geßler-Lutter* § 221 Rn. 66; *Ernst* [1967, S. 77]; *Sontheimer* [1984, Beilage 19 S. 2].
27) *Lutter* in Kölner Kommentar zum AktG § 221 Rn. 72; *Schilling* in Großkommentar zum AktG § 221 Anm. 14.
28) *Lang/Weidmüller-Metz* § 1 Rn. 271 und § 19 Rn. 8; *Paulick* [1956, S. 135].
29) *Hadding* [1984, S. 1295]; *Thielemann* [1988, S. 113 ff.]; *Schudt* [1974, S. 52 ff.]; *Werner* [1985, S. 240]; *Emde* [1987, S. 52 ff.].

sammlung bei der Emission von Gewinngenußscheinen schließen, nicht auf ein Verbot.

3.3 Das Genußrechtsverhältnis

3.3.1 Begründung

Das Genußrechtsverhältnis zwischen dem Genußscheinemittenten und dem Genußscheininhaber entsteht **im Fall des Ersterwerbs** durch Vertrag zwischen den Parteien[30], der je nach der wertpapierrechtlichen Qualifikation des Genußscheins unterschiedlichen Anforderungen unterliegt: Zum Erwerb des Rechts aus einem als Inhaber- oder Orderpapier gestalteten Genußschein bedarf es eines Begebungsvertrags, der zugleich (in Verbindung mit der Übergabe der Urkunde gem. §§ 929–931 BGB) das Eigentum an der Urkunde überträgt und das Genußrecht begründet. Ist der Genußschein Namenspapier, so bedarf es eines Vertrags gemäß § 781 BGB (schriftliches Schuldversprechen); das Eigentum an der Urkunde geht nach § 952 II BGB auf den Erwerber über. Der **abgeleitete Erwerb** der Zweit-, Dritt- und weiteren Erwerber vollzieht sich im Fall des Inhaberpapiers nach den §§ 929 ff. BGB, im Fall des Orderpapiers nach § 364 HGB und im Fall des Namenspapiers nach § 398 BGB[31].

Die Emission von (verbrieften und unverbrieften) Genußrechten erfordert nach § 221 I, III AktG in der AG einen entsprechenden Beschluß der Hauptversammlung; auf die eG und die GmbH ist die Bestimmung analog anzuwenden[32]. Allerdings ergibt sich daraus nur eine Beschränkung der Geschäftsführungsbefugnis. Die Vertretungsmacht des Vorstands bzw. der Geschäftsführung bleibt davon unberührt, so daß die von diesen begründeten Genußrechtsverhältnisse ohne Rücksicht auf das Vorhandensein oder Fehlen eines positiven Beschlusses von Haupt-, General- oder Gesellschafterversammlung entstehen[33].

3.3.2 Änderung

Das Genußrechtsverhältnis kann nur durch Vereinbarung zwischen dem Emittenten und dem **einzelnen** Berechtigten geändert werden[34], es sei denn, der Emittent habe sich – was nach Ansicht des BGH (NJW 1993, S. 57, 59) jedenfalls für vorab festgelegte Regelungsgegenstände zulässig

---
30) RGZ 132, S. 206; *Würdinger* [1981, S. 86].
31) *Lutter* in Kölner Kommentar zum AktG § 221 Rn. 72; *Thielemann* [1988, S. 65 ff.].
32) Vgl. auch *Baumbach/Hueck*, GmbHG, § 29 Rn. 85; *Scholz-Winter* § 14 Rn. 68; *Rowedder-Rowedder* § 29 Rn. 92; *Rid-Niebler* [1988, S. 89] für Genußscheine mit Eigenkapitalcharakter; a. A. *Hachenburg-Goerdeler/Müller* § 29 Rn. 22.
33) V. *Godin* § 221 Anm. 6; *Schilling* in Großkommentar zum AktG § 221 Anm. 16; *Lutter* in Kölner Kommentar zum AktG § 221 Rn. 12; *Würdinger* [1981, S. 86]; a. A. für die GmbH *Rid-Niebler* [1989, S. 94 ff.].
34) *Scholz-Winter* § 14 Rn. 72; *Hachenburg-Müller/Goerdeler* § 29 Rn. 23.

ist – das Recht zur Änderung in den Genußrechtsbedingungen vorbehalten. Soweit es in einem Inhaber- oder Orderpapier verbrieft ist, muß der Emittent als Aussteller zusätzlich die Urkunde ändern; ohne dem ist die Änderung nicht wirksam. Die Üblichkeit der Emission einer Vielzahl von Genußscheinen gleichen Inhalts wirft die Frage auf, ob nicht eine zu Änderungen befugte kollektive Organisation der Genußberechtigten besteht oder doch wenigstens geschaffen werden kann. Von Gesetzes wegen ist im Schuldverschreibungsgesetz vom 4. 12. 1899[35] ab einer Emission von Schuldverschreibungen im Mindestnennwert von 300 000,– DM und in einer Mindeststückzahl von 300 die Zusammenfassung der Gläubiger zu einem Gläubigerverband vorgesehen, der die Rechte der Gläubiger über einen Gläubigervertreter geltend macht und über die Befugnisse des Gläubigervertreters in einer Gläubigerversammlung nach dem Mehrheitsprinzip beschließt. Beschlüsse der Gläubigerversammlung über die Aufhebung oder Beschränkung von Rechten der Gläubiger sind allein im Konkurs- oder Vergleichsverfahren über das Vermögen des Schuldners möglich.

Voraussetzung für die Anwendbarkeit des Schuldverschreibungsgesetzes auf Genußscheinemissionen ist freilich, daß die Genußscheine auf eine feste Summe lauten und einen gewinnabhängigen Zahlungsanspruch gewähren. Daran fehlt es in aller Regel[36]. Auch eine analoge Anwendung scheidet aus (*Hammen* 1990, S. 1920; a. A. *Hirte* 1991, S. 1468). Denn einmal sind die Regelungen auf Schuldverschreibungen über feste gewinnunabhängige Zahlungsansprüche zugeschnitten, so daß die für die Analogie erforderliche Vergleichbarkeit **im Detail** nicht besteht. Zum anderen unterliegt die gesetzliche Organisation von Lebensbereichen generell einem strengen Gesetzesvorbehalt, der die Schaffung von Organisationen im Wege der Analogie schwerlich zuläßt. Im übrigen würde eine Analogie zur Regelung des Schuldverschreibungsgesetzes für den Bedarf nach Änderung des Genußrechtsverhältnisses selten etwas nützen, weil die Anpassung an die Leistungsfähigkeit des Emittenten sich im Falle gewinn- und verlustabhängiger Genußrechte von selbst vollzieht, der einzige Fall von substantieller Änderungsbefugnis der Gläubigerversammlung also gar nicht praktisch werden kann.

Die Praxis befriedigt vor diesem Hintergrund das Bedürfnis nach einheitlicher Änderung dadurch, daß sie den Genußscheinberechtigten in den Genußscheinbedingungen die einheitliche Willensbildung und/oder Vertretung durch einen gemeinsamen Treuhänder vorschreibt (*Thielemann* 1988, S. 25 ff.). Inwieweit eine solche Kollektivierung der Verfügungsbe-

35) RGBl. 1899, S. 699; Änderung durch Ges. RGBl. 1914, S. 121, VO RGBl. 1932, S. 447 und Ges. RGBl. 1933, S. 523.
36) *Reuter* [1984b, S. 1854]; *Schilling* in Großkommentar zum AktG § 221 Anm. 12; *Pougin* [1985, S. 278]; *Rid-Niebler* [1988, S. 129].

3. Der Genußschein

fugnis zulässig ist, ist bislang kaum untersucht worden. Die h. M.[37] geht ohne weiteres von der Zulässigkeit aus, obwohl die Konstruktion der unzulässigen verdrängenden Vertretung zumindest sehr nahe kommt.

3.3.3 Beendigung

Die Beendigung des Genußrechtsverhältnisses richtet sich nach den vereinbarten Beendigungsgründen. In Betracht kommen insbesondere der Ablauf der vorgesehenen Dauer, die Kündigung, der Rückerwerb des Genußscheins durch den Emittenten und der Verlust des Genußrechtskapitals infolge der Beteiligung an den Verlusten des Emittenten[38]. Fraglich ist, ob darüber hinaus ein zwingendes Kündigungsrecht des einzelnen Genußberechtigten aus wichtigem Grund anzuerkennen ist. Das Schrifttum (*Scholz-Winter* § 29 Rn. 75; *Thielemann* 1988, S. 191 ff.; *Emde* 1987, S. 185 ff.; *Vollmer* 1984, 329 ff.; *Rid-Niebler* 1988, S. 57 ff.; *Schneider* 1987, S. 520) zum Genußrecht bejaht das z. T. mit der Begründung, das Genußrechtsverhältnis sei ein Dauerschuldverhältnis und unterliege daher dem allgemeinen Grundsatz der außerordentlichen Kündbarkeit von Dauerschuldverhältnissen.

Diese Auffassung ist insofern sympathisch, als sie zugunsten der Genußberechtigten die Möglichkeit des Selbstschutzes installiert und dadurch das genußrechtsspezifische Problem einer Teilhabe am Unternehmensrisiko ohne Teilhabe an der Unternehmensherrschaft bis zu einem gewissen Grade entschärft. Manches spricht sogar dafür anzunehmen, daß das Recht zur Kündigung mit nachfolgender Pflicht des Emittenten zur entgeltlichen Rücknahme des Genußrechts Handeln gegen die Interessen der Genußberechtigten wirksamer verhindert, als risikoadäquate Teilhaberechte an der Leitungsmacht des emittierenden Unternehmens dies tun. Gleichwohl ist der Ansicht nicht zu folgen (*Claussen* 1984, S. 94 ff.; *Ernst* 1967, S. 80). Es ist schon zweifelhaft, ob eine schlichte Geldanlage als Anknüpfungspunkt für ein zwingend außerordentlich kündbares Dauerschuldverhältnis ausreicht. Ob z. B. ein Darlehen ein derartiges Dauerschuldverhältnis begründet, ist umstritten[39]. Aber selbst wenn man sich insoweit der weniger strengen Sicht anschließt, sind die Bedenken gegen die Qualifikation des Genußrechtsverhältnisses als ein zwingend kündbares Dauerschuldverhältnis noch nicht ausgeräumt. Denn die Übertragbarkeit des Genußrechts läßt für die Normsituation des außerordentlichen Kündigungsrechts – die unerträglich gewordene Bindung des Berechtig-

---

37) Siehe hierzu *Schilling* in Großkommentar zum AktG § 221 Anm. 12; *Thielemann* [1988, S. 28 ff.]; *Pougin* [1985, S. 278]; *Vollmer* [1983, S. 469]; *Rid-Niebler* [1988, S. 129 ff.].
38) *Rowedder-Rowedder* § 29 Rn. 101; *Lutter* in Kölner Kommentar § 221 Rn. 71; *Feddersen/Knauth* [1988, S. 78]; OLG Düsseldorf ZIP 1991, S. 1070.
39) Dafür *Müko-Westermann* Vor § 607 Rn. 8; *Michalski* [1979, S. 402]; nun auch *Esser/Weyers* [1991, S. 214]; dagegen *Esser/Schmidt* [1984, S. 225].

ten – gar keinen Raum. Das gilt zumindest für das verbriefte Genußrecht, den Genußschein, der als Inhaber- oder Orderpapier auf Umlauf angelegt ist.

3.4 Die Genußscheinbedingungen

3.4.1 Der Grundsatz

Genußrecht und Genußschein sind im Gesetzesrecht erwähnt, aber nicht geregelt. Bis heute gilt die Feststellung in den erläuternden Bemerkungen zum Entwurf eines AktG von 1930 (Reichsjustizministerium 1930, 124), Genußrechte seien nach ihrer Ausgestaltung und ihren Zwecken zu vielfältig und ihre Entwicklung sei zu sehr im Fluß, als daß die ordnende Hand des Gesetzgebers bereits gefragt sein könnte. Die Praxis macht von der dadurch eröffneten Freiheit regen Gebrauch. Die Gewinnbeteiligungen der Genußberechtigten oder die Rückgewähr ihrer „Einlage", insbesondere in der Insolvenz, sind in der unterschiedlichsten Weise geregelt (*Thielemann* 1988, S. 9 ff.; *Meilicke* 1987, S. 1610 ff.). Bisweilen trifft man sogar auf Formen mitgliedschaftlicher Mitverwaltung, wie z. B. nach dem Vorbild des § 131 AktG gestaltete Auskunftsrechte und/oder Rechte auf Teilnahme an der Gesellschafterversammlung des Emittenten[40]. Inwieweit solche, die Gesellschaftsorganisation betreffende Regelungen zulässig sind, ist noch keineswegs endgültig geklärt[41]. Vor allem im GmbH-Recht werden sie unter dem Etikett „Beteiligung Dritter an der gesellschaftlichen Willensbildung" diskutiert. Wohl überwiegend nimmt man an, sie seien zulässig, bedürften aber wegen ihres organisationsrechtlichen Charakters der Mitwirkung der Gesellschafter[42]. In der Konsequenz dieses Ansatzes liegt es anzunehmen, daß jedenfalls die AG Drittberechtigungen solcherart nicht schaffen kann. Denn das Aktienrecht regelt die Organisationsautonomie der AG abschließend und sieht Rechte Dritter in der Hauptversammlung nicht vor (arg. e § 23 V AktG, vgl. BGH NJW 1993, S. 57, 59 f.).

3.4.2 Die AGB-Kontrolle

Die Genußscheinbedingungen fallen als für eine Vielzahl von Verträgen vorformulierte Vertragsbedingungen, die eine Vertragspartei der anderen bei Vertragsabschluß gestellt hat (§ 1 AGBG), unter das AGBG (*Reuter*

---

40) *Thielemann* [1988, S. 24] m.w.N. zu den einzelnen Regelungen in den Genußscheinbedingungen der Genußscheine auf dem deutschen Kapitalmarkt.
41) Für die Zulässigkeit solcher Regelungen sprechen sich aus: *Würdinger* [1981, S. 86]; *Pougin* [1985, S 276]; *Rid-Niebler* [1988, S. 49 ff.]; *Ernst* [1967, S. 80]; *Hammen* [1988, S. 2549]; *Vollmer* [1983, S. 463]; kritisch hierzu *Emde* [1987, S. 189].
42) Vgl. *Baumbach/Hueck*, GmbHG, § 48 Rn. 5; *Rowedder-Koppensteiner* § 48 Rn. 10; *Scholz-Schmidt* § 48 Rn. 21 m.w.N.

1984b, S. 1853; 1985b, S. 104). Die Bereichsausnahme für gesellschaftsrechtliche Rechtsverhältnisse nach § 23 I AGBG greift wegen des schuldrechtlichen Charakters des Genußrechtsverhältnisses nicht ein[43]. Die Geltung des AGBG bedeutet insbesondere, daß die Genußscheinbedingungen der gerichtlichen Inhaltskontrolle nach § 9 AGBG unterliegen. Diese Kontrolle bezieht sich zwar arg. e § 8 AGBG nicht auf die Beschreibung des Leistungsgegenstandes, d. h. die Ausgestaltung als Risiko- oder Rentenpapier; insoweit entscheidet über die Akzeptanz allein der Markt für Geldanlagen (BGH NJW 1993, S. 57, 59; darüber *Hammen* 1990, S. 1918). Wohl aber hat die gerichtliche Inhaltskontrolle zu überprüfen, ob die Rechtsausstattung der Genußscheine in einem angemessenen Verhältnis zu dem mit ihnen verbundenen wirtschaftlichen Risiko steht. Zu Unrecht meint das OLG Düsseldorf in seinem Urteil zu den Klöckner-Genußscheinen, es fehle an einer als Maßstab für eine solche Kontrolle geeigneten Regelung und die originäre Entwicklung rechtlicher Mindeststandards sei nicht Aufgabe der Rechtsprechung (OLG Düsseldorf ZIP 1991, S. 1076; *Hammen* 1990, S. 1919).

Gerade für die AG und die von dem Urteil konkret betroffene KGaA entwickelt das Gesetz durchaus Vorstellungen darüber, wie die Rechtsausstattung sich zum Risiko verhalten muß. Insbesondere zeigen die §§ 139 ff. AktG, daß Abstriche an der normalen Rechtsposition des Aktionärs mit einer entsprechend verringerten Teilhabe am Unternehmensrisiko verbunden sein müssen. Daß § 10 KWG „die Hereinnahme von Genußkapital als quasi haftendes Eigenkapital allgemein für zulässig angesehen und auch zwischen Genußkapital und (stimmrechtslosem Vorzugs-)Kapital unterschieden hat", ändert daran entgegen der Ansicht des OLG (OLG Düsseldorf ZIP 1991, S. 1075) nichts. Denn erstens hat der Gesetzgeber mit § 10 KWG die gesellschaftsrechtliche Zulässigkeit der Genußrechte nicht entscheiden wollen, und zweitens wäre er dazu auch gar nicht in der Lage gewesen, weil es angesichts des Art. 3 I GG nicht in seiner Macht steht, gleiche Sachverhalte unterschiedlichen rechtlichen Regelungen zu unterwerfen. Allenfalls kann man der Wertung der §§ 139 ff. AktG im Rahmen der AGB-Kontrolle – partiell – dadurch entgehen, daß man die dort aufgestellte Forderung nach einem angemessenen Verhältnis von Leitungsmacht und Verantwortlichkeit als eine Besonderheit der Eigenkapitalversorgung über den (organisierten) Kapitalmarkt begreift.

Aber auch für die auf diese Weise dem Einfluß der §§ 139 ff. AktG entzogenen Genußscheine – z. B. an Gesellschafter oder Mitarbeiter ausgebene – kann man sich nicht mit dem OLG Düsseldorf auf Überforde-

---

43) OLG Düsseldorf ZIP 1991, S. 1075; *Ulmer/Brandner/Hensen-Ulmer* § 23 Rn. 21a; *Wolf/Horn/Lindacher-Horn* § 23 Rn. 75; *Reuter* [1984b, S. 1853]; ders. [1985a, S. 653]; ders. [1985b, S. 104]; *Hammen* [1990, S. 1918].

rung der Rechtsprechung und das Vertrauen auf die Marktkräfte zurückziehen. Angesichts des § 9 I AGBG verstößt dieser Standpunkt gegen das geltende Recht. § 9 I AGBG erzwingt (je nach Zweck und Adressatenkreis der Genußscheinemission differenzierte) richterrechtliche Standards; der Ausfall eines gesetzlichen Leitbilds ist nicht Alibi, sondern Aufgabe (*Hirte* 1991, S. 1465). Bei der Erfüllung dieser Aufgabe mag Großzügigkeit angebracht sein, soweit es sich um (mindestens faktisch) nicht verkehrsfähige Gesellschaftergenußscheine bzw. -rechte handelt. Denn insoweit können die Genußscheininhaber ihren Gesellschaftereinfluß nutzen, um ihre Vorstellungen über den Einsatz des von ihnen eingebrachten Risikokapitals zur Geltung zu bringen. Ähnliches mag für Mitarbeitergenußscheine bzw. -rechte gelten, gewährleisten Betriebsverfassungs- (und Unternehmensverfassungs)recht doch einen Mitarbeitereinfluß auf die Unternehmensleitung, der demjenigen der Minderheit der Aktionäre in der AG kaum nachsteht. Überdies ist zu beachten, daß das Kapitaleignerinteresse von Mitarbeitern durch ihr Arbeitnehmerinteresse überlagert und dominiert wird (*Reuter* 1984b, S. 1852; *Hirte* 1988, S. 484; 1991, S. 1463). Kapitaleigner mit überwiegenden verbandsfremden Sonderinteressen können aber auch sonst nach allgemeinen verbandsrechtlichen Grundsätzen nicht den vollen Gesellschaftereinfluß beanspruchen (arg. e §§ 34 BGB, 47 IV GmbHG). Die Freiheit in der Gestaltung der Genußscheinbedingungen wächst ferner in dem Maße, in dem die Teilhabe am Unternehmensrisiko abgeschwächt ist. Gewinnunabhängige Mindestverzinsungen und/oder Beschränkungen der Verlustbeteiligung nähern das Genußrechtskapital dem Fremdkapital an, dessen Geber von Rechts wegen keinen Einfluß auf die Unternehmensleitung haben. Dem darf auch die Gestaltung der Genußscheinbedingungen Rechnung tragen (*Reuter* 1985b, S. 104 ff.; großzügiger jetzt BGH NJW 1993, S. 57, 58 f.).

3.4.3 Der sogenannte aktiengleiche Genußschein

In der Konsequenz der Bindung der gerichtlichen Kontrolle von Genußscheinbedingungen gemäß § 9 I AGBG an die gesetzliche Bewertung gleicher Sachverhalte liegt es anzunehmen, daß der sog. aktiengleiche Genußschein, d. h. der Genußschein, der wie die Aktie am Risiko des Unternehmens beteiligt (indem er statt einer gesicherten Rendite eine Gewinnbeteiligung und statt eines festen Rückzahlungsanspruchs eine Beteiligung am Liquidationserlös gewährt) und zur Kapitalbeschaffung aus dem allgemeinen Anlegerpublikum eingesetzt wird, unzulässig ist[44]. Ein solcher Genußschein ermöglicht nämlich einer AG, sich den gesetzlichen Anfor-

---

44) Vgl. bereits *Reuter* [1984a, S. B 26], [1984b, S. 1851], [1985a, S. 652] und [1985b, S. 105 f.]; zustimmend *Pougin* [1985, S. 281]; *Hirte* [1988, S. 477 ff.]; siehe auch die kritischen Stellungnahmen von *Habersack* [1991, S. 385 ff.] und *Rid-Niebler* [1988, S. 69 ff.] hierzu. Offen BGH NJW 1993, S. 57, 58.

derungen an die Aufnahme nicht stimmberechtigten Eigenkapitals im allgemeinen Anlegerpublikum zu entziehen: Anders als im Fall der stimmrechtslosen Vorzugsaktie kann sie auf diese Weise die Eigenkapitalgeber vollständig aus der Hauptversammlung verbannen, so daß neben dem Stimmrecht auch die Auskunfts- (§ 131 AktG) und Anfechtungsbefugnisse (§§ 243, 245 AktG) entfallen. Sie braucht ferner nicht den zwingenden Vorzug mit Nachbezugsrecht zu gewähren; ein Wiederaufleben des Stimmrechts infolge mehrmaliger Nichtzahlung des Vorzugs (§ 140 II AktG) kommt nicht in Betracht. Schließlich weitet sich der Spielraum für die Aufnahme nicht stimmberechtigten Eigenkapitals; die 50%-Schranke des § 139 II AktG kann unberücksichtigt bleiben. Wer aktiengleiche Genußscheine zuläßt, macht also die gesetzlichen Grenzen für stimmrechtslose Aktien gegenstandslos. Daß ein solches Verhalten der juristischen lex artis kraß widerspricht, sollte eigentlich nicht zweifelhaft sein. Die h. M. (*Hammen* 1988, S. 2549 ff.; *Thielemann* 1988, S. 97 ff., *Emde* 1987, S. 36 ff.; *Claussen* 1985, S. 79) verfährt trotzdem so. Z. T. hebt man darauf ab, daß der Genußscheinemittent keine Mitgliedschaftsrechte, sondern schuldrechtliche Positionen begründen will (*Thielemann* 1988, S. 97 ff.). Indessen macht eben dieser Versuch, das Risiko eines Mitglieds mit der Rechtsausstattung eines bloßen Gläubigers zu verbinden, die Umgehung der §§ 139 ff. AktG aus. Andere (*Möschel* 1985, S. 232; *Thielemann* 1988, S. 84; *Emde* 1987, S. 42 ff.; *Hammen* 1988, S. 2549) berufen sich darauf, daß die Genußscheine in der Praxis mit Rücksicht auf § 8 III 2 KStG jedenfalls die Beteiligung am Liquidationserlös regelmäßig nicht vorsehen. Würden sie das nämlich tun, so wären die Ausschüttungen an die Genußscheininhaber keine den steuerpflichtigen Gewinn mindernde Betriebsausgaben mehr und die Genußscheine damit eines für die Praxis entscheidenden Vorteils beraubt. Aber das Argument trägt offenbar nur dann, wenn an die Stelle der Beteiligung am Liquidationserlös die feste Rückzahlungspflicht des Emittenten tritt und damit die Aktiengleichheit des Genußscheins aufhört. Soweit die Beteiligung am Liquidationserlös ersatzlos entfällt oder durch die Beteiligung am Verlust ohne Beteiligung am Vermögenszuwachs der Gesellschaft ersetzt wird, muß der Vorbehalt gegen die Umgehung der §§ 139 ff. AktG erst recht gelten. Denn unter solchen Vorzeichen verschärft sich die Beteiligung der Genußscheinberechtigten am Unternehmensrisiko und damit der Bedarf nach Abwehr einer Umgehung des in den §§ 139 ff. AktG gesicherten Mindestmaßes an Mitsprache (unklar BGH NJW 1993, S. 57, 58).

Wenn Einzelkaufleute, Personengesellschaften oder GmbHs aktiengleiche Genußscheine emittieren, kommt es zwar nicht zum Konflikt mit den **aktienrechtlichen** Anforderungen an die Aufnahme stimmrechtslosen Eigenkapitals nach den §§ 139 ff. AktG. Insoweit gibt es jedoch schon Vorbehalte dagegen, daß solche Unternehmen überhaupt ihren Bedarf nach

Eigenkapital über den (organisierten) Kapitalmarkt befriedigen (*Reuter* 1984a, B 25; 1985b, S. 105 ff.). Der Gesetzgeber hat der AG (und der KGaA) mit Rücksicht auf ihren normtypischen Charakter als Publikumsgesellschaft ein standardisiertes Rechtskleid verordnet. Da die Eigenkapitalgeber ihre Titel als fertige Produkte am Markt erwerben, ohne – wie im Fall der GmbH – durch den Notar über die Risiken aufgeklärt zu werden, garantiert das Gesetz ein Mindestmaß an rechtlicher Seriosität. Es ist vor allem die Einsicht in den Zusammenhang zwischen der Art und Weise der Eigenkapitalversorgung und der Möglichkeit von Gestaltungsfreiheit gewesen, die bewirkt hat, daß sich die zeitweilige Propaganda für börsengängige Personengesellschafts- und GmbH-Anteile nicht durchgesetzt hat. Zu Recht ist darauf hingewiesen worden, eine solche Öffnung der Börse müsse mit einer so weitgehenden Angleichung der betroffenen Personengesellschaften und GmbHs an die AG verbunden werden, daß man sie auch gleich auf die Umwandlung in AGs (oder KGaAs) verweisen könne (*Kübler* 1981, S. 11). Börsengängige aktiengleiche Genußscheine ignorieren aber den Zusammenhang zwischen Gestaltungsfreiheit und fehlender Handelbarkeit der Eigenkapitaltitel noch mehr als börsengängige Personengesellschafts- und GmbH-Anteile, gewähren sie doch trotz gleichen Risikos nicht einmal das Minimum an Einfluß (und damit Fähigkeit zum Selbstschutz), das das zwingende Personengesellschafts- und GmbH-Recht immerhin noch sichert. In der Schweiz ist die Zulässigkeit des (Partizipationsschein genannten) aktiengleichen Genußscheins folgerichtig auf die AG begrenzt; er erfüllt insoweit anerkanntermaßen die Funktion, die in Deutschland der (dem schweizerischen Recht unbekannten) stimmrechtslosen (Vorzugs-)Aktie zugedacht ist.

3.5 Der Schutz der Genußscheinberechtigten

3.5.1 Schutz gegen unmittelbare Verschlechterung

Da das Genußrechtsverhältnis nur durch Vertrag zwischen dem Emittenten und den Genußberechtigten geändert werden kann, bedarf es grundsätzlich keines besonderen rechtlichen Schutzes gegen verschlechternde Änderung (RGZ 49, 10, 16; *Ernst* 1967, S. 80). Ausnahmsweise kann aber ein Schutzbedürfnis dadurch entstehen, daß die Verfügungsbefugnis über den Inhalt des Genußrechts einem gemeinsamen Treuhänder der Genußberechtigten oder gar dem Emittenten anvertraut ist. Soweit die Rechtsausübung von Personengesellschaftern in dieser Weise durch Vertreter- oder Treuhandklauseln kollektiviert ist, besteht nach heute ganz h. M.[45] ein Individualschutz in Gestalt des sog. Kernbereichsschutzes: Der Vertreter bzw. Treuhänder kann z. B. gegen den Willen des einzelnen Personengesellschafters dessen Beteiligungsquote – sei es hinsichtlich des Gewinns, sei es hinsichtlich des Liquidationserlöses – nicht verringern. Daß es

45) Siehe *Heymann-Horn* § 161 Rn. 182 u. § 164 Rn. 17 m.w.N.

sich dabei nicht um eine analogieunfähige gesellschaftsrechtliche Besonderheit handelt, zeigt die parallele Entwicklung im Arbeitsrecht. Auch der Kernbereich des Arbeitsverhältnisses – die Dauer der Arbeitszeit, der Grundlohn – kann nur mit aktuellem Einverständnis der betroffenen Arbeitnehmer geändert werden; der Arbeitgeber kann weder für sich zusammen mit dem Betriebsrat noch für sich allein wirksam ein einseitiges Änderungsrecht vereinbaren[46]. Entsprechend wird man eine zwingende Grenze für die Befugnis des gemeinsamen Treuhänders der Genußberechtigten anerkennen müssen: Das Essentiale des Genußrechts – die Beteiligung am Gewinn und Liquidationserlös – ist seiner (sich verschlechternden) Disposition entzogen. Ausnahmen kommen – wie im Gesellschaftsrecht – lediglich in Betracht, wenn die Voraussetzungen der Änderung in den Genußscheinbedingungen so konkret festgelegt worden sind, daß der Treuhänder oder der Emittent keine eigene Entscheidung mehr trifft, sondern eine bereits vorgegebene nur noch vollzieht (großzügiger BGH NJW 1993, S. 57, 60).

3.5.2 Schutz gegen mittelbare Verschlechterung

Eine theoretisch und praktisch größere Rolle als die unmittelbare spielt die mittelbare Beeinträchtigung der Genußberechtigten.

a) Im Vordergrund stehen die Auswirkungen von Grundlagenentscheidungen – der Kapitalerhöhung, der Ausgabe neuer Genußscheine, der Verschmelzung und der Konzernierung – auf die Genußberechtigten. Z. T. hat sich der Gesetzgeber der Problematik angenommen. So bestimmt § 216 III AktG bzw. § 13 III KapErhG, daß die nominelle Kapitalerhöhung den wirtschaftlichen Inhalt vertraglicher Beziehungen der Gesellschaft zu Dritten, die von Gewinnausschüttung der Gesellschaft, dem Nennbetrag oder Wert ihrer Aktien (Anteile) oder ihres Grund(Stamm-)kapitals oder sonst von den bisherigen Kapital- oder Gewinnverhältnissen abhängen, nicht berührt. Die Genußscheinbedingungen passen sich also den durch die nominelle Kapitalerhöhung geänderten Bezugsgrößen automatisch an, daß der wirtschaftliche Status quo der Genußberechtigten erhalten bleibt[47]. Steht z. B. Genußberechtigten der Bilanzgewinn der Gesellschaft zu, soweit er nicht durch eine Dividende von 4% an die Aktionäre aufgezehrt wird, so brauchen sich die Genußberechtigten nach einer Kapitalerhöhung aus Gesellschaftsmitteln im Verhältnis 1:1 lediglich noch 2% Dividende vorgehen zu lassen. Die §§ 216 III AktG, 13 III KapErhG sind richtiger Ansicht[48] nach analog

---

46) Vgl. *Palandt-Putzo* § 611 Rn. 12 u. Einf v § 611 Rn. 73.
47) *Wiedemann* in Großkommentar zum AktG § 216 Anm. 8; *Hirte* [1988, S. 487].
48) *Koppensteiner* [1975, S. 191 ff.]; *Köhler* [1984, S. 198 ff.]; *Hirte* [1988, S. 487]; *Emde* [1987, S. 143 ff.]; *ders.* [1989, S. 211 ff.]; *Habersack* [1991, S. 391]; a. A. *Schilling* in Großkommentar zum AktG § 221 Anm. 12; *Lutter* in Kölner Kommentar zum AktG § 221 Rn. 70; *Würdinger* [1981, S. 87].

anzuwenden, falls das Kapital gegen Einlagen erhöht wird. Denn auch die (materielle) Kapitalerhöhung gegen Einlagen kann die Genußrechte beeinträchtigen, bleiben die Einlagen doch vielfach hinter dem wahren Wert der neuen Anteile zurück, so daß die materielle Kapitalerhöhung tatsächlich teilweise bloß eine nominelle ist. Über das Ausmaß gibt im Einzelfall das Wertverhältnis von Bezugsrecht der Gesellschafter und Anteil Aufschluß (*Koppensteiner* 1975, S. 206; *Zöllner* 1986, S. 307; a. A. *Emde* 1987, S. 167 ff.).

Sehr streitig ist, ob die §§ 216 III AktG, 13 III KapErhG auch dann analog anzuwenden sind, wenn die Gesellschaft nicht das Gesellschafterkapital, sondern das Genußrechtskapital erhöht (*Hirte* 1988, S. 487; *Schneider* 1987, S. 519 m.w.N.). Dagegen spricht die fehlende Vergleichbarkeit der Interessenlage mit derjenigen im Falle der nominellen Kapitalerhöhung. Anders als bei den §§ 216 III AktG, 13 III KapErhG geht es nicht darum, die Veränderung der Bezugsgrößen des Genußrechts durch eine entsprechende Veränderung der Genußrechtsbedingungen auszugleichen. Im Kern begründet die Erhöhung des Genußrechtskapitals für die bisherigen Genußberechtigten die gleiche Verwässerungsgefahr, die die Erhöhung des Gesellschafterkapitals für die Gesellschafter begründet (und auf die der Gesetzgeber durch die Gewährung eines Bezugsrechts in direkter oder analoger Anwendung des § 186 AktG reagiert), so daß als die sachgerechteste Lösung der entsprechende Rückgriff auf § 186 AktG erscheint (*Hirte* 1988, S. 487). Dieser ist indessen dadurch versperrt, daß § 221 IV AktG das Bezugsrecht auf die Genußrechte bereits den Aktionären (und analog den sonstigen Gesellschaftern) sichert. So bleibt wohl nichts anderes übrig, als den Verwässerungsschutz für die Altgenußberechtigten auf die aus dem Genußrechtsverhältnis fließende Pflicht zur Rücksichtnahme des Genußscheinemittenten zu stützen. Dieser macht sich wegen positiver Forderungsverletzung schadensersatzpflichtig, wenn er durch Ausgabe neuer Genußscheine die alten ohne Zustimmung ihrer Inhaber verwässert (*Claussen* 1984, S. 95; *Emde* 1987, S. 175, 157).

Für den Fall der Verschmelzung durch Übertragung der emittierenden Gesellschaft verpflichtet § 347a AktG die übernehmende Gesellschaft, den Genußberechtigten gleichwertige Rechte zu gewähren; § 353 I 1 AktG ordnet Entsprechendes für den Fall der Verschmelzung durch Neubildung an. Wird die emittierende Gesellschaft konzernabhängig, so sind zugunsten der Genußberechtigten die Vorschriften zum Schutz außenstehender Aktionäre entsprechend heranzuziehen (*Hirte* 1988, S. 488). Im Vertragskonzern sind demgemäß die Genußscheinbedingungen analog § 304 II 2, 3 AktG an den Dividendensatz der Obergesellschaft anzupassen (*Hirte* 1988, S. 488; *Vollmer* 1983, S. 467; *Schneider* 1987, S. 526). Alternativ dazu können die Genußberechtigten analog § 305 I, II Nr. 3 AktG vom herrschenden Unternehmen die Rücknahme ihrer Genuß-

3. Der Genußschein

rechte gegen angemessene Barabfindung verlangen (*Vollmer* 1983, S. 467; *Schneider* 1987, S. 526; a. A. *Hirte* 1988, S. 488). Soweit bloße Abhängigkeit (einschließlich faktischer Konzernabhängigkeit) im Sinne des § 17 AktG eintritt, ist auf die allgemeinen Grundsätze über den Wegfall der Geschäftsgrundlage zurückzugreifen. Je nach den Verhältnissen des Einzelfalls haben die Genußberechtigten danach einen (ggf. von dem gemeinsamen Treuhänder geltend zu machenden) Anspruch auf mehr oder weniger umfassende Anpassung der Genußscheinbedingungen mit dem Ziel, den wirtschaftlichen Status quo aufrechtzuerhalten. Ist letzteres nicht möglich, so sind die Genußrechtsverhältnisse abfindungspflichtig zu beenden (*Schneider* 1987, S. 529 ff.; *Zöllner* 1986, S. 288).

b) Mittelbare Verschlechterung des Genußrechts droht nicht nur von Grundlagenentscheidungen, sondern auch von sonstigen Maßnahmen, wie der Gewinnfeststellung, der Rücklagenbildung und der Geschäftsführung des Emittenten (*Habersack* 1991, S. 390 ff.).

Die Gewinnabhängigkeit des Genußrechts versetzt den Genußberechtigten in die gleiche Interessenlage wie den Aktionär. Das legt es nahe, den Schutz des Genußberechtigten **materiell** an den Maßstäben zu orientieren, die für den Schutz des Aktionärs gelten, nämlich im Hinblick auf die Gewinnfeststellung an § 256 V AktG und im Hinblick auf die Rücklagenbildung an § 254 AktG. **Formell** muß man allerdings andere Wege gehen als im Fall des Aktionärs. Gegen die vorsätzliche, den Gewinn schmälernde Unterbewertung von Aktiv- und/oder Passivposten muß sich der Genußberechtigte mit der Klage auf Gewährung einer entsprechend höheren Rendite, gegen die nicht notwendige Thesaurierung mit der Klage auf Schadensersatz aus positiver Forderungsverletzung wehren[49].

Sehr zweifelhaft ist, ob die Genußberechtigten rechtlichen Schutz gegen sorgfaltswidrige Geschäftsführung des Emittenten beanspruchen können. Die h. L.[50] lehnt einen solchen Schutz im Anschluß an eine alte Entscheidung des RG ab. Die Frage, wie der Gewinn erzielt werde, sei – so hat das RG seinerzeit argumentiert – eine innere Angelegenheit des Emittenten, die den auf das schließliche Ergebnis angewiesenen Genußberechtigten nicht berühre. Für diese Auffassung spricht, daß auch der einzelne Aktionär keinen Anspruch auf sorgfältige Geschäftsführung – gegen die Gesellschaft oder die Mitglieder des Vorstands – hat (*Schmidt* 1991, S. 538 m.w.N.). Ein solcher Anspruch besteht nur für die Gesellschaft gegen die Mitglieder des Vorstands (arg. e § 93 AktG). Im Schrifttum (*Habersack* 1991, S. 394 ff.; *Meilicke* 1987, S. 1611 ff.; 1989, S. 483 ff.), dem neuerdings BGH NJW 1993, S. 57, 62 ff., folgt, wird demgegenüber

---

49) RGZ 105, 236, 240 f.; *Zöllner* in Kölner Kommentar § 221 Rn. 70.
50) *Baumbach/Hueck*, GmbHG, § 29 Rn. 89; *Hachenburg-Goerdeler/Müller* Anh. § 28 Rn. 25; *Lutter* in Kölner Kommentar zum AktG § 221 Rn. 70; *Schneider* [1987, S. 517]; *Vollmer* [1983, S. 467 f.].

die Ansicht vertreten, die Genußrechtsverhältnisse seien wie stille Gesellschaften kooperative Schuldverhältnisse, kraft derer die Emittenten den Genußberechtigten treuhänderisch zur ordnungsgemäßen Verwaltung des Genußrechtskapitals verpflichtet seien. Die diesbezügliche Privilegierung im Verhältnis zum Aktionär soll die Diskriminierung durch Vorenthaltung von Mitverwaltungsrechten aufwiegen. Zu folgen ist der h. M. Die Gewinn- und Verlustabhängigkeit der Genußrechte weist den Inhabern das Risiko wirtschaftlichen Mißerfolgs des Emittenten auch insoweit zu, als der Mißerfolg auf Fehlleistungen beruht. Die Anerkennung von Schadensersatzansprüchen gegen den Emittenten wegen sorgfaltswidriger Geschäftsführung würde die Eigenkapitalqualität des Genußrechtskapitals in Frage stellen, weil sie die Voraushaftung der Genußberechtigten auf den Fall nicht vermeidbarer Gewinnentgänge und Verluste begrenzt. Macht man ernst mit der Qualifikation des Genußrechtsverhältnisses als einer stillen Gesellschaft, so wird im übrigen dem Genußrecht als eigenständiger Rechtsfigur überhaupt die Grundlage entzogen. Die Genußrechte sind – vor allem als Rechtsform der Mitarbeiterbeteiligung – überhaupt nur deshalb wieder in Mode gekommen, weil die Banken (atypische) stille Beteiligungen u. a. wegen des Kündigungsrechts nach § 234 HGB nicht mehr als Eigenkapital haben anerkennen wollen (*Reuter* 1984b, S. 1850). Wer Genußrechte ausgibt, will die Wertrechte eines Gesellschafters mit den Schutz- und Verwaltungsrechten eines Gläubigers verbinden. Dieser Wille kann von der Rechtsordnung nur entweder akzeptiert oder nicht akzeptiert werden; der Octroi eines nicht gewollten Rechtsverhältnisses ist unzulässig.

3.6 Der Schutz der Gesellschafter

Der Gefahr der Verwässerung der Genußrechte im Fall von Kapitalerhöhungen entspricht die Gefahr der Verwässerung der Gesellschafterpositionen im Fall von Genußscheinemissionen. § 221 AktG macht deshalb nicht nur in Abs. 3 die Zulässigkeit der Genußscheinemission von einem Beschluß der Hauptversammlung abhängig, sondern sichert in Abs. 4 den Aktionären auch das Bezugsrecht auf die Genußrechte bzw. -scheine. Die h. M.[51] nimmt dabei zu Recht an, daß die Verweisung in § 221 IV AktG unvollständig ist: Nicht nur § 186 AktG, sondern auch § 187 AktG ist entsprechend anzuwenden. Für die GmbH und die Genossenschaft gelten § 221 III, IV AktG analog. Eine Verwässerung der Gesellschafterpositionen infolge der Existenz von Genußrechten droht ferner im Fall der Kapitalherabsetzung, so daß sich zum Schutz der Gesellschafter eine entsprechende Anwendung des § 216 III AktG empfiehlt (*Thielemann* 1988, S. 215; *Emde* 1987, S. 178 ff.; *Rid-Niebler* 1988, S. 111 ff.). Daß der Gesetzgeber in § 216 III AktG lediglich einen Schutz der Genußberechtigten

---

51) *Thielemann* [1988, S. 214]; *Schilling* in Großkommentar zum AktG § 221 Anm. 19.

im Fall von Kapitalerhöhungen vorgesehen hat, mag sich aus der Auffassung erklären, die Gesellschafter könnten als „Aufsteller" der Genußscheinbedingungen selbst für wirksame Anpassungsvorbehalte sorgen. Aber dieser Selbstschutz funktioniert nicht immer. Man braucht dabei nur an den Fall zu denken, daß die Genußberechtigten mit der Gesellschaftermehrheit identisch sind.

3.7 Der Schutz der Geschäftsgläubiger

Im Schrifttum (*Vollmer* 1983, S. 452 ff.; 1984, S. 335; *Rid-Niebler* 1988, S. 22 ff.) wird bisweilen die Ansicht vertreten, das Genußrechtskapital unterliege zum Schutz der Unternehmensgläubiger jedenfalls in der AG und GmbH der kapitalgesellschaftsrechtlichen Vermögensbindung nach § 57 AktG bzw. nach §§ 30, 31 GmbHG. Demgegenüber ist einmal darauf hinzuweisen, daß die Ausschüttungssperre keineswegs das gesamte Eigenkapital erfaßt. In der GmbH zieht erst das Verbot von Ausschüttungen zu Lasten des zur Deckung des Stammkapitals erforderlichen Vermögens eine Grenze. In der AG sind zwar nur Ausschüttungen zu Lasten des Bilanzgewinns zulässig; doch läßt sich Bilanzgewinn auch durch Auflösung der (freien) Rücklagen schaffen. Solange die Aktiva der Gesellschaft abzüglich der Schulden das Grundkapital plus gesetzlicher Rücklage bzw. das Stammkapital noch abdecken, kann das Genußrechtskapital also selbstverständlich zurückgezahlt werden (*Rid-Niebler* 1988, S. 22 ff.). Erörterungswürdig ist allenfalls, ob das Genußrechtskapital nicht wenigstens dann von § 57 AktG bzw. den §§ 30, 31 GmbHG erfaßt wird, wenn das Grund- bzw. Stammkapital nicht mehr durch die Differenz zwischen Aktiva und Verbindlichkeiten (ausschließlich Genußrechtskapital) gedeckt ist. Aber auch dagegen sprechen für den Regelfall überwiegende Gründe. Wer Einlagen auf Genußrechte oder -scheine geleistet hat, hat damit nicht das Grund- bzw. Stammkapital, sondern zusätzliches, offen als weniger geschützt ausgewiesenes Kapital aufgebracht. Es gibt daher gar keinen Grund, im nachhinein mit dem Genußrechtskapital zwangsweise das Grund- bzw. Stammkapital quasi aufzufüllen. Eine Ausnahme mag in Analogie zur Behandlung eigenkapitalersetzender Gesellschafterdarlehen eingreifen, soweit Gesellschafter in einer Lage, in der Dritte keine Einlagen gegen Genußrechte mehr gegeben hätten, Genußrechte übernommen und bezahlt haben, anstatt regulärerweise Nachschüsse auf das Grund- bzw. Stammkapital zu leisten (*Thielemann* 1988, S. 209; *Scholz-Winter* § 14 Rn. 75; *Hachenburg-Goerdeler/Müller* Anh. § 29 Rn. 16.).

Nicht mit der analogen Anwendung des § 57 AktG bzw. der §§ 30, 31 GmbHG zu verwechseln ist, daß die Rückgewähr des Genußrechtskapitals, obwohl die Genußberechtigten darauf keinen Anspruch haben, der Anfechtung nach § 237 HGB in analoger Anwendung unterliegt. Soweit der Emittent ein nach den Genußrechtsbedingungen nicht rückzahlbares Genußrechtskapital innerhalb eines Jahres vor seiner Insolvenz zurückgewährt, kann der Konkursverwalter Rückleistung an die Konkursmasse verlangen, und zwar gleichgültig, ob der Emittent Einzelkaufmann, Personengesellschaft oder Kapitalgesellschaft ist oder ob die Genußberechtigten Gesellschafter oder außenstehende Dritte gewesen sind.

3.8 Behandlung des Genußscheins beim Jahresabschluß

Im Jahresabschluß ist zwischen der Bilanzierung der Genußscheine und den auf sie entfallenden Gewinnausschüttungen zu differenzieren. Die bilanzielle Behandlung der Genußrechte selbst hängt von ihrer rechtlichen Ausgestaltung und dem Zweck ihrer Ausgabe ab. Werden die Genußrechte unentgeltlich ausgegeben, so sind sie nicht in der Bilanz aufzuführen, es sei denn, der Genußberechtigte hat das Recht, das Genußrechte in der Bilanz als Verbindlichkeiten aufzuführen[52].

Erfolgt dagegen die Ausgabe der Genußrechte gegen Entgelt zur Kapitalbeschaffung, so ist ihre rechtliche Ausgestaltung für ihre bilanzrechtliche Behandlung maßgeblich. Besteht ein zeitlich festgelegter Rückzahlungsanspruch des Genußberechtigten gegenüber der Gesellschaft, so ist seine Einlage in der Bilanz als Fremdkapital auszuweisen[53]. Ist dagegen anstatt eines solchen Rückzahlungsanspruchs dem Genußberechtigten nur ein Anteil am Liquidationserlös eingeräumt worden, so daß dessen Einlage im Falle des Konkurses verloren ist, so ist das der Gesellschaft durch die Genußscheininhaber zur Verfügung gestellte Kapital als Eigenkapital (offene Rücklagen) zu bilanzieren[54]. Bei den Kapitalgesellschaften ist dieses Genußscheinkapital in der Gliederung des Eigenkapitals als gesonderter Posten nach dem gezeichneten Kapital auszuweisen[55]. Dabei soll es sich im letzteren Falle nach h. M.[56] um ein Passivierungswahlrecht handeln. Richtig dürfte jedoch sein, hier eine Passivierungspflicht anzunehmen, da die Ausgabe von Genußrechten stets einen erfolgsneutralen Finanzierungsvorgang der Gesellschaft darstellt (*Knobbe-Keuk* 1989, S. 92). Zudem würde der Finanzierungszweck der Ausgabe der Genußscheine durchkreuzt, sofern diese bei der Bilanzierung nicht auf der Passivseite

---

52) *Knop* in Handbuch der Rechnungslegung § 266 Rn. 147 ff.
53) Sonderregelung des § 10 KWG: Unter den engen Voraussetzungen des § 10 V KWG kann das haftende Eigenkapital von Kreditinstituten auch durch die Ausgabe von rückzahlbaren Genußrechten aufgebracht werden.
54) *Knop* in Handbuch der Rechnungslegung § 266 Rn. 147 ff.; *Glenn/Nonnenmacher* in Beck'scher Bilanzkommentar § 247 Rn. 367 f.; *Knobbe-Keuk* [1989, S. 91 f.]; *Claussen* [1984, S. 87 f.].
55) *Glenn/Nonnenmacher* in Beck'scher Bilanzkommentar § 272 Rn. 2.
56) *Lutter* in Kölner Kommentar zum AktG § 221 Rn. 74; *Schilling* in Großkommentar zum AktG § 221 Rn. 13.

3. Der Genußschein

berücksichtigt würden, da die Einlage der Genußscheininhaber in diesem Fall den Bilanzgewinn erhöhen würde und am Jahresende zumindestens zum Teil wieder an die Gesellschafter und Genußscheininhaber verteilt würde. Neben der Bilanz sind Angaben über Art und Anzahl der Genußrechte an der Gesellschaft bei der Aktiengesellschaft gem. § 160 I Nr. 6 AktG im Anhang zu machen.

Die Ausschüttungen auf Genußscheine mindern als Verpflichtungen der Gesellschaft den Jahresüberschuß. Soweit sie ihrer Höhe nach feststehen, sind sie daher als Verbindlichkeiten zu bilanzieren, im übrigen als Rückstellungen[57].

3.9 Steuerrechtliche Behandlung von Genußscheinen

Die Behandlung der Genußscheine im Einkommen- und Körperschaftsteuerrecht hängt von ihrer inhaltlichen Ausgestaltung ab. Nach dem Wortlaut des § 8 III 2 KStG mindern Ausschüttungen auf Genußrechte, mit denen ein Recht auf Beteiligung am Gewinn und Liquidationserlös verbunden ist, nicht das steuerpflichtige Einkommen der Kapitalgesellschaft. Danach sind derartige Genußrechte einkommensteuerrechtlich wie Gesellschaftsanteile zu behandeln, d. h. die Ausschüttungen auf diese Genußrechte sind nicht als Betriebsausgaben bei der Kapitalgesellschaft vom steuerpflichtigen Einkommen abzugsfähig, sondern unterliegen bei ihr der Körperschaftsteuerpflicht. Die Gesellschaft hat auf die Ausschüttungen die Körperschaftsteuerbelastung gem. § 27 KStG herzustellen und den Kapitalertragsteuerabzug gem. § 43 EStG vorzunehmen. Beim Genußrechtsinhaber werden die an ihn ausgeschütteten Gewinnanteile als Einkünfte i. S. v. § 20 I Nr. 1 EStG behandelt; er kann sich als inländischer Steuerpflichtiger die auf seine Gewinnanteile entfallende Körperschaft- und Kapitalertragsteuer auf seine persönliche Einkommensteuerschuld anrechnen lassen.

Sofern dagegen die Ausschüttungen auf Genußrechte nicht der Regelung des § 8 III 2 KStG unterliegen, sind sie einkommensteuerrechtlich wie Zinszahlungen auf Gläubigerrechte zu behandeln. Sie mindern als Betriebsausgaben wie Zinsen das körperschaftsteuerrechtliche Einkommen der Kapitalgesellschaft; die Gesellschaft hat weder die Körperschaftsteuerbelastung des § 27 KStG herzustellen noch den Kapitalertragsteuerabzug vorzunehmen, wenn sie die Gewinnanteile solcher Genußrechte an ihre Inhaber auszahlt. Zuletzt unterliegen die Zahlungen der Gesellschaft auf derartige Genußrechte beim Genußrechtsinhaber als Einkünfte gem. § 20 I Nr. 8 EStG der Einkommensteuerpflicht.

---

57) *Glenn/Nonnenmacher* in Beck'scher Bilanzkommentar § 247 Rn. 369.

Das überwiegende Schrifttum[58] orientiert sich hinsichtlich der Frage der Abzugsfähigkeit der Ausschüttungen auf Genußrechte als Betriebsausgaben streng am Wortlaut des § 8 III 2 KStG. Danach unterliegen dem Anwendungsbereich dieser Vorschrift nur solche Genußrechte, die kumulativ eine Beteiligung am Gewinn und dem Liquidationserlös einer Kapitalgesellschaft aufweisen. Im Wege eines Umkehrschlusses wird gefolgert, daß Ausschüttungen auf sonstige Genußrechte, die nur eines der beiden Merkmale aufweisen, als Betriebsausgaben vom körperschaftsteuerpflichtigen Einkommen der Kapitalgesellschaft abzugsfähig seien. Im Zusammenhang mit der Novelle des KWG vom 20.12.1984 wurde die Frage aufgeworfen, wann eine die körperschaftsteuerrechtliche Abzugsfähigkeit schädliche Beteiligung am Liquidationserlös vorläge. Auf Anfrage zweier Bundestagsabgeordneter nahm die Steuerabteilung des Bundesfinanzministeriums zu dieser Frage Stellung[59]; die Auskunft auf diese Anfrage ergänzte der BdF durch ein Schreiben vom 8.12.1986[60]. Nach der Auffassung des Bundesfinanzministeriums liegt danach keine Beteiligung am Liquidationserlös i. S. v. § 8 III 2 KStG vor, „wenn das Genußrechtskapital ohne anteilige stille Reserven zurückzuzahlen ist" (BT-Drs. 10/2510, 7). Auch solle der Umstand, daß die Genußrechtsinhaber im Verhältnis zu anderen Gläubigern der Gesellschaft nachrangig seien, noch nicht zur Anwendung des § 8 III 2 KStG führen[61]. Danach wären insbesondere Ausschüttungen auf Genußscheine als Betriebsausgaben abzugsfähig, die zwar eine Gewinnbeteiligung vorsehen, bei denen jedoch weder ein fester Rückzahlungsanspruch besteht noch dem Inhaber ein Anteil am Liquidationserlös eingeräumt wird[62].

Richtigerweise dürfte jedoch der Anwendungsbereich des § 8 III 2 KStG teleologisch zu bestimmen sein. Sinn und Zweck dieser Bestimmung ist es, entsprechend der im Steuerrecht herrschenden wirtschaftlichen Betrachtungsweise (*Tipke* 1991, S. 110 ff.), wirtschaftlich gleichartige Fälle auch steuerrechtlich gleich zu behandeln. Daher sollen Ausschüttungen auf derartige Genußrechte, die ihrem Inhaber eine aktionärsähnliche Rechtsstellung vermitteln – dies ist insbesondere der Fall, wenn sie ihrem Inhaber eine Beteiligung am Gesellschaftsgewinn und Liquidationserlös gewähren –, körperschaftsteuerrechtlich ebenso wie Dividendenzahlungen an Aktionäre und nicht wie als Betriebsausgaben abzugsfähige Zins-

---

58) *Frotscher/Maas-Maas* § 8 Rn. 120 ff.; *Dötsch/Eversberg/Jost/Witt-Achenbach* § 8 Rn. 102 f.; *Streck* § 8 Anm. 58; *Grieger* [1958, S. 917].
59) Vgl. die wörtliche Wiedergabe der Auskunft des Bundesfinanzministeriums im Bericht der Abgeordneten *Köhler* und *Rapp* zur Kreditwesengesetznovelle in BT-Drs. 10/2510, S. 7.
60) Vgl. Wiedergabe des Schreibens im BB 1987,667; so auch *Knobbe-Keuk* [1987, S. 342]; *Sontheimer* [1984, Beilage 19, S. 5].
61) BB 1987, 667; kritisch hierzu *Möschel* [1985, 228].
62) So ausdrücklich *Sontheimer* [1984, Beilage 19, S. 5 f].

3. Der Genußschein

zahlungen behandelt werden. Denn durch die Ausgabe derartiger Genußrechte wird die Steuerkraft der Gesellschaft nicht anders beeinflußt als durch die Ausgabe einer entsprechenden Menge junger Aktien[63]. Sind dagegen die Genußrechtsbedingungen vergleichbar einer Schuldverschreibung ausgestaltet, so stellen die Ausschüttungen auf derartige Genußrechte abzugsfähige Betriebsausgaben dar (*Möschel* 1985, S. 228). Letzteres ist der Fall, wenn die Genußrechte eine feste Verzinsung, die der anderen Fremdkapitals entspricht[64], aufweisen und/oder ein Rückzahlungsanspruch nach einer bestimmten Laufzeit bezüglich des Genußrechtskapitals (*Möschel* 1985, S. 228; *Grieger* 1958, S. 918) besteht.

Zu klären bleibt, wie die Ausschüttungen auf diejenigen Genußrechte steuerrechtlich zu behandeln sind, die nur eine Gewinnbeteiligung und keine bzw. nur eine auf die Einlage beschränkte Beteiligung am Liquidationserlös gewähren. Die Ausgabe solcher Genußrechte belastet die emittierende Gesellschaft geringer als diejenige von Genußrechten, die ihrem Inhaber eine Beteiligung sowohl am Gesellschaftsgewinn als auch am Liquidationserlös gewähren. Ihre Steuerkraft ist damit keine andere – unter Umständen sogar höher – als im gesetzlich geregelten Fall des § 8 III 2 KStG. Daher ist das körperschaftsteuerrechtliche Abzugsverbot des § 8 III 2 KStG auch auf Ausschüttungen auf solche Genußrechte zu erstrecken, die nur eine Gewinnbeteiligung, nicht aber oder nur eine beschränkte Beteiligung am Liquidationserlös[65] vorsehen[66]. Dem steht auch kein Analogieverbot entgegen. Denn nach der Rspr. des BFH können Lücken in Steuergesetzen auch mit steuerverschärfender Wirkung gefüllt werden[67].

---

63) Vgl. hierzu auch die Ausführungen im Urteil des RFH vom 17. 4. 1934 (RStBl. 1934, S. 773), auf das sich der Wortlaut des § 8 III 2 KStG zurückführen läßt.
64) So auch *Gail/Goutier/Grützner-Lange* § 8 Rn. 112; *Frotscher/Maas-Maas* § 8 Rn. 122; *Grieger* [1958, 917 f.]; *Sontheimer* [1984, Beilage 19, S. 4]; a. A. RFH RStBl. 1940, 35; BFH StRK KStG 1934–1975 § 7 S. 2 R. 1.
65) Ebenso *Vollmer* [1983, S. 455], für den Fall, daß sich der Rückzahlungsanspruch im Liquidationsfall auf den Nennbetrag des Genußrechtskapitals beschränkt.
66) Umgekehrt argumentiert hier *Claussen* [1984, S. 90]. Er sieht die steuerliche Abzugsfähigkeit der Zahlungen auf derartige Genußscheine als Kompensation für den Verzicht auf den Liquidationsanteil an.
67) BFH BStBl. 1984, S. 221, 224; siehe auch zum Analogieverbot im Steuerrecht *Tipke* [1991, S. 39 ff.] m.w.N.

Abkürzungen

a.A.	anderer Ansicht
AG	Aktiengesellschaft; Die Aktiengesellschaft (Zeitschrift)
AGB	Allgemeine Geschäftsbedingungen
AGBG	Gesetz zur Regelung des Rechts der Allgemeinen Geschäftsbedingungen
AktG	Gesetz über Aktiengesellschaften und Kommanditgesellschaften auf Aktien
Anm.	Anmerkung
arg. e	argumentum e
Aufl.	Auflage
BB.	Der Betriebsberater (Zeitschrift)
Bd.	Band
BdF	Bundesminister der Finanzen
BFH	Bundesfinanzhof
BGB	Bürgerliches Gesetzbuch
BGHZ	Entscheidungen des Bundesgerichtshofes in Zivilsachen
BStBl.	Bundessteuerblatt
BT-Drs.	Drucksachen des Deutschen Bundestages
DB	Der Betrieb (Zeitschrift)
ders.	derselbe
d.h.	das heißt
Diss.	Dissertation
bzw.	beziehungsweise
eG	eingetragene Genossenschaft
EGAktG	Einführungsgesetz zum Aktiengesetz
EStG	Einkommensteuergesetz
f.	folgende (Seite)
ff.	folgende
FS	Festschrift
gem.	gemäß
GenG	Gesetz betreffend der Erwerbs- und Wirtschaftsgenossenschaft
Ges.	Gesetz
GmbH	Gesellschaft mit beschränkter Haftung
GmbHG	Gesetz betreffend der Gesellschaften mit beschränkter Haftung
GmbHR	GmbH-Rundschau (Zeitschrift)
HGB	Handelsgesetzbuch
h.L.	herrschende Lehre
h.M.	herrschende Meinung
Hrsg.	Herausgeber
i.S.v.	im Sinne von

Abkürzungen 341

i.V.m. . . . . . in Verbindung mit
JZ . . . . Juristenzeitung
KapErhG . . . Kapitalerhöhungsgesetz
KWG . . . . . Kreditwesengesetz
KStG . . . . . Körperschaftsteuergesetz
Müko . . . . . Münchener Kommentar zum Bürgerlichen Gesetzbuch
m.w.N. . . . . mit weiteren Nachweisen
NJW . . . . . Neue Juristische Wochenschrift
Nr. . . . . . . Nummer
OLG . . . . . Oberlandesgericht
RFH . . . . . Reichsfinanzhof
RG . . . . . . Reichsgericht
RGBl. . . . . . Reichsgesetzblatt
RGZ . . . . . Entscheidungen des Reichsgerichts in Zivilsachen
Rn. . . . . . . Randnummer
Rspr. . . . . . Rechtsprechung
RStBl. . . . . Reichssteuerblatt
S. . . . . Seite
s.o. . . . . . . siehe oben
StRK . . . . . Steuerrechtsprechung in Karteiform; höchstrichterliche
Entscheidungen im Steuersachen
UmwandlungsG . . . . Umwandlungsgesetz
u.U. . . . . . . unter Umständen
vgl. . . . . . . vergleiche
5.VermBG . . Fünftes Vermögensbildungsgesetz
VO . . . . . . Verordnung
WM . . . . . . Wertpapiermitteilungen (Zeitschrift)
z.B. . . . . . . zum Beispiel
ZRG . . . . . Zeitschrift für Unternehmens- und Gesellschaftsrecht
ZHR . . . . . Zeitschrift für Wirtschaftsrecht und Insolvenz
ZIP . . . . . . Zeitschrift für Wirtschaftsrecht und Insolvenzpraxis
zit. . . . . . . zitiert
z.T. . . . . . . zum Teil

Literatur

Baumbach, A./Hueck, A. (1968), Aktiengesetz, 13. Aufl., München, zit.: *Baumbach/Hueck,* AktG

Baumbach, A./Hueck, A. (1988), GmbHG, 15. Aufl., München, zit.: *Baumbach/ Hueck,* GmbHG

Beck'scher Bilanzkommentar (1986), zit.: Bearbeiter in Beck'scher Bilanzkommentar, München

Bezzenberger, T. (1991), Vorzugsaktien ohne Stimmrecht, Diss., Köln/Berlin/Bonn/München

Brede, H. (1981), Betriebswirtschaft für Juristen, München/Wien

Claussen, C. P. (1984), Der Genußschein und seine Einsatzmöglichkeiten, in: Handelsrecht und Wirtschaftsrecht in der Bankpraxis, FS für Winfried Werner, Hrsg. W. Hadding, Berlin/New York, S. 81 ff.

Claussen, C. P. (1985), Genuß ohne Reue, AG. S. 77 ff.

Dötsch, E./Eversberg, H./Werner, F. J./Witt, G. (1991), Die Körperschaftsteuer, Loseblattsammlung, Stuttgart, zit.: *Dötsch/Eversberg/Werner/Witt*-Bearbeiter

Emde, A. (1987), Der Genußschein als Finanzierungsinstrument, Diss., Wuppertal

Emde, A. (1989), Die Auswirkungen von Veränderungen des Unternehmenskapitals auf Bestand und Inhalt von Genußrechten, DB, S. 209–213

Ernst, T. (1967), Der Genußschein als Kapitalbeschaffungsmittel, AG, S. 75 f.

Esser, J./Schmidt, E. (1984), Schuldrecht, Band I, Allgemeiner Teil, 6. Aufl., Heidelberg

Esser, J./Weyers, H.-L. (1991), Schuldrecht, Band II, Besonderer Teil, 7. Aufl., Heidelberg

Feddersen, D./Knauth, W. (1988), Eigenkapitalbildung durch Genußscheine, Köln

Fischer, R. (1956), Fragen aus dem Recht der GmbH, JZ, S. 362 ff.

Frotscher, G./Maas, E. (1991), Körperschaftsteuergesetz, Loseblattsammlung, Freiburg i.Br., zit.: *Frotscher/Maas*-Bearbeiter

Gail, W./Goutier, K./Grützner, D. (1991), Körperschaftsteuergesetz, Loseblattsammlung, Herne/Berlin, zit.: *Goutier/Grützner*-Bearbeiter

Geßler, E./Hefermehl, W./Eckardt, U./Kropff, B. (1974), Aktiengesetz, München, zit.: *Geßler*-Bearbeiter

Gierke, J.v. (1956), Die „Gesellschaft im weiteren Sinn", ZHR 119, S. 141 ff.

Godin, R. Frh. v. (1971), Aktiengesetz, 4. Aufl., Berlin/New York, zit.: *v. Godin*

Grieger, R. (1958), Gedanken zur ertragsteuerrechtlichen Behandlung der Zinsen für Teilschuldverschreibungen mit Sachwertcharakter, WM, S. 914–921

Großkommentar zum Aktiengesetz (1973), Berlin/New York, zit.: Bearbeiter in Großkommentar zum AktG

Habersack, M. (1991), Genußrechte und sorgfaltswidrige Geschäftsführung, ZHR 155, S. 378 ff.

Hachenburg, M. (1979), Gesetz betreffend die Gesellschaft mit beschränkter Haftung, 7. Aufl., Berlin/New York, zit.: *Hachenburg*-Bearbeiter

Hadding, W. (1984), Zur gesellschaftsrechtlichen Vereinbarkeit von stillen Vermögenseinlagen und Genußrechten mit dem Förderungszweck eingetragener Genossenschaften, ZIP, S. 1295–1302

Hammen, H. (1988), Unzulässigkeit aktiengleicher Genußrechte, DB, S. 2549 ff.

Hammen, H. (1990), Offene Fragen beim Recht der Genußscheine, BB, S. 1917 ff.

Handbuch der Rechnungslegung (1990), Hrsg. K. Küting. u. C.-P. Weber, 3. Aufl., Stuttgart, zit.: Bearbeiter in Handbuch der Rechnungslegung

Heymann, E. (1989), Handelsgesetzbuch, Berlin/New York, zit.: *Heymann*-Bearbeiter

Hirte, H. (1988), Genußscheine mit Eigenkapitalcharakter in der Aktiengesellschaft, ZIP, S. 477 ff.

Hirte, H. (1991), Genußscheine und Kapitalherabsetzung, ZIP, S. 1461–1469

Hueck, A. (1924), Anfechtbarkeit und Nichtigkeit von Hauptversammlungsbeschlüssen, Mannheim/Berlin/Leipzig

Hueck, G. (1958), Der Grundsatz der Gleichbehandlung im Privatrecht, München/Berlin

Knobbe-Keuk, B. (1987), Gewinnausschüttungen auf Genußrechte, BB, S. 341 ff.

Knobbe-Keuk, B. (1989), Bilanz- und Unternehmenssteuerrecht, 7. Aufl., Köln

Köhler, H. (1984), Kapitalerhöhungen und vertragliche Gewinnbeteiligung, AG, S. 197 ff.

Kölner Kommentar zum AktG (1971/1988), Hrsg. *Wolfgang Zöllner,* 1. u. 2. Aufl., Köln/Berlin/Bonn/München, zit.: Bearbeiter in Kölner Kommentar zum AktG

Koppensteiner, H.-G. (1975), Ordentliche Kapitalerhöhungen und dividendenabhängige Ansprüche Dritter, ZHR 139, S. 191 ff.

Kübler, F. (1981), Unternehmensstruktur und Kapitalmarktfunktion – Überlegungen zur Krise der Aktiengesellschaft, AG, S. 5–13

Lang, J./Weidmüller (1988), Genossenschaftsgesetz, 32. Aufl., Berlin/New York, zit.: Lang/Weidmüller-Bearbeiter

Kuhn, G. (1957), Die Rechtsprechung des BGH auf dem Gebiete des Aktienrechts, WM, S. 1143 ff.

Meilicke, H. (1987), Welchen Genuß gewährt der Genußschein?, BB, S. 1609 ff.

Meilicke, H. (1989), Inwieweit können Verluste aus Genußscheinen steuerrechtlich geltend gemacht werden?, BB, S. 465–466

Möschel, W. (1985), Eigenkapitalbegriff und KWG-Novelle von 1984, ZHR 149, S. 206–235

Münchener Kommentar zum Bürgerlichen Gesetzbuch (1988), Hrsg. *Kurt Rebmann* und *Franz Jürgen Säcker,* 2. Aufl., München, zit.: Müko-Bearbeiter

Palandt, O. (1991), Bürgerliches Gesetzbuch, 50. Aufl., München, zit.: *Palandt*-Bearbeiter

Paulick, H. (1956), Das Recht der eingetragenen Genossenschaft, Karlsruhe

Paulick, H./Blaurock, U. (1989), Handbuch der stillen Gesellschaft, 4. Aufl., Köln

Pougin, E. (1985), Genußrechte, in: FS für Walter Oppenhoff zum 80. Geburtstag, Hrsg. *W. Jagerburg,* München, S. 275 ff.

Reichsjustizministerium (1930), Entwurf eines Gesetzes über Aktiengesellschaften und Kommanditgesellschaften auf Aktien sowie Entwurf eines Einführungsgesetzes nebst erläuternder Bemerkungen, Berlin

Reuter, D. (1984a), Verhandlungen des 55. Deutschen Juristentages, Bd. I (Gutachten) Teil B, Welche Maßnahmen empfehlen sich, insbesondere im Gesellschafts- und Kapitalmarktrecht, um die Eigenkapitalaustattung der Unternehmen langfristig zu verbessern?, München

Reuter, D. (1984b), Verbesserung der Risikokapitalausstattung der Unternehmen durch Mitarbeiterbeteiligung?, NJW, S. 1849 ff.

Reuter, D. (1985), Maßnahmen zur besseren Eigenkapitalversorgung der deutschen Wirtschaft, in: FS für Walter Stimpel zum 68. Geburtstag, Hrsg. *M. Lutter,* Berlin/New York, S. 645 ff.

Reuter, D. (1985b), Genuß ohne Reue?, AG, S. 104 ff.

Rid-Niebler, E.-M. (1988), Genußrechte als Instrument zur Eigenkapitalbeschaffung über den organisierten Kapitalmarkt für die GmbH, Diss., Köln

Rowedder, H./Fuhrmann, H./Rittner, F./Koppenstein, H.-G./Wiedmann, H./Rasner,

H./Zimmermann, K. (1990), Gesetz betreffend die Gesellschaften mit beschränkter Haftung, 2. Aufl., München, zit.: Rowedder-Bearbeiter

Schmidt, K. (1984), Die Eigenkapitalausstattung der Unternehmen als rechtspolitisches Problem, JZ, S. 782 ff.

Schmidt, K. (1991), Gesellschaftsrecht, 2. Aufl., Köln/Berlin/Bonn/München

Schneider, D. (1987), Allgemeine Betriebswirtschaftslehre, 3. Aufl., München/Wien

Schneider, U. H. (1987), Genußrechte an Konzernunternehmen, in: Bilanz- und Konzernrecht, FS für Reinhard Goerdeler zum 65. Geburtstag, Hrsg. H. Havermann, Düsseldorf, S. 511 ff.

Scholz, F. (1986), Kommentar zum GmbH-Gesetz, 7. Aufl., Köln, zit.: Scholz-Bearbeiter

Schudt, H. (1974), Der Genußschein als genossenschaftliches Finanzierungsinstrument, Göttingen

Sontheimer, J. (1984), Die steuerliche Behandlung von Genußrechten, BB, Beilage 19

Streck, M. (1991), Körperschaftsteuergesetz, 3. Aufl., München

Thielemann, A. (1988), Das Genußrecht als Mittel der Kapitalbeschaffung und der Anlegerschutz, Diss., Pfaffenweiler

Tipke, K./Lang, J. (1991), Steuerrecht, 13. Aufl., Köln

Ulmer, P./ Brandner, H.-E./Hensen, H.-D. (1989), AGB-Gesetz, 6. Aufl., Köln, zit.: Ulmer/Brandner/Hensen-Bearbeiter

Vollmer, L. (1983), Der Genußschein ein Instrument für mittelständische Unternehmen zur Eigenkapitalbeschaffung an der Börse, ZGR, S. 445 ff.

Vollmer, L. (1984), Eigenkapitalbeschaffung für die GmbH durch Börsenzugang, GmbHR, S. 329 ff.

Werner, W. (1971), Die Beschlußfassung der Inhaber von stimmrechtslosen Vorzugsaktien, AG, S. 69 ff.

Werner, W. (1985), Schwerpunkte der Novellierung des Kreditwesengesetzes, ZHR 149, S. 236–260

Wöhe, G. (1990), Einführung in die Betriebswirtschaftslehre, 17. Aufl., München

Wolf, M./Horn, N./Lindacher, W.F. (1989), AGB-Gesetz, 2. Aufl., München, zit.: Wolf/Horn/Lindacher-Bearbeiter

Würdinger, H. (1981), Aktienrecht, 4. Aufl., Heidelberg/Karlsruhe

Zöllner, W. (1986), Anpassung von dividendensatzbezogener Verpflichtungen von Kapitalgesellschaften bei effektiver Kapitalerhöhung, ZGR, S. 288 ff.

Kapitel 15
Gewinnung von externem Eigenkapital für nicht börsennotierte Unternehmen

von *Günter Leopold*

1. Einführung 346
   1.1 Entwicklung der Eigenkapitalausstattung deutscher Unternehmen 346
   1.2 Interne und externe Eigenkapitalgewinnung 347
   1.3 Der Eigenkapitalmarkt in Deutschland außerhalb der Börse 348
2. Eigenkapital von nicht institutionalisierten Anbietern („grauer Eigenkapitalmarkt") 348
3. Kapitalbeteiligungsgesellschaften (Venture Capital Companies) als Eigenkapitalquelle 349
   3.1 Entwicklung und gegenwärtige Bedeutung 349
   3.2 Typisierung der Kapitalbeteiligungsgesellschaften (KBG'en) 353
      3.2.1 Gesellschafter und Kapitalgeber der KBG'en 353
      3.2.2 Geschäftliche Schwerpunkte der KBG'en 353
      3.2.3 Angleichung der Geschäftsstrukturen 354
   3.3 Struktur des Angebots der KBG'en (VCC's) 354
      3.3.1 Leistungsangebot der KBG'en 355
      3.3.2 Beteiligungsanlässe 355
      3.3.3 Beteiligungsphasen 356
      3.3.4 Rechtsformen 356
      3.3.5 Minderheitsprinzip und Mitwirkungsrechte 356
      3.3.6 Exit-Möglichkeiten 357
4. Unternehmensbeteiligungsgesellschaften (UBG'en) 357
   4.1 Zielsetzungen des Gesetzgebers 358
   4.2 Wesentliche Bestimmungen des Gesetzes 358
      4.2.1 Anlagegrundsätze 359
      4.2.2 Sicherung der unternehmerischen Selbständigkeit ... 359
      4.2.3 Publizitätsanforderungen 360
      4.2.4 Finanzierungsvorschriften 360
   4.3 Bisherige Entwicklung der UBG'en 361
      4.3.1 Der erste praktische Fall 361
      4.3.2 Weitere Gründungen 361
   4.4 Bewertung der bisherigen Erfahrungen mit dem UBGG ... 361
5. Zusammenfassung und Ausblick 362
Abkürzungen 363
Literatur 363

1. Einführung

1.1 Entwicklung der Eigenkapitalausstattung deutscher Unternehmen

Der durchschnittliche Eigenkapitalanteil an den Bilanzsummen deutscher Unternehmen lag nach den Bilanzauswertungen der deutschen Bundesbank im Jahre 1965 in der Nähe von 30%. Bis Ende 1982 war dieser Anteil auf wenig über 18% zurückgegangen. Erst 1986 und 1987 ergab sich ein leichter Wiederanstieg auf 19,0 bzw. 19,5% (Deutsche Bundesbank 1983).

Der fast zwei Jahrzehnte hindurch anhaltende Rückgang der Eigenkapitalquote führte in Wirtschaft und Wissenschaft zu einer lebhaften Diskussion über die Ursachen, über mögliche Abhilfen und über die z. T. wesentlich höheren Eigenkapitalanteile in den Bilanzen ausländischer Unternehmen, insbesondere in den USA. Dabei zeigte sich, daß ein Vergleich der reinen Bilanzziffern deutscher und ausländischer Unternehmen keine zuverlässigen Ergebnisse bringt, weil z. T. erhebliche Unterschiede in den Bewertungsvorschriften bestehen; deutsche Unternehmen haben z. B. wesentlich größere Möglichkeiten zur Bildung „stiller Reserven" als Unternehmen in den USA (*Händel* 1990).

Aber selbst wenn detailliertere Untersuchungen zu einer Relativierung der prima vista angenommenen Unterkapitalisierung deutscher Unternehmen führten, so blieb doch der Trend des Rückgangs der Eigenkapitalquote über einen derartig langen Zeitraum bedenklich. Die Analyse ergab vielfältige Ursachen, die unterschiedlich gewichtet wurden: hohe Besteuerung, hohe Sozialkosten (die u. a. einen Teil der erwirtschafteten Selbstfinanzierung des Unternehmens statt ins Eigenkapital in das „Sozialkapital" in Form von Pensionsrückstellungen umlenkten), hohe Kreditbereitschaft der Banken, geringe Risikobereitschaft der Kapitalanleger – vor allem aber das Fehlen von leistungsfähigen Märkten für die Gewinnung von externem Eigenkapital.

Die Diskussion über die rückläufige Eigenkapitalquote deutscher Unternehmen hat schließlich die Entstehung einer Art neuen „Eigenkapitalbewußtseins" bewirkt; dieses wieder hat in der ersten Hälfte der 80iger Jahre zu einer für deutsche Verhältnisse lebhaften Entwicklung der Märkte für Eigenkapital geführt; so kam es zu einer regelrechten „Renaissance" der Börsenzulassung bis dahin nicht notierter Kapitalanteile deutscher Unternehmen an der Aktienbörse; außerdem begann sich der Markt externen Eigenkapitals für nicht börsennotierte Unternehmen – nach langjährigen Bemühungen und Vorbereitungen – kräftig zu entwickeln. Zwar sind bis heute nicht alle Hemmnisse einer Verstärkung des

ns. 1 Einführung

Eigenkapitals deutscher Unternehmen ausgeräumt, insbesondere nicht die hohen Steuer- und Sozial-Lasten; die marktseitigen Voraussetzungen für die Gewinnung von externem Eigenkapital sind jedoch inzwischen gegeben oder zeigen erfolgversprechende Entwicklungsansätze.

1.2 Interne und externe Eigenkapitalgewinnung

Abb. 1 veranschaulicht die Eigenkapitalbeschaffung im Unternehmen nach internen und externen Vorgängen. Interne Eigenkapitalbeschaffung ist danach die Bildung von Eigenkapital aus dem Gewinn des Unternehmens (Selbstfinanzierung), und zwar entweder aus versteuerten Gewinnen oder in Form der Bildung stiller Reserven durch Wahrnehmung von Bewertungswahlrechten. Externe Eigenkapitalbeschaffung hingegen bedeutet, daß das zusätzliche Eigenkapital in das Unternehmen eingezahlt wird – sei es durch vorhandene Gesellschafter aus deren Privatsphäre oder sei es durch Beschaffung am Markt. Letztere wiederum unterteilen wir in die Segmente der Ausgabe börsennotierter Anteilsrechte im Publi-

Abb. 1: Der Markt für Kapitalbeteiligungen in der Bundesrepublik Deutschland – terminologische Einordnung

Eigenkapitalbeschaffung im Unternehmen	
↓	↓
Intern	Extern
↓	↓
Offen: Aus versteuertem Gewinn	Aus dem vorhandenen Gesellschaftskreis
↓	↓
Still: Bildung stiller Reserven	Beschaffung am Markt
	↓
	Going-Public
	↓
	Private Placement
	↓
	Kapitalbeteiligungsgesellschaften (Venture Capital Companies)

kum („Going-Public"), die Unterbringung von Anteilsrechten außerhalb organisierter Märkte bei privaten Investoren („Private Placement") und schließlich die Eigenkapitalhereinnahme von institutionalisierten Investoren, die auf die Kapitalbeteiligung bei nicht börsennotierten, meist kleinen und mittleren Unternehmen spezialisiert sind. Für die zuletzt genannte Investorengruppe hat sich international die Bezeichnung „Venture Capital Companies" eingebürgert; das deutsch-sprachige Synonym heißt „Kapitalbeteiligungsgesellschaften". Die in Deutschland zeitweilig anzutreffende Gleichsetzung von „Venture Capital" mit der besonders risikoreichen Beteiligung an Unternehmensgründungen bzw. sehr jungen Unternehmen, in Verbindung mit (meist im Bereich der Hochtechnologie liegenden) Innovationen, ist eine im wesentlichen auf den deutschen Sprachbereich beschränkte Verengung des Begriffs „Venture Capital", die jedenfalls nicht dem Verständnis dieses Begriffs in seinem Herkunftsland USA entspricht. In diesem Beitrag werden die Begriffe „Kapitalbeteiligungsgesellschaft" und „Venture Capital Company" als Synonyme behandelt. Dies entspricht u. a. der Auffassung des „Bundesverbandes deutscher Kapitalbeteiligungsgesellschaften – German Venture Capital Association e. V. (BVK)".

1.3 Der Eigenkapitalmarkt in Deutschland außerhalb der Börse

Für die externe Eigenkapitalbeschaffung am Markt außerhalb der Börse bleiben gemäß Abbildung 1 die beiden Bereiche „private Investoren" und „Kapitalbeteiligungsgesellschaften" oder „Venture Capital Companies". Zu der zuletzt genannten Kategorie zählen ferner die „Unternehmensbeteiligungsgesellschaften". Bei ihnen handelt es sich um eine durch ein Sondergesetz geregelte Untergruppe der Kapitalbeteiligungsgesellschaften. (Im folgenden Text werden für diese Gruppen z. T. die Abkürzungen „KBG'en", „VCC's" und „UBG'en" verwendet.)

Die Geschäftsentwicklung der KBG'en hat sich in den letzten Jahren außerordentlich beschleunigt. KBG'en haben sich damit – wie bereits früher in den USA, Großbritannien und weiteren Ländern – zur wichtigsten Quelle von externem Eigenkapital nicht börsennotierter Unternehmen entwickelt; sie werden daher in den Abschnitten 3. (KBG'en) und 4. (UBG'en) ausführlicher behandelt.

2. Eigenkapital von nicht institutionalisierten Anbietern („grauer Eigenkapitalmarkt")

Eine exakte Abgrenzung des „grauen Kapitalmarktes" ist schwierig; dies gilt auch dann, wenn man sich dabei auf den „grauen Markt" für Eigenkapital beschränkt. Es handelt sich hierbei um unterschiedliche wirtschaftliche Phänomene und rechtliche Formen, die von vielen Anlegern als Alternative zu konventionellen Geld- und Kapitalanlagen gesehen werden. Hierzu gehören z. B. die Beteiligung an „Abschreibungsgesellschaften", bei welchen die Erlangung steuerlicher Vorteile eine zentrale Bedeutung hat, ebenso wie etwa die Beteiligung privater Kapitalanleger an nicht börsennotierten Unternehmen – häufig vermittelt durch hierauf spezialisierte Makler bzw. „Mergers and Acquisitions (M & A)"-Unternehmen.

Die Bezeichnung „grauer Kapitalmarkt" soll nicht unbedingt mit einem Werturteil im Sinne einer rechtlichen oder moralischen „Grauzone" gleichgesetzt werden, sondern meint in erster Linie die angesichts der Heterogenität der Marktbeteiligten und der Fülle der gehandelten Anlageformen bestehenden Schwierigkeiten einer genauen Definition und Abgrenzung dieses Marktes. Allerdings hat es in diesem Bereich seit dem Ende des 2. Weltkriegs bei Abschreibungs- oder Verlustzuweisungs-Gesellschaften sowie bei Rohstoff- und exotischen Investmentfonds auch allerlei z. T. spektakuläre Skandale gegeben, begünstigt von dem Umstand, daß die meisten auf dem grauen Kapitalmarkt gehandelten Anlageformen von wesentlichen Anlegerschutzregelungen, wie etwa dem Börsengesetz oder dem Aktiengesetz, nicht erfaßt werden. Ebenso aber ging ein Teil der im Rahmen des grauen Kapitalmarktes getätigten Investitionen in grundsolide und wirtschaftlich erfolgreiche Projekte. Für unsere Überlegungen aber läßt sich aus der Entwicklung des grauen Kapitalmarktes im Nachkriegsdeutschland vor allem eine Erkenntnis gewinnen: Entgegen dem häufig zu hörenden Argument, die zu geringe Eigenkapitalausstattung deutscher Unternehmen liege an einer zu geringen Risikobereitschaft der deutschen Kapitalanleger, zeigt der graue Kapitalmarkt, der immer wieder beträchtliche Summen von Anlagekapital in häufig fast abenteuerlich anmutende Risiken zu lenken verstand, daß es an der Risikobereitschaft von Anlegern nicht gelegen haben kann.

3. Kapitalbeteiligungsgesellschaften (Venture Capital Companies) als Eigenkapitalquelle

3.1 Entwicklung und gegenwärtige Bedeutung

In der ersten Hälfte der 60er Jahre setzte in Theorie und Praxis eine intensivere Beschäftigung mit der Eigenkapitalversorgung insbesondere mittelständischer, also kleiner und mittelgroßer Unternehmen ein. *Persé* schrieb damals sein Buch über die „Partner-Investmentgesellschaft" (*Persé* 1962), die ASU (Arbeitsgemeinschaft selbständiger Unternehmer) entwickelte ihr besonderes Partnerschaftsmodell in Form spezifisch gestalteter stiller Beteiligungen (*Dobroschke* 1965), Fachautoren beschäftigten sich mit den (damals häufig negativen) Erfahrungen in den USA mit dem „Small Business Financing". Im deutschen Kreditgewerbe wurden Untersuchungen darüber angestellt, ob es Bedarf an einer neuen Finanzdienstleistung gäbe, in deren Rahmen kleinen und mittleren Unternehmen Eigenkapital außerhalb der Börse zur Verfügung gestellt werden könnte.

1965 wurden in Deutschland erste Kapitalbeteiligungsgesellschaften gegründet, weitere in den Folgejahren. Gründer waren überwiegend Kreditinstitute, die sich dabei teilweise zu Konsortien zusammenschlossen. Die neuartigen Institutionen begegneten zunächst erheblichen Marktwiderständen:

— Der stark von der Tradition mittelständischer Familienunternehmen geprägte Selbständigkeits-Standpunkt und das Unabhängigkeits-Denken deutscher Unternehmer sträubten sich gegen die Aufnahme neuer Gesellschafter sowie die Öffnung des Gesellschafterkreises für kritische Investoren mit ihren als eher lästig empfundenen Informations- und Mitwirkungsrechten;

— diese Einstellung wurde begünstigt durch den überaus lebhaften Wettbewerb und das vielgestaltige Angebot aller Arten von lang-, mittel- und kurzfristigen Finanzierungen des deutschen Kreditgewerbes;

— hinzu trat ein wenig qualifiziertes, aber dennoch weit verbreitetes Argument: Eigenkapital sei im Gegensatz zu Fremdkapital „zu teuer". Hierbei wurde der für unternehmerische Entscheidungen so überaus wesentliche Risiko-Gesichtspunkt außer acht gelassen — eine Einstellung, wie sie in der jüngeren Vergangenheit im Aus- und Inland bei riskanten „Leverage Buy-Out"-Konstruktionen erneut erkennbar wurde.

Das Geschäft der KBG'en entwickelte sich unter diesen Umständen zunächst sehr zögernd. Die in der ersten Hälfte der 70er Jahre unternommenen Versuche ausländischer Venture Capital Companies, insbesondere aus Großbritannien, auf dem deutschen Markt Fuß zu fassen, verliefen noch weniger erfolgreich.

Die Wachstumsphase begann erst ab der Mitte der 80er Jahre. Ein Teil der behandelten Marktwiderstände lag in tradierten Anschauungen und gewohnten Verhaltensweisen. Ihr Wegfall ist daher zeitlich nicht exakt zu datieren. Immerhin scheint das Umdenken bereits in der ersten Hälfte der 80er Jahre eingesetzt zu haben; die erwähnten Analyseergebnisse der Deutschen Bundesbank über den Erosionsprozeß des Eigenkapitals alarmierten; die Kreditinstitute begannen, ihre Ansprüche an Bilanz- und Finanzierungsstrukturen zu erhöhen, nicht zuletzt unter dem Eindruck des Geschehens im Insolvenzbereich. Aber auch in der Unternehmerschaft entwickelte sich ein neues „Eigenkapitalbewußtsein". Größer werdende Märkte, die Europäisierung und Internationalisierung des Ge-

3. Kapitalbeteiligungsgesellschaften als Eigenkapitalquelle 351

schäfts auch kleinerer deutscher Unternehmen und eine neue, lang anhaltende konjunkturelle Wachstumsphase mit steigendem Investitionsbedarf schärften den Sinn für eine ausreichende Eigenkapitalgrundlage. Mit dem sich allmählich vollziehenden Generationswechsel in den „Kommandozentralen" deutscher Unternehmen wich auch der „Herr-im-Hause-Standpunkt" einer pragmatischeren Betrachtung.

In diesen Entwicklungsjahren hat auch der Staat das Thema „Eigenkapitalversorgung" der mittelständischen Wirtschaft aufmerksam verfolgt und sich mit verschiedenen Programmen in die materielle Förderung durch Bereitstellung öffentlicher Mittel eingeschaltet. Dies begann 1970 mit der Einführung des über die Kreditanstalt für Wiederaufbau refinanzierten ERP-Beteiligungsprogramms. Es traten später hinzu Bürgschaften für die Innovationsfinanzierung durch die Deutsche Wagnisfinanzierungs-Gesellschaft (WFG), das „Eigenkapitalhilfe-Programm" für den Mittelstand, sowie das Programm zur Förderung „Technisch orientierter Unternehmen".

Die zahlenmäßigen Auswirkungen des geänderten „Umfeld-Klimas" und der sachlichen Gegebenheiten auf das Marktgeschehen ergeben sich aus den Statistiken des Bundesverbandes deutscher Kapitalbeteiligungsgesellschaften (BVK). Tabelle 1 (S. 352) zeigt, daß das gesamte, in Beteiligungen investierte Kapital aller deutschen KBG'en 1983 – also rd. 18 Jahre nach der Gründung der ersten KBG'en – erst bei knapp 800 Mio DM lag und in ungefähr 1 000 Beteiligungen angelegt war. Bis Ende 1990 – also sieben Jahre später – hatte sich der Betrag auf rd. 3,2 Mrd. DM gut vervierfacht, die Anzahl der Beteiligungen nahezu verdoppelt. In nur drei Jahren, von 1987 bis 1990, hatte sich das Beteiligungsvolumen verdoppelt, die Steigerungsraten des Volumens dieser drei Jahre lagen zwischen rd. 25 und 30% pro Jahr. In der Fachwelt besteht der Eindruck, daß sich das Marktwachstum auch weiter in großem Tempo fortsetzt. Die Anzahl der deutschen KBG'en hat sich bis zur Gegenwart auf rd. 70 Gesellschaften erhöht.

Interessant ist ein Vergleich des von KBG'en bereitgestellten Eigenkapitals von 1983 bis 1990 mit dem Eigenkapital, das Unternehmen durch „Going-Public" über die Börse gewinnen konnten. Aus einer Statistik der Börsen-Zeitung „Neue Unternehmen an der Börse" (Börsen-Zeitung vom 29. 12. 1990) ergibt sich, daß der Kurswert der von Börsenneulingen von 1983 bis 1990 einschließlich ausgegebenen Aktien 16,8 Mrd. DM betrug. Demgegenüber betrug der „Kurswert" des Zuwachses beim Beteiligungsvolumen der KBG'en von 1983 bis 1990 einschließlich rd. 2,5 Mrd. DM; hierzu ist anzumerken, daß dabei bereits laufende Rückflüsse von Beteiligungskapital aus Verkäufen und sonstigen Abgängen im Beteiligungsvermögen verrechnet worden sind. Diese Rückflüsse, über die nicht schon seit 1983 statistische Angaben vorliegen, haben allerdings erst in den letzten drei bis vier Jahren – mit „Einspielung" des Geschäfts – größere

Tab. 1: Entwicklung der deutschen Kapitalbeteiligungsgesellschaften

Jahr	Beteiligungs-volumen (in Mio DM)	Zuwachs gegenüber Vorjahr (in Mio DM)	(in %)	Anzahl der Beteiligungen (Stück)	Zuwachs gegenüber Vorjahr (Stück)	(in %)	Beteiligungsvol. pro Beteiligung (in Mio DM)
1983	785,0	–	–	1 069	–	–	0,734
1984	867,0	+ 82,0	+10,4	1 138	+ 69	+ 6,5	0,762
1985	1 155,0	+289,0	+33,3	1 288	+150	+13,2	0,898
1986	1 060,0	+204,0	+17,5	1 429	+141	+10,9	0,952
1987	1 592,0	+232,0	+17,1	1 583	+154	+10,8	1,006
1988	1 973,8	+381,8	+24,0	1 536	– 47	– 3,0	1,285
1989	2 576,5	+602,7	+30,5	1 752	+216	+14,1	1,470
1990	3 240,8	+664,3	+25,7	1 983	+231	+13,2	1,534

Quelle: Bundesverband deutscher Kapitalbeteiligungsgesellschaften – German Venture Capital Association e. V. (BVK), Berlin

3. Kapitalbeteiligungsgesellschaften als Eigenkapitalquelle 353

Bedeutung erlangt; sie können für die gesamte Referenzperiode auf etwa 1,0 bis 1,5 Mrd. veranschlagt werden, so daß die vergleichbare Zahl für die KBG'en zwischen etwa 3,5 und 4,0 Mrd. DM liegen dürfte. Dies ist zwar höchstens ein Viertel des von Börsenneulingen im Vergleichszeitraum aufgenommenen neuen Eigenkapitals, aber immerhin schon keine quantité négligeable mehr. Vergleicht man die Anzahl der 149 Unternehmen, die im Vergleichszeitraum neu an die Börse gegangen sind, so liegen die KBG'en mit weit über 1 000 neuen Beteiligungen (wiederum geschätzte Rückflüsse mitgerechnet) sogar weit vorn.

3.2 Typisierung der Kapitalbeteiligungsgesellschaften (KBG'en)

Die KBG'en oder VCC's in Deutschland unterscheiden sich heute im wesentlichen nach ihren Gründer- bzw. Gesellschaftergruppen einerseits und ihren geschäftlichen Schwerpunkten andererseits.

3.2.1 Gesellschafter und Kapitalgeber der KBG'en

Die Statistik des BVK zum 31. 12. 1990 zeigt, daß über 69% des den KBG'en zur Verfügung stehenden Kapitals von Kreditinstituten kam. Alle übrigen Gruppen waren verhältnismäßig wenig bedeutend: der Staat mit knapp 8%, Versicherungen mit gut 6%, Privatpersonen mit etwas über 4%, die Industrie mit etwas über 3% und Sonstige mit knapp 9%. Im großen und ganzen decken sich diese Kapitalgebergruppen mit den Gesellschaftern der KBG'en, wenn auch nicht vollständig, da es auch gemischte Gesellschafterstrukturen gibt. In jedem Fall sind Kreditinstitute als Gründer, Gesellschafter und Kapitalgeber von KBG'en in Deutschland dominant. Dies dürfte sich künftig schon deshalb ändern, weil Kreditinstitute bei weiter rasch wachsendem Markt für Kapitalbeteiligungen als Kapitalgeber an die vom Kreditwesengesetz gezogenen Grenzen stoßen, so daß sich das Schwergewicht der Kapitalgeber künftig zwangsläufig auf den Kapitalmarkt, sei es durch „Going-Public" oder „Private Placement", verlagern muß, wie es im Einzelfall auch schon geschehen ist. Banken und Sparkassenorganisation haben ihre Rolle bei der Schaffung von KBG'en im Grunde ohnehin immer als „Pionierleistung" verstanden, mit der Aufgabe, einen funktionstüchtigen Markt für die Gewinnung von Eigenkapital für mittelständische Unternehmen außerhalb der Börse aufzubauen.

3.2.2 Geschäftliche Schwerpunkte der KBG'en

Kunden der KBG'en sind generell kleine und mittlere, sog. mittelständische Unternehmen, meist Familienunternehmen, die zusätzliches Eigenkapital – oder auch neue Gesellschafter – suchen. Dabei lassen sich heute drei Schwerpunktbereiche unterscheiden, denen entsprechende „Fachgruppen" des BVK zugeordnet sind:

– Universalbeteiligungsgesellschaften, die im Prinzip alle Arten und Formen von Beteiligungen an mittelständischen Unternehmen realisieren können;

– Unternehmensbeteiligungsgesellschaften, die nach dem „Gesetz über Unternehmensbeteiligungsgesellschaften (UBGG)" von 1987 arbeiten (s. dazu Abschnitt 4.) und

– öffentlich geförderte KBG'en, die ab 1970 entstanden sind und sich darauf konzentrieren, kleinen Unternehmen Beteiligungskapital im Rahmen der Richtlinien des ERP-Beteiligungsprogramms zur Verfügung zu stellen und die dabei durch staatliche Ausfallbürgschaften ihr Risiko begrenzen können, dafür aber auch Restriktionen hinsichtlich Betragshöhe (i. d. R. maximal 1,0 Mio DM) und Beteiligungsrendite (i. d. R. maximal 11% p.a.) unterliegen.

3.2.3 Angleichung der Geschäftsstrukturen

Es kennzeichnet die Situation, daß es im BVK außer den drei obengenannten noch eine weitere Fachgruppe gibt, die ursprünglich „Venture Capital Companies" hieß und inzwischen in „Gründungs- und Innovationsfinanzierung" umbenannt wurde. Die nunmehr so bezeichnete Fachgruppe stellt heute nicht mehr die Zusammenfassung einer auf Gründungs- und Innovationsfinanzierung spezialisierten Mitgliedergruppe des Verbandes dar, sondern beschreibt vielmehr eine bestimmte Art von Beteiligungsgeschäften, die von allen KBG'en (VCC's) in Deutschland betrieben werden können und auch tatsächlich betrieben werden, wenn auch im Einzelfall mit unterschiedlichen Schwerpunkten. Das Zusammenwachsen der Geschäftsfelder wird hierdurch deutlich.

3.3 Struktur des Angebots der KBG'en (VCC's)

Das Angebot der KBG'en gegenüber ihren Kunden (meist als „Partnerunternehmen" bezeichnet) beschränkt sich in der Regel nicht auf die Hergabe von Beteiligungskapital, sondern enthält weitere „Produkte". Außerdem ist zu differenzieren zwischen den unterschiedlichen Anlässen einer Beteiligung, den verschiedenen Phasen der Unternehmensentwicklung, in welchen die Beteiligung stattfindet, sowie den unterschiedlichen Rechtsformen, in denen das Beteiligungskapital zur Verfügung gestellt werden kann. Von Bedeutung sind ferner der Umfang der Gesellschafterrechte einer KBG und schließlich die Modalitäten, nach denen die Beteiligung der KBG endet.

3. Kapitalbeteiligungsgesellschaften als Eigenkapitalquelle

3.3.1 Leistungangebot der KBG'en

Die Leistungen einer KBG werden zunächst in der Phase vor dem Eintritt als Gesellschafter bzw. der Einzahlung des Beteiligungskapitals erbracht und erstrecken sich auf die Analyse des Unternehmens, die Ermittlung des Unternehmenswertes und die Strukturierung der Beteiligung insbesondere hinsichtlich der zweckmäßigen Rechtsform und steuerlichen Gestaltung. Diese Tätigkeiten setzen umfangreiche Fachkenntnisse und Berufserfahrungen voraus; bei ihrer Durchführung werden fallweise auch externe Fachleute (Wirtschaftsprüfer, Steuerberater, Unternehmensberater) zugezogen. Das Ergebnis dieser Arbeiten, insbesondere der Stärken- und Schwächen-Analyse über das Unternehmen sowie die Überlegungen zur Unternehmensbewertung (meist nach dem Ertragswertverfahren), ist für die Unternehmensleitung in aller Regel auch dann interessant und aufschlußreich, wenn eine Beteiligung nicht zustande kommt.

Mit dem Eintritt als Gesellschafter durch Kapitalerhöhung oder Anteilskauf setzt gewöhnlich die Beratungsleistung der KBG ein. Eine schon länger im Markt tätige KBG kann sich dabei auf umfangreiche Erfahrungen aus der Betreuung anderer Partnerunternehmen stützen. Die Beratungsaufgabe wird häufig, aber nicht zwingend, im Rahmen eines Beirats- oder Aufsichtsratsmandats wahrgenommen.

3.3.2 Beteiligungsanlässe

Anlaß der Beteiligung einer KBG kann grundsätzlich jeder Fall von Kapitalbedarf im Unternehmen sein, sei es zur Erhöhung der Eigenmittel oder sei es zur Abfindung ausscheidender Gesellschafter. Typische Beteiligungsanlässe, die zur Kapitalerhöhung durch eine KBG führen, sind die Finanzierung von Investitionen, Innovationen und Akquisitionen anderer Unternehmen sowie allgemein wachstumsbedingter Kapitalbedarf. Zunehmende Bedeutung hat schon seit Jahren die „Wegbegleitung" eines Unternehmens zur eigenen Börsenreife gewonnen. Eine ganze Reihe heute börsennotierter Unternehmen ist durch die Partnerschaft mit einer KBG auf das „Going-Public" vorbereitet worden.

Zunehmendes Gewicht hat in jüngster Zeit auch die Mitwirkung von KBG'en beim Generationswechsel bzw. bei der Unternehmernachfolge erlangt. Hierbei wird heute in der Regel das Instrumentarium eines „Management-Buy-Out (MBO)" oder „Management-Buy-In (MBI)" angewendet. Beim MBO erwerben bisher angestellte Manager das Unternehmen oder wesentliche Beteiligungen daran, im Falle des MBI werden hierfür Manager von außen gewonnen. Im übrigen werden mit einem MBO oder MBI meist recht komplexe gesellschafts- und steuerrechtliche sowie finanzierungstechnische Strukturierungen verbunden, die Augenmaß und umfangreiche Spezialkenntnisse voraussetzen.

3.3.3 Beteiligungsphasen

Grundsätzlich kann eine KBG in jeder Entwicklungsphase eines Unternehmens Kapitalpartner werden. Für die typischen Beteiligungsphasen hat sich in Deutschland weitgehend die anglo-amerikanische Terminologie durchgesetzt. Danach unterscheidet man:

- Seed-Money, das der Vorbereitung einer Unternehmensgründung dient, oft in Verbindung mit der Finanzierung eines Innovationsvorhabens;
- Start-Up-Financing – Beteiligung an einer Unternehmensgründung;
- Early (First and Second) Stage Financing – Beteiligung an jungen Unternehmen in frühen Phasen nach der Gründung;
- Expansion-Financing – Beteiligung an bereits etablierten Unternehmen zur Finanzierung des weiteren Wachstums.

Hinzu kommt die Beteiligung in speziellen Phasen der Entwicklung eines Unternehmens: so z. B. die Mitwirkung bei dem bereits beschriebenen MBO oder MBI, das „Bridge-Financing" als die Beteiligung an Unternehmen, die sich bereits in der Vorstufe zur Börsenreife befinden, oder die Beteiligung an einem „Turn-Around" als dem Wiederaufstieg nach einer erfolgreichen Sanierung.

3.3.4 Rechtsformen

KBG'en beteiligen sich nur in Rechtsformen, bei denen die Haftung auf das vertraglich bedungene Beteiligungskapital beschränkt ist. Damit sind allerdings auch fast alle Formen des Gesellschaftsrechts erfaßt, mit Ausnahme der Rolle von persönlich haftenden Gesellschaftern.

Heute läßt sich eine eindeutige Vorliebe der KBG'en für bestimmte Rechtsformen nicht mehr konstatieren. Ausgangspunkt ist gewöhnlich die bestehende oder angestrebte neue Rechtsform des Unternehmens selbst. KBG'en können also Kommanditeinlagen, GmbH-Stammanteile und Aktien erwerben. Die früher teilweise dominante Rechtsform der (typischen oder atypischen) stillen Beteiligung wird auch heute noch eingesetzt, wo sie zweckmäßig erscheint. Die stille Beteiligung ist durch den Gesetzgeber kaum festgelegt, also für vielfältige Gestaltungen offen, und erlaubt es, – wofür es zuweilen Gründe gibt – die Rechte der „Altgesellschafter" eines Unternehmens und die der KBG unterschiedlich zu regeln. Häufig werden gesellschaftsrechtliche Beteiligungen mit stillen Beteiligungen (sowie evtl. auch mit Gesellschafterdarlehen) kombiniert.

3.3.5 Minderheitsprinzip und Mitwirkungsrechte

KBG'en beteiligen sich in aller Regel nur minderheitlich an ihren Partnerunternehmen. Mehrheitsbeteiligungen kommen nur ausnahmsweise und

4. Unternehmensbeteiligungsgesellschaften   357

gewöhnlich nur dann in Betracht, wenn mit einer „Weiterplazierung" der die Minderheitsbeteiligung überschreitenden Gesellschaftsanteile gerechnet werden kann. Die Gründe hierfür liegen in dem spezifischen Markt der KBG'en: Wer bereit ist, sich grundsätzlich an jedem qualifizierten mittelständischen Unternehmen zu beteiligen – unabhängig von Wirtschaftszweigen, Rechtsformen und Gesellschafterstrukturen – muß schon aus pragmatischen Erwägungen von einer Beherrschung derartig heterogener Strukturen Abstand nehmen, weil eine solche Vielfalt von Beteiligungen sich nicht nach einheitlichen Grundsätzen und Organisationsformen sinnvoll regieren läßt.

3.3.6 Exit-Möglichkeiten

Das „Exit" – der Ausgang oder das Ausscheiden aus einem Beteiligungsverhältnis und die hierfür vorgesehenen Regelungen sind sowohl für das Partnerunternehmen als auch für die KBG von erheblicher Bedeutung. Neben gesellschaftsrechtlichen Gründen sind hierbei insbesondere folgende Sachverhalte wichtig:

- Der Anlaß der Beteiligung: Er kann bereits die Modalitäten der späteren Trennung einschließen, etwa wenn die Beteiligung der Vorbereitung eines Going-Public dienen soll, bei dessen Realisierung die KBG wieder ausscheidet, weil das Unternehmen nach erlangter Börsenreife seinen Kapitalbedarf beim Aktionärspublikum decken möchte.

- Das Rentabilitätsstreben der KBG: Mit dem Ausscheiden ergibt sich bei erfolgreich verlaufener Beteiligung auch die Chance eines Veräußerungsgewinns („Capital Gain"). Langjährige aus- und inländische Erfahrungen haben gezeigt, daß sich allein aus laufenden Beteiligungserträgen für KBG'en in der Regel keine den erheblichen Risiken entsprechenden Gewinnchancen ergeben. Eine auskömmliche Beteiligungsrendite ergibt sich zumeist erst dann, wenn auch Veräußerungsgewinne erzielt werden.

Grundsätzlich kommen folgende Exit-Möglichkeiten in Betracht: Verkauf der Beteiligung an Altgesellschafter des Unternehmens, Verkauf an Dritte (in der Regel nur mit Zustimmung des Unternehmens möglich), Verkauf im Rahmen eines Going-Public sowie – insbesondere bei stillen Beteiligungen – Ausscheiden der KBG aufgrund einer Kündigung des Beteiligungsverhältnisses durch das Unternehmen.

4. Unternehmensbeteiligungsgesellschaften (UBG'en)

Nach längerer Vorbereitungszeit und ausführlichen Diskussionen in Fachwelt und Öffentlichkeit ist zum 1. Januar 1987 das „Gesetz über Unternehmensbeteiligungsgesellschaften (UBGG)" in der Bundesrepublik Deutschland in Kraft getreten. Unternehmensbeteiligungsgesellschaften (UBG'en), deren Gründung durch dieses Gesetz möglich wurde, sind eine Unter-Gattung der KBG'en bzw. VCC's. Die Bezeichnung „Unternehmensbeteiligungsgesellschaft" ist durch das Gesetz geschützt – als UBG dürfen sich nur Gesellschaften bezeichnen, die sich in ihrer Satzung zur Einhaltung der Bestimmungen des UBGG verpflichten und sich von der zuständigen Wirtschaftsbehörde des Bundeslandes, in welchem die UBG ihren Sitz hat, auf Einhaltung der Gesetzesbestimmungen kontrollieren lassen. UBG'en dürfen nur in der Rechtsform der Aktiengesellschaft errichtet werden; sie müssen sich verpflichten, spätestens nach Ablauf von zehn Jahren mindestens 70% ihrer Aktien öffentlich zum Verkauf anzubieten und die Börsenzulassung zu beantragen.

4.1 Zielsetzungen des Gesetzgebers

In der Einleitung des Gesetzentwurfs der Bundesregierung heißt es: „Ziel des Gesetzentwurfes ist es, nicht börsennotierten mittelständischen Unternehmen den indirekten Zugang zu den organisierten Märkten für Eigenkapital zu eröffnen sowie einem breiten Anlegerpublikum die Möglichkeit zu verschaffen, sich mittelbar an mittelständischen Unternehmen zu beteiligen." (Gesetzentwurf UBGG)

Die Bundesregierung verfolgt also mit dem UBGG zwei Ziele zugleich: eine Verbesserung der Eigenkapitalversorgung nicht börsennotierter mittelständischer Unternehmen einerseits sowie die Schaffung zusätzlicher Anlagemöglichkeiten für die Vermögensbildung des Publikums andererseits. Zur Förderung dieser wirtschaftspolitischen Ziele setzt die Bundesregierung Subventionen in Form von Steuervergünstigungen ein: Den UBG'en werden sowohl die Vermögen- als auch die Gewerbesteuer erlassen; außerdem regelt eine 1990 in Kraft getretene Ergänzung des UBGG, daß bei der Veräußerung von Beteiligungen durch eine UBG erzielte Gewinne unter bestimmten, schwierig erfüllbaren Voraussetzungen auf neue Beteiligungen übertragen werden können und daher vorläufig nicht der Besteuerung unterliegen.

Mit der Schaffung des UBGG setzte der deutsche Gesetzgeber seine Bemühungen fort, die Versorgung der mittelständischen Unternehmerschaft mit Eigenkapital unter jeweils gesondert festgesetzten Voraussetzungen zu subventionieren.

4.2 Wesentliche Bestimmungen des Gesetzes

Außer den bereits genannten Regelungen enthält das UBGG im Hinblick auf die praktische Arbeit der UBG'en die nachstehenden wesentlichen Bestimmungen.

4.2.1 Anlagegrundsätze

Eine UBG darf (nur) Aktien, GmbH-Stammanteile, Kommanditeinlagen und stille Beteiligungen erwerben und unter bestimmten Voraussetzungen Gesellschafterdarlehen gewähren. Sie darf keine Anteile an börsennotierten Unternehmen erwerben; sie darf sich ferner nicht an ausländischen Unternehmen beteiligen.

Bemerkenswert ist, daß das UBGG keine Bestimmungen über qualitative Anforderungen an die zu erwerbenden Beteiligungen enthält. Diese gesetzgeberische Beschränkung erscheint sinnvoll, denn vernünftigerweise kann es nur der Erfahrung und Professionalität der Organe einer UBG sowie dem kritischen Urteil ihrer Aktionäre überlassen bleiben, nach welchen Qualitäts-, Risiko- und Chancen-Kriterien Beteiligungen erworben werden sollen.

4.2.2 Sicherung der unternehmerischen Selbständigkeit

UBG'en dürfen sich nur minderheitlich beteiligen, d. h. sie dürfen nicht mehr als 49% der Stimmrechte als Gesellschafter eines Unternehmens erwerben. Eine Ausnahme läßt das Gesetz lediglich für ganz junge Unternehmen zu, die erst weniger als fünf Jahre bestehen; in solchen Fällen genügt es, wenn die UBG ihre Stimmrechte innerhalb von zehn Jahren auf 49% zurückführt. Hiermit soll berücksichtigt werden, daß die Gründer junger Unternehmen beim Start in der Regel selbst nur eine sehr kleine Kapitalausstattung einbringen können.

Mit der Beschränkung auf Minderheitsbeteiligungen wird – insoweit der schon zuvor entwickelten Praxis der deutschen KBG'en folgend – zum Ausdruck gebracht, daß die Beteiligung einer UBG nicht zur Beherrschung eines Unternehmens, sondern zur Sicherung und Förderung seiner Selbständigkeit dienen soll, entsprechend der wirtschaftspolitischen Zielsetzung, leistungsfähige mittelständische Unternehmen zu fördern.

Außerdem können UBG'en zur Sicherung der Selbständigkeit ihrer Partnerunternehmen allgemeine aktienrechtliche Möglichkeiten zum Überfremdungsschutz heranziehen, indem sie Vorzugsaktien ausgeben. Nach dem Aktiengesetz ist dies bis zur Höhe von 50% des gesamten Aktienkapitals möglich. In Verbindung mit der Plazierungsbestimmung des UBGG, nach welcher mindestens 70% des gesamten Aktienkapitals öffentlich zum Verkauf angeboten werden müssen, besteht die Möglichkeit, daß gleichwohl die Mehrheit des stimmberechtigten Aktienkapitals im Besitz der Gründer einer UBG verbleiben, z. B. wenn 50% in Form stimmrechtsloser Vorzugsaktien und 20% in Form stimmberechtigter Stammaktien im Publikum plaziert werden. In Verbindung mit der weiteren aktienrechtlichen Möglichkeit, für stimmberechtigte Aktien Höchststimmrechte einzuführen, wird also kein Partnerunternehmen einer UBG befürchten müssen, daß die UBG selbst eines Tages von Aufkäufern ihrer Aktien mit nicht voraussehbarer Interessenlage beherrscht wird.

4.2.3 Publizitätsanforderungen

Ein großer Teil der Unternehmen, die für die Beteiligung einer UBG in Betracht kommen, unterliegt selbst keiner oder nur einer beschränkten Publizitätspflicht. Andererseits wird eine UBG ihren Publikumsaktionären ein Minimum von Angaben über ihre einzelnen Beteiligungen zur Verfügung stellen müssen. Der Gesetzgeber hat versucht, in dieser Frage einen Kompromiß zwischen den Interessen des Anlegerschutzes und dem Vertraulichkeitsbedürfnis nicht oder nur begrenzt publizitätspflichtiger mittelständischer Unternehmen zu finden. Wie die Praxis gezeigt hat, kann das Ausmaß der Publizitätsanforderungen an ein mittelständisches Unternehmen ausschlaggebend dafür sein, ob die Beteiligung einer UBG überhaupt akzeptiert wird. Die Publizitätsanforderungen an das einzelne Beteiligungsunternehmen einer UBG gelten für Börsenzulassungsprospekt sowie laufende Berichterstattung in den Jahresabschlüssen der UBG und verlangen im wesentlichen folgende Angaben: Firma, Rechtsform, Sitz und Gründungsjahr des Beteiligungsunternehmens; Gegenstand des Unternehmens; Eigenkapitalausstattung und Höhe des Anteils der UBG. Ferner sind die Höhe der Erträge des letzten Beteiligungs-Geschäftsjahres aus dem Anteil der UBG anzugeben, dies jedoch beschränkt auf den Börsenzulassungsprospekt; in den laufenden Jahresabschlüssen ist diese Information nur für neu erworbene Beteiligungen zu geben. Weitergehende Informationen über die Ertragslage der einzelnen Beteiligungsunternehmen – wie es etwa die Nennung der Jahresergebnisse der Partnerunternehmen wäre – verlangt der Gesetzgeber nicht.

4.2.4 Finanzierungsvorschriften

Das UBGG sieht vor, daß eine UBG Kredite oder Darlehen nur bis zur Höhe von 30% ihres jeweiligen Eigenkapitals aufnehmen darf. Demzufolge muß eine UBG die Aktivseite ihrer Bilanz, in der Hauptsache also ihre Beteiligungsengagements, stets zu mindestens rd. 70% aus Eigenkapital finanzieren. Der Grundgedanke des Gesetzgebers ist verständlich: Die dem Risiko von Beteiligungsengagements am meisten angemessene Finanzierungsquelle ist Eigenkapital. Dennoch ist diese gesetzliche Restriktion praxisfremd, weil über die Realisierung attraktiver Beteiligungsmöglichkeiten oft im Wettbewerb sehr rasch entschieden werden muß, während die Beschaffung zusätzlichen Eigenkapitals einer Aktiengesellschaft durch Kapitalerhöhung oder Rückgriff auf genehmigtes Kapital aufgrund der strengen Formerfordernisse des Aktienrechts sowie der Notwendigkeit, die jeweilige Börsenverfassung zu berücksichtigen, in aller Regel eben nicht kurzfristig möglich ist. Außerdem macht es wenig Sinn, wenn der Gesetzgeber für geschäftspolitische Entscheidungen über die Wahl der jeweiligen Finanzierung Vorgaben macht; dies sollte Vorstand und Aufsichtsrat einer UBG überlassen bleiben. Das Finanzierungsverhalten einer Aktiengesellschaft kritisch zu würdigen, ist im übrigen Sache von Wirtschaftsprüfern, Börsenorganen und Aktionären sowie der Kreditgeber einer UBG.

4.3 Bisherige Entwicklung der UBG'en

4.3.1 Der erste praktische Fall

Das UBGG trat am 1. Januar 1987 in Kraft. Unmittelbar danach beantragte die „Deutsche Beteiligungs AG – Unternehmensbeteiligungsgesellschaft (DBAG)", Königstein/Ts., beim Hessischen Wirtschaftsminister ihre Zulassung als UBG, die alsbald ausgesprochen wurde. Die DBAG war bereits 1984 von der Deutsche Bank AG in Frankfurt am Main und der Schmidt Bank in Hof/Saale gegründet worden. Ihre Aktien wurden schon 1985 in den „Freiverkehr" (später im „Geregelten Markt" aufgegangen) eingeführt. Zum 30. April 1991 enthielt das Portefeuille der DBAG 37 Beteiligungen im Anschaffungswert von 96,6 Mio DM. Sie war damit die größte unter den bestehenden UBG'en.

4.3.2 Weitere Gründungen

Soweit dem Verfasser bekannt, bestehen gegenwärtig (Ende 1991) 16 UBG'en. Den Gang an die Börse haben einige von ihnen bereits angekündigt, bis zur Abfassung dieses Kapitels allerdings noch nicht durchgeführt. 13 UBG'en sind gegenwärtig Mitglieder des BVK, nach dessen Verbandsstatistik diese Mitglieder zum Jahresende 1990 105 Beteiligungen im Anschaffungswert von 270 Mio DM hielten. Dies entspricht 5% der Anzahl und 8% des in Beteiligungen investierten Kapitals aller deutscher KBG'en zum gleichen Zeitpunkt.

4.4 Bewertung der bisherigen Erfahrungen mit dem UBGG

Die vom Gesetzgeber an das UBGG geknüpften Entwicklungserwartungen haben sich bisher nicht erfüllt. Abgesehen von dem ersten praktischen Fall kamen Gründungen von UBG'en nur sehr zögernd zustande, und mehr als vier Jahre nach dem Inkrafttreten des Gesetzes ist nur eine UBG (deren Kursentwicklung für die Aktionäre günstig verlaufen ist) an der Börse eingeführt.

Über die insgesamt nur mäßige Akzeptanz der durch das UBGG gebotenen Möglichkeiten ist viel diskutiert worden. Anfangs führte man sie vorwiegend auf die Publizitätsscheu mittelständischer Unternehmen zurück (DBAG 1986/1987, S. 3). Diese Publizitätsscheu hat inzwischen offenbar merklich nachgelassen; sie scheint gegenwärtig kein entscheidendes Hemmnis mehr für die Ausbreitung der UBG'en zu sein (DBAG 1988/1989, S. 5).

Die Fachwelt ist sich heute weitgehend einig, daß das UBGG die ihm zugedachte Förderaufgabe nicht in größerem Umfang erfüllen kann, weil die gebotenen steuerlichen Anreize angesichts der ihnen im UBGG gegenüberstehenden Restriktionen nicht genügend Gewicht haben. Einzelne UBG'en haben daher schon erwogen, ob es nicht sinnvoll sei, sich von den einschränkenden Bestimmungen des UBGG unter Verzicht auf die steuerlichen Anreize zu befreien und das Geschäft als eine Publikumsgesellschaft fortzusetzen, die lediglich dem allgemeinen Aktienrecht und den Börsenbestimmungen unterliegt.

Eine nützliche Wirkung hat das UBGG aber in jedem Fall gehabt: Es hat eine Art von positiver Signalwirkung ausgeübt, indem es die notwendige Diskussion über die auf die Dauer unvermeidliche Finanzierung von Risikobeteiligungen am organisierten Kapitalmarkt in Gang gebracht und der mittelständischen Unternehmerschaft die Möglichkeit eines Vorstadiums vor Erlangen der eigenen Börsenreife eröffnet hat (UBG-Beteiligung als „Vorhof zur Börse").

5. Zusammenfassung und Ausblick

Nachfrager nach externem Eigenkapital außerhalb der Börse sind vornehmlich kleine und mittlere (mittelständische) Unternehmen. Neben verschiedenen Erscheinungsformen des nicht organisierten („grauen") Kapitalmarkts haben sich als wesentliche Anbietergruppe in Deutschland die Kapitalbeteiligungsgesellschaften (Venture Capital Companies) entwickelt. Die Entstehung eines Marktes für externes Eigenkapital außerhalb der Börse hat in Deutschland in der zweiten Hälfte der 60er Jahre begonnen. In der Frühphase haben sich insbesondere deutsche Kreditinstitute als „Pioniere" betätigt; später sind weitere Anbietergruppen hinzugetreten. Angesichts in diesem Umfang nicht erwarteter Marktwiderstände hat sich das Versuchs- und Entwicklungs-Stadium über fast zwei Jahrzehnte hingezogen. Die eigentliche Wachstumsphase setzte ab Mitte der 80er Jahre ein; sie hat inzwischen zu einem lebhaften, leistungsfähigen und schnell weiter wachsenden Markt für Eigenkapital außerhalb der Börse geführt, in welchem die Kapitalbeteiligungsgesellschaften (Venture Capital Companies) heute die maßgebliche Anbietergruppe darstellen.

Abkürzungen

BVK . . . . . Bundesverband deutscher Kapitalbeteiligungsgesellschaften – German Venture Capital Association e.V.
KBG . . . . . Kapitalbeteiligungsgesellschaft
MBI . . . . . . Management buy in
MBO . . . . . Management buy out
UBG . . . . . Unternehmensbeteiligungsgesellschaft
UBGG . . . . Gesetz über Unternehmensbeteiligungsgesellschaften von 1987
VCC . . . . . Venture Capital Company

Literatur

Bilstein, J. (1989), Beteiligungs-Sondervermögen und Unternehmensbeteiligungsgesellschaften, in: *John, G.* (Hrsg.), Besteuerung und Unternehmenspolitik. Festschrift für Günter Wöhe zum 65. Geburtstag, München

Div. Verfasser (1990), Beteiligungsgesellschaften, in: Zeitschrift für das gesamte Kreditwesen, Heft 12

Dobroschke, E. u. a. (1965), Zeitschrift „Die Aussprache", Sonderheft, Bonn

Feldbausch, F. K. (1971), Die Kapitalbeteiligungsgesellschaft, Frankfurt am Main

Freyer, E. (1981), Die Kapitalbeteiligungsgesellschaft als Instrument der Wirtschaftspolitik, Frankfurt am Main

Gerke, W. (1974), Kapitalbeteiligungsgesellschaften – Ihre Problematik und ihre gesetzliche Regelung, Frankfurt am Main

Geschäftsbericht 1986/87 und 1988/89 der Deutsche Beteiligungs AG – Unternehmensbeteiligungsgesellschaft (DBAG), Königstein/Ts.

Gesetz über Unternehmensbeteiligungsgesellschaften, Bundesgesetzblatt I S. 2488 v. 17. 12. 1986

Gesetzentwurf UBGG, Bundestags-Drucksage 10/4551 vom 12. 12. 1985

Hax, K. (1969), Kapitalbeteiligungsgesellschaften zur Finanzierung kleiner u. mittlerer Unternehmen, Köln

Juncker, K./Schlegelmilch, K. (1979), Die Kapitalbeteiligungsgesellschaft in Theorie und Praxis, Frankfurt am Main

Kahlich, W. (1971), Die Beteiligungsfinanzierung über Kapitalbeteiligungsgesellschaften, Bad Wörishofen

Leopold, G. (1982/1983), Eine neutrale Eigenkapitalquelle für Mittelunternehmen, in: Unternehmensfinanzierung in schwieriger Zeit. Hrsg. Frankfurter Allgemeine Zeitung, Frankfurt am Main

Leopold, G. (1987), Die Auswirkungen des Unternehmensgesetzes für den Unternehmer, in: Mehr Eigenkapital für Ihr Unternehmen, Frankfurt am Main

Marsch-Barner, R. (1990), Gesetz über Unternehmensbeteiligungsgesellschaften. Eine Zwischenbilanz, in: ZGR Zeitschrift für Unternehmens- und Gesellschaftsrecht, Heft 2

Menzel, H.-J. (1987), Das neue Gesetz über Unternehmensbeteiligungsgesellschaften, in: Wertpapiermitteilungen, Nr. 24

Oelschläger, K. (1971), Das Finanzierungsverhalten in der Klein- und Mittelindustrie, Köln

Persé, H. J. (1962), Die Partner-Investmentgesellschaft, Wiesbaden

Schlesinger, H. (1982), Die Kapitalbeteiligungsgesellschaft als Instrument der Wirtschaftspolitik, Frankfurt am Main

Schlesinger, H. (1984), Unternehmensfinanzierung und Wettbewerbsfähigkeit, in: Zfbf, Nr. 1

Schreiber, U. (1988), Besteuerung und Wettbewerbsfähigkeit von Unternehmensbeteiligungsgesellschaften, Diskussionspapier Nr. 117 (Fachbereich Wirtschaftswissenschaften, Universität Hannover), Hannover

Stedler, H. (1987), Venture Capital und Geregelter Freiverkehr, Frankfurt am Main

Verlagsbeilage: Frankfurter Allgemeine Zeitung (1989): Unternehmensbeteiligungen/Management-Buy-Out, Frankfurt am Main

Kapitel 16
Börsenhandel mit GmbH- oder KG-Anteilen sowie Veränderungen des Aktienrechts („Kleine AG")

von *Lothar Vollmer*

1. Einleitung 366
2. Reformüberlegungen und ihre Vorbilder 366
   2.1 Anlaß: Die unzureichende Eigenkapitalausstattung 366
   2.2 Ziel: Der direkte Börsenzugang 366
      2.2.1 Vorteile und Chancen 367
         2.2.1.1 Finanzierungsvorteile durch breite Risikostreuung 367
         2.2.1.2 Finanzierungsvorteile durch unmittelbare Marktbewertung 368
      2.2.2 Nachteile und Hindernisse 368
         2.2.2.1 Emissionsgebühren und -kosten 368
         2.2.2.2 Organisationslasten und -kosten 369
   2.3 Vorbilder im In- und Ausland 370
      2.3.1 Börsenhandel mit GmbH-Anteilen in Deutschland .. 371
      2.3.2 Handel mit „KG-Anteilen" in den USA und in Kanada 371
3. Reformüberlegungen und ihre Umsetzung 372
   3.1 Börsenhandel bei unmittelbarer Anlegerbeteiligung 373
   3.2 Börsenhandel bei mittelbarer Anlegerbeteiligung 373
      3.2.1 Das Modell der mittelbaren Anlegerbeteiligung ... 374
      3.2.2 Die modellspezifischen Vor- und Nachteile 374
         3.2.2.1 Die Organisationserleichterungen 374
            3.2.2.1.1 Kostenvorteile 375
            3.2.2.1.2 Steuervorteile 375
         3.2.2.2 Die Emissions- und Folgekurse 376
      3.2.3 Die Umsetzung des Modells in der Praxis 377
         3.2.3.1 Anforderungen an die Vertrags- und Satzungsgestaltung 378
         3.2.3.2 Hinweise für die praktische Realisierung .. 378
Literatur 380

1. Einleitung

Seit den Diskussionen des 55. Deutschen Juristentags (1984) über Maßnahmen zur Verbesserung der Eigenkapitalausstattung der deutschen Unternehmen gibt es, anknüpfend an Vorbildern im In- und Ausland, intensive Reformüberlegungen und konkrete Reformvorschläge für einen Börsenhandel mit GmbH- und KG-Anteilen. Sie verstehen sich teils als Alternative, teils als Ergänzung zu den Vorschlägen zur Veränderung (Deregulierung) des Aktienrechts (vgl. zum Ganzen die Übersicht von *Hennerkes/May* 1989, S. 9 ff.).

2. Reformüberlegungen und ihre Vorbilder

Anlaß für entsprechende Reformüberlegungen ist die unzureichende Eigenkapitalausstattung von Mittelstandsunternehmen. Ihr Ziel ist es, diesem Mangel dadurch abzuhelfen, daß den Mittelstandsunternehmen ohne Umwandlung der Rechtsform der direkte Zugang zum organisierten Kapitalmarkt eröffnet wird. Vorbilder im In- und Ausland berechtigen zu der Annahme, daß dies möglich ist.

2.1 Anlaß: Die unzureichende Eigenkapitalausstattung

Die typischerweise als GmbH oder KG organisierten Mittelstandsunternehmen haben in der Tat vielfach eine zu geringe Eigenkapitalausstattung. Die **Eigenkapitalquote** dieser Gesellschaften ist jedenfalls in der Regel deutlich geringer als diejenige der großen börsennotierten Aktiengesellschaften (vgl. die empirischen Nachweise bei *Albach/Corte/Richter u. a.* 1988, S. 7 ff.). Das verhindert die Ausnutzung von Wachstumspotentialen, behindert die Vornahme von strukturellen Anpassungen und erhöht die Krisenanfälligkeit. Bedenklich ist dies vor allem deshalb, weil sich die Mittelstandsunternehmen durch den europäischen Binnenmarkt einem neuartigen und verstärkten Wettbewerbsdruck ausgesetzt sehen (*Hennerkes/May* 1989, S. 1709). Es müssen daher alle nur denkbaren Möglichkeiten eröffnet werden, um die Eigenkapitalausstattung zu verbessern und die Innovations- und Investitionskraft zu stärken. Um dies zu erreichen, wird es insbesondere auch für notwendig erachtet, den Mittelstandsunternehmen einen direkten Zugang zum organisierten Kapitalmarkt zu verschaffen (vgl. dazu und zum folgenden Kommission „Zweiter Börsenmarkt" 1987, S. 2 ff.).

2.2 Ziel: Der direkte Börsenzugang

Der direkte Börsenzugang wird vor allem deshalb angestrebt, weil damit – gerade auch für Mittelstandsunternehmen – spezifische Finanzierungs-

2. Reformüberlegungen und ihre Vorbilder

vorteile und Entwicklungschancen verbunden sein können, die sich durch andere Maßnahmen der Eigenkapitalbeschaffung nicht oder jedenfalls nicht in gleicher Weise erreichen lassen. Diesen Vorteilen und Chancen stehen allerdings auch bestimmte Nachteile und Hindernisse gegenüber. Es läßt sich daher immer nur unter Berücksichtigung all dieser Vor- und Nachteile sagen, ob ein Gang an die Börse die günstigste Art der Eigenkapitalbeschaffung ist. Entscheidend sind dabei letztlich die individuellen Präferenzen der Altgesellschafter. Ihnen kann bei der Aufnahme von zusätzlichem Eigenkapital die Sicherung der Unabhängigkeit ihres Unternehmens u. U. ebenso wichtig sein wie die Höhe der Kapitalbeschaffungskosten. Es sind also nicht nur rein materielle Aspekte in die Abwägung einzubeziehen, wenn es um die Frage eines Going Public geht, sondern auch sonstige unternehmensstrategische Zielsetzungen mit zu berücksichtigen. Hier sollen allerdings die materiellen Aspekte, insbesondere die konkreten Finanzierungsvorteile und -kosten, im Vordergrund stehen.

2.2.1 Vorteile und Chancen

2.2.1.1 Finanzierungsvorteile durch breite Risikostreuung

Der entscheidende Vorteil eines Gangs an die Börse liegt darin, daß das zusätzlich benötigte Risikokapital nicht von einer einzigen Person oder einer einzigen Gesellschaft aufgebracht werden muß, sondern von einer Vielzahl von Anlegern zur Verfügung gestellt wird. Das führt zur Risikostreuung und hat weiter zur Folge, daß die Anforderungen der Anleger in bezug auf unternehmerischen Einfluß und/oder Risikobegrenzungen relativiert und minimiert werden (*Vollmer* 1991, S. 8).

All dies hat gerade für Mittelstandsunternehmen eine große Bedeutung. Bei ihnen gibt es in der Regel einen festgefügten Gesellschafterkreis mit sorgfältig aufeinander abgestimmten Beteiligungs- und Stimmrechtsverhältnissen, in die sich ein einzelner neuer Gesellschafter mit einem erheblichen, seinem Beteiligungsrisiko entsprechenden Stimmrechtseinfluß nur schwer einfügen läßt (*Vollmer* 1983, S. 449). Ist ein Mittelstandsunternehmen (genauer: der Kreis der Altgesellschafter) nicht bereit oder nicht in der Lage, eine entsprechende Stimmrechtsmacht einzuräumen, so wird sich ein einzelner Risikokapitalgeber, wenn überhaupt, nur dann beteiligen, wenn er seine Gesellschafterstellung zu einem sehr niedrigen Einstandspreis erhält und/oder bei der Gewinnbeteiligung bevorzugt wird und/oder seine Haftung nach außen und seine Verlustbeteiligung nach innen weitgehend begrenzt werden. Durch entsprechende Bevorrechtigungen und Risikobegrenzungen mindern sich die mit dem zusätzlichen Gesellschafterkapital verbundenen Finanzierungsvorteile u. U. ganz erheblich.

Die aufgezeigten Schwierigkeiten ergeben sich selbst dann, wenn das zusätzlich benötigte Eigenkapital durch eine Kapitalbeteiligungsgesellschaft zur Verfügung gestellt werden soll. Auch sie verlangt für ihr „Beteiligungsengagement aus einer Hand" einen entsprechenden Stimmrechtseinfluß und/oder entsprechende Risikoprämien oder Risikobegrenzungen (*Kürten* 1990, S. 69 ff.; *Grüner u. a.* 1990, S. 592 ff.). Allein schon um diese Anforderungen zu minimieren, kann deshalb aus der Sicht der Altgesellschafter von Mittelstandsunternehmen der direkte Börsenzugang eine wichtige und interessante Finanzierungsalternative sein. Hinzu kommt, daß bei dieser Art der Finanzierung das über die Börse aufgenommene Risikokapital der Gesellschaft auf Dauer bis zur Liquidation zur Verfügung steht und nicht vorher zurückgezahlt werden muß.

2.2.1.2 Finanzierungsvorteile durch unmittelbare Marktbewertung

Wichtig ist ferner, daß sich die Mittelstandsunternehmen an der Börse einer Bewertung durch den Markt stellen können. Diese Feststellung bleibt im Kern auch dann richtig, wenn man berücksichtigt, daß der **Emissionspreis** zwischen dem **Emissionsbegleiter** (in der Regel einer Bank) und dem Emittenten ausgehandelt wird (zur Emissionspreisbildung näher *Schmidt, R. H. u. a.* 1988, S. 1193; AG-Report 1991, R 368; *Uhlir* 1989, S. 2 ff.). Es spricht viel dafür, daß zumindest diejenigen Mittelstandsunternehmen, die gute oder gar überdurchschnittlich gute Zukunftsaussichten haben, durch ein Going Public einen höheren (Emissions-)Preis erzielen können, als ihn jemand außerhalb der Börse zu zahlen bereit wäre, sei es eine Privatperson, sei es ein anderes Unternehmen oder eine Beteiligungsgesellschaft. Realisieren sich die positiven Zukunftserwartungen, so lassen sich bei späteren Kapitalerhöhungen u. U. noch günstigere Emissionskurse erzielen.

2.2.2 Nachteile und Hindernisse

Der Gang an die Börse ist allerdings auch mit Nachteilen und Hindernissen verbunden, welche die Mittelstandsunternehmen bislang weithin abgehalten haben, diesen Weg zu gehen.

2.2.2.1 Emissionsgebühren und -kosten

Es muß zunächst gesehen werden, daß bei der Börseneinführung und dann laufend danach zum Teil erhebliche Gebühren und sonstige **Emissionskosten** entstehen, zum Beispiel durch die Erfüllung der besonderen **Publizitätspflichten**. Allein schon wegen dieser Kosten ist es notwendig, daß das emissionswillige mittelständische Unternehmen eine bestimmte Mindestgröße hat und daß ein bestimmtes Mindestkapital an die Börse gebracht wird, weil die Emissionskosten sonst den – im Vergleich zu einer außerbörslichen Kapitalbeschaffung in der Regel höheren – (Emissions-) Preis aufzehren.

Die Anforderungen an die Unternehmensgröße und das Emissionskapital sind in der Vergangenheit aber offenbar viel zu hoch angesetzt worden. In

2. Reformüberlegungen und ihre Vorbilder

den letzten Jahren haben zunehmend immer kleinere Unternehmen immer geringere Emissionsvolumina mit Erfolg an der Börse plaziert (Kommission „Zweiter Börsenmarkt" 1987, S. 178 ff.; *Schürmann/Körfgen* 1987, S. 185 ff.). Hierfür bieten sich vor allem die unteren Marktsegmente (geregelter Markt und Freiverkehr) an, da hier die Gebühren jeweils geringer sind als im amtlichen Handel. Möglicherweise werden die sich entwickelnden neuartigen Formen des **Computerhandels** die Gebühren weiter senken.

2.2.2.2 Organisationslasten und -kosten

Eines der wichtigsten Hindernisse für den Gang an die Börse wird von den eigentümerdominierten mittelständischen Unternehmen allerdings in der rechtsformbedingten **Zulassungsschranke der Umwandlung** in eine AG (oder KGaA) gesehen (Kommission „Zweiter Börsenmarkt" 1987, S. 54 ff.; *Albach/Corte/Friedewald/Lutter/Richter* 1988, S. 15). Organisatorische Schwierigkeiten und entsprechende Kosten und z. T. auch erhebliche Steuerbelastungen sind bereits mit der Umwandlung in eine solche Rechtsform verbunden (*Schürmann/Beyer* 1981, S. 58 ff.; *Werner/Kindermann* 1981, S. 17 ff.). Hinzu kommen die Organisationslasten und -kosten, die mit dem laufenden Betrieb einer AG oder KGaA verbunden sind, wie z. B. die hochformalisierte und deshalb kostenaufwendige **Durchführung von Hauptversammlungen**. Nicht zuletzt werden von den Inhabern der Mittelstandsunternehmen die nicht vollkommene **Absicherung von Fremdeinfluß** (näher und differenzierend dazu *May* 1992), die starre und komplizierte Organisationsstruktur der AG, die früh einsetzende und weitgehende unternehmerische **Mitbestimmung** und die **Publizität** als störend empfunden.

Um diese – nicht nur subjektiv empfundenen, sondern objektiv berechtigten – Vorbehalte abzubauen, gibt es Vorschläge zur **Deregulierung** des Aktienrechts. Der Deutsche Industrie- und Handelstag, DIHT, hat die Schaffung einer „Kleinen AG" vorgeschlagen, deren Anteile nur auf den Nebenmärkten handelbar sein sollen (AG-Report 1986, R 266 f.). Eine umfassende Änderung und Deregulierung des Aktienrechts wird mit dem von *Albach/Corte/Friedewald/Lutter/Richter* (1988) entwickelten **Drei-Stufen-Modell** angestrebt.

Aktiengesellschaften der 1. Stufe sollen künftig außerhalb der Börse als sogenannte Private Aktiengesellschaften eine starke Konkurrenz zur GmbH bilden und deshalb ein an diese Rechtsform angenähertes Organisationsstatut erhalten. Für die börsenfähigen Aktiengesellschaften der 2. und 3. Stufe sieht der Stufenplan marktsegmentspezifische Differenzierungen vor. Für „normale" Aktiengesellschaften der 3. Stufe, bei denen idealtypisch an große Publikumsgesellschaften gedacht ist, die in den amtlichen Handel wollen, soll es beim bisher geltenden Aktienrecht bleiben. Für „kapitalistische" Aktiengesellschaften der 2. Stufe, bei denen idealtypisch an weniger große, zumeist noch relativ junge Publikumsgesellschaften gedacht ist, soll es Erleichterungen gegenüber dem Aktienrecht der 3. Stufe geben, wenn auch nicht so weitgehende wie beim Aktienrecht der 1. Stufe. Die Aktien dieser Gesellschaften sollen allerdings nur im geregelten Markt und im Freiverkehr gehandelt werden können. Erleichterungen für die 2. Stufe sind insbesondere vorgesehen in bezug auf die Einberufung und Durchführung der Hauptversammlung. Im übrigen sollen die Kompetenzen der Hauptversammlung gestärkt werden.

Ob und inwieweit diese Vorschläge jemals realisiert werden, läßt sich z. Zt. vor allem wegen der mitbestimmungs- und europarechtlichen Implikationen nicht abschätzen (*Albach/Corte/Friedewald/Lutter/Richter* 1988, S. 211). Abgesehen davon erscheint es fraglich, ob sich durch eine Deregulierung des Aktienrechts wirklich wesentliche Organisationserleichterungen für die mittelständischen Unternehmen erreichen lassen. Wesentliche Abstriche von den als störend empfundenen Organisationslasten des geltenden Aktienrechts erscheinen jedenfalls dann nicht möglich, wenn auch die deregulierten Formen der AG als **vollpublikumsoffene** Gesellschaften mit **unmittelbarer** Anlegerbeteiligung konzipiert werden sollen (*Vollmer* 1991, S. 3). Das zeigt bereits ein Blick auf den Stufenplan, der für die auf den geregelten Markt und den Freiverkehr beschränkte „Kapitalistische AG" und für die außerbörsliche „Private AG" nur marginale Deregulierungen vorsieht, die selbst von den prinzipiellen Befürwortern des Stufenplans als unzureichend erachtet werden (vgl. die entsprechende Kritik von *Claussen* 1989a, S. 232 ff.). Das zeigen ferner die Überlegungen, ganz neue Anlegergesellschaften zu schaffen (*Hommelhoff* 1989, S. 181 ff.), da auch hierbei an vollpublikumsoffene Gesellschaften mit unmittelbarer Anlegerbeteiligung gedacht ist. Die modernen Überlegungen für einen Börsenhandel mit GmbH- und KG-Anteilen zielen deshalb auf die Schaffung **teilpublikumsoffener** Anlegergesellschaften mit **mittelbarer** Anlegerbeteiligung. Darin liegt auch ein wesentlicher Unterschied zu den im In- und Ausland früher oder heute praktizierten Formen eines entsprechenden Anteilshandels, die deshalb auch nur bedingt als Vorbild dienen können.

2.3 Vorbilder im In- und Ausland

Allmählich wird auch in Deutschland wahrgenommen, daß in den USA und in Kanada die KG (bzw. die mit ihr vergleichbare Rechtsform der Limited Partnership) nicht nur am grauen Kapitalmarkt, sondern auch an der Börse und an sonstigen organisierten Märkten als Mittel zur Kapitalbeschaffung beim breiten Publikum genutzt wird. In Vergessenheit geraten ist dagegen, daß vor dem 1. Weltkrieg in Deutschland GmbH-Anteile an der Börse gehandelt wurden.

2. Reformüberlegungen und ihre Vorbilder

2.3.1 Börsenhandel mit GmbH-Anteilen in Deutschland

An den Börsen in Berlin und Hamburg gab es bereits um die Jahrhundertwende einen lebhaften Börsenhandel mit GmbH-Anteilen (*Claussen* 1988, S. 421 f.). Unter den gehandelten Papieren befanden sich neben einer Reihe von Mittelstandsgesellschaften mit nur regionaler Bedeutung teilweise sogar recht illustre Emittenten wie zum Beispiel die Maggi-GmbH. Dabei wurde die Übertragung – in Umgehung von § 15 Abs. 3 GmbHG (notarielle Form der Anteilsübertragung) – entweder mit Hilfe von der GmbH ausgestellten Anteilsscheinen, durch Transfer von Verfügungsrechten über Geschäftsanteile oder mittels formlos erteilter Vollmachten durchgeführt. Derartige Umgehungskonstruktionen können kein Vorbild für den heutigen Börsenhandel sein. Sie haben sich – wohl nicht zuletzt wegen der mit ihnen verbundenen rechtlichen Unsicherheiten – auch in der Vergangenheit nicht lange halten können.

2.3.2 Handel mit „KG-Anteilen" in den USA und in Kanada

In den 80er Jahren wurden in den USA und in Kanada viele „Limited Partnerships" zum Erwerb von Immobilien, für Öl- und Gasbohrungen und zum Leasing von Ausrüstungsgegenständen gegründet (*Rölle* 1990, S. 8 ff.; *Göllner* 1989, S. 1 ff.; *Münstermann* 1991, S. 47 ff.). Von ca. 130 dieser „Kommanditgesellschaften" wurden Anteile an den Börsen gehandelt, zum Beispiel an der NYSE (New York Stock Exchange) oder im NASDAQ-System (National Association of Securities Dealers Automated Quotations).

Der Erwerb entsprechender Anteile war vor allem deshalb interessant, weil die Anleger als „**Mitunternehmer**" besteuert wurden und sich von daher in der Vergangenheit erhebliche Steuervorteile ergaben. Um die weitere Ausbreitung von **Abschreibungsgesellschaften** in der Rechtsform der börsennotierten Publikumsgesellschaft zu verhindern, hat in den USA die Steuergesetzgebung gegengesteuert. Börsennotierte Publikumskommanditgesellschaften sind danach grundsätzlich wie eine corporation „körperschaftsteuerpflichtig", sofern nicht eine sachlich in bezug auf den Geschäftszweck (z. B. Immobiliengeschäfte oder Ölbohrungen) oder in sonstiger Weise begründete Ausnahme vorliegt. Die börsennotierten Abschreibungs-Kommanditgesellschaften in den USA können deshalb kein Vorbild für einen Börsenhandel mit KG-Anteilen in der Bundesrepublik sein. Denn es müßte damit gerechnet werden, daß auch hier der Gesetzgeber oder die Rechtsprechung gegensteuert und den Anlegern, die nicht dem Typus des „Mitunternehmers", sondern dem eines „Aktionärs" entsprechen, die mitunternehmerische Besteuerung verwehrt. Für die Publikums-KG am grauen Kapitalmarkt hat der BFH zwar eine körperschaftsteuerliche Behandlung abgelehnt (BFH Großer Senat B.v. 25. 6. 1984

BStBl 1984, Teil II, S. 751 ff.), aber u. a. deshalb, weil sich sonst unlösbare Abgrenzungsprobleme ergeben würden. Diese würden jedoch entfallen, wenn man, was sachgerecht wäre, nur bei einer börsennotierten KG den Anlegern die mitunternehmerische Besteuerung verweigern würde.

Abgesehen davon muß gesehen werden, daß ein Börsenhandel mit Anteilen, die bei den Erwerbern zu einer mitunternehmerischen Besteuerung führen, mit erheblichen steuertechnischen Schwierigkeiten verbunden ist, die sich nur durch kostenaufwendige **Computerprogramme** lösen lassen. Ein entsprechender Börsenhandel eignet sich daher kaum für Mittelstandsunternehmen. Anders ist dies allerdings zu beurteilen, wenn speziell für Mittelstandsunternehmen sonstige Formen eines organisierten Handels entwickelt werden, bei denen es nicht so häufig zu einer Anteilsübertragung kommt wie an der Börse. Solche Formen eines organisierten Handels sind in den USA durch die Schaffung von „Privatbörsen" entwickelt worden, an denen in börsenähnlichen Verfahren mit Hilfe moderner Kommunikationstechnologien Kommanditanteile gehandelt (genauer: vermittelt) werden (*Rölle* 1990, S. 4 ff.). Solche **Privatbörsen** gibt es in Tampa, Florida, mit der Bezeichnung NAPEX (National Partnership Exchange), und in San Rafael, Kalifornien, mit dem Namen NPM (National Partnership Marketplace).

3. Reformüberlegungen und ihre Umsetzung

Die in den letzten Jahren entwickelten Reformvorschläge für einen Börsenhandel mit GmbH- oder KG-Anteilen gehen von z. T. völlig unterschiedlichen Reformansätzen aus. Die einen empfehlen gesetzgeberische Änderungen und Ergänzungen im GmbH-Gesetz und im Handelsgesetzbuch oder eine ganz neue Gesellschaftsform, die GmbHaA, um einen Börsenhandel mit **unmittelbarer** Anlegerbeteiligung zu ermöglichen (so namentlich *Semler* 1985, S. 507 f.). Die anderen wollen für GmbH und KG ohne gesetzgeberische Vorgaben durch autonome Gestaltungen der Wirtschaftspraxis im börslichen Freiverkehr einen Zugang zum organisierten Kapitalmarkt eröffnen und sich hierbei aus rechtlichen und wirtschaftlichen Gründen auf Formen einer **mittelbaren** Anlegerbeteiligung beschränken (so die Arbeitsgruppe „Zweiter Börsenmarkt" 1989, S. 9 ff.).

3.1 Börsenhandel bei unmittelbarer Anlegerbeteiligung

Ein Börsenhandel mit GmbH- oder KG-Anteilen läßt sich bei unmittelbarer Anlegerbeteiligung allein schon wegen der geltenden **Anteilsübertragungsvorschriften** nicht ohne entsprechende Gesetzesänderungen oder -ergänzungen realisieren. Ferner müssen auch sonst aus Gründen des notwendigen Anleger- und Gläubigerschutzes ergänzende Sonderregelungen

3. Reformüberlegungen und ihre Umsetzung 373

für eine börsenfähige GmbH oder KG getroffen werden (dazu und zum folgenden Arbeitsgruppe „Zweiter Börsenmarkt" 1989, S. 11 ff.).

Im Bereich der KG müßte die steuerliche **Mitunternehmerschaft** mit ihren für den Börsenhandel nachteiligen Konsequenzen (individuelle Ertragsbesteuerung, Steuerpflicht bei Anteilsveräußerung) sowie die handelsregisterliche **Eintragungspflicht** für die einzelnen Anleger-Kommanditisten beseitigt und die **Haftungsproblematik**, insbesondere bei Teileinzahlung und Einlagenrückgewähr, einer adäquaten Lösung zugeführt werden. Eine solche Lösung würde es aus Gläubigerschutzgründen erfordern, daß bei der KG in Anlehnung an das Recht der Kapitalgesellschaften zusätzliche satzungsmäßig und/oder gesetzlich begründete Vorkehrungen zur **Kapitalsicherung** getroffen werden.

Im GmbH-Recht wären neben dem bereits erwähnten § 15 Abs. 3 GmbHG (notarielle Beurkundung der Anteilsübertragung) insbesondere die dem wertpapiermäßigen Handel entgegenstehenden §§ 8 Abs. 1 Nr. 3 und 40 (Gesellschafterliste), § 16 Abs. 1 (Nachweis des Anteilsüberganges) sowie die Regelungen über die Solidarhaftung gem. §§ 9 a, 18 Abs. 2, 22 Abs. 2, 24 und 31 GmbHG anzupassen. Auch dies würde eine Verstärkung der Kapitalbindung und -sicherung erfordern.

Abgesehen davon müßte für eine börsenfähige KG oder GmbH mit unmittelbarer Anlegerbeteiligung wohl auch sonst das Organisationsstatut mehr oder weniger stark durch Gesetz und/oder Satzung an das der AG angenähert werden, z. B. durch Einführung einer **Aufsichtsratsverfassung**. Hier besteht also gesellschaftsrechtlicher Handlungsbedarf (insoweit zutreffend *Claussen* 1989a, S. 234 und *Hommelhoff* 1989, S. 208). All dies zeigt, daß sich bei unmittelbarer Anlegerbeteiligung ein Börsenhandel mit KG- oder GmbH-Anteilen in der Tat nur mit erheblichen Schwierigkeiten realisieren läßt und außerdem, jedenfalls z. T., zu ähnlichen Organisationsstrukturen und Organisationslasten führen würde wie bei einer AG.

3.2 Börsenhandel bei mittelbarer Anlegerbeteiligung

Die dargestellten Schwierigkeiten und Probleme entfallen bei einer mittelbaren Anlegerbeteiligung an einer KG oder GmbH, für die es bereits ein von der Arbeitsgruppe „Zweiter Börsenmarkt" konkret bis ins Detail durchkonstruiertes Beteiligungsmodell gibt (eingehende Modellbeschreibung und Erläuterung auch bei *Vollmer* 1991, S. 3 ff.). Dieses sogenannte **Stuttgarter Modell** eignet sich in besonderer Weise zur Kapitalbeschaffung für eigentümerdominierte Mittelstandsunternehmen, weil hier die modellspezifischen Vorteile die modellspezifischen Nachteile i. d. R. eindeutig überwiegen. Dieses Modell der mittelbaren Anlegerbeteiligung läßt sich auch bereits nach geltendem Recht, d. h. ohne irgendeine Gesetzesänderung, in die Praxis umsetzen und zur Kapitalbeschaffung an der Börse nutzen, sofern man sich auf den Freiverkehr beschränkt.

3.2.1 Das Modell der mittelbaren Anlegerbeteiligung

Nach dem Stuttgarter Modell soll bei emissionswilligen Mittelstandsunternehmen in der Rechtsform der GmbH oder KG ein zusätzlicher GmbH- oder KG-Anteil gebildet werden, der von einem **Anlegerverein** übernommen wird. Die einzelnen Anleger sollen Mitglieder des Anlegervereins, nicht aber Mitglieder der jeweils emittierenden Gesellschaft werden. Beim breiten Publikum sollen also nicht **Gesellschaftsanteile**, sondern **Vereinsanteile** gehandelt werden, die allerdings eine mittelbare Beteiligung an einem GmbH- oder KG-Anteil verkörpern. Die jeweilige GmbH oder KG bleibt dabei formal eine geschlossene Gesellschaft, in die mit dem Verein nur ein neuer, noch dazu nicht ständig wechselnder, Gesellschafter eintritt. Materiell wird die jeweilige GmbH oder KG dadurch allerdings zu einer teilpublikumsoffenen **Anlegergesellschaft**, weil ein Gesellschaftsanteil über das Medium des Anlegervereins mittelbar beim breiten Publikum gehandelt werden kann (Arbeitsgruppe „Zweiter Börsenmarkt" 1989, S. 9 ff.; *Vollmer* 1991, S. 3 ff.).

3.2.2 Die modellspezifischen Vor- und Nachteile

Es sprechen viele Gründe dafür, daß das Stuttgarter Modell der mittelbaren Anlegerbeteiligung sowohl den Interessen der Altgesellschafter von börsenfähigen Mittelstandsunternehmen als auch den Interessen der potentiellen privaten Anleger entspricht. Das berechtigt zu der Annahme, daß dieses Modell geeignet ist, den Mittelstandsunternehmen eine Kapitalbeschaffung beim breiten Publikum zu günstigen Konditionen zu ermöglichen. Im Rahmen einer notwendigen einzelfallbezogenen Prüfung müssen jedoch immer die im Vergleich zur AG und KGaA mit dem Modell verbundenen Organisationserleichterungen und die sich daraus ergebenden Kosten- und Steuervorteile einerseits und die im Vergleich zu einer Aktienemission erzielbaren Emissions- und Folgekurse andererseits berücksichtigt werden.

3.2.2.1 Die Organisationserleichterungen

Organisationserleichterungen ergeben sich beim Stuttgarter Modell vor allem daraus, daß es sowohl in bezug auf die Gestaltung der Rechtsverhältnisse der Gesellschafter untereinander als auch in bezug auf die Organisationsstruktur der Gesellschaft als solche weitgehend, wenn auch nicht vollständig, bei der GmbH- und KG-rechtlichen Gestaltungsfreiheit bleiben kann (*Vollmer* 1991, S. 4).

Eine verselbständigte Geschäftsführung durch Dritte mit eigenverantwortlicher Leitungsmacht ist nicht notwendig. Es besteht beim Stuttgar-

3. Reformüberlegungen und ihre Umsetzung

ter Modell im Gegensatz zu einer vollpublikumsoffenen Gesellschaft nicht die Gefahr, daß es durch einen raschen Wechsel sämtlicher Kapitalgeber zu einer diskontinuierlichen Geschäftspolitik kommt, weil alle Gesellschafter, d. h. sowohl die Altgesellschafter als auch der Verein, wie bei einer normalen GmbH oder KG an die Gesellschaft gebunden sind. Die Gesellschafter können deshalb die Geschäftsführung selbst ausüben und die Art der Beteiligung der einzelnen Gesellschafter an Geschäftsführungsmaßnahmen weitgehend frei gestalten.

Ein aufsichtsratsähnliches Kontrollorgan ist ebenfalls nicht notwendig, weil der Vereinsvorstand die gesellschaftsrechtlichen Kontrollrechte, die dem Verein als dauerhaftem, nicht ständig wechselndem GmbH- oder KG-Gesellschafter zustehen, effektiv im Interesse der Vereinsmitglieder ausüben kann. Das hat den weiteren Vorteil, daß sich beim Stuttgarter Modell trotz einer partiellen Öffnung gegenüber dem Anlegerpublikum keine zusätzlichen mitbestimmungsrechtlichen Belastungen ergeben, während bei einer Publikums-AG oder -KGaA immer ein zumindest drittelparitätisch besetzter Aufsichtsrat zu bilden ist (vgl. § 76 BetrVerfG 1952, § 1 MitbestG).

3.2.2.1.1 Kostenvorteile

Bereits aus den genannten Organisationserleichterungen ergeben sich Kostenvorteile. Weitere Kostenvorteile ergeben sich vor allem daraus, daß sich die Altgesellschafter innerhalb der Gesellschaft nur mit dem Vereinsvorstand, nicht aber mit den einzelnen Anlegern auseinandersetzen müssen. Nur auf der Vereinsebene sind **Anlegerversammlungen** notwendig, die hier aber einfacher und kostengünstiger durchgeführt werden können als die Hauptversammlungen einer AG. Kostenvorteile entstehen auch daraus, daß beim Stuttgarter Modell – zumindest bei einem auf den Freiverkehr beschränkten Anteilshandel – die Rechnungslegungs- und Publizitätsanforderungen nicht so hoch sind wie bei einer börsennotierten AG (Arbeitsgruppe „Zweiter Börsenmarkt" 1989, S. 54 f.). Schließlich ist zu berücksichtigen, daß beim Stuttgarter Modell die sonst notwendigen Umwandlungskosten und die bei der formwechselnden Umwandlung von der Personengesellschaft in die AG zu entrichtenden Umwandlungssteuern entfallen. Gravierender sind allerdings die sonstigen steuerlichen Entlastungen, die sich beim Stuttgarter Modell im Vergleich zur AG ergeben können (vgl. dazu und zum folgenden *Vollmer* 1991, S. 18–23).

3.2.2.1.2 Steuervorteile

Das Stuttgarter Modell ist im Vergleich zur AG grundsätzlich ertragsteuerlich „neutral". Es ergeben sich nur gewisse, wenn auch begrenzte Vorteile, wenn eine KG mit Anlegerverein gewählt wird und nach den individuellen gesellschaftlichen Verhältnissen die personengesellschaftsrechtliche Besteuerung günstiger ist als die kapitalgesellschaftsrechtliche Besteuerung.

Ganz erhebliche Vorteile im Vergleich zur AG ergeben sich dagegen bei den **Substanzsteuern**, insbesondere bei der **Vermögensteuer**.

Wird eine Personengesellschaft in eine AG umgewandelt, so ergeben sich besondere Belastungen bereits daraus, daß nunmehr die nur bei Kapitalgesellschaften, nicht aber bei Personengesellschaften bestehende vermögensteuerliche Doppelbelastung eingreift mit der Folge, daß die Aktien einer, von der Besteuerung der AG oder KGaA unabhängigen, selbständigen Besteuerung mit Vermögensteuer unterliegen (vgl. § 1 VStG). Bei der KGaA entfällt die vermögensteuerliche Doppelbelastung allerdings insoweit, wie das Betriebsvermögen der KGaA anteilig dem Komplementär unmittelbar zugerechnet wird (*Theisen* 1989, S. 161).

Hinzu kommt ganz allgemein, daß bei einer börsennotierten AG oder KGaA für die Besteuerung aller Aktien (also auch für die noch nicht börsengehandelten!) der Kurswert als Besteuerungsgrundlage maßgebend ist und nicht mehr, wie bei Kapitalgesellschaften sonst, das **Stuttgarter Verfahren** angewendet werden kann (vgl. § 11 Abs. 1 BewG). Welche Mehrbelastungen sich daraus bei der periodisch wiederkehrenden Vermögensteuer und später bei der Erbschaftsteuer tatsächlich ergeben, wird deutlich, wenn man sich klar macht, daß der Börsenkurs einer Aktie bei ertragsstarken Unternehmen häufig drei- bis viermal so hoch ist wie der nach dem Stuttgarter Verfahren ermittelte Wert, und im Durchschnitt mindestens doppelt so hoch sein dürfte (*Binz/Sorg* 1987, 1997). Dies ist das derzeit größte Hindernis, das Familienunternehmen von einem Gang an die Börse abhält (*Herzig/Ebeling* 1989, S. 221; IRW-Arbeitskreis 1990, S. 31). Die vermögensteuerliche Mehrbelastung ist vor allem für die einzelnen Familienaktionäre oft so hoch, daß sie die gesamte ausgeschüttete Dividende verschlingt. Diese Mehrbelastungen entfallen beim Stuttgarter Modell, weil es hier nur beim Anlegerverein selbst zu einer vermögensteuerlichen Doppelbelastung kommt mit der Maßgabe, daß für die Bewertung der Vereinsanteile der Börsenkurs maßgebend ist. Im übrigen bleibt es beim Stuttgarter Modell bei der „normalen" KG- oder GmbH-rechtlichen Besteuerung. Die Börsenkurse der Vereinsanteile wirken sich dabei weder auf der Ebene der Gesellschaft noch bei den Gesellschaftern nachteilig aus (*Vollmer* 1991, S. 23). Dies ist die sachgerechte steuerliche Folge daraus, daß sich beim Stuttgarter Modell die jeweilige KG oder GmbH nur partiell dem Börsenpublikum öffnet.

3.2.2.2 Die Emissions- und Folgekurse

Beim Stuttgarter Modell führt die Zwischenschaltung des Holdingvereins zu einer Mediatisierung des Stimmrechts bei den einzelnen Anlegern. Wegen dieser Mediatisierung, die den Titel nicht zuletzt für übernahmewil-

3. Reformüberlegungen und ihre Umsetzung

lige andere Unternehmen uninteressant macht, wird man davon ausgehen müssen, daß sich für die Vereinsanteile des Stuttgarter Modells i. d. R. nur geringere Emissions- und Folgekurse erzielen lassen als für Aktien. Da bereits die Vorzugsaktie im Vergleich zur Aktie häufig eine Kursdifferenz von 10–15% aufweist (*Reckinger* 1983, S. 216 ff.; *Süchting* 1989, S. 417), muß beim Stuttgarter Modell i. d. R. nochmals mit weiteren Kursabschlägen gerechnet werden. Diese (zusätzlichen) Abschläge dürften sich aber in Grenzen halten. Die Vereinsanteile können nämlich für private Anleger, die nicht primär auf Kursgewinne, bedingt durch das Übernahmeinteresse anderer Unternehmen, spekulieren, durchaus eine im Vergleich zur Aktie interessante Anlagealternative sein. Sie kann es namentlich dann sein, wenn die Erwerber der Vereinsanteile zum Ausgleich für ihr mediatisiertes Stimmrecht bestimmte gesellschaftsvertraglich und satzungsmäßig festgelegte **Gewinn-Ausschüttungsgarantien** erhalten (Arbeitsgruppe „Zweiter Börsenmarkt" 1989, S. 24). Weiter muß berücksichtigt werden, daß bei Mittelstandsunternehmen, für die das Stuttgarter Modell organisationstypisch entwickelt wurde, vielfach besondere Wachstumspotentiale vorhanden sind, die sich auch bei Titeln mit einem mediatisierten Stimmrecht in künftigen Gewinnausschüttungen und/oder besonderen Kursgewinnen niederschlagen. Schließlich ist noch darauf hinzuweisen, daß es durch die Mediatisierung der Mitwirkungsrechte nicht zu einer Verkürzung des Anlegerschutzes, sondern zu einer effektiven kollektiven Interessenvertretung kommt.

Aus all diesen Gründen dürften die Emissions- und Folgekurse für die Vereinsanteile i. d. R. nur unerheblich unter denjenigen liegen, die sich bei der Ausgabe von Vorzugsaktien ergeben würden (zweifelnd *Claussen* 1989b, S. 500). Der Nachteil eines geringeren Emissionskurses dürfte jedenfalls in den meisten Fällen so gering sein, daß er durch die sonstigen Vorteile des Stuttgarter Modells, insbesondere durch die bereits erwähnten Organisationserleichterungen und die damit verbunden Kosten- und Steuervorteile, mehr als aufgewogen wird.

3.2.3 Die Umsetzung des Modells in der Praxis

Wie bereits dargelegt, wird eine KG oder GmbH durch die Einschaltung eines Anlegervereins so umgestaltet, daß dadurch – materiell betrachtet – eine teilpublikumsoffene Anlegergesellschaft entsteht. Durchgreifende Zulässigkeitsbedenken bestehen dagegen nicht. Es ist unbestritten zulässig, daß auf diese Weise außerhalb der Börse Kapital beim breiten Publikum beschafft werden kann. Richtiger Ansicht nach ist dies aber auch im börslichen Freiverkehr möglich, weil die hier bestehende **Freiverkehrsautonomie** die Entwicklung neuer Formen von teilpublikumsoffenen Anlegergesellschaften mit mittelbarer Anlegerbeteiligung deckt (Arbeitsgruppe „Zweiter Börsenmarkt" 1989, S. 16 ff., *Vollmer* 1991, S. 8 ff.;

a. A. *Claussen* 1989b, S. 497 ff.). Die hier für die Zulassung zum Handel zuständigen Stellen können die zur Realisierung des Stuttgarter Modells notwendigen Vertrags- und Satzungsgestaltungen einer Kontrolle unterziehen und so den notwendigen Gläubiger- und Anlegerschutz gewährleisten (Grundlegend: Kommission „Zweiter Börsenmarkt" 1987, S. 20, 86 ff.; Arbeitsgruppe „Zweiter Börsenmarkt" 1989, S. 18 f.; a. A. *Hommelhoff* 1989, S. 189 ff., allerdings explizit nur für Formen einer unmittelbaren Anlegerbeteiligung). Auch gegen die einzelnen Konstruktionselemente des Stuttgarter Modells, insbesondere die Einschaltung eines rein wirtschaftlichen Zwecken dienenden Holdingvereins, bestehen keine durchgreifenden Zulässigkeitsbedenken (*Vollmer* 1991, S. 17; a. A. K. *Schmidt* 1988, S. 48).

3.2.3.1 Anforderungen an die Vertrags- und Satzungsgestaltung

Zur Realisierung des Modells müssen die Gesellschaftsverträge der emissionswilligen KG oder GmbH umgestaltet und ein **Anlegerverein** gegründet werden. Die Gesellschaftsverträge und die Vereinssatzung müssen so ausgestaltet und aufeinander abgestimmt werden, daß eine organische Gesamtverfassung entsteht. Hierfür hat die Arbeitsgruppe „Zweiter Börsenmarkt" (1989, S. 45–71) konkrete Vorschläge erarbeitet, die der Kautelarpraxis eine sichere Anleitung bieten. Für die Gestaltung des Gesellschaftsvertrages einer emissionswilligen KG oder GmbH wurde allerdings auf den Entwurf von „Musterverträgen" verzichtet. Sie sind angesichts der Eigenart und Vielfalt der Gesellschaftsverträge im Bereich der mittelständischen Unternehmen weder möglich noch für den hier angestrebten Zweck notwendig. Die Arbeitsgruppe „Zweiter Börsenmarkt" hat allerdings eine umfangreiche Checkliste aufgestellt, die die Gestaltungsprobleme erläutert, auf die bei einer mittelbar börsengehandelten KG oder GmbH geachtet werden muß, und die aufzeigt, wie diese Probleme rechtlich zweifelsfrei und praktikabel gelöst werden können. Für den neu zu schaffenden (rechtsfähigen) Anlegerverein hat die Arbeitsgruppe dagegen eine Mustersatzung entworfen. Aus sachlichen Gründen muß die Satzung eines Holdingvereins, der eine mittelbar börsengehandelte KG- oder GmbH-Beteiligung ermöglichen soll, im wesentlichen immer den gleichen Inhalt haben. Mit dieser **Mustersatzung** steht eine „Blaupause" zur Verfügung, nach der Anlegervereine als das wesentliche Bauelement zur Schaffung einer teilpublikumsoffenen börsenfähigen KG- oder GmbH problemlos gebildet werden können.

3.2.3.2 Hinweise für die praktische Realisierung

Die Initiatoren und Erfinder des Stuttgarter Modells sind überzeugt, daß sich diese Form der mittelbaren Anlegerbeteiligung in der Praxis tatsächlich zu einem verbreiteten Instrument der Kapitalbeschaffung beim breiten Publikum entwickeln wird.

3. Reformüberlegungen und ihre Umsetzung 379

Zur Kapitalbeschaffung über die Börse (Freiverkehr) ist es bislang allerdings noch nicht genutzt worden. Das hat seinen Grund vor allem darin, daß die vereinsmäßige Organisation der mittelbaren Anlegerbeteiligung eine im Vergleich zur AG und KGaA noch ungewöhnliche Rechtskonstruktion ist, die bislang vielfach auf rechtliche und wirtschaftliche Vorbehalte stößt (entsprechende Bedenken namentlich bei *Claussen* 1989b, S. 500), die aber im Ergebnis unbegründet sind (*Vollmer* 1991, S. 6–8). Akzeptanzprobleme bestehen nach den bisherigen Erfahrungen weniger bei den potentiellen Emittenten und Anlegern, sondern eher bei den für den börslichen Freiverkehrshandel notwendigen Emissionsbegleitern, denen das Stuttgarter Modell bislang offenbar als zu riskant und/oder als finanziell zu wenig interessant erscheint. Vor allem die Banken haben bis jetzt zurückhaltend reagiert. Dabei drängt sich jedoch der Eindruck auf, als sei ihre Zurückhaltung nicht zuletzt dadurch bedingt, daß sie den Mittelstandsunternehmen aus eigenen geschäftlichen Interessen lieber Kredite verkaufen oder selbst Eigenkapital über eine ihrer Kapitalbeteiligungsgesellschaften zuführen wollen. Die Umsetzung des Stuttgarter Modells im börslichen Freiverkehr wird deshalb nicht zuletzt davon abhängen, ob und inwieweit es in Zukunft gelingt, den Gang an die Börse auch mit anderen Emissionsbegleitern (evtl. auch mit Nichtbanken) zu realisieren.

Außerhalb der Börse hat das Stuttgarter Modell dagegen bereits seine Bewährungsprobe bestanden. Als erstes mittelständisches Unternehmen hat bereits im Dezember 1989 die Alano-Verlag GmbH & Co. KG Aachen nach dem Stuttgarter Modell einen nach der „Mustersatzung" gestalteten rechtsfähigen Anlegerverein an ihrer Gesellschaft beteiligt. Über die Mitgliedschaft im Anlegerverein wurden Anteilsscheine ausgestellt, die als Inhaberpapiere in von Hand unterzeichneten Urkunden verbrieft sind und die außerhalb der Börse gehandelt werden. Hierbei wurde mit Erfolg gezeigt, daß als potentielle Ersterwerber und künftige Käufer vor allem Personen aus dem Umfeld des Unternehmens in Betracht kommen, wie z. B. Lieferanten oder Abnehmer. Das Stuttgarter Modell ist nicht zuletzt auch für die **Mitarbeiterbeteiligung** hervorragend geeignet, weil die Vereinsanteile direkt in wertpapiermäßig verbriefter Form übertragbar sind und somit nicht die Abfindungsprobleme entstehen, die sich bei sonstigen Formen einer betrieblichen Mitarbeiterbeteiligung, die nicht in Aktien bestehen, als so schwierig und belastend erweisen (näher dazu Kommission „Zweiter Börsenmarkt" 1987, S. 199–224).

Hat eine GmbH oder KG schon außerhalb der Börse nach dem Stuttgarter Modell eine größere Anzahl von Anlegern mittelbar beteiligt, so ist es später nur noch ein kleiner Schritt, diese Beteiligung (evtl. mit einer zusätzlichen Kapitalerhöhung) im Freiverkehr handelbar zu machen. Mit der wertpapiermäßigen Verbriefung der Vereinsanteile ist bereits eine wichtige Grundvoraussetzung für den Börsenhandel gegeben (vgl. § 36 BörsG). Das Stuttgarter Modell ist deshalb für relativ kleine Mittelstandsunternehmen nicht zuletzt als **Börsenvorstufe** in besonderer Weise geeignet. Durch wiederholte außerbörsliche Kapitalerhöhungen kann langsam ein Emissionskapital gebildet werden, das, eventuell mit einer erneuten Kapitalerhöhung, hinreichend groß ist, um damit den Einstieg in den Börsenhandel zu wagen.

Literatur

Albach, H./Corte, C./Friedewald, R./Lutter, M./Richter, W. (1988), Deregulierung des Aktienrechts: Das Drei-Stufen-Modell, Gütersloh

Albach, H./Corte, C./Richter, W. u. a. (1988), Die Private Aktiengesellschaft – Materialien zur Deregulierung des Aktienrechts, Stuttgart

Arbeitsgruppe „Zweiter Börsenmarkt" (1988), Börsenzugang für kleine und mittlere Unternehmen – konkrete Gestaltungsvorschläge, bearbeitet von L. Vollmer/P. May, Hrsg.: Ministerium für Wirtschaft, Mittelstand und Technologie Baden-Württemberg, Stuttgart

Binz, M. K./Sorg, M. (1987), Vermögenssteuerliche Folgen der Going Public bei Familienunternehmen, in: DB, S. 1996–1998

Claussen, C. P. (1988), Börsenzugang für mittelständische Unternehmen, Stellungnahme zum Bericht der Kommission „Zweiter Börsenmarkt". In: GmbH-Rdsch., S. 417–423

Claussen, C. P. (1989a), Kleine Kapitalgesellschaften und der Zugang zum Kapitalmarkt, in: ZHR 153, S. 216–234

Claussen, C. P. (1989b), Noch einmal: Die börsengehandelten GmbH-Anteile, in: GmbH-Rdsch., S. 495–502

Göllner, W. (1989), Publicly traded limited partnerships, Veröffentlichungen des Instituts für Rechtswissenschaft der Universität Hohenheim Nr. 5, Stuttgart

Grüner, D. u. a. (1990), Kapitalbeteiligungsgesellschaften, in: ZfgK, S. 592–622

Hennerkes, B.-H./May, P. (1989), Als GmbH und KG an die Börse, in: DB, S. 1709–1714

Herzig, N./Ebeling, R. (1989), Substanzsteuerliche Folgen der Börseneinführung stimmrechtsloser Vorzugsaktien, in: Die AG, S. 221–230

Hommelhoff, P. (1989), Börsenhandel von GmbH- und KG-Anteilen, in: ZHR 153, S. 181–215

IRW-Arbeitskreis (1990), Going Public dürfte künftig an Attraktivität verlieren, in: Handelsblatt v. 26.6., S. 31

Kecker, J.-P. (1991), Die Fungibilisierung von GmbH-Anteilen, Köln

Kommission „Zweiter Börsenmarkt" (1987), Börsenzugang für kleine und mittlere Unternehmen. Hrsg.: Ministerium für Wirtschaft, Mittelstand und Technologie Baden-Württemberg, Stuttgart

Kürten, S. (1990), Unternehmensbeteiligungsgesellschaften, Bergisch Gladbach/Köln

May, P. (1992), Die Sicherung des Familieneinflusses auf die Führung der börsengehandelten Aktiengesellschaft, Köln

Münstermann, U. (1991), Canadian approaches to overcome the equity capital gap of small companies: the close corporation and publicly traded limited partnership, Veröffentlichungen des Instituts für Rechtswissenschaft der Universität Hohenheim Nr. 6, Stuttgart

o.V. (1986), AG Report 1986, in: Die AG 1986, R 266ff.

o.V. (1991), AG Report 1991, in: Die AG 1991, R 368

Reckinger, G. (1983), Vorzugsaktien in der Bundesrepublik, in: Die AG, S. 216–222

Reuter, D. (1984), Welche Maßnahmen empfehlen sich insbesondere im Gesellschafts- und Kapitalmarktrecht, um die Eigenkapitalausstattung der Unternehmen langfristig zu verbessern?, Gutachten B für den 55. Deutschen Juristentag, München

Rölle, H. (1990), Börsennotierte Partnerships (MLP) und Immobilienfonds auf Aktien (REIT) in den USA, Stuttgart

Schmidt, K. (1988), Eintragungsfähige und eintragungsunfähige Vereine, in: Rechtspfleger, S. 45–51

Schmidt, R. H. (1988), Underpricing bei deutschen Erstemissionen 1984/85, in: ZfB, S. 1193–1203

Schürmann, W./Beyer, G. (1981), Umwandlung in die AG – Steuerliche Nachteile?, in: ZGR, S. 58–100

Schürmann, W./Körfgen, K. (1987), Familienunternehmen auf dem Weg zur Börse, 2. Aufl., München

Semler, J. (1985), Die GmbH auf Aktien als Ausprägung der GmbH für das Publikum, in Festschrift für W. Stimpel, Berlin/New York, S. 507–532

Süchting, J. (1989), Finanzmanagement: Theorie und Politik der Unternehmensfinanzierung, 5. Aufl., Wiesbaden

Theisen, M. R. (1989), Die Kommanditgesellschaft auf Aktien (KGaA) auf dem Prüfstand, in: DBW, S. 137–183

Uhlir, H. (1989), Der Gang an die Börse und das Underpricing-Phänomen, in: ZBB, S. 2–16

Vollmer, L. (1983), Der Genußschein – ein Instrument für mittelständische Unternehmen zur Eigenkapitalbeschaffung an der Börse, in: ZGR, S. 445–475

Vollmer, L. (1991), Das Stuttgarter Modell der mittelbaren Anlegerbeteiligung, in: WM, Sonderbeilage 2

Werner, W./Kindermann, E. (1981), Umwandlung mittelständischer Unternehmen in eine AG: Gesellschaftsrechtliche Vor- und Nachteile und Verfahren, in: ZGR, S. 17–58

Kapitel 17
Finanzierung besonderer Unternehmensphasen (Management-Buy-Out, Management-Buy-In, Spin-off, Existenzgründung, Innovationsvorhaben)

von *Karl-Heinz Fanselow*

1. Einleitung 384
2. Begriffliche Abgrenzungen 384
   2.1 Management-Buy-Out und -Buy-In 384
   2.2 Spin-off und Existenzgründung 385
   2.3 Innovationsvorhaben 385
3. Finanzierungsaspekte besonderer Unternehmensphasen 385
   3.1 Management-Buy-Out und Management-Buy-In 385
      3.1.1 Die Beteiligten 385
         3.1.1.1 Die Verkäufer 385
         3.1.1.2 Das Management 387
         3.1.1.3 Beteiligungsgesellschaften (Finanzinvestoren) und Banken 387
      3.1.2 Die Abwicklung eines Management-Buy-Out 388
         3.1.2.1 Die Kaufpreisfinanzierung 388
         3.1.2.2 Grundmodelle des Unternehmenskaufes ... 389
            3.1.2.2.1 Der Anteilserwerb 389
            3.1.2.2.2 Der Vermögenserwerb 389
            3.1.2.2.3 Das Kombinationsmodell 390
   3.2 Spin-off und Existenzgründung 393
   3.3 Innovationsvorhaben 394
      3.3.1 Produkt- und Verfahrensinnovationen 394
      3.3.2 Risiken des Innovationsprozesses 396
      3.3.3 Finanzierungsalternativen 396
         3.3.3.1 Staatliche Innovationshilfen 396
         3.3.3.2 Aufnahme von Fremdkapital 397
         3.3.3.3 Deckung durch Eigenkapital 397
4. Zusammenfassung und Perspektiven 398
Literatur 399

1. Einleitung

Die Dynamik einer Volkswirtschaft hängt von den Wachstumskräften der einzelnen Wirtschaftssubjekte ab. Ein belebendes Element hierfür stellt der nationale und internationale Wettbewerb dar, in dem sich kleine und mittlere Betriebe ebenso wie große Industrieunternehmen behaupten müssen. Hierzu kann die zügige wirtschaftliche Umsetzung technischer Innovationen beitragen. Dies als selbständige und unabhängige Einheit zu erreichen, sollte nicht nur ein Unternehmensziel darstellen, sondern auch unter volkswirtschaftlichen und wettbewerbspolitischen Aspekten erstrebenswert sein. Daß sich das Gründungsklima in Deutschland verbessert hat, zeigen zwei Beispiele:

– So geht aus einer Studie des Verbandes der Vereine Creditreform hervor, daß als Differenz aus Neugründungen und Insolvenzen 1990 insgesamt ein positiver Saldo von 36 000 neugegründeten Unternehmen festgestellt werden kann. Dies bedeutet gegenüber dem Vorjahr eine Steigerung von rund 33 % und dokumentiert einen spürbar gestiegenen Existenzgründungswillen der Unternehmer.

– Das Management-Buy-Out (MBO), der Erwerb eines Unternehmens durch dessen leitende Angestellte, gewinnt zunehmend in Deutschland an Bekanntheitsgrad und Verbreitung. So sollen in Deutschland in den letzten zehn Jahren über 100 MBOs realisiert worden sein.

Die unterschiedlichen Anlässe zum Aufbau und zur Fortentwicklung eines Unternehmens sollen im nachfolgenden Text unter dem Aspekt beleuchtet werden, welche speziellen Finanzierungsfragen bei der Realisierung bedeutsamer Unternehmensschritte (Management-Buy-Out, Management-Buy-In, Spin-off, Existenzgründung, Innovationsvorhaben) im Vordergrund stehen.

2. Begriffliche Abgrenzungen

2.1 Management-Buy-Out und -Buy-In

Ein Management-Buy-Out (MBO) ist der Kauf eines Unternehmens oder einer Unternehmensdivision durch Manager, die bisher die zu erwerbende Einheit geführt haben. Dieser Unternehmenskauf wird gemeinsam mit außenstehenden Investoren realisiert. Geschieht die Finanzierung des Erwerbs überwiegend durch Fremdkapital, so spricht man auch von einem Leveraged-Managment-Buy-Out.

Bei einem Management-Buy-In (MBI) erwirbt ein außenstehender Manager gemeinsam mit Investoren das zum Kauf stehende Unternehmen. Da

3. Finanzierungsaspekte besonderer Unternehmensphasen   385

es sich beim MBO und MBI im Prinzip um identische Vorgänge handelt, werden die Erläuterungen zu diesem Thema inhaltlich gleich vorgenommen.

2.2 Spin-off und Existenzgründung

„To spin off" bedeutet sinngemäß übersetzt „herausdrehen". Bei einem Spin-off wird ein Teilbereich eines Unternehmens – beispielsweise eine bis zur Marktreife fortentwickelte Produktidee – aus einem Unternehmen herausgelöst. Der Teilbereich wird in der Regel von den Personen in ein neues Unternehmen eingebracht, die diesen Betriebsteil geleitet haben.

Bei einer Existenzgründung wird der Weg in die Selbständigkeit gesucht, und zwar ohne vorherige Aktivitäten in das neu gegründete Unternehmen zu integrieren. Unter einer Unternehmensgründung sollte eine Phase bzw. ein Prozeß verstanden werden, da eine Gründung nicht ein Zeitpunkt und kein ausschließlich juristischer Akt ist. Diese Gründungsphase reicht von der unternehmerischen Idee bis hin zur sorgfältigen Gründungsplanung. Die Gründungsphase sollte sich über einen Zeitraum von einem halben bis ein Jahr erstrecken.

2.3 Innovationsvorhaben

Der Begriff Innovation beinhaltet nach *Schumpeter* alles das, was mit der Herstellung neuer Produkte verbunden ist. Hierzu zählen die Erschließung neuer Rohstoffe, die Erschließung neuer Absatzmärkte, die Schaffung neuer Organisationsstrukturen und die Kombination von Produktionsfaktoren auf eine neue Art und Weise. Die Umsetzung der Innovationsergebnisse in marktfähige Produkte und Verfahren vollzieht sich in einem langjährigen Prozeß. Welche Inhalte mit den einzelnen Innovationsphasen zu verbinden sind, verdeutlicht die Abbildung 1 (S. 386).

3. Finanzierungsaspekte besonderer Unternehmensphasen

3.1 Management-Buy-Out und Management-Buy-In

Zunächst soll ein kurzer Überblick die Interessen der an einem MBO Beteiligten verdeutlichen.

3.1.1 Die Beteiligten

3.1.1.1 Die Verkäufer

Die Verkäufer sind daran interessiert, daß das bisherige Unternehmen von Personen ihres Vertrauens erfolgreich weitergeführt wird. Dies gilt sowohl für den Fall, daß der bisherige Firmeninhaber aus Altersgründen das Unternehmen in die Hände seiner leitenden Mitarbeiter übergeben

Abb. 1: Inhalte des Innovationsprozesses (Hielscher/Dorn/Lampe 1982)

Innovations-phasen	Innovationsprozeß							
	Forschung		Entwicklung			Anwendung		
	Grundlagen-Forschung	Angewandte Forschung	Experimentelle Entwicklung	Funktions-, Pilot-, Demonstrat.-, Referenz-modelle	Produktionsaufnahme	Marktschließung	Diffusion in die Märkte
Innovative Tätigkeiten							
Primärergebnisse	Neue wissenschaftliche Erkenntnisse	Neue entwicklungsreife Erkenntnisse	Technischer Prototyp	Anwendungs-reifer Prototyp	Technische Umstellung		
Fortschrittsart	——wissenschaftlicher Fortschritt——		——technologischer Fortschritt——		——technischer Fortschritt——		
Innovationsart	——Invention——			——Basisinnovation——		——Verbesserungsinnovation——		

3. Finanzierungsaspekte besonderer Unternehmensphasen 387

möchte, als auch für den Fall, daß Konzerne im Zuge einer Umstrukturierung einzelne Tochtergesellschaften veräußern wollen. Die langjährige Erfahrung in der Zusammenarbeit mit den kaufwilligen Managern bietet den Verkäufern den Vorteil, ein akzeptables Verkaufsergebnis zügig zu realisieren und somit nicht mit weniger bekannten Dritten möglicherweise langwierig zu verhandeln.

3.1.1.2 Management

Der oder die kaufwilligen Manager haben zusammen mit den beteiligten Finanzinvestoren die Chance, einen wesentlichen Anteil an dem Unternehmen zu erwerben. Das Motiv hierfür liegt darin, in dem bisherigen Tätigkeitsgebiet vermehrt selbst verantwortlich zu arbeiten und in der Ausrichtung der Geschäftspolitik über mehr Bewegungs- und Gestaltungsfreiheit zu verfügen. Nicht zuletzt bietet der Schritt in die unternehmerische Selbständigkeit auch einen finanziellen Anreiz, der sich in einem Zuwachs von Anteilen und/oder in einer Teilrealisierung von Wertzuwächsen – beispielsweise beim Gang an die Börse – ausdrücken kann. Die während der bisherigen Tätigkeit erworbenen Kenntnisse über die Marktstellung und Perspektiven des Unternehmens bieten dem Manager, wie kaum einem anderen Käufer, den Vorteil, Chancen und Risiken der zukünftigen unternehmerischen Tätigkeit weitgehend abwägen zu können.

3.1.1.3 Beteiligungsgesellschaften (Finanzinvestoren) und Banken

Da die Manager selten über genügend Eigenkapital zur Darstellung des Kaufpreises verfügen, erwerben sie das Unternehmen gemeinsam mit **Finanzinvestoren**, die sich auf die Finanzierung von Management-Buy-Outs spezialisiert haben. Diese Finanzinvestoren stehen auch mit Rat und Tat zur Seite, wenn es gilt, ein Finanzierungskonzept zu erarbeiten, das die Grundlage für den Unternehmenskauf darstellt. Ein derartiges Konzept berücksichtigt die verschiedenen Details des jeweiligen Einzelfalles (betriebswirtschaftliche, gesellschaftsrechtliche und steuerrechtliche Problemlösungen).

Banken stellen bei einem MBO einerseits Fremdmittel zur Kaufpreisfinanzierung bereit, und andererseits stehen sie für die laufende Unternehmensfinanzierung mit kurz- bis langfristigen Krediten zur Verfügung; daher wird eine Bank schon frühzeitig in die Erarbeitung des Finanzierungskonzepts mit eingebunden. Dabei erhält das beteiligte Kreditinstitut auch einen Eindruck von dem Know-how und der Kapitalkraft der übrigen Finanzinvestoren. Aus Sicht einer Bank liegt der Nutzen der finanziellen Begleitung eines MBO in der Möglichkeit, die bestehende Kundenverbindung auszuweiten oder Neukunden zu gewinnen. Darüber hinaus können sich durch eine derartige Geschäftsverbindung Folgegeschäfte ergeben, die aus der täglichen Inanspruchnahme der breiten bankbetrieblichen Leistungspalette resultieren.

3.1.2 Die Abwicklung eines Management-Buy-Out

3.1.2.1 Die Kaufpreisfinanzierung

Der Kaufpreis wird durch Eigenkapital und eigenkapitalähnliche Mittel (z. B. stille Beteiligung, Genußscheine, partiarische Darlehen) und Fremdkapital bereitgestellt.

Ein betriebswirtschaftlich ausgewogenes Verhältnis zwischen Eigen- und Fremdkapital ist wichtig, um die Bedienbarkeit der Fremdmittel auch in Zeiten nachlassender Konjunktur zu gewährleisten. In der deutschen MBO-Praxis sind Relationen von Eigen- zu Fremdkapital von 1 zu 3 bis 1 zu 5 vorzufinden. Damit unterscheidet man sich von Relationen, die in den USA Mitte und Ende der 80er Jahre anzutreffen waren und in der Spitze ein Verhältnis von 1 zu 9 erreichten. Daß dieser überdurchschnittlich hohe Einsatz von Fremdkapital auch negative Auswirkungen haben kann, zeigt der Zusammenbruch des amerikanischen Marktes für hochverzinsliche Anleihen (Junk bonds).

Zur Optimierung des zur Kaufpreisfinanzierung einzusetzenden **Finanzierungsmix** (Eigenkapital, eigenkapitalähnliche Mittel und Fremdkapital) sind steuerliche Überlegungen bedeutsam, da der nachhaltig erzielbare Cash-flow des zu erwerbenden Unternehmens die Realisierung der Kaufpreisfinanzierung des MBO/MBI entscheidend mit beeinflußt.

Eine vorteilhafte Finanzierung ergibt sich insbesondere durch erhöhte Abschreibungen durch eine Buchwertaufstockung (step-up). Die reduzierte ertragsteuerliche Bemessungsgrundlage und die hierdurch erzielte Steuerentlastung erhöht den Cash-flow. Diese freigesetzten Finanzmittel können zur Kaufpreisfinanzierung genutzt werden.

Grundsätzlich gibt es zwei Möglichkeiten des Erwerbes:
- Erwerb der Anteile (share deal)
- Erwerb des Vermögens (asset deal) in Form eines Kaufes der einzelnen Wirtschaftsgüter.

Es wird davon ausgegangen, daß es sich bei der zu erwerbenden Unternehmung (auch target genannt) um eine GmbH (im folgenden Alt-GmbH) handelt.

Die Einschränkung der Untersuchung auf den Kauf von Kapitalgesellschaften kann deshalb erfolgen, weil das Steuerrecht beim Kauf von Personengesellschaften keinen Unterschied macht, ob es sich um einen Anteils- oder Vermögenskauf handelt. Bei der Übertragung von Anteilen an Personengesellschaften gehen steuerlich immer nur die einzelnen Wirtschaftsgüter und nicht die Mitunternehmeranteile über. Die beabsichtigte Buchwertaufstockung und die daraus folgende Erhöhung der Abschreibungen ist dementsprechend immer möglich.

Aus Gründen der Haftungsbeschränkung und der flexibleren Koordination unterschiedlicher Gesellschaftergruppen (Management und weitere Kapitalgeber, z. B. Kapitalbeteiligungsgesellschaften, Unternehmensbeteiligungsgesellschaften) erweist es sich meist als vorteilhaft, eine Vorschaltgesellschaft bzw. Erwerbergesellschaft in der Rechtsform einer GmbH (im folgenden Neu-GmbH) zu gründen.

3.1.2.2 Grundmodelle des Unternehmenskaufes

3.1.2.2.1 Anteilserwerb

Für den Veräußerer bietet sich der Anteilsverkauf meistens als günstigste Form des Unternehmenskaufes an. Dieser kann grundsätzlich die steuerlichen Vergünstigungen der §§ 17, 34 EStG in Form des halben Steuersatzes für außerordentliche Einkünfte bis zur Höhe von 30 Mio. DM bei Verkauf wesentlicher Anteile (größer als 25%) wahrnehmen. Gewinne aus Beteiligungen unter 25% sind steuerfrei, sofern der Zeitraum zwischen Erwerb und Veräußerung 6 Monate nicht unterschreitet (Spekulationsfrist).

Da beim einfachen Erwerb der Anteile die Anschaffungskosten nicht in erhöhte Abschreibungen umgesetzt werden können (Ausnahme ist die Teilwertabschreibung bei nachhaltigen Verlusten der Alt-GmbH), ist diese Form für den Erwerber in den seltensten Fällen vorteilhaft.

3.1.2.2.2 Vermögenserwerb

Beim Vermögenserwerb durch Kapitalgesellschaften werden die Wirtschaftsgüter der Aktiva und der Passiva im Wege der Einzelrechtsnachfolge erworben. Diese werden mit den Anschaffungskosten bewertet und entsprechen bei den Aktiva dem meist über den Buchwerten liegenden Teilwerten. Dies führt zu einer Buchwertaufstockung (step-up). Die dadurch aufgedeckten stillen Reserven bilden ein erhöhtes Abschreibungspotential. Erhöhte Abschreibungen vermindern die Erträge und somit die Ertragsteuern. Je höher die aufgedeckten stillen Reserven sind, und je kürzer die Restnutzungsdauer festgelegt werden kann, um so höher ist der daraus folgende steuerliche Entlastungseffekt und damit der generierte Cash-flow.

Für den Verkäufer erweist sich der Vermögensverkauf jedoch oftmals als unvorteilhaft. Werden die Anteile beim Verkäufer im Privatvermögen gehalten oder werden sie nicht als eine 100%-Beteiligung im Betriebsvermögen gehalten, sind die Veräußerungserlöse aus dem Verkauf der einzelnen Wirtschaftsgüter als laufende Betriebseinnahmen voll mit dem normalen Steuersatz zu versteuern.

Die Gläubiger der Alt-GmbH sind durch die nach den §§ 415 und 416 BGB bestehende Genehmigungserfordernis betreffend den Übergang von Verbindlichkeiten auf die Neu-GmbH geschützt, so daß sie gegen ihren

Willen ihren alten Schuldner nicht verlieren. Soweit sie die Genehmigung nicht erteilen, dient der an die Alt-GmbH gezahlte Kaufpreis zur Deckung ihrer Forderungen und kann vor der Erfüllung nicht an die Neu-GmbH-Gesellschafter ausgeschüttet werden. Im übrigen haftet die Neu-GmbH nach Maßgabe der §§ 419 BGB, 25 HGB und 75 AO.

3.1.2.2.3 Das Kombinationsmodell

Um die Nachteile des reinen Vermögenserwerbes und des reinen Anteilserwerbes zu beheben, wird die Vermögensübertragung in den Bereich der Erwerber verlagert (interner asset deal). Dies geschieht durch Anteilserwerb mit nachfolgender Vermögensübertragung von der Alt-GmbH auf die Neu-GmbH (sogenanntes Kombinationsmodell).

Diese Vorgehensweise vollzieht sich idealtypisch, wie in folgendem Beispiel dargestellt.

Folgende Abkürzungen werden benutzt:

AV	= Anlagevermögen
UV	= Umlaufvermögen
Alt-GmbH	= das zu kaufende Unternehmen (Zielgesellschaft)
Neu-GmbH	= das kaufende Unternehmen (Erwerbergesellschaft)
Beteil.	= Beteiligung
EK	= Eigenkapital
EStG	= Einkommensteuergesetz
FK	= Fremdkapital
FW	= Firmenwert
Ford.	= Forderung
GewSt	= Gewerbesteuer
KSt	= Körperschaftsteuer
Verb.g.	= Verbindlichkeiten gegenüber

1. Schritt

Gründung einer Erwerbergesellschaft (Neu-GmbH).

Neu-GmbH				Alt-GmbH			
Kasse	100	EK	100	AV	500	EK	1 000
				UV	500		
	100		100		1 000		1 000

Die Manager gründen gemeinsam mit den Investoren eine Erwerbergesellschaft (Neu-GmbH), um die Zielgesellschaft (Alt-GmbH) zu kaufen.

2. Schritt

Neu-GmbH kauft die Geschäftsanteile der Alt-GmbH zum Preis von 5 000.

Neu-GmbH			
Beteil.	5 000	EK	100
		FK	4 900
	5 000		5 000

Alt-GmbH			
AV	500	EK	1 000
UV	500		
	1 000		1 000

Die Gesellschafter der Alt-GmbH (natürliche Personen) realisieren einen Veräußerungsgewinn von 4 000.

3. Schritt

Neu-GmbH kauft den Betrieb der Alt-GmbH (Aktiva und Passiva) zum Preis von 5 000.

Neu-GmbH			
Beteil.	5 000	EK	100
AV	1 800	FK	4 900
UV	500	Verb. g. Alt-	
FW	2 700	GmbH	5 000
	10 000		10 000

Alt-GmbH			
Ford. an	5 000	EK	1 000
Neu-GmbH		Gewinn	2 133
		GewSt	667
		KSt	1 200
	5 000		5 000

Der Veräußerungsgewinn der Alt-GmbH ist gewerbe- und körperschaftsteuerpflichtig (Ausschüttungsbelastung 36%). Die zu zahlende Körperschaftsteuer steht der Neu-GmbH zeitverzögert als Körperschaftsteuerguthaben zu.

4. Schritt

Alt-GmbH schüttet Gewinn an Neu-GmbH aus. Neu-GmbH nimmt ausschüttungsbedingte Teilwertabschreibung um 4 000 vor.

Neu-GmbH			
Beteil.	1 000	EK	100
AV	1 800	FK	4 900
UV	500	Verb. g. Alt-	
FW	2 700	GmbH	1 000
	6 000		6 000

Alt-GmbH			
Ford. an Neu-		EK	1 000
GmbH	1 000		
	1 000		1 000

Sofern kein Organschaftsverhältnis vorliegt, steht zur Gewinnausschüttung an die Neu-GmbH ein Betrag von 4 000 abzüglich Gewerbeertragsteuer (hier angenommener Hebesatz von 400% = 667) zur Verfügung. Auf die Berücksichtigung der Kapitalertragsteuer und der Körperschaftsteuerzahllast wird der Einfachheit halber im vorliegendem Beispiel verzichtet, zumal die Neu-GmbH wegen der anstehenden Abschreibungen und Finanzierungskosten niedrigere Vorauszahlungen auf das zu erwartende verminderte Ergebnis beantragen kann.

Die Neu-GmbH kann im Zuge der Aufdeckung stiller Reserven (erworbene Aktiva der Alt-GmbH) sowie durch Aktivierung des Firmenwertes zusätzliches Abschreibungsvolumen schaffen (step-up) und dadurch den Cash-flow der Neu-GmbH erhöhen.

Die Neu-GmbH führt eine ausschüttungsbedingte Teilwertabschreibung auf ihre Beteiligung an der Alt-GmbH in Höhe von 4 000 durch. Dadurch wird der von der Alt-GmbH übernommene Gewinn aus der Veräußerung der Wirtschaftsgüter nahezu neutralisiert (in diesem Beispiel 4 000 abzüglich Gewerbeertragsteuer).

5.Schritt

Alt-GmbH wird liquidiert. Neu-GmbH bucht bilanzierte Beteiligung aus.

Neu-GmbH			
AV	1 800	EK	100
UV	500	FK	4 900
FW	2 700		
	5 000		5 000

Bei dem hier skizzierten Kombinationsmodell sind folgende Problemfelder zu beachten:
– Sind Gesellschafter der Alt-GmbH Ausländer (§ 50c EStG), so ist in Höhe deren Beteiligungsquote keine Teilwertabschreibung möglich.
– Liegt keine gewerbesteuerliche Organschaft zwischen Alt- und Neu-GmbH vor, so reduziert sich der ausschüttungsfähige Gewinn um die Gewerbeertragsteuer beim Anteilskauf.

Zusammenfassend kann festgestellt werden, daß bei den Erwerbsmodellen durch die Buchwertaufstockung das Abschreibungspotential und insbesondere in den ersten Perioden der Cash-flow erhöht wird. Da MBOs meist mit einer erhöhten Fremdfinanzierung einhergehen, kann der generierte Cash-flow zur Tilgung und zur Zinszahlung verwendet werden und der erhöhte Verschuldungsgrad in den ersten Jahren zügig abgebaut werden.

Das zur Erklärung des Kombinationsmodells herangezogene Beispiel kann dabei nicht als „Musterlösung" dienen, da jeder konkrete Einzelfall individuell zu betrachten ist.

3.2 Spin-off und Existenzgründung

Die Finanzierungsaspekte bei einem Spin-off bzw. einer Existenzgründung sind ähnlich gelagert und werden im nachfolgenden Text identisch abgehandelt.

Grundsätzlich sollte wegen der Beteiligung des Managements bei dem herausgelösten Unternehmensteil (Spin-off) das abgebende Unternehmen auf folgende Gesichtspunkte achten:

- Das ausscheidende Management verfügt auf dem zu erwerbenden Teilbereich über spezielle Kenntnisse. In der Überleitungsphase sollte für das den Betriebsteil abgebende Unternehmen der Informationsfluß gewährleistet bleiben.

- Regelungen hinsichtlich der Überleitung bestehender Lieferanten und Kundenbeziehungen sollten fixiert werden.

- Im Vorfeld sollte die Übernahme von Mitarbeitern besprochen werden, um dem abgebenden Unternehmen einen gewissen Schutz vor übermäßiger Abwerbung von Mitarbeitern zu bieten.

Viele **Existenzgründungen** sind an der unzureichenden Eigenkapitalausstattung gescheitert; daher hängt die Finanzierbarkeit der Neugründung entscheidend von der Vermögenssituation des Gründers bzw. des Gründerteams ab. Nicht ohne Grund setzen die öffentlichen Existenzgründungsprogramme eine angemessene Eigenbeteiligung des Gründers voraus.

Potentielle Existenzgründer sollten folgende grundsätzliche Leitlinien beachten:

- Der Existenzgründer sollte selbst mindestens 20% (möglichst sogar darüber) des Finanzmittelbedarfs beisteuern können. Dabei sollten ggf. die Angebote von Beteiligungsgesellschaften zwecks Eigenkapitalzufuhr von außen in die Betrachtungen mit einbezogen werden.

- Bei der Finanzplanung sollte nicht nur das Anlagevermögen, sondern auch das Umlaufvermögen (Betriebsmittelbedarf) berücksichtigt werden; in der Gründungsplanung sind übliche Anlaufverluste zu beachten.

- Langfristiges Anlagevermögen und langfristiges Umlaufvermögen sind durch Eigenkapital und/oder langfristiges Fremdkapital zu finanzieren („Goldene Finanzregel").

- In der Auflaufphase des Gründungsunternehmens hat die Gewährleistung der Zahlungsbereitschaft (Liquidität) Vorrang bei allen unternehmerischen Entscheidungen.
- Wenn keine betriebswirtschaftlichen Erfahrungen aus der Vergangenheit vorliegen, ist eine sorgfältige Planung der Existenzgründung notwendig. Existenzgründungsberatung, die durch Fördermittel bezuschußt wird, nutzen.
- Informationen über öffentliche Finanzierungsprogramme vor der Existenzgründung beschaffen.

3.3 Innovationsvorhaben

Zunächst sollte der Kapitalbedarf für Innovationen sowohl in quantitativer, d. h. hinsichtlich der Höhe der in den einzelnen Innovationsphasen einzusetzenden Finanzmittel, als auch in qualitativer Hinsicht, d. h. im Hinblick auf das Risiko, dem die gebundenen Finanzmittel im Innovationsprozeß unterliegen, ermittelt werden.

Die Finanzplanung stellt an das Innovationsmanagement beträchtliche Anforderungen, die allerdings aufgrund der unterschiedlichen Unternehmensgrößen verschieden ausfallen können.

So bereitet beispielsweise die Planung eines Innovationsvorhabens mittelständischen Unternehmen geringere Probleme, da sie sich im allgemeinen auf ein bis zwei Innovationen beschränken. Bei ihnen wird die Zurechenbarkeit von geringerer Bedeutung sein als bei Großunternehmen, die dem Forschungs- und Entwicklungsbereich ein bestimmtes Budget zuweisen.

Die Berechnung des Kapitalbedarfs ist deshalb schwierig, weil häufig über sehr lange Zeiträume geplant werden muß. Bei der Planung der Kapitalbedarfsermittlung sollte unterschieden werden, ob es sich bei der zu finanzierenden Innovation um eine Produkt- oder um eine Verfahrensinnovation handelt.

3.3.1 Produkt- und Verfahrensinnovationen

Bei einer **Produktinnovation** ist es möglich, den Produktlebenszyklus für die Planung heranzuziehen. Von besonderem Interesse könnten in diesem Zusammenhang die Ergebnisse entsprechender empirischer Untersuchungen sein. Eine amerikanische Studie erfaßt – differenziert nach Branchen – die Kosten des Innovationsprozesses in den einzelnen Produktlebenszyklusphasen, angefangen von der angewandten Forschung bis zum Markteintritt.

Diese Erhebung verdeutlicht, daß die Kosten, die in der eigentlichen Forschungsphase anfallen, in Relation zu den Gesamtaufwendungen relativ gering sind. Ein recht hoher Kostenanteil entfällt auf die Realisierung eines marktreifen Produktes. Eine Untersuchung für Deutschland hat sehr hohe Kosten ermittelt, die auf spätere Innovationsphasen (vgl. Abb. 1), in denen regelmäßig ein Prototyp eines innovativen Produktes schon erstellt worden ist, anfallen.

Keinerlei Aufschluß vermitteln die Ergebnisse der Studien über die zeitliche Verteilung der Aufwendungen, d. h. über die Dauer der einzelnen Innovationsphasen. Phasen müssen aber nicht streng chronologisch ablaufen, sondern die Innovatoren können vor der erfolgreichen Beendigung einer Phase bereits in spätere Phasen gehörende Tätigkeiten in Angriff nehmen. Das kann erhebliche, finanziell bedeutsame Folgen haben. Unternehmen, die den auftretenden Kapitalbedarf nicht mehr mit Hilfe ihrer Innenfinanzierung zu decken in der Lage sind, müssen dann bereits externe Kapitalgeber suchen, denen aber möglicherweise noch keine vorzeigbaren Resultate, etwa in Form von Prototypen, präsentiert werden können. Bestehen für die Innovatoren Schwierigkeiten, den Kapitalbedarf im Wege der Außenfinanzierung zu decken, so müssen aufgrund der Kapitalbedarfsplanung die Arbeiten an der Innovation entsprechend der Finanzierbarkeit modifiziert werden. Dies kann bedeuten, daß der Innovationsprozeß insgesamt in zeitlicher Hinsicht gestreckt werden muß, oder daß das Unternehmen an sich sinnvolle Überlegungen zur Beschleunigung des Innovationsprozesses nicht verfolgen kann. Verzögerungen bei der Durchführung der Innovationen können allerdings erhebliche Nachteile haben, da die Verschiebung der Markteinführung Rentabilitätseinbußen nach sich ziehen und das Risiko des Scheiterns der Innovation erhöhen kann.

Während für die Ermittlung des Kapitalbedarfs von Produktinnovationen, wie erläutert, ggf. auf ein Produktlebenszykluskonzept zurückgegriffen werden kann, liegen für **Verfahrensinnovationen** weder Modelle noch empirische Untersuchungen über den Kapitalbedarfsverlauf vor. Nun scheinen für den Entstehungszyklus dieser Innovation keine kennzeichnenden Unterschiede zur Produktinnovation für den eigentlichen Kapitalbedarfszeitraum zu bestehen. Während der Rückfluß des investierten Kapitals bei der Produktinnovation jedoch erst nach der Markteinführung erfolgt, darf bezüglich der Kapitalfreisetzung im Zusammenhang mit einer Verfahrensinnovation davon ausgegangen werden, daß der Rückfluß der eingesetzten Mittel über Kosteneinsparungen bei der Erstellung von Produkten, die sich bereits am Markt durchgesetzt haben, erfolgt. Der Kapitalfreisetzungsprozeß der Verfahrensinnovation wird bestimmt durch die Menge der nach der Innovation produzierten und abgesetzten Produkte und beginnt erheblich früher als der der Produktinnovation.

3.3.2 Risiken des Innovationsprozesses

Die Differenzierung der Risiken während des Innovationsprozesses ist wichtig für die Beantwortung der Frage nach der Eignung der einzelnen Finanzierungsmöglichkeiten. Die Höhe des Risikos muß der Qualität des Kapitals entsprechen, wobei langfristig dem Unternehmen zur Verfügung stehendes Eigenkapital in diesem Sinne die höchste Qualität besitzt und täglich fällig werdendes Fremdkapital die niedrigste.

Je weiter das Risiko im Verlauf des Innovationsprozesses abnimmt, um so mehr kann sich die Qualität des zur Finanzierung der Innovation eingesetzten Kapitals dergestalt ändern, daß es nicht mehr aus dem Unternehmen selbst erbracht werden muß, sondern auch von außen beschafft werden kann. Auch die Dauer, für die das Kapital der Unternehmung zur Verfügung gestellt werden muß, nimmt mit immer geringer werdendem Risiko ab.

Die Darlegungen über die Ermittlung des Kapitalbedarfs haben gezeigt, daß jede Innovation, besonders zu ihrem Beginn, eigene Mittel des Unternehmens erfordert. Es muß daher ein übergeordnetes Ziel eines jeden Unternehmens sein, durch Innovationen so renditestark zu bleiben, daß es seine Innovationsfähigkeit nicht verliert.

3.3.3 Finanzierungsalternativen

3.3.3.1 Staatliche Innovationshilfen

Zur Deckung des nach Umfang und Struktur ermittelten Kapitalbedarfs stehen verschiedene Alternativen zur Verfügung. Da der Staat die Bedeutung von Innovationen für die Wettbewerbsfähigkeit klar erkannt hat, fördert er die Innovationstätigkeit seit Jahren durch zahlreiche Maßnahmen. **Staatliche Innovationshilfen** gibt es in vielfältiger Form. Sie können in zwei Kategorien eingeteilt werden:

– Direkte Maßnahmen, die unmittelbar an Projekte anknüpfen, die von staatlicher Seite genau definiert und als volkswirtschaftlich förderungswürdig betrachtet werden und

– indirekte Maßnahmen, die nicht an bestimmte Projekte gebunden sind, sondern auf eine allgemeine Förderung der Forschungs- und Entwicklungsaktivitäten abzielen.

Stichwortartig sind als wesentliche Innovationshilfen zu nennen:

– Mittelstandsprogramme des Bundes und der Länder zur Zinsverbilligung;

– Sonderabschreibungen und Investitionszulagen für Investitionen in Forschung und Entwicklung;

– Kostenzuschüsse für eigenes Forschungs- und Entwicklungspersonal und externe Vertragsforschung;

3. Finanzierungsaspekte besonderer Unternehmensphasen 397

- Projektförderung durch den Bundesminister für Forschung und Technologie sowie die entsprechenden Länderminister;
- Förderung der Verbundforschung von Unternehmen und Hochschulen;
- Einrichtung von Technologieparks durch Länder und Kommunen.

3.3.3.2 Aufnahme von Fremdkapital

Ab einer bestimmten Phase des Innovationsprozesses (z. B. Anwendungsphase) kann auch Fremdkapital genutzt werden. Die Banken stehen bei der Finanzierung von Innovationsvorhaben dann zur Verfügung, wenn ein nachhaltig erzielbarer Ertrag erkennbar ist. Mit den klassischen Maßstäben der Kreditwürdigkeitsprüfung kann das in vielen Fällen jedoch nur unzureichend beurteilt werden, vor allem dann, wenn es um neue Produkte geht. Das kreditsuchende Unternehmen muß daher die geplante Innovation nicht nur mit allen Kosten, sondern auch mit den zu erwartenden Erträgen kalkulieren, um die Bank von der Ertragsfähigkeit der Innovation zu überzeugen. Dies setzt nicht nur eine solide Kenntnis über das potentielle Marktvolumen, sondern auch eine gründliche Konkurrenzanalyse voraus.

3.3.3.3 Deckung durch Eigenkapital

Die Beschaffung des zur Finanzierung der Innovation notwendigen Kapitals ist schwierig. Die staatlichen Förderprogramme sind zum Teil zu kompliziert und in ihrer Gesamtheit auch von Fachleuten nur schwer zu überblicken. Viele Innovatoren scheuen darüber hinaus die umfangreiche Antragsbearbeitung, die zudem häufig sehr detailliert ist und eigene Spezialisten verlangt. Sich zeitlich sehr lang hinziehende Verhandlungen mit den beratenden Ausschüssen der letztlich die Anträge genehmigenden Ministerien bedeuten außerdem Zeitverluste, die eine zügige Markteinführung der Innovationen behindern können.

Jedes Unternehmen muß zur Finanzierung seiner Innovation Eigenkapital einsetzen. Zur Beschaffung dieser Finanzmittel stehen grundsätzlich zwei Möglichkeiten zur Verfügung.

Neben der Kapitalzuführung von außen hat das Unternehmen die Möglichkeit, sich von innen, d. h. aus dem betrieblichen Geschehen heraus durch die Einbehaltung von Gewinnen, durch Bildung langfristiger Rückstellungen, durch Freisetzung von Abschreibungsgegenwerten oder durch Vermögensumschichtungen, zusätzliche Finanzmittel zu beschaffen.

Bei der Eigenkapitalzufuhr von außen können insbesondere mittelständische Unternehmen die Angebote von Kapitalbeteiligungsgesellschaften nutzen. Näheres über den Beteiligungsmarkt in Deutschland ist dem Beitrag von *Leopold* in diesem Handbuch zu entnehmen.

4. Zusammenfassung und Perspektiven

Bei allen hier geschilderten besonderen Unternehmensphasen (Management-Buy-Out, Management-Buy-In, Spin-off, Existenzgründung, Innovationsvorhaben) ist deutlich geworden, daß jede Phase ein spezifisches Finanzierungskonzept erfordert, das im Vorfeld erarbeitet werden muß.

Als wichtiges Ergebnis kann festgehalten werden, daß eine in der Finanzierung berücksichtigte, ausgewogene Relation von Eigen- zu Fremdkapital dazu beiträgt, Unternehmen in diesen besonderen Phasen in immer wieder anzutreffenden Konjunkturtälern von allzu hohen Belastungen zu befreien. Den Befürwortern von hohen Leverage-Faktoren sei gesagt, daß die Wirkung des Leverage-Effektes zwar faszinierend ist, jedoch bei negativer Veränderung der zugrunde gelegten Daten zu unliebsamen Überraschungen führen kann. Es gilt also, die die Eigenkapitalrentabilität erhöhende Hebelwirkung in angemessenem Umfang zu nutzen.

Welche Finanzierungsmittel in den hier betrachteten besonderen Unternehmensphasen in erster und zweiter Linie zum Einsatz kommen sollten, verdeutlicht zusammenfassend die Abbildung 2.

Die hier skizzierten Finanzierungswege zeigen, daß genügend Alternativen am Markt nachgefragt werden können.

Abb. 2: Einsatz von Finanzierungsmitteln in besonderen Unternehmensphasen

Finanzierungsmittel \ Unternehmensphasen	Innovationsvorhaben	Spin-off und Existenzgr.	Management-Buy-Out und -Buy-In
– Selbstfinanzierung (Eigenmittel)	⟶		
– Öffentliche Förderungsprogramme (Eigen- und Fremdmittel)	⟶		
– Beteiligungskapital (Eigenmittel)	- - - - - - - - - ⟶		
– Kreditmittel	- - - - - - - - - ⟶		
– Aktienemission (Eigenmittel)			- - - - ⟶

Legende: ——— = primärer Mitteleinsatz
- - - - - - = sekundärer Mitteleinsatz

Das anfangs erwähnte positive Gründungsklima sollte auch zukünftig erhalten bleiben, und es bleibt ferner zu hoffen, daß positive Beispiele von Management-Buy-Outs und -Buy-Ins, Spin-offs, Existenzgründungen und Innovationsvorhaben dazu beitragen, weitere unternehmerische Aktivitäten anzuregen.

Literatur

Fanselow, K.-H. (1989), Verlagsbeilage, in: „Unternehmensbeteiligungen – Management-Buy-Out" (1989): Nr. 117, zur Frankfurter Allgemeinen Zeitung vom 23. 05. 1989

Gerke, W. (1985), Die Verbesserung der Wettbewerbsfähigkeit durch Bereitstellung mit Risikokapital, in: WiSt, 7, S. 359–362

Gerke, W., Schöner, M. (1988), Die Auswirkungen von Risikonormen auf die Finanzierung von Innovationen, Unternehmen – Eine Analyse am Beispiel der Gesetze über Unternehmensbeteiligungsgesellschaften und Beteiligungssondervermögen, in: *Gerke, W.* (Hrsg.), Bankrisiken und Bankrecht, Wiesbaden

Herzig, N. (1990), Steuerorientierte Grundmodelle des Unternehmenskaufs, in: DB 43, 3, S. 133–138

Hielscher, U., Dorn, G., Lampe, G. (1982), Innovationsfinanzierung mittelständischer Unternehmen, Stuttgart

Hölters, W. (Hrsg.) (1989), Handbuch des Unternehmens- und Beteiligungskaufs; 2. Aufl., Köln

Holzapfel, H.-J., Pöllath, R. (1989), Handbuch des Unternehmenskaufs – Rechtliche und steuerliche Aspekte, 4. Aufl., Köln

Markt und Technik (1983), Venture Capital für junge Technologieunternehmen, Bundesministerium für Forschung und Technologie

Wossildo, P. R. (1990), Zur Finanzierungssituation wachsender Kleinunternehmungen, in: *Kück, M.* (Hrsg.) Aspekte der Finanzierung des Kleinbetriebssektors, Berlin

Kapitel 18
Kreditfinanzierung über Intermediäre

von *Peter Rösler*

1. Einleitung 402
 1.1 Die Intermediärfunktion von Kreditinstituten 402
 1.2 Rechtlicher Rahmen 403
2. Anmerkungen zur Risikosteuerung der Kreditinstitute im Kreditgeschäft 405
3. Formen der Kreditfinanzierung 407
 3.1 Bestandteile eines Kreditverhältnisses 407
 3.2 Das „klassische" Kreditgeschäft der Kreditinstitute 407
  3.2.1 Der Kontokorrentkredit 407
  3.2.2 Der Wechsel- oder Diskontkredit 409
  3.2.3 Der Akzeptkredit 410
  3.2.4 Der Gemeinschaft- oder Konsortialkredit 411
  3.2.5 Der langfristige Kredit 411
  3.2.6 Der kurz- und mittelfristige Festsatzkredit 413
  3.2.7 Der Avalkredit 414
 3.3 Das standardisierte Kreditgeschäft 415
 3.4 Kreditinstrumente des kommerziellen Auslandsgeschäfts .. 416
 3.5 Internationale Kreditfinanzierungen 417
4. Die Vertretbarkeit eines Kredites 419
5. Beratungsmöglichkeiten und Aufgaben von Kreditinstituten in Unternehmenskrisen 425
Literatur 428

1. Einleitung

1.1 Die Intermediärfunktion von Kreditinstituten

Die Kreditfinanzierung ist ein wichtiger Bereich der Außenfinanzierung, für die kennzeichnend eine Übertragung von (realen) Gütern oder Dienstleistungen oder von Ansprüchen auf Güter und Dienstleistungen (Geld bzw. Ansprüche auf das Sozialprodukt) von einem Wirtschaftssubjekt auf das andere ist. Hierbei ist entscheidend, daß das Äquivalent für diese Übertragung zeitlich versetzt erfolgt, sei es zu einem bestimmten (vereinbarten) späteren Zeitpunkt, oder sei es aufgrund einer Erwartung des Übertragenden, zu einem späteren – noch unbestimmten – Zeitpunkt zumindest das Übertragene (Geld oder Gut) – oder mehr – zurückzuerhalten. Dieses kann statt durch Einmal-Rückgabe/Rückzahlung auch zu mehreren Zeitpunkten (ratenweise) erfolgen.

Als originäre (Geld-)Geber und Nehmer können alle Wirtschaftssubjekte – das sind private Haushalte bzw. Einzelpersonen, Firmen, Personenvereinigungen, öffentliche Haushalte, Stiftungen und sonstige Einrichtungen (Vermögensmassen) – bezeichnet werden. In einer entwickelten Volkswirtschaft wird ein großer Teil solcher Kreditfinanzierungen nicht unmittelbar zwischen den originären Geldgebern und -nehmern abgeschlossen. Es treten vielmehr **Finanzintermediäre** dazwischen, deren Funktion darin besteht, die originären (Geld-)Geber und Nehmer, die in der Regel voneinander nichts wissen, zusammenzubringen oder zusammenzuführen.

Das wiederum kann in sehr unterschiedlicher Form geschehen:

(1) Die loseste oder unverbindlichste Form ist die eines reinen Vermittlers oder Maklers.

(2) Eine typische Finanzintermediärleistung ist die Kreditfinanzierung: Hier benutzen die Kreditinstitute von den Wirtschaftssubjekten vorübergehend oder auch längerfristig nicht benötigte Gelder (Guthaben) dazu, anderen Wirtschaftssubjekten, die Bedarf an kürzer- oder längerlaufenden Krediten haben, diese Mittel wieder auszuleihen, und zwar mit der Maßgabe, daß der einzelne Gläubiger des Kreditinstitutes die einzelnen Schuldner des Kreditinstitutes nicht kennt, also volle Anonymität gewahrt ist (Bankgeheimnis).

(3) Eine Finanzintermediär-Tätigkeit liegt auch vor, wenn man sich auf dem Markt finanziert – sei es in Form von Eigenkapital, sei es in Form von Schuldtiteln –, um langfristig abnutzbare Gegenstände zu erwerben (Immobilien, Maschinen, Kfz), um diese dann zu vermieten oder zu verleasen.

Kreditinstitute können Finanzintermediärfunktionen dadurch übernehmen, daß sie über einen eigenen Bekanntheitsgrad in der Öffentlichkeit

1. Einleitung

bzw. in den betreffenden Märkten verfügen, so daß die Wirtschaftssubjekte sich als Geber und als Nehmer an sie wenden in der Erwartung bzw. Gewißheit, dort ihr Angebot unterbringen bzw. ihre Nachfrage befriedigen zu können. Weiter stellen sie einen eigenständigen Beitrag durch die Qualität ihrer Leistung (Professionalität, z. B. bei der Kreditfinanzierung) in Verbindung mit der Bereitschaft, Risiken, die mit dieser Tätigkeit verbunden sind, nicht auf die Gläubiger (Einleger) abzuwälzen, sondern sie selbst zu tragen:

Die lange Erfahrung der Kreditinstitute im Aktiv- oder Kreditgeschäft hat dazu geführt, einen Schatz von Grundsätzen der **Bonitätsbeurteilung** und des **Risk-Managements** – nicht zuletzt auch der Risikostreuung – anzusammeln, auf den noch zurückzukommen sein wird. Mit diesem „Schatz" versehen sind die Kreditinstitute in der Lage, ihr Kreditgeberrisiko professionell zu steuern und zu minimieren.

Eine weitere Leistung, die die Kreditinstitute erbringen (können), ist die sogenannte **Fristentransformation**. Sie beruht auf der Erfahrung, daß auch noch so kurzfristige Einlagen – z. B. Sichtguthaben – immer mit einem bestimmten Mindestbetrag oder Prozentsatz („Bodensatz") vorhanden sind, diese also länger als ihrer (formalen) Laufzeit entspricht, ausgeliehen werden können.

In gewissen Grenzen sind Kreditinstitute in ihrer Eigenschaft als Finanzintermediäre auch in der Lage, ihre Einleger und ihre Kreditkundschaft von **Zinsänderungsrisiken** wenn auch nicht vollständig, so doch in gewissem Umfange zu entlasten. Das wiederum setzt ein ausgefeiltes bzw. hochentwickeltes Rechnungswesen beim einzelnen Kreditinstitut voraus, mit dessen Hilfe die Überwachung des vom Institut selbst getragenen Zinsänderungsrisikos möglich ist.

Schließlich nehmen Kreditinstitute eine Mischung der Größenklassen vor: Sowohl auf der Seite der Einleger wie auch auf der Seite der Kreditnehmer gibt es große, mittlere und kleine Kunden, ohne daß die Kreditinstitute sich veranlaßt sehen oder gar eine Notwendigkeit dafür besteht, großes Kreditgeschäft z. B. aus großem Einlagengeschäft zu finanzieren.

1.2 Rechtlicher Rahmen

Rechtliche Grundlage für die Kreditfinanzierung der Kreditinstitute sind zunächst einmal die Bestimmungen des Privatrechts (insbesondere BGB, Handels- und Gesellschaftsrecht sowie Zwangsvollstreckungs- und Insolvenzrecht). Die unmittelbare rechtliche Beziehung zwischen Kreditnehmer und Kreditgeber wird wesentlich bestimmt durch den Bank- bzw. Kreditvertrag und die der Geschäftsverbindung zugrundeliegenden Allgemeinen Geschäftsbedingungen (AGB). Für eine bankmäßige Geschäftsbeziehung unerläßlich ist auch das gegenseitige Vertrauensverhältnis zwischen den Geschäftspartnern, so daß dem **Bankgeheimnis** und der geordneten Durchführung eines Bankauskunftsverfahrens, das für die Beurteilung von geschäftlichen Risiken im Wirtschaftsleben üblich und sehr wichtig ist, große Bedeutung zukommt (vgl. im einzelnen *Jährig/Schuck* 1989, S. 547–564).

Darüber hinaus ist die Kreditfinanzierung auch geprägt durch den speziellen gesetzlichen Ordnungsrahmen, den das **Kreditwesengesetz (KWG)** den Kreditinstituten auferlegt und sie einer staatlichen Aufsicht durch das Bundesaufsichtsamt für das Kreditwesen (BAK) unterstellt.

Die in diesem Zusammenhang vornehmlich interessierenden Bestimmungen für die Praxis betreffen die laufende Überwachung der Kreditrisiken der Kreditinstitute. In §§ 10–12 a KWG sind die Vorschriften über das Eigenkapital und die Liquidität der Kreditinstitute geregelt, ergänzt durch „Grundsätze über das Eigenkapital und die Liquidität der Kreditinstitute", die vom BAK im Einvernehmen mit der Bundesbank als verbindlich formuliert worden sind. Letztgenannte Grundsätze regeln – dies ergibt sich aus dem KWG unmittelbar selbst nicht –, was als angemessenes (haftendes) Eigenkapital angesehen werden kann. Diese Grundsätze begrenzen die Möglichkeiten der Kreditgewährung durch Kreditinstitute.

§ 13 KWG beschränkt das **Großkreditgeschäft** der Kreditinstitute sowohl bezüglich der Größe des Einzelkredits (Großkredit-Grenze bei mehr als 15% des haftenden Eigenkapitals; Großkredit-Obergrenze bei maximal 50% des haftenden Eigenkapitals) als auch bezüglich der Summe aller Großkredite (die Inanspruchnahme aller Großkredite darf maximal das Achtfache des haftenden Eigenkapitals betragen), wobei zusätzlich verschärfte Beschlußerfordernisse normiert werden. Großkredite von Bank-Konzernen regelt § 13 a KWG. Hintergrund dieser Regelungen ist, daß naturgemäß die Bindung eines Kreditinstituts an einige wenige Großkreditnehmer beim Ausfall höhere Risiken beinhaltet als bei einer Kreditvergabe mit breiterer Risikostreuung. Die Umsetzung der **EG-Großkredit-Richtlinie** bringt hier weitere Verschärfungen: die Großkredit-Obergrenze wird künftig halbiert auf 25%; die Großkredit-Eigenschaft greift bereits ab Kreditausreichungen i.H.v. 10% des haftenden Eigenkapitals. Als Erleichterung entfällt die Großkredit-Begrenzung innerhalb eines Bankenkonzerns.

Im Kreditgeschäft von großer Bedeutung ist § 18 KWG: Vor Kreditgewährung i.H.v. insgesamt mehr als TDM 100 muß sich das Kreditinstitut Einblick in die wirtschaftlichen Verhältnisse des Kreditnehmers verschaffen, es sei denn, daß die gestellten (erstklassigen) Sicherheiten oder die (einwandfreien) Mitverpflichteten dies als entbehrlich erscheinen lassen. Obwohl verantwortungsbewußt geleitete Kreditinstitute dies ohnehin zur Grundlage ihrer Kreditausreichungen – auch unterhalb der TDM-100-Schwelle – machen, wird letztlich im Interesse eines funktionierenden

2. Risikosteuerung der Kreditinstitute

Kreditgewerbes erreicht, daß die Frage der Prüfung der wirtschaftlichen Verhältnisse nicht zum Gegenstand des Wettbewerbs der Kreditinstitute untereinander werden kann, da sie alle dem § 18 KWG unterstellt sind.

2. Anmerkungen zur Risikosteuerung der Kreditinstitute im Kreditgeschäft

Das Ausmaß einer nach verschiedenen Kriterien gesteuerten Risikoselektion innerhalb der Kreditnehmer seitens einer Bank wird in der Öffentlichkeit bzw. bei Außenstehenden meist überschätzt. Gleichwohl wäre es falsch, zu behaupten, die Kreditinstitute würden überhaupt keine Risikosteuerung im Kreditgeschäft betreiben.

Was die **Risikoballung** („Klumpenbildung") betrifft, sind verantwortlich geleitete Banken schon von sich aus bestrebt, eine solche Ballung zu vermeiden. Hier kommt ihnen sehr der in der Streuung der Kredite oder in der Nachfragestruktur liegende Automatismus zu Hilfe: Je geringer der auf den einzelnen Kreditnehmer entfallende Kreditbetrag, desto größer ist die Zahl der Kreditnehmer. Im Umkehrschluß ergibt sich hieraus, daß große Einzelkreditrisiken sich auf eine vergleichsweise sehr kleine Zahl von Kreditnehmern beschränken.

Bewußte **Risikosteuerung** im Sinne der Vermeidung von „Klumpen" – nicht etwa fehlende Bonitätsprüfung! – findet daher in der Regel nur bei großen Krediten und dort fast ausschließlich auf den Einzelkredit bezogen statt. Als Möglichkeit steht hier vor allem die Teilung von Kreditrisiken mit anderen Banken („klassisches" Konsortialgeschäft; à meta-Geschäfte) zur Verfügung. Eine weitere Möglichkeit, das einzelne Kreditrisiko zu mindern, liegt in der Bestellung oder Verstärkung von Sicherheiten.

In den letzten Jahren und Jahrzehnten haben die Banken darüber hinaus sozusagen verfeinerte unternehmens-, und das heißt kundenbezogene Methoden entwickelt, um ihnen zu hoch gewordene Kreditrisiken zu steuern bzw. zu mindern. Hier hat vor allem die Einschaltung von qualifizierten Unternehmensberatern eine große Bedeutung und Wertschätzung bei Banken erfahren. Auch die Suche nach geeigneten Geschäftspartnern/Beteiligungsinteressenten, die beim kreditnehmenden Kunden fehlendes Eigenkapital einbringen, ist ein häufig gebrauchtes Instrument der Risikosteuerung, ebenso die Suche nach geeigneten neuen oder zusätzlichen Mitgliedern der Geschäftsleitung.

Häufig wird die Zufuhr neuen Kapitals seitens der vorhandenen Gesellschafter aus der privaten Vermögenssphäre von Banken, die naturgemäß primär kreditnehmer-, und das heißt unternehmensbezogen denken, in bestimmten Situationen gefordert; hierbei spielt die Rechtsform der kreditnehmenden Firma in der Regel eine untergeordnete Rolle.

In den letzten Jahren hat in Deutschland in zunehmenden Maße ein in den angelsächsischen Ländern schon seit längerem bekanntes, ursprünglich im Bereich der Wertpapieranalyse gebräuchliches Instrument Eingang auch in die Kreditpraxis gefunden. Es handelt sich hierbei um Formen des Rating (*Everling* 1991), die in ihren Ergebnissen in gewisser Weise den Rating-Klassen der bekannten Rating-Agenturen (Standard & Poors; Moody's) entsprechen. Im Kreditgeschäft kann man sie am zutreffendsten wohl als Risikoklassen bezeichnen. Die konkrete Ausformung einer solchen Gruppierung nach „Güteklassen" oder Bonitätskriterien von Krediten ist von Institut zu Institut verschieden, jedoch dürften die hierbei verwandten Kriterien weitgehend dieselben sein: Managementqualität, Marktstellung, finanzielle Verhältnisse lt. letzten Jahresabschlüssen, aktuelle Unternehmensentwicklung, Zukunftsaussichten, Branchensituation, Kontoführung, betriebliches Rechnungswesen, Sicherheiten, Rechtsform. Worin sich die von den einzelnen Instituten angewandten Systeme vor allem unterscheiden, ist die Gewichtung der einzelnen Kriterien. Zu den wichtigsten Kriterien dürften sicher überall Managementqualität, Marktstellung und Eigenkapitalausstattung (finanzielle Verhältnisse) gehören.

Die Klassifizierung des gesamten Kreditportefeuilles in Risikogruppen, die durch solche Risikoraster ermöglicht wird, gibt der Bankleitung wertvolle Informationen über die Risikolage des betreffenden Instituts zu einem bestimmten Zeitpunkt (Risikostruktur) und über eine Reihe von Zeitabschnitten hinweg auch über die Entwicklung der Qualität des Kreditportefeuilles nicht nur der Gesamtbank, sondern auch regional und/oder branchen- bzw. kundengruppenbezogen. Auf diese Weise verspricht diese Risikorasterung in Zukunft ein immer wertvoller werdendes Instrument der Risikosteuerung der Kreditinstitute zu werden.

Das zum Einzelkreditrisiko Gesagte gilt mutatis mutandis für die Risiken, die eine Bank hinsichtlich Branchen und Regionen trägt. Was Branchen angeht, ist auch hier jede Bank bestrebt, „Klumpenbildung" zu vermeiden. Die typischen Risiken in bezug auf Regionen sind die Auslandsrisiken, vor allem die Länderrisiken. Bei der Kreditvergabe an einen ausländischen Kreditnehmer – unabhängig davon, ob in heimischer Währung oder fremder Valuta – läuft die Bank nicht nur das eben besprochene Risiko beim einzelnen Kreditnehmer, sondern zusätzlich das der Zahlungsfähigkeit und -willigkeit des Landes, in dem der Schuldner domiziliert (*Linss* 1989).

3. Formen der Kreditfinanzierung

Es gibt eine große Zahl von möglichen und sinnvollen Kriterien, Kredite einzuteilen (z. B. Fristigkeit, Art der Besicherung, Verwendungszweck, Verzinsung, Kreditnehmergruppen). Ihre Verwendung würde jedoch zu unpraktikablen und unübersichtlichen Ergebnissen führen. Deshalb sollen Einteilungskriterien verwandt werden, die an den Bedürfnissen der Praxis der Kreditinstitute ausgerichtet sind. Als solche bieten sich an Bearbeitungsformen und spezielles Know-how.

3.1 Bestandteile eines Kreditverhältnisses

Bei einem Kreditverhältnis handelt es sich zweifelsfrei – obwohl es einen einheitlichen Begriff des Kreditvertrages nicht gibt – um eine vertragliche Vereinbarung. Wie bei jedem Vertrag kommt sie zustande durch Angebot und Annahme (schuldrechtlicher Vertrag). Hierbei spielt es keine Rolle, von wem das Angebot ausgeht; meistens ist es das Kreditinstitut, daß das Angebot abgibt. Der in der Regel vom Kunden zuvor geäußerte Wunsch nach Krediteinräumung ist die an das Kreditinstitut gerichtete Aufforderung des Kunden zur Abgabe einer Kreditofferte.

Im einzelnen enthält eine **Kreditofferte** (Kreditzusage) die folgenden wesentlichen Bestandteile:

- Kreditart
- Laufzeit
- Zinssatz
- Sicherheiten
- Betrag
- Rückzahlung
- Bereitstellungs- und Kreditprovision
- Form der Inanspruchnahme (z. B. Sonderkonto)
- Zeitpunkt der Verfügbarkeit
- Verwendungszweck (evtl. als Auflage)
- Zeitpunkt des Auslaufens der Kreditofferte/Befristung
- Hinweis auf die AGB.

3.2 Das „klassische" Kreditgeschäft der Kreditinstitute

Beim klassischen Kreditgeschäft sind die Hauptpartner Firmen, Gewerbetreibende und wirtschaftlich Selbständige. Die „Domäne" dieser ältesten Formen des Kreditgeschäfts ist der kurzfristige Bereich.

3.2.1 Der Kontokorrentkredit

Der Kontokorrentkredit ist im Bereich des klassischen Kreditgeschäfts auch heute noch die bedeutendste Kreditform. Der Name leitet sich von der Art der Verbuchung und der Zinsberechnung her: Verbucht wird der

Kontokorrentkredit auf laufendem Konto mit täglicher Saldenfeststellung, die auch die Basis für die Zinsberechnung ist. Hierdurch erhält der diese Kreditform in Anspruch nehmende Kunde eine enorme, durch keine andere Kreditform zu erreichende Dispositionserleichterung.

Die Zinsberechnung erfolgt in aller Regel auf sogenannter variabler Basis, d. h. die Zinshöhe wird z. B. vom Diskontsatz der Deutschen Bundesbank abhängig gemacht (dann meist in Verbindung mit einer Bereitstellungsprovision). Häufig wird ein sogenannter Nettosatz b.a.w. in Rechnung gestellt. Dies bedeutet, daß sowohl Bank als auch Kunde jederzeit die Möglichkeit haben (und es in aller Regel auch durchsetzen können), eine Änderung des Zinssatzes zu verlangen, wenn sich die Marktdaten geändert haben.

Im folgenden werden typische Zweckbestimmungen von Kontokorrentkrediten skizziert:

(1) **Betriebsmittelkredite** dienen der Finanzierung der laufenden Geschäftstätigkeit eines Unternehmens („Umsatzfinanzierung"). Finanziert wird das Umlaufvermögen, insbesondere die Außenstände. Ein Unternehmen wird davon ausgehen können, daß es normalerweise $1/8$ bis $1/10$ seines Jahresumsatzes als Betriebsmittelkredit erhalten kann. Zusagefristen und -formen werden von den einzelnen Kreditinstituten unterschiedlich gehandhabt. Heute dominiert die Jahreszusage; schriftliche und mündliche Zusagen dürften sich in etwa die Waage halten.

Sofern sich ein Besicherungserfordernis stellt, geschieht die Sicherstellung eines Betriebsmittelkredites durch Abtretung der Forderungen aus Lieferungen und Leistungen und/oder durch Übereignung von Warenbeständen. Es können aber auch praktisch alle anderen Arten von Sicherheiten herangezogen werden (siehe Abschnitt 4.).

(2) **Saisonkredite** dienen der Finanzierung zusätzlicher Lager- und Forderungsbestände während einer bestimmten und sich jährlich wiederholenden Saison (Beispiele: Süßwarenherstellung, Geschenkartikelindustrie, Textil- und Bekleidungsindustrie, Erntefinanzierungen). Von besonderer Wichtigkeit ist hier die termingerechte Rückführung; erfolgt sie nicht, muß unbedingt den Gründen hierfür nachgegangen werden. Sie sind meist negativer, die Bonität des Kunden wesentlich beeinträchtigender Natur.

Die Besicherung geschieht meist in Anlehnung an den Finanzierungszweck, also Übereignung der (zusätzlichen) Bestände bzw. Abtretung der (über den normalen Bestand hinausgehenden) Forderungen aus Lieferungen und Leistungen.

(3) **Vor- und Zwischenfinanzierungen** dienen der Zwischenfinanzierung noch aufzunehmender langfristiger Kredite (unabhängig davon, ob diese bereits zugesagt sind oder nicht) oder der Vorfinanzierung des

3. Formen der Kreditfinanzierung 409

erwarteten oder bereits vertraglich feststehenden Erlöses aus dem Verkauf von Vermögensteilen. Ihre größte Bedeutung haben diese Finanzierungen im Bereich der Baufinanzierung.

(4) **Zusatz-/Überbrückungskredite** („bridge financing") dienen der Finanzierung einmalig oder unregelmäßig auftretenden kurzfristigen Zusatzbedarfs (z. B. Erwerb einer preisgünstigen größeren Warenpartie, Zusammenfassung der Investitionen von zwei oder drei Jahren in einem Jahr, Auszahlung eines Gesellschafters, größere Steuernachzahlung).

(5) **Überziehungskredite** werden in unterschiedlicher Form vereinbart. In einem ersten Sinne handelt es sich um eine äußerst strenge Definition mit folgenden Merkmalen: einwandfreie Bonität des Kreditnehmers, klar umrissener Bedarf, fest begrenzte kurze maximale Laufzeit (z. B. 6 Wochen), Rückführung aus der Natur des zugrundeliegenden Geschäfts gesichert und plausibel, Volumen von Überziehungskredit und zugrundeliegendem Geschäft liegen im Rahmen der Gesamtverhältnisse.

In einem zweiten Sinne dienen sie der Vorwegnahme einer in Aussicht genommenen Einräumung/Erhöhung eines Betriebsmittelkredites, der aus bestimmten Gründen noch nicht definitiv zugesagt werden kann (z. B. wegen fehlender bzw. noch nicht beschaffbarer Informationen).

In einem dritten Sinn bezeichnet „Überziehung" die unabgestimmte Kredit(mehr)inanspruchnahme. Dies ist problemlos in Fällen von Kunden zweifelsfreier Bonität, hingegen hoch problematisch bei Kreditnehmern minderer Bonität!

(6) **Lombardkredite/Effektenkredite** wurden in der Lombardei (Oberitalien) bereits im Mittelalter von Geldwechslern gegen als Sicherheit übergebene Faustpfänder eingeräumt. Dieser „echte" Lombardkredit ist heute bedeutungslos geworden, im Gegensatz zum „unechten" Lombardkredit, bei dem es sich um einen in laufender Rechnung eingeräumten, durch Verpfändung beweglicher, markt- oder börsengängiger Sachen oder Rechte gesicherten Kredit handelt. Man unterscheidet nach der Art der zu beleihenden Objekte den Effektenlombard (die mit Abstand bedeutendste Form des unechten Lombardkredits), den Warenlombard sowie den Wechsellombard.

3.2.2 Der Wechsel- oder Diskontkredit

Mit dem Betriebsmittelkredit verbindet den Wechselkredit, daß auch er im Normalfalle der Finanzierung des laufenden Geschäfts dient und von den Kreditinstituten als Rahmen zugesagt wird. In Form einer Staffel – heute selbstverständlich auf EDV-Basis – wird der Bestand an den jeweils vom Kunden angekauften Wechseln tagesgenau geführt (sog. Einreicherobligo). Soweit die Bonität der Wechselmitverpflichteten nicht ausreicht, hat der Wechseldiskont den Risikogehalt eines (ungedeckten) Bar- oder Kontokorrentkredites. Bei Nichteinlösung eines Wechsels halten sich die Kreditinstitute stets an ihren Einreicher; nur wenn dieser selbst in Schwierigkeiten ist, versuchen sie, vom Akzeptanten oder sonstigen Wechselverpflichteten Zahlung zu erhalten. Eine besondere Form des Wechselkredits ist der Ankauf vom Bezogenen (die gebräuchlichsten Bezeichnungen hierfür sind: Scheck-Wechsel-Verfahren, Ankauf von Eigenakzepten, Umkehr- oder Akzeptantenwechsel). Hier empfiehlt es sich, besonders kritische Bonitätsmaßstäbe an den Einreicher anzulegen.

Wechselkredite mit erhöhtem Risikogehalt sind

- branchenuntypische Wechsel (z. B. im konsumnahen Bereich, wenn das finanzierte Gut bereits im Gebrauch oder schon verbraucht ist);
- Haus-auf-Haus-Ziehungen oder Konzernwechsel, und zwar unabhängig davon, ob solche Ziehungen auch für Lieferungen unter Konzernfremden üblich sind oder nicht;
- Finanzwechsel, denen keine Warengeschäfte zugrundeliegen. Hier sollten sich die Kreditinstitute beim Ankauf große Zurückhaltung auferlegen.

Die Bedeutung des Wechselkredits ist in den letzten Jahren erheblich zurückgegangen. Hauptgrund hierfür dürfte die Kontingentpolitik der Deutschen Bundesbank sein, wodurch der Wechselkredit mehr und mehr den Charakter einer partiellen Subventionierung des (normalen) Betriebsmittelkredits erhalten hat. Hinzu kommt, daß durch die ständige Verteuerung der Einlagen die Kreditinstitute in ihrer Ertragspolitik über keinen Spielraum mehr verfügen, außerhalb des Rediskontvolumens der Deutschen Bundesbank noch das Wechselgeschäft zu betreiben.

Die Abrechnung des Wechselkredites erfolgt heute nur noch zu Nettosätzen. Basis ist der Diskontsatz der Deutschen Bundesbank zuzüglich eines Aufschlages, der sich in der Regel zwischen 1,5 und 3% – je nach Höhe des Abschnitts und Bonität der Verpflichteten – bewegt.

3.2.3 Der Akzeptkredit

Beim Akzeptkredit akzeptiert das kreditgebende Institut einen vom Kreditnehmer ausgestellten Wechsel mit der Maßgabe, daß der Kreditnehmer den Wechselbetrag bei Verfall rechtzeitig anschafft. Dieser Abschnitt wird von der Akzeptbank in der Regel selbst diskontiert und der Erlös dem Kunden gutgeschrieben. Die Laufzeit beträgt stets 3 Monate. Es handelt sich um eine Kreditform für Kunden von erstklassiger Bonität; der Akzeptkredit findet häufig im Außenhandel Anwendung.

3. Formen der Kreditfinanzierung

3.2.4 Der Gemeinschaft- oder Konsortialkredit

Beim Gemeinschafts- oder Konsortialkredit handelt sich nicht um eine eigenständige Kreditart: Er kann als Bar-, Diskont-, Aval- oder Akzeptkredit gewährt werden. Sein Hauptmerkmal ist die gemeinschaftliche Kreditgewährung mehrerer Kreditgeber (Konsorten) mit dem Effekt der Verteilung der Risiken auf mehrere Schultern. Es kann aber auch im Interesse des Kreditnehmers liegen, keiner seiner Hausbanken eine Vorzugsstellung einzuräumen, so daß sich die Einschaltung aller Hausbanken im Wege einer Konsortialbildung anbietet. Ein häufiger Anlaß für die Bildung von Konsortien ist das Stillhalten von Kreditinstituten in Krisenfällen.

Das **Konsortium** ist in der Regel eine Gesellschaft bürgerlichen Rechts (GbR). Kernpunkt eines Konsortialvertrages ist die Poolbildung oder Quotenfestlegung („Syndizierung"), ggf. auch noch die Bildung einer Management-Gruppe (vorzugsweise bei Eurokrediten) und die Syndizierung „am Markt" bei den sogenannten Einladungsadressaten (participants). Die Dauer eines Konsortiums kann eng begrenzt oder auch unbestimmt („Dauerkonsortien") sein.

Man unterscheidet den normalen oder echten Konsortialkredit – hier tritt nur der Konsortialführer dem Kreditnehmer gegenüber – vom unechten Konsortialkredit oder Parallelkredit, bei dem jedes Kreditinstitut selbständig auftritt, die Verhandlungen mit dem Kreditnehmer führt und den Kredit im eigenen Namen und für eigene Rechnung zur Verfügung stellt.

3.2.5 Der langfristige Kredit

Als langfristig wird ein Kredit bezeichnet, wenn die Laufzeit ab Zeitpunkt des Entstehens der Forderung mindestens vier Jahre beträgt; Forderungen mit einer ursprünglichen Laufzeit von über ein bis unter vier Jahren werden als mittelfristig bezeichnet. Diese Regelung des „alten" AktG ist für Kreditinstitute unverändert in Kraft, während für Nichtbanken im Zuge der Einführung des neuen Bilanzrechts das Kriterium (und die Angabe) der Restlaufzeit an die Stelle der Ursprungslaufzeit getreten ist und die fragliche Zeitgrenze nunmehr mehr als fünf Jahre beträgt. Innerhalb der Langfristkredite ist wie folgt zu unterscheiden:

(1) **Tilgungskredite** werden zu feststehenden, sich regelmäßig wiederholenden Terminen (z.B. Vierteljahres- oder Halbjahresende) ratenweise getilgt. Diese Tilgungsraten können gleich sein (nicht-annuitätische Tilgung; in diesen Fällen nimmt die Gesamtrate – also einschließlich der Zinsen – wegen des geringer werdenden Zinsbetrages ab). Sie können aber auch zunehmen (annuitätische oder progressive Tilgung; hier bleibt die Gesamtrate gleich, die „ersparten" Zinsen werden dem Tilgungsbetrag zugeschlagen).

(2) **Kredite mit Endfälligkeit** sind Darlehen, die in einer Summe am Ende der Laufzeit zurückzuzahlen sind. Da das wirtschaftliche Schicksal des Kreditnehmers um so schwerer abschätzbar ist, je weiter der Zeitpunkt in der Zukunft liegt, sind diese Kredite mit einem vergleichsweisen höheren Risiko belastet als Tilgungskredite.

Langfristkredite können mit einem – für die gesamte Laufzeit oder einen Teil derselben gültigen – Festzinssatz oder aber auch mit einem variablen Zinssatz ausgestattet werden. Hier spielen die Erwartungen von Kunde und Bank hinsichtlich der künftigen Zinsentwicklung eine entscheidende Rolle.

Langfristige Kredite sind üblicherweise besichert. Häufigste Sicherheit ist die Grundschuld (ggf. Schiffshypotheken, Registerpfandrechte an Luftfahrzeugen). Weitere – evtl. ergänzende – Sicherheiten können eine Maschinenübereignung, Bürgschaften und Garantien, Abtretung von Lebensversicherungen, Verpfändung von Wertpapieren, Übereignung von Kunstgegenständen, Abtretung gewerblicher Schutzrechte oder Patronats- und Organschaftserklärungen sein. Aus dieser Aufzählung geht hervor, daß grundsätzlich nicht Sicherheiten verwandt werden, die kurzlebiger Natur sind (z. B. die Abtretung von Forderungen aus Lieferungen und Leistungen, Übereignung von Lagerbeständen).

In letzter Zeit haben in die Besicherungspraxis für langfristige Kredite auch bestimmte Verpflichtungserklärungen Eingang gefunden, z. B. die Nichtbesicherungsklausel (Negativrevers, „negative pledge") und die Gleichbehandlungserklärung („pari pasu clause"). Hierhin gehören auch Vereinbarungen über die Einhaltung bestimmter Kennzahlenwerte in der Bilanz und Gewinn- und Verlustrechnung, z. B. hinsichtlich des Eigenkapitals und/oder der Rentabilität („Covenants"). Bei kreditnehmenden Konzerntöchtern ist die Verpflichtung zur Beibehaltung der Konzernbezeichnung in der Firma der Tochter sowie die Verpflichtung der Gesellschafter (bzw. der Muttergesellschaft), die Gesellschafterverhältnisse während der Kreditlaufzeit nicht zu verändern (ownership clause), sowie die cross default clause von Bedeutung.

In den §§ 609, 609 a, 247 BGB sind besondere Formen eines gesetzlichen Kündigungsrechts mit entsprechenden Kündigungsfristen festgelegt; sie betreffen nicht das außerordentliche Kündigungsrecht (z. B. wegen Vertragsverletzung oder Vermögensverfall). Langfristige Kredite, die im Rahmen der Beleihungsgrenze dinglich, d. h. durch Eintragungen, abgesichert sind, werden als **Realkredite** bezeichnet (mit der 84er Novellierung des KWG ist dieser Begriff jetzt auch auf kurzfristige Kredite anwendbar). Als Beleihungsgrenze gelten nach §§ 11, 12 Abs. 1 u. 2 HypBG 60% des aufgrund einer Wertermittlung (z. B. durch einen vereidigten Sachverständigen) festgestellten Wertes des belasteten Grundstückes.

Typisch Verwendungszwecke langfristiger Kredite sind z. B. Investitionen, eine Umschuldung kurzfristiger Kredite sowie evtl. auch die Auszahlung von Gesellschaftern.

Von besonderer Bedeutung ist die Nachhaltigkeit der Tilgung des langfristigen Kredites; sie ist nur bei einer nachhaltigen, also langfristig angemessenen Rentabilität eines Unternehmens bzw. einem nachhaltigen Einkommen eines privaten Schuldners möglich. Bei kreditnehmenden Firmen ist zu bedenken, daß sie den größten Teil ihrer Abschreibungsgegenwerte erfahrungsgemäß für Ersatzinvestitionen benötigen. Im übrigen muß der langfristige Kreditgeber sehr darauf achten, daß sich der Kredit parallel zum (z. B. verbrauchsbedingten) Wertverlust des finanzierten Gutes ermäßigt. Die Tilgbarkeit des Langfristkredites sollte am besten vom Kunden durch Vorlage einer Investitionsrechnung (bei Privatpersonen: einer Budgetrechnung) oder Berechnung des Return on Investment (ROI) nachgewiesen werden. Es kann in Einzelfällen durchaus sinnvoll sein – auch unter steuerlichen Aspekten –, eine Langfristkreditaufnahme mit dem Abschluß einer Lebensversicherung zu verbinden. Hier tritt dann – an die Stelle der Tilgung – bei sonst üblicher Besicherung (Grundschuld!) der steigende Rückkaufswert der Lebensversicherung (an das Kreditinstitut abgetreten).

Hinsichtlich der Kosten hat der langfristige Kredit – im Gegensatz zum kurzfristigen – die Besonderheit, daß durch Auszahlungsminderung (Disagio, Damnum) eine Erhöhung der tatsächlichen Verzinsung („Effektivzins") bewirkt werden kann. Was die Zinszahlung betrifft, hat sich heute allgemein die vierteljährliche Zinszahlung als die häufigste Form herausgebildet. Es besteht für den Kreditnehmer die Möglichkeit, auch bei einem mit einem Disagio versehenen Darlehen den vollen Darlehensbetrag mit Hilfe eines Tilgungsstreckungs- oder Disagiodarlehens ausgezahlt zu erhalten. Dieses Darlehen ist ein Zusatzdarlehen in Höhe des Disagios oder Damnums und wird vor Beginn der Tilgung des Hauptdarlehens zurückgezahlt.

3.2.6 Der kurz- und mittelfristige Festsatzkredit

Der kurz- und mittelfristige Festsatzkredit stellt eine Ergänzung des Angebots der Kreditinstitute an kurzfristigen im Kontokorrent verbuchten und an langfristigen Krediten dar und erfreut sich zunehmender Nachfrage. Der feste Zinssatz – meist Laufzeiten bis zu einem Jahr – hat für den Kunden den Vorteil der sicheren Kalkulationsgrundlage, gleichzeitig aber den Nachteil des Verlustes der Flexibilität, die beim Kontokorrentkredit in höchstmöglichen Maße gegeben ist. Für die Sicherstellung gilt – je nach Einzelfall – grundsätzlich das bereits oben zur Besicherung der kurzfristigen Betriebsmittelkredite Gesagte.

3.2.7 Der Avalkredit

Unter Avalkrediten versteht man Kredite von Kreditinstituten in Form von Bürgschaften, Garantien und sonstigen Gewährleistungen. Der Unterschied zwischen Bürgschaft und Garantie besteht darin, daß die Bürgschaft akzessorisch, d. h. von Bestand, Umfang und Dauer der verbürgten Forderung abhängig ist. Dagegen ist die Garantie abstrakt, d. h. unabhängig vom Bestehen und Fortbestehen der gesicherten Forderung. In der Praxis der Kreditinstitute haben Garantien die größere Bedeutung. Der Avalkredit ist eine typische Form der „Kreditleihe", in der also der Kreditgeber sozusagen sein Standing, seine Bonität, nicht hingegen Geld ausleiht. Man kann diese Sicherstellung einer Forderung durch Garantie oder Bürgschaft eines Kreditinstituts auch als **Ausfallhaftung** bezeichnen.

Die wichtigsten Formen des Avalkredites kann man in Anlehnung an die eben erwähnte Dreiteilung wie folgt untergliedern:

(1) **Bürgschaften**

Grundsätzlich übernehmen Kreditinstitute Bürgschaften nur in Form der sogenannten selbstschuldnerischen Bürgschaft, d. h. ohne Einrede der Vorausklage (der Begriff der Vorausklage beinhaltet, daß der Bürge erst dann und insoweit zu zahlen braucht, wie der Bürgschaftsnehmer alle Möglichkeiten erschöpft hat, vom Hauptschuldner Zahlung zu erhalten). Unter die von Kreditinstituten übernommenen Bürgschaften fallen das Frachtstundungsaval, das Branntweinmonopolaval, die Prozeßbürgschaft, das Steuer- und Zollaval und das Aval gegenüber der „Delkrederestelle Eisen und Stahl". Das zuletzt genannte Aval hat den Charakter einer modifizierten Ausfallbürgschaft, d. h. der Ausfall gilt bei Vorliegen bestimmter Merkmale innerhalb sehr kurzer Frist als festgestellt, so daß bei wirtschaftlicher Betrachtung auch dieses Aval den Charakter einer selbstschuldnerischen Bürgschaft hat (*Jährig/Schuck* 1989, S. 621–630).

(2) **Garantien**

Im Gegensatz zur Bürgschaft findet die Garantie im BGB keine gesetzliche Ausgestaltung. Die gebräuchlichsten Garantien sind: Kreditsicherungsgarantie, Bietungsgarantie, Liefer- und Leistungsgarantie, Vertragserfüllungsgarantie, Anzahlungsgarantie, Gewährleistungsgarantie, Konnossementsgarantie, Zahlungsgarantie, Zollgarantie (*Jährig/Schuck* 1989, S. 632–638).

(3) **Sonstige Gewährleistungen**

Hierunter fallen vor allem der Kreditauftrag, das Holzgeldaval und der stand by letter of credit (*Jährig/Schuck* 1989, S. 631–632).

Zum Risikogehalt des Avalkredits kann eine allgemein gültige Aussage nicht gemacht werden. Eine Kreditsicherungsgarantie ist in ihrem Risikogehalt stets einem Barrisiko gleichzusetzen. In die „Nähe" eines Barkredites gehören vom Risikogehalt her auch Frachtstundungs-, Branntwein-

3. Formen der Kreditfinanzierung 415

monopol-, Steuer- und Zollaval. Am geringsten ist das Risiko bei Avalen im Zusammenhang mit Geschäften zu veranschlagen, bei denen davon ausgegangen werden kann, daß sie sich ordnungsgemäß abwickeln (sog. self liquidating-Charakter des betreffenden Avals). Hier spielen als Kriterien die technische und kaufmännische Leistungsfähigkeit des Avalauftraggebers, die Zuverlässigkeit der Unterlieferanten (Erfordernis der Dekkungsgleichheit der von den Unterlieferanten beizubringenden Bankavale mit dem Hauptaval und dem Hauptvertrag) sowie die Vertrauenswürdigkeit des ausländischen Partners (Risiko der ungerechtfertigten Inanspruchnahme („unfair calling"; dieses Risiko kann versichert werden) die ausschlaggebende Rolle.

Die Kosten des Avalkredits sind das Äquivalent für die Risikoübernahme durch das Kreditinstitut, für die Kosten der Eigenkapitalbindung und der Bearbeitung und Überwachung. Sie liegen im allgemeinen zwischen 1,0 und 2,5% p.a. des Avalbetrages je nach Höhe und Laufzeit sowie Bonität des auftraggebenden Kunden. Zuweilen werden auch – bei Großavalen – etwas darunter liegende Sätze berechnet. Bei kurz laufenden Avalen wird z.T. eine Mindestprovision vereinbart.

Wichtig ist, daß im Text des Avals keine sogenannte **Effektivklausel** enthalten ist, mit der die Zahlungsverpflichtung z. B. vom Eintritt eines Schadens oder von einer Vertragsverletzung durch den Avalauftraggeber abhängig gemacht wird. Hier erfolgt eine Vermischung des abstrakten Charakters der Garantie mit dem zugrundeliegenden Geschäft; in aller Regel sind Kreditinstitute nicht in der Lage, die Berechtigung oder Nichtberechtigung der Inanspruchnahme nachzuprüfen. Aus diesem Grunde erfolgt grundsätzlich Zahlung auf erstes Anfordern des Begünstigten. Weder besteht eine Verpflichtung des avalerstellenden Kreditinstituts zur materiellen Nachprüfung des Garantiefalles noch wird eine solche Nachprüfung praktiziert. Über dieses Risiko müssen sich die den Avalauftrag erteilenden Kunden von Anfang an klar sein.

Hinsichtlich der Besicherung unterscheidet sich der Avalkredit nicht von anderen Krediten: Das Besicherungserfordernis ist abhängig von der Bonität des Kunden wie von der Laufzeit und Natur des Avals.

3.3 Das standardisierte Kreditgeschäft

Die zunächst im Privatkundengeschäft entwickelten Vorteile standardisierter Kreditformen (persönliche Kleinkredite, Anschaffungsdarlehen) (vgl. im einzelnen *Jährig/Schuck* 1989, S. 170–180) sind auch auf das Kreditgeschäft mit Selbständigen und Gewerbetreibenden übertragen worden. Dabei sind die Grenzen zum „klassischen" Kreditgeschäft oft nicht mehr exakt zu ziehen. Im Grunde gilt, was Kosten, Sicherheiten, Laufzeiten und Verwendungszwecke angeht, das bereits oben – insb. zu den langfristigen Krediten – Gesagte.

3.4 Kreditinstrumente des kommerziellen Auslandsgeschäfts

Zur Unterstützung in der Abwicklung von Außenhandelsgeschäften haben die Kreditinstitute verschiedene Instrumente zur Minderung der Risiken der Kundschaft im Auslandsgeschäft geschaffen. Hier steht nicht so sehr die Kreditgewährung als vielmehr die gesicherte Abwicklung des Grundgeschäfts und die Risikobegrenzung im Zahlungsverkehr mit dem Ausland im Vordergrund. Deshalb soll hier eine Aufzählung dieser Instrumente genügen; soweit sie – das ist meist der Fall – zugleich für das Kreditinstitut mit auf den Kunden bezogenen Kreditrisiken verbunden sind, gilt weitgehend bereits oben Gesagtes sowie die im nächsten Abschnitt zu behandelnden Kriterien der Vertretbarkeit eines Kredites. Bei diesen Instrumenten handelt es sich um das Dokumenteninkasso, das Akkreditiv und das Aval (vgl. zu Einzelheiten *Jährig/Schuck* 1989, S. 216–222, sowie den Beitrag von *Moser* in diesem Handbuch).

Zur Finanzierung des Auslandsgeschäftes der Kundschaft stellen Kreditinstitute auch Kredite zur Verfügung. Abgesehen von Betriebsmittelkrediten handelt es sich hier im wesentlichen um die Bevorschussung von Dokumenten (Traditionspapieren). Diesen Dokumenten (Konnossemente, Ladescheine, Orderlagerscheine) kommt ein großer Sicherungswert zu.

Auf Wechselbasis gibt es – abgesehen vom „normalen" Wechselkredit und Akzeptkredit – vor allem das Instrument des **Rembourskredites**, eine Kombination von Akzeptkredit und Dokumentenakkreditiv; er ist allerdings in den letzten Jahrzehnten in seiner Bedeutung stark zurückgegangen.

Eine Kreditgewährung an den inländischen Kunden liegt auch dann vor, wenn der inländische Exporteur sofortige Zahlung bei Einreichung akkreditivgerechter Dokumente erhält, während das von der ausländischen Bank eröffnete (und vom inländischen Kreditinstitut bestätigte) Akkreditiv Zahlung erst nach Ablauf einer bestimmten Frist (z. B. 90 Tage) ohne Ausstellung eines Bankakzepts vorsieht (Deferred Payment Credit). Dasselbe kann auch bei einem inländischen Importeur der Fall sein, wenn dieser die einen Import repräsentierenden Dokumente von seiner Hausbank erhält, diese aber in der Verpflichtung bleibt, die Zahlung an den ausländischen Exporteur nach Ablauf der im Akkreditiv vorgesehenen Frist zu leisten.

Eine spezielle Form des Akzeptkredites ist der sog. **Bankers Acceptance**. Es handelt sich dabei um eine in den USA bestehende Möglichkeit, größere grenzüberschreitende Geschäfte dort, und zwar auf US $-Basis, zu finanzieren.

Langfristige Kredite werden im Zusammenhang mit der Finanzierung von Exporten langlebiger Wirtschaftsgüter vergeben. Hier gibt es zwei

3. Formen der Kreditfinanzierung

Hauptformen: Bei der Lieferantenfinanzierung (-kredit) oder dem Exporteurkredit handelt es sich um die Finanzierung der Produktion und der aus dem Export entstehenden Forderung (Zielfinanzierung). Zum anderen werden Kredite an ausländische Besteller deutscher Exporte in der Form sog. Bestellerkredite (gebundener Finanzkredit) vergeben. Hierhin gehört — als sogenannter Direkt- oder Seitenkredit — auch die Finanzierung von An- und Zwischenzahlungen, um das Geschäft deckungsfähig („Hermes"-fähig) zu machen.

Die Ausfuhrkredit-Gesellschaft mbH (AKA) ist ein Anfang der 50er Jahre gegründetes Spezialinstitut (Gemeinschaftsgründung des deutschen privaten Bankgewerbes; inzwischen sind alle Bereiche des deutschen Universalbankensystems Mitglieder dieses in die Rechtsform einer GmbH gefaßten Konsortiums) mit der Aufgabe der Finanzierung des deutschen Exports, vorzugsweise von langlebigen Wirtschaftsgütern. Hierzu stehen der AKA folgende Refinanzierungsrahmen zur Verfügung:

Plafond A mit einem Gesamtvolumen von DM 2,0 Mrd. Die erforderlichen Mittel werden von den Konsortialbanken (z.Z. 52) aufgebracht.

Plafond B mit einem Gesamtvolumen von DM 2,25 Mrd. Seine Basis ist eine von der Deutschen Bundesbank zur Verfügung gestellte gleich hohe Sonderrediskontlinie.

Plafond C mit einem Gesamtvolumen von DM 22,0 Mrd.; Mittelaufbringung hier wie beim Plafond A durch die Konsortialbanken.

Während die beiden erstgenannten Plafonds der Finanzierung der deutschen Exporteure dienen, werden mit Plafond C ausländische Besteller deutscher Exportgüter finanziert.

Hinsichtlich Voraussetzungen für die Inanspruchnahme, Konditionen, Selbstfinanzierungsanteile, Sicherheiten, Inanspruchnahmeform, Laufzeiten, Rückzahlungsmodalitäten und Haftung gibt es zwischen den Plafonds wesentliche Unterschiede, auf die hier nicht eingegangen werden kann (vgl. im einzelnen *Jährig/Schuck* 1989, S. 232—237).

Zu den langfristigen Kreditarten im grenzüberschreitenden Güter- und Dienstleistungsverkehr gehören auch Forfaitierung, Factoring und Exportleasing, auf die hier nicht eingegangen werden kann.

3.5 Internationale Kreditfinanzierungen

Internationale Kreditfinanzierungen (*Friedl* 1989, S. 151—174) werden über den Euromarkt dargestellt. Mit „Euromarkt" ist hier der Eurokreditmarkt gemeint, im Unterschied zum Eurokapitalmarkt (Eurobondmarkt) als Zusammenfassung aller langfristigen Transaktionen auf Kapitalmarktbasis und zum Eurogeldmarkt, der die Zusammenfassung der Interbank-Transaktionen im kurzfristigen Bereich (bis zu einem Jahr) darstellt. Der **Euromarkt** ist nicht auf die Region Europa beschränkt, sondern umfaßt die gesamte Welt („global financing"). Sein Ursprung allerdings liegt in Europa. Das Volumen des Eurogeld- und damit weitgehend auch des Eurokreditmarktes betrug Ende 9/91 rd. 3.400 Mrd. US-$ netto, d. h. ohne Doppelerfassung der zwischen den berichtenden Banken getätigten Geschäfte (vgl. *Jährig/Schuck* 1989, S. 251–258).

Zu unterscheiden ist zwischen den tradionellen oder „klassischen" Eurokrediten und den neuen oder innovativen Formen des Euromarktes. Zu den „klassischen" Eurokrediten gehören die Festsatzkredite – meist mit Laufzeiten von 1 bis 12 Monaten – und die Roll-over-Kredite (meist langfristig). Grundsätzlich gilt für diese Kredite das oben zu kurzfristigen Festsatz- und langfristigen Krediten aus Inlandsliquidität Gesagte, auch hinsichtlich der Verwendungszwecke.

Ein Spezifikum des **Roll-over-Kredites** gegenüber dem Langfristkredit aus Inlandsliquidität mit variablem Satz ist folgendes. Während beim Inlandskredit die Zinsanpassung jederzeit vorgenommen werden kann, erfolgt die Zinsanpassung beim Roll-over-Kredit streng periodisch entsprechend den am Eurogeldmarkt darstellbaren Fristen. Die jeweiligen Zeitabschnitte liegen zwischen 1 und 12 Monaten. Das bedeutet, daß in der Form des Roll-over-Kredites eine Fristentransformation stattfindet.

Eine weitere Besonderheit des Roll-over-Kredites ist die Möglichkeit der Währungsoption („Multicurrency-Clause"); sie beinhaltet, daß der Kreditnehmer am Ende jeder Refinanzierungsperiode verlangen kann, den Kredit während der nächsten Refinanzierungsperiode in einer anderen Währung als bisher zu erhalten.

Die neuen Finanzierungformen des Euromarktes basieren auf der Tatsache, daß in den letzten Jahren – vor allem initiiert von Investmentbanken – Unternehmen mit erstklassigem internationalen Standing dazu übergegangen sind, sich in Form von handelbaren, also verbrieften Forderungen (Wertpapieren) am Euromarkt zu finanzieren. In den Bereich der Kreditgewährung spielen diese Finanzierungsformen einmal dann hinein, wenn sie durch von Kreditinstituten eingeräumte **Absicherungsfazilitäten** (Auffanglinien; back up- oder stand by-Linien) „begleitet" werden. Der wesentliche Gehalt dieser Absicherungsfazilitäten besteht darin, daß sich die Banken verpflichten, bei Nichtplazierbarkeit der von den Unternehmen begebenen Euronotes entweder diese selbst zu übernehmen oder dem emittierenden Unternehmen entsprechenden Kredit zur Aufnahme der vom Markt zurückgegebenen Notes zur Verfügung zu stellen.

Die Hauptgruppen dieser neuen Finanzierungsformen des Euromarktes sind (*Jährig/Schuck* 1989, S. 265–276):

(1) **Transferable Loan Facilities (TLF):**
    Ihr Wesen besteht darin, daß die Kreditforderung als solche (durch

entsprechende Vertragsgestaltung) handelbar und damit übertragbar gemacht wird.
(2) **Revolving Underwriting Facilities (RUF):**
Diese Form stellt die Verbindung einer Wertpapieremission und einer Auffanglinie dar.
(3) **Transferable Revolving Underwriting Facilities (TRUF):**
Der Unterschied zu den „RUF's" besteht darin, daß die einzelne „unterschreibende" Bank ihre Verpflichtung aus der eingeräumten Auffanglinie im Einverständnis mit der Kreditnehmerin auf eine oder mehrere andere Banken übertragen kann.
(4) **Note Issuance Facilities (NIF):**
Es handelt sich um eine Abwandlung der RUF, die sich im wesentlichen auf die Preisgestaltung und/oder auf die Festlegung von Übernahmequoten der einzelnen teilnehmenden Bank (oder deren Verpflichtung zur Gewährung von „Barkrediten") bezieht.
(5) **Euro Commercial Papers (ECP):**
Hier handelt es sich – im Gegensatz zu den drei zuvor genannten Instrumenten – ausschließlich um ein Wertpapiergeschäft, also begrifflich ohne entsprechende Auffanglinie von Banken, ohne daß man sagen kann, daß grundsätzlich ein ECP-Programm (mit diesem Zusatz wird eine solche Emission gewöhnlich versehen) ohne Auffanglinie begeben wird.
(6) **Multiple Component Facilities (MCF)** oder **Multiple Options (Financing) Facilities (MOF/MOFF):**
Hierunter versteht man vorzugsweise auf die Bedürfnisse multinational operierender großer Firmen bzw. Konzerne zugeschnittene Kombinationen der verschiedensten Finanzierungsformen einschl. sogenannter strukturierter Finanzierungen.

4. Die Vertretbarkeit eines Kredites

Vor Ausreichung eines Kredites prüft jedes Kreditinstitut, ob die Voraussetzungen für eine Kreditgewährung vorliegen. Conditio sine qua non jeder Kreditvergabe ist die Kreditfähigkeit des Kreditnehmers, für deren Vorliegen rechtliche Gesichtspunkte maßgeblich sind (vgl. *Jährig/Schuck* 1989, S. 335). Kreditfähigkeit bedeutet, daß jemand rechtsgültig Kreditverträge abschließen, d. h. sich in rechtswirksamer Weise gegenüber dem Kreditinstitut verpflichten und für die entstandenen Verpflichtungen dem Kreditgeber gegenüber haften kann.

Darüber hinaus ist erforderlich – vor dem Hintergrund des beiderseitigen Vertrauens, das einer Kreditbeziehung zugrunde liegen muß –, daß der Kreditnehmer über die persönliche Kreditwürdigkeit verfügt, die man kurz mit Eigenschaften wie Glaubwürdigkeit, Vertrauenswürdigkeit, einwandfreier Ruf etc. umschreiben kann.

Hauptgegenstand der Prüfung der Vertretbarkeit eines Kredites ist die **sachliche Kreditwürdigkeit**, die zum Teil ebenfalls personenbezogene Eigenschaften beinhaltet. Ihr Ergebnis ist immer die Vertretbarkeitsaussage.

Im Vordergrund stehen hierbei die Prüfung der wirtschaftlichen Verhältnisse und des Verwendungszweckes des Kredites sowie – von nicht geringerer Bedeutung – die Frage nach der Managementqualität.

Die Bedeutung eines qualifizierten Managements zeigt sich – dies wird durch die Erfahrungen aus der Kreditpraxis durchweg belegt – vor allem in allgemein schwierigen Zeiten oder bei Unternehmen aus Problembranchen: Gut geführte Unternehmen werden von einer allgemein schlechten Entwicklung bzw. von branchenspezifischen Problemen nicht oder nur unterproportional in Mitleidenschaft gezogen. Umgekehrt kann erfahrungsgemäß auch das kapitalkräftigste und rentabelste Unternehmen innerhalb kürzester Zeit durch schlechtes Management heruntergewirtschaftet, ja konkursreif gemacht werden.

Wesentliche Bedeutung kommt auch dem Verwendungszweck zu. Aufgrund der Erfahrungen in der Praxis kann man sagen, daß eine Vielzahl von kritisch gewordenen Kreditengagements letztlich darauf zurückzuführen ist, daß der Frage „Was wird mit dem Kredit finanziert?" nicht mit der notwendigen Sorgfalt nachgegangen wurde. Der eigentliche Verwendungszweck eines Kredites kann auch – dies ist nicht gerade seltene leidvolle Erfahrung der Praxis – in der Finanzierung von Verlusten oder von Entnahmen bestehen.

Als sehr sinnvoll und erkenntnisreich in diesem Zusammenhang hat sich erwiesen, wenn man – ausgehend von der aktuellen Lage des Kreditnehmers – sich die Frage stellt, was sich gegenüber dem Vergleichszeitraum des Vorjahres geändert hat. Erweist sich, daß bei etwa gleichen Voraussetzungen im Vorjahr kein (Zusatz-)Kreditbedarf bestand, ist – mangels Plausibilität des angegebenen – der wirkliche Verwendungszweck für den Kredit zu erforschen.

Ist der Verwendungszweck plausibel erläutert, ergibt sich oftmals sozusagen wie von selbst die Besicherungsmöglichkeit – nicht zwangsläufig: Besicherungsnotwendigkeit! – für den Kredit (z. B. Übereignung/Verpfändung des finanzierten Gegenstandes oder Abtretung der finanzierten Forderung). Zur Frage der **Besicherung** sei noch erwähnt, daß die von Nichtbankern oft vertretene Meinung, daß Banken Kredite fast immer nur gegen volle Besicherung herauslegen, nicht den Tatsachen entspricht. Das Kreditinstitut berücksichtigt allerdings eine gewisse Risikovorsorge für die Zukunft. Auch bei einwandfreier Bonität des Kreditnehmers läßt sich unter Umständen die tatsächliche Fähigkeit des Kreditnehmers, künftig

4. Die Vertretbarkeit eines Kredites

seine Kredite ordnungsgemäß zu bedienen, nicht mit ausreichender Wahrscheinlichkeit prognostizieren.

Eine große Bedeutung hat die Bewertung der Sicherheiten: Man kann sie nur unter Verwertungsgesichtspunkten vornehmen. Damit müssen – in der Regel erhebliche – Bewertungsabschläge vorgenommen werden, da Sicherheiten in der Insolvenz eines Kreditnehmers aller Erfahrung nach nur mit Bruchteilen ihres Nominal- oder Buchwertes verwertbar sind. Nimmt ein Kreditinstitut sogenannte variable Sicherheiten – insbesondere aus dem Umlaufvermögen des Kreditnehmers – herein, so ist es unabdingbar, daß es sich durch regelmäßige Sicherheitenüberprüfungen oder durch einzureichende Unterlagen Gewißheit darüber verschafft, wie sich Stand und Qualität der Sicherheiten entwickelt haben.

Das Sicherungsbegehren einer Bank hängt grundsätzlich von deren Risikoeinschätzung ab. Aus diesem Grunde fordern Banken für langfristige Kredite in aller Regel Sicherheiten, da sich die künftige Entwicklung eines Kreditnehmers mit zunehmender Zeitspanne immer schwerer überblicken und keinesfalls aus einer gegenwärtig guten Lage vorhersagen läßt. In Ausnahmefällen begnügen sich Banken mit der Zusicherung des Erhalts der Besicherungsmöglichkeit (Negativ Pledge-Clause, pari passu-Klausel).

Im Bereich der kurzfristigen Kredite wird eine Bank dann Sicherheiten fordern, wenn sie auch Risiken hinsichtlich der kurzfristigen Kredite sieht, die nicht voll „durch die Verhältnisse" (z. B. durch entsprechendes Eigenkapital) abgedeckt werden. Hierbei muß man sich vor Augen halten, daß die häufigste Form dieser Kreditart, der Betriebsmittelkredit, tatsächlich die langfristigste Kreditform ist. Es kommt also hierbei nur zum Teil auf die Frage der Rückführung an; mindestens genauso wichtig ist es, anhand solcher „variabler" Sicherheiten (regelmäßige Meldungen!) sich darüber Gewißheit zu verschaffen, daß der Kredit noch seinem vereinbarten Zweck dient.

Weiterhin ist zur Feststellung des (tatsächlichen) Verwendungszweckes und zur Beurteilung der gegenwärtigen Lage des Kreditnehmers die Vorlage von Zahlen zur aktuellen Geschäftslage erforderlich. Hierbei handelt es sich vor allem um einen aktuellen Status mit Vergleichszahlen zum gleichen Zeitpunkt des Vorjahres und ergänzenden Angaben zur Entwicklung seit dem letzten (vorgelegten) Abschluß sowie zu den Geschäftsaussichten für die nächsten Monate, wenn möglich für den gesamten folgenden 12-Monats-Raum. Dieses Begehren der Kreditinstitute steht im Einklang mit den Anforderungen des BAK, besonders wenn der vorliegende – oft einen schon mehr als 18 Monate zurückliegenden Zeitpunkt betreffende – Jahresabschluß allein kein klares Bild über die gegenwärtigen wirtschaftlichen Verhältnisse des Kreditnehmers erlaubt. Ein solcher Status gibt trotz seiner Unvollständigkeit (z. B. fehlender Lagerbestand) regelmäßig recht zuverlässig Auskunft über den **Liquiditätsstand** (Verhältnis der kurzfristigen Aktiva zu den kurzfristigen Passiva) eines Unternehmens, insbesondere beim Vergleich mit dem Status des entsprechenden Vorjahreszeitpunktes.

Eine wichtige Rolle bei der Beurteilung eines Kreditnehmers spielt auch die Frage der voraussichtlichen künftigen Entwicklung und damit der nachhaltigen Fähigkeit des Kreditnehmers, seine Kredite laufend zu „bedienen" und entweder letztlich zurückzuzahlen (langfristige Kredite) oder den Verwendungszweck zu wahren (Betriebsmittelkredite). Letztlich geht es auch hier um die Frage, ob es sich um ein auf die Dauer lebensfähiges Unternehmen handelt.

In den letzten Jahren gewinnt die Frage einen immer größeren Stellenwert, ob der Kreditnehmer in seinem Unternehmen eine systematische Planung – möglichst in einer eigenen Abteilung oder Gruppe – installiert hat (vgl. hierzu den Beitrag von *Chmielewicz* in diesem Handbuch). Planung vollzieht sich auf der Basis von Planungsprämissen, deren Plausibilität und innere Konsistenz entscheidend für den Wert einer Planung sind. Ihre höchste Aussagekraft entfaltet die Planung im Soll-Ist-Vergleich mit Abweichungsanalyse. Dies gilt sowohl'für die kurze (z. B. einen Monat) als auch für die lange Periode (z. B. ein Jahr oder mehrere Jahre).

Das für einen Kreditgeber – zumal in schwierigen Zeiten eines Unternehmens – besonders wichtige Planungsinstrument ist die **kurzfristige Liquiditätsvorschau**, die den künftigen monatlichen Liquiditätsspitzenbedarf – zumindest der nächsten 6 Monate – aufzeigt. Von Interesse sind aber auch die Ein- und Mehrjahresplanung von Liquidität und Eigenkapital, da sie die Möglichkeit eröffnen, sich rechtzeitig auf die künftige Entwicklung einzustellen und bei voraussichtlich ungünstiger Entwicklung (ggf. gemeinsam mit dem Kunden) im Sinne einer Risikominderung gegenzusteuern.

Schwerpunkt der Betrachtung der wirtschaftlichen Verhältnisse eines Unternehmens ist die Analyse des Jahresabschlusses. Sie steht nicht isoliert neben den sonstigen bereits genannten Wertungskriterien, sondern ist mit ihnen vielfältig verbunden, denn auch die Beurteilung z. B. der Managementqualität ist ohne Wertung der Zahlen der Vergangenheit nicht möglich. Ziel einer solchen Analyse aus Kreditgebersicht ist die Gesamtwertung des Zahlenmaterials eines Unternehmens, um zu einer klaren und eindeutigen Aussage zu kommen. Im Vordergrund der Vorgehensweise von Bankpraktikern steht in den letzten Jahren die dynamische Betrachtungsweise, d. h. Betrachtung der Entwicklung von Bilanz und GuV-Rechnung (nebst ergänzender Angaben im Anhang) im Zeitvergleich anstelle einer eher statischen Augenblicksbetrachtung (d. h. der Bilanz als „Momentaufnahme" zum Bilanzstichtag).

4. Die Vertretbarkeit eines Kredites

In die Gesamtwertung eines Abschlusses einbezogen wird die Gewinnung von Kennzahlen („ratios"), die mit denen anderer Unternehmen der (Teil-)Branche („Einzelvergleich"), zusammengefaßten Zahlen derselben (Teil-)Branche („Branchenvergleich"), den eigenen Zahlen der Vorjahre („Zeitvergleich") und der eigenen Entwicklung mit derjenigen der (Teil-)-Branche („Branchen-Zeit-Vergleich") verglichen werden.

Die Strukturierung von Bilanz und GuV-Rechnung ist die Basis zur Gewinnung von Kennzahlen. Die wichtigsten Kennzahlen sind das Betriebsergebnis und der Brutto-Cash-flow. Dies hat seinen Grund darin, daß ein Unternehmen mit dauerhafter, nachhaltig guter Ertragskraft in der Lage ist, alle sonstigen Schwachstellen auszugleichen, sei es ein schwaches Eigenkapital oder mangelnde Liquidität.

Eine weitere wichtige Kennzahl stellt die Eigenkapitalquote dar. Eine generelle Aussage zu einer angemessenen Eigenkapitalausstattung kann für Unternehmen – auch innerhalb derselben (Teil-)Branche – angesichts jeweils unterschiedlichen Aufbaus der Aktivseite nicht gegeben werden. Beteiligungen, beteiligungsähnliche Posten, nicht aus Lieferungen und Leistungen stammende Forderungen an verbundene Unternehmen/Beteiligungsunternehmen, Patente, Lizenzen sowie sämtliche Bilanzierungshilfen (Beispiel: Aufwendungen für die Ingangsetzung und Erweiterung des Geschäftsbetriebes) sollten voll durch Eigenkapital finanziert sein. Sachanlagevermögen, langfristige Forderungen (nur gegen bonitätsmäßig einwandfreie Schuldner) und langfristig gebundener Wertpapierbesitz müssen soweit durch Eigenkapital finanziert sein, daß das Unternehmen über genügend Spielraum zur Aufnahme des erforderlichen langfristigen Fremdkapitals durch Beleihung dieser Aktiva verfügt. Bei gewissen Konstellationen/Kreditentscheidungen kann auch die Herkunft der Mittel – selbst erwirtschaftet oder von außen zugeführt – ein wichtiges Kriterium sein.

Neben der Analyse der Eigenkapitalquote, u.z. auch bezogen auf den Umsatz, empfiehlt sich eine Betrachtung der Gesamtschulden-Umsatz-Relation, besonders im Zeit- und Branchen-Zeit-Vergleich, da das Eigenkapital wegen seiner Abhängigkeit von Bewertungsmaßnahmen u. U. zu günstig erscheint, während bei der Gesamtschulden-Umsatz-Relation Bewertungsmaßnahmen keinen oder nur geringen Einfluß haben.

Wichtig ist auch die kritische Wertung des Verhältnisses von Lager zum Eigenkapital (auch hier im Zeit-/Branchen-Vergleich), besonders bei eigenkapital-schwachen Unternehmen. Im Lager können so hohe Risiken stecken, daß sie nicht mehr vom Eigenkapital aufgefangen werden können.

Der detaillierten Betrachtung von Veränderungen dienen die sogenannten Struktur(kenn)ziffern: Zu nennen sind hier aus der Erfolgsrechnung neben der Rohertragsquote insb. die Personalkostenquote, die Quote des sonstigen (betrieblichen) Aufwandes, die Quote des Finanzergebnisses und das Verhältnis des Jahresüberschusses zur betrieblichen Gesamtleistung. In der Bilanz sind solche Strukturziffern die Sachanlagen-Quote, die Quote des Umlaufvermögens und der kurzfristigen Verbindlichkeiten.

Erste Anhaltspunkte und Hinweise für die Gründe von Änderungen von Strukturzahlen in Bilanz und GuV-Rechnung geben folgende Kennzahlen: betriebliche Gesamtleistung pro Beschäftigten, Rohertrag pro Beschäftigten, Lohn-/Gehaltssumme pro Beschäftigten, Gesamtkapitalrentabilität, Eigenmittelrentabilität.

Das Verhältnis des Brutto-Cash-flows zu den Nettoverbindlichkeiten (dynamischer Verschuldungsgrad) erlaubt es, den theoretischen Zeitraum zu bestimmen, den das betrachtete Unternehmen benötigt, um mit der selbst erwirtschafteten Liquidität sich ganz zu entschulden (Schuldentilgungsdauer). Unter Nettoverbindlichkeiten versteht man alle kurz-/mittel- und langfristigen Verbindlichkeiten abzüglich der flüssigen Mittel. Für einen Kreditgeber stellt es ein Warnsignal dar, wenn die Schuldentilgungsdauer kontinuierlich steigt, da sich darin eine Verringerung des finanziellen Spielraums der Firma äußert.

Auch die nächsten zu erwähnenden Kennzahlen verbinden Positionen der GuV-Rechnung (Umsatz bzw. Wareneinsatz) mit korrespondierenden Bilanz-Positionen. Die Lagerumschlagshäufigkeit berechnet sich aus Jahresumsatz, dividiert durch durchschnittliche Höhe des Erzeugnislagers und wird gern betrachtet im Zeit-, aber auch im Branchen-(Zeit-)Vergleich. Eine sinkende Lagerumschlagshäufigkeit gibt Anlaß zur kritischen Prüfung, warum die Bestände angestiegen sind.

Von großer Wichtigkeit ist auch die Kennzahl „durchschnittliche Zielinanspruchnahme der Abnehmer". Sie wird errechnet, indem man den Durchschnittsbestand an Forderungen aus Lieferungen und Leistungen (einschl. Girooblige aus weitergegebenen Wechseln) durch den durchschnittlichen Monatsumsatz dividiert. Sollte sich der Forderungsbestand aufbauen, ohne daß dem ein gestiegener Umsatz zugrunde liegt, sollte unbedingt den Gründen hierfür nachgegangen werden. Oft genug hat sich eine geringere Abnehmer-Bonität als Ursache herausgestellt mit entsprechend höheren Risiken für den Kreditnehmer.

Die (eigene) „Zielinanspruchnahme bei Lieferanten" (durchschnittliche Verbindlichkeiten aus Lieferungen und Leistungen einschließlich Akzepte dividiert durch durchschnittlichen Monatseinkauf) gibt dem Kreditgeber Hinweise auf die Zahlungsgewohnheiten des betrachteten Unternehmens und auf einen u. U. noch bestehenden Finanzierungsspielraum bei den Lieferanten.

Generell ist darauf hinzuweisen, daß die isolierte Betrachtung von Kennzahlen oder gar die Betrachtung nur einer Kennzahl wenig hilfreich ist,

u. U. sogar gravierende Fehleinschätzungen beinhalten kann. Kennzahlen sind immer im Zusammenhang mit anderen Kennzahlen zu sehen und auf ihre Plausibilität hin zu überprüfen. Beispiel: Eine schnelle Regulierungsweise – d. h. geringe Zielinanspruchnahme bei Lieferanten – ist grundsätzlich ein positives Zeichen, kann jedoch bei einem in kritischer Lage befindlichen Unternehmen auch ein Hinweis darauf sein, daß die Lieferanten mangels Bonität des Abnehmers branchenunübliche (kurze) Zahlungsziele gewähren oder gar nur gegen Vorkasse liefern.

5. Beratungsmöglichkeiten und Aufgaben von Kreditinstituten in Unternehmenskrisen

Der Begriff des Finanzintermediärs kann leicht zur Vorstellung führen, daß Kreditinstitute nur eine Art „Durchleitungsfunktion" hinsichtlich der ihnen anvertrauten Gelder haben. Aus dem bisher Gesagten geht jedoch hervor, daß ihre Aufgaben weit über die eines bloßen „Vermittlers" hinausgehen. Am deutlichsten wird dies in den Fällen, in denen kreditnehmende Unternehmen in eine Krise geraten. Hier ist echtes unternehmerisches Verhalten seitens der Hausbanken gefordert, ohne daß jedoch die Kreditinstitute sich selbst in die unternehmerische Verantwortung für das von der Krise befallene Unternehmen begeben (dürfen).

Man spricht dann von einem in der Krise befindlichen Unternehmen, wenn es im finanziellen Bereich nicht mehr allein handlungsfähig, also auf Hilfe von außen angewiesen ist. Man kann die Definition auch so fassen: Ein Unternehmen in der Krise ist (am Markt) keine selbsttragende Kreditadresse mehr. Hilfestellung kann ein solches Unternehmen, was die Seite der Kreditinstitute betrifft, nur von seiner/seinen Hausbank(en) erwarten. Die Merkmale einer Hausbank sind: Die Beziehungen zwischen Kreditinstitut und Unternehmen sind eng, langfristig, umfassend und vor allem von dem alles durchdringenden Grundsatz vollen gegenseitigen Vertrauens getragen. Gibt es mehrere Hausbanken, „wissen" diese voneinander.

Wenn ein Unternehmen sich in guten Zeiten einer Vielzahl von Kreditinstituten um minimaler Preisvorteile willen zuwendet, kann es nicht davon ausgehen, daß eine dieser „Gelegenheitsbanken" ihm in schlechten Zeiten in irgendeiner Form zur Seite steht, da sich keine von diesen Banken verantwortlich fühlt. Im Gegenteil: Erfahrungsgemäß sind es diese Banken, die bei den ersten Anzeichen einer beginnenden Krise alles daran setzen, sich zu „verabschieden", förmlich fliehen (was auch verständlich ist).

Die **Krisenursachen** können sehr vielfältiger Natur sein, sind jedoch fast immer letztlich auf Managementfehler zurückzuführen. Untrügliches

Zeichen einer „schleichenden" oder sich anbahnenden Krise ist eine dauerhaft unterdurchschnittliche oder sich allmählich immer mehr verschlechternde Rentabilität und im Gefolge dessen ständige Erosion des Eigenkapitals. Die Vielzahl der Gründe für eine unzureichende oder sich verschlechternde Rentabilität kann man in vier Hauptgruppen untergliedern:
- fehlende oder mangelhafte Transparenz der (tatsächlichen) Unternehmenssituation;
- fehlende oder mangelhafte Kenntnis der relevanten Märkte;
- Mängel im Führungsverhalten;
- „Verkrustungen" in der Gesellschafter- und Führungsstruktur.

Die wichtigste – leider nicht selten unterlassene – Hilfeleistung ist die, auch auf das Risiko einer Verstimmung hin mit dem Kunden möglichst früh offen über die seitens der Hausbank erkannten Schwachstellen zu sprechen: Fehler, die zu einer Krise führen, werden meist in „guten" Jahren gemacht und sind in aller Regel nicht besonders auffällig, ähnlich wie man bei einem Schiff, das einen Kurs nur wenig ändert, die Richtungsänderung erst nach einiger Zeit erkennt.

Ist die Krise ausgebrochen, müssen sich die Hausbanken über die auf sie zukommenden Aufgaben im klaren sein: Ohne Begleitung durch die Hausbank(en) wird die Rettung zumindest sehr erschwert, in aller Regel unmöglich sein. Von größter Wichtigkeit ist die zeitliche Abstimmung der einzelnen vom Unternehmen zu ergreifenden Maßnahmen.

Die wichtigsten Ziele, bei deren Verwirklichung die Hausbanken durch Beratung, aber auch durch eigenständige Maßnahmen mitwirken müssen, sind:

(1) Zeit zu gewinnen für die unverzüglich zu treffenden Maßnahmen, die erfahrungsgemäß folgenden drei Hauptgefährdungspotentialen gelten müssen:
- Unruhe unter Lieferanten/Kreditversicherern;
- Streichung der Linien von Nebenbanken/Gelegenheitskreditgebern;
- (Zwangs-)Maßnahmen öffentlicher Stellen (z. B. AOK'en).

Wie diese Gefährdungspotentiale konkret zu meistern sind, hängt ganz überwiegend von den Umständen des Einzelfalles ab.

(2) Nicht weniger wichtig ist es, daß das in der Krise befindliche Unternehmen die gewonnene Zeit dazu nutzt, ein überzeugendes Konzept möglichst schnell und unter Mitwirkung kompetenter und anerkannter Dritter (z. B. Unternehmensberater) zu erarbeiten und den anzusprechenden Gläubigern zu präsentieren. Ein solches umfassendes Konzept hat eine betriebswirtschaftliche und eine finanzielle Komponente, die sich aus dem betriebswirtschaftlichen Teil sozusagen ablei-

5. Aufgaben von Kreditinstituten in Unternehmenskrisen

tet. Die finanzielle Komponente des Sanierungskonzepts muß drei Grunderfordernissen entsprechen:
– Zumutbarkeit;
– Ausgewogenheit;
– Chance einer relativ kurzfristig erreichbaren Risikominderung für die Gläubiger.

Das finanzielle Konzept kann folgende Gläubigerleistungen beinhalten:
– Stillhalten für eine bestimmte (nicht zu kurz bemessene!) Zeit, und zwar mit den bisherigen Linien/Krediten;
– zusätzliche (evtl. temporäre) Kreditgewährung nicht nur durch Kreditinstitute;
– Zinsstundung;
– Umwandlung von Forderungen in Kapital oder nachrangige Verbindlichkeiten (meist problematisch);
– im Extremfall Zins- oder gar Forderungsverzichte (mit oder ohne Besserungsschein) nicht nur seitens der Kreditinstitute.

Ein beliebtes und vor allem sehr bewährtes Mittel, das Gläubigerverhalten im eben angegebenen Sinne zu koordinieren, ist die Bildung eines Pools (Konsortiums) aller kreditgebenden Kreditinstitute, möglichst aber auch der Lieferanten und Kreditversicherer. Die Poolbildung bietet den Vorteil eines streng koordinierten Gläubigerverhaltens, der (weitgehenden) Risikoegalisierung (im Verhältnis zur Kredithöhe) sowie des gegenseitigen Informations- und Meinungsaustausches und ermöglicht es der Banken- bzw. Gläubigergemeinschaft, dem Wunsch auf Durchführung bestimmter Maßnahmen mehr Nachdruck zu verleihen.

Bei einer Poolbildung ist stets die Bestimmung eines Poolführers – in der Regel des größten Einzelkreditgebers – und eines Sicherheitentreuhänders (meist identisch mit dem Poolführer) erforderlich. Die wesentlichen Aufgaben des Poolführers sind zuerst und zunächst der Entwurf und die Realisierung einer die unterschiedlichen Interessen und Risikolagen der einzelnen Gläubiger in fairer Weise berücksichtigenden Poolvereinbarung, die Verhinderung des Ausscherens von Gläubigern oder von Limitkürzungen (strenger Konsortialvorbehalt!), die laufende Überwachung der Sicherheiten, die Kontrolle des Verhaltens der einzelnen Poolgläubiger (Verhinderung überhöhter Zinsen), die Abgrenzung der Interessen der verschiedenen Gläubigerkategorien (Hauptfall: Kreditinstitute einerseits, Lieferanten/Kreditversicherer andererseits), die Formulierung der Modalitäten einer sogenannten Überlaufregelung (d. h. Verwendung der Sicherheiten für Kredite mit unterschiedlichem Risikogehalt), die Formulierung einer Saldenausgleichsvereinbarung für den Fall der Sicherheitenverwertung, die Festlegung der Informationspflichten des gemeinsamen Schuldners (Umfang, Zeitabstände), die Anberaumung und Abhaltung regelmäßiger Poolsitzungen mit Erarbeitung konkreter Vorschläge für diese Sitzungen sowie die Herbeiführung der gemeinsamen Willensbildung im Pool (vgl. ausführlicher hierzu *Jährig/Schuck* 1989, S. 519-543).

Literatur

Everling, O. (1991), Credit Rating durch internationale Agenturen, Wiesbaden
Friedl, H. H. (1989), Traditionelle und innovative Instrumente des internationalen Kreditmarktes, in: *Büschgen, H. E./Richolt, K.* (Hrsg.), Handbuch des internationalen Bankgeschäfts, Wiesbaden, S. 151–174
Jährig, A./Schuck, H. (1989), Handbuch des Kreditgeschäfts, 5. Aufl., Wiesbaden
Linss, H.-P. (1989), Risiken und ihre Abdeckung im internationalen Bankgeschäft, in: *Büschgen, H. E./Richolt, K.* (Hrsg.), Handbuch des internationalen Bankgeschäfts, Wiesbaden, S. 351–356

Kapitel 19
Finanzinnovationen
von *Martin Ramsler*

1. Charakteristika von Finanzinnovationen 430
 1.1 Neue Produkte oder Prozesse 430
 1.2 Marginaler, nicht revolutionärer Neuheitscharakter 431
 1.3 Ergebnis einer oder mehrerer Innovationsphasen 432
 1.4 Erhöhung von Effizienz oder Vervollständigung des Angebotes 432
2. Innovationsauslösende Faktoren 433
 2.1 Wirtschaftliche Veränderungen 434
 2.2 Technologischer Fortschritt 435
 2.3 Marktregulierungen und Steuergesetze 436
 2.4 Wissenschaftliche Erkenntnisse 437
3. Das Hervorbringen von Finanzinnovationen 439
 3.1 Bedürfnisidentifikation bei Investoren und Emittenten ... 439
 3.2 Entdecken von Marktopportunitäten 439
 3.3 Kombinieren von Basiselementen zu neuen Finanzprodukten 441
4. Beurteilung von Finanzinnovationen 442
Literatur 443

1. Charakteristika von Finanzinnovationen

1.1 Neue Produkte oder Prozesse

Das vergangene Vierteljahrhundert im Finanzbereich ist gekennzeichnet durch eine Vielzahl neu entstandener Produkte und Prozesse. Als Beginn der Ära der modernen **Produktinnovationen** kann der Zeitraum der 60er bis Anfang der 70er Jahre mit der Einführung handelbarer Certificates of Deposits sowie öffentlich gehandelter Fremdwährungs-, Futures- und Aktienoptions-Kontrakte verstanden werden (vgl. *Levich* 1988, S. 215 ff.; *Finnerty* 1987, S. 3 ff.; *Silber* 1983, S. 89 ff.). Die Innovationstätigkeit hat seither geradezu explosionsartig zugenommen: Futures- und Optionskontrakte beziehen sich mittlerweile auf Hunderte von Werten (Anleihen, Aktien, Rohstoffe) sowie synthetische Finanzinstrumente (z. B. S & P-Index oder DAX-Index) und werden an verschiedensten Börsen in der ganzen Welt gehandelt. Einige der entstandenen Produktinnovationen sind standardisiert, wie z. B. ein US$/DM-Währungsswap, eine Floating-Rate Note oder eine Nullkupon-Anleihe. Andere Produktinnovationen wiederum sind auf ganz bestimmte, unterschiedliche Sachverhalte strukturiert und tragen z. T. sogar geschützte Namen wie CARs (Certificates on Automobile Receivables von Salomon Brothers), LYONs (Liquid Yield Option Notes von Merrill Lynch) oder ICONs (Indexed Currency Option Notes von Bankers Trust).

Beispiele moderner **Prozeßinnovationen** im Finanzbereich umfassen das SWIFT-Netz (Society for Worldwide Interbank Financial Telecommunication) für Fremdwährungs-Transfers, die Euro-Clear und Cedel Clearingsysteme für Eurobonds, elektronische Handelssysteme und Börsen (NASDAQ, SOFFEX), den Shelf-Registrationsprozeß für die Emission neuer Anleihen in den USA, Geldausgabeautomaten, die Möglichkeit, Finanztransaktionen über den Personal Computer von zu Hause aus zu veranlassen u. ä. m. Zu den wichtigsten Prozeßinnovationen gehören aber auch neue wissenschaftliche Erkenntnisse, die auf die Finanzpraxis großen Einfluß haben, insbesondere das *Black-Scholes* Option Pricing Modell und das Capital Asset Pricing Modell. Während die *Black-Scholes* und andere Option Pricing Modelle eine erste wissenschaftlich fundierte Basis für die Bewertung von Optionen für das Risikomanagement durch „Delta Hedging" sowie für die Bewertung synthetischer Optionen bilden, stellen die moderne Portfolio-Theorie und das daraus entstandene Capital Asset Pricing-Modell die Beurteilung der Risiken und Renditen von Einzelinvestitionen in den Kontext des Gesamtmarktes. Daraus ergibt sich das Konzept der „Efficient Frontier", d. h. der optimalen Risiko/Rendite-Kombinationen, die Vorteilhaftigkeit der Portfolio-Diversifikation und des Verschuldens bzw. Entschuldens sowie der relativen Portfolio-Performance-Messung.

1.2 Marginaler, nicht revolutionärer Neuheitscharakter

Mit Ausnahme der erwähnten Options Pricing- und Capital Asset Pricing-Modelle sind die meisten der in den vergangenen zwei oder drei Jahrzehnten hervorgebrachten Produkt- und Prozeßinnovationen Weiterentwicklungen, Variationen oder Kombinationen von bereits bestehenden Konzepten und Ideen. Die Novität von **Produktinnovationen** existiert z. B.

- im Ausstatten einer Anleihe mit einer vorzeitigen Rückzahlungsforderungs- oder Verlängerungsmöglichkeit seitens des Investors (Anleihen mit Put- oder Extend-Optionen),
- in der Wandlungsmöglichkeit einer Anleihe in Aktien einer Drittgesellschaft, Mutter- oder Tochtergesellschaft (Exchangeable Bonds),
- in der Kombination von festverzinslichen Anleihen mit Optionen auf Rohstoff- und Aktienindices, auf Wechselkurse oder auf zusätzliche festverzinsliche Anleihen,
- in der Bündelung und öffentlichen Emission von Hypotheken, Automobil- bzw. Kreditkartendarlehen, Computer Leases und Debitorenbeständen (Verbriefung von Bilanzaktiva, Emission von Asset-Backed Securities).

Die Novität von **Prozeßinnovationen** im Finanzbereich besteht vielfach in der Anwendung anderweitig entwickelter und erprobter Technologien, vor allem der Datenverarbeitung und -übertragung, so z. B.
- in der Einführung von Geldautomaten oder von Point-of-Sale-Terminals
- in elektronischen Geldtransfer-, Clearing- und Handelssystemen.

Im Gegensatz zum Güterbereich, wo Innovationen des öfteren Folge eines revolutionären technologischen Durchbruchs sind, ist daher der Neuheitscharakter von Finanzinnovationen meist marginaler Natur.

Abb. 1: Finanzinnovationen als Ergebnis einer oder mehrerer Innovationsphasen

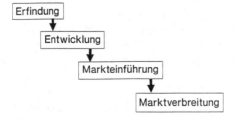

1.3 Ergebnis einer oder mehrerer Innovationsphasen

Die innovative Tätigkeit beim Hervorbringen eines neuen Finanzproduktes oder -prozesses setzt sich aus mehreren Phasen zusammen, die in Erfindung, Entwicklung, Markteinführung und Marktverbreitung gegliedert werden können (Abb. 1, S. 431). Eine Finanzinnovation, um als solche im Markt zu bestehen, muß aber nicht alle vier Phasen durchlaufen, sondern kann sich auch auf die beiden letzten (Markteinführung und Marktverbreitung) oder nur auf die letzte beschränken. Ein Beispiel für eine alle Phasen durchlaufende Finanzinnovation stellt die schon erwähnte Portfolio-Performance-Messung dar, die auf die Erfindung der modernen Portfolio-Theorie, die Entwicklung des hierauf basierenden Capital Asset Pricing-Modells und die Einführung von sich daran orientierenden Portfolio-Management-Methoden zurückgeht. Gerade bei Finanzinnovationen sind aber nicht zuletzt die Phasen der Markteinführung und Marktverbreitung von bereits anderweitig bekannten Ideen und ihre gezielte Ausrichtung auf die Bedürfnisse der für den Innovator relevanten Investoren, Emittenten oder Finanzinstitute von enormer Wichtigkeit (vgl. *Ross* 1989, S. 541 ff.). Eine erfolgreiche Finanzinnovation kann somit auch ‚nur' das Ergebnis einer professionellen Markteinführung und Marktverbreitung eines in einem anderen Markt bereits bestehenden Produktes sein. Ein Beispiel einer solchen Finanzinnovation ist die unlängst im deutschen Markt erfolgte Einführung von Commercial Paper-Programmen (vgl. *Rohleder/Schäfer* 1991, S. 204 ff.).

1.4 Erhöhung von Effizienz oder Vervollständigung des Angebotes

Eine Finanzinnovation, um als solche erfolgreich zu sein und überleben zu können, muß ein Produkt oder einen Prozeß für zumindest einen Marktteilnehmer, d. h. einen Investor, Schuldner oder ein Finanzinstitut effizienter machen und/oder das Produkt- und Prozeßangebot vervollständiger. Die **erhöhte Effizienz für die beteiligten Marktteilnehmer** kann dabei aus der Erhöhung der Rendite bzw. Verminderung der Kosten bei gleichbleibendem Risiko (z. B. durch verminderte Transaktionskosten) oder der Verminderung des Risikos bei gleichbleibender Rendite bzw. konstanten Kosten (z. B. durch erhöhte Marktliquidität) bestehen. Beispiele von transaktionskostenmindernden Finanzinnovationen sind Medium-Term Notes, Extendible Notes, Auction Rate Debentures, Euro Commercial Paper, Shelf Registration, Discount Brokerage, Geldausgabeautomaten und elektronischer Wertpapierhandel. Als Beispiele für liquiditätserhöhende Finanzinnovationen können alle Arten von Asset-Backed Securities, High-yield Bonds, Commercial Paper-Programme, Swaps, Note Issuance Facilities und krediterhöhende Garantien auf Anleihen genannt werden. Effizienzerhöhende Innovationen können auch Produkte mit verbesserter oder veränderter Rendite/Risikoallokation sein. Risikotransferierende Finanzinnovationen sind z. B. Hypotheken mit variablem Zinssatz, Floating-Rate Notes, Futures, jede Art von Optionen, Swaps, Forward-Rate Agreements.

Die **Vervollständigung des Produkt- und Prozeßangebotes** zielt darauf ab, noch nicht befriedigte Bedürfnisse der Investoren und/oder Emittenten durch Finanzinnovationen abzudecken. Diese Bedürfnisse und die daraus resultierenden Innovationen können sich auf Cash-flow-Charakteristika, Fälligkeit, Einbau erwünschter Rückgabecharakteristiken, Schutz vor unerwünschtem Risiko durch entsprechende Optionen, Erhöhung des Informationsstandes usw. beziehen. Auch hier ergeben sich mannigfaltige Möglichkeiten, von denen nur die Geldmarktfonds, verschiedene Aktienfonds, Anleihefonds in den meisten Währungen, Nullkupon-Anleihen, High-Yield Bonds und Anleihen mit Optionen verschiedenster Art erwähnt seien.

2. Innovationsauslösende Faktoren

Finanzinstitutionen bringen neue Produkte und Prozesse an den Markt, um auf diese Weise ihre eigenen Ziele abzudecken. Die wichtigste Motivation in dieser Hinsicht dürfte die langfristige Ertragserzielung und -sicherung sein. Darüber hinaus gibt es aber auch noch strategische Überlegungen – sowohl aggressiver als auch defensiver Natur –, weshalb Finanzinstitutionen das Hervorbringen von Produkt- und Prozeßinnovationen besonders fördern wollen.

Solche strategischen Überlegungen können sowohl der beabsichtigte Ausbau der Konkurrenzposition für bestimmte Produkte oder Produktbereiche sein als auch die Feststellung, daß die meisten Produkte einer Art „Produkte-Lebenszyklus" unterliegen und sich daher künftig nicht mehr im angestammten Volumen absetzen lassen werden. Ferner besteht auch die Erkenntnis, daß Investoren- oder Emittentenkunden zu Konkurrenzinstituten abwandern könnten, falls ihnen nicht ihren Bedürfnissen entsprechend neue Produkte und Prozesse angeboten werden. Schließlich herrscht auch die allgemeine Erwartung, daß ein vom Markt und den Kunden erkanntes innovatives Verhalten positive Einflüsse (‚spill-over' Effekte) auf traditionelle Geschäftsbeziehungen haben kann. Die Möglichkeiten für Finanzinstitute, durch die Einführung und Verbreitung innovativer Produkte und Prozesse die eigenen Profite und Konkurrenzposition verbessern zu können, ergeben sich aus einem sich ständig verändernden Umfeld. Die Hauptfaktoren, die dieses Umfeld beeinflussen, werden im folgenden detailliert diskutiert und lassen sich gliedern in (vgl. zu diesen Beeinflussungsfaktoren auch *Mishkin* 1990; *Schmale* 1990; *Van Horne* 1985, S. 621 ff.):

– wirtschaftliche Veränderungen,

Abb. 2: Innovationsauslösende Faktoren

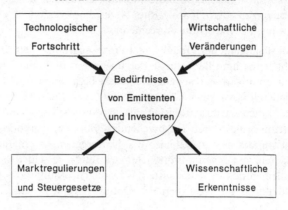

- technologischer Fortschritt,
- Marktregulierungen und Steuergesetze sowie
- wissenschaftliche Erkenntnisse.

2.1 Wirtschaftliche Veränderungen und Entwicklungen

Die wohl markantesten Veränderungen im Umfeld der Teilnehmer der Finanzmärkte während der vergangenen zwei Jahrzehnte sind die enormen Volatilitätszunahmen in den Zins-, Währungs-, Aktien- und Rohstoffmärkten. Die großen Preis- respektive Renditefluktuationen bergen für die Marktteilnehmer nicht nur Risiken, sondern sie bieten gleichzeitig auch attraktive Möglichkeiten zur Gewinnerzielung. Die starke Zunahme an Volatilitäten in den besagten Märkten war deshalb ein Stimulus für die Einführung einer großen Anzahl innovativer Finanzprodukte und -prozesse.

Im **Zinsbereich** sind vor allem die Floating-Rate Notes anzuführen, und zwar im einzelnen die Floating-Rate Notes mit Umtauschmöglichkeit in festverzinsliche Anleihen oder mit ‚Collars' zur Beschränkung der Schwankungsbreite der Zinssätze, weiterhin Inverse Floating-Rate Notes, Put-Bonds, Nullkupon-Anleihen, inflationsindexierte Anleihen, Hypotheken mit variablen Zinssätzen, Zinssatz-Swaps, Caps, Zinssatz-Futures, Optionen auf Zinssatz-Futures und schließlich festverzinsliche Anleihe-Fonds. Im **Währungsbereich** erstrecken sich die wichtigsten Beispiele auf Dual-Currency Bonds, Währungs-Futures, Währungs-Swaps und Währungs-Optionen. Im **Aktienbereich** sind die verschiedenen Arten von Exchangeable Bonds, die Aktienindex-Zertifikate, die verschiedensten Aktienfonds, die Aktienindex-Futures, die gedeckten Aktien-Warrants und Aktien-Basket-Warrants, die Adjustable Rate Convertible Notes und schließlich die Liquid Yield Option Notes zu erwähnen. Im **Roh-**

2. Innovationsauslösende Faktoren

stoffbereich wären die Anleihen mit Optionen auf Gold-, Silber-, Öl- und sonstige Indices (in Deutschland nicht zugelassen) sowie verschiedenste öffentlich gehandelte Rohstoff-Optionen und Futures (ebenfalls nicht in Deutschland) zu nennen.

Neben den höheren Volatilitäten wirkt auch die wirtschaftliche Entwicklung als unabhängiger Faktor auf die Innovationstätigkeit und -empfänglichkeit der Marktteilnehmer, und zwar über deren Risikoeinstellung. In instabilen wirtschaftlichen Zeiten oder zu Zeiten wirtschaftlichen Rückgangs legen die Marktteilnehmer besonderen Wert auf die Liquidität ihrer Anlagen; zudem zeichnen sie sich durch eine zunehmende Risikoaversion aus. Solche Zeiten sind deshalb für die Einführung innovativer Produkte und Prozesse weniger geeignet, es sei denn, die neuen Produkte oder Prozesse ermöglichen ein deutlich besseres Risikomanagement.

2.2 Technologischer Fortschritt

Die technologische Entwicklung, vor allem diejenige der Datenverarbeitung und Datenübertragung, hat das Angebot und die Einführung einer großen Anzahl von Finanzinnovationen ermöglicht. Dies ist primär auf die Veränderung der Herstellungs- und Transaktionskosten sowie auf die Schaffung einer vorher unbekannten Markttransparenz zurückzuführen. Als die elektronische Datenverarbeitung die Kosten finanzieller Transaktionen merkbar reduzierte, begannen die Finanzinstitute, neue Produkte und neue Prozesse anzubieten, die auf die Nutzung dieser neuen Technologien angewiesen waren. Klassische Beispiele von neuen Produkten und Prozessen, die nur durch den Fortschritt in der Datenverarbeitung und -übertragung möglich wurden, sind die Welle der ‚Securitization‘, das ‚Program-Trading‘ sowie die gesamte Internationalisierung der Finanzmärkte.

Die Verbriefung („Securitization") von Forderungen bzw. die Emission von ‚Asset-Backed' Wertpapieren hat die Umgestaltung einer großen Anzahl ansonsten illiquider Darlehenskontrakte in liquide, marktfähige Finanzprodukte zum Inhalt. Die neue Computertechnologie ermöglicht das kostengünstige Zusammenfassen solcher individueller Kontrakte zu einem Portfolio, das Verarbeiten der regelmäßigen Zins- und Kapitalrückzahlungen sowie die Begebung liquider, auf diese Portfolios bezogener Zertifikate. Ihren Ursprung nahm die Verbriefungswelle in den USA in den 70er Jahren durch die Emission von mortgage-backed Zertifikaten seitens der staatlichen Government National Mortgage Association (GNMA). Auch heute noch machen solche liquiden Zertifikate auf Hypothekendarlehen-Portfolios den Hauptanteil der ‚Asset-Backed Securities' aus. Am explosionsartigen Wachstum dieser Art von Zertifikaten waren daher nicht zuletzt auch die U.S.-Regierung und der amerikanische Kongreß beteiligt, und zwar sowohl durch besondere Steuerbehandlung wie auch durch das Schaffen spezieller, in diesem Bereich tätiger Institutionen. Neben dem Hypothekendarlehensbereich werden die Methoden der Verbriefung auch erfolgreich auf Automobil-, Kreditkarten- und Leasingdarlehen angewandt.

Die fortschreitende Computertechnologie hat in diesen Fällen nicht nur die Bündelung und laufende Bearbeitung der einzelnen Darlehen ermöglicht, sondern auch die Ausgabe verschiedener Klassen solcher auf das gleiche Portfolio ausgegebener Zertifikate, die verschiedene Risiko-/Renditeprofile aufweisen und auf spezielle Investorengruppen zugeschnitten sind.

Die Computertechnologie ist darüber hinaus auch Voraussetzung für das Program-Trading und für sonstige automatisierte Arbitrage-Handelstechniken. Bei diesen Anwendungen empfängt der Computer laufend die Preise von Aktienindex-Futures und solcher Aktien, aus denen die Indices zusammengesetzt sind. Darauf basierend gibt er Kauf- und Verkauforders für die Index-Futures und die Aktien. Gegner solcher Handelstechniken begründen die sich erhöhende Volatilität auf den Aktienmärkten nicht zuletzt mit der Weiterverbreitung dieser automatisierten Handelstechniken.

Schließlich ist der technologische Fortschritt der Datenverarbeitung und -übertragung eine der Hauptantriebskräfte der zunehmenden Integration der internationalen Finanzmärkte. Die Investoren-Portfolios sind nicht mehr auf inländische Anleihen und Aktien beschränkt, sondern können nunmehr Wertpapiere aus der ganzen Welt umfassen. Nicht zuletzt waren es die moderne Portfolio-Theorie und das Capital Asset Pricing-Modell, die Anstoß zum globalen Umdenken und insbesondere zum Verstehen der Vorteile internationaler Diversifikation und der damit verbundenen Hinausschiebung der ‚Efficient Frontier' gegeben haben. Der technologische Fortschritt ermöglicht daher nicht nur den weltweiten Vergleich einer Fülle von internationalen Wertpapieren und die Ausführung der damit verbundenen Investitionsentscheidungen, sondern gleichzeitig auch den globalen Handel auf 24-Stunden-Basis.

2.3 Marktregulierungen und Steuergesetze

Die Faktoren, die Finanzinnovationen stimulieren, müssen sich aber nicht auf wirtschaftliche Veränderungen und technologischen Fortschritt beschränken; sie können auch direkt von staatlichen Marktregulierungen und Steuergesetzen ausgehen. Marktregulierungen werden in der Regel zum Schutz der Investoren vor Vermögensverlusten oder aber zur Durchsetzung finanzpolitischer Zielsetzungen geschaffen; sie können als Eigenkapital- und Liquiditätsvorschriften, Einlagesicherungen, Mindestreservevorschriften, Kreditzuwachsbeschränkungen oder Verzinsungsverbote

2. Innovationsauslösende Faktoren 437

auftreten. Steuergesetze haben Einfluß auf Investoren, Emittenten und/oder Finanzinstitute. Sowohl Marktregulierungen wie auch Steuergesetze verursachen Belastungen für einige der Marktteilnehmer und bieten daher den Anreiz, diese auf legale Weise zu vermindern. Dabei ist der Anreiz zu Finanzinnovationen um so größer, je höher die Belastung bzw. je markanter die möglicherweise resultierende Reduktion ist. Es gibt wissenschaftliche Autoren, die gerade die bestehenden und die sich verändernden Marktregulierungen und Steuergesetze als wichtigste Faktoren für die Entstehung von Finanzinnovationen betrachten (vgl. *Miller* 1986, S. 459 ff.).

Bei den Marktregulierungen wirken sich insbesondere die Mindestreservevorschriften und die Verzinsungsverbote bzw. -limits stimulierend auf das Hervorbringen von Finanzinnovationen aus. Die Mindestreservevorschriften verhalten sich ähnlich einer Steuer auf Bankeinlagen, da die Zentralbank auf diese bei ihr deponierten Reservegelder keine Zinsen zahlt und dadurch auch die seitens der Geschäftsbanken möglichen Zinszahlungen an die Investoren beschränkt. Verzinsungsverbote und -limits wirken vergleichbar. Gerade zu Zeiten höherer Zinssätze waren in den USA in den 80er Jahren die Mindestreservevorschriften sowie die Zinssatzbegrenzungen für Einlagen Hauptfaktoren für die Einführung und die hohe Popularität von Geldmarktfonds und Geldmarktkonten, für automatische Transfermechanismen von Privatkonten, welche keine Zinsen zahlten, auf Sparkonten, die ihrerseits hohe Zinsen zahlten, sowie für „sweep accounts" von Unternehmen, wo die Gelder über Nacht automatisch in Repurchase Agreements angelegt wurden. Es versteht sich, daß diese Finanzinnovationen oftmals nur von kurzlebiger Dauer waren, da solche Marktregulierungen schnell dem veränderten wirtschaftlichen Umfeld angepaßt wurden.

Bei den Steuergesetzen ergeben sich Möglichkeiten zu Finanzinnovationen entweder aufgrund einer unterschiedlichen Besteuerung von Zinsen und Dividenden bei den Emittenten oder aufgrund unterschiedlicher Steuersätze für Einkommens- und Kapitalertragsteuer bei den Investoren. Innovationen bestehen in diesem Bereich darin, den Emittenten oder Investoren durch entsprechende Ausgestaltung eines Finanzproduktes Steuerersparnisse zu ermöglichen. Beispiele solcher Produkte sind Wandelanleihen, Diskont- und Nullkuponanleihen, stark nachrangige Anleihen, Preferred Shares (Vorzugsaktien).

2.4 Wissenschaftliche Erkenntnisse

Wissenschaftliche Erkenntnisse sowie ihre Verbreitung bei Investoren und Finanzinstituten gehören ebenfalls zu den Hauptfaktoren, die zur Etablierung von Finanzinnovationen führen. Die beiden einflußreichsten neuen wissenschaftlichen Erkenntnisse im vergangenen Vierteljahrhundert sind das Capital Asset Pricing-Modell und das Option Pricing Modell (vgl. *Black/Scholes* 1974, S. 399 ff.) sowie die von diesen beiden wissenschaftlichen Durchbrüchen beeinflußte große Anzahl an neuen Finanzprodukten und -programmen.

Das **Capital Asset Pricing-Modell** betrachtete zum ersten Mal die Risiko/Renditecharakteristik von Investitionen nicht in ihrem absoluten Umfang, sondern in ihrer Kombination zu anderen Investitionen im Portfolio. Aus der Reihe von effizienten Risiko/Rendite-Portfolios entlang der sogenannten Efficient Frontier wird nicht jenes gewählt, welches gerade der Risikohaltung des Investors entspricht, sondern vielmehr ein Marktportfolio, ebenfalls auf der Efficient Frontier gelegen, das zusammen mit der Verschuldung/Entschuldung dem Investor die bestmögliche Risiko/Renditekombination ermöglicht. Für die Finanzpraxis ergab sich damit die theoretische Fundierung

(1) der Diversifikation der Investoren-Portfolios über die wichtigsten Anlagekategorien hinweg analog zum Markt-Portfolio,
(2) der kontinuierlichen Anpassung des Portfolios an Veränderungen der Efficient Frontier und an sich ändernde Zinssätze,
(3) des Einsatzes von Verschuldung/Entschuldung über die Lebensdauer eines Investors entsprechend seines sich verändernden Wohlstandes, seines Alters und seiner Risikoeinstellung.

Finanzinnovationen, welche spezifisch dem Capital Asset Pricing-Modell entstammen, sind verschiedenste Kategorien von Aktienfonds, spezielle Aktienindexfonds sowie die mittlerweile weit verbreiteten und veröffentlichten Performance-Messungen von Aktienfonds relativ zu einem den betreffenden Markt verkörpernden Index.

Das **Black-Scholes Option Pricing Modell** sowie die nachfolgenden Weiterentwicklungen schafften eine fundierte Basis für die quantitative Bewertung von Optionen in Funktion von nur fünf Variablen, nämlich

– des Marktpreises des Basisinstrumentes,
– des Ausübungspreises der Option,
– der Zeitperiode bis Fälligkeit der Option,
– des risikolosen Zinssatzes sowie
– der Marktvolatilität des Basisinstrumentes.

Die ersten vier Variablen sind direkt identifizierbar, nur die fünfte muß berechnet bzw. durch Schätzung ermittelt werden. Durch das recht einfache Quantifizieren der Optionsbewertungsfaktoren sowie durch die Ausdehnung des Optionsbewertungsmodells auf komplexere Optionen, welche mit Hilfe der Datenverarbeitung schnell errechnet werden können, werden verschiedenste Kategorien von Optionen gegenüber ihren Basisinstrumenten und unter sich selber vergleichbar gemacht. Dies hat zu einer geradezu explosionsartigen Welle von Produkt- und Prozeßinno-

3. Das Hervorbringen von Finanzinnovationen

vationen geführt, von denen hier nur einige angeführt werden sollen, nämlich die Etablierung von Optionsbörsen, welche standardisierte Optionen auf Währungen, Zinsen, Aktien und Rohstoffe handeln und das Erfüllungsrisiko abdecken, weiterhin Optionen auf Futureskontrakte, Anleihen mit ‚eingebetteten' oder abtrennbaren Optionen jeder Art und schließlich Absicherungsmechanismen wie ‚Delta-Hedging' und ‚Portfolioversicherungen'. Es ist sicher nicht abwegig zu vermuten, daß gegenwärtig mindestens die Hälfte aller neuen Finanzprodukte durch die Optionstheorie maßgeblich beeinflußt werden.

3. Das Hervorbringen von Finanzinnovationen

3.1 Bedürfnisidentifikation bei Investoren und Emittenten

Ein Großteil aller Finanzinnovationen entsteht als Reaktion von Finanzinstituten auf identifizierte, artikulierte oder latente Bedürfnisse bei ihren Investoren und Emittenten. Die neuen Produkte und Prozesse ermöglichen dabei die effizientere Abdeckung von Bedürfnissen, welche schon durch andere Produkte bzw. Prozesse befriedigt werden, oder aber sie vervollständigen die Angebotspalette durch Produkte mit einer neuartigen Risiko/Rendite-Mischung bzw. durch Prozesse mit sonstigen neuartigen Vorteilen für Investoren oder Emittenten. Ausgangspunkt für das Auftreten neuer Kundenbedürfnisse sind einerseits kundenspezifische Situationen, andererseits aber auch für ganze Kundengruppen verallgemeinerungsfähige neue Möglichkeiten, die sich entweder aus wirtschaftlichen Veränderungen, technologischem Fortschritt, Marktregulierungen bzw. Steuergesetzen oder aus neuen wissenschaftlichen Erkenntnissen ergeben. Eine der wichtigsten Voraussetzungen für eine andauernde, erfolgreiche Innovationstätigkeit seitens einer Finanzinstitution ist daher der Grad ihrer Kundennähe. Daraus ergibt sich die Möglichkeit zur frühzeitigen Identifikation von veränderten Kundenbedürfnissen bei Investoren und Emittenten sowie die Möglichkeit zur dauernden Analyse der auf die Kunden einwirkenden Veränderungsfaktoren.

3.2 Entdecken von Marktopportunitäten

Neben den unterschiedlichen Investoren- und Emittentenbedürfnissen geben auch die Märkte selber den Anstoß zu Produkt- und Prozeßinnovationen. Dies erfolgt in Form von Produkten zur Überbrückung von Arbitragemöglichkeiten zwischen Märkten, durch die Schaffung synthetischer Produkte, durch die Kombination bestehender Produkte in ein neues Produkt bzw. die Aufteilung eines bestehenden Produktes in mehrere Komponenten-Produkte.

Den klassischen Fall, bei dem **Arbitragemöglichkeiten** in den Finanzmärkten den Anstoß zu einem neuen Produkt gaben, bietet die Entstehung der Swap-Technik. Emittenten haben oftmals in spezifischen Märkten aus verschiedensten Gründen kostengünstigeren Zugang im Vergleich zu ihren Zugangsmöglichkeiten in anderen Märkten. Gründe für solche Finanzierungsvorteile können die Vertrautheit der Heimmarktinvestoren mit dem Emittenten sein, die Sättigung der Investorenportfolios für bestimmte Emittenten bzw. deren Aufnahmefähigkeit für andere Emittenten, oder ganz einfach unterschiedliche Risikobeurteilungen verschiedener Märkte bezüglich ein und desselben Emittenten. Ein derartiger relativer Kostenvorteil bestand z. B. im August 1981 für IBM im SFr-Anleihemarkt, als dieser mit Anleihen seitens eines anderen, sehr kreditwürdigen Emittenten, nämlich der Weltbank, bereits hinreichend gesättigt war; im US$-Markt wurden beide Emittenten zu ähnlichen „Spreads" gehandelt. IBM benötigte US$ und die Weltbank suchte SFr-Gelder. Beide Institutionen kamen überein, gleiche Laufzeiten zu emittieren – IBM in SFr und die Weltbank in US$ – und die Gelder für die Laufzeit in Form eines Währungsswaps untereinander auszutauschen mit der Folge einer entsprechenden Kostenersparnis für beide Seiten. Auf diese Weise entstanden binnen weniger Jahre die Märkte für Währungs- und Zinssatzswaps. Diese erlauben es den Emittenten, ihre Finanzierungen in den Märkten mit ihrem größten Kostenvorteil vorzunehmen, unabhängig von der Währung oder dem Zinssatzindex, die bzw. den sie letzten Endes brauchen.

Eine andere Art von Produktinnovationen auf der Basis von Marktopportunitäten illustrieren **synthetische Produkte**, und dies sowohl aus Sicht der Emittenten wie auch der Investoren. Vor der Entstehung des DM-Commercial Paper Marktes hatte ein international bekanntes deutsches Unternehmen kurzfristige, unbesicherte Gelder aufnehmen können, und zwar über ein US$-denominiertes Euro-Commercial Paper Programm, dessen Emissionen über den US$/DM-Terminmarkt in DM abgesichert wurden. Ähnlich kann ein Investor oftmals über Asset-Swaps wesentlich bessere Renditen erzielen als durch Direktinvestitionen in Anleihen des gleichen Emittenten in der gewünschten Zielwährung. Ein anderes Beispiel bildet die Schaffung von Nullkupon-Anleihen durch Stripping einer Festsatzanleihe, was unter Umständen auch steuerlich motiviert sein kann.

Schließlich ergeben sich Marktopportunitäten auch durch die **Kombination verschiedener Produkte zu einem neuen Produkt**. Umgekehrt kann ein bestehendes Produkt auch in seine ebenfalls handelbaren Komponenten aufgeteilt werden. Diese Arten der Replikation existieren z. B. bei den verschiedensten Arten von Index-Futures, wo der Future gekauft und die Komponenten gleichzeitig verkauft werden (oder umgekehrt), und durch die oftmals computergesteuerten Handelsbefehle, die betreffende Märkte

3. Das Hervorbringen von Finanzinnovationen

ins Gleichgewicht „zurückarbitragieren". Ähnlich können auf diese Weise auch Index-Zertifikate oder -portfolios geschaffen oder zerlegt werden. Auch die derivaten Anlagezertifikate (z. B. MEGA-Zertifikate der Deutschen Bank) repräsentieren eine Kombination einer Nullkupon-Anleihe mit einer Aktienindex- oder Wechselkurs-Option.

3.3 Kombinieren von Basiselementen zu neuen Finanzprodukten

Die meisten der in den letzten Jahren hervorgebrachten neuartigen Finanzprodukte, so komplex sie auch auf den ersten Blick erscheinen mögen, sind Kombinationen einiger weniger einfacher Basiselemente. Die Basiselemente lassen sich in einer fast unlimitierten Kombinatorik zusammenstellen und auf die echten oder vermeintlichen Bedürfnisse der Emittenten und Investoren ausrichten. Für die Investoren bieten solche neuartig zusammengestellten Produkte Möglichkeiten, an interessanten Marktopportuitäten zu partizipieren oder aber eine höhere Rendite unter Eingehen von als vertretbar erachteten Risiken zu erzielen.

Konkret können wir zwischen drei Gruppen von Basiselementen unterscheiden (vgl. *Smithson/Wilford* 1991):

- Kreditgewährende Elemente, d. h. Darlehen oder Anleihen in festverzinslicher, variabel verzinslicher, Nullkupon- oder Annuitäten-Form;
- preisfixierende Elemente, d. h. Forwards, Futures und Swaps;
- preisabsichernde Elemente, d. h. Optionen.

Abb. 3: Das Hervorbringen von Finanzinnovationen

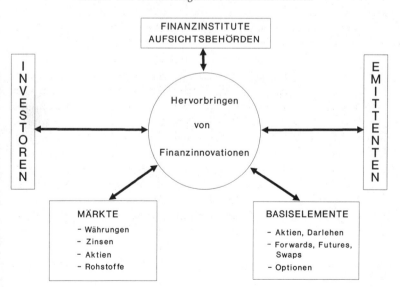

Beispiele von neuartigen oder ehemals neuartigen Finanzprodukten, die sich leicht als Kombinationen dieser Basiselemente identifizieren lassen, sind Asset-Backed Anleihen (Anleihe, Forderungen und evtl. Swap), Doppelwährungsanleihen (Anleihe und Forward), Yield-Curve-Notes (Anleihe und Swap), Wandelanleihen (Anleihe und Aktien-Call-Option), verschiedenste Arten von Optionsanleihen (Anleihe und Optionen), Nullkupon-Wandelanleihen (Nullkupon-Anleihe mit Aktien-Call-Option und Zinssatz-Put-Option), Koppelanleihen, deren Rückzahlung entweder zu pari oder in Aktien erfolgen kann (Anleihe und Aktien-Put-Option des Emittenten), Mindestrendite-Zertifikate mit zusätzlichem DAX-abhängigem Mehrertrag (Nullkupon-Anleihe und DAX-Option).

Die Abb. 3 (S. 441) faßt die Elemente zusammen, die das Hervorbringen von Finanzinnovationen beeinflussen.

4. Beurteilung von Finanzinnovationen

Bislang haben wir versucht, die Charakteristiken von Finanzinnovationen, die innovationsauslösenden Faktoren sowie das Hervorbringen von Finanzinnovationen darzustellen und zu verstehen. Zum Schluß wollen wir versuchen zu beurteilen, welche Bedeutung den Finanzinnovationen für die nächsten Jahre aus der Sicht der Investoren, der Unternehmen und der Finanzinstitute voraussichtlich zukommen wird.

Zweifellos brachten viele Finanzinnovationen der letzten Jahre den **Investoren** erhebliche Vorteile. Gleichzeitig eröffneten viele Produktinnovationen neue und interessante Risiko/Rendite-Möglichkeiten („plays") auf Aktien, Aktienkörbe und -indices, Zinssätze, Währungen, Rohstoffe. Vielfach versuchten diese Innovationen, bestimmte reelle Anlagebedürfnisse zu befriedigen; einige bezweckten auch klar, dem menschlichen Spieltrieb zu entsprechen. Nicht immer waren sich die Investoren aber voll bewußt über die in diesen Innovationen enthaltenen Risiken, und ebenfalls nicht immer (bei Retail-Investoren sogar eher selten) waren sie in der Lage, die Preisstellung derselben nachzuvollziehen oder zu beurteilen. Basierend auf den gemachten Erfahrungen dürften die Investoren einer gewissen Standardisierung der neuartigen Finanzprodukte verglichen mit der gegenwärtigen „Zufallsproduktion" den Vorzug geben. Zu erwarten sind daher vermehrt länder- und sektorenbezogene Aktienfonds, währungsbezogene Anleihefonds, Derivatprodukte mit Anlagecharakter, Aktienindex-Zertifikate, Aktienkorb- und Aktienindex-Warrants sowie standardisierte Währungs-Warrants. Schließlich wird vermehrt auch eine regelmäßige vergleichende Performance Evaluation üblich werden.

Bei den **Unternehmen** führten die beschriebenen Finanzinnovationen vielfach zu kostengünstigeren Finanzierungen, zur Verbesserung der Bilanzoptik (durch Asset-Backed Off-Balance-Sheet-Finanzierungen), zu effizienteren Informations- und Handelssystemen (Cash Management, Transfer- und Clearingsysteme) sowie, jedoch eher selten, zu einer Verminderung des wirtschaftlichen Risikos (z. B. durch Optionsanleihen, welche an den Ölpreis oder Goldpreis gekoppelt waren). In den nächsten Jahren dürfte bei den Unternehmungen im Bereich der Finanzinnovationen eine systematischere Ausrichtung auf Risikomanagement erfolgen, wobei die hauptsächlichen wirtschaftlichen Risiken identifiziert und die Bilanzen und Erfolgsrechnungen durch entsprechende Produkte gegen Schwankungen in Währungen, Zinssätzen, Rohstoffpreisen u. a. abgesichert werden.

Die **Finanzinstitute** ihrerseits haben von Kostenreduktionen und Effizienzsteigerungen der Prozeßinnovationen der letzten Jahre profitiert und waren in der Lage, ihren Kunden basierend darauf viele neue Dienstleistungen anzubieten. Auf dem Sektor der Produktinnovationen ermöglichte das Anbieten von neuartigen Produkten das Akquirieren neuer Kunden oder zumindest das Vermeiden von Verlusten an Marktanteilen. Während Innovationsfähigkeit und -freudigkeit der Finanzinstitute vielfach geradezu Voraussetzung für internationale Akzeptanz war, standen sie in Deutschland eher in einer Spannung zu der von diesen Instituten erwarteten Solidität und Sicherheit. Für die kommenden Jahre dürften sich die Finanzinstitute durch den systematischen Aufbau von Positionen in Risikoinstrumenten und durch die aktive Teilnahme an Terminbörsen zunehmend zu sogenannten Risiko-Warenhäusern entwickeln, wodurch sie in die Lage versetzt werden, einerseits die von den Investoren geforderten neuartigen Finanzprodukte und andererseits die von den Unternehmen benötigten Risikomanagement-Instrumente bereitzustellen.

Literatur

Black, F./Scholes, M. (1974), From Theory to a new Financial Product, in: Journal of Finance, May, S. 399–412

Finnerty, J. D. (1987), An Analytical Framework for Evaluating Securities Innovations, in: Journal of Corporate Finance, Winter, S. 3–18

van Horne, J. C. (1985), Of Financial Innovations and Excesses, in: The Journal of Finance, July, S. 621–631

Levich, R. M. (1988), Financial Innovations in International Financial Markets, in: Feldstein, M. (Hrsg.), The United States in the World Economy, Chicago, S. 215–257

Miller, M. H. (1986), Financial Innovation: The Last Twenty Years and the Next, in: Journal of Financial and Quantitative Analysis, December, S. 459–471

Mishkin, F. S. (1990), Financial Innovation and Current Trends in U.S. Financial Markets, Working Paper No. 3323, National Bureau of Economic Research, Cambridge, Mass.

Rohleder, M./Schäfer, G. (1991), Neues Finanzierungsinstrument im Inland: DM-Commercial Paper, in: Die Bank, 4, S. 204–207

Ross, S. A. (1989), Institutional Markets, Financial Marketing, and Financial Innovation, in: Journal of Finance, July, S. 541–556

Schmale, S. (1990), Die Entstehung von Finanzinnovationen, Diplomarbeit, Universität Koblenz

Silber, W.L. (1983), The Process of Financial Innovation, in: American Economic Review, May, S. 89–95

Smithson, C. W./Wilford, D. S. (1991), Risikomanagement: Verwendung der Instrumente zur Auflösung komplizierter Strukturen, in: Österreichisches Bank-Archiv, Juli, S. 483–493

Kapitel 20
Anleihen als Instrumente der langfristigen Finanzierung

von *Günther Gebhardt*

1. Allgemeine Charakterisierung handelbarer Teilschuldverschreibungen 446
2. Ausstattungsmerkmale von Festzinsanleihen 448
   2.1 Zahlungsansprüche und -verpflichtungen 448
       2.1.1 Bestimmung der Zins- und Tilgungszahlungen 448
       2.1.2 Bewertungsmaßstäbe für die Zins- und Tilgungszahlungen 450
             2.1.2.1 Renditeorientierte Bewertungsmaßstäbe 450
             2.1.2.2 Vermögensorientierte Bewertung bei flacher Zinsstruktur 451
                     2.1.2.2.1 Berücksichtigung von Bonitätsrisiken 452
                     2.1.2.2.2 Berücksichtigung von Zinsänderungsrisiken 454
             2.1.2.3 Vermögensorientierte Bewertung bei nicht-flacher Zinsstruktur 456
   2.2 Optionsrechte 459
       2.2.1 Optionsrechte der Emittenten 459
             2.2.1.1 Rückkaufoption 459
             2.2.1.2 Kündigungsoptionen 459
             2.2.1.3 Währungsoptionen 461
       2.2.2 Optionsrechte der Gläubiger 461
   2.3 Sicherungsrechte 461
       2.3.1 Vertragliche Kreditsicherheiten 461
       2.3.2 Sicherungsklauseln 462
3. Anleihen mit variabler Verzinsung oder Tilgung 464
   3.1 Floating Rate Notes 464
       3.1.1 Normale Floater 464
       3.1.2 Reverse Floater 465
   3.2 Gewinnobligationen 466
   3.3 Währungsanleihen 466
4. Kombinationen von Anleihen mit Swaptransaktionen 467
   4.1 Kombinationen mit einem Währungsswap 467
   4.2 Kombinationen mit einem Zinsswap 468

5. Kombinationen von Anleihen mit Optionsgeschäften 469
5.1 Optionsanleihen 470
5.2 Wandelanleihen 472
Literatur 474

1. Allgemeine Charakterisierung handelbarer Teilschuldverschreibungen

Zur Aufbringung großer langfristiger Fremdkapitalvolumina ist die **Anleihe** (**Obligation**) ein besonders interessantes Finanzierungsinstrument: Der vom Emittenten nachgefragte Kreditbetrag kann durch die Zerlegung in **Teilschuldverschreibungen** auf mehrere Kreditgeber verteilt werden. Bei einer Stückelung in kleinere Teilbeträge (ab 1 000 DM/Stück) können sich neben den institutionellen Anlegern (insb. Kreditinstitute, Versicherungen, Kapitalanlagegesellschaften) auch private Anleger an einer Kreditvergabe beteiligen.

Die **Verbriefung** der Teilschuldverschreibungen in Wertpapieren – überwiegend als **Inhaberpapiere** (übertragbar durch Einigung und Übergabe), seltener als **Orderpapier** (übertragbar durch Einigung, Indossament und Übergabe) – ermöglicht einen Handel an Sekundärmärkten. Unterschiedliche Vorstellungen von Kreditgebern und dem kreditsuchenden Unternehmen über die Fristigkeit der Kapitalüberlassung können dann dadurch zum Ausgleich gebracht werden, daß nach Einführung der Anleihen in den Börsenhandel Kreditgeber sich durch Verkauf ihrer Wertpapiere aus dem Kreditverhältnis lösen können. Bei dem kreditnehmenden Unternehmen führt dies nicht zu einem Finanzmittelabfluß, da der Käufer in das bestehende Schuldverhältnis eintritt.

Die Einführung in den **Börsenhandel** setzt in Deutschland eine Genehmigung der Zulassungsstelle der jeweiligen Börse voraus, die hohe Anforderungen an die Bonität der Emittenten und der Emission stellt (§§ 36 ff. BörsG). Anleihen werden vor allem von in- und ausländischen staatlichen Institutionen sowie von supranationalen Institutionen wie z. B. dem Europarat oder der Weltbank begeben. Im privatwirtschaftlichen Bereich wird dieses Finanzierungsinstrument stärker von Kreditinstituten als von Industrie- oder Handelsunternehmen genutzt (vgl. z. B. die Übersicht der Deutschen Bank 1992 über internationale DM-Anleihen).

Für die Finanzierungspraxis deutscher Unternehmen spielen die in Deutschland begebenen **Inlandsanleihen** keine große Rolle. Der Kurszettel der Frankfurter Börse weist Anfang 1992 ganze drei **Industrieanleihen** deutscher Gesellschaften aus, zu denen noch 14 **Optionsanleihen** „ex" (ohne Optionsschein) hinzukommen. Zahlreicher sind hier die sog. **Aus-**

1. Handelbare Teilschuldverschreibungen

landsanleihen von Finanzierungsgesellschaften deutscher Konzerne mit Sitz vor allem in den Niederlanden oder Luxemburg. Neben den großen börsennotierten Aktiengesellschaften haben so auf den Euromärkten vereinzelt auch deutsche Unternehmen mit anderer Rechtsform (z. B. BHW-Bausparkasse; Claas oHG; Haindl Papier GmbH; Trumpf GmbH & Co. KG Maschinenfabrik) Anleihen begeben. Nach dem Wegfall der Genehmigungspflicht gem. §§ 795, 808a BGB a.f. bleiben als Grund für die Wahl dieses Emissionsweges vor allem die (gewerbe-)steuerlichen Nachteile von Inlandsanleihen.

Anleihen sind keine hoch standardisierten Wertpapiere. Sie lassen sich als eine Klasse von **Finanzierungskontrakten** (synonym: **Finanzierungstitel, Finanzierungsverträge**) beschreiben, die jeweils aus einem Bündel von Rechten und Pflichten zum einen der Titelinhaber (Anleihezeichner) und zum anderen der emittierenden Unternehmen bestehen (*Franke/Hax* 1990, S. 335 ff.). Dabei sollen im folgenden nur

(1) die Zahlungsansprüche und -verpflichtungen,
(2) die Optionsrechte und
(3) die Sicherungsrechte

näher betrachtet werden. Finanzierungskontrakte haben weiter auch

(4) Informations- und Entscheidungsrechte

zum Gegenstand, für die zum Teil vom Gesetzgeber im Handels- und Gesellschaftsrecht gewisse Mindestvorschriften festgelegt werden. Damit angesprochen sind zum einen die Rechnungslegungsvorschriften und Auskunftspflichten gegenüber Gesellschaftern sowie bei Kapitalgesellschaften und Großunternehmen gegenüber der gesamten Öffentlichkeit. Zum anderen sieht das Gesellschaftsrecht für die Inhaber von bestimmten Finanzierungstiteln Mitentscheidungsrechte (z. B. des Aktionärs in der Hauptversammlung) vor. Diese spielen bei Kredittiteln jedoch eine geringere Rolle.

Die ursprüngliche Standardform der **Festzinsanleihe** mit periodischer (i.d.R. jährlicher oder halbjährlicher) Zinszahlung und Tilgung in festgelegten Teilbeträgen (straight bond) ist vor allem in den letzten zwanzig Jahren im Zuge der Welle der Finanzinnovationen vielfältig modifiziert worden. Zum Teil lassen sich solche Variationen wie bei den Wandel- und Optionsanleihen zeitlich noch sehr viel weiter zurückverfolgen. In Abschnitt 2 sollen zunächst die Ausstattungsmerkmale von Festzinsanleihen untersucht werden. Danach werden unter 3. Anleihen mit variabler Verzinsung diskutiert. Anleihen werden häufig in Kombination mit weiteren Finanzierungstiteln ausgegeben. Abschnitt 4 behandelt die häufigen Kombinationen mit Swapgeschäften. Abschließend wird unter 5. auf Kombinationen mit Optionsgeschäften eingegangen, zu denen vor allem die Wandel- und Optionsanleihen gehören, die als Pakete bestehend aus einer Festzinsanleihe und aus Kaufoptionen auf Aktien (warrants) charakterisiert werden können.

2. Ausstattungsmerkmale von Festzinsanleihen

Die Ausstattungsmerkmale von Anleihen werden in den Anleihebedingungen, die Bestandteil eines jeden **Emissionsprospektes** sind, detailliert beschrieben. Sie sind zugleich Bestandteil des Finanzierungskontraktes und umfassen regelmäßig mehrere Seiten. Die Prospekte angelsächsischer Emissionen sind sehr viel detaillierter und z.T. mehr als 100 Seiten lang.

2.1 Zahlungsansprüche und -verpflichtungen

2.1.1 Bestimmung der Zins- und Tilgungszahlungen

Die Anleihebedingungen legen termingenau die vom Emittenten zu leistenden Zins- und Tilgungszahlungen fest. Die laufenden **Zinszahlungen** ergeben sich bei Festzinsanleihen aus der Anwendung des Nominalzinssatzes (Kupon) auf den noch ausstehenden Nennbetrag der Anleihe bzw. der Anleihestücke. Die **Tilgung** erfolgt heute im Regelfall in einer Summe am Ende der Laufzeit. Seltener wird eine Tilgung in mehreren Teilbeträgen vereinbart.

Bei Tilgung in konstanten Teilbeträgen – regelmäßig nach mehreren tilgungsfreien Jahren – sind die zur Rückzahlung vorgesehenen Anleihestücke auszulosen. Für Inhaber von Teilschuldverschreibungen resultiert daraus ein **Auslosungsrisiko**, sofern sie die Anleihestücke nicht gleichmäßig auf die Serien der Anleihe verteilt haben (*Uhlir/Steiner* 1991, S. 49–51). Aus Sicht des emittierenden Unternehmens sind die Tilgungszahlungen dagegen sicher einzuschätzen. Eine interessante Finanzinnovation sind hier die 1987 begebenen **Annuitäten-Anleihen** der BMW Finance N. V., die nach 6/11/16/21/26 Freijahren eine Verzinsung **und** Tilgung in fünf jährlich gleich hohen Beträgen vorsehen. Dies impliziert in diesem Zeitraum steigende Tilgungszahlungen.

Anleihen mit Tilgungsvereinbarungen (**sinking fund provisions**) vor Endfälligkeit gelten als günstiger für die Anleihezeichner, da die Einhaltung bzw. Nichteinhaltung der Rückzahlungsverpflichtungen als Frühwarnsignal gelten kann. Sie können vom Emittenten zu einem höheren Kurs bzw. mit einer niedrigeren Emissionsrendite (vgl. Abschnitt 2.1.2.1) begeben werden (*Weston/Copeland* 1986, S. 787).

Die Unterscheidung zwischen Zins- und Tilgungszahlungen ist steuerlich bedeutsam: Werden die Anleihestücke im Privatvermögen gehalten, so sind nur die zufließenden Zinszahlungen steuerpflichtig. Gewinne aufgrund von Unterschieden zwischen den Anschaffungskosten der Anleihe-

2. Ausstattungsmerkmale von Festzinsanleihen 449

stücke und deren Nettoveräußerungserlös bzw. Rückzahlungsbetrag sind – außerhalb der sechsmonatigen Spekulationsfrist – bei den Anlegern als Vorgänge auf der Vermögensebene nicht steuerpflichtig, sofern die inzwischen im BMF-Schreiben vom 24.11.1986 laufzeitabhängig festgelegten Grenzwerte für ein **Disagio** nicht überschritten werden.

Unterschiede zwischen dem Ausgabepreis und dem Rückzahlungsbetrag sind von den Schuldnerunternehmen dagegen mit steuerlicher Wirkung erfolgswirksam zu berücksichtigen. Liegt der Ausgabepreis unter dem Rückzahlungsbetrag, so ist das Disagio planmäßig über die Laufzeit abzuschreiben (Abschn. 37 Abs. 3 EStR). Ein – selteneres – Ausgabeaufgeld (Agio) ist analog über die Laufzeit erfolgserhöhend zu vereinnahmen.

Eine asymmetrische **steuerliche Behandlung des Disagios** bietet einen Anreiz zur Ausgabe von Anleihen unter dem Nennbetrag bzw. Rückzahlungsbetrag. Als „Gegenleistung" kann dann auch der Nominalzins herabgesetzt werden. Bei den sog. **deep discount bonds** sind Zinssätze unter 3% p.a. keine Seltenheit. Den Grenzfall stellen hier die **Null-Kupon-Anleihen (Zerobonds)** dar, bei denen auf periodische Zinszahlungen völlig verzichtet wird. Zins- und Tilgungszahlungen erfolgen dabei in einer Summe am Ende der oft besonders langen Laufzeit.

Daß im Fall einer unter dem marktüblichen Zins liegenden Nominalverzinsung das Disagio ganz deutlich Zinscharakter aufweist, hat der Fiskus bei den Zerobonds bald nach deren Erscheinen erkannt. Der Besteuerung wird nach dem BMF-Schreiben vom 24.1.1985 die Differenz zwischen dem (rechnerischen) Barwert gemäß **Emissionsrendite** im Verkaufszeitpunkt bzw. dem Rückzahlungsbetrag und dem (rechnerischen) Barwert gem. Emissionsrendite im Erwerbszeitpunkt bzw. dem Ausgabebetrag zugrunde gelegt (detailliert dazu *Wagner/Wenger/Höflacher* 1986).

Bei den von deutschen Unternehmen ausgegebenen deep discount bonds handelt es sich regelmäßig nicht um reine Anleihen, sondern um den Anleiheteil von Optionsanleihen, die als **Pariemissionen** zu 100% mit einer unter dem marktüblichen Zins liegenden Nominalverzinsung begeben wurden (*Gebhardt* 1988, S. 896–898). Vor Inkrafttreten des Bilanzrichtlinien-Gesetzes wurden solche Anleihen steuerlich symmetrisch behandelt, da bei Emittenten und Anlegern jeweils nur die Zinszahlungen steuerlich erfaßt wurden. Mit dem Übergang auf die inzwischen von § 272 Abs. 2 HGB geforderte **Bilanzierung von Optionsanleihen**, bei der die Einzahlung für die Optionsrechte in die Kapitalrücklage einzustellen ist, wird das früher „versteckte", betragsmäßig erhebliche Disagio aufgedeckt und erfolgswirksam in Handels- und Steuerbilanz berücksichtigt. Eine Besteuerung des bei Rückzahlung bzw. Verkauf der Anleihestücke bei den Anleihegläubigern anfallenden Zinsertrages in Anlehnung an die Besteuerung von Zerobonds sieht der Entwurf eines BMF-Schreibens vom November 1990 vor.

2.1.2 Bewertungsmaßstäbe für die Zins- und Tilgungszahlungen

Die aus den Anleihebedingungen abgeleiteten Zins- und Tilgungszahlungen bilden – wenn man die laufenden Transaktionskosten hier vereinfachend vernachlässigt – die Grundlage für die Anwendung der üblichen finanzwirtschaftlichen Bewertungskalküle (vgl. den Beitrag von *Eisenführ* in diesem Handbuch). Bei einer Bewertung aus Sicht des Emittenten sind zusätzlich die Emissionskosten als Auszahlungskomponente zu berücksichtigen.

2.1.2.1 Renditeorientierte Bewertungsmaßstäbe

Die Nominalverzinsung ist bei bedeutsamen Unterschieden zwischen Ausgabe- und Rückzahlungsbetrag sowie bei unterjährigen Zinszahlungen kein geeignetes Renditemaß. Man bestimmt für Anleihen vielmehr die sog. **Effektivverzinsung** i_e, die für den Emissionszeitpunkt (**Emissionsrendite**) auf der Basis des gewährten Kreditbetrages (Anlegersicht) bzw. der verfügbaren Finanzmittel (Emittentensicht) sowie für beliebige spätere Zeitpunkte auf der Basis des jeweils notierten Börsenkurses der Anleihe bestimmt werden kann. Dies sei am Beispiel des Anleiheteils der Optionsanleihe der Bayer Capital Corporation N.V. 1985/95 – einem typischen deep discount bond – dargestellt:

Anleihebedingungen: Bayer Capital Corporation N.V. 1985/95
N Nominalbetrag   1 000 DM (pro Stück)
i_N Nominalzins   2,75 %
    Zinstermine   07.02./jährlicher Kupon
F Ausgabebetrag   720,00 DM (je 1 000 DM Nominalbetrag)
(erste Börsennotiz am 06.02.1985)
T Tilgung am 07.02.1995 1 000,00 DM (100 %)
K Kurs 31.01.1992   87,35 %

Die Emissionsrendite wird als einfacher **interner Zinsfuß** aus folgender Bestimmungsgleichung ermittelt:

$$720,00 = \sum_{t=1}^{10} \frac{27,50}{(1+i_e)^t} + \frac{1\,000,00}{(1+i_e)^{10}}$$

$$i_e = 6,68\,\%$$

Für den Zeitpunkt 31.01.1992 läßt sich auf Basis der Kursnotiz 87,35 % eine Effektivrendite bis zur Endfälligkeit (**yield to maturity**) annähernd wie folgt bestimmen:

$$873,50 + 27,50 = 27,50 + \sum_{t=1}^{3} \frac{27,50}{(1+i_e)^t} + \frac{1\,000,00}{(1+i_e)^3}$$

$$i_e \approx 7,63\,\%$$

2. Ausstattungsmerkmale von Festzinsanleihen

Bei der Kursnotiz ist zu beachten, daß nach den Gepflogenheiten an deutschen Börsen die seit dem letzten Zinstermin (im Beispiel 07.02.1991) aufgelaufenen **Stückzinsen** nicht bei der Kursnotiz der Anleihe berücksichtigt werden. Die zum 07.02.1992 fällige Zinszahlung ist bei Erwerb zum 31.01.1992 zeitanteilig dem Verkäufer zusätzlich zu erstatten (vgl. detailliert dazu *Wagner* 1988, S. 108 ff.; *Uhlir/Steiner* 1991, S. 24–27). An US-amerikanischen Börsen ist dagegen eine Kursnotiz einschließlich der aufgelaufenen Zinsen üblich.

Näherungsweise läßt sich die **Effektivrendite** nach der „Praktiker-Formel" bestimmen. Zum Emissionszeitpunkt gilt:

$$i_e' = \frac{i_N \cdot N + (T - F) / n'}{F}$$

n' = mittlere Restlaufzeit
  = tilgungsfreie Perioden + (Tilgungsperioden +1)/2

Die Abweichungen der so angenäherten Emissionsrendite (i_e' = 7,52% > i_e = 6,68%) und der Effektivrendite bis zur Endfälligkeit (i_e' = 7,29% < i_e = 7,63%) von der Effektivrendite i_e sind im Beispiel erheblich.

2.1.2.2 Vermögensorientierte Bewertung bei flacher Zinsstruktur

Unterstellt man zunächst vereinfachend einen für alle Planperioden einheitlichen Marktzinssatz i_f für risikolose Anlagen („flache **Zinsstrukturkurve**"), so läßt sich durch Abzinsen der Zins- und Tilgungszahlungen einfach ein Barwert der Anleihe bestimmen. Im Beispiel der Anleihe der Bayer Capital Corporation N. V. 1985/95 ergibt sich für einen angenommenen risikolosen Zins i_f = 6,0% zum Emissionszeitpunkt (06.02.1985) ein **Barwert** von V_0 = 760,80, der dem **Marktwert** W_0 = 720,00 gegenübergestellt werden kann:

$$V_0 = \sum_{t=1}^{n} \frac{i_N \cdot N}{(1 + i_f)^t} + \frac{N}{(1 + i_f)^n}$$

$$= V_0 (i_N; N; n; i_f)$$

$$= \sum_{t=1}^{n} \frac{27{,}50}{(1 + 0{,}06)^t} + \frac{1\,000}{(1 + 0{,}06)^{10}}$$

$$= \underline{\underline{760{,}80}}$$

Der Unterschied zwischen rechnerischem Barwert V_0 und Börsen- bzw. Marktwert W_0 ist vor allem mit den höheren Risiken einer Industrieanleihe im Vergleich zu den Staatsanleihen zu erklären, die bei der Bestimmung des risikolosen Zinssatzes i_f herangezogen wurden.

Der marktzinsorientierte Barwert V_t – und auch der Marktwert W_t – ändern sich im Zeitablauf mit der Änderung der Restlaufzeit n. Da der Barwert V_0 im Beispiel unter dem Tilgungsbetrag T liegt, steigt er bei unverändertem Zinssatz i_f zeitablaufbedingt mit der Verkürzung der Restlaufzeit der Anleihe (z. B. $V_3 = 818{,}57$; $V_7 = 913{,}13$; $V_{10} = T = 1000{,}00$). Liegt der Barwert V_t dagegen über dem Tilgungsbetrag T, so sinkt der Barwert zeitablaufbedingt während der weiteren Laufzeit. Entspricht der Barwert V_t dem Tilgungsbetrag, so entstehen keine zeitablaufbedingten Bar- und Marktwertänderungen.

2.1.2.2.1 Berücksichtigung von Bonitätsrisiken

Bei den Anleihen deutscher Emittenten spielt das **Bonitätsrisiko** bislang keine große Rolle, da nur erstklassige Schuldner von den Börsen zugelassen wurden. In den angelsächsischen Ländern – vor allem in den USA und Kanada – werden auch Anleihen mit geringerer Bonität begeben. Für viele Anleihen werden dort von **Rating-Agenturen** Bewertungen vergeben. Von den beiden führenden US-Rating-Agenturen werden Anleihen den folgenden Bonitätsklassen zugeordnet:

	Standard & Poors Bond Guide	Moody's Bond Guide
Sehr hohe Qualität	AAA AA	Aaa Aa
Hohe Qualität	A BBB	A Baa
Spekulativ	BB B	Ba B
Kritisch	CCC CC C D	Caa Ca C D

Die höchsten Ratings haben Staatsanleihen und staatlich garantierte Anleihen (*Everling* 1991). Die Anleihen von erstklassigen Schuldnerunternehmen können aber ebenfalls die besten Beurteilungen erhalten. Von besonderem Interesse waren in den letzten Jahren vor allem im Kontext von Übernahmefinanzierungen die sog. **junk bonds** mit Ratings von BB bzw. Ba und schlechter. Für das höhere Risiko lassen solche Anleihen eine deutlich höhere Rendite erwarten. *Blume/Keim* (1987) haben für den amerikanischen Markt gezeigt, daß im Zeitraum 1982–1986 die Durchschnittsrendite von junk bonds über der Durchschnittsrendite von Anleihen mit hoher Qualität lag; das durch die Standardabweichung gemessene Risiko war bei den junk bonds sogar ex post kleiner. Fraglich ist jedoch, ob dieses Ergebnis auch für Zeiträume nach 1986 bestätigt werden kann.

Die **Prämie für das Bonitätsrisiko** δ_b kann näherungsweise aus dem Vergleich der Effektivrenditen bzw. Marktwerte von bonitätsrisikofreien Staatsanleihen und Industrieanleihen abgeleitet werden. Dazu ist die folgende Bestimmungsgleichung nach δ_b aufzulösen:

$$W_0 = \sum_{t=1}^{n} \frac{i_N \cdot N}{(1 + i_f + \delta_b)^t} + \frac{N}{(1 + i_f + \delta_b)^n}$$

$$720{,}00 = \sum_{t=1}^{10} \frac{27{,}50}{(1 + 0{,}06 + \delta_b)^t} + \frac{1\,000}{(1 + 0{,}06 + \delta_b)^{10}}$$

$$\delta_b = 0{,}68\ \%$$

Dazu müßten aber die Staatsanleihen in den übrigen Ausstattungsmerkmalen voll vergleichbar sein. Im betrachteten Fall des Bayer-deep discount bond fehlt es an vergleichbaren deep discount Staatsanleihen, so daß beobachtete **Renditeunterschiede** nicht einfach aus Bonitätsunterschieden, sondern auch aus einer u. U. unterschiedlichen Besteuerung resultieren können. Grundsätzlich können zur Bestimmung risikoabhängiger Renditeforderungen auch hier die zur Bestimmung von Renditeforderungen für Eigenkapitaltitel entwickelten Verfahren der empirischen Kapitalmarktforschung verwendet werden (vgl. dazu den Beitrag von *Weber* in diesem Handbuch). Die Höhe der Risikoprämien gegenüber den Neuemissionen der höchsten Qualitätsstufe (Aaa bzw. AAA) zeigt Abb. 1 (S. 454) für den US-amerikanischen Markt.

Für die Einstufung einer Anleihe sind die allgemeine Bonität des Schuldners und die konkreten Ausstattungsmerkmale der Emission relevant. Auch schlechte Schuldner können gute Anleihen-Ratings erhalten, wenn es ihnen gelingt, durch Stellung erstklassiger **Sicherheiten** (z. B. Bürgschaften staatlicher Institutionen) die Anleger von der Einhaltung der Zins- und Tilgungsverpflichtungen zu überzeugen. Umgekehrt müssen auch gute Schuldner Risikozuschläge in Kauf nehmen, wenn sie die Anleihe für die Anleger wenig attraktiv (z. B. als langfristige nachrangige Anleihe mit Kündigungsmöglichkeit nur durch den Emittenten) ausstatten.

Änderungen des Ratings lösen nach den Ergebnissen vorliegender, allerdings älterer empirischer Untersuchungen keine Änderungen der Effektivrenditen aus. Es ist eher umgekehrt: Auf Renditeänderungen folgen Änderungen der Einstufungen durch die Rating-Agenturen (*Wakeman* 1978). Für deutsche Emittenten spielt das Rating ihrer Emissionen eine zunehmende Rolle vor allem, wenn diese an den internationalen (Euro-) Märkten plaziert werden sollen.

Abb. 1: Vergleich der Renditen von Anleihen mit unterschiedlichem Bonitätsrisiko

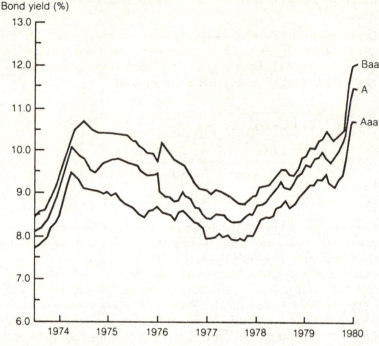

(Quelle: *Weston/Copeland* 1986, S. 785)

2.1.2.2.2 Berücksichtigung von Zinsänderungsrisiken

Die Bestimmungsgleichung für den Barwert der Zins- und Tilgungszahlungen zeigt dessen Abhängigkeit vom Marktzinssatz: Mit steigenden (sinkenden) Zinssätzen sinkt (steigt) der Barwert V_t. Außer von dem Ausmaß der Zinsänderung hängt das Ausmaß der Barwertänderungen von der Struktur der Zahlungsreihe ab. Mit steigender Restlaufzeit steigt das Ausmaß der Barwertänderung absolut und relativ. Dies zeigen die Daten der folgenden Tab. 1 für die Anleihe der Bayer Capital Corporation N. V., in der Variationen ausgehend von $i_f = 6\%$ dargestellt sind.

Das Risiko von Barwertänderungen aufgrund von Marktzinsänderungen ist bei Anleihen mit kurzer Restlaufzeit geringer als bei „Langläufern". Es läßt sich weiter zeigen, daß höhere laufende Zinszahlungen geringere relative Marktwertänderungen auslösen (*Uhlir/Steiner* 1991, S. 16–19). Besonders stark auf Marktzinsänderungen reagieren die Bar- und Marktwerte von Zerobonds.

Eine Maßgröße für die Reaktion des Barwertes einer Festzinsanleihe auf Marktzinsänderungen ist die **Duration** D_t, die auch als „durchschnittliche

2. Ausstattungsmerkmale von Festzinsanleihen 455

Tab. 1: Barwertänderungen aufgrund von Zinssatzänderungen

Restlaufzeit	n'=10	n'=5	n'=3
Zinssatz			
4 %	898,61	944,35	965,31
Veränderung			
– absolut	+137,82	+ 81,25	+ 52,18
– relativ	+ 18,11 %	+ 9,41 %	+ 5,71 %
6 % (Ausgangslage)	760,80	863,10	913,13
Veränderung			
– absolut	–113,08	– 72,72	– 48,42
– relativ	– 17,46 %	– 9,20 %	– 5,60 %
8 %	647,72	790,38	864,70

Fälligkeit" der noch ausstehenden Zahlungen umschrieben wird. Sie ist für eine endfällige Kuponanleihe bei flacher Zinsstrukturkurve für den Zeitpunkt t=0 definiert als

$$D_0 = \frac{\sum_{t=1}^{n} \frac{t \cdot i_f \cdot N}{(1 + i_f)^t} + \frac{n \cdot N}{(1 + i_f)^n}}{V_0}$$

$$= 1 \cdot \frac{\frac{i_f \cdot N}{(1 + i_f)}}{V_0} + 2 \cdot \frac{\frac{i_f \cdot N}{(1 + i_f)^2}}{V_0} + \ldots$$

$$+ n \cdot \frac{\frac{i_f \cdot N}{(1 + i_f)^n}}{V_0} + n \cdot \frac{N}{(1 + i_f)^n}{V_0}.$$

Es werden dabei die Anteile der einzelnen Zahlungen am Barwert V_0 gewichtet mit den Zahlungszeitpunkten. Man kann dies auch umgekehrt formulieren: Es wird eine gewichtete durchschnittliche Laufzeit ermittelt, bei der als Gewichte für die Perioden die Anteile der dann fälligen Zahlungen am Barwert der gesamten Zahlungsreihe verwendet werden.

Diese Definition läßt schnell erkennen, daß die Duration eines Zerobonds gleich dessen (Rest-)Laufzeit n ist. Für die Anleihe der Bayer Capital Corporation N. V. 1985/95 ergibt sich auf Basis eines Zinssatzes $i_f = 6\%$ für t=0 eine Duration von $D_0 = 8{,}676$ und für t=7 von $D_7 = 2{,}916$. Vor allem der letzte Wert liegt sehr nahe bei dem Wert für einen Zerobond mit gleicher Restlaufzeit.

In der Praxis der Rentenanalyse wird eine **modifizierte Duration** $D_t' = D_t / (1 + i_f)$ verwendet, die auch als **Volatilität** bezeichnet wird (*Brealey/Myers* 1991, S. 632–635). Sie beträgt im Beispiel

$$D_0' = D_0 / (1 + 0{,}06) = 8{,}185$$

und zeigt damit – als sehr gute Näherung – die Änderung des Barwertes der Anleihezahlungen bei einer Zinssatzänderung um 1% an: Bei einem Zinssatz von 5,5% ergibt sich ein Barwert von $V_0' = 792{,}72$, bei 6,5% ein Barwert von $V_0'' = 730{,}42$. Die relative Kursveränderung bezogen auf $V_0 = 760{,}80$ beträgt somit

$$\frac{792{,}72 - 730{,}42}{760{,}80} = 8{,}19\ \%$$

und entspricht der o.a. modifizierten Duration.

Die Duration ist eine Kennzahl, die für das Management der Zinsänderungsrisiken von Anlegerportefeuilles (vgl. den Beitrag von *Steiner/Meyer* in diesem Handbuch), aber auch für das Management von Zinsänderungsrisiken auf Unternehmensebene (vgl. das Beispiel von *Brealey/Myers* 1991, S. 634 f.) benutzt werden kann.

Ursachen für (Nominal-)Zinsänderungen sind Änderungen der Erwartungen über die künftigen Realzinssätze i_R und die künftigen Inflationsraten p, die über die folgende **Fisher-Gleichung** miteinander verknüpft sind:

$$(1 + i_N) = (1 + i_R) \cdot (1 + p)$$

Inflationsraten und Zinssätze sind jedoch nicht in allen Perioden gleich, sondern sie ändern sich im Zeitablauf. Dies soll im folgenden explizit berücksichtigt werden.

2.1.2.3 Vermögensorientierte Bewertung bei nicht-flacher Zinsstruktur

Bislang wurde vereinfachend unterstellt, daß ein Zinssatz für alle Perioden des Planungszeitraumes und damit für unterschiedliche Restlaufzeiten gültig ist. Eine solche Situation war näherungsweise im Dezember 1990 gegeben (vgl. Abb. 2a). In der Regel beobachtet man jedoch unterschiedliche Zinssätze für unterschiedliche Restlaufzeiten. Als „normal" gelten steigende Zinssätze bei steigenden Restlaufzeiten (vgl. Abb. 2b). Man beobachtet jedoch immer wieder auch einen inversen Verlauf der **Zinsstrukturkurve**, der im August 1981 (Abb. 2c) besonders ausgeprägt war (zu den Erklärungsansätzen vgl. *Ross/Westerfield/Jaffe* 1990, S. 136–146).

2. Ausstattungsmerkmale von Festzinsanleihen

Abb. 2: Zinsstrukturkurven für die Umlaufrenditen von Bundesanleihen

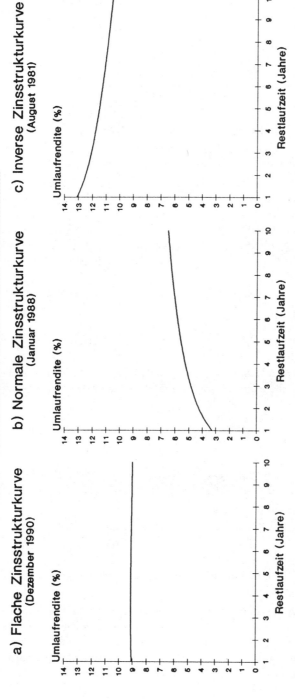

(Erstellt anhand der in den Statistischen Beiheften zu den Monatsberichten der Deutschen Bundesbank, Reihe 2, Wertpapierstatistik, veröffentlichten Schätzwerte.)

Kapitel 20: Anleihen zur Langfrist-Finanzierung

Kennt man im Zeitpunkt t=0 die Effektivverzinsung $_0r_m$ von risikolosen Zerobonds mit einer Restlaufzeit von m = 1, 2, ... n Jahren, so liegt es nahe, diese zur Ermittlung des Barwertes von Zins- und Tilgungszahlungen einer Festzinsanleihe heranzuziehen:

$$V_0 = \frac{i_N \cdot N}{(1 + {}_0r_1)} + \frac{i_N \cdot N}{(1 + {}_0r_2)^2} + \ldots + \frac{i_N \cdot N + N}{(1 + {}_0r_n)^n}$$

Gedanklich zerlegt man so die Festzinsanleihe in eine Menge von Zerobonds – eine Überlegung, die auch als **bond stripping** bezeichnet und praktiziert wird.

Aus den Marktzinssätzen lassen sich durch Arbitrageüberlegungen **periodenspezifische Zinssätze** ableiten, die als einperiodige Terminzinssätze $_tr_{t+1}$ (one period **forward rates**) bezeichnet werden (*Brealey/Myers* 1991, S. 567–578; *Uhlir/Steiner* 1991, S. 30–37). Ist der Zinssatz für einen einjährigen Zerobond $_0r_1 = 0{,}10$ und für einen zweijährigen Zerobond $_0r_2 = 0{,}105$, so impliziert dies einen einperiodigen Terminzins in Höhe von $_1r_2 = 0{,}11$:

$(1 + {}_0r_2)^2 = (1 + {}_0r_1) \cdot (1 + {}_1r_2)$
$(1 + 0{,}105)^2 = (1 + 0{,}10) \cdot (1 + {}_1r_2)$
$_1r_2 = 0{,}11.$

Bei bekannten forward (interest) rates kann der Barwert einer Festzins-Kuponanleihe dann wie folgt ermittelt werden:

$$V_0 = \frac{i_N \cdot N}{(1 + {}_0r_1)} + \frac{i_N \cdot N}{(1 + {}_0r_1) \cdot (1 + {}_1r_2)} + \ldots$$

$$+ \frac{i_N \cdot N + N}{(1 + {}_0r_1) \cdot \ldots \cdot (1 + {}_{n-1}r_n)}$$

$$= \sum_{\tau=1}^{n} i_N \cdot N \cdot \prod_{t=1}^{\tau} \frac{1}{(1 + {}_{t-1}r_t)} + N \cdot \prod_{t=1}^{n} \frac{1}{(1 + {}_{t-1}r_t)}$$

Damit werden die Einflußgrößen auf den Wert einer Festzinsanleihe differenzierter erfaßt.

Würden in den Anleihebedingungen nur die Zahlungsansprüche und -verpflichtungen geregelt, so könnten die entsprechenden Vertragstexte sehr kurz ausfallen. Sie enthalten jedoch weitere Rechte und Verpflichtungen sowohl der Anleihezeichner bzw. -inhaber als auch der emittierenden Unternehmen.

2.2 Optionsrechte

2.2.1 Optionsrechte der Emittenten

2.2.1.1 Rückkaufoption

In den Anleihebedingungen wird die Möglichkeit der emittierenden Unternehmen, die ausgegebenen Teilschuldverschreibungen zum jeweiligen Marktwert zurückzukaufen, nur selten explizit angesprochen. Teilweise enthalten die Anleihebedingungen ein Verbot der Ausübung dieser **Rückkaufoption**.

Interessant wird ein solcher Rückkauf vor allem dann, wenn aufgrund von Marktzinsänderungen oder Bonitätsänderungen der Marktwert einer Anleihe unter dem Tilgungsbetrag liegt. Es besteht hier ein Anreiz zur Verschlechterung der Bonität, dem jedoch die noch zu behandelnden Sicherungsrechte entgegenwirken sollen.

Liegt der Marktwert einer Anleihe unter dem gemäß § 253 Abs. 1 HGB passivierten Rückzahlungsbetrag, so entsteht bei Rückkauf und Vernichtung der Teilschuldverschreibungen ein steuerlich bedeutsamer Tilgungsgewinn auf Unternehmensebene. Finanzwirtschaftlich wird ein solcher Rückkauf i.d.R. sogar nachteilig sein, da zusätzlich zu den Kapitalkosten für die dann benötigte Ersatzfinanzierung die Steuerzahlungen auf den Tilgungs(buch)gewinn anfallen.

Auf Anlegerebene entsteht dagegen kein steuerlich relevanter Verlust. Finanzwirtschaftlich erleiden die Anleger keinen Nachteil, da sie den Marktwert der Anleiherechte vergütet erhalten.

2.2.1.2 Kündigungsoptionen

Die Anleihebedingungen enthalten vor allem bei Auslandsanleihen regelmäßig ein außerordentliches **Kündigungsrecht der Anleiheschuldner** für den Fall, daß sich rechtliche oder steuerliche Rahmenbedingungen ändern (z. B. Einführung eines Quellensteuerabzuges in den Niederlanden auf die Zinszahlungen der Bayer Capital Corporation N. V.).

Bei Emissionen deutscher Unternehmen werden seltener zusätzliche Schuldnerkündigungsrechte eingeräumt: Diese beinhalten die Option, innerhalb einer Optionsfrist die Anleihe ganz oder teilweise zu kündigen und zu spezifizierten Rückzahlungskursen zu tilgen. So sieht die 8,5%- Anleihe der Kaufhof Plus Finance N. V. 1992/2002 ein Kündigungsrecht ab dem 03.01.1994 zu einem Kurs von 100% vor. In anderen Fällen ist eine Kündigung mit höheren Kursen vorgesehen, bei denen das Rückzahlungsagio mit der Laufzeit abnimmt. Emissionen angelsächsischer Schuldner weisen häufiger solche Schuldnerkündigungsrechte auf (Ross/Westerfield/Jaffe 1990, S. 546).

Den positiven Wert einer solchen **Kündigungsoption** für den Emittenten zeigt das folgende stark vereinfachende Beispiel (Ross/Westerfield/Jaffe

1990, S. 546–550; *Uhlir/Steiner* 1991, S. 53–57): Die Konsol AG begibt per t=0 bei einem Marktzins von $i_0=0{,}10$ eine Anleihe mit unendlicher Laufzeit (perpetual bond, Konsol). Die Anleihebedingungen enthalten zusätzlich ein Kündigungsrecht, das einmalig und ausschließlich nur per t=5 ausgeübt werden kann (europäische Option). Der vereinbarte Rückzahlungskurs beträgt 100%. Per t=5 rechnet man mit folgenden Marktzinssätzen ($\widetilde{i_5}$) und Anleihekursen ($\widetilde{P_5}$) je 1 000 DM Nennwert.

$$i_{51} = 0{,}125;\ w(i_{51}) = 0{,}20 \rightarrow P_{51} = 800$$
$$i_{52} = 0{,}100;\ w(i_{52}) = 0{,}40 \rightarrow P_{52} = 1\,000$$
$$i_{53} = 0{,}080;\ w(i_{53}) = 0{,}40 \rightarrow P_{53} = 1\,250$$
$$E(\widetilde{P_5}) = 1\,060$$

Ohne Berücksichtigung des Kündigungsrechtes beträgt die erwartete Rendite der Anleger für den Zeitraum bis zur Kündigung $i_e=0{,}1096$. Das Kündigungsrecht wird von der Konsol AG nur ausgeübt, wenn die Zinsen fallen. Aus Anlegersicht beträgt der erwartete Rückfluß per t=5 dann $E(\widetilde{P_5^z}) = 0{,}20 \cdot 800 + 0{,}40 \cdot 1\,000 + 0{,}40 \cdot 1\,000 = 960$, so daß sich eine erwartete Rendite (**call-Rendite**) von $i_e'=0{,}0934$ ergibt.

Die Anleger werden diesen Renditenachteil erkennen und einen Ausgleich z. B. in Form eines höheren Nominalzinssatzes fordern. Indifferenz zu einer unkündbaren Anleihe besteht bei einem erhöhten Nominalzins von $i'=0{,}1161$ bzw. bei einem auf $P_0=940{,}56$ herabgesetzten Ausgabepreis für die kündbare Anleihe.

Diese Überlegungen für das bewußt einfach konzipierte Beispiel lassen sich analog anwenden auf amerikanische Kündigungsoptionen, die nicht nur an einem Zeitpunkt, sondern während einer längeren Optionsfrist ausgeübt werden können. Die **Optionspreistheorie** liefert dafür geeignete Bewertungsmodelle (vgl. den Beitrag von *Steiner* in diesem Handbuch).

Wenn man davon ausgeht, daß die Anleger den für sie negativen Wert der Kündigungsrechte richtig erkennen und in ihren Renditeforderungen antizipieren, so stellt sich die Frage, warum Anleihen mit Kündigungsrechten ausgegeben werden. Erklärungsversuche setzen hier vor allem an Informationsunterschieden bezüglich der künftigen Bonitätsentwicklung des Schuldnerunternehmens und an steuerlichen Vorteilen an: Das Management dürfte über eine Verbesserung der Kreditwürdigkeit und die daraus resultierende Senkung der Renditeforderung besser informiert sein als die Anleger. Die Aufnahme einer Kündigungsoption in die Anleihebedingungen kann dann als positives Signal gedeutet werden. Steuerliche Vorteile können sich ergeben, wenn Anleger niedriger als die Emittenten besteuert werden. Der aufgrund der Kündigungsoption höhere Nominalzins führt dann zu einer höheren Steuerersparnis auf Unternehmensebene, der an die Anleger so zum Teil weitergereicht wird.

2. Ausstattungsmerkmale von Festzinsanleihen

2.2.1.3 Währungsoptionen

Seit 1989 haben einzelne deutsche Unternehmen (Commerzbank, Kaufhof, West-LB) über ihre ausländischen Finanzierungsgesellschaften Anleihen mit einer nicht abtrennbaren **Währungsoption** begeben, die ihnen die Wahl der Währungsdenomination für die Zins- und Tilgungszahlungen zu vorab spezifizierten Umrechnungskursen ermöglicht. Die 8,5%-Anleihe der West-LB Finance B. V. 1989/94 legt einen Wechselkurs von 1,73 DM/$ zugrunde. Bei einem Kassakurs von z. B. 1,60 DM/$ ist die Rückzahlung in $ vorteilhaft, da der benötigte $-Betrag (578,03 $ = 1 000 [DM] / 1,73 [DM/$]) nur noch einen Gegenwert von 924,86 DM darstellt.

Auch hier gilt: Der Vorteil des Emittenten ist der Nachteil der Anleger, die diesen erkennen und dafür einen Ausgleich in Form höherer Nominalzinsen oder niedrigerer Ausgabekurse fordern werden.

2.2.2 Optionsrechte der Gläubiger

Praktisch zu allen Optionsrechten der Emittenten kann ein analoges Optionsrecht für die Gläubiger formuliert werden. In den Anleihebedingungen findet man ein **Gläubigerkündigungsrecht** freilich noch seltener. Im Zuge spektakulärer Übernahmefälle (insb. von RJR Nabisco) hatten in den letzten Jahren Industrieanleihen oft erheblich an Wert verloren. Seitdem konnten Neuemissionen, vor allem übernahmegefährdeter Unternehmen, nur noch plaziert werden, wenn sie ein Optionsrecht enthielten, das die Gläubiger gegen solche Risiken schützt.

Regelmäßig enthalten die Anleihebedingungen ein **außerordentliches Kündigungsrecht** für den Fall, daß der Anleiheschuldner in Zahlungsverzug gerät oder gar ein Insolvenzverfahren beantragt wird. Mit Blick auf eine mögliche Insolvenz werden vor allem die nachfolgend kurz zu behandelnden Sicherungsrechte in die Anleihebedingungen aufgenommen, die zum großen Teil auch als Optionsrechte charakterisiert werden können.

2.3 Sicherungsrechte

In einem engeren Sinne versteht man vor allem im deutschsprachigen Bereich unter **Sicherungsrechten** nur die vertraglichen **Kreditsicherheiten**. Die Anleihebedingungen angelsächsischer Emittenten enthalten darüber hinaus oft weitere Bestimmungen, die die Schuldner an einem vertragswidrigen Handeln hindern (**negative covenants**) oder zu einem vertragsgerechten Verhalten veranlassen (**positive covenants**) sollen.

2.3.1 Vertragliche Kreditsicherheiten

Durch die verschiedenen Formen von Kreditsicherheiten erhält der Kreditgeber besondere Ansprüche an Sachen bzw. Rechten (Realsicherheiten) oder gegenüber dritten Personen (**Personensicherheiten**). Kommt der

Abb. 3: Überblick über vertragliche Kreditsicherheiten

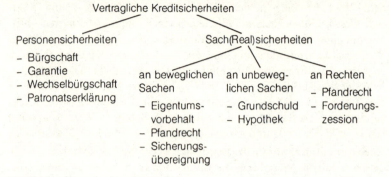

(Quelle: *Drukarczyk* 1991, S. 341)

Anleiheschuldner seinen Verpflichtungen nicht nach, so können die Anleger diese Ansprüche geltend machen. Eine Übersicht über die wichtigsten Formen enthält Abb. 3.

Die Anleihebedingungen deutscher Industrieunternehmen enthalten seltener Vereinbarungen über **Realsicherheiten**. Aufgrund der längeren Fristigkeit eignen sich dafür ohnehin nur Gegenstände des Anlagevermögens, vor allem Sachanlagen, zur Besicherung.

Als Finanzinnovationen gelten im angelsächsischen Bereich hier die **Asset Backed Securities**, bei denen Vermögenswerte – vor allem Forderungen, aber auch Immobilien – auf eine Objektgesellschaft (regelmäßig ein 100%-Tochterunternehmen) übertragen werden, die ihrerseits Wertpapiere ausgibt. Dieses Vorgehen ermöglicht die Ausgabe von Anleihen mit erstklassigem Rating auch durch Schuldner mit ansonsten zweit- oder drittklassiger Beurteilung. Für deutsche Unternehmen ist diese Finanzinnovation vereinzelt im Zusammenhang mit Projektfinanzierungen interessant. So wurden die Anleihen der MEGAL Finance Company 1985/97 und 1989/94 durch eine Abtretung der Rechte aus dem Durchsatzvertrag mit den Nutzern der Gaspipeline (u. a. Ruhrgas AG) besichert (*Süchting* 1989, S. 133 f.).

Die Anleihen ausländischer Finanzierungstochtergesellschaften werden regelmäßig durch **Garantien** bzw. **Patronatserklärungen** der Mutterunternehmen gesichert. Der Wortlaut dieser Bestimmungen ist z.T. sehr spezifisch gewählt, um einen Ausweis als Eventualverpflichtung (§§ 251, 298 HGB) im Einzel- und Konzernabschluß zu vermeiden.

2.3.2 Sicherungsklauseln

Nach Emission einer Anleihe bestehen für die Anleiheschuldner Anreize, die Ansprüche der Gläubiger aktiv durch gezielte Maßnahmen oder pas-

2. Ausstattungsmerkmale von Festzinsanleihen

siv durch das Unterlassen von Maßnahmen zu entwerten. **Negative Sicherungsklauseln** enthalten die Verpflichtung, für die Gläubiger nachteilige Handlungen nicht vorzunehmen. Beispiele dafür sind (*Weston/Copeland* 1986, S. 782–784):

(1) Verwendungsbeschränkungen für die bereitgestellten Finanzmittel

Damit soll verhindert werden, daß der Schuldner zu einer riskanteren Investitionspolitik wechselt, die die Gläubigeransprüche gefährdet (vgl. das Beispiel zur adverse selection bei *Franke/Hax* 1990, S. 356 ff.).

(2) Beschränkungen der Gewinnausschüttungen

(3) Beschränkungen der späteren Kreditaufnahme

(4) Beschränkung der Stellung von Sicherheiten für andere Verbindlichkeiten („Negativklauseln").

Absicht dieser Sicherungsklauseln ist es, den Gläubigern ein Haftungsvermögen zu erhalten und andere von einem bevorrechtigten Zugriff auf dieses Haftungsvermögen auszuschließen. Die Sicherungsklauseln gehen z.T. noch weiter und setzen Grenzen für die aktive Geschäftspolitik:

(5) Beschränkungen der Nutzung bzw. des Verkaufs der Vermögensgegenstände

(6) Beschränkungen der Beteiligung an Unternehmenszusammenschlüssen (merger restrictions).

Positive Sicherungsklauseln sollen das Schuldnerunternehmen zu bestimmten – aus Gläubigersicht positiven – Handlungen veranlassen. Beispiele dafür sind die

(1) Bereitstellung von Unternehmensdaten (insb. Jahresabschlüsse)

(2) Einhaltung von Bilanzstrukturkennziffern.

Für deutsche Unternehmen sind hier die Anforderungen des Bundesaufsichtsamtes für das Versicherungswesen (BAV) von besonderer Bedeutung. In den Geschäftsberichten der Bayer AG fand man bis 1987 die explizite Darstellung der Einhaltung der **BAV-Kennzahlen** (Gesamtverschuldung / Cash-flow $\leq$ 3,5; Eigenkapital / Anlagevermögen $\geq$ 0,70; langfristiges Kapital $\geq$ langfristiges Vermögen).

Sicherungsklauseln sind geeignete Mittel zur kostengünstigen Bewältigung von potentiellen Interessenkonflikten zwischen Emittenten und Anleihegläubigern. Auch mit umfangreichen Detailregelungen wird man freilich nicht alle Risiken ausschalten können – vor allem nicht das Risiko eines bewußt vertragswidrig handelnden Emittenten. Solche Fälle (z.B. der Fall Maxwell) sind aber die seltene Ausnahme in diesem Marktsegment.

3. Anleihen mit variabler Verzinsung oder Tilgung

Bei den bislang behandelten Festzinsanleihen ist die Verzinsung zwar nominal fest vereinbart. Die Rendite ist damit aber keine ex ante sichere Größe, sondern abhängig von Entscheidungen (z. B. der Ausübung von Kündigungsoptionen), von der wirtschaftlichen Entwicklung der Emissionsunternehmen (insb. deren Bonitätsentwicklung) und von Umweltänderungen (z. B. der Marktzinsen, Wechselkurse). Bei den nachfolgend betrachteten Anleihevarianten wird bereits die nominelle Verzinsung nicht für die Laufzeit festgelegt, sondern abhängig gemacht von der Entwicklung von Referenzgrößen. Als Referenzgrößen dienen vor allem Zinssätze, seltener Gewinne des emittierenden Unternehmens.

Vereinzelt wird auch die Tilgung von der Höhe einer Referenzgröße abhängig gemacht wie bei den Anleihen mit Aktienindex-Bindung (z. B. der DAX-Linked Bond der Dresdner Finance B. V. 1991/95) oder mit Währungsbindung. Aus der DM-Sicht eines deutschen Emittenten sind Zinsen **und** Tilgung variabel mit dem Wechselkurs, wenn eine Anleihe in Fremdwährung begeben wird.

3.1 Floating Rate Notes

3.1.1 Normale Floater

Erstmals legte im Jahr 1974 die Citibank eine Anleihe auf, bei der die Zinsen periodisch (i.e. halbjährlich) an die Entwicklung eines Referenzzinssatzes (i.e. 90-Tage US-Schatzbriefe) angepaßt wurde. Seitdem sind **Floating Rate Notes (Floating Rate Bonds)** zu einem beliebten Finanzierungsinstrument vor allem von Kreditinstituten geworden, die auf der Aktivseite einen hohen Anteil von zinsvariablen Vermögensanlagen aufweisen. Für Industrieunternehmen sind Floating Rate Bonds eine Möglichkeit zur Absicherung der **Inflationsrisiken**, wenn in anlageintensiven Branchen (z. B. bei Luftverkehrsgesellschaften) sich die Erträge stärker mit der Inflation ändern als die Kosten.

Floater schalten das **Zinsänderungsrisiko** weitgehend aus. Für Emittenten und Anleger ist dies vor allem in Zeiten mit besonders unsicheren Inflationserwartungen und bei hoher Unsicherheit über die Entwicklung der Realzinssätze interessant. Gegenüber der Alternative einer kurzfristigen revolvierenden (roll over) Kreditvergabe bzw. -aufnahme weisen sie Transaktionskostenvorteile für Anleger und Emittenten auf. Für die Emittenten wird so zusätzlich das Risiko einer nicht ausreichenden Anschlußfinanzierung vermieden.

Als Referenzzinssätze für die i.d.R. quartalsweise oder halbjährliche Anpassung dienen bei DM-Floatern vor allem der **LIBOR** (London Inter-

3. Anleihen mit variabler Verzinsung oder Tilgung

bank Offered Rate) und noch selten der **FIBOR** (Frankfurt Interbank Offered Rate), der von der Privatdiskont AG als Durchschnitt der Geldmarktsätze von zwölf deutschen Kreditinstituten ermittelt und veröffentlicht wird. Bei LIBOR-Konditionen sind die Anleihebedingungen genau zu beachten, da die LIBOR-Ermittlung nicht standardisiert ist, sondern im Prinzip anleihespezifisch festgelegt wird. Der Anleihezins wird gegenüber dem Referenzzins um eine Marge (spread) erhöht, die über die Laufzeit gestaffelt sein kann. Die Margen sind immer geringer geworden, z.T. werden Floater mit negativen Margen begeben. Die Margenunterschiede reflektieren vor allem auch Bonitätsunterschiede der Emittenten.

Sieht man von dem **Bonitätsänderungsrisiko** ab, so besteht ein **Zinsänderungsrisiko** für Anleger und Emittenten nur für den Zeitraum bis zur nächsten Zinsanpassung. Entsprechend notieren Floater durchweg sehr nahe beim Rückzahlungskurs. Auf Kündigungsoptionen wird daher zumeist verzichtet. Angelsächsische Emissionen weisen jedoch häufiger **Gläubigerkündigungsrechte** (put provisions) auf.

Notiert ein Floater nicht nahe beim Rückzahlungskurs, so ist dies Indiz für eine **Zinsbegrenzungsklausel**, durch die ein Maximalzins (cap, ceiling) oder ein Mindestzins (floor) festgelegt wird. Mit Annäherung des Referenzsatzes an diese Grenzen lebt das Zinsänderungsrisiko dann wieder auf.

3.1.2 Reverse Floater

Während bei einem normalen Floater der Zinssatz direkt proportional mit der Veränderung des Referenzzinssatzes variiert, steigt (sinkt) bei den erstmals 1986 begebenen „Reverse Floating Rate Notes" der Anleihezins bei sinkenden (steigenden) Referenzzinssätzen. Bei solchen Anleihen, die auch als „**bull floater**" bezeichnet werden, wird ein relativ hoher Festzins i als Basiszins vereinbart, der z.T. für mehrere Festzinsperioden gezahlt wird. In den folgenden Perioden wird der variable Zins z.B. nach der Grundformel

Festzins – a · LIBOR

bestimmt, wobei i.d.R. der Faktor a = 1,0 gesetzt wird (*Walmsley* 1988, S. 195–201).

Durch die additive Kombination eines normalen Floaters mit einem Reverse Floater erhält man eine klassische Festzinsanleihe. Wird z.B. der Normal-Floater mit dem Nominalbetrag 1 000 DM marktgerecht mit LIBOR + 0,125 % und der „Reverse Floater" mit gleichem Nominalbetrag zu 17,125 % – LIBOR begeben, so ist für dieses Paket (Nennwert 2 000 DM, Laufzeit n=6 Jahre) unabhängig von der Höhe des LIBOR ein marktgerechter Zinsbetrag von 172,50 DM pro Jahr (= 8,625 %) zu zahlen.

Der Marktwert des Reverse Floaters läßt sich dann als Differenz des Marktwertes des Paketes (i.e. synthetische Festzinsanleihe) und des zu pari bewerteten Normal-Floaters ermitteln. Tab. 2 zeigt die Wertentwicklung des Paketes und seiner Bestandteile bei unterschiedlichen Zinsentwicklungen am Ende des ersten Jahres. Bleibt der Marktzins konstant, so werden Normal-Floater und Reverse Floater unverändert mit 1 000 DM bewertet. Sinkt (steigt) der Marktzins, so steigt (sinkt) der Marktwert des Paketes. Da der Wert des Normal-Floaters unverändert bleibt, schlagen sich alle Wertänderungen nur beim Reverse Floater nieder.

Tab. 2: Zinsreagibilität des Marktwertes eines Reverse Floaters

Marktzins (LIBOR + 0,125 %)	Paket (2 000 DM)	Normal-Floater (1 000 DM)	Reverse Floater (1 000 DM)	Festzinsanleihe (1 000 DM)
5,0000 %	2 313,89	1 000,00	1 313,89	1 156,94
6,0000 %	2 221,15	1 000,00	1 221,15	1 110,57
7,0000 %	2 133,26	1 000,00	1 133,26	1 066,63
8,0000 %	2 049,91	1 000,00	1 049,91	1 024,95
8,6250 %	2 000,00	1 000,00	1 000,00	1 000,00
9,0000 %	1 970,83	1 000,00	970,83	985,41
10,0000 %	1 895,75	1 000,00	895,75	947,88

Die Zinsreagibilität des Marktwertes des Reverse Floaters ist deutlich höher als die einer Festzinsanleihe mit gleichem Nennwert. Dies zeigt der Vergleich mit den in der letzten Spalte von Tab. 2 ausgewiesenen Werten einer Festzinsanleihe, die zeitgleich mit einem Zins von i=8,625% begeben wurde.

3.2 Gewinnobligationen

Gewinnobligationen versprechen eine Verzinsung, die ganz oder teilweise abhängig von der Höhe des Gewinns bzw. der Ausschüttungen ist. Für deutsche Unternehmen spielen sie keine Rolle, obgleich sie als Finanzierungsinstrument in § 221 Abs. 1 AktG explizit genannt sind (*Drukarczyk* 1991, S. 293 f.). Die Trennlinie zu den Genußscheinen ist hier kaum klar zu ziehen (vgl. den Beitrag von *Reuter/Katschinski* in diesem Handbuch).

3.3 Währungsanleihen

Aus der DM-Sicht eines deutschen Emittenten sind Verzinsung **und** Tilgung einer in Fremdwährung (insb. US-$, Schweizer Franken, Can. $) aufgenommenen Anleihe variabel mit dem Wechselkurs. Sie werden zur Finanzierung bzw. Absicherung von Exportaktivitäten oder Auslandsinvestitionen aufgelegt. Bei der Bewertung von **Fremdwährungsanleihen** ist die bilanzielle und steuerliche Behandlung von Kurserfolgen zu berücksichtigen, die nicht eindeutig geregelt ist (Gebhardt/Breker 1991, S. 1533 ff. m.w.N.).

Ein zweiter Grund für die Emission von Fremdwährungsanleihen ist die Ausnutzung von Marktunterschieden. Finanzmittel werden nicht in der Währung aufgenommen, in der sie benötigt werden, sondern in der sie „günstig" verfügbar sind. In diesen Fällen werden Anleihen mit Währungsswaps kombiniert, um die benötigten Währungsbeträge bereitzustellen.

4. Kombinationen von Anleihen mit Swaptransaktionen

4.1 Kombinationen mit einem Währungsswap

Deutsche Unternehmen haben auf den deutschsprachigen Finanzmärkten (insb. Bundesrepublik, Schweiz) gegenüber Unternehmen aus anderen Ländern gewisse Reputationsvorteile. Sie wählen entsprechend als Emissionswährungen besonders gerne die DM und den Schweizer Franken (sFr). Umgekehrt haben z. B. amerikanische oder japanische Unternehmen und Institutionen einen Heimatvorteil in ihren Märkten.

Der Kapitalbedarf besteht aber häufig nicht in den Währungen, in denen die komparativen Emissionsvorteile bestehen: Deutsche Unternehmen haben einen hohen Finanzbedarf zur währungskongruenten Finanzierung ihrer erheblichen Investitionen im $-Bereich; umgekeht besteht aus analogen Gründen der Wunsch nach DM-Finanzierungen bei amerikanischen und japanischen Firmen. Dem gemeinsamen Wunsch nach währungskongruenter Finanzierung und nach Nutzung der komparativen Emissionsvorteile können die Unternehmen sich in dieser Situation durch einen reinen Währungsswap erfüllen.

Die Funktionsweise eines **Währungsswaps** zeigt das folgende Beispiel: Das deutsche Unternehmen A begibt eine Anleihe über 350 Mio. DM zu 8%, das amerikanische Unternehmen B eine Anleihe über 200 Mio. $ zu 7%. In einem Swapvertrag vereinbaren sie den Austausch der Kapital- und Zinszahlungen: B erhält von A die DM-Valuta und zahlt an A jährlich einen Zinsbetrag von 28 Mio. DM, mit dem A die Zinszahlungen an seine DM-Gläubiger bestreiten kann. Umgekehrt erhält A von B die $-Valuta und zahlt jährlich 14 Mio. $ Zinsen. Am Ende der Laufzeit werden die Kapitalbeträge zum ursprünglich vereinbarten Kurs zurückgetauscht.

Im Ergebnis verfügt Unternehmen A über einen $-Betrag und zahlt $-Zinsen, die es durch eine eigene $-Anleihe nicht hätte erreichen können. Umgekehrt profitiert B vom Emissionsvorteil von A auf dem deutschen Markt. Die Vorteile können im Swapvertrag je nach Marktlage auch anders auf die beteiligten Unternehmen aufgeteilt werden.

Der Kontakt zwischen den Swappartnern wird i.d.R. durch eine Bank hergestellt, die im Beispiel nur als Vermittler (Arranger) fungiert. Banken übernehmen oft die Rolle eines Intermediärs, indem sie Swapvereinbarungen mit den Swappartnern abschließen, die dann nicht mehr in direkte Vertragsbeziehungen eintreten. Bei Einschaltung einer Bank als Intermediär sind die **Bonitätsrisiken** für die Swappartner geringer und vor allem leichter abschätzbar. Bei Ausfall eines Swappartners können sonst erhebliche Kursverluste entstehen, gegen die man sich nicht zuletzt durch den Swap auch absichern wollte. Weiter können **Transferrisiken** hier bedeutsam werden, von denen die Kunden internationaler Banken weniger betroffen sind.

4.2 Kombinationen mit einem Zinsswap

Vor allem in Zeiten steigender Zinsen steigt bei den Anlegern die Nachfrage nach zinsvariablen Anlagemöglichkeiten. Festzinsanleihen sind dann relativ schwieriger zu plazieren. Eine relativ günstige Verschuldung am Kapitalmarkt läßt sich mit dem Wunsch nach einer Festzinskalkulation kombinieren, wenn man zusätzlich zur Begebung einer zinsvariablen Anleihe einen reinen **Zinsswap** mit einem Partner abschließt, der zinsvariable Mittel sucht und relative Vorteile bei der Emission von Festzinsanleihen hat.

Die Funktionsweise eines reinen Zinsswaps sei ebenfalls an einem einfachen Beispiel erläutert: Das deutsche Unternehmen X sucht 200 Mio. $ für 10 Jahre und kann diese zu einem Festzins $i_\$ = 0,10$ oder zu einem variablen Zins $-LIBOR + 0,50\%$ spread aufnehmen. Der Finanzvorstand von X wählt die ihm günstiger erscheinende variable Zinskondition, obgleich er an Festzinskonditionen interessiert ist. Das US-Unternehmen Y kann $-Anleihen zum Festzins $i_\$ = 0,0875$ oder zum variablen Zins $-LIBOR + 0,25\%$ spread begeben. Y nimmt einen Festsatzkredit auf, obgleich es an variablen Zinsen interessiert ist.

Die **Swapbank** Z tritt als Intermediär auf und schließt mit X einen ersten Zinsswapvertrag, der einen Tausch nur der Zinsbeträge zum Gegenstand hat: Die Bank zahlt den $-LIBOR-Satz + 0,00% spread an X und erhält Festzinsen in Höhe von $i_\$ = 0,0925$. Im Ergebnis zahlt X Festzinsen in Höhe von $i_\$ = \$-LIBOR + 0,005 - \$-LIBOR + 0,0925 = 0,0975$. Diese Kondition hätte bei direkter Aufnahme von $-Festzinsmitteln nicht erreicht werden können. Mit Y wird ein zweiter Zinsswap vereinbart, aufgrund dessen Z von Y den $-LIBOR erhält und an Y einen Festzins von $i_\$ = 0,090$ zahlt. Im Ergebnis hat Y dann variable Finanzierungskosten $i_\$ = 0,0875 - 0,0900 + \$-LIBOR = \$-LIBOR - 0,0025$, die um 0,50% günstiger sind als bei direkter Aufnahme von variablen Finanzmitteln. Für die Swapbank bleibt die Spanne aus der Festsatzkondition – und das

5. Kombinationen von Anleihen mit Optionsgeschäften

Abb. 4: Transaktionen im Rahmen eines Zinsswap

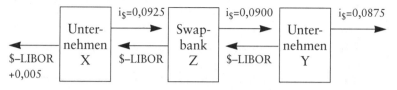

Honorar aus Provisionen und Gebühren für das Zustandebringen der Swaps. Dies zeigt die Abb. 4. Durch Kombinationen mit Swapgeschäften werden die Handlungsmöglichkeiten des Finanzmanagements beträchtlich erweitert. Ein deutsches Unternehmen mit einem langfristigen $-Finanzbedarf zu festen Zinsen kann diesen u. a. decken durch

- Plazierung einer $-Festzinsanleihe;
- Plazierung eines $-Floaters mit einem Zinsswap (variabel/fix);
- Plazierung einer DM-(sFr-)Festzinsanleihe mit einem DM-(sFr-)/$-Währungsswap;
- Plazierung eines DM-(sFr-)Floaters mit einem kombinierten Zins- und Währungsswap.

Mit der steigenden Zahl von Handlungsalternativen steigt auch die Wahrscheinlichkeit, einen günstigeren Finanzierungsweg zu finden. Es heißt in diesem Zusammenhang, daß in den letzten Jahren mehr als die Hälfte der Anleiheemissionen mit Swaptransaktionen unterlegt waren. Die zeitweise populären Emissionen deutscher Unternehmen in Australien-$ oder Can-$ lassen sich so eher als durch entsprechend hohe Finanzbedarfe in diesen Währungen erklären. Der Umfang an solchen Primär-Swaptransaktionen ist sehr schnell gestiegen und erreichte bereits 1987 86,0 Mrd. $ für Währungsswaps und 387,8 Mrd. $ für Zinsswaps (*Perridon/Steiner* 1991, S. 380 f.). Swapverträge sind aufgrund einer inzwischen erfolgten Standardisierung der Swapverträge handelbar auf **Swap-Sekundärmärkten** mit einem sehr lebhaften Geschäft.

5. Kombinationen von Anleihen mit Optionsgeschäften

Nach einer früher weit verbreiteten Auffassung könne durch das Hinzufügen von Optionsrechten als „sweetener" eine Anleihe leichter – und damit zu geringeren Kapitalkosten – ausgegeben werden. Diese Begründung für die Ausgabe von Wandel- und Optionsanleihen, denen jeweils Kaufoptionen auf junge Aktien beigefügt sind, gilt inzwischen weitgehend als überholt (*Gebhardt* 1988, S. 898 ff.). Ungeachtet der Schwierigkeiten einer theoretischen Begründung für die Ausgabe solcher Pakete von Finanzierungsinstrumenten ist deren fortgesetzter Einsatz festzustellen. Man hat auch Pakete z. B. aus

- Anleihen mit Optionen auf Aktien anderer Unternehmen,
- Anleihen mit abtrennbaren Währungsoptionen (currency option warrants),
- Anleihen mit abtrennbaren Optionen auf Anleihen (bond warrants)

geschnürt. Größere Bedeutung haben aber nach wie vor nur die „klassischen" Wandel- und Optionsanleihen.

5.1 Optionsanleihen

Optionsanleihen sind rechtlich eine Form der **Wandelschuldverschreibung** gem. § 221 AktG, bei der neben den in einer Schuldverschreibung verbrieften Anleiherechten auf künftige Zins- und Tilgungszahlungen den Anleihezeichnern zusätzlich in einem Optionsschein verbriefte Optionsrechte zum Bezug von jungen Aktien einer bestimmten Gesellschaft zu einem festgelegten Bezugspreis innerhalb einer vorgegebenen Frist eingeräumt werden. Anleiherechte und Optionsrechte bestehen nach vollzogener Emission unabhängig voneinander und werden regelmäßig auch getrennt gehandelt. Im Zeitraum 1967–1990 wurden von deutschen Unternehmen 84 Optionsanleihen mit einem Emissionsbetrag von insgesamt 26,825 Mrd. DM aufgelegt. Abb. 5 zeigt die zeitliche Verteilung und zugleich die Entwicklung unterschiedlicher Emissionstypen.

Die zunächst dominierenden **Pariemissionen** wurden zu 100% ausgegeben und mit einem Nominalzins ausgestattet, der deutlich unter dem marktüblichen Zins liegt. Dadurch erhält man eine Kombination aus einem **deep discount bond** und einer sehr langfristigen Kaufoption auf junge Aktien. Die Bewertung des Anleiheteils wurde am Beispiel der Anleihe ex Optionsschein der Bayer Capital Corporation N. V. 1985/95 bereits unter 2.1.2 dargestellt. Schwieriger ist die **Bewertung der Optionsscheine**. Nach dem Bewertungsmodell von *Black/Scholes* hängt der Wert einer Kaufoption ab vom aktuellen Aktienkurs, dem Basispreis, der Restlaufzeit der Option, der erwarteten Volatilität der Aktie und den erwarteten risikolosen Zinssätzen. Für eine Bewertung von Optionsscheinen ist dieses Grundmodell zu erweitern um den Einfluß der erwarteten Dividenden sowie des **Verwässerungseffektes** (**dilution**) durch die erwartete Ausgabe junger Aktien (vgl. dazu *Brealey/Myers* 1991, S. 536–541 m.w.N.).

Die seit 1987 dominierenden **Agioemissionen** werden mit einer Nominalverzinsung ausgestattet, die dem marktüblichen Zins im Emissionszeitpunkt entsprechen soll. Das Entgelt für die beigefügten Optionsrechte kommt dann in einem Ausgabeaufgeld zum Ausdruck. Der Grund für den Wechsel des Emissionstyps ist vor allem in der Unsicherheit über die

5. Kombinationen von Anleihen mit Optionsgeschäften 471

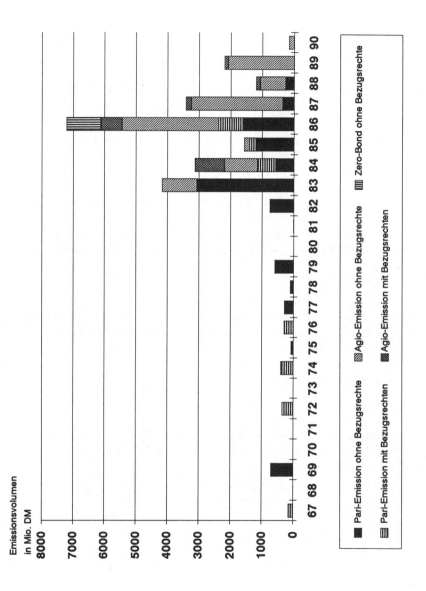

Abb. 5: Zeitliche Verteilung der Optionsanleihe-Emissionen deutscher Unternehmen

steuerliche Anerkennung des bei den Pariemissionen entstehenden Disagios zu suchen.

Die Bewertung des Gesamtpaketes ist – gemessen an den Marktwerten der Optionsrechte und der Anleiherechte unmittelbar nach Ausgabe – den emittierenden Unternehmen nicht immer gut gelungen. Besonders eklatant war das **underpricing** bei der Optionsanleihe der PWA Finance B. V. 1986/96, deren Options- und Anleiherechte bei Ausgabe einen Marktwert von ca. 150 Mio. DM verkörperten, die aber als Pariemission zum Nennwert von 100 Mio. DM ausgegeben wurde. Im Betrag von 50 Mio. DM kam es hier zu einer Vermögensverschiebung zu Lasten der Alt-Aktionäre und zugunsten der Anleihezeichner.

Ein solches underpricing wäre unproblematisch, wenn die Personenkreise der Anleihezeichner und der Alt-Aktionäre identisch sind bzw. die Alt-Aktionäre das in § 221 Abs. 4 AktG vorgesehene **Bezugsrecht** erhalten. Wie Abb. 5 zeigt, wurde das Bezugsrecht bei der großen Mehrzahl aller Emissionen ausgeschlossen, so daß es zu einem Vermögensverlust der Alt-Aktionäre kommen konnte. Im Fall der Anleihe der PWA Finance B. V. haben Aktionäre inzwischen erfolgreich gegen den **Bezugsrechtsausschluß** geklagt (OLG München). Weitere Verfahren sind anhängig.

Optionsanleihen werden außer von deutschen Unternehmen vor allem von japanischen Emittenten aufgelegt. Seltener wird diese Anleiheform von Unternehmen aus anderen Ländern (insb. USA, Schweiz, Österreich) gewählt. Von Emittenten aus diesen Ländern, aber auch von den japanischen Unternehmen werden Wandelanleihen gegenüber Optionsanleihen deutlich vorgezogen.

5.2 Wandelanleihen

Wandelanleihen werden von deutschen Unternehmen sehr selten genutzt. Der Kurszettel weist Anfang 1992 ganze sechs Emissionen deutscher Emittenten aus. Bei amerikanischen, britischen und japanischen Unternehmen sind Wandelanleihen dagegen ein beliebtes und wichtiges Finanzierungsinstrument.

Wandelanleihen sind wie Optionsanleihen als Paket, bestehend aus den Anleiherechten und einer Kaufoption auf junge Aktien, zu charakterisieren. Ein eher formaler Unterschied besteht darin, daß dieses Paket bei Wandelanleihen nicht aufgeschnürt werden kann: Die Kaufoption ist untrennbar mit den Anleiherechten verbunden. Die Position eines Optionsscheininhabers kann der Inhaber einer Wandelanleihe aber dadurch erreichen, daß er einen Kredit aufnimmt, zu dessen Bedienung er die Zins- und Tilgungszahlungen aus der Wandelanleihe verwendet.

Ebenfalls eher formal ist der Unterschied, daß die Anleiherechte bei der Optionsanleihe unabhängig von der Ausübung der Option weiterbeste-

5. Kombinationen von Anleihen mit Optionsgeschäften

hen, während sie bei der Wandelanleihe untergehen. Auch diese Position kann der Wandelobligationär durch eine entsprechende Kreditvergabe replizieren.

Ein materieller Unterschied besteht darin, daß der Bezugspreis im Falle der Wandelanleihe nicht absolut fixiert, sondern eine Zufallsvariable ist: Er besteht in dem Marktwert der Anleiherechte im Zeitpunkt der Ausübung der Option und variiert mit Änderungen der Marktzinssätze, der Bonität etc. Die Bewertung einer Wandelanleihe ist daher schwieriger als die einer Optionsanleihe.

Es lassen sich zunächst Wertuntergrenzen angeben (vgl. z. B. *Drukarczyk* 1991, S. 297–303; *Perridon/Steiner* 1991, S. 309–313): Eine erste Untergrenze wird durch den Marktwert der Anleiherechte bestimmt – unter der Prämisse, daß der Wert des Wandlungsrechtes null ist. Da Wandelanleihen üblicherweise als Pariemissionen mit einer geringeren als marktüblichen Verzinsung begeben werden, steigt diese Wertuntergrenze zeitablaufbedingt bis zum Tilgungsbetrag, sofern keine Bonitätsverschlechterungen eintreten.

Der Wert der Anleiherechte hängt weiter ab vom Wert des Gesamtunternehmens. Mit steigendem Marktwert sinkt das **Bonitätsrisiko** und steigt der Wert der Anleiherechte (vgl. Abb. 6).

Abb. 6: Wertverlauf einer Wandelanleihe in Abhängigkeit vom Aktienkurs (vgl. *Brealey/Myers* 1991, S. 545)

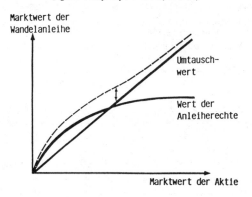

Eine zweite Wertuntergrenze wird durch den **Umtauschwert** in Aktien bestimmt, der sich aus dem Kurs der Aktien und dem Umtauschverhältnis – unter Berücksichtigung des z.T. vernachlässigten **Verwässerungseffektes** – ergibt. Abb. 6 zeigt gestrichelt den Wertverlauf einer Wandelanleihe in Abhängigkeit vom Aktienkurs. Der Marktwert der Wandelanleihe, der ebenfalls optionspreistheoretisch bestimmt werden kann (*Ingersoll* 1977) liegt um eine Prämie über den Wertuntergrenzen. Diese Prämie wird für das Recht bezahlt, die Option auch später – mit einer günstigeren Konstellation – ausüben zu können.

Die Ausgabe solcher hybriden Finanzierungsinstrumente konnte bislang trotz einiger interessanter Ansätze (*Brennan/Schwartz* 1982; *Gebhardt* 1988; *Hartmann-Wendels* 1990) noch nicht voll befriedigend erklärt werden. Auch das **Kündigungsverhalten** der Emittenten wirft weitgehend noch ungeklärte Rätsel auf: Wandelanleihen sind regelmäßig mit einem Kündigungsrecht der Emittenten ausgestattet, die die Wandlung so erzwingen können. Dieses Kündigungsrecht sollte immer sofort dann ausgeübt werden, wenn der Umtauschwert größer als der Rückzahlungspreis bei Kündigung ist. Empirische Untersuchungen zeigen jedoch, daß die Unternehmen mit der Kündigung deutlich länger warten (*Ross/Westerfield/Jaffe* 1990, S. 609–617).

Literatur

Blume, M. E./Keim, D. B. (1987), Lower-grade bonds: their risks and returns, in: Financial Analysts Journal 43, July-August, S. 26–33 und S. 66

Brealey, R. A./Myers, S. C. (1991), Principles of corporate finance, 4. Aufl., New York u. a.

Brennan, M. J./Schwartz, E. S. (1982), The case for convertibles, in: Chase Financial Quarterly 1, S. 27–46

Bundesminister der Finanzen (BMF) (1985), Schreiben vom 24.01.1985 (IVB4-S2252–4/85) betr.: Ermittlung des einkommensteuerlichen Kapitalertrags aus Zero Coupon Bonds, die zu einem Privatvermögen gehören, in: Bundessteuerblatt 1985, Teil I, S. 77–81

Bundesminister der Finanzen (BMF) (1986), Schreiben vom 24.11.1986 (IVB4-S2252–180/86) betr.: Einkommensteuerrechtliche Behandlung von a) Emissionsdisagio, Emissionsdiskont und umlaufbedingtem Unterschiedsbetrag zwischen Marktpreis und höherem Nennwert bei festverzinslichen Wertpapieren, b) unverzinslichen Schatzanweisungen, die zu einem Privatvermögen gehören, in: Bundessteuerblatt 1986, Teil I, S. 539–540

Bundesminister der Finanzen (BMF) (1990), Entwurf eines Schreibens betr.: Einkommensteuerrechtliche Behandlung von Optionsanleihen, Bonn, November 1990

Deutsche Bank (Hrsg.) (1992): Internationale DM-Anleihen, Ausgabe 31. Jan. 1992 (erscheint monatlich)

Drukarczyk, J. (1991), Finanzierung: eine Einführung, 5. Aufl., Stuttgart

Everling, O. (1991), Credit Rating durch internationale Agenturen: eine Untersuchung zu den Komponenten und instrumentalen Funktionen des Rating, Wiesbaden

Franke, G./Hax, H. (1990), Finanzwirtschaft des Unternehmens und Kapitalmarkt, 2. Aufl., Berlin u. a.

Gebhardt, G. (1988), Finanzwirtschaftliche Betrachtungen zur Emission von Optionsanleihen, in: Zeitschrift für betriebswirtschaftliche Forschung 40, S. 896–914

Gebhardt, G./Breker, N. (1991), Bilanzierung von Fremdwährungstransaktionen im handelsrechtlichen Einzelabschluß – unter Berücksichtigung des § 340 h HGB, in: Der Betrieb 44, S. 1529–1538

Hartmann-Wendels, Th. (1990), Zur Integration von Moral Hazard und Signalling in finanzierungstheoretischen Ansätzen, in: Kredit und Kapital 23, S. 228–250

Ingersoll, J. E. (1977), A contingent-claims valuation of convertible securities, in: Journal of Financial Economics 4, S. 289–322

Löffler, A.-U. (1987), Anleihen: nationale und internationale Anleiheformen als Finanzierungsinstrument und Kapitalanlage, Bern u. a.

Perridon, L./Steiner, M. (1991), Finanzwirtschaft der Unternehmung, 6. Aufl., München

Ross, St.A./Westerfield, R. W./Jaffe, J. F. (1990), Corporate finance, 2. Aufl., Homewood

Süchting, J. (1989), Finanzmanagement: Theorie und Politik der Unternehmensfinanzierung, 5. Aufl., Wiesbaden

Uhlir, H./Steiner, P. (1991), Wertpapieranalyse, 2. Aufl., Heidelberg

Wagner, E. (1988), Effektivzins von Krediten und Wertpapieren, Frankfurt am Main

Wagner, F. W./Wenger, E./Höflacher, St. (1986), Zero-Bonds: optimale Investitions- und Verschuldungsstrategien, Wiesbaden

Wakeman, L. (1978), Bond rating agencies and capital markets, working paper, Graduate School of Management, University of Rochester, Rochester u. a.

Walmsley, J. (1988), The new financial instruments, New York u. a.

Weston, J. F./Copeland, Th.E. (1986), Managerial finance, 8. Aufl., Chicago u. a.

Kapitel 21
Die Kapitalanlagen der Assekuranz als Quelle der langfristigen Finanzierung

von *Robert Schwebler*

1. Bestimmungsfaktoren der Kapitalbildung in der Versicherungswirtschaft 478
2. Zweckbestimmung der Kapitalanlagen in der Versicherungsbranche 480
3. Wachstum und Qualität der Kapitalanlagen 481
4. Normativer Rahmen und Zielsetzungen der Anlagetätigkeit . . 482
5. Investitionsschwerpunkte der Assekuranz 484
   5.1 Kriterien für die Verteilung der Anlagemittel 484
   5.2 Finanzierung der öffentlichen Hand 485
   5.3 Finanzierung des Wohnungsbaus 487
   5.4 Refinanzierung der Kreditwirtschaft 488
   5.5 Finanzierung der gewerblichen Wirtschaft 490
6. Perspektiven 492

Literatur 494

1. Bestimmungsfaktoren der Kapitalbildung in der Versicherungswirtschaft

Die Versicherungswirtschaft präsentiert sich in Deutschland als ausgesprochene Wachstumsbranche. In den letzten Jahren nahmen die gesamten Beitragseinnahmen meist stärker zu als das Bruttosozialprodukt.

Tab. 1: Eigenvorsorge und Wirtschaftswachstum – Brutto-Beitragseinnahmen im selbst abgeschlossenen Geschäft aller Mitgliedsunternehmen des Gesamtverbandes der Deutschen Versicherungswirtschaft e. V. sowie Entwicklung des Brutto-Sozialprodukts

Jahr	Beitragsaufkommen			Veränderung Brutto-Sozialprodukt	
	Mrd. DM	Zuwachs nominal in %	Zuwachs real in %	nominal in %	real in %
1970	26,20	+ 11,5	+ 8,2	+ 13,0	+ 5,0
1975	45,54	+ 7,2	+ 1,3	+ 4,4	− 1,4
1976	49,20	+ 8,0	+ 3,6	+ 9,4	+ 5,6
1977	54,50	+ 10,8	+ 7,2	+ 6,5	+ 2,7
1978	58,88	+ 8,0	+ 5,3	+ 7,7	+ 3,3
1979	65,42	+ 11,1	+ 3,9	+ 8,1	+ 4,0
1980	71,61	+ 9,5	+ 4,1	+ 6,3	+ 1,5
1981	77,01	+ 7,5	+ 1,2	+ 4,0	+ 0,0
1982	81,82	+ 6,2	+ 0,9	+ 3,4	− 1,0
1983	87,74	+ 7,2	+ 3,9	+ 5,2	+ 1,8
1984	92,08	+ 4,9	+ 2,5	+ 5,3	+ 3,3
1985	97,90	+ 6,3	+ 4,1	+ 4,2	+ 1,9
1986	102,78	+ 5,0	+ 5,2	+ 5,5	+ 2,3
1987	109,56	+ 6,6	+ 6,4	+ 3,7	+ 1,7
1988	118,27	+ 7,9	+ 6,6	+ 5,2	+ 3,6
1989	127,17	+ 7,5	+ 4,7	+ 6,5	+ 4,0
1990	135,85	+ 7,6	+ 4,6	+ 8,0	+ 4,0

Quelle: Gesamtverband der Deutschen Versicherungswirtschaft e. V., Die deutsche Versicherungswirtschaft, Jahrbuch 1991, S. 32

Unsere prosperierende Volkswirtschaft befähigt die Wirtschaftssubjekte zur **eigenverantwortlichen Sicherung** des Erreichten sowie zur Vorsorge über die Individualversicherung und sensibilisiert sie für mögliche Risiken. Hinzu kommen steigende Zweifel am Leistungsvermögen staatlicher Sicherungssysteme, die erkennbar an die Grenzen der Finanzierbarkeit stoßen. Dies gilt besonders für die gesetzliche Rentenversicherung, so daß weite Kreise der Bevölkerung die Bedeutung der Lebensversicherung als unverzichtbares Instrument der privaten Alters- und Hinterbliebenenvorsorge erkannt haben und nutzen. Daher hat die Lebensversicherung am gesamten Beitragsaufkommen der Assekuranz im Jahre 1990 in Höhe

1. Kapitalbildung in der Versicherungswirtschaft   479

von 136,85 Mrd. DM mit 53,5 Mrd. DM von allen Versicherungszweigen den höchsten Anteil. Sie wird gefolgt von den HUK-Zweigen mit 44,5 Mrd. DM. (Gesamtverband der Deutschen Versicherungswirtschaft e. V., Jahrbuch 1991, S. 31).

Der große Bedarf an privater Vorsorge über die Individualversicherung zeigt sich ferner an dem hohen Anteil der Versicherungswirtschaft an der Geldvermögensbildung der privaten Haushalte. Sie bildet eine wichtige Determinante für die **Kapitalanlagen der Versicherungsbranche.**

Tab. 2: Zusammensetzung der Geldvermögensbildung der privaten Haushalte (Anteile in %)

	1980	1985	1986	1987	1988	1989	1990
Geldanlagen bei Banken	42,6	41,7	53,4	41,7	27,8	23,7	28,4
Geldanlagen in Wertpapieren	19,8	19,8	8,5	22,5	32,6	33,2	36,0
Geldanlagen bei Versicherungen a)	18,2	26,9	26,6	24,9	26,4	25,7	20,6
darunter: Lebensversicherungen	15,2	21,5	21,1	19,9	21,0	20,8	16,3
Ansprüche gegen betriebl. Pensionsfonds	10,9	8,9	8,7	9,6	7,8	7,0	5,8
sonstige Forderungen b)	3,3	3,6	4,0	3,6	4,7	8,7	7,1
Geldanlagen bei Bausparkassen	5,2	−0,9	−1,2	−2,3	0,7	1,7	2,1
Gesamt (Mrd. DM)	120,7	126,3	137,2	143,5	154,9	167,8	202,5

a) Lebensversicherungen, Pensions- und Sterbekassen, berufsst. Versorgungswerke
b) Geldmarktpapiere sowie Forderungen gegen Sach- und Krankenversicherungsunternehmen

Quelle: Verband der Lebensversicherungs-Unternehmen e. V., Die deutsche Lebensversicherung, Jahrbuch 1991, S. 17

Hinsichtlich der Bewertung dieser Zahlen und der Bedeutung der Lebensversicherung kam es aber verschiedentlich zu Mißverständnissen, da die üblicherweise betrachtete amtliche Statistik zur Geldvermögensbildung die Lebensversicherung mit den Pensionskassen und den berufsständischen Versorgungswerken unter der Rubrik „Versicherungen" ausweist (vgl. hierzu *Henn/Schickinger* 1986).

Die Geldvermögensbildung in anderen Versicherungszweigen ist unter den „sonstigen Forderungen" enthalten. Die Zusammenfassung der Lebensversicherung mit anderen Vorsorgeinstitutionen überzeichnet jedoch den Anteil der Lebensversicherung.

Daher ermittelt der Verband der Lebensversicherungs-Unternehmen e. V. gesondert die **Geldvermögensbildung in der Lebensversicherung**, indem er alle Bilanzpositionen der Lebensversicherer, die Verpflichtungen gegenüber den Versicherungsnehmern ausweisen, zu einer Gesamtzahl aggregiert.

Als Folge des ausgeprägten Vorsorgebedarfs der Bürger werden vor allem die langfristig abgeschlossenen Lebensversicherungsverträge, die eine durchschnittliche Laufzeit von fast 30 Jahren aufweisen, konsequent mit Beiträgen alimentiert. Betrachtet man die 80er Jahre, stieg zunächst der Anteil der Lebensversicherer sukzessive an und erreichte 1985 mit 21,5% der gesamten Geldvermögensbildung einen Spitzenwert. Danach stagnierte jedoch diese Quote und fiel 1990 auf 16,3% zurück, denn insbesondere die mehr kürzerfristig orientierte Geldanlage bei Banken und das Wertpapiersparen profitierten von der in 1990 insgesamt sprunghaft gestiegenen Ersparnisbildung. Da sich die Geldvermögensbildung in der Lebensversicherung im Gegensatz zu anderen Sparformen stetig und kontinuierlich entwickelt, läßt sich der Rückgang des Anteils dieses Bereiches dadurch erklären, daß sich die Bezugsgröße ungewöhnlich stark erhöht hat.

2. Zweckbestimmung der Kapitalanlagen in der Versicherungsbranche

Die Kapitalanlagen der Versicherer stellen das Spiegelbild der Nachfrage nach Versicherungsschutz und finanzieller Vorsorge dar. Die Akkumulation von Kapitalanlagen ist indes nicht das Ziel des Produktionsprozesses in der Versicherungswirtschaft, sondern vielmehr ein technischer Begleitvorgang bei der Erstellung des Wirtschaftsgutes „Versicherungsschutz" (*Schwebler* 1991).

Der Anlagenbestand der Versicherungswirtschaft bildet die finanzielle Grundlage und **Garantiemasse** für ihre Leistungsversprechen mit dem Zweck, „durch Art, Umfang und Qualität der Deckungsmittel die Erfüllbarkeit der Versicherungsverträge sicherzustellen" (Rundschreiben R 2/75 des Bundesaufsichtsamtes für das Versicherungswesen vom 11. 3. 1975, Tz.1).

Die Versicherungsunternehmen investieren an den Anlagemärkten die Beiträge, die nicht für die entstandenen Schäden und Kosten laufend benötigt werden. So dient die Kapitalanlage in der Schadens-, Kranken- und Rückversicherung primär der Überwindung zeitlicher und betragsmäßiger Divergenzen zwischen Einnahmen und Ausgaben, es handelt sich also hier vor allem um den Ausgleich von Schwankungen. Die Lebensversicherung hingegen verbindet die Übernahme von Risiken mit einem **Sparprozeß**. Ihre Kapitalanlagen bilden im wesentlichen die Bedeckung der Deckungsrückstellung sowie der Überschußbeteiligung der Versicherungsnehmer.

Damit unterscheidet sich die Kapitalanlage der Assekuranz deutlich vom Geschäftsfeld der Banken. Anders als die Kreditwirtschaft, nehmen die Versicherungsunternehmen keine Einlagen im banktechnischen Sinne an, um hiermit das Kreditgeschäft zu finanzieren. Den Versicherern fehlt auch die Fähigkeit zur Kreditschöpfung. Die Funktion der Individualversicherung besteht vielmehr in der **Übernahme von Risiken gegen Entgelt**. Dabei verfügen die Banken über eine viel breitere Palette an Möglichkeiten, sich an den Finanzmärkten zu engagieren, wenngleich der Anlagerahmen der Versicherer fast alle etablierten und bewährten Formen der Investition enthält.

3. Wachstum und Qualität der Kapitalanlagen

Der hohe Stellenwert der Vorsorge über die Individualversicherung führt zu einem ständig und eindrucksvoll steigenden Kapitalanlagenbestand. Jahr für Jahr hat die Assekuranz in immer größerem Umfang Anlagemittel an den Finanzmärkten zu disponieren. Die Versicherungswirtschaft bildet damit in unserer Volkswirtschaft ein bedeutendes **Kapitalsammelbecken**.

Tab. 3: Entwicklung der Kapitalanlagenbestände und der jährlichen Brutto-Neuanlagen der Assekuranz

Jahr	Kapitalanlagenbestand (in Mrd. DM)	Steigerungsrate in % gegenüber dem Vorjahr	Brutto-Neuanlagen (in Mrd. DM)
1980	278,8	10,9	57,5
1981	315,6	13,2	62,6
1982	351,2	11,3	73,4
1983	388,1	10,5	87,4
1984	427,1	10,0	88,3
1985	465,3	9,0	105,7
1986	513,5	10,4	119,5
1987	559,4	8,9	134,2
1988	610,2	9,1	140,3
1989	662,5	8,6	161,0
1990	716,1	8,1	157,5

Quelle: Geschäftsberichte und Veröffentlichungen des Bundesaufsichtsamtes für das Versicherungswesen, eigene Berechnungen

Der Gesamtbestand aller Kapitalanlagen hat zwischen 1980 und 1990 mit einer durchschnittlichen Steigerungsrate von 10% pro Jahr zugenommen. Er betrug Ende 1990 716,1 Mrd. DM. Den größten Anteil hieran hat die Lebensversicherung. Mit 451,1 Mrd. DM entfielen 63,0% des Kapitalanlagenbestandes der Branche auf diesen Versicherungszweig.

Dabei zeichnen sich die **Finanzierungsbeiträge** der Versicherungswirtschaft durch eine besondere Qualität aus. Bei vergleichsweise geringer Konjunkturabhängigkeit steht durch die stetig eingehenden Beiträge jederzeit reichliche Liquidität zur laufenden Disposition zur Verfügung. Ihr Kapitalreservoir wird permanent und langfristig aufgefüllt. Dabei ist in den einzelnen Versicherungszweigen aufgrund unterschiedlicher und manchmal nur schwer abschätzbarer Schadensverläufe eine abweichende „Liquiditätsfront" und damit auch eine unterschiedliche Anlagepolitik anzutreffen. Besonders in der Lebensversicherung ermöglichen und erfordern die abschätzbaren Risikoverläufe eine mittel- bis langfristige Anlagedisposition. Die Versicherungswirtschaft kann die Kapitalmärkte kontinuierlich mit Investitionsmitteln versorgen und wirkt damit als Stabilisator am Kapitalmarkt. Durch ihre ständige Anlagebereitschaft stellt sie einen kalkulierbaren Faktor dar und gleicht übergroße Marktschwankungen aus. Ihre Kapitalanlagen fließen im Sinne einer echten volkswirtschaftlichen Ersparnis als Direkt-Investitionen in den Wohnungsbau und die gewerbliche Wirtschaft. Ferner kommen die Mittel, die die Kreditwirtschaft im Wege der Refinanzierung erhält, meist investiven Zwecken zugute. Das gilt sogar für einen Teil des Kapitals, der der öffentlichen Hand unmittelbar oder über den Bankenapparat zufließt.

4. Normativer Rahmen und Zielsetzungen der Anlagetätigkeit

Die Dispositionen werden bestimmt durch die besondere Funktion der Kapitalanlagen als Garantiemasse für die Erfüllbarkeit der Versicherungsverträge. Die Versicherer sind bei der Gestaltung ihrer Anlagepolitik nicht frei, vielmehr existieren für sie im **Versicherungsaufsichtsgesetz (VAG)** und in einer Vielzahl aufsichtsbehördlicher Anordnungen detaillierte Vorschriften. Ausgangspunkt aller dieser Regelungen ist stets der Schutz der Versicherteninteressen, daher prägt der geltende normative Rahmen das Verhalten der Versicherer als langfristige Kapitalgeber sehr stark. Wenngleich in mancher Hinsicht größere Handlungsspielräume wünschenswert wären, sind die Anlagevorschriften mit fest vorgegebenen **Anlagegrundsätzen**, einem enumerativen **Anlagekatalog** für das gebundene Vermögen und genauen Vorschriften zur Führung des Deckungsstocks für die dauerhafte Leistungsbereitschaft der Unternehmen und damit für die Güte des angebotenen Produktes „Versicherungsschutz" von entschei-

4. Zielsetzungen der Anlagetätigkeit 483

dender Bedeutung. Da sich jedoch Anlagetechniken, Finanzierungs- und Investitionsformen im Zeitablauf ändern, ist in gewissen Abständen auch die Anpassung des geltenden normativen Rahmens erforderlich.

Zuletzt geschah dies durch das Gesetz zur Änderung versicherungsrechtlicher Vorschriften mit Wirkung vom 1. 1. 1991. Neben der Zulässigkeit von Auslandsanlagen in begrenztem Umfang erweiterte das Gesetz den Anlagerahmen für Aktien, Investmentzertifikate und sonstige Beteiligungswerte. Termin- und Optionsgeschäfte mit Absicherungscharakter wurden ausdrücklich für zulässig erklärt. Besondere Bedeutung dürfte die sogenannte „Öffnungsklausel" erlangen, wonach innerhalb der Grenze von 5% des Deckungsstockvermögens und des übrigen gebundenen Vermögens Anlagen zulässig wurden, die nicht im Anlagekatalog des VAG enthalten sind oder die darin fixierten Anlagegrenzen überschreiten. Unmittelbare Impulse von dieser Regelung werden für die Versicherer auf das Realkreditgeschäft sowie auf den Wertpapierbereich und den Unternehmenskredit ausgehen. Sie stellt insofern einen Zwischenschritt auf dem Weg zu einer weitergehenden Liberalisierung der Anlagevorschriften dar, die aufgrund der Harmonisierungsbestrebungen in der Europäischen Gemeinschaft zu erwarten ist. Die EG-Kommission hat hierfür schon sehr weitgehende Entwürfe vorgelegt.

Die Anlagepolitik der Versicherungswirtschaft steht unter dem Primat der in § 54 Abs. 1 VAG kodifizierten Anlagegrundsätze der **Sicherheit, Rentabilität, Liquidität** sowie **Mischung und Streuung**. Sie bilden die generelle Leitlinie und Grundkonzeption der Kapitalanlage, die für die Anlagephilosophie und die täglichen Anlagedispositionen wegbestimmend sind.

Nicht zufällig steht der Grundsatz der **Sicherheit** an erster Stelle. Da die Versicherungsunternehmen Risiken auf der Passivseite ihrer Bilanzen tragen, müssen sie ihre Kapitalanlagen weitgehend risikofrei tätigen. Dies gilt insbesondere angesichts der langen Zeiträume, über die sie ihre Engagements eingehen. Aus diesem Grund kommen für sie nur Anlagen bester Bonität in Frage, was sie manchmal als etwas unbeweglich erscheinen läßt.

Die **Rentabilität** hat für die Wettbewerbsposition der Versicherungsunternehmen unmittelbare Konsequenzen. So konkurrieren die Lebensversicherer untereinander und mit anderen Vorsorgeinstitutionen durch die Höhe der Überschußbeteiligung, die zu mehr als drei Vierteln aus den Kapitalerträgen dotiert wird. Außerdem dienen rentable Kapitalanlagen dazu, das Anlageportefeuille und damit die zugesagten Versicherungsleistungen real in ihrem Wert zu erhalten. In den anderen Versicherungszweigen sind rentable Kapitalanlagen erforderlich, um negative versicherungstechnische Ergebnisse auszugleichen und einem dadurch bedingten Prämienanstieg entgegenzuwirken.

Selbstverständlich müssen die Kapitalanlagen so strukturiert werden, daß jederzeit genügend **Liquidität** vorhanden ist, um die aus dem Versicherungsgeschäft resultierenden Verpflichtungen erfüllen zu können, wobei dieser Aspekt vor allem in der Schaden- und Rückversicherung wegen der hier stark schwankenden Ein- und Auszahlungen besondere Beachtung verdient.

Abgerundet werden die Anlagegrundsätze durch das Prinzip der **Mischung und Streuung**. Auf diese Weise sollen Risiken ausgeschlossen werden, die durch eine Massierung von Anlagemitteln in bestimmten Anlagekategorien, bei einzelnen Adressen oder in bestimmten Regionen entstehen können.

5. Investitionsschwerpunkte der Assekuranz

5.1 Kriterien für die Verteilung der Anlagemittel

Innerhalb des gesetzten normativen Rahmens folgen die Investitionen der Versicherer den Anlagemöglichkeiten an den Märkten für langfristiges Investitionskapital unter Berücksichtigung der jeweiligen Kapitalmarktsituation. Die hier auftretenden Strukturveränderungen berühren die Kapitalanlagen der Versicherer ganz selbstverständlich. Maßgebliches Entscheidungskriterium für die Verteilung der Anlagemittel ist aber stets die Effizienz der Dispositionen im Hinblick auf die in § 54 Abs. 1 VAG vorgegebenen Anlagegrundsätze; diese haben absolute Priorität.

Das stetig wachsende Reservoir der Kapitalanlagebestände weckt in der Öffentlichkeit, vor allem in der politischen, bisweilen Begehrlichkeit, und man versucht, die Anlagemittel in bestimmte Bereiche zu lenken. Indes ist die Branche vor allem ihren Kunden verpflichtet. Unternehmensziele haben daher Priorität vor politischen Zielen. Andererseits sind sich die Versicherer bewußt, daß sie mit ihren Anlageentscheidungen in volkswirtschaftliche Wirkungszusammenhänge eingreifen, denn mit zunehmendem Umfang haben die Kapitalanlagen im Laufe der Jahre eine immer größere volkswirtschaftliche Bedeutung erlangt (*Kalbaum* 1986, S. 656). Eingedenk dessen haben die Versicherer in der Vergangenheit dort Investitionen getätigt, wo sichere und rentable Kapitalanlagen möglich waren, und dadurch zur Entwicklung unserer Volkswirtschaft in erheblichem Maße beigetragen. Erwähnt sei z. B. das starke Engagement der Branche in den Jahren des Wiederaufbaus nach dem Zweiten Weltkrieg, als die Versicherer mit großen Beträgen im Bereich des Wohnungsbaus und in der Industriefinanzierung zur Verfügung standen (*von Bargen* 1960, S. 157 ff.).

5. Investitionsschwerpunkte der Assekuranz

Der rasche Wandel in den ökonomischen Rahmenbedingungen bedingt im Zeitablauf unterschiedliche Schwerpunkte und Akzentuierungen bei der Verteilung der Anlagevolumina. Dabei lassen sich im wesentlichen die Bereiche der öffentlichen Hand, des Wohnungsbaus, der Kreditwirtschaft und der Finanzierung der Wirtschaftsunternehmen unterscheiden.

Tab. 4: Entwicklung der Brutto-Neuanlagen der Assekuranz nach volkswirtschaftlichen Bereichen – Anteile an den jährlichen Brutto-Neuanlagen in %

Jahr	Finanzierung der öffentlichen Hand	Finanzierung des Wohnungsbaus	Refinanzierung der Kreditwirtschaft	Finanzierung der gewerblichen Wirtschaft
1980	26,7	18,8	46,4	11,0
1981	27,7	20,7	46,6	12,3
1982	30,2	19,7	45,0	12,5
1983	21,0	19,9	47,0	11,8
1984	21,7	14,8	43,9	13,8
1985	16,0	11,5	48,9	14,0
1986	12,9	9,5	51,3	14,7
1987	13,1	7,3	52,4	16,2
1988	15,5	7,0	48,9	14,7
1989	11,9	8,6	48,4	16,2
1990	17,5	8,0	44,2	19,4

Quelle: Eigene Berechnungen in Anlehnung an Statistiken des Verbandes der Lebensversicherungs-Unternehmen e. V. auf der Basis des Zahlenmaterials in den Veröffentlichungen des Bundesaufsichtsamtes für das Versicherungswesen

Bei der Betrachtung dieser Schätzwerte ist zu berücksichtigen, daß in Form von Namensschuldverschreibungen und Darlehen in hohem Maße Anlagen bei Banken getätigt werden, die auf Grund der Rechnungslegungsvorschriften ohne Differenzierung in einer Summe ausgewiesen werden, so daß sie in die Berechnung des Anlagevolumens im Bereich der öffentlichen Hand, des Wohnungsbaus und der gewerblichen Wirtschaft nicht eingehen. Daneben bestehen Überschneidungen, denn die in den Statistiken erkennbaren Inhaber-Pfandbriefe und Inhaber-Kommunalobligationen, die der Refinanzierung der Kreditwirtschaft zugerechnet werden, sind auch in der Berechnung der Quoten für die öffentliche Kreditaufnahme und den Wohnungsbau enthalten. Gleichwohl geben die ermittelten Werte einen guten Aufschluß über den Verwendungszweck der Neuanlagen im Zeitablauf.

5.2 Finanzierung der öffentlichen Hand

Die Versicherer setzen traditionell einen beträchtlichen Teil ihrer Anlagemittel zur **Finanzierung der öffentlichen Schuldenaufnahme** ein. Dies geschieht vor allem durch den Erwerb von Schuldscheindarlehen und öffentlichen Anleihen, aber auch mittelbar im Wege der Refinanzierung der Kreditwirtschaft über Darlehen und Kommunalobligationen, wobei nur die Inhaber-Kommunalobligationen in der offiziellen Statistik identifizierbar sind.

Tab. 5: Komponenten des Finanzierungsbeitrags für die öffentliche Hand im Jahr 1990 – Brutto-Neuanlagen in Mio. DM –

Namensschuldverschreibungen, Schuldscheinforderungen und Darlehen	8 352
Schuldbuchforderungen	3 227
Anleihen der öffentlichen Hand	10 364
Inhaber-Kommunalobligationen	5 617
gesamter Finanzierungsbeitrag	27 560
gesamte Brutto-Neuanlagen der Versicherungswirtschaft	157 497
davon: Anteil des Finanzierungsbeitrags für die öffentliche Hand in %	17,5

Quelle: Veröffentlichungen des Bundesaufsichtsamtes für das Versicherungswesen Nr. 4/91, S. 194 ff., eigene Berechnungen

Neben konsumtiven Zwecken kommen diese Mittel in hohem Umfang der Verbesserung der Infrastruktur unseres Gemeinwesens zugute. Dabei verläuft der Anteil der öffentlichen Hand an den jährlichen Brutto-Neuanlagen der Assekuranz parallel zur Entwicklung der öffentlichen Defizite. So stiegen 1982 die Defizite der Gebietskörperschaften auf die damalige Rekordhöhe von 70 Mrd. DM, der unmittelbar erkennbare Finanzierungsbeitrag der Versicherungswirtschaft für diesen Sektor stellte sich auf knapp ein Drittel. Besorgte Stimmen warnten bereits damals vor einer Überforderung des Kapitalmarktes durch die öffentliche Kreditaufnahme.

Nicht zuletzt begünstigt durch den anschließenden konjunkturellen Aufschwung wurden die öffentlichen Defizite deutlich zurückgeführt. 1989 lagen sie nur noch bei 21 Mrd. DM. In Analogie hierzu entwickelte sich das Volumen der an die öffentliche Hand vergebenen Mittel, ihr Anteil reduzierte sich im Jahr 1989 auf nur noch 11,9% der Brutto-Neuanlagen.

Aufgrund der Aufgabe, die Finanzierung der deutschen Vereinigung mit ihren gesamten Konsequenzen zu bewerkstelligen, haben sich im Jahr 1990 die Verhältnisse deutlich gewandelt. Der Anteil der Finanzierung der öffentlichen Hand an den gesamten Brutto-Neuanlagen nahm kräftig auf 17,5% zu. Ein weiter steigendes Gewicht dieses Sektors erscheint wahrscheinlich, denn der erkennbare Finanzbedarf erhöht sich ständig. Sofern sich in diesem Zusammenhang Anlagemöglichkeiten zu marktgerechten Konditionen bieten, wird die Versicherungswirtschaft nicht abseits stehen. Bei der Lösung der anstehenden Finanzierungsprobleme sollte jedoch Solidität oberstes Prinzip sein, um eine Überforderung der Kapitalmärkte zu vermeiden.

5.3 Finanzierung des Wohnungsbaus

Der Anteil der Finanzierungsbeiträge für den Wohnungsbau wies im letzten Jahrzehnt eine deutlich rückläufige Tendenz auf und lag 1990 bei nur 8,0% der gesamten Brutto-Neuanlagen der Branche. Allerdings wird dieser Wert durch die strukturellen Besonderheiten der Kapitalanlagen in den einzelnen Versicherungszweigen beeinflußt, denn das Hypothekengeschäft, das diesem Anlagesektor zuzurechnen ist, wird besonders von Lebensversicherern betrieben. Bei ihnen macht der auf den Wohnungsbausektor entfallende Anteil der Anlagemittel 1990 deshalb immerhin 12,6% aus (Verband der Lebensversicherungs-Unternehmen e. V., Jahrbuch 1991, S. 60).

Tab. 6: Komponenten des Finanzierungsbeitrags für den Wohnungsbau im Jahr 1990 – Brutto-Neuanlagen in Mio. DM –

eigene Wohnbauten a)	729
Hypothekendarlehen auf Wohngrundstücke	9 472
Inhaber-Pfandbriefe	2 414
gesamter Finanzierungsbeitrag	12 615
gesamte Brutto-Neuanlagen der Versicherungswirtschaft	157 497
davon: Anteil des Finanzierungsbeitrags für den Wohnungsbau in %	8,0

a) einschließlich eines geschätzten Anteils des Zugangs an Grundstücken ohne Bauten bzw. mit unfertigen Bauten

Quelle: Veröffentlichungen des Bundesaufsichtsamtes für das Versicherungswesen Nr. 4/91, S. 194 ff., eigene Berechnungen

Die rückläufige Entwicklung der **Wohnungsbaufinanzierung** vollzog sich in den 80er Jahren spiegelbildlich zur verschlechterten Situation des Immobilienmarktes. Allerdings ist die Zahl der Wohnungen, zu deren Finanzierung die Versicherungswirtschaft beitrug, beachtlich. Nach einer internen Untersuchung des Gesamtverbandes der Deutschen Versicherungswirtschaft e. V. wurden in den Jahren 1951 bis 1988 mit Finanzierungsbeiträgen der Versicherungswirtschaft vor allem über Hypothekendarlehen nahezu 4 Millionen Wohnungen errichtet. Daneben verfügen die Versicherer über einen beachtlichen Wohnungsbestand im Eigenbesitz.

Indes bieten sich für die Versicherer derzeit wenig Anreize, unmittelbar in Wohnbauten zu investieren, denn die Startrentabilität dieser Engagements liegt mit ca. 3% deutlich unter der Verzinsung von Nominalanlagen, was sich auf den Durchschnittszins der Kapitalanlagen nachteilig auswirkt. Besonders der zunehmende Wettbewerbsdruck, der rentable Kapitalanlagen erfordert, mahnt zur Zurückhaltung in diesem Bereich. Die Erzielung einer langfristig akzeptablen Rendite wird zudem dadurch erschwert, daß der Wohnungsmarkt immer wieder durch politische Eingriffe beeinflußt wird. Die Impulse von der zaghaften Liberalisierung des

Mietrechts im Jahr 1982 für den Wohnungsbau waren von kurzer Dauer, denn angesichts der damaligen konjunkturellen Risiken und der demographischen Entwicklung mehrten sich die Sorgen über die nachhaltige Vermietbarkeit erworbener Wohnobjekte.

Diese Situation hat sich zuletzt überraschend gewandelt. Der günstige Wirtschaftsverlauf verstärkte die Nachfrage nach Wohnraum, ganz besonders aber wirkte sich der Bevölkerungszustrom aus der ehemaligen DDR und den Ländern Osteuropas aus. Schätzungen zufolge fehlen in den alten Ländern der Bundesrepublik etwa 750 000 Wohnungen (Informationsdienst des Instituts der deutschen Wirtschaft Nr. 25 vom 21. 6. 1990, S. 7), die Tendenz dürfte steigend sein. Hinzu kommt der ungedeckte Bedarf an Wohnraum in den neuen Bundesländern. Die aktuellen Förderungsmaßnahmen bieten den Versicherern, die für ihre Bauvorhaben keine Fremdmittel einsetzen, jedoch keine Investitionsanreize. Überdies sind zusätzliche Rentabilitätsbeiträge durch die Realisierung stiller Reserven kaum realistisch, denn in Zeiten einer unzureichenden Wohnraumversorgung dürfte die Veräußerung entsprechender Immobilien äußerst problematisch sein, da sich die Versicherer in der Öffentlichkeit dem Vorwurf aussetzen würden, sie lieferten ihre Mieter einer ungewissen Zukunft aus. Für die Erzielung einer mit anderen Kapitalanlagen konkurrenzfähigen laufenden Rendite wäre indes ein Mietniveau erforderlich, das nur von einer verschwindend geringen Zahl privater Haushalte mit sehr guten Einkommensverhältnissen getragen werden könnte. Aus Renditegründen wurden Immobilienaktivitäten deshalb hauptsächlich im gewerblichen Bereich vorgenommen, wobei diese dem Finanzierungsbeitrag für die gewerbliche Wirtschaft (vgl. unten 5.5) zugerechnet werden.

Dem Wohnungsbau werden daher vor allem durch das Realkreditgeschäft Mittel zugeführt. Es handelt sich hierbei um eine rentable und äußerst sichere Kapitalanlage, die unter dem Aspekt der Mischung und Streuung der Kapitalanlagen und wegen des damit verbundenen Versicherungsgeschäftes besonders erwünscht ist. Nach Einführung der „Öffnungsklausel" (vgl. oben 4.) zum 1. 1. 1991 bemühen sich die Versicherer verstärkt, die vom Markt nachgefragten Gesamtfinanzierungen anzubieten, nachdem diese neue Regelung die Spielräume für die Vergabe von Hypothekendarlehen über den erststelligen Beleihungsrahmen hinaus ermöglicht hat.

5.4 Refinanzierung der Kreditwirtschaft

Ein besonders hohes Gewicht an den gesamten Neuanlagen nimmt die **Refinanzierung der Kreditwirtschaft** ein, ihr Anteil erreichte 1987 mit 52,9% einen Spitzenwert. Er ist seitdem wieder rückläufig, was hauptsächlich mit den höheren direkten Finanzierungsbeiträgen für die ge-

5. Investitionsschwerpunkte der Assekuranz

werbliche Wirtschaft und die öffentliche Hand zusammenhängt. Man muß dabei berücksichtigen, daß die Kreditinstitute im wesentlichen eine Durchleitfunktion einnehmen und die ihnen zugeflossenen Mittel insbesondere für Zwecke der Finanzierung der öffentlichen Haushalte, des Wohnungsbaus und der gewerblichen Wirtschaft weitergeben.

Tab. 7: Komponenten der Refinanzierung der Kreditwirtschaft im Jahr 1990
– Brutto-Neuanlagen in Mio. DM –

Namensschuldverschreibungen, Schuldscheinforderungen und Darlehen von öffentlich-rechtlichen Kreditinstituten	16 302
Namensschuldverschreibungen, Schuldscheinforderungen und Darlehen von privatrechtlichen Kreditinstituten	25 119
sonstige festverzinsliche Wertpapiere inländischer Aussteller	3 356
Festgelder, Termingelder	16 872
Inhaber-Kommunalobligationen	5 617
Inhaber-Pfandbriefe	2 414
gesamte Refinanzierung der Kreditwirtschaft	69 680
gesamte Brutto-Neuanlagen der Versicherungswirtschaft	157 497
davon: Anteil der Refinanzierung der Kreditwirtschaft in %	44,2

Quelle: Veröffentlichungen des Bundesaufsichtsamtes für das Versicherungswesen, Nr. 4/91, S. 194 ff., eigene Berechnungen

Das hohe Volumen dieser vorwiegend langfristigen Anlagen begünstigt letztlich das Aktivgeschäft der Banken, denn sie stellen einen fest kalkulierbaren, verläßlichen Refinanzierungssockel dar. In den letzten Jahren erlangten neben den klassischen Anlagekategorien der Pfandbriefe und Kommunalobligationen in Gestalt von Namens- und Inhaberpapieren vor allem Einzelrefinanzierungsdarlehen Bedeutung, die im wesentlichen bei gewerblichen Finanzierungen kleinerer und mittlerer Größenordnung eingesetzt werden. Dies erfolgte oft in Kombination mit dem Abschluß von Kapitallebensversicherungen, die ähnlich dem Realkreditgeschäft zur Tilgung verwandt wurden, was viele Banken erst in die Lage versetzte, ihren Kunden Finanzierungen mit langfristigen Zinsfestschreibungen zu attraktiven Konditionen anzubieten.

Die bedeutsame Rolle der Kreditinstitute als Mittler zwischen den Anlagen der Versicherungswirtschaft und den Kapitalnehmern wird dadurch begünstigt, daß die Anlagevorschriften des VAG die Investitionsmöglichkeiten und die Flexibilität der Versicherer vielfach stark einschränken. So gerieten die Versicherer gegenüber den Kreditinstituten, die überdies ihre Hausbankposition ausnützen können, im Bereich des Realkredits und der Unternehmensfinanzierung ins Hintertreffen. Ferner ist das Risikopotential der Bankenrefinanzierung zweifellos geringer zu beurteilen als bei der direkten Finanzierung etwa im gewerblichen Bereich, doch darf nicht übersehen werden, daß die Einlagensicherungseinrichtungen des Kreditgewerbes dem Darlehensgeber im Insolvenzfall keinen unmittelbaren

Rechtsanspruch einräumen und die Effizienz der Sicherungsfonds in einer größeren Krise noch nicht erprobt wurde.

5.5 Finanzierung der gewerblichen Wirtschaft

Im Verlauf der letzten Jahre stieg die Bedeutung der Finanzierungsbeiträge für die gewerbliche Wirtschaft sukzessive an. So flossen 1990 19,4% der neu angelegten Mittel in diesen Bereich. Dabei vollzog sich in der Wahl der Anlageinstrumente ein deutlicher Wandel: Der Aktien- und Beteiligungserwerb nahm stark zu, während das klassische Industrieschuldscheindarlehen immer mehr an Gewicht verlor. Außerdem spielt die Industrieobligation nur noch eine vernachlässigbare Rolle.

Tab. 8: Komponenten des Finanzierungsbeitrags für die gewerbliche Wirtschaft im Jahr 1990 – Brutto-Neuanlagen in Mio. DM –

gewerbliche Grundstücke a)	3 694
Schuldscheindarlehen an privatrechtliche Unternehmen	1 373
Industrieobligationen	18
Hypothekendarlehen auf gewerbliche Grundstücke	1 351
Aktien b)	9 007
30% der Anlagen in Wertpapier-Fonds c)	2 838
Beteiligungen b)	12 012
gesamter Finanzierungsbeitrag	30 563
gesamte Brutto-Neuanlagen der Versicherungswirtschaft	157 497
davon: Anteil des Finanzierungsbeitrags für die gewerbliche Wirtschaft in %	19,4

a) einschließlich eines geschätzten Anteils des Zugangs an Grundstücken ohne Bauten bzw. mit unfertigen Bauten
b) einschließlich Aktien von VU bzw. Beteiligungen an VU
c) geschätzter Aktienanteil in den Wertpapier-Fonds

Quelle: Veröffentlichungen des Bundesaufsichtsamtes für das Versicherungswesen, Nr. 4/91, S. 194 ff., eigene Berechnungen

Ursächlich hierfür war, daß die Banken verstärkt in den Sektor der langfristigen Unternehmensfinanzierung eindringen konnten. Hinzu kommt, daß gute Adressen, die man gerne als Schuldner sehen würde, meist selbst über ausreichende Finanzierungsmittel verfügen. Falls die Unternehmen trotzdem Fremdmittel benötigen, beschreiten sie zunehmend neue Wege. Sie verfügen über ein breites innovatives Instrumentarium für die Fremdmittelaufnahme an den internationalen Finanzmärkten. Dies ist jedoch überwiegend kurzfristig und wegen des noch geltenden normativen Rahmens den Versicherern nur begrenzt zugänglich. Um beim Unternehmenskredit Terrain zurückzugewinnen, arbeitet die Branche derzeit zusammen mit der Aufsichtsbehörde intensiv an neuen zeitgemäßen Standards für die Kreditvergabe.

5. Investitionsschwerpunkte der Assekuranz

Angesichts der stetig wachsenden Anlagenbestände und der Tatsache, daß rund zwei Drittel aller Kapitalanlagen in Rentenwerten – besonders im Bankenbereich – investiert sind, muß sich allein aus Diversifikationsgründen die Frage nach Anlagealternativen stellen. Die von den Versicherern vor allem in Schuldtiteln angelegten Mittel können – auch wenn die verschiedensten Sicherungsmechanismen bestehen – langfristig nur dann als sicher angesehen werden, wenn in unserer Volkswirtschaft insgesamt stabile Finanzierungsstrukturen bestehen. Hierzu gehört eine solide Eigenkapitalausstattung der Wirtschaftsunternehmen. Gerade hier besteht aber in der Bundesrepublik Deutschland beträchtlicher Bedarf, denn nach Angaben der Deutschen Bundesbank betrug 1989 die Eigenkapitalquote der von ihr analysierten Unternehmen nur 19% (Monatsberichte der Deutschen Bundesbank Nr. 11/1990, S. 22). Es handelt sich hier auch im internationalen Vergleich um einen niedrigen Wert.

Nach dem Attraktivitätsgewinn der Aktienanlage in den 80er Jahren nutzten die Versicherer dieses Instrument verstärkt zur Investition in Eigenkapitaltiteln. Zwar lag der Aktienanteil am Bestand der gesamten Kapitalanlagen Ende 1990 mit etwa 20 Mrd. DM bei knapp 3%, es ist aber zu berücksichtigen, daß die Aktienanlage der Versicherer nicht nur direkt, sondern verstärkt über die Investmentfonds betrieben wird. Auf diese Anlageart entfielen Ende 1988 fast 9%, das sind ca. 58 Mrd. DM, wovon ca. ein Drittel in Aktien angelegt sein dürfte. Die Investmentfonds werden vor allem deswegen ständig ausgebaut, da – neben den sehr flexiblen Dispositionsmöglichkeiten – der sich innerhalb der Fonds vollziehende Risikoausgleich zwischen den einzelnen Engagements die Abschreibungsgefahren mindert.

Daneben enthält der Beteiligungsbesitz, der 1990 mit insgesamt rund 38 Mrd. DM etwas mehr als 5% aller Kapitalanlagen umfaßte, in erheblichem Umfang Aktienengagements als reine Kapitalanlage, so daß sich die gesamte Aktienquote – an Buchwerten orientiert – auf schätzungsweise etwa 7%, also ca. 46 Mrd. DM stellt. Da diese Bestände überdies stille Reserven aufweisen, erscheint ein Volumen des Aktienengagements von 10% aller Kapitalanlagen nicht unrealistisch. Weil in den zurückliegenden Jahren bei steigenden Kursen größere Bestände veräußert wurden, um zum Beispiel in der Lebensversicherung auf dem Wege der Überschußbeteiligung die Versicherungskunden am Erfolg der Aktienanlage teilhaben zu lassen, waren einer höheren Aktienquote Grenzen gesetzt. Zudem gilt es, die mit der Aktienanlage verbundenen Kursrisiken zu begrenzen.

Die Novellierung des VAG durch das „Gesetz zur Verbesserung der Rahmenbedingungen für institutionelle Anleger" zum 1. 1. 1987 eröffnete für den Beteiligungserwerb neue Perspektiven. Als Anlage für das gebundene Vermögen wurden auch nicht-börsennotierte Aktien, GmbH- und KG-Anteile, stille Beteiligungen und Genußrechte zugelassen. Daraufhin verstärkte die Assekuranz ihr Engagement in Beteiligungstiteln, 1990 wurden für rund 12 Mrd. DM neue Beteiligungen erworben. Neben unternehmensstrategischen Engagements handelt es sich zum Zweck der Vermögensanlage um direkte Beteiligungen, aber wohl auch um Konstruktionen, die sich zur Ausnutzung des steuerlichen Schachtelprivilegs zwischengeschalteter Beteiligungsgesellschaften bedienen. Das gilt besonders für den Anteilsbesitz an großen Unternehmen.

Jedoch begrenzt das Risikopotential von Beteiligungsengagements die Möglichkeiten der Versicherer, hier zu investieren. Es darf nicht übersehen werden, daß für eine Beteiligung in diesem Bereich entsprechendes Know-how entwickelt werden muß, was eine besonders qualifizierte Personalausstattung erfordert, die noch aufzubauen ist. Um dennoch rasch einen Weg zu finden, der die Risiken und den erforderlichen Betreuungsaufwand für Einzelengagements im Beteiligungssektor minimiert, gründete die Versicherungswirtschaft im Rahmen einer Gemeinschaftsaktion im Jahre 1984 die „Kapitalbeteiligungsgesellschaft der deutschen Versicherungswirtschaft AG" (KDV). Mittlerweile ging diese Gesellschaft Beteiligungen an Unternehmen mit einem Jahresumsatz von insgesamt 1,8 Mrd. DM ein und rechnet mit einem weiter wachsenden Beteiligungsportefeuille. Sie verdankt ihre Akzeptanz im Markt besonders der Tatsache, daß sie von einem ganzen Wirtschaftszweig und nicht von einem einzelnen Unternehmen getragen wird und daß die Geschäftsführung unabhängig ist.

Die KDV wendet sich an am Markt eingeführte und bereits bestehende mittelständische Unternehmen, die aus verschiedensten Gründen Kapitalbedarf haben, sei es bedingt durch Unternehmenswachstum, sei es wegen Gesellschafterwechsel oder wegen der Vorbereitung des Ganges an die Börse. Parallel zur KDV haben zudem viele Versicherungsgesellschaften meist in Zusammenarbeit mit Kreditinstituten Beteiligungsgesellschaften gegründet, deren Geschäftstätigkeit vor allem auf Beteiligungen im regionalen Umfeld der Partner ausgerichtet ist.

6. Perspektiven

Im Aufbau und in der Integration der fünf neuen Bundesländer sowie in der Finanzierung dieses Vorhabens ist die gegenwärtige große Herausforderung für unsere Volkswirtschaft zu sehen. Derzeit existieren jedoch in der Praxis noch viele Hindernisse für direkte Investitionen, wenngleich sich die Anzeichen für erzielte Fortschritte mehren. Die Branche arbeitet an konkreten Plänen für Grundbesitzinvestitionen; das Realkreditgeschäft befindet sich im Aufbau, sofern die Bonität der Darlehensnehmer und die Eigentumsverhältnisse hierzu die Voraussetzungen bieten. Als

6. Perspektiven

schwierig erweist sich vorerst die Darlehensvergabe oder der Erwerb von Anteilen an Unternehmen, da Risikopotential und Bonität möglicher Investments meist kaum kalkulierbar sind. Es zeigt sich deutlich, daß zunächst primär von Unternehmen und Institutionen aus der alten Bundesrepublik Kapital nachgefragt wird, um den Entwicklungsprozeß und die Investitionen in den neuen Bundesländern zu finanzieren – verbunden mit erheblichen Anlagemöglichkeiten für die Versicherungswirtschaft innerhalb des erprobten Anlagespektrums. Im Rahmen der Finanzierung der öffentlichen Hand, insbesondere auch für das Sondervermögen „Fonds Deutsche Einheit", haben die Versicherer deshalb bereits erhebliche Mittel bereitgestellt.

Neben der außergewöhnlichen Situation in der Bundesrepublik Deutschland sind die Anlagemanager besonders mit dem tiefgreifenden Umbruch der Finanzmärkte, auf denen die Versicherer agieren, konfrontiert. Die Globalisierung, also die zunehmende Verzahnung der internationalen Anlagemärkte, läßt eine nur an nationalen Bestimmungsfaktoren orientierte Anlagepolitik der Vergangenheit angehören. Als Konsequenz der weltweiten Liberalisierung und Deregulierung zeichnen sich die Finanzmärkte durch eine hohe Innovationsfreudigkeit aus. Sie haben in den letzten Jahren eine geradezu unüberschaubare Fülle an Neuerungen der Finanzierungs- und Anlagetechniken hervorgebracht. Die Versicherungswirtschaft beobachtet diese Entwicklungen mit großem Interesse. Unverkennbar bieten neue Anlagemöglichkeiten nicht nur Chancen, sondern beinhalten erhebliche Risiken. Wegen der Priorität der Anlagensicherheit steht die Versicherungswirtschaft aber in vorsichtiger Distanz zu Innovationen an den Finanzmärkten. Überdies stellt sich die Frage, ob viele Finanzinnovationen gerade für einen langfristig disponierenden Anlegerkreis wie die Versicherungswirtschaft überhaupt geeignet sind.

Gleichwohl halten neue Anlageinstrumente, derivative Finanzprodukte und quantitative Methoden des Portefeuillemanagements Einzug in die aktuelle Anlagepolitik, da auch der normative Rahmen entsprechend weiterentwickelt wird (vgl. oben 4.). Trotz aller Schnellebigkeit und Dynamik der Finanzmärkte werden die Versicherer als Kapitalanleger aber immer ein aus Sicherheitsgründen eher konservativ agierender Anlegerkreis bleiben, der entsprechend den Erfordernissen des Versicherungsgeschäfts stetig anlegt und dadurch eine kalkulierbare Größe an den Märkten für langfristiges Anlagekapital darstellt.

Literatur

v. Bargen, M. (1960), Vermögensanlage in der deutschen Lebensversicherung, S. 157 ff.

v. Bargen, M. (1986), Bereitstellung von Risikokapital durch Versicherungsunternehmen, in: *Henn, R./Schickinger, W. F.* (Hrsg.), Staat, Wirtschaft, Assekuranz und Wissenschaft, Festschrift für *Robert Schwebler*, Karlsruhe, S. 585 ff.

Fritsch, U. (1981), Die Eigenkapitallücke in der Bundesrepublik,

Geiger, H. (1986), Der Sparprozeß in der Bundesrepublik Deutschland, in: *Henn, R./Schickinger, W. F.* (Hrsg.), Staat, Wirtschaft, Assekuranz und Wissenschaft, Festschrift für *Robert Schwebler*, Karlsruhe, S. 611 ff.

Gesamtverband der Deutschen Versicherungswirtschaft e. V. (1983), Schriftenreihe des Ausschusses Volkswirtschaft, Heft 1, „Gesamtwirtschaftliche Einflüsse auf die Lebensversicherung"

Kalbaum, G. (1986), Acht Jahrzehnte Vermögensanlagepolitik der deutschen Lebensversicherungswirtschaft, in: *Henn, R./Schickinger, W. F.* (Hrsg.), Staat, Wirtschaft, Assekuranz und Wissenschaft, Festschrift für Robert Schwebler, Karlsruhe, S. 653 ff.

Kalbaum, G./Mees, J. (1988), Kapitalanlage, in: Handwörterbuch der Versicherung, S. 331 ff.

Schieren, W. (1986), Unternehmensfinanzierung und Assekuranz, in: *Henn, R./Schikkinger, W. F.* (Hrsg.), Staat, Wirtschaft, Assekuranz und Wissenschaft, Karlsruhe, S. 825 ff.

Schwebler, R. (1977), Sicherheit zwischen Sozial- und Individualversicherung,

Schwebler, R. (1985), Volkswirtschaftliche Kapitalausstattung und Individualversicherung, in: Versicherungswirtschaft S. 1536 ff.

Schwebler, R. (1987), Der Kapitalstock der deutschen Volkswirtschaft – Anforderungen und Bestimmungsgründe Ende der 80er Jahre, in: (Hrsg.), Technologie, Wachstum und Beschäftigung, Festschrift für Lothar Späth, S. 884 ff.

Schwebler, R. (1988), Geldpolitik und Finanzintermediäre, dargestellt am Beispiel der Versicherungswirtschaft, in: Kredit und Kapital, S. 241 ff.

Schwebler, R./Brinkmann, Th. (1988), Konjunktur und Versicherung, in: Handwörterbuch der Versicherung, S. 353 ff.

Schwebler, R. (1989), Die Lebensversicherung in der Gesamtwirtschaft, in: Zeitschrift für die gesamte Versicherungswissenschaft, S. 659 ff.

Schwebler, R. (1991), Vermögensanlage und Anlagevorschriften der Versicherungsunternehmen, in: *Schwebler, R.* (Hrsg.), Vermögensanlagepraxis in der Versicherungswirtschaft, 2. Aufl., S. 15 ff.

Sherman, H. (1990), Volkswirtschaftliche Kapitalbildung und Versicherungswirtschaft: Rückblick und Vorausschau (Hrsg.: Ifo-Institut für Wirtschaftsforschung)

Süchting, J. (1988), Banken und Versicherungsunternehmen, in: Handwörterbuch der Versicherung, S. 37 ff.

Jahrbücher des Gesamtverbandes der Deutschen Versicherungswirtschaft e. V. und des Verbandes der Lebensversicherungs-Unternehmen e. V., insbesondere die Aufsätze in den Jahrbüchern des Gesamtverbandes der Deutschen Versicherungswirtschaft e. V., „Wohnungsbau und Versicherungswirtschaft: Mit mehr Markt aus der Krise", Jahrbuch 1982, S. 75 ff., „Finanzierung: Die Assekuranz als Kapitalgeber der Wirtschaft", Jahrbuch 1984, S. 104 ff.

Geschäftsberichte und Veröffentlichungen des Bundesaufsichtsamtes für das Versicherungswesen

Monatsberichte der Deutschen Bundesbank, Aufsatzreihe zu „Ertragslage und Finanzierungsverhältnisse der westdeutschen Unternehmen"

Kapitel 22
Leasing:
Erfolgs- und liquiditätsorientierter Vergleich zu traditionellen Finanzierungsinstrumenten

von *Hans E. Büschgen*

1. Einleitung 496
2. Begriff und Charakteristika des Leasing 496
3. Drittverwendungsfähigkeit und Wertbeständigkeit als Voraussetzungen der Leasingfähigkeit von Wirtschaftsgütern 498
4. Funktionen des Leasing 498
5. Formen des Leasing 499
   5.1 Differenzierung nach der Verteilung des Investitionsrisikos . 499
   5.2 Differenzierung nach dem Amortisationsgrad des Leasingobjekts während der Grundmietzeit und nach den Verwendungsbedingungen zum Ende der Grundmietzeit 500
   5.3 Differenzierung nach der Stellung des Leasinggebers und nach den am Rechtsgeschäft beteiligten Parteien 502
   5.4 Differenzierung anhand sonstiger Klassifizierungskriterien . 503
6. Beurteilung des Leasing im Vergleich zu traditionellen Finanzierungsinstrumenten 504
   6.1 Beurteilung anhand des Rentabilitätskriteriums 505
   6.2 Beurteilung anhand des Liquiditätskriteriums 509
   6.3 Beurteilung anhand qualitativer Kriterien 513
7. Resümee 515
Literatur 516

1. Einleitung

Die Anforderungen, die die Unternehmen an Finanzdienstleistungsanbieter stellen – stellen müssen, um selbst im Wettbewerb bestehen zu können –, sind in stetigem Wandel begriffen. So genügt es für die Unternehmen heute vielfach nicht mehr, finanzielle Mittel lediglich in Form alternativer Einzelleistungen in Anspruch nehmen zu können, um auf dieser Basis selbst dem eigenen Bedarf entsprechend den individuellen „Finanzierungsmix" zusammenzustellen. Benötigt werden vielmehr „maßgeschneiderte" Finanzierungsprogramme. Neben den verschiedenen Kreditformen hat sich in den letzten Jahren im Bereich der Investitionsfinanzierung zunehmend das Finanzierungsleasing als Finanzierungsalternative etabliert, dem in Zukunft sicherlich eine noch größere Bedeutung zukommen wird.

2. Begriff und Charakteristika des Leasing

Versucht man, den Wesensgehalt des Leasing näher zu konkretisieren, so ist zu konstatieren, daß eine allgemeingültige Definition durch die Vielzahl der damit bezeichneten Sachverhalte und durch die Vielzahl der vorfindbaren Akzentuierungen erschwert, wenn nicht gar verhindert wird. Legt man bei dem Versuch einer Charakterisierung des Leasing zunächst eine **rechtlich orientierte Betrachtungsweise** zugrunde, dann sind Leasingverträge überwiegend als Gebrauchsüberlassungsverträge zu interpretieren, die in ihren wesentlichen Charakteristika dem Mietvertrag entsprechen und auf die primär das Mietvertragsrecht anzuwenden ist. Dementsprechend handelt es sich beim Leasing um eine entgeltliche Vermietung oder Verpachtung von Investitionsgütern oder langlebigen Gütern des privaten Bedarfs, die wirtschaftlich selbständig verwertbar und nutzbar sind (*Büschgen* 1984, S. 50; *Zinke* 1983, S. 3 ff.; *Zöller* 1978, S. 29).

Trotz dieser grundsätzlichen Verwandtschaft des Leasingvertrags mit dem Mietvertrag ist eine unspezifizierte Anwendung des Mietrechts auf Leasingverträge nicht sachgerecht. Vielmehr ist das – an späterer Stelle noch detaillierter zu behandelnde – Finanzierungs-Leasing, als die zentrale Ausgestaltungsform des Leasing, gerade durch eine von mietvertraglichen Regelungen abweichende Konzeption charakterisiert, die primär aus einer gegenüber den mietvertraglichen Regelungen differierenden Verteilung von Rechten und Pflichten zwischen Leasinggeber und Leasingnehmer resultiert. Obwohl die Stellung des Leasingnehmers als durchaus eigentümerähnlich apostrophiert werden kann, sehen die Leasingverträge normalerweise eine weitgehende Übernahme von Investitionsrisiken durch den Leasingnehmer vor. Hinsichtlich der Übernahme von Investi-

2. Begriff und Charakteristika des Leasing

tionsrisiken ist der Leasingnehmer dem Eigentümer eines Investitionsobjekts gleichgestellt, verfügt jedoch andererseits nicht über die gleichen Verfügungsrechte wie ein Eigentümer, da das rechtliche Eigentum beim Leasinggeber verbleibt (*Büschgen* 1980, S. 1028 ff.)

Aus einer primär an **wirtschaftlichen Gesichtspunkten** orientierten Perspektive ist die Vielfalt differierender Definitionsansätze zum Teil auch eine Folge unterschiedlicher Interpretationen der betriebswirtschaftlichen Merkmale und Funktionen des Leasing. In wirtschaftlicher Sicht stellt Leasing eine besondere Form der Deckung des Bedarfs an Kapitalgüternutzungen dar (*Arbeitskreis "Neue Finanzierungsformen"* 1980, S. 350).

Bei Zugrundelegung eines kapitalwirtschaftlichen Finanzierungsbegriffs, demzufolge jede qualitative und/oder quantitative Veränderung des der Unternehmung zur Verfügung stehenden Kapitals als Finanzierung bezeichnet werden kann, ist Leasing als Finanzierungsvorgang zu interpretieren (*Büschgen* 1991, S. 13 ff.; *Eilenberger* 1990, S. 1 ff.; *Vormbaum*, S. 22 ff.).

In betriebswirtschaftlicher Betrachtungsweise erscheint vor allem die Grenzziehung zwischen Leasing und Kredit problematisch. Auf den ersten Blick erscheint es naheliegend, in diesen für Investoren substituierbare Finanzierungsalternativen zu sehen. So ist es zweifellos wirtschaftlich unbedeutend, ob zunächst von einem Kreditinstitut ein Geldkredit gewährt wird, der dem Kreditnehmer sodann den Kauf des gewünschten Investitions- oder Konsumguts ermöglicht, oder ob von einer Leasinggesellschaft Finanzierung und Investition uno actu vorgenommen werden, so daß der Kunde – hier Leasingnehmer – unmittelbar das jeweilige Objekt nutzen kann. Bei Abwendung von einem engen rein monetär orientierten Kreditbegriff kann Leasing mithin durchaus als Form einer Kreditgewährung – nämlich als Sachkredit – angesprochen werden.

Eine derartige, allein auf betriebswirtschaftliche Grundfunktionen von Leasing und Kredit abstellende Betrachtungsweise ist jedoch zweifellos nicht geeignet, die Beziehungsstrukturen zwischen beiden Finanzierungsalternativen hinlänglich zu erfassen. So begründen differierende Auszahlungsreihen, Gesamtkostenbelastungen und Verfügungsrechte, ferner Abweichungen in der steuerlichen Erfassung sowie bei übernommenen Serviceleistungen eine Vielzahl subtiler qualitativer Unterschiede in den Eigenschaftskomponenten von Leasing und Kredit. Diese lassen im Regelfall die wirtschaftliche Gleichsetzung nicht gerechtfertigt erscheinen. Letztlich kann immer nur im Einzelfall entschieden werden, ob aus Investorensicht substituierbare oder aber komplementäre Finanzierungsalternativen vorliegen.

Greift man für eine vorläufige Begriffsexplikation auf die bereits angesprochenen Aspekte „entgeltliche Gebrauchs- oder Nutzungsüberlassung von Wirtschaftsgütern" und „besondere Form der Deckung des Bedarfs nach Kapitalgüternutzungen" zurück, dann läßt sich ein besseres Verständnis des Leasing durch eine Analyse seiner wirtschaftlichen Voraussetzungen, seiner grundlegenden Funktionen und seiner spezifischen Formen in der Wirtschaftspraxis gewinnen.

3. Drittverwendungsfähigkeit und Wertbeständigkeit als Voraussetzungen der Leasingfähigkeit von Wirtschaftsgütern

Da Leasingverträge nur über einen begrenzten Zeitraum abgeschlossen werden, der die technische und wirtschaftliche Nutzungsdauer des Leasingobjekts unterschreitet, ist die Drittverwendungsfähigkeit eine grundlegende Voraussetzung für die Leasingfähigkeit von Wirtschaftsgütern. Durch eine gezielte Auswahl derjenigen Wirtschaftsgüter, die im Wege des Leasing einem Dritten zur Nutzung überlassen werden sollen, wird seitens des Leasinggebers eine ausreichende Flexibilität der Nutzungsmöglichkeiten des Leasingobjekts angestrebt. Auf diese Weise ist die grundsätzliche Möglichkeit einer Weiterverwendung des Leasingobjekts nach Ablauf der Vertragslaufzeit, d. h. die grundsätzliche Marktfähigkeit des Leasingobjekts auf einem second-hand-Markt sicherzustellen. Neben der hieraus ersichtlichen Notwendigkeit zur Beurteilung der physisch-technischen Verwertungschancen bedingt die Beurteilung der Leasingfähigkeit eines Wirtschaftsgutes außerdem eine Einschätzung des künftigen Marktwertes des Leasingobjekts. Die Sicherstellung eines adäquaten zukünftigen Wertes des Leasingobjekts oder – weitergehend – dessen möglichst lang anhaltende Werterhaltung ist ebenfalls zentrale Voraussetzung für die Leasingfähigkeit eines Wirtschaftsgutes (*Feinen* 1986, S. 28 ff.).

4. Funktionen des Leasing

Versucht man, die Funktionen des Leasing aus der Perspektive des Leasingnehmers zu präzisieren, so ergibt sich ein uneinheitliches Bild, da Leasing häufig als Finanzierungsinstrument oder Finanzierungsalternative, als Investitionsinstrument oder aber auch – beide Aspekte zusammenfassend – als Investitionsfinanzierung betrachtet wird. Entsprechend den erheblich differierenden Variationsmöglichkeiten bei der Ausgestaltung von Leasingverträgen erfüllt das Instrument Leasing jeweils in Abhängigkeit von der im konkreten Einzelfall gewählten Vertragsgestaltung durchaus unterschiedliche betriebswirtschaftliche Funktionen. Aus der Perspektive des Leasingnehmers stehen hier sicherlich die **Finanzierungs-** und die **Investitionsfunktion** im Vordergrund, wenngleich sie nicht für alle Leasingformen in gleichem Maße von Bedeutung sind. Eine Beurteilung ihrer

Relevanz setzt stets eine Analyse der individuellen Ausgestaltung des Leasingvertrags voraus. Außerdem kommt durch spezifische Beratungsleistungen und sonstige Dienstleistungen des Leasinggebers der **Dienstleistungskomponente** des Leasing oft eine zentrale Bedeutung zu (*Büschgen* 1975, S. 347).

5. Formen des Leasing

5.1 Differenzierung nach der Verteilung des Investitionsrisikos

Wählt man als Kriterium für eine Systematisierung von Leasingformen die Verteilung des Investitionsrisikos zwischen Leasinggeber und Leasingnehmer, dann kann man zwei Grundformen unterscheiden (*Büschgen* 1975, S. 563 ff.; *Pähler* 1984, S. 35 ff., 50 ff.; *Stoppok* 1988, S. 12 ff.; *Tacke*, S. 1 f.): das operate-Leasing einerseits und das Finanzierungs-Leasing andererseits.

Durch einen **operate-Leasingvertrag** erwirbt der Mieter für einen von ihm zu bestimmenden, nicht an die Lebensdauer des Leasingobjekts gebundenen Zeitraum das Nutzungsrecht an dem gemieteten Gegenstand. Leasinggeber und -nehmer können jederzeit oder unter Einhaltung kurzer Kündigungsfristen das Vertragsverhältnis auflösen, ohne daß eine Konventionalstrafe zu zahlen ist oder eventuell entstandene Schäden zu ersetzen sind. Operate-Leasing ist eine kurzfristige Vermietung oder Verpachtung von Wirtschaftsgütern, die die Nutzungsmöglichkeit an einem Investitionsgut temporär eröffnet. Die Charakterisierung als kurzfristig bezieht sich in diesem Kontext auf das Verhältnis der Mietdauer zur betriebsgewöhnlichen Nutzungsdauer des Leasingobjekts, wobei in der Praxis operate-Leasingverträge für wenige Wochen, Tage oder gar nur Stunden bis zu selten mehr als einem Jahr abgeschlossen werden. Hierdurch umgeht der Leasingnehmer die Risiken der technischen und wirtschaftlichen Veralterung, der technischen Funktionsuntüchtigkeit sowie des zufälligen Untergangs des Objekts. Das Risiko der Fehlinvestition wird auf die bis zum nächsten Kündigungstermin fälligen Mietraten reduziert.

Die vom Vermieter gegen Zahlung der Mietraten erbrachte Gegenleistung besteht zum einen darin, daß er die Gesamtnutzungszeit oder Gesamtnutzungskapazität eines Wirtschaftsgutes auf mehrere Nachfrager nach Nutzungsanteilen aufteilt und so die grundsätzliche technische Unteilbarkeit bestimmter Wirtschaftsgüter in ökonomischer Hinsicht auflöst, und zum anderen in der Übernahme bestimmter wirtschaftlicher und technischer Risiken. Aus diesem Grund ist der Leasinggeber im Falle des operate-Leasing im besonderen Maße gezwungen, die Drittverwendungsfähigkeit und die Wertbeständigkeit bzw. die Wahrung eines adäquaten zukünftigen Marktwerts des Leasingobjekts sicherzustellen.

Es ist deutlich geworden, daß es sich bei den operate-Leasingverträgen üblicherweise um „normale" Mietverträge im Sinne des BGB handelt, so daß der Begriff des operate-Leasing im Grunde entbehrlich erscheint und im weiteren synonym mit den Begriffen Miete und Pacht verwendet wird. Mit dem Begriff Leasing wird im weiteren allein das **Finanzierungs-Leasing** bezeichnet. Dessen wirtschaftlicher Zweck besteht weniger in der Bereitstellung und Inanspruchnahme von Objektnutzungen, sondern vielmehr in der Übertragung des Objekts selbst und in der Wahrnehmung der Finanzierungsfunktion. Im Unterschied zum operate-Leasing geht beim Finanzierungs-Leasing das Investitionsrisiko auf den Leasingnehmer über. Finanzierungs-Leasing ist eine mittel- bis langfristige Vermietung oder Verpachtung von Investitionsgütern oder langlebigen Gütern des privaten Bedarfs, bei der der Leasingvertrag über eine bestimmte, unkündbare Zeit – die sog. Grundmietzeit – abgeschlossen wird.

5.2 Differenzierung nach dem Amortisationsgrad des Leasingobjekts während der Grundmietzeit und nach den Verwendungsbedingungen zum Ende der Grundmietzeit

Obwohl Finanzierungs-Leasingverträge dadurch charakterisiert sind, daß durch die Zahlungen des Leasingnehmers die Anschaffungs- oder Herstellungskosten des Leasingobjekts sowie alle sonstigen Nebenkosten inklusive der Finanzierungskosten einschließlich der Gewinnspanne des Leasinggebers gedeckt werden, lassen sich in Abhängigkeit vom Umfang der Amortisation während der Grundmietzeit zwei Leasingformen unterscheiden (*Degener* 1986, S. 14 ff.; *Hock/Frost* 1990, S. 22 ff.): Erfolgt durch die während der Grundmietzeit geleisteten Leasingraten einschließlich eventueller Mietsonderzahlungen eine vollständige Amortisation der genannten Kostenelemente, spricht man von **Vollamortisationsverträgen** oder **full-pay-out-Verträgen**. Werden hingegen während der unkündbaren Grundmietzeit die Kosten des Leasinggebers samt seiner Gewinnmarge nur teilweise durch die periodischen Zahlungen des Leasingnehmers gedeckt, handelt es sich um **Teilamortisationsverträge** oder **non-full-pay-out-Verträge**. Bei letzteren bleibt zum Ende der Grundmietzeit ein noch nicht amortisierter Betrag in Höhe eines vorab kalkulierten Restwerts offen.

Die im Falle der Vollamortisationsverträge möglichen Varianten lassen sich je nach den vertraglich festgelegten Verwendungsbedingungen zum Ende der Grundmietzeit in **Vollamortisationsverträge ohne Optionen** und **Vollamortisationsverträge mit Optionen** unterscheiden: Sofern bei Vertragsabschluß keine Optionsvereinbarung zugunsten des Leasingnehmers getroffen wird, muß dieser das Leasingobjekt nach Ablauf der Grundmietzeit an den Leasinggeber zurückgeben. Im Unterschied hierzu räumt die Verabredung einer Kaufoption dem Leasingnehmer das Recht ein, das

5. Formen des Leasing

Leasingobjekt am Ende der Grundmietzeit zu einem bei Vertragsabschluß fixierten Preis zu erwerben. Alternativ oder zusätzlich zu einer solchen Kaufoption ist auch die Einräumung einer Mietverlängerungsoption des Leasingnehmers möglich, wobei sich die Festlegung der Verlängerungsmietrate am Ende der Grundmietzeit am tatsächlichen Wertverzehr während des Verlängerungszeitraums orientiert.

Die in Abhängigkeit von den Verwendungsbedingungen zum Ende der Grundmietzeit unterscheidbaren Varianten des Teilamortisationsvertrags zeichnen sich alle dadurch aus, daß sie dem Leasinggeber eine Amortisation des bis zum Ende der Grundmietzeit noch nicht amortisierten Restwerts im Anschluß an die Grundmietzeit gewährleisten:

Beim **Teilamortisationsvertrag mit Andienungsrecht** kann der Leasinggeber zum Ende der Grundmietzeit vom Leasingnehmer verlangen, daß dieser das Leasingobjekt zu einem bereits bei Vertragsabschluß vereinbarten Preis käuflich erwirbt. Ein solches Andienungsrecht wird der Leasinggeber normalerweise dann in Anspruch nehmen, wenn der am Markt für den Leasinggegenstand erzielbare Preis den vereinbarten Andienungspreis unterschreitet. Andernfalls wird der Leasinggeber sein Andienungsrecht nicht ausüben und das Objekt zu einem höheren Preis als dem Andienungspreis am Markt veräußern oder weitervermieten.

Ein **Teilamortisationsvertrag mit Mehrerlösbeteiligung** des Leasingnehmers sieht vor, daß das Leasingobjekt nach Ablauf der Grundmietzeit durch den Leasinggeber oder nach dessen Weisung durch den Leasingnehmer veräußert wird. Übersteigt der Verkaufserlös den noch nicht amortisierten Restwert, wird der Mehrerlös nach einer vorab festgelegten Quotierung auf Leasingnehmer und Leasinggeber aufgeteilt. Anderenfalls besteht in Höhe des Differenzbetrags eine Zahlungsverpflichtung des Leasingnehmers gegenüber dem Leasinggeber.

Ein **Teilamortisationsvertrag mit Kündigungsrecht** des Leasingnehmers – man spricht auch vom kündbaren Teilamortisationsvertrag – wird auf unbestimmte Zeit abgeschlossen und kann regulär nur vom Leasingnehmer gekündigt werden, allerdings frühestens nach einer – zumeist relativ kurz bemessenen – unkündbaren Grundmietzeit. Im Falle einer Kündigung muß der Leasingnehmer eine Abschlußzahlung an den Leasinggeber leisten, die den jeweiligen, sich bei linearer Abschreibung ergebenden Restbuchwert des Leasingobjekts übersteigt. Verwertet der Leasinggeber den Leasinggegenstand nach der Kündigung des Leasingnehmers durch Verkauf oder Wiedervermietung weiter, so wird der dabei erzielte Nettoerlös dem Leasingnehmer i. d. R. bis zu 90% auf seine Abschlußzahlung angerechnet.

5.3 Differenzierung nach der Stellung des Leasinggebers und nach den am Rechtsgeschäft beteiligten Parteien

Nach Maßgabe der jeweiligen Stellung des Leasinggebers beim Zustandekommen des Leasinggeschäfts kann man grundsätzlich differenzieren zwischen **direktem Leasing**, bei dem eine unmittelbare vertragliche Beziehung zwischen Hersteller bzw. Händler und Leasingnehmer besteht, und **indirektem Leasing**. Prägende Variante des direkten Leasing ist das **Hersteller-Leasing**, das als Durchführung von Finanzierungs-Leasing und operate-Leasing durch den Hersteller oder einen Händler des vermieteten Objekts definiert werden kann. Der Leasingvertrag wird hierbei direkt zwischen dem Hersteller oder Händler, der zugleich Leasinggeber ist, und dem Leasingnehmer abgeschlossen (*Tacke* 1990, S. 23 ff.).

Als Formen der indirekten Abwicklung des Leasinggeschäfts sind neben dem Abschluß von Leasingverträgen durch institutionelle Leasinggesellschaften auch das Leasingangebot durch Banken und das sale-and-lease-back-Verfahren anzusprechen: Beim **Leasinggeschäft durch institutionelle Leasinggesellschaften** tritt das Leasingunternehmen zwischen Hersteller oder Händler und Leasingnehmer, so daß hierbei mindestens drei Parteien in rechtsgeschäftliche Beziehungen treten. Typischerweise wird der Leasingvertrag zwischen einem institutionellen Leasinggeber und dem Leasingnehmer geschlossen. Auf der Grundlage des Leasingvertrags erfolgt eine Spezifikation des Leasingobjekts und der Abschluß eines Kaufvertrags zwischen dem Hersteller des Objekts und dem Leasinggeber, oder der Leasinggeber tritt in den zwischen Hersteller und Leasingnehmer geschlossenen Kaufvertrag ein (zur Kooperation zwischen Hersteller bzw. Lieferant und Leasinggesellschaft beim Herstellerleasing vgl. *Dinnendahl* 1976, S. 81 ff.).

Beim Leasingangebot durch Banken sind zwei grundlegende Angebotskonzepte zu unterscheiden: Betreiben Banken das Finanzierungsleasing als Eigengeschäft, engagieren sie sich unmittelbar im Leasinggeschäft und treten gegenüber dem Kunden selbst als Leasinggeber auf. Größere praktische Bedeutung kommt jedoch dem mittelbaren Engagement der Banken im Leasing zu. Hierbei arbeiten Banken mit institutionellen Leasinggesellschaften zusammen und bieten mittelbar Leasingleistungen der Leasinggesellschaft an, die letztlich auch als Leasinggeber fungiert. Hier wurden in der Praxis unterschiedliche Angebotskonzepte entwickelt, die sich dahingehend unterscheiden, inwieweit die Banken in die Akquisition des Kunden und den Abschluß des Leasingvertrags involviert sind (*Lienhard* 1976, S. 26 ff.; *Triller* 1986, S. 15).

Eine weitere Form des indirekten Leasing ist auch das **sale-and-lease-back-Verfahren**, d. h. der Kauf eines Wirtschaftsguts durch eine Leasinggesellschaft und dessen anschließende Zurückvermietung an den Verkäufer.

Dieses Verfahren dient in erster Linie der Freisetzung des in dem Investitionsgut gebundenen Kapitals durch den Verkauf des Objekts seitens des Eigentümers an die Leasinggesellschaft bei gleichzeitiger Sicherstellung der weiteren Nutzung durch Abschluß des Leasingvertrags. Anwendung findet dieses Verfahren primär bei kapitalintensiven Anlagen und Immobilien, da hierbei die Realisierung stiller Reserven von besonderem Interesse ist. Beim sale-and-lease-back-Verfahren handelt es sich um eine Form der Umfinanzierung, bei der der Unternehmung – im Gegensatz zu allen anderen Leasingformen – zunächst liquide Mittel zufließen.

5.4 Differenzierung anhand sonstiger Klassifizierungskriterien

Anhand des Klassifizierungskriteriums „Art des Leasingobjekts" läßt sich zunächst global zwischen dem **Mobilien-Leasing**, also der Vermietung oder Verpachtung von beweglichen Wirtschaftsgütern, und dem **Immobilien-Leasing** unterscheiden. Auf einer untergeordneten Systematisierungsebene sind in Abhängigkeit vom jeweils zugrundeliegenden Leasingobjekt weitere Formen des Leasing unterscheidbar, auf die hier jedoch nicht weiter eingegangen werden soll.

Eine Differenzierung von Leasingformen hinsichtlich des Umfangs der durch den Leasinggeber zu erbringenden Leistungen knüpft an die bereits angesprochene Dienstleistungskomponente des Leasing an: Beim **Brutto-Leasing**, das u. a. auch als maintenance- oder Service-Leasing bezeichnet wird, erbringt der Leasinggeber über die Nutzungsüberlassung an den Leasingnehmer hinausgehend zusätzliche Leistungen, wie z. B. Wartung des Leasingobjekts, Übernahme von Risiken oder Beratung des Leasingnehmers bei der Anschaffung des Leasingobjekts. Vor allem beim Immobilien-Leasing sind solche Dienstleistungen von besonderer Bedeutung, da der Leasingnehmer häufig auf die umfassende Marktkenntnis und das Know-how des Leasinggebers bei der Objektplanung und Objektbetreuung angewiesen ist. Im Falle des **Netto-Leasing** beschränkt sich die Leistung des Leasinggebers auf die Überlassung des Leasingobjekts und die damit unmittelbar verbundene Finanzierungsfunktion.

Eine weitere Unterscheidung von Leasingformen richtet sich nach den vom Leasinggeschäft tangierten Rechts-, Währungs- und Steuersystemen: Im Unterschied zum **nationalen Leasinggeschäft** handelt es sich beim **grenzenüberschreitenden Leasing** um solche Leasingvereinbarungen, bei denen Leasinggeber und Leasingnehmer nicht im selben Land domizilieren. Das Leasingobjekt kann dabei entweder im Land des Leasinggebers, im Land des Leasingnehmers oder aber auch in einem Drittland hergestellt werden. Für solche Leasinggeschäfte, die sich auf importierte bzw. exportierte Objekte beziehen, werden häufig die Begriffe „Import-Leasing" und „Export-Leasing" verwandt. Dies erscheint jedoch insofern nicht als ausreichend trennscharf, als es weniger auf die Herkunft des Leasingobjekts, sondern vielmehr auf das jeweilige Domizilland von Leasinggeber und Leasingnehmer ankommt (*Büschgen* 1985, S. 356 ff.; *Pähler* 1989, S. 61 ff.; *Wullschlegel* 1980, S. 7 ff.).

Neben verschiedenen differenzierteren Varianten lassen sich zwei grundlegende Formen des grenzenüberschreitenden Leasing unterscheiden: Einer engen Interpretation des grenzenüberschreitenden Leasing folgend läßt sich zunächst das **cross-border-Leasing** anführen. Hierbei handelt es sich um Leasinggeschäfte, bei denen bewegliche Investitionsgüter zur gewerblichen Nutzung via Leasing vermietet werden und die Leasinggesellschaft direkt mit im Ausland domizilierenden Leasingnehmern Leasingverträge abschließt. Beim cross-border-Leasing vollzieht sich die Trennung von Eigentum und Nutzung eines Investitionsobjekts in verschiedenen Rechts-, Steuer- und Währungssystemen. Im Unterschied hierzu ist das **grenzüberschreitende Leasing i.w.S.** dadurch gekennzeichnet, daß eine inländische Leasinggesellschaft die Leasinganfrage einer (exportierenden) Unternehmung an eine ausländische Leasinggesellschaft weiterleitet. Der Leasingvertrag wird zwischen der ausländischen Leasinggesellschaft und dem Leasingnehmer nach geltendem Recht des Importlandes abgeschlossen und unterscheidet sich als solcher nicht von einem typischen Binnen-Leasingvertrag. Entscheidend für die Klassifizierung als grenzüberschreitendes Leasing ist die vorausgegangene grenzüberschreitende Vermittlungsleistung und der damit im Zusammenhang stehende Grenzübertritt des Leasingobjekts.

6. Beurteilung des Leasing im Vergleich zu traditionellen Finanzierungsinstrumenten

Aufbauend auf dieser Skizzierung zentraler Grundlagen des Leasing und seiner wesentlichen Ausgestaltungsformen gilt es im weiteren nun, die relative Vorteilhaftigkeit des Leasing gegenüber traditionellen Finanzierungsinstrumenten – hier ist in erster Linie der Bankkredit zu nennen – aus betriebswirtschaftlicher Perspektive zu analysieren und zu diskutieren. In der betriebswirtschaftlichen Literatur wie auch in der Leasingpraxis dominieren bei der Auseinandersetzung mit der (Kredit-) Kauf-Leasing-Entscheidung liquiditäts- und vor allem auch erfolgsorientierte Aspekte, da diese quantifizierbar und in den unterschiedlichen Ansätzen der Investitionsrechnung problemlos zu berücksichtigen sind (exemplarisch *Gabele/Weber* 1985, S. 40 ff.; *Holz* 1973, S. 13 ff.; *Laumanns* 1985, S. 59 ff.; *Schäfer* 1981, S. 87 ff.; *Scheffler* 1984, S. 150 ff.). Qualitative Aspekte werden in diesem Zusammenhang jedoch häufig nur unzureichend berücksichtigt. Da diese für die Beurteilung der relativen Vorteilhaftigkeit der hier zu analysierenden Finanzierungsinstrumente eine entscheidende Rolle spielen, werden sie in einem eigenständigen Abschnitt behandelt.

6.1 Beurteilung anhand des Rentabilitätskriteriums

Unter den entscheidungsrelevanten Zielgrößen im Rahmen einer Investitions- und Finanzierungsentscheidung kommt den Anschaffungskosten, den Finanzierungskosten, den Verwertungserlösen sowie den steuerlichen Konsequenzen der Investitionsalternativen eine herausragende Bedeutung zu, da durch sie die Rentabilität als dominierende Komponente im Zielsystem einer Unternehmung berührt wird.

Hinsichtlich der Anschaffungskosten wie auch der Verwertungserlöse kann beim Leasing ein Kostenvorteil gegenüber dem Kauf aus einer stärkeren Verhandlungsposition und einer besseren Marktkenntnis der Leasinggesellschaft gegenüber dem Investor selbst auf dem jeweiligen Investitionsgütermarkt folgen. Hierüber hinaus kann, mit Blick auf die Finanzierungskomponente, auch ein Refinanzierungsvorteil der Leasinggesellschaft auftreten. Dies gilt vor allem auch für solche Leasinggesellschaften, die in einen Bankenverbund eingebunden sind und dadurch über besondere Refinanzierungsmöglichkeiten verfügen (*Büschgen* 1988).

Eine zentrale Rolle bei der Beurteilung der relativen Vorteilhaftigkeit des Leasing gegenüber alternativen Investitions- und Finanzierungsinstrumenten spielen vor allem auch steuerliche Erwägungen. Da diese entscheidend davon abhängen, ob der Leasinggegenstand steuerlich dem Leasinggeber oder dem Leasingnehmer zuzurechnen ist, ist zunächst auf die steuerrechtlichen Vorschriften bezüglich der Zurechnung des Leasingobjekts zu verweisen. Grundlegend ist in diesem Kontext die Differenzierung zwischen dem rechtlichen und dem wirtschaftlichen Eigentum. Obwohl der Leasinggeber die Eigentümerrechte an dem Leasingobjekt innehat und folglich unstrittig zivilrechtlicher Eigentümer i. S. des § 903 BGB ist, bedeutet dies nicht zwangsläufig, daß das Leasingobjekt auch steuerlich dem Leasinggeber zugerechnet wird. Bei der Zurechnungsfrage stellt nämlich der hierfür maßgebliche § 39 Abs. 2 AO nicht auf das zivilrechtliche, sondern auf das wirtschaftliche Eigentum ab. Zivilrechtliches und wirtschaftliches Eigentum fallen nach Ansicht des Gesetzgebers dann auseinander, wenn der zivilrechtliche Eigentümer während der Nutzungsdauer des Wirtschaftsgutes von dessen tatsächlicher Nutzung vollständig oder überwiegend ausgeschlossen werden kann. Obwohl also das zivilrechtliche Eigentum eindeutig dem Leasinggeber zufällt, kommen grundsätzlich als wirtschaftlicher Eigentümer des Leasinggegenstands sowohl Leasinggeber als auch Leasingnehmer in Betracht, so daß im Hinblick auf die Frage nach der Zurechnung des Leasingobjekts der konkrete Leasingvertrag daraufhin zu untersuchen ist, wer letztlich die Nutzungsrechte an dem Objekt besitzt (zum Konstrukt des wirtschaftlichen Eigentums vgl.

Bordewin 1989, S. 26 ff.; *Tacke* 1989, S. 88 ff.; zu den in verschiedenen Leasing-Erlassen der Finanzverwaltung präzise formulierten Kriterien für die Zurechnung des Leasingobjekts vgl. u. a. *Feinen* 1990, S. 54 ff.).

Steuerliche Vorteile des Leasing gegenüber alternativen Finanzierungsformen können sich bei verschiedenen Steuerarten ergeben. Im Mittelpunkt stehen allerdings ertragsteuerliche Vorteilhaftigkeitspotentiale (*Büschgen* 1975, S. 582 ff.; *Degener* 1986, S. 91 ff.): Im Normalfall – das wirtschaftliche Eigentum am Leasingobjekt wird dem Leasinggeber zugerechnet, so daß es von diesem zu bilanzieren ist, – stellen die vereinbarten Leasingraten für den Leasinggeber Betriebseinnahmen, für den Leasingnehmer in voller Höhe abzugsfähige Betriebsausgaben dar. Sie führen bei letzterem ebenso wie Abschreibungen und Zinszahlungen im Falle der Eigeninvestition zur Minderung der Bemessungsgrundlagen der Steuern vom Einkommen bzw. Ertrag und somit zur Senkung der steuerlichen Belastung.

Im Zuge der Investitionsrealisierung via Leasing können auf seiten des Leasingnehmers gegenüber einer Eigeninvestition immer dann steuerliche Vorteile erzielt werden, wenn eine zeitliche Vorverlagerung von Aufwandspositionen erreicht wird. Dies ist im Rahmen von Vollamortisationsverträgen stets der Fall, da hier in der Grundmietzeit, die stets kürzer als die betriebsgewöhnliche Nutzungsdauer des Leasingobjekts ist, vom Leasingnehmer die vollständige Rückführung der vom Leasinggeber geleisteten Aufwendungen – insbesondere der Anschaffungskosten des Leasingobjekts – vorzunehmen ist. Demgegenüber kann im Falle der Eigeninvestition das Investitionsobjekt lediglich entsprechend der amtlichen AfA-Tabelle und damit in einem längeren Zeitraum abgeschrieben werden.

Bei entsprechender Vertragsgestaltung, insbesondere durch die im Vergleich zur erwarteten wirtschaftlichen Nutzungsdauer (deutlich) kürzere Grundmietzeit bei Teilamortisationsverträgen, läßt sich eine Vorverlagerung von Aufwandspositionen in frühe Investitionsphasen erreichen. Der hierdurch erzielbare Steuervorteil ist als zinsfreier Steuerkredit interpretierbar. Es handelt sich lediglich um eine Steuerverschiebung auf spätere Perioden, die weniger zu einer effektiven Steuerminderung als vielmehr zu einem Liquiditäts- und Rentabilitätseffekt führt, dessen konkrete Höhe durch eine Barwertbetrachtung zu ermitteln ist.

Durch Leasing werden auf seiten des Leasingnehmers mithin rentabilitätswirksame Steuerstundungseffekte bewirkt; zu berücksichtigen ist jedoch, daß diesen auf seiten des Leasinggebers korrespondierende erhöhte Steuerbelastungen gegenüberstehen können. So sind hier während der Grundmietzeit zu versteuernde Buchgewinne zu verzeichnen, da die in den Leasingraten enthaltenen erfolgswirksam vereinnahmten Tilgungsleistungen die zulässigen AfA-Beträge übersteigen. Zwar entstehen am Ende der Grundmietzeit beim Leasinggeber Buchverluste, wenn die Abschreibungen für den in der Steuerbilanz bestehenden Restbuchwert des Lea-

6. Beurteilung des Leasing

singobjekts nicht durch dessen Verkauf oder eine Weitervermietung abgedeckt werden können; eine Verrechnung zwischen derartigen Buchgewinnen und -verlusten ist jedoch im Rahmen einer einzelnen Leasingtransaktion nicht möglich. Leasinggesellschaften haben daher die ggf. zu verzeichnenden erhöhten Steuerbelastungen bei der Kalkulation der Leasingraten zu berücksichtigen, was dann zur tendenziellen Minderung der beim Leasingnehmer aus Steuerstundungseffekten resultierenden positiven Rentabilitätswirkungen führt. Im Regelfall werden jedoch derart kompensierende Effekte nicht zu konstatieren sein, da Leasinggesellschaften Buchgewinne und -verluste verschiedener Leasingtransaktionen gegeneinander aufrechnen können, so daß dann beim Leasingnehmer „netto" positive Rentabilitätswirkungen aus der zu verzeichnenden Steuerstundung verbleiben.

Unmittelbar einsichtig ist, daß im Rahmen von Teilamortisationsverträgen Steuerstundungseffekte gegenüber Vollamortisationsverträgen nur in vermindertem Umfang zu verzeichnen sind und bei einer entsprechend hohen Restwertbemessung u. U. vollständig entfallen.

Unterschiedliche Steuerwirkungen können im Rahmen des Leasing gegenüber einer (kreditfinanzierten) Eigeninvestition auch bei der **Vermögensteuer** auftreten (*Bordewin* 1989, S. 106 ff.). Im erlaßkonformen Finanzierungsleasing ist das Leasingobjekt in Höhe seines Teilwertes dem Vermögensstatus des Leasinggebers zuzurechnen; demgegenüber wird beim Leasingnehmer das Betriebsvermögen durch den Abschluß eines Leasingvertrags nicht verändert, so daß bei diesem im Bereich der Vermögensteuer keine Steuerwirkungen auftreten. Auch beim Leasinggeber fällt jedoch infolge der typischerweise fast vollständigen Fremdfinanzierung der Leasingobjekte bzw. der Leasingvertragsrefinanzierung à forfait regelmäßig keine (nennenswerte) Steuerbelastung an, die andernfalls an den Leasingnehmer weiterzugeben wäre: Zur Bestimmung der steuerlichen Bemessungsgrundlagen ist der Teilwert des Leasingobjekts um die bestehenden Refinanzierungsverbindlichkeiten bzw. – im Fall einer Forderungsforfaitierung – um den zu bildenden passiven Rechnungsabgrenzungsposten zu kürzen, so daß nahezu kein steuerpflichtiges „Nettovermögen" besteht. Ist dem Leasingnehmer selbst die vollständige Kreditfinanzierung von Investitionen nicht möglich, so sind im Bereich der Vermögensbesteuerung durch eine Investitionsrealisierung via Leasing gegenüber einer Eigeninvestition effektive Steuerminderungen erreichbar.

Steuerminderungen sind letztlich auch bei der **Gewerbesteuer** erzielbar (Zur gewerbesteuerlichen Behandlung des Leasing vgl. *Bordewin* 1989, S. 109 ff. Die bis Anfang 1990 für Banktochter-Leasinggesellschaften bestehende Möglichkeit zur Vermeidung von Gewerbesteuern durch Ausnutzung des sog. Bankenprivilegs wurde durch die Novellierung des § 19 GewStDV deutlich eingeschränkt, so daß diese hier nicht mehr behandelt wird). Beim erlaßkonformen Leasing erfolgt beim Leasingnehmer mangels Zurechnung des wirtschaftlichen Eigentums am Leasingobjekt regelmäßig keine Änderung der gewerbesteuerlichen Bemessungsgrundlagen. (Ausnahmsweise ist dies lediglich dann der Fall, wenn ein ganzer Betrieb oder Teilbetrieb vermietet wird und die jährlichen Leasingraten DM 250 000 übersteigen oder wenn cross-border-Leasing betrieben wird.) Die Leasinggesellschaft ist demgegenüber als Vermietungsunternehmen regelmäßig gewerblich tätig und damit grundsätzlich gewerbesteuerpflichtig. So sind zu Refinanzierungszwecken aufgenommene Darlehen mit Laufzeiten von erheblich mehr als 12 Monaten nach aktueller Rechtsprechung als Dauerschulden anzusehen – dies auch bei einzelvertraglicher Refinanzierung – und demzufolge grundsätzlich zur Hälfte dem Gewerbekapital, hierauf zu leistende Dauerschuldzinsen zur Hälfte dem Gewerbeertrag hinzuzurechnen.

Leasinggesellschaften sind mithin insoweit der Gewerbesteuer unterworfen, wie die maßgeblichen Freigrenzen überschritten werden. Sie können jedoch ein Anfallen von Gewerbesteuer vermeiden durch eine Leasingvertragsrefinanzierung im Wege der Forfaitierung, bei der ein Verkauf der Leasingforderungen an eine Bank zum Zwecke der Refinanzierung erfolgt. In einem solchen Fall ergeben sich gegenüber einem ganz oder teilweise kreditfinanzierten Kauf effektive finanzierungsbedingte Steuereinsparungen, da bei Vornahme einer Eigeninvestition eine Kreditaufnahme beim Investor zu Dauerschulden sowie Dauerschuldzinsen und damit zu einer Erhöhung der gewerbesteuerlichen Bemessungsgrundlagen führt. Diese Möglichkeit zur Vermeidung von Gewerbesteuerbelastungen steht Leasinggesellschaften unabhängig von der Gesellschafterstruktur – und damit institutionellen wie auch Herstellerleasinggesellschaften – offen (zur steuerlichen Behandlung der Forfaitierung von Leasingforderungen vgl. *Müller/Stoppok* 1988, S. 55).

Gewerbesteuerliche Vorteile können aber auch von solchen Leasinggesellschaften erlangt werden, die eine Refinanzierung im Wege eines Forderungsverkaufs entweder nicht vornehmen können oder nicht vornehmen wollen. Der bewußte Verzicht auf die mit einer Forfaitierung verbundene Überwälzung des Leasingnehmerbonitätsrisikos bietet sich dann an, wenn der Leasinggesellschaft ein für die Abdeckung möglicher Verluste als ausreichend beurteiltes Haftungskapital zur Verfügung steht und wenn die Leasinggesellschaft die mit einer Risikoübernahme verbundenen Chancen selbst wahrnehmen möchte. Hierdurch behält sie die Chance, die in den Leasingraten enthaltenen Risikoprämien erfolgswirksam zu vereinnahmen, sofern diese nicht zur Abdeckung virulent gewordener Risiken heranzuziehen sind. Die Möglichkeit zu einer Senkung der Gewerbesteuerbelastung eröffnet sich Leasinggesellschaft auch durch die Wahl eines Unternehmensstandorts mit niedrigen Gewerbesteuerhebesät-

6. Beurteilung des Leasing

zen. Sind die Hebesätze im Einzelfall niedriger als diejenigen, die für einen potentiellen Leasingnehmer relevant sind, so entstehen durch Einsatz von Leasing finanzierungsbedingte Steuereinsparungen. Eine derart gezielte Standortpolitik wird von Leasinggesellschaften durchaus betrieben.

Abschließend bleibt im Rahmen der Behandlung steuerlicher Wirkungen des Leasing darauf hinzuweisen, daß Leasinggesellschaften grundsätzlich staatliche Investitionshilfen – z. B. in Form von Investitionszulagen oder Sonderabschreibungen – in Anspruch nehmen können, wobei jedoch u. U. besondere Voraussetzungen erfüllt sein müssen. Insgesamt gilt allerdings, daß Fördereffekte von Investitionszulagen und Abschreibungsvergünstigungen beim Leasing tendenziell weniger stark ausgeprägt sind als beim Kauf. Sofern der Leasinggeber die Investitionsförderung erhält, kann man nicht zwangsläufig von einer Weitergabe dieser Vergünstigung an den Leasingnehmer ausgehen (*Degener* 1986, S. 177). Dies dürfte in der Praxis allerdings – auch aus preispolitischen Aspekten – üblich sein.

Eine besondere Möglichkeit zur Realisierung steuerlicher Vorteile bieten u. a. auch spezielle Leasingkonstruktionen im Rahmen des grenzüberschreitenden Leasing, sofern hier durch eine entsprechende Gestaltung des Leasingvertrags erreicht werden kann, daß nicht nur der Leasinggeber, sondern zugleich auch der Leasingnehmer das Leasingobjekt erfolgswirksam abschreiben kann. Solche „double dip"-Konstruktionen sind dann möglich, wenn die rechtlichen Rahmenbedingungen der Domizilländer die Zurechnung des Leasingobjekts sowohl beim Leasinggeber als auch beim Leasingnehmer gestatten (*Drewes* 1989, B2; *Goergen* 1987, S. 17).

Zusammenfassend ist festzustellen, daß Unternehmen im Zuge einer Investitionsrealisierung via Leasing – mittelbar oder auch unmittelbar – eine Reihe steuerlicher Vorteile wahrnehmen können. Die aufgezeigten investitions- und finanzwirtschaftlichen Kostenvorteile des Leasing gegenüber dem Kauf von Investitionsobjekten kommen für den Leasingnehmer immer dann zum Tragen, wenn Leasinggesellschaften sie – unter Berücksichtigung ihres Verwaltungsaufwands und ihrer Risikoprämie – im Zuge entsprechender Kalkulation an den Leasingnehmer weitergeben. Soweit bekannt ist, ist dies in der deutschen Leasingwirtschaft üblich, nicht zuletzt auch deshalb, weil Leasinggesellschaften so in der Lage sind, ihre Wettbewerbsstellung am Markt zu festigen oder weiter auszubauen.

6.2 Beurteilung anhand des Liquiditätskriteriums

Eine **Liquiditätsanalyse im engeren Sinne** bezieht sich auf die zeitliche Verteilung von Zahlungsströmen, in die ggf. Verwertungserlöse, Investitionszulagen sowie steuerliche und weitere zahlungsrelevante Faktoren einzubeziehen sind. Unterstellt man, daß der Mittelrückfluß eines Investitionsprojekts aus den Umsatzerlösen am Absatzmarkt resultiert und damit unabhängig von der Finanzierungsform erfolgt, dann kann sich eine Analyse von Liquiditätseffekten auf die Berücksichtigung der Auszahlungen beschränken (*Degener* 1986, S. 245 ff.; *Zinke* 1983, S. 223).

Im Unterschied zu einem vollständig eigenfinanzierten Kauf, bei dem die Zahlung des Kaufpreises und der Anschaffungsnebenkosten bereits in frühen Investitionsphasen und im Rahmen meist nur kurzfristiger Zahlungsziele zu einem u. U. erheblichen Liquiditätsbedarf führt, bestimmt sich der Abfluß liquider Mittel im Falle einer Kreditfinanzierung nach der Höhe der aufzubringenden Eigenmittel. Außerdem eröffnen sich dem Investor je nach Verhandlungsposition gegenüber dem Finanzierungsinstitut gewisse Freiheitsgrade bei der konkreten Ausgestaltung der Kreditmodalitäten, die eine zeitliche Abstimmung der Auszahlungen mit der Liquiditätslage der Unternehmung erlauben. Im Gegensatz zum Kauf führt Leasing nicht zu einer sofortigen Liquiditätsbelastung im Investitionszeitpunkt. Es sind nur evtl. vereinbarte Vormieten, erste Leasingraten und ggf. Vertragsabschlußgebühren zu zahlen.

Die Liquiditätsbelastung **während der Grundmietzeit** wird maßgeblich beeinflußt von der Ausgestaltung der Leasingraten und von eventuell vorhandenen steuerlichen Vorteilen, wobei die Höhe der Leasingraten wiederum entscheidend von der Wahl des Vertragsmodells abhängt, d. h. davon, ob ein Voll- oder ein Teilamortisationsvertrag vorliegt. Der Abschluß eines Teilamortisationsvertrags kann für eine Unternehmung im Einzelfall sehr vorteilhaft sein: Wenn die Grundmietzeit eines Investitionsobjekts deutlich kürzer bemessen ist als dessen betriebsgewöhnliche Nutzungsdauer, ermöglichen es Teilamortisationsverträge, einen Restwert, der am Ende der Nutzungsdauer noch zu erwarten ist, bei der Leasingratenkalkulation mindernd zu berücksichtigen. Für den in der Grundmietzeit nicht in Anspruch genommenen Objektnutzen, wie er im Restwert zum Ausdruck kommt, sind keine Tilgungs- bzw. Amortisationsleistungen zu erbringen. Vorteilhaft ist darüber hinaus, daß durch entsprechende Vertragsgestaltung die Möglichkeit besteht, den Leasingnehmer im Rahmen von Teilamortisationsverträgen an einem überdurchschnittlich hohen Restwert zu beteiligen; ein solcher kann z. B. durch besonders sorgfältige Pflege und Wartung des Investitionsobjekts hervorgerufen werden. Hinzuweisen ist allerdings darauf, daß es andererseits selbstverständlich unabdingbar ist, daß der Leasingnehmer für einen vorzeitigen Verschleiß des Investitionsobjekts (z. B. durch Überbeanspruchung) aufzukommen hat. Da allein der Leasingnehmer die Investitionsentscheidung trifft, hat dieser auch eventuelle Mindererlöse bei der Verwertung des Leasingobjekts zu tragen. Die Liquiditätsbelastung während der Grundmietzeit läßt sich auch dadurch gestalten, daß sowohl bei Voll- als auch bei Teilamortisationsverträgen grundsätzlich ein linearer, pro-

6. Beurteilung des Leasing 511

gressiver oder auch degressiver Verlauf der Leasingraten vereinbart werden kann.

Die **nach Ablauf der Grundmietzeit** anfallende Liquiditätsbelastung des Leasingnehmers wird von der weiteren Verwendung des Leasingobjekts bestimmt, mithin davon, ob dessen Rückgabe an den Leasinggeber oder aber Kauf bzw. Mietverlängerung durch den Leasingnehmer erfolgt. Im Vergleich zum eigen- oder fremdfinanzierten Kauf sind für Investoren Liquiditätsvorteile durch Einsatz von Leasing immer dann erreichbar, wenn die Höhe der Liquiditätsbelastung insgesamt niedriger ist oder Zahlungsströme besser auf individuelle liquiditätsmäßige Belange abgestimmt werden. Letzteres wird vielfach insbesondere dann möglich sein, wenn eine sog. „pay-as-you-earn-Finanzierung" (*Schäfer* 1986, S. 78; *Schröder* 1985, S. 135 ff.) erreichbar ist, wie im Rahmen von Leasingtransaktionen vielfach der Fall, da Anbieter von Leasingleistungen traditionell bemüht sind, durch eine Vielzahl von Vertragsformen – oft in Verbindung mit Beratungsleistungen – flexibel auf Finanzierungsbedürfnisse ihrer Kunden einzugehen. Obwohl auch im traditionellen Kreditgeschäft grundsätzlich eine „Feinabstimmung" der anfallenden Zins- und Tilgungszahlungen mit dem Cash-flow eines Investitionsprojekts möglich ist, können einem solchen Vorgehen jedoch mitunter relativ starr vorgegebene Rahmenbedingungen standardisierter Kreditprogramme entgegen stehen.

Unter Liquiditätsaspekten nimmt das sale-and-lease-back-Verfahren eine Sonderstellung ein, da durch den Verkauf des Investitionsobjekts an die Leasinggesellschaft stille Reserven aufgelöst werden und durch den Abschluß des kombinierten Verkauf-/Leasinggeschäfts zunächst ein Liquiditätszufluß beim Leasingnehmer entsteht.

Neben der Analyse der unmittelbar aus einer Investitionsentscheidung resultierenden Auszahlungswirkungen setzt eine **Liquiditätsanalyse im umfassenderen Sinne** auch eine Analyse der Konsequenzen der Investitionsalternative auf den Verschuldungsgrad und auf die Besicherungsmöglichkeiten der Unternehmung voraus.

Im Gegensatz zu einem Kauf von Investitionsgütern, der sich in Veränderungen der betroffenen Bilanzpositionen dokumentiert, werden Leasingverträge, soweit der Leasinggeber rechtlicher und wirtschaftlicher Eigentümer ist, handels- und steuerrechtlich wie normale Mietverträge behandelt und damit zu den schwebenden Verträgen gerechnet, die als zweiseitig unerfüllte Verträge nicht bilanzierungsfähig sind. Als Konsequenz der bilanziellen Behandlung scheint das Leasing prima facie, bezogen auf spezifische horizontale und vertikale Relationen der Bilanz, zu günstigeren Finanzierungs- und Kapitalstrukturrelationen im Vergleich zur Kreditkaufalternative zu führen und dadurch die Kreditwürdigkeit und Verschuldungsmöglichkeiten der Unternehmung positiv zu beeinflussen.

Hierzu ist allerdings kritisch anzumerken, daß u. U. der Verschuldungsgrad einer Unternehmung im Falle des Leasing nur vordergründig günstiger erscheint als bei der Kreditfinanzierung. Angesichts der im Einzelfall weitreichenden Risiken des Leasingnehmers aus dem Leasingvertrag erscheint es nur konsequent, daß Banken als potentielle Kreditgeber bemüht sein werden, im Rahmen ihrer Kreditwürdigkeitsprüfung die bindenden Zahlungsverpflichtungen der Unternehmung und damit auch deren Leasingverpflichtungen möglichst vollständig zu erfassen und in ihre Kreditentscheidungen einfließen zu lassen. Ist dies nicht möglich, so liegt der hier angesprochene Vorteil des Leasing nicht in seiner ökonomischen Eigenschaft begründet, sondern mehr in Mängeln der Informationsbeschaffung und/oder Informationsverarbeitung des Bilanzanalytikers.

Mit Blick auf die Konsequenzen alternativer Finanzierungsinstrumente auf den Verschuldungsgrad der Unternehmung erscheint somit das vielfach vorgebrachte Argument einer generellen Ausweitung der Verschuldungsmöglichkeiten der Unternehmung durch Leasing in pauschaler Form als nicht zutreffend. Dies gilt dies um so mehr, als mit der Transformation der 4. EG-Richtlinie in deutsches Recht große und mittelgroße Kapitalgesellschaften verpflichtet wurden, den Gesamtbetrag der sonstigen finanziellen Verpflichtungen, die nicht in der Bilanz erscheinen und deren Angabe für eine Beurteilung der Finanzlage der Unternehmung von Bedeutung ist, im Anhang zum Jahresabschluß auszuweisen. Dies dürfte auch zu einer größeren Information über Leasingverpflichtungen führen (§ 285 Ziffer 3 HGB).

Während somit Leasing und Kreditkauf im Hinblick auf den Einfluß auf den unternehmerischen Verschuldungsgrad letztlich zu vergleichbaren Ergebnissen führen, ist hinsichtlich ihres Einflusses auf die unternehmerischen Sicherheiten und damit letztlich auf das Kreditpotential der Unternehmung ein Vorteil des Leasing zu konstatieren. Dieser resultiert daraus, daß Leasing durch den Verzicht des Leasinggebers auf die Stellung weiterer dinglicher Sicherheiten die unternehmerische Sicherheit und in dieser Hinsicht auch das Kreditpotential der Unternehmung nicht belastet (*Degener* 1986, S. 260 ff.).

Während Banken neben dem zu finanzierenden Objekt häufig noch weitere Sicherheiten verlangen, ist in der Leasingpraxis zu beachten, daß den Leasinggesellschaften das verleaste Wirtschaftsgut selbst als dingliche Sicherheit genügt (*Büschgen* 1980, S. 1032). Dies ist den Leasinggebern möglich durch ihre größere Marktkenntnis und die daraus resultierende höhere Erlöserwartung für den Fall, daß eine Verwertung des Leasingobjekts vor Ablauf der Grundmietzeit unumgänglich sein sollte, sowie durch ihr Aussonderungsrecht im Falle des Konkurses des Leasinggebers. Beide Aspekte ermöglichen es der Leasinggesellschaft, auf die Stellung weiterer Sicherheiten zu verzichten.

6. Beurteilung des Leasing

Der aus finanzwirtschaftlicher Perspektive häufig behauptete Vorteil einer „100-prozentigen Fremdfinanzierung" durch Leasing läßt sich gleichfalls in pauschaler Form nicht nachweisen. Gleichwohl kann im Einzelfall eine Ausdehnung der Verschuldungsgrenze durch Leasing erreicht werden, wenn besondere Faktoren ein von den Banken abweichendes Kreditvergabeverhalten der Leasinggesellschaften ermöglichen. Ein solcher Einfluß könnte u. a. durch einen höheren Grad der Risikobereitschaft begründet sein. Leasinggesellschaften nehmen jedoch für sich in Anspruch, ähnliche Risikopräferenzen zu haben und vergleichbare Anforderungen an die Kundenbonität zu stellen wie Banken, so daß aus dieser Argumentation heraus eine grundsätzliche Ausweitung des Fremdfinanzierungsspielraums wenig plausibel erscheint. Allerdings führt das Aussonderungsrecht des Leasinggebers im Falle des Konkurses des Leasingnehmers dann in der Risikoposition der Leasinggesellschaft zu Vorteilen und gestattet im Einzelfall eine Ausweitung der Verschuldungsgrenze des Leasingnehmers, wenn für das Leasingobjekt ein funktionsfähiger second-hand-Markt existiert und durch die Möglichkeit des schnelleren Zugriffs sowie durch ein größeres marktliches Know-how die Monetisierung mindestens zum Buchwert gewährleistet erscheint.

Durch die ausdrückliche Objektorientierung des Leasing ist im Einzelfall der Abschluß eines Leasingvertrags auch dann möglich, wenn Banken (weitere) Kreditvergabe aus risikopolitischen Erwägungen ablehnen. In solchen Fällen ist Leasing schon allein aufgrund seiner Verfügbarkeit interessant.

6.3 Beurteilung anhand qualitativer Kriterien

Neben den Erfolgs- und Liquiditätsaspekten sind für eine Beurteilung der relativen Vorteilhaftigkeit des Leasing noch eine Reihe qualitativer Gesichtspunkte bedeutsam, die jedoch nicht oder nur eingeschränkt quantifizierbar sind. Da diese Aspekte sich in den verschiedenen in der Praxis angewandten Investitionsrechnungsverfahren nicht oder zumindest nicht adäquat berücksichtigen lassen, werden sie in vielen Veröffentlichungen zur (Kredit-)Kauf-Leasing-Entscheidung zumeist nur am Rande behandelt. Da die in diesem Kontext anzusprechenden qualitativen Aspekte jedoch von erheblicher Bedeutung für eine fundierte Beurteilung der relativen Vorteilhaftigkeit der Finanzierungsalternativen Leasing und Bankkredit sind, werden sie hier im Grunde gleichrangig neben erfolgs- und liquiditätsorientierten Aspekten behandelt.

Zunächst sind in diesem Zusammenhang Risiko- und Flexibilitätsaspekte anzusprechen. Sowohl unter finanzwirtschaftlicher als auch unter investitionswirtschaftlicher Perspektive bieten Bankkredit und Leasing jeweils unterschiedliche Gestaltungsmöglichkeiten, die direkten Einfluß auf deren relative Vorteilhaftigkeit haben. Insbesondere für eine Beurteilung des

Leasing ist die Vertragsform ausschlaggebend, da Voll- und Teilamortisationsverträge unterschiedlich im Hinblick auf Risiko- und Flexibilitätsaspekte zu beurteilen sind. Von Bedeutung ist jeweils auch, ob die Betrachtung auf einen Zeitpunkt während der Grundmietzeit, den Zeitpunkt zum Ende der Grundmietzeit oder einen Zeitpunkt nach Ablauf der Grundmietzeit abstellt. Auch hier führen die einzelnen Leasingformen zu unterschiedlichen Ergebnissen (*Büschgen* 1980, S. 1033 ff.; *Degener* 1986, S. 267 ff.).

Für eine Vorteilhaftigkeitsanalyse des Leasing im Vergleich zu traditionellen Finanzierungsinstrumenten erscheint eine Entwicklung des Leasinggeschäfts besonders gravierend, die mit der Kurzformel „Beschaffung und Finanzierung aus einer Hand" umschrieben werden kann (*Büschgen* 1989, S. 485 ff.). Hiermit soll zum Ausdruck gebracht werden, daß die Leasinggesellschaft in vielen Fällen nicht nur als Finanzier für den Leasingnehmer tätig wird, sondern weitere Dienstleistungen erbringt, die im Falle der Kaufalternative nicht zur Verfügung stehen würden. So erfüllen Leasinggesellschaften spezifische Dienstleistungen bei der Beschaffung des Investitionsobjekts, indem sie notwendige Verhandlungen mit dessen Hersteller bzw. Lieferant führen, den Kaufvertrag sowie u. U. einen Wartungsvertrag abschließen und die ordnungsgemäße Vertragserfüllung kontrollieren. Darüber hinaus kann aus der Wahrnehmung der Beschaffungsfunktion durch den Leasinggeber auch eine Reduzierung investitionswirtschaftlicher Risiken resultieren. In erster Linie ist hier an eine Reduzierung des Fehlinvestitionsrisikos zu denken, da der Leasingnehmer in Kooperation mit der Leasinggesellschaft eine bedarfsgerechtere und fundiertere Investitionsentscheidung treffen kann. Gerade bei Unternehmen, die aufgrund ihrer Größe keine eigene Rechtsabteilung haben, können Leasinggesellschaften durch ihre Einschaltung in die Vertragsabwicklung auch die Funktion einer unabhängigen Kontrollinstanz wahrnehmen und so auf seiten des Investors u. U. langwierige und kostspielige Rechtsstreitigkeiten vermeiden helfen. Im Rahmen der Objektverwaltung entfällt für Leasingnehmer die Notwendigkeit, eine eigene Anlagenbuchhaltung zu führen. Erfolgt nach Ablauf der Grundmietzeit eine Verwertung des Leasingobjekts, so können Leasingnehmer auch hier Leistungen der Leasinggesellschaft in Anspruch nehmen und von deren Verwertungserfahrungen profitieren. Zudem mögen auch psychologische Aspekte Vorteile einer Beschaffung und Finanzierung aus einer Hand zu begründen, wenn es der Investor vorzieht, nur mit einem Geschäftspartner, nämlich der Leasinggesellschaft, in Verhandlungen und in rechtsgeschäftliche Beziehungen zu treten.

In dieser Dienstleistungskomponente ist neben den steuerlichen Aspekten ein zentrales Entscheidungskriterium im Rahmen einer Leasingentscheidung zu sehen. Über die Dienstleistungskomponente eröffnet sich ein

6. Beurteilung des Leasing

weites Spektrum an Vorteilhaftigkeitspotentialen des Leasing, so daß die von den Leasinggesellschaften erbrachten Serviceleistungen häufig ausschlaggebend für die Auswahl der Leasingalternative sind. Nicht quantifizierbare Vorteile des Leasing gegenüber der Kreditkaufalternative existieren auch außerhalb des Servicebereichs. So reduziert eine Investitionsrealisierung via Leasing tendenziell die Gefahr der Nutzung technisch überalterter Anlagen. Zwar ist auch ein Leasingnehmer keineswegs von der Notwendigkeit entbunden, unternehmungsindividuell den optimalen Ersetzungs- oder Stillegungszeitpunkt von Investitionsobjekten zu bestimmen. Fehlentscheidungen sind mithin auch hier möglich und u. U. mit bedeutenden Ertragseinbußen verbunden. Von Bedeutung ist jedoch wiederum ein eher psychologisches Moment: Das Ende der Grundmietzeit bildet im Falle der Leasingalternative gewissermaßen einen Einschnitt, der zu Überlegungen zwingt, ob eine weitere Nutzung des Objekts noch sinnvoll ist. Ersatz- oder Stillegungsentscheidungen werden dadurch geradezu provoziert, und es wird einer unreflektierten weiteren Nutzung veralteter Objekte vorgebeugt (*Schröder* 1985, S. 304 ff.).

Nicht zuletzt kann ein qualitativer Vorteil aus der bereits angesprochenen vertraglichen Fixierung der Leasingraten und der darauf basierenden Möglichkeit einer langfristigen Kalkulation erwachsen.

7. Resümee

Sicherlich mögen sich noch aus unterschiedlichen weiteren Perspektiven Kriterien gewinnen lassen, anhand derer bislang noch nicht untersuchte Konsequenzen und Aspekte des Leasing einerseits und traditioneller Finanzierungsinstrumente andererseits beleuchtet werden könnten. Es dürften jedoch bereits die Vielschichtigkeit und Komplexität des Leasing und der damit verbundenen Auswirkungen aus der Sicht des Leasingnehmers deutlich geworden sein. Obwohl einzelne Aspekte nur eher thesenartig skizziert werden konnten, ist zum Ausdruck gekommen, daß in einer Kreditkauf-Leasing-Entscheidung eine Vielzahl von Entscheidungskriterien und Entscheidungsfaktoren Berücksichtigung finden müssen, und daß pauschale und allgemeingültige Aussagen über die relative Vorteilhaftigkeit von Bankkredit und Leasing nicht möglich sind. Vielmehr sind die zur Disposition stehenden Finanzierungsalternativen – basierend auf der spezifischen Unternehmungs- und Marktsituation sowie unter Berücksichtigung individueller Ziele und individueller Zielgewichtungen – hinsichtlich ihrer investitions- und finanzwirtschaftlichen Konsequenzen zu evaluieren. Damit ist jeweils nur anhand konkreter Daten eine fundierte Entscheidung über die relative Vorteilhaftigkeit alternativer Finanzierungsinstrumente und damit auch eine Kreditkauf-Leasing-Entscheidung möglich.

Literatur

Arbeitskreis „Neue Finanzierungsformen" der Schmalenbach Gesellschaft (1972), Die besonderen Kriterien des Leasing, in: ZfbF, S. 349–361

Bordewin, A. (1989), Leasing im Steuerrecht. Ein Leitfaden für die Praxis, 3. Aufl., Wiesbaden

Büschgen, H. E. (1975), Leasing, in: *Haberland, G.* (Hrsg.), Handbuch des Controlling und Finanzmanagements, S. 560–596

Büschgen, H. E. (1984), Kaufen oder Leasen?, in: Management Wissen, Nr. 6, S. 50–52

Büschgen, H. E. (1988), Refinanzierung von Leasinggesellschaften, Köln

Büschgen, H. E. (1989), Leasing als Finanzierungsalternative, in: Bankarchiv, S. 344–359 u. S. 470–488

Büschgen, H. E. (1980), Finanzleasing als Finanzierungsalternative. Eine kritische Würdigung unter betriebswirtschaftlichen Aspekten, in: ZfB, S. 1028–1041

Büschgen, H. E. (1991), Grundlagen betrieblicher Finanzwirtschaft. Unternehmensfinanzierung, 3. Aufl., Frankfurt am Main

Degener, T. (1986), Die Leasingentscheidung bei beweglichen Anlagegütern, Frankfurt am Main

Dinnendahl, E. (1988), Besondere Formen der Zusammenarbeit zwischen Hersteller/Lieferant und Leasinggesellschaft, in: *Hagenmüller, K. F./Stoppok, G.* (Hrsg.), Leasing-Handbuch, S. 81–101

Drewes, W. (1989), Innovative Angebote öffnen den Banken den Zugang zu interessanten Märkten, in: Handelsblatt, Nr. 201 vom 17.10., S. B2

Eilenberger, G. (1991), Betriebliche Finanzwirtschaft. Einführung in die Finanzpolitik und das Finanzmanagement von Unternehmungen – Investition und Finanzierung, 4. Aufl., München – Wien

Feinen, K. (1990), Das Leasinggeschäft, 3. Aufl., Frankfurt am Main

Gabele, E./Weber, F. (1985), Kauf oder Leasing, Bonn

Goergen, H. (1987), Crossborder Leasing. Ökonomischer Wert und steuerliche Bedingungen in der Gegenüberstellung, in: Betriebsberater, 42. Jg., Beilage 10 zu Heft 14, 20. 5., S. 17–22

Haberland, G. (Hrsg.) (1975), Handbuch des Controlling und Finanzmanagements, München

Hagenmüller, K. F./Stoppok, G. (Hrsg.) (1988), Leasing-Handbuch für die betriebliche Praxis, 5. Aufl., Frankfurt am Main

Hock, K./Frost, H. (1990), Ratgeber Leasing. Leasing besser beurteilen, Freiburg i.Br.

Holz, D. (1973), Die Optimumbestimmung bei Kauf-Leasing-Entscheidungen, Frankfurt am Main – Zürich

Laumanns, W. (1985), Kauf oder Leasing. Belastungsvergleich am Beispiel des Mobilien-Leasing, in: *Hagenmüller, K. F./Stoppok, G.* (Hrsg.), Leasing-Handbuch, S. 59–78

Lienhard, E. (1976), Finanzierungs-Leasing als Bankgeschäft, Bern – Stuttgart

Müller, H.-P./Stoppok, G. (1988), Leasing im Steuerrecht, in: *Hagenmüller, K. F./Stoppok, G.* (Hrsg.), Leasing-Handbuch, S. 45–58

Pähler, U. (1989), Risikopolitik von Leasinggesellschaften im herstellerunabhängigen Mobilienleasing, Frankfurt am Main

Runge, B. (1978), Leasing im Steuerrecht, in: *Runge, B./Bremser, H./Zöller, G.* (Hrsg.), Leasing, S. 205–347

Runge, B./Bremser, H./Zöller, G. (Hrsg.) (1978), Leasing. Betriebswirtschaftliche, handels- und steuerrechtliche Grundlagen, Heidelberg

Schäfer, F. (1981), Leasing – eine Wirtschaftlichkeitsanalyse aus der Sicht des Leasing-

Nehmers. Modellansätze zur Entscheidungsfindung und Gedanken zur Erklärung der Leasing-Expansion in der BR Deutschland, Frankfurt am Main

Scheffler, W. (1984), Leasing im Vergleich zum (Kredit-)Kauf. Ein EDV-gestützter Wirtschaftlichkeitsvergleich, Gelsenkirchen

Schröder, J. (1985), Die Stichhaltigkeit von Argumenten für und wider Leasing, Frankfurt am Main

Stoppok, G. (1988), Leasing von beweglichen Wirtschaftsgütern aus rechtlicher Sicht, in: *Hagenmüller, K. F./Stoppok, G.* (Hrsg.) Leasing-Handbuch, S. 11–42

Tacke, H. (1989), Leasing, Stuttgart

Triller, P. (1986), Gedanken zum Leasing über den Bankschalter, in: bank und markt, 15, 12, S. 15–18

Vormbaum, H. (1981), Finanzierung der Betriebe, 6. Aufl., Wiesbaden

Wilhelm, J. (1985), Die Vorteilhaftigkeit des Leasing aus finanzierungstheoretischer Sicht, in: ZfbF, S. 485–499

Wullschlegel, G. (1980), Grenzüberschreitendes Leasing, in: Leasingpraxis, Heft 3, S. 7–10

Zinke, D. (1983), Mobilien-Leasing. Eine kritische Beurteilung des Leasing aus der Sicht des Leasingnehmers, Hamburg – Freiburg

Zöller, G. (1978), Betriebswirtschaftliche Grundlagen des Leasing, in: *Runge, B./Bremser, H./Zöller, G.* (Hrsg.), Leasing, S. 23–103

Kapitel 23
Factoring und Forfaitierung

von *Oswald Hahn*

1. Die Einordnung von Factoring und Forfaitierung unter die finanzwirtschaftlichen Instrumente des Betriebes 520
   1.1 Möglichkeiten der Forderungsverwertung 520
   1.2 Erscheinungsformen des Forderungsverkaufs 521
   1.3 Einordnung des Forderungsverkaufs unter die Finanzierung 521
2. Die Charakterisierung von Factoring und Forfaitierung 521
   2.1 Gemeinsamkeiten: Die Übernahme der Finanzierungs- und Delkrederefunktion 522
   2.2 Die Unterschiede 523
   2.3 Die zusätzlichen Dienstleistungsfunktionen des Factors ... 523
      2.3.1 „Typische" Dienstleistungsfunktionen des Factors .. 523
      2.3.2 „Atypische" Funktionen des Factors 523
      2.3.3 Unterschiedliche Sortimente der Factorbetriebe 524
3. Die Beurteilung des Forderungsverkaufs 525
   3.1 Die finanzwirtschaftliche Beurteilung 525
   3.2 Kosten 526
   3.3 Absatzwirtschaftliche Beurteilung 526
   3.4 Zusammenfassung 527
   3.5 Die Bedeutung der Forderungsverkäufe 528
4. Der Forderungsankäufer 528
Literatur 529

1. Die Einordnung von Factoring und Forfaitierung unter die finanzwirtschaftlichen Instrumente des Betriebes

Factoring und Forfaitierung sind besondere Typen des Forderungsverkaufs. Dieser ist wiederum eine Erscheinung der Forderungsverwertung. Factoring wie Forfaitierung stellen eine Form des Finanzierungsersatzes dar.

1.1 Möglichkeiten der Forderungsverwertung

Jedem Gläubiger stehen grundsätzlich vier Möglichkeiten für eine Verwertung seiner Forderungen zur Verfügung.

a) Der Realisierung der **natürlichen Liquidität** entspricht das Warten auf Zahlung durch den Schuldner: Der Gläubiger kreditiert seinen Schuldner bis zu dessen Zahlung, die er gegebenenfalls durch Mahnungen selbst forciert. Man kann diese Form als den Normalfall der Forderungsverwertung bezeichnen: Der Gläubiger finanziert die Kreditgewährung, ohne diese selbst zur Mittelbeschaffung zu verwenden.

Die drei übrigen Wege stellen den Versuch einer vorzeitigen Verwertung dar: Nutzung der Zahlungskraft, der Finanzierungskraft oder der künstlichen Liquidität.

b) Die Nutzung der **Zahlungskraft** geschieht dadurch, daß der Schuldner zur Zahlung an den Gläubiger seines Gläubigers gebeten wird. Diese Form hatte praktische Bedeutung lediglich bei der Weitergabe von Wechseln: Sie ist jedoch weitgehend durch den Forderungsverkauf ersetzt worden.

c) Die Nutzung der **Finanzierungskraft** von Forderungen besteht in ihrer Verpfändung: Die Forderung dient bei einer Kreditaufnahme als Sicherheit. Diese Erscheinungsform konkurriert heute nach wie vor mit der vierten Alternative,

d) dem Forderungsverkauf. Dieser vollzieht sich als Realisierung der **künstlichen Liquidität**.

Im Gegensatz zum Forderungsverkauf wie auch zur Zahlungsverwendung wird bei der Beleihung nur ein Teil der Forderung liquiditätsmäßig genutzt. Während Verkauf und Zahlungsabtretung meist 90% des Forderungsbetrages umfassen, ist die Beleihung der Buchforderungen auf etwa 60% des Forderungswerts beschränkt. Lediglich für Wechsel und Schuldverschreibungen gelten im Hinblick auf die besonders hohe künstliche Liquidität dieser Titel höhere Beleihungssätze.

1.2 Erscheinungsformen des Forderungsverkaufs

Es gibt verschiedene Klassifizierungsmöglichkeiten des Forderungsverkaufs. Rechtliche Kriterien unterscheiden zwischen einem Verkauf mit oder ohne Obligo (Haftung des Verkäufers für die Bonität) und offener und stiller Zession. Die ökonomische Fragestellung bezieht sich auf den Zeitpunkt des Verkaufs. Hier zeigen sich im wesentlichen drei Typen:

a) Der Verkauf **überfälliger** (angemahnter, eventuell sogar erfolglos ausgeklagter) Forderungen, der regelmäßig mit hohen Abschlägen erfolgt und der von gewerblichen Inkassounternehmungen besorgt wird.

b) Der Verkauf **fälliger** Forderungen, der auf das normale Inkasso ausgerichtet ist und sich teilweise nur auf dieses bezieht: Die Gutschrift erfolgt erst nach Zahlung durch den Schuldner. Hierunter fallen die Leistungen der Ärzteverrechnungsstellen.

c) Der Verkauf von Forderungen **vor Fälligkeit**, wobei hier die Unterscheidung mit und ohne Obligo eine Abgrenzung zwischen Factoring und den übrigen Formen des Forderungsverkaufs erlaubt. Factor und Forfaitierer übernehmen stets das volle Obligo, während die übrigen Formen des Forderungsverkaufs dem Käufer ein Regreßrecht für den Fall einer Zahlungsunfähigkeit oder -unwilligkeit des Schuldners einräumen. Die typische Erscheinungsform des Forderungsverkaufs ohne Obligo des Käufers ist der Wechseldiskont.

1.3 Einordnung des Forderungsverkaufs unter die Finanzierung

Der klassische, beständebilanzorientierte Finanzierungsbegriff (**Kapitalbeschaffung**) ordnet den Forderungsverkauf unter den Finanzierungsersatz, die Finanzierungssurrogate, Finanzierungsvermeidung oder Finanzierungsalternativen ein. Es wird kein Kapital beschafft, sondern Vermögen mit oder ohne Funktionsausgleich liquidiert. Demgegenüber bezieht der an der Bewegungsbilanz orientierte Finanzierungsbegriff (**Mittelbeschaffung**) den Forderungsverkauf unter die Aktivminderungen (Vermögensliquidation) ein.

2. Die Charakterisierung von Factoring und Forfaitierung

Entwicklungsgeschichtlich ältester Typ des Ankäufers solventer Außenstände ist der **Factor**, der sich aus überseeischen Handelsniederlassungen des 17. Jahrhunderts – der „Factory" oder Faktorei – ableitet. Ursprünglich ein reines Kommissionshaus, übernahmen vor allem die nordamerikanischen factories der Londoner Handelshäuser im Laufe der Zeit auch das Kreditrisiko. Diese Teilfunktion diente dann um die Jahrhundertwende (1890 ff.) der US-amerikanischen Textilwirtschaft als Muster für die Errichtung besonderer Institute der Absatzfinanzierung. Hierbei handelte es sich um den klassischen oder „Old-line-Factor". Aus „Branchefinanzierern" entwickelten sich diese Factors allmählich zu Spezialbanken für weitere Bereiche. Zugleich gaben sie das Vorbild ab für die Entstehung von Commercial Finance Companies, die im Gegensatz zum Factor auf die Übernahme des Delkredere-Risikos verzichten (nichtnotifiziertes Factoring). In Deutschland verlief die Entwicklung gerade umgekehrt: Aus dem traditonellen Forderungs-Lombard entstand 1956 in Anlehnung an die US-amerikanischen Commercial Finance Companies die erste Abteilung für nichtnotifiziertes Factoring einer deutschen Bank (Pionier: *Josef Horbach*). Ziel war zunächst die Finanzierung mittelfristiger Kleinexporte.

Der Forderungsankauf „à forfait" („in Bausch und Bogen") dürfte als Einzelerscheinung eine uralte Praxis des Außenhandels sein. Eine erste, wenn auch nur vorübergehende Institutionalisierung erfuhr das Geschäft kurzfristig mit dem europäisch-sowjetischen Handel der 30er Jahre. Eine weite Verbreitung hat die Forfaitierung dann ab 1965 gefunden, ausgelöst insbesondere durch die Verselbständigung der überseeischen europäischen Gebiete und den Ost-Westkonflikt. Im Gegensatz zum Factoring, das inzwischen weltweit als Träger nationale oder multinationale Gesellschaften kennt, blieb die geschäftliche Abwicklung der Forfaitierung auf die Schweiz konzentriert und konnte sich lediglich mit London einen neuen Standort schaffen. Beide Plätze haben die Betreuung auch auf außereuropäische Länder ausgedehnt.

2.1 Gemeinsamkeiten: Die Übernahme der Finanzierungs- und Delkrederefunktion

Factoring und Forfaitierung werden dadurch charakterisiert, daß der bisherige Gläubiger mit der Forderungsübernahme aus der Haftung entlassen wird. Der Forderungsankäufer übernimmt das Delkredere-Risiko, das seine Klienten gegenüber dem Schuldner (Factor, Forfaitierer) haben. Dadurch unterscheiden sich Factor und Forfaitierer von den Universalbanken, die (relativ selten) anstelle einer Buchforderungsbeleihung Forderungen nur unter Obligo des Klienten ankaufen. Dabei ist allerdings die sofortige volle Vergütung des Forderungsgegenwertes (abzüglich Provision) nicht Voraussetzung für die Delkredere-Übernahme (echtes Factoring: old line factoring). Dieses setzt sich immer mehr durch gegenüber dem „unechten" Factoring (keine Delkredere-Übernahme: recourse factoring). Verbreitet ist die Kondition „80% Finanzierung – 100% Delkredere". Für die Forfaitierung gilt demgegenüber stets die volle Honorierung.

2.2 Die Unterschiede

Der wesentliche Unterschied zwischen Factoring und Forfaitierung besteht zunächst in der Kontinuität. Die Forfaitierung bezieht sich auf ein bereits abgeschlossenes Einzelgeschäft, wobei die Forderung stets über sehr hohe Beträge (i. d. R. 1 Mio. DM als Untergrenze) lautet. Factoring bedeutet demgegenüber eine Dauereinschaltung: Der Factor übernimmt aufgrund eines Rahmenvertrages den laufenden Ankauf von Forderungen i. d. R. meist vor Entstehung. Bereits darin kommt zum Ausdruck, daß beim Factoring der Forderungskäufer noch weitere Dienstleistungen erbringt.

2.3 Die zusätzlichen Dienstleistungsfunktionen des Factors

2.3.1 „Typische" Dienstleistungsfunktionen des Factors

Die zusätzlichen Dienstleistungsfunktionen eines Factors sind nur teilweise begriffsnotwendig und generell anzutreffen. Hierunter fällt in jedem Fall:

1. die Funktion der Kreditprüfung und Kontrolle (die zudem im eigenen Interesse des Factors stattfindet). Da der Factor das volle Bonitätsrisiko übernimmt, muß er sich die Auswahl der potentiellen Schuldner vorbehalten (Einschränkung des Abnehmerkreises).
2. die Fakturierungs-Funktion,
3. die Funktion der Debitoren-Buchhaltungsübernahme sowie
4. die Inkassofunktion in ihren verschiedenen Ausprägungen (die allerdings mit dem definitiven Ankauf bereits begriffsnotwendig enthalten ist).

2.3.2 „Atypische" Funktionen des Factors

Verschiedene Factorbetriebe besorgen außerdem noch weitere Aufgaben für ihre Klienten, ohne daß dies jedoch wesensnotwendige Funktionen sind. Ein Factor, der auf diese Geschäfte verzichtet, verliert also deswegen nicht die Factoreigenschaft. Diese Aufgaben sind entweder „historisch bedingt oder entspringen der Notwendigkeit bzw. dem Wunsch des Factors, seinen Service auszuweiten resp. abzurunden. Bedeutsam sind insbesondere

1. Leistungen im Rechnungswesen des Klienten – primär bedingt durch das Vorhandensein entsprechender EDV-Einrichtungen der Unternehmungen zur Wahrnehmung der Hauptdienstleistungsfunktion.
2. Leistungen im Absatzbereich, die ursprünglich ja Hauptfunktion des Factors waren (Faktorei), gegenwärtig bei allen Neugründungen allerdings erst ganz allmählich eingeführt werden. Am weitesten entwickelt sind diese Funktionen beim Exportfactoring.

3. Leistungen im Beschaffungsbereich – womit sich bereits eine Annäherung an die primären Leistungen des Unternehmens anbahnt.

Schließlich besteht die Möglichkeit, daß sich reine Faktorbetriebe im Laufe der Zeit zu Unternehmensberatern ausweiten und damit Funktionen der indischen Managing Agencies übernehmen.

2.3.3 Unterschiedliche Sortimente der Factorbetriebe

Die unterschiedlichen Sortimente schlagen sich in verschiedenen „Typen" des Factoring nieder: dem **Fälligkeitsfactoring** (maturity factoring: Fehlen der Finanzierungsfunktion) im Gegensatz zum typischen Factoring mit Honorierung zum Ankaufszeitpunkt (Entstehung der Forderung: „advance factoring"), dem **Eigenservice-Factoring** (Fehlen der Service-Funktionen, wie Rechnungsausstellung und Debitorenbuchführung) und dem **Standard-Factoring**. Das unterschiedliche Sortiment äußert sich naturgemäß auch in unterschiedlichen Gebühren und verändert zugleich den Kreis der Interessenten. Vor allem sind Unternehmen mit einer Vielzahl kleiner Umsatzposten nicht in der Lage, die „normale" Factorgebühr zu tragen. Die Selbstbesorgung der Fakturierungs- und Buchhaltungsfunktion erlaubt hier tragbare Konditionen.

Schließlich wird noch unterschieden, ob der Forderungsverkauf als offene oder stille Zession erfolgt (Abtretung mit oder ohne Drittanzeige). Die Drittanzeige an den Schuldner liegt beim notifizierten oder offenen Factoring vor, sie fehlt beim stillen oder nichtnotifizierten Factoring (confidential factoring). Im Hinblick auf die Zessionsverbote dominiert in Deutschland das nichtnotifizierte Factoring. Eine Zusammenfassung der wichtigsten Erscheinungsformen des Factoring gibt Tabelle 1.

Tab. 1: Erscheinungsformen des Factoring

Kriterium	Factoring Typen	
Übernahme der Delkredere-Funktion	ja echtes F. old-line f.	nein unechtes F. recourse f.
Zeitpunkt der Liquiditätswirksamkeit	Verkaufstag advance f.	Fälligkeitstag maturity f.
Mitteilung an Schuldner	ja (offene Zession) notifiziertes F.	nein (stille Zession) nichtnotifiziertes F. confidential f.
Übernahme zusätzlicher Funktionen	ja Eigenservice-F.	nein Standard-F.

3. Die Beurteilung des Forderungsverkaufs

Bei der Beurteilung sollen die drei Kriterien finanzwirtschaftliche Momente, Kosten und absatzwirtschaftliche Folgen herangezogen werden.

3.1 Die finanzwirtschaftliche Beurteilung

Finanzwirtschaftlich ist der Forderungsverkauf uneingeschränkt positiv zu beurteilen. Die Vorteile des Factoring richten sich dabei nach der Erscheinungsform. Am günstigsten zu beurteilen ist das eigentliche Factoring mit Übernahme der Delkredere-Funktion (echtes Factoring) per Entstehungstag der Forderung (advance factoring).

Die Forfaitierung erfolgte schon immer zum Nennwert abzüglich Diskont bei vollem Delkredere. Beim Factoring gilt üblicherweise die Bedingung „sofortige Auszahlung 80% bei 100%igem Delkredere", wobei 20% der Umsätze bis zur Vollkreditierung bzw. bis zum Eintritt des Delkrederefalls zur Deckung von Mängelrügen, Skonti, Boni etc. einbehalten werden. Auch hinsichtlich der Kreditwürdigkeitsprüfung findet zwischen den Gesellschaften kein eigentlicher Wettbewerb mehr statt: Man kann davon ausgehen, daß der abgelehnte Klient eines Factors auch bei den Konkurrenten nicht besser eingestuft wird.

Die Übernahme der Delkredere-Funktion ist eine für Banken atypische Erscheinung, da damit die Sicherheiten auf die Person eines Kreditnehmers und die ihm zur Verfügung stehenden Waren beschränkt sind. Die Risikopolitik der Forderungsankäufer muß sich daher neben der Risikovorbeugung (ertragsorientierte Kreditwürdigkeitsprüfung und -kontrolle) und Risikostreuung auf die Gestaltung der Risikoprämie beschränken.

Infolgedessen sind Forfaitierer und vor allem Factor gezwungen, bei ihren Bonitätsanforderungen wesentlich höhere Maßstäbe anzulegen als die Banken im Kreditgeschäft. Die Möglichkeiten der Risikostreuung richten sich nach der Zahl der potentiellen Klienten: Diese ist beim Factor mit Abstand am größten und beim Forfaitierer (im Hinblick auf die hohen Beträge des Einzelgeschäfts) am geringsten. Bei der Fixierung der Delkredere-Provision schließlich unterliegen die Forderungsankäufer international zwar keinerlei gesetzlichen Beschränkungen. Auch nehmen sie insofern eine Art Monopolstellung ein, als außer ihnen keine andere Bank zur vollen Risikoübernahme bei der Forderungsverwertung bereit ist und auch die Kreditversicherungen einen Selbstbehalt von bis zu 40% fordern. Grenzen bestehen jedoch in der unterschiedlichen Risikobereitschaft der potentiellen Klienten.

Diese Risikobereitschaft ist am geringsten entwickelt bei allen Auslandsgeschäften, wobei sich hier erhebliche graduelle Abstufungen nach Länderkategorien und Währungsbereichen feststellen lassen. Man kann grundsätzlich davon ausgehen, daß die Bereitschaft zur Selbstübernahme des Debitorenrisikos mit zunehmender Betriebsgröße steigt. Daraus folgt, daß die Klienten der Factor-Unternehmen insbesondere mittlere Betriebe sind, die angesichts ihrer Kapazitätsgrenzen im Arbeitskräftesektor wie auch hinsichtlich ihres Kapitalmangels eine entsprechende Prämienpolitik der Forderungsankäufer akzeptieren.

3.2 Kosten

Die Liquiditätsvorteile verursachen entsprechend höhere Kosten, wobei sich der Umfang nach den übernommenen zusätzlichen Funktionen richtet. Der Delkredere-Satz beläuft sich bei der Forfaitierung auf zwischen 0,5 und 7%. Er liegt beim Factoring angesichts der erfolgten Kreditwürdigkeitsprüfung wesentlich darunter und schwankt (Ende 1991) zwischen 0,25 und 0,75%. Die Factoring-Gebühr für die Dienstleistungen bewegt sich zwischen 0,5 und 3,25% des Umsatzes je nach Umfang des Angebots, bei Voll-Service und Umsatz 1 Million aber von Institut zu Institut zwischen 1,75 und 3,25%. Im Hinblick auf die unterschiedliche Ausgestaltung der Service-Leistung sind allerdings die Konditionen nur teilweise vergleichbar: Die verschleierte Markttransparenz begründet hier wieder zwar minimale, aber bei den hohen Umsätzen doch spürbare monopolistische Spielräume.

Factoring ist eine Erscheinung der Funktionsausgliederung, so daß beim Vergleich mit der Beleihung alle Gegebenheiten der beiden Alternativen „Eigenherstellung – Fremdbezug" herangezogen werden müssen. Die Vorteile für den Klienten wachsen dabei mit fallender Betriebsgröße.

Bei Forfaitierung und Exportfactoring ist auf den Wegfall des Kursrisikos hinzuweisen, wobei hier der Forderungsverkauf mit den übrigen Instrumenten der Kurssicherung konkurriert.

3.3 Absatzwirtschaftliche Beurteilung

Hier sind zweifelsohne Nachteile anzuführen, die am ausgeprägtesten beim Factoring sind.

a) Sie äußern sich zunächst in der weitgehenden Verhinderung des notifizierten Factoring durch die sich immer mehr ausbreitenden Abtretungsverbote, die sich vor allem Großbetriebe (Unternehmungen und Verwaltungen) zur Erleichterung von Zielüberschreitungen gegenüber ihren Gläubigern ausbedingen. Dies erlaubt nur eine stille Abtretung und erzwingt damit die Akzeptierung eines confidencial factoring.

b) Sodann ist auf die in Deutschland verbreitete negative Einschätzung der Abtretung durch Schuldner hinzuweisen: Ganz im Gegensatz zu den

3. Die Beurteilung des Forderungsverkaufs

Verhältnissen in den Vereinigten Staaten werden hier aus der Abtretung vielfach negative Schlüsse auf die Situation des abtretenden Unternehmens gezogen. Hinzu kommt, daß der Schuldner seitens des Factors ein „strenges" Durchgreifen bei Zahlungsverzögerung befürchtet, da dieser ja keine Rücksicht auf künftige Geschäfte nehmen muß. Schließlich fehlt beim Factoring die Möglichkeit eines Aushandelns von Konditionen.

c) Factoring löst den Interessenkonflikt zwischen Finanzwirtschaft und Absatzwirtschaft der Unternehmung zugunsten der ersteren: Während eine leistungswirtschaftliche Unternehmung regelmäßig die Kreditgewährung als absatzpolitisches Instrument einsetzt, gilt für den Factor das gleiche wie für eine Bank: Der Forderungskauf ist nicht Mittel zum Zweck, sondern Selbstzweck. Daher unterzieht der Factor die Geschäftspartner einer härteren Kreditwürdigkeitsprüfung als der Warenverkäufer mit der Folge, daß sich der Umsatz reduziert. Der damit verbundene Gewinnausfall ist im allgemeinen höher als die vermiedenen Delkredereverluste.

3.4 Zusammenfassung

Den großen liquiditätsmäßigen Vorteilen beider Formen stehen beim Factoring kosten- und absatzwirtschaftliche Nachteile gegenüber. Diese Nachteile steigen mit zunehmender Unternehmensgröße. Das Factoring spricht daher primär mittlere Unternehmen an, die einerseits von der Betriebsgröße her an der Funktionsausgliederung interessiert sind und die andererseits vom Umsatz her für den Factor „interessant" sind. Für Großunternehmen mit entsprechenden eigenen Kapazitäten ist der Factor zu teuer, während umgekehrt Kleinbetriebe für den Factor unrentabel sind. Für den typischen Factorkunden gelten folgende Merkmale: Mindestumsatz 1–2 Mio. DM, durchschnittliche Rechnungsbeträge von mindestens 400 DM, möglichst gleichbleibender Kundenkreis gewerblicher Abnehmer bei Zahlungszielen von 30 bis 120 Tagen. Als besonders „factoring-freundlich" gelten Produzenten und Großhandel der Branchen Textil, Möbel, Schuhe und Elektrogeräte.

Factoring ist schließlich ungeeignet für Problemlösungen notleidender Betriebe.

Für das Export-Factoring sind zusätzlich folgende Voraussetzungen nötig: hoher Exportanteil, keine eigene Exportabteilung, Lieferungen in westliche Industrieländer, Bestehen von Factoring-Gesellschaften im Partnerland und DM-Fakturierung bei Durchschnittsbeträgen nicht unter 2 500 DM.

Die Gesellschaften sind auf mehrjährige Verträge angewiesen, weswegen vor Vertragsabschluß eine intensive Rentabilitäts- wie Kreditwürdigkeitsprüfung stehen muß.

3.5 Die Bedeutung der Forderungsverkäufe

Über den Umfang der Forfaitierung gibt es weder national noch international Zahlenangaben.

Im Factoring hat Italien bedeutungsmäßig mit etwa 30% des weltweit ermittelten Factoring-Gesamtumsatzes die Führungsrolle übernommen, gefolgt von den USA (20%). Die Bundesrepublik Deutschland vereinigt etwa vier Prozent der Weltumsätze auf sich: Der Jahresumsatz 1990 mit 15 Mrd. DM entspricht etwa ein bis zwei Prozent des kurzfristigen Kreditvolumens der Banken wie auch der kurzfristigen Lieferantenforderungen bzw. -verbindlichkeiten der deutschen Wirtschaft. Aus diesem geringen Anteil werden große Wachstumschancen der Branche abgeleitet.

4. Der Forderungsankäufer

Der Forderungsankauf gilt nicht als Bankgeschäft gem. § 1 KWG: Factor und Forfaitierer werden daher durch diese Geschäfte allein nicht zu Banken i. S. des KWG. Das KWG in der Fassung von 1992 ordnet beide Typen von Forderungsankäufern unter die (in ihrer Tätigkeit dem Gesetz nicht unterworfenen) „Finanzinstitute" ein. Wohl aber gelten für Kreditinstitute (Banken im Sinne des KWG) seit 1976 „entgeltlich erworbene Geldforderungen als Kredite gem. § 19 Abs. 1 Ziff. 1 KWG unbeschadet der rechtlichen Einordnung des Factoring". Kreditinstitute sind im Factoringgeschäft Einschränkungen durch das KWG (insbes. die Liquiditätsgrundsätze) unterworfen. Unternehmungen, die sich auf Factoring bzw. Forfaitierung beschränken, unterliegen nicht diesen Normen. Ihnen bleibt allerdings die Einlagenfinanzierung untersagt: Sie sind auf die Banken-Refinanzierung angewiesen.

Factoring und Forfaitierung werden entweder von reinen Spezialisten oder von Spezialbanken mit angrenzendem Sortiment angeboten, praktisch nicht von Universalbanken.

Factor-Gesellschaften arbeiten gegenwärtig in nahezu allen westeuropäischen Ländern, Nordamerika, dem australischen Kontinent, in Südafrika, Israel, Japan, den asiatischen Schwellenländern und einigen lateinamerikanischen Staaten. Bei der Forfaitierung ist das Spezialinstitut Ausnahme: Bekannt sind nur wenige in der Schweiz domizilierende Institute.

Die wenigen deutschen Universalbanken mit Factoringgeschäft sind in Wirklichkeit Spezialbanken, die allmählich ihr Sortiment ausweiten möchten. Sofern die übrigen Universalbanken das Factoring pflegen, bedienen sie sich hier entweder eigener Tochtergesellschaften oder ihrer eigenen Teilzahlungsbanken. Die KWG-Novelle von 1976 hat das Universalbanken-Factoring praktisch ausgelöscht.

In den Vereinigten Staaten ist der Factor im allgemeinen immer ein (Privat-)Bankier im ökonomischen Sinn. Für die Bundesrepublik Deutschland dominierte dieser Typ in den Anfangsjahren. Inzwischen sind die abhängigen Banken führend, die ohnehin den Markt beherrschen. Das Factoring-Geschäft wird dabei auch von internationalen Gesellschaften getragen. Weltweit führend ist hierbei die Walter E. Heller-Gruppe (Chicago), auf die rund 20 Prozent des Weltumsatzes entfallen. Daneben sind in der Bundesrepublik Deutschland die Westminster-Bankgruppe (Credit Factoring International) und die Clark Equipment Corporation (Michigan) vertreten. Die meisten übrigen bedeutenden Factor-Gesellschaften haben sich alternativ zwei internationalen Organisationen angeschlossen. Die International Factors Group war ursprünglich ein von der First National Bank of Boston getragener Konzern, der sich inzwischen in eine Kooperation mit gewissen Franchise-Elementen verwandelt hat. Die Factors Chain International (Amsterdam) gilt als die stärkste Organisation. Die Factor-Gesellschaften können insgesamt als die am stärksten international verflochtenen Kreditinstitute gelten.

Eine Übersicht über die deutschen Anbieter an Factoring-Leistungen gibt der Deutsche Factoring-Verband e. V., Frankfurt a. Main.

Literatur

Bankenfachverband Konsumenten- und gewerbliche Spezialkredite (BKG) e. V. (Hrsg.), Finanzierung, Leasing, Factoring (FLF), Fachzeitschrift, Mettmann-Düsseldorf

Ehrenberger, H. (1982), Art. Factoring und Forfaitierung, in: Handwörterbuch der Sparkassen, Bd. 2, Stuttgart, S. 126 ff. (mit Kosten-Nutzen-Analyse, S. 131 ff.)

Hagenmüller, K. F./Sommer, H. J. (Hrsg.) (1987), Factoring-Handbuch, 2. A., Frankfurt am Main

Häusermann, B. T. (1972), Forfaitierungsgeschäfte im Dienste der mittelfristigen Exportfinanzierung, Bern–Stuttgart

Kapitel 24
Projektfinanzierung

von *Klaus Backhaus, Jörg Schill* und *Heinrich Uekermann*

1. Begriffsabgrenzung 532
2. Ursachen, historische Entwicklung und Anwendungsbereiche der Projektfinanzierung 533
   2.1 Ursachen für die Entwicklung und Verbreitung der Projektfinanzierung 533
      2.1.1 Zahlungsschwierigkeiten von Entwicklungsländern .. 533
      2.1.2 Kapitalintensität und Risiken von Großprojekten ... 534
   2.2 Historischer Ursprung und Anwendungsbereiche der Projektfinanzierung 535
3. Charakteristika der Projektfinanzierung 536
   3.1 Cash Flow Related Lending 536
   3.2 Off Balance Sheet Financing 537
   3.3 Risk Sharing 538
4. Phasenorientierte Betrachtung der Projektfinanzierung 539
   4.1 Projektphasen mit vorbereitendem Charakter – Projektanalysen 540
      4.1.1 Technische Studien und Identifikation von Risikobereichen 540
      4.1.2 Wirtschaftliche Analysen 542
         4.1.2.1 Cash-flow-Analysen sowie Bilanz- und GuV-Projektionen 542
         4.1.2.2 Berücksichtigung von Risiken 544
   4.2 Projektphasen mit Realisationscharakter 546
      4.2.1 Risikoreduktion und Risikoverteilung 546
      4.2.2 Finanzierungskonzept und Mittelaufbringung 551
      4.2.3 Überwachung der Projektfinanzierung 552
5. Zukünftiges Anwendungspotential für Projektfinanzierungen .. 552
Literatur 553

Kapitel 24: Projektfinanzierung

1. Begriffsabgrenzung

Mit dem Begriff Projektfinanzierung wurden und werden zum Teil stark unterschiedliche Bedeutungsinhalte verbunden. Teilweise wird Projektfinanzierung gleichgesetzt mit Auftragsfinanzierung, bei der z. B. ein Anlagenbauer seinem Kunden einen Bestellerkredit vermittelt, oder unter Projektfinanzierung wird generell die Finanzierung industrieller Projekte mit hohem Kapitalbedarf verstanden (auf diese Mißverständnisse weisen z. B. *Backhaus* und *Fowler* hin: vgl. *Backhaus* 1989, Sp. 1728; *Fowler* 1977, S. 51). Diese Begriffsinterpretationen sind jedoch zu weit gefaßt und lassen den Hinweis auf das zentrale Charakteristikum der Projektfinanzierung – die **Cash-flow-orientierte Kreditvergabe** an ein Projekt – vermissen.

Nicht zuletzt die verdienstvollen Definitionsbemühungen des amerikanischen Financial Accounting Standards Board haben inzwischen zu einer weitgehenden Vereinheitlichung des Begriffsverständnisses beigetragen. Unter Projektfinanzierung wird im folgenden die Finanzierung einer sich selbst tragenden Wirtschaftseinheit (das Projekt) verstanden, bei der sich die Financiers in ihrer Kreditentscheidung primär auf den zukünftigen Cash-flow und im weiteren auf die Aktiva des Projektes als Sicherheit für

Abb. 1: Schematischer Vergleich der konventionellen Kreditfinanzierung für eine Investition und der Projektfinanzierung (vgl. *Niehuss* 1983, S. 176)

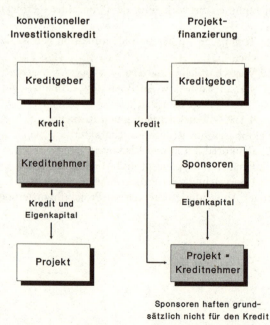

die Rückzahlung der von ihnen vergebenen Kredite stützen (vgl. Anhang B zu: Statement of Financial Accounting Standards No. 47, abgedruckt bei *Nevitt* 1989, S. 378).

Seine Institutionalisierung findet das Projekt zumeist in einer Projektgesellschaft, deren Anteilseigner üblicherweise die Unternehmen sind, die das Projekt initiieren und daraus einen Nutzen ziehen. Diese Projektgesellschaft – und nicht die Anteilseigner – ist in aller Regel Schuldner der zur Finanzierung des Projektes notwendigen Kredite.

Es gehört zum Prinzip der Projektfinanzierung, daß die Kreditgeber keine oder nur eingeschränkte Möglichkeiten haben, auf die Anteilseigner (auch als Sponsoren bezeichnet) der Projektgesellschaft zurückzugreifen (siehe auch Abb. 1). Im Unterschied zur konventionellen Kreditfinanzierung für Investitionsprojekte, bei der sich die Finanzierungsentscheidung auf die Bonität der Investoren stützt, verlangen Projektfinanzierungen eine Kreditentscheidung, die sich vornehmlich an der zukünftigen finanziellen Leistungsfähigkeit des Projektes selbst orientiert.

2. Ursachen, historische Entwicklung und Anwendungsbereiche der Projektfinanzierung

2.1 Ursachen für die Entwicklung und Verbreitung der Projektfinanzierung

2.1.1 Zahlungsschwierigkeiten von Entwicklungsländern

Eine Ursache für die Entwicklung der Projektfinanzierung kann in der enormen **Auslandsverschuldung** zahlreicher Entwicklungsländer und den damit einhergehenden Zahlungsschwierigkeiten dieser Länder gesehen werden. Insbesondere die beiden Ölpreisschocks in den siebziger Jahren haben dazu geführt, daß die Importe der Industrieländer aus Entwicklungsländern relativ stark zurückgingen und sich die Debt Service-Ratios (Verhältnis der Schuldendienstzahlungen auf die gesamte Auslandsverschuldung zu den Exporterlösen) dieser Länder z. T. drastisch erhöhten (vgl. z. B. *Stockner* 1984, S. 16). Die Folge dieser Entwicklung waren Schuldendienstprobleme, welche diese Länder teilweise dazu veranlaßten, ihre Auslandsverbindlichkeiten nicht zu bedienen oder Umschuldungen ihrer extern aufgenommenen Kredite zu bewirken (vgl. auch *Agtmael* 1976, S. 16; *Stockner* 1984, S. 17).

Ein Großteil dieser Kredite war lange Zeit zahlungsbilanzbezogen. Es handelte sich um sogenannte Budget Loans, die an die jeweiligen Zentralbanken der Entwicklungsländer ohne genaue Zweckbindung vergeben wurden. Das bedeutete, daß die Rückzahlung dieser Kredite abhängig war von der allgemeinen wirtschaftlichen und auch politischen Entwicklung der Schuldnerländer sowie von deren Fähigkeit, die geliehenen Gelder gewinnbringend einzusetzen. Gerade diese Fähigkeit war aber – und ist häufig auch heute noch – wenig ausgeprägt. Die Vergabe von Zahlungsbilanzkrediten ist daher mit relativ hohen Risiken behaftet.

Infolgedessen wurden internationale Geschäftsbanken bei der Vergabe von Zahlungsbilanzkrediten an Entwicklungsländer vorsichtiger (vgl. *Agtmael* 1976, S. 16). Sie erkannten, daß einer anhaltend relativ hohen Kreditnachfrage aus Entwicklungsländern mittels Finanzierungsmethoden nachzukommen ist, die mit geringeren Risiken behaftet sind. Die meisten Banken konzentrieren sich seitdem u. a. darauf, **zweckgebundene an Stelle zahlungsbilanzorientierter Kredite** zu vergeben (vgl. *Harrison* 1975, S. 78). Damit ist zwar möglicherweise eine wirtschaftlich sinnvolle Verwendung der Mittel sichergestellt; die Rückzahlung hängt aber immer noch von der Bonität des Schuldnerlandes ab. Dies läßt sich möglicherweise ändern, wenn der Schuldner der Kredite nicht das Projektland ist. Werden die Kredite nicht nur zweckgebunden, sondern unmittelbar an das zu finanzierende Projekt vergeben, so kann eine weitgehende Unabhängigkeit der Rückzahlung von der Bonität des Projektlandes erreicht werden, z. B. wenn die Projekterlöse in konvertiblen Währungen erzielt werden können und auf einem Konto außerhalb des Projektlandes eingehen (vgl. auch zur Diskussion der damit verbundenen Probleme *Stockmayer* 1985, S. 26). Soweit die so vergebenen Kredite nicht durch das Projektland garantiert werden und das Projekt selbst Schuldner der Kredite ist, bedeutet das allerdings auch, daß sich deren Rückzahlung nur noch auf die Wirtschaftlichkeit des Projektes stützen kann; das entspricht dem Gedanken der Projektfinanzierung.

2.1.2 Kapitalintensität und Risiken von Großprojekten

Ursache für die Entwicklung und die heutige Verbreitung der Projektfinanzierung ist jedoch nicht allein die Reaktion internationaler Geschäftsbanken auf die Zahlungsschwierigkeiten zahlreicher Entwicklungsländer. Vielmehr wird diese Finanzierungsmethode auch von Unternehmen forciert, die einerseits zunehmend kapitalintensivere **Erschließungen von Rohstofflagerstätten** betreiben, andererseits aber nicht über die notwendigen finanziellen Mittel für solche Vorhaben verfügen oder nicht dazu bereit sind, selbst das notwendige Kapital dafür bereitzustellen (vgl. *Harrison* 1975, S. 79). Ferner wollen diese Unternehmen die mit der Realisierung solcher Projekte verbundenen Risiken häufig nicht allein tragen (vgl. auch *White* 1976, S. 15).

Der Unwille, selbst das Kapital für große Rohstoffprojekte bereitzustellen, ergibt sich insbesondere aus der Tatsache, daß die Aufnahme von Fremdkapital für solche Projekte herkömmliche Bilanzstrukturkennzahlen verschlechtert. Zielsetzung von Rohstoffunternehmen war und ist es, ein Projekt mit Hilfe von Fremdkapital zu finanzieren, ohne dieses Kapital in der eigenen Bilanz ausweisen zu müssen und ohne unmittelbar für dessen Rückzahlung zu haften. Ein Lösungsansatz dazu kann in der Anwendung der Projektfinanzierungsmethode bestehen. Die an dem Projekt interessierten Unternehmen (Sponsoren) gründen dazu in aller Regel eine Gesellschaft, die Schuldner der Kredite ist. Für die Rückzahlung der Kredite haften nicht die Sponsoren, sondern die Projektgesellschaft.

2.2 Historischer Ursprung und Anwendungsbereiche der Projektfinanzierung

Projektfinanzierungen lassen sich bereits im vierten und fünften Jahrhundert v. Chr. bei sogenannten Seedarlehen nachweisen. Griechischen Händlern wurden Darlehen gewährt, die zur Finanzierung des Einkaufs und des Schiffstransportes von Nahrungsmitteln aus Südrußland, Sizilien und Ägypten dienten. Einzige Sicherheit für diese Darlehen waren das Schiff und die darauf befindliche Ware. Ging das Schiff unter oder wurde es von Piraten gekapert, so waren der Händler oder seine Angehörigen dem Darlehensgeber nicht zur Rückzahlung verpflichtet (vgl. zu dieser klassischen Form der Handelsfinanzierung *Casson* 1984, S. 27 f.). Vielmehr erhielt der Darlehensgeber sein Geld nur zurück, wenn die Reise erfolgreich beendet und die importierten Güter verkauft waren. Dieses Beispiel aus dem antiken Griechenland verdeutlicht, wie die mit einem Vorhaben verbundenen Risiken zur Anwendung der besprochenen Finanzierungsmethode führen können. Der Anreiz für eine derart risikobehaftete Finanzierung bestand für den Darlehensgeber in einem Zinszuschlag – heute würde man von Spread sprechen – von z. T. 50% oder mehr (vgl. *Casson* 1984, S. 28). Ihre Fortsetzung findet diese Art der Finanzierung nachweislich in der Mitte des zweiten Jahrhunderts n. Chr. im römischen Seehandel (vgl. *Thür* 1987, S. 229 ff.).

Projektfinanzierungen für die bereits erwähnten Rohstoffprojekte haben ihren Ursprung dagegen in den sogenannten Production Payments für **Erdölexplorationen** in den dreißiger Jahren dieses Jahrhunderts in den USA (vgl. *Hall* 1976, S. 71). Eine der ersten europäischen Anwendungen dieser Finanzierungsmethode stellt die Finanzierung für die Erschließung und anschließende Ausbeutung des Forties Field in der Nordsee durch British Petroleum (BP) dar. Für BP waren es insbesondere bilanztechnische Gründe, die zur Verwendung der Projektfinanzierung führten (vgl. *Brealey/Myers* 1988, S. 600 ff.). Neben der Erdöl- und Erdgasexploration sind außerdem bis zum Ende der siebziger Jahre **Kohleprojekte** der dominierende Anwendungsbereich für Projektfinanzierungen gewesen (vgl. auch *Brooks/Hursh* 1982, S. 1332 ff.).

Waren es insbesondere die Kapitalintensität und das Risiko relativ hoher finanzieller Verluste, die zur Anwendung der Projektfinanzierung bei Primärenergieprojekten geführt hatten, so liegt es nahe, daß diese Finanzierungsmethode seither auch zunehmend in anderen Branchen Bedeutung erlangt, in denen Investitionsprojekte ähnliche Charakteristika aufweisen. Heute umfaßt der Anwendungsbereich der Projektfinanzierung u. a. die Finanzierung von Verkehrsprojekten, Stahlwerken, Pipelines, Kraftwerken oder Telekommunikations-Einrichtungen (vgl. *Laubscher* 1987, S. 23; *Schneider* 1986, S. 570 ff.). Das wohl bekannteste Beispiel aus dem Bereich der Verkehrsprojekte stellt der Ärmelkanal-Tunnel mit einem Finanzierungsvolumen von heute insgesamt 8,7 Milliarden Pfund Sterling dar (vgl. *Holstrom* 1991, S. 2).

3. Charakteristika der Projektfinanzierung

Die Ausführungen zu den Ursachen für die Entwicklung der Projektfinanzierung haben gezeigt, daß mit deren Anwendung unterschiedliche Zielsetzungen verbunden sein können. International tätige Geschäftsbanken sind bestrebt, die Rückzahlung von Krediten für Investitionsvorhaben in Entwicklungsländern unabhängig von der Bonität des Projektlandes zu gestalten. Rohstoffunternehmen dagegen sind daran interessiert, Projekte mit Fremdkapital zu finanzieren, ohne ihre eigenen Bilanzen zu belasten. Mit diesen Zielsetzungen korrespondieren zwei Charakteristika der Projektfinanzierung, die auch in zahlreichen Definitionen zum Begriff der Projektfinanzierung Eingang gefunden haben (vgl. *Frank* 1986, S. 16 ff. und S. 46 ff.; *Uekermann* 1990, S. 18 ff.):
– Cash Flow Related Lending,
– Off Balance Sheet Financing.

Aus der Tatsache, daß mehrere Projektbeteiligte die Risiken einer Projektfinanzierung tragen sollen und müssen, ergibt sich als weiteres Charakteristikum das sogenannte Risk Sharing.

3.1 Cash Flow Related Lending

Aus dem Blickwinkel der Fremdkapitalgeber ist bei Projektfinanzierungen die Fähigkeit des Projektes, einen für die Bedienung des Schuldendienstes ausreichenden **Cash-flow** zu generieren, das ausschlaggebende **Kriterium für die Kreditvergabeentscheidung**. Dieses Vorgehen bezeichnet man mit dem Terminus Cash Flow Related Lending oder nach *Heintzeler* als Cash-flow-Finanzierung (vgl. *Heintzeler* 1983, S. 600). Damit eine am Cash-flow orientierte Beurteilung möglich ist, muß das Projekt eine in sich geschlossene wirtschaftliche Einheit sein, die eigenständig analysierbar ist.

3. Charakteristika

Der Cash-flow als Grundlage für die Kreditentscheidung entspricht dabei der Differenz aus den Einzahlungen der Projektgesellschaft und den zur Erzielung der Einzahlungen notwendigen Auszahlungen. Die Auszahlungen schließen dabei Steuerzahlungen mit ein, nicht aber den Schuldendienst für die Bedienung der Projektkredite oder etwaige Ausschüttungen an die Anteilseigner.

3.2 Off Balance Sheet Financing

Damit die Sponsoren eines Projektes die Projektkredite nicht in ihren Bilanzen ausweisen müssen, bedarf es der Gründung einer eigenständigen **Projektgesellschaft**, welche die zur Finanzierung des Projektes notwendigen Kredite aufnimmt. Wie das Beispiel der Forties Field-Exploration durch BP zeigt, können **bilanztechnische Gründe** zur Bevorzugung der Fremdmittelaufnahme im Wege der Projektfinanzierung führen. Allerdings hängt es von der Art der Beziehungen zwischen den Sponsoren und der Projektgesellschaft sowie von den anzuwendenden **Rechnungslegungsvorschriften** ab, ob der angestrebte Off Balance Sheet-Effekt auch realisiert werden kann.

In der Regel sind die Sponsoren Anteilseigner der Projektgesellschaft. Ein Nichtausweis der Verbindlichkeiten in der Bilanz der Sponsoren ist nur zu erreichen, wenn in bezug auf die Projektgesellschaft keine Konsolidierungspflicht bei den Sponsoren besteht.

In den USA beispielsweise hängt die Pflicht zur Einbeziehung der Verbindlichkeiten einer Projektgesellschaft in die Bilanz der Sponsoren im wesentlichen davon ab, ob eine mehrheitliche Beteiligung an der Projektgesellschaft besteht. Bei Beteiligungen von weniger als 50% des Eigenkapitals der Projektgesellschaft kann eine Konsolidierung grundsätzlich unterbleiben. Diese Regelung führt häufig dazu, daß sich mehr als zwei Sponsoren an einer Projektgesellschaft beteiligen (vgl. *Nevitt* 1989, S. 6). Für britische Sponsoren sind hingegen Art und Umfang der Konsolidierungspflicht davon abhängig, inwieweit das Kriterium „Kontrolle der Projektgesellschaft" erfüllt wird (vgl. *Peasnell/Yaansah* 1988, S. 9 ff.). Für dem deutschen Recht unterliegende Sponsoren besteht eine grundsätzliche Pflicht zur Vollkonsolidierung (vgl. insbesondere §§ 290 u. 271 HGB sowie §§ 300 ff. HGB). Daneben läßt der Gesetzgeber zahlreiche Ausnahmen und Wahlmöglichkeiten zu, welches eine Prüfung der Konsolidierungspflicht in jedem Einzelfall notwendig macht.

Unabhängig von der Beteiligung der Sponsoren an der Projektgesellschaft kann der Off Balance Sheet-Effekt durch Eventualverbindlichkeiten der Sponsoren gefährdet sein. Diese ergeben sich z. B. aus Bürgschaften oder Garantien der Sponsoren zugunsten der Projektgesellschaft oder anderen vertraglichen Vereinbarungen der Sponsoren mit den Kreditgebern, welche notwendig sind, um dem Projekt eine ausreichende Kreditwürdigkeit zu verleihen. Für jede dieser potentiellen Verpflichtungen stellt sich die Frage, ob sie bei den Sponsoren bilanzwirksam ist. Potentielle Verpflichtungen, die einen entscheidenden Einfluß auf die Vermögens- und Ertragslage der Sponsoren haben können, führen in aller Regel zu einem entsprechenden Vermerk oder sogar zu einem expliziten Ausweis in der Bilanz der Sponsoren (vgl. *Nevitt* 1989, S. 6; *Brealey/Myers* 1988, S. 601). Es bedarf einer genauen Kenntnis der anzuwendenden Rechnungslegungsvorschriften, damit die Beziehungen zwischen Sponsoren und Projektgesellschaft so strukturiert werden können, daß der angestrebte Off Balance Sheet-Effekt realisiert wird.

3.3 Risk Sharing

Fremdkapital stellt mit einem Anteil von 65 bis 85% am gesamten Finanzierungsvolumen i. d. R. den größten Beitrag zur Finanzierung eines Projektes dar (vgl. u. a. *Kamann/Wiegel* 1983, S. 229). Müßten sich die Kreditgeber ausschließlich auf den Cash-flow eines Projektes für die Rückzahlung der Fremdkapitalien verlassen, so würde dies einer Bereitstellung von Risikokapital gleichkommen (vgl. *Hartshorn/Busink* 1987, S. 224). Die Rückzahlung wäre von allen Risiken bedroht, die den Cash-flow des Projektes beeinflussen. Angesichts der z. T. erheblichen Risiken, die mit dem Bau und Betrieb industrieller Großprojekte verbunden sein können, sind Projektkreditgeber dazu jedoch in der Regel nicht bereit.

Diese mangelnde Bereitschaft zur Risikoübernahme wird verständlich, wenn man berücksichtigt, daß Kreditgeber üblicherweise mit der Bereitstellung von Fremdkapital nur einen Anspruch auf Tilgung und Zinsen haben. Im Gegensatz zu den Anteilseignern einer Projektgesellschaft partizipieren Kreditgeber nicht an einer über die Erwartungen hinaus positiven Entwicklung des Projektes. Folgerichtig wollen sie auch nicht die den Chancen eines Projektes gegenüberstehenden Risiken übernehmen (vgl. *Friederichs* 1983; *Uekermann* 1990, S. 19).

Der geringen **Bereitschaft zur Risikoübernahme bei Kreditgebern** steht auf seiten der Sponsoren die Zielsetzung gegenüber, ein Projekt mit möglichst geringer Gefahr eines finanziellen Verlustes zu realisieren. Obwohl die Sponsoren an positiven Entwicklungen eines Projektes als Anteilseigner i. d. R. durchaus teilhaben können, versuchen sie mittels Projektfinanzierung, die Risiken aus dem Bereich ihrer „Sponsor-Unternehmen" auszulagern. Inhalt und Ausmaß der Risikoübernahme durch Sponsoren und Kreditgeber bilden einen potentiellen Auseinandersetzungspunkt zwischen diesen beiden Beteiligten von Projektfinanzierungen.

Um dem Sicherheitsbedürfnis der Kreditgeber einerseits und der Zielsetzung der Sponsoren andererseits gerecht zu werden, erfolgt bei Projektfinanzierungen eine **Verteilung der projektinhärenten Risiken** (Risk Sharing) sowohl auf die Sponsoren und die Kreditgeber als auch auf weitere potentielle Beteiligte, die einen Nutzen aus dem Projekt ziehen können. Projektfinanzierungen kommen nur dann zustande, wenn die projektinhärenten Risiken identifiziert, in ihren möglichen Auswirkungen analysiert und auf die Projektbeteiligten verteilt werden können. Erst wenn die Risiken in ihren potentiellen Auswirkungen verteilt sind, darf davon ausgegangen werden, daß ihr Eintritt die Tragfähigkeit einzelner Projektbeteiligter nicht übersteigt und die Projektfortführung nicht durch den „Zusammenbruch" einzelner Beteiligter gefährdet ist.

In der Regel unterstützen die Sponsoren die Kreditwürdigkeit der Projektgesellschaft u. a. durch Garantien, Bürgschaften und andere vertragliche Vereinbarungen. Teilweise wird dadurch den Kreditgebern die Möglichkeit gegeben, für die Rückzahlung der Projektkredite auf die Sponsoren oder eine anderweitige Absicherungsquelle zurückzugreifen. In Abhängigkeit vom Umfang dieser Möglichkeiten lassen sich Projektfinanzierungen in zwei Gruppen einteilen (vgl. *Hall* 1976, S. 73 ff.):

- **Non Recourse**-Finanzierungen und
- **Limited Recourse**-Finanzierungen.

Nur in wenigen Fällen haben die Kreditgeber (zumindest ab einem bestimmten Projektstadium) keine Rückgriffsrechte auf die Sponsoren (Non Recourse). Die meisten Projektfinanzierungen sind dagegen Limited Recourse-Finanzierungen. Sie sehen eine betragsmäßige und/oder eine zeitliche Begrenzung der Rückgriffsmöglichkeiten der Kreditgeber auf die Sponsoren vor. Ferner können die potentiellen Verpflichtungen der Sponsoren so gestaltet sein, daß die Kreditgeber zur Befriedigung ihrer Forderungen nur bei Eintritt bestimmter Risikoarten auf die Sponsoren zurückgreifen können.

4. Phasenorientierte Betrachtung der Projektfinanzierung

Da Projektfinanzierungen in mehreren Teilschritten ablaufen, bietet sich eine phasenorientierte Betrachtung dieser Finanzierungsmethode an. Den Ausgangspunkt für eine Projektfinanzierung bildet nahezu regelmäßig die **Identifikation eines geeigneten Investitionsvorhabens**. Den Anstoß dazu geben zumeist **Angebotsengpässe** für eine bestimmte Leistung. Es muß nachgewiesen werden, daß diese Ausgangssituation auch langfristig besteht. Ist ein potentielles Projekt identifiziert und sind erste Konzeptionen für dessen Realisierung entworfen worden, so beginnen bereits die Prozeßstufen, die in einer engen Beziehung zur Finanzierungsproblematik stehen.

Wenngleich jede Projektfinanzierung einen unterschiedlichen Verlauf nehmen kann, lassen sich in bezug auf die Finanzierungsproblematik idealtypisch die folgenden Phasen unterscheiden:

- Projektanalysen
  - Technische Studien und Identifikation von Risikobereichen
  - Wirtschaftliche Analysen
- Risikoreduktion und -verteilung
- Erarbeitung eines Finanzierungskonzeptes
- Mittelaufbringung
- Überwachung.

Diese Phasen überschneiden sich teilweise zeitlich, und es bestehen Rückkoppelungen zwischen den einzelnen Phasen.

4.1 Projektphasen mit vorbereitendem Charakter – Projektanalysen

Eine Projektfinanzierung läßt sich in aller Regel nur dann realisieren, wenn gezeigt werden kann, daß die Bedienung der Projektkredite durch die wirtschaftliche Einheit „Projektgesellschaft" gewährleistet ist. Zielsetzung von Projektanalysen muß es sein, dieses zu demonstrieren. Projektanalysen können sowohl von den Sponsoren, von Beratungsfirmen oder auch von den potentiellen Kreditgebern durchgeführt werden. In den meisten Fällen dürfte sich ein gemeinsames Vorgehen dieser drei Parteien anbieten, die so ihr spezifisches Know-how in die Analyse einbringen können.

4.1.1 Technische Studien und Identifikation von Risikobereichen

Grundlage einer jeden Projektfinanzierung sollten Studien über die technische Durchführbarkeit (sogenannte Technical Feasibility Studies) eines Projektes bilden. Bestandteile dieser Studien können Informationen sein über den Standort, bei Rohstoffprojekten die wirtschaftlich ausbringbare Reservemenge, die wesentlichen Komponenten des Anlagevermögens, die Verfahrenstechnik, die Leistungsfähigkeit der Projektanlagen hinsichtlich Kapazität und Qualität des Output, die Einsatzstoffe und deren Verfügbarkeit, das notwendige Betriebspersonal, umweltbezogene Aspekte etc. (vgl. *Gibbs/Sroka* 1978, S. 1648). Technische Studien müssen zeigen, daß das Projekt innerhalb eines vorgegebenen Kosten- und Zeitrahmens fertigzustellen ist und später die geplante Leistung zu projektierten Kosten erbringen kann.

Diese Informationen sind für die Finanzierung von Bedeutung, weil sie einen ersten Überblick in bezug auf mögliche Risiken geben, denen das Projekt ausgesetzt sein kann. Sie haben einen Einfluß auf die Kreditvergabeentscheidung von Projektfinanciers, da der Cash-flow und damit die

4. Phasenorientierte Betrachtung 541

Zahlungsfähigkeit eines Projektes durch diese Risiken möglicherweise beeinträchtigt wird.

Wenngleich sich die Risiken bei einer Projektfinanzierung je nach Anwendungsbereich inhaltlich relativ stark voneinander unterscheiden können, lassen sich projektübergreifend folgende **Risikobereiche** identifizieren:

a) **Reserve- und Abbaurisiken** sind naturgemäß ausschließlich bei der Exploration bzw. Ausbeutung von Rohstoffvorkommen von Bedeutung. Komponenten dieses Risikobereiches sind die Menge, die Qualität und die Abbaufähigkeit der Rohstoffreserven. Genaue Aussagen darüber sind häufig nach ersten Explorationsarbeiten noch nicht möglich (vgl. auch *Linden* 1985, S. 56 ff.).

(b) **Fertigstellungsrisiken** sind hingegen für jede Projektfinanzierung relevant. Es lassen sich vier Ausprägungen des Fertigstellungsrisikos unterscheiden. So kann das Projekt überhaupt nicht, mit geringeren als den geplanten Kapazitäten oder nicht zu den prognostizierten Kosten fertiggestellt werden. Darüber hinaus ist eine Verzögerung der Fertigstellung möglich (vgl. *Nevitt* 1989, S. 20 und 36 f.; *Hartshorn/Busink* 1987, S. 226). Während die Nicht-Fertigstellung dazu führt, daß überhaupt kein Cash-flow generiert werden kann, führen die anderen Ausprägungen zu einem erhöhten Kapitalbedarf und/oder zu einer Verzögerung der Tilgungszahlungen auf die Projektkredite.

(c) Als **verfahrenstechnische Risiken** sind Abweichungen von den geplanten Leistungsmerkmalen der Projektanlagen zu bezeichnen, welche auf die Technik der Anlagen zurückzuführen sind und bereits in der Konstruktionsphase „im Keim" angelegt waren (vgl. auch *Funk* 1988, S. 427). Verfahrenstechnische Mängel führen zu Minderleistungen einerseits und zu Kostensteigerungen andererseits, soweit Nachbesserungen an den Anlagen vorzunehmen sind.

(d) Auch wenn die Projektanlagen fertiggestellt sind und keine verfahrenstechnischen Mängel bestehen, kann der Cash-flow des Projektes gleichwohl durch **Betriebsrisiken** beeinträchtigt werden. Dazu gehören sowohl Zulieferprobleme als auch Bedienungsfehler des Betriebspersonals, Wartungs- und Instandhaltungsmängel oder Material- und Maschinenschäden. Das Risiko einer falschen Bedienung ergibt sich häufig allein aus der mangelnden Verfügbarkeit von Personal mit adäquatem Betreiber-Know-how.

(e) Besonders sensibel reagiert der Cash-flow der meisten Projekte auf eine Veränderung von **Absatzmengen und -preisen**. Der Analyse der potentiellen Absatzmärkte für die Leistungen eines Projektes kommt daher eine besondere Bedeutung zu. In Abhängigkeit von der Art der Projektleistungen ergeben sich hierbei möglicherweise erhebliche Schwierigkeiten, was beispielsweise anhand der Preisschwankungen auf Rohölmärkten leicht nachzuvollziehen ist. Lag der Rohölpreis zu Anfang der achtziger Jahre teilweise über 35 US-$ pro Barrel, so fiel er beispielsweise 1986 auf unter 10 US-$.

(f) Teilweise haben **Länderrisiken** einen entscheidenden Einfluß auf die Durchführbarkeit von Projektfinanzierungen. Hierzu können sämtliche Risikoarten gezählt werden, die aus dem Bereich des Gastlandes stammen. Dazu gehören u. a. politische Instabilitäten, Unruhen, Änderungen rechtlicher oder administrativer Rahmenbedingungen wie Import- oder Exportrestriktionen und auch verschiedene Formen der Enteignung (vgl. dazu auch *Meyer* 1987, S. 16 ff.). Als eine Form von Länderrisiken sind auch Konvertierungs- und Transferrisiken einzustufen, da diese von der Einflußnahme der zumeist staatlichen Zentralbank des Gastlandes abhängig sind.

(g) Einfluß auf den Cash-flow eines Projektes haben darüber hinaus Risiken, die außerhalb des Einflußbereichs der Projektbeteiligten liegen (vgl. Funk 1988, S. 430). Naturkatastrophen wie Erdbeben, Unwetter oder auch Epidemien gehören zu dieser Kategorie. Sie werden als **Force Majeure-Risiken** bezeichnet.

(h) Schließlich kann der Cash-flow eines Projektes durch Risiken „bedroht" sein, die in engerem Zusammenhang mit der Finanzierung stehen. **Wechselkursrisiken** spielen für solche Projektfinanzierungen eine Rolle, bei denen die Währung, in der die Projektkredite aufgenommen werden, nicht mit der Währung übereinstimmt, in der die Projekterlöse erzielt werden. **Zinsrisiken** ergeben sich bei Projektfinanzierungen aus der möglicherweise variablen Verzinsung eines Großteils der Projektkredite.

4.1.2 Wirtschaftliche Analysen

4.1.2.1 Cash-flow-Analysen sowie Bilanz- und GuV-Projektionen

Wie bereits erwähnt, ist der Cash-flow, der voraussichtlich zur Bedienung der Projektkredite verfügbar sein wird (Cash Flow Available for Debt Service), zentrales Kriterium bei der Kreditvergabeentscheidung im Rahmen von Projektfinanzierungen. Für eine Cash-flow-Analyse bedarf es zunächst einer Prognose der Input-Daten für deren Berechnung. Die Daten sollten dabei aus vorgelagerten Teilschritten der Projektanalyse abzuleiten sein.

Vor Inbetriebsetzung der Projektanlagen lassen sich insbesondere folgende Gruppen von Input-Daten unterscheiden (vgl. auch *Grosse* 1990, S. 45 f.):

– Investitionsauszahlungen; zu berücksichtigen sind die Höhe und die zeitliche Verteilung sämtlicher Auszahlungen für den Aufbau des Anlagevermögens der Projektgesellschaft, welche zur Erfüllung des Projekt-Unternehmenszwecks notwendig sind.

4. Phasenorientierte Betrachtung

Den Investitionsauszahlungen stehen vor Inbetriebsetzung vor allem folgende Einzahlungskomponenten gegenüber:
- Eigenkapital; hier sind die Höhe und die zeitliche Verteilung notwendiger Eigenkapitalbeiträge der Sponsoren und weiterer Anteilseigner der Projektgesellschaft zu berücksichtigen;
- Fremdkapital; dazu gehören der Umfang und die zeitliche Verteilung der Kreditziehungen vor der Inbetriebsetzung.

Nach Inbetriebsetzung der Projektanlagen – also in der Betriebsphase – ist die Auszahlungsseite des Projektes dominiert durch:
- Betriebsauszahlungen; hier sind die Mengen- und die Wertkomponente einer jeden Kostenart sowie deren zeitliche Verteilung zu erfassen, die für den Betrieb und die Verwaltung (einschließlich des Managements) notwendig sind;
- Zins- und Tilgungszahlungen auf die ausstehenden Projektkredite;
- Steuerzahlungen sowie etwaige Gebühren und Abgaben;
- Ausschüttungen an die Anteilseigner der Projektgesellschaft.

Diesen stehen auf der Einzahlungsseite insbesondere die Erlöse aus dem Verkauf der Projektleistungen gegenüber.

Nicht durch das Projekt determinierte Größen, die einen entscheidenden Einfluß auf die vorgenannten Input-Daten haben können, sind insbesondere:

- Zinssätze;
- Wechselkurse für Forderungen und Verbindlichkeiten in Fremdwährungen;
- Inflationsraten.

Die Input-Daten sowie ihre funktionalen Verknüpfungen sind in einem Cash-flow-Plan zusammenzufassen. Dabei ist darauf zu achten, daß sowohl die Werte als auch deren Verknüpfungen auf möglichst realistischen Annahmen beruhen. Nur so ist gewährleistet, daß es zu einer realitätsnahen Schätzung des Cash-flows kommt, der voraussichtlich zur Bedienung der Projektkredite zur Verfügung steht (vgl. *Ulatowski* 1980, S. 688).

Der **Cash Flow Available for Debt Service** kann für jede Periode während der Betriebsphase des Projektes mit Hilfe des folgenden (hier grob vereinfachten) Schemas (Abb. 2) ermittelt werden (vgl. auch die Beispiele bei *Hartshorn/Busink* 1987, S. 244 f.; *Laubscher* 1987, S. 25).

Der **Cash Flow Available for Debt Service** (CFDS) einer jeden Periode während der Projektlaufzeit kann anschließend einem vorläufigen Finanzierungs-, **Tilgungs- und Zinszahlungsplan** gegenübergestellt werden. Der Quotient aus CFDS (im Zähler) und Zins- und Tilgungsbeträgen wird als Debt Service Coverage Ratio (DSCR) bezeichnet (vgl. *Ulatowski* 1980, S. 688). Die Berechnung der DSCR für jeden Zahlungszeitpunkt während

Abb. 2: Schema zur Ermittlung des Cash-flows, der für den Schuldendienst zur Verfügung steht

```
        Verkaufserlöse für Projektleistungen
 ./.    Auszahlungen für:
        * Betrieb der Projektanlagen
        * Verwaltung
        etc.
 ./.    nicht auszahlungswirksame Aufwendungen
 ─────────────────────────────────────────────
  =     Cash Flow vor Steuern

 ./.    Steuern
  +     nicht auszahlungswirksame Aufwendungen
 ─────────────────────────────────────────────
  =     Cash Flow Available for Debt Service
```

der Kreditlaufzeit gibt Auskunft darüber, ob die Projektgesellschaft zu den im Finanzierungskonzept vorgesehenen Zeitpunkten die Projektkredite bedienen kann.

Die Cash-flow-Analysen werden ergänzt durch Plan-Bilanzen und Plan-GuV-Rechnungen, die u. a. für eine exaktere Ermittlung der steuerlichen Belastung der Projektgesellschaft von Bedeutung sein können.

4.1.2.2 Berücksichtigung von Risiken

Die Input-Daten von Cash-flow-Analysen, Plan-Bilanzen und GuV-Projektionen sind zum größten Teil mit Unsicherheiten behaftet. Diese Unsicherheiten müssen in einem weiteren Analyseschritt eine adäquate Berücksichtigung erfahren. **Sensitivitäts- und Simulationsanalysen** sind Verfahren, die in diesem Zusammenhang zur Anwendung gelangen (vgl. z. B. *Deams* 1980, S. 101 ff.; *Brzozowski/Turner/Olsen* 1977, S. 42 ff.; *Backhaus/Uekermann* 1990, S. 107).

Sensitivitätsanalysen erlauben die Berechnung der Auswirkungen einer Variation kritischer Input-Daten auf Zielgrößen (vgl. allgemein zur Methode der Sensitivitätsanalyse *Perridon/Steiner* 1988, S. 91 ff.; *Perlitz* 1977) wie den Cash-flow, den Cash Flow Available for Debt Service, Debt Service Coverage Ratios oder Plan-Gewinne der Projektgesellschaft. So kann z. B. berechnet werden, ob die Projektgesellschaft auch bei extrem ungünstiger Entwicklung der Input-Daten infolge des Eintritts einer oder mehrerer der obengenannten Risikoarten noch dazu in der Lage ist, ihren Schuldendienst plangemäß zu erbringen. Ferner kann bestimmt werden, bei welchen Ausprägungen der Input-Daten die Schuldendienstfähigkeit der Projektgesellschaft gefährdet sein könnte. Liegen die Werte für diese Input-Daten in der Nähe der Werte, die nach bisherigen Untersuchungen für sehr wahrscheinlich gehalten werden, so ist die Kreditwürdigkeit des Projektes bzw. der Projektgesellschaft in Frage zu stellen.

4. Phasenorientierte Betrachtung

Abb. 3: Beispiel für die Auswirkungen der Variation verschiedener Input-Variablen auf den Cash-flow

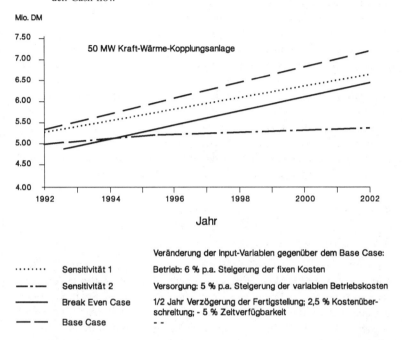

Abbildung 3 veranschaulicht die Auswirkungen der Variation verschiedener Parameter auf den Cash-flow für das Beispiel einer Kraft-Wärme-Kopplungsanlage. Die durchgezogene Linie repräsentiert eine Datenkonstellation der Input-Variablen, bei welcher der geplante Schuldendienst gerade noch durch den Cash-flow aus dem Projektbetrieb überdeckt wird (vgl. *Grosse* 1990, S. 58 und S. 62). Gleichzeitig macht die Graphik deutlich, daß dieses Projekt bzw. das zugehörige Rechenmodell relativ wenig auf einen Anstieg der fixen Kosten in der Betriebsphase reagiert (siehe Sensitivität 1). Relativ sensibel ist hingegen die Reaktion auf eine Steigerung der variablen Kosten (siehe Sensitivität 2). Dieses könnte demnach einen Aspekt darstellen, dem bei der Risikohandhabung besondere Beachtung zu schenken ist.

Mit Hilfe von **Simulationsanalysen** wird hingegen versucht, auf Grundlage der Wahrscheinlichkeitsverteilungen für die unsicheren Input-Daten die **Wahrscheinlichkeitsverteilungen bestimmter Zielgrößen** wie z. B. der DSCRs zu berechnen (vgl. allgemein zum Verfahren der Simulationsanalyse *Perridon/Steiner* 1988, S. 106 ff.; *Perlitz* 1979). Simulationsanalysen stellen relativ hohe Anforderungen an die Input-Daten. So sollte beispielsweise die technische Analyse des Projektes bereits adäquate Schätzungen bezüglich der Wahrscheinlichkeiten für Abweichungen von den angenommenen Planwerten umfassen. Aber auch, wenn eine Schätzung von Wahrscheinlichkeitsverteilungen für die Input-Variablen relativ gut möglich sein sollte, ist die Simulationsanalyse nicht unproblematisch. Sie verlangt, daß die Input-Daten sowie deren Verteilungen unabhängig voneinander sind. Dieses ist z. B. schon allein für die Absatzmengen und -preise der Projektleistungen nicht anzunehmen. Diesem Problem kann u. U. durch eine explizite Berücksichtigung der Abhängigkeiten zwischen den Input-Variablen begegnet werden (vgl. *Blohm/Lüder* 1988, S. 249; *Perlitz* 1979, S. 48). Es ist jedoch fraglich, ob für die bei Projektfinanzierungen regelmäßig komplexen Rechenmodelle sowohl eine Schätzung der Wahrscheinlichkeitsverteilungen der Input-Daten als auch eine Bestimmung der Abhängigkeiten der Daten untereinander jeweils möglich ist.

4.2 Projektphasen mit Realisationscharakter

4.2.1 Risikoreduktion und Risikoverteilung

Sinnvollerweise werden sich die Projektbeteiligten nicht darauf beschränken, die Risiken lediglich mittels der obengenannten Methoden transparent zu machen. Vielmehr werden sie bemüht sein, Maßnahmen zu ergreifen, welche die Eintrittswahrscheinlichkeit von Risiken verringern. Ferner müssen Vorkehrungen für den Fall getroffen werden, daß eine oder mehrere der Risikoarten eintreten; es müssen Regelungen zur Absicherung der Folgen eines Risikoeintritts geschaffen werden. Diese Regelungen finden üblicherweise in **Verträgen zwischen den verschiedenen Projektbeteiligten** und mit der Projektgesellschaft ihren Ausdruck. Abbildung 4 gibt einen Überblick über mögliche Projektbeteiligte, deren Beziehungen zueinander sowie zu einer Projektgesellschaft.

Die Regelungen zum Ausgleich von Projektrisiken führen größtenteils zu einer **Verteilung potentieller Risikofolgen auf die Beteiligten.** Die Beiträge aller Projektbeteiligten zum Ausgleich bzw. zur Abdeckung der Risikofolgen sind dabei so zu strukturieren, daß sie insgesamt eine hinreichende Sicherheit für eine positive Kreditentscheidung der Fremdkapitalgeber darstellen (vgl. *Nevitt* 1989, S. 7; zur folgenden Darstellung (Abb. 4) auch *Uekermann* 1990, S. 20 ff.).

(a) **Reserve- und Abbaurisiken** werden nach intensiven Untersuchungen zur Menge, Qualität und Ausbringbarkeit der Ressourcen häufig durch Projektkreditgeber getragen (vgl. *Millauer* 1985, S. 32).

(b) Eine Reduktion von **Fertigstellungsrisiken** kann in den meisten Fällen durch Einschaltung zuverlässiger Anlagenbaufirmen und Ingenieurbüros (Contractors) erreicht werden (vgl. *Nevitt* 1989, S. 16). Aus dem Blickwinkel der Kreditgeber kann eine **Fertigstellungsgarantie der Sponsoren** zur

4. Phasenorientierte Betrachtung

Abb. 4: Projektbeteiligte und Maßnahmen zur Absicherung von Risiken (*Uekermann* 1990, S. 24)

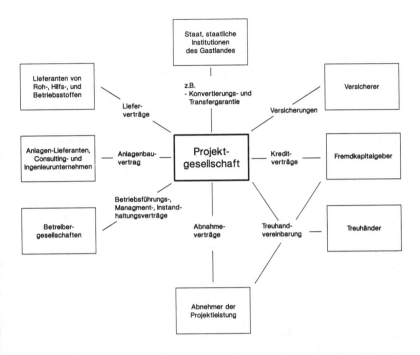

Absicherung von Fertigstellungsrisiken dienen. Darin wird den Financiers die Rückzahlung der Projektkredite solange garantiert, bis die Projektanlagen ein bestimmtes Leistungsniveau erreicht haben (vgl. z. B. *Laubscher* 1987, S. 26). „Strenge" Fertigstellungsgarantien werden verständlich, wenn man berücksichtigt, daß die Kreditgeber einen Cash-flow und damit eine Kreditrückzahlung üblicherweise nur aus einem leistungsfähigen Projekt mit verkaufsfertigen Produkten erwarten dürfen.

Speziell den Risiken einer Kostenüberschreitung in der Bauphase oder einer notwendigen Kapitalerhöhung infolge von Verzögerungen kann durch **Nachfinanzierungsverpflichtungen** der Sponsoren begegnet werden. Danach müssen die Sponsoren einen zusätzlichen Kapitalbedarf beispielsweise durch weiteres Eigenkapital und/oder nachrangige Darlehen für die Projektgesellschaft finanzieren. Ebenso kann vereinbart werden, daß die Kreditgeber zusätzliche Kredite mit vollem Rückgriffsrecht auf die Sponsoren bereitstellen, um Kostenerhöhungen bis zur Fertigstellung abzudecken (vgl. auch *Laubscher* 1987, S. 27; *Heintzeler* 1983, S. 602; *Nevitt* 1989, S. 20). Teile der Fertigstellungsrisiken können Sponsoren wiederum durch entsprechende Ausgestaltung von **Anlagenverträgen** auf die Contractors abwälzen, indem z. B. sogenannte Turnkey- und Festpreis-Vereinbarungen für die Errichtung der Projektanlagen getroffen werden (vgl. *Hartshorn/Busink* 1987, S. 226).

(c) Eine vorbeugende Maßnahme zur Vermeidung **verfahrenstechnischer Risiken** besteht darin, ausschließlich **bewährte Technologien** für die Projektanlagen zu verwenden. Ferner können verfahrenstechnische Mängel durch das Engagement erfahrener Contractors reduziert werden (vgl. auch *Radez* 1978, S. 57).

Teilweise kann dieses Risiko bereits durch entsprechende (allerdings zeitlich und den Betrag betreffend begrenzte) Garantien der Contractors für die Verfügbarkeit der Projektanlagen abgesichert sein. Gleichwohl wird in den meisten Fällen der Einsatz erprobter Technologien als notwendige Voraussetzung für das Zustandekommen einer Projektfinanzierung gesehen (vgl. u. a. *Laubscher* 1987, S. 23; *Nevitt* 1989, S. 16; *Niehuss* 1983, S. 197). Darüber hinaus gehen die Folgen des Eintritts verfahrenstechnischer Risiken zu Lasten der Anteilseigner und der Kreditgeber. Mit letzteren kann z. B. eine Streckung der Kreditlaufzeiten für den Fall erheblicher Erlösminderungen infolge verfahrenstechnischer Mängel vereinbart werden.

(d) **Betriebsrisiken** kann u. a. durch **Betriebsführungsverträge** vorgebeugt werden (vgl. *Funk* 1988, S. 427). Diese verpflichten professionelle Betreiber(-Gesellschaften) zum effizienten Betrieb der Projektanlagen. Ineffizienzen im Betrieb können mit Pönalen belegt werden. Einen weiteren, möglicherweise unverzichtbaren Beitrag zur Absicherung von Betriebsrisiken liefern **Wartungs- und Instandhaltungsverträge**.

Zur Überbrückung von Liquiditätsengpässen können ferner Standby-Kredite vereinbart werden. Darüber hinaus tragen teilweise Betriebsunterbrechungs-Versicherungen zum Ausgleich der Folgen von Betriebsstörungen bei.

(e) Zur Vorbeugung gegen das Risiko zu geringer **Absatzmengen und/oder -preise** dürften insbesondere die Ausarbeitung und Umsetzung von Vermarktungskonzepten für die Projektleistungen geeignet sein.

Da jedoch die Prognose von Absatzmengen und -preisen über Projekt- und Kreditlaufzeiten von z. T. mehr als zwanzig Jahren kaum möglich ist, werden die Kreditgeber in vielen Fällen auf den Abschluß geeigneter **Abnahmeverträge** drängen. Diese sollten weitestgehend sowohl das Mengen- als auch das Wertgerüst auf der Absatzseite eines Projektes festschreiben. Häufig werden die Erlöse und Ansprüche auf Erlöse aus Abnahmeverträgen zur Besicherung von Krediten an die Fremdkapitalgeber abgetreten (vgl. auch *Rieger* 1990, S. 74).

4. Phasenorientierte Betrachtung

Eine für manche Projektleistungen übliche Form von Abnahmeverträgen sind sogenannte **Take-or-Pay Contracts** (siehe auch *Nevitt* 1989, S. 278). Sie verpflichten den Abnehmer zu periodischen Zahlungen an die Projektgesellschaft (oder einen anderen Begünstigten), unabhängig davon, ob er den entsprechenden Gegenwert in Projektleistungen auch tatsächlich abnimmt. Ergänzend kann vereinbart werden, daß der Abnehmer selbst dann zu zahlen hat, wenn das Projekt die vereinbarten Leistungen nicht oder nur teilweise erbringen konnte. Andere Abnahmeverträge ähneln hingegen üblichen, langfristigen Kaufverträgen; sie verpflichten den oder die Abnehmer nur dann zur Zahlung, wenn das Projekt die kontrahierten Leistungen auch erbringt (zu Abnahmeverträgen vgl. u. a. *Nevitt* 1989, S. 278 f.; *Horn* 1985, S. 255 f.).

Damit die Zahlungen aus Abnahmeverträgen auch tatsächlich zur Rückzahlung der Projektkredite verwandt werden, leisten Abnehmer zuweilen an einen **Treuhänder**. Dieser leitet die Erlöse nur in dem Umfang an die Projektgesellschaft weiter, wie sie nicht zur Bedienung der Projektkredite oder zur Zahlung an andere vorrangige Anspruchsberechtigte gebraucht werden (siehe Abb. 5).

Abb. 5: Verteilung der Projekterlöse durch einen Treuhänder

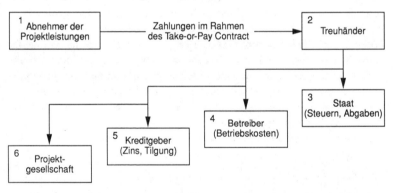

Teilweise erklären sich auch Kreditgeber dazu bereit, Marktrisiken zu übernehmen. So können z. B. die Tilgungsbeträge für die Projektkredite an die Entwicklung der Marktpreise für die Leistungen des Projektes und/oder die Absatzmengen angepaßt werden (vgl. z. B. *Suratgar* 1982, S. 122 f.).

(f) Weitaus schwieriger als die Reduktion und Absicherung der vorgenannten Risikoarten ist die Handhabung von **Länderrisiken**. Maßnahmen zur Reduktion von Länderrisiken bestehen u. a. in der Einbeziehung von Beteiligten, die einen entscheidenden Einfluß auf das Gastland ausüben können. Dazu gehören beispielsweise internationale Geschäftsbanken und supranationale Finanzierungsinstitutionen (wie die International Bank for Reconstruction and Development, die European Investment Bank, die Asian Development Bank etc.). In diesem Fall kann es sich das Gastland i. d. R. nicht leisten, eine Projektdurchführung so zu behindern, daß die Bedienung von Projektkrediten dieser Institutionen gefährdet ist. Beeinträchtigungen der Zahlungsfähigkeit dürften entsprechend prohibitive Wirkung bei zukünftigen Kreditgesuchen des Gastlandes haben (vgl. u. a. *Wynant* 1980, S. 170). Ebenso kann widriges Verhalten des Gastlandes auch dadurch verhindert werden, daß das Gastland selbst oder eine seiner Institutionen in das Projekt einbezogen wird. In diesem Fall hätte eine Beeinträchtigung der Projektdurchführung u. U. auch eine Schädigung des Gastlandes selbst zur Folge.

Vertragsschlüsse mit dem Gastland, welche dessen Wohlverhalten oder gar eine Unterstützung des Projektes vorsehen, sind hingegen in aller Regel wenig geeignet zur Handhabung von Länderrisiken. Sie werden durch dieselben Risikoarten bedroht, die sie absichern sollen. Dies ist auch bei **Konvertierungs- und Transfergarantien** des Gastlandes zu bedenken, welche die Rückführung ausländischen Kapitals sicherstellen sollen.

Die Folgen des Eintritts von Länderrisiken können aus dem Blickwinkel der Fremdkapitalgeber u. U. durch Abschluß einer Exportkreditversicherung ausgeglichen werden. **Kreditversicherungen** werden von größtenteils staatlichen Versicherungsgebern aus den meisten Industrienationen angeboten (einen Überblick gibt OECD 1990). Für die Inanspruchnahme der deutschen Hermes Kreditversicherung ist zu beachten, daß über die üblichen Voraussetzungen für eine Indeckungnahme hinaus bei Projektfinanzierungen u. a. die wirtschaftliche Tragfähigkeit des Projektes im Versicherungsantrag zu belegen ist (vgl. Hermes Kreditversicherungs-AG 1990, S. 5). Für Anteilseigner einer Projektgesellschaft bietet sich dagegen der Abschluß sogenannter **Investitionsversicherungen** bzw. **Kapitalanlagen-Garantien** an (vgl. z. B. *Ebenroth/Karl* 1989; *Rösler* 1990, S. 84 ff.).

(g) Hinsichtlich der außerhalb des Einflußbereichs der Projektbeteiligten liegenden **Force Majeure-Risiken** kann lediglich eine – vertraglich festgelegte – Verteilung potentieller Risikofolgen auf die Projektbeteiligten vorgenommen werden.

(h) Zur Absicherung von **Wechselkursrisiken** können die aus dem Währungsmanagement bekannten Maßnahmen Anwendung finden. Dazu gehören u. a. Kurssicherungsklauseln, Währungsoptionen sowie Devisentermingeschäfte (vgl. u. a. *Frank* 1986, S. 233 ff.; *Eilenberger* 1986). Größtenteils sind diese Instrumente jedoch nur für kurz- bis mittelfristige Absicherungen ausgelegt. In Anbetracht der Langfristigkeit von Projektfinanzierungen sind sie daher nur bedingt geeignet (vgl. *Frank* 1986, S. 233 u. 237 ff.). Zur Absicherung von **Zinsrisiken** finden insbesondere

4. Phasenorientierte Betrachtung

Zinscaps und Swap-Transaktionen Anwendung (vgl. auch *Funk* 1988, S. 429).

Alle obengenannten Maßnahmen zur Reduktion und Verteilung von Projektrisiken führen zu einer Veränderung des Wertebereiches der Input-Variablen von Cash-flow-Analysen, Plan-Bilanzen und GuV-Projektionen. Daher bedarf es parallel zur Anwendung dieser Maßnahmen erneuter Projektanalysen – insbesondere einer Untersuchung der veränderten Ein- und Auszahlungsstruktur der Projektgesellschaft.

4.2.2 Finanzierungskonzept und Mittelaufbringung

Die Ein- und Auszahlungsstruktur sowie die zugehörigen Sensitivitätsanalysen stellen den Ausgangspunkt dar für die Erarbeitung eines **Finanzierungskonzeptes** für das Projekt.

Bei der Erarbeitung eines Finanzierungskonzeptes sind geeignete **Finanzierungsquellen und -instrumente** zu **identifizieren**, zu erschließen und miteinander zu kombinieren (vgl. auch *Bauer* 1988, S. 23). Sie sind so miteinander zu kombinieren, daß sie sich an die antizipierte Ein- und Auszahlungsstruktur der Projektgesellschaft „optimal" anpassen. Sowohl in bezug auf die einzelnen Finanzierungsinstrumente als auch für deren Kombinationen miteinander ist zu berücksichtigen (vgl. *Uekermann* 1990, S. 25; zu den traditionellen finanzwirtschaftlichen Kriterien vgl. *Perridon/Steiner* 1988, S. 13 ff.),

- welche Auswirkungen sie auf die Schuldendienstfähigkeit der Projektgesellschaft haben,
- in welchem Umfang sie die verfügbaren Maßnahmen zur Handhabung von Projektrisiken beanspruchen,
- wie sie sich auf die Rentabilität des Projektes für die Anteilseigner auswirken und
- welche Auswirkungen sie in bezug auf die finanzielle Flexibilität (im Sinne der Fähigkeit, beispielsweise Liquiditätsengpässe infolge unvorhergesehener Projektentwicklungen zu überbrücken) der Projektgesellschaft haben.

Nach *Laubscher* ist bei Projektfinanzierungen dem Flexibilitätskriterium tendenziell größeres Gewicht beizumessen als dem Kosten- bzw. Rentabilitätskriterium (vgl. *Laubscher* 1987, S. 28), da die „Überlebensfähigkeit" der Projektgesellschaft unbedingt sicherzustellen ist.

Eine Beschreibung des Projektes und seiner Beteiligten, die Ergebnisse mehrfach überarbeiteter Projektanalysen und Finanzierungskonzepte bilden die Grundlage für die **Plazierung von Projektkrediten im Markt**. Zumeist wird dabei so vorgegangen, daß mehrere sogenannte Führungsbanken zunächst den Großteil der notwendigen Projektkredite zeichnen. Eine umfassende Zusammenstellung der wichtigsten Informationen zur Beurteilung der Kreditwürdigkeit des Projektes bzw. der Projektgesellschaft (sogenanntes Information Memorandum) dient sodann zur Einwerbung weiterer Fremdkapitalgeber. Sobald der Teil der Projektkredite im Markt untergebracht ist, der nicht durch die Führungsbanken gehalten werden soll, kann die Mittelaufbringung beginnen. D. h., daß die Projektgesellschaft die Kredite den vereinbarten Ziehungsplänen entsprechend in Anspruch nehmen kann. Die Phase der Mittelaufbringung kann ihrerseits von projektbezogenen Refinanzierungsaktivitäten der engagierten Banken begleitet bzw. gefolgt sein (vgl. *Grosse* 1990, S. 49 f.).

4.2.3 Überwachung der Projektfinanzierung

Mit der Sicherstellung der Mittelaufbringung ist eine Projektfinanzierung allerdings noch nicht abgeschlossen. Vielmehr beginnt jetzt erst die zumeist lange Phase der Errichtung der Projektanlagen. Sie ist aus dem Blickwinkel der Kreditgeber insbesondere durch eine systematische Überwachung und Kontrolle der **Erfüllung von Auszahlungsvoraussetzungen** für die Projektkredite geprägt.

Erst in der Phase des erfolgreichen Projektbetriebs und z. T. sogar erst längere Zeit nach Inbetriebnahme der Anlagen beginnt die Rückzahlung der Kredite. Naturgemäß stehen hier die **Überwachung und Kontrolle** des Eingangs fälliger **Schuldendienstzahlungen** im Vordergrund. Darüber hinaus ist die Einhaltung sämtlicher **Kreditsicherungsvereinbarungen** zu beachten (vgl. auch *Youard* 1984; *Grosse* 1990, S. 50).

Diesen Aktivitäten auf seiten der Kreditgeber (bzw. eines dafür eingesetzten Agenten) stehen bei den Sponsoren all diejenigen Maßnahmen gegenüber, die eine Erfüllung bzw. Einhaltung der zahlreichen Bedingungen von Projekt-Kreditverträgen überhaupt möglich machen. Auch nach der Mittelaufbringung stellen Projektfinanzierungen eine umfassende Managementaufgabe dar.

5. Zukünftiges Anwendungspotential für Projektfinanzierungen

War es bisher u. a. die mangelnde Zahlungsfähigkeit vieler Entwicklungsländer, welche die Geschäftsbanken zur Anwendung der Projektfinanzierung animierte, so dürfte eine ähnlich gelagerte Situation in Osteuropa auch in Zukunft für eine **Expansion dieser Finanzierungsmethode** sorgen. Im Zuge der Versuche osteuropäischer Nationen, ihre bislang zentral geleiteten Wirtschaftssysteme in eine Marktwirtschaft umzufunktionieren, nimmt die Bedeutung der Außenhandelsbanken dieser Länder ab. Teilweise haben diese Banken ihre Tätigkeit vollkommen eingestellt; teilweise stehen sie für die Besicherung von Importgeschäften z.B. mittels Staatsgarantien überhaupt nicht mehr zur Verfügung (so beispielsweise in Jugoslawien, vgl. *o.V.* 1990b, S. 183; *o.V.* 1990c, S. 127). Möglichkeiten der Versicherung von Exportgeschäften in diese Länder sind häufig bereits ausgeschöpft. Garantien der neu geschaffenen Banken sind in vielen Fällen – länderspezifisch in unterschiedlichem Maße – von geringem Wert (vgl. auch *Keßler* 1990, S. 26 ff.; *o.V.* 1990a, S. 250; *o.V.* 1990d, S. 224). Insbesondere für die Exporteure kapitalintensiver Industriegüter stellt sich damit die Frage, wie die Bezahlung ihrer Lieferungen in diesen Wirtschaftsraum noch besichert werden kann. Diese Frage stellt sich ebenso für die finanzierenden Banken. Sollen Geschäfte dieser Art überhaupt noch realisiert werden, so liegt es nahe, die Finanzierung und die zugehörige Besicherung auf die Wirtschaftlichkeit der Projekte selbst abzustellen.

Darüber hinaus dürfte u.E. die Deckung eines großen Teils des Investitionsbedarfes im Gebiet der ehemaligen DDR ein hervorragendes Anwendungsgebiet für die Projektfinanzierungs-Methode darstellen. Allein für den Bereich der Energieerzeugung und -verteilung in den neuen Bundesländern wird der Investitionsbedarf auf ca. 60 Mrd. DM für die nächsten zehn Jahre geschätzt. Weitere Bereiche, in denen ein enormer Erneuerungs- oder Nachholbedarf besteht, sind der Telekommunikations-Bereich und die Verkehrsinfrastruktur (vgl. *Neumann* 1991, S. 8 f.). Bisher bildeten diese Bereiche noch eine Domäne für Finanzierungen durch die öffentlichen Haushalte. Infolge der bestehenden und zukünftigen Belastungen der öffentlichen Haushalte und der damit verbundenen mangelnden Bereitschaft und/oder Fähigkeit dieser Haushalte, Projekte zu finanzieren, ergibt sich auch in diesen Bereichen ein großes Anwendungspotential für Projektfinanzierungen (vgl. z.B. auch *Billand* 1989, S. 337).

Literatur

Agtmael, A. W. van (1976), Evaluating the risk of lending to developing countries, in: Euromoney, April, S. 16–30
Backhaus, K. (1989), Projektfinanzierung, internationale, in: *Macharzina, K./Welge, M. K.* (Hrsg.), Handwörterbuch Export und Internationale Unternehmung, Stuttgart, Sp. 1728–1736
Backhaus, K./Siepert, H.-M. (Hrsg.) (1987), Auftragsfinanzierung im industriellen Anlagengeschäft, Stuttgart
Backhaus, K./u. a. (Hrsg.) (1990), Projektfinanzierung – Wirtschaftliche und rechtliche Aspekte einer Finanzierungsmethode für Großprojekte, Stuttgart
Backhaus, K./Uekermann, H. (1990), Projektfinanzierung, in: WiSt 19, S. 106–112
Bauer, J. (1988), Grundlagen eines Financial Engineering, Idstein
Billand, F. (1989), Projektfinanzierung und Entwicklung im Auslandsbau – Erfahrungen und Perspektiven aus der Sicht eines Bauunternehmens, in: *Horváth, P.* (Hrsg.), Internationalisierung des Controlling, Stuttgart, S. 323–339

Brealey, R. A./Myers, S. C. (1988), Principles of corporate finance, 3. Aufl., New York usw.

Brooks, W. A./Hursh, D. S. (1982), Acquiring capital funds for coal mining, in: Mining Engineering 34, S. 1332–1335

Brzozowski, L./Turner, L. D./Olsen, E. E. (1977), Project financing evaluation – a simulation approach, in: Journal of Bank Research 8, Nr. 1, S. 40–49

Casson, L. (1984), Ancient trade and society, Detroit

Deams, H. E. A. (1980), Simulated investment management, in: Engineering and Mining Journal 181, Nr. 9, S. 100–109

Ebenroth, C. T./Karl, J. (1989), Die Multilaterale Investitionsgarantie-Agentur, Heidelberg

Eilenberger, G. (1986), Währungsrisiken, Währungsmanagement und Devisenkurssicherung, 2. Aufl., Frankfurt am Main

Fowler, T. V. (1977), Big business for the banks, in: The Banker 127, Nr. 622, S. 49–61

Frank, H. (1986), Project financing, Schriftenreihe der Abteilung für Gewerbe-, Kleinund Mittelbetriebe an der Wirtschaftsuniversität Wien, Bd. 6, Wien

Friederichs, H. (1983), Internationale Projektfinanzierung: Gigantische Investitionsvorhaben stellen Kreditgeber vor anspruchsvolle Aufgaben, in: Handelsblatt, 26. 4. 1983, Nr. 80, S. B5 – B6

Funk, J. (1988), Sonderformen der Außenhandelsfinanzierung, in: *Christians, F. W.* (Hrsg.), Finanzierungshandbuch, 2. Aufl., Wiesbaden, S. 397–443

Gibbs, N. J./Sroka, J. (1978), What bankers look for in project loan applications, in: Mining Engineering, Nr. 12, S. 1646–1648

Grosse, P. B. (1990), Projektfinanzierung aus Bankensicht, in: *Backhaus, K./u. a.* (Hrsg.), Projektfinanzierung – Wirtschaftliche und rechtliche Aspekte einer Finanzierungsmethode für Großprojekte, Stuttgart, S. 41–62

Harrison, D. H. A. (1975), Project financing – a silver lining for commercial banks, in: Euromoney, April, S. 78–82

Hartshorn, T./Busink, N. (1987), Projektfinanzierung, in: *Backhaus, K./Siepert, H.-M.* (Hrsg.), Auftragsfinanzierung im industriellen Anlagengeschäft, Stuttgart, S. 224–246

Heintzeler, F. (1983), Internationale Projektfinanzierung, in: Zeitschrift für das gesamte Kreditwesen 36, S. 600–604

Hermes Kreditversicherungs-AG (Hrsg.) (1990), Ausfuhr-Gewährleistungen Aktuell, Mai, Nr. 23

Holstrom, L. (1991), Beyond the Tunnel, in: Breakthrough – the story behind the Eurotunnel's funding, Euromoney-Supplement, März

Horn, N. (1985), Das Vertragsrecht der internationalen Projektfinanzierungen, in: *Horn, N.* (Hrsg.), Das Vertragsrecht der internationalen Konsortialkredite und Projektfinanzierungen, Berlin/New York, S. 199–266

Kamann, M./Wiegel, K. D. (1983), Internationale Projektfinanzierung, in: Die Bank 23, 1983, S. 226–230

Keßler, H. (1990), Internationale Handelsfinanzierung, Ludwigshafen

Laubscher, H. (1987), Internationale Projektfinanzierung, in: Technologie und Management 36, Nr. 3, S. 22–29

Linden, E. von der (1985), Projektprüfung und Risikobewertung im Rahmen der Projektfinanzierung, in: Gesellschaft Deutscher Metallhütten- und Bergleute e. V. (Hrsg.), Projektfinanzierung, Clausthal-Zellerfeld, S. 53–64

Meyer, M. (1987), Die Beurteilung von Länderrisiken der internationalen Unternehmung, Berlin

Millauer, K. M. (1985), Projektfinanzierung im Auslandsgeschäft, Diss., Wien

Literatur 555

Neumann, F. (1991), Bestandsaufnahme und Perspektiven der Direktinvestition in Ostdeutschland, in: IfO-Schnelldienst, Nr. 3, S. 7–11

Nevitt, P. K. (1989), Project financing, 5. Aufl., London

Niehuss, J. M. (1983), Project financing, in: *Chrystie, T. L./Fabozzi, F. J.* (Hrsg.), Left hand financing, Homewood (Ill.), S. 174–216

OECD (Hrsg.) (1990), The export credit financing systems in OECD member countries, 4. Aufl., Paris

o.V. (1990a), Neue Beurteilung der Länderrisiken, in: Ost-Wirtschaftsreport 18, S. 250

o.V. (1990b), Staatsgarantien sollen abgeschafft werden, in: Ost-Wirtschaftsreport 18, S. 183

o.V. (1990c), Jugoslawiens neues Bankensystem: Vorsicht ist geboten, in: Ost-Wirtschaftsreport 18, S. 127–128

o.V. (1990d), UdSSR: Krisensignale in der Risikoabsicherung, in: Ost-Wirtschaftsreport 18, S. 224

Peasnell, K. V./Yaansah, R. A. (1988), Off-Balance Sheet Financing, The Chartered Association of Certified Accountants (Hrsg.), London

Perlitz, M. (1977), Sensitivitätsanalysen für Investitionsentscheidungen, in: ZfbF-Kontaktstudium 29, S. 223–231

Perlitz, M. (1979), Risikoanalyse für Investitionsentscheidungen, in: ZfbF-Kontaktstudium 31, S. 41–49

Perridon, L./Steiner, M. (1988), Finanzwirtschaft der Unternehmung, 5. Aufl., München

Radez, R. E. (1978), Opportunities in project financing, in: The Banker 128, Nr. 630, S. 53–63

Rieger, H. (1990), Juristische Aspekte der Projektfinanzierung, in: *Backhaus, K./u. a.* (Hrsg.), Projektfinanzierung – Wirtschaftliche und rechtliche Aspekte einer Finanzierungsmethode für Großprojekte, Stuttgart, S. 63–75

Rösler, G. (1990), Risikoabdeckung im Rahmen der Projektfinanzierung durch Ausfuhrgewährleistungen und Kapitalanlagen-Garantien, in: *Backhaus, K./u. a.* (Hrsg.), Projektfinanzierung – Wirtschaftliche und rechtliche Aspekte einer Finanzierungsmethode für Großprojekte, Stuttgart, S. 77–99

Schill, J. (1988), Finanzielle Beziehungen, Vertrags- und Kooperationsformen beim Industriegüter-Export aus der Bundesrepublik Deutschland, Kiel

Schneider, W. (1986), Projektfinanzierung im Verkehrssektor, in: Der langfristige Kredit 37, S. 570–573

Stockmayer, A. (1985), Excluding project loans from sovereign reschedulings, in: International Financial Law Review, März, S. 26–31

Stockner, W. (1984), Die Bewertung des Länderrisikos als Entscheidungshilfe bei der Vergabe internationaler Bankkredite, Frankfurt am Main

Suratgar, D. (1982), International project finance and security for lenders, in: Natural Resources Forum 6, S. 113–125

Thür, G. (1987), Hypotheken-Urkunde eines Seedarlehens für eine Reise nach Muziris und Apographe für die Tetarte in Alexandria, in: *Dobesch, G./u. a.* (Hrsg.), Tyche, Bd. 2, Wien, S. 229–245

Uekermann, H. (1990), Technik der internationalen Projektfinanzierung, in: *Backhaus, K./u. a.* (Hrsg.), Projektfinanzierung – Wirtschaftliche und rechtliche Aspekte einer Finanzierungsmethode für Großprojekte, Stuttgart, S. 13–28

Ulatowski, T. (1980), Importance of financing in project planning, in: Mining Engineering, Nr. 6, S. 688–692

White, N. A. (1976), The challenge of non-recourse financing, in: Journal of the Institute of Bankers 97, Nr. 1, S. 15–18

Wynant, L. (1980), Essential elements of project financing, in: Harvard Business Review 58, Nr. 3, S. 165–173

Youard, R. G. A. (1984), Everything you need to know about syndicated loans, in: Euromoney, Januar, S. 69–70

Kapitel 25
Außenhandelsfinanzierung

von *Reinhard Moser*

1. Einführung 558
2. Kreditfinanzierungsinstrumente 559
   2.1 Struktur 559
   2.2 Instrumentarium der kurzfristigen Außenhandelsfinanzierung 559
       2.2.1 Bank- und Wechselfinanzierungen in Inlands- und Fremdwährung 559
       2.2.2 Dokumentengeschäft 560
       2.2.3 Export-Factoring 563
   2.3 Instrumentarium der mittel-/langfristigen Außenhandelsfinanzierung 565
       2.3.1 Lieferkredite 565
       2.3.2 Forfaitierung 565
       2.3.3 Bestellerkredite 567
   2.4 Kreditleihefiguren 567
3. Exportförderung im Bereich Risiko und Finanzierung 570
   3.1 Überblick über bestehende Angebote 570
   3.2 Internationale Vereinbarungen 572
4. Countertrade als nicht-traditionelle Form der Außenhandelsfinanzierung 574
5. Risikokapitalaufbringung für die aktive Internationalisierung ... 575
   5.1 Anwendungsbereich 575
   5.2 Instrumentarium der Risikokapitalbereitstellung 576
   5.3 Debt/Equity-Swaps 580
6. Resümee 581
Literatur 582

1. Einführung

Wählt man den Inhalt des Begriffs „Außenhandelsfinanzierung" als Ausgangspunkt, so sind damit drei wesentliche Bereiche abgezirkelt: die **Bereitstellung von Finanzierungsmitteln** für die ein- oder mehrmalige Geschäftstätigkeit mit ausländischen Partnern, die **Abwicklung** der damit einhergehenden Zahlungsströme sowie die Frage der **Absicherung** gegen die unterschiedlichen Risiken, die gerade im Rahmen der grenzüberschreitenden Aktivitäten von Unternehmen schon früh im Mittelpunkt des betriebswirtschaftlichen Interesses gestanden sind.

Die im Rahmen der klassischen Sichtweise der Außenhandelsfinanzierung stark auf das Instrumentarium der **Kredit**finanzierung ausgerichtete Begriffsfassung wird im vorliegenden Beitrag dahingehend erweitert, daß zusätzlich zur angesprochenen Kreditfinanzierung von Auslandstransaktionen auch die Formen der **nicht-traditionellen Außenhandelsfinanzierung** und ergänzend der Fragenkomplex der **Risikokapitalaufbringung** im Rahmen der aktiven Internationalisierung von Unternehmen in die Darstellung mit aufgenommen werden.

Diese Vorgangsweise ermöglicht es, einen Baukasten unterschiedlicher Finanzierungstechniken aufzuzeigen, aus dem dann für eine konkrete Einzelsituation Elemente entnommen und kombiniert werden können. Dies entspricht dem heute gerade in den komplexen Fragen der Außenhandelsfinanzierung gängigen Ansatz des **financial engineering** für grenzüberschreitende Transaktionen, dem in Abhängigkeit von der konkreten Situation des Abnehmers bzw. Abnehmerlandes einerseits und von der Projektgröße andererseits maßgebliche Bedeutung zukommt (vgl. auch *Backhaus/Schill/Uekermann* in diesem Handbuch).

Im Sinne einer Dekomposition komplexer Finanzierungsstrukturen, wie sie heute in der Praxis häufig anzutreffen sind, zielt somit der Beitrag auf eine Erklärung der Kernbausteine, die zum Zwecke der Strukturierung eines einzelnen Geschäftsfalles aus dem „Baukasten" entnommen und in kreativer Weise neu kombiniert werden (zum Bausteinkonzept *Smithson/Wilford* 1991, S. 483 f.). Diese umfassen im wesentlichen:

- klassische Kreditfinanzierungsinstrumente (Abschnitt 2),
- staatliche Förderungsansätze in den Bereichen Risikoabsicherung und Finanzierung (Abschnitt 3),
- nicht-traditionelle Finanzierungsformen (Abschnitt 4) sowie die
- Risikokapitalaufbringung für die aktive Internationalisierung (Abschnitt 5).

2. Kreditfinanzierungsinstrumente

2.1 Struktur

Als Abgrenzung der kurzfristigen Außenhandelsfinanzierung werden allgemein Krediteinräumungen bis zu **zwölf Monaten** angesetzt, womit in diesen Bereich die Mehrzahl von Konsumgüterlieferungen, aber auch gelegentlich Investitionsgüterbeschaffungen mit kurzen Zahlungszielen fallen (*Voigt* 1979, S. 18).

Kennzeichnend für den Bereich der kurzfristigen Außenhandelsfinanzierung ist die Verquickung von Risikoabsicherung und Finanzierung, die gerade im Zusammenhang mit dem Instrument des Wechsels, aber auch in klarer Form im Falle von Dokumentengeschäften sichtbar ist. Im Rahmen kurzfristiger Bankfinanzierungen ergeben sich vielfach Überlappungen mit Inlandstransaktionen (z. B. Betriebsmittelkrediten), die sowohl Produkte betreffen, die auf dem Inlandsmarkt abgesetzt werden sollen, als auch für den Export designierte Erzeugnisse.

Laufzeiten, die **über ein Jahr** hinausgehen, sind Gegenstand der mittel-/langfristigen Außenhandelsfinanzierung, vor allem von Industrieanlagen mit langjähriger Nutzungsdauer. Dabei reicht der mittelfristige Horizont bis zur Grenze von vier Jahren (*Blomeyer* 1986, S. 141). Bemerkenswert ist hier die nachweisbar zunehmende Tendenz, den Exporteur aus dem Risiko der Finanzierungstransaktion zu entlassen, was durch den Übergang von einer Lieferkreditfinanzierung zu Formen des Bestellerkredits bewerkstelligt wird.

Eine wichtige Rolle kommt im Außenhandel traditionellerweise den unterschiedlichen Figuren der Kreditleihe zu, die sich neben Akzept- und Avalkrediten vor allem in den unterschiedlichen Typen von Bankgarantien manifestieren.

2.2 Instrumentarium der kurzfristigen Außenhandelsfinanzierung

2.2.1 Bank- und Wechselfinanzierungen in Inlands- und Fremdwährung

Eine klassische Quelle der kurzfristigen Außenhandelsfinanzierung stellen Bankkredite in unterschiedlichen Ausgestaltungsformen dar. Auf der Seite des Importeurs ermöglichen sie die Aufbringung von Voraus-, An- oder Zwischenzahlungen. Im Falle von Handelsunternehmen können auch Überbrückungsfinanzierungen ermöglicht werden, die sich aus der Notwendigkeit der Harmonisierung ergeben, falls die Zahlungsziele verkaufsseitig länger sind als die entsprechenden Einkaufskonditionen. In diesen Fällen kann unter Umständen die Forderung aus dem Weiterverkauf zur Kreditbesicherung herangezogen werden. Ähnliches gilt für Exporteure, die regelmäßig die zu (re)finanzierenden Forderungen als Sicherstellung für Bankkredite (Zessionskredite) heranziehen.

Kredite können nicht nur im Inland, sondern auch unter Einschaltung internationaler Finanzmärkte aufgenommen werden. Erfolgt die Mittelaufnahme nicht in der Heimatwährung des Exporteurs, sondern in Fremdwährung, kann gleichzeitig eine Kurssicherung bewerkstelligt werden, indem das Wechselkursrisiko durch forderungskongruente Verschuldung neutralisiert wird (zum Finanzhedging vgl. *Büschgen* 1986, S. 180).

Liegen Exportforderungen vor, die in Form eines Wechsels verbrieft sind, bedeutet dies zunächst kraft internationaler Akzeptanz des Wechselrechts eine Sicherungsfunktion. Darüber hinausgehend ermöglichen **Exportwechsel** über die damit bewirkte Mobilisierung der zugrundeliegenden Forderung eine günstige Finanzierung dieser Außenhandelsgeschäfte. Eine Diskontierung der Wechsel kann in Abhängigkeit vom jeweiligen Inlandszinsniveau bzw. von Wechselkursrisiko-Gesichtspunkten im Export-, Import- oder in einem Drittland erfolgen. Häufig bildet die zusätzliche Haftungsübernahme einer international reputierten Bank in Form einer Kreditleihe-Figur (z. B. Aval) eine entscheidende Voraussetzung für die problemlose Verwertung von Exportwechseln.

Analog zur oben erwähnten Variante des Finanzhedging kann auch durch die Diskontierung von Wechseln, die auf Fremdwährung lauten, und die sofortige Umwechslung des Diskonterlöses in die Heimatwährung des Exporteurs eine Kurssicherung realisiert werden.

2.2.2 Dokumentengeschäft

Gerade im Rahmen des Dokumentengeschäfts tritt der anläßlich der Kapitelfeinstrukturierung angesprochene Tatbestand der Verquickung von Finanzierung und Absicherung deutlich zu Tage. So handelt es sich beim **Dokumenteninkasso** vorrangig um ein Instrument der Zahlungssicherung: Das Dokumenteninkasso beruht auf dem Auftrag des Verkäufers (Exporteurs) an eine Bank („Einreicherbank"), dem Käufer (Importeur) bestimmte Dokumente Zug um Zug gegen Barzahlung des Kaufpreises (documents against payment; d/p) bzw. Akzeptierung eines Wechsels (documents against acceptance; d/a) auszuhändigen. Rechtsgrundlage für die Abwicklung von Inkassogeschäften bilden die von der Internationalen Handelskammer in Paris kodifizierten „Einheitlichen Richtlinien für Inkassi" (Publikation Nr. 322).

Während im Falle eines Dokumenteninkassos d/p eine reine Form der Zahlungsabwicklung mit Absicherungscharakter, aber ohne spezifische Finanzierungsinhalte vorliegt, schließt ein Dokumenteninkasso d/a bereits eine wechselmäßig besicherte Kreditgewährung des Exporteurs an den Importeur ein, der erst bei Fälligkeit des auf ihn gezogenen Wechsels

2. Kreditfinanzierungsinstrumente

Zahlung leisten muß. Auf der Risikoseite tritt dann neben das im Rahmen des Dokumenteninkassos stets gegebene Annahmerisiko noch das Dubiosenrisiko und das politische Risiko über die Wechsellaufzeit.

Sicherungs-, Abwicklungs- und Finanzierungsaspekte zeichnen das **Dokumentenakkreditiv** aus, dessen Rechtsgrundlage die „Einheitlichen Richtlinien und Gebräuche für Dokumentenakkreditive" (ERA) der Internationalen Handelskammer in Paris bilden (Publikation Nr. 400). Dokumentenakkreditive beinhalten die abstrakte Verpflichtungserklärung einer (eröffnenden) Bank, für Rechnung des Akkreditiv-Auftraggebers (Importeurs) innerhalb eines bestimmten Zeitraumes an einen bestimmten Begünstigten (Exporteur) gegen Übergabe detailliert vorgeschriebener Dokumente Zahlung (als Barzahlung oder Wechselakzept) zu leisten. Werden die Dokumente nicht exakt akkreditivkonform vorgelegt, kann die Schutzfunktion des Akkreditivs verlorengehen. Im Regelfall wird das Akkreditiv unwiderruflich eröffnet. Häufig ist vorgesehen, daß eine zweite Bank mit Sitz im Land des Exporteurs eine zusätzliche eigenständige Haftungserkärung abgibt (bestätigtes Dokumentenakkreditiv) (zu Kombinationsmöglichkeiten von Akkreditivarten vgl. *Stepic* 1990, S. 105).

Stellt man die Frage der Finanzierungsmöglichkeiten im Rahmen von Dokumentenakkreditiven in den Mittelpunkt, so ist zunächst im Sinne einer Finanzmittelaufbringung auf der Seite des Exporteurs bei der **Verwertung eines Anspruches als Akkreditivbegünstigter** zum Zwecke der Finanzierung von Beschaffungsvorgängen bei Vorlieferanten anzusetzen: Die typische Alternative für einen Händler stellt hier die im Akkreditiv als zulässig vorgesehene Übertragung des Dokumentenakkreditivs gemäß Art. 54 der ERA dar. Damit kann die Weitergabe der Ansprüche des Erstbegünstigten auf einen Zweitbegünstigten mit gewissen Modifikationen einzelner Punkte (z.B. Rechnungslegung, Fristverkürzungen, Betragsherabsetzungen u.ä.m.) bewerkstelligt werden. Die zweite Möglichkeit ergibt sich in Form der Eröffnung eines Gegenakkreditivs („backto-back"-Akkreditivs) auf der Einkaufsseite, wobei das ursprüngliche Verkaufsakkreditiv als Kreditunterlage dient. Schließlich besteht auch noch die Variante einer gänzlichen oder teilweisen Abtretung des Akkreditiverlöses an einen oder mehrere Vorlieferanten. Die drei genannten Möglichkeiten sind in der Abb. 1 (S. 562) schematisch dargestellt (*Topritzhofer/Moser* 1991, S. 151).

Stellt man hingegen auf die Krediteinräumung des Exporteurs an seinen Abnehmer ab, sind die **Formen von Nach-Sicht-Akkreditiven** näher zu beleuchten: Bei einem Akzept(Rembours)-Akkreditiv honoriert die Bank die ordnungsgemäß aufgenommenen Dokumente durch Akzeptierung eines zu einem späteren Zeitpunkt fällig werdenden Wechsels. Dies versetzt den Exporteur seinerseits in die Lage, das der Wechsellaufzeit entsprechende Zahlungsziel durch Wechseldiskontierung jederzeit zu verkürzen.

Kapitel 25: Außenhandelsfinanzierung

Abb. 1: Verwertungsmöglichkeiten für einen Anspruch aus einem Dokumentenakkreditiv

Übertragung

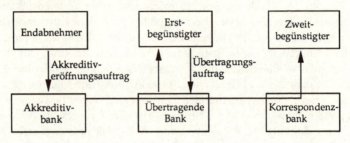

Abtretung

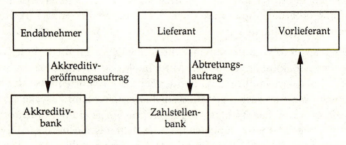

Gegenakkreditiv

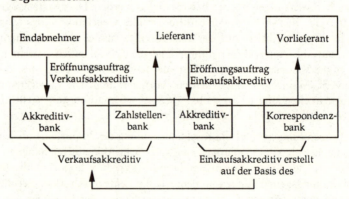

2. Kreditfinanzierungsinstrumente

Ähnliche ökonomische Wirkungen wie ein Akzept(Rembours)-Akkreditiv entfaltet ein Akkreditiv mit hinausgeschobener Zahlung (deferred payment credit). Der Unterschied besteht darin, daß die Bank sich im letztgenannten Fall nicht wechselmäßig verpflichtet, sondern ein abstraktes Zahlungsversprechen für einen bestimmten zukünftigen Zeitpunkt abgibt. In diesem Fall eröffnet sich für den Exporteur die Möglichkeit, im Wege eines Zessionskredites bzw. über einen Forderungsverkauf (Forfaitierung) eine Überbrückungsfinanzierung für das dem Abnehmer eingeräumte Zahlungsziel zu erlangen.

Im Zusammenhang mit schwierigen Finanzierungen im Entwicklungsland- bzw. Ostmarkt hat in den letzten Jahren eine dritte Schiene der Finanzierungen mittels Dokumentenakkreditiv, die früher bereits angewandt worden ist, eine Renaissance erlebt. Damit angesprochen ist die sogenannte **Exportvorfinanzierung** im Sinne von Bevorschussungen für den ausländischen Exporteur auf gedeckter oder auch ungedeckter Basis. Bei der Exportvorfinanzierung (pre-export financing) geht es inhaltlich um eine Form der Produktionsfinanzierung für den (finanzschwachen) Exporteur in den genannten Regionen. Als Spezialform des Dokumentenakkreditivs stellt das Red Clause-Akkreditiv die klassische Form der Exportvorfinanzierung dar. Derartige von der Bank gewährte Vorfinanzierungen, die üblicherweise eine Quote zwischen 30% und 100% des Geschäftsfalles ausmachen, werden in der Regel aus den Exporterlösen des finanzierten Geschäftes bedient und sind dann „self-liquidating".

In der Abb. 2 (S. 564) ist der Ablauf eines Red Clause-Akkreditivs schematisch wiedergegeben, wobei von einer Vorfinanzierungsquote von 30% ausgegangen wird. Da die Red Clause in den Einheitlichen Richtlinien und Gebräuchen für Dokumentenakkreditive nicht geregelt ist, muß stets eine individuelle Ausgestaltung vereinbart werden. Dies äußert sich in einer auf den Einzelfall zugeschnittenen Spezifikation der Bedingungen für die Bevorschussung unter einer Red Clause durch die eröffnende Bank, die unterschiedlichste Textausprägungen im Akkreditiv nach sich zieht (*Reisinger* 1990, S. 53 ff.).

2.2.3 Export-Factoring

Beim Export-Factoring geht es um den Ankauf kurzfristiger Exportforderungen auf Basis eines zwischen dem Exporteur (Klienten) und dem Factor abgeschlossenen Rahmenvertrags. Damit ist klar ersichtlich, daß dieses Instrument über die reinen Kreditfinanzierungsformen hinausreicht und dem Sondertypus eines Forderungsverkaufs zuzuordnen ist.

Bei dem im internationalen Geschäft üblichen Zwei-Factor-System (*Schranz* 1987, S. 174 ff.) übernimmt der im Lande des Exporteurs domizilierende Export-Factor eine Finanzierungsfunktion, indem er die vom Exporteur eingereichten Auslandsrechnungen − normalerweise unter

Abb. 2: Ablauf eines Red Clause-Akkreditivs

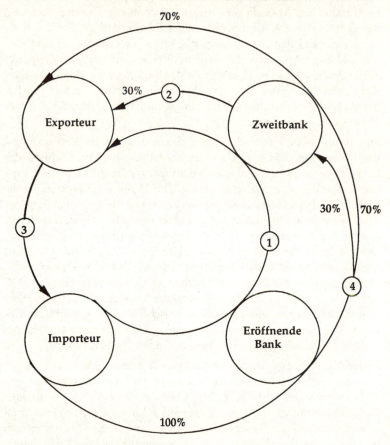

1 Auftrag und Eröffnung eines Akkreditivs mit Red Clause
2 Vorfinanzierung in Höhe von 30%
3 Warenlieferung
4 Benützung des Akkreditivs,
  Belastung des Importeurs und Auszahlung des
  70%igen Rest-Akkreditivbetrages an den Exporteur

Einbehalt eines 10 bis 20%igen Sperrbetrags – bevorschußt. Der im Abnehmerland ansässige Import-Factor zeichnet nach entsprechender Bonitätsprüfung für die Einräumung von Limits für die einzelnen ausländischen Abnehmer verantwortlich. Er ist auch im Rahmen der Versicherungsfunktion zur Übernahme des Zahlungsausfallsrisikos aus den angekauften Exportforderungen bereit. Zusätzlich kann die Übernahme weiterer Dienstleistungen (z. B. Mahnwesen, Bonitätsbeobachtung) im Factoring-Vertrag vereinbart werden.

2.3 Instrumentarium der mittel-/langfristigen Außenhandelsfinanzierung

2.3.1 Lieferkredite

Lieferkredite werden – als typische Form der Exportfinanzierung – vom Exporteur seinem ausländischen Abnehmer eingeräumt und verlagern damit das Finanzierungsschwergewicht auf die Seite des Exporteurs: Er hat den Finanzierungsbedarf der Produktionsphase, der Transportphase wie auch der Kreditgewährungsphase bis zu dem mit dem Abnehmer vertraglich fixierten Zahlungsziel abzudecken, soweit nicht der Importeur durch An- oder Zwischenzahlungen an der Mittelbereitstellung teilnimmt.

Im Regelfall muß der Exporteur auf dem Kreditweg die erforderlichen Mittel zur Refinanzierung des von ihm gewährten Zahlungsziels beschaffen. Dies wird vor allem dann erforderlich sein, wenn hohe Beträge über lange Laufzeiten zu finanzieren sind, was die Finanzkraft des Exporteurs im Normalfall übersteigt. Bezüglich der Herkunft der Refinanzierungsmittel lassen sich Finanzierungen auf dem freien Markt und Refinanzierungen durch Spezialinstitute unterscheiden.

Refinanzierungen auf dem **freien Markt** ermöglichen eine maßgeschneiderte Finanzierung, die sich nach den Zahlungskonditionen des Exportgeschäfts richtet. So kann der Produktionszeitraum – gegebenenfalls durch gestaffelte Kreditauszahlung je nach Produktionsfortschritt – in die Finanzierung miteinbezogen werden, genauso wie bei der Zahlungszielüberbrückung Kreditrückführungen analog zu den eingehenden Ratenzahlungen des Importeurs angesetzt werden können. Besondere Beachtung finden Fragen im Zusammenhang mit dem Wechselkursrisiko und dem Zinsänderungsrisiko; in beiden Bereichen kann die Vereinbarung von Zins- und Währungsswaps Lösungen beinhalten (*Andres* 1989), die jedoch wegen der von den Swapmarktteilnehmern gestellten Ansprüche (Währung, Höhe der Beträge, Zahlungsrhythmus) für kleinere Außenhandelstransaktionen nicht zur Verfügung stehen.

Refinanzierungen durch **Spezialinstitute** erfolgen häufig nicht direkt durch diese Institute, sondern im Sinne eines zweistufigen Refinanzierungssystems unter Einschaltung der Hausbank des Exporteurs. In vielen Ländern werden unter dem Titel der Exportförderung zinsgünstige bzw. zinsstabile, d.h. mit einem über lange Laufzeiten festen Zinssatz ausgestattete Kreditmittel bereitgestellt. Schematisch ist ein derartiger Lieferkredit mit Refinanzierung durch ein Spezialinstitut in der Abb. 3 (S. 566) dargestellt.

2.3.2 Forfaitierung

Aufbauend auf dem Grundkonzept eines im Kaufvertrag eingeräumten Lieferkredits erfolgt hier ein Forderungsverkauf an den Forfaiteur. Dieser

Abb. 3: Lieferkredit mit Refinanzierung durch ein Spezialinstitut

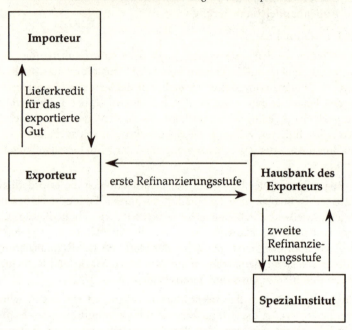

kauft einzelne, genau spezifizierte Forderungen aus Warenlieferungen und Leistungen an. Er übernimmt sämtliche mit dem Finanzierungsgeschäft verbundenen Risiken, indem er auf einen Regreß gegen den Verkäufer der Forderung verzichtet, und zahlt den Gegenwert unter Abschlag des Forfaitierungsdiskontsatzes sofort aus.

Die Übernahme sämtlicher Risiken durch den Forfaiteur setzt das Vorliegen eines abstrakten, eindeutig dokumentierten Schuldtitels voraus, der ggf. darüber hinaus entsprechende Sicherheiten – beispielsweise in Form eines Bankavals – aufweist. In der Regel handelt es sich um bankavalierte Solawechsel des Importeurs mit schuldnerlandabhängiger Maximallaufzeit, die auf Währungen lauten, in denen der Forfaiteur eine kongruente Refinanzierung bewerkstelligen kann.

Das Risiko einer unzureichenden Dokumentation der abzutretenden Forderung führt dazu, daß seitens des Forfaiteurs ein erhöhtes Augenmerk auf eine rechtlich einwandfreie Dokumentation gelegt wird, die folgenden Minimalanforderungen genügen muß: Es muß mittels der Dokumente der Nachweis der Echtheit und des aufrechten Rechtsbestandes des der Forfaitierung zugrundeliegenden Warengeschäftes erbracht sein; Form und Inhalt vorliegender Garantien bzw. Avale sind auf ihre Übereinstimmung mit den Bestimmungen des lokalen Rechts zu überprüfen; lokale öffentlich-rechtliche Normen, beispielsweise die wichtigen Fragen der devisenrechtlichen Genehmigungen, sind auf ihre Auswirkungen für den konkreten Geschäftsfall hin abzuklären (Guild/Harris 1988, S. 95). Die Beweislast wälzt der Forfaiteur auf den Exporteur ab.

Die im Forfaitierungssatz enthaltenen Kostenbestandteile umfassen neben den Geldbeschaffungskosten und einer Abgeltung für das eingegangene Länderrisiko einen Zuschlag für die Übernahme des Zinsänderungsrisikos durch den Forfaiteur für die Gesamtlaufzeit. Die erhöhte Unsicherheit der letzten Jahre hat diese Risikoprämien-Elemente stark ansteigen lassen.

2.3.3 Bestellerkredite

Bestellerkredite gehen von der Variante der Finanzierung des Exporteurs ab und stellen die Kreditmittel dem Importeur zur Verfügung. Wenngleich die Initiative zu einem Bestellerkredit häufig vom Exporteur bzw. vom Exportland ausgeht, liegt hier eine Form der Importfinanzierung vor: Durch die damit effektuierte Entflechtung ist das Finanzkreditgeschäft vom Warengeschäft getrennt, womit alle Risiken aus dem Finanzierungsgeschäft auf die Bank übergehen und die Haftung des Exporteurs allein auf die Korrektheit seiner Lieferung bzw. Leistung beschränkt ist.

Bestellerkredite kommen in zwei Hauptformen vor: Während **Projektkredite** auf die Finanzierung eines konkreten Vorhabens größeren Ausmaßes, beispielsweise der Errichtung eines Kraftwerkes, ausgelegt sind, ermöglichen **Kreditlinien** (Rahmenkredite, general loan facilities) über eine längere Periode eine Anzahl von Einzelgeschäften, die ihrer Art und Höhe nach im voraus nicht genau festgelegt sind.

Analog zur Aussage für Lieferkredite ist es auch bei Bestellerkrediten möglich, auf von Spezialinstituten bereitgestellte Mittel zurückzugreifen: In schematischer Form ist die Abwicklung eines Bestellerkredits unter Einbeziehung einer Refinanzierung der kreditgewährenden Bank bei einem Spezialinstitut in der Abb. 4 (S. 568) wiedergegeben.

2.4 Kreditleihefiguren

Engstens mit Finanzierungsfragen im grenzüberschreitenden Geschäft verknüpft sind unterschiedliche Absicherungsfiguren, die Haftungsübernahmen von Wirtschaftssubjekten unzweifelhafter Bonität zum Gegenstand haben. Hier kommt vor allem Bankgarantien eine ganz besondere Bedeutung zu. Gerade im Zusammenhang mit dem vorher behandelten Instrument des Dokumentenakkreditivs zeigt sich, daß derartige Bankgarantien dahingehend angelegt sind, die zugunsten des Exporteurs beim Dokumentenakkreditiv bestehende Imparität durch ein Sicherungsinstrument für den Importeur, das auf der gleichen Grundfigur der Kreditleihe beruht, auszugleichen.

Abb. 4: Abwicklung eines Bestellerkredits mit Einschaltung eines Spezialinstituts

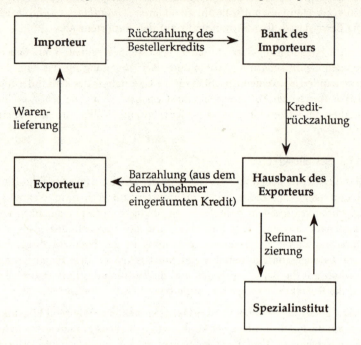

Bankgarantien im Außenhandel haben den Zweck, die Sicherheit eines — wenn möglich international bekannten — Kreditinstituts an die Stelle eines bonitätsmäßig oftmals schwer einschätzbaren Auslandspartners zu setzen. Im Rahmen dieses Sicherungsvertrages übernimmt die garantieerstellende Bank die Haftung für einen bestimmten Erfolg in abstrakter Form, das heißt im Gegensatz zur akzessorischen Bürgschaft unabhängig vom Grundgeschäft. In der Regel werden die Bankgarantien daher „auf erstes Anfordern und ohne Einwendungen" erstellt. Seltener sind bedingte (dokumentäre) Garantien, wie sie ursprünglich die Einheitlichen Richtlinien für Vertragsgarantien der Internationalen Handelskammer in Paris vorgesehen haben (*Watson* 1988, S. 217 ff.).

Geht man vom Fall einer **direkten Bankgarantie** aus, so liegt in der Grundsituation ein Drei-Personen-Verhältnis vor:

(1) Der Garantie-Auftraggeber, das ist der zur Stellung einer Garantie Verpflichtete, beauftragt ein Kreditinstitut, die von seinem Vertragspartner geforderte Bankgarantie zu erstellen.

(2) Die garantierende Bank (Garant) gibt gegenüber dem Begünstigten die entsprechende Haftungserklärung ab; sie verspricht somit dem Begünstigten, auf dessen erste Anforderung hin Zahlung zu leisten, ohne den

2. Kreditfinanzierungsinstrumente

Nachweis für die Berechtigung der Inanspruchnahme zu verlangen und ohne jede Einwendung zu erheben (unbedingte Bankgarantie; vgl. *Dohm* 1985, S. 41); für diese Figur der Kreditleihe stellt die Bank dem Garantie-Auftraggeber eine Avalprovision in Rechnung.

(3) Der Garantie-Begünstigte kann nun die Garantie ziehen, das heißt er ist berechtigt, von der Bank Zahlung aufgrund der erstellten Garantie zu verlangen.

Abweichend davon spricht man von einer **indirekten Garantie**, „wenn die inländische Erstbank auf Veranlassung des Garantieauftraggebers einer ausländischen Zweitbank (die praktisch ausnahmslos im Lande des Begünstigten domiziliert ist) den Auftrag erteilt, eine eigene – dem Recht der Zweitbank unterliegende – Garantie an den Begünstigten herauszulegen" (*Dohm* 1985, S. 46 ff.). Um den Anspruch der Zweitbank – des lokalen Garanten – abzusichern, fordert diese von der Erstbank in aller Regel die Stellung einer Rück- oder Gegengarantie (Counter Guarantee, Indemnity). Damit ist sichergestellt, daß sie im Zahlungsfall Erholung von der Erstbank erlangen kann.

Schematisch ist der Ablauf einer Bankgarantie in Form der Präsentation einer indirekt erstellten Bietgarantie in der Abb. 5 ersichtlich: Der Exporteur erteilt als Garantie-Auftraggeber seinen Auftrag an die (inländische) Erstbank, zugunsten einer ausschreibenden Stelle im Ausland eine Bietgarantie unter Einschaltung eines lokalen Garanten zu erstellen, die den Vertragsabschluß durch denjenigen sicherstellen soll, der im Zuge des Ausschreibungsverfahrens als Bestbieter den Zuschlag erhalten hat. Zwischen den beiden Banken besteht ein Garantievertrag in Form einer Gegengarantie.

Abb. 5: Indirekt erstellte Bietgarantie

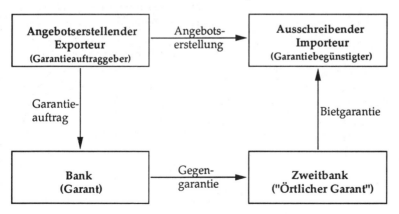

Die im Beispiel erwähnte Bietgarantie ist eine typische Bankgarantie für den Exporteur, die zugunsten des ausländischen Importeurs erstellt wird und die Haftung einer Bank für den Fall zum Gegenstand hat, daß der Exporteur gewissen Verpflichtungen nicht nachkommt. Obwohl man üblicherweise unter Bankgarantien im Außenhandel primär an derartige „Exportgarantien" denkt, kann es doch auch seitens des Importeurs Anlässe für eine Garantieerstellung geben. Man spricht dann von Bankgarantien für den Importeur. Gerade im Außenhandelsgeschäft kommen aber auch sonstige Garantieformen vor, beispielsweise im Zusammenhang mit verlorengegangenen Außenhandelsdokumenten etc. (*Dohm* 1985, S. 37 ff.).

Abrundend sei schließlich darauf hingewiesen, daß es die Bankengesetzgebung der USA nur ausgewählten Versicherungen und Guarantee Institutions erlaubt, das Garantiegeschäft zu betreiben. Aus diesem Grund verwenden US-amerikanische Banken häufig die Figur von „Stand-by Letters of Credit", die ökonomisch einer Garantiestellung gleichkommen, sich hinsichtlich der Rechtsform aber des Dokumentenakkreditivs bedienen und in den ERA seit der Revision 1983 auch explizit angeführt sind. Wie bei allen Garantien auf erstes Anfordern besteht auch hier die Möglichkeit, daß das Instrument mißbräuchlich verwendet wird. Dagegen richtet sich eine Reihe von vorbeugenden Maßnahmen bzw. Maßnahmen des einstweiligen Rechtsschutzes bei konkreter Inanspruchnahme (*Nielsen* 1986, S. 105 ff.). Mit der Unterwerfung des Vertrags unter die ERA ist allerdings ein allgemein akzeptiertes Normengefüge zugrunde gelegt, soweit es sich um einen Stand-by Letter of Credit handelt.

3. Exportförderung im Bereich Risiko und Finanzierung

3.1 Überblick über bestehende Angebote

Neben den zur Versicherung von Risiken des Auslandsgeschäfts bereiten **privaten** Versicherern, die heute durchaus neben ihrem angestammten Segment der Absicherung kommerzieller Risiken auch politische Risiken in Deckung nehmen (*Rusch* 1989, S. 157 ff.), bilden **staatliche** Exportrisikogarantie- und Exportfinanzierungssysteme seit jeher wesentliche – und vielfach als unverzichtbar angesehene – Bausteine zur finanziellen Strukturierung mittel- und langfristiger Außenhandelsfinanzierungen.

In allen europäischen Ländern des EG- und des EFTA-Bereiches spielen staatliche Exportversicherungs- und Exportfinanzierungssysteme eine wichtige Rolle, wenn es um die Aufrechterhaltung und Steigerung nationaler Exportaktivitäten geht. Dabei stellen manche Systeme allein auf eine Haftungsübernahme für Exportrisiken ab (Beschränkung auf „pure cover"); dies ist beispielsweise in der Schweiz der Fall. Andere Länder

3. Exportförderung im Bereich Risiko und Finanzierung

sehen hingegen neben der Risikoabsicherung auch noch offizielle Exportkredite vor, die als direkte Kreditgewährung, als Refinanzierung oder als Subvention zur Erlangung günstiger bzw. stabiler Zinsen konstruiert sein können (vgl. die straff gegliederte Übersicht der OECD 1990).

In einer Studie des DIW (1991, S. 623 ff.) wird eine Untersuchung über die Maßnahmen der Außenwirtschaftsförderung in Deutschland sowie in Frankreich, Großbritannien, Japan und den USA vorgenommen. Unter Außerachtlassung der Förderungssegmente Marktinformationswesen/Marktforschung/Kontaktanbahnung treten im Querschnittsvergleich der erfaßten Länder bestimmte Charakteristika deutlich hervor:

In Frankreich existiert in hohem Ausmaß eine finanzielle Unterstützung, die sich in einer ganzen Palette von Haftungsübernahme- und Finanzierungsleistungen konkretisiert. Dabei sind auch spezielle Regelungen – beispielsweise eine Versicherung gegen „unnormale" Produktionskostensteigerungen – vorgesehen. Überdurchschnittlich stark ausgebaut ist auch das Instrumentarium der Förderung französischer Direktinvestitionen im Ausland.

Großbritannien versucht die Gestaltung eines geschlossenen Förderungssystems unter der Flagge der „Export-Initiative". Zwei bemerkenswerte Punkte umfassen die Tendenz zur Kommerzialisierung und Privatisierung im britischen Exportkreditsystem sowie die Kreierung von Schwerpunktmärkten. Die Studie weist für Großbritannien auch ein relativ hohes Ausmaß der Absicherung wirtschaftlicher und politischer Risiken aus.

Japan ist aufgrund seiner Spezifika – vor allem auch durch eine auf die Erzielung von internationalem Goodwill ausgerichtete Importkampagne – schwierig in den Vergleich einzubeziehen. Wenngleich bei allen Finanzierungshilfen besonders risikobewußt vorgegangen wird, spielt die Förderung japanischer Direktinvestitionen im Ausland eine große Rolle.

In den USA basieren die meisten Aktionen auf den Bemühungen um die Schaffung eines allgemeinen Exportbewußtseins. Auffallend positiv wird die Bündelung verschiedener Funktionen in einer Institution beurteilt. Direkte finanzielle Hilfen an Unternehmen zum Zwecke der Exportförderung werden allerdings von den USA abgelehnt.

Resümierend läßt sich mit den Autoren der Studie feststellen: „Im Bereich der Finanzierung haben vor allem die OECD- und EG-Regulungen dazu beigetragen, die Transparenz der nationalen Regelungen zu erhöhen und einen Wettlauf um immer günstigere Finanzierungskonditionen zu begrenzen" (DIW 1991, S. 625). Die angesprochenen Regelungen sollen in der Folge näher beleuchtet werden.

3.2 Internationale Vereinbarungen

Vor dem Hintergrund, daß die staatliche **Garantiegewährung** primär als selbsttragende, bisweilen sogar Gewinne abwerfende Aktivität eingeschätzt wurde, die vor allem dann, wenn es um die Absicherung politischer Risiken geht, schließendlich aus ihrer offiziellen Rolle heraus doch ihre Forderungen einbringen kann, hat man sich im Bereich der staatlichen Versicherungsaktivitäten auf keine internationalen Absprachen eingelassen. Hingegen hat man sich hinsichtlich der Frage der **Finanzierungsunterstützung** sehr früh um eine internationale Kontrollinstanz bemüht.

Während die bereits in der Zwischenkriegszeit gegründete „Berner Union" eine privatrechtliche Vereinigung staatlicher und privater Exportrisikoversicherer mit dem Hauptzweck eines intensiven Informationsaustausches (*Fleisig/Hill* 1984, S. 57 f.) darstellt, greift der im Jahre 1976 grundgelegte Consensus der OECD-Länder massiv in die offizielle Exportfinanzierung der beteiligten Länder ein (*Cheney* 1985, S. 35 ff.). Die Grundidee dieses „Konditionenkartells" ist es, wettbewerbsverzerrende Eingriffe in die Exportfinanzierung zu beseitigen. Unter der offiziellen Bezeichnung Arrangement on Guidelines for Officially Supported Export Credits (OECD-Consensus) werden für alle offiziell unterstützten Exportfinanzierungen mit Zahlungszielen von zwei Jahren und darüber folgende wesentliche Bedingungen geregelt (*Schneider-Lenné* 1989, S. 102 f.):

(1) **Anwendungsbereich:**

Der Consensus findet keine Anwendung auf Exporte von militärischen Ausrüstungsgegenständen und landwirtschaftlichen Erzeugnissen. Sonderregelungen gelten für konventionelle Kraftwerke und Atomkraftwerke, Flugzeuge und Schiffe.

(2) **An- und Zwischenzahlungen:**

Seitens des Käufers müssen mindestens 15% des Vertragswerts als An- und Zwischenzahlungen bis zur Lieferung bzw. Betriebsbereitschaft bezahlt werden.

(3) **Kredithöchstlaufzeiten:**

Die maximalen Kreditlaufzeiten sind nach Bestimmungsland gestaffelt und betragen

- für Länder der Kategorie I (relativ wohlhabende Länder) fünf Jahre bzw. bei vorheriger Notifizierung der Abweichung an die Consensus-Partnerländer achteinhalb Jahre,
- für Länder der Kategorie II (mittlere Länder) achteinhalb Jahre,
- für Länder der Kategorie III (relativ arme Länder) zehn Jahre.

Für die Gestaltung der Tilgungspläne ist von regelmäßigen halbjährli-

3. Exportförderung im Bereich Risiko und Finanzierung

chen, gleich hohen Tilgungszahlungen auszugehen, soweit es sich nicht um eine Leasingfinanzierung handelt.

(4) **Mindestzinssätze:**

Nach verschiedenen Schwierigkeiten mit der Mindestzinssatz-Regelung des Consensus einigte man sich 1983 auf die „Uniform Moving Matrix", deren Mindestzinssätze sich automatisch mit den Marktgegebenheiten bewegen und für alle Exportkreditwährungen zutreffen (*Johnson/Fisher/ Harris* 1990, S. 39 f.).

Für Kategorie-I-Länder sowie immer dann, wenn in Niedrigzinsländern die Marktzinssätze unter den Matrix-Zinssätzen liegen, werden sogenannte commercial interest reference rates (CIRRs) angewandt, wobei der Mindestzinssatz, zu dem Exportkredite hinausgelegt werden dürfen, der niedrigere Satz aus Matrixsatz und CIRR ist. CIRRs werden für jede Währung mit einem festen Aufschlag von 100 Basispunkten auf die Sekundärmarktrendite von Staatsanleihen mit einer fünfjährigen Restlaufzeit berechnet.

(5) **Mischfinanzierungen:**

Auch der Fall von Mischfinanzierungen (*Plinke/Klöpper* 1987, S. 259 ff.) wird im Consensus geregelt, wobei man von der ursprünglichen Terminologie des Zuschußelements (grant element) in den Jahren 1986 und 1987 in zwei Schritten zur Konzessionalität (concessionality level) übergegangen ist: Die zur Berechnung der Begünstigung erforderliche Diskontierung spiegelt nunmehr in einem stärkeren Ausmaß Marktgegebenheiten wider, indem die Abzinsung sich zu 75% an den marktorientierten CIRRs orientiert und zu 25% an einem fixen Zinssatz von 10% p.a.

Die umfangreichen und teilweise eher kompliziert anmutenden Regelungen des Consensus werden in ihrer praktischen Durchführung häufig kritisiert (*Schill* 1991, S. 13 ff.). Beispielsweise lassen sich durch Consensus-konforme Kreditaufnahmen in Inlandswährung des Exporteurs und anschließende Swap-Transaktionen (currency swaps) Zinssatzvorteile erzielen, die erst recht eine Wettbewerbsverzerrung darstellen, wenn sie an den Abnehmer weitergereicht werden.

Auch unter den Consensus-Mitgliedsländern finden laufend Diskussionen über eine neuerliche Reform statt: Zum einen geht es um weitere Beschränkungen bei der Anwendung von Matrix-Zinssätzen, die nurmehr für Länder der Kategorie III bestehen bleiben sollen. Andere Reformvorschläge betreffen mögliche Verlängerungen der Kredithöchstlaufzeiten, vor allem auch aus dem Blickwinkel von Lieferungen in Länder der Kategorie I. Zusätzlich wird überlegt, die Bedingungen für Mischfinanzierungen noch einmal zu verschärfen bzw. für die Zuerkennung stärker auf entwicklungspolitische Kriterien Rücksicht zu nehmen (*Johnson/Fisher/Harris* 1990, S. 17).

4. Countertrade als nicht-traditionelle Form der Außenhandelsfinanzierung

Neben allen besprochenen Formen der Außenhandelsfinanzierung auf dem freien bzw. auf dem staatlich geförderten Markt spielt vor allem in denjenigen Ländern, die unter den Problemen wirtschaftlicher Umstrukturierung bzw. unter einem Mangel an Devisen leiden, das Segment der nicht-traditionellen Finanzierungsformen eine wesentliche Rolle. Hier sind es neben dem vermehrten Einsatz des **Leasing** vor allem die unterschiedlichen Varianten des **Countertrade**, die Lösungsmöglichkeiten anbieten können.

Countertrade spielt nicht nur in Regionen, die sich durch einen Mangel an frei konvertibler Währung auszeichnen, eine wesentliche Rolle, sondern die Einbindung von Warengeschäften in die unternehmerische Kontrahierungspolitik gewinnt ganz generell zunehmend an Bedeutung. Je nach Beschaffenheit der konkreten Countertrade-Transaktion kann sich sogar ein Weg in Richtung auf eine strategische Allianz ergeben.

Klassifiziert man die Weltregionen, in denen derartige Geschäfte vorkommen, so tritt neben den – nach wie vor bedeutenden – **Ost-West-Gegengeschäftshandel** nach und nach und in steigendem Umfang das Feld sogenannter **Nord-Süd-Gegengeschäfte**. Als Sonderform sind auch Gegengeschäfte zwischen Industrieländern geläufig (West-West- bzw. Nord-Nord-Transaktionen). Das Feld sogenannter Süd-Süd-Gegengeschäfte hingegen ist derzeit bei weitem noch nicht hinsichtlich seiner Möglichkeiten ausgeschöpft.

Analysiert man die vorkommenden Transaktionstypen (*Samsinger* 1986, S. 47 ff.), so kann man auf die bewährte Einteilung in Kompensations-, Parallel- und Produktenabnahmegeschäfte zurückgreifen. Während beim **Kompensationsgeschäft** Leistung und Gegenleistung in einem Vertrag spezifiziert werden, trennt man im Rahmen von **Parallelgeschäften** den Exportvertrag und die – üblicherweise mit einem Rahmenvertrag daran gebundene – Einkaufsverpflichtung, das heißt den Gegenwaren-Abnahmevertrag. Die Standardform von Parallelgeschäften findet heute auf den unterschiedlichsten Märkten Verwendung, und zwar immer dann, wenn aufgrund der Finanzmittelknappheit des Abnehmers oder Abnehmerlandes eine gänzliche oder zumindest teilweise Gegenwarenabnahme zur Ermöglichung der Gesamttransaktion erforderlich ist.

Sonderformen von Parallelgeschäften bestehen zum einen im Rahmen sogenannter **Vorauskauf-Transaktionen** (Advanced Purchases): In diesem Fall erfolgt unter Umkehrung der zeitlichen Reihenfolge zunächst der Beschaffungsvorgang aus dem östlichen bzw. südlichen Abnehmerland, wobei die für diese Importe fälligen Erlöse nicht in das jeweilige Land transferiert, sondern auf einem Treuhandkonto (Escrow-Account) zwischengelagert werden. Von diesem Konto können sodann nachfolgend die Exporttransaktionen in den Osten bzw. Süden finanziert werden.

Ebenfalls unter das große Phänomen der Parallelgeschäfte fallen **Industrial Offset**-Geschäfte: Hier geht es zunächst einmal regional gesehen um Nord-Nord-Geschäfte, wobei üblicherweise ein großer Beschaffungsvorgang im militärischen Bereich oder aber beim Import von Großanlagen zugrunde liegt. In diesen Fällen wird vom Käufer der entsprechenden Güter nicht allein die Lieferung von Gegenwaren auferlegt, sondern es geht in aller Regel um qualifizierte Produkte, die produziert und zurückgeliefert werden sollen, um einen erwünschten Technologietransfer zu erreichen.

Sehr stark in das Feld langfristig ausgelegter unternehmerischer Kooperationen fallen **Produktenabnahmegeschäfte (Product Buy-Back)**. Hier geht es in der ursprünglichen Fassung des Begriffes um die Bezahlung gelieferter industrieller Anlagen mit denjenigen Produkten, die mit Hilfe dieser Anlagen erzeugt werden können. Der Grundgedanke ist also eine Finanzierungserleichterung nach dem Denkmuster „pay as you earn". Essentielle Punkte internationaler Buy-Back-Verträge betreffen dabei zunächst den Gesamtwert der Rückkaufsverpflichtung und einen entsprechenden Zahlungs-Zeitplan. Besondere Bedeutung kommt aber auch der Preisfestsetzung für die abgenommenen Produkte zu, weil über den Errichtungszeitraum nicht vorhersehbare Preisveränderungen vielfach eine Vorweg-Preisfestsetzung nicht opportun erscheinen lassen. Im letzteren Fall ist es erforderlich, in den Vertragsrichtlinien Regelungen über die zukünftige Preisfestsetzung aufzunehmen (ECE 1991, S. 8 f.).

5. Risikokapitalaufbringung für die aktive Internationalisierung

5.1 Anwendungsbereich

Die Notwendigkeit, im grenzüberschreitenden Geschäft auch Risikokapital bereitzustellen, wurzelt in zwei verschiedenen Entwicklungen: Zum einen geht es um das Hineinziehen von Projekterstellern in die Verantwortung für den Betrieb eines Projektes durch das Aushandeln einer Kapitalbeteiligung. Zum anderen handelt es sich um die im Zusammenhang mit Direktinvestitionen erforderliche Bereitstellung von Eigenkapital im Ausland.

Was den ersten Zweig betrifft, so finden sich im Großanlagengeschäftsbereich seit langem Tendenzen, die Anlagenersteller durch eine in der Regel das Ausmaß von fünf bis zehn Prozent am Kapital nicht übersteiggende Beteiligung in das Projekt einzubinden. Damit wird angestrebt, daß nicht bloß im Sinne eines „Turn-Key"-Vertrages die Produktionskapazität bereitgestellt wird, sondern das erstellende Unternehmen auch in den Going Concern involviert wird.

Dazu ist nicht in allen Fällen „echtes" Beteiligungskapital erforderlich. Im Rahmen verschiedener Finanzierungsstrukturen finden sich als alternative Lösungsansätze Kreditgewährungen durch das die Anlage erstellende Unternehmen, die vertraglich mit einer Nachrangigkeitsklausel ausgestattet (subordiniert) sind. Derartige Varianten der Mezzanin-Finanzierung stellen eine Risikoerhöhung gegenüber normalen Darlehen dar, rangieren aber im Rahmen des Partenteilungs-Ansatzes sicherheitsmäßig noch deutlich vor dem „echten" Eigenkapital (Schmidt 1989, S. 174 ff.). Die Anlagenanbieter sind bestrebt, solche Beteiligungen zu vermeiden, da sie zu einer Bilanzaufblähung führen.

Was die Situation der aktiven Internationalisierung von Unternehmen betrifft, so sind für alle Direktinvestitions-Vorgänge Risikokapitalbereitstellungen notwendig. Das Abstellen auf Direktinvestitionen rührt daher, daß diese eine typische und mit massiven finanziellen Konsequenzen Hand in Hand gehende Internationalisierungsstufe darstellen. Man umschreibt mit dem Begriff Direktinvestitionen alle Investitionen von Deviseninländern zwecks Herstellung oder Aufrechterhaltung dauernder Wirtschaftsbeziehungen mit einer ausländischen Firma, wobei gleichzeitig die Absicht besteht, auf die Geschäftstätigkeit dieser Unternehmen Einfluß auszuüben.

Dieser Fragenkomplex ist seit jeher im Zusammenhang mit der Errichtung ausländischer Tochtergesellschaften und/oder dem Eingehen von Joint Ventures an der Tagesordnung. Gerade im Zusammenhang mit den Privatisierungen in einer Vielzahl interessanter Länder kommt diesem Feld allerdings derzeit eine erhöhte Bedeutung zu. Ein typisches Beispiel für den letztgenannten Gesichtspunkt stellen die Privatisierungsbestrebungen in den Reformländern Zentral- und Osteuropas dar, wo die Zufuhr von fresh money im Sinne von ausländischem Risikokapital eine conditio sine qua non für die Erneuerung des industriellen Kapitalstocks bedeutet (vgl. Debs/Shapiro/Taylor 1991).

5.2 Instrumentarium der Risikokapitalbereitstellung

Nähert man sich der Frage der Aufbringung von Risikokapital aus klassischer betriebswirtschaftlicher Sicht, so ist an erster Stelle an die Aufbringung von **Eigenkapital** zu denken. Im Sinne eines Bilanzschichten- bzw. Risikoklassen-Ansatzes (Loitlsberger 1984, S. 55 ff.) ist demnach für Direktinvestitionen im Ausland vorrangig Eigenkapital des investierenden Unternehmens heranzuziehen. Nur die weitreichende Risikotrag-

5. Risikokapitalaufbringung für die aktive Internationalisierung 577

fähigkeit des Eigenkapitals weist diejenige Qualität auf, die der Exponiertheit der Direktinvestitionsmittel entspricht.

Da in vielen Fällen die Eigenkapitaldecke inländischer Unternehmen nicht ausreicht, zielen **Förderungsansätze** im In- und Ausland darauf ab, die erwünschten Wirkungen von Direktinvestitionen dadurch zu forcieren, daß Haftungsübernahmen und/oder Risikokapital bereitgestellt werden. Wenngleich sich in der Realität kaum jemals eine vollständige Finanzierung allein auf Basis derartiger Mittel strukturieren läßt, stellen sie doch einen wesentlichen Punkt bei der Gestaltung des konkreten Finanzierungs-Mix dar.

Haftungsübernahmen für die mit Beteiligungen Hand in Hand gehenden Risiken bzw. Finanzmittel zur Risikokapitalbereitstellung finden sich national wie international in unterschiedlichen institutionellen Rahmenbedingungen. Eine Auswahl von drei Instrumenten aus dem internationalen Bereich soll die Funktionsweise erhellen. Behandelt werden die

- International Finance Corporation (IFC);
- European Bank for Reconstruction and Development (EBRD, Ost-West-Bank);
- Multilateral Investment Guarantee Agency (MIGA).

International Finance Corporation (IFC)

Die International Finance Corporation (IFC) ist ein Schwesterinstitut der Weltbank, deren Aufgabe darin besteht, das private Unternehmertum in ihren Mitgliedsländern durch produktive Investitionen zu fördern. Projektträger ist demnach – im Gegensatz zur IBRD und zur IDA – nicht die öffentliche Hand, sondern die Privatwirtschaft. Trotz der Entwicklungsfunktion der IFC ist das Institut gewinnorientiert ausgerichtet (*Pollan* 1983, S. 351).

Bis vor wenigen Jahren waren nur wenige europäische Länder (Jugoslawien, Griechenland, Türkei) Mitglied der IFC. Die politische Wandlung in Osteuropa führte – beginnend mit dem Jahre 1985 – zum Beitritt vieler osteuropäischer Länder (Ungarn, Polen, CSFR, Rumänien, Bulgarien), womit sich das Aktivitätenfeld der IFC in diesem Wirtschaftsraum sprunghaft erhöhte, da diese Länder der gesamten Wirkungsbreite der IFC in hohem Maße bedürfen.

Zur Umsetzung ihrer Zielsetzungen benutzt die Bank neben der Vergabe von Konsortialkrediten vor allem auch das Instrument der **Direktinvestitionen**: Prinzipiell investiert die IFC in fast jeden Industriesektor und orientiert sich dabei an der einzelwirtschaftlichen Rentabilität und dem volkswirtschaftlichen Nutzen für das jeweilige Land. Die Investitionen erfolgen entweder in Form von Krediten oder in Form von direkten Beteiligungen (Aktienkapital). Die Art der jeweiligen Finanzierung hängt von den Projekterfordernissen ab, d. h. es gibt keine Standardform einer

IFC-Investition. Die IFC dient damit sowohl als Eigenkapital- als auch als Kreditquelle, wobei keine staatlichen Garantien erforderlich sind. In der Regel übernimmt die IFC nicht mehr als 25 % des gesamten Investitionsvolumens. Die Verzinsung der Kredite basiert auf den herrschenden Marktbedingungen, der Bonität der Kunden und der Art des Projektes (*Kinhirt* 1985, S. 37 f.).

Von großer Bedeutung für die Projektdurchführung sind Projektbewertung und -überwachung: Die Einbindung der IFC in die Finanzierung eines ausländischen Direktinvestitionsprojektes erhöht den Status bzw. die Bonität eines Investitionsvorhabens erheblich, da die IFC große Erfahrung in der Einschätzung von internationalen Investitionsvorhaben hat. Dies kann von großem Nutzen bei den Bemühungen um staatliche Garantien bzw. geförderte wie freie Kredite sein. Daneben bietet die IFC den Mitgliedsländern eine umfassende Beratungsleistung, wenn es um komplexe Problemstellungen wie beispielsweise die Gestaltung des Transformationsprozesses der Staatshandelsländer zu einem marktwirtschaftlich orientierten System oder den Aufbau eines Kapitalmarktes geht. Bei den von der IFC geführten Konsortialkrediten, bei denen sich die Konsortialbanken „hinter der IFC verstecken", wird deren Engagement von dem nicht unberechtigten Argument getragen, daß sich die Kreditempfängerländer nicht den Zahlungsverpflichtungen gegenüber der IFC und damit dem IWF entziehen wollen, um nicht deren weitere Unterstützung zu verlieren.

European Bank for Reconstruction and Development (EBRD, Ost-West-Bank)

Die European Bank for Reconstruction and Development (EBRD) nahm ihre Tätigkeit am 15. April 1991 auf. Das Übereinkommen zur Errichtung der Bank kann als direkte Reaktion der EG auf die Demokratisierungsbestrebungen der mittel- und osteuropäischen Staaten gewertet werden. Das Kapital der Bank beträgt in seiner Anfangsphase zehn Milliarden ECU, wovon 51% von der EG, 13,45% von den mittel- und osteuropäischen Empfängerländern, 11,37% von anderen europäischen Ländern sowie 24,17% von den nicht-europäischen Mitgliedsländern gehalten werden.

Die Aufgaben der Bank liegen in der Unterstützung der zentral- und osteuropäischen Länder bei ihrem Übergang von der Plan- zur Marktwirtschaft sowie der Förderung privater und unternehmerischer Initiative, soweit sich diese Länder zu den Grundsätzen der Mehrparteiendemokratie, des Pluralismus und der Marktwirtschaft bekennen und diese auch anwenden. Zu den wirtschaftlichen Förderungsvoraussetzungen treten demnach politische Erfordernisse, womit sich die EBRD in ihrer Konditionalität deutlich von den Zielsetzungen der Weltbank und regionaler Förderungsbanken unterscheidet, deren Finanzierungshilfen lediglich von wirtschaftspolitischen Bedingungen abhängig gemacht werden.

Zur Erfüllung der zum Ziel gesteckten Aufgaben bedient sich die EBRD nicht nur der Darlehensgewährung – auch in der Figur einer Kofinanzierung -, sondern auch der Form von Kapitalbeteiligungen bzw. der Übernahme von Wertpapieremissionen. Daneben spielt die Erleichterung des Zugangs zu inländischen und ausländischen Kapitalmärkten durch Gewährung von Garantien, durch Finanzberatung und sonstige Formen der Unterstützung eine wichtige Rolle.

Bei der Erfüllung oben angeführter Aufgaben arbeitet die EBRD auch mit anderen internationalen Organisationen wie beispielsweise IWF, IBRD, MIGA, der UNO sowie anderen Stellen zusammen, die sich mit der Entwicklung der Reformländer Zentral- und Osteuropas befassen.

Multilateral Investment Guarantee Agency (MIGA)

Die 1988 gegründete MIGA ist eine Schwesterorganisation der EBRD und daher Teil der sogenannten Weltbankgruppe. Ziel der MIGA ist die Förderung von Kapitalbeteiligungen und anderer Direktinvestitionen in Entwicklungsländern durch Beseitigung nichtkommerzieller Anlagebeschränkungen. Das Förderungssystem der MIGA können lediglich Angehörige der Mitgliedsstaaten mit Ausnahme des Gastgeberlandes in Anspruch nehmen.

Die Investitionsförderung durch die MIGA hat einen dualen Charakter: Zum einen werden Garantien gegen politische Risiken für Investitionen in Mitgliedsländern gewährt und zum anderen werden die Mitgliedsstaaten selbst hinsichtlich einer Verbesserung des Investitionsklimas beraten. Im Rahmen von Investitionsgarantien übernimmt die MIGA nicht nur Garantien zum Schutz von Direktinvestitionen im Sinne von Kapitalbeteiligungen, sondern trägt auch das politische Risiko für Portfolioinvestitionen und beteiligungsähnliche Darlehen sowie für Management- und Franchise-Verträge mit Mitgliedsstaaten. Besonders bemerkenswert ist in diesem Zusammenhang die ausdrückliche Versicherbarkeit von „Contractual Direct Investments", also Investitionen, deren Rückfluß von der Ausbringungsmenge oder vom Ertrag des Investitionsobjektes abhängt, da mit diesen Garantien dem Trend in Richtung „self-liquidating projects" bereits Rechnung getragen wird. Darüber hinaus wird der Prozeß des financial engineering insofern erheblich erleichtert, als Garantien multilateraler Agenturen vertrauensbildende Effekte bei der Akquirierung potentieller weiterer Projektbeteiligter in Gang setzen (*Debs/Shapiro/Taylor* 1991, S. 66).

Hinsichtlich des Umfangs der Garantie sieht die MIGA eine Beschränkung auf 90% der Schadensvergütung vor, so daß beim Investor ein Selbstbehalt von mindestens 10% verbleibt, der nicht weiterversichert werden darf. Als übliche Laufzeit von MIGA-versicherten Projekten wird ein Zeitraum von 15 Jahren angesehen, der bis zu 20 Jahren ausgedehnt werden kann.

5.3 Debt/Equity-Swaps

Überall dort, wo es sich um den Aufkauf bzw. die Neugründung eines Unternehmens in einem hochverschuldeten Land handelt, erregt die Variante von Debt/Equity-Swaps erhöhtes Interesse: Debt/Equity-Swaps beinhalten die Transformation von Bankkrediten, die in stark verschuldeten Ländern nur mehr mit einer geringen Wahrscheinlichkeit voll bedient werden, in Beteiligungskapital, das im jeweiligen Land einsetzbar ist. Dabei erwirbt ein Unternehmen, das eine Direktinvestition im entsprechenden Land anstrebt, eine verbriefte Forderung der Gläubigerbank mit einem Abschlag. Als Gegenleistung für diesen Schuldtitel erhält das Unternehmen einen Betrag in lokaler Währung, wobei der anzuwendende Wechselkurs im Rahmen des zugrundeliegenden Debt/Equity-Swap-Programmes fixiert worden ist oder sich im Rahmen einer Auktion ergibt.

Ein typischer Fall für eine solche maßgeschneiderte Komplexlösung läßt sich im Rahmen der Suche nach „billigem" Risikokapital für den Eintritt in den lateinamerikanischen Markt präsentieren, wo Debt/Equity-Swap-Programme laufend funktionieren. Über diese streng dem Gedanken einer Einzeltransaktion folgende Figur erfolgt somit die Umwandlung von Bankkrediten in lokale Beteiligungstitel, d. h. das jeweilige Land kann seine Bankschulden, die auf eine konvertible Währung lauten, mit lokaler Währung tilgen, indem einem Dritten, in der Regel eben einem investitionswilligen Unternehmen, Eigentumsrechte zur Verfügung gestellt werden (*De Faria/Stott/Buchanan* 1988).

Zur Illustration kann man den Fall eines Debt/Equity-Swap zur Finanzierung einer deutschen Direktinvestition in Chile heranziehen, der schematisch in der Abb. 6 nachzuvollziehen ist (zur Falldokumentation vgl. *Pachler* 1990): Vermittelt über einen Broker, ist eine US-Bank bereit, ihre Chile-Forderungen mit einem 30%igen Abschlag an einen deutschen Investor zu verkaufen, der ein chilenisches Unternehmen als vollbeherrschte Tochter erwerben möchte. Entsprechend dem Swap-Programm der chilenischen Regierung ist der Investor jedoch gezwungen, die angekauften US-$-Forderungen anläßlich der Konversion in lokale Währung bei der Zentralbank mit einem Wechselkursabschlag in Höhe von 15% zu tauschen.

Damit ist es ihm aber gelungen, für einen angenommenen Nominalwert von US-$ 10, eingekauft nach Abschlag zu einem Preis von US-$ 7, schließlich lokale Währung (Pesos) im Gegenwert von US-$ 8,50 zu erhalten: Der Investor hat damit sein Ziel, günstig an das für den Erwerb eines Unternehmens in Chile erforderliche Risikokapital zu gelangen, erreicht.

Angesichts der Verschuldung zentral- und osteuropäischer Länder gegenüber Staaten wie Deutschland oder Österreich liegt der Gedanke nahe,

Abb. 6: Schema eines Debt/Equity-Swap

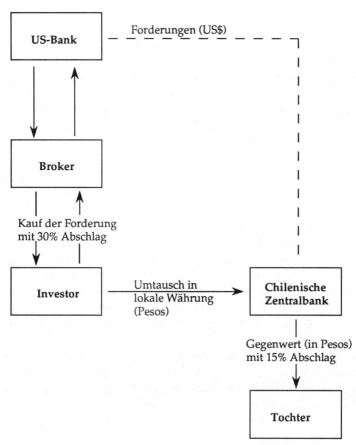

das Konzept von Debt/Equity-Swaps auch auf diese Länder zu übertragen. Gelänge es der deutschen bzw. österreichischen Regierung, ein Schuldenumwandlungsabkommen mit einzelnen der Reformländer Zentral- und Osteuropas abzuschließen, wäre damit ein Grundstein für eine Direktinvestitionsfinanzierung westlicher Interessenten gelegt. Bestehende Forderungen könnten dann – nach Durchführung der Swap-Transaktion – zum Erwerb von Grundstücken, Gebäuden oder Unternehmen in den jeweiligen Reformstaaten Verwendung finden.

6. Resümee

Resümiert man die Ausführungen des Beitrags, so ist die Kombination unterschiedlicher Finanzierungs-Bausteine im Mittelpunkt der Darstellung gestanden. Ausgangspunkt der Untersuchung waren die klassischen Formen der kurz-, mittel- und langfristigen Außenhandelsfinanzierung, die nach wie vor in der Realität die weitestverbreiteten sind. Zusätzliche Absicherungsvarianten in Form von Bankgarantien sind ergänzend behandelt worden.

Eine wesentliche Rolle im Baukasten der Finanzierungsinstrumente spielen alle Formen staatlicher Risikoübernahmen bzw. geförderter Exportfinanzierung, wie sie heute in den meisten Ländern etabliert sind. Internationale Vereinbarungen verhindern einen ruinösen Konditionenwettbewerb in diesem Bereich.

Neben die klassischen Finanzierungsinstrumente rücken überall dort, wo starkes Risiko und/oder Devisenmangel die finanzielle Seite von grenzüberschreitenden Transaktionen schwierig machen, Formen der nichttraditionellen Außenhandelsfinanzierung; herausgegriffen wurden die unterschiedlichen Typen von Countertrade.

Den Übergang von der Finanzierung von Außenhandelsgeschäften zur Finanzierung von Engagements im Ausland hat schließlich das Kapitel „Risikokapitalaufbringung für die aktive Internationalisierung" aufgezeigt: Hier geht es um die Mittelaufbringung für Direktinvestitionen, die eigenes Risikokapital eines Unternehmens, Spezialmittel von Förderungsinstitutionen oder aber die Einbindung von Debt/Equity-Swap-Spielarten beinhalten kann.

Das Herausfinden der optimalen Mischung der genannten Finanzierungsquellen im Rahmen eines financial engineering stellt eine Herausforderung für die Finanzierung zukünftiger Außenhandelstransaktionen dar, beispielsweise anläßlich der Strukturierung komplexer internationaler Projektfinanzierungen in den Reformländern Zentral- und Osteuropas. Der Terminus „Creative Trade Financing" zeigt die Richtung, in der vorgegangen werden muß: Daß dabei die Instrumente der Außenhandelsfinanzierung grundlegende Bausteine darstellen, sollte im vorliegenden Beitrag verdeutlicht werden.

Literatur

Andres, M. (1989), Zins- und Währungsswaps als innovative Finanzinstrumente, Wien
Backhaus, K./Sandrock, O./Schill, J./Uekermann, H. (Hrsg.) (1990), Projektfinanzierung: Wirtschaftliche und rechtliche Aspekte einer Finanzierungsmethode für Großprojekte, Stuttgart
Blomeyer, K./Kuttner, K. (1991), Exportfinanzierung, 3. Aufl., Wiesbaden
Büschgen, H. E. (1986), Internationales Finanzmanagement, Frankfurt am Main
Cheney, D. M. (1985), Das Exportkreditabkommen der OECD, in: Finanzierung und Entwicklung, Jg. 22, September, S. 35–38
Debs, R. A./Shapiro, H./Taylor, Ch. (1991), Financing eastern europe, Washington, D. C.

De Faria, E. C. G./Stott, J. A./Buchanan, N. J. C. (1988), PW/Euromoney Debt/Equity-Swap Guide, London

DIW (1991), Zur Außenwirtschaftsförderung in wichtigen Konkurrenzländern Deutschlands: Ein internationaler Vergleich, Wochenbericht 44/91 des Deutschen Instituts für Wirtschaftsforschung vom 31. Oktober 1991

Dohm, J. (1985), Bankgarantien im internationalen Handel, Bern

Economic Commission for Europe (ECE) (1991), International Buy-Back Contracts, Dokument ECE/TRADE/176, New York

Fleisig, H./Hill, C. (1984), The benefits and costs of official export credit programs of industrialized countries: an analysis, World Bank Staff Working Papers Number 659, Washington, D. C.

Frank, H./Moser, R. (1987), Internationale Projektfinanzierung: Eine umfassende Managementaufgabe im Auslandsgeschäft, in: Journal für Betriebswirtschaft 37, Heft 1, S. 31–49

Guild, I./Harris, R. (1988), Forfaitierung: Die Alternative in der Außenhandelsfinanzierung, Wiesbaden

Hampel, W. (1990), Financial Engineering: Bedeutung, Instrumente und Geschäftsfelder einer neuen Finanzierungsphilosophie unter besonderer Berücksichtigung der Situation in Österreich, Dissertation, Wirtschaftsuniversität Wien

Internationale Handelskammer (1979), Einheitliche Richtlinien für Inkassi, Publikation Nr. 322, Paris

Internationale Handelskammer (1983), Einheitliche Richtlinien und Gebräuche für Dokumentenakkreditive, Publikation Nr. 400, Paris

Johnson, G. G./Fisher, M./Harris, E. (1990), Officially supported export credits: developments and prospects, World economic and financial surveys, Washington, D. C.

Kayaloff, I. J. (1988), Export and project finance: a creative approach to financial engineering, London

Keßler, H. (1990), Internationale Handelsfinanzierung, Ludwigshafen (Rhein)

Kinhirt, R. (1985): Multinationale Entwicklungsbanken und Geschäftsmöglichkeiten für österreichische Unternehmen, Diplomarbeit, Wirtschaftsuniversität Wien

Kleiner, B. (1990), Bankgarantie: Die Garantie unter besonderer Berücksichtigung des Bankgarantiegeschäftes, 4. Aufl., Zürich

Knote, A./Rubach, Ch. (1988), Die Forfaitierung, Bonn

Loitlsberger, E. (1984), Innovationsfinanzierung und Finanzierungsinstrumentarium, in : Journal für Betriebswirtschaft 34, Heft 2, S. 54–69

Nevitt, P. K. (1989), Project Financing, 5. Aufl., London

Nielsen, J. (1986), Bankgarantien bei Außenhandelsgeschäften, Köln

OECD (1990), The export credit financing systems in OECD member countries, 4. Aufl., Paris

Pachler, Ch. M. (1990), Debt Swaps: Instrumente des internationalen Schulden- und Finanzierungswesens, Diplomarbeit, Wirtschaftsuniversität Wien

Plinke, W./Klöpper, M. (1987), Mischfinanzierung, in: *Backhaus, K./Siepert, H.-M.* (Hrsg.), Auftragsfinanzierung im industriellen Anlagengeschäft, Stuttgart, S. 259–282

Pollan, H. (1983), Die International Finance Corporation, in: Österreichisches Bank-Archiv 31, Heft 9, S. 351–356

Reisinger, H. (1990), Pre-Export Financing mit besonderer Berücksichtigung des Red Clause Akkreditivs, Diplomarbeit, Wirtschaftsuniversität Wien

Rusch, S. (1989), Die marktmäßige Absicherung politischer Risiken über den „Private Market", in: Journal für Betriebswirtschaft 39, Heft 3, S. 155–161

Samsinger, B. R. (1986), Countertrade: Eine alternative Marketing-Strategie, Bern

Schill, J. (1991), Internationale Wettbewerbsfähigkeit des deutschen Anlagenbaus: Ein Problem verzerrter Exportfinanzierungsstrukturen, in: Die Betriebswirtschaft 51, Heft 1, S. 7–19

Schmidt, R. H. (1991), Grundzüge der Investitions- und Finanzierungstheorie, 2. Aufl., Wiesbaden

Schneider-Lenné, E.-R. (1989), Außenhandelsfinanzierung in sich wandelnden Märkten, in: *Büschgen, H. E./Richolt, K.* (Hrsg.), Handbuch des internationalen Bankgeschäfts, Wiesbaden, S. 83-112

Schranz, H. (1987), Wirtschaftliche Bedeutung des Internationalen Factoring, in: *Hagenmüller, K. F./Sommer, H. J.* (Hrsg.), Factoring-Handbuch national – international, 2. Aufl., Frankfurt am Main, S. 165–184

Schwanfelder, W. (1987), Exportfinanzierung für Großprojekte: national – international – multinational, Wiesbaden

Smithson, Ch. W./Wilford, D. S. (1991), Risikomanagement: Verwendung der Instrumente zur Auflösung komplizierter Strukturen, in: Österreichisches Bank-Archiv Jg. 39, Heft 7, S. 483–493

Stepic, H. (1990), Handbuch der Exportfinanzierung, Wien

Stolzenburg, G. (1991), Praxis der Exportfinanzierung: Kredit, Finanzierung, Risiko, Köln

Stolzenburg, G. (1992), Die Staatliche Exportkreditversicherung, 4. Aufl., Köln

Topritzhofer, E./Moser, R. (1991), Das Exportgeschäft: Seine Abwicklung und Absicherung, 7. Aufl., Wien

Voigt, H. (1989), Handbuch der Exportfinanzierung, 3. Aufl., Frankfurt am Main

Watson, A. (1988), Finance of international trade, Nachdruck der 3. Aufl., London

Zahn, J. C. D./Eberding, E./Ehrlich, D. (1986), Zahlung und Zahlungssicherung im Außenhandel, 6. Aufl., Berlin

Kapitel 26
Eigen- und Fremdfinanzierung – Steuerliche Vorteilhaftigkeit und betriebliche Risikopolitik

von *Rainer Elschen*

1. Die betriebswirtschaftliche und die steuerrechtliche Betrachtungsweise von Eigen- und Fremdfinanzierung und ihre Folgen 586
2. Die Unternehmungsrisiken und die Gestaltung des Finanzierungsrisikos 589
   - 2.1 Der unternehmenspolitische Zusammenhang zwischen Unternehmungsrisiken und Finanzierungsrisiken 589
   - 2.2 Die Gestaltungselemente des Finanzierungsrisikos 591
3. Die steuerrechtliche Einordnung der externen Finanzierungsformen und ihre steuerliche Belastung 594
   - 3.1 Die steuerrechtliche Abgrenzung zwischen Beteiligungs- und Kreditfinanzierung 594
   - 3.2 Die steuerrechtliche Behandlung der Finanzierungsformen . 600
     - 3.2.1 Das Beteiligungskapital 600
     - 3.2.2 Das Kreditkapital 602
4. Das Kapitalstrukturproblem unter steuerpolitischen und risikopolitischen Aspekten 603
   - 4.1 Der steuerliche Vorteilhaftigkeitsvergleich 603
   - 4.2 Der Austausch von Renditeerwartung und Risiko bei Besteuerung 606
5. Die Marktwirkungen steuerrechtlicher Ungleichbehandlung von Beteiligungs- und Kreditkapital 611
6. Zusammenfassung 616
Literatur 617

1. Die betriebswirtschaftliche und die steuerrechtliche Betrachtungsweise von Eigen- und Fremdfinanzierung und ihre Folgen

Die Unterscheidung in Eigen- und Fremdfinanzierung geht von einem Bild der Finanzierungsformen aus, das nur eine Zweiteilung kennt. Eine Finanzierungsform gehört danach entweder zum **Eigenkapital** oder zum **Fremdkapital**. Die bunte Welt realer Finanzierungsformen wird also lediglich zwei Kategorien zugeordnet.

Für Zwecke des Steuerrechts ist ein solches Schwarz-Weiß-Denken bei der Einordnung der **Finanzierungsformen** verbindlich festgelegt und hat dort bei der Einkommen- und Körperschaftsteuer, der Gewerbeertrag- und Gewerbekapitalsteuer und bei der Vermögensteuer eine grundsätzlich unterschiedliche Behandlung von Eigen- und Fremdkapital und der dazugehörigen Kapitalerträge zur Folge. Aus betriebswirtschaftlicher Sicht wird eine solche Zweiteilung der Vielfalt der **Finanzierungsformen** (z. B. *Süchting* 1989, S. 71 ff.) jedoch nicht gerecht, obwohl auch das betriebswirtschaftliche Schrifttum nach wie vor häufig mit diesen beiden Kategorien arbeitet und auf dieser Grundlage z. B. vertikale und horizontale **Bilanzanalyse** betreibt.

Die Dispositivität des Gesellschafts- und Kapitalmarktrechts ermöglicht es jedoch, an die Vergabe finanzieller Mittel die unterschiedlichsten Rechte und Pflichten zu knüpfen. Für die Kapitalgeber und die anderen Unternehmungsbeteiligten verbinden sich damit unterschiedliche **Einkommenschancen** und **Einkommensrisiken** (hier zunächst im Sinne von Wahrscheinlichkeiten, ein bestimmtes Einkommen zu überschreiten oder zu unterschreiten). Sie stellen daher ökonomisch ein Kontinuum verschiedener **Chance/Risiko-Positionen** dar. Ein **Kapitalstrukturproblem**, das lediglich am Verhältnis der beiden Kategorien Eigen- und Fremdkapital festmacht, gibt es folglich aus betriebswirtschaftlicher Sicht gar nicht, weil dabei die meisten Gestaltungsmöglichkeiten für Kapitalgeber und betriebliche Entscheidungsträger mißachtet würden. Die einfache Relation „Eigenkapital/Fremdkapital" in der Bilanzanalyse kann daher allenfalls einen groben Eindruck der Investitionsrisiken der Kapitalgeber und der Finanzierungsrisiken der Unternehmung vermitteln, solange etwa Pensionsrückstellungen, Anleihen, Genußscheine und Gewinnschuldverschreibungen mit völlig unterschiedlichen Chance/Risiko-Positionen für Kapitalgeber und Unternehmung unter dem Begriff „Fremdkapital" zusammengefaßt werden. Demgegenüber stellt der Versuch, aus ökonomischer Sicht „Risikokapital" verschiedener Ordnungen zu definieren, bereits einen bedeutenden Fortschritt dar (*Schneider* 1987, S. 2531).

Da aber das Steuerrecht für das gesamte Kontinuum der ökonomischen Chance/Risiko-Positionen nur die beiden Kategorien Eigenfinanzierung

1. Eigen- und Fremdfinanzierung und ihre Folgen

oder Fremdfinanzierung kennt, heißt das für die ökonomischen Entscheidungen:

Es ist Kapitalanbietern und -nachfragern möglich, die Eigenfinanzierung so zu gestalten, daß sie sich an die **Chance/Risiko-Position der Fremdfinanzierung** annähert, ohne daß steuerrechtlich bereits eine Zuordnung zum Fremdkapital vorgenommen wird. Umgekehrt lassen sich Rechte und Pflichten aus Fremdfinanzierung weitgehend so vereinbaren, daß sie zwar sehr nahe an der **Chance/Risiko-Position der Eigenfinanzierung** liegen, steuerrechtlich aber dennoch in die „Schublade" Fremdfinanzierung gehören. An den Grenzen der steuerrechtlichen Kategorien könnte es deshalb gelingen, mit minimalen Veränderungen der betriebswirtschaftlichen Chance/Risiko-Position bedeutende steuerliche Vorteile zu erringen, soweit Eigen- und Fremdfinanzierung steuerlich unterschiedlich behandelt werden. Das erlaubt auch die Prognose, daß bei steuerlicher Diskriminierung einer Finanzierungsform steuerrechtliche Streitfragen der Zuordnung der Finanzierungsformen besonders in diesem Grenzbereich entstehen.

Abb. 1 stellt diesen Sachverhalt durch Gegenüberstellung der betriebswirtschaftlichen und steuerrechtlichen Betrachtung der Finanzierungsformen dar. Ein hohes **Finanzierungsrisiko** der Unternehmung ist dabei mit einem niedrigen **Investitionsrisiko** auf der Seite des Kapitalgebers verknüpft, ein niedriges Finanzierungsrisiko entsprechend mit einem hohen Investitionsrisiko. Der steuerrechtlich umstrittene Bereich ist gestrichelt eingezeichnet und mit einem Fragezeichen markiert.

Abb. 1: Betriebswirtschaftliche und steuerrechtliche Betrachtungsweise der Finanzierungsformen

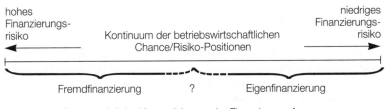

Denkbar wäre darüber hinaus sogar auch, daß die steuerrechtliche Zuordnung das Kontinuum betriebswirtschaftlicher Chance/Risiko-Positionen zumindest zum Teil mißachtet und z. B. bei einzelnen Finanzierungsformen eine Kategorisierung als Fremdkapital vornimmt, obgleich diese von der betriebswirtschaftlichen Chance/Risiko-Position eher als Eigenkapital einzustufen wären als andere Finanzierungsformen, die im Steuerrecht tatsächlich als Eigenkapital geführt werden. Es kommt zu Sprüngen in der steuerrechtlichen Einstufung in bezug auf die betriebswirtschaftlichen Chance/Risiko-Positionen (Abschn. 3.1). Abb. 2 verdeutlicht diesen Sachverhalt.

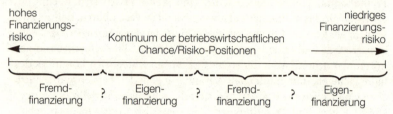

Abb. 2: Sprünge bei der steuerrechtlichen Einordnung der Finanzierungsformen in bezug auf die Chance/Risiko-Position

Steuervorteile für die eine oder andere Finanzierungsform geben in jedem Falle Anreize zu vertraglichen Gestaltungen, deren steuerrechtliche Zuordnung die Mitnahme der Steuervorteile der begünstigten Finanzierungsform erlaubt, in denen die betriebswirtschaftliche Chance/Risiko-Position jedoch (weitgehend) denen der steuerlich benachteiligten Finanzierungsform entspricht, wenn eine bestimmte Risikoverteilung aus betriebswirtschaftlichen Gründen erwünscht ist. Aus einzelwirtschaftlicher Sicht liegt hier eine Arbitrage gegen das Steuerrecht vor.

Für den Steuergesetzgeber müßte sich daraus die Frage stellen, ob die aus der Perspektive betriebswirtschaftlicher Chance/Risiko-Positionen letztlich immer unzureichende Einordnung der Finanzierungsformen in die zwei Schubladen Eigenfinanzierung oder Fremdfinanzierung nicht durch eine konsequente Gleichbehandlung der Finanzierungsformen unnötig gemacht werden sollte, zumal auch jede andere Kategorisierung (z.B. in Risikokapital verschiedener Ordnungen) der Vielfalt der Finanzierungsformen nicht gerecht werden kann. Die ökonomische Bewertung der Chance/Risiko-Positionen würde bei einem derart entscheidungsneutralen bzw. finanzierungsformneutralen Steuerrecht allein vom Kapitalmarkt vorgenommen, unverfälscht durch **steuerrechtliche Diskriminierungen** einzelner Finanzierungsformen (*Elschen* 1991, S. 108 f.).

Da aber die Realität des deutschen Steuerrechts von einer Gleichbehandlung der Finanzierungsformen weit entfernt ist, stellt sich auch aus steuerlicher Perspektive das Problem des **Vorteilhaftigkeitsvergleichs zwischen Fremd- und Eigenfinanzierung**, der freilich auch immer die betriebswirtschaftliche Dimension der Finanzierung beachten muß. Dieses Problem wird im folgenden auf die Behandlung einer zusätzlichen Außenfinanzierung durch Fremd- und Eigenkapitalgeber, also Kredit- und Beteiligungsfinanzierung, eingeschränkt (zu Fragen der Innenfinanzierung vgl. den

2. Unternehmungsrisiken und Finanzierungsrisiko

Beitrag von *Adelberger* in Kapitel 10, zu Fragen der Ausschüttungs- bzw. Thesaurierungspolitik vgl. den Beitrag von *Dirrigl/Wagner* in Kapitel 12).

Folgende Fragestellungen werden dabei getrennt behandelt:

a) Von welchen Faktoren wird das Finanzierungsrisiko der Unternehmungen bzw. das Investitionsrisiko der Kapitalgeber bestimmt, und welche Gestaltungsmerkmale von Finanzierungsverträgen beeinflussen die betriebswirtschaftliche Risikoverteilung?

b) Wo liegen steuerrechtlich die Grenzen zwischen Beteiligungs- und Kreditkapital, und wie werden beide steuerrechtlich behandelt?

c) Wie gestaltet sich die einzelwirtschaftliche Auswahl der optimalen Finanzierungsalternative im Brennpunkt betrieblicher Steuer- und Risikopolitik?

d) Welche marktlichen Rückwirkungen verbinden sich mit der steuerlichen Diskriminierung von Finanzierungsformen?

2. Die Unternehmungsrisiken und die Gestaltung des Finanzierungsrisikos

2.1 Der unternehmenspolitische Zusammenhang zwischen Unternehmungsrisiken und Finanzierungsrisiken

Unternehmungsrisiken sind in einem marktwirtschaftlichen System aus ökonomischer Sicht wesentlich bestimmt durch die Preis- und Mengenrisiken auf Absatz- und Beschaffungsmärkten. Risiken aus dem politisch-sozialen Umfeld, von einer Veränderung der Gesetzgebung bis hin zum Wertewandel in der Gesellschaft, treten ebenso hinzu wie Risiken aus der Veränderung der natürlichen Ressourcen, vom Erdbeben bis hin zur Klimakatastrophe.

Auf viele dieser Risiken können Unternehmung und Unternehmungsbeteiligte vorbeugend einwirken oder sich dagegen versichern. Sie müssen es sogar, wenn gesetzliche Zwänge dies gebieten (z. B. Kfz-Haftpflichtversicherung, Unfallverhütung und Sozialversicherung für Arbeitnehmer). Welche Methoden der Vorbeugung und Versicherung über die gesetzlichen Zwänge hinaus gewählt werden (z. B. vertragliche Festschreibungen, Vereinbarung von Gegengeschäften oder der Rückgriff auf externe Versicherungsträger) ist wegen der unterschiedlichen Kosten und der unterschiedlichen Folgen der einzelnen Gestaltungsmöglichkeiten ebenso ein unternehmerisches Entscheidungsproblem wie die Frage, ob überhaupt Vorbeugungs- oder Versicherungsmaßnahmen ergriffen werden sollen. Zu den dann nicht über irgendeine Form der Vorbeugung oder Versicherung kompensierten Risiken treten die grundsätzlich nicht vermeidbaren und **nicht versicherbaren Risiken**. Dazu zählen neben einzelnen Risiken aus Veränderungen bei natürlichen Ressourcen und im politisch-sozialen Umfeld insbesondere das leistungswirtschaftliche Risiko aus der Veränderung der ökonomischen Bedingungen auf Beschaffungs- und Absatzmärkten.

Die nicht kompensierten **Risiken der Unternehmung** werden von den Unternehmungsbeteiligten in unterschiedlicher Weise getragen. Neben den Kapitalgebern könnten etwa auch die Arbeitnehmer einen Teil des leistungswirtschaftlichen Risikos übernehmen, wenn sie bereit wären, eine umsatzabhängige Verminderung ihres Entgelts zu akzeptieren. Für Eigen- und Fremdkapitalgeber gemeinsam verbleibt also nur ein Teil des gesamten leistungswirtschaftlichen Risikos der Unternehmung, der Teil, der im Falle rückläufigen Umsatzes nicht durch eine Reduktion der Ansprüche anderer Unternehmungsbeteiligter kompensiert wird.

Erhalten jedoch z. B. die Arbeitnehmer nur umsatzabhängige Entgelte, werden auch die Lieferanten der Produktionsmittel nur mit umsatzabhängigen Nutzungsentgelten bedacht oder ist es möglich bzw. notwendig, bei Umsatzsenkungen bzw. -erhöhungen stets kurzfristige Anpassungen auf Arbeits- und Beschaffungsmärkten durchzuführen, dann sind die verbleibenden Risiken für die Kapitalgeber deutlich gesenkt. Allerdings sind auch die Chancen beeinträchtigt, weil jede Umsatzerhöhung mit Kostenerhöhungen erkauft wird. Dagegen sind bei Umsatzerhöhungen im Falle einer nicht vom Umsatz abhängigen Fixkostenstruktur zwar die Chancen für die Kapitalgeber deutlich größer, dafür aber auch die Risiken für die Kapitalrendite bei rückläufigem Umsatz.

Eine solche Erhöhung des leistungswirtschaftlichen Risikos durch den fixkostenabhängigen **Operating Leverage** (z. B. *Süchting* 1989, S. 378 ff.) ist vor allem für solche Kapitalgeber problematisch, die wie viele Kreditgeber großen Wert auf die Sicherheit und Konstanz der laufenden Erträge ihrer Kapitalanlage legen und deshalb eine von den dadurch verursachten Schwankungen der Gesamtkapitalrendite unabhängige Kapitalverzinsung erwarten. Ihnen bleibt als letzte Möglichkeit, das für die Kapitalgeber insgesamt verbliebene Risiko auf andere Kapitalgeber zu verlagern.

Finden sich aber in einer Unternehmung mit hohem leistungswirtschaftlichen Risiko und geringer Risikoübernahme durch andere Unternehmungsbeteiligte auch noch relativ viele Kapitalgeber, die nicht bereit sind, eine hohe Chance/Risiko-Position beim **finanzwirtschaftlichen Risiko** einzunehmen, so kann es sein, daß bei scharfen Umsatzrückgängen die Fähigkeit der wenigen risikobereiten Kapitalgeber zur Risikokompensation nicht mehr ausreicht. Wegen vorgeordneter Ansprüche anderer Unternehmungsbeteiligter, vor allem der Lieferanten und Arbeitnehmer, mißlingt es dann den eigentlich nicht risikobereiten Kapitalgebern, den erwünschten Risikoausschluß zu erreichen. Die Risikoverlagerung scheitert an der mangelnden Tragfähigkeit der eher auf die Nutzung von Chance/Risiko-Positionen spekulierenden Kapitalgeber. Ein Teil des fi-

2. Unternehmungsrisiken und Finanzierungsrisiko

nanzierungsvertraglich auf diese Kapitalgeber verlagerten Risikos fällt faktisch auf die nicht risikobereiten Kapitalgeber zurück. Deren Bereitschaft, weiteres Kapital bereitzustellen und bereits zur Verfügung gestelltes Kapital in der Unternehmung zu belassen, kann daher gehemmt werden durch die Erwartung, daß die erwünschte **Risikoverlagerung** scheitert. Ebenso kann ein erhöhtes Investitionsrisiko auch grundsätzlich risikobereite Kapitalgeber von weiteren Investitionen abschrecken. Die Höhe des Gesamtrisikos aller Kapitalgeber und die Struktur der Risikobereitschaft unter den Kapitalgebern bestimmen daher die Bereitschaft neuer Kapitalgeber, in die Unternehmung unter bestimmten Bedingungen zu investieren.

Zusammengefaßt ergibt sich daraus: Wer als Kapitalgeber einer Unternehmung ein möglichst geringes Risiko anstrebt, muß immer auch das Risiko beachten, das als von anderen Unternehmungsbeteiligten nicht kompensiertes leistungswirtschaftliches Risiko die Gruppe der Kapitalgeber insgesamt trifft. Über die Höhe des leistungswirtschaftlichen Risikos entscheidet hier neben dem Absatzmarktrisiko die Transformation dieses Risikos auf das Kapitalertragsrisiko durch den Operating Leverage. Je höher das Gesamtkapitalertragsrisiko ist, desto größer muß jedoch grundsätzlich das Potential der Kapitalgeber sein, die bereit sind, dieses Risiko über Finanzierungsformen mit hohen Chance/Risiko-Positionen zu tragen. Eine durch Fixkosten geprägte leistungswirtschaftliche Kostenstruktur verlangt also zur Risikokompensation nach einer hohen Risikobereitschaft der Kapitalgeber. Das leistungswirtschaftliche Risiko und die Kapitalstruktur im Sinne eines **Kontinuums einer ökonomischen Chance/Risiko-Verteilung** bei den Finanzierungsformen und nicht im Sinne der steuerrechtlichen Unterscheidung in Eigen- und Fremdfinanzierung hängen auf diese Weise voneinander ab.

2.2 Die Gestaltungselemente des Finanzierungsrisikos

Die Begriffe Eigen- und Fremdkapital bzw. Beteiligungs- und Kreditkapital werden im Schrifttum in aller Regel durch eine Reihe juristisch gesicherter Ansprüche definiert, die z. B. als „grundsätzliche finanzwirtschaftliche Merkmale" der beiden Finanzierungsformen bezeichnet werden (*Perridon/Steiner* 1991, S. 275). Diese Ansprüche sind insbesondere: Haftung, Erfolgsanspruch, Vermögensanspruch, zeitliche Verfügbarkeit und Leitungsbefugnis. Mit Hilfe extremer Ausprägungen dieser vertraglichen Konstruktionsmerkmale läßt sich dann ein „idealtypisches" Beteiligungs- und Kreditkapital definieren. Bei entsprechender Definition und der Annahme faktischer Durchsetzbarkeit dieser Rechtspositionen können darin betriebswirtschaftlich die beiden **Endpunkte des Gestaltungsspielraums der Chance/Risiko-Positionen** gesehen werden: Die persönliche Haftung bei voller Teilhabe am Unternehmungserfolg, einem quotenmäßig festgelegten Vermögensanspruch und unbefristeter zeitlicher Bereitstellung des Kapitals definiert dann ein idealtypisches Eigenkapital mit niedrigstem Finanzierungsrisiko für die Unternehmung (höchstem Investitionsrisiko für die Kapitalgeber) auf der einen Seite des Risikospektrums. Fehlende Haftung bei erfolgsunabhängigem Zinsanspruch und nominal gesichertem Anspruch auf das Unternehmungsvermögen unter zeitlicher Befristung der Kapitalbereitstellung kennzeichnet demgegenüber ein idealtypisches Fremdkapital mit höchstem Finanzierungsrisiko (niedrigstem Investitionsrisiko) auf der anderen Seite des Risikospektrums.

Da das über den Operating Leverage auf die Kapitalgeber übertragene Marktrisiko in diesem Fall ausschließlich die Eigenkapitalgeber treffen würde, sind diese auf die allein ihnen eingeräumte **Leitungsbefugnis** angewiesen, um ihre Chance/Risiko-Position beeinflussen zu können. Für den idealtypischerweise in seiner Rechtsposition völlig risikobefreiten, aber auch „chancenlosen" Fremdkapitalgeber hat die Leitungsbefugnis dagegen keinerlei ökonomische Bedeutung. Für seine ökonomische Position ist die Ausübung von Leitungsrechten irrelevant. Folgerichtig dürfte er aus ökonomischen Gründen auch keine Leitungsrechte beanspruchen.

Aus betriebswirtschaftlicher Sicht gibt es jedoch bei allgemeinen Marktunsicherheiten auch bei juristisch gesicherten Ansprüchen kein risikoloses Fremdkapital. Denn wo nichts ist, hat bekanntlich selbst der Kaiser sein Recht verloren. Bei geringer Eigenkapitalbereitstellung durch Kapitalgeber mit geringem Privatvermögen ist die Gefahr der Nichteinlösbarkeit des juristischen Haftungsanspruchs der Fremdkapitalgeber auch bei extrem risikobereiten Eigenkapitalgebern groß. Daher sind auch Modellvorstellungen fragwürdig, die von einer Unabhängigkeit der Ansprüche der Fremdkapitalgeber von der Kapitalstruktur ausgehen (Abschn. 5).

Besondere **Kreditsicherheiten**, erhöhte Kreditzinsen, erweiterte Informations- und Mitwirkungsmöglichkeiten und/oder der Abschluß risikokompensierender Geschäfte zwischen Unternehmung und Fremdkapitalgeber werden daher auch von idealtypischerweise juristisch vollständig abgesicherten Fremdkapitalgebern gefordert. Der Gesetzgeber schreibt zum Teil sogar Sicherungsinstitutionen für die Fremdkapitalgeber vor, wenn sich der juristische Status der Eigenkapitalgeber verändert. Der Übergang von der unbeschränkten, persönlichen Haftung der Eigenkapitalgeber bei Personengesellschaften auf die beschränkte Haftung in Höhe der Kapitaleinlage bei Kapitalgesellschaften zieht z.B. im Handelsgesetzbuch verankerte zusätzliche gesetzliche Rechnungslegungs- und Informationspflichten nach sich.

Eine über gesetzliche Zwänge hinausgehende Risikoabsicherung der Fremdkapitalgeber bleibt eine Frage der freiwilligen marktvertraglichen

2. Unternehmungsrisiken und Finanzierungsrisiko

Regelungen zwischen Fremdkapitalgebern und Unternehmung. Dasselbe gilt auch, wenn Fremdkapitalgeber bereit sind, ein erhöhtes Investitionsrisiko zu tragen, falls damit zugleich ihre Einkommenschancen wachsen. Zur Disposition stehen dabei auch die Gestaltungselemente der idealtypischen Finanzierungsverträge. Zahlreiche **Misch- oder Zwischenformen der Finanzierung** haben sich gebildet, die Elemente der beiden Idealtypen von Eigenkapital und Fremdkapital in sich vereinigen. Beispiele dafür sind etwa stimmrechtslose Vorzugsaktien im Bereich der juristischen Eigenkapitalklassifizierung oder am Unternehmungserfolg partizipierende Gewinnschuldverschreibungen bei der juristischen Fremdkapitalklassifizierung, die wohl nicht zuletzt aufgrund der aktuellen steuerrechtlichen Behandlung (Abschn. 4.1) die größere Formenvielfalt aufweist.

Statt durch Schaffung von solchen Mischformen der Finanzierung mit Hilfe der Kombination von Elementen der beiden Idealformen lassen sich gleiche oder ähnliche Risikopositionen für Unternehmung und Kapitalgeber zumeist auch durch unmittelbare **Mischung der reinen idealtypischen Finanzierungsformen** erreichen. Wenn aber eine Finanzierungsform, z. B. Fremdkapital, steuerlich bevorzugt behandelt wird, ist eine solche Kombination der idealtypischen Finanzierungsformen bereits benachteiligt gegenüber einer Mischung als **Kombination der Idealmerkmale** innerhalb einer steuerrechtlich noch als Fremdkapital eingestuften Finanzierungsform. Denn soweit durch eine solche Mischform eine vergleichbare Chance/Risiko-Position erreichbar ist, sich durch die steuerrechtliche Zuordnung zum Fremdkapital zugleich jedoch der Verzicht auf steuerliche Vorteile erübrigt, der bei einer Kombination der Reinformen wegen des Eigenkapitalanteils gegeben wäre, ist die Bildung einer Mischform mit Fremdkapitaleinstufung des gesamten Finanzierungsbetrags unter Berücksichtigung der Steuervorteile überlegen. **Das Steuerrecht begünstigt also durch seine Schubladenkategorien Eigenkapital und Fremdkapital die Bildung von Mischformen der Finanzierung gegenüber der Mischung reiner Finanzierungsformen für die Unternehmungsfinanzierung.**

Probleme könnten sich dabei allerdings daraus ergeben, daß die zusätzliche Risikoübernahme durch als Fremdkapital eingestufte Finanzierungsmittel, etwa partiarische Darlehen, von den anderen Kapitalgebern nicht in ausreichendem Maße wahrgenommen wird, so daß sowohl Eigen- wie Fremdkapitalgeber die damit für sie selbst verbundene Risikosenkung bei ihren Renditeforderungen am Kapitalmarkt nicht oder nicht angemessen berücksichtigen (Abschn. 5). Ein solches **Wahrnehmungsdefizit** ist sogar zu befürchten, solange sich die Bilanzanalyse nur der steuerlichen Kategorien der Eigen- oder Fremdfinanzierung bedient. Finanzierungstechnische Filigranarbeiten der Verschiebung von Chance/Risiko-Positionen innerhalb einer dieser Kategorien fallen dann durch die groben Maschen einer solchen betriebswirtschaftlich dürftigen Analysetechnik.

Offensichtlich ist es jedoch bei gegebener steuerrechtlicher Diskriminierung aus einzelwirtschaftlicher Sicht lohnenswert, sich mit der steuerrechtlichen Abgrenzung von Eigen- und Fremdkapital zu befassen.

3. Die steuerrechtliche Einordnung der externen Finanzierungsformen und ihre steuerliche Belastung

3.1 Die steuerrechtliche Abgrenzung zwischen Beteiligungs- und Kreditfinanzierung

In vielen Fällen, die von den idealtypischen Merkmalen von Eigen- und Fremdkapital abweichen, ist die steuerrechtliche Abgrenzung eindeutig und seit langem auch unstrittig. So verbriefen Aktien unabhängig von der Ausstattung mit Stimmrechten steuerrechtliches Eigenkapital, obwohl Vorzugsaktien ohne Stimmrecht auch unter Berücksichtigung des möglichen Wiederauflebens der Stimmrechte (§ 140 Abs. 2 AktG) betriebswirtschaftlich sicher eine andere Chance/Risiko-Position darstellen als etwa Mehrstimmrechts-Aktien. Eindeutig zum Kreditkapital gehören dagegen Gewinnschuldverschreibungen. Dennoch partizipieren die Fremdkapitalgeber hier deutlich stärker am laufenden Unternehmungsrisiko als bei festverzinslichen Darlehen. Ohne steuerrechtliche Umqualifikation der Finanzierungsform lassen sich so Chance/Risiko-Positionen von Unternehmung bzw. anderen Unternehmungsbeteiligten und Kapitalgebern verändern. Besondere Aufmerksamkeit erfordern jedoch die **Grenzfälle zwischen steuerrechtlichem Eigen- und Fremdkapital.**

Diese Grenzfälle stehen aus betriebswirtschaftlicher Sicht schon deshalb im Mittelpunkt der Betrachtung, weil hier ein kleiner Schritt der Veränderung in der ökonomischen Chance/Risiko-Position erhebliche finanzielle Vor- oder Nachteile mit sich bringen kann. Gesetzgeber, Rechtsprechung und Finanzverwaltung bieten für deren Einordnung nur kasuistische Lösungen an. Die Einzelfallentscheidung dominiert die generelle Klärung der Abgrenzungsmerkmale von Beteiligungs- und Kreditkapital. Im Einzelfall knüpfen sich die Abgrenzungsmerkmale dabei nicht nur an die schuldrechtliche Vertragsgestaltung, sondern auch an die spezifische wirtschaftliche Lage der jeweils betrachteten Unternehmung.

Der wesentliche Einfluß der schuldrechtlichen Vertragsgestaltung für die steuerlichen Folgen läßt sich besonders gut am Beispiel der gesetzlich geregelten **Genußrechte** (§ 8 Abs. 3 Satz 2 KStG) aufzeigen:

Wenn mit solchen Genußrechten nicht das Recht auf Beteiligung am Gewinn **und** am Liquidationserlös verbunden ist, nimmt der Steuergesetzgeber eine Kreditfinanzierung bzw. Fremdkapital an. Ausschüttungen auf Genußrechte sind dann steuerlich abzugsfähige Betriebsausgaben.

3. Externe Finanzierungsformen und steuerliche Belastung 595

Ist der Genußberechtigte dagegen am Gewinn **und** Liquidationserlös beteiligt, so werden Ausschüttungen an den Genußberechtigten wie Dividenden und verdeckte Gewinnausschüttungen behandelt. Dabei sind sowohl eine fehlende Verlustbeteiligung und eine fehlende Nachrangvereinbarung als auch eine feste Zinsvergütung als Basis der Gewinnbeteiligung unschädlich. Erst wenn die feste Verzinsung „wirtschaftlich bedeutender" als die Gewinnbeteiligung ist, steht eine Qualifikation als Fremdkapital an (BFH-Urteil vom 28.6.1960, DB 1960, S. 1057 f.).

Aus steuerrechtlicher Sicht liegt also nur dann Beteiligungsfinanzierung vor, wenn der Steuerpflichtige über eine wirtschaftlich bedeutsame Gewinnbeteiligung und eine Beteiligung am Liquidationserlös hinreichend am Unternehmungsrisiko teilnimmt. Für den Bereich der Einkommensteuer (Einzelkaufleute und Personengesellschaften) mag es dann allerdings immer noch zweifelhaft sein, ob damit bereits von einer dort für die Einstufung als Beteiligungskapital zusätzlich erforderlichen Mitunternehmerinitiative (Abschn. 138 Abs. 4, 5 EStR) gesprochen werden kann.

Die **Einstufung als Beteiligungskapital** hat vor allem erhebliche Folgen für die gewerbesteuerliche Belastung und für diejenigen Genußberechtigten, welche die deutsche Körperschaftsteuer nicht auf ihre eigene Steuerlast anrechnen dürfen (insbesondere die ausländischen Anteilseigner).

Weil Gewinnbeteiligung und Beteiligung am Liquidationserlös bei Genußrechten von Kapitalgesellschaften die allein entscheidenden Kriterien sind, läßt sich die betriebswirtschaftliche Chance/Risiko-Position jederzeit ohne Einfluß auf die steuerrechtliche Qualifikation durch eine Beteiligung am Verlust gestalten. Dazu stehen verschiedene Möglichkeiten zur Verfügung, z. B. auch eine um die anteilige Verlustanrechnung gekürzte Rückzahlung am Ende der Laufzeit. Auf diese Weise ist es sogar möglich, daß eine im laufenden Geschäftsbetrieb risikoreichere Vertragsform für den Genußberechtigten als Kreditkapital eingestuft wird. Dadurch entsteht ein **Sprung in der steuerrechtlichen Einstufung** in bezug auf die betriebswirtschaftliche Chance/Risiko-Position (Abschn.1, Abb.2). Das Risiko des Genußberechtigten im Liquidationsfall ist dabei freilich vertragsgemäß geringer als bei einer steuerrechtlich als Beteiligungsfinanzierung eingestuften Gestaltung der Genußrechte. Für das Gesamtrisiko aus laufendem Geschäftsbetrieb und Liquidationsfall läßt sich daher keine Aussage machen, zumal dieses Gesamtrisiko ohnehin auch davon abhängt, inwieweit der Anspruch des juristischen Fremdkapitalgebers im Liquidationsfall durchsetzbar ist. Die steuerrechtliche Einordnung des Genußkapitals verdeutlicht Abb. 3 (S. 596).

Von den beiden Kriterien für eine Beteiligungsfinanzierung „Recht auf Beteiligung am Gewinn" und „Recht auf Beteiligung am Liquidationserlös" führt letzteres zu größeren Auslegungsproblemen (Bundesminister der Finanzen, Schreiben vom 8.12.1986 – IV B7-S2742–26/86): Die Fi-

Abb. 3: Steuerrechtliche Einordnung des Genußkapitals

nanzverwaltung nimmt eine **Beteiligung am Liquidationserlös** an, wenn für den Liquidationsfall eine Beteiligung an den stillen Reserven vereinbart ist. Es genügt jedoch bereits, daß eine Rückzahlung vor Liquidation des Unternehmens nicht verlangt werden kann oder der Anspruch auf Rückzahlung wirtschaftlich ohne Bedeutung ist (z. B. bei Laufzeiten über mehr als 30 Jahre).

Bei der gewerbe- und auch bei der vermögensteuerlichen Einordnung folgt die Finanzverwaltung der körperschaftsteuerlichen Regelung: Wenn bei der Qualifikation als Kreditkapital die Ausschüttungen als Betriebsausgaben abzuziehen sind, kann das Genußrechtskapital auch bei der Ermittlung des Betriebsvermögens als Schuldposten abgezogen werden. Wegen der fehlenden substanzsteuerlichen Gesetzesregelung ist dies jedoch umstritten. Das Schrifttum fordert hier zum Teil die generelle Abzugsfähigkeit als Schuld (*Sontheimer* 1984, S. 6 f.).

Der vertraglichen Gestaltung kommt auch bei der **stillen Gesellschaft** eine entscheidende Bedeutung zu. Die Finanzrechtsprechung beschäftigt sich seit langem mit der Abgrenzung zwischen typischer und atypischer stiller Gesellschaft. Dazu hat der Bundesfinanzhof zwei **Merkmale einer Mitunternehmerschaft** herausgearbeitet: Übernahme eines Mitunternehmerrisikos und Mitunternehmerinitiative. Nach jüngster Rechtsprechung kann eine starke Mitunternehmerinitiative ein schwach ausgeprägtes Mitunter-

3. Externe Finanzierungsformen und steuerliche Belastung 597

nehmerrisiko kompensieren (BFH-Urteil v. 20.11.1990, BFHE, Bd. 163, S. 336–340; BFH-Urteil v. 11.12.1990, BFHE, Bd. 163, S. 346–352). Eine Mitunternehmerschaft kann danach auch ohne Verlustbeteiligung, ohne Teilnahme an den stillen Reserven und ohne Beteiligung am Geschäftswert vorliegen, falls die Mitunternehmerinitiative des stillen Gesellschafters besonders ausgeprägt ist. Damit reicht neben einer bloßen Gewinnbeteiligung eine stark ausgeprägte Mitunternehmerinitiative bereits aus, um schuldrechtliche Verträge zwischen Gesellschaft und stillem Gesellschafter steuerrechtlich nicht anzuerkennen. Der einkommensteuerlich als Mitunternehmer eingestufte atypische stille Gesellschafter bezieht nur Einkünfte aus Gewerbebetrieb aus Geschäften mit der Gesellschaft. Die Gesellschaft unterliegt damit einer entsprechenden gewerbesteuerlichen Mehrbelastung.

Anders als bei den Genußrechten kann also bei der stillen Gesellschaft ein steuerrechtliches **Beteiligungsverhältnis auch ohne Beteiligung am Liquidationserlös** vorliegen. Maßgebende Kriterien sind hier lediglich Gewinnbeteiligung und Mitunternehmerinitiative. In bezug auf das finanzielle Risiko können hier daher ebenfalls Sprünge zwischen steuerrechtlicher und betriebswirtschaftlicher Einordnung auftreten. Dies verdeutlicht Abb. 4.

Abb. 4: Steuerrechtliche Einordnung der stillen Gesellschaft

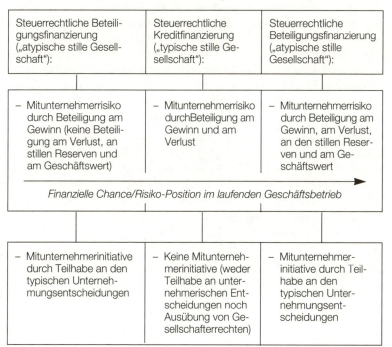

Neben der schuldrechtlichen Vertragsgestaltung können die jeweiligen wirtschaftlichen Gegebenheiten in einer Unternehmung die steuerrechtliche Einstufung als Kredit- oder Beteiligungskapital bestimmen. „**Verdecktes Nennkapital**" als Umwidmungsformel von steuerrechtlichem Fremdkapital in steuerrechtliches Eigenkapital ist dabei bisher allein aufgrund von Rechtsprechung oder Verwaltungsauslegung definiert. Daran knüpfen sich freilich alle steuerrechtlichen Konsequenzen einer solchen Umwidmung.

Seit langem scheitern bereits Bemühungen, einen § 8a KStG zu schaffen, in dem die Finanzierung durch nichtanrechnungsberechtigte Gesellschafter geregelt werden soll (*Siegel* 1990, S. 138 ff.). Die steuerrechtliche Diskriminierung der Eigenkapitalerträge hat gerade bei diesen Gesellschaftern zu einer **Flucht in die steuerrechtliche Fremdfinanzierung** geführt. Ob dabei steuerrechtliches Fremdkapital anstelle von Eigenkapital nur aus steuerlichen Gründen und gegen die betriebswirtschaftliche Vernunft bereitgestellt wird, läßt sich jedoch nicht definitiv beantworten. Denn das Problem der optimalen Kapitalstruktur ist aus betriebswirtschaftlicher Sicht unlösbar, nicht nur wegen der vielfältigen Risikostruktur innerhalb der einzelnen Formen von Beteiligungs- und Kreditkapital, sondern auch wegen der mangelnden Meßbarkeit vor allem bei den nichtversicherbaren Risiken (*Schneider* 1992b, S. 48 ff.).

Wegen der ausgebliebenen Gesetzesregelung wird es nicht anrechnungsberechtigten Gesellschaftern durch eine Gestaltungsvariante des „Gesellschafter-Fremdkapitals" vermutlich auch weiterhin gelingen, steuerpflichtige Dividenden mittels Vertragsgestaltung in für sie (durch das Gewerbesteuerrecht auch noch zusätzlich) begünstigte Zinseinnahmen umzuwandeln. Erst die Aufhebung der steuerlichen **Diskriminierung der Eigenfinanzierung** könnte solchen Versuchen ein Ende bereiten.

Gesellschafterdarlehen, die nach Gesetz (§§ 30, 31 bzw. 32 a, 32 b GmbHG) oder BGH-Rechtsprechung als „eigenkapitalersetzend" angesehen werden, klassifiziert der BFH allerdings auch heute bereits steuerrechtlich als „verdecktes Nennkapital" und damit als Beteiligungsfinanzierung (BFH-Urteil v. 2.10.1984, BStBl. II, 1985, S. 320–323). In Anlehnung an diese Urteile und in Ermangelung einer gesetzlichen Regelung hat die Finanzverwaltung die Grenzen des „verdeckten Nennkapitals" aus ihrer Sicht konkretisiert (Bundesminister der Finanzen, Schreiben vom 16.3.1987 – IV B7-S2742–3/87). Danach ist die schuldrechtlich vereinbarte Zuführung von „Fremdkapital" durch Gesellschafter steuerrechtlich in „verdecktes Nennkapital" umzuqualifizieren, wenn aus rechtlichen oder wirtschaftlichen Gründen die Zuführung von Gesellschaftskapital „zwingend" gewesen wäre oder wenn die Vertragsvereinbarung einen Mißbrauch steuerrechtlicher Gestaltungsmöglichkeiten darstellt (§ 42 AO).

3. Externe Finanzierungsformen und steuerliche Belastung

Als einziges Beispiel einer „zwingenden" Zuführung von Gesellschaftskapital nennt die Finanzverwaltung dabei unter Berufung auf BFH-Urteile die Darlehensgewährung durch Gesellschafter einer Kapitalgesellschaft, wobei zugleich durch Bürgschaften das fehlende Eigenkapital ersetzt werden soll (BFH-Urteil v. 2.10.1984, BStBl. II, 1985, S. 320–323).

Mit einer solchen Einzelfallbeschreibung läßt sich allerdings kaum Rechtssicherheit für andere Gestaltungsformen von Darlehensverträgen mit Gesellschaftern gewinnen. Denn auch die Auslegung des zweiten von der Finanzverwaltung angeführten Merkmals „Gestaltungsmißbrauch" schafft kaum größere Klarheit. Die Finanzverwaltung geht dabei von einem **Mißbrauch steuerrechtlicher Gestaltungsmöglichkeiten** insbesondere in zwei Fällen aus:

- wenn ein nicht anrechnungsberechtigter Gesellschafter oder eine ihm nahestehende Person der Kapitalgesellschaft in zeitlichem Zusammenhang mit einer Kapitalherabsetzung Fremdkapital zugeführt hat, die Kapitalherabsetzung aber lediglich zum Zweck der Rückzahlung an die Anteilseigner vorgenommen wurde und ein hinreichender wirtschaftlicher Grund für die gleichzeitige Zuführung von Fremdkapital fehlt, oder
- wenn die Ausstattung mit Eigenkapital in einem auffälligen Mißverhältnis zum Aktivvermögen steht, also z. B. weit unter dem Branchendurchschnitt liegt.

Das Unterschreiten einer branchenüblichen Eigenkapitalausstattung nimmt die Finanzverwaltung gewöhnlich an, wenn die Eigenkapitalquote der Unternehmung 10 v.H. nicht übersteigt. Eine Ausnahme gilt nur für bestimmte Wirtschaftszweige mit üblicherweise geringer Eigenkapitalausstattung. Ansonsten aber fehlen jegliche Differenzierungen zwischen Branchen mit üblicherweise höherer oder geringerer Eigenkapitalausstattung, sofern ein solcher „Finanzierungsgleichschritt" überhaupt branchentypisch ist.

Es ist nicht verwunderlich, daß diese Vorgehensweise deshalb sowohl im Schrifttum als auch bei der Rechtsprechung auf massive Kritik stößt (z. B. *Schneeloch* 1987, S. 458 ff.; BFH-Urteil v. 5.2.1992, BB, 1992, S. 676–680).

Die jeweilige wirtschaftliche Situation wird allerdings auch entscheidend bei **Forderungsverzichten mit Besserungsscheinen** oder **Rangrücktrittsvereinbarungen**. Durch diese Instrumente wird meist die Vermeidung einer Überschuldung angestrebt. Für eine solche Unternehmungskrise hat der BFH bei einem Forderungsverzicht mit Besserungsschein steuerrechtliches Eigenkapital angenommen (BFH-Urteil v. 30.5.1990, DB, 1990, S. 1998–2000). Lebt im Besserungsfall die Forderung wieder auf, so wandelt sich dieses Eigenkapital in der steuerrechtlichen Wertung wieder in

Fremdkapital um. Die nunmehr wieder vervollständigte Bereitschaft zur Forderungserfüllung gilt nicht als Gewinnausschüttung, sondern als steuerlich anzuerkennende Form der Kapitalrückzahlung (Tilgungsverpflichtung). Sie löst daher weder körperschaftsteuerliche noch einkommensteuerliche Folgen aus.

Werden bei Unternehmungskrisen Rangrücktrittsvereinbarungen mit Gläubigern getroffen, so nimmt der Bundesfinanzhof auch hier steuerrechtliches Eigenkapital an. Mit Ende der Unternehmungskrise müßte dann automatisch auch bei vorherigem Rangrücktritt wieder Fremdkapital entstehen. Mit der Veränderung der steuerrechtlichen Einstufung als Eigen- oder Fremdkapital verändert sich jedoch auch wieder die steuerrechtliche Behandlung.

3.2 Die steuerrechtliche Behandlung der Finanzierungsformen

3.2.1 Das Beteiligungskapital

Wird eine Finanzierungsform steuerrechtlich als **Beteiligungskapital** eingestuft, dann ergeben sich daraus unabhängig von ihrer spezifischen Chance/Risiko-Position **zur Zeit** (die Schnellebigkeit des Steuerrechts verlangt diese Einschränkung) folgende Konsequenzen für eine Kapitalgesellschaft:

Eine Kapitalerhöhung durch Zuführung von Beteiligungskapital von X DM führt zu einem höheren Einheitswert des Betriebsvermögens, und zwar zunächst in Höhe des Nominalwertes. Dadurch erhöht sich die Bemessungsgrundlage der Gewerbekapitalsteuer (GewKapSt) um den Betrag der Kapitalerhöhung (§ 12 GewStG). Bei der Vermögensteuer der Unternehmung (VSt$_U$) wird der den Freibetrag von 500 000 DM übersteigende Teil des Betriebsvermögens nur zu 75% erfaßt (§ 117a BewG). Für die Veränderung der **Substanzsteuern** folgt daraus unter der Annahme, daß das Betriebsvermögen vor der Kapitalerhöhung die Freibeträge bereits übersteigt:

Steuerart	Veränderung der Besteuerung
ΔGewKapSt	$+ X * s_{GK}$
ΔVSt$_U$	$+ X * 0{,}75 * s_{V,U}$

mit s_{GK} = Gewerbekapitalsteuersatz
= Meßzahl für das Gewerbekapital m_{GK} * Hebesatz der Gemeinde h
= 0,002 * h (§§ 13 Abs. 2, 16 GewStG);
$s_{V,U}$ = Vermögensteuersatz der Unternehmung
= 0,006 (§ 10 Nr. 2 VStG).

Die mit der Kapitalerhöhung erwirtschafteten Erträge unterliegen bei der Kapitalgesellschaft der Körperschaftsteuer (KSt) und der Gewerbeertrag-

3. Externe Finanzierungsformen und steuerliche Belastung 601

steuer (GewErtrSt). Wird eine Dividende ausgeschüttet, so ist hierfür die Ausschüttungsbelastung (36%) herzustellen (§ 27 Abs. 1 KStG). Dies führt bei Verwendung von EK_{50} zu einer Körperschaftsteuerminderung bei der Kapitalgesellschaft um $^{14}/_{64}$ der gezahlten Brutto-Bardividende (= Dividende vor Kapitalertragsteuer). Bei der Berechnung der Ertragsteuern ist die Abzugsfähigkeit der Gewerbesteuer von der Bemessungsgrundlage der Gewerbeertragsteuer und der Körperschaftsteuer zu berücksichtigen. Wegen der Abzugsfähigkeit der Gewerbeertragsteuer bei sich selbst gilt:

$$\text{GewErtrSt} = m_{GE} * h * (\text{Gewinn vor GewErtrSt} - \text{GewErtrSt})$$

mit m_{GE} = Meßzahl für den Gewerbeertrag
= 0,05 (§ 11 Abs. 1 GewStG).

Daraus folgt:

$$\text{GewErtrSt} = \frac{m_{GE} * h}{1 + m_{GE} * h} * \text{Gewinn vor GewErtrSt}$$
$$= s_{GE} * \text{Gewinn vor GewErtrSt}.$$

Verzinst sich das investierte Kapital mit r, so folgt für die **Ertragsteuern** nach der Kapitalerhöhung:

Steuerart	Veränderung der Besteuerung
ΔGewErtrSt	$+(r * X - \Delta\text{GewKapSt}) * s_{GE}$
ΔKSt	$+(r*X - \Delta\text{GewErtrSt} - \Delta\text{GewKapSt}) * s_{E,U} - ^{14}/_{64} * A$

mit $s_{E,U}$ = Körperschaftsteuersatz der Unternehmung bei Gewinneinbehaltung
= 0,5 (§ 23 Abs. 1 KStG);
A = Brutto-Bardividende.

Beim Kapitalgeber gehört die Beteiligung an der Kapitalgesellschaft zum **sonstigen Vermögen**, wenn sie nicht in einem **Betriebsvermögen** gehalten wird. Die Bewertung erfolgt bei börsengehandelten Anteilen anhand des Kurswertes (§ 12 Abs. 1 BewG), bei nichtnotierten Anteilen in der Regel durch das Stuttgarter Verfahren (Abschnitt 79 ff. VStR). Wird unterstellt, daß die Kapitalerhöhung zu einem entsprechenden Anstieg des steuerlichen Wertes seiner Anteile führt, bleibt die Bemessungsgrundlage der Vermögensteuer des Kapitalgebers (VSt_G) unverändert, weil er für seine Anteile entsprechende Zahlungen geleistet hat. Die Brutto-Bardividende und die anrechenbare Körperschaftsteuer sind bei dem Gesellschafter als **Einkünfte aus Kapitalvermögen** einkommensteuerpflichtig (§ 20 Abs. 1 Nr. 1 und Nr. 3 EStG). Auf die entstehende Einkommensteuer (ESt) kann der Gesellschafter 56,25% der Brutto-Bardividende ($^{36}/_{64} * A$) anrechnen.

Insgesamt ändert sich die **Belastung des Kapitalgebers** in diesem Fall wie folgt:

Steuerart	Veränderung der Besteuerung
ΔVSt_G	$\pm\, 0$
ΔESt	$+\, A * 100/64 * (s_{E,G} - 0{,}36)$

mit $s_{E,G}$ = Einkommensteuersatz des Gesellschafters
$= 0$ bis $0{,}53$ (§ 32a EStG).

3.2.2 Das Kreditkapital

Eine Erhöhung des **Fremdkapitals** verändert auf Ebene der Gesellschaft nicht die Bemessungsgrundlage für die Vermögensteuer. Dagegen erhöht sich die Bemessungsgrundlage für die Gewerbekapitalsteuer um die hälftige Hinzurechnung der um einen Freibetrag von 50.000 DM gekürzten „Dauerschulden" (§ 12 Abs. 2 GewStG). Somit folgt für die **Substanzsteuern** bei der Finanzierung mit „Dauerschulden" und bereits ausgenutztem Freibetrag:

Steuerart	Veränderung der Besteuerung
$\Delta \text{GewKapSt}$	$+\, 0{,}5 * X * s_{GK}$
ΔVSt_U	$\pm\, 0.$

Die Bemessungsgrundlage der Ertragsteuern ändert sich je nach der Differenz zwischen dem mit der Kapitalerhöhung erwirtschafteten Gesamtkapitalertrag ($KE = r*X$) und den zu zahlenden Zinsen (Z) für die Bedienung des Fremdkapitals. Wird der gesamte Kapitalertrag als Zinsen ausgezahlt, so fällt auf Ebene der Kapitalgesellschaft nur Gewerbeertragsteuer aufgrund der Hinzurechnung der „Dauerschuldzinsen" (§ 8 Nr. 1 GewStG) an. Wird nicht der gesamte zusätzliche Kapitalertrag für die zusätzlichen Zinszahlungen benötigt, so unterliegt die verbleibende Gewinnerhöhung der Körperschaft- und Gewerbeertragsteuer. Durch die höhere Gewerbeertragsteuer sinkt allerdings auch die Bemessungsgrundlage der Körperschaftsteuer. Für die **Ertragsteuern** auf Ebene der Kapitalgesellschaft folgt daraus:

Steuerart	Veränderung der Besteuerung
$\Delta \text{GewErtrSt}$	$+\, (r * X - 0{,}5 * Z - \Delta \text{GewKapSt}) * s_{GE}$
ΔKSt	$+\, s_{E,U} * (r * X - Z - \Delta \text{GewErtrSt} - \Delta \text{GewKapSt}).$

Die gezahlten Zinsen führen beim Empfänger zu Einkünften aus Kapitalvermögen. Ist die Forderung gegen die Kapitalgesellschaft Bestandteil des

4. Das Kapitalstrukturproblem

Privatvermögens, so fällt keine Gewerbesteuer auf Ebene des Kapitalgebers an. Die Forderung gehört dann zu seinem sonstigen Vermögen (§ 110 BewG). Gleichen sich Kapitalabfluß und Zugang der Forderung in ihrer Wirkung auf die Bemessungsgrundlage der Vermögensteuer aus, so ergeben sich auf der **Ebene des Kapitalgebers** folgende Wirkungen:

Steuerart	Veränderung der Besteuerung
ΔVSt_G	± 0
ΔESt	$+ Z * s_{E,G}$

Die unterschiedlichen steuerlichen **Folgen von Beteiligungs- und Kreditfinanzierung** zeigt zusammenfassend Abb. 5.

Abb. 5: Zusätzliche Besteuerung bei Beteiligungs- und Kreditfinanzierung

Steuerart	Veränderung der Besteuerung bei Beteiligungsfinanzierung	Veränderung der Besteuerung bei Kreditfinanzierung
$\Delta GewKapSt$	$+ X * s_{GK}$	$+ 0{,}5 * X * s_{GK}$
ΔVSt_U	$+ X * 0{,}75 * s_{V,U}$	± 0
$\Delta GewErtrSt$	$+ (r * X - \Delta GewKapSt) * s_{GE}$	$+ (r*X-0{,}5*Z- \Delta GewKapSt)*s_{GE}$
ΔKSt	$+ (r*X - \Delta GewErtrSt - \Delta GewKapSt) * s_{E,U} - A*14/64$	$+ (r*X-Z- \Delta GewErtrSt - \Delta GewKapSt)*s_{E,U}$
ΔVSt_G	± 0	± 0
ΔESt	$+ A * 100/64 * (s_{E,G} - 0{,}36)$	$+ Z * s_{E,G}$

Diese Belastungsformeln fußen freilich auf den genannten Annahmen. Für andere Fälle (z. B. noch nicht ausgenutzte Freibeträge oder Ausschüttung aus einem bereits im Ausland vorbelasteten EK_{01}) errechnen sich niedrigere oder höhere **effektive Grenzsteuerbelastungen** einer zusätzlichen Beteiligungs- oder Kreditfinanzierung.

4. Das Kapitalstrukturproblem unter steuerpolitischen und risikopolitischen Aspekten

4.1 Der steuerliche Vorteilhaftigkeitsvergleich

Um die steuerliche Vorteilhaftigkeit einer Finanzierungsform zu ermitteln, sollen die Auswirkungen auf den **Nettogewinn der Gesellschaft und der Kapitalgeber** bei einer Beteiligungsfinanzierung und einer Kreditfinanzierung verglichen werden. Die Ebenen von Gesellschaft und Kapitalgeber sind stets gemeinsam zu betrachten, weil sich nur so die steuerliche Gesamtwirkung zugunsten oder zuungunsten einer Finanzierungsform ermitteln läßt. Die Aufteilung der Steuervor- oder -nachteile bei einer

Finanzierungsform ist dann eine Frage der Marktpreisbildung auf den Finanzmärkten.

Für eine **Beteiligungsfinanzierung** durch eine Kapitalerhöhung in Höhe von X DM bei Ausschüttung einer Brutto-Bardividende von A DM verbleibt unter Beachtung der Besteuerung auf Gesellschaftsebene (U) und Gesellschafterebene (G) ein zusätzlicher Nettogewinn (NG) für Gesellschaft und Gesellschafter von:

NG =   KE
       $- (s_{E,U} + s_{GE} * (1 - s_{E,U})) * KE$ Ertragsteuern U
       $- {}^{50}/_{64} * A$ Ausschüttung von U
       $- s_{GK} * X * (1 - s_{E,U}) * (1 - s_{GE})$ GewKapSt
       $- 0{,}75 * X * s_{V,U}$ Vermögensteuer U
       $+ A$ Ausschüttung an G
       $- {}^{100}/_{64} * A * (s_{E,G}{-}0{,}36)$ Ertragsteuern G

mit KE = zusätzlicher Kapitalertrag
         durch Kapitalerhöhung
       = r * X.

Bei einem Hebesatz von 400% und einem Einkommenstcucrsatz des Gesellschafters in Höhe des Körperschaftsteuersatzes bei Einbehaltung ($s_{E,G}$ = $s_{E,U}$ = 0,5) gilt **unabhängig von der Höhe der Ausschüttung:**

NG =   KE
       $- (0{,}5 + 0{,}1\overline{6} * 0{,}5) * KE$ Ertragsteuern
       $- 0{,}00\overline{3} * X$ Gewerbekapitalsteuer
       $- 0{,}0045 * X$ Vermögensteuer

und damit für die **Rendite einer Investition nach Steuern** bei Finanzierung mit zusätzlichem Eigenkapital

$$r_{EK,In} = \frac{NG}{X} = 0{,}41\overline{6} * r_{Iv} - 0{,}007\overline{83}.$$

Die Rendite vor Steuern (r_{Iv} = KE/X) wird durch die Gewerbeertrag- und die Körperschaftsteuer um $58{,}\overline{3}\%$ gekürzt. Zusätzlich wird die Rendite nach Steuern durch die Substanzsteuern um weitere $0{,}78\overline{3}$ Prozentpunkte vermindert. Aufgrund dieser Substanzsteuerbelastung ist es erforderlich, eine Rendite vor Steuern von immerhin mindestens 1,88% zu erzielen, um keinen nominalen Kapitalverlust zu erleiden. Denn die erfolgsunabhängigen Substanzsteuern wirken wie eine zusätzliche fixe Zinszahlung. Der **Staat nimmt dabei eine gläubigerähnliche Stellung ein** und verstärkt dadurch den Financial Leverage-Effekt erfolgsunabhängiger Zinsverpflichtungen.

4. Das Kapitalstrukturproblem

Bei einer **Kreditfinanzierung** ergibt sich bei gemeinsamer Betrachtung von Gesellschaft und Gesellschafter und gleich hoher Kapitalzuführung X folgender Nettogewinn:

NG =	KE − Z	Bruttogewinn U
	− ($s_{E,U}$ + s_{GE} * (1 − $s_{E,U}$)) * (KE − Z)	Ertragsteuern auf den Bruttogewinn U
	− 0,5 * s_{GE} * (1 − $s_{E,U}$) * Z	GewErtrSt auf Zinsen
	− 0,5 * s_{GK} * (1 − $s_{E,U}$) * (1 − s_{GE}) * X	GewKapSt
	+ (1-$s_{E,G}$) * Z	Nettoertrag Gesellschafter
mit Z	= Zinszahlung	

und damit für die **Rendite nach Steuern**

$$r_{FK,ln} = \frac{NG}{X} = 0{,}41\overline{6} * r_{Iv} + 0{,}041\overline{6} * (Z/X) - 0{,}001\overline{6}.$$

Je höher der Anteil der Zinszahlungen an dem gesamten zusätzlichen Kapitalertrag ist, um so höher ist auch der steuerliche Vorteil gegenüber einer Beteiligungsfinanzierung. Wird die gesamte Rendite vor Steuern als Zinsen gezahlt (Z=KE), so gilt $r_{FK,ln}$ = 0,458$\overline{3}$ * r_{Iv} − 0,001$\overline{6}$. Durch die Gewerbeertragsteuer bei der Kapitalgesellschaft und die Einkommensteuer des Fremdkapitalgebers vermindert sich die Rendite vor Steuern dann um 54,1$\overline{6}$%. Die Substanzbesteuerung bewirkt eine weitere Senkung der Rendite nach Steuern um 0,1$\overline{6}$ Prozentpunkte. Dies führt zu einer notwendigen Rendite vor Steuern von nur noch 0,364%, um Eingriffe in das nominelle Kapital zu verhindern.
Für die **Renditedifferenz nach Steuern** zwischen Kredit- und Beteiligungsfinanzierung folgt daraus:

$$\Delta r_{ln} = r_{FK,ln} - r_{EK,ln} = 0{,}041\overline{6} * (Z/X) + 0{,}0061\overline{6}.$$

Wird der gesamte zusätzliche Kapitalertrag in Form von Fremdkapitalzinsen gezahlt, so beträgt die Renditedifferenz nach Steuern:

$$\Delta r_{ln} = 0{,}041\overline{6} * r_{Iv} + 0{,}0061\overline{6}.$$

Dabei stellt der Faktor 0,0061$\overline{6}$ (0,0078$\overline{3}$–0,001$\overline{6}$) die substanzsteuerlichen Vorteile der Fremdfinanzierung und der Faktor 0,041$\overline{6}$ * r_{Iv} (0,458$\overline{3}$ * r_{Iv}-0,41$\overline{6}$*r_{Iv}) die ertragsteuerlichen Vorteile dar. Zur Sicherung der nominellen Kapitalerhaltung ist bei der Kreditfinanzierung eine um 1,51$\overline{6}$ Prozentpunkte geringere Rendite vor Steuern erforderlich als bei der Beteiligungsfinanzierung.
Renditevorteile der Beteiligungsfinanzierung können sich für die Gesellschaft folglich nur dann ergeben, wenn die Bruttozinsforderungen der

Eigenkapitalgeber geringer sind als die der Fremdkapitalgeber (*Kußmaul* 1990, S. 239 ff.). Ob dies realistisch ist, hängt neben der Risikoneigung der Kapitalgeber auch von der spezifischen Chance/Risiko-Positition einer steuerlich als Eigen- bzw. Fremdkapital eingestuften Finanzierungsform unter Berücksichtigung der Kapitalmarktwirkungen ab (Abschn. 5). Hier kann ja im laufenden Geschäft steuerliches Eigenkapital durchaus mit geringeren Risiken für den Kapitalgeber behaftet sein als steuerliches Fremdkapital (Abschn. 3.1).

4.2 Der Austausch von Renditeerwartung und Risiko bei Besteuerung

Die steuerbedingten Renditedifferenzen zwischen Eigen- und Fremdfinanzierung im steuerrechtlichen Sinne können nicht allein entscheidungsbestimmend sein. Denn sie berücksichtigen nicht die unterschiedlichen Chance/Risiko-Positionen aus der Sicht der finanzierenden Unternehmung und der investierenden Kapitalgeber. Um den ungewißheitsbedingten Aspekt des Entscheidungsproblems bei der Kapitalstruktur näher zu analysieren, wird im folgenden von einer **institutionalisierten, von den Kapitalgebern emanzipierten Unternehmung** ausgegangen. Bei strikt personenbezogenen Kapitalgesellschaften, bei denen im Extremfall der einzige Gesellschafter sowohl Eigenkapitalgeber (Stammkapital) als auch alleiniger Fremdkapitalgeber (Gesellschafterdarlehen) ist, gibt es aus der Sicht des Gesellschafters kein Kapitalstrukturrisiko. Mehreinnahmen aus der Beteiligung werden durch Mindereinnahmen aus dem Darlehen ausgeglichen und umgekehrt.

Verlangen die potentiellen Eigenkapitalgeber und Fremdkapitalgeber bei einer gleich großen Kapitalerhöhung auch die gleiche „Verzinsung", so verbleibt der Renditevorteil der Kreditfinanzierung bei der investierenden Unternehmung. Aufgrund der zumeist höheren Schwankungsbreite der Eigenkapitalerträge fordern risikoscheue Eigenkapitalgeber jedoch allgemein eine höhere Vergütung als die Kreditgeber (Abschn. 5, zu Ausnahmen mit größerer Schwankungsbreite bei steuerlichen Fremdkapitalerträgen vgl. Abschn. 3.1). Bedingt durch diese höhere Renditeforderung der Eigenkapitalgeber vergrößert sich der **Nachteil einer Beteiligungsfinanzierung** auf der Ebene der Gesellschaft noch zusätzlich.

Bei einer Kreditfinanzierung, bei der idealtypischerweise die Verzinsung vom Gewinn völlig unabhängig ist, variiert die **Eigenkapitalrendite** mit dem Verschuldungsgrad auf folgende Weise (*Perridon/Steiner* 1991, S. 420):

$$E(r_{EK}) = E(r_{GK}) + FK/EK * [E(r_{GK}) - r_{FK}].$$

mit $E(r_{EK})$ = Erwartungswert der Rendite des Eigenkapitals
$E(r_{GK})$ = Erwartungswert der Rendite des Gesamtkapitals
r_{FK} = Rendite des Fremdkapitals.

4. Das Kapitalstrukturproblem

Aber auch die **Varianz der erwarteten Eigenkapitalrentabilität** steigt mit dem Verschuldungsgrad (*Spremann* 1990, S. 283; *Perridon/Steiner* 1991, S. 425):

$$\sigma(r_{EK})^2 = (1+FK/EK)^2 * \sigma(r_{GK})^2.$$

Ein höherer Anteil von steuerlichem und „betriebswirtschaftlichem Fremdkapital", das hier vorerst nur durch die gewinnunabhängige Bedienung gekennzeichnet wird (zur begrifflichen Problematik Abschn. 1, Abschn. 2.2, Abschn. 3.1), führt im laufenden Geschäftsbetrieb somit zu drei Effekten:

1. Durch die steuerlichen Vorteile erhöht ein größerer Anteil an **steuerlichem** Fremdkapital den Erwartungswert der Gesamtkapitalrentabilität und damit auch der Eigenkapitalrentabilität (**steuerlicher Renditevorteil**).
2. Der Erwartungswert der Eigenkapitalrentabilität steigt oder sinkt bei zusätzlicher **betriebswirtschaftlicher** Fremdfinanzierung durch den Finanzierungshebel (**Erwartungswerteffekt**).
3. Mit einem höheren **betriebswirtschaftlichen** Fremdkapitalanteil erhöht sich, ebenfalls bedingt durch den Finanzierungshebel, zugleich die Varianz der Eigenkapitalrentabilität und verstärkt damit die Chance/Risiko-Position der Unternehmung (**Varianzeffekt**).

Für den steuerlichen Renditevorteil ist allein die steuerrechtliche Qualifikation als Fremdkapital maßgebend. Beim Erwartungswert- und Varianzeffekt ist dagegen die betriebswirtschaftliche Einordnung in das Kontinuum der Chance/Risiko-Positionen relevant. Hierbei geht es um die Frage, ob sich die Erhöhung solcher Kapitalbestandteile lohnt, die ein hohes Finanzierungsrisiko für die Unternehmung verkörpern („betriebswirtschaftliches Fremdkapital"). Für den betrieblichen Entscheidungsträger führt der Saldo der beiden letztgenannten Effekte zu einem Entscheidungsproblem, das nur in Abhängigkeit von seiner **persönlichen Risikopräferenz** lösbar ist.

Unterstellt man für den betrieblichen Entscheidungsträger die Präferenzfunktion $\Phi = E(r_{EK}) - 0,5a\,\sigma(r_{EK})^2$ (*Bamberg/Coenenberg* 1991, S. 92), dann folgt für die Risikopräferenz in bezug auf die Kapitalstruktur (v = FK/EK):

$$\Phi(v) = E(r_{GK}) + v * [E(r_{GK}) - r_{FK}] - 0,5a*(1+v)^2 * \sigma(r_{GK})^2.$$

Für einen **risikoneutralen Entscheidungsträger** (a = 0) ist der Varianzeffekt ohne Bedeutung. Das Entscheidungsproblem reduziert sich damit für ihn auf die Frage, ob zwischen erwarteter Gesamtkapitalrendite und Fremdkapitalzins eine positive Differenz besteht. Als Alternativen kommen daher nur vollständige Eigenfinanzierung (E(r_{GK}) < r_{FK}) oder vollständige Fremdfinanzierung (E(r_{GK}) > r_{FK}) in Betracht.

Für **risikofreudige oder risikoscheue Entscheidungsträger** (a ≠ 0) ist dagegen auch der Einfluß des Varianzeffekts zu beachten. Die erste Ableitung der Risikopräferenzfunktion verdeutlicht die Wirkungen einer Fremdkapitalerhöhung auf Erwartungswert- und Varianzeffekt:

$$\frac{d\Phi}{dv} = E(r_{GK}) - r_{FK} - a * (1+v) * \sigma(r_{GK})^2.$$

Bei positiver Ableitung lohnt sich eine weitere Erhöhung des betriebswirtschaftlichen Fremdkapitals, da der Entscheidungsträger den Saldo aus Erwartungswert- und Varianzeffekt positiv beurteilt.

Dies gilt für einen **risikofreudigen Entscheidungsträger** (a < 0) unter der folgenden Voraussetzung:

$$v > \frac{E(r_{GK}) - r_{FK}}{a * \sigma(r_{GK})^2} - 1.$$

Für E(r_{GK}) > r_{FK} wählt der risikofreudige Entscheidungsträger danach stets die vollständige Fremdfinanzierung. Eine teilweise Eigenfinanzierung erwägt er höchstens dann, wenn die Fremdkapitalzinsen höher sind als die erwartete Gesamtkapitalrendite. Dabei muß er allerdings den negativen Erwartungswerteffekt zusätzlicher Fremdfinanzierung höher einschätzen als den positiven Varianzeffekt. Eigenkapitalaufnahme lohnt sich daher für ihn nur unter folgender Bedingung:

$$r_{FK} - E(r_{GK}) > - a * \sigma(r_{GK})^2.$$

Die betriebswirtschaftliche Entscheidungstheorie geht jedoch in der Regel von einem **risikoscheuen betrieblichen Entscheidungsträger** (a > 0) aus. Für diesen lohnt sich eine weitere Aufnahme betriebswirtschaftlichen Fremdkapitals nur dann, wenn gilt:

$$v < \frac{E(r_{GK}) - r_{FK}}{a * \sigma(r_{GK})^2} - 1.$$

Aus der Ableitung wird ersichtlich, daß die Entscheidung für eine Erhöhung des betriebswirtschaftlichen Fremdkapitals vom Erwartungswert der Gesamtkapitalrentabilität E(r_{GK}) und ihrer Varianz $\sigma(r_{GK})^2$, vom Fremdkapitalzins r_{FK} und von der Risikoeinstellung a abhängt. Dabei gilt:

– Ist r_{FK} > E(r_{GK}), so ist eine FK-Erhöhung nicht empfehlenswert.

4. Das Kapitalstrukturproblem

- Unabhängig vom schon erreichten Verschuldungsgrad v ist eine FK-Erhöhung ebenfalls nicht anzuraten, wenn gilt:

$E(r_{GK}) - r_{FK} < a * \sigma (r_{GK})^2$.

Zur Empfehlung einer Erhöhung des betriebswirtschaftlichen Fremdkapitals muß daher die Differenz zwischen dem Erwartungswert der Gesamtkapitalrentabilität und dem Fremdkapitalzins um so größer sein, je größer die Risikoaversion und je größer die Varianz der Gesamtkapitalrentabilität sind.

- Bei konstanter Risikoeinstellung und konstanter Varianz der Gesamtkapitalrentabilität muß die Differenz zwischen dem Erwartungswert der Gesamtkapitalrentabilität und dem Fremdkapitalzins um so größer sein, je höher der schon erreichte Verschuldungsgrad ist, damit sich eine Erhöhung des betriebswirtschaftlichen Fremdkapitals noch lohnen kann.

Ist der **Saldo von Erwartungswert- und Varianzeffekt** vor dem Hintergrund der Risikopräferenzfunktion des betrieblichen Entscheidungsträgers positiv, so empfiehlt sich eine Erhöhung sowohl steuerrechtlich als auch betriebswirtschaftlich als Fremdkapital zu qualifizierender Kapitalbestandteile. In diesem Fall wäre ein Ersatz „betriebswirtschaftlichen Fremdkapitals" durch „betriebswirtschaftliches Eigenkapital" mit geringerem Finanzierungsrisiko nachteilig für die Unternehmung, auch wenn die Veränderung der betriebswirtschaftlichen Chance/Risiko-Position ohne Einfluß auf die steuerrechtliche Qualifikation als Fremdkapital wäre und daher die Steuervorteile erhalten blieben.

Ist dieser Saldo dagegen negativ, so sollte versucht werden, möglichst solche Finanzierungsformen zu verwenden,

- die den Renditevorteil des steuerrechtlichen Fremdkapitals erhalten, aber
- betriebswirtschaftlich wegen (teilweise) gewinnabhängiger Vergütung und Verlustteilnahme im laufenden Geschäftsbetrieb eher Eigenkapitalcharakter haben (vgl. Abschn. 3.1), damit insgesamt keine Verminderung des Risikopräferenzwertes eintritt.

Das Umsteigen von sowohl steuerrechtlich als auch betriebswirtschaftlich als Fremdkapital zu qualifizierenden Finanzierungsformen auf solche, die zwar steuerrechtlich weiterhin als Fremdkapital gelten, aber eine betriebswirtschaftliche Chance/Risiko-Position verkörpern, die eher derjenigen von Eigenkapital nahekommt, hätte bei nahezu gleichbleibender Rendite eine **Senkung des Financial Leverage-Risikos** und damit ceteris paribus des Unternehmungsrisikos zur Folge. Dadurch könnten erhöhte Marktrisiken kompensiert werden.

Gestaltungsmöglichkeiten bietet auch der Austausch von Financial und Operating Leverage-Risiken. Ist im Produktionsbereich eine bisherige Eigenfertigung günstiger als der Fremdbezug (bei isolierter make-or-buy-Entscheidungsrechnung), so kann es unter Einbezug des Financial Leverage-Risikos durchaus vorteilhaft sein, trotzdem dem Fremdbezug den Vorzug zu geben.

Durch den Fremdbezug sinkt dann zwar die erwartete Gesamtkapitalrendite, aber je nach Vertragsgestaltung mit dem Lieferanten auch das Operating Leverage-Risiko:

Aus $\Delta E(r_{GK})_{OL} < 0$ folgt $\Delta E(r_{EK})_{OL} = b < 0$ und ebenfalls $\Delta \sigma(r_{EK})^2_{OL} = c < 0$

mit $\Delta E(r_{GK})_{OL}$ = Änderung des Erwartungswertes der Gesamtkapitalrentabilität durch Änderungen im Produktionsbereich (Fremdbezug statt Eigenfertigung),
$\Delta E(r_{EK})_{OL}$ = Änderung des Erwartungswertes der Eigenkapitalrentabilität aufgrund der Änderungen im Produktionsbereich,
$\Delta \sigma(r_{EK})^2_{OL}$ = Änderung der Varianz der Eigenkapitalrentabilität aufgrund der Änderungen im Produktionsbereich.

Ist es nun möglich, durch zusätzlichen Fremdkapitaleinsatz die Renditeerwartung um mehr zu erhöhen als sie durch den Fremdbezug sank und dabei das ursprünglich höhere Unternehmungsrisiko bis zu dem Niveau bei Eigenfertigung wieder in Kauf zu nehmen, dann ist ein **Austausch des Operating Leverage-Risikos durch das Financial Leverage-Risiko** vorteilhaft.

Dazu muß gelten: $\Delta \sigma(r_{EK})^2_{FL} = d > 0$ mit $d = |c|$
und $\Delta E(r_{EK})_{FL} = e > 0$ mit $e > |b|$.

Diese Vorteilhaftigkeit stellt sich um so eher ein, je mehr Kapital eingesetzt wird, bei dem der steuerliche Vorteil der Einordnung als Fremdkapital genutzt werden kann, ohne den betriebswirtschaftlichen Nachteil eines höheren Financial Leverage-Risikos der Fremdfinanzierung in Kauf nehmen zu müssen.
Allgemein gilt, daß ein Austausch der beiden unterschiedlichen Arten des Leverage-Risikos solange vorteilhaft ist, bis die Änderung der Renditeerwartung pro zusätzlicher Einheit des Leverage-Risikos in beiden Bereichen ausgeglichen ist. Es muß daher gelten:

$$\frac{\Delta E(r_{EK})_{OL}}{\Delta \sigma(r_{EK})^2_{OL}} = \frac{\Delta E(r_{EK})_{FL}}{\Delta \sigma(r_{EK})^2_{FL}}.$$

Je mehr es gelingt, Finanzierungsformen zu verwenden, die Renditevorteile steuerrechtlichen Fremdkapitals erzielen, aber im Spektrum der betriebswirtschaftlichen Chance/Risiko-Positionen eher Eigenkapitalcharakter haben, desto stärker kann entweder

– bei gleichem Unternehmungsrisiko die Renditeerwartung gesteigert werden oder

5. Marktwirkungen steuerrechtlicher Ungleichbehandlung   611

— bei gleicher Renditeerwartung das Unternehmungsrisiko gesenkt werden.

Diese Überlegungen beruhen in ihrer mathematischen Präzision freilich auf der Annahme „kalkulierbarer Risiken". Gerade solche Risiken lassen sich jedoch bei entsprechender Voraussicht aller Kapitalmarktteilnehmer von vornherein in die Preise der Finanzierungsformen am Kapitalmarkt einkalkulieren. Sie machen dann jegliche institutionelle Risikovor- und -nachsorge, von Informationspflichten und -rechten bis hin zu dinglichen Sicherungen, im Grunde überflüssig, weil diese in „explizite Kapitalkosten" umrechenbar sind. In einem solchen Szenario verliert auch das Eigenkapital seine Funktion als „Versicherungsmasse" gegen nichtkalkulierbare, „echter Ungewißheit" geschuldete Risiken. Jede numerisch exakte Optimierung der Kapitalstruktur beraubt sich daher selbst ihrer eigenen Prämisse, daß nämlich die ohnehin grobschlächtige Unterscheidung in Eigenkapital einerseits und Fremdkapital andererseits betriebswirtschaftlich überhaupt Sinn macht. Es ist klar, daß diese echte Ungewißheit für den risikoscheuen Entscheidungsträger tendenziell eine höhere Quote risikotragenden Kapitals begünstigt, als sie sich aus den vorangegangenen Überlegungen, aber auch aus Überlegungen der Agency-Theorie ergibt. Dennoch wird durch das Fehlen einer exakten Antwort die Frage nach einer optimalen Kapitalstruktur wohl noch nicht zu einem „wissenschaftlich sinnlosen Problem" (*Schneider* 1992b, S. 56). Wenn man sich über die Defizite eines exakten Antwortversuchs im klaren ist, erlauben Untersuchungen auf der Basis „vollkommener Gewißheit über die Ungewißheit" zumindest Tendenzaussagen.

5. Die Marktwirkungen steuerrechtlicher Ungleichbehandlung von Beteiligungs- und Kreditkapital

Die bislang analysierten Unternehmungsentscheidungen zur Kapitalstruktur klammerten mögliche **Reaktionen des Kapitalmarktes** weitgehend aus. An einigen Stellen (Abschn. 2, Abschn. 4.2) wurde jedoch bereits angedeutet, daß es zu Reaktionen der Kapitalgeber auf die Kapitalstrukturentscheidungen kommen kann. Die Modelle zum Einfluß der Kapitalgeberentscheidungen auf die Kapitalstruktur der Unternehmung kennen jedoch bislang ebenfalls nur die einfache steuerjuristische Schubladenstruktur: Eigenkapital (EK) oder Fremdkapital (FK). Die differenzierten Strukturierungsmöglichkeiten für Finanzierungsformen und die Reaktionen der Kapitalgeber darauf finden in umfassenden Modellen noch keine Beachtung.

Nach **traditionellem Verständnis** erhöhen erst die Eigenkapitalgeber ihre Renditeforderung r_{EK} mit steigendem Verschuldungsgrad. Wegen ihres geringeren Risikos erhöhen dann bei weiter steigendem Verschuldungsgrad auch die Fremdkapitalgeber ihre Renditeforderung r_{FK} (*Perridon/Steiner* 1991, S. 427 ff.; *Süchting* 1989, S. 390 f.). Aus Sicht der Unternehmung ergibt sich unter diesen Annahmen im Minimum der Gesamtkapitalkosten k_{GK} (= Maximum des Marktwertes M) der **optimale Verschuldungsgrad** (Abb. 6).

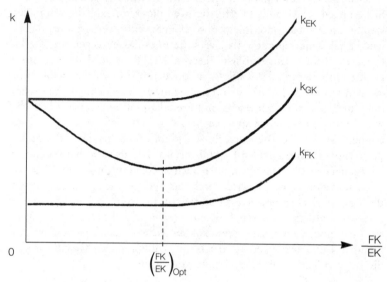

Abb. 6: Kapitalkostenverläufe bei Relevanz der Kapitalstruktur

Im Ergebnis ist somit die Kombination von Eigen- und Fremdkapital relevant für die Renditeforderung der Eigen- und Fremdkapitalgeber wie auch für die Unternehmung mit Blick auf deren Kapitalkosten. Sollten sich die Renditevorstellungen der Kapitalgeber nicht mit denen der Unternehmung vereinbaren lassen, sind Umstrukturierungen in ihrem Portefeuille die Folge. Es kommt dann zu Verkäufen und Käufen bei den Finanzierungstiteln.

Im Gegensatz dazu wird die These von der **Irrelevanz der Kapitalstruktur** vertreten (*Modigliani/Miller* 1958, 1963; *Miller* 1977). Danach existiert keine optimale Kapitalstruktur, und der Einnahmenstrom der Gesellschafter aus der Beteiligung an Unternehmungen ist von der Art der Finanzierung der Unternehmungen unabhängig. Dieser Sichtweise liegt die Annahme zugrunde, daß zwar die Eigenkapitalgeber bei steigender Verschuldung ihre Renditeforderungen erhöhen, die Fremdkapitalgeber dagegen ihre Forderungen konstant halten. Eine solche Annahme wäre sicher dann sinnvoll, wenn der juristische Haftungsausschluß auch mit Sicherheit immer faktisch wirksam würde und zugleich durchgängig idealtypisches Fremdkapital ohne Teilnahme am leistungswirtschaftlichen und finanziellen Risiko vorläge (Abschn. 2.2). Abb. 7 zeigt diese Konstellation konstanter Gesamtkapitalkosten k_{GK} (*Franke/Hax* 1990, S. 435 f.; *Perridon/Steiner* 1991, S. 431 ff.; *Süchting* 1989, S. 389 f.).

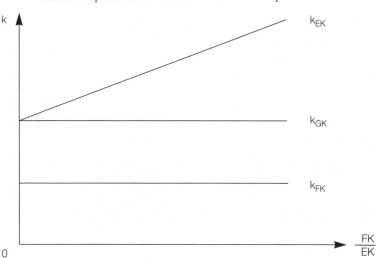

Abb. 7: Kapitalkostenverläufe bei Irrelevanz der Kapitalstruktur

Die durch den Leverage-Effekt hervorgerufenen Unterschiede in den Marktwerten von unterschiedlich verschuldeten Unternehmungen werden durch **Arbitrageprozesse** ausgeglichen. Dabei substituieren die Gesellschafter als Arbitrageure die Leverage-Politik der Unternehmung durch persönliche Leverage-Politik. Im einfachsten Fall wird ein vollkommener Kapitalmarkt ohne Steuern unterstellt.

Werden eine unverschuldete Unternehmung X und eine teilweise verschuldete Unternehmung Y betrachtet, dann ist der Marktwert M_Y der Unternehmung Y durch den positiven Leverage-Effekt bei Ersatz von Eigen- durch Fremdkapital höher als der Marktwert M_X der Unternehmung X, solange die Renditeforderung der Gesellschafter niedriger ist als die Eigenkapitalrendite der Unternehmung. Der Verkauf der Anteile der Unternehmung Y bei gleichzeitiger privater Kreditaufnahme und Kauf von Anteilen der Unternehmung X verschafft dem Arbitrageur einen Gewinn. Der **Arbitragegewinn** ist solange möglich, bis die Renditeforderung der Gesellschafter der Eigenkapitalrendite der Unternehmung entspricht.

Bei analytischer Betrachtung (*Drukarczyk* 1980, S. 200 ff.; *Perridon/Steiner* 1991, S. 434 ff.) wird ausgehend von dem aus der unverschuldeten Unternehmung fließenden Einnahmenstrom (E_x) entsprechend dem Anteil a eines Gesellschafters durch private Verschuldung der gleiche Ein-

614 Kapitel 26: Eigen- und Fremdfinanzierung – Steuerl. Vorteilhaftigkeit

nahmenstrom ($E_{X,FK}$) erreicht, der sich ergäbe, wenn er Anteile direkt an der verschuldeten Unternehmung Y hielte (Einnahmenstrom E_Y).

$$E_X = aE \qquad\qquad E_Y = a(E - r_{FK}FK)$$
$$E_{X,FK} = aE - ar_{FK}FK$$
$$= a(E - r_{FK}FK) \qquad = E_Y.$$

Damit ist für den **Fall ohne Steuern** unter der Annahme eines vollkommenen Kapitalmarktes eine Finanzierungsentscheidung der Unternehmung so gut oder so schlecht wie jede andere, da der Gesellschafter durch private Verschuldung auf unterschiedliche Kapitalstrukturen von Unternehmungen reagieren kann.

Besteht diese Irrelevanz auf der Basis dieses Modells aber auch dann, wenn die deutsche Besteuerung in die Betrachtung einbezogen wird? Aufgrund des körperschaftsteuerlichen Anrechnungsverfahrens ist die Besteuerung auf der Ebene der Unternehmung eingebunden in die Besteuerung der dem Gesellschafter als Einnahmenstrom zufließenden Ausschüttung. Der Steuersatz des Gesellschafters $s_{E,G}$ bestimmt in diesem Fall die Steuerzahlung. Das bedeutet **bei alleiniger Berücksichtigung von Körperschaft- und Einkommensteuer** analog zur Betrachtung ohne Steuern:

$$E_X = aE(1 - s_{E,G}) \qquad E_Y = a(E - r_{FK}FK)(1 - s_{E,G})$$
$$E_{X,FK} = aE(1 - s_{E,G}) - ar_{FK}FK(1 - s_{E,G})$$
$$= a(E - r_{FK}FK)(1 - s_{E,G}) = E_Y.$$

Sind die in der privaten Verschuldung begründeten Zinszahlungen steuerlich abzugsfähig – dies ist wegen deren eindeutigen Zuordnung zu steuerbaren Einkünften gegeben (§ 9 Abs. 1 EStG) –, so ist wie im Fall ohne Steuern im Fall mit Ertragsteuern die Art der Finanzierung der Unternehmung irrelevant. Der Gesellschafter kann die Vorteile des Leverage-Effektes durch persönliche Verschuldung erreichen.

Wird die **Betrachtung zusätzlich auf die Gewerbeertragsteuer, die Gewerbekapitalsteuer und die Vermögensteuer der Unternehmung ausgeweitet**, wobei das Betriebsvermögen BV die Bemessungsgrundlage der beiden Substanzsteuern ist, verändern sich die Einnahmenströme bei Nichtbeachtung von Freibeträgen wie folgt:

$$E_X = a[E - s_{GE}(E - s_{GK}BV) - s_{GK}BV - 0{,}75s_{V,U}BV/(1 - s_{E,U})]$$
$$(1 - s_{E,G})$$
$$E_Y = a[E - s_{GE}(E - 0{,}5r_{FK}FK - s_{GK}(BV - 0{,}5FK)) - s_{GK}(BV - 0{,}5FK) - 0{,}75s_{V,U}(BV - FK)/(1 - s_{E,U}) - r_{FK}FK](1 - s_{E,G})$$
$$E_{X,FK} = E_X - ar_{FK}FK(1 - s_{E,G})$$
$$= a[E - s_{GE}(E - s_{GK}BV) - s_{GK}BV - 0{,}75s_{V,U}BV/(1 - s_{E,U}) - r_{FK}FK](1 - s_{E,G})$$

5. Marktwirkungen steuerrechtlicher Ungleichbehandlung

$E_Y - E_{X,FK} = a[s_{GE}(0,5r_{FK}FK - 0,5s_{GK}FK)](1 - s_{E,G})$ [= Gewerbeertragsteuer-Effekt]
$+ a(0,5s_{GK}FK)(1-s_{E,G})$ [= Gewerbekapitalsteuer-Effekt]
$+ a[0,75s_{V,U}FK/(1 - s_{E,U})](1 - s_{E,G})$ [= Vermögensteuer-Effekt].

Entgegen den bisher betrachteten Fällen ist es bei zusätzlicher Berücksichtigung dieser Steuern für den privaten Gesellschafter nicht möglich, durch private Verschuldung die Leverage-Politik der Unternehmungen zu imitieren, weil hier eine spezifisch unternehmungsbezogene Besteuerung im Spiel ist. Der Einnahmenstrom aus der Beteiligung an der verschuldeten Unternehmung Y ist für realistische Steuer- und Zinssätze immer größer als der aus der Beteiligung an der unverschuldeten Unternehmung X bei gleichzeitiger privater Fremdkapitalaufnahme ($E_Y-E_{X,FK}>0$). Die Differenz setzt sich vereinfacht aus drei Elementen zusammen, die steuerbedingt aus der Fremdkapitalaufnahme auf der Ebene der Unternehmung folgen: der hälftigen Abzugsfähigkeit der Zinszahlungen bei der Gewerbeertragsteuer, der hälftigen Abzugsfähigkeit des Fremdkapitals bei der Gewerbekapitalsteuer sowie der Abzugsfähigkeit des Fremdkapitals bei der Vermögensteuer.

Der Gesellschafter ist demzufolge nicht in der Lage, den gesamten positiven Leverage-Effekt einer verschuldeten Unternehmung durch private Verschuldung und Beteiligung an einer unverschuldeten Unternehmung zu nutzen. Das ist gleichbedeutend mit einem dauerhaft höheren Marktwert einer verschuldeten Unternehmung im Vergleich zu einer unverschuldeten Unternehmung. **Die These von der Irrelevanz der Kapitalstruktur gilt vor dem Hintergrund des deutschen Steuerrechts nicht.** Für die Finanzierungspolitik der Unternehmung wäre es unter diesen Umständen optimal, ausschließlich Fremdfinanzierung zu betreiben (*Swoboda* 1991b).

Dieser theoretischen Folgerung widerspricht die praktische Erkenntnis. Offensichtlich lassen die Annahmen des theoretischen Modells daher wesentliche **Aspekte des realen Kapitalstrukturproblems** unberücksichtigt (*Franke/Hax* 1990, S. 437 ff.; *Schneider* 1992a, S. 556 ff.; *Spremann* 1990, S. 289 ff.; *Süchting* 1989, S. 394 ff.; *Swoboda* 1991a, S. 102 ff.). Bereits die Agency-Theorie hat sich um die Berücksichtigung solcher Aspekte bemüht (*Neus* 1989).

Tatsächlich werden sich z.B. die Verschuldungsmöglichkeiten der Unternehmungen in quantitativer und in qualitativer Hinsicht von denen der Privatpersonen unterscheiden. Auch werden die Fremdkapitalgeber bei der Entscheidung über die Vergabe zusätzlichen Kapitals die gestiegene Konkurswahrscheinlichkeit wegen des größeren Umfangs an festen Auszahlungsverpflichtungen der Unternehmung berücksichtigen. Und die kalkulierbare bzw. ausgeklammerte Ungewißheit im Modell macht das Eigenkapital dort funktionslos als „Versicherungsbetrag" gegen nicht versicherbare Unternehmungsrisiken.

Daß die Unternehmungen bei Finanzierungsentscheidungen insgesamt auch auf Eigenkapital zurückgreifen, kann auch unter Berücksichtigung der Marktreaktionen darauf zurückgeführt werden, daß bei der ökonomischen Ex-ante-Koordination der individuellen Pläne Irrtümer über den Ex-post-Zustand nicht ausgeschlossen werden können (*Schneider* 1992a, S. 574 ff.). Die Kenntnis über das Unvermögen, nicht alle Verlustgefahren der Zukunft vorhersagen zu können, verlangt eine zumindest geringe **Eigen- bzw. Beteiligungskapitalausstattung als Verlustpuffer** für negative Ex-post-Überraschungen. Wer jedoch eine exakte quantitative Lösung des Kapitalstrukturproblems unter Berücksichtigung steuerlicher Effekte erwartet, der verkennt die wesentlichen Funktionen des Eigenkapitals in einer Markt- und Wettbewerbswirtschaft.

6. Zusammenfassung

Das Problem der Zuführung von Beteiligungs- oder Kreditkapital läßt sich zwar unter dem Aspekt der Besteuerung mit den Kategorien Eigen- und Fremdkapital behandeln, weil das Steuerrecht daran unterschiedliche Besteuerungsfolgen knüpft. Dies wird jedoch unter betriebswirtschaftlichem Gesichtspunkt fragwürdig. Denn mit der Vielfalt faktischer Finanzierungsformen verbinden sich unterschiedliche Chance/Risiko-Positionen. Eine weitgehende Verschiebung der Chance/Risiko-Position in Richtung auf die steuerlich benachteiligte Finanzierungsform ist daher möglich, ohne Steuervorteile einzubüßen. Mischformen der Finanzierung werden durch das Steuerrecht gegenüber der Mischung „reiner" Finanzierungsformen begünstigt. Die Abgrenzung der Finanzierungsformen ist daher auch besonders umstritten, wo steuerrechtliches Eigen- und Fremdkapital bezüglich ihrer betriebswirtschaftlichen Chance/Risiko-Position aneinanderstoßen. Denn das geltende Steuerrecht kennt eine Bevorzugung der Kreditfinanzierung. Allerdings folgen vor allem risikoscheue Entscheidungsträger dieser Verlockung zur Kreditfinanzierung nicht immer, weil damit insbesondere für Reinformen des Fremdkapitals ein risikoerhöhender Financial Leverage-Effekt verknüpft ist, der sich jedoch durch eine Mischform der Finanzierung in Annäherung an die Chance/Risiko-Position des Eigenkapitals abmildern läßt. Auch unter Berücksichtigung von Marktwirkungen scheitert jedoch eine quantitativ exakte Ermittlung der optimalen Kapitalstruktur gerade an dem Problem, das die Existenz von haftendem Eigenkapital erst notwendig macht: der nicht versicherbaren Ungewißheit.

Literatur

Auerbach, A. J. (1983), Taxation, Corporate Financial Policy and the Cost of Capital, in: Journal of Economic Literature, 21, S. 905–940

Bamberg, G./Coenenberg, A. G. (1991), Betriebswirtschaftliche Entscheidungslehre, 6. Aufl., München

Drukarczyk, J. (1980), Finanzierungstheorie, München

Elschen, R. (1991), Entscheidungsneutralität, Allokationseffizienz und Besteuerung nach der Leistungsfähigkeit. Gibt es ein gemeinsames Fundament der Steuerwissenschaften?, in: Steuer und Wirtschaft, 68, S. 99–115

Elton, E. J./Gruber, M. J. (1991), Modern Portfolio Theory and Investment Analysis, 4. Aufl., New York et al.

Franke, G./Hax, H. (1990), Finanzwirtschaft des Unternehmens und Kapitalmarkt, 2. Aufl., Berlin et al.

Kußmaul, H. (1990), Betriebswirtschaftliche Beratungsempfehlungen zur Finanzierung mittelständischer Unternehmen, in: Steuerberater-Kongress Report, S. 179–295

Miller, M. H. (1977), Debt and Taxes, in: The Journal of Finance, 32, S. 261–275

Modigliani, F./Miller, M. H. (1958), The Cost of Capital, Corporation Finance and the Theory of Investment, in: The American Economic Review, 48, S. 261–297

Modigliani, F./Miller, M. H. (1963), Corporate Income Taxes and The Cost of Capital: A Correction, in: The American Economic Review, 53, S. 433–443

Neus, W. (1989), Ökonomische Agency-Theorie und Kapitalmarktgleichgewicht, Wiesbaden

Perridon, L./Steiner, M. (1991), Finanzwirtschaft der Unternehmung, 6. Aufl., München

Schneeloch, D. (1987), Verdecktes Nennkapital. Eine kritische Würdigung des BMF-Schreibens vom 16.3.1987, in: Deutsches Steuerrecht, 25, S. 458–463

Schneider, D. (1987), Die Steuerreform und ihre Finanzierung in ihren Folgen für die Unternehmensfinanzierung mit Risikokapital, in: Der Betrieb, 40, S. 2529–2535.

Schneider, D. (1992a), Investition, Finanzierung und Besteuerung, 7. Aufl., Wiesbaden

Schneider, D. (1992b), Märkte zur Unternehmenskontrolle und Kapitalstrukturrisiko, in: *Gröner, H.* (Hrsg.), Der Markt für Unternehmenskontrollen, Berlin, S. 39–62

Schneider, K. (1991), Erfolgswirkungen der Kapitalstruktur, Diss., Frankfurt et al.

Seelbach, H. (1979), Die Thesen von Modigliani und Miller unter Berücksichtigung von Ertrag- und Substanzsteuern, in: Zeitschrift für Betriebswirtschaft, 49, S. 692–709

Siegel, T. (1990), § 8a ist tot – Es lebe die Gesellschafter-Fremdfinanzierung (?), in: GmbH-Rundschau, 81, S. 138–142

Sontheimer, J. (1984), Die steuerliche Behandlung von Genußrechten, in: Betriebs-Berater, 43, Beilage 19

Spremann, K. (1990), Investition und Finanzierung, 3. Aufl., München und Wien

Süchting, J. (1989), Finanzmanagement, 5. Aufl., Wiesbaden

Swoboda, P. (1991a), Betriebliche Finanzierung, 2. Aufl., Heidelberg

Swoboda, P. (1991b), Irrelevanz oder Relevanz der Kapitalstruktur und Dividendenpolitik von Kapitalgesellschaften in Deutschland und in Österreich nach der Steuerreform 1990 bzw. 1989?, in: Schmalenbachs Zeitschrift für betriebswirtschaftliche Forschung, 43, S. 851–866

Weber, K. (1992), Ende der typisch stillen Beteiligung bei beherrschendem Einfluß?, in: Der Betrieb, 45, S. 546–549

Kapitel 27

Informationsasymmetrien am Markt für Beteiligungen an mittelständischen Unternehmen

von *Wolfgang Gerke*

1. Finanzierungsbedingte Wettbewerbsnachteile mittelständischer Unternehmen 620
   1.1 Losgrößenabhängige Bankkonditionen 620
   1.2 Wahl des optimalen Finanzmarktsegmentes 621
   1.3 Verringerte Eigenkapitalquoten durch Marktzutrittsbarrieren 623
2. Höhere Finanzierungskosten durch Informationsasymmetrien . 625
   2.1 Auswirkungen von Informationsasymmetrien im Modell . . 625
   2.2 Analytische Betrachtung von Informationsasymmetrien . . . 629
3. Maßnahmen zur Verringerung von Informationsasymmetrien . 636
Literatur 640

1. Finanzierungsbedingte Wettbewerbsnachteile mittelständischer Unternehmen

1.1 Losgrößenabhängige Bankkonditionen

Wettbewerbsvorteile für Großunternehmen entstehen nicht nur bei der Produktion und dem Vertrieb ihrer Produkte und Dienstleistungen, sondern bereits bei ihrer Finanzierung. Unterschiedliche Finanzierungsformen sind mit verschieden hohen Finanzierungskosten verbunden und werden einzelnen Unternehmen aufgrund von größenbedingten Zugangskriterien vorenthalten.

Banken und Sparkassen bieten Großunternehmen im allgemeinen wesentlich bessere Kreditkonditionen als kleinen Kreditnehmern. Dies läßt sich betriebswirtschaftlich begründen. Zwar können Großkredite die Risikostreuung eines Kreditinstitutes verringern und ihm damit Risikovorsorgekosten durch Aufnahme zusätzlichen Eigenkapitals verursachen, größeren Einfluß auf die Konditionengestaltung besitzen aber die Bearbeitungskosten und die Maßnahmen zur Kreditwürdigkeitsprüfung. Auch wenn sich durch Rationalisierungsmaßnahmen – zum Beispiel mit dem Einsatz von Expertensystemen – die Personalkosten bei der Prüfung von kleineren Krediten senken lassen, so liegen diese pro Kapitaleinheit gerechnet immer noch erheblich über den Verwaltungskosten bei Großkrediten. Hinzu kommt, daß die Kreditwürdigkeit eines großen Unternehmens aufgrund von veröffentlichten Unternehmensanalysen und Klassifizierungen durch Ratingagenturen bereits vor Kreditvergabe am Markt bekannt ist, während bei kleinen Unternehmen zwischen Kreditinstitut und Kreditnachfrager große Informationsasymmetrien in bezug auf die Bonität des Unternehmens bestehen können.

Neben diesen Kostengesichtspunkten sorgen Marktaspekte für Konditionennachteile von mittelständischen Unternehmen bei der Kreditaufnahme. Großunternehmen können aufgrund ihres Bekanntheitsgrades einen Großteil der Bankdienstleistungen selber erstellen. Als geld- und kapitalmarktfähige Adressen sind sie in der Lage, auch ohne Zwischenschaltung von Finanzintermediären Gelder an den nationalen und internationalen Märkten anzulegen und aufzunehmen, was ihnen gegenüber den Kreditinstituten erhebliche Verhandlungsmacht verschafft.

Auch wenn bereits an den Kreditmärkten unterschiedliche Finanzierungskonditionen für mittelständische Unternehmen und Großunternehmen bestehen, so sorgt der scharfe Wettbewerb zwischen den Kreditinstituten wenigstens für gute Chancen auch mittelständischer Unternehmen, bei ausreichender Bonität Zugang zu Fremdkapital zu finden. Wesentlich ungünstiger fallen ihre Wettbewerbschancen aber am Markt für Eigenkapital aus. Im Vergleich zu den Großunternehmen müssen sie ihren Eigenkapitalgebern eine höhere Eigenkapitalverzinsung bieten, um attraktiv zu bleiben. Wettbewerbsnachteile mittelständischer Unternehmen resultieren damit nicht alleine aus losgrößenbedingten höheren Produktionskosten, die ggfs. durch Flexibilitätsvorteile ausgeglichen werden können, sondern auch aus losgrößenbedingten höheren Finanzierungskosten, die sich kaum reduzieren lassen.

1.2 Wahl des optimalen Finanzmarktsegmentes

Ein Teil der **losgrößenbedingten höheren Finanzierungskosten** mittelständischer Unternehmen ist auf die schwierige Abtretbarkeit ihrer nicht börsentäglich notierten Anteile zurückzuführen. Schwer abtretbare Unternehmensanteile erhöhen das Anlegerrisiko, weshalb die Anleger für die Übernahme des Liquiditätsrisikos eine Risikoprämie verlangen. Aus diesem Grund kann es auch für mittelständische Unternehmen attraktiv sein, eine möglichst gute Handelbarkeit ihrer Anteile zu gewährleisten, was im allgemeinen die Beantragung der Zulassung zum Börsenhandel beinhaltet.

Durch die Segmentierung des Börsenhandels in geregelten Markt, amtlichen Börsenhandel und außerbörslichen Telefonhandel sowie durch die Finanzierungsleistungen der Unternehmensbeteiligungsgesellschaften und Venture Capital-Gesellschaften wurden Marktsegemente geschaffen, die sich in bezug auf die Strenge der rechtlichen und geschäftspolitischen Zulassungsanforderungen erheblich unterscheiden. Formal betrachtet stehen damit auch mittelständischen Unternehmen genügend Alternativen für die externe Eigenkapitalbeschaffung zur Verfügung. Die formale Erfüllung der gesetzlichen Zugangsbestimmungen zu einem Marktsegment bedeutet jedoch noch lange nicht, daß es für die Unternehmen betriebswirtschaftlich sinnvoll ist, immer die Zulassung zu dem am höchsten organisierten Marktsegment anzustreben.

Familienunternehmen verzichten häufig, auch wenn die Größe des Unternehmens eine Börsennotiz nahelegen würde, auf eine Börsenzulassung, um ihre Anteile nicht in fremde Hände gelangen zu lassen. Als außerbörsliche Unternehmen entziehen sie sich leichter der externen Kontrolle und vermeiden teilweise auch steuerliche Nachteile. So kann eine Börsenzulassung im ungünstigen Fall aufgrund der damit verbundenen eindeutigen Marktbewertung zu höheren Vermögens- und Erbschaftssteuern führen. Viele börsenfähige Familienunternehmen wären jedoch gut beraten, zur Vorbereitung des Generationswechsels und zur leichteren Auseinandersetzung im Erbschaftsfall als börsengehandeltes Unternehmen mit einem professionellen Vorstand zu operieren. Es empfiehlt sich, die Mitwirkung der Erben in der Geschäftsführung nicht nur von den Besitzverhältnissen,

622 Kapitel 27: Informationsasymmetrien am Beteiligungsmarkt

sondern auch von den jeweiligen Talenten der Inhaber abhängig zu machen.

Ein noch gewichtigeres Argument für das Auseinanderklaffen zwischen faktischer und betriebswirtschaftlicher Reife eines Unternehmens für ein bestimmtes Finanzmarktsegment stellen die verschieden hohen fixen und variablen Finanzierungskosten der einzelnen Finanzierungsalternativen dar. Der Börsenhandel verschafft den Unternehmen einen hohen Bekanntheitsgrad, indem zahlreiche potentielle Kapitalnachfrager und -anbieter börsentäglich zusammengeführt werden. Dies bewirkt nicht nur einen hohen Liquiditätsgrad der Unternehmensanteile, sondern erleichtert auch die zusätzliche Eigenkapitalbeschaffung durch Neuemissionen. Außerdem ermöglicht die leichte Stückelbarkeit von Börsenanteilen eine Anpassung an die Losgrößenpräferenzen der Anleger, wodurch diese besser aus ihrer Sicht optimal gestreute Portefeuilles bilden können. All diese Faktoren führen tendenziell zu niedrigeren **variablen Finanzierungskosten** an den Börsenmärkten. Um in den Genuß dieser Kostenvorteile zu gelangen, müssen die Unternehmen jedoch zunächst die **Fixkosten der Emission** tragen.

Indem die Wahl des optimalen Finanzmarktsegmentes zur Eigenkapitalbeschaffung von den jeweiligen Zulassungskriterien und von den losgrößenbedingten Kosten pro Eigenkapitaleinheit abhängt, spielen Zahl und Ausgestaltung der verschiedenen Kapitalmarktsegmente eine erhebliche Rolle für die Finanzierungskosten der Unternehmen. Abbildung 1 veranschaulicht die Wahl des optimalen Finanzmarktsegmentes in Abhängigkeit von den jeweils fixen Marktzutrittskosten und den variablen Finanzierungskosten.

Abb. 1: Die Wahl des optimalen Finanzmarktsegmentes

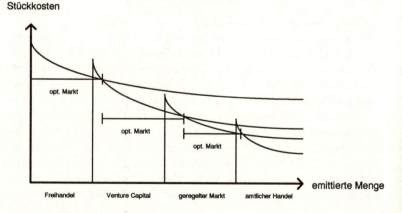

1. Wettbewerbsnachteile mittelständischer Unternehmen

Anlegerschützende Maßnahmen, wie die Pflicht zur Erstellung von Emissionsprospekten, die Einschaltung eines Emissionshauses und die Auflagen zur laufenden Information der Öffentlichkeit bewirken hohe Fixkosten, sorgen aber gleichzeitig für einen Abbau der Informationsasymmetrien zwischen Anlegern und Emittenten. Hierdurch werden wesentlich breitere Anlegerkreise als Finanziers gewonnen, wodurch die variablen Kapitalbeschaffungskosten gesenkt werden. Begrenzt wird die Schaffung zusätzlicher, mit unterschiedlich hohen Marktzutrittskosten arbeitender Finanzmarktsegmente, durch den Zwang, die Funktionsweise und insbesondere das Niveau des jeweiligen Anlegerschutzes überschaubar zu belassen, da sich andernfalls keine eindeutigen Gütestempel bilden können. Während im geregelten Markt die Börsenzulassungsanforderungen bereits weniger streng formuliert sind als im amtlichen Handel, resultieren die Zulassungskosten im Venture Capital-Markt nicht aus gesetzlichen Auflagen des Anlegerschutzes, sondern aus den von den Venture Capital-Gesellschaften sehr unterschiedlich gehandhabten Prüfungsvorgängen und Vertragsverhandlungen. Bei der Wahl eines geeigneten Finanzmarktsegmentes wird ein Unternehmen den Verlauf der losgrößenabhängigen Finanzierungskostenfunktionen der einzelnen Marktsegmente prüfen und gleichzeitig berücksichtigen, inwieweit und zu welchen Konditionen es aus dem eigenen Geschäftsbetrieb heraus Eigenkapital bilden kann.

1.3 Verringerte Eigenkapitalquoten durch Marktzutrittsbarrieren

Betrachtet man die diskutierten Kriterien für die Wahl der verschiedenen Finanzmarktsegmente, so sollten in einem Industrieland wie Deutschland zahlreiche Unternehmen an der Börse gehandelt werden. Von über 2 Millionen Unternehmen wurden Ende 1991 aber nur 665 an der Börse notiert. Auch wenn berücksichtigt werden muß, daß in Deutschland verhältnismäßig viele kleine Unternehmen operieren, denn mehr als 99% der Unternehmen arbeiten mit weniger als 500 Beschäftigten, so fällt die Zahl börsennotierter Unternehmen im Vergleich zu den Kapitalmarktstrukturen in den USA zu niedrig aus. Für die Ausstattung der Unternehmen mit Risikokapital hat dies, wie Abbildung 2 (S. 624) demonstriert, sehr negative Folgen.

Börsennotierte Unternehmen arbeiten mit wesentlich höheren Eigenkapitalquoten als nicht börsennotierte. Seit 1983 klaffen die Eigenkapitalquoten der börsennotierten und nicht börsengehandelten Unternehmen zunehmend auseinander. Zur Relativierung der Strukturunterschiede in der Unternehmensfinanzierung ist zu berücksichtigen, daß hinter den nicht börsennotierten Unternehmen im Fall der Personengesellschaften noch das Privatvermögen der haftenden Inhaber steht. Aus risikopolitischer Sicht sollten nicht börsennotierte Unternehmen dennoch tendenziell mit mehr Eigenkapital arbeiten als börsennotierte, denn sie finanzieren sich

Abb. 2: Eigenkapitalquoten der börsennotierten und nicht börsennotierten Unternehmen

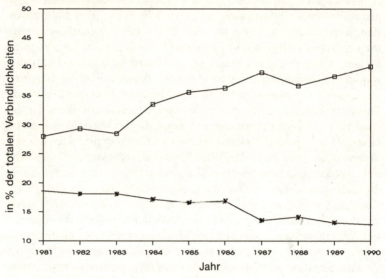

* Eigenkapitalquote der nicht börsenorientierten Unternehmen

□ Eigenkapitalquote der börsennotierten Unternehmen

an relativ unvollkommenen Märkten, wodurch die Prämissen der Irrelevanz der Kapitalstruktur (*Modigliani/Miller* 1958) aufgehoben sind. Zwar mögen zu einem Großteil auch steuerliche Gesichtspunkte die Eigenkapitalquoten der mittelständischen Unternehmen beeinflussen, aber in Krisenzeiten helfen mögliche historische Steuervorteile beim Fremdkapital wenig gegen den Druck unruhig gewordener Kreditinstitute und zur Abwendung des Konkursfalls.

Fordert man für nicht börsennotierte Unternehmen zumindest die gleiche Eigenkapitalquote wie für börsennotierte, so läßt sich rein rechnerisch für Ende 1990 eine **Eigenkapitallücke** von 563 Mrd DM ermitteln (s. Abb. 3).

Die Dimension der rechnerisch ermittelten Eigenkapitallücke – wobei sich über die genaue Höhe streiten läßt – demonstriert, daß die Finanzierung über die einzelnen Finanzmarktsegmente erheblichen Einfluß auf die Ausstattung der Unternehmen mit Risikokapital zur Folge hat. Außerhalb der Börsenmärkte gibt es zwar zahlreiche Finanzinstitutionen, die wie die Unternehmensbeteiligungsgesellschaften und Venture Capital Gesellschaften als Finanziers zur Verringerung der Eigenkapitallücke bereitstehen; offensichtlich bestehen in diesen Marktsegmenten aber noch erhebliche Verbesserungsmöglichkeiten. Die verschiedenen Finanzinstitu-

2. Höhere Finanzierungskosten

Abb. 3: Rechnerische Eigenkapitallücke nicht börsennotierter Unternehmen

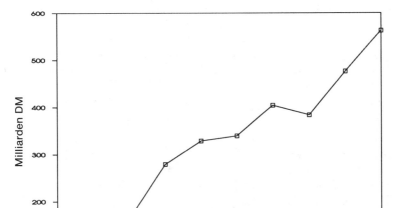

tionen haben die in sie gesetzten Erwartungen bisher nicht erfüllt (*Albach* 1983, S. 870). Dies kann als eine Aufforderung verstanden werden, zusätzliche Angebote der Finanzmärkte zur Überwindung von Informationsasymmetrien zwischen Anlegern und Unternehmern zu entwickeln.

2. Höhere Finanzierungskosten durch Informationsasymmetrien

2.1 Auswirkungen von Informationsasymmetrien im Modell

Mittelständischen Unternehmen fällt es schwer, potentiellen Eigenkapitalgebern Gewißheit zu verschaffen, daß die von ihnen herausgegebenen Unternehmensdaten den wirklichen wirtschaftlichen Verhältnissen entsprechen. Durch das Mißtrauen der Anleger werden auch solche Unternehmen mit höheren Finanzierungskosten bestraft, deren Informationspolitik wirklichkeitsgetreu gestaltet wird und deren Unternehmenserfolge konkurrierenden Großunternehmen überlegen sind.

Um die Wirkung von Informationsasymmetrien graphisch zu veranschaulichen, gehen wir im folgenden von zwei spezifischen Anlagemöglichkeiten für einen repräsentativen Anleger aus: Er kann zwischen einem **börsennotierten Unternehmen** C_1 und einem **nicht börsennotierten Unternehmen** C_2 mit entsprechenden Rendite-Risiko-Parametern μ_1/σ_1 bzw. μ_2/σ_2, wobei $\mu_1<\mu_2$ und $\sigma_1=\sigma_2$ wählen.

Wie aus Abbildung 4a leicht ersichtlich ist, erwirtschaftet das nicht börsennotierte Unternehmen C_2 bei gleichem Risiko wie das börsennotierte Unternehmen C_1 einen höheren Erwartungswert ($\mu_2 > \mu_1$). Für die Portefeuilleentscheidung eines Investors muß jetzt noch die Korrelation zwischen den beiden Unternehmen berücksichtigt werden. Im Unternehmen C_2 sind die Ertragsaussichten aber soviel besser als im Unternehmen C_1, daß ein risikoaverser Investor nur in das nicht börsennotierte Unternehmen C_2 investieren wird, wie der Schnittpunkt seiner höchsten realisierbaren Indifferenzkurve mit C_2 zeigt.

Auf den ersten Blick erscheint die Anlageentscheidung für den Investor also eindeutig. Dieser kann jedoch wankelmütig werden, wenn es dem nicht börsennotierten Unternehmen C_2 nicht gelingt, dem Anleger zu belegen, daß sein erwarteter Ertragsvorsprung $\mu_2 - \mu_1$ beträgt.

Häufig versuchen sich unseriöse Marktteilnehmer am außerbörslichen Kapitalmarkt Geld zu erschleichen, indem sie falsche Ertragsschätzungen und Investitionsrisiken vorgaukeln. Teilweise bedienen sie sich dabei professioneller Marketingmethoden und täuschen die Investoren mit attraktiv gestalteten Hochglanzprospekten. Unter diesen schwarzen Schafen des außerbörslichen Kapitalmarkts haben auch seriöse Unternehmen zu leiden, die wie C_2 hohe Ertragsaussichten bieten können.

Solange das Unternehmen C_2 seine Auskünfte nicht durch glaubwürdige Dritte, wie zum Beispiel die Zulassungsstelle der Wertpapierbörse, bestätigen lassen kann, wird es sich vom Durchschnitt der außerbörslichen Unternehmen kaum abheben können. Der Unternehmer C_2 weiß, daß er besser als seine Mitkonkurrenten wirtschaftet und kann doch kaum verhindern, daß der Markt nicht ausreichend zwischen guten und schlechten Kapitalnachfragern differenziert. Diese asymmetrische Informationsverteilung kann im Extremfall zum völligen **Marktversagen** führen (*Akerlof* 1970).

Obwohl der Erwartungswert μ_2 von C_2 objektiv über dem von C_1 liegt, muß auch der rational handelnde Investor teilweise auf Anlagen im nicht börsennotierten Unternehmen verzichten, da ihm dies subjektiv betrachtet das wesentlich höhere Risiko σ_3 aufbürdet. Das nicht börsennotierte Unternehmen C_2 erhält die falsche Rendite-/Risikoprognose μ_3/σ_3 eines hypothetischen Unternehmens C_3 zugeordnet. Das zusätzlich empfundene subjektive Risiko ($\sigma_3 - \sigma_2$) drückt neben dem mangelnden Vertrauen der Anleger in die Richtigkeit der zur Verfügung gestellten Informationen weitere Informationsasymmetrien zwischen Unternehmer und Anleger aus. So kann der Unternehmer ggf. die Gelder des Anlegers für andere Zwecke als angegeben benutzen oder veruntreuen. Dieses „**Moral Hazard Phänomen**" (*Darrough/Stoughton* 1986, S. 501) der nicht börsennotierten Unternehmen benachteiligt mittelständische innovative Unternehmen in besonderem Maß (*Hartmann-Wendels* 1987, S. 18).

2. Höhere Finanzierungskosten

Abb. 4a: Relevanz der Informationstransformation

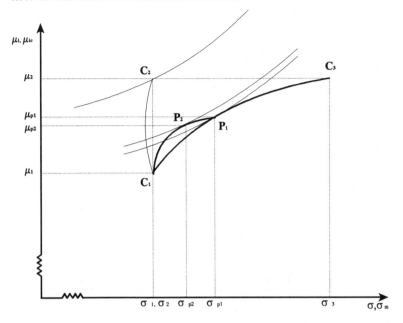

Abb. 4b: Effiziente Portefeuilles mit Informationsaktivitäten

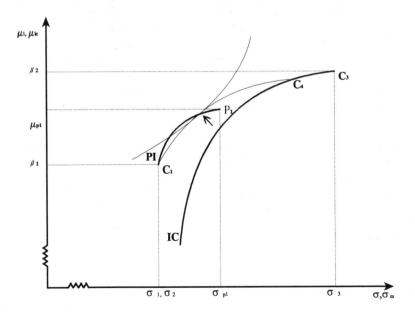

Im dargestellten Modell der Abbildung 4a wird der Anleger aufgrund der asymmetrischen Informationsverteilung zwischen ihm und Unternehmen C_2 in Abhängigkeit von der Korrelation zwischen C_1 und dem als C_3 empfundenen C_2 das neue Optimalportefeuille P_1 wählen. Um mehr Kapital zu bekommen, müßte das nicht börsennotierte Unternehmen gegenüber dem Informationsgleichgewicht eine Prämie bezahlen (*Gerke/Schöner* 1988) oder neue Wege zum Abbau der Informationsasymmetrie finden.

Betrachtet man lediglich den Anleger, so könnte er seinen Anlagenutzen noch mehren oder in der Terminologie des Modells aus Abbildung 4a noch ein über μ_{p1}/σ_{p1} liegendes Nutzenniveau erreichen, wenn es ihm gelänge, mit wenig Aufwand möglichst viel Risiko abzubauen. Aus der Sicht des Unternehmens C_2 wäre die Situation ohne Informationstransformation ebenfalls unbefriedigend. Alternativ kann es selbst Informationsaktivitäten (z. B. durch Signalling) starten oder einen Intermediär mit der Informationsleistung (Signal-Produktion) beauftragen. Diese könnte beispielsweise durch einen Wirtschaftsprüfer erfolgen.

In unserem Modell der Informationsübertragung gehen wir davon aus, daß die Informationsasymmetrie bezüglich des Risikos des Unternehmens C_2 durch geeignete Informationsmaßnahmen verringert werden kann. Das Unternehmen kann versuchen, durch eigene Aktivitäten, wie zum Beispiel durch einen Rechtsformenwechsel, Informationssignale zu geben oder einer neutralen, glaubwürdigen Institution gegen Entgelt den Auftrag zur Informationsproduktion und -übertragung erteilen. Die Kosten dieser Informationsaktivitäten trägt das Unternehmen C_2. Letztlich werden diese Kosten aber durch verminderte Renditeauszahlungen an den Anleger weitergegeben. Diesen zusätzlichen Kosten in Form von Renditeminderung steht auf der anderen Seite eine verbesserte Informationslage der potentiellen Anleger gegenüber. Eine Verminderung des subjektiv vermuteten Risikos σ_3 von Unternehmen C_2 in Richtung auf dessen „objektiv" richtiges Risiko σ_2 kann durch eine Verminderung der Rendite μ_3 „erkauft" werden.

Die Übereinstimmung der „objektiven" und der subjektiven Risikoeinschätzung bei Unternehmen C_1 besitzt im Modell die Funktion einer Vergleichsbasis und bedeutet keineswegs die Unterstellung der Fähigkeit der Börsenmärkte zur vollständigen Informationstransformation. Sie dient lediglich zur besseren Veranschaulichung der These, daß C_2 als nicht börsennotiertes Unternehmen aus der Sicht der Anleger mit zusätzlichen Informationsunsicherheiten behaftet ist.

2.2 Analytische Betrachtung von Informationsasymmetrien

Angenommen, daß die Information über die Korrelation zwischen beiden Titeln durch Aktivitäten zum Abbau von Informationsasymmetrien nicht berührt wird, können wir folgende funktionale Beziehung als eine Informations-Kostenfunktion kennzeichnen:

(1) $\quad \mu_{ic} = b \ln(\sigma - c) + d \quad$ für $\sigma > c$

mit $b, c > 0$
b, c, d: Parameter der Informations-Kostenfunktion μ_{ic}

Setzen wir den Parameter c (Grenzparameter) gleich dem objektiv richtigen Risikomaß σ_2, dann besagt die oben beschriebene logarithmische Funktion, daß eine vollständige Beseitigung der Informationsnachteile für die Anleger nur mit prohibitiv hohen Kosten möglich ist. Ökonomisch ist nur eine Annäherung an den Zustand der symmetrischen Informationsverteilung sinnvoll. Der Parameter b (Kostenparameter) bestimmt das Ausmaß der Renditeverminderung bei Informationsverbesserung. Der Parameter d kann als ein Lageparameter angesehen werden.

Bilden wir die erste Ableitung der Informations-Kostenfunktion in Gleichung (1) nach σ, erhalten wir

(2) $\quad \dfrac{d\mu_{ic}}{d\sigma} = \dfrac{b}{\sigma - c}$

Die Grenzkosten $(-d(\mu_{ic}))$ für eine minimale Verbesserung der Informationslage $(-d(\sigma))$ sind stets positiv und hängen von dem Kostenparameter b und dem bereits erreichten Niveau der Information (ausgedrückt in σ) ab. Ein hoher Wert von b bedeutet relativ hohe Informationskosten. Dagegen kann die asymmetrische Informationslage bei einem niedrigeren Wert von b relativ günstig verbessert werden. Im Fall der anfänglichen (vollständigen) Asymmetrie, d. h. $\sigma = \sigma_3$, kann das Risiko des Unternehmens C_2 relativ günstig durch Informationstransformation vermindert werden. Je näher sich das erreichte Informationsniveau der symmetrischen Situation $(\sigma = \sigma_2 = c)$ annähert, desto kostspieliger wird die Informationsaktivität.

(3) $\quad \varepsilon_{\mu_{ic},\sigma} = \dfrac{d\mu_{ic}}{d\sigma} \cdot \dfrac{\sigma}{\mu} = \dfrac{b}{\sigma - c} \cdot \dfrac{\sigma}{b \ln(\sigma - c) + d}$

$\qquad = \dfrac{\sigma}{\sigma - c} \cdot \dfrac{b}{b \ln(\sigma - c) + d}$

$\varepsilon_{\mu_{ic},\sigma}$: Elastizität der Kostenfunktion

Gleichung (3) gibt die Elastizität der Kostenfunktion in Abhängigkeit vom Unsicherheitsmaß σ an. In ökonomisch sinnvollen Wertebereichen ist die Elastizität stets positiv. Aus der ersten Ableitung der Elastizitätsfunktion nach dem σ ergibt sich,

$$\frac{d\varepsilon_{\mu_{ic},\sigma}(\sigma)}{d\sigma} = \left(\frac{1}{\sigma-c} - \frac{\sigma}{(\sigma-c)^2}\right) \cdot \frac{b}{b \ln(\sigma-c) + d}$$

$$+ \frac{\sigma}{\sigma-c} \cdot (-1) \cdot \frac{b}{(b \ln(\sigma-c) + d)^2} \cdot \frac{b}{\sigma-c}$$

$$= -\frac{c}{(\sigma-c)^2} \cdot \frac{b}{b \ln(\sigma-c) + d} - \frac{\sigma}{(\sigma-c)^2} \cdot \frac{b^2}{(b \ln(\sigma-c) + d)^2}$$

$$\frac{d\varepsilon_{\mu_{ic},\sigma}(\sigma)}{d\sigma} < 0 \text{, für } \mu_{ic} = b \ln(\sigma-c) + d > 0$$

d. h. die Elastizität nimmt bei zunehmender Verringerung des Risikos ($d\sigma<0$) in ökonomisch sinnvollen Wertebereichen stetig zu. Dies bedeutet eine überproportionale Zunahme der Kosten bei einer zunehmenden Verringerung des Risikos.

In Abbildung 4b (S. 627) wird beispielhaft ein möglicher Verlauf der Informations-Kostenfunkion IC eingezeichnet. Die Funktion gemäß Gleichung (1) beginnt bei der anfänglichen Rendite-Risiko-Kombination μ_3/σ_3 und nähert sich absteigend asymptotisch einer Senkrechten durch C_1. Jeder Punkt auf der Kurve IC (z. B. C_4) repräsentiert eine neue, durch Informationsaktivität induzierte Rendite-Risiko-Kombination von Unternehmen C_2.

Der Unternehmer kann dem Anleger durch verschieden intensive Informationsaktivitäten auf der IC-Kurve neue Wahlmöglichkeiten zur Verfügung stellen. Anstatt der Portefeuilleentscheidung mit den beiden Titeln C_1 und C_3 kann der Anleger dann aus C_1 und jeder beliebigen vom Unternehmer angebotenen Rendite-Risiko-Kombination auf der IC-Kurve sein optimales Portefeuille bilden. Je nach dem Verlauf und der Lage der IC-Kurve kann unser Anleger einen Nutzenzuwachs gegenüber der Anfangssituation erzielen. Bezüglich der Rolle der Informationstransformation in unserem Beispiel sind folgende Fragestellungen eingehend zu untersuchen:

– Unter welchen Bedingungen und inwieweit führt eine Informationsproduktion für einen bestimmten Anleger zum Nutzenzuwachs?
– Wie reagieren die optimalen Anteile in beiden Titeln auf eine marginale Verbesserung der Informationslage unseres Anlegers?
– Wie verändern sich die optimalen Anteile des Nutzenzuwachses bei einer Änderung der Kostenfunktion oder bei unterschiedlichem Risikoaversionsniveau?

2. Höhere Finanzierungskosten

Zur Beantwortung dieser Fragen gehen wir von einem repräsentativen Anleger aus, der risikoavers ist und dessen Nutzenfunktion folgende exponentielle Form aufweist:

(4) $\quad U(W_p) = -e^{-W_p/a_w} \quad$ mit $a_w > 0$

W_p: Vermögen am Periodenende
a_w: Risikoaversionsparameter

Falls das Anfangsvermögen wie in unserem Modell fixiert ist, können wir bei normalverteiltem Endvermögen die zugehörige Präferenzfunktion auch in folgende Renditeformulierung transformieren (Hamann 1993, S. 79 f.):

(5) $\quad V(\mu,\sigma) = \mu - \dfrac{\sigma^2}{2a} \quad$ mit $a > 0$

μ: Erwartungswert der Portefeuillerendite
σ: Standardabweichung der Portefeuillerendite
a: Risikoaversionsparameter
V: Rationale Präferenzfunktion in Renditeformulierung

Somit wird das Portefeuillerisiko allein durch die Varianz der Portefeuillerendite gemessen. Der Parameter a beschreibt den individuellen Risikoaversionsgrad eines Anlegers. Ein numerisch großer Wert von a bedeutet eine stärkere Neigung zur Risikoübernahme, da das Risiko bei der Bewertung dann schwächer ins Gewicht fällt.

Angenommen, es stehen dem Anleger n risikobehaftete Anlagetitel zur Verfügung (eine risikolose Anlagemöglichkeit kann ebenfalls in das Modell integriert werden), dann kann die Menge aller möglichen Portefeuilleentscheidungen wie folgt allgemein beschrieben werden:

(6) $\quad \mu_p = \sum\limits_i x_i \mu_i$

(7) $\quad \sigma_p = (\sum \sum x_i x_j \mathrm{cov}_{ij})^{1/2}$

mit $\mathrm{cov}_{ij} = \sigma_i \sigma_j \rho_{ij}$

μ_p: Erwartungswert der Portefeuillerendite
σ_p: Standardabweichung der Portefeuillerendite
μ_i: Renditeerwartung des i-ten Titels
σ_i: Standardabweichung des i-ten Titels
x_i: Anteil des i-ten Titels im Portefeuille
cov_{ij}: Kovarianz zwischen den Renditen des i-ten und j-ten Titels
ρ_{ij}: Korrelationskoeffizient zwischen dem i-ten und j-ten Titel

Nach Einsetzen von (6) und (7) in Gleichung (5) erhalten wir folgende Optimierungsformulierung für unseren Anleger (ohne Leerverkaufsmöglichkeit):

$$V(x_i) = V(\mu(x_i), \sigma(x_i) = \mu - \sigma^2 / 2a$$

$$\text{Max} \quad V(x_i) = \Sigma\, x_i\mu_i - (\Sigma\Sigma\, x_i x_j \text{cov}_{ij} / 2a)$$

u.d.N. $\Sigma\, x_i = 1_j x_i \geq 0$ für alle i

Wir bilden folgende *Kuhn-Tucker*-Funktion:

$$K(x_i, \alpha_i, \beta) = V(x_i) + \Sigma\, \alpha_i x_i + \beta\,(1 - \Sigma\, x_i)$$

Die Bedingungen erster Ordnung für das Optimum lauten:

$$\frac{\delta K}{\delta x_i} = \mu_i - (\Sigma_j x_j \sigma_{ij}) / a + \alpha_i - \beta = 0 \qquad \text{für } i=1,\ldots,n$$

$$\alpha_i x_i = 0$$

$$1 - \Sigma\, x_i = 0$$

mit $\sigma_{ij} \equiv \text{cov}_{ij}$

$\alpha_i, \beta \geq 0$ als *Kuhn-Tucker*-Multiplikatoren

Ohne Berücksichtigung der Randlösungen, d. h. $\alpha_i = 0$, erhalten wir durch Umformen folgendes Gleichungssystem für die Variablen x_i und β im Rendite-Risiko-Optimum:

(8) $\quad \Sigma_j x_j \sigma_{ij} + a\beta = a\mu_i \quad$ für i = 1, ..., n

und in Matrix-Schreibweise:

$$\begin{bmatrix} \sigma_{11} & \sigma_{12} & .. & \sigma_{1n} & a \\ \sigma_{21} & \sigma_{22} & .. & \sigma_{2n} & a \\ : & : & & : & : \\ \sigma_{n1} & \sigma_{n2} & .. & \sigma_{nn} & a \\ 1 & 1 & .. & 1 & 0 \end{bmatrix} * \begin{bmatrix} x_1 \\ x_2 \\ : \\ x_n \\ \beta \end{bmatrix} = \begin{bmatrix} a\mu_1 \\ a\mu_2 \\ : \\ a\mu_n \\ 1 \end{bmatrix}$$

Sofern die Renditen der Titel stochastisch linear unabhängig sind, ist die Varianz-Kovarianz-Matrix bzw. hier die erweiterte Varianz-Kovarianz-Matrix grundsätzlich invertierbar. Wir erhalten als Lösung des Gleichungssystems:

2. Höhere Finanzierungskosten

$$\begin{bmatrix} x_1 \\ x_2 \\ \vdots \\ x_n \\ \beta \end{bmatrix} = \begin{bmatrix} \sigma^{11} & \sigma^{12} & .. & \sigma^{1n} & \sigma^{1,n+1} \\ \sigma^{21} & \sigma^{22} & .. & \sigma^{2n} & \sigma^{2,n+1} \\ .. & .. & & .. & .. \\ \sigma^{n1} & \sigma^{n2} & .. & \sigma^{nn} & \sigma^{n,n+1} \\ \sigma^{n+1,1} & \sigma^{n+1,2} & .. & \sigma^{n+1,n} & \sigma^{n+1,n+1} \end{bmatrix} * \begin{bmatrix} a\mu_1 \\ a\mu_2 \\ \vdots \\ a\mu_n \\ 1 \end{bmatrix}$$

wobei σ^{ij} entsprechende Elemente der Inversen der erweiterten Varianz-Kovarianz-Matrix darstellen.

Nach Aufhebung der Matrix-Schreibweise läßt sich der optimale Anteil des Portefeuilles im i-ten Titel wie folgt darstellen:

(9) $\quad x_i = a \sum_{j}^{n} \mu_j \sigma^{ij} + \sigma^{i,n+i} \quad$ für $i = 1, \ldots, n$

Der optimale Anteil x_i für einen Anleger ist somit eine Funktion seines Risikoparameters a und den anfänglichen μ/σ-Kombinationen der n Titel sowie den Korrelationen zwischen den Titeln, wie die folgende Formel veranschaulicht:

$$x_i = f\ (a, \mu_1, \ldots, \mu_n, \sigma_1, \ldots, \sigma_n, \rho_{12}, \ldots, \rho_{n-1,n})$$

In unserem Modell kann der Anleger die Risikoposition eines bestimmten Titels mit dem Index k durch **Informationstransformation** verändern. Mit der Variation des σ_k geht gemäß der Gleichung (1) auch eine Änderung des μ_k ein. Allgemein werden auch die Elemente der erweiterten Varianz-Kovarianz-Matrix durch die Änderung des σ_k beeinflußt. Durch Anwendung von Ketten-Regeln können wir die erste Ableitung des optimalen Anteils am i-ten Titel nach einer Variation des σ_k wie folgt darstellen:

(10) $\quad \dfrac{dx_i}{d\sigma_k} = \dfrac{\delta f(.)}{\delta \mu_k} \dfrac{d\mu_k}{d\sigma_k} + \sum_{j}^{n+1} \dfrac{\delta f(.)}{\delta \sigma^{ij}} \dfrac{d\sigma^{ij}}{d\sigma_k} \quad$ für $i = 1, \ldots, n$

oder

(10a) $\quad \dfrac{dx_i}{d\sigma_k} = a\sigma^{ik} \dfrac{d\mu_k}{d\sigma_k} + a \sum_{j}^{n} \mu_j \dfrac{d\sigma^{ij}}{d\sigma_k} + \dfrac{d\sigma^{i,n+1}}{d\sigma_k}$

Nach dem Einsetzen von Gleichung (1) in Gleichung (9) ergibt sich dann

(11) $\quad x_i\,(\sigma_k) = a\,[b \ln(\sigma_k - c) + d]\sigma^{ik} + a \sum_{\substack{j \\ j \neq k}} \mu_j \sigma^{ij} + \sigma^{i,n+i}$

für $i = 1, \ldots, n$

Die Gleichung (11) beschreibt die optimale Portefeuillestruktur unter der Berücksichtigung der Informationsmöglichkeit. Anders als in Gleichung

(9) wird hier mit der Portefeuilleentscheidung simultan über die optimale Informationsproduktion entschieden. Gleichung (11) determiniert implizit den Verlauf der PI-Kurve, die Verbindungslinie aller effizienten Portefeuilles mit unterschiedlichem Informationsniveau σ_k. Zur völlig exakten Bestimmung der optimalen Informationstransformation und der optimalen Portefeuillebildung müßten die Risiko-Nutzen-Präferenzen sowohl des Anlegers wie auch des Unternehmers berücksichtigt werden. Ohne damit an der grundsätzlichen Aussage des Modells zur Informationstransformation im Zustand asymmetrischer Informationsverteilungen etwas zu ändern, wird hier von einem vereinfachten Modell ausgegangen, in dem der Unternehmer bei seinem Aufwand für zusätzliche Informationstransformation simultan die Präferenzen des Anlegers mit berücksichtigt. In Abbildung 4b (S. 627) ist beispielhaft ein möglicher Verlauf der PI-Kurve dargestellt. Der optimale Anteil an einem Titel ist somit eine Funktion $h(\cdot)$

$$x_i = h\ (\sigma_k;\ a,\ b,\ c;\ \mu_1,\ \ldots,\ \mu_{k-1},\ \mu_{k+1},\ \ldots,\ \mu_n,\ \sigma_1,$$
$$\ldots \sigma_{k-1},\ \sigma_{k+1},\ \ldots,\ \sigma_n,\ \rho_{12},\ \ldots,\ \rho_{n-1,n})$$

die μ_k durch die Berücksichtigung der Kostenfunktion nicht mehr als exogene Variable enthält.

Die marginale Anpassung des optimalen Anteils an einem Titel auf eine marginale Informationsverbesserung ergibt sich dann durch das Einsetzen von Gleichungen (1) und (2) in Gleichung (10). Daraus ergibt sich:

$$(12) \quad \frac{dx_i}{d\sigma_k} = a\ \sigma^{ik} \frac{b}{\sigma_k - c} + a\ \left[b\ \ln(\sigma_k - c) + d\right] \frac{d\sigma^{ik}}{d\sigma_k}$$
$$+ a \sum_{\substack{j=1 \\ j \neq k}}^{n} \mu_j \frac{d\sigma^{ij}}{d\sigma_k} + \frac{d\sigma^{i,n+1}}{d\sigma_k}$$

Für unser Zwei-Anlagen-Beispiel mit C_1 (μ_1/σ_1) und C_4 (μ_4/σ_4) nach Gleichung (1), wobei annahmegemäß $\mu_1 < \mu_4$ und $\sigma_1 < \sigma_4$ gilt, können wir die Funktion für die PI-Kurve genauer untersuchen. Nach der Bildung der Inversen

$$\begin{bmatrix} \sigma^{11} & \sigma^{12} & \sigma^{13} \\ \sigma^{21} & \sigma^{22} & \sigma^{23} \\ \sigma^{31} & \sigma^{32} & \sigma^{33} \end{bmatrix}$$

der erweiterten 3 × 3-Matrix

$$\begin{bmatrix} \sigma_{11} & \sigma_{41} & a \\ \sigma_{14} & \sigma_{44} & a \\ 1 & 1 & 0 \end{bmatrix}$$

2. Höhere Finanzierungskosten

können wir durch Anwendung der *Gauß*-Regel formal die einzelnen Elemente der inversen Varianz-Kovarianz-Matrix ermitteln.

Es läßt sich zeigen, daß gilt:

$$\sigma^{11} = \frac{1}{N}, \quad \sigma^{12} = -\frac{1}{N}, \quad \sigma^{13} = \frac{\sigma_4^2 - \sigma_1 \sigma_4 \rho_{14}}{N},$$

$$\sigma^{21} = -\frac{1}{N}, \quad \sigma^{22} = \frac{1}{N}, \quad \sigma^{23} = \frac{\sigma_1^2 - \sigma_1 \sigma_4 \rho_{14}}{N},$$

$$\sigma^{31} = \frac{1}{a}\frac{1}{N}(\sigma_4^2 - \sigma_1 \sigma_4 \rho_{14}), \quad \sigma^{32} = \frac{1}{a}(\sigma_1^2 - \sigma_1 \sigma_4 \rho_{14}),$$

$$\sigma^{33} = -\frac{1}{a}\frac{1}{N}\sigma_1^2 \sigma_4^2 (1 - \rho_{14}^2),$$

wobei $N = \sigma_1^2 + \sigma_4^2 - 2\sigma_1 \sigma_4 \rho_{14}$

Jetzt können wir den optimalen Anteil x_i (i=1,4) in Abhängigkeit von σ_4 gemäß Gleichung (11) wie folgt schreiben:

$$(13) \quad x_1(\sigma_4) = -\frac{1}{N}a\left[b\ln(\sigma_4 - c) + d\right] + \frac{1}{N}a\mu_1$$

$$+ \frac{1}{N}(\sigma_4^2 - \sigma_1 \sigma_4 \rho_{14})$$

$$x_4(\sigma_4) = \frac{1}{N}a\left[b\ln(\sigma_4 - c) + d\right] - \frac{1}{N}a\mu_1$$

$$+ \frac{1}{N}(\sigma_1^2 - \sigma_1 \sigma_4 \rho_{14})$$

Graphisch läßt sich die PI-Kurve anhand der Abbildung 4b (S. 627) konstruieren. Die IC-Kurve stellt unsere Kostenfunktion gemäß Gleichung (1) dar. Ein beliebiger Punkt C_4 auf der IC-Kurve ist als eine durch Informationstransformation induzierte neue Anlagemöglichkeit neben C_1 anzusehen. Die Nutzenmaximierung unseres Anlegers bedeutet, daß seine Indifferenzkurve die effiziente Linie der Portefeuilles aus der Kombination von C_1 und C_4 tangiert. Für jeden Punkt auf der IC-Kurve können wir so einen Tangentialpunkt festlegen. Die PI-Kurve stellt die Menge aller solcher Tangentialpunkte dar. Je nach Risikoaversionsgrad und Höhe der Informationskosten kann die PI-Kurve unterschiedliche Verläufe annehmen. Es ist u. a. möglich, daß die PI-Kurve von P_1 ausgehend zuerst nach rechts oben, dann nach links oben und schließlich nach links unten verläuft. Dabei wird das Portefeuille P_1 von dem PI-Portefeuille eindeutig μ,σ dominiert. Es ist ebenfalls möglich, daß C_1 als ineffizientes Portefeuille vom PI-Portefeuille dominiert wird. Numerisch lassen sich solche Verläufe der PI-Kurve leicht konstruieren.

Übertragen wir die PI-Kurve aus Abbildung 4b auf die Abbildung 4a, können wir nun beispielhaft zeigen, daß sich unser repräsentativer Anleger für das neue optimale Portefeuille P_2 entscheidet und dabei ein höheres Nutzenniveau als P_1 erreicht. Tendenziell ist zu erwarten, daß ein niedrigerer Kostenparameter b die relative Vorteilhaftigkeit der Informationstransformation begünstigt. Umgekehrt kann ein höherer Wert von b die Informationsaktivität vermindern, u. U. sogar ganz verhindern. Die verbleibenden μ/σ-Differenzen von Portefeuille P_2 zum Punkt C_2 können als Folge der asymmetrischen Informationsverteilung nicht mehr beseitigt werden. Ökonomisch wird im Punkt P_2 das optimale Niveau der Informationsaktivität erreicht. Ein Mehr an Information ist für unseren Anleger nicht mehr sinnvoll.

Unser Modell zeigt beispielhaft, daß im Fall der asymmetrischen Informationsverteilung eine Informationstransformation aus der Sicht der Anleger zu *Pareto*-superioren Portefeuilles führen kann. Die Vorteilhaftigkeit solcher Informationsaktivitäten hängt u. a. von dem Verlauf der **Informations-Kostenfunktion**, dem **individuellen Risikoaversionsgrad** und den **Diversifikationsmöglichkeiten** ab.

3. Maßnahmen zur Verringerung von Informationsasymmetrien

Oft wird es einem Unternehmen schwerfallen, das Mißtrauen der Anleger gegenüber den von ihm bekanntgemachten Unternehmensinformationen zu zerstreuen. Als sehr kostspielige, aber vertrauensbildende Maßnahme könnte es seinen Anlegern beispielsweise Bankgarantien für die Richtigkeit bestimmter Unternehmenseigenschaften oder für eine Mindestverzinsung der Unternehmensanteile anbieten. Es könnte den Anlegern außerdem Einsicht in unternehmensinterne Akten gewähren und ihnen spezielle Kontrollrechte einräumen, wobei aber die Gefahr bestünde, daß Anleger diese Informationen mißbrauchen, indem sie ihr Wissen an die Konkurrenz weitergeben oder selbst nutzen. Angesichts dieser Schwierigkeiten des Unternehmens und der Anleger, Informationsasymmetrien glaubwürdig und kostengünstig aufzuheben, lohnt sich die Schaffung einer neutralen Institution, die den Wunsch der Unternehmen nach Diskretion sowie die Informationsbedürfnisse der Anleger berücksichtigt und außerdem kostengünstig Informationsasymmetrien verringert. Vorgeschlagen wird die Errichtung einer neutralen **Informationsbörse** zur Beteiligung an nicht börsennotierten Unternehmen (*Gerke et al.* 1992). Diese wird zwar nicht in der Lage sein, für von ihr analysierte Unternehmen die gleiche Informationseffizienz und Liquidität wie für börsennotierte Unternehmen herzustellen, sie kann jedoch aufgrund der Professionalität ihrer Bonitätsanalyse und der Glaubwürdigkeit eines neutralen

3. Verringerung von Informationsasymmetrien 637

Dritten in vielen Fällen mit günstigeren Informations-Kostenfunktionen arbeiten als die direkt beteiligten Kapitalanbieter und -nachfrager.

Im dargestellten Modell der Wirkungen von asymmetrischen Informationsverteilungen auf die Finanzierungschancen und -kosten börsennotierter und nicht börsennotierter Unternehmen wurde idealtypisch von einer Ein-Periodenbetrachtung ausgegangen, wobei der Informationswert deterministisch durch die Informations-Kostenfunktion bestimmt wurde.

Die Betrachtung der Mikroebene beschränkte sich auf einen idealtypischen Anleger und zwei idealtypische Unternehmen, was für die Veranschaulichung der Portefeuillewirkungen von Informationsasymmetrien von Vorteil war.

Eine **Informationsbörse**, die sich zur Aufgabe stellt, Informationsasymmetrien abzubauen, muß zusätzlich berücksichtigen, daß es sehr unterschiedlich strukturierte Unternehmen gibt, und daß die Anleger heterogene Präferenzen aufweisen. Auch wenn nicht börsennotierte Unternehmen analog zur empirisch und theoretisch dargestellten Finanzierungssituation durch Informationsasymmetrien Wettbewerbsnachteile hinnehmen müssen, so ist damit noch nicht belegt, daß sie die Dienstleistungen einer Informationsbörse nachfragen werden. Einerseits könnten schlechter rentierliche, nicht börsennotierte Unternehmen einen Unternehmensvergleich fürchten, und andererseits könnten die gut rentierlichen Unternehmen Hemmungen haben, Außenstehenden Einblick in die Geheimnisse ihres Erfolges zu gewähren. Auch bei den Anlegern ist nicht sicher, ob die Verringerung von Informationsasymmetrien genügend Anreize schafft, Liquiditätsnachteile in Kauf zu nehmen und in höher rentierliche, nicht börsennotierte Unternehmen zu investieren.

Zur Erforschung der Akzeptanz einer Informationsbörse für Beteiligungen an nicht börsennotierten Unternehmen wurden zwei Repräsentativbefragungen durchgeführt (*Gerke et al.* 1992). Mittelständische Unternehmen wurden in der ersten Erhebung befragt, welchen Bedarf an zusätzlichem Eigenkapital sie in ihren Planungen unterstellen, welche Kapitalgeber sie präferieren, zu welchem Informationsangebot sie bereit wären, ob sie bereit wären, Unternehmensdaten einer Informationsbörse zur Verfügung zu stellen und inwieweit sie eine Informationsbörse zur Eigenkaptitalgebersuche oder zur eigenen Beteiligung an anderen Unternehmen nutzen würden. In der zweiten Repräsentativbefragung wurde erhoben, inwieweit Privathaushalte mit einem verfügbaren Haushaltseinkommen über 80 000 DM bereit wären, die Informationen einer neutralen Informationsbörse zu nutzen, um sich an nicht börsennotierten Unternehmen zu beteiligen, und welche Informationen sie für ihre Investitionsentscheidung benötigen. Die Ergebnisse der Befragungen wurden bei den Gestaltungsvorschlägen zur Errichtung einer neutralen Informationsbörse berücksichtigt.

Die Repräsentativbefragungen belegen sowohl bei Unternehmern wie bei Anlegern einen hohen Akzeptanzgrad für eine neutrale Informationsbörse (*Gerke et al.* 1992). Dies läßt darauf schließen, daß eine Informationsbörse, die ein sachkundiges, neutrales **Rating** für nicht börsennotierte Unternehmen anbietet, eine langfristige Existenzberechtigung am Kapitalmarkt besitzt.

Bei den privaten Anlegern zeigen immerhin 34% der Haushalte mit einem verfügbaren Haushaltseinkommen über 80 000 DM grundsätzliche Bereitschaft zur Beteiligung an nicht börsennotierten Unternehmen. Bei Anlegern mit Hochschulabschluß und Selbständigen liegt die Anlagebereitschaft mit 52% bzw 55% besonders hoch. Übereinstimmend geben die Befragten jedoch an, daß sie vor der Beteiligung an einem mittelständischen Unternehmen besser als heute über dessen Chancen und Risiken informiert sein möchten (*Gerke et al.* 1992, S.76). Auch wenn viele Unternehmen hierzu nur zögerlich bereit sind, so spricht dies doch dafür, einer Informationsbörse nicht nur Mittlerfunktionen durch den Nachweis potentieller Unternehmensbeteiligungen, sondern auch Ratingfunktionen zu übertragen.

Auf Unternehmerseite haben die Befragungen ein immer noch sehr verbreitetes **patriarchalisches Denken** aufgedeckt. Es besteht zwar einerseits für die Existenzberechtigung einer Informationsbörse eine ausreichende Bereitschaft, Eigenkapital aufzunehmen, denn innerhalb der nächsten 5 Jahre erwägen 34,9% der befragten Unternehmen diesen Schritt; andererseits würden jedoch 51,2% der Unternehmen statt die aufgezeigte **Eigenkapitallücke** abzubauen, die **Informationsbörse** nutzen, um sich an anderen Unternehmen zu beteiligen – also Eigenkapital zur Verfügung stellen. Dabei steht die Beeinflussung anderer Unternehmen stark im Vordergrund, denn 77,4% der nach Beteilungsmöglichkeiten Ausschau haltenden Unternehmen suchen diese in der gleichen Branche; 63,5% würden auch noch eine artverwandte Branche akzeptieren und nur 8,7% würden in andere Branchen diversifizieren.

Viele Unternehmen akzeptieren höhere finanzierungsbedingte Risiken, wenn sie dadurch eine fremde Mitsprache im Unternehmen vermeiden können. Dieses Verhalten beruht auf sehr kurzfristigem Denken, denn in Krisenzeiten werden die Fremdkapitalgeber nicht nur auf Rückzahlung ihrer Kredite bestehen, sondern auch mehr Einfluß auf die Unternehmensführung ausüben.

Direkt befragt, erkennen die Unternehmer sehr wohl die Risikovorsorgefunktion des Eigenkapitals. Bei der Akzeptanz verschiedener Eigenkapitalgeber dominiert dann aber ihr Autarkiestreben. So geben die Unternehmen durchweg an, daß zusätzliches Eigenkapital ihre Investitionsfähigkeit stärkt, ihre Bonität erhöht und ihre Krisenanfälligkeit reduziert.

Verglichen mit börsennotierten Unternehmen fragen sie dennoch in zu geringem Umfang Eigenkapital nach. Selbst Unternehmen, die bereit sind, neue Gesellschafter aufzunehmen, suchen diese zum geringsten Teil im eigenen Mitarbeiterkreis, sondern präferieren **Kapitalbeteiligungsgesellschaften**. 56% der Eigenkapital suchenden Unternehmen würden Kapitalbeiteiligungsgesellschaften als Mitunternehmer akzeptieren und nur 22,4% **Mitarbeiterbeteiligungen** offerieren. Dies spricht für eine Furcht der Unternehmer vor einer Kumulation der Mitspracherechte aus Mitbestimmung und Mitarbeiterbeteiligung und für einen Ausbau der Dienstleistungen der Kapitalbeteiligungsgesellschaften und Venture Capital Gesellschaften.

Bisher haben die verschiedenen Finanzinstitutionen die in sie gesetzten Erwartungen bei der Eigenkapitalvergabe nicht erfüllt. Der Gesetzgeber hat dies ebenso gesehen und deshalb mit dem Gesetz über Unternehmensbeteiligungsgesellschaften den Markt für Eigenkapital zu beleben versucht. In Relation zur Eigenkapitalausstattung börsennotierter Unternehmen ist die Eigenkapitalquote der nicht börsennotierten Unternehmen jedoch immer noch rückläufig. Die vorhandenen Möglichkeiten zur Eigenkapitalbeschaffung über Kapitalbeteiligungsgesellschaften werden zu wenig ausgeschöpft. Aufgrund von Interessenkonflikten zwischen Unternehmen und Kapitalbeteiligungsgesellschaften werden außerdem in zu geringem Umfang dem Unternehmerkapital haftungsmäßig gleichrangige Beteiligungsverträge abgeschlossen (*Gerke* 1972; 1985). Die Informationsbörse könnte auch für Kapitalbeteiligungsgesellschaften interessante Dienstleistungen erbringen, indem sie diese auf kapitalsuchende Unternehmen aufmerksam macht und außerdem als Anhaltspunkt für eine weitere Unternehmensanalyse ihr Unternehmensrating zur Verfügung stellt.

Da Direktbeteiligungen privater Anleger an nicht börsennotierten Unternehmen häufig aufgrund der dargestellten Informationsasymmetrien scheitern, empfiehlt sich die verstärkte Einschaltung von Finanzintermediären zur indirekten Risikokapitalaufbringung. Professionelle Anleger wie zum Beispiel Venture Capital-Gesellschaften, Investmentgesellschaften oder Versicherungsgesellschaften können durch Risikostreuung nicht nur den Anlagepräferenzen einer großen risikoaversen Anlegerschaft besser entsprechen, sie sind aufgrund ihrer Sachkenntnis, Rationalisierung der Bonitätsprüfung und Verhandlungsmacht auch am besten in der Lage, die Informationsasymmetrien zwischen dem Eigenkapital suchenden Unternehmer und dem Anleger zu senken. Zur Unterstützung dieser indirekten Eigenkapitalaufbringung wurde ein Konzept erarbeitet, daß es innerhalb des Investmentrechts ermöglichen soll, unter bestimmten Bedingungen auch riskantere Beteiligungen an nicht börsennotierten Unternehmen einzugehen (*Gerke* 1972; *Gerke/Rapp* 1992). Dabei werden zur

Gewährleistung des Anlegerschutzes unterschiedlich riskante Kapitalmarktsegmente vorgeschlagen, die dem Investor risikokennzeichnende Signale geben und ihn vor unerwünschten Risiken schützen sollen (zum Signalling und Screening vgl. *Spence* 1973 bzw. *Stiglitz* 1975).

Die risikoabhängige Segmentierung des Investmentrechts, die Errichtung einer Informationsbörse für Beteiligungen an mittelständischen Unternehmen, die Einschaltung von Wirtschaftsprüfern, die Rechtsformenänderung und die Verstärkung der Aktivitäten von Venture Capital-Gesellschaften können einzeln und kombiniert anwendbare Maßnahmen zur Verringerung von Informationsasymmetrien zwischen Anleger und Unternehmer bei nicht börsennotierten Unternehmen sein. Sie sind, wie anhand der Informations-Kostenkurve im Modell dargestellt wurde, aber kaum in der Lage, finanzierungsbedingte Wettbewerbsnachteile nicht börsennotierter Unternehmen völlig abzubauen. Börsenfähigen Unternehmen, die externes Eigenkapital aufnehmen möchten, wird deshalb weiterhin primär der Gang an die Börse empfohlen.

Literatur

Akerlof, G. A. (1970), The Market for Lemons: Quality Uncertainty and the Market Mechanism, in: Quarterly Journal of Economics, Vol. 84, S. 488–500

Albach, H. (1983), Die Bedeutung mittelständischer Unternehmen in der Marktwirtschaft, in: Zeitschrift für Betriebswirtschaft, S. 870–888

Darrough, M. N./Stoughton, N. M. (1986), Moral Hazard and Adverse Selection: The Question of Financial Structure, in: The Journal of Finance, Vol. 41, No. 2, S. 501–513

Gerke, W. (1974), Kapitalbeteiligungsgesellschaften, Frankfurt a. M./Zürich

Gerke, W. (1985), Die Akzeptanz der Kapitalbeteiligungsgesellschaften im Mittelstand, in: *Wossidlo, P. R.* (Hrsg.), Die Finanzierungssituation mittelständischer Unternehmen in Deutschland, Berlin, S. 314–336

Gerke, W./Rapp, H.-W. (1992), Strukturelle Neugestaltung des deutschen Investmentrechts, in: Zeitschrift für Bankrecht und Bankwirtschaft, Heft 2, S. 85–97

Gerke, W./Schöner, M. A. (1988), Die Auswirkungen von Risikonormen auf die Finanzierung von Innovationen – Eine Analyse am Beispiel der Gesetze über Unternehmensbeteiligungsgesellschaften und Beteiligungssondervermögen, in: *Gerke, W.* (Hrsg.), Bankrisiken und Bankrecht, Wiesbaden, S. 187–212

Gerke, W./van Rüth, V./Schöner, M. A. (1992), Informationsbörse für Beteiligungen an mittelständischen Unternehmen, Stuttgart

Hamann, T. (1993), Simulation von Informationsprozessen auf idealtypischen Börsenmärkten, Heidelberg

Hartmann-Wendels, T. (1987), Venture Capital aus finanzierungstheoretischer Sicht, in: Zeitschrift für betriebswirtschaftliche Forschung, Heft 1, S. 16–30

Modigliani, F./Miller, M. H. (1958), The Cost of Capital, Corporation Finance, and the Theory of Investment, in: The American Economic Review, Vol. 48, S. 261–297

Spence, M. A. (1973), Job Market Signaling, in: Quarterly Journal of Economics, Vol. 87, S. 355–374

Stiglitz, J. (1975), The Theory of Screening, Education, and the Distribution of Income, in: American Economic Review, Vol. 65, S. 283–300

Teil E

Risikomanagement

Kapitel 28

Grundlagen des finanzwirtschaftlich orientierten Risikomanagements

von *Michael Bitz*

1. Basisbegriffe 642
   1.1 Risiko und Risikomanagement 642
   1.2 Finanzkontrakte und Finanztitel 643
2. Die Mechanik der Zusammenfügung von Risiken 645
   2.1 Die Beschreibung von Risikopositionen durch Erwartungswert und Varianz 645
   2.2 Zur Bedeutung der Korrelation 647
   2.3 Konsequenzen für das Risikomanagement 649
3. Instrumente der Risikopolitik 651
   3.1 Vorbemerkung 651
   3.2 Risikoübernahme 652
   3.3 Risikoreduktion durch ergänzende Sekundäraktivitäten .. 653
       3.3.1 Klassifikationsmerkmale 653
       3.3.2 Risikoreduktion durch bedingte Zahlungsansprüche vom Versicherungstyp 654
             3.3.2.1 Versicherungsverträge 654
             3.3.2.2 Bürgschaften und Garantien 656
       3.3.3 Risikoreduktion durch Termingeschäfte und Bestandshaltung 656
             3.3.3.1 Grundbegriffe 656
             3.3.3.2 Determinanten der Sicherungswirkung von Termingeschäften und Bestandshaltung 658
             3.3.3.3 Kosten der Risikoreduktion durch Termingeschäfte und Bestandshaltung 660
   3.4 Risikoreduktion durch Modifikation von Primäraktivitäten 661
       3.4.1 Klassifikationsmerkmale 661
       3.4.2 Begrenzung von Einzelrisiken 662
       3.4.3 Begrenzung von Aggregatsrisiken 663
4. Resümee 666
Literatur 667

1. Basisbegriffe

1.1 Risiko und Risikomanagement

Der **Begriff des Risikos** wird im betriebswirtschaftlichen Schrifttum mit unterschiedlichen Inhalten gefüllt. So wird darunter etwa
- die Gefahr negativer Entwicklungen,
- die Gefahr der Fehlentscheidung,
- die Gefahr der Fehlinformation oder auch
- die auf wahrscheinlichkeitstheoretischer Basis kalkulierbare Unsicherheit zukünftiger Entwicklungen

verstanden. Für die hier anstehende Untersuchung, die durch die primäre Ausrichtung auf finanzwirtschaftliche Sachverhalte einerseits und den Aspekt des Managements andererseits gekennzeichnet ist, erscheint es zweckmäßig, „Risiko" in dem erstgenannten Sinne, also als Mißerfolgsgefahr, zu verstehen und zu definieren als

- die aus der Unsicherheit über zukünftige Entwicklungen resultierende Gefahr,
- daß eine finanzwirtschaftliche Zielgröße von einem Referenzwert negativ abweicht.

Als **Zielgrößen** kommen dabei insbesondere

- Zahlungsströme (z. B. der Rückfluß aus einem vergebenen Darlehen),
- andere in Geldeinheiten ausgedrückte Vermögensgrößen (z. B. der Marktwert eines Wertpapierportefeuilles) oder deren Veränderungen (Gewinne, Verluste) sowie
- pro rata temporis dimensionierte Veränderungsraten der maßgeblichen Zahlungsmittel- oder Vermögensbestände (z. B. Renditen etc.)

in Betracht.

Als mögliche, für die Risikomessung konstitutive **Referenzwerte** kommen ebenfalls unterschiedliche Größen in Frage, so insbesondere

- der in einem Finanzkontrakt vereinbarte Betrag,
- der als Ergebnis eines Wahrscheinlichkeitskalküls erwartete Betrag,
- das bei einer bestimmten Aktivität ursprünglich eingesetzte Vermögen,
- die bei alternativer Anlage des eingesetzten Vermögens erzielbare Verzinsung oder
- der augenblickliche (Markt-)Wert einer bestimmten Vermögensgröße.

Dabei steht der Gefahr einer negativen Abweichung der maßgeblichen Zielgröße von dem Referenzwert in aller Regel – wenn auch nicht zwingend – als Chance die Möglichkeit einer positiven Abweichung gegenüber.

1. Basisbegriffe

Beispiel:

Ein Anleger hat im Zeitpunkt $t = 0$ für 100 Geldeinheiten (GE) eine Anleihe mit 10%igem Jahrescoupon und 100%iger Tilgung im Zeitpunkt $t = 2$ erworben. Im Zeitpunkt $t = 1$ beläuft sich der Börsenkurs der Anleihe unmittelbar nach Zinszahlung auf 102. Am Kapitalmarkt können Beträge für ein Jahr risikofrei zu 6% angelegt werden. Der Anleger rechnet mit 98%iger Wahrscheinlichkeit damit, daß die für $t = 2$ versprochene Rückzahlung von 110 GE vereinbarungsgemäß erfolgt. Für den mit 2%iger Wahrscheinlichkeit erwarteten Konkursfall hält der Anleger jeden Rückzahlungsbetrag zwischen 0 und 110 für gleich wahrscheinlich.

Unterstellt man den in $t = 2$ erzielbaren Rückzahlungsbetrag als Zielgröße, so wären für die Risikomessung unter anderem folgende Referenzwerte denkbar:

(1) Der vereinbarte Rückzahlungsbetrag von   110 GE.

(2) Der Erwartungswert des Rückzahlungsbetrages von $(110 \cdot 0{,}98 + 55 \cdot 0{,}02 =)$ 108,9 GE.

(3) Der bei Veräußerung der Anleihe in $t = 1$ und alternativer Anlage dieses Betrages erzielbare Rückzahlungsbetrag von $(102 \cdot 1{,}06 =)$ 108,12 GE.

(4) Der aktuelle Marktwert der Anleihe von   102 GE.

(5) Der ursprünglich eingesetzte Betrag von   100 GE.

Risiken der verdeutlichten Art können in allen betrieblichen Funktionsbereichen (wie z. B. Beschaffung, Lagerung, Absatz etc.) unabhängig voneinander aus den jeweiligen bereichsspezifischen Aktivitäten entstehen. Dennoch kann nicht davon ausgegangen werden, daß die Wirkungen der bereichsweise entstandenen Risiken unabhängig voneinander sind. Vielmehr sind vielfältige Überlagerungen, wechselseitige Verstärkungen, aber auch möglicherweise Kompensationseffekte denkbar. Dem **Risikomanagement** als bereichsübergreifender Querschnittsfunktion kommen vor diesem Hintergrund die beiden Aufgaben zu,

– die in den verschiedenen betrieblichen Teilbereichen entstehenden Risiken zu identifizieren, in ihrem individuellen Ausmaß zu diagnostizieren und zu untersuchen, welche Zusammenhänge zwischen den Einzelrisiken bestehen (**Risikoanalyse**) sowie

– aus dem Ergebnis dieser Analyse Konsequenzen für die definitive Gestaltung der Geschäftspolitik insgesamt, insbesondere risikopolitischer Maßnahmen, zu ziehen (**Risikopolitik**).

Die vielfältigen Möglichkeiten der Risikoanalyse sollen in diesem Beitrag nicht weiter behandelt werden. Vielmehr wollen wir uns im folgenden auf den Bereich der Risikopolitik konzentrieren.

1.2 Finanzkontrakte und Finanztitel

In diesem Gesamtrahmen kommt dem hier zu behandelnden finanzwirtschaftlich orientierten Risikomanagement zunächst die Funktion zu, solche Risiken zu gestalten, die aus dem Abschluß von Finanzkontrakten resultieren. Außerdem erscheint es zweckmäßig, darüber hinaus auch solche Risiken in die Betrachtung einzubeziehen, die ihren Ursprung zwar nicht in finanzwirtschaftlichen Aktivitäten haben, sondern aus Maßnahmen des Leistungsbereichs eines Unternehmens resultieren, sich jedoch auf finanzwirtschaftliche Zielgrößen auswirken und in ihren Konsequenzen durch Finanzkontrakte beeinflußt werden können.

Als **Finanzkontrakte** sollen dabei Verträge bezeichnet werden, die auf den Austausch von

– Zahlungsmitteln gleicher Währung zu verschiedenen Zeitpunkten oder unterschiedlicher Währungen zu gleichen oder unterschiedlichen Zeitpunkten

– Zahlungsmitteln gegen Finanztitel erster oder höherer Ordnung oder

– Finanztiteln verschiedener Art oder unterschiedlicher Ordnung

ausgerichtet sind.

Unter **Finanztiteln** erster Ordnung sollen dabei aus zuvor geschlossenen Finanzkontrakten der erstgenannten Art resultierende Ansprüche auf zukünftige Zahlungen verstanden werden. Als Beispiel kann etwa ein festverzinsliches Wertpapier dienen.

Finanztitel zweiter Ordnung beinhalten demgegenüber Ansprüche auf Finanztitel erster Ordnung. Dies ist beispielsweise bei einem Termingeschäft der Fall, das einen Anspruch auf die Lieferung einer Aktie als Finanztitel erster Ordnung beinhaltet. Wird der Anspruch aus einem solchen Termingeschäft als Finanztitel zweiter Ordnung nun selbst etwa Gegenstand eines börsenmäßigen Optionsgeschäfts, so stellen die entsprechenden Optionen Finanztitel dritter Ordnung dar etc.

Finanztitel können verbrieft oder unverbrieft sein. Sie können bedingte oder unbedingte Ansprüche bzw. – aus der Sicht des anderen Vertragspartners – Verpflichtungen beinhalten. Beispiele für unbedingte Finanztitel erster und zweiter Ordnung stellen etwa „normale" festverzinsliche Wertpapiere bzw. Futures darauf dar. Beispiele für bedingte Finanztitel sind etwa Währungsoptionen (erster Ordnung) oder Wertpapieroptionen (zweiter Ordnung). Im Fall bedingter Ansprüche kann zudem von Bedeutung sein, ob die für den definitiven Eintritt des Leistungsanspruchs bzw. der Leistungsverpflichtung maßgebliche Bedingung

– ausschließlich durch die Entscheidung eines Vertragspartners herbeigeführt werden kann oder

– durch die Entwicklung exogener „Zufalls"-Ereignisse, die grundsätzlich außerhalb der vollen Kontrolle der Vertragspartner liegen.

Die erstgenannte Konstellation liegt bei allen Arten von Optionen vor, während der zweite Fall für Versicherungsverträge kennzeichnend ist. Wir wollen diese beiden Arten bedingter Finanzkontrakte daher im folgenden als Kontrakte vom **Optionstyp** bzw. **Versicherungstyp** bezeichnen.

2. Die Mechanik der Zusammenfügung von Risiken

2.1 Die Beschreibung von Risikopositionen durch Erwartungswert und Varianz

In diesem Abschnitt soll der Frage nachgegangen werden, welche Effekte auftreten können, wenn mehrere individuell jeweils risikobehaftete Positionen zu einer umfassenden Gesamtposition zusammengefügt werden. Um die entsprechende Analyse nicht im Bereich rein qualitativer Aussagen zu belassen, ist zunächst die von der eingangs angesprochenen Erörterung des Risikobegriffs zu unterscheidende Frage zu klären, durch welche Maßzahlen (sogenannte **Risikoindikatoren**) das Ausmaß inhaltlich bestehender Risiken adäquat zum Ausdruck gebracht werden kann. Bezüglich der in diesem Zusammenhang bedeutsamen Frage, welcher Art die über die zukünftigen Entwicklungen vorliegenden Informationen sind, werden in der entscheidungs- und risikotheoretischen Literatur üblicherweise die folgenden beiden besonders prägnanten Fälle unterschieden:

- **Ungewißheitssituationen** sind dadurch gekennzeichnet, daß die betrachteten Akteure zwar die alternativ möglichen zukünftigen Entwicklungen der interessierenden unsicheren Größen kennen, nicht jedoch die zugehörigen Eintrittswahrscheinlichkeiten.

- **Risikosituationen** sind demgegenüber dadurch gekennzeichnet, daß die Akteure auch von den Eintrittswahrscheinlichkeiten für die verschiedenen Entwicklungsmöglichkeiten hinlängliche Vorstellungen haben, so daß die im einzelnen maßgeblichen unsicheren Größen jeweils durch Wahrscheinlichkeitsverteilungen verdeutlicht werden können.

Risikopolitik in dem eingangs definierten Sinne kann sowohl in Ungewißheits- als auch in Risikosituationen betrieben werden. Wir werden darauf im Abschnitt 3 noch zurückkommen. Um einige für das Verständnis risikopolitischer Instrumente zentrale Zusammenhänge besonders anschaulich zu verdeutlichen, wird in diesem Abschnitt unterstellt, daß die Unsicherheit über die zukünftige Realisierung der maßgeblichen Zielgrößen durch eine Wahrscheinlichkeitsverteilung zum Ausdruck gebracht werden kann.

Bei der Betrachtung von Risikosituationen der so definierten Art ist es im einschlägigen Schrifttum weithin üblich geworden, die maßgeblichen Wahrscheinlichkeitsverteilungen zusammenfassend durch zwei Maßzahlen zu verdeutlichen, nämlich

– den mathematischen Erwartungswert μ als Indikator für das „im Durchschnitt" zu erwartende Ergebnis sowie

– die Standardabweichung σ oder die Varianz σ^2 als Maßzahl für die Streuung der Ergebniswerte um den Erwartungswert und damit zugleich als Risikoindikator.

Wir wollen auch dieser Vorgehensweise folgen, obwohl Konstellationen vorstellbar sind, in denen eine Verringerung des Risikoindikators σ nicht zwangsläufig auch zu einer Verminderung des Risikos in dem im Abschnitt 1.1 definierten Sinne führen muß.

Bezeichnet man die verschiedenen Ergebnismöglichkeiten einer Handlungsalternative mit e_j (j = 1, 2, ..., n) und die zugehörigen Eintrittswahrscheinlichkeiten mit p_j, so gelten für die Berechnung der genannten Parameter die Formeln:

(1) $\mu = \sum_{j=1}^{n} e_j \cdot p_j$

(2) $\sigma = \sqrt{\sum_{j=1}^{n} (e_j - \mu)^2 \cdot p_j}$

Zur exemplarischen Verdeutlichung der aus der Zusammenfügung von mehreren Einzelrisiken resultierenden Effekte sei nun ein Wirtschaftssubjekt betrachtet, das vor der Entscheidung steht, einen fest vorgegebenen Geldbetrag für ein Jahr anzulegen; zwei Finanztitel A und B stehen zur Auswahl, die am Ende der Anlageperiode wieder veräußert werden können. Angesichts der Unsicherheit über den dabei erzielbaren Preis wird bei A mit jeweils 50%iger Wahrscheinlichkeit mit einer Rendite von –10% oder +30% gerechnet; bei B ebenfalls mit jeweils 50%iger Wahrscheinlichkeit mit einer Rendite von –15% oder +45%. Für Erwartungswert und Streuung der Renditen errechnen sich dann gem. (1) und (2) folgende Werte:

$\mu_A = 10$, $\sigma_A = 20$

$\mu_B = 15$, $\sigma_B = 30$

Diese Wahrscheinlichkeitsangaben mögen daraus resultieren, daß der Anleger insgesamt vier verschiedene Entwicklungen der Finanzmärkte, sogenannte ‚Umweltzustände' S_1, S_2, S_3 und S_4, für möglich hält, die mit jeweils 25%iger Wahrscheinlichkeit zu unterschiedlichen Kursen für die Titel A und B führen. Tab. 1 enthält die entsprechenden Werte. Um anschließend die Bedeutung der Korrelation anschaulich verdeutlichen zu können, sind dabei hinsichtlich der Renditeverteilung des Wertpapiers B im Detail drei verschiedene Konstellationen I, II, III angenommen worden, die alle mit den eingangs gesetzten Wahrscheinlichkeitsangaben kompatibel sind und sich nur in der Zuordnung der Ergebniswerte zu den verschiedenen Umweltzuständen unterscheiden.

2. Die Mechanik der Zusammenfügung von Risiken

Tab. 1: Wahrscheinlichkeitsverteilung für zwei Finanztitel

Umweltzustand	S_1	S_2	S_3	S_4	μ	σ
Wahrscheinlichkeit	0,25	0,25	0,25	0,25		
Rendite A	−10	−10	30	30	10	20
Rendite B I	−15	−15	45	45		
Rendite B II	45	45	−15	−15	15	30
Rendite B III	−15	45	−15	45		

Sofern es nur darum ginge, den Anlagebetrag vollständig in A oder B zu investieren, wäre die letztgenannte Differenzierung völlig unerheblich; alle drei Varianten von B erscheinen in isolierter Betrachtung hinsichtlich der mit ihnen verknüpften Risiken und Chancen als absolut identisch. Anders verhält es sich jedoch, wenn es auch möglich ist, den Gesamtanlagebetrag auf die beiden Titel A und B aufzuteilen, die damit jeweils verbundenen Risiken also zu „mischen".

2.2 Zur Bedeutung der Korrelation

Zunächst sei die Möglichkeit betrachtet, die Anlagesumme jeweils zur Hälfte auf A und B aufzuteilen. Tab. 2 zeigt für alle drei Konstellationen I, II und III die bei den verschiedenen Umweltzuständen jeweils erzielbaren Renditen des aus den Finanztiteln A und B zusammengestellten „Portefeuilles".

Tab. 2: Wahrscheinlichkeitsverteilungen für ein Portefeuille von zwei Finanztiteln

Umweltzustand	S_1	S_2	S_3	S_4	μ	σ
Wahrscheinlichkeit	0,25	0,25	0,25	0,25		
Rendite A & B I	−12,5	−12,5	37,5	37,5	12,5	25
Rendite A & B II	17,5	17,5	7,5	7,5	12,5	5
Rendite A & B III	−12,5	17,5	7,5	37,5	12,5	18

Vergleicht man die in den Tabellen 1 und 2 zusammengestellten Werte, so erkennt man zunächst, daß der Erwartungswert der aus A und B kombinierten Risikoposition, so wie man es auch intuitiv erwartet, genau dem Durchschnitt der ursprünglichen Erwartungswerte μ_A und μ_B entspricht. Dies kann auch ganz allgemein gezeigt werden: Der Erwartungswert einer aus mehreren Einzelpositionen additiv zusammengesetzten Gesamtposition ergibt sich stets als gewichtete Summe der ursprünglichen Erwartungswerte.

Anders verhält es sich hingegen mit dem Risikoindikator σ. Lediglich für Konstellation I ergibt sich die Standardabweichung der Gesamtposition als Durchschnitt der Ausgangswerte $\sigma_A = 20$ und $\sigma_B = 30$. Die Konstellationen II und III führen hingegen zu niedrigeren σ-Werten. Dabei wird insbesondere an Hand von Konstellation II die Möglichkeit deutlich, daß sich aus der Zusammenfügung von zwei Risikopositionen eine Gesamtposition ergeben kann, deren Risikoindikator (hier $\sigma = 5$) deutlich unter dem niedrigsten Risikoindikator der Ausgangspositionen (hier $\sigma_A = 20$) liegt.

Aus all dem folgt, daß für das Risiko einer Gesamtposition, die sich aus der Zusammenfügung mehrerer jeweils individuell risikobehafteter Einzelpositionen ergibt, nicht allein die isoliert betrachteten Risiken der Ausgangspositionen maßgeblich sein können. Von ausschlaggebender Bedeutung ist vielmehr die Frage, wie die unsicheren Ergebnisse der einzelnen Positionen im Hinblick auf (hypothetische) Veränderungen der für ihr Zustandekommen maßgeblichen Einflußfaktoren, hier also der Umweltzustände S_1, S_2, S_3 und S_4, reagieren. Vergleicht man in Tabelle 1 die möglichen Renditewerte für Finanztitel A mit den korrespondierenden Größen der drei für Titel B dargestellten Varianten, so wird folgendes deutlich:

- In der Variante I reagiert die Rendite von B auf Veränderungen der Umweltzustände tendenziell in der gleichen Weise wie die von A.
- Bei der Variante II verhält es sich gerade umgekehrt: Die Renditen von A und B reagieren genau entgegengesetzt. Konstellationen, die bei A zur maximalen Rendite führen, bringen bei B gerade das schlechtest mögliche Ergebnis und vice versa.
- Im Vergleich von A mit B in Variante III schließlich ist ein derartig eindeutiger Zusammenhang nicht erkennbar; die Renditen reagieren teils gleichgerichtet, teils entgegengesetzt.

Um derartige Zusammenhänge ebenfalls durch quantitative Indikatoren zu verdeutlichen, wird üblicherweise auf die zwischen den Wahrscheinlichkeitsverteilungen der betrachteten Zufallsvariablen bestehende Kovarianz Cov oder den daraus abgeleiteten Korrelationskoeffizienten ϱ zurückgegriffen. Bezeichnet man die bei den verschiedenen Umweltzustände S_j (j = 1, 2, ..., n) erzielbaren Ergebniswerte der beiden Finanztitel A und B mit e_{Aj} bzw. e_{Bj}, so gelten die Formeln:

$$(3) \quad Cov_{AB} = \sum_{j=1}^{n} (e_{Aj} - \mu_A) \cdot (e_{Bj} - \mu_B) \cdot p_j$$

$$(4) \quad \varrho_{AB} = \frac{Cov_{AB}}{\sigma_A \cdot \sigma_B}$$

2. Die Mechanik der Zusammenfügung von Risiken

Der Korrelationskoeffizient ϱ ist eine auf den Wertbereich von +1 bis -1 normierte Maßzahl, die Aussagen darüber macht, ob die betrachteten Zufallsvariablen auf Änderungen der für ihr Zustandekommen maßgeblichen Einflußgrößen

– tendenziell gleichgerichtet oder entgegengesetzt reagieren (ϱ ≈ +1 bzw. ϱ ≈ -1) oder
– ein derartig eindeutiger Zusammenhang nicht besteht (ϱ ≈ 0).

In dem durch Tabellen 1 und 2 verdeutlichten Beispiel sind mit den Varianten I bis III gerade die drei besonders prägnanten Ausprägungen von Korrelationsbeziehungen vertreten. So gilt für den Korrelationskoeffizienten zwischen den Renditen der Finanztitel A und B in Variante I $\varrho_1 = +1$, in Variante II $\varrho_2 = -1$ und in Variante III $\varrho_3 = 0$.

Zieht man über die bislang betrachteten Fälle hinaus auch die Möglichkeit in Betracht, die Finanztitel nicht nur im Verhältnis 50 : 50 zu „mischen", so wird ein weiteres Phänomen erkennbar: Bei vollständig negativer Korrelation zweier individuell risikobehafteter Positionen gibt es stets ein „Mischungsverhältnis", bei dem sich die gegenläufigen Einzelrisiken gerade wechselseitig aufheben, so daß eine risikolose Gesamtposition entsteht.

In unserem Beispiel ist dies bei Variante II für ein Portefeuille der Fall, das zu 60% aus Finanztitel A und zu 40% aus Titel B besteht. Wie man an Hand der in Tabelle 1 zusammengestellten Werte leicht herleiten kann, wird bei dieser Zusammenstellung unabhängig von dem eintretenden Umweltzustand mit Sicherheit eine Rendite von 12% erzielt. Ex ante unsicher sind nach wie vor die Einzelbeiträge der beiden Titel A und B zu diesem Gesamtergebnis, nicht jedoch das Gesamtergebnis selbst. Risiko plus Risiko führt in dieser speziellen Konstellation also letztendlich zu Risikofreiheit.

2.3 Konsequenzen für das Risikomanagement

Für das Risikomanagement ergeben sich aus den dargelegten risikotheoretischen Gegebenheiten in zweifacher Hinsicht Konsequenzen. Zum einen wird deutlich, daß sich die Risikoanalyse nicht auf die Diagnose der aus den verschiedenen Geschäften und Kontrakten resultierenden Einzelrisiken beschränken darf. Darüber hinaus bedarf es vielmehr einer hinlänglichen Untersuchung der zwischen verschiedenen Einzelrisiken bestehenden Zusammenhänge, einer **Korrelationsanalyse**, um das Risiko der aus der Gesamtheit jeweils individuell risikobehafteter Einzelpositionen resultierenden Gesamtposition sachgerecht beurteilen zu können.

Zum anderen liefern die risikotheoretischen Erkenntnisse aber auch Hinweise für die Möglichkeit der risikopolitischen Gestaltung. Dabei unterscheidet man in theoretischer Sicht üblicherweise die folgenden drei Grundtypen risikopolitischer Strategien:

Kompensation (Hedging): Einzelpositionen mit deutlich negativer Korrelation (im Idealfall mit ϱ = -1) werden so zusammengefügt, daß die daraus resultierende Gesamtposition ein deutlich niedrigeres Risiko aufweist als jede der zusammengefügten Einzelpositionen. Im Idealfall kann sogar eine absolut risikofreie Position erreicht werden, wie das oben dargestellte Beispiel exemplarisch verdeutlicht.

Diversifikation (Risikostreuung): Eine Gesamtposition wird aus einer Vielzahl annähernd stochastisch unabhängiger Einzelpositionen zusammengesetzt. Dies führt dazu, daß das an Hand von σ gemessene Risiko der Gesamtposition deutlich kleiner ist als die Summe aller Einzelrisiken. Dabei ist dieser Effekt c. p. um so stärker ausgeprägt, je größer die Zahl der zusammengefaßten Einzelrisiken ist.

Um diesen Effekt zu verdeutlichen, sei zunächst angenommen, ein vorgegebener Anlagebetrag sei in gleichen Anteilen auf m verschiedene Finanztitel aufzuteilen. Die Wahrscheinlichkeitsverteilungen der jeweils erzielbaren Rückzahlungsbeträge sollen alle den gleichen Risikowert σ_0 aufweisen und stochastisch unabhängig sein ($\varrho = 0$). Für die Standardabweichung des gesamten Rückzahlungsbetrages gilt dann auf Grund allgemeiner statistischer Gesetzmäßigkeiten

$$\sigma = \sqrt{\frac{1}{m}} \cdot \sigma_0$$

Sie wird also um so kleiner, je größer die Zahl der Finanztitel ist, auf die die fest vorgegebene Anlagesumme aufgeteilt wird.

Ein ähnlicher Effekt tritt auch auf, wenn eine immer größere Anzahl von Finanztiteln mit jeweils gleichbleibendem Absolutbetrag zu einem volumenmäßig immer größer werdenden Portefeuille zusammengefaßt wird. Weisen nach wie vor alle jeweils das gleiche Einzelrisiko σ_0 auf und stimmen auch ihre individuellen Erwartungswerte μ_0 überein, so gilt für Erwartungswert und Standardabweichung des gesamten Rückzahlungsbetrages:

$$\mu = m \cdot \mu_0 \quad \text{und}$$

$$\sigma = \sqrt{m} \cdot \sigma_0$$

Mit zunehmender Zahl von Einzelrisiken (m) steigt also der Wert des Risikoindikators, allerdings weniger stark als die Summe der Einzelrisiken (m · σ_0) und auch weniger stark als der Erwartungswert. Der in diesem Zusammenhang häufig zur relativierenden Risikomessung herangezogene Variationskoeffizient (V = σ/μ) geht dementsprechend gemäß der Relation

$$V = \frac{\sqrt{m} \cdot \sigma_0}{m \cdot \mu_0} = \sqrt{\frac{1}{m}} \cdot V_0$$

mit steigender Anzahl (m) von Einzelrisiken ebenfalls zurück.

Risikokumulation: Einzelpositionen, die deutlich positive Korrelationen (im Extremfall mit $\varrho = 1$) aufweisen, werden zusammengefügt. In diesem Fall treten risikovernichtende oder risikovermindernde Effekte wie beim Hedging oder bei der Diversifikation nicht auf. Das Gesamtrisiko entspricht der (ggf. gewichteten) Summe der Einzelrisiken.

3. Instrumente der Risikopolitik

3.1 Vorbemerkung

Für die weitere Analyse finanzwirtschaftlich orientierter **Risikopolitik** ist es zweckmäßig, sich den gesamten unternehmerischen Planungs- und Entscheidungsprozeß in folgender Weise in zwei sukzessiv aufeinander folgende Phasen zerlegt zu denken:

- In der **ersten Phase** werden in den einzelnen Teilbereichen des Unternehmens (also etwa Beschaffung, Produktion, Absatz) an Hand der bereichsspezifischen Zielgrößen Entscheidungen abgeleitet und bereichsübergreifend koordiniert, ohne dabei explizit Risikoaspekte in die Entscheidungsfindung einzubeziehen. Die Planung der **Primäraktivitäten** erfolgt also auf der Basis quasisicherer Plandaten.

- In der **zweiten Phase** wird die aus den Primäraktivitäten insgesamt resultierende Risikoposition mit dem Ziel analysiert, die Primäraktivitäten im Lichte dieser Analyseergebnisse um geeignete risikopolitische Maßnahmen (**Sekundäraktivitäten**) zu erweitern oder in sonstiger Weise zu modifizieren.

Es bedarf keiner ausführlichen Erklärungen, daß dieses Modell eines streng zweiphasigen Entscheidungsprozesses in den seltensten Fällen der betrieblichen Realität entsprechen dürfte. Vielmehr ist davon auszugehen, daß risikopolitische Aspekte mehr oder weniger systematisch bereits in die Ableitung der Entscheidungen über die Primäraktivitäten mit einbezogen werden und allenfalls die daraus resultierende Risikoposition insgesamt in einem abschließenden Planungsschritt Anlaß zu einigen weiteren zentralen risikopolitischen Maßnahmen gibt. Nichtsdestoweniger erscheint es für die systematische Untersuchung der Vielzahl denkbarer risikopolitischer Maßnahmen zweckmäßig, von der als idealtypisch unterstellten Zweiteilung des Entscheidungsprozesses auszugehen, zumal eine dezentrale Gestaltung einzelner risikopolitischer Maßnahmen die Gefahr nicht optimaler Gesamtergebnisse in sich birgt.

Für die weitere Analyse ist es zweckmäßig, die in der zweiten Phase zur Auswahl stehenden risikopolitisch motivierten Reaktionsweisen grundsätzlich danach in drei Klassen einzuteilen, ob sie darauf hinauslaufen, die in der ersten Planungsphase abgeleiteten Entscheidungen

- trotz der mit ihnen verbundenen Risiken ohne weitere Modifikationen zu **übernehmen**,
- durch zusätzliche risikoreduzierende Aktivitäten zu **ergänzen** oder
- mit dem Ziel einer Risikoreduktion mehr oder weniger stark zu **modifizieren**.

In den folgenden Abschnitten 3.2. bis 3.4. werden diese drei, an ihren Rändern nicht immer ganz scharf abgrenzbaren, Klassen risikopolitischer Reaktionsweisen in ihren Grundzügen etwas näher verdeutlicht.

3.2 Risikoübernahme

Die formal einfachste Reaktionsweise besteht darin, die Primäraktivitäten ohne alle weiteren risikopolitischen Maßnahmen genau so durchzuführen, wie das bereits als Ergebnis der ersten Planungsphase ohne die systematische Einbeziehung von Risikoaspekten vorgesehen war.

Für eine derartige risikopolitische Enthaltung können – alternativ oder sich überlagernd – folgende Gründe maßgeblich sein:

1. Die mit den betrachteten Primäraktivitäten verbundenen Einzelrisiken werden als so niedrig eingeschätzt, daß deren weitere Verminderung als nicht lohnend erscheint.

2. Die mit den betrachteten Aktivitäten verbundenen Einzelrisiken sind zwar jeweils individuell durchaus von beachtlicher Höhe. Im Verbund mit den aus anderen Primäraktivitäten resultierenden Einzelrisiken wird über Diversifikations- oder gar Hedgingeffekte jedoch insgesamt eine Risikoposition erreicht, die in dieser Form auch ohne zusätzliche risikopolitische Maßnahmen als akzeptabel erscheint.

Beispiel:
Ein Maschinenbauunternehmen hat als Folge von Exportlieferungen zum 1.3. des Folgejahres Forderungen über 20 Mio. US $. Bei einem augenblicklichen Kurs von 1,80 DM/$ entspricht das einem Zahlungsanspruch von 36 Mio. DM. Das aus der unsicheren Entwicklung des $-Kurses resultierende Währungsrisiko in Form der Gefahr eines fallenden $-Kurses wird als so erheblich angesehen, daß es bei isolierter Betrachtung Anlaß zu weiteren risikopolitischen Maßnahmen geben würde.

Aus Rohstoffimporten habe das Unternehmen zugleich jedoch zum 15.3. des Folgejahres eine Zahlungsverpflichtung über 18 Mio. US-$. Isoliert betrachtet würde auch dieses Einzelrisiko (jetzt in Form der Gefahr eines steigenden $-Kurses) Anlaß zu speziellen risikopolitischen Maßnahmen geben.

Sieht man jedoch beide – isoliert betrachtet durchaus erheblichen – Einzelrisiken zusammen, so stellt man fest, daß sie sich in fast idealer Weise gegenseitig kompensieren. Es kann daher durchaus sinnvoll sein, das noch verbleibende, vergleichsweise geringe Restrisiko ohne weitere risikopolitische Maßnahmen zu übernehmen.

3. Das mit einzelnen Primäraktivitäten verbundene Einzelrisiko ist durchaus von beachtlicher Höhe. Eine Reduktion durch zusätzliche risikopolitische Maßnahmen ist jedoch entweder überhaupt nicht möglich oder wäre mit prohibitiv hohen Kosten verbunden. Dennoch kann es immer noch vorteilhaft sein, die mit den betrachteten Aktivitäten verbundenen Risiken wegen der damit zugleich auch verknüpften Chancen in vollem Umfang zu übernehmen.

3.3 Risikoreduktion durch ergänzende Sekundäraktivitäten

3.3.1 Klassifikationsmerkmale

Die zweite Möglichkeit, auf die bei der Analyse der zunächst vorgesehenen Primäraktivitäten diagnostizierten Risiken zu reagieren, besteht darin, diese Aktivitäten wie geplant durchzuführen, jedoch durch zusätzliche risikopolitische Maßnahmen (Sekundäraktivitäten) zu ergänzen.

Ansatzpunkt derartiger Sekundäraktivitäten kann insbesondere die Gefahr sein, daß sich bestimmte nicht der vollen Kontrolle des betrachteten Unternehmens unterliegende „Zufallsereignisse" in einer der folgenden Weisen negativ auf die maßgeblichen Zielgrößen auswirken:

1. Zahlungsansprüche oder sonstige Vermögensgegenstände, die bereits vorhanden sind oder in Zukunft noch entstehen werden und zu einem fest vereinbarten Preis in den Bestand genommen werden müssen, verlieren an Wert. Für einen derartigen Wertverlust können dabei

   – sowohl Änderungen entsprechender Marktpreise (Fall 1a) als auch
   – Beeinträchtigungen der Zahlungs- oder sonstigen Leistungsfähigkeit eine Vertragspartners (Fall 1b) oder
   – sonstige „Beschädigungen" im weitesten Sinne (Fall 1c)

   maßgeblich sein.

   Beispiele:
   Der Wert vorhandener oder aus einem Exportgeschäft erwarteter $-Guthaben sinkt. Forderungen aus Lieferungen und Leistungen werden wegen Insolvenz des Abnehmers uneinbringbar. Eine Maschine wird beschädigt.

2. Als nicht beabsichtigte Konsequenz der Primäraktivitäten erwachsen dem Unternehmen zusätzliche Zahlungs- oder Leistungsverpflichtungen, denen kein oder allenfalls ein geringerer Gegenwert gegenübersteht.

   Beispiel:
   Wegen fehlerhafter Lieferungen muß ein Unternehmen Schadensersatzzahlungen leisten.

3. Der zur Erfüllung eines gegebenen Zahlungs- oder Leistungsversprechens zukünftig noch entstehende Aufwand fällt höher aus als zunächst geplant.

   Beispiel:
   Aus einem Importgeschäft ist ein Unternehmen verpflichtet, in drei Monaten 1 Mio. $ zu zahlen. Bei steigendem $-Kurs kann die Beschaffung der Valuta eventuell deutlich teurer ausfallen als zunächst geplant.

Ziel risikopolitisch motivierter Sekundäraktivitäten kann es ganz allgemein sein, die mit den Primäraktivitäten verbundenen Risiken zu verändern, eventuell also auch zu erhöhen. Wir wollen hier jedoch nur noch solche risikopolitischen Maßnahmen betrachten, die die zunächst bestehenden Risiken reduzieren oder im Extremfall sogar ganz aufheben sollen. Zudem sollen hier nur solche Sekundäraktivitäten behandelt werden, die sich im Abschluß von Finanzkontrakten niederschlagen. Die in anderen Unternehmensbereichen ebenfalls bestehenden zahlreichen Möglichkeiten für risikopolitische Sekundäraktivitäten (wie z.B. Lagerung von Ersatzteilen, die Unterhaltung von Sicherheitsbeständen, Bereitstellung von personellen oder maschinellen Reservekapazitäten) werden hingegen nicht weiter betrachtet.

Die Reduktion von Risiken der unter 1. bis 3. genannten Art durch ergänzende Finanzkontrakte läuft im Prinzip stets darauf hinaus, solche Verträge abzuschließen, aus denen – ebenfalls in gewissem Umfang zufallsabhängige – Zahlungs- oder Leistungsansprüche (-verpflichtungen) resultieren, die sich in Abhängigkeit von dem Eintritt der maßgeblichen Zufallsereignisse gerade in entgegengesetzter Weise auf die ausschlaggebenden Zielgrößen auswirken wie die betrachteten Primäraktivitäten. Es handelt sich dabei also stets um **Hedging-Aktivitäten** im weitesten Sinne. Dabei stellt das absolute Hedging, bei dem einer aus den Primäraktivitäten resultierenden Risikoposition eine im Hinblick auf die Zufallsereignisse exakt gegenläufige sekundäre Risikoposition gegenübergestellt wird, einen wichtigen, aber keineswegs den einzig möglichen Spezialfall dar. Eine gewisse, wenn auch nicht vollständige, Risikoreduktion kann nämlich auch schon erreicht werden, wenn nicht absolut, aber doch tendenziell gegenläufige Risikopositionen gegenübergestellt werden.

Die wichtigsten Instrumente, um derartige Hedging-Effekte zu erreichen, bestehen

– im Erwerb bedingter Leistungs- oder Zahlungsansprüche vom Versicherungs- oder Optionstyp (vgl. Abschnitt 1.2),

– im Abschluß unbedingter Termingeschäfte sowie

– im Aufbau bestimmter finanzieller Vermögensbestände.

Wir werden darauf in den Abschnitten 3.3.2 bis 3.3.4 näher eingehen.

3.3.2 Risikoreduktion durch bedingte Zahlungsansprüche vom Versicherungstyp

3.3.2.1 Versicherungsverträge

Bedingte **Finanzkontrakte vom Versicherungstyp** treten in erster Linie in Form von Versicherungsverträgen auf. Ein Versicherungsvertrag ist im allgemeinen dadurch gekennzeichnet, daß der Anspruchsberechtigte gegen Zahlung der vereinbarten Prämien durch den Zahlungsverpflichteten das Recht erwirbt, von dem Versicherungsunternehmen die Zahlung eines bestimmten Betrages zu verlangen, sofern der „Versicherungsfall" eintritt, d. h. ein zuvor hinlänglich genau definiertes Ereignis, das sich in der Regel isoliert betrachtet negativ auf die Vermögens- oder Einkommenssituation des Anspruchsberechtigten auswirkt. Dabei kann der Zahlungsverpflichtete zugleich auch der Anspruchsberechtigte sein; eine solche Übereinstimmung ist jedoch keineswegs zwingend. Im einzelnen können Versicherungsverträge

– zum einen nach der Art des Ereignisses, das den Eintritt des Versicherungsfalls bestimmt, klassifiziert werden und
– zum anderen danach, nach welchen Berechnungsmethoden sich die im Versicherungsfall fällige Summe bestimmt.

Das erstgenannte Kriterium führt zunächst zu der Unterscheidung zwischen **Personenversicherungen**, die im Unternehmensbereich insbesondere im Zusammenhang mit betrieblichen Pensionszusagen von Bedeutung sind, und **Güterversicherungen**. Die Güterversicherung kann dabei weiter unterteilt werden in

– die **Aktivenversicherung**, bei der Sachgüter, wie z. B. Maschinen, oder finanzielle Güter, wie z. B. Forderungen, gegen Beschädigungen bzw. Ausfälle versichert werden,

– die **Aufwandsversicherung**, bei der sich der Versicherte gegen bestimmte auf ihn zukommende Belastungen, z. B. aus Haftpflichtansprüchen oder ähnlichen Verpflichtungen, absichert, sowie

– die **Ertragsversicherung**, bei der die Versicherungsleistung dazu dienen soll, als Folge eines Schadensereignisses entgehende Erträge zu ersetzen, wie das etwa auf die Betriebsunterbrechungsversicherung zutrifft.

Während Options- und Termingeschäfte der im Abschnitt 3.3.3 zu behandelnden Art vorwiegend der Absicherung gegen Kursrisiken aus Finanzkontrakten oder Außenhandelsgeschäften dienen (Fälle 1a und 3 der Klassifikation aus Abschnitt 3.3.1), sind Versicherungsverträge sehr viel breitflächiger einsetzbar. Dabei liegt der Schwerpunkt der im gewerblichen Bereich de facto anzutreffenden Versicherungskontrakte in erster Linie in der Absicherung gegen Risiken aus dem leistungswirtschaftlichen Bereich und der daraus resultierenden finanziellen Konsequenzen (Fälle 1b, 1c und 2 der genannten Klassifikation).

Nach dem zweiten Unterscheidungsmerkmal, der Sicherungswirkung von Versicherungsverträgen, d. h. der Verknüpfung zwischen der Höhe des aufgetretenen Schadens und der zu erbringenden Versicherungsleistung, können die folgenden Grundformen unterschieden werden, die de facto in vielfältigen Varianten und Kombinationen auftreten:

• Bei der **unbegrenzten Interessenversicherung** wird der entstandene Schaden ohne Begrenzung in voller Höhe abgedeckt.

- Die **Erstrisikoversicherung** demgegenüber ist dadurch gekennzeichnet, daß der entstandene Schaden voll, maximal jedoch in Höhe der sog. Deckungssumme ausgeglichen wird. Das Risiko besonders hoher Schäden verbleibt also bei dem Versicherten.

- Bei der **Franchise-Versicherung** schließlich trägt der Versicherungsnehmer einen Teil des aufgetretenen Schadens in Form einer prozentualen oder absoluten Selbstbeteiligung selbst.

3.3.2.2 Bürgschaften und Garantien

Neben den Versicherungsverträgen selbst können in einem funktionsanalytischen Sinn auch Bürgschafts- und Garantievereinbarungen aus der Sicht des begünstigten Unternehmens als bedingte Finanzkontrakte vom Versicherungstyp angesehen werden: Wird die versprochene Zahlung oder Leistung, auf die sich die Bürgschafts- oder Garantiezusage bezieht, nicht erbracht – tritt also der „Schadensfall" ein –, so wird der Begünstigte durch die dann erfolgende Zahlung des Bürgen bzw. Garanten von den aus der Leistungsstörung ansonsten resultierenden negativen finanziellen Konsequenzen in mehr oder weniger großem Umfang freigestellt.

Ein Versicherungsvertrag im engeren Sinne wird allerdings zumeist von dem auf Risikoreduktion bedachten Unternehmen zu seinen eigenen Gunsten und zugleich auf seine eigenen Kosten abgeschlossen. Der Abschluß eines Bürgschafts- oder Garantievertrages hingegen basiert üblicherweise auf einem Primärvertrag, durch den sich ein Geschäftspartner des betrachteten Unternehmens zu einer bestimmten Leistung, z. B. der Rückzahlung einer Darlehensschuld, verpflichtet hat. Dementsprechend geht die unmittelbare Initiative zum Abschluß eines ergänzenden Bürgschaftsvertrages nicht selten von dem primär Leistungsverpflichteten aus, der dann auch üblicherweise die entsprechende Avalprovision trägt. Der Einsatz von Bürgschafts- oder Garantiezusagen als Instrument der Risikopolitik bedingt somit, daß das betrachtete Unternehmen auf den leistungsverpflichteten Vertragspartner mit dem Ziel einwirkt, einen Dritten zu finden, der sich bereit erklärt, das gegebene Leistungsversprechen durch eine zusätzliche Bürgschafts- oder Garantiezusage zu erhärten.

3.3.3 Risikoreduktion durch Termingeschäfte und Bestandshaltung

3.3.3.1 Grundbegriffe

Termingeschäfte treten in zwei elementaren Erscheinungsformen auf und zwar

- als **unbedingtes Termingeschäft**, bei dem die Vertragspartner für einen zukünftigen Zeitpunkt definitiv die Lieferung bestimmter Vermögensgegenstände zu einem festen Preis vereinbaren, und

3. Instrumente der Risikopolitik

- als **Optionsgeschäft** (bedingtes Termingeschäft), bei dem der Optionskäufer das Recht erwirbt, innerhalb oder zum Ende eines bestimmten Zeitraums von seinem Vertragspartner, dem sog. Stillhalter, die Lieferung oder Abnahme bestimmter Vermögensgegenstände zu einem festen Preis (dem sog. Basispreis) zu verlangen oder darauf zu verzichten (Kauf- bzw. Verkaufsoption).

Unbedingte Termingeschäfte lassen sich weiter danach unterteilen, ob der entsprechende Vertrag

- zu weitgehend vorgegebenen standardisierten Konditionen im Rahmen eines börsenmäßigen Handels zustande kommt (sog. **Futures**) oder
- außerhalb einer Börse in großen Teilen individuell zwischen den Geschäftspartnern vereinbart wird (traditionelle **Fixgeschäfte; Forwards**).

Bezüglich der Gegenstände, auf deren – effektive oder ggf. auch nur rein rechnerische – Lieferung sich Termingeschäfte beziehen können, interessieren in dem hier untersuchten Zusammenhang insbesondere

- Aktien oder Aktienindizes,
- festverzinsliche Wertpapiere und
- Fremdwährungen.

Dabei ist im Detail noch einmal zu unterscheiden zwischen

- Verträgen, die definitiv die Lieferung des vereinbarten Geschäftsgegenstandes vorsehen, und
- Verträgen, bei denen im Erfüllungszeitpunkt nur ein zahlungsmäßiger Ausgleich in Höhe der Differenz zwischen dem vereinbarten Preis und dem dann herrschenden Börsenwert des Geschäftsgegenstandes erfolgt.

Aus naheliegenden Gründen ist die zuletzt genannte Variante insbesondere bei Termingeschäften auf Aktienindices anzutreffen.

Im einzelnen sind **Terminverkäufe** in erster Linie geeignet, Risiken fallender Kurse zu begrenzen (Fall 1a der Klassifikation im Abschnitt 3.1.): Unterhält ein Unternehmen Bestände an Wertpapieren oder Währungen oder hat es aus anderen Geschäften in nächster Zeit mit entsprechenden Zugängen zu rechnen, so kann es sich durch einen Verkauf per Termin bereits im Planungszeitpunkt einen festen Zahlungsanspruch sichern. Ein ähnlicher Sicherungseffekt kann auch durch den Erwerb einer entsprechenden **Verkaufsoption** erreicht werden: Sinkt der Marktwert des Kontraktgegenstandes unter den vereinbarten Basispreis des Optionsgeschäftes, so trifft das den Optionsinhaber nicht weiter. Er kann dann von seinem Optionsrecht Gebrauch machen und dem Stillhalter die entsprechenden Wertpapiere oder Währungsbeträge zu dem zuvor vereinbarten Basispreis verkaufen.

Käufe per Termin und **Kaufoptionen** auf der anderen Seite sind in erster Linie geeignet, Risiken aus bestimmten Zahlungs- oder Leistungsverpflichtungen abzudecken, die das Unternehmen, aus welchen geschäftspolitischen Gründen auch immer, zuvor eingegangen ist (Fall 3 der Klassifikation im Abschnitt 3.1.): So kann etwa durch den bedingten oder unbedingten Kauf festverzinslicher Wertpapiere in Form sog. Zinsfutures oder Zinsoptionen das Risiko reduziert werden, das aus einem zuvor erfolgten Verkauf von Zinsfutures oder der Stillhalterposition in einer auf festverzinliche Wertpapiere bezogenen Verkaufsoption resultiert. Ohne entsprechende Sicherungsinstrumente wäre das betrachtete Unternehmen dem Risiko sinkender Kurse als Folge steigender Zinsen voll ausgesetzt. Wird die in dieser Weise risikobehaftete Primärposition jedoch durch Sicherungsinstrumente der genannten Art ergänzt, so kommt es zu mehr oder weniger stark ausgeprägten Hedging-Effekten. In ganz analoger Weise können auch Risiken aus dem Verkauf von Aktienfutures oder Verkaufsoptionen in Aktien sowie aus Währungsverpflichtungen – sei es aus Importgeschäften, sei es aus zuvor eigenständig abgeschlossenen Terminverkäufen – durch entsprechende Gegengeschäfte begrenzt werden.

Dem Risiko, sich zur Erfüllung einer bestehenden Leistungsverpflichtung eventuell zu gestiegenen Preisen eindecken zu müssen, kann schließlich außer durch Terminkäufe oder Kaufoptionen unter bestimmten Umständen durch den unmittelbaren Aufbau entsprechender Bestände entgegengewirkt werden.

Beispiel:
Hat ein Unternehmen etwa in drei Monaten einen Rechnungsbetrag von 100 000 $ zu zahlen und beläuft sich der Quartalszins des $ auf $2^{1/4}\%$, so könnte das bestehende Währungsrisiko dadurch ausgeschaltet werden, daß umgehend 97 800 $ angeschafft und für ein Vierteljahr verzinslich angelegt werden. Unabhängig von der Kursentwicklung des $ kann dann aus dem um den Zinsbetrag erhöhten $-Guthaben der fällige Rechnungsbetrag beglichen werden. Es wird also annähernd der gleiche risikopolitische Effekt erreicht wie durch einen Terminkauf.

3.3.3.2 Determinanten der Sicherungswirkung von Termingeschäften und Bestandshaltung

Die Risikoreduktion, die durch Termingeschäfte oder direkte Bestandshaltung erreicht werden kann, hängt zum einen davon ab, wie sicher damit zu rechnen ist, daß der aufgebaute Bestand erhalten bleibt oder der Vertragspartner die gegebene Liefer- bzw. Rückzahlungszusage auch einhält. Für die Beurteilung dieses Aspektes kann es – neben der Bonität des Vertragspartners selbst – insbesondere von Bedeutung sein, ob die Erfüllung des Termingeschäfts von einer entsprechenden Einrichtung einer Terminbörse garantiert wird, die ihrerseits das Ansehen hoher Bonität genießt und zudem über effektive Instrumente zur Begrenzung entsprechender Erfüllungsrisiken verfügt.

Zum anderen hängt die Sicherungswirkung natürlich davon ab, wie eng der Zusammenhang zwischen der Wertentwicklung der abzusichernden

3. Instrumente der Risikopolitik 659

Position einerseits und der als Sicherungsinstrument aufgebauten Gegenposition andererseits ist. Im Idealfall des absoluten Hedging beziehen sich beide Geschäfte auf denselben Termin und sind zu 100% negativ korreliert. Wie im Abschnitt 2.2 bereits dargelegt wurde, läßt sich dann bei geeigneter Dimensionierung der beiden isoliert betrachtet durchaus risikobehafteten Geschäfte per Saldo stets eine absolut risikofreie Position erreichen. Klassisches Beipiel für einen solchen Fall der völligen Risikobeseitigung stellen Termingeschäfte zu Absicherung von Währungsrisiken aus eigenen Import- oder Exportgeschäften dar, bei denen die zukünftig benötigte bzw. erwartete Summe an fremden Zahlungsmitteln exakt zum vorgesehenen Fälligkeitstermin beschafft bzw. verkauft wird. Hedging-Effekte können jedoch auch dann erreicht werden, wenn zwei Positionen zusammengefügt werden, die sich in ihrer jeweiligen Kursentwicklung nicht 100%ig ausgleichen. Als Beispiele dafür können etwa genannt werden:

- die Absicherung einer auf kanadische $ lautenden Zahlungsverpflichtung durch den Erwerb einer auf US-$ lautenden Kaufoption,

- die Absicherung des Kursrisikos eines festverzinslichen Wertpapiers mit 5-jähriger Restlaufzeit durch den Erwerb einer Verkaufsoption auf eine Anleihe mit 8-jähriger Restlaufzeit,

- die Absicherung des Kursrisikos eines Aktienportefeuilles durch den Verkauf eines Indexfutures.

Der Zusammenhang zwischen der Entwicklung bestimmter Aktienindizes und derjenigen einzelner Aktienkurse hat – von einschlägigen modelltheoretischen Entwicklungen ausgehend – in jüngster Zeit auch in der Praxis der Wertpapieranlage in Form sog. ß-Faktoren große Aufmerksamkeit gefunden. Diese Faktoren werden mit Hilfe regressionstheoretischer Methoden aus der Beobachtung vergangener Kurs- und Indexentwicklungen gewonnen und sollen darüber Auskunft geben, wie stark der Kurs einer einzelnen Aktie oder ein daraus abgeleiteter Renditewert während des Beobachtungszeitraums im Durchschnitt auf analoge Veränderungen eines Aktienindex reagiert hat. Bei der zum Teil recht unreflektiert propagierten und auch praktizierten Verwendung derartiger ß-Faktoren zur vermeintlichen Kursimmunisierung von Aktienportefeuilles durch gegenläufige Indexkontrakte wird allerdings häufig zweierlei übersehen:

- Zum einen sagen die ß-Faktoren als Durchschnittswerte nichts darüber aus, wie eng der in der Vergangenheit beobachtete Zusammenhang war, d. h. wie stark die in die Berechnung einfließenden Einzelbeobachtungen jeweils von dem ermittelten Durchschnittswert abgewichen sind. Hierzu bedürfte es der Angabe weiterer statistischer Kennzahlen – etwa des Korrelationskoeffizienten –, worauf in der praktischen Anwendung allerdings häufig verzichtet wird.

- Und selbst wenn sich innerhalb des Beobachtungszeitraums ein sehr enger Zusammenhang zwischen Aktienkurs und Index gezeigt haben sollte, folgt daraus noch keineswegs, daß dieser auch in der Zukunft quasi naturgesetzlich fortbestehen wird.

Diese Einwände ändern natürlich nichts daran, daß Indexkontrakte durchaus geeignet sind, bestimmte Kursänderungsrisiken zu reduzieren; nur ist die durch einschlägige Darstellungen suggerierte Vorstellung, über den Rückgriff auf die ß-Faktoren ließen sich die entsprechenden Risiken völlig eliminieren, irrig.

3.3.3.3 Kosten der Risikoreduktion durch Termingeschäfte und Bestandshaltung

Wie wir gesehen haben, sind Optionen, unbedingte Termingeschäfte und zum Teil auch bestimmte Arten der Bestandshaltung in durchaus ähnlicher Weise geeignet, verschiedene Kategorien von Kursrisiken zu reduzieren. Um im konkreten Anwendungsfall über den Einsatz des einen oder des anderen Instruments entscheiden zu können, sind natürlich auch die mit der Kurssicherung verbundenen Kosten oder sonstigen Nachteile zu berücksichtigen.

Dabei ist zunächst ein fundamentaler Unterschied zwischen Optionen auf der einen Seite und Fixgeschäften sowie Bestandshaltung auf der anderen Seite zu konstatieren. Bei der Absicherung gegen das Risiko steigender Kurse etwa hat der Inhaber einer Verkaufsoption das Recht, dem Stillhalter den Kontraktgegenstand anzudienen, er muß dies jedoch nicht. Hat er also etwa einen vorhandenen Bestand durch den Erwerb einer Verkaufsoption gegen Kurssenkungen abgesichert und steigt der Kurs, so steht ihm die Möglichkeit offen, auf die Ausübung der Option zu verzichten und den Bestand zu dem höheren Marktkurs zu verkaufen, um so in vollem Umfang an der eingetretenen Kurssteigerung zu partizipieren. Bei einem unbedingten Terminverkauf hingegen hätte er den Kontraktgegenstand auf jeden Fall zu dem vereinbarten Preis liefern müssen.

Der für die Risikoreduktion im Wege eines Fixgeschäftes zu zahlende „Preis" besteht insoweit also in dem Verzicht auf die Chance, von steigenden Kursen zu profitieren. Dieser Vorteil verbleibt ihm demgegenüber beim Erwerb einer Verkaufsoption. Dem steht als Negativkomponente auf der anderen Seite allerdings der Optionspreis gegenüber, der ja unabhängig davon, ob die Verkaufsoption ausgeübt wird oder nicht, auf jeden Fall – quasi wie eine Versicherungsprämie – an den Stillhalter zu zahlen ist.

Ähnliches gilt auch im Vergleich zwischen Kaufoptionen einerseits sowie unbedingten Terminkäufen oder Bestandshaltung andererseits. Hat etwa ein Unternehmen zur Absicherung gegen die Kursrisiken einer zukünftigen Zahlungsverpflichtung in fremder Währung die entsprechende Valuta sofort erworben und verzinslich angelegt oder per Termin gekauft, so schaltet es damit zwar die Risiken steigender Kurse aus, nimmt sich zugleich jedoch auch die Chance, im Falle sinkender Kurse der eigenen Zahlungsverpflichtung mit deutlich geringerem Einsatz an heimischer Währung nachzukommen. Eine entsprechende Währungsoption hingegen würde bei fallenden Kursen einfach nicht ausgeübt, so daß die Möglichkeit erhalten bliebe, sich zur Erfüllung der Zahlungsverpflichtung in einem Kassageschäft günstig einzudecken.

Wiederum kann der Preis für die Risikoreduktion durch ein Fixgeschäft oder durch Bestandshaltung darin gesehen werden, daß damit zugleich die Chance verlorengeht, an Kurssenkungen zu profitieren. Bei dem Erwerb einer Kaufoption hingegen bleibt diese Chance erhalten, allerdings um den Preis der auf jeden Fall an den Stillhalter zu leistenden Zahlung.

Für den Vergleich zwischen sofortiger Eindeckung und unbedingtem Terminkauf schließlich sind im einzelnen

– der bei einem Kauf per Termin vorgesehene Terminkurs einerseits sowie

– der bei einem sofortigen Kauf fällig werdende Kassakurs, erhöht um die aus der früheren Zahlung resultierenden Zinskosten (entgehende Anlagezinsen oder zusätzlich entstehende Schuldzinsen), vermindert um die aus der Bestandshaltung resultierenden Erträge, wie z. B. Anlagezinsen aus Währungsguthaben, zwischenzeitlichen Couponzahlungen bei festverzinslichen Wertpapieren oder Dividenden bei Aktien andererseits zu vergleichen.

Beispiel:
In dem am Ende von Abschnitt 3.3.3.1 angeführten Beispiel sei weiter angenommen, der aktuelle $-Kurs betrage 2,– DM/$ und die Finanzierungskosten des betrachteten Unternehmens betrügen 10% p. a., also 2,5% pro Quartal. Um die am Quartalsende bestehende Zahlungsverpflichtung von 100 000 $ durch ein Kassageschäft und anschließende Bestandshaltung abzusichern, würde folgende auf das Quartalsende bezogene Belastung entstehen:

Kauf von 97 800 $ à 2 DM/$	195 600 DM
+ 2,5% Zinsen auf den Kaufpreis	4 890 DM
	200 490 DM

Solange also die 100 000 $ per Termin zu einem Preis von weniger als 2,0049 DM/$ gekauft werden könnten, wäre es günstiger, das Kursrisiko im Wege eines Terminkaufs abzudecken. Bei einem Terminkurs von mehr als 2,0049 DM/$ hingegen stellte die Bestandshaltung das günstigere Sicherungsinstrument dar.

3.4. Risikoreduktion durch Modifikation von Primäraktivitäten

3.4.1 Klassifikationsmerkmale

Als weitere Variante, die aus den zunächst geplanten Primäraktivitäten resultierenden Risiken zu reduzieren, ist die Möglichkeit in Betracht zu ziehen, die Primäraktivitäten in mehr oder weniger starkem Umfang zu modifizieren. Bezüglich der primären Ausrichtung entsprechender Modifikationen lassen sich dabei die folgenden beiden prägnanten Fälle unterscheiden, die sich in der konkreten Ausprägung allerdings auch noch überlagern können:

– Zum einen kann angestrebt werden, die mit bestimmten Aktivitäten verbundenen **Einzelrisiken** mit dem Ziel zu vermindern, damit zugleich auch das aus dem Zusammenspiel aller Einzelrisiken resultierende Gesamtrisiko zu reduzieren.

– Zum anderen ist es aber auch möglich, das mit einer aus mehreren Einzelpositionen aggregierten Gesamtposition verbundene **Aggregatsri-**

siko durch die Ausnutzung von Effekten der im Abschnitt 2. verdeutlichten Risikomechanik – im Extremfall bei unveränderten Einzelrisiken – zu verringern.

Die folgenden Ausführungen werden dieser Einteilung folgen. Dabei beschränken wir uns – der hier zu behandelnden spezifischen Themenstellung folgend – auf die Modifikation von Finanztransaktionen.

3.4.2 Begrenzung von Einzelrisiken

Bei der Begrenzung von Einzelrisiken durch Modifikation von Primäraktivitäten besteht das Extrem darin, auf bestimmte, zunächst geplante Aktivitäten ersatzlos zu verzichten, weil

- die damit verbundenen Risiken in ihrer Auswirkung auf das Gesamtrisiko gegenüber den korrespondierenden Chancen als zu hoch eingeschätzt werden und

- Maßnahmen zur Reduktion dieser Risiken entweder überhaupt nicht existieren oder mit prohibitiv hohen Kosten verbunden sind.

Als weniger extreme Ansätze zur Begrenzung der Einzelrisiken finanzwirtschaftlicher Transaktionen können etwa folgende Maßnahmen in Betracht gezogen werden:

• Die Vergabe von Krediten wird durch die Ergänzung verschiedenartiger Sicherungsregeln, wie z. B. die Bestellung von Pfandrechten, in ihrem Risiko reduziert.

• Die zunächst vorgesehene Anlage in Wertpapieren mit besonders hohen Kursrisiken wird durch Wertpapiere mit geringerem Kursrisiko ersetzt; es werden also etwa statt Optionsscheinen die entsprechenden Aktien oder statt länger laufender Rentenwerte Anleihen mit kürzerer Restlaufzeit erworben.

• Aus Exportgeschäften (Importgeschäften) resultierende Ansprüche (Verpflichtungen) werden dadurch gegen etwaige Wechselkursrisiken abgesichert, daß versucht wird, die entsprechenden Rechnungen in heimischer Währung oder zumindest in einer gegenüber der eigenen Währung mit geringeren Kursrisiken verbundenen Währung zu valutieren.

• Zunächst vorgesehene Fixgeschäfte, bei denen in isolierter Betrachtung der Chance einer positiven Kursentwicklung des Kontraktgegenstandes ja stets das Risiko einer negativen Kursentwicklung gegenübersteht, werden durch den Erwerb von Kauf- oder Verkaufsoptionen ersetzt.

• Im Bereich der Geldaufnahme schließlich könnte versucht werden, sich den Risiken erfolgsunabhängiger fester Zinsbelastungen durch die Ausgabe von Finanztiteln mit gewinnabhängigen Zinsbestandteilen, wie z. B. bei Genußscheinen üblich, zu entziehen.

3.4.3 Begrenzung von Aggregatsrisiken

Die zweite, hier interessierende Möglichkeit zur Modifikation von Primäraktivitäten besteht in dem Versuch, aus einer Vielzahl einzelner finanzieller Ansprüche oder auch finanzieller Verpflichtungen zusammengesetzte Gesamtpositionen so umzustrukturieren, daß die mit dieser Position verbundenen Risiken verringert werden. Dieser Ansatz sei an drei Beispielen verdeutlicht.

1. Bei der Anlage eines fest vorgegebenen Geldbetrages in Aktien und anderen Wertpapieren ist bekanntlich das für das Gesamtportefeuille bestehende Rendite- oder Kursrisiko keineswegs gleich der Summe der mit den einzelnen Papieren verbundenen Einzelrisiken. Wie wir im Abschnitt 2 gesehen haben, kann das Gesamtrisiko vielmehr je nach der Zahl der überhaupt in das Portefeuille einbezogenen Einzelwerte sowie den zwischen diesen bestehenden Korrelationsbeziehungen deutlich geringer sein. Um ein als zu hoch empfundenes Portefeuillerisiko weiter zu vermindern, kann dementsprechend alternativ oder kumulativ versucht werden,

- die Zahl der in das Portefeuille einzubeziehenden Einzelwerte zu vergrößern (**Risikozerfällung**) und/oder
- Gruppen relativ eng korrelierter Wertpapiere durch Werte zu ersetzen, die in ihrer Rendite- oder Kursentwicklung weitgehend unabhängig voneinander sind (**Risikostreuung**).

Dabei kann auf diesem Wege eine Verminderung des Gesamtrisikos unter Umständen sogar dadurch erreicht werden, daß ein bestimmtes Wertpapier durch ein anderes, das isoliert betrachtet ein höheres Risiko aufweist, ersetzt wird, sofern dieses nur günstigere Korrelationsbeziehungen zu dem übrigen Portefeuille aufweist. Im übrigen sind die angesprochenen Grundprinzipien der Risikozerfällung und der Risikostreuung keineswegs nur auf den Bereich der Wertpapieranlage beschränkt, sondern können im Grundsatz auf die Zusammenstellung von risikobehafteten Positionen jedweder Art übertragen werden, also etwa auf die Gestaltung des gesamten Kreditgeschäftes einer Bank.

2. Speziell im Bereich der Anlage in festverzinslichen Wertpapieren mit unterschiedlichen Restlaufzeiten hat in den letzten Jahren das sog. **Duration**-Konzept besondere Beachtung gefunden. Zur grundsätzlichen Verdeutlichung sei folgendes unterstellt:

- Ein Anleger will eine vorgegebene Geldsumme in festverzinslichen Wertpapieren anlegen und strebt dabei ein möglichst hohes Endvermögen in einem ebenfalls fest vorgegebenen Zeitpunkt T an.
- Durch vorzeitige Zins- und Tilgungszahlungen frei werdende Beträge legt er dabei jeweils verzinslich bis zum Zeitpunkt T an.

- Für alle Laufzeiten ist zunächst ein einheitlicher Wertpapier- und Anlagezins gegeben.

Erhöht sich nun der unterstellte Einheitszins, so gehen zwei entgegengesetzte Wirkungen auf das Endvermögen davon aus:

- Der Kurs der im Zeitpunkt T noch im Bestand befindlichen Wertpapiere wird geringer sein als bei dem niedrigeren Ausgangszins, und zwar tendenziell in um so stärkerem Ausmaß, je länger die Restlaufzeit der jeweiligen Titel ist (**Kurseffekt**).

- Der aus der Zwischenanlage der vorzeitig frei gewordenen Beträge erzielbare Endvermögensbeitrag hingegen wird höher ausfallen als bei dem niedrigeren Ausgangszins, und zwar um so stärker, je früher die Mittel frei geworden sind (**Wiederanlageeffekt**).

Das Endvermögen ist also einem Zinsänderungsrisiko ausgesetzt. Wie sich dabei die einander entgegengesetzten Effekte insgesamt auswirken, hängt in erster Linie von der Fristenstruktur und außerdem von der Nominalverzinsung der im Ausgangszeitpunkt im Bestand befindlichen Wertpapiere ab:

- Liegt der zeitliche Schwerpunkt der Zins- und Tilgungszahlungen, eben die **Duration**, vor T, so dominiert der Wiederanlageeffekt, eine Zinssteigerung wirkt sich also positiv aus. Dies wäre insbesondere der Fall, wenn alle Papiere eine kürzere Restlaufzeit als T haben.

- Haben die Papiere hingegen überwiegend deutlich über T hinausgehende Restlaufzeiten und niedrige Nominalzinsen, liegt also die Duration zeitlich hinter T, so dominiert der Kurseffekt und eine Zinssteigerung wirkt sich negativ auf das Endvermögen aus.

Im Fall einer Zinssenkung wirken Kurs- und Wiederanlageeffekt natürlich jeweils in entgegengesetzter Richtung.

Das Duration-Konzept zielt nun darauf ab, die Fristen- und Zinsstruktur des gesamten Wertpapierbestandes so abzustimmen, daß die Duration genau auf den Zeitpunkt T fällt, so daß sich Kurs- und Wiederanlageeffekt gerade ausgleichen und das Endvermögen im Idealfall vollständig gegen Zinsänderungsrisiken immunisiert ist.

Auf eine nähere Analyse dieses Konzepts muß hier verzichtet werden. Bei der Beobachtung seiner praktischen Handhabung entsteht allerdings gelegentlich der Eindruck, daß die Divergenz zwischen den engen Prämissen des theoretischen Grundmodells und den realen Gegebenheiten (wie z. B. von der Laufzeit abhängige unterschiedlich hohe Zinssätze, die Möglichkeit sich im Zeitablauf ständig ändernder Zinsen etc.) nicht hinlänglich beachtet wird.

3. Ein drittes Beispiel für die Möglichkeit, Aggregatsrisiken durch Modifikationen von Primäraktivitäten zu reduzieren, läßt sich an Hand des

3. Instrumente der Risikopolitik

sog. **Leverage-Effektes** aufzeigen. Zur exemplarischen Verdeutlichung sei ein Unternehmen betrachtet, dessen Zielsetzung darin bestehe, eine möglichst hohe Rendite auf das eingesetzte Eigenkapital zu erzielen. Dabei hängt die Eigenkapitalrendite (r_E) von der auf das eingesetzte Vermögen insgesamt, d. h. vor Zahlung der Fremdkapitalzinsen, erzielbaren Gesamtrendite r ab, die ihrerseits eine unsichere Größe darstellt, die in der tatsächlichen Realisierung in mehr oder weniger großem Umfang negativ oder positiv von dem Erwartungswert μ abweichen kann. Als Indikator für das darin zum Ausdruck kommende **allgemeine Geschäftsrisiko** kann die geschätzte Standardabweichung σ herangezogen werden (vgl. Abschnitt 2).

Bezeichnet man nun die Durchschnittsverzinsung des aufgenommenen Fremdkapitals mit r_F und den Verschuldungsgrad, d. h. das Verhältnis zwischen Fremd- und Eigenkapital, mit v, so kann die zwischen r und r_E bestehende Beziehung durch die bekannte Relation

(5) $r_E = r + (r-r_F) v$

zum Ausdruck gebracht werden. Der Höhe des Verschuldungsgrades v kommt dabei folgende Hebelwirkung zu:

- Wird auf das insgesamt investierte Vermögen eine über dem Fremdkapitalzins liegende Rendite erzielt ($r - r_F$), so nimmt die Zielgröße r_E einen um so größeren Wert an, je höher der Verschuldungsgrad ist.

- Bleibt r hingegen hinter r_F zurück, so tritt gerade der entgegengesetzte Effekt ein: r_E wird um so kleiner und unter Umständen auch deutlich negativ, je größer v ist.

Aus diesen elementaren Zusammenhängen folgt weiter, daß unsicherheitsbedingte Schwankungen der Gesamtrendite r in um so größerem Umfang in stärkere Schwankungen der Eigenkapitalrendite r_E transformiert werden, je höher der Verschuldungsgrad ist. Mithin gilt auch für die Risikoindikatoren die Relation

(6) $\sigma_E = \sigma (1+v)$.

D. h. ein gegebenes allgemeines Geschäftsrisiko führt zu einem um so höheren Risiko der Eigenkapitalrendite, je größer der Verschuldungsgrad ist. Dieser, das primäre Geschäftsrisiko multiplikativ verstärkende Effekt, wird häufig auch als **Kapitalstrukturrisiko** bezeichnet.

Ergibt sich nun nach den in der ersten Planungsphase vorgesehenen Leistungs- und Finanzierungstransaktionen aus der Überlagerung von allgemeinem Geschäftsrisiko und Kapitalstrukturrisiko eine als zu riskant angesehene Gesamtposition, so kann zum einen natürlich versucht werden, das allgemeine Geschäftsrisiko durch risikopolitische

Maßnahmen der zuvor behandelten Art zu reduzieren. Zum anderen ist es aber auch möglich, den Verschuldungsgrad gegenüber dem zunächst vorgesehenen Planungsstand zu vermindern. Im einzelnen stehen dazu drei Gruppen von Möglichkeiten offen:

- Bei unveränderten Leistungstransaktionen und damit auch unverändertem allgemeinen Geschäftsrisiko wird ein niedrigerer Verschuldungsgrad dadurch erreicht, daß zunächst vorgesehene Fremdfinanzierungsmaßnahmen durch Eigenfinanzierungsmaßnahmen ersetzt werden.

- Das Finanzierungsvolumen wird durch die Tilgung von Schulden oder den ersatzlosen Verzicht auf bestimmte Fremdfinanzierungsmaßnahmen reduziert.

- Das Finanzierungsvolumen wird durch zusätzliche Eigenfinanzierungsmaßnahmen oder den Verzicht auf Ausschüttungen ausgeweitet.

In den beiden letztgenannten Fällen wird auch das geplante Leistungsvolumen in entsprechender Weise beeinflußt, was unter Umständen auch eine Änderung des allgemeinen Geschäftsrisikos zur Folge haben kann. Für die Beurteilung entsprechender risikopolitischer Maßnahmen ist dann natürlich der aus der Verminderung des Kapitalstrukturrisikos und der induzierten Veränderung des allgemeinen Geschäftsrisikos insgesamt resultierende Effekt bedeutsam.

4. Resümee

Finanzwirtschaftlich orientiertes Risikomanagement umfaßt die Analyse und die Gestaltung solcher Risiken, die aus dem Abschluß von Finanzkontrakten resultieren oder durch den Abschluß oder die Umgestaltung von Finanzkontrakten beeinflußt werden können. Für die konzeptionelle Fundierung und die praktische Ausgestaltung entsprechender risikopolitischer Maßnahmen ist die Erkenntnis von fundamentaler Bedeutung, daß das mit einer aus zahlreichen Einzelpositionen zusammengesetzten Gesamtposition verbundene Risiko keineswegs mit der Summe der Einzelrisiken übereinstimmen muß. Vielmehr kann das Gesamtrisiko je nach den zwischen den Einzelpositionen bestehenden Korrelationsbeziehungen mehr oder weniger deutlich hinter der Summe der Einzelrisiken zurückbleiben. Die praktische Umsetzung dieser Erkenntnis führt zu Hedging- und Diversifikationsstrategien als den beiden zentralen Konzepten risikopolitischer Maßnahmen. **Hedging-Strategien** zielen darauf ab, Einzelpositionen mit deutlich negativer Korrelation zusammenzufügen. Die wichtigsten Instrumente stellen dabei

- der Erwerb bedingter Ansprüche aus Optionsgeschäften, Versicherungsverträgen und Bürgschafts- oder Garantiezusagen,
- der Abschluß unbedingter Termingeschäfte sowie
- der Aufbau bestimmter Bestände

dar. **Diversifikationsstrategien** zielen darauf ab, Gesamtpositionen aus einer Vielzahl stochastisch unabhängiger Einzelpositionen zusammenzusetzen, um so einen gewissen Risikoausgleich im Kollektiv zu erreichen. Klassisches Anwendungsgebiet stellt die Zusammenstellung von Wertpapierportefeuilles dar. Neben Hedging- und Diversifikationsstrategien stehen schließlich noch etliche weitere Maßnahmen zur Verfügung, um entweder über eine Begrenzung von Einzelrisiken oder die Reduzierung bestimmter Hebeleffekte zu einer Verminderung des Gesamtrisikos beizutragen.

Hinsichtlich ihrer Verknüpfung mit den sonstigen (primären) unternehmerischen Aktivitäten lassen sich risikopolitische Maßnahmen schließlich danach klassifizieren, ob sie zu einer Ergänzung oder einer Modifikation der Primäraktivitäten führen. Dabei ist es vom theoretischen Standpunkt aus geboten, risikopolitische Maßnahmen beider Kategorien zentral zu koordinieren, da andernfalls die Gefahr besteht, daß die zwischen verschiedenen Risiken bestehenden Zusammenhänge nicht hinlänglich beachtet werden und unter Umständen bereichsweise identifizierte Einzelrisiken kostspielig bekämpft werden, obwohl sie durch an anderer Stelle bestehende entgegengesetzte Einzelrisiken weitgehend kompensiert werden und de facto nur noch einen minimalen Beitrag zu dem im Endeffekt allein interessierenden Gesamtrisiko leisten.

Literatur

Berger, M. (1990), Hedging. Effiziente Kursabsicherung festverzinslicher Wertpapiere mit Finanzterminkontrakten, Wiesbaden
Bitz, M. (1981), Entscheidungstheorie, München
Braun, H. (1984), Risikomanagement. Eine spezifische Controllingaufgabe, Darmstadt
Brühwiler, B. (1979), Risiko-Management, in: Industrielle Organisation, 48, 7/8, S. 353–357
Ebneter, A. (1987), Strategien mit Aktienoptionen zur Ertragssteigerung und Risikobegrenzung, Frankfurt am Main
Farny, D./Helten, E./Koch, P./Schmidt, R. (Hrsg.) (1988), Handwörterbuch der Versicherung, Karlsruhe
Haller, M. (1978), Risiko-Management – neues Element in der Führung, in: Industrielle Organisation, 47, 11, S. 483–487
Horat, M. B. (1989), Financial Futures und Optionen für Anleger und Berater – Leitfaden für sämtliche internationalen Börsen, Ebmatingen/Zürich
Jacob, H. (1986) (Hrsg.), Risiko-Management, in: Schriften zur Unternehmensführung, Band 33, Wiesbaden

Koch, P. (1985), Versicherungswirtschaft. Ein einführender Überblick, Karlsruhe

Koch, P. (1988), Versicherungsformen, in: *Farny, D. u. a.* (Hrsg.), Handwörterbuch der Versicherung, Karlsruhe, S. 1025–1027

Koch, P. (1988), Versicherungszweige, System und übrige Sparten, in: *Farny, D. u. a.* (Hrsg.), Handwörterbuch der Versicherung, Karlsruhe, S. 1251–1258

Mehr, R. I./Hedges, B. A. (1963), Risk Management in the Business Enterprise, Homewood, Ill.

Moser, R./Topritzhofer, E. (1977), Kurssicherungsgeschäfte, in: WiSt, Heft 10, S. 466–473

Müller, W. (1979), Instrumente des Risk Management – Gestaltungsformen und Konsequenzen, in: *Goetzke, W./Sieben, G.* (Hrsg.), Risk Management – Strategien zur Risikobeherrschung, Bericht von der 5. Kölner BFuP-Tagung am 5. und 6. Oktober 1978 in Leverkusen, Köln, S. 69–81

Müller-Lutz, H.-L. (1988), Allgemeine Versicherungslehre (Teil I), in: *Müller-Lutz, H.-L./Schmidt, R.* (Hrsg.), Versicherungswirtschaftliches Studienwerk, Studienheft 11, 3. überarbeitete Auflage,

Mugler, H. (1978), Risk Management, in: Journal für Betriebswirtschaft, Nr. 1, S. 3–14

Mugler, J. (1979), Risk Management in der Unternehmung, Wien

Seifert, W. G. (1980), Risk Management im Lichte einiger Ansätze der Entscheidungs- und Organisationstheorie, Frankfurt am Main

Schindel, V. (1977), Risikoanalyse: Darstellung und Bewertung von Risikorechnungen am Beispiel von Investitionsentscheidungen, München

Spremann, K. (1991), Kann man mit Terminkontrakten hedgen?, in: ZfbF, 43, 4, S. 295–311

Williams, A. C./Heins, R. M. (1989), Risk Management and Insurance, 6th ed., New York

Kapitel 29
Märkte für Instrumente zur Risikoabsicherung

von *Manfred Steiner* und *Carsten Wittrock*

1. Einleitung 670
2. Risikoabsicherungsinstrumente im Überblick 671
3. Die Terminmärkte und ihre Organisation 671
   3.1 Over-the-Counter-Märkte und Interbankenhandel 676
   3.2 Börsen 678
      3.2.1 Teilsegmente der klassischen Wertpapierbörsen als Terminmärkte in der Bundesrepublik Deutschland 678
      3.2.2 Terminbörsen 681
         3.2.2.1 Die Deutsche Terminbörse (DTB) 681
            3.2.2.1.1 Die Organisation des Handels ... 682
            3.2.2.1.2 Produkte an der DTB 689
            3.2.2.1.3 Bisherige Entwicklung der DTB '.. 697
         3.2.2.2 Internationale Terminbörsen 697
            3.2.2.2.1 Die SOFFEX als Vorbild der DTB . 697
            3.2.2.2.2 Konkurrenzbörsen in Europa 698
            3.2.2.2.3 Außereuropäische Terminbörsen .. 699
         3.2.2.3 Entwicklungen und Kooperationsbestrebungen 699
   3.3 Ökonomische Analyse 703
      3.3.1 Notwendigkeit von Terminmärkten 703
      3.3.2 Vergleichende Analyse der Terminmarktstrukturen .. 704
      3.3.3 Beziehungen zwischen OTC-Märkten und Börsen .. 708
4. Preisbildungsprozesse und Bewertung der Instrumente 708
   4.1 Preisbeziehung zwischen Kassa- und Futuremärkten 708
      4.1.1 Der theoretische Wert des Futures 708
      4.1.2 Arbitrage als Garant für eine faire Preisbildung ... 709
   4.2 Bewertung von Optionen 711
   4.3 Preisbildung von Devisentermingeschäften 714
5. Zusammenfassung 716
Literatur 717

1. Einleitung

Die nationalen und internationalen Finanzmärkte sind seit der letzten Dekade durch die Neuentwicklung einer Vielzahl von Produkt- sowie Technologie- und Prozeßinnovationen gekennzeichnet.

Zu den ersteren zählen insbesondere neuere Finanzinstrumente, die zur Absicherung gegen die in den vergangenen Jahren stark erhöhten Währungs-, Zinsänderungs- und Aktienkursrisiken dienen. Sie tragen zu einer Steigerung der Risikoeffizienz des Kapitalmarktes durch Veräußerbarkeit von Risiken zu Marktpreisen bei.

Technologie- und Prozeßinnovationen beruhen auf dem technologischen Fortschritt in den Bereichen Informationsübermittlung und -verarbeitung und betreffen innovative Entwicklungen der Märkte für Finanzinstrumente im allgemeinen und der Wertpapierbörsen im besonderen. An vorderster Stelle ist hier die Entwicklung von reinen Computerbörsen ohne das traditionelle Börsenparkett zu nennen.

Die hier betrachteten Märkte für Risikoabsicherungsinstrumente sind den Terminmärkten zuzuordnen. Deren Merkmal ist der Abschluß von Termingeschäften, die durch das zeitliche Auseinanderfallen des Vertragsabschlusses und der Vertragserfüllung gekennzeichnet sind, wobei der Preis des Handelsobjektes bereits bei Geschäftsabschluß festgesetzt wird. Im Gegensatz dazu erfolgt die Erfüllung der Börsengeschäfte auf den Kassamärkten kurzfristig zum Kassakurs. Beide – Terminmarkt und Kassamarkt – sind Teile des Wertpapiermarktes. Je nach Laufzeit der Papiere oder Kontrakte ist eine Zuordnung zum Geld- oder Kapitalmarkt vorzunehmen.

Auch auf den Kassamärkten werden Instrumente gehandelt, die zur Absicherung bestimmter Risiken geeignet sind. So können z. B. Floating-Rate-Notes aus Anlegersicht zu einer Verringerung des Marktwertänderungsrisikos (Kursrisikos) eingesetzt werden, was allerdings mit einer Erhöhung des Endwertänderungsrisikos verbunden sein kann. Ein anderes Beispiel sind Indexanleihen, deren Rückzahlungsbeträge an ausgewählte Indexstände gekoppelt sind, so daß bei entsprechendem Einsatz – z. B. Kauf eines „Bear-Bonds" – die Absicherung eines Aktienportefeuilles gegen Kursrückgänge möglich ist; wirtschaftlich gesehen entspricht dies einem Terminhandel auf Aktien. Diese Märkte werden im folgenden nicht weiter betrachtet, da die auf ihnen gehandelten Instrumente nicht primär der Risikoabsicherung dienen, sondern der Fremdkapitalaufnahme.

2. Risikoabsicherungsinstrumente im Überblick

Die Termingeschäfte kann man in fixe und bedingte Geschäfte sowie in Differenzgeschäfte unterscheiden. Im Gegensatz zu fixen Termingeschäften, bei denen die Vertragspartner zu den vereinbarten Konditionen und Zeitpunkten erfüllen müssen, räumen bedingte Termingeschäfte dem Käufer ein Wahlrecht ein und weisen nur dem Verkäufer die Pflicht zu, den vereinbarten Gegenstand zu liefern bzw. abzunehmen. Als Differenzgeschäfte bezeichnet man solche Geschäfte, bei denen lediglich die Zahlung der Differenz zwischen dem heute vereinbarten Terminkurs und dem im Erfüllungszeitpunkt geltenden Kurs erfolgt, d. h. es findet kein Transfer der zugrundeliegenden Wertpapiere statt. Aber auch Instrumente, die grundsätzlich eine Lieferung der Basispapiere vorsehen, werden durch Veräußerung vor Fälligkeit auf Sekundärmärkten für den Verkäufer zu einem Differenzgeschäft („verdecktes Differenzgeschäft").

Außerdem ist eine Differenzierung zwischen einfach derivativen und zweifach derivativen Absicherungsinstrumenten möglich. Derivative Instrumente sind solche, deren Preis vom Wert eines anderen Finanztitels abhängt. Während den einfach derivativen Instrumenten, wie z. B. den Aktienoptionen, Kassainstrumente als Basisobjekte zugrunde liegen, sind die zweifach derivativen Instrumente schon durch zwei Ebenen vom Kassamarkt getrennt, da deren Basisobjekte bereits Derivative darstellen. Beispiele für diese Instrumente sind Optionen auf Futures oder Optionen auf Optionen.

Die Zuordnung der einzelnen Risikoabsicherungsinstrumente sowie ihre derzeit gehandelte Basisobjekte werden aus Abbildung 1 (S. 672) deutlich.

Der Termingeschäftscharakter der Swapgeschäfte ergibt sich daraus, daß zu bestimmten zukünftigen Zeitpunkten der Austausch vorab festgelegter Zahlungsströme vereinbart wird.

Die Spezifikation der verschiedenen Instrumente und ihr Einsatz im Rahmen des Managements von Zinsänderungs-, Kurs- und Währungsrisiken sowie von Gesamtmarktrisiken ist Gegenstand anderer Beiträge in diesem Teil E.

3. Die Terminmärkte und ihre Organisation

Die Finanzterminmärkte sind unterschiedlich entwickelt und institutionalisiert. Insbesondere können die Over-the-Counter-(OTC) Märkte mit dem Interbankenhandel und die Börsen voneinander abgegrenzt werden. Der börsliche Handel vollzieht sich einerseits an speziellen Terminbörsen wie der DTB, kann andererseits aber auch in die Kassabörsen integriert

672 Kapitel 29: Märkte für Instrumente zur Risikoabsicherung

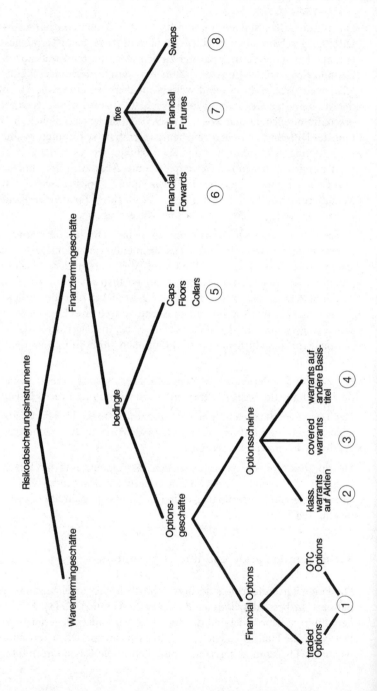

Abb. 1: Überblick über Risikoabsicherungsinstrumente

3. Die Terminmärkte und ihre Organisation

Zur Zeit gehandelte Verträge:

①	②	③	④	⑤	⑥	⑦	⑧
Aktien	Aktien	Aktien	Aktienindizes	Zinszahlungen	Währungen (Devisentermingeschäfte)	Währungen (Currency Futures)	Währungen (Währungsswaps)
Aktienindizes			Zinsinstrumente				
Währungen			Währungen		Zinsinstrumente (Forward Rate Agreements)	Zinsinstrumente (Interest Rate Futures)	Zinszahlungen (Zinsswaps)
Zinsinstrumente			LIBOR				
Immobilienindizes			ÖL			Aktienindizes (Stock Index Futures)	
			Outperformance u.a.				
Futures						synth. Zinsswaps	
Optionen						Immobilienindizes	
Swaps (Swaptions)							

Abb. 2: Terminmärkte in der Bundesrepublik Deutschland

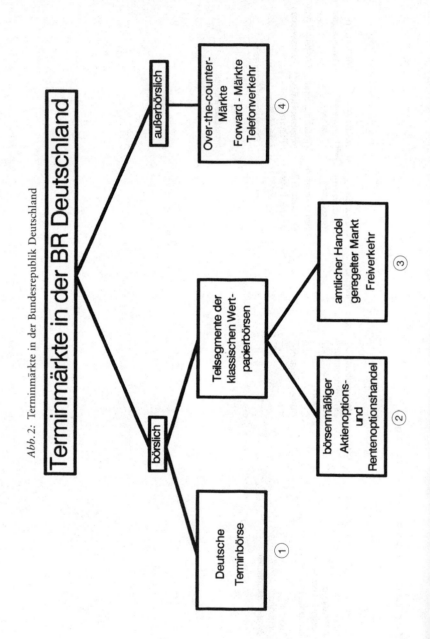

3. Die Terminmärkte und ihre Organisation

Gehandelte Instrumente:

①	②	③	④
Aktienoptionen	Aktienoptionen	Optionsscheine	Swaps
Optionen auf	(auf Werte, die	Covered Warrants	Devisenoptionen
- DAX	nicht an der DTB		Devisentermingeschäfte
- DAX-Future	gehandelt werden)		Caps, Floors, Collars
- langfr. Bund-Future	Rentenoptionen		u.a.
Bund-Futures	(Handel nicht mehr		
- langfristiger	existent)		
- mittelfristiger			
DAX-Future			
weitere Instru-			
mente in Planung			

sein, wie beispielsweise der Handel in Aktienoptionen und Optionsscheinen.

Abbildung 2 (S. 674) gibt einen Überblick über die in der Bundesrepublik Deutschland derzeit existierenden Terminmärkte.

3.1 Over-the-Counter-Märkte und Interbankenhandel

Auch außerhalb der Börsen haben sich für Risikoabsicherungsinstrumente neben den Primärmärkten mehr oder weniger gut ausgebaute Sekundärmärkte entwickelt, auf denen bereits bestehende Termingeschäfte gehandelt werden.

Die Lokalisierung und Zusammenführung der Interessenten, d. h. der Käufer und Verkäufer der Termingeschäfte, erfolgt auf den OTC-Märkten durch Makler, i. d. R. Banken, die gegen Provision auch die Abwicklung der Geschäfte vornehmen. Die Konditionen werden bei jedem Vertrag neu ausgehandelt. Der Schwerpunkt des Handels auf den europäischen OTC-Märkten liegt im Interbankensektor.

Der außerbörsliche Handel ist rein privatwirtschaftlich strukturiert und beruht auf bilateralen Vertragsabschlüssen ohne börslichen Charakter. Im Unterschied zu den Börsen, die formell erst mit staatlicher Genehmigung existent werden und deren Organisations- und Handelsstrukturen dem Börsengesetz und damit dem Anlegerschutz entsprechen müssen, ist im außerbörslichen Handel die gleiche Transparenz nicht gegeben. Durch Computer- und Informationssysteme – im Kassamarkt z. B. MATIS und MIDAS – wird der Handel zwar unterstützt, durch den fehlenden Kontrahierungszwang zu den eingegebenen Preisen für Angebot und Nachfrage sowie der Funktion als reine Informationssysteme – die Abschlüsse finden nicht über das EDV-System, sondern per Telefon statt – fehlt es jedoch am Erscheinungsbild einer Börse.

Für einige Instrumente existiert der außerbörsliche Handel parallel zu den Börsen, wie z. B. für Forward-Rate-Agreements (die von der Funktion her vergleichbaren an den Börsen gehandelten Geschäfte sind die Interest Rate Futures) oder Devisenoptionen, andere werden nur auf den OTC-Märkten gehandelt, wie beispielsweise die Swapgeschäfte oder Caps, Floors und Collars und – in der Bundesrepublik Deutschland – Devisenoptionen sowie Devisentermingeschäfte.

Merkmal aller auf den OTC- und Forward-Märkten gehandelten Instrumente ist ihre fehlende Standardisierung. Dies gilt für nahezu alle Kontraktcharakteristika wie Laufzeit, Währung, Betragshöhe sowie Basispreis und -objekt bei Optionen. Die Instrumente sind deshalb flexibel einsetzbar, so daß auch individuelle Bedürfnisse der Vertragspartner befriedigt werden können. Dadurch ist eine Risikoabsicherung auch über längere Zeiträume und eine genaue Abstimmung der dem Instrument

3. Die Terminmärkte und ihre Organisation

zugrundeliegenden Betragshöhe und der abzusichernden Position möglich. Ferner sind über diese Märkte Termingeschäfte auch über nicht gängige Währungen abschließbar.

Die individuelle Vertragsgestaltung hat zur Folge, daß die Handelbarkeit der Instrumente auf dem Sekundärmarkt stark eingeschränkt ist. Es ist schwierig, sich aus bestehenden Verträgen und den damit eingegangenen Verpflichtungen durch Veräußerung zu lösen, da ein Partner mit genau jenen Interessen gefunden werden muß, die dem ausgehandelten Vertrag entsprechen. Als weiteres Handelshemmnis erweist sich die direkte Beziehung der Vertragspartner, welche die Übertragbarkeit von eingegangenen Verpflichtungen auf Dritte einschränkt. Eine Veräußerung ist immer an die Zustimmung der Gegenpartei gebunden, da diese einen neuen Vertragspartner erhält und damit eine potentielle Verschlechterung ihrer Risikoposition einhergehen könnte.

Die Entwicklung von mehr oder weniger leistungsfähigen Sekundärmärkten trotz dieser Einschränkungen wird im wesentlichen durch zwei Tatbestände ermöglicht.

Zum einen sind einige Banken bereit, neben ihrer Arrangeur-Funktion auch als Vertragspartner aufzutreten. Dies hat den Vorteil des i. d. R. niedrigeren Ausfallrisikos für die beteiligte Vertragspartei. Ferner wird die Reaktionszeit des Marktes verringert, sofern Banken auf Kundenanfragen unverzüglich mit dem Stellen von Kursen reagieren, auch ohne bereits einen geeigneten Vertragspartner gefunden zu haben. Erst das Eingehen offener Positionen durch Banken hat die Entwicklung liquider Sekundärmärkte auf den OTC-Märkten ermöglicht. Das Risiko der offenen Positionen bzw. die Kurssicherungskosten bei ihrer Schließung durch Gegengeschäfte lassen sich die Banken durch den Preis bzw. über die Spreads abgelten.

Zum anderen wird auch im OTC-Handel durch Standardisierung der Verträge versucht, die Vielfalt und Komplexität der einzelnen Transaktionen zu vermindern, um eine Beschleunigung des Vertragsabschlusses und der Dokumentation sowie eine verbesserte Liquidität zu erreichen. Als Beispiel seien hier die Standardisierungsbestrebungen auf den Swapmärkten durch die International Swap Dealers Association (ISDA) und der British Banker's Association (BBA) genannt. Daneben werden für die einzelnen Märkte Handelsusancen festgelegt, deren weitere Erläuterung hier nicht erfolgt.

Inzwischen haben die Sekundärmärkte im OTC-Bereich ein erhebliches Volumen erreicht, und bei bestimmten Instrumenten wird ein fast börsenmäßiger Handel betrieben. Dies ist in der Bundesrepublik Deutschland z. B. bei den Devisentermingeschäften der Fall. Daher besteht derzeit kaum Bedarf nach Currency Futures. Das gleiche gilt auch für andere Länder.

So hat beispielsweise die London International Financial Futures Exchange (LIFFE) Mitte 1990 den Handel in allen Terminkontrakten und Optionen auf Währungen auf unbestimmte Zeit eingestellt, weil die Handelsaktivität in diesen Instrumenten aufgrund des regen Interbankengeschäftes zu gering war.

Die Grenzen der Kontraktcharakteristika zwischen an der Börse und auf den OTC-Märkten gehandelten Instrumenten werden zunehmend fließend, beispielsweise im 1987 in der Bundesrepublik Deutschland institutionalisierten Devisenoptionsmarkt. Auch die Sekundärmärkte für Swapgeschäfte haben an Bedeutung gewonnen, seitdem einige Banken, insbesondere amerikanische, als Erwerber und Verkäufer bestehender Swapverträge aufgetreten sind und Kurse stellen, zu denen sie bereit sind, Swapgeschäfte abzuschließen. Eine erhöhte Liquidität konzentriert sich dabei auf bestimmte Währungen (US-$) und Laufzeiten (3–5 Jahre). Noch nicht in diesem Maße institutionalisiert ist der Markt für Caps, Floors und Collars.

Die Zunahme der Nachfrage nach diesen Instrumenten geht einher mit dem zunehmenden Angebot an Software, die geeignet ist, eine erhöhte Transparenz auch auf den OTC-Märkten zu schaffen. Dadurch wird sich der Handel mit diesen Instrumenten weiter intensivieren.

3.2 Börsen

Im Gegensatz zu den OTC-Märkten handelt es sich bei den Börsen um staatlich genehmigte, öffentlich-rechtliche Organisationen, die in vollem Umfang der Börsenaufsicht bzw. dem Börsenrecht unterliegen und damit dem Anlegerschutz in besonderer Weise Rechnung tragen. Die fehlende Legaldefinition des Börsenbegriffs im deutschen Börsengesetz macht das Vorliegen einer Börse materiell von bestimmten Grundstrukturen abhängig, die sich aus der Gesetzessystematik ableiten lassen. Dies sind insbesondere die Verbesserung der Markttransparenz und die Förderung von Geschäftsabschlüssen durch Bündelung von Angebot und Nachfrage im Rahmen einer organisatorisch abgeschlossenen Institution. Bestimmte OTC-Märkte kann man daher materiell als Börse bezeichnen. Dies gilt in der Bundesrepublik Deutschland z. B. für den Devisenterminmarkt. Formell entsteht eine Börse jedoch erst mit der Genehmigung als solche. Die Börsen unterstehen in der Bundesrepublik Deutschland den jeweiligen Landesregierungen.

3.2.1 Teilsegmente der klassischen Wertpapierbörsen als Terminmärkte in der Bundesrepublik Deutschland

Am 1. Juli 1970 wurde an den deutschen Börsen mit dem **Optionshandel auf Aktien** nach langer Unterbrechung der Terminhandel in Wertpapieren wieder aufgenommen. Nach zahlreichen Veränderungen – Standardisie-

3. Die Terminmärkte und ihre Organisation

rung der Basispreise, Reduzierung der Fälligkeiten auf vier feste Termine pro Jahr, Verminderung der Deckungsvorschriften für die Stillhalter, Ermöglichung von Geschäften nur noch über einen variablen Mindestabschluß (50 Stück) sowie Beseitigung des Dividendenschutzes und Einführung eines Abschlagssystems bei der Gewährung von Bezugsrechten – besteht der börsenmäßige Aktienoptionshandel bis heute parallel zur speziellen Terminbörse, der Deutschen Terminbörse. Derzeit werden im Aktienoptionshandel Optionen auf 40 inländische und auf 12 ausländische Werte gehandelt, die nicht an der DTB notiert sind. Ziel aller laufend vorgenommenen Neuregulierungen war es, durch Reduzierung der anfangs vielfältigen Wahlmöglichkeiten bei Abschluß von Optionsgeschäften eine erhöhte Transparenz auf diesem Markt zu schaffen und insbesondere durch die erhöhte Standardisierung eine Konzentration von Angebot und Nachfrage auf wenige Kontrakte zu erreichen, um die Fungibilität und Liquidität der laufenden Optionen zu erhöhen.

Trotz dieser Maßnahmen ist die Höhe der Umsätze im internationalen Vergleich unbedeutend. Die wichtigsten Gründe dafür waren und sind, ohne auf Einzelheiten einzugehen:

– Rechtliche Restriktionen durch den Differenz- und Termineinwand; sie führten zu einem nur geringen Interesse der Banken, Termingeschäfte mit Privatpersonen abzuschließen, da sich letztere auf diese als Schutzvorschriften gedachten Einwände berufen konnten und Ansprüche gegen sie nur schwer einklagbar waren. Privatanleger sind jedoch für einen liquiden Markt notwendig. Dieses Handelshemmnis ist mit Einführung der DTB durch Novellierung des Börsengesetzes (§ 53 Abs. 2 BörsG) beseitigt worden. Danach ist der Abschluß von Börsenterminkgeschäften für Privatpersonen verbindlich, wenn sie schriftlich über die Risiken solcher Geschäfte informiert worden sind und diese Informationen schriftlich anerkannt haben („Informationsmodell", Termingeschäftsfähigkeit kraft Information).

– Die Anlagevorschriften der Versicherungen und Kapitalanlagegesellschaften, die es diesen Institutionen bisher nicht erlaubten, an Finanztermingeschäften teilzunehmen. Durch Novellierung des VAG und des KAGG sind diese wichtigen Anlegergruppen jetzt nicht mehr von der Teilnahme an den Terminmärkten ausgeschlossen.

– Die nur eingeschränkte Handelbarkeit der Optionen aufgrund der direkten Beziehung zwischen den Erwerbern und Stillhaltern. Während die Käufer ihre Rechte auf dem Sekundärmarkt verkaufen können, ist der Stillhalter bis zum Verfalltag an seine Verpflichtungen aus dem Optionsgeschäft gebunden. Er kann seine Position nicht glattstellen. Dies führt zu einem nur eingeschränkten Sekundärmarkt.

Außerdem belasten hohe Sicherheitsleistungen auch weiterhin die Stillhalter durch Bindung von Liquidität. Daneben war eine Risikobegren-

Kapitel 29: Märkte für Instrumente zur Risikoabsicherung

zung des Verkäufers einer Verkaufsoption durch Leerverkäufe am Kassamarkt nicht zulässig; dies ist nun durch die Wertpapierleihe möglich.
- Die Organisation in Form des Freiverkehrs, durch die ein Anspruch auf Ausführung eines Auftrages nicht gegeben ist.

Daneben gibt es noch weitere Faktoren, die die Funktionsfähigkeit dieses Segmentes negativ beeinflussen. So führt beispielsweise die technische Abwicklung der Orders dazu, daß gekaufte Optionen nicht am gleichen Tag und auch nicht an einem anderen Handelsplatz wieder verkauft werden können. Dies beeinträchtigt die Arbitrage von Preisunterschieden an den Handelsplätzen Düsseldorf und Frankfurt. Nach Einführung der DTB beschränkt sich die Bedeutung des börsenmäßigen Aktienoptionshandels darauf, den Handel von Optionen zu ermöglichen, die an der DTB nicht notiert werden.

Faktisch nicht mehr existent ist der im April 1986 aufgenommene börsenmäßige Rentenoptionshandel. Organisatorisch dem Aktienoptionshandel entsprechend, krankt auch dieses im Freiverkehr angesiedelte Segment an den gleichen Unzulänglichkeiten wie der Aktienoptionshandel, so daß kein liquider Markt zustande kommt. Die offizielle Einstellung dieses Segments ist bis zum heutigen Zeitpunkt – noch – nicht erfolgt.

Wirtschaftlich ebenfalls als Terminmärkte anzusehen sind jene Segmente der WP-Börsen, auf denen Optionsscheine emittiert werden. Trotzdem ist der Handel mit diesen Instrumenten den Kassageschäften zugeordnet und vollzieht sich in Form des amtlichen Handels, des geregelten Marktes oder im Freiverkehr.

Optionsscheine sind grundsätzlich nichts anderes als Optionen mit einer längeren Laufzeit. Auch sie sind als Risikoabsicherungsinstrumente gegen Kursschwankungen einsetzbar. Was sie u. a. von Optionsgeschäften unterscheidet, ist

- ihre Verbriefung als Wertpapier, während Optionen lediglich Rechte darstellen;
- ihre Rechtsnatur; Optionsscheine sind im rein rechtlichen Sinne keine Termingeschäfte, da die Möglichkeit eines jederzeitigen Gegengeschäftes fehlt, sofern der Verkauf eines Warrants nicht als Glattstellung qualifiziert wird;
- die bei Ausübung des klassischen Optionsscheins erfolgende Andienung junger Aktien im Gegensatz zu Optionen, bei deren Ausübung Altaktien geliefert werden. Letzteres gilt allerdings auch bei Ausübung von covered warrants. Covered warrants sind von Banken emittierte Optionsscheine, mit denen Aktien anderer Gesellschaften veroptiert werden. Der Emittent des Optionsscheines ist mit dem Emittenten des Basiswertes nicht identisch. Die Banken sind in diesem Fall Stillhalter mit oder ohne Deckung in den Basispapieren. Bei der Ausübung klas-

3. Die Terminmärkte und ihre Organisation

sischer Optionsscheine tritt durch die Lieferung junger Aktien ein Kapitalverwässerungseffekt auf;
- die i. d. R. unterschiedliche Motivation für die Emission von Optionsscheinen und den Abschluß von Optionen. Bei ersteren erfolgt die Emission i. d. R. im Zusammenhang mit der Ausgabe von Optionsanleihen, d. h. zur Beschaffung von Fremdkapital und bei Ausübung des Optionsscheins von Eigenkapital, während Optionen allein zu Absicherungszwecken, aus Spekulationsmotiven oder zur Renditeverbesserung abgeschlossen werden;
- die bei der Emission festgelegte und damit limitierte Stückzahl der auf dem Sekundärmarkt gehandelten Papiere, wohingegen Optionsgeschäfte grundsätzlich unbegrenzt abgeschlossen werden können.

Insbesondere die letzten beiden Punkte führen dazu, daß die Optionsscheine als Instrumente zur Risikoabsicherung nicht den Stellenwert erreichen wie Optionsgeschäfte. Die limitierten Stückzahlen lassen eine ausreichende Liquidität und Markttiefe nicht zu, die für das Portefeuillemanagement wichtig sind. Die unterschiedliche Ausgestaltung der verschiedenen Optionsscheine bedeutet eine verringerte Transparenz und zusätzliche Informationskosten.

Die Kurseinbrüche der nur mit kurzen Laufzeiten ausgestatteten covered warrants haben die Marktenge und die unzureichende Liquidität der Märkte in diesem Segment deutlich gezeigt.

Zusammenfassend betrachtet, wird die mangelnde Organisation der den klassischen Wertpapierbörsen angegliederten Terminmärkte für einen effizienten Einsatz der Instrumente zur Risikoabsicherung deutlich. Dies führte – auch unter dem zunehmenden Wettbewerbsdruck durch Errichtung von Terminbörsen im Ausland – zur Eröffnung einer speziellen Terminbörse, der DTB. Ähnliche Gründe gaben auch in anderen Ländern den Anstoß zur Eröffnung von Terminbörsen, wie z. B. in der Schweiz oder zuletzt in Österreich.

3.2.2 Terminbörsen

3.2.2.1 Die Deutsche Terminbörse (DTB)

Am 26. Januar 1990 wurde die DTB eröffnet, nachdem kurz zuvor mit Änderungen des Börsengesetzes die rechtlichen Voraussetzungen geschaffen wurden. Zum einen wurde die Problematik des schon angesprochenen Differenz- und Termineinwandes von Privatpersonen durch das „Informationsmodell" aufgehoben und zum anderen die Implementierung einer Computerbörse durch die Abkehr vom traditionellen Börsenbegriff ermöglicht, da eine physische Anwesenheit der Teilnehmer am Börsenhandel nicht mehr Voraussetzung ist (§ 7 I S. 2 BörsG).

3.2.2.1.1 Die Organisation des Handels

Trägergesellschaft der DTB ist die Deutsche Terminbörse GmbH, deren Gesellschafter 17 deutsche Kreditinstitute sind. Die DTB, mit Sitz in Frankfurt, ist öffentlich-rechtlich strukturiert und unterliegt der Aufsicht des Hessischen Ministeriums für Wirtschaft und Technik.

Der Aufbau der DTB orientierte sich weitgehend am Aufbau der Schweizer Terminbörse Swiss Options and Financial Futures Exchange (SOFFEX). Die wesentlichen Charakteristika der Organisationsstruktur sind
– die Konzipierung als vollelektronische Computerbörse
– das Market-Maker-System als Handelsverfahren
– das Clearingkonzept
– das Marginsystem.

Die Gestaltung als **Computerbörse** bietet gleichen Zugang für alle Börsenteilnehmer bei völliger Standortunabhängigkeit. Durch sie ist im Vergleich zu Präsenzbörsen eine schnellere, rationellere Geschäftsabwicklung und eine kosteneffizientere Verbreitung von Informationen möglich. Insofern wird ein Höchstmaß an Markttransparenz geschaffen und eine Steigerung der Informationseffizienz erreicht (vgl. Abb. 3). Die durch Computerbörsen ermöglichte höhere Reaktionsgeschwindigkeit der Kursanpassungen kann in der gleichen Zeit zu stärkeren und zahlreicheren Kursausschlägen führen als bei Präsenzbörsen. Dies führte insbesondere im Zusammenhang mit der nach dem Crash von 1987 viel diskutierten computergestützten Index-Arbitrage zum Vorwurf, daß Computerbörsen eine erhöhte Instabilität der Kurse bewirken. Dem ist entgegenzuhalten, daß nur eine schnelle Verarbeitung von Informationen in den Kursen bei gleichzeitig geringstmöglichen Transaktionskosten zu informationseffizienten Märkten führt, vorausgesetzt, es handelt sich nicht um fehlerhafte Informationen.

Als Handelsverfahren findet das **Market-Maker-System** Verwendung. Die Market-Maker sind aufgrund § 19 der Börsenordnung verpflichtet, laufend verbindliche Kurse zu stellen und sichern auf diese Weise die Marktliquidität. Dafür erhalten sie spezielle Privilegien, z.B. Gebührenermäßigungen. Die Market-Maker verdienen an der Differenz der von ihnen gestellten Geld- und Briefkurse (bid-ask-spreads), deren Größe von den Umsatzvolumina der betreffenden Papiere und von der Konkurrenzsituation der Market-Maker untereinander abhängt. Bei Instrumenten mit nur geringen Umsätzen sind, wie ausländische Erfahrungen zeigen, die Spreads und damit die Transaktionskosten meist relativ hoch. Im Gegensatz zum Auktionsprinzip ist aber eine jederzeitige Veräußerbarkeit der Instrumente gegeben (vgl. Abb. 4, S. 484). Inzwischen hat die DTB Maximum Spreads eingeführt, die zu hohe Spannen zwischen Geld- und Briefkursen verhindern. Damit reagierte die DTB auf Kritik von Marktteilnehmern, die den Market-Makern zum Teil zu hohe Margen vorwarf.

Abb. 3: Vergleich Präsenzbörse und Computerbörse (vgl. *Steiner* 1989, S. 308)

Kriterium \ Technologie	Präsenzbörse ohne Computereinsatz	Computerbörse
Informationseffizienz - Markttransparenz - Reaktionsgeschwindigkeit	begrenzt	hoch
Transaktionskosten	hoch Personalkosten für Händlerversammlung und Auftragsabwicklung	kostengünstiger durch Einsatz von EDV
Stabilität	verzögerte Reaktion bewirkt stärkere Kursstabilität	hohe Reaktionsgeschwindigkeit, dadurch u.U. größere und zahlreichere Kursschwankungen

Mit zunehmender Anzahl der für bestimmte Basistitel verantwortlichen Market-Maker werden diese durch den Wettbewerbsdruck gezwungen, Kurse schnell und mit geringen Margen zu stellen, wodurch die Transaktionskosten tendenziell sinken.

Das Market-Maker-System verdeutlicht in Verbindung mit der jederzeitigen Glattstellungsmöglichkeit offener Positionen die Vorteile der Terminbörsenorganisation im Vergleich zum parallel existierenden Optionshandel an der Frankfurter Wertpapierbörse:

Bei letzterem fehlen in hohem Maße die im Vergleich zu Käufern in der Regel höhere Risiken eingehenden Stillhalter (aufgrund der asymmetrischen Risikostruktur zwischen Käufern und Verkäufern von Optionen), da sie sich aus ihren Verpflichtungen nicht durch Schließung der offenen Positionen mittels Kauf einer entsprechenden Option entziehen können. Durch die Market-Maker dagegen, die ihre Positionen durch ein Gegengeschäft (Closing Transaction) glattstellen können, wird die Liquidität des Optionsmarktes deutlich erhöht.

Im Gegensatz zum reinen Market-Maker-System handelt es sich bei der DTB um eine Mischform, da eine Kompensation zueinander passender Orders von Händlern im Rahmen des sog. matching auch ohne die Zwischenschaltung von Market-Makern möglich ist, sofern die von den Market-Makern gestellten Kurse ungünstiger sind. Das Privileg jederzeitiger Zwischenschaltung besitzen z.B. die Market-Maker im US-amerikanischen NASDAQ-Markt.

Neben den Market-Makern sind als zweite Gruppe der Börsenteilnehmer die Händler zu nennen, die Kundenaufträge bestmöglich ausführen müs-

Abb. 4: Vergleich Auktionsbörse und Market-Maker-System (vgl. *Steiner* 1989, S. 306)

Kriterien \ System	Auktionsbörse	Market-Maker-System
Geringe Umsätze		
Transaktionskosten	geringer	höher (insbesondere bei Monopolstellung)
Liquidität	keine sofortige Veräußerbarkeit gewährleistet	jederzeitige Liquidierbarkeit
Stabilität	starke Kursausschläge	höhere Kursstabilität
Hohe Umsätze		
Transaktionskosten Liquidität Stabilität	in beiden Systemen annähernd gleich	

sen und Eigengeschäfte tätigen. Sämtliche Transaktionen an der DTB sind nur über die Börsenteilnehmer ausführbar.

Wie an allen Terminbörsen schaltet sich auch bei der DTB bei jedem Geschäftsabschluß eine **Clearing-Stelle** als Dritt- bzw. Kontraktpartei zwischen Käufer und Verkäufer. Dadurch stehen sich die kaufenden und verkaufenden Börsenteilnehmer nicht mehr direkt als Kontraktparteien gegenüber, so daß eine Veräußerung nicht an die Zustimmung der Gegenpartei gebunden ist. Durch die Clearing-Organisation vermindert sich das Erfüllungs- und Bonitätsrisiko der Vertragsparteien, was bei der Geschwindigkeit der Transaktionen unabdingbar ist und zu einer Verminderung von Transaktionskosten führt. Die finanzielle Integrität der Clearing-Stelle wird durch Mindestanforderungen an die Höhe des Eigenkapitals und bei der Clearing-Stelle zu hinterlegende Garantien der Clearing-Mitglieder sowie durch die Forderung nach Sicherheitsleistungen (Margins) gewährleistet. Die Margins werden durch die Clearing-Mitglieder von den Nicht-Clearing-Mitgliedern (z. B. Hausbank eines Privatkunden) erhoben. Diese reichen sie ihren Kunden – u. U. je nach Bonität in größerer Höhe – weiter. Börsenteilnehmer, die keine Clearing-Lizenz besitzen, müssen ihre Geschäfte immer über Clearing-Mitglieder abwickeln. Abbildung 5 verdeutlicht die Struktur des Margin- und Clearing-Systems.

3. Die Terminmärkte und ihre Organisation

Abb. 5: Struktur des Margin- und Clearing-Systems an der DTB (vgl. DTB 1990a, S. 22)

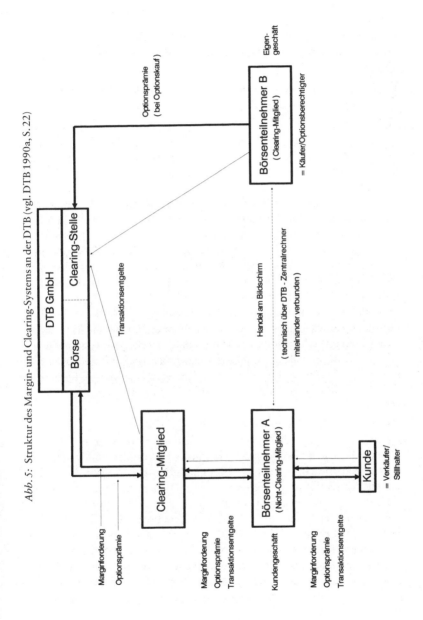

Die Höhe der Margins wird nach dem „Risk-Based-Margining"-System festgelegt. Dieses Verfahren berücksichtigt bei der Margin-Berechnung durch Zusammenfassung der Options- und Futurepositionen bezogen auf einen Basiswert bzw. auf korrelierende Basiswerte auch sich gegenseitig kompensierende Positionen (Beispiel: Long-Position eines Bund-Futures Juni 1991 gegen Short-Position eines Bund-Futures September 1991).

Die Marginforderung setzt sich dabei, wie in Abbildung 6 ersichtlich, aus der **Premium Margin** und **Additional Margin** für Optionen und der **Future Spread Margin** und **Additional Margin** für Futures zusammen.

Die Premium Margin stellt die potentiellen Glattstellungskosten/-erlöse der Options-Netto-Positionen einer jeweiligen Optionsserie bewertet mit den heutigen Settlementpreisen dar. Letztere werden von der DTB anhand des Durchschnitts der letzten Abschlüsse ermittelt. Darüber hinaus wird eine sog. Additional Margin berechnet, die zusätzliche potentielle Glattstellungsverluste bei einer angenommenen ungünstigen Preisentwicklung am nächsten Börsentag abdecken soll. Als Grundlage zur Ermittlung dieses worst case dient die Berechnung eines sog. Margin-Intervalls mit Hilfe der historischen Volatilität des jeweiligen Basiswertes, das die maximale Preisschwankung markiert. Dabei greift man zur Kursermittlung der Optionen auf das Options-Preis-Modell von *Cox/Ross/Rubinstein* (Binomialmodell) zurück und errechnet auf diese Weise den Wert des Optionsportefeuilles bei der unterstellten ungünstigsten Aktienkursentwicklung. Da die Additional Margin die Änderung der Glattstellungskosten/-erlöse im Falle der ungünstigsten Kursentwicklung abdecken soll, stellt sie im Gegensatz zur Premium Margin stets eine Margin-Forderung dar, die ein Marginguthaben reduziert bzw. ein Marginerfordernis noch erhöht.

Die so ermittelte Margin muß bei Eröffnung risikobehafteter **Short-Positionen** börsentäglich als Sicherheit in Geld oder Wertpapieren geleistet werden; bei Unterschreitung des Margin-Kontos erfolgt ein Margin-Call, dessen Nichtbeachtung zur Zwangsliquidation der Position führt. Der **Käufer** der Option muß die Optionsprämie einen Börsentag nach dem Kauf der Option bezahlen. Dies gilt allerdings nicht für die Optionen auf Futures, die nach dem sog. **Future-Style-Verfahren** abgerechnet werden. Der Käufer braucht in diesem Fall den Optionspreis nicht sofort beim Kauf zu entrichten, sondern erst bei Ausübung oder Verfall der Option. Statt dessen erfolgt wie bei den Futures eine tägliche Bewertung der Position im Rahmen des **Mark-to-Market-Verfahrens** mit entsprechenden Vergütungen bzw. Belastungen auf dem Buchungskonto (vgl. dazu *Beilner/Schoess* 1991 b, S. 375 f.).

Zur Berechnung der Future Spread Margin werden – soweit möglich – Netto-Long- und Netto-Short-Positionen in Futures-Kontrakten gegen-

3. Die Terminmärkte und ihre Organisation 687

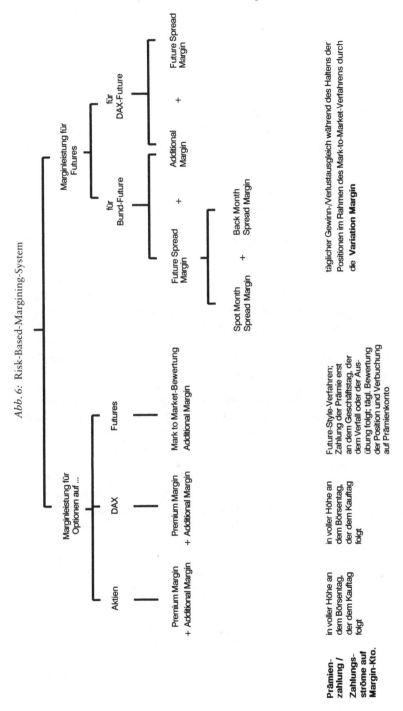

Abb. 6: Risk-Based-Margining-System

übergestellt. Auf diese (Time-)Spread-Positionen werden entsprechende Spread-Margin-Sätze angewendet, die geringer sind als die Sätze für die Additional Margin. Dadurch wird einerseits das geringere Risiko aufgrund sich gegenseitig kompensierender Positionen beachtet, andererseits das Risiko der nicht perfekten positiven Korrelation der Preisbildung von Kontrakten mit verschiedenen Verfallmonaten berücksichtigt. Beim Bund-Future wird zusätzlich zwischen **Spot-Month-Spreads** und **Back-Month-Spreads** unterschieden. Erstere sind jene Spreads, die mit Kontrakten des nächstgelegenen Verfalltermins gebildet werden. Auf diese werden höhere Margin-Sätze angewendet, da im nächstliegenden Monat eine größere Volatilität und damit ein höheres Risiko unterstellt wird. Grund für diese Annahme ist die sich gegen Ende der Laufzeit verstärkende Basiskonvergenz (vgl. Abschnitt 4.1). Dieser Effekt vollzieht sich, wie empirische Untersuchungen gezeigt haben, unter Zunahme der Basisschwankungen (vgl. *Hedge/Nunn* 1985, S. 278), so daß sich das Basisrisiko erhöht.

Auf sich nicht kompensierende Positionen (**Non-Spread-Positions**) wird eine Additional Margin berechnet, die auch hier die möglichen zusätzlichen Glattstellungskosten bei einer worst-case-Betrachtung abdecken soll. Die Berechnung des Margin-Intervalls erfolgt dabei durch die in Ticks ausgedrückte historische Futures-Volatilität (ein ausführliches Beispiel zur Marginberechnung findet man in *Köpf/Königbauer* 1991, S. 25 ff.).

Während des Haltens einer Position erfolgt ein täglicher Gewinn- und Verlustausgleich (Mark-to-Market-Prinzip) der Futures-Positionen durch die Bewertung der Kontrakte zu Marktpreisen. Dies hat zur Folge, daß der tägliche Glattstellungswert der Futures-Positionen immer gleich null ist. Die sich ergebenden Gewinne/Verluste gegenüber dem Vortag werden den Clearing-Mitgliedern auf ihren Margin-Konten gutgeschrieben bzw. belastet. Dabei werden Nachschüsse fällig (Variation-Margins), wenn das Margin-Account eine Unterdeckung aufweist. An verschiedenen ausländischen Börsen wird ein Nachschuß fällig, wenn ein bestimmter, vorher festgelegter Mindesteinschuß (**maintenance margin**) unterschritten wird. Kommt ein Clearing-Mitglied diesen Verpflichtungen nicht nach, wird die Position durch die Clearing-Stelle liquidiert. Durch das Margin-System in Verbindung mit dem Mark-to-Market-Prinzip wird eine Kumulation von Risiken verhindert.

Die ermittelte Gesamt-Margin für Optionen und Futures, die bei Eingehen eines Engagements auf dem Margin-Account zu hinterlegen ist, ändert sich demnach mit der Zusammensetzung des Portefeuilles, der Höhe der Spread- und Premium-Margin sowie der Margin-Intervalle und ist kein feststehender Satz.

Die Clearing-Stelle hat zudem administrative Aufgaben. Sie ermittelt z. B. bei Ausübung von Optionen Stillhalter durch Zufallsverfahren und nimmt die gesamte Abwicklung und Überwachung der Wertpapierlieferungen (Depotstelle ist der Frankfurter Kassenverein) und Zahlungen (die Abwicklung der Zahlungen erfolgt über die Hessische Landeszentralbank) vor. Die Struktur der DTB wird in Abbildung 7 noch einmal zusammengefaßt.

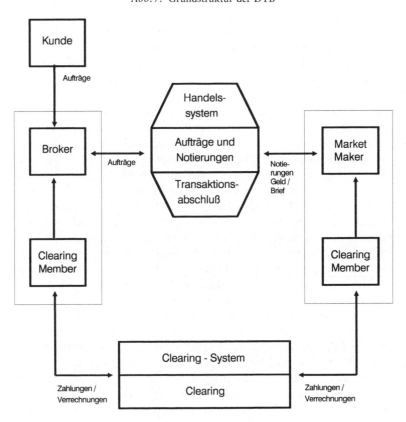

Abb. 7: Grundstruktur der DTB

3.2.2.1.2 Produkte an der DTB

An der DTB werden Optionen auf 15 führende deutsche Aktien gehandelt. Kriterien für die Auswahl der zugrundeliegenden Aktien sind Faktoren wie Umsatzvolumen, Aktionärsstruktur, Branchenzugehörigkeit, Volatilität u. a. Daneben sind Kombinationsorders möglich, die als zweiteiliger Auftrag gekoppelt ausgeführt werden, so daß eine Garantie symmetrischer Ausführung besteht. Mit derartigen Kombinationen lassen sich die unterschiedlichsten Optionsstrategien verwirklichen. Als Kombinationsorders sind **Spreads** (gleichzeitiger Kauf **und** Verkauf der gleichen Anzahl von Calls **oder** Puts, wobei die Basispreise und/oder die Verfalldaten unterschiedlich sind), **Straddles** (gleichzeitiger Kauf (Long-Straddle) **oder** Verkauf (Short-Straddle) einer gleichen Anzahl von Calls **und** Puts mit gleichen Basispreisen und gleicher Laufzeit), **Strangles** (Kombination ähnlich dem Straddle, aber mit unterschiedlichen Basispreisen), **Conversions** (gleichzeitiger Kauf eines Puts und Verkauf eines Calls zu gleichem Basispreis und Verfalltag, was dem Leerverkauf der zugrundeliegenden Aktie entspricht) sowie **Reversals** (gleichzeitiger Kauf eines Calls und Verkauf eines Puts zum gleichen Basispreis und Verfall, was dem Kauf der zugrundeliegenden Aktie entspricht) möglich.

Daneben werden an der DTB **Financial Futures** gehandelt, die als Fixgeschäfte die vertragliche Vereinbarung beinhalten, eine bestimmte Anzahl eines bestimmten Finanzinstruments zu einem im voraus festgelegten Preis an einem späteren standardisierten Fälligkeitstag zu kaufen oder zu verkaufen. Handelsobjekte der an der DTB gehandelten Financial Futures sind der Deutsche Aktienindex (DAX) und zwei fiktive, idealtypische Bundesanleihen mit einer Nominalverzinsung von 6%. Eine – wegen der Glattstellungsmöglichkeit in den meisten Fällen nicht gewünschte – effektive Lieferung dieser Handelsobjekte ist direkt nicht möglich. Sie vollzieht sich vielmehr beim DAX-Future in Form des Cash-Settlements (Barausgleich zwischen der Differenz des an den Börsen festgestellten Lieferpreises und des Futurepreises), beim langfristigen Bund-Future durch tatsächlich existierende Bundesanleihen, die eine Restlaufzeit von 8,5–10 Jahren aufweisen müssen und beim mittelfristigen Bund-Future (sog. BOBL) durch Bundesanleihen, Bundesobligationen oder Bundesschatzanweisungen mit einer Restlaufzeit von 3,5–5 Jahren. Die Differenzen, die sich im Vergleich zur fiktiven 6%igen Bundesanleihe ergeben, wenn die lieferbaren Anleihen bezüglich Laufzeit und Couponausstattung unterschiedlich ausgestattet sind, werden mit Hilfe von **Konversionsfaktoren** über den Preis der Anleihe ausgeglichen. Die Konversionsfaktoren, die von der Börse veröffentlicht werden, geben an, bei welchem Kurs je nominal eine DM der betreffenden Anleihe die Rendite am Liefertag exakt 6% betragen würde. Der Konversionsfaktor (KV) wird nach folgender Formel berechnet:

$$KV = \frac{1}{(1{,}06)^f} \left(\frac{c}{6} \left(1{,}06 - \frac{1}{(1{,}06)^n} \right) + \frac{1}{(1{,}06)^n} \right) - \frac{c(1-f)}{100}$$

Dabei ist:
c = Coupon der Bundesanleihe
n = Anzahl der Jahre bis zur Fälligkeit der Anleihe
f = Anzahl der vollen Monate bis zur nächsten Couponzahlung, geteilt durch 12

3. Die Terminmärkte und ihre Organisation

Hat eine Anleihe z. B. einen Coupon von mehr als 6%, ist ihr Konversionsfaktor größer als 1; da in diesem Fall mehr als der vereinbarte Coupon von 6% geliefert wird, muß auch der Preis dieser Anleihe größer sein. Die Konversionsfaktoren gleichen die Differenzen zwischen fiktiven und lieferbaren Anleihen zwar weitgehend aus, gehen aber von der Prämisse einer in der Realität i. d. R. nicht gegebenen flachen Renditestrukturkurve aus, da sie eine Rendite von 6% im gesamten Laufzeitbereich von 8,5–10 bzw. 3,5–5 Jahren unterstellen. Dadurch können Verzerrungen auftreten, die um so größer sind, je mehr sich die Ausstattung der lieferbaren Anleihe von der idealtypischen unterscheidet.

Der Verkäufer des Futures kann die für ihn günstigste Anleihe (**Cheapest-to-Deliver Anleihe**) liefern. Diese kann er durch den Vergleich zwischen der zu errechnenden Andienungssumme und dem am Kassamarkt aufzuwendenden Betrag zum Kauf der Anleihe bestimmen. Die Andienungssumme (AD) beträgt dann:

AD = Settlementpreis · KV · Kontraktvolumen + Stückzinsen

Bei Berechnung der Stückzinsen wird der Monat mit 30 und das Jahr mit 360 Tagen berechnet.

Auch an der London International Financial Futures Exchange (LIFFE) wird ein Bund-Future gehandelt – bisher mit weit größerem Erfolg. Die Kontraktspezifikationen der beiden Produkte sind fast identisch und unterscheiden sich lediglich in abrechnungstechnischen Einzelheiten. Der letzte Handelstag liegt z. B. an der LIFFE 3 Tage vor dem Liefertag, an der DTB 2 Tage. Außerdem wird der Handel am letzten Handelstag an der LIFFE um 11.00 Uhr, an der DTB erst um 12.30 Uhr beendet. Der Bund-Future wird demnach an der DTB insgesamt länger gehandelt. Daneben erhält der Käufer an der LIFFE bei einer Ausübung die zu liefernden Stücke erst 2 Tage später, während an der DTB Zahlung und Lieferung der Stücke gleichtägig am Lieferdatum erfolgt. Ein weiterer Unterschied ergibt sich bei der Berechnung der Settlementpreise.

Durch die nur geringen Einschüsse (Margins) bei Vertragsabschluß im Verhältnis zum Wert des Basis-Kontraktes haben Futures-Geschäfte eine große Hebelwirkung, da sie hohe Gewinne/Verluste bei verhältnismäßig geringem Kapitaleinsatz ermöglichen. Daher ist ihr Einsatz sowohl im Rahmen des Hedgings als auch der Spekulation gleichermaßen interessant, so daß eine große Anzahl von Teilnehmern mit unterschiedlichen Motiven zusammengeführt werden kann. Beim Hedging werden bestehende oder noch einzugehende Kassapositionen durch eine entgegengesetzte Transaktion am Futures-Markt abgesichert, indem mögliche Verluste am Kassamarkt durch Kursgewinne am Financial-Futures-Markt ausgeglichen werden und umgekehrt. Wichtig ist die hohe Liquidität dieser Instrumente, da Nachfrage und Angebot auf nur ein homogenes Instrument konzentriert werden, und nicht, wie die Optionen, in verschiedene Optionsserien aufgeteilt werden. Durch den DAX-Future sind erstmals durch Leerverkäufe umfangreichere Absicherungsmöglichkeiten ganzer Portefeuilles möglich.

Zuletzt wurden Optionen auf den DAX, auf den DAX-Future und Optionen auf den langfristigen Bund-Future eingeführt. Mit dieser Sortimentserweiterung nahm die DTB den Handel mit Instrumenten auf, die an ausländischen Terminbörsen zum Standardprogramm zählen und dort sehr erfolgreich gehandelt werden. Mit der Option auf den DAX ist der Handel eines breit diversifizierten Portefeuilles i. V. m. der besonderen Ertrags-Risiko-Kombination von Optionen möglich. Wie mit dem DAX-Future kann damit eine effiziente Absicherung des Marktrisikos (systematisches Risiko) von Portefeuilles erfolgen, in denen die titelspezifischen (unsystematischen) Risiken durch Diversifikation bereits weitgehend eliminiert worden sind. Gleichen Zwecken können die Optionen auf den DAX-Future dienen. Neben unterschiedlichen Ausstattungsmerkmalen (größerer Kontaktwert, laufende Ausübungsmöglichkeit, Zahlung der Prämie im Future-Style-Verfahren bei der Option auf den DAX-Future) unterscheiden sich die Optionen auf den DAX und auf den DAX-Future insbesondere durch die den Basiswerten zugrundeliegende Volatilität. In der Theorie ist diese für den Index und den Index-Future identisch. Untersuchungen haben aber gezeigt, daß es in der Praxis aufgrund des Basisrisikos zu Abweichungen kommt, die u. a. zur Beeinflussung des Optionspreises führen können. So zeigten Index-Futures in den USA während des Crashs im Oktober 1987 größere Preisschwankungen als der Index selbst (vgl. *Chance* 1989, S. 524). Die Optionen auf den Bund-Future verbinden die durch Konzentrierung von Angebot und Nachfrage auf nur eine (fiktive) Anleihe ermöglichte hohe Liquidität der Futures-Kontrakte mit den vielfältigen Anwendungsmöglichkeiten von Optionen und sind für ein kosteneffizientes Hedging zinsreagibler Positionen geeignet. Darüber hinaus besteht auch bei diesen Optionen wie bei den Aktienoptionen ein Kombinationshandel, mit dem der Aufbau verschiedenster Strategien unter Berücksichtigung unterschiedlichster Kurserwartungen möglich ist.

Die Palette der verfügbaren Instrumente soll in naher Zukunft erweitert werden. So ist die Einführung von 3-Monats-Zinsfutures mit dem FIBOR als Referenzzinssatz geplant, sobald die deutsche Bundesbank entsprechende Geldmarktpapiere emittiert. Abbildung 8 gibt einen Überblick über die derzeit an der DTB gehandelten Produkte; ihre Kontraktspezifikationen sind in den Abbildungen 9–11 zusammengefaßt.

3. Die Terminmärkte und ihre Organisation 693

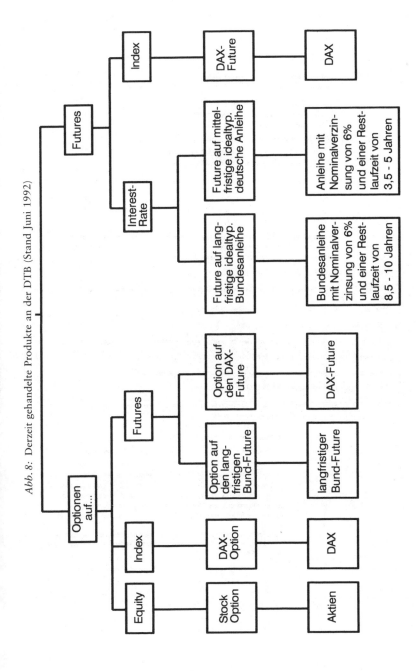

Abb. 8: Derzeit gehandelte Produkte an der DTB (Stand Juni 1992)

Abb. 9: Kontraktspezifikationen der DTB-Aktienoptionen (vgl. DTB 1990a und DTB 1992, S. 17)

DTB-AKTIENOPTIONEN

Basiswert	Ausgewählte deutsche Standardaktien
Kontraktgröße	50 Aktien des zugrundeliegenden Basiswertes Ausnahme: Optionen auf ALLIANZ Namensaktien: 5 Aktien pro Kontrakt
Basispreis	Die Basispreise haben folgende Intervalle: DM 5 oder ein Vielfaches davon bis einschl. DM 100 DM 110 oder ein höherer durch 10 teilbarer Betrag bis einschl. DM 200 DM 220 oder ein höherer durch 20 teilbarer Betrag bis einschl. DM 500 DM 550 oder ein höherer durch 50 teilbarer Betrag bis einschl. DM 1000 DM 1100 oder ein höherer durch 100 teilbarer Betrag Für jeden Verfallmonat mindestens 3 Serien mit je einem Basispreis in-, at- und out-of-the-money Eine neue Serie wird eingeführt, wenn der Schlußkurs des Basiswertes an zwei aufeinanderfolgenden Börsentagen das Mittel zw. den beiden höchsten bzw. niedrigsten Basispreisen über bzw. unterschritten hat
Laufzeiten	Bis zum nächsten, übernächsten oder drittnächsten Verfalltag (die 3 nächsten aufeinanderfolgenden Monate) sowie den beiden darauffolgenden Quartalsverfalltagen aus dem Zyklus März, Juni, September, Dezember (d.h. 1, 2, 3, 6 und max. 9 Monate)
Ausübungszeit	laufend (amerikanische Optionen)
letzter Handelstag	3. Freitag des Verfallmonats, sofern dies ein Börsentag ist, andernfalls der davorliegende Börsentag
Verfalltag	Der auf den letzten Handelstag folgende Börsentag
Erfüllungstag	2 Börsentage nach der Ausübung
Lieferbarkeit	50 Aktien des zugrundeliegenden Basiswertes; Allianzkontrakte können auch in bar abgerechnet werden
Preisintervall	Preisabstufungen von DM 0,10
Prämienzahlung	Zahlung an dem Geschäftstag, der dem Kauftag folgt (in voller Höhe)
Margin	Berechnung nach dem Risk-Based Margin System Premium Margin : potentielle Glattstellungskosten/-erlöse der Optionsposition bewertet mit den heutigen Settlementpreisen Netto-Long-Position: Marginguthaben Netto-Short-Position: Marginerfordernis Premium Margin = Kontraktgröße x Nettoposition x Settlement-Preis Additional Margin: Änderung der Glattstellungskosten/-erlöse, wenn am folgenden Börsentag die für den Wert der Position ungünstigste Kursentwicklung eintritt ("worst- case"). Die Berechnung der projizierten Aktienkurse erfolgt aufgrund der historischen 1-Tages-Volatilität der zugrundeliegenden Aktie, der Wert des Optionsportefeuilles aufgrund der sich dann theoretisch bildenden Optionspreise, die mit dem Optionspreismodell von COX/ROSS/RUBINSTEIN (Binomialmodell) berechnet werden Die Additional Margin stellt im Gegensatz zur Premium Margin immer eine Margin-**Forderung** dar, da sie die **zusätzlichen** Glattstellungskosten im Falle des worst-case absichern soll.
Handelszeit	9.30 - 16.00 Uhr

3. Die Terminmärkte und ihre Organisation 695

Abb. 10: Kontraktspezifikationen der derzeit gehandelten Optionen (Stand Juni 1992) auf den DAX und auf Futures (vgl. DTB 1991c, S. 22 f., 1991e, S. 20 f., 1992, S. 32)

Kontraktspezifikationen Stand: Juni 1992	DAX	Optionen auf den... DAX-Future	langfr. Bund-Future
Basiswert	DAX	DAX-Future	langfr. Bund-Future
Kontraktwert	DM 10 pro DAX-Index-Punkt	Ein DAX-Future-Kontrakt (DM 100 pro DAX-Punkt)	Ein Bund-Future-Kontrakt (DM 250.000)
Basispreise	feste Preisabstufung von 25 Indexpunkten. Jeder Kontraktmonat wird mit 5 Basispreisen eingeführt	feste Intervalle von 25 Punkten. Jeder Kontraktmonat wird mit 5 Basispreisen eingeführt	feste Preisabstufungen von 0,5. 9 Basispreise werden für jeden Verfallmonat eingeführt
Notierung	in Ticks, auf eine Dezimalstelle	Vielfaches von 0,1	in Ticks, auf zwei Dezimalstellen
Minimale Kursänderung	Tick-Größe: 0,1 ; Tick-Wert: DM 1	Tick-Größe: 0,1; Tick-Wert: DM 10	Tick-Größe: 0,01 ; Tick-Wert: DM 25
Laufzeiten	Die 3 nächsten aufeinanderfolgenden Monate sowie die beiden nächsten darauffolgenden Monate aus dem Zyklus März, Juni, September, Dezember	Die 3 nächsten aufeinanderfolgenden Monate sowie die beiden darauffolgenden Monate aus dem Zyklus März, Juni, September, Dezember	Optionskontrakte für jeden Bund-Future-Kontraktmonat stehen zur Verfügung; Es werden Optionen für die 3 nächsten aufeinanderfolgenden Future-Liefermonate gehandelt
Ausübungszeit	Nur am 3. Freitag des jeweiligen Abrechnungsmonats erlaubt, sofern dies ein Börsentag ist, andernfalls am davor liegenden Börsentag (Europäische Optionen)	laufend (amerikanische Optionen) Entspricht der letzte Handelstag dem letzten Handelstag des DAX-Futures, sind Ausübungen auch am Börsentag nach dem letzten Handelstag erlaubt	laufend (amerikanische Optionen)
Abwicklung/ Erfüllungstag	Erfüllungstag ist der Börsentag nach dem Ausübungstag, Barabwicklung.	Erfüllungstag ist der Börsentag nach dem Ausübungstag. Fällt der Ausübungstag mit dem Schlußabrechnungstag des DAX-Futures zusammen, wird die Option auf der Basis des Schlußabrechnungspreises des DAX-Futures bar abgewickelt.	Erfüllungstag ist der Börsentag nach dem Ausübungstag. Die Abwicklung führt zu einer entsprechenden Bund-Future-Position
Verfalltag	Der auf den Ausübungstag folgende Börsentag.	Der auf den letzten Ausübungstag folgende Börsentag	Der auf den letzten Handelstag folgende Börsentag
letzter Handelstag	3. Freitag des jew. Abrechnungsmonats,sofern dies ein Börsentag ist, andernfalls der davor liegende Börsentag; Handelsschluß 13.30 Uhr	3. Freitag des jew. Verfallmonats; Stimmen Verfalltag der Option mit dem Fälligkeitstag des zugrundeliegenden DAX-Futures überein, ist der letzte Handelstag der Börsentag vor dem Schlußabrechnungstag des Futures.	6 Börsentage vor dem ersten Tag im Lieferrmonat des Bund-Futures
Schlußabrechnungspreis/ tägl. Abrechnungspreis	Durchschnitt der 10 im Zeitraum 13.21 -13.30 Uhr festg. Indexberechnungen	Wie bei Aktienoptionen	Wie bei Aktienoptionen
Margin	nach Risk-Based Margin System	nach Risk-Based Margin System	nach Risk-Based Margin System

Abb. 11: Kontraktspezifikationen der derzeit gehandelten Futures (Stand Juni 1992) an der DTB (vgl. DTB 1991a, S. 18f., 1991b, S. 20f., 1991d, S. 30f. u. 32)

Kontraktspezifikationen	DAX-Future	langfristiger Bund-Future	mittelfristiger Bund-Future
Basiswert	Deutscher Aktienindex	Idealtypische Bundesanleihe mit einer Nominalverzinsung von 6 %, lieferbar in Bundesanleihen mit einer Restlaufzeit von 8,5-10 Jahren	Idealtypische deutsche Anleihe mit einer Nominalverzinsung von 6 %, lieferbar in Bundesobligationen, Bundesanleihen und Bundesschatzanweisungen mit einer Restlaufzeit von 3,5-5 Jahren
Kontraktwert	DM 100 pro Punkt des DAX	DM 250.000	DM 250.000
Notierung	in DM, auf eine Kommastelle	in % vom Nennwert, auf zwei Dezimalstellen	in % vom Nennwert, auf zwei Dezimalstellen
Minimale Kursänderung	Tick-Größe: 0,5 ; Tick-Wert: DM 50	Tick-Größe: 0,01 ; Tick-Wert: DM 25	Tick-Größe: 0,01 ; Tick-Wert: DM 25
Laufzeiten	März,Juni,September,Dezember Die einzelnen Kontrakte haben eine Laufzeit bis zu 9 Monaten in 3-monatigen Intervallen	März,Juni,September,Dezember Die einzelnen Kontrakte haben eine Laufzeit bis zu 9 Monaten in 3-monatigen Intervallen	März,Juni,September,Dezember Die einzelnen Kontrakte haben eine Laufzeit bis zu 9 Monaten in 3-monatigen Intervallen
Abwicklung, Erfüllungs-/Liefertag	Abwicklung in bar, fällig am zweiten Börsentag nach dem letzten Handelstag; Grundlage ist der Schlußabrechnungspreis, der der Notierung des DAX bei Abschluß entspricht	Belieferung erfolgt über Deutscher Kassenverein AG mit einer Erfüllungsfrist von 2 Tagen. Der Valutatag ist der 10. Kalendertag des Liefermonats, sofern dieser Tag ein Börsentag ist, andernfalls der darauffolgende Tag	Belieferung erfolgt über Deutscher Kassenverein AG mit einer Erfüllungsfrist von 2 Tagen. Der Valutatag ist der 10. Kalendertag des Liefermonats, sofern dieser Tag ein Börsentag ist, andernfalls der darauffolgende Tag
letzter Handelstag	Börsentage vor dem jeweiligen Schlußabrechnungstag, Schlußabrechnungstag ist der 3. Freitag des jeweiligen Liefermonats, sofern dieser Tag ein Börsentag ist, andernfalls der davorliegende Börsentag	2 Börsentage vor dem jeweiligen Liefertag; Handelsschluß ist 12.30 Uhr	2 Börsentage vor dem jeweiligen Liefertag; Handelsschluß ist 12.30 Uhr
Täglicher Abrechnungspreis (Settlement-Preis)	Preis des letzten, während der letzten zehn Handelsminuten zustandegekommenen Geschäftsabschlusses	Durchschnitt der Preise innerhalb der letzten Minute der Handelszeit; werden in dieser Zeit weniger als 5 Abschlüsse getätigt, wird der Durchschnittspreis der letzten 5 Handelspreise als Abrechnungspreis herangezogen	Durchschnitt der Preise innerhalb der letzten Minute der Handelszeit; werden in dieser Zeit weniger als 5 Abschlüsse getätigt, wird der Durchschnittspreis der letzten 5 Handelspreise als Abrechnungspreis herangezogen
Margin	Berechnung nach dem Risk-Based Margin system Futures Spread Margin: Berechnung für zusammengeführte Netto-Long- und Netto-Short-Positionen unterschiedlicher Laufzeit (Time Spreads). Deckt Risiko ab, das durch die nicht perfekte Preiskorrelation verschiedener Verfallmonate bedingt ist. Additional Margin: nur für Nicht-Spread-Positionen. Deckt potentielle Glattstellungskosten bei angenommener ungünstigster Preisentwicklung ab, die durch die in Ticks ausgedrückte historische Volatilität bestimmt wird	vgl. DAX-Future	vgl. DAX-Future
Variation Margin	tägl. Gewinn-und Verlustausgleich auf Basis des Settlement-Preises		

3.2.2.1.3 Bisherige Entwicklung der DTB

Von Beginn an stand die DTB insbesondere in Konkurrenz zur LIFFE. Die DTB ist bestrebt, die Umsätze in dem an der LIFFE schon länger mit großem Erfolg gehandelten Bund-Future vermehrt an die eigene Börse zu verlagern, was ihr bisher nur bedingt gelang. Allerdings wurde die Relation zwischen den Bund-Future-Umsätzen an der DTB zu denen an der LIFFE zugunsten der DTB kontinuierlich verbessert. Der Marktanteil insgesamt wurde von 6,2% im Dezember 1990 über 14,3% im April 1991 (vgl. *o.V.* 1991a, S.25) auf 33% im November 1991 erhöht (vgl. *o.V.* 1991b, S.25). Das Interesse an hohen Umsätzen liegt in den Gebühren begründet, die die privatwirtschaftlich organisierten Terminbörsen pro Kontrakt erhalten. Die mit hohen Umsätzen verbundene höhere Liquidität führt zu engeren Margen der Market-Maker und damit zu einer Verringerung der Transaktionskosten. Dies kann weitere Marktteilnehmer anziehen.

Ein großer Erfolg ist der Aktienoptionshandel, der sich Anfang des Jahres 1992 mit einem durchschnittlichen Tagesumsatz von 40 000 Kontrakten an erster Stelle in Europa bewegte (vgl. DTB 1992, S.18).

Die anfangs noch unbefriedigende Beteiligung privater Anleger im Optionshandel ist ebenfalls verbessert worden (der Futures-Handel wird ohnehin eher das Interesse von Großanlegern finden, die, um Preisschwankungen bei Großtransaktionen zu vermeiden, an einer sehr hohen Liquidität interessiert sind). Der Anteil der Kundengeschäfte stieg Anfang 1991 von 28% auf 37%, der Anteil der Market-Maker-Geschäfte fiel durchschnittlich von 56% auf 49% und entspricht damit internationalem Standard (vgl. *Franke* 1991, S.31). Die Relation zwischen Kunden- und Eigengeschäften hofft man in Zukunft durch eine erhöhte Beteiligung von Versicherungen und Investmentfonds, die nun am Terminhandel teilnehmen dürfen, weiter zu verbessern.

3.2.2.2 Internationale Terminbörsen

3.2.2.2.1 Die SOFFEX als Vorbild der DTB

Die Schweizer SOFFEX wurde am 19. Mai 1988 als erste vollelektronische Terminbörse der Welt eröffnet und diente beim Aufbau der DTB, die auch die Software von der SOFFEX bezog, als Vorbild. Daher sind auch die Konstruktionsmerkmale beider Börsen nahezu identisch. Die schon länger bestehende SOFFEX bietet eine große Vielfalt an innovativen Produkten an. So werden beispielsweise Optionen und Futures auf den gesamteuropäischen Index Eurotop 100 sowie kurz-, mittel- und langfristige Zinsfutures gehandelt. Als Weltpremiere wurden am 21.5.91 die sogenannten Low Exercise Price Options (LEPOS) eingeführt. Dabei handelt es sich um Calls auf Schweizer Aktien mit einem Ausübungspreis von einem Schweizer Franken. Der Verkäufer erhält mit Abschluß des Geschäftes die Optionsprämie, die die Größenordnung des aktuellen Aktienkurses besitzt und ist verpflichtet, die Aktien jederzeit zum Basispreis von einem Franken zu liefern. Mit diesem Instrument ist es möglich, Short-Positionen (Leerverkäufe) in Schweizer Aktien einzugehen. Market-Maker und andere professionelle Termin- und Optionshändler sind in der Lage, ihre Optionspositionen durch entgegengesetzte Aktienpositionen abzusichern. Die Vorteile von LEPOS liegen zum einen darin, daß mögliche Aktienleerverkaufsbeschränkungen umgangen werden können und zum anderen in den gegenüber Aktientransaktionen geringeren Transaktionskosten (in der Schweiz wird auf jede Aktientransaktion eine Stempelsteuer fällig; ihre Abschaffung wird derzeit diskutiert).

3.2.2.2.2 Konkurrenzbörsen in Europa

Vor Eröffnung der DTB haben sich bereits in vielen anderen Ländern Europas Terminbörsen etabliert, von denen die meisten ein bemerkenswertes Wachstum aufweisen. Die wichtigsten europäischen Terminhandelsplätze sind dabei London mit der London International Financial Futures Exchange (LIFFE), Paris mit dem Marché à Terme des Instruments Financiers (MATIF) und Amsterdam mit der European Options Exchange (EOE). Auch in Schweden existiert eine durch hohes Wachstum gekennzeichnete Terminbörse (OM), die Schweizer SOFFEX wurde bereits angesprochen. Zuletzt eröffnete Österreich mit der Österreichischen Termin- und Optionsbörse (ÖTOB) eine Terminbörse.

Da sich diese Börsen in derselben Zeitzone befinden, ist der Wettbewerb unter ihnen sehr groß. Das gilt insbesondere für Börsen, die die gleichen bzw. ähnliche Produkte anbieten. Als Beispiel seien die DTB und die LIFFE genannt, an denen mit dem Bund-Future ein mit Ausnahme von Abwicklungsmodalitäten identischer Kontrakt gehandelt wird. Ähnlich ist die Situation zwischen der MATIF und der LIFFE bei den Kontrakten auf dreimonatige, auf DM lautende Euroeinlagen oder bei den langfristigen Ecu-Terminkontrakten, die mit unterschiedlichen Kontraktspezifikationen an beiden Börsen gehandelt werden.

Gerade diese beiden Börsen streiten um die Vorherrschaft im europäischen Futuresmarkt. 1990 wurden an der LIFFE 34 Millionen Futures und Optionen gehandelt gegenüber 28,6 Millionen in Paris (vgl. *Kneidl* 1991, S. 57 f. und S. 62 f.). Damit nahm die LIFFE 1990 wieder den ersten Rang unter Europas Börsen ein, den sie im Vorjahr an die MATIF verloren hatte. Durch die Fusion der LIFFE mit dem London Traded Options Market (LTOM) im März 1992 besteht Europas größter Terminmarkt nun in London.

Die starke Konkurrenz zwischen den Terminbörsen äußert sich auch in der Einführung zahlreicher neuer Produkte, mit der insbesondere die

3. Die Terminmärkte und ihre Organisation

LIFFE versucht, ihre Stellung als führende europäische Futures-Börse weiter auszubauen. Dabei kommt der möglichst schnellen Einführung neuer Produkte immer größere Bedeutung zu, um potentiell entwicklungsfähige Nischen als erste Börse zu besetzen. Ein Beispiel dafür ist die Einführung eines Futures auf Drei-Monats-Euro-Schweizer Franken noch vor Einführung eines vergleichbaren Instruments an der SOFFEX. Im Juni 1991 wurde ein Future auf den FT-SE Eurotrack 100 Index eingeführt. Ein Terminkontrakt auf italienische Staatsanleihen folgte nur zwei Wochen nach Einführung eines entsprechenden Kontraktes an dem MATIF.

Neue Produkte werden mit hohem Marketingaufwand eingeführt. Vermehrt zu beobachten sind auch Anzeigen, in denen mit Marktanteilen geworben wird, um Liquiditätsvorteile der eigenen Börse herauszustellen (so wirbt z.B. die LIFFE mit ihrem hohen Marktanteil im Bereich des Bund-Futures).

Die Konkurrenz unter den Börsen ist auch ein Wettbewerb der Systeme. Während beispielsweise die SOFFEX und die DTB als vollelektronische Computerbörsen konzipiert sind, wickeln MATIF und LIFFE den Handel in der traditionellen Form der Präsenzbörsen über open-outcry ab. Die Zukunft wird zeigen, welches Organisationsprinzip sich durchsetzen wird. Tatsache ist, daß alle nach 1985 neueröffneten Terminbörsen auf dem computerisierten Handel aufbauen und einige Präsenzbörsen an elektronischen Handelssystemen arbeiten (vgl. *Rettberg* 1992, S. 32).

3.2.2.2.3 Außereuropäische Terminbörsen

Die nordamerikanischen Börsen spielten eine Vorreiterrolle bei der Errichtung des organisierten Termingeschäfts. Dort begann Anfang der siebziger Jahre der organisierte Handel von Optionen und Financial Futures, nachdem die Grundidee schon weit früher durch die Warenterminbörsen entstanden war. Die amerikanischen Börsen mit ihren weltweit größten – als Präsenzbörsen konzipierten – Terminbörsen Chicago Board of Trade (CBOT), Chicago Mercantile Exchange (CME) und der Chicago Board Options Exchange (CBOE) weisen den größten Anteil sowohl an Umsatz als auch an Kontraktarten auf. Der Marktanteil der amerikanischen Terminbörsen, der sich durch die Errichtung neuer Terminbörsen rund um den Globus – insbesondere in Europa – in den letzten Jahren verringert hat, betrug zuletzt (1991) ca. 61% (vgl. *Rettberg* 1991, S.42). Die Abdeckung aller Zeitzonen erfolgt durch die Terminbörsen in Fernost. Die wichtigsten befinden sich in Tokio und Singapur.

3.2.2.3 Entwicklungen und Kooperationsbestrebungen

Mit zunehmender Computerisierung und Verbesserung der Kommunikationstechnologien und der damit verbundenen Standortunabhängigkeit des Terminhandels haben sich zwischen einzelnen Märkten auch Bestrebungen zu erhöhter Kooperation entwickelt. Das gilt insbesondere für Terminbörsen, die sich in unterschiedlichen Zeitzonen (Amerika, Europa, Asien) befinden. Der Grund liegt in den Befürchtungen verschiedener Börsen, daß während der eigenen Schließzeiten durch den Handel ähnlicher Instrumente auf Märkten anderer Zeitzonen langfristig ein Abfluß von Liquidität im eigenen Handel stattfindet. Insbesondere die Börsen in Chicago äußern diesen Verdacht und begründen Marktanteilsverluste mit dem Angebot ihrer eigenen erfolgreichen Produkte insbesondere in Tokio und London während ihrer eigenen Schließzeiten (vgl. Chesler-Marsh 1991, S. 34). Daneben wird die jederzeitige Handelbarkeit der Instrumente mit der zunehmenden Internationalisierung der Wirtschaft immer wichtiger, da insbesondere multinationale Unternehmen auf Nachrichten in aller Welt sofort reagieren müssen. Dies führte zur Verfolgung zweier Strategien:

Zum einen die Kooperation mit anderen Börsen, deren bekanntestes Beispiel die Verbindung der CME und der Singapore Money Exchange (SIMEX) war, durch die offene Positionen in einem Markt eingegangen und im anderen geschlossen werden konnten. Trotz der Verlängerung der Handelszeiten wurden die Erwartungen jedoch nicht erfüllt. Vielversprechender ist die Möglichkeit der EOE, die von der American Stock Exchange (AMEX) kreierten, sehr erfolgreichen Indexoptionen auf den Amex's Major Market Index (XMI) zu handeln. Die Kooperation der beiden Börsen führte zur Lizenzvergabe dieser Produkte durch die AMEX. Dadurch können identische US-Index-Optionen in zwei Zeitzonen gehandelt werden, wobei auch hier die Öffnung und Schließung von Positionen auf dem jeweils anderen Markt erfolgen können. Aktuellstes Beispiel internationaler Kooperationsbestrebungen ist die Unterzeichnung eines entsprechenden Memorandums zwischen der CBOT und der DTB, die insbesondere eine Absichtserklärung über eine Zusammenarbeit im Bund-Future, der in Zukunft auch an der größten Terminbörse der Welt gehandelt wird, zum Inhalt hat. Ziel ist z. B. die Erstellung einer Machbarkeitsstudie über die Möglichkeit eines Clearing-Verbundes, die eine Eröffnung einer Bund-Future-Position an einer der Börsen und die Schließung durch ein Gegengeschäft an der anderen Börse ermöglichen und damit die Attraktivität dieses Produkts für die Investoren erheblich steigern würde (vgl. DTB 1992, S. 31).

Die andere Strategie, die beispielsweise von der CBOT und der Philadelphia Stock Exchange (PHLX) verfolgt wurde, bestand in der Ausdehnung des Handels in die Nacht. Dadurch versuchte man, neues Geschäft insbesondere von Fernost zu akquirieren, aber auch, mit dem 24-Stunden-Handel auf den OTC-Märkten zu konkurrieren. Erfolge waren zwar gegeben, aber der nächtliche Handel war in keiner Weise mit dem Handel

3. Die Terminmärkte und ihre Organisation

am Tag zu vergleichen. Dies führte zur Entwicklung von nachbörslichen automatischen Handelssystemen, wie z. B. die von der CBOT entwickelte Version „Aurora", welche den Handel per Zuruf simuliert, oder das von der LIFFE eingesetzte „Automated-Pit-Trading"-System.

Die jüngste Entwicklung, die aber nun schon seit zwei Jahren verschoben wurde, besteht in dem internationalen, börsenübergreifenden, elektronischen Handelssystem GLOBEX, das durch die CME und Reuters entwickelt wurde und einen 24-Stunden-Handel von Optionen und Futures über die weltweit stationierten Reuters-Monitore ermöglichen soll. Den Handel sollen jeweils Banken mit Präsenzen im Ausland während der dortigen Öffnungszeiten übernehmen, wobei die Liquidität umsatzschwächerer Kontrakte durch Market-Maker gesichert werden wird. Als Teilnehmer steht bereits die CBOT fest, andere Börsen, auch z. B. die LIFFE und die DTB, wollen sich ebenfalls beteiligen. Noch allerdings stehen diesem System viele Probleme und viele Kritiker entgegen. Gleichwohl wird es seit April 1991 getestet (vgl. Rettberg 1991, S. 42).

Kooperationen werden aber auch von Börsen angestrebt, die in derselben Zeitzone aktiv sind, sofern diese keine identischen Produkte anbieten und damit in direkter Konkurrenz zueinander stehen. Ein Beispiel dafür waren die lange Zeit diskutierten Pläne der DTB und der SOFFEX, eine Computerverbindung zwischen beiden Börsen herzustellen, was aufgrund des weitgehend identischen Handels- und Clearingsystems relativ einfach erscheint. Potentiale sah man in der Schaffung zusätzlichen Geschäfts an beiden Plätzen durch gleichzeitige On-Line-Transaktionen mit der jeweils anderen Börse. Ferner hätten sich die Kosten durch den direkten Marktzugang über die eigene Börse verringert. Auf diese Weise wäre es z. B. denkbar gewesen, das von Schweizer Banken in London abgeschlossene Bund-Future-Geschäft über die SOFFEX an die DTB zu verlagern. Trotzdem hat man bisher auf eine Verbindung verzichtet, da die DTB-Mitgliedsfirmen zumindest derzeit kein Interesse daran zeigen und sich gegen das Vorhaben stellten. Weitere Kooperationsbemühungen fanden z. B. auch zwischen der EOE und der SOFFEX statt, bei denen es um die Übernahme eines von der EOE entwickelten Optionskontraktes auf den EURO-Top-100-Aktienindex ging, der an der SOFFEX inzwischen gehandelt wird.

Auch innerhalb der einzelnen Märkte zeichnen sich mannigfaltige Entwicklungen ab. In der Bundesrepublik Deutschland beispielsweise ist seit dem 5. April 1991 mit Erweiterung des Inter-Banken-Informations-Systems (IBIS) zu einem integrierten Börsenhandels- und Informationssystem ein elektronisches Handelssystem auch für den Kassahandel eingerichtet worden, das als weiteres Segment der Frankfurter Wertpapierbörse neben dem Parketthandel existiert. Diese Entwicklung erfolgte nicht zuletzt aus der Erkenntnis heraus, daß für die Preisermittlung der

Optionen und Futures an der DTB stets die aktuellen Kursentwicklungen am Kassamarkt parallel zu den Geschäftszeiten der DTB benötigt werden. Die begrenzte Börsenzeit im amtlichen Handel ist dafür nicht ausreichend; dem außerbörslichen Telefonverkehr fehlt es an Transparenz. Im Zuge der deutschen Börsenreform wird bereits über eine Verbindung eines elektronischen Handelssystems (EHS) für alle Kassawerte und des DTB-Systems diskutiert, welches den Aufbau eines umfasssenden Risk-Management-Systems ermöglichen würde (vgl. Breuer 1991, S. 25). Geplant ist daneben von der DTB ein sog. Order-Routing-System, das eine beschleunigte Weitergabe der Orders von Bankfilialen an die DTB-Händler ermöglichen soll, was für die Kunden eine schnellere Reaktionsmöglichkeit bedeuten würde.

Die Situation in den USA ist auch weiterhin geprägt durch den Streit über die die Terminbörsen künftig beaufsichtigende Behörde, die Diskussion über die Einführung einer Steuer auf Terminbörsen-Transaktionen sowie die starke Konkurrenz der wesentlich geringeren Auflagen und Vorschriften unterliegenden OTC-Märkte. Daneben erreichen die noch relativ jungen Anlageformen der Futures Fonds (öffentlich) und Futures Pools (privat), die die aufgebrachten Gelder an den Terminbörsen investieren, immer größere Zuwachsraten, und langfristig ist auch in Europa eine Verbreitung dieser innovativen Fonds zu erwarten.

An allen Terminbörsen werden kontinuierlich neue Produkte eingeführt, um einerseits den Bedürfnissen der Marktteilnehmer entgegenzukommen, andererseits mit anderen Terminbörsen und den stark wachsenden OTC-Märkten und deren individuellen Produktkonstruktionen konkurrieren zu können. Ein Beispiel für die Annäherung der Terminbörsen an die OTC-Märkte ist der erst kürzlich an der CBOT aufgenommene Handel von Terminkontrakten und Optionen auf einen hypothetischen Zinsswap. Swapgeschäfte werden derzeit noch ausschließlich auf den OTC-Märkten gehandelt und wiesen dort unter den Ende 1991 ca. 4080 außerbörslich gehandelten derivativen Instrumenten mit 2750 Zinsswaps und 700 Währungsswaps den größten Anteil auf (vgl. o.V. 1992, S. 26).

Fraglich ist allerdings, ob nicht eine zu starke Zersplitterung der Märkte in verschiedene Produkte zum gleichen Problem führen könnte, das in der Bundesrepublik Deutschland im Optionshandel und hier insbesondere im Rentenoptionshandel offensichtlich wurde. Die fehlende Bündelung von Angebot und Nachfrage aufgrund zu zahlreicher Instrumente (in diesem Fall zu zahlreicher Basistitel und Optionsserien) hatte dort eine nur mangelhafte Liquidität für die einzelnen Produkte zur Folge. Schon heute ist das Angebot verschiedener Kontraktarten und Spezifikationen auf den Terminmärkten unüberschaubar. Nach einer Untersuchung der Bank für Internationalen Zahlungsausgleich (BIZ) gab es Ende 1991 insgesamt 3518 börsengehandelte Finanzinstrumente, darunter 2159 Arten von

Zinsfutures und 1072 Zinsoptionen (vgl. o.V. 1992, S. 26). Bereits jetzt wird bei einigen Produktneueinführungen eine nur unzureichende Liquidität beklagt. Um diese zumindest vorläufig zu erhöhen, hat z. B. die DTB Gebührensenkungen und zum Teil -streichungen bei einigen Produkten vorgenommen. Daneben erklärten sich einige DTB-Mitglieder freiwillig dazu bereit, den Markt für die Bund-Futures durch Stellung von Bid- und Ask-Preisen bei Nichtüberschreitung einer Maximalspanne zu pflegen und nehmen insofern Quasi-Market-Maker-Funktionen ein (vgl. DTB 1991d, S. 29).

3.3 Ökonomische Analyse

3.3.1 Notwendigkeit von Terminmärkten

Die Notwendigkeit von Terminmärkten als Ergänzung zu Kassamärkten ist unumstritten, da nur Kassa- und Terminmärkte zusammen den Anforderungen an einen funktionsfähigen Wertpapiermarkt entsprechen. So kann theoretisch bewiesen werden, daß allein die Ergänzung der Kassamärkte durch einen Optionsmarkt aufgrund der Spanning-Eigenschaft von Optionen zu einer Komplettierung der Wertpapiermärkte führt. Erst Optionen ermöglichen Rendite-Risiko-Profile, die allein aus am Kassamarkt bestehenden Wertpapieren synthetisch nicht erzeugt werden können (vgl. *Green/Jarrow* 1987, S. 202 ff.; *Zimmermann* 1987, S. 163 ff.; *Uhlir* 1990, S. 747 f.). Als Beispiel seien Straddles und Strangles genannt, beides (aus Optionskombinationen bestehende) Produkte, die an der DTB gehandelt werden.

Neben diesem höheren Grad an **Risikoeffizienz** ermöglichen Terminmärkte einen **Risikotransfer bei geringeren Transaktionskosten**. Als Beispiel sei die gewollte Veränderung einer bestehenden, bereits gut diversifizierten Rendite-Risiko-Position im Aktienmarkt aufgeführt. Die geringeren Transaktionskosten beim Risikomanagement mit Optionen oder Futures im Vergleich zu einer Umschichtung des Portefeuilles zwischen risikobehafteter und risikoloser Anlagemöglichkeit sind offensichtlich. Ein anderes Beispiel sind Aktien-Index-Futures-Märkte, die u. a. Leerverkäufe zu wesentlich geringeren Kosten ermöglichen als bei einer vergleichbaren Transaktion am Basismarkt.

Die breite Anwendbarkeit der verschiedenen Instrumente erweitert die Möglichkeiten zum Risikomanagement und spricht damit neue Marktteilnehmer bzw. Investorenkreise an. Dadurch wird die von Wertpapiermärkten geforderte **Liquidität** erhöht. Daneben induzieren Arbitrage-Prozesse zwischen den Kassa- und Terminmärkten zusätzliche Umsätze, so daß die Liquidität der Wertpapiermärkte insgesamt auch hierdurch erhöht wird.

Da Termingeschäfte derivative Instrumente darstellen, werden zur korrekten Preisfindung Informationen über die zugrundeliegenden Basisobjekte benötigt. Diese sind schnell zu erfassen und umzusetzen. Daraus kann man schlußfolgern, daß die Einführung derivativer Instrumente eine **erhöhte Informationsproduktion** nach sich zieht. Das daraus abgeleitete Preisrisiko, das Risiko von Preisschwankungen, ist Bestandteil der Preisbildung der derivativen Instrumente und spiegelt die Erwartungen der Investoren über die zukünftigen Kassapreise der Basistitel in Form der impliziten Volatilität wider. Insofern gelangen **zusätzliche Informationen** in die Kassamärkte. Zusammen mit den niedrigeren Transaktionskosten und der hohen Liquidität zumindest des börsenmäßigen Handels von Termingeschäften ist dadurch eine **schnellere Informationsverarbeitung** und Kursanpassung möglich. Insgesamt wird damit durch Terminmärkte die **Informationseffizienz** verbessert, vorausgesetzt, es fließen nicht vermehrt fehlerhafte Informationen in die Kursbildung mit ein.

3.3.2 Vergleichende Analyse der Terminmarktstrukturen

Die Anforderungen, die an funktionsfähige Wertpapiermärkte zu stellen sind und die zur Existenzberechtigung der Terminmärkte führen, sind auch als Kriterien beim Vergleich der vorhandenen Strukturen auf den Terminmärkten heranzuziehen. Dabei stellt sich die Frage, ob einem börsenmäßig organisierten Terminmarkt der Vorzug gegenüber anderen Organisationsstrukturen zu geben ist.

Der Beitrag der Marktorganisation zur **Risiko- und Allokationseffizienz** der Wertpapiermärkte ist differenziert zu beurteilen. Sowohl auf den OTC-Märkten als auch an den Börsen werden Instrumente gehandelt, die auf dem jeweils anderen Markt nicht existieren. So werden bestimmte Geschäfte, z. B. Swapgeschäfte, nur auf den OTC-Märkten abgeschlossen und gehandelt; andere, z. B. Index-Futures, werden nur an den Börsen notiert. Daneben ist auf den OTC-Märkten eine wesentlich größere Vielfalt an den derivativen Instrumenten zugrundeliegenden Handelsobjekten verfügbar. Nur beide Marktstrukturen gemeinsam sichern demnach eine größtmögliche Verfügbarkeit verschiedener Rendite-Risiko-Positionen bei im Vergleich zu synthetischen Positionen geringeren Transaktionskosten.

Durch die hohe Standardisierung der Produkte an der Börse ist eine vollständige Absicherung von Risiken aufgrund von Betrags- und Laufzeitinkongruenzen i. d. R. nicht möglich, während die individuelle Vertragsgestaltung auf den OTC-Märkten eine genaue Abstimmung der Hedgepositionen erlaubt. In diesem Zusammenhang ist auch die Absicherung von Beträgen über nicht gängige Währungen zu sehen, die nur auf den OTC-Märkten vorgenommen werden können. Der Beitrag zur **Absicherungsef-**

3. Die Terminmärkte und ihre Organisation

fizienz, dem Wirkungsgrad der Kurssicherungsmaßnahmen, kann deshalb auf den OTC-Märkten höher sein.

Die **Absicherungsflexibilität** betrifft zum einen die zeitliche Verfügbarkeit der Instrumente und zum anderen die Korrigierbarkeit von getroffenen Sicherungsentscheidungen bei veränderten Rahmenbedingungen. Durch die festgelegten Handelszeiten an den Börsen unterliegen diese zeitlichen Restriktionen, so daß eine jederzeitige Absicherung wie auf den OTC-Märkten nicht möglich ist. Die Möglichkeit, Kurssicherungsgeschäfte wieder rückgängig zu machen, wird in der Regel als Vorzug der börsengehandelten Instrumente angesehen, da hier in Verbindung mit einer hohen Liquidität eine jederzeitige Glattstellungsmöglichkeit gegeben ist. Dies trifft allerdings auch für einige OTC-Märkte zu, beispielsweise dem Devisenterminhandel in der Bundesrepublik Deutschland und dem Devisenoptionshandel weltweit.

Das Kriterium der hohen **Liquidität** – Grundvoraussetzung für einen funktionsfähigen Finanzmarkt – und einer hohen **Transaktionseffizienz** wird grundsätzlich eher durch die Börsenorganisation ermöglicht. Durch die weitgehende Standardisierung der Instrumente ist die Zusammenführung von Angebot und Nachfrage einer Vielzahl von Individuen mit den unterschiedlichsten Verhaltensmustern einfacher. Alle heterogenen Interessen werden auf nur wenige Handelsobjekte konzentriert, deren einzige variable Komponente der Preis ist. Dadurch wird die Wahrscheinlichkeit, einen Partner mit genau entgegengesetzten Interessen zu finden, größer – die Liquidität erhöht sich –, und Such- und Informationskosten werden verringert.

Daneben ist eine hohe Liquidität der Terminbörsen durch die rechtliche Verpflichtung der Market-Maker (sofern dieses Prinzip unterstellt wird), in jeder Situation verbindliche Kurse stellen zu müssen, gewährleistet. Dagegen beruht die Bereitschaft, Kurse zu stellen, auf den OTC-Märkten auf freiwilliger Basis, so daß es bei schwierigen Marktverhältnissen zu illiquiden Märkten kommen kann.

Auch die Transaktionseffizienz erreicht an den Börsen einen höheren Grad und führt gleichzeitig zu **geringeren Transaktionskosten** als auf den OTC-Märkten. Möglich ist dies durch die effiziente Abwicklung der Aufträge durch die Clearing-Stelle und insbesondere durch das Ausschalten des Erfüllungsrisikos für die beteiligten Partner, die keine Bonitätsbeurteilung der Gegenpartei durchführen müssen und dadurch Kosten einsparen. Das im Fall von Computerbörsen bestehende computerisierte Handelssystem in Verbindung mit der jederzeitigen Glattstellungsmöglichkeit führt zu einer hohen Transaktionsgeschwindigkeit, die zusammen mit der allgemein durch Terminmärkte erreichten höheren Informationseffizienz, der hohen Standardisierung der Instrumente und der im Gegensatz zu den OTC-Märkten wesentlich verbesserten Markttransparenz die **Preisbil-**

dungsfunktion positiv beeinflußt. Abweichungen von den theoretisch richtigen Preisen können nur an den Börsen wegen der dort sehr schnellen Geschäftsabwicklung durch Arbitrageure rasch beseitigt werden.

Beim Vergleich der organisierten und nichtorganisierten Märkte müssen auch die unterschiedlichen Motive der Marktteilnehmer berücksichtigt werden. So sind beispielsweise die Beteiligten an Devisentermingeschäften, die am OTC-Markt abgeschlossen werden, an der effektiven Lieferung bzw. Abnahme der Devisen zu einem bestimmten Zeitpunkt interessiert. Dagegen findet eine effektive Lieferung bei den entsprechenden Geschäften an der Börse (in diesem Fall Currency Futures) in den seltensten Fällen statt, weil die Kontrahenten ihre offenen Positionen in der Regel durch Gegengeschäfte (Closing Transactions) glattstellen; gerade Spekulanten sind lediglich an solchen Differenzgeschäften interessiert. Durch die Spekulanten können vermehrt Risiken veräußert werden, da diese bereit sind, Risiken auf sich zu nehmen. Nur die börsenmäßige Organisation von Terminmärkten erschließt diesen sowohl für die Steigerung der Risikoeffizienz als auch der Liquidität wichtigen Kreis der Marktteilnehmer. Daneben ist die Anzahl der Marktteilnehmer an den Börsen tendenziell höher, da Kleinanlegern der Zugang zu den OTC-Märkten aufgrund der dort geforderten hohen Betragssummen i. d. R. versperrt ist. Da auf den OTC-Märkten nicht jedes Wirtschaftsobjekt die gewünschte Rendite-Risiko-Kombination verwirklichen kann, liegt in dieser Hinsicht im Vergleich zu den Börsen ein geringerer Grad an Risikoeffizienz vor.

Es sei noch einmal darauf hingewiesen, daß auch einige OTC-Märkte einen fast börsenmäßigen Handel ermöglichen, der ähnliche Vorteile wie die Börsenorganisationen bietet. Die größere Markttransparenz bleibt jedoch den Börsen vorbehalten. Die Terminbörsen sind insbesondere besser geeignet, neben einer Steigerung der Risikoeffizienz auch zu einer Verbesserung der **Risikoallokation** und damit zur gesamtwirtschaftlichen Stabilität auf den Finanzmärkten beizutragen. Sie unterliegen im Gegensatz zu den OTC-Märkten dem Börsengesetz mit seinen dem Anlegerschutz dienenden Vorschriften und werden aufsichtsrechtlich erfaßt und kontrolliert. Daneben tragen organisatorische Vorkehrungen wie Clearinghaus, Marginforderungen und Mark-to-Market-Verfahren zu einer Verringerung von Bonitätsrisiken bei und verhindern eine Kumulation von Risiken bei einzelnen Marktteilnehmern. Im Bereich der oligopolistisch strukturierten OTC-Märkte, auf denen durch starken Konkurrenzdruck einige Marktteilnehmer aus dem Wettbewerb gedrängt wurden, scheint es bei den sehr hohen – gleichwohl kaum erfaßbaren – Größenordnungen fraglich, ob die Risiken von den Wirtschaftssubjekten tragbar sind. Nicht zuletzt deshalb ist man bestrebt, derivative Produkte möglichst an die Börsen zu verlagern, was allerdings bisher bei eini-

3. Die Terminmärkte und ihre Organisation

Abb. 12: Vergleich zwischen OTC-Märkten und Börsen

Kriterium	OTC-Markt	Börse
Allokationseffizienz		
- Verfügbarkeit von Instrumenten und Basisobjekten	größer	kleiner, auch Produkte auf Indizes
- Marktzugang der Teilnehmer	begrenzt durch i.d.R. große Kontraktgrößen	grundsätzlich unbegrenzt
- Anzahl der Marktteilnehmer	geringer	tendenziell größer, da bessere Möglichkeit von Differenzgeschäften
- Absicherungseffizienz - Laufzeitkongruenz - Betragskongruenz - Währungsidentität	durch individuelle Verträge gegeben	durch Standardisierung nicht immer gegeben
- Absicherungsflexibilität		
- Zeitliche Verfügbarkeit	i.d.R jederzeit - 24-Stunden-Handel-	nur während der Öffnungszeiten
- Reversibilität	begrenzt; Zustimmung der Gegenpartei erforderlich	jederzeitige Glattstellungsmöglichkeit
Liquidität	i.d.R. begrenzt, da individuelle Verträge schwer übertragbar	i.d.R.hoch,da - Verträge durch Standardisierung leicht übertragbar - insbes. bei Market-Maker-Systemen .(auch bei geringen Umsätzen Liquidität gewährleistet)
Transaktionskosten		
- Informationskosten	höher, wegen erforderlicher Bonitätsanalyse und fehlender Markttransparenz	geringer, wegen Clearingkonzeption (kein Erfüllungsrisiko) und hoher Markttransparenz
- Abwicklungskosten	höher, wegen Dokumentation und effektiver Lieferung	geringer, effiziente Abwicklung durch Clearingstelle, insbes. bei Computerbörsen
- Kosten aufgrund von Liquiditätsbindung - Sicherheitsleistungen	individuell	standardisiert (Margins)
- Geldfluß bei Forwards/ Futures	bei Lieferung	täglich wechselnder Gewinn- und Verlustausgleich (Variation Margin)
Informationseffizienz - Markttransparenz - Reaktionsgeschwindigkeit	begrenzt; Gefahr von vom Markt abweichenden Preisen	hoch, insbes. bei Computerbörsen; i.d.R. marktgerechte Preise durch Arbitragemöglichkeiten

gen Produkten kaum gelingt (z. B. Devisenoptionen, Devisentermingeschäfte).

Grundsätzlich ist davon auszugehen, daß die Börsen als Märkte mit dem höchsten Organisationsgrad die geringsten Intermediationskosten aufweisen, was in bezug auf eine kostengünstige Absicherung für sie spricht. Eine abschließende Beurteilung im Hinblick auf die Risikoeffizienz ist nicht möglich. Sowohl Börsen als auch OTC-Märkte haben hier spezifische Vor- und Nachteile, so daß nur die parallele Existenz beider Märkte eine optimale Risikoeffizienz sichert. Abbildung 12 faßt die oben gewonnenen Ergebnisse noch einmal übersichtlich zusammen.

3.3.3 Beziehungen zwischen OTC-Märkten und Börsen

Während die Terminbörsen zueinander in Konkurrenz stehen, wird die Konkurrenz zwischen den Börsen einerseits und den schnell wachsenden, teilweise hochliquiden OTC-Märkten andererseits immer größer. Befürchtungen, daß die OTC-Märkte den Börsen Marktanteile abnehmen könnten, erweisen sich bei genauerer Betrachtung allerdings als vordergründig. Zu beachten ist auch, daß Banken, die OTC-Produkte anbieten, ihre Positionen nicht selten an den Börsen durch Gegengeschäfte schließen, um Risiken abzusichern. Das bedeutet, daß die OTC-Märkte zu einem gewissen Teil zu den Umsätzen an den Börsen beitragen.

Wichtiger sind dagegen die auf den OTC-Märkten fehlenden aufsichtsrechtlichen Bestimmungen, die zu einer zunehmenden Gefährdung einzelner Marktteilnehmer führen können. Auch die Insolvenz der Herstatt-Bank ist auf mißlungene Spekulationen im Bereich der 1974 noch nicht gesetzlich geregelten Devisentermingeschäfte zurückzuführen.

4. Preisbildungsprozesse und Bewertung der Instrumente

4.1 Preisbeziehung zwischen Kassa- und Futuremärkten

4.1.1 Der theoretische Wert des Futures

Der Preis von derivativen Produkten hängt von den zugrundeliegenden Basistiteln ab. Daher läßt sich der theoretisch richtige Wert des Futures („Fair-Value") jederzeit exakt bestimmen.

Vor Fälligkeit unterscheiden sich die Kurse der Futures und des Kassainstruments aufgrund der unterschiedlichen Erfüllungszeitpunkte der Geschäfte. Der Käufer eines Futures benötigt bei Vernachlässigung der Margins während der Laufzeit keine Finanzmittel. Dagegen müßten zum Kauf einer äquivalenten Kassaposition, die über den entsprechenden Zeitraum im Bestand verbliebe, Barmittel aufgebracht werden. Dadurch

4. Preisbildungsprozesse und Bewertung der Instrumente   709

entstünden entsprechende Finanzierungskosten aufgrund einer Kreditaufnahme bzw. Opportunitätskosten wegen einer möglichen alternativen Anlage der gebundenen Mittel. Daneben fallen aber auch Einnahmen an; beim Halten von Aktien in Form von Dividenden und Bezugsrechtserlösen, bei Anleihen in Form von Zinsen. Bei Waren würden unter Umständen noch Lagerkosten hinzutreten, weshalb man die sich ergebenden gesamten Nettofinanzierungskosten allgemein – auch bei Financial Futures – als Cost-of-Carry bezeichnet. Der Future-Kurs muß demnach exakt folgender Beziehung entsprechen:

Future-Kurs = Kassapreis + Finanzierungkosten ./. Erträge
= Kassapreis + Cost-of-Carry

Andernfalls wären Arbitrageoperationen möglich, durch die risikolose Gewinne erzielt werden könnten. Die Basis – die Differenz zwischen Future- und Kassakurs – muß demnach theoretisch den Cost-of-Carry entsprechen. Dabei ergibt sich eine negative Basis – der Future ist billiger als das Kassainstrument – genau dann, wenn die Finanzierungskosten geringer sind als die Einnahmen. Dies ist bei einer normalen Renditestruktur der Fall.

Am Tag der Fälligkeit muß der Future aufgrund von Arbitrageüberlegungen den gleichen Kurs haben wie das Basisobjekt. Wäre der Future beispielsweise teurer als das Kassainstrument, würde man den Future verkaufen und gleichzeitig die zur Lieferung benötigten Handelsobjekte am Kassamarkt kaufen. Diese Überlegung führt zur sog. **Basiskonvergenz**, d. h., daß die Basis zum Tag der Fälligkeit gegen Null konvergiert.

4.1.2 Arbitrage als Garant für eine faire Preisbildung

In der Realität weicht die Basis oft vom theoretisch richtigen Wert ab. Dieses Basisrisiko, das insbesondere beim Hedging beachtet werden muß, entsteht aufgrund subjektiver Markteinschätzungen von Marktteilnehmern und Veränderungen der Marktzinsen und der Zinsstruktur. Weitere Faktoren, die das Basisrisiko verursachen, können der verzögerte Eingang von Kursbewegungen am Kassamarkt in den Future-Kurs bzw. deren Antizipierung sein sowie unterschiedliche Finanzierungskonditionen der einzelnen Marktteilnehmer, die zu individuellen Berechnungen der Basis führen.

Daneben wird das Basisrisiko insbesondere bei Index-Futures durch das Ausschüttungs- und Identitätsrisiko beeinflußt. Ersteres entsteht durch die Notwendigkeit der Abschätzung von Dividendenerträgen, die zur Berechnung der Nettofinanzierungskosten benötigt werden, aber nicht genau bekannt sind. Dies gilt für die international üblichen Kursindizes, nicht jedoch für den DAX, da dieser als Performance-Index die Investition von Dividendenerträgen in die Wertpapiere des Index-Portfolios unterstellt. Die Dividendenerträge werden über einen Beteiligungsfaktor in die Indexentwicklung eingerechnet (vgl. dazu *Loistl* 1991, S. 73 ff.). Das Identitätsrisiko erstreckt sich auf eine mögliche Differenz zwischen der Kassanotiz des Basiswertes und der am Markt tatsächlich handelbaren Papiere. Während bei Zinsfutures durch Konversionsfaktoren eine annähernde Vergleichbarkeit gegeben ist, ist bei einer Arbitragemöglichkeit mit Index-Futures eine Nachbildung bzw. ein notwendiger Kauf z. B. des DAX unter Umständen nur schwer zu erreichen, so daß eine Arbitrage unterbleibt und die Basis weiterhin von ihrem theoretisch richtigen Wert abweicht. Trotzdem bindet die generelle Möglichkeit zur Arbitrage den Terminmarkt an den Kassamarkt und begrenzt das Basisrisiko. Eine Arbitrage lohnt immer dann, wenn der Future-Preis so weit vom theoretischen Kurs entfernt ist, daß die bei der Arbitrage entstehenden Transaktionskosten mehr als gedeckt werden.

Im Fall einer sogenannten Cash-and-Carry-Arbitrage würde z. B. der im Vergleich zum Fair-Value zu teure Future verkauft und das Handelsobjekt am Kassamarkt gekauft und bis zur Fälligkeit (an dem der Future auf jeden Fall den Fair-Value erreicht) oder Glattstellung des Futures gehalten. Lohnen würde sich eine derartige Arbitrage nur, wenn die Finanzierungs- und Transaktionskosten für den Kauf am Kassamarkt durch den zu teuren Verkaufspreis am Terminmarkt mehr als gedeckt werden. Im Falle einer Index-Arbitrage wird der Kauf der Kassaposition in der Regel nicht alle Aktien des Indizes umfassen, sondern lediglich einen Aktien-Basket aus wenigen Aktien, der den DAX möglichst gut abbildet bzw. eine hohe Korrelation mit diesem aufweist. Damit ist allerdings ein größeres Risiko verbunden. Ein Beispiel soll die Index-Arbitrage verdeutlichen:

Annahmen:

Indexstand:	1 600
Preis des 3-Monats-Index-Futures:	1 640
Zins:	0,07
Kontraktverfalldatum:	t_1
Wert des Aktienpakets in t_1:	X

Der theoretische Futurekurs ergibt sich zu:

1 600 (1 + 0,07 · 90/360) = 1 628

Hier wurde ein Performance-Index unterstellt, d. h. etwaige Dividendenerträge mußten nicht berücksichtigt werden.

Die tatsächliche Basis von 40 weist hier auf eine Überbewertung des Futures um 12 hin.

Durch den Aktienkauf am Kassamarkt und einem gleichzeitigen Verkauf des Futures würde hier ein Bruttoarbitragegewinn von 12 entstehen, der die Transaktionskosten noch überschreiten müßte, um die Transaktion

4. Preisbildungsprozesse und Bewertung der Instrumente

lohnend zu machen. Am Ende der Laufzeit des Terminkontraktes entspricht der Preis des Futures auf jeden Fall dem dann gültigen Indexniveau aufgrund der Basiskonvergenz, so daß Basisschwankungen die Arbitrageure während der Laufzeit nicht mehr interessieren.

t_0	Kreditaufnahme	1 600
	Kauf des Aktienpaketes	./. 1 600
	Verkauf des Futures zu 1 640 ohne Berücksichtigung von Margins	0
	d. h. keine Anfangsinvestition erforderlich	0
t_1	Verkauf des Aktienpakets	+ X
	Tilgung des Kredits	./. 1 628
	Gewinn/Verlust aus Future	+ (1 640./.X)
	sicherer, risikoloser Gewinn	12

In Verbindung mit dem Programmhandel, der computergestützten Index-Arbitrage am Kassa- und Terminmarkt, ist es möglich, simultan den Kauf/Verkauf von Aktienindex-Futures und eines dem Index entsprechenden Kassa-Aktienportfolios durchzuführen. In den USA wurde z. B. an der New York Stock Exchange (NYSE) der Kauf des Portfolios am Kassamarkt automatisiert, so daß eine reaktionsschnelle Transaktion möglich ist.

Kritiker sehen im Programmhandel in Verbindung mit der Portfolio-Insurance einen der Faktoren, die am 19. Oktober 1987 den Börsencrash mitverursacht, zumindest aber beschleunigt hat. Daraufhin wurde der Programmhandel durch verschiedene Maßnahmen beschränkt.

Von der Index-Arbitrage wird auch behauptet, sie verursache große Kurssprünge, was von den Befürwortern bestritten wird. Sie erklären Kurssprünge durch die schnellere Verarbeitung von Informationen auf dem Terminmarkt, wodurch es zu Kursdiskrepanzen zwischen Kassa- und Terminmarkt kommt. Die dann einsetzende Arbitrage dagegen glättet lediglich den vorhergehenden Kursausschlag.

4.2 Bewertung von Optionen

In der Praxis haben sich zur Bestimmung des theoretisch richtigen Wertes von Optionen mit dem Binomial-Modell von *Cox/Ross/Rubinstein* und dem *Black/Scholes*-Optionspreismodell vollständige Gleichgewichtsmodelle durchgesetzt. Sie erlauben eine **präferenzfreie** Bewertung von Optionen, da weder die individuellen Risikoneigungen noch die expliziten Renditeerwartungen der Investoren in die Modelle eingehen. Die Grundidee dieser Modelle beruht auf der Erkenntnis, daß zwei Titel, die für jeden Umweltzustand dieselben Zahlungsrückflüsse versprechen, aus Arbitrage-Überlegungen bei Annahme eines vollkommenen Kapitalmarktes identisch bewertet werden müssen. Ein im Kapitalmarktgleichgewicht aufgebautes risikofreies Portfolio (**perfekte Hedge-Position**) muß sich somit wie die risikofreie Anlage rentieren. Der Aufbau eines risikofreien Hedge-Portfolios kann durch die Kombination von Aktien und leerverkauften Calls erfolgen. Ausgehend von einem derartig mit Fremdkapital finanzierten risikolosen Portfolio läßt sich zeigen, daß die Rückflüsse eines Calls durch ein äquivalentes selbstfinanzierendes Portfolio – bestehend aus einem fremdfinanzierten Aktienkauf – exakt dupliziert werden kann. Um das Verhältnis von Aktienkauf und Optionsverkauf – das **Optionsdelta** – bestimmen zu können, bei dem sich die Einzelrisiken der Wertpapiere genau aufheben, werden die Erwartungen über das Risiko der Aktien präzisiert; dies geschieht durch die Unterstellung einer bestimmten zukünftigen Verteilung der Aktienkurse bzw. durch Aktienkursverlaufshypothesen.

Das *Black/Scholes*-Modell, das für dividendengeschützte europäische Calls entwickelt wurde, unterstellt u. a., daß die Aktienkurse einem stetigen Zufallspfad (sog. geometrische *Brown*sche Bewegung) folgen und log-normalverteilt sind mit der Varianz $\sigma^2 \cdot t$. Deshalb ist eine dynamische Duplikationsstrategie erforderlich, da sich die Parameter, die die perfekte Hedge-Position bestimmen – sowohl die Aktienkurse als auch die Restlaufzeit der Optionen –, im Zeitablauf verändern. Um immer eine exakte Duplikation des Calloptionswertes zu erreichen, muß die Aktienposition laufend adjustiert werden und der erforderliche Leverage (Kredithöhe, die den Aktienkauf finanziert) genau im Umfang des durch einen Aktienverkauf freigesetzten bzw. durch einen erforderlichen Aktienkauf zusätzlich benötigten Kapitals verändert werden. Da die Anpassungen ohne zusätzliche Kapitalbeträge erfolgen, spricht man von der Selbstfinanzierungseigenschaft des Duplizierungsportfolios. Der Wert des Calls wird durch die folgende Formel, auf deren Herleitung hier nicht näher eingegangen wird (vgl. dazu *Black/Scholes* 1973, S. 637 ff.; *Cox/Ross/Rubinstein* 1979, S. 229 ff.), bestimmt:

$$C = KN \left(\frac{\ln (K/X) + (R_f + \sigma^2 \cdot 0,5) \cdot t}{\sigma \cdot (t)^{1/2}} \right)$$

$$./.\ e^{-R_f \cdot t} XN \left(\frac{\ln (K/X) + (R_f - \sigma^2 \cdot 0,5) \cdot t}{\sigma \cdot (t)^{1/2}} \right).$$

Die Klammerausdrücke kann man als theoretische Wahrscheinlichkeit dafür interpretieren, daß die Option bei der unterstellten Aktienkursverlaufshypothese am Verfalltag im Geld liegt. Ersetzt man die Klammerausdrücke durch d_1 und d_2 erhält man:

$$C = KN(d_1) - e^{-R_f \cdot t} \cdot X N (d_2)$$

4. Preisbildungsprozesse und Bewertung der Instrumente

Dabei sind:

- C = Callpreis
- K = Kurs der Aktie
- X = Basispreis (Ausübungspreis der Option)
- R_f = risikolose Renditerate
- t = Restlaufzeit der Option als Bruchteil eines Jahres
- σ = Aktienkursvolatilität, annualisierte Standardabweichung logarithmierter Aktienkursveränderungen
- $N(d_1)$ = Flächeninhalt unter der Standardnormalverteilungsdichtefunktion von $-\infty$ bis d_i
- $N(d_2)$ = $N(d_1 - \sigma \sqrt{t})$
- $N(-d_i)$ = $1 - N(d_i)$

Der Wert $N(d_1)$ stellt das Optionsdelta (Verhältnis der Aktien pro Option) dar, welches bei der unterstellten kontinuierlichen Aktienkursentwicklung im Rahmen einer dynamischen Duplikationsstrategie das erforderliche Anpassungsvolumen der Aktienposition bestimmt. Es drückt die Preissensitivität des Optionspreises auf Kursveränderungen der zugrundeliegenden Aktie aus.

Das *Black/Scholes*-Modell ermöglicht – soweit keine Dividenden während der Laufzeit der Optionen anfallen – eine theoretisch exakte Optionspreisbestimmung sowohl europäischer als auch amerikanischer Calls. Wegen ihrer im Gegensatz zu Puts unbegrenzten Gewinnchancen weisen Calls immer eine Zeitprämie auf, so daß ein Verkauf am Sekundärmarkt gegenüber einer vorzeitigen Ausübung immer vorteilhaft ist. Daher führt das zusätzliche Recht des amerikanischen Calls, die Option laufend ausüben zu können, nicht zu einer Verteuerung gegenüber dem europäischen Call. Daher ist die *Black/Scholes*-Formel auch in diesem Fall anwendbar. Der Wert des europäischen Puts ist nach Ermittlung des theoretisch richtigen Wertes des entsprechenden Calls (gleiche Laufzeit, gleicher Basispreis) über die sog. Put-Call-Parität ermittelbar, die lediglich für europäische Optionen gilt:

$$P = C + X (1 + R_f)^{-t} - K$$

Dieser analytische Zusammenhang zwischen Put- und Call-Preis besteht aufgrund von Arbitrageüberlegungen. Durch Umstellung der *Black/Scholes*-Formel kann der Put-Wert auch direkt ermittelt werden. In diesem Fall erfolgt die Duplikation des Puts durch die Anlage eines Festgeldes, das durch den Leerverkauf von Aktien finanziert wird.

Das *Black/Scholes*-Modell ist inzwischen weit verbreitet und wird auch an der DTB von den Marktteilnehmern zur Optionsbewertung genutzt. Hauptschwierigkeit ist die Ermittlung der den Optionspreis stark beeinflussenden Volatilität, die aus historischen Aktienkursen, der impliziten oder der geschätzten zukünftigen Volatilität erfolgen kann. Außerdem treffen viele der Prämissen in der Praxis nicht zu, was insbesondere hinsichtlich der unterstellten konstanten Volatilität gilt.

Für amerikanische Puts sind mit Hilfe dieses Modells lediglich Preisuntergrenzen ermittelbar, da bei starken Kursrückgängen eine vorzeitige Ausübung von Puts lohnend sein kann, was bei amerikanischen Calls nicht der Fall ist. Die Preisbestimmung von Puts erfolgt deshalb zweckmäßiger mit Hilfe des Binomial-Modells von *Cox/Ross/Rubinstein*. Dieses Modell unterstellt, daß die Aktienkurse einem zeitdiskreten, multiplikativen Binomialprozeß folgen. Da die Ermittlung des Optionswertes ausgehend vom Verfalltag rekursiv von Periode zu Periode erfolgt, ist eine schrittweise Überprüfung des Ausübungswertes des Puts möglich, so daß eine u. U. vorteilhafte Ausübung bei der Preisermittlung berücksichtigt werden kann. Dieses Modell konvergiert unter angemessenen Grenzwerten gegen die Werte des *Black/Scholes*-Modells und hat den Vorteil, daß es nicht auf der realitätsfernen Prämisse der permanenten Handelbarkeit und Anpassung eines Portfolios basiert, die bei *Black/Scholes* aufgrund des unterstellten stetigen Aktienkursverlaufs impliziert wird. Daneben stellt die Berücksichtigung von Dividenden bei allen Optionstypen theoretisch kein Problem dar, während diese beim *Black/Scholes*-Modell lediglich über Näherungsverfahren Eingang bei der Preisermittlung finden. In der Praxis wird das Binomial-Modell z. B. von der DTB bei Berechnung der Additional Margin eingesetzt. Das *Black/Scholes*-Modell wird in einer abgewandelten Form (*Garman/Kohlhagen*-Modell) auch zur Devisenoptionspreisbestimmung eingesetzt. Für bestimmte Hedgingstrategien – z. B. dem delta-neutralen Hedging – dient das Modell zur Bestimmung des Optionsdeltas.

4.3 Preisbildung von Devisentermingeschäften

Die Devisentermingeschäfte werden zu Terminkursen abgeschlossen. Diese sind abhängig von den Zinsdifferenzen der Länder der beteiligten Währungen. Theoretisch müssen die Terminkurse diese Zinsunterschiede in vollem Umfang ausgleichen, da Geldanlagegeschäfte zur Ausnutzung von Zinsdifferenzen solange lohnend sind, bis die Zinsdifferenz durch die Kurssicherungskosten in Form des Reports (Terminkurs > Kassakurs) bzw. Deports (Terminkurs < Kassakurs) ausgeglichen ist. Dieser Sachverhalt wird durch das *Fisher/Pareto*-Theorem ausgedrückt. Daraus folgt, daß der Terminkurs von Währungen, für die höhere Zinsen gelten, mit einem Abschlag, von Währungen, für die niedrigere Zinsen gelten, mit einem Aufschlag gehandelt werden.

Der Swapsatz, die im Interbankenhandel übliche Notierungsform der Terminkurse, drückt die Differenz zwischen Termin- und Kassakurs aus. Er kann durch folgende Formel berechnet werden:

$$Z_A - Z_I = S \cdot (360 \cdot 100 + Z_A \cdot t) / (K \cdot t)$$

4. Preisbildungsprozesse und Bewertung der Instrumente

Durch Umformung erhält man:

$$S = (K \cdot (Z_A - Z_I) \cdot t) / (360 \cdot 100 + (Z_A \cdot t))$$

Dabei sind:
Z_A = Zins im Ausland
Z_I = Zins im Inland
S = Swapsatz
t = Laufzeit in Tagen
K = Kassakurs

Diese Formel gilt nur für unterjährige Laufzeiten und berücksichtigt im Gegensatz zu einer früher angewandten Formel auch den Zinsertrag aus der Währungsanlage. Da die Zinssätze in % p.a. angegeben werden, werden auch die Swapsätze in % berechnet. Kommt es am Markt zu Abweichungen von diesen Swapsätzen, setzt eine Differenzarbitrage ein, indem z.B. ein Kredit in einer Währung aufgenommen und in einer anderen kursgesichert angelegt wird.

Ein Beispiel verdeutlicht die Berechnung der Swapsätze:

Annahme: US-$-Zinssatz: 8%
DM-Zinssatz: 6%
Kassakurs des US-$: 1,70

Der Swapsatz für 180 Tage wird wie folgt berechnet:

$$\frac{1{,}70 \cdot (8 ./. 6) \cdot 180}{360 \cdot 100 + 8 \cdot 180} = 0{,}01635$$

Da der Zins im US-$-Bereich in diesem Fall höher ist als im Inland, muß ein Deport vorliegen. Der Terminkurs beträgt in diesem Fall

$$\begin{array}{r} 1{,}70 \\ ./.\ 0{,}01635 \\ \hline 1{,}68365 \end{array}$$

Die Richtigkeit dieses Kurses wird durch den Vergleich einer US-$-Anlage im US-$-Raum bzw. mit einer Anlage im Inland deutlich:

Annahme: verfügbarer Anlagebetrag von US-$ 10

Anlage in DM:

− sofortiger Tausch der US-$ in DM zum Kassakurs von 1,70 ergibt DM 17
− die Anlage derselben zum DM-Zinssatz von 6% ergibt nach einem Zeitraum von 180 Tagen DM 17,51.

Anlage in US $:

− die Anlage der US-$ ergibt bei einen Zins von 8% nach 180 Tagen einen Betrag von US-$ 10,4

– nach Transfer in DM zum vorher festgelegten Terminkurs ergibt sich ein DM-Betrag von $10{,}4 \cdot 1{,}6837 = 17{,}51$

Wie ersichtlich, entsprechen sich beide Anlagen. In der Praxis werden die Terminkurse in Form von Geld- und Briefkursen gestellt. Die Spanne zwischen diesen Kursen ist abhängig von der Fristigkeit des Geschäftes und dem Marktumsatz.

Die Abweichungen der Notierungen in der Praxis von diesen theoretisch ermittelten Kursen sind sehr gering und kommen durch die bei der Arbitrage entstehenden Transaktions- und Kurssicherungskosten zustande.

5. Zusammenfassung

Die Terminmärkte sind durch laufend neue Kreationen im Bereich der Risikoabsicherungsinstrumente gekennzeichnet. Die sich am Markt durchsetzenden Produkte nehmen den Charakter von Standards an, wie z. B. Optionen, Aktienindex- und Zinsfutures. Sie können einer im Vergleich zu früheren Alternativen kostengünstigeren Absicherung gegen verschiedenste Risiken dienen.

Nicht die Ausgestaltung ist jedoch der Grund für die hohe Akzeptanz einiger Produkte, sondern die Möglichkeit ihres aktiven Handels auf Kapitalmärkten. Deren Organisation ist damit ausschlaggebend für die Attraktivität der Instrumente.

Neben der jederzeitigen Veräußerbarkeit eingegangener Verträge spielen dabei insbesondere geringe Transaktionskosten als auch eine hohe Transparenz als Kriterien für die Beurteilung der verschiedenen Marktstrukturen eine wichtige Rolle.

Die Zusammenführung einer Vielzahl von Anbietern und Nachfragern mit völlig heterogenen Interessen und der damit ermöglichten Gewährleistung einer hohen Liquidität ist nur duch eine weitgehende Standardisierung der Produkte zu erreichen, wie dies an den Terminbörsen der Fall ist. Die Börsen als Märkte mit dem höchsten Organisationsgrad sind daher grundsätzlich am ehesten geeignet, die Ansprüche, die an Instrumente zur Risikoabsicherung gestellt werden, zu erfüllen.

Der Erfolg der Terminbörsen – insbesondere im Vergleich zu den OTC-Märkten – wird auch weiterhin davon abhängen, inwieweit es gelingt, einerseits die Bedürfnisse der Marktteilnehmer nach einer Vielzahl möglichst individueller Termingeschäfte zu befriedigen und andererseits der Notwendigkeit der Standardisierung Rechnung zu tragen. Daneben ist die jederzeitige Handelbarkeit der Produkte im Zeitalter der Globalisierung und der schnellen Informationsverarbeitung immer wichtiger.

Für die einzelnen Börsen kommt es darauf an, die Umsätze der von Ihnen angebotenen Produkte auf einem hohen Niveau zu halten bzw. an sich zu binden, um dem wichtigen Postulat der jederzeitigen Liquidität und der geringen Transaktionskosten zu genügen.

Literatur

Beilner, T., Mathes, H. D. (1990), DTB-DAX-Futures-Bewertung und Anwendung, in: Die Bank, S. 388–395

Beilner, T., Schoess, S. (1990), Der computerisierte Programmhandel, in: Die Bank, S. 684–688

Beilner, T., Schoess, S. (1991a), DTB-Optionen auf den DAX -Preisgestaltung und Anwendung, in: Die Bank, S. 315–321

Beilner, T., Schoess, S. (1991b), DTB-Optionen auf den Bund-Futures – Preisgestaltung und Anwendung, in: Die Bank, S. 374–381

Black, F., Scholes, M. (1973), The Pricing of Options and Corporate Liabilities, in: Journal of Political Economy, 3, S. 637–654

Blitz, J. (1991), Computerhandel nun auch im Kassamarkt, in: Die Bank, S. 258–262

Brady, S. (1990), Over-the-Counter or on the Exchange?, in: Euromoney Supplement, November

Breuer, R. E. (1991), Einheitliche Plattform für Kassa- und Terminhandel, in: Handelsblatt Nr. 245 v. 20./21. 12. 1991, S. 25

Bröker, K. F. (1991), Kapitalmarkt und Recht – Neue Entwicklungstendenzen, in: Kapitalanlagen, Recht und Steuern 4, Nr. 5, S. 344–348

Bublitz, F. (1989), Wem die Terminbörse nützt, in: ZfgK, S. 1093–1096

Bühler, W., Feuchtmüller, W., Vogel, M. (Hrsg.) (1987), Financial Futures, 2. Aufl., Wien

Büschgen, H. E. (1988), Zinstermingeschäfte, Frankfurt am Main

Chance, D. M. (1989), An Introduction to Options and Futures, Chicago

Chesler-Marsh, C. (1991), Globex-Countdown, in: Euromoney, März, S. 33–35

Cordero, R. (1987), Der Financial Futures Markt, Bankwirtschaftliche Forschungen, Hrsg.: *Kilgus, E.* und *Schuster, L.*, Bd. 97, 2. Aufl., Bern u. Stuttgart

Cordero, R. (1989), Risikomanagement mit Optionen, Bankwirtschaftliche Forschungen, Hrsg.: *Kilger, E.* und *Schuster, L.*, Bd. 109, Bern u. Stuttgart

Cox, J. C., Ross, S. A., Rubinstein, M. (1979), Option Pricing – A Simplified Approach, in: Journal of Financial Economics, 7, S. 229–263

Cox, J. C., Rubinstein, M. (1985), Options Markets, Englewood Cliffs

Deutsche Terminbörse (Hrsg.) (1989), Eine Einführung, Deutsche Terminbörse GmbH, Frankfurt am Main

Deutsche Terminbörse (Hrsg.) (1990a), Aktienoptionen, Frankfurt am Main

Deutsche Terminbörse (Hrsg.) (1990b), Bedingungen für den Handel an der Deutschen Terminbörse, Frankfurt am Main

Deutsche Terminbörse (Hrsg.) (1990c), Börsenordnung für die Deutsche Terminbörse, Frankfurt am Main

Deutsche Terminbörse (Hrsg.) (1990 d), Clearingbedingungen, Frankfurt am Main

Deutsche Terminbörse (Hrsg.) (1991 a), Bund-Future, 2. Aufl., Frankfurt am Main

Deutsche Terminbörse (Hrsg.) (1991 b), DAX-Future, 2. Aufl., Frankfurt am Main

Deutsche Terminbörse (Hrsg.) (1991 c) DAX-Option, Frankfurt am Main

Deutsche Terminbörse (Hrsg.) (1991 d), DTB-Dialog 1991, 2. Jg., Heft 2

Deutsche Terminbörse (Hrsg.) (1991 e), Option auf den langfristigen Bund-Future, Frankfurt am Main

Deutsche Terminbörse (Hrsg.) (1992), DTB-Dialog 1992, 3. Jg., Heft 1

Duffie, D. (1989), Futures Markets, Englewood Cliffs

Euromoney Supplement (1987), Swaps – New Moves, July

Euromoney Supplement (1987), Futures and Options, November

Fitzgerald, M. D. (1983), Financial Futures, Euromoney Publications, London

Franke, J. (1991), Der Terminhandel hat endlich wieder einen Platz, in: Handelsblatt Nr. 52 v. 14.3.1991, S. 31

Franke, J., Hidding, B., Padberg, E. (Hrsg.) (1989), Per Termin in die Kasse, Frankfurt am Main

Göppl, H., Bühler, W., von Rosen, R. (Hrsg.) (1989), Optionen und Futures, Frankfurt am Main

Green, R., Jarrow, R. (1987), Spanning and Completeness in Markets with Contingent Claims, in: Journal of Ecomomic Theory, S. 202–210

Grünwald, L. (1980), Optionsmarkt und Kapitalmarkteffizienz, München

Hielscher, U. (1990), Investmentanalyse, München, Wien

Hoffmann, P., Ramke, R. (1990), Finanzinnovationen an der Deutschen Terminbörse, Grundlagen und Praxis des Bank- und Börsenwesens, Bd. 23, Berlin

Hull, J. (1989), Options, Futures and other derivative securities, Englewood Cliffs

Imo, C., Gith, T. (1989), DTB, Einführung in den Optionshandel, Wiesbaden

Jurgeit, L. (1989), Bewertung von Optionen und bonitätsrisikobehafteten Finanztiteln, Wiesbaden

Kneidl, M. (1991), Terminmärkte International, Regensburg

Königbauer, P., Köpf, G. (1991), Deutsche Terminbörse, Reihe Wirtschaft/Finanzen/Innovationen, Bd. 3, Bonn

Kruschwitz, L., Schöbel, R. (1984a), Eine Einführung in die Optionspreistheorie I, II, III, in: Wisu, S. 68–72, 116–121, 171–176

Kruschwitz, W., Schöbel, R. (1984b), Die Bewertung europäischer und amerikanischer Puts, in: Wisu, S. 378–386

Lassak, G. (1988), Zins- und Währungsswaps, Schriftenreihe der Südwestdeutschen Genossenschafts-Zentralbank AG, Hrsg. Förderverein „Finanzwirtschaft und Banken" an der Universität Karlsruhe e. V., Band 1, Frankfurt am Main

Lerbinger, P. (1988), Zins- und Währungsswaps, Wiesbaden

Lingner, U. (1991), Optionen, Anlagestrategien für die nationalen und internationalen Options- und Futures-Märkte, 2. Aufl., Wiesbaden

Loistl, O. (1992), Computergestütztes Wertpapiermanagement, 4. Aufl., München/Wien

Loistl, O. (1991), Kapitalmarkttheorie, München/Wien

Lombard, O., Marteau, D. (1990), Devisenoptionen, Wiesbaden

Müller, S. (1987), Spanning with Options and Financial Innovations, Geld, Banken und Versicherungen Bd. II, Hrsg.: *Heilmann, W. u. a.*, Bonn, S. 973–989

o.V. (1991), DTB führt bei Aktienoptionen, in: Süddeutsche Zeitung, Nr. 118 v. 24.5.1991, S. 25

o.V. (1991 b), Franke: Die Deutsche Terminbörse verfügt über genug Markttiefe, in: FAZ, Nr. 270 v. 21.11.1991, S. 25

o.V. (1992), Die BIZ hat mehr als 7500 neue Finanzinstrumente gezählt, in: FAZ, Nr. 110 v. 12.05.1992, S. 26

Peiseler, E. (1990), Börsencomputersysteme, Reihe Finanzierung/Steuern/Wirtschaftsprüfung, Hrsg.: *Steiner, M.*, Bd. 13, Köln

Peiseler, E., Wirz, T. (1989), Deutsche Terminbörse und Inter-Banken-Informationssystem – Gefahr für den Anlegerschutz des Börsenrechtes?, in: Kapitalanlagen, Recht und Steuern 2, Nr. 6, S. 337–345

Perridon, L., Steiner, M. (1991), Finanzwirtschaft der Unternehmung, 6. Aufl., München

Porak, A. (1988), Die Optionsformel von Black und Scholes, Wiesbaden

Rettberg, U. (1991), Amerikas Futures-Industrie geht in die Offensive, in: Handelsblatt Nr. 56 v. 20. 3. 1991, S. 42

Rettberg, U. (1992), Mit futuristischer Technologie ins Rampenlicht, in: Handelsblatt, Nr. 12 v. 17. 01. 1992, S. 32

Schmidt, H. (1988), Wertpapierbörsen, München

Steiner, M. (1988), Meinungsspiegel zu Finanzinnovationen, in: BFuP 40, S. 456–478

Steiner, M. (1989), Technologie- und Produktinnovationen für die deutschen Wertpapierbörsen, insbesondere Deutsche Terminbörse, in: Führungsorganisation und Technologiemanagement, Festschrift für Hoffmann, F., zum 65. Geburtstag, Hrsg.: Bühner, R., Berlin, S. 289–314

Thießen, F. (1990), Was leisten die Market-Maker der DTB?, in: Die Bank, S. 442–448

Uhlir, H. (1990), Organisierte Terminmärkte – eine notwendige Ergänzung der Kassamärkte, in: ÖBA, S. 746–751

Uhlir, H., Steiner, P. (1991), Wertpapieranalyse, 2. Aufl., Heidelberg/Wien

Uszczapowski, I. (1991), Optionen und Futures verstehen, München

Vonwyl, J. (1989), Währungs- und Zinsswaps, Bankwirtschaftliche Forderungen, Hrsg.: Institut für Schweizerisches Bankwesen der Universität Zürich und Institut für Bankwirtschaft an der Hochschule St. Gallen, Bd. 118, Bern/Stuttgart

Weger, G. (1985), Optionsscheine als Anlagealternative, Wiesbaden

Wermuth, D., Ochynsky, W. (1987), Strategien an den Devisenmärkten, 3. Aufl., Wiesbaden

Zimmermann, H. (1987), Zur ökonomischen Bedeutung von Finanzmarktinnovationen, in: Außenwirtschaft 42, Nr. II/III, S. 163–198

Zimmermann, H. (1988), Preisbildung und Risikoanalyse von Aktienoptionen, Grüsch

Kapitel 30
Hedging mit Financial Futures

von *Manfred Steiner* und *Frieder Meyer*

1. Einleitung 722
2. Grundlagen des Hedging mit Financial Futures 722
   2.1 Forschungsansätze zur Analyse des Hedging 722
   2.2 Hedging im Rahmen des Risk-Managements einer Unternehmung 724
3. Financial Futures als Hedge-Instrumente 725
   3.1 Financial Futures im Überblick 725
      3.1.1 Interest Rate Futures 725
      3.1.2 Stock Index Futures 726
      3.1.3 Currency Futures 726
   3.2 Bewertungsansätze von Financial Futures 727
      3.2.1 Erwartungsbezogene Ansätze 727
      3.2.2 Kapitalmarktbezogene Ansätze 729
      3.2.3 Der Cost-of-Carry-Ansatz 729
4. Hedging-Programme zur Risikominimierung 733
   4.1 Elemente der Hedging-Planung 733
   4.2 Die Ermittlung der Hedge Ratio 735
      4.2.1 Hedging mit Interest Rate Futures 735
         4.2.1.1 Nominal- und Kurswertmethode 735
         4.2.1.2 Konversionsfaktormethode 736
         4.2.1.3 Regressionskoeffizienten-Methode 738
         4.2.1.4 Duration-basierte Methode 739
         4.2.1.5 Basispunkt-Methode 742
      4.2.2 Hedging mit Stock Index Futures 742
      4.2.3 Hedging mit Currency Futures 743
   4.3 Messung des Hedge-Erfolges 744
   4.4 Das Restrisiko einer Hedge-Position 745
5. Zusammenfassung 746
Literatur 746

1. Einleitung

In den vergangenen Jahren sind zunehmende Schwankungen des Zinsniveaus, der Aktienkurse und der Devisenkurse an allen wichtigen Finanzmärkten der Welt zu verzeichnen. Diese Schwankungen wirken sich auf die Ertrags- und Vermögenslage von Unternehmen und Privatpersonen aus, die in einem nennenswerten Umfang an den Finanzmärkten engagiert sind.

Vor dem Hintergrund der zunehmenden Risiken aus Zins-, Aktienkurs- und Devisenkursänderungen gewinnen Instrumente zur Absicherung gegen diese Risiken (Hedging) eine große Bedeutung. Finanzterminkontrakte (Financial Futures) werden dabei als die wichtigsten Finanzinnovationen zum Management dieser Risiken angesehen. Der teilweise sprunghafte Anstieg der Anzahl gehandelter Kontrakte dokumentiert eindrucksvoll die Akzeptanz, die Financial Futures bei vielen Finanzmarktteilnehmern finden.

Das mit einer Hedging-Strategie verbundene Ziel der Marktteilnehmer ist die erfolgreiche Absicherung gegen die genannten Risiken. Dabei kommt dem Hedge-Verhältnis (Hedge Ratio) zwischen dem Umfang der einzusetzenden Terminkontrakte im Vergleich zur abzusichernden Kassaposition eine zentrale Bedeutung zu; denn in der Regel weichen das abzusichernde Kassa- und das dem Future unterliegende Instrument voneinander ab, so daß diese Instrumente mit Hilfe einer geeigneten Hedge Ratio auf eine vergleichbare Grundlage gestellt werden müssen. Daher wird im folgenden den dazu entwickelten Verfahren ein besonderer Stellenwert beigemessen.

2. Grundlagen des Hedging mit Financial Futures

2.1 Forschungsansätze zur Analyse des Hedging

Im Zusammenhang mit der Entwicklung des Begriffs „Hedging" ist in der Wissenschaft ein Wandel in den Auffassungen darüber festzustellen, was unter Hedging zu verstehen ist und welche Annahmen, Zielsetzungen und Motive damit verbunden sind. Dabei lassen sich vier wesentliche Ansätze unterscheiden (vgl. *Berger* 1990, S. 8 ff.):

– Hedging zur Risikoeliminierung
– Hedging zur Risikoreduktion
– Hedging zur Erzielung von Gewinnen
– Hedging zur Optimierung unter Risiko- und Ertragsgesichtspunkten

2. Grundlagen des Hedging mit Financial Futures

Der Risikoeliminierungsansatz unterstellt parallele Preisbewegungen am Kassa- und Terminmarkt und eine vollkommene Absicherungsmöglichkeit durch das Eingehen einer der Kassaposition entgegengesetzten Terminposition in gleicher nomineller Höhe. Verluste der Kassaposition lassen sich im Idealfall durch Gewinne der Terminposition genau ausgleichen (**perfect hedging**).

Aufgrund der realen Gegebenheiten, die die Annahmen dieses Ansatzes nicht bestätigen konnten, wurde diese Sichtweise insoweit modifiziert, als durch Hedging-Maßnahmen das ursprüngliche Preisrisiko zwar nicht eliminiert, aber zumindest reduziert werden kann (vgl. *Wardrep/Buck* 1982, S. 249). Dabei wurde in empirischen Untersuchungen gezeigt, daß der Grad der erzielbaren Risikoreduktion mit einer zunehmenden positiven **Korrelation** zwischen Kassa- und Terminposition erhöht werden konnte. Neben einer hohen Korrelation als Voraussetzung zur Risikoreduzierung unterstellt dieser Ansatz einen vollkommen risikoscheuen Anleger.

Im Gegensatz dazu wurde von *Working* die These aufgestellt, daß Hedging durchgeführt wird, um **Arbitragegewinne** aus der sich ändernden Differenz zwischen Termin- und Kassapreisen (**Basis**) zu erzielen (vgl. *Working* 1953, S. 325 f.). Eine Kassaposition wird entweder voll abgesichert, um Basisgewinne zu erzielen, oder sie wird gar nicht abgesichert. Das Ergebnis der Hedging-Maßnahmen hängt damit von der Fähigkeit der Marktteilnehmer ab, künftige Preisveränderungen richtig zu antizipieren. Kritisiert wird an diesem Ansatz, daß er nicht erklären kann, warum eine nur teilweise Absicherung von Kassapositionen erfolgt (vgl. *Wittleder* 1988, S. 118).

Basierend auf den bisher genannten Sichtweisen des Hedging erfolgte zunächst von *Johnson* ein Versuch der Integration dieser Ansätze auf der Basis portfoliotheoretischer Überlegungen (vgl. *Johnson* 1960, S. 142 ff.). Dabei wird davon ausgegangen, daß die Marktteilnehmer Hedging-Entscheidungen aufgrund des erwarteten Ertrages und des Ertragsrisikos treffen. Letzteres wird in der Varianz der Erträge zum Ausdruck gebracht. Der aus diesen Überlegungen resultierende **Varianz-Minimierungsansatz** wurde von *Ederington* auf Hedging-Maßnahmen mit Hilfe von Financial Futures übertragen (vgl. *Ederington* 1979, S. 161 ff.). Weiterhin wurden auch kapitalmarkttheoretische Überlegungen auf das Hedging angewandt (vgl. *Howard/D'Antonio* 1984, S. 101 ff., 1986, S. 26 ff.).

Im Ergebnis ist festzuhalten, daß unterschiedliche Modellansätze existieren, die die verschiedenen Zielvorstellungen der Hedger berücksichtigen. Aufgrund der großen Bedeutung des Hedging zur Reduzierung der Risiken aus bestehenden oder noch einzugehenden Positionen wird im folgenden von der **Minimierung der Varianz der Erträge** eines abgesicherten Portefeuilles als wesentlicher Zielsetzung des Hedging ausgegangen.

2.2 Hedging im Rahmen des Risk-Managements einer Unternehmung

Das Risk-Management soll einerseits Gefahren für den Erfolg einer Unternehmung rechtzeitig aufdecken, um frühzeitig Maßnahmen ergreifen zu können, die die Wahrscheinlichkeit des Eintretens von Risiken herabsetzen. Andererseits sollen Maßnahmen zur Abschwächung von bestehenden Risiken vorgenommen werden (vgl. *Büschgen* 1988, S. 83). Bei letzteren lassen sich **risikoverringernde** Maßnahmen von denen der **Risikovorsorge** unterscheiden. Zu ersteren sind die Auflösung der risikobehafteten Position (Glattstellung), die Risikostreuung (Diversifikation) sowie die Risikoabwälzung (z. B. über Versicherungsverträge) zu zählen.

Zu den Maßnahmen der Risikovorsorge gehören Reservenbildungen aller Art und Maßnahmen der Risikokompensation. Diese sollen potentiell auftretende Verluste aus bereits bestehenden oder noch einzugehenden Positionen auffangen. Dabei handelt es sich um Geschäfte, die den bereits erfolgten risikobehafteten grundsätzlich entsprechen, jedoch in entgegengesetzter Weise auf Preisänderungen reagieren. Hier ist das Hedging einzuordnen. Es kann demnach wie folgt definiert werden (vgl. *Berger* 1990, S. 28):

Hedging ist eine Form der Risikobegrenzung, bei der zu einer vorhandenen oder antizipierten Position ein entgegengesetztes Engagement so eingegangen wird, daß sich ihre Verluste und Gewinne bei Marktpreisänderungen annähernd kompensieren.

Die Zielsetzung dieses Hedging-Ansatzes läßt sich grafisch in der folgenden Weise darstellen:

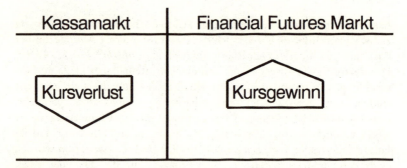

Unterschieden werden **Long Hedge** und **Short Hedge**. Ersterer ermöglicht eine Absicherung gegen Kurserhöhungen. Das Absicherungsgeschäft besteht dabei in dem Kauf von Futures zum Zeitpunkt der Absicherung und dem späteren Verkauf zu einem möglicherweise höheren Preis. Ein Short Hedge, d. h. Verkauf von Finanzterminkontrakten, wird zur Absicherung gegen Risiken aus Kurssenkungen durchgeführt. Der verkaufte Kontrakt soll später zu einem günstigeren Preis zurückgekauft werden.

Vor der Festlegung einer Hedging-Strategie sind grundsätzliche Managemententscheidungen über den zeitlichen und betragsmäßigen Umfang der Risikoabsicherung festzulegen. Weiterhin ist die Zielsetzung der Hedge-Transaktion zu formulieren. Sie läßt sich aus den übergeordneten Zielvorstellungen und Risikoeinschätzungen der Hedger ableiten. Das Hedging wird insbesondere mit Finanztermingeschäften durchgeführt, die anschließend vorgestellt werden.

3. Financial Futures als Hedge-Instrumente

3.1 Financial Futures im Überblick

Der Kauf bzw. Verkauf von Financial Futures zählt wie auch der von Financial Forwards zu den unbedingten Finanztermingeschäften, bei denen die Marktteilnehmer zur Erfüllung der vertraglich festgelegten Transaktionen verpflichtet sind. Während **Forwards** auf die individuellen Bedürfnisse der Vertragspartner abgestimmt sind und infolgedessen nicht an der Börse gehandelt werden, erfolgt bei den **Futures** eine Standardisierung bezüglich Erfüllungstermin, Betrag und Menge, so daß ein Börsenhandel ermöglicht wird. Financial Futures beinhalten die vertragliche Vereinbarung, eine bestimmte Anzahl eines bestimmten Finanzinstruments zu einem im voraus festgelegten Preis an einem späteren standardisierten Fälligkeitstag zu liefern (Verkäufer des Futures) bzw. abzunehmen (Käufer des Futures). Sie sind im Gegensatz zu den Forwards nicht auf die Erfüllung des Vertrages angelegt. Die Marktteilnehmer beabsichtigen vielmehr, ihre Verpflichtung vor Fristablauf durch ein Gegengeschäft aufzuheben. Die Auflösung vor Vertragsende wird durch den zentralisierten Handel an einer Börse gewährleistet. Als dem Future zugrundeliegende Finanzprodukte kommen Zinstitel, Aktienindizes und Fremdwährungen in Frage.

3.1.1 Interest Rate Futures

Der Handel mit Zinsterminkontrakten wurde erstmals 1975 am Chicago Board of Trade aufgenommen. In der Folgezeit entwickelten auch andere Börsen zahlreiche neue Zinsfutures. So werden auch an der Deutschen Terminbörse z. Z. zwei Zinsterminkontrakte gehandelt, ein langfristiger und ein mittelfristiger Bund-Future. Der Gegenstand eines Zinsterminkontrakts ist ein Zinstitel, der bezüglich Laufzeit, Verzinsung und Nominalbetrag standardisiert ist. Neben effektiv vorhandenen Titeln können auch synthetische (fiktive) Konstruktionen in Frage kommen. Letzteres ist bei überjährigen Titeln häufig der Fall. Die Bund-Futures beruhen jeweils auf einer standardisierten Bundesanleihe.

Bei dem Kontraktgegenstand des US-Treasury Bond Futures des Chicago Board of Trade, dem volumenmäßig weltweit bedeutendsten Terminkontrakt, handelt es sich um einen Treasury Bond mit einer ständigen Restlaufzeit von 20 Jahren und einem Nominalzins von 8%. Lieferbar bei Kontraktfälligkeit sind Treasury Bonds mit einer Mindestrestlaufzeit von 15 Jahren.

Zinsterminkontrakte werden insbesondere zur Absicherung gegen das Zinsänderungsrisiko eines Portefeuilles eingesetzt. Dabei kann es sich sowohl um bereits im Bestand befindliche als auch um zukünftig einzugehende Kassapositionen handeln.

3.1.2 Stock Index Futures

Der Handel mit Stock Index Futures wurde erstmals 1982 am Kansas City Board of Trade aufgenommen. Infolge des hohen Anlegerinteresses wurde mit dem Handel in Aktienindexfutures an vielen weiteren Börsen begonnen. Bei dem zugrundeliegenden Objekt handelt es sich um einen jeweils spezifizierten Aktienindex, also um einen abstrakten, nicht lieferbaren Basiswert. Der Aktienindex basiert auf einem hypothetischen Portefeuille und bildet die Kursbewegung des gesamten Portefeuilles anhand eines einzigen Wertes ab. Zum Zeitpunkt der Andienung erfolgt bei Aktienindexfutures i.d.R. ein Barausgleich (**Cash Settlement**). Damit wird am Erfüllungstag anstelle einer effektiven Lieferung des entsprechenden Finanzinstruments eine Begleichung in bar durchgeführt.

Mit dem Einsatz von Aktienindexfutures kann sich ein Hedger gegen das Marktrisiko (systematische Risiko) seines Aktienportefeuilles absichern, z. B. gegen das Risiko eines Börsencrashs, das alle Aktien, wenn auch in unterschiedlicher Höhe, betrifft. An der Deutschen Terminbörse wird seit November 1990 der DAX-Future gehandelt, dessen Gegenstand der Deutsche Aktienindex (DAX) ist.

3.1.3 Currency Futures

Terminkontrakte in Fremdwährungen (Currency Futures) waren die ersten Finanztermingeschäfte, die 1972 kurz nach dem endgültigen Scheitern des Bretton-Woods-Systems fester Wechselkurse am International Monetary Market der Chicago Mercantile Exchange eingeführt wurden. Diesen Finanzinstrumenten liegt ein standardisierter Betrag einer bestimmten Währung zugrunde. Im Vergleich zum außerbörslichen Devisenterminhandel ist der Handel in Währungsfutures durch ein deutlich geringeres Transaktionsvolumen gekennzeichnet. Während der Futuresmarkt vor allem von kleinen Unternehmen, Portfoliomanagern und Spekulanten in Anspruch genommen wird, sind die Marktteilnehmer auf den außerbörslichen Devisenterminmärkten eher große Unternehmen und institutionelle Händler (vgl. *Fastrich/Hepp* 1991, S. 210).

3. Financial Futures als Hedge-Instrumente

Zur Absicherung von offenen Positionen gegen Wechselkursrisiken sind die Futuresmärkte besonders dann interessant, wenn sich die offene Währungsposition häufig ändert und der Besitzzeitraum der gehedgten Finanzinstrumente im voraus nicht bekannt ist. Ist dies nicht der Fall, kann die Standardisierung einen Nachteil darstellen, da die Hedger dann eine exakte Übereinstimmung des Verfalltages des Hedging-Instruments mit dem Zeitpunkt ihrer offenen Währungsposition vorziehen, so daß eine jederzeitige Glattstellungsmöglichkeit für sie uninteressant wird.

Vor dem Hintergrund des Einsatzes von Financial Futures für das Hedging spielen ihre Preise/Kurse eine wesentliche Rolle für eine erfolgreiche Absicherung. Daher wird im folgenden die Preisbildung dieser Finanzinstrumente dargestellt.

3.2 Bewertungsansätze von Financial Futures

Grundsätzlich ergibt sich ein Preisgleichgewicht dort, wo sich der Terminkontraktpreis und der zukünftige Kassapreis entsprechen. Der zukünftige Preis ist jedoch mit Unsicherheit behaftet, so daß die Kontrakte mittels Hilfsinstrumenten bewertet werden müssen. Zur Bestimmung des „richtigen" Futurepreises sind in der Literatur verschiedene Ansätze vorgestellt worden.

3.2.1 Erwartungsbezogene Ansätze

Diese Ansätze gehen von den aktuellen Futurekursen P_F mit der Fälligkeit in T als Schätzung der erwarteten künftigen Kassakurse aus. In Abhängigkeit von der Risikoneigung der Marktteilnehmer wird dabei eine Risikoprämie berücksichtigt. Zunächst wird Risikoneutralität unterstellt, so daß die Risikoprämie außer acht bleiben kann.

Der Futurepreis ergibt sich unter Berücksichtigung des täglichen Abrechnungsprozesses wie folgt (vgl. *Tucker* 1991, S. 120 ff.):

$$P_F = \frac{E(R \cdot K_T)}{(1 + r_{T,0})^T}, \text{ wobei}$$

R $= (1 + r_0) \cdot (1 + r_1) \cdot \ldots \cdot (1 + r_T)$
r_t $=$ in t = 0 unbekannte Rendite einer risikolosen Anleihe in der Periode t mit der Restlaufzeit von 1 Tag
$r_{T,0}$ $=$ Rendite einer risikolosen Anleihe bis zur Fälligkeit T
$E(K_T)$ $=$ erwarteter Kassakurs am Erfüllungstag

Unter Berücksichtigung der Zinserwartungshypothese als Erklärungsansatz für die Zinsertragskurve repräsentiert die aktuelle Rendite einer risikolosen Anleihe $r_{T,0}$ die erwarteten täglichen Renditen in der Zukunft. Zudem kann bei **Risikoneutralität** von einer Liquiditätsprämie zur Erklärung der Struktur der Zinsertragskurve abgesehen werden, so daß E (R)

$= (1 + r_{T,0})^T$. Weitere Umformungen führen dazu, daß sich der folgende Futurepreis bei Risikoneutralität ergibt (vgl. *Tucker* 1991, S. 121):

$$P_F = E(K_T) + \frac{COV(R, K_T)}{(1 + r_{T,0})^T}$$

Der zum Erwartungswert des Kassakurses zu addierende Term wird als Prämie der Reinvestitionsrendite bezeichnet. Sie existiert aufgrund der täglichen Abrechnung des Futures und der nicht konstanten Rendite einer risikolosen Anleihe. Bei über die Zeit konstanten Renditen ergibt sich eine Kovarianz von null.

Falls die Marktteilnehmer **risikoavers** sind, verlangen sie eine Risikoprämie zusätzlich zum o.g. Wert. Diese kann sowohl positiv als auch negativ sein, je nachdem, ob sich die Hedger in Shortposition (negative Risikoprämie) oder in Longposition (positive Risikoprämie) befinden. Das Risiko wird von Marktteilnehmern getragen, die entgegengesetzte Erwartungen haben (z.B. Spekulanten). Der Futurepreis kann in der folgenden Form berechnet werden (vgl. *Tucker* 1991, S. 123):

$$P_F = E(K_T) \cdot \frac{E(R)}{(1 + r_{T,0})^T} + \frac{COV(R, K_T)}{(1 + r_{T,0})^T} + COV(M_T, (R \cdot K_T)),$$

wobei M_T einen Diskontierungssatz ausdrückt, der sich mit Hilfe einer Nutzenbetrachtung aus der Beziehung zwischen dem Nutzen des Konsums bei Fälligkeit des Futures (der bei der Anlage in einen Future entsteht) und dem Nutzen des aktuellen Konsums (bei Nichtanlage) ergibt (vgl. *Tucker* 1991, S. 118).

In der Formel deutet der Term $E(R) / (1 + r_{T,0})^T$ auf die Risikoaversion hin, da eine Liquiditätsprämie verlangt wird. Diese ist bei allen Futures mit derselben Laufzeit konstant. Die Prämie der Reinvestitionsrendite $COV(R, K_T) / (1 + r_{T,0})^T$ ergibt sich aufgrund des Tagesabrechnungsprozesses und des nicht konstanten Verhaltens der Zinsen. Der letzte Term $COV(M_T, (R \cdot K_T))$ stellt die Hedging-Prämie, auch als Risikoprämie bezeichnet, dar. Sie kann sowohl negativ als auch positiv sein. Wenn der Futurepreis unterhalb des erwarteten Kassapreises liegt, kann erwartet werden, daß der Futurepreis im Vergleich zum Kassapreis über die Laufzeit ansteigen wird, was als **normal backwardation** bezeichnet wird; denn am Fälligkeitstag stimmen Kassa- und Futurepreis überein. Im umgekehrten Fall wird von **contango** gesprochen.

Zur näheren Untersuchung der Risikoprämie wurde auch auf das Capital Asset Pricing Model (CAPM) zurückgegriffen. Diese Überlegungen sind Gegenstand des folgenden Abschnitts.

3.2.2 Kapitalmarktbezogene Ansätze

Das CAPM bestimmt die Renditeerwartung für eine risikobehaftete Kapitalanlage, die im Kapitalmarktgleichgewicht der risikolosen Renditerate zuzüglich einer Risikoprämie, die sich aus dem Marktpreis für die Risikoübernahme auf dem Kapitalmarkt multipliziert mit der Risikohöhe ergibt, entspricht. Die Risikohöhe wird als Beta bezeichnet und ergibt sich aus der Kovarianz zwischen den Renditeerwartungen eines Wertpapiers und dem Marktportefeuille, dividiert durch die Varianz des Marktportefeuilles (vgl. *Sharpe* 1964, S. 425 ff., *Lintner* 1965, S. 13 ff.).

Aus der auf dem CAPM basierenden Vorgehensweise zur Ermittlung des Futurepreises ergibt sich der Betafaktor β als Quotient aus der Kovarianz zwischen der erwarteten Futurepreisänderung und der erwarteten Marktrendite und der Varianz der Marktrendite (vgl. *Kolb* 1988, S. 60). Der Futurepreis wird wie folgt berechnet (vgl. *Dusak* 1973, S. 1392 f.):

$$P_F = E(K_T) - (E(r_m) - r_f) \cdot P_K \cdot \beta, \text{ wobei}$$

$E(K_T)$ = erwarteter Kassakurs am Erfüllungstag
$E(r_m)$ = erwartete Rendite eines Marktportefeuilles
r_f = Zinssatz für eine risikolose Anlage
P_K = aktueller Preis des Kassainstruments

Daraus läßt sich die Risikoprämie folgendermaßen ableiten:

$$\frac{E(K_T) - P_F}{P_K} = (E(r_m) - r_f) \cdot \beta$$

Allerdings erbrachte die Untersuchung von *Dusak* nur ein Beta, das insignifikant von null verschieden war (vgl. *Dusak* 1973, S. 1394 ff.). Damit konnte also keine Risikoprämie nachgewiesen werden. Weitere Untersuchungen führten zu unterschiedlichen Ergebnissen, so daß eine Bewertung von Terminkontrakten mit dem CAPM-Modell bislang noch nicht vorgenommen werden konnte (vgl. *Breeden* 1980, S. 503 ff.).

Darüber hinaus wurde versucht, mit Hilfe der Arbitrage Pricing Theory (APT) zu einem zuverlässigeren Ergebnis bezüglich der Risikoprämie zu gelangen (vgl. *Ehrhardt/Jordan/Walkling* 1987, S. 21 ff.). Auch in dieser Untersuchung konnte keine signifikante Risikoprämie beobachtet werden.

3.2.3 Der Cost-of-Carry-Ansatz

Der auf Arbitragebeziehungen basierende Cost-of-Carry-Ansatz wird in der Praxis häufig zur Erklärung der Preisbildung von Financial Futures herangezogen. Dabei ist der Begriff der **Basis** von zentraler Bedeutung. Damit ist die Differenz zwischen dem Preis des jeweiligen Terminkontraktes und dem Preis des dem Terminkontrakt zugrundeliegenden Instruments gemeint. Im Zusammenhang mit dem Hedging kann die Differenz zwischen dem Futurepreis und dem Preis des abzusichernden Kassatitels auch als Basis im weiteren Sinne bezeichnet werden. Der Gesamtbetrag der Basis läßt sich in **Carry Basis** und **Value Basis** unterteilen.

Letztere berücksichtigt, daß bei der Preisbildung der Futures Faktoren, wie z. B. die Erwartungen der Marktteilnehmer, Tagesereignisse, Angebots- und Nachfragestrukturen sowie die Marktliquidität eine Rolle spielen. Hier spiegelt sich der Informationsaspekt der Finanzterminmärkte wider. Die an den Märkten entstehenden Preisverzerrungen bzw. Abweichungen von dem im folgenden darzustellenden, auf Arbitragebeziehungen beruhenden fairen Preis (**Fair Value**) eines Futures bedeuten für ein Portefeuille ein Zusatzrisiko, das sogenannte **Basisrisiko**.

Die Carry Basis stellt die Nettofinanzierungskosten dar (Cost of Carry), die durch das Halten einer der Futureposition entsprechenden Kassaposition verursacht werden. Damit ergibt sich die folgende Gleichung für den Fair Value eines Futures:

$$P_F = P_K \cdot (1 + CC \cdot T/360), \text{ wobei}$$

P_F = Futurepreis
P_K = Preis des Kassainstruments
CC = Cost-of-Carry-Satz p.a.
T = Laufzeit bis zur Fälligkeit des Futures

Somit befinden sich Kassa- und Terminmarkt genau dann im Gleichgewicht, wenn sich Basis und Cost of Carry entsprechen.

Werden Zinseszinsen berücksichtigt, kann der Futurepreis auch wie folgt ausgedrückt werden:

$$P_F = P_K \cdot (1 + CC)^{T/360}$$

Geht man weiterhin von infinitesimal kleinen Zinsperioden (stetige Verzinsung) und kontinuierlicher Zinseszinsverrechnung aus, so läßt sich der Futurepreis ableiten als:

$$P_F = P_K \cdot e^{CC \cdot T/360}, \text{ wobei } e = \textit{Euler}\text{sche Zahl}$$

Die Cost of Carry lassen sich aus der Differenz zwischen den Finanzierungskosten und dem Ertrag der Kassaposition ermitteln. In Abhängigkeit des Gegenstandes des Futures (Zinsinstrument, Aktienindex oder Fremdwährung) ergeben sich unterschiedliche Cost of Carry.

Bei Zinsterminkontrakten können die Cost of Carry in Abhängigkeit von der Zinsstruktur sowohl positiv als auch negativ sein. Bei normaler Zinsstruktur übersteigen die (langfristigen) Zinserträge aus der Kassaposition die (kurzfristigen) Finanzierungskosten, so daß sich negative Cost of

Carry ergeben. Das Halten der Kassaposition erbringt einen Nettoertrag, so daß der faire Futurepreis niedriger als der Kassapreis liegt.

Je kleiner diese Renditeniveauunterschiede im Zeitverlauf sind, desto geringer sind die Cost of Carry und damit auch die Basis. Bei abnehmender Restlaufzeit konvergiert die Basis gegen null (**Basiskonvergenz**).

Durch den Vergleich zwischen der Basis und den Cost of Carry kann festgestellt werden, ob **Arbitragemöglichkeiten** vorhanden sind. Diese Arbitragepositionen werden grundsätzlich bis zur Fälligkeit des Futures aufrechterhalten. Da die Börsenbedingungen bei Zinsterminkontrakten zumeist zum Lieferzeitpunkt ein Lieferwahlrecht für den Verkäufer eines Futures vorsehen, wird sich der Futurepreis an der lieferoptimalen Anleihe (**Cheapest-to-deliver-Anleihe, CTD**) orientieren. Diese repräsentiert das dem Future zugrundeliegende fiktive Zinsinstrument. Die Cost of Carry lassen sich demnach bei Nichtberücksichtigung von Zinseszinsen wie folgt berechnen:

Cost of Carry für die Laufzeit T

$$= \frac{1}{KF} \cdot [(P_K + Z) \cdot (i_{FK} \cdot T/360) - (i_{CTD} \cdot N_K \cdot T/360)], \text{ wobei}$$

KF = Konversionsfaktor der CTD-Anleihe, der diese Anleihe renditemäßig mit dem dem Future zugrundeliegenden Zinsobjekt vergleichbar macht
P_K = Preis des dem Future zugrundeliegenden Kassatitels (CTD-Anleihe)
Z = Stückzinsen pro 100,– DM
i_{FK} = kurzfristiger Refinanzierungszinssatz
T = Laufzeit des Futures bis zur Fälligkeit
i_{CTD} = Nominalzinssatz des dem Future zugrundeliegenden Kassatitels (CTD-Anleihe)
N_K = Nominalwert des dem Future zugrundeliegenden Kassatitels (CTD-Anleihe)

Für Wertpapierarbitrageure stellen im Gegensatz zu Anlegern, die die CTD-Anleihe bereits im Bestand haben, die kurzfristigen Finanzierungskosten tatsächliche Kosten dar. Als maßgeblicher Zinssatz wird in der Literatur der Pensionszinssatz (reporate) für Wertpapiere mit Rückkaufvereinbarung (Pensionsgeschäfte) vorgeschlagen (vgl. *Berger* 1990, S. 290).

Der Cost-of-Carry-Ansatz geht davon aus, daß sich die CTD-Anleihe während der Laufzeit des Futures nicht verändert. Dieses gilt insbesondere nicht für den US Treasury Bond Future. Aufgrund der Heterogenität der lieferbaren Treasury Bonds kann es bereits ohne Änderung der Renditedifferenz unter den lieferbaren Anleihen allein bei einer allgemeinen Renditeniveauänderung zu einem Wechsel der CTD-Anleihe kommen.

Auch bei der Bewertung von Stock Index Futures sind Cost of Carry zu berücksichtigen. Neben den Finanzierungskosten fließen die Erträge aus dem Aktienbestand dann mit in die Berechnungen ein, wenn es sich bei dem zugrundeliegenden Aktienindex um einen Kursindex handelt. Damit kann der Cost-of-Carry-Satz folgendermaßen ermittelt werden:

$CC = i_{FK} - d$, wobei

d = Dividendensatz auf die Kassaposition

Diese Formel unterstellt allerdings, daß die Höhe der Dividendenzahlungen zum Zeitpunkt der Future-Bewertung bereits bekannt ist. Zusätzlich kann die Möglichkeit der Wertpapierleihe berücksichtigt werden. Die Marktteilnehmer können den am Kassamarkt erworbenen Aktienindex bzw. die in ihm vorhandenen Aktien erwerben und sofort für die Restlaufzeit des Futures verleihen. Die dadurch zu erzielende Verleihprämie stellt eine zusätzliche Einnahme aus der Kassaposition dar, die die Cost of Carry vermindert:

$CC = i_{FK} - d - k_w$, wobei

k_w = Verleihprämie in %

Damit ergibt sich für den fairen Futurepreis:

$P_F = P_I \cdot e^{(i_{FK} - d - k_w) \cdot T/360}$, wobei

P_I = aktueller Index-Kurs (Kassaposition)

Falls allerdings Leerverkäufe ohne Wertpapierleihe zulässig sind, so ergibt sich der Gleichgewichtspreis an der Stelle, an der die Höhe des risikolosen Gewinns einer **reverse cash and carry arbitrage** ohne Wertpapierleihe der Höhe des risikolosen Gewinns einer **cash and carry arbitrage** mit Wertpapierleihe entspricht. Damit läßt sich dieser Futurepreis wie folgt errechnen (vgl. *Hohmann* 1991, S. 579 ff.):

$P_F = P_I \cdot e^{(i_{FK} - d - 0{,}5 \cdot k_w) \cdot T/360}$

Handelt es sich bei dem zugrundeliegenden Aktienindex um einen **Performance-Index**, so werden Dividendenzahlungen bei der Futurepreis-Berechnung nicht berücksichtigt; denn ein Performance-Index bezieht sich auf ein Portefeuille, dessen Erträge systematisch reinvestiert werden. Damit fällt die Größe d in den angeführten Formeln weg, und der faire Futurepreis läßt sich unter Berücksichtigung der Wertpapierleihe, die bei Leerverkäufen von Aktien notwendig ist, folgendermaßen ausdrücken:

$P_F = P_I \cdot e^{(i_{FK} - k_w) \cdot T/360}$

Der Cost-of-Carry-Satz von Currency Futures ergibt sich aus der Differenz zwischen dem Finanzierungskostensatz für das Halten eines Währungsbetrages während der Laufzeit des Futures und dem Zinssatz des betreffenden Auslandes (i_a), der für die entsprechende Laufzeit gewährt wird. Der maßgebliche Zinssatz für die Berechnung der Finanzierungskosten ist der inländische Zinssatz (i_i). Damit ergibt sich der Cost-of-Carry-Satz sowie der Fair Value eines Currency Futures wie folgt:

$CC = i_i - i_a$, $P_F = P_K \cdot e^{(i_i - i_a) \cdot T/360}$

Am Cost-of-Carry-Ansatz wird insbesondere kritisiert, daß dabei von Transaktionskosten abgesehen wird (vgl. *Berger* 1990, S. 330 ff.). Diese könnten im Modell wie folgt berücksichtigt werden (vgl. *Tucker* 1991, S. 111):

$$P_K \cdot e^{CC \cdot T/360} - k_A \leq P_F \leq P_K \cdot e^{CC \cdot T/360} + k_A, \text{ wobei}$$

k_A = mit Arbitragehandel verbundene Transaktionskosten

Neben der Bewertung von Futures im Verhältnis zum Kassakurs wird als weitere Möglichkeit der Bewertung der Vergleich der theoretischen Kurse der nachfolgenden Terminmonate mit Hilfe der Notierungen vorher fälliger Liefermonate vorgeschlagen (vgl. *Berger* 1990, S. 294 ff.).

Der vorgestellte Cost-of-Carry-Ansatz ist der in der Praxis am häufigsten verwendete Ansatz zur Bewertung von Financial Futures. Von der richtigen Bewertung am Markt hängt insbesondere auch der Erfolg von Hedging-Maßnahmen ab. Die damit verbundenen Überlegungen sind Gegenstand der folgenden Abschnitte.

4. Hedging-Programme zur Risikominimierung

4.1 Elemente der Hedging-Planung

Eine wesentliche Voraussetzung für eine erfolgreiche Hedging-Transaktion ist die detaillierte Planung der Hedging-Programme (vgl. *Duffie* 1989, S. 224 ff.). Sie beginnt bereits bei der Feststellung des Ausmaßes der Zinsänderungs-, Aktienkurs- bzw. Währungsrisiken, das auch das Ausmaß des Absicherungsbedarfes bestimmt. Neben einer Analyse der gegenwärtigen Situation ist eine Prognose über die künftige Marktentwicklung und deren Einfluß auf die zu hedgende Position erforderlich. Falls dabei lediglich einzelne Positionen betrachtet werden, erfolgt die Festlegung des Sicherungsbedarfs in der Form eines **Mikro-Hedge**. Im Gegensatz dazu wird bei einem **Makro-Hedge** die insgesamt ermittelte Risikoposition gegen Risiken abgesichert. Allerdings ergeben sich bei dieser Aufrechnung der sich entsprechenden Positionen auf der Aktiv- und auf der Passivseite in der Praxis Probleme, da die entsprechenden Gegenpositionen meist nicht vorhanden sind. Dann kann sich ein Makro-Hedge leicht als suboptimal erweisen, so daß der Mikro-Hedge in der Praxis bevorzugt wird.

Im Anschluß an die Bestimmung des Absicherungsbedarfs erfolgt die Entscheidung über den einzusetzenden Finanzterminkontrakt. Wenn das abzusichernde Kassainstrument in bezug auf die Ausstattungsmerkmale mit dem einzusetzenden Kontrakt weitgehend übereinstimmt, ist die Entscheidung bereits vorgegeben. In allen anderen Fällen muß im Rahmen eines **Cross Hedge** derjenige Terminkontrakt ermittelt werden, der in etwa ähnliche Kursbewegungen vollführt wie das abzusichernde Kassainstrument. Eine Angleichung kann insbesondere durch das Verhältnis der Anzahl einzusetzender Kontrakte zur abzusichernden Position erfolgen. Damit ergibt sich das **Hedge-Verhältnis** oder die **Hedge Ratio**. Hierauf ist in den nächsten Abschnitten ausführlich einzugehen.

Ein weiteres praktisches Problem im Rahmen der Hedging-Planung ist die Wahl des Liefermonats (Fälligkeit) des gewählten Futures. Hier können zwei grundsätzliche Strategien unterschieden werden. Nach der ersten ist derjenige Liefermonat zu wählen, der zeitlich unmittelbar auf das Ende der geplanten Hedge-Periode einer abzusichernden Kassaposition folgt. Problematisch könnte allerdings bei langen Hedge-Perioden die geringe Liquidität der Futures mit einer längeren Laufzeit werden.

Entsprechend der zweiten Strategie werden nur die Futures mit nahen Fälligkeitsterminen (**Nearby-Kontrakte**) eingesetzt. Falls die Fälligkeit der Futureposition vor dem Ende der geplanten Hedge-Periode der abzusichernden Kassaposition liegt, müssen die abgeschlossenen Kontrakte in solche mit späteren Fälligkeitsterminen transferiert werden (**Roll-over-Hedge**). Damit fallen im Gegensatz zur ersten Strategie auch mit der Umschichtung verbundene Transaktionskosten an. Trotzdem kann die erste Strategie teurer sein, da die Preise der langlaufenden Futures aufgrund des geringen Handelsvolumens möglicherweise stark von dem Fair Value abweichen.

Allerdings lassen sich bei den Nearby-Kontrakten erhöhte Basiskonvergenzen und damit ebenfalls Abweichungen des Futurepreises vom Fair Value beobachten. Je nach Richtung der Terminposition können sich daraus zusätzliche Gewinne oder Verluste ergeben. Überbewertete Futurepositionen deuten beim Short Hedge auf Gewinne in dem entsprechenden Kontrakt hin. Analog gilt dies umgekehrt für unterbewertete Futurepositionen.

Weiterhin ist im Rahmen der Hedging-Planung der Finanzierungsbedarf zu ermitteln, der sich aus dem Tagesbewertungsprinzip der Futures ergibt. Während Einschußverpflichtungen häufig in Form von hinterlegten Wertpapieren geleistet werden können, sind für mögliche Nachschußverpflichtungen Liquiditätsreserven bereitzustellen.

Von diesen Elementen der Planung von Hedging-Programmen kommt der Ermittlung der Hedge Ratio eine zentrale Bedeutung zu. Daher wird die Ermittlung dieses Wertes, der das Gewichtungsverhältnis zwischen dem absichernden und dem abzusichernden Instrument ausdrückt, im folgenden näher betrachtet.

4. Hedging-Programme zur Risikominimierung

4.2 Die Ermittlung der Hedge Ratio

Zur Bestimmung der Anzahl der für das Hedging einzusetzenden Terminkontrakte ist zunächst das Hedge-Verhältnis bzw. die Hedge Ratio zu ermitteln. Ausgangspunkt der folgenden Darstellungen ist die Hedge-Zielsetzung, das Risiko einer Kassapositon möglichst gering zu halten. Damit kommt der Minimierung der Varianz der Erträge eines gehedgten Portefeuilles, das aus dem Kassa- und dem eingesetzten Termininstrument besteht, eine zentrale Bedeutung im Rahmen von Hedging-Maßnahmen zu. In der Literatur werden unterschiedliche Verfahren zur Ermittlung der Hedge Ratio vorgeschlagen, die sich je nach Art des Gegenstandes des Terminkontrakts unterscheiden. Zunächst werden die Verfahren vorgestellt, die bei Zinsterminkontrakten angewendet werden können.

4.2.1 Hedging mit Interest Rate Futures

Der Einsatz von Interest Rate Futures im Rahmen des Hedging erfolgt zur Absicherung gegen das Zinsänderungsrisiko von festverzinslichen Wertpapieren. Eine Änderung des Marktzinses hat Auswirkungen sowohl auf den Kurswert von Wertpapieren, als auch darauf, daß sich eine geplante Rendite bis zu einem bestimmten Planungshorizont nicht erzielen läßt, da sich der für die Wiederanlage der Zinsen relevante Marktzins verändert hat. Die sich jeweils daraus ergebenden Risiken werden auch als **Marktwertänderungs-** und als **Endwertänderungsrisiko** bezeichnet (vgl. *Perridon/Steiner* 1991, S. 187).

Zur Ermittlung der **optimalen Hedge Ratio** (HR_{opt}) bei Zinsfutures können verschiedene Verfahren angewandt werden. Diese sind, je nachdem, ob es sich bei den Terminkontrakten und Kassainstrumenten um unter- oder überjährige Instrumente handelt, unterschiedlich. Die Bestimmung der optimalen Hedge Ratio bei unterjährigen Instrumenten erfolgt durch die Berücksichtigung der unterschiedlichen Laufzeiten, indem der Quotient aus der Laufzeit des abzusichernden Kassainstruments und der des Gegenstandes des Termininstruments gebildet wird (vgl. *Büschgen* 1988, S. 94 f.).

Die im folgenden darzustellenden Verfahren sind für überjährige Instrumente entwickelt worden. Die Anzahl einzusetzender Kontrakte ergibt sich dann jeweils wie folgt:

$$q = HR_{opt} \cdot \frac{\text{Nominalwert der Kassaposition}}{\text{Nominalwert der Futureposition}}$$

4.2.1.1 Nominal- und Kurswertmethode

Die Nominal- und die Kurswertmethode werden in der Literatur häufig als naive Ansätze bezeichnet (vgl. z. B. *Bessler* 1989, S. 124). Die optimale

Hedge Ratio berechnet sich nach der **Nominalwertmethode** durch Division der jeweiligen Nominalwerte von Kassa- und Futureinstrument:

$$HR_{opt} = \frac{N_K}{N_F}, \text{ wobei}$$

N_K = Nominalwert des Kassainstruments in %
N_F = Nominalwert des Futureinstruments in %

Da die Nominalwerte jeweils 100% betragen, ergibt sich ein optimales Hedge-Verhältnis von eins. Diese Vorgehensweise berücksichtigt keine unterschiedlichen Laufzeiten, Preisvolatilitäten und Kuponstrukturen. Sie unterstellt damit, daß die Preisveränderungen des Kassa- und des Futureinstruments identisch sind, d. h. daß beide Titel die gleiche **Zinselastizität** aufweisen. Da diese Voraussetzungen in der Realität kaum zu erfüllen sind, ist dieses Verfahren nur in geringem Maße zur Risikominimierung geeignet.

Bei der **Kurswertmethode** wird angenommen, daß die optimale Hedge Ratio von den aktuellen Preisen der jeweiligen Finanzinstrumente abhängt. Danach läßt sie sich wie folgt ermitteln:

$$HR_{opt} = \frac{P_K}{P_F}, \text{ wobei}$$

P_K = Preis des Kassainstruments (Kurswert)
P_F = Preis des Futureinstruments

Bei dieser Vorgehensweise wird unterstellt, daß das Preisverhältnis von Kassa- und Futureinstrument einen geeigneten Anhaltspunkt für das Verhältnis der möglichen Preisveränderungen der beiden Instrumente darstellt. Bei starken Abweichungen der Preise zum Hedge-Zeitpunkt kann sich die Eignung zur Reduzierung des Risikos verringern (vgl. *Bessler* 1989, S. 125). Allerdings wird auf die realitätsferne Annahme identischer Preise, die die Nominalwertmethode unterstellt, verzichtet. Beide Methoden sind in bezug auf den Berechnungsaufwand als einfache Verfahren zu bezeichnen.

4.2.1.2 Konversionsfaktormethode

Konversionsfaktoren werden insbesondere benötigt, um die bei Fälligkeit des Futures jeweilig lieferbaren Anleihen und den Gegenstand des Zinsfutures (**Underlying**) renditemäßig vergleichbar zu machen. Während das Underlying z. B. beim Bund-Future eine Bundesanleihe mit einem Kupon von 6% darstellt, können auch mit anderen Kupons ausgestattete Anleihen bei Fälligkeit des Futures geliefert werden. Mit Hilfe der Konversionsfaktoren können die lieferbaren Anleihen vereinfacht dargestellt in eine 6%ige Bundesanleihe umgewandelt werden. Übertragen auf den Fall des Hedging wird jetzt der Konversionsfaktor des abzusichernden Kas-

4. Hedging-Programme zur Risikominimierung

sainstruments berechnet, um diesen an das Underlying des Futures anzupassen. Damit wird der Preis des abzusichernden Titels wiedergegeben, durch den dieser die Rendite von 6% aufweist. Für die Berechnung der Hedge Ratio ergibt sich:

$$HR_{opt} = \frac{N_K}{N_F} \cdot KF_K, \text{ wobei}$$

KF_K = Konversionsfaktor des abzusichernden Kassatitels

In der Literatur wird hier häufig der Konversionsfaktor der lieferoptimalen Anleihe (CTD-Anleihe) angeführt. Dieser ist aber nur dann einzusetzen, wenn es sich bei dem abzusichernden Kassainstrument auch um die CTD-Anleihe handelt, so daß ein Cross Hedge ausscheidet.

Die Konversionsfaktoren sollen die unterschiedlichen **Zinsreagibilitäten** der Preise des Kassa- und des Futureinstruments widerspiegeln. Bei einem Konversionsfaktor, der größer als eins ist, wird unterstellt, daß die Preisreagibilität des Kassatitels größer ist als die des Underlying des Futures. Konversionsfaktoren für die jeweiligen lieferbaren Anleihen werden, genau wie auch die CTD-Anleihe, von den Börsen veröffentlicht. An dem Chicago Board of Trade werden sie wie folgt berechnet (vgl. *Berger 1990*, S. 278):

$$KF = \sum_{t=1}^{n} \frac{c_t}{1,04^t} + \frac{1}{1,04^n}, \text{ wobei}$$

C_t = halbjährliche Kuponzahlung/100
n = Anzahl der Halbjahresperioden bis zum Laufzeitende

Diese Formel gilt nur für den Fall, daß die 1. Dezimalstelle in der Anzahl der Halbjahresperioden kleiner als 0,5 ist.

Falls die 1. Dezimalstelle größer oder gleich 0,5 ist, so ist die folgende Formel anzuwenden:

$$KF = \frac{\sum_{t=1}^{n} \frac{c_t}{1,04^t} + \frac{1}{1,04^n} + c_t}{1,04^{0,5}} - 0,5 \cdot c_t$$

In beiden Gleichungen ist die Anzahl der Halbjahresperioden jeweils auf ganze Zahlen abzurunden. Bei einer Laufzeit von z. B. 25 Jahren und 7 Monaten ist für n = 51 einzusetzen und die 1. Formel zu nehmen. Falls die Restlaufzeit 25 Jahre und 10 Monate beträgt, ist bei n = 51 die 2. Formel anzuwenden.

Probleme ergeben sich bei der Konversionsfaktormethode zur Berechnung der optimalen Hedge Ratio insbesondere dadurch, daß eine horizontale Zinsstruktur für die Errechnung der Konversionsfaktoren unterstellt wird, die in der Realität kaum zu beobachten ist.

Den bisher behandelten Verfahren fehlt eine theoretisch-analytische Grundlage, die mit der Hedge-Zielsetzung einer Varianzminimierung der Erträge des gehedgten Portefeuilles in logisch-konsistenter Beziehung übereinstimmt. Unterschiedliche Reaktionen der Finanzinstrumente auf Zinsänderungen in der Vergangenheit werden nicht berücksichtigt. Vielmehr werden lediglich statische Daten des Entscheidungszeitpunktes verwendet. Aus diesen Gründen werden diese Methoden in der Literatur auch zu den naiven Methoden gezählt.

4.2.1.3 Regressionskoeffizienten-Methode

Im Rahmen der folgenden Ansätze zur Berechnung der Hedge Ratio erfolgt eine Übertragung der Überlegungen der modernen Portfoliotheorie auf das Hedging mit Financial Futures. Dabei ist es das Ziel, Kassa- und Futureposition derart zu kombinieren, daß die möglichen Renditeschwankungen des gesamten, aus Kassa- und Terminposition bestehenden Portefeuilles minimiert werden. Dieses Portefeuille kann auch als **Hedge-Portefeuille** bezeichnet werden. Ausgehend von der Varianz des erwarteten Ertrages des Hedge-Portefeuilles als zu minimierendes Risikomaß, kann die optimale Hedge Ratio wie folgt ermittelt werden (zur Herleitung vgl. *Toevs/Jacob* 1987, S. 936 f.):

$$HR_{opt} = - \frac{r \cdot \sigma_{\Delta PK} \cdot \sigma_{\Delta PF}}{\sigma_{\Delta PF}^2} = - \frac{\text{cov}(\Delta P_K, \Delta P_F)}{\text{var}(\Delta P_F)}, \text{wobei}$$

$\sigma^2_{\Delta PF}$ = Varianz der erwarteten Preisveränderungen eines Futureinstruments
r = Korrelationskoeffizient der erwarteten Änderungen des Kassa- mit denen des Futurepreises
$\sigma_{\Delta PK}$ = Standardabweichung der erwarteten Kassapreisänderungen
$\sigma_{\Delta PF}$ = Standardabweichung der erwarteten Futurepreisänderungen

Damit wird die optimale Hedge Ratio durch den Quotienten aus der Kovarianz der erwarteten Preisänderungen des abzusichernden Kassamit denen des Futureinstruments und der Varianz der erwarteten Futurepreisänderungen bestimmt. Das negative Vorzeichen des Quotienten deutet darauf hin, daß zum Hedging eine der Kassaposition entgegengesetzte Futureposition eingegangen wird.

Durch empirische Untersuchungen wurde gezeigt, daß sich diese theoretisch-analytisch abgeleitete Lösung unter bestimmten Bedingungen durch den Regressionskoeffizienten einer linearen Funktion angeben läßt, die auf einer Regression zwischen den historischen Preisen oder den Preisveränderungen des Kassa- und des Futuretitels beruht (vgl. *Ederington* 1979, S. 162 ff.). Wesentliche Voraussetzung dafür ist insbesondere ein hoher Korrelationskoeffizient. Dieses kommt auch durch die Formel für die minimale Standardabweichung der erwarteten Erträge des gehedgten

4. Hedging-Programme zur Risikominimierung

Portefeuilles (Gesamtposition) zum Ausdruck, die sich bei einer optimalen Hedge Ratio ergibt als:

$\sigma_{\Delta G}$ (min) = $\sigma_{\Delta PK} \cdot (1 - r^2)^{1/2}$

Damit wird deutlich, daß es lediglich bei perfekter Korrelation (r = 1) zwischen ΔP_K und ΔP_F gelingt, durch eine entsprechende Gegenposition das Risiko völlig auszuschalten. Ein Korrelationkoeffizient von -1 würde bedeuten, daß die Hedge Ratio positiv wäre und Futures z. B. zur Absicherung eines bestehenden Portefeuilles dazugekauft werden müßten, da sie bei Zinsänderungen genau entgegengesetzt zum abzusichernden Kassatitel reagieren.

Zur Berechnung des Regressionskoeffizienten kommt sowohl eine lineare Einfachregression der Kurse als auch der Kursänderungen in Betracht (vgl. *Toevs/Jacob* 1987, S. 923 f.). Als Hedge Ratio ergibt sich:

$HR_{opt} = -b$, wobei

b = Regressionskoeffizient

Aus theoretischer Sicht ist der Portfolio-Ansatz ein fundiertes Verfahren zur Ermittlung der optimalen Hedge Ratio. Allerdings ist bei der Wahl des Regressionskoeffizienten die optimale Hedge Ratio aus den beobachtbaren historischen Preisen oder Preisveränderungen von Kassa- und Futuretitel zu ermitteln. Somit werden die Kenntnisse über die Bewertung und die Wertänderungen von Finanztiteln bei der Berechnung nicht berücksichtigt. Darüber hinaus kann es vorkommen, daß die Zeitreihen für die Ermittlung des Regressionskoeffizienten nicht verfügbar sind, z. B. wenn neu emittierte Anleihen abgesichert werden sollen oder neue Futures zur Absicherung auf den Markt kommen. Der wesentliche Kritikpunkt ist aber, daß es sich bei den Zeitreihen um Vergangenheitswerte handelt, die nicht unbedingt auch richtige Schätzwerte für die erwarteten zukünftigen Werte darstellen.

4.2.1.4 Duration-basierte Methode

Die Preisveränderung eines festverzinslichen Wertpapiers hängt bei einer Marktzinsänderung im wesentlichen vom Kupon, von der Restlaufzeit und vom Zinsniveau ab. Diese Determinanten lassen sich mit Hilfe der **Durationskennzahl** zusammenfassen. Sie ist eine Kennzahl für die durchschnittliche Bindungsdauer eines finanziellen Engagements mit genau definiertem Zahlungsstrom (vgl. *Macaulay* 1938, S. 46 ff.). Im Rahmen des Bond-Portfolio-Managements ist die Duration bekannt geworden als der Zeitpunkt, in dem die effektive Rendite eines Wertpapiers trotz Marktzinsänderungen gleich bleibt, d. h. das geplante Endvermögen wird in D (= Planungshorizont) in jedem Fall erreicht. Zu diesem (Durations-)Zeitpunkt werden z. B. bei sinkendem Marktzinsniveau geringere Wiederanlageerträge durch steigende Kurse kompensiert. Mit Hilfe der Duration kann somit das geplante Endvermögen aus einer festverzinslichen Anlage gegen Zinsänderungen immunisiert werden.

Nach *Hicks* kann die Duration auch als **Elastizität** interpretiert werden (vgl. *Hicks 1946*, S. 185 ff.). Sie gibt an, wie sich der Barwert einer festverzinslichen Anleihe bei infinitesimal kleinen Marktzinsänderungen verändert. Somit kann sie als ein Maß für die Volatilität eines Finanztitels verwendet werden. Damit läßt sich der folgende Zusammenhang zeigen (vgl. *Berger 1990*, S. 421):

$$D = - \frac{\Delta P/P}{\Delta i/(1+i)}, \text{ wobei}$$

P = Preis einer Anleihe
i = Marktrendite der Anleihe

Daraus ergibt sich für ΔP_K und ΔP_F:

$$\Delta P_K = - \frac{D_K \cdot P_K \cdot \Delta i_K}{1 + i_K} \text{ bzw. } \Delta P_F = - \frac{D_F \cdot P_F \cdot \Delta i_F}{1 + i_F},$$

wobei

D_K, D_F = Duration der abzusichernden Anleihe bzw. des Futures
i_K, i_F = Umlaufrendite der abzusichernden Anleihe bzw. des Futures
P_K, P_F = Preis der abzusichernden Anleihe bzw. des Futures

Hierauf aufbauend ist es das Ziel des **Preissensitivitätsansatzes** zur Ermittlung der optimalen Hedge Ratio, Kassa- und Futureposition so zu kombinieren, daß es zu einem Ausgleich der Wertänderungen beider Positionen kommt. Das für eine bestimmte Periode geplante Vermögen des Anlegers kann dann auch bei Marktzinsänderungen erreicht werden.

Zur Berechnung der optimalen Hedge Ratio wird der Quotient aus der Anzahl der Futuretitel zur Absicherung eines Kassatitels bezüglich des gleichen Nominalwertes ermittelt:

$$HR_{opt} = - \frac{y}{x} = - \frac{\Delta P_K}{\Delta P_F}, \text{ wobei}$$

x = Anzahl der Kassatitel (= 1)
y = Anzahl der Futuretitel

Setzt man für ΔP_K und ΔP_F die o.g. Ausdrücke ein und unterstellt eine konstante Renditespanne zwischen Kassa- und Futuretitel, d.h. gleiche Zinsänderungen Δi_K und Δi_F, so erhält man:

$$HR_{opt} = - \frac{D_K \cdot P_K \cdot (1 + i_F)}{D_F \cdot P_F \cdot (1 + i_K)}$$

4. Hedging-Programme zur Risikominimierung

Vor dem Anspruch der Minimierung der Varianz des Ertrages des Hedge-Portefeuilles wird zur Berechnung der optimalen Hedge Ratio wiederum von der Wertänderung eines Hedge-Portefeuilles ausgegangen. Zusätzlich wird der Zusammenhang zwischen der Renditeänderung der abzusichernden Anleihe und der des dem Future zugrundeliegenden Instruments durch den sogenannten **relativen Zins-Volatilitätsfaktor** berücksichtigt. Durch partielles Ableiten der Varianz der Wertveränderung des Hedge-Portefeuilles nach der Hedge Ratio läßt sich die optimale Hedge Ratio wie folgt ableiten (vgl. *Toevs/Jacob* 1987, S. 938):

$$HR_{opt} = - \frac{D_K \cdot P_K \cdot (1 + i_F) \cdot \beta_y}{D_F \cdot P_F \cdot (1 + i_K)}$$

wobei

β_y = relativer Zins-Volatilitätsfaktor

Diese Formel läßt sich noch erweitern. Da sich der Futurepreis in einem effizienten Markt an der lieferoptimalen Anleihe orientiert, wirken sich unterschiedliche CTD-Anleihen (mit verschiedenen Preiselastizitäten) auf den Erfolg einer Hedging-Maßnahme in unterschiedlicher Weise aus. Daher ist der Ersatz des standardisierten Underlyings des Futures durch die jeweilige CTD-Anleihe in der Berechnungsformel sinnvoll. Außerdem besitzt ein Future keine Duration. Lediglich die CTD-Anleihe als das den Futurepreis bestimmende Instrument ist einem Zinsänderungsrisiko ausgesetzt. Als optimale Hedge Ratio ergibt sich der folgende Ausdruck:

$$HR_{opt} = - \frac{D_K \cdot P_K \cdot (1 + i_{CTD})}{D_{CTD} \cdot P_{CTD} \cdot (1 + i_K)} \cdot \beta_{yCTD} \cdot KF_{CTD},$$

wobei

β_{yCTD} = relativer Zins-Volatilitätsfaktor, der sich aus der linearen Einfachregression zwischen den Renditen (bzw. deren Änderungen) der abzusichernden und der lieferoptimalen Anleihe ergibt
KF_{CTD} = Konversionsfaktor der CTD-Anleihe

Hinsichtlich der Beurteilung dieser mit Hilfe der Duration ermittelten optimalen Hedge Ratio kann positiv gewertet werden, daß, abgesehen von der Ermittlung des relativen Zins-Volatilitätsfaktors, dieses Verfahren nicht auf historische Datenreihen angewiesen ist. Allerdings geht die Duration-basierte Methode, die auf der Grundlage der Duration in ihrer ursprünglichen Version *Macaulays* beruht, davon aus, daß die Zinsstrukturkurve in der Ausgangslage flach ist, und daß lediglich eine einmalige, infinitesimale Zinsänderung erfolgt, die zudem vor der ersten Zahlung aus dem Zinsinstrument stattfindet (vgl. *Wittleder* 1988, S. 158). Darüber hinaus wird unterstellt, daß kein Wechsel der lieferoptimalen Anleihe bis zum Ende der Hedge-Periode erfolgt.

4.2.1.5 Basispunkt-Methode

Diese Methode geht von der Wertänderung der Kassa- und der des Futureinstruments, gemessen in **Basispunkten** bei Veränderung des Zinsniveaus um einen Basispunkt (0,01%), aus (vgl. *Blank/Carter/Schmiesing* 1991, S. 243). Das Vorgehen entspricht dem Elastizitätsansatz von *Hicks* zur Bestimmung der Barwertänderung bei Zinsänderungen. Für die Wertänderung kann der folgende Ausdruck verwendet werden:

$$BV = \frac{\Delta P}{\Delta i} = -\frac{D \cdot P}{1+i}$$

Durch Einsetzen der jeweiligen Wertänderungen BV für das Kassa- und das Termininstrument in die Formel der optimalen Hedge Ratio der Duration-basierten Methode erhält man:

$$HR_{opt} = -\frac{BV_K}{BV_{CTD}} \cdot \beta_{yCTD} \cdot KF_{CTD}, \text{ wobei}$$

BV_K = Kursänderung der abzusichernden Kassaposition bei einer Zinsänderung um einen Basispunkt
BV_{CTD} = Kursänderung der lieferoptimalen Anleihe bei einer Zinsänderung um einen Basispunkt

Auch die so ermittelte Hedge Ratio kann nur dann zu sinnvollen Ergebnissen kommen, wenn die Zinsbewegungen sehr klein sind (vgl. *Berger* 1990, S. 424).

Damit sind die wesentlichen Verfahren zur Ermittlung der optimalen Hedge Ratio bei dem Einsatz von Zinsterminkontrakten dargestellt und analysiert worden. Im folgenden wird nun die Berechnung dieser Größe bei der Anwendung von Aktienindex- und Währungsfutures vorgestellt.

4.2.2 Hedging mit Stock Index Futures

Stock Index Futures werden im Rahmen des Risiko-Managements zur Absicherung gegen das nicht diversifizierbare (also das systematische) Risiko eines Aktienportefeuilles eingesetzt. Voraussetzung dafür ist, daß es sich bei dem dem Future unterliegenden Aktienindex um einen guten Schätzwert für das Marktportefeuille handelt. Die wesentliche Frage ist auch hier, in welchem Umfang Aktienindex-Futures eingesetzt werden sollen.

Diese Anzahl ergibt sich aus dem folgenden Ausdruck:

$$q = HR_{opt} \cdot \frac{\text{Kurswert der Kassapositon}}{\text{Kurswert eines Terminkontrakts}}$$

4. Hedging-Programme zur Risikominimierung

Wie bereits oben dargelegt, läßt sich unter der Zielsetzung der Minimierung der Erträge eines Hedge-Portefeuilles die optimale Hedge Ratio wie folgt ermitteln:

$$HR_{opt} = - \frac{r \cdot \sigma_{\Delta PK} \cdot \sigma_{\Delta PF}}{\sigma^2_{\Delta PF}} = - \frac{cov(\Delta P_K, \Delta P_F)}{var(\Delta P_F)}$$

Die optimale Hedge Ratio kann auch hier über eine Regression zwischen den Aktienportefeuille- und den Futurepreisänderungen geschätzt werden. Damit ergibt sich als Hedge Ratio das Beta des Aktienportefeuilles im Verhältnis zum Future. Die Stärke des linearen Zusammenhangs zwischen beiden wird ebenfalls durch den Korrelationskoeffizienten gemessen. Bei keiner exakten linearen Beziehung kommt es zu Schwankungen des Betas im Zeitablauf.

Das **Betarisiko** besteht zum einen aus dem Schätzrisiko, zum anderen beinhaltet es das Risiko, das daraus entsteht, daß zwischen dem zu hedgenden Portefeuille und dem Future keine Korrelation von eins besteht. Während ersteres sich evtl. durch anspruchsvollere Verfahren der Betaschätzung reduzieren läßt (vgl. z. B. *Bauer* 1992, S. 143 ff.), ist letzteres auf die verbleibenden Einzelrisiken in einem nicht vollständig diversifizierten Portefeuille zurückzuführen.

Aufgrund der Instabilität des Betas eines Aktienportefeuilles im Verhältnis zum Index-Future und des Berechnungsaufwandes für den Hedger wird in der Literatur vorgeschlagen, als optimale Hedge Ratio das Produkt aus dem Beta des Portefeuilles in Relation zum Index (dem Underlying des Futures) und dem Beta dieses Index in Relation zum Terminkontrakt zu wählen (vgl. *Fabozzi/Peters* 1989, S. 216):

$$HR_{opt} = - \beta_{PI} \cdot \beta_{IF}, \text{ wobei}$$

β_{PI} = Beta des Portefeuilles in Relation zum Index
β_{IF} = Beta des Index in Relation zum Terminkontrakt

Auch nach dieser Methode können letztlich nur Portefeuilles, die eine hohe Korrelation mit dem jeweiligen Underlying des Index-Futures aufweisen, erfolgreich abgesichert werden. Für einzelne Aktien ist die Absicherung mit Optionen auf die jeweilige Aktie besser geeignet.

4.2.3 Hedging mit Currency Futures

Währungsfutures können zur Absicherung gegen das Risiko einer Veränderung des Devisenkurses eingesetzt werden. Die Anzahl zu kaufender bzw. verkaufender Kontrakte ergibt sich aus dem folgenden Ausdruck:

$$q = HR_{opt} \cdot \frac{\text{Nominalwert der Kassaposition}}{\text{Nominalwert der Futureposition}}$$

In der Praxis wird häufig auf die Nominalwertmethode zurückgegriffen, da Devisenkassa- und Terminkurse sehr eng miteinander verbunden sind (vgl. *Tucker* 1991, S. 167). In empirischen Untersuchungen über den Hedge-Erfolg mit Währungsfutures wird die Hedge Ratio auch durch eine Regression zwischen Kassa- und Futurepreisänderungen, die sich auf eine Fremdwährung beziehen, durchgeführt (vgl. *Park/Lee/Lee* 1987, S. 227 ff.). Der Regressionskoeffizient gibt dann die optimale Hedge Ratio an.

Für eine genaue Beurteilung der jeweiligen Verfahren zur Bestimmung der Anzahl einzusetzender Terminkontrakte sind insbesondere empirische Untersuchungen unerläßlich. Sie müssen sich an dem jeweils erzielbaren Hedge-Erfolg orientieren.

4.3 Messung des Hedge-Erfolges

Nach der Festlegung der Anzahl einzusetzender Kontrakte sowie der Durchführung der Hedge-Transaktion ist eine Hedge-Überwachung, die die Elemente der Planung von Hedging-Programmen während der Hedge-Periode laufend analysiert, für den Erfolg einer Hedging-Maßnahme von zentraler Bedeutung. Mögliche Änderungen, z. B. des Hedge-Instruments oder der Hedge Ratio können im Rahmen der Hedge-Adjustierung durchgeführt werden (vgl. *Cordero* 1987, S. 120 f.). Am Ende der Hedge-Periode ist der Erfolg des Hedging festzustellen. Für seine Messung sind unterschiedliche Verfahren vorgeschlagen worden (vgl. z. B. *Cordero* 1987, S. 122; *Schwarz/Hill/Schneeweis* 1986, S. 185 ff.; *Berger* 1990, S. 444 ff.). Ausgehend von der Hedge-Zielsetzung der Risikominimierung soll hier lediglich der **risikobezogene Hedge-Erfolg** analysiert werden.

In diesem Fall wird der Absicherungserfolg daran gemessen, in welchem Umfang die Varianz oder Standardabweichung der Erträge des gehedgten gegenüber dem ungesicherten Portefeuille ex post gesenkt werden konnte. Der risikobezogene Erfolg (E) läßt sich folgendermaßen ausdrücken:

$$E = \frac{\sigma^2_{\Delta PK} - \sigma^2_{\Delta G}}{\sigma^2_{\Delta PK}} = 1 - \frac{\sigma^2_{\Delta G}}{\sigma^2_{\Delta PK}}$$

Damit ergibt sich ein Prozentsatz der Risikoverminderung. Falls die Varianz der Erträge des gehedgten Portefeuilles den Wert Null annimmt, ist eine vollkommene Portfolioabsicherung erreicht worden, d. h. der Hedge-Erfolg bemißt sich zu 100%.

Dieser Hedge-Erfolg kann auch mit Hilfe des **Bestimmtheitsmaßes** (r^2) ermittelt werden. Dies soll kurz analytisch gezeigt werden: im Zusam-

4. Hedging-Programme zur Risikominimierung

menhang mit der theoretisch-analytisch abgeleiteten optimalen Hedge Ratio ergab sich für die minimale Standardabweichung der Wert:

$$\sigma_{\Delta G} \text{ (min)} = \sigma_{\Delta PK} \cdot (1 - r^2)^{1/2}$$

Wird dieser Ausdruck in die Gleichung des risikobezogenen Hedge-Erfolges eingesetzt, so läßt sich der Hedge-Erfolg wie folgt berechnen:

$$E = \frac{\sigma^2_{\Delta PK} - \sigma^2_{\Delta G}}{\sigma^2_{\Delta PK}} = 1 - \frac{\sigma^2_{\Delta PK} \cdot (1 - r^2)}{\sigma^2_{\Delta PK}} = r^2$$

Das Bestimmtheitsmaß als Hedge-Erfolg kann aber nur bei Portefeuilles mit risikominimaler Hedge-Zielsetzung angewendet werden.

Ein Hedge-Erfolg von 100% kann kaum erwartet werden, da eine Reihe von möglichen Abweichungen der unterstellten Kursbeziehungen zu berücksichtigen ist. Das damit verbleibende Restrisiko einer Hedge-Position (Basisrisiko) wird im folgenden erörtert. Durch die Anwendung von Futures als Hedge-Instrument wird also das **Kursrisiko** einer Kassaposition durch das **Basisrisiko** ersetzt.

4.4 Das Restrisiko einer Hedge-Position

Bei der Analyse der verschiedenen Verfahren zur Bestimmung der optimalen Hedge Ratio wurde bereits angedeutet, daß die Ergebnisse der angewandten Verfahren mit Risiken behaftet sind. Bei jedem Verfahren finden sich Fehlerquellen, die das Hedge-Ergebnis in erheblichem Maße beeinflussen können. So ist z. B. zu berücksichtigen, daß die Hedge Ratio häufig mit Hilfe historischer Daten geschätzt oder aufgrund bestimmter Annahmen über die voraussichtlichen künftigen Kursschwankungen ermittelt wird. Die Schätzungen der Parameter können sich aber häufig während einer Hedge-Periode ändern.

Darüber hinaus kann insbesondere in kleineren Portefeuilles die benötigte Anzahl einzusetzender Kontrakte nicht realisiert werden, da eine beliebige Teilbarkeit der Terminkontrakte nicht möglich ist. Falls die angewandte Hedge Ratio größer als die optimale ist, wird die Hedge-Transaktion als **Overhedge**, im anderen Fall als **Underhedge** bezeichnet.

Weiterhin werden bei dem hier vorgestellten Grundmodell des Hedging insbesondere titelspezifische Risiken der abzusichernden Kassapositionen (z. B. Bonitätsrisiken) nicht erfaßt. So wird beispielsweise beim Einsatz von Zinsterminkontrakten lediglich von rein zinsinduzierten Kursänderungen ausgegangen. Das unsystematische Risiko läßt sich nicht über herkömmliche Finanzterminkontrakte absichern, die z. B. auf öffentlichen Anleihen basieren, sondern nur über eine Diversifikation.

5. Zusammenfassung

Vor dem Hintergrund des Risk-Managements einer Unternehmung mit Finanzterminkontrakten ist die Reduzierung der Zinsänderungs-, Aktienkurs- und Devisenkursrisiken von Kassapositionen das wesentliche Ziel von Hedging-Maßnahmen. Dazu wird versucht, die Varianz der Erträge eines Hedge-Portefeuilles, das aus der Kassa- und der Futureposition besteht, zu minimieren. Im Rahmen einer Hedging-Planung ist vor allem die Anzahl einzusetzender Kontrakte zu ermitteln. Hierzu sind verschiedene Hedge-Ratio-Verfahren entwickelt worden.

Mit dem Ziel der Varianzminimierung konsistent sind auf theoretisch-analytischer Grundlage insbesondere die Regressionskoeffizienten- und die Duration-basierte Methode, wobei letztere einen speziellen Ansatz für das Hedging mit Zinsterminkontrakten darstellt. Bei den verschiedenen Methoden ergeben sich unterschiedliche Probleme und Kritikpunkte. Allen Methoden gemeinsam ist, daß sie das **Basisrisiko** als Ausdruck der Schwankung der Basis um ihren rechnerischen Wert nicht explizit berücksichtigen. Dieses Risiko bleibt letztlich bestehen und verhindert eine Minimierung der Varianz auf null und damit einen risikobezogenen Hedge-Erfolg von 100%.

Literatur

Anderson, R. W./Danthine, J.-P. (1981), Cross Hedging, in: Journal of Political Economy, 89. Jg., S. 1182–1196

Bacon, P. W./Williams, R. E. (1982), Interest Rate Futures: New Toll for the Financial Manager, in: Gay, G. D./Kolb, R. W. (Hrsg.), Interest Rate Futures: Concepts and Issues, Reston, Virginia, S. 241–253

Bauer, C. (1992), Das Risiko von Aktienanlagen, Die fundamentale Analyse und Schätzung von Aktienrisiken, Köln

Beilner, T./Mathes, H. D. (1990), DTB DAX-Futures-Bewertung und Anwendung, in: Die Bank, S. 388–395

Bell, D. E./Krasker, W. S. (1986), Estimating Hedge Ratios, in: Financial Management, S. 34–39

Berger, M. (1990), Hedging. Effiziente Kursabsicherung festverzinslicher Wertpapiere mit Finanzterminkontrakten, Wiesbaden

Bessler, W. (1989), Zinsrisikomanagement in Kreditinstituten, Wiesbaden

Blank, S. C./Carter, C. A./Schmiesing, B. H. (1991), Futures and Option Markets, Englewood Cliffs

Bond, G. E./Thompson, S. R. (1986), Optimal Commodity Hedging within the Capital Asset Pricing Model, in: Journal of Futures Markets, 6. Jg., S. 421–431

Breeden, D. (1980), Consumption Risk in Futures Markets, in: Journal of Finance, 35. Jg., S. 503–520

Bühler, W./Feuchtmüller, W./Vogel, M. (Hrsg.) (1987), Financial Futures, 2. Aufl., Wien

Büschgen, H. E. (1988), Zinstermingeschäfte, Frankfurt am Main

Cecchetti, S. G./Cumby, R. E./Figlewski, S. (1988), Estimation of the Optimal Futures Hedge, in: The Review of Economics and Statistics, 70. Jg., S. 623–630

Cheung, C. S./Kwan, C. C. Y./Yip, P. C. Y. (1990), The Hedging Effectiveness of Options and Futures: A Mean-Gini-Approach, in: Journal of Futures Markets, 10. Jg., S. 61–73

Cordero, R. (1987), Der Financial Futures Markt, 2. Aufl., Stuttgart

Deutsche Terminbörse (Hrsg.) (1990), Bund-Future, Frankfurt am Main

Deutsche Terminbörse (Hrsg.) (1990), DAX-Future, Frankfurt am Main

Duffie, D. (1989), Futures Markets, Englewood Cliffs

Dusak, K. (1973), Futures Trading and Investor Returns: An Investigation of Commodity Market Risk Premiums, in: Journal of Political Economy, 81. Jg., S. 1387–1406

Ederington, L. H. (1979), The Hedging Performance of the New Futures Markets, in: Journal of Finance, 34. Jg., S. 157–170

Ehrhardt, M. C./Jordan, J. V./Walkling, R. A. (1987), An Application of Arbitrage Pricing Theory to Futures Markets: Test of Normal Backwardation, in: Journal of Futures Markets, 7. Jg., S. 21–34

Fabozzi, F. J./Peters, E. E. (1989), Hedging with Stock Index Futures, in: Fabozzi, F. J./Kipnis, G. M. (Hrsg.), The Handbook of Stock Index Futures and Options, Homewood, S. 188–222

Fastrich, H./Hepp, S. (1991), Währungsmanagement international tätiger Unternehmen, Stuttgart

Figlewski, S. (1986), Hedging with Futures Contracts, in: Figlewski, S. (Hrsg.), Hedging with Financial Futures for Institutional Investors – From Theory to Practice, Cambridge, S. 21–47

Figlewski, S. (1984), Hedging Performance and Basis Risk in Stock Index Futures, in: Journal of Finance, 39. Jg., S. 657–669

Figlewski, S. (1985), Hedging with Stock Index Futures: Theory and Application in a New Market, in: Journal of Futures Markets, 5. Jg., S. 183–199

Fitzgerald, M. D. (1983), Financial Futures, Euromoney Publications, London

Franckle, C. T. (1980), The Hedging Performance of the New Futures Markets: Comment, in: Journal of Finance, 35. Jg., S. 1273–1279

Goodman, L. S. (1989), Hedging with Futures and Options, in: Fabozzi, F. J. (Hrsg.), Fixed-Income Portfolio Strategies, Chicago, S. 321–344

Heifner, R. G. (1979), Optimal Hedging Levels and Hedging Effectiveness in Cattle Feeding, in: Agricultural Economics Research, 24. Jg., Heft 2, S. 25–36

Hicks, J. R. (1946), Value and Capital, 2. Aufl., Oxford

Hill, J./Schneeweis, T. (1985), On the Estimation of Hedge Ratios for Corporate Bond Positions, in: Advances in Financial Planning and Forecasting, 1. Jg., S. 307–323

Hill, J./Schneeweis, T. (1984), Reducing Volatility with Financial Futures, in: Financial Analysts Journal, 40. Jg., Nov., Dez., S. 34–40

Hill, J./Schneeweis, T./Mayerson, R. (1983), An Analysis of the Impact of Marking-to-Market in Hedging with Treasury Bond Futures, in: Review of Research in Futures Markets, 2. Jg., Heft 1, S. 137–163

Hodgson, A./Okunev, J. (1992), An Alternative Approach for Determining Hedge Ratios for Futures Contracts, in: Journal of Business Finance & Accounting, 19. Jg., S. 211–224

Hohmann, R. (1991), Der Einfluß der Wertpapierleihe auf die Bewertung des DAX-Future, in: Kapitalanlagen, Recht und Steuern, S. 574–582

Howard, C. T./D'Antonio, L. J. (1984), A Risk-Return Measure of Hedging Effectiveness, in: Journal of Financial and Quantitative Analysis, 19. Jg., S. 101–112

Howard, C. T./D'Antonio, L. J. (1986), Treasury Bill Futures as a Hedging Tool: A Risk-Return Approach, in: Journal of Financial Research, 9. Jg., Heft 1, S. 25–39

Johnson, L. L. (1960), The Theory of Hedging and Speculation in Commodity Futures, in: Review of Economic Studies, 27. Jg., S. 139–151

Junkus, J. C./Lee, C. F. (1985), Use of Three Stock Index Futures in Hedging Decisions, in: Journal of Futures Markets, 5. Jg., S. 201–222

Kolb, R. W./Chiang, R. (1982), Improving Hedging Performance Using Interest Rate Futures, in: Gay, G. D./Kolb, R. W. (Hrsg.), Interest Rate Futures: Concepts and Issues, Reston, Virginia, S. 339–352

Kolb, R. W./Chiang, R. (1982), Duration, Immunization, and Hedging with Interest Rate Futures, in: Gay, G. D./Kolb, R. W. (Hrsg.), Interest Rate Futures: Concepts and Issues, Reston, Virginia, S. 353–364

Kolb, R. W. (1988), Understanding Futures Markets, 2. Aufl., Glenview, Boston, London

Lee, C. F./Bubnys, E. L./Lin, Y. (1987), Stock Index Futures Hedge Ratios: Test on horizon effects and functional form, in: Fabozzi, F. J./Kipnis, G. M. (Hrsg.), Handbook of Stock Index Futures and Options, Homewood, S. 291–311

Lintner, J. (1965), The Valuation of Risk Assets and the Selection of Risky Investments in Stock Portfolios and Capital Budgets, in: Review of Economics and Statistics, 47. Jg., S. 13–37

Loistl, O. (1992), Computergestütztes Wertpapiermanagement, 4. Aufl., München/Wien

Macaulay, F. R. (1938), Some Theoretical Problems Suggested by the Movement of Interest Rates, Bond Yields, and Stock Prices in the United States since 1856, National Bureau of Economic Research, New York, S. 44–53.

Nadler, D. (1989), Hedging with Eurodollar Futures, in: Fabozzi, F. J. (Hrsg.), Fixed-Income Portfolio Strategies, Chicago, S. 345–373

Nelson, R. D./Collins, R. A. (1985), A Measure of Hedging's Performance, in: Journal of Futures Markets, 5. Jg., S. 45–55

Park, H. Y./Lee, A./Lee, H. W. (1987), Cross-Hedging Performance of the U. S. Currency Futures Market: The European Monetary System Currencies, in: Fabozzi, F. J./Kipnis, G. M. (Hrsg.), Handbook of Stock Index Futures and Options, Homewood, S. 223–242

Perridon, L./Steiner, M. (1991), Finanzwirtschaft der Unternehmung, 6. Aufl., München

Rzepczynski, M. S. (1987), Risk Premiums in Financial Futures Markets: The Case of Treasury Bond Futures, in: Journal of Futures Markets, 7. Jg., S. 653–662

Schwarz, E. W./Hill, J. M./Schneeweis, T. (1986), Financial Futures, Homewood

Sharpe, W. F. (1964), Capital Asset Prices: A Theory of Market Equilibrium under Conditions of Risk, in: Journal of Finance, 19. Jg., S. 425–442

Smith, C. W./Stulz, R. M. (1985), The Determinants of Firms' Hedging Policies, in: Journal of Financial and Quantitative Analysis, 20. Jg., S. 391–405

Spremann, K. (1986), Produktion, Hedging, Spekulation – Zu den Funktionen von Futures-Märkten, in: Zeitschrift für betriebswirtschaftliche Forschung, 38. Jg., S. 443–464

Spremann, K. (1991), Kann man mit Terminkontrakten hedgen?, in: Zeitschrift für betriebswirtschaftliche Forschung, 43. Jg., S. 295–312

Stulz, R. M. (1984), Optimal Hedging Policies, in: Journal of Financial and Quantitative Analysis, 19. Jg., S. 127–140

Toevs, A. L./Jacob, D. P. (1986), Futures and alternative hedge ratio methodologies, in: Journal of Portfolio Management, Spring, S. 60–70

Toevs, A. L./Jacob, D. P. (1987), A Comparison of Alternative Hedge Ratio Methodologies with Interest-Rate Futures, in: *Fabozzi, F. J./Pollack, I. M.* (Hrsg.), The Handbook of Fixed Income Securities, Homewood, S. 918–938

Tucker, A. L. (1991), Financial Futures, Options, and Swaps, St. Paul

Wardrep, B. N./Buck, J. F. (1982), The Efficacy of Hedging with Financial Futures: A Historical Perspective, 2. Jg., S. 243–254

Wittleder, T. (1988), Zinsterminkontrakte als Instrument betrieblicher Finanzpolitik, Kiel

Working, H. (1953), Futures Trading and Hedging, in: American Economic Review, 43. Jg., S. 314–343

Kapitel 31
Management von Kursrisiken bei Aktien

von *Otto Loistl*

1. Problemstellung 752
2. Management der Kursrisiken 752
   2.1 Informationssammlung 752
      2.1.1 Fundamentale Analyse 753
      2.1.2 Technische Analyse 755
   2.2 Diversifikation 757
   2.3 Absicherung durch Umschichtung 760
Literatur 762

1. Problemstellung

Wir unterstellen vereinfachend, daß die Anleger durch Aktienanlagen an der Börse stetige Vermögensmehrungen im Zeitablauf erreichen wollen. Die grundlegende Maxime zur Realisierung dieser globalen Zielsetzung lautet bekanntermaßen: Aktien zu niedrigen Kursen kaufen und zu hohen Kursen verkaufen; sie liefert auch die Systematik für die Analyse des gestellten Themas.

Die Risiken einer Aktienanlage bestehen nicht primär in Kursschwankungen, sondern in falschen Annahmen über die Entwicklung der Aktienkurse. Es gibt mithin kein Kursschwankungsrisiko per se, sondern ein Kursschwankungsverschätzungsrisiko. Daneben existiert noch ein Handelsrisiko, das man auch als Marktrisiko bezeichnen könnte, wenn dieser Begriff nicht zu sehr von der Kapitalmarktgleichgewichtstheorie in anderem Sinne besetzt wäre. Das Handelsrisiko bezieht sich auf die Schwierigkeiten bzw. die Leichtigkeit, sich aus einem Engagement wieder zu lösen. Die Handelsmöglichkeiten sind entsprechend obiger Regel gerade bei fallenden Kursen von Bedeutung: Das Abstoßen von Aktien, deren Kurse sinken, setzt einen entsprechenden aufnahmebereiten Markt voraus. Gerade in dieser Hinsicht gibt es in Crash-Zeiten auf manchen Märkten größere Probleme.

Zusammenfassend kann man festhalten, daß es bei Aktien zwei grundlegende Kategorien von Risiken gibt: Kursschwankungsverschätzungsrisiken und Handelsrisiken. Die Bewältigung beider Risikoarten ist Aufgabe des Aktienkursrisikomanagements. Sie sind nicht unabhängig voneinander. Handelsrisiken kommen gerade bei der Risikobewältigung durch Umschichtung zum Tragen und werden in diesem Kontext diskutiert.

2. Management der Kursrisiken

Die Kurs(schwankungsverschätzungs)risiken können im wesentlichen durch drei Maßnahmen verringert werden:
– Informationssammlung
– Diversifikation
– Umschichtung.

2.1 Informationssammlung

Für erfolgreiches Agieren im Wertpapiergeschäft sind gerade in der Aktienanlage seit jeher alle Informationsquellen zu nutzen, um die künftige Kursentwicklung möglichst gut prognostizieren zu können. Zwei Metho-

2. Management der Kursrisiken

denkategorien werden hierbei unterschieden: die technische Analyse einerseits und die fundamentale Analyse andererseits.

2.1.1 Fundamentale Analyse

Die **fundamentale Analyse** geht von der Hypothese aus, daß die fundamentale Situation der Unternehmung, ihre Ertragskraft, den Aktienkurs bestimmt. Langfristig ist diese Hypothese sicher zutreffend, kurzfristig ist der Zusammenhang zwischen Kursentwicklung und Ertragskraft eher ungenau. Nachrichten über die fundamentale Situation einer Unternehmung sind daher in ihrer Wirkung auf die konkrete Kursnotiz nur mit einem größeren Unschärfebereich abzuschätzen: Man weiß nicht genau, wann und in welchem Umfang der Markt relevante Nachrichten zur Kenntnis nimmt und in Kursveränderungen umsetzt.

Die wohl wichtigste Informationsquelle über fundamentale Entwicklungen ist auch heute noch der nach den gesetzlichen Vorschriften aufzustellende Jahresabschluß. Der Einzelabschluß einer Gesellschaft ist vergleichsweise detailliert geregelt. Er verliert jedoch wegen der wachsenden Verflechtung zwischen Unternehmen zunehmend an Aussagekraft. Größere Bedeutung als Informationsquelle besitzt der Konzernabschluß. Dieser impliziert mit der Zusammenfassung der auf unterschiedlichen Prinzipien basierenden Rechnungslegungswerken der einzelnen Unternehmen vergleichsweise große Gestaltungsspielräume. Sie können für unterschiedliche Zwecke genutzt werden, zumal der Konzernabschluß nicht als Basis für Zahlungsbemessungen dient. Er hat ‚lediglich' Informationsaufgaben für verschiedene Adressatengruppen zu erfüllen. Dazu gehören hauptberufliche Anlageberater ebenso wie private Anleger. Die sachkundige Auswertung, sofern sie überhaupt möglich ist, überfordert den privaten Anleger, der ja regelmäßig einen anderen Beruf ausübt, meistens. Er muß dann entweder hauptberufliche Beratungsunterstützung in Anspruch nehmen oder auf pauschale Meßzahlen, die ihm angeboten werden, zurückgreifen. Eine solche pauschale Zahl ist das **Ergebnis je Aktie**. Es wird von Wertpapierberatungsdiensten nach individuellen Schemata errechnet. Neuerdings zeichnet sich eine bemerkenswerte Konsolidierung auf diesem Sektor ab: Die Deutsche Vereinigung für Finanzanalyse (DVFA) hatte bereits seit vielen Jahren Formeln zur Berechnung des Ergebnisses pro Aktie vorgeschlagen. Vor mehreren Jahren entwickelte die Schmalenbach-Gesellschaft-Deutsche Gesellschaft für Betriebswirtschaft (SG) einen Alternativvorschlag. 1990 führte die Diskussion über die adäquate Berechnung zu einem gemeinsamen Vorschlag. Immer mehr Firmen verpflichten sich seither, das nach diesem Schema berechnete Ergebnis zu publizieren. Dieses DVFA/SG-Ergebnis ist als wichtiger Indikator für die fundamentale Situation anzusehen.

Das Ergebnis pro Aktie wird regelmäßig zur Bildung des Kurs-Gewinn-Verhältnisses herangezogen und dergestalt mit dem (Kehrwert des) Kapitalmarktzinssatzes verglichen. Aktien mit einem hohen Kurs-Gewinn-Verhältnis (KGV) gelten ceteris paribus als überbewertet, solche mit einem niedrigen ceteris paribus als unterbewertet. Die Kurse von Aktien mit einem hohen KGV werden vielleicht fallen, die von Aktien mit einem niedrigen vielleicht steigen. Die Ungenauigkeiten dieser Hypothesen seien kurz beleuchtet.

Hinter dem KGV steht die Vorstellung, daß die heutige Kursnotiz K der Kapitalisierung der künftigen Gewinne G entspricht.

$$K = \sum_{t=1}^{n} G(1+k)^{-t}; \quad k = \text{Kapitalmarktzinssatz}$$

Läßt man die Anzahl n der betrachteten Perioden gegen unendlich wachsen d. h. unterstellt man einen unendlich langen Bewertungszeitraum, dann gilt

$$K = \frac{G}{k} \quad \text{bzw. umgestellt erhält man}$$

$$\frac{K}{G} = \frac{1}{k}$$

Bei dieser Überlegung ist zu beachten, daß der heutige Gewinn, auch wenn er sorgfältig und verläßlich ermittelt wurde, nur in einer Momentaufnahme die Unternehmensentwicklung wiedergibt. Die Annahme, er würde auch in der Zukunft in gleicher Weise erwirtschaftet werden, ist fehlerbehaftet und relativiert die Verwendung des KGV als Beurteilungsmaßstab. Sinkt der Gewinn in der Zukunft, dann wird das KGV vielleicht ceteris paribus steigen. Bei Unternehmen mit einem niedrigen KGV hat der Markt die künftig sinkenden Gewinne vielleicht bereits im Kurs vorweggenommen. Die „Normalisierung" des KGV erfolgt dann nicht über steigende Kurse, sondern über sinkende Gewinne. Aktien mit niedrigem KGV sollten daher nicht unbesehen als Kaufgelegenheit interpretiert werden. Erst eine eingehende Analyse der künftigen Ertragskraft erlaubt eine verläßliche Einschätzung. Hierzu sind insbesondere die Branche, das Produktionsprogramm, die Finanzstruktur und vor allem das Management einer genaueren Überprüfung zu unterziehen. Diese Faktoren sind primär verantwortlich für die Ertragskraft der Unternehmung. Das Management hat die größte Bedeutung. Häufiger Wechsel im Management oder allgemein hohe Fluktuationen im Personalbereich deuten auf eine gespannte Situation und sind in der Regel die ersten Anzeichen für eine beginnende krisenhafte Entwicklung in einer Unternehmung.

Gegen derartige Gefährdungen ist keine Unternehmung gefeit. Man kann diese Gefährdungen in **Krisen des Geschäftsganges** und **Krisen der Geschäftsführung** differenzieren.

Eine leistungsfähige Geschäftsführung ist dazu berufen, Krisen des Geschäftsganges zu beheben. Existenzbedrohlichen Umfang bekommt eine Unternehmenskrise dann, wenn Krisen des Geschäftsganges mit Krisen der Geschäftsführung zusammenfallen bzw. die Leistungsschwäche des Managements bei einer kritischen Entwicklung offenkundig wird. Hier ist der Aufsichtsrat berufen, die krisenhafte Entwicklung im Vorstand zu beheben. In diesem Kontext ist häufig auch die Hausbank gefordert, zum einen weil sie ohnehin regelmäßig im Aufsichtsrat vertreten ist, zum anderen weil sie dafür sorgen muß, daß Kreditlinien nicht zurückgefahren werden bzw. notwendige Sanierungskredite verfügbar sind. Neben der Qualität des Vorstandes sind ein wachsamer Aufsichtsrat und eine solidarische Hausbank die besten Garanten für eine langfristige Sicherstellung der Ertragskraft. Sie sind ein besserer Indikator als z. B. der Ausweis eines hohen Eigenkapitalanteiles in der Bilanz. Die Firma Nixdorf wies im Jahre 1988 einen EK-Anteil von 58%, der sie dann übernehmende Siemens-Konzern einen von knapp 30% aus!

2.1.2 Technische Analyse

Die technische Analyse unterstellt, daß zum einen die vergangene Kursentwicklung systematischen Bewegungsmustern folgte und zum anderen diese auch in der Zukunft die Kursentwicklung bestimmen werden. Die Aufgaben der Technischen Analyse sind mit diesen beiden Hypothesen auch vorgezeichnet: Wie kann man diese Bewegungsmuster der Vergangenheit identifizieren? Gelten sie auch in der Zukunft?

Für die Identifikation der Bewegungsmuster in den vergangenen Kursverläufen kann man grundsätzlich folgende Verfahren heranziehen:

Traditionelle Chartanalyse
Statistische Zeitreihenverfahren
Mustererkennungsprozeduren, wie neuronale Netze.

Die **traditionelle Chartanalyse** verwendet heuristische Konzepte zur Identifikation der charakteristischen Kursbewegungen in der Vergangenheit. Aus ihnen wird dann die künftige Kursentwicklung extrapoliert. Die mit Hilfe der heuristischen Instrumente herausgelesenen Figuren sind weder intersubjektiv nachvollziehbar noch eindeutig bestimmbar. Andererseits kann die Chartanalyse durchaus eine dem sehr komplexen Problem der Kursprognose adäquate Betrachtungsweise darstellen. Hierfür spricht die große Verbreitung im praktischen Einsatz, nicht die Bestätigung durch statistische Untersuchungen. Häufig wird aus der Identifikation einer Formation sofort eine Handlungsempfehlung abgeleitet. In der traditionellen technischen Analyse gibt es auch eindeutig identifizierbare Konstellationen und daraus ableitbare Handlungsanweisungen. Hierzu zählen z. B. die bekannten und eindeutig berechenbaren gleitenden Durchschnitte. Ein Signal liegt vor, wenn die Kurve der tatsächlichen Notierungen den gleitenden Durchschnitt schneidet: Stößt die tatsächliche Notierung von unten nach oben durch die Durchschnittslinie, dann liegt ein Kaufsignal vor, im umgekehrten Falle ein Verkaufssignal.

Neben der einfachen Berechnung und der klaren Handlungsanweisung sprechen auch die Erfassung der einer Kursentwicklung inhärenten Dynamik für derartige elementare Analyseinstrumente. Die kausale Fundierung der Anweisungen bleibt allerdings im dunklen. Sie kann nicht überprüft werden. Die Anhänger der diversen Verfahren der technischen Analyse sind jedoch überzeugt, mit ihren individuell verschiedenen Methoden jeweils den Rhythmus, in dem der Markt sich bewegt, herauszufinden und für profitable kurzfristige Aktivitäten ausnutzen zu können.

Für **statistische Methoden**, die zur Prognose von Aktienkursentwicklungen herangezogen werden, muß man analoge Einschränkungen hinsichtlich der kausalen ökonomischen Modellierung machen: Sie ist regelmäßig nicht einwandfrei zu begründen. Die Voraussetzungen für die sachgerechte Anwendung einer statistischen Methode für eine Prognose decken sich nicht mit den tatsächlichen ökonomischen Gegebenheiten. Die statistischen Techniken basieren zwar auf weitgehend exakt meßbaren Daten. Die Verläßlichkeit und Relevanz der solcherart vorgenommenen Prognose sind jedoch nicht mit hinreichender Genauigkeit zu überprüfen, weil eine adäquate Überprüfung der Voraussetzungen nicht vorgenommen werden kann. Das gilt für die einfache Extrapolation eines (linearen) Trends ebenso wie für die Vorhersagen aufgrund komplizierterer Methoden, wie z. B. der Spektralanalyse bzw. der *Box-Jenkins*-Technik. Außerdem ist die Qualität der mit diesem Verfahren generierten Prognose im Sinne der Voraussagegenauigkeit ohnehin vergleichsweise ungenau. Sie sind damit als Anweisung für das Agieren in Aktienanlagen wenig geeignet. Erst die neuerdings angewendeten Verfahren der GARCH-Kategorien (Generalized Autoregressive Conditional Heteroscedasticity) weisen bessere Voraussagequalität auf; allerdings ist auch bei dieser Kategorie von Modellen die ökonomisch kausale Explikation bzw. Implikation der Modellstruktur weitgehend ungeklärt. Insoweit besteht auch bei diesen Ansätzen die Gefahr, daß Veränderungen in den kausalen Strukturen, die den Kursnotierungen zugrunde liegen, nicht erkannt werden. Damit können Trendveränderungen, die gerade bei Aktienanlagen eine Revision der Anlagestrategien verlangen würden, mit diesen statistischen Techniken nicht erkannt werden.

Zur Erkennung von systematischen Bewegungsmustern in den vergangenen Kursabläufen werden neuerdings auch **intelligente Mustererkennungs-**

2. Management der Kursrisiken

prozeduren eingesetzt. Sie sind der Funktionsweise des menschlichen Gehirnes nachgebildet und heißen deshalb auch künstliche neuronale Netze. Sie sind der Leistungsfähigkeit herkömmlicher Mustererkennungsprozeduren überlegen. Die bislang berichteten Anwendungsresultate sind positiv. Man kann davon ausgehen, daß an zahlreichen Stellen die Brauchbarkeit der künstlichen neuronalen Netze zur Prognose von Aktienkursen untersucht wird und solche Systeme an zahlreichen Stellen für den praktischen Einsatz entwickelt werden bzw. sich bereits im praktischen Einsatz befinden. Dieses Instrumentarium wird vermutlich in Zukunft zum Standard jeder analytisch fundierten anspruchsvollen technischen Analyse gehören. Explizite Berichte über den konkreten Erfolg sind jedoch noch selten.

2.2 Diversifikation

Würde man die künftigen Kursentwicklungen genau kennen, dann könnte man alles auf eine Karte setzen und den gesamten Anlage-Betrag in ein einziges Papier investieren; natürlich unter der Voraussetzung, daß das gesamte Anlagevolumen bei dem in dieser Aktie vorhandenen Material auch tatsächlich plaziert werden kann. Da man aber die genaue Entwicklung auch bei intensiver Informationsauswertung nicht kennt, wird man den gesamten Betrag auf mehrere Einzelanlagen aufteilen. Für die Aufteilung werden prinzipiell zwei verschiedene Methoden herangezogen: Die in Teamsitzungen der Humanexperten abgesprochenen und ausgehandelten Musterportfolios einerseits und die analytisch berechneten effizienten Portfolios andererseits.

Bei der Festlegung der Portfoliozusammensetzung spricht man häufig auch von Asset Allocation. Die Bestimmung eines Musterportfolios trägt die Bezeichnung Strategic Asset Allocation. In einer längerfristigen globalen Ausrichtung wird die strukturelle Zusammensetzung bestimmt, z.B. 60% Festverzinsliche, 30% Aktien und 10% Geldmarktpapiere. Gleichzeitig wird auch die Strukturierung nach einzelnen Ländern, Ländergruppen oder einzelnen Branchen festgelegt.

Diese Struktur wird dann jeweils kurzfristig im Rahmen der taktischen Asset Allocation durch den Kauf konkreter einzelner Papiere, die kurzfristig eine gute Kursentwicklung versprechen, realisiert.

Dabei ist offensichtlich, daß die Portfoliozusammensetzung keine einmalige, keine statische Aufgabe ist. Im Mittelpunkt des Managements der Aktienkursrisiken steht nicht die erst- bzw. einmalige Zusammenstellung, sondern die richtige Anpassung an sich verändernde Datenkonstellationen.

Die analytische Determinierung der Portfoliozusammensetzung geschieht regelmäßig entsprechend der Konzeption von *Markowitz*. Sie stellt auf die entscheidungstheoretische Dualität von Rentabilität und Risiko ab: Der Anleger möchte hohe Rentabilität realisieren und Risiko soweit wie möglich reduzieren.

Das gilt insbesondere auch für Rentabilität und Risiko einer in einem Portfolio zusammengefaßten Anlage in mehreren Wertpapieren. Das Risiko wird häufig gemessen mit der Volatilität der Expost-Schwankungen der Kurse, die Rentabilität häufig mit dem Erwartungswert dieser Expost-Schwankungen. Man kann nun effiziente Portfolios dergestalt berechnen, daß zu jedem gegebenen Erwartungswert das Portfolio mit minimaler Volatilität bestimmt wird. Üblicherweise enthält ein solches Portfolio im allgemeinen auch Papiere mit negativen Anteilswerten. Man kann bei dem Einsatz entsprechender Algorithmen aber auch Erwartungswert-Volatilitäts-effiziente Portfolios bestimmen, die nur nicht-negative Anteile der einzelnen Papiere enthalten. Die Volatilität, d.h. die Standardabweichungen der Expost-Kursschwankungen, spielt in manchen Risikomanagement-Konzepten eine bedeutsame Rolle. Die Verwendung wird aber zunehmend kritisch gesehen.

Häufig ist man in Lehrbüchern bei der Bestimmung der Anteilswerte noch auf eine Betrachtungsweise konzentriert, die aus der Zeit, als man die Kurve effizienter Portfolios analytisch noch nicht bestimmen konnte, stammt. Man differenzierte seinerzeit in diversifizierbares und nicht diversifizierbares Risiko. Diversifizierbares Risiko ließ sich durch entsprechende Portfoliozusammensetzung eliminieren. Sie führte zum sog. Marktportfolio das nur noch nicht diversifizierbares Risiko enthält. Dieses kann entsprechend dieser Auffassung durch eine weitere Diversifizierung nicht verringert werden.

Das Marktportfolio war jedoch nur ein konzeptionelles Konstrukt, empirisch war und ist es nicht zu identifizieren und auch nicht nachzubilden. Damit wurde seine Brauchbarkeit für empirisch orientiertes Arbeiten prinzipiell in Frage gestellt. Sie kann auch nur mit Hilfskonstruktionen sichergestellt werden: Man umging und umgeht die Schwierigkeiten bei der unmittelbaren Messung des Marktportfolios dadurch, daß man die Brauchbarkeit sog. Näherungen für das Marktportfolio, die leicht verfügbar waren, einfach behauptete. Die Güte der Näherungslösung wurde aber nicht überprüft! Als Näherungslösung verwendete man regelmäßig Aktien-Indizes. Teilweise wurden selbst konstruierte verwendet, teilweise griff man auf bereits seit langem auf dem Markt vorhandene Indizes zurück. Die Vorstellung, daß das Marktportfolio nur das Marktrisiko enthält, das durch Revision der Portfoliozusammensetzung nicht mehr verringert werden könne, führte zum Aktienmanagement durch sog. passive Anlagestrategien. Da man den Markt ohnehin nicht schlagen kann – das Marktportfolio enthält nurmehr nicht diversifizierbares Risiko – genügt es, wenn man so gut wie der Markt ist. Das erreicht man dadurch,

2. Management der Kursrisiken

daß man in das Marktportfolio bzw. in sein Näherungskonstrukt, den Index investiert. Das Management der Kursrisiken von Aktien beschränkt sich dann auf das Nachbilden des Index durch das Aktienportfolio. Die Nachbildung kann häufig schon mit einer vergleichsweise geringen Anzahl von Papieren erreicht werden. So kann beispielsweise der Deutsche Aktienindex DAX, der selbst 30 Papiere enthält, durch Portfolios aus 6–7 Aktien dergestalt nachgebaut werden, daß die Kursentwicklung des Portfolios mit der Kursnotiz des DAX eine Übereinstimmung von mindestens 99% aufweist. Die Vorstellung vom Marktrisiko kommt auch in der Verwendung der sog. ß-Werte zum Ausdruck. Der Beta-Wert einer Aktie berechnet sich als der Quotient aus Kovarianz der Aktienkursschwankungen mit den Indexschwankungen, bezogen auf die Varianz der Indexschwankungen. Die Nützlichkeit dieser Kennziffern steht in der theoretischen Diskussion außer Frage. Die praktische Brauchbarkeit wird aber durch die hohen Schwankungen des ß-Wertes einer Aktie im Zeitablauf beeinträchtigt.

Die Absicherung des Kurswertes des realen Portfolios durch einen Index, z. B. den DAX, hat besondere Bedeutung bekommen, seitdem auf Indizes, z. B. den DAX, sowohl Futures als auch Optionen gehandelt werden. Damit ist es möglich, sich gegen Veränderungen des Marktniveaus abzusichern. Man kann damit auch das Marktrisiko verringern, theoretisch sogar eliminieren. Vollständige Risikoausschaltung bedeutet grundsätzlich auch vollständige Gewinnausschaltung, denn Gewinne sind nur noch möglich, wenn man das Marktrisiko nicht vollständig hedgt, sondern offene Positionen in einem gewissen Umfange eingeht. Die Frage ist allerdings, wie genau das Risiko einer offenen Position berechnet werden kann.

Stimmen Absicherungstermin und Fälligkeit des Futureskontraktes überein, dann kann das Absicherungsrisiko ziemlich genau berechnet werden, denn im Fälligkeitstermin stimmen Futures- und Kassanotiz des Index ex definitione überein.

Fällt der Absicherungstermin nicht auf den Fälligkeitstermin des Kontraktes, dann besteht größere Unsicherheit über die Höhe der Differenz zwischen Kassa- und Futureskurs – sie wird als Basis bezeichnet – im Absicherungszeitpunkt. Die Gleichläufigkeit der Bewegung von Kassa- und Futuresnotiz kann man durch die Korrelation aufgrund zahlreicher Beobachtungen ermitteln. Die solcherart bestimmte Korrelation läßt jedoch außer acht, daß die Differenz zwischen Kassa- und Futuresnotiz um so geringer wird, je näher der Fälligkeitszeitpunkt des Futureskontraktes rückt. Die auf üblichem Wege errechnete Korrelation stellt auf Durchschnittswerte ab: Bei langer Restlaufzeit des Kontraktes unterschätzt die Korrelationsrechnung die Divergenzen, bei kurzer Restlaufzeit hingegen werden die Divergenzen eher überschätzt.

2.3 Absicherung durch Umschichtung

Die Anpassung der Portfoliozusammensetzung an aktuelle Entwicklungen verringert die Risikoträchtigkeit einer Wertpapieranlage. Risikomanagement der Aktienanlage impliziert nicht nur die Diversifikation in ein Portfolio zur Risikostreuung, sondern auch dessen **Revision zur Risikoanpassung**. Die Änderung des Portfolios kann auf verschiedenen Motiven basieren: Zum einen kann die Anpassung aus aktuellen Informationen über die künftige Kursentwicklung einer einzelnen Aktie oder des gesamten Marktes resultieren. Rasches Handeln ist regelmäßig vorteilhafter denn beobachtendes Abwarten. Die Reaktion des Aktienmarktes auf negative fundamentale Entwicklungen vollzieht sich in Deutschland regelmäßig in mehreren Wellenbewegungen. Das war bei der Reaktion auf den Crash im Oktober 1987 ebenso wie bei der Reaktion auf den Einmarsch der irakischen Truppen in Kuwait. Der sog. Crash vom Oktober 1989 war eigentlich mehr eine markttechnische Ausnutzung von unlimitierten Panikverkäufen eher uninformierter Kleinaktionäre. Er wurde am nächsten Tag ja wieder entsprechend ausgeglichen.

Das Auflösen der Engagements sollte nicht im Zeitpunkt der ersten Verkaufswelle, sondern im Zeitpunkt der auf die erste Welle folgenden Gegenreaktionen erfolgen, um in antizyklischem Verhalten die Gegenbewegung auszunutzen.

Die Verkaufsabsicht muß auch von den Marktkonstellationen her realisierbar sein. Von besonderer Bedeutung ist hierfür die Liquidität des jeweiligen Marktsegmentes und der einzelnen Aktie selbst. Über die Bedeutung der jeweiligen Organisationsformen „**Market Maker Markt**" oder „**Auktionsbörse**" für die Auflösung der jeweiligen Engagements gibt es eine teilweise sehr heftige, insgesamt kontroverse Diskussion.

Tendenziell geht die herrschende Meinung wohl dahin, das Market Maker-System bei Spezialtiteln mit kleineren Volumina, das Auktionssystem hingegen bei Publikumswerten mit größeren Volumina als leistungsfähiger einzustufen. Grundsätzlich muß man festhalten, daß die Verkaufsabschläge um so größer werden, je weiter das jeweilige Handelssegment vom offiziellen Börsenhandel entfernt ist. Das gilt bereits für den heimischen Kapitalmarkt und in noch stärkerem Maße für das Agieren auf ausländischen Kapitalmärkten. Hier wird die Auflösung eines Engagements mitunter zu einer aufwendigen Aktion. Eine der wichtigsten Regeln für das erfolgreiche Management von Aktienkursrisiken ist daher die verläßliche Information über die Umstände, ein Engagement wieder auflösen zu können, *bevor* es überhaupt eingegangen wird.

Hierzu gehören Informationen über bisherige Umsätze in den Aktien, in Rechnung gestellte Spesen beim Verkauf und seiner Abwicklung, die Liquidität des Marktes in dieser Aktie, z.B. der sog. free float, d.h. das potentielle Handelsvolumen, und eventuelle Großaktionäre.

2. Management der Kursrisiken

Neben den fallweisen Umschichtungsanlässen zählen zum Management der Kursrisiken durch Revision auch systematische Umschichtungspläne. Sie sind eher bei zyklischen Kursbewegungen angebracht. Man spricht hier auch von Formelanlageplänen. Sie sind vor einiger Zeit im Zusammenhang mit der sog. Portfolio-Insurance wieder in die Diskussion gekommen. Dabei kann man zwei große Gruppen unterscheiden: konvexe Formelanlagestrategien einerseits und konkave Strategien andererseits. Konkave Strategien entsprechen den herkömmlichen Formelanlageplanungen und implizieren antizyklisches Verhalten, man kauft bei fallenden Kursen und verkauft bei steigenden Kursen. Insgesamt erhofft man sich, aus den Umschichtungen Kursgewinne zu realisieren.

Konvexe Strategien implizieren prozyklisches Verhalten, man kauft bei steigenden Kursen und schichtet bei fallenden Kursen das Aktienengagement in Festverzinsliche um. Diese Strategie entspricht der Portfolio-Insurance. Sie funktioniert dann, wenn man bei seinen prozyklischen Aktionen schneller ist als die Marktentwicklungen. Andernfalls muß man mit gravierenden Verlusten rechnen. Dieser letztere Fall trat gerade im Crash 1987 ein und führte zu einer Ernüchterung über die seinerzeit propagierte Portfolio-Insurance.

Der Name „Portfolio-Insurance" erweckte den Eindruck einer verläßlichen Absicherung gegen Kursrisiken, die mit dem Umschichtungskonzept aber nur in Zeiten normaler, nicht aber in Zeiten außergewöhnlicher Marktverhältnisse erreicht werden konnte. Eine verläßliche Absicherung gegenüber Kursrisiken gewährleistet der Kauf einer Verkaufsoption, bei der der Stillhalter vertraglich verpflichtet und unter Beachtung der garantierenden Abrechnungsstelle auch fähig ist, auf Verlangen des Inhabers die Aktie zum vereinbarten Basispreis gerade dann zu übernehmen, wenn der tatsächliche Kurs niedriger liegt. Diese effiziente Absicherung durch vertragliche Verpflichtung ist üblicherweise teurer als die Absicherung durch Umschichtungen. Damit zeigen sich die Grenzen der Risikoabsicherung durch die marktbezogene Duplikation von einzelnen Finanzinstrumenten: In normalen Marktsituationen kann man eine Kostenersparnis bei Nutzung der aufgrund analytischer Überlegungen äquivalenten Kombination von Einzelinstrumenten erreichen. In extremen Situationen funktioniert die auf den effizienten Markt abstellende Substitution einer vertraglichen Absicherung durch synthetische Instrumente auf den unvollkommenen Märkten der Realität nicht. Damit wird auch beim Management von Kursrisiken die bekannte Erfahrung bestätigt, daß gute Qualität ihren Preis hat und diese sich gerade in Extremsituationen beweist. Die Frage ist, ob man für die wirksame Absicherung gegen Extremsituationen auch die hohe Versicherungsprämie zu zahlen bereit ist. Auch das Management des Kursrisikos bei Aktien steht daher letztlich unter der Dualität von Leistungsfähigkeit und Kosten.

Literatur

Eckl, S./Robinson, J. N./Thomas, D. C. (1990), Financial Engineering, Oxford
Gießelbach, A. (1989), Strategien mit Aktienkursindex-Instrumenten, Berlin
Hammer, D. (1991), Dynamic Asset Allocation, New York
Loistl, O. (1991), Kapitalmarkttheorie, München
Loistl, O./u.d.M.v. Löderbusch, B./Schepers, N./Weßels, Th. (1992), Computergestütztes Wertpapiermangement, 4.Aufl., München
Perridon, L./Steiner, M. (1991), Finanzwirtschaft der Unternehmung, 6. Aufl., München, Kap.C
Vince, R. (1990), Portfolio Management Formulas, New York

Kapitel 32
Management von Währungsrisiken

von *Ehrenfried Pausenberger* und *Martin Glaum*

1. Problemstellung 764
2. Begriffsbestimmung 766
3. Konzepte zur Messung des Wechselkursrisikos 767
   3.1 Das Währungsumrechnungsrisiko (translation exposure) .. 768
   3.2 Das Währungsumtauschrisiko (transaction exposure) 770
   3.3 Das ökonomische Währungsrisiko (economic exposure) .. 772
4. Zur theoretischen Fundierung des Währungsmanagements ... 774
5. Strategien des Währungsmanagements 776
6. Techniken und Instrumente des Währungsmanagements 778
7. Zusammenfassung 782
Literatur 784

1. Problemstellung

International tätige Unternehmungen sind seit dem Zusammenbruch des Bretton-Woods-Systems verstärkt dem Problem schwankender Wechselkurse ausgesetzt. Die Änderungen der Währungsparitäten unterliegen seitdem weitaus stärkeren Schwankungen und Verwerfungen, als dies die Befürworter flexibler Wechselkurse vorhergesagt hatten. Der Kurs des US-Dollars, der Leitwährung im internationalen Finanzsystem, sank beispielsweise gegenüber der DM von 4,00 DM/US-$ (1961–1970) bis auf ein Niveau von 1,73 DM/US-$ im Jahr 1979; als Folge der *Reagan*schen Hochzinspolitik stieg der Kurs zu Beginn der 80er Jahre wieder an, bis er 1985 ein neues Rekordhoch von 3,15 DM/US-$ erreichte. Seit 1985 sank der Kurs erneut ab, bis er im September 1992 mit 1,39 DM/US-$ einen neuen historischen Tiefstwert erreichte.

Problematisch für das Finanzmanagement internationaler Unternehmungen sind jedoch nicht nur diese mittel- bis längerfristigen Kursverwerfungen, sondern auch die kurzfristigen, zum Teil sehr heftigen Oszillationen der Wechselkurse um ihre längerfristigen Durchschnittskurse. Ein Bei-

Abb. 1: Der Verlauf des DM/US-Dollar-Wechselkurses im Zeitablauf (Januar 1960 – September 1992) (monatliche Mittelkurse an der Frankfurter Devisenbörse)

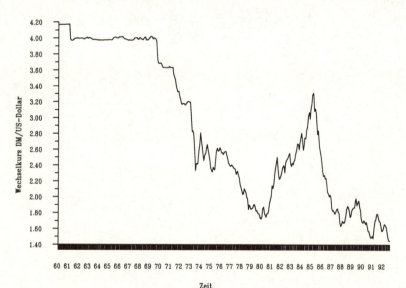

Quelle: Datenbank der Deutschen Bundesbank: Statistische Beihefte zu den Monatsberichten der Deutschen Bundesbank, Reihe 5: Die Währungen der Welt.

1. Problemstellung

spiel mag dies verdeutlichen: Am 30. April 1991 senkte die US-amerikanische Zentralbank ihren Diskontzinssatz von 6 auf 5,5%, um die geschwächte US-Konjunktur zu fördern. Zusammen mit der Veröffentlichung von unvorteilhaften US-Wirtschaftsdaten reichte diese Maßnahme aus, um den Kurs des US-Dollars von einem Vortagesniveau von 1,7690 auf 1,7170 DM/US-$ fallen zu lassen. Dies war ein Kurssturz von über 5 Pfennigen oder beinahe 3% innerhalb eines Tages (Financial Times v. 1. 5. 1991). Vergegenwärtigt man sich, daß die Nettoumsatzrendite der deutschen Industrie in der Vergangenheit bei etwa 2% p. a. lag (Institut der Deutschen Wirtschaft 1990, S. 79), wird deutlich, welche Bedeutung auch kurzfristige Wechselkursschwankungen für die Unternehmungen der stark auslandsorientierten bundesdeutschen Wirtschaft aufweisen können.

Daß Wechselkurse und Wechselkursveränderungen entscheidend für Umsatz und Erfolg und letztlich sogar für das Überleben von Unternehmungen sein können, läßt sich eindrucksvoll am Beispiel der Automobilindustrie in der zweiten Hälfte der 80er Jahre belegen. Der Absatz europäischer und japanischer Automobilproduzenten wurde ab Mitte der 80er Jahre durch den Kursverfall des US-Dollars gegenüber den Heimatwährungen dieser Unternehmungen deutlich beeinträchtigt. Mit am stärksten hiervon betroffen war aufgrund einer außerordentlich hohen Exportabhängigkeit die Firma Porsche (Exportquote 1986/87: 84%, US-Anteil: 61%). Der Umsatz von Porsche auf dem US-Markt ging im Berichtsjahr 1987/88 um nicht weniger als 51% zurück. Auch der Jahresüberschuß sank kontinuierlich von 120 Mio DM 1984/85 auf 25,3 Mio DM in 1987/88 (Geschäftsbericht 1987/88).

In einer vergleichbaren Situation befand sich der englische Hersteller Jaguar. „Jaguar calculates that every decline of one cent in the dollar against the pound wipes some £ 3,5 m off its pre-tax profits" (Financial Times v. 17. 3. 1989, S. 30). Als Folge der insbesondere währungsbedingten Umsatz- und Ertragsrückgänge verlor Jaguar schließlich seine Unabhängigkeit und wurde 1990 von Ford übernommen.

Auch Daimler-Benz wurde von der Abwertung des US-Dollars beeinträchtigt. In einem Zwischenbericht erklärte die Unternehmung 1990, der gegenwärtige Kurs des US-Dollars sei „besorgniserregend"; falls die Bundesregierung einem weiteren Kursverfall nicht begegne, seien „einschneidende Konsequenzen für den Produktionsstandort Bundesrepublik und damit für die Beschäftigung zu erwarten" (zit. nach FAZ v. 16. 11. 1990, S. 21).

In Japan wurde die Verteidigung von Marktanteilen in den USA angesichts einer ca. 50%igen Abwertung des US-Dollars gegenüber dem Yen gar zu einer Art nationaler Kampagne („**endaka**") erklärt. Ziel dieser

Kampagne war es, durch radikale Kostensenkungen auch auf dem neuen Kursniveau exportfähig zu bleiben. „The break-even point for car exports [from Japan to the US] is now £ 105 to the dollar, five years ago it was perhaps £ 160 - 170. Two years from now perhaps it will be £ 95. With improvements in productivity, rationalisation, cost cutting, cheaper raw materials and as the industry changes to producing more and more expensive cars, the break-even point is continuously lowered" (Financial Times v. 12. 5. 1989, S. 18).

Im folgenden soll zunächst der Begriff des Währungsrisikos näher bestimmt werden. Anschließend werden die in der Literatur üblicherweise diskutierten Konzepte zur Erfassung des Währungsrisikos vorgestellt. Im Anschluß an eine kurze Erörterung der dem Wechselkursrisiko zugrundeliegenden volkswirtschaftlichen Theorien und Modelle werden sodann die Strategien, Techniken und Instrumente des Managements von Währungsrisiken dargestellt.

2. Begriffsbestimmung

Die Risikokomponente von Wechselkursschwankungen oder -verwerfungen besteht darin, daß Zeitpunkt, Richtung und Ausmaß von Wechselkursänderungen von den Wirtschaftsakteuren nicht bzw. nicht zuverlässig vorhergesagt werden können (*Pausenberger* 1985, S. 541). Wechselkurse sind daher als **Zufallsgrößen** anzusehen, die sich auf die Zahlungsströme und Vermögensbestände von Unternehmungen positiv oder negativ auswirken können. Das Wechselkursrisiko kann somit **definiert** werden als die durch Wechselkursänderungen verursachten (zusätzlichen) Streuungen der zukünftigen in Heimatwährung ausgedrückten Werte der Cash-flows und Bilanzpositionen von Unternehmungen (*Wihlborg* 1980, 26 f.; *Jacque* 1981, S. 81; *Oxelheim* 1985, S. 61; *Franke* 1989, Sp. 2200 f.).

Neben Wechselkursschwankungen kann auch die Einführung bzw. Änderung staatlicher Restriktionen und Reglementierungen an den Devisen- und Finanzmärkten Risiken für grenzüberschreitend tätige Unternehmungen verursachen (*Franke* 1989, Sp. 2199). Besonders in Entwicklungsländern sind z. B. die Bestimmungen über die Ausfuhr von Devisen, die Höhe der staatlich festgelegten Wechselkurse sowie die Besteuerung von Devisentransaktionen häufigen und nicht immer vorhersehbaren Änderungen unterworfen, die die Geschäftstätigkeit internationaler Unternehmungen negativ oder – in der Praxis sicherlich seltener – positiv beeinflussen können. Das Risiko derartiger staatlicher Eingriffe wird in der Literatur häufig als **Konvertierungs-** oder **Transferrisiko** bezeichnet (*Büschgen* 1986, S. 167).

Das Konvertierungs- bzw. Transferrisiko und das Wechselkursrisiko bilden die beiden Bestandteile des übergeordneten Begriffs des **Währungsrisikos**. Aufgabe des **Währungsmanagements** ist es nun, diese Risiken zu erkennen und geeignete Maßnahmen der Risikobegrenzung oder Risikovermeidung zu ergreifen (*Pausenberger* 1985, S. 541). Die folgenden Ausführungen konzentrieren sich dabei auf das Management des Wechselkursrisikos, da das Konvertierungs- und Transferrisiko in der Literatur üblicherweise dem Bereich des politischen Länderrisikos zugerechnet und in der entsprechenden Literatur behandelt wird (z. B. *de Haan* 1983; *Büschgen* 1986, S. 167; a. A. *Franke* 1989, Sp. 2200).

3. Konzepte zur Messung des Wechselkursrisikos

Unternehmungen werden in unterschiedlichem Maße von Wechselkursänderungen betroffen; d. h. die in Heimatwährung ausgedrückten Werte ihrer Cash-flows oder Bilanzpositionen schwanken unterschiedlich stark infolge von Wechselkursänderungen. Es ist daher notwendig, für jede Unternehmung das Ausmaß des Wechselkursrisikos zu bestimmen, um gegebenenfalls Maßnahmen zur Abwehr oder Minderung einleiten zu können.

Diejenigen Werte, die in einer Unternehmung dem Wechselkursrisiko ausgesetzt sind, werden üblicherweise mit dem angelsächsischen Terminus „Exposure" bezeichnet (engl.: „to be exposed" = ausgesetzt sein, z. B. einer Gefahr). Die Wirkung des Risikos auf die Unternehmung kann daher mit folgender Gleichung beschrieben werden (*Pausenberger* 1985, S. 542):

Risiko = Exposure x prozentuale Wechselkursänderung.

Literatur und Praxis haben verschiedene Konzepte zur Bestimmung der Wechselkursrisiko-Position von Unternehmungen entwickelt und diskutiert, die sich auf drei Ebenen beziehen: auf das bilanzielle Reinvermögen, das Geldvermögen und den Ertragswert (*Franke* 1989, Sp. 2200 f.). Bis etwa Mitte der 70er Jahre stand das auf Bilanzwerten aufbauende **Translations-Exposure** (Umrechnungs- oder Accounting-Exposure) im Mittelpunkt. In der Folge der starken Wechselkursschwankungen seit Beginn der 70er Jahre gewann das sog. **Transaktions-Exposure** (Umwechslungs-Exposure) zunehmend an Bedeutung, welches die Fremdwährungsforderungen, -verbindlichkeiten und -bestände der Unternehmung erfaßt. Es stellt heute in der Praxis den Kernbereich des unternehmerischen Wechselkursmanagements dar (*Pausenberger* 1985, S. 542; *Franke* 1989, Sp. 2210; zur Praxis vgl. *Pausenberger/Völker* 1985, S. 66–72; *Hermann* 1988; *Soenen/Aggarwal* 1989; *Belk/Glaum* 1990). Von der Theorie wird schließlich seit mehreren Jahren auf die zentrale Bedeutung des **ökonomi-**

Abb. 2: Der zeitliche Bezug von Translations-, Transaktions- und ökonomischem Exposure zu Wechselkursänderungen (*Eiteman/Stonehill* 1989, S. 173)

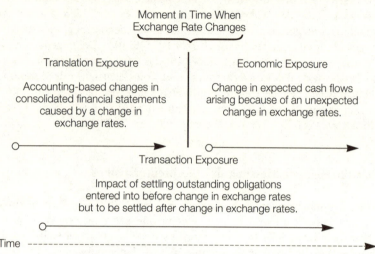

schen Exposures (Economic Exposure) hingewiesen; mit diesem Konzept sollen die Auswirkungen von Wechselkursverschiebungen auf den zukünftigen Cash-flow und damit auf den Ertragswert der Unternehmung erfaßt werden.

Abbildung 2 zeigt, daß sich die drei Konzepte zur Messung der Wechselkursrisiko-Position hinsichtlich ihres zeitlichen Bezugs zu Wechselkursänderungen unterscheiden. Es läßt sich zeigen, daß die Verwendung der verschiedenen Exposure-Konzepte zu unterschiedlichen Maßgrößen für die Risikoposition einer Unternehmung und damit zu unterschiedlichen Ausgangssituationen für die Bestimmung von weiterführenden Maßnahmen führen (vgl. hierzu entsprechende Vergleichsrechnungen z. B. bei *Eiteman/Stonehill* 1989, S. 221–225). Die Wahl des geeigneten Exposure-Konzepts ist daher von zentraler Bedeutung; aus diesem Grund werden die drei Konzepte und ihre (relative) Eignung für das Währungsmanagement im folgenden ausführlicher diskutiert.

3.1 Das Währungsumrechnungsrisiko (translation exposure)

Das Translations-Exposure entsteht ausschließlich bei internationalen Unternehmungen, da es nur im Zusammenhang mit der Erstellung einer Weltbilanz auftritt. Als rechtlich selbständige Einheiten sind die ausländischen Tochtergesellschaften der internationalen Unternehmung zur Aufstellung eigener Jahresabschlüsse verpflichtet. Diese sind naturgemäß in den jeweiligen Landeswährungen ausgedrückt und müssen in die Heimatwährung der Muttergesellschaft umgerechnet werden, bevor sie zur

3. Konzepte zur Messung des Wechselkursrisikos

Weltbilanz des internationalen Konzerns zusammengefaßt werden können.

Bei diesem Umrechnungsvorgang können zwei Typen von Wechselkursen zur Anwendung kommen:

- die **historischen Kurse**, die zu den Zeitpunkten der Entstehung der betreffenden Bilanzpositionen gültig waren, und
- die an den Bilanzstichtagen bestehenden **Stichtagskurse**.

Von Wechselkursänderungen sind Positionen, die zu historischen Kursen umgerechnet werden, offensichtlich nicht betroffen. Ändert sich hingegen bei einer zum Stichtagskurs umzurechnenden Bilanzposition der aktuelle Wechselkurs seit dem Zeitpunkt der Entstehung oder letztmaligen Bilanzierung, so verändert sich der in Heimatwährung ausgedrückte Wert dieser Position. Das Translations-Exposure besteht daher in allen zum Stichtagskurs umzurechnenden Fremdwährungsbilanzpositionen einer Unternehmung (*Wihlborg* 1980, S. 27).

Zur Umrechnung von ausländischen Jahresabschlüssen sind verschiedene Methoden entwickelt worden, die sich darin unterscheiden, welche Bilanzpositionen mit historischen Kursen und welche zum Stichtagskurs umgerechnet werden (z. B. *Belkaoui* 1985, S. 92 ff.; *Eiteman/Stonehill* 1989, S. 216–221; *Busse von Colbe/Ordelheide* 1984, S. 314–349; *Gebhardt* 1987, S. 40 ff.). Je nach Wahl der Umrechnungsmethode ist das Translations-Exposure einer Unternehmung unterschiedlich hoch. Mit anderen Worten: Die Messung der ökonomischen Wirkungen von Wechselkursänderungen ist beim Konzept des Translations-Exposure abhängig von einer Konvention des Rechnungswesens. Anders als z. B. in den USA oder Großbritannien gibt es in der Bundesrepublik Deutschland keine explizite Vorschrift über die Wahl der Umrechnungsmethode, so daß allgemein von einem Methodenwahlrecht ausgegangen wird, bei dessen Ausübung lediglich das Gebot der Stetigkeit zu beachten ist (*Gebhardt* 1987, S. 180 ff.; *Küting/Weber* 1986, S. 75–84).

Es liegt auf der Hand, daß schon aus diesem Grunde das Konzept ungeeignet ist, die Basis für Entscheidungen des Währungsmanagement zu bilden (so zuerst *Dufey* 1972; vgl. auch *Cornell/Shapiro* 1983, S. 24; *Oxelheim* 1985, S. 64). Ein weiterer Nachteil des Umrechnungs-Exposures besteht darin, daß es sich um ein vergangenheitsorientiertes Konzept handelt, welches nicht auf Marktwerten, sondern auf Buchwerten basiert. Mit Hilfe des Konzepts des Umrechnungs-Exposures können daher die tatsächlichen Erfolgs- und Liquiditätswirkungen von Wechselkursänderungen nicht gemessen werden. *Adrian Buckley* faßt die Diskussion um die Relevanz des Translations-Exposures mit folgenden Worten zusammen: „Perhaps the general conclusion of the foregoing discussion is that pure translation exposure can be ignored for all practical purposes"

(*Buckley* 1986, S. 132; s. a. *Cornell/Shapiro* 1983, S. 30; *Eiteman/Stonehill* 1989, S. 229; *Shapiro* 1986, S. 161).

3.2 Das Währungsumtauschrisiko (transaction exposure)

Die Ursache von Transaktions-Exposures besteht in der zeitlichen Differenz zwischen der Entstehung von Fremdwährungsforderungen oder -verbindlichkeiten und den zugehörigen Ein- bzw. Auszahlungen. Innerhalb dieser Zeitspanne kann sich der in Heimatwährung ausgedrückte Wert der Position durch die Änderung der betreffenden Wechselkurse verändern. Das Transaktions-Exposure einer Unternehmung besteht daher aus ihren Fremdwährungsforderungen und -verbindlichkeiten sowie den Fremdwährungskassenbeständen (*Pausenberger* 1985, S. 542).

Die Problematik kann durch das Beispiel in Abbildung 3 veranschaulicht werden: Eine deutsche Unternehmung verkauft im Zeitpunkt t_0 eine Maschine in die USA; der Verkauf erfolgt auf Ziel, der Kaufpreis in Höhe von 10 Mio. US-Dollar wird erst in t_1, z. B. nach Ablauf von 6 Monaten fällig. Zum gegenwärtigen Zeitpunkt liegt der Kurs des US-Dollars bei $W_K(t_0)$ = 1,75 DM/US-$. Während der Zahlungsfrist kann sich dieser Wert jedoch auf nicht vorhersehbare Weise nach oben oder unten verändern. Mit anderen Worten: $W_K(t_1)$ ist ein unsicherer Wert.

Abb. 3: Wechselkursrisiko bei Transaktions-Exposure

Verkauf einer Maschine für 10 Mio. US-$ auf Ziel	erwarteter Zahlungseingang	
		→ Zeit
t_0	t_1	
$W_K(t_0)$:	$W_K(t_1)$:	DM-Erlös:
DM/US-$ = 1,75	DM/US-$_1$ = 1,75	17,5 Mio DM
	DM/US-$_2$ = 1,50	15,0 Mio DM
	DM/US-$_3$ = 2,00	20,0 Mio DM

Zum gegenwärtigen Wechselkurs (Juni 1992) beträgt der DM-Gegenwert der US-Dollar-Forderung 17,5 Mio. DM. Liegt der Wechselkurs zum Zeitpunkt des Zahlungseingangs hingegen bei $W_K(t_1)$ = 1,50 DM/US-$, so stellt die Forderung lediglich einen DM-Wert von 15 Mio. DM dar. Gegenüber der Ausgangssituation erlöst die exportierende Unternehmung also 2,5 Mio. DM weniger. Liegt der US-Dollar-Kurs in t_1 hingegen bei 2,00 DM/US-$, erzielt die Unternehmung 20 Mio. DM, was einen zusätzlichen Erlös von 2,5 Mio. DM bedeutet.

3. Konzepte zur Messung des Wechselkursrisikos

Wechselkursveränderungen während der Laufzeit von Forderungen und Verbindlichkeiten können somit die in Heimatwährung ausgedrückten Ein- und Auszahlungen in ihrer Höhe deutlich verändern; im obigen durchaus nicht unrealistischen Beispiel kann die Unternehmung wechselkursbedingte Mehr- oder Mindereinzahlungen in Höhe von 14,3% erwarten. Diese Cash-flow-Schwankungen sind im Gegensatz zu den mit Hilfe der Umrechnungs-Exposures berechneten Währungsgewinne und -verluste direkt **liquiditäts-** und **erfolgswirksam**.

Unternehmungen können Transaktions-Exposures durch den Aufbau korrespondierender Fremdwährungspositionen neutralisieren (siehe hierzu im einzelnen Abschnitt 6). Diese **Kurssicherung** (das sog. **Hedging**) kann z. B. folgendermaßen durchgeführt werden: Zeitgleich mit dem Verkauf der Maschine und der Begründung der US-Dollar-Forderung nimmt die Unternehmung einen US-Dollar-Kredit auf. Der Kreditbetrag entspricht dem auf t_0 abgezinsten Barwert der ausstehenden US-Dollar-Forderung. Die Unternehmung hat nun zusätzlich zur Forderung aus dem operativen Geschäft eine Verbindlichkeit gleicher Währung und Laufzeit. Da sich die Wirkungen von Wechselkursänderungen auf Forderungen und Verbindlichkeiten gegenseitig kompensieren, können der Unternehmung nunmehr weder Währungsverluste noch -gewinne entstehen.

Der US-Dollar-Kreditbetrag wird sofort zum gültigen Wechselkurs $W_K(t_0)$ in DM umgewechselt und in der Unternehmung eingesetzt oder als DM-Termingeld angelegt. Erhält die Unternehmung nun in t_1 den US-Dollar-Betrag aus ihrer Forderung, nutzt sie dieses Geld, um den US-Dollar-Kredit einschließlich der aufgelaufenen Zinsen zu tilgen.

Der Effekt dieser Transaktion besteht darin, den in t_0 gültigen und bekannten Wechselkurs $W_K(t_0)$ für den Umtausch des erwarteten US-Dollar-Betrages zu nutzen und die Unsicherheit über den DM-Gegenwert der zukünftigen US-Dollar-Einzahlung zu eliminieren. Da der Kurs $W_K(t_0)$ aber nur in t_0, (möglicherweise) nicht aber in t_1 zur Verfügung steht, wird der Umtausch der Währungen zeitlich vorgezogen. Daher muß, wie im Beispiel gezeigt, gegenüber der Alternative, keine Kurssicherung vorzunehmen und den unsicheren Kurs $W_K(t_1)$ abzuwarten, der Liquiditäts- bzw. Zinseffekt in die Betrachtung einbezogen werden.

Die hier dargestellte Form des Hedging mittels Aufnahme eines Fremdwährungskredites entspricht in ihrer Wirkung exakt dem Abschluß eines Devisentermingeschäftes. Am Devisenterminmarkt kann die Unternehmung zum gegenwärtigen Zeitpunkt t_0 Verträge abschließen, die den Austausch von Währungen zu zukünftigen Zeitpunkten $t_1, t_2, \ldots, t_n$ zum Gegenstand haben. In der Praxis existieren liquide Terminmärkte mit Fristigkeiten bis zu einem Jahr, für wichtige Währungen auch darüber hinaus. Der Terminkurs wird von den Banken aus dem Kassakurs und der Zinssatzdifferenz der beiden Währungen über die Laufzeit des Kontraktes berechnet. Die Identität der Wirkungen eines Devisentermingeschäftes und der oben dargestellten Aufnahme eines Fremdwährungskredites gleicher Laufzeit folgt aus der sog. Zinssatzparitätentheorie und wird an den internationalen Finanzmärkten ständig durch Arbitrageprozesse sichergestellt (zur Ableitung der Zinssatzparitätentheorie vgl. *Rose* 1989, S. 109 f.; *Buckley* 1986, S. 35–37; *Shapiro* 1986, S. 117 f.).

Die ausschließliche Konzentration von Unternehmungen auf das Hedging von Transaktions-Exposures wird in der jüngeren Literatur zunehmend kritisiert (z. B. *Srinivasulu* 1981; *Aggarwal/Soenen* 1989; *Kersch* 1987; *George/Schroth* 1991). Obwohl nämlich die mit dem Transaktions-Exposure-Konzept gemessenen Währungsgewinne und -verluste liquiditäts- und erfolgswirksam sind, erfassen sie lediglich einen Teil der Wirkungen von Wechselkursänderungen auf die Situation einer Unternehmung in ihren Märkten: Die Betrachtung des Transaktions-Exposure-Konzepts beschränkt sich auf die zum jeweiligen Betrachtungszeitpunkt t_0 von der Unternehmung fest kontrahierten Fremdwährungszahlungsströme. Versteht man jedoch die Unternehmung als „going concern" mit unendlicher Lebensdauer, so wird sie (voraussichtlich) auch in $t_1, t_2, \ldots, t_n$ exportieren und damit Zahlungsströme in fremden Währungen auslösen. Beschränkt die Unternehmung ihre Kurssicherungsmaßnahmen auf die jeweils ausstehenden Forderungen bzw. Verbindlichkeiten, so bleiben die zu erwartenden zukünftigen Exposures ungesichert. „Indem das Transaktionsrisiko gehedgt wird, sichert sich der Konzern den DM-Gegenwert der jeweils offenen Nettoposition. Dies schützt den Konzern jedoch nicht vor der Gefahr, daß die in Zukunft abzuschließenden Verträge zu ungünstigen Wechselkursen hereingenommen werden müssen. ... Die größeren Risiken bleiben ungehedgt" (*Franke* 1989, Sp. 2211).

3.3 Das ökonomische Währungsrisiko (economic exposure)

Das Konzept des ökonomischen Exposures greift die gegen das Accounting-Exposure und das Transaktions-Exposure vorgebrachte Kritik auf und versucht in umfassender Weise zu analysieren, wie die zu erwartenden Ein- und Auszahlungen der Unternehmung auf künftige Änderungen der Wechselkurse reagieren werden. Da, wie nachfolgend gezeigt wird, praktisch alle zukünftigen Zahlungsströme einer Unternehmung dem Wechselkursrisiko ausgesetzt sind (eine Ausnahme bilden lediglich die heute bereits fest in Heimatwährung kontrahierten Zahlungen), besteht das Economic Exposure einer Unternehmung in ihren erwarteten zukünftigen Cash-flows, mithin in ihrem Ertragswert (*Pausenberger* 1985, S. 542; *Wihlborg* 1980, S. 26 f.; *Eiteman/Stonehill* 1989, S. 172; *Franke* 1989, Sp. 2207 f.).

Zum ökonomischen Exposure gehören nicht nur bekannte und bereits kontrahierte Cash-flows, die auch dem Transaktions-Exposure zuzuordnen sind, sondern auch die **potentiellen zukünftigen Cash-flows**. Es ist weiterhin zu beachten, daß beim ökonomischen Exposure nicht nur der zukünftige in Heimatwährung ausgedrückte Wert von Cash-flows unsicher ist, sondern bereits der zugrundeliegende Fremdwährungswert der Cash-flows. Dies findet darin seine Begründung, daß bereits die ursprünglichen Cash-flows eine Funktion der jeweils gültigen Wechselkurse sind. Im Rahmen des ökonomischen Exposures kann daher ein „competition effect" von einem „conversion effect" unterschieden werden, was im folgenden näher erläutert werden soll (*Flood/Lessard* 1986, S. 26; *Glaum* 1991, S. 47–49).

Die zukünftigen Einzahlungsüberschüsse einer Unternehmung bestehen aus der Differenz ihrer Einzahlungen und Auszahlungen. Diese wiederum ergeben sich durch die Multiplikation der jeweiligen Preise und Mengen von Outputs und Inputs, die ihrerseits Funktionen der Wechselkurse sind (siehe Abb. 4). Betrachtet man die zukünftigen Auszahlungen, so werden sich die Preise der Inputs einer Unternehmung immer dann ändern, wenn sie importierte Inputs nutzt oder Inputs, die mit importierten Gütern konkurrieren, oder aber Inputs, die ihrerseits mit Hilfe von Importgütern erstellt wurden. Da dies in irgendeiner Form für praktisch alle Einsatzfaktoren einer Unternehmung zutrifft, verändern sich mit jeder Schwankung eines wichtigen Wechselkurses auch die Beschaffungspreise der Unternehmung. Verändern sich aber die Preise und die Preisstruktur, so wird eine gewinnmaximierend geführte Unternehmung auch die Mengen und die Zusammensetzung ihrer Inputs verändern, um eine neue Minimalkostenkombination zu erreichen.

Analoge Überlegungen sind für die Absatzseite anzustellen. Hier ändern sich als Folge von Währungsschwankungen nicht nur die Exportgüterpreise und -mengen, sondern auch die Preise und Mengen jener Produkte, die mit Importgütern konkurrieren. Die Summe aller Mengen- und Preiseffekte auf den Beschaffungs- und Absatzmärkten macht den „competition effect" einer Wechselkursänderung aus. Man erkennt an dieser Stelle, daß wechselkursinduzierte Cash-flow-Schwankungen nicht nur bei Fremdwährungszahlungsströmen auftreten. Auch eine rein national operierende Unternehmung, die ihre Inputs ausschließlich im Inland bezieht und ihren gesamten Umsatz in ihrer Heimatwährung fakturiert, kann einem (indirekten) Wechselkursrisiko ausgesetzt sein, wenn sie auf ihren Beschaffungs- oder Absatzmärkten mit Importkonkurrenten konfrontiert ist, die ihrerseits direkte Wechselkursrisiken aufweisen (*Jacque* 1981, S. 89; *Shapiro* 1986, S. 492).

Der „competition effect" beschreibt die Auswirkungen von Wechselkursänderungen auf die in ihrer Ursprungswährung ausgedrückten Cash-flows der Unternehmung. Erst in einem zweiten Schritt der Analyse werden die Auswirkungen untersucht, die beim Umtausch von Fremdwäh-

Abb. 4: Das Konzept des ökonomischen Exposures: „competition effect" und „conversion effect" (*Glaum* 1991, S. 48)

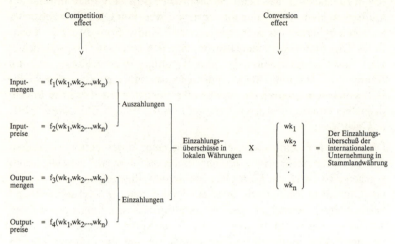

rungs-Cash-flows in die Heimatwährung der Muttergesellschaft anfallen (s. Abb. 4). Dieser zweite Effekt, der in seiner Wirkung identisch ist mit dem Konzept des Transaktions-Exposures, kann als „conversion effect" bezeichnet werden.

Das Economic-Exposure-Konzept ist mithin ein allumfassendes und zukunftsorientiertes Konzept; vor allem aber ist es konsistent mit der in der Betriebswirtschaftslehre allgemein angenommenen Zielsetzung der Unternehmensführung, nämlich der Maximierung des Unternehmenswertes. Aus theoretischer Sicht eignet es sich daher in hervorragendem Maße dafür, die Grundlage unternehmerischer Entscheidungen im Währungsmanagement internationaler Unternehmungen zu bilden.

Allerdings läßt sich nicht leugnen, daß das Economic-Exposure-Konzept die in der Realität bestehenden außerordentlich komplexen Wirkungszusammenhänge auf ein sehr einfaches Modell reduziert. Ob sich das Konzept des ökonomischen Wechselkursrisikos auch in der Praxis zur Messung der Risikopositionen internationaler Unternehmungen eignet und sich als Grundlage der Entscheidungen des Währungsmanagements durchsetzen wird, kann bezweifelt werden (*Franke* 1989, Sp. 2211). Bislang jedenfalls kommt dem Konzept in der Praxis des unternehmerischen Währungsmanagement kaum Bedeutung zu (*Belk/Glaum* 1990, Sp. 6 f.).

4. Zur theoretischen Fundierung des Währungsmanagements

Die monetäre Außenwirtschaftstheorie bietet eine Reihe von Theorien und Modellen zur Erklärung der Preisbildung auf den Devisenmärkten

4. Zur theoretischen Fundierung des Währungsmanagements

an. Diese stellen Wechselkursänderungen in einen breiten, makroökonomischen Erklärungsrahmen, indem sie wechselseitige Beziehungen zwischen Wechselkursen, Zinssätzen und Inflationsraten aufzeigen. Zurückgehend auf *Giddy* (1977a) wird in der Literatur zum internationalen Finanzmanagement vielfach das folgende, auf fünf interdependenten Gleichgewichtsbeziehungen aufbauende neoklassische Modell der internationalen Geld- und Devisenmärkte diskutiert (s. Abb. 5) (*Giddy* 1977a, S. 602–604; *Feiger/Jacquillat* 1982, S. 121 ff.; *Hindner* 1983, S. 86 ff.; *Shapiro* 1986, S. 99 f.; *Buckley* 1986, S. 31 ff.; *Holland* 1986, S. 31 ff; *Eiteman/Stonehill* 1989, S. 71 ff; zu neueren Ansätzen vgl. *Zieschang* 1990; *Größl-Gschwendtner* 1991):

(1) Die **Kaufkraftparitätentheorie** (Theory of Purchasing Power Parity) besagt, daß Änderungen der Devisenkassakurse durch Änderungen der Inflationsratendifferenzen der jeweiligen Währungen determiniert sind.

(2) Die **Zinsparitätentheorie** (Theory of Interest Rate Parity) besagt, daß der Unterschied zwischen Devisentermin- und Devisenkassakurs (Deport oder Report) durch die Zinssatzdifferenz zwischen beiden Währungen determiniert ist.

(3) Der *Fisher*-**Effekt** für ein Land besagt, daß sich die nominalen Zinssätze in jedem Land durch die Addition von realer Verzinsung und erwarteter Inflationsrate ergeben.

(4) Der **Internationale** *Fisher*-**Effekt** (Fisher Open) besagt, daß die Zinssatzdifferenz zwischen zwei Währungen durch die erwarteten zukünftigen Wechselkursänderungen determiniert sind.

(5) Die **Swapsatzhypothese** (Unbiased Forward Rate Theory) besagt, daß der Unterschied zwischen Devisentermin- und Devisenkassakurs durch die erwarteten zukünftigen Wechselkursänderungen determiniert ist.

In der Literatur wird nun teilweise argumentiert, daß bei Gültigkeit dieser Gleichgewichtsbeziehungen Unternehmungen keinem Wechselkursrisiko ausgesetzt sind. Wechselkursänderungen sind in einem derartigen Szenario lediglich Ausdruck von Inflationsraten- und Zinssatzänderungen bzw. von Erwartungen solcher Änderungen in der Zukunft; da sich die Wirkungen der verschiedenen Änderungen genau kompensieren, sind nominale Wechselkursänderungen nicht mit einem **realem Risiko** verbunden (z. B. *Giddy* 1977b, S. 30; *Wihlborg* 1980, S. 23; *Franke* 1989, Sp. 2198). Die logische Konsequenz dieser Haltung besteht darin, einem aktiven Währungsmanagement von Unternehmungen jeden Sinn abzusprechen (*Logue/Oldfiled* 1977, S. 16; *Shapiro/Rutenberg* 1976, S. 56; *Holland* 1986, S. 36).

Zahlreiche empirische Untersuchungen haben sich im Laufe der vergangenen Jahre mit der Frage beschäftigt, inwieweit die oben dargestellten

Abb. 5: Das neoklassische Gleichgewichtsmodell der internationalen Geld- und Devisenmärkte (Holland 1986, S. 32)

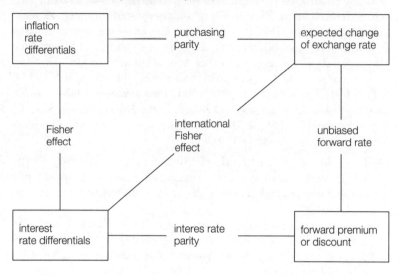

Gleichgewichtsbeziehungen in der Realität zutreffen. Wenn auch einzelne Studien zu sehr unterschiedlichen Ergebnissen kommen, besteht doch Einigkeit darüber, daß kurz- bis mittelfristig Abweichungen auftreten können, die beachtliche Ausmaße annehmen können. Ob die Gleichungen eine korrekte Beschreibung der langfristigen Gleichgewichtsbeziehungen auf den Geld- und Devisenmärkten liefern, ist hingegen umstritten (für Überblicke über empirische Untersuchungen vgl. *Aliber* 1978, S. 56 ff.; *Feiger/Jacquillat* 1982, S. 136 ff.; *Oxelheim* 1985, S. 110 ff.; *Holland* 1986, S. 44 ff.; *Buckley* 1986, S. 113 ff.; *Leoni* 1989, S. 386 ff.).
Für Unternehmungen bedeuten die Ergebnisse in jedem Falle, daß reale Wechselkursrisiken existieren und daß eine Strategie der Absicherung gegen Wechselkursverluste zumindest nicht a priori als sinnlos abgelehnt werden kann.

5. Strategien des Währungsmanagements

Nicht alle Fremdwährungspositionen einer Unternehmung sind tatsächlich dem Risiko von Wechselkursänderungen ausgesetzt. Bestehen nämlich in einer Währung Forderungen und Verbindlichkeiten mit gleicher Laufzeit, so können diese gedanklich saldiert werden, da sich die Auswirkungen von Wechselkursänderungen auf beide Positionen ausgleichen. Nur die verbleibenden sogenannten **Net Exposures** sind somit dem Währungsrisiko ausgesetzt und gegebenenfalls kurszusichern. Besonders in

5. Strategien des Währungsmanagements

internationalen Unternehmungen mit ihren vielfältigen grenzüberschreitenden konzerninternen Zahlungsströmen besteht ein großes Potential für derartige Risikokompensation (*Pausenberger* 1985, S. 542; *Pausenberger/Völker* 1985, S. 71).

Der nächste Schritt im Rahmen des Währungsmanagements ist die Entscheidung über die **Kurssicherung** (Hedging) der offenen Risikopositionen der Unternehmung. Hierbei stehen dem Management vier grundsätzliche Vorgehensweisen (Strategien) zur Verfügung (*Glaum* 1991, S. 60 f.; s. a. *Büschgen* 1986, S. 186–190):

– Die Unternehmung kann das Wechselkursrisiko ignorieren und keinerlei Maßnahmen zur Vermeidung bzw. Neutralisierung von Exposures ergreifen. Diese **passive Strategie** werden vor allem solche Unternehmungen verfolgen, die sich nur in geringem Maße dem Wechselkursrisiko ausgesetzt fühlen.

– Die zweite Möglichkeit besteht darin, das Wechselkursrisiko soweit wie möglich durch Hedging-Maßnahmen zu **neutralisieren**. Den offenen Risikopositionen werden dabei kompensierende Hedging-Positionen gegenübergestellt.

– In der Praxis versucht die Mehrzahl der größeren internationalen Unternehmungen, mittels einer Strategie des „**selektiven Hedging**" den Erwartungswert ihrer zukünftigen Heimatwährungs-Cash-flows zu steigern. Sie hedgen bei dieser Strategie zukünftige Einzahlungen (Auszahlungen) in Währungen, die sie als abwertungsverdächtig (aufwertungsverdächtig) einschätzen, und lassen Einzahlungen (Auszahlungen) in Währungen, für die sie einen Kursanstieg (Kursrückgang) erwarten, offen. Eine solche Strategie bedarf offensichtlich einer leistungsfähigen Wechselkursprognose, die in der Lage ist, zukünftige Wechselkursänderungen zuverlässig vorherzusagen.

– Als vierte grundsätzliche Möglichkeit kann die Unternehmung versuchen, auf der Basis ihrer Kursprognosen über ihre operativen Exposures hinaus gezielt zukünftige Einzahlungsüberschüsse in aufwertungsverdächtigen Währungen aufzubauen und Auszahlungsüberschüsse in abwertungsverdächtigen Währungen zu halten. Eine solch aggressive **Spekulationspolitik** ist allerdings in der Praxis internationaler Unternehmungen selten anzutreffen (*Pausenberger/Völker* 1985, S. 68 f.; *Belk/Glaum* 1990, S. 5 f. u. 10 f.).

Der Erfolg der beiden letztgenannten Strategien hängt offensichtlich von der **Qualität der Wechselkursprognose** ab. Die Frage nach dem Sinn und Nutzen von Wechselkursprognosen wird in Literatur und Praxis kontrovers diskutiert. Die Kritiker solcher Prognosen verweisen auf die sog. „**Informationseffizienz" der Finanzmärkte**: Nach der These der Informationseffizienz werden vom (Devisen-)Markt zu jedem Zeitpunkt alle relevanten und verfügbaren Informationen verarbeitet und in den Kassa-

und Terminkursen reflektiert. Der beste Schätzer zukünftiger Kassakurse ist nach dieser Argumentation der Terminkurs, da sich in ihm alle Informationen und Erwartungen des Marktes über die zukünftige Entwicklung des Kassakurses niederschlagen. Zusätzliche Informationen, die nötig wären, um Prognosen zu erstellen, die zukünftigen Kurse systematisch besser vorhersagen als der Terminmarkt, sind auf informationseffizienten Märkten nicht vorhanden (*Pausenberger* 1985, S. 543; *de Haan* 1983, S. 245–253; *Hindner* 1983, S. 175 f.; detailliert *Leoni* 1989, S. 45 ff.)

Die Frage nach der Informationseffizienz der Devisenmärkte ist in den vergangenen Jahren Gegenstand zahlreicher empirischer Untersuchungen gewesen. Die Ergebnisse der Studien sind widersprüchlich; neuere Veröffentlichungen scheinen sich jedoch eher gegen die Gültigkeit der Effizienzthese auszusprechen (*Leoni* 1989, S. 236 ff. m.w.N.). In der Praxis erfreuen sich Wechselkursprognosen unbeeinflußt von der Diskussion über die Informationseffizienz großer Beliebtheit; internationale Unternehmungen beziehen Prognosen von ihren Banken, von Spezialinstituten und sie ergänzen diese durch eigene Recherchen und Berechnungen (*Pausenberger* 1985, S. 543; *de Haan* 1983, S. 262–264).

6. Techniken und Instrumente des Währungsmanagements

Für die eigentliche Kurssicherung stehen der Unternehmung zahlreiche Instrumente und Techniken zur Verfügung. Die zunächst vorgestellten Instrumente und Techniken dienen primär dem Management des **Transaktions-Exposures** der Unternehmung, können jedoch auch zur gezielten Beeinflussung des Translations-Exposures einer Unternehmung eingesetzt werden. Ihre Funktionsweise wird im folgenden am Beispiel der Absicherung dargestellt; sie können prinzipiell aber auch zum Aufbau spekulativer Positionen genutzt werden (*Pausenberger* 1985, S. 545 f.; *Glaum* 1991, S. 63 f.; *de Haan* 1983, S. 266–275; *Büschgen* 1986, S. 175–183).

Fakturierungspolitik: Exporteure und Importeure können Transaktions-Exposures vermeiden, indem sie in ihrer Heimatwährung fakturieren. In diesen Fällen trägt der ausländische Handelspartner das entstehende Währungsrisiko, da der Außenhandel in der für ihn fremden Währung abgewickelt wird. Aus genau demselben Grund ist die Fakturierungspolitik auch nicht zur Reduzierung von Exposures bei konzerninternen Finanzströmen geeignet; hier ist sie lediglich ein Mittel zur konzerninternen Allokation des Risikos.

Leading & Lagging: Risiken aus offenen Fremdwährungsverbindlichkeiten (im Konzern auch -forderungen) können durch vorzeitige Bezahlung (Leading) beseitigt werden. Das spekulative Gegenstück zum Leading bildet die Verzögerung von Zahlungen (Lagging) in der Hoffnung auf Gewinne durch zwischenzeitliche Wechselkursverschiebungen.

Während die beiden bislang erwähnten Techniken des Währungsmanagements auf eine Vermeidung bzw. zeitliche Veränderung operativer Net Exposures zielen, werden mit den folgenden Maßnahmen die jeweiligen Wechselkurse von bereits bestehenden Exposures abgesichert.

Devisentermingeschäfte: Sie können als die „klassische Form" der Wechselkurssicherung bezeichnet werden. Wie oben bereits erläutert, werden bei Termingeschäften die Konditionen zukünftig (zum Termin) abzuwickelnder Geschäfte bereits heute fixiert. Statt zur Umwechslung einer in mehreren Wochen oder Monaten anfallenden Fremdwährungsposition auf den ungewissen zukünftigen Devisenkassakurs angewiesen zu sein, kauft oder verkauft die Unternehmung den betreffenden Devisenbetrag zum gegenwärtig gültigen Terminkurs.

Financial Futures: Seit einigen Jahren werden Devisentermingeschäfte auch an Terminbörsen gehandelt (z. B. in London, Chicago, Philadelphia, Toronto oder Sydney). Diese „Currency Futures" unterscheiden sich von „normalen", d. h. im nicht-organisierten Telefon-Interbanken-Markt getätigten Termingeschäften dadurch, daß sie in nur wenigen, standardisierten Formen erhältlich sind. Da auch ihr Handel und ihre Abwicklung umständlicher sind, bieten Currency Futures für Unternehmungen kaum Vorteile gegenüber den traditionellen Termingeschäften.

Währungsswaps: Ein Währungsswap ist ein Vertrag zweier (oder mehrerer) Partner über den Tausch zweier äquivalenter Währungsbeträge und den Rücktausch der Beträge zu einem späteren Zeitpunkt.

Kredite bzw. Finanzanlagen in fremden Währungen: Offene Fremdwährungsforderungen und -verbindlichkeiten können durch die Aufnahme bzw. Anlage von währungs- und laufzeitgleichen Fremdwährungskrediten und -guthaben abgesichert werden. Wie bereits erläutert, entspricht diese Form der Kurssicherung aufgrund der Zinssatzparitätentheorie faktisch dem Abschluß eines Devisentermingeschäftes.

Devisenoptionsgeschäfte: Eine Devisenoption ist ein Vertrag, der das Recht, aber nicht die Verpflichtung überträgt, Devisen zu einem festgelegten Kurs in der Zukunft zu kaufen oder zu verkaufen. Für einen Preis – die Optionsprämie – erwirbt der Optionskäufer somit eine Absicherung gegen potentielle Währungsverluste, ohne die Möglichkeit aufzugeben, durch Währungsgewinne an einer positiven Wechselkursentwicklung zu partizipieren.

Weitere Instrumente und Techniken der Devisenkurssicherung sind

- die Durchsetzung von Kurssicherungsklauseln in Außenhandelsverträgen,

- das Diskontieren von Fremdwährungswechseln,
- das Forfaitieren einzelner oder
- das Factoring sämtlicher offener Exportforderungen sowie
- der Abschluß einer staatlichen Versicherung (z. B. Hermes Kreditversicherung für deutsche internationale Unternehmungen).

Wie in Abschnitt 3 gezeigt, beschreibt das Transaktions-Exposure nur einen Teil der ökonomischen Auswirkungen von Wechselkursänderungen auf die Unternehmung. Die langfristig wirksame Beeinflussung der Wettbewerbssituation der Unternehmung auf ihren Märkten wird hingegen vom Konzept des ökonomischen Exposures erfaßt. In diesem Konzept werden **Wechselkurse als strategische Variablen** angesehen, denn Wechselkursverschiebungen verändern das ökonomische Umfeld der Unternehmung in der gleichen Weise wie Veränderungen anderer strategischer Faktoren, also z. B. des Konsumentenverhaltens, der Produktionstechnologie, der Anbieterstruktur etc. (*Srinivasulu* 1981, S. 22). Aus diesem Verständnis des Wechselkursrisikos als eines strategischen Problems leitet sich die Forderung nach einem **strategischen Management des Wechselkursrisikos** ab.

Ein strategischer Ansatz des Währungsmanagements bedeutet, daß das Wechselkursrisiko nicht nur eine Angelegenheit der Finanzabteilung ist, sondern sämtliche Bereiche der Unternehmung betrifft. Wechselkursverschiebungen beeinflussen, wie oben gezeigt, die Preise und Mengen der Inputs und der Outputs einer Unternehmung; somit wirken sie sich unmittelbar auf die zentralen Unternehmensbereiche Beschaffung, Produktion und Absatz aus.

Das Management des ökonomischen Wechselkursrisikos läßt sich daher mit finanzwirtschaftlichen Mitteln alleine - wie dies beim Hedging von Transaktions-Exposures geschieht – nicht bewältigen. Das Management des ökonomischen Exposures muß vielmehr darauf gerichtet sein, die mit der Beschaffung von Inputs und dem Absatz der Outputs begründeten operativen Cash-flows der Unternehmung zu analysieren und gegebenenfalls zielorientiert zu verändern. Mit Recht fordern z. B. *Cornell* und *Shapiro*: „The major burden of exchange risk management must fall on the shoulders of marketing and production executives" (*Cornell/Shapiro* 1983, S. 26; s. a. *Srinivasulu* 1981, S. 22; *Eiteman/Stonehill* 1989, S. 183).

Als Techniken und Instrumente eines strategischen Wechselkursrisikomanagements seien beispielhaft die folgenden genannt (*de Haan* 1983, S. 283–286; detailliert *Shapiro* 1986, S. 246–259):

Verlagerung von Produktionsstätten ins Ausland: Produktionsstätten können gezielt in jenen Ländern errichtet werden, deren Märkte zuvor durch Export bedient wurden. Damit werden Ungleichgewichte in der Währungsstruktur von operativen Einzahlungen und Auszahlungen abgebaut.

Besteht bereits eine Streuung der Produktionspotentiale, so können Wechselkursverschiebungen, die als dauerhaft angesehen werden, durch entsprechende Verlagerung der Auslastungen und Umstellungen der Außenhandelsströme kompensiert bzw. ausgenutzt werden.

Substitution von Inputs: Wird die Heimatwährung einer Unternehmung abgewertet, so verteuern sich (in Auslandswährung fakturierte) importierte Beschaffungsgüter. Soweit es gelingt, diese Inputs durch im Inland (oder in anderen, von der Wechselkurs-Veränderung nicht betroffenen Ländern) produzierte Güter zu ersetzen, ist die wechselkursbedingte Verteuerung der Inputs abgewendet. Umgekehrtes gilt bei Aufwertung der Heimatwährung.

Marketing-Maßnahmen: Ein ökonomisches Wechselkursrisikos besteht auf den Absatzmärkten nur insoweit, als die Unternehmung für sie nachteilige Wechselkursänderungen nicht durch entsprechende Preisänderungen, d. h. -erhöhungen kompensieren kann. Sind Preiserhöhungen ohne (größere) Absatzeinbußen durchsetzbar, so wird insgesamt keine Änderung des Cash-flows der Unternehmung bewirkt. Die Möglichkeit zur Preisanpassung hängt einerseits davon ab, in welchem Maße konkurrierende Unternehmungen in gleicher Weise von der jeweiligen Wechselkursänderung betroffen werden, zum anderen von der Preiselastizität der Nachfrage. Auch andere Marketing-Maßnahmen können sinnvoll im Rahmen des Währungsmanagements zur Anwendung kommen. So sind Produktdifferenzierungen geeignet, die Preiselastizität der Nachfrage herabzusetzen. Auch durch neue Produkte, durch Qualitätsverbesserungen, erweiterte Serviceleistungen und sonstige Maßnahmen der Imagepflege kann die Fähigkeit der Unternehmung erhöht werden, ihre Preise zur Kompensation von Wechselkursveränderungen heraufzusetzen. Das eingangs angeführte Beispiel japanischer Automobilproduzenten zeigt, daß derartige Produktstrategien auch in der Praxis in Zusammenhang mit Wechselkursveränderungen eingesetzt werden.

Kritisch zu den oben vorgestellten realökonomischen Maßnahmen des Währungsmanagements ist zu vermerken, daß sie – ihrer strategischen Natur entsprechend – nur mit großem finanziellen und zeitlichen Aufwand durchgeführt werden können. Auch wird es in der Praxis oftmals andere strategische Faktoren als „nur" Wechselkursveränderungen geben, die die Implementation derartiger Maßnahmen erschweren oder unmöglich machen.

Als Ausweg bieten sich **finanzwirtschaftliche Strategien** an, sei es zur Überbrückung der Zeit, die notwendig ist zur Durchführung der Beschaffungs-, Produktions- und Absatzmaßnahmen oder als Surrogate für die nicht praktikablen operativen Strategien. Zumindest teilweise kann die internationale Unternehmung die Ziele ihres Währungsmanagements

Abb. 6: Realökonomische und finanzwirtschaftliche Instrumente und Techniken des Währungsmanagements

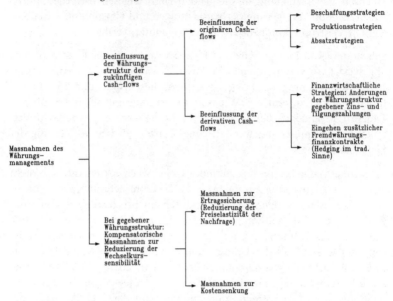

auch erreichen, indem sie die Währungsstruktur der Zahlungen aus ihren kurz-, mittel- und langfristigen Finanzanlagen und -verbindlichkeiten ändert. Besonders die innovative Technik von Währungsswaps ist geeignet, diese Ziele schnell, flexibel und kostengünstig zu erreichen.

Abb. 6 faßt die voranstehende Diskussion zusammen und zeigt, daß die realökonomischen Maßnahmen des Währungsmanagements darauf abzielen, entweder die **Währungsstruktur** der operativen (originären) Cash-flows der Unternehmung zu verändern oder die **Wechselkurssensitivität** der Unternehmung insgesamt zu reduzieren. Finanzwirtschaftliche Maßnahmen setzen demgegenüber an den finanzwirtschaftlichen (derivativen) Cash-flows an, sei es zur Veränderung der Währungsstruktur der bestehenden Forderungen und Verbindlichkeiten der Unternehmung, sei es durch den Abschluß zusätzlicher Fremdwährungskontrakte im Rahmen der Kurssicherungsmaßnahmen des Transaktions-Exposure-Managements.

7. Zusammenfassung

International tätige Unternehmungen sind mit dem Problem sich verändernder Wechselkurse konfrontiert. Nicht antizipierte zukünftige Änderungen der Kurse können die in heimischer Währung ausgedrückten

Werte von Cash-flows und Fremdwährungsbilanzpositionen positiv oder negativ beeinflussen. Neben diesem Wechselkursrisiko haben auch unvorhergesehene Einführungen bzw. Änderungen von Devisenverkehrskontrollen und -beschränkungen Auswirkungen auf die Vermögens- und Ertragsposition international tätiger Unternehmungen (Konvertierungs- und Transferrisiko). Aufgabe des Währungsmanagements ist es, diese Risiken zu erkennen und Maßnahmen zu ihrer Vermeidung bzw. Minderung zu ergreifen.

Die Auswirkungen von Wechselkursveränderungen können auf drei Ebenen gemessen werden: der bilanziellen Reinvermögensebene (Translations-Exposure), der Geldvermögensebene (Transaktions-Exposure) und der Ertragswertebene (ökonomisches Exposure). Das Translations-Exposure erweist sich als ungeeignet, die Grundlage unternehmerischer Entscheidungen des Währungsmanagements zu bilden, da es von Konventionen des Rechnungswesens beeinflußt wird und auf vergangenheitsorientierten Buchwerten aufbaut. Ein Management des Translations-Exposures wird daher in der neueren Literatur allgemein abgelehnt.

Gegenstand des Transaktions-Exposures sind die Fremdwährungsforderungen und -verbindlichkeiten sowie die Fremdwährungsbestände einer Unternehmung. Die mit Hilfe dieses Konzeptes ermittelten Währungsgewinne und -verluste sind für die Unternehmung direkt liquiditäts- und ertragswirksam. Allerdings werden mit dem Konzept des Transaktions-Exposures nur die zum jeweiligen Zeitpunkt vertraglich vereinbarten Fremdwährungszahlungsströme erfaßt. Die zukünftige, potentielle Geschäftstätigkeit der Unternehmung bleibt unberücksichtigt.

Das Konzept des ökonomischen Exposures versucht, auf umfassende Weise die Auswirkungen von Wechselkursänderungen auf die zukünftigen operativen Cash-flows der Unternehmung zu ermitteln. Determinanten sind die Wechselkurssensitivität der Beschaffungsauszahlungen und der Umsatzerlöse, die Substitutionalität der Inputfaktoren und die Wettbewerbssituation der Unternehmung auf ihren Märkten.

Allerdings wird ein Management des ökonomischen Exposures von internationalen Unternehmungen bislang kaum praktiziert. Dies mag zum einen an der Komplexität des Konzeptes liegen, zum anderen an der weitreichenden, strategischen Natur der erforderlichen Maßnahmen: Ansatzpunkt für ein Management des ökonomischen Exposures ist die Währungsstruktur der operativen Cash-flows der Unternehmung, die vor allem mit Hilfe von Produktionsverlagerungen sowie Beschaffungs- und Marketing-Strategien zielorientiert verändert werden.

Internationale Unternehmungen beschränken sich in der Praxis meist auf das Management ihrer Transaktions-Exposures. Bevorzugt wird eine Strategie der selektiven Kurssicherung: Auf der Basis von Wechselkursprognosen werden diejenigen Exposures abgesichert, für die zukünftige Wechselkursverluste befürchtet werden; Exposures, für die Währungsgewinne erwartet werden, bleiben offen. Das wichtigste Instrument des Währungsmanagements ist das Devisentermingeschäft; daneben kommen Fremdwährungskredite bzw. -anlagen, Devisenoptionen, die Diskontierung von Fremdwährungswechseln, das Forfaitieren und das Factoring sowie der Abschluß staatlicher (Hermes-)Versicherungen von Fremdwährungsforderungen zum Einsatz.

Literatur

Aggarwal, R./Soenen, L. A. (1989), Managing persistent real changes in currency values: the role of multinational operational strategies, in: Columbia Journal of World Business 24, S. 60–67

Aliber, R. Z. (1978), Exchange risk and corporate international finance, London

Belk, P./Glaum, M. (1990), The management of foreign exchange risk in UK multinationals: an empirical investigation, in: Accounting and Business Research 21, S. 3–13

Belkaoui, A. (1985), International accounting: issues and solutions, London

Buckley, A. (1986), Multinational finance, Oxford

Büschgen, H. E. (1986), Internationales Finanzmanagement, Frankfurt am Main

Busse von Colbe, W./Ordelheide, D. (1984), Konzernabschlüsse, 5. Aufl., Wiesbaden

Cornell, B./Shapiro, A. C. (1983), Managing foreign exchange risks, in: Midland Corporate Finance Journal 1, S. 16–31

de Haan, H. (1983), Die Risikopolitik der internationalen Unternehmung, Diss., Gießen

Deutsche Bundesbank: Statistische Beihefte zu den Monatsberichten der Deutschen Bundesbank, Reihe 5: Die Währungen der Welt, div. Jahrgänge

Dufey, G. (1972), Corporate finance and exchange rate variations, in: Financial Management 1, S. 51–57

Eiteman, D. K./Stonehill, A. I. (1989), Multinational business finance, 5. Aufl., Reading (Mass.)

Feiger, G./Jacquillat, B. (1982), International finance: text and cases, Boston

Flood, E./Lessard, D. R. (1986), On the measurement of operating exposure to exchange rates: a conceptual approach, in: Financial Management 15, S. 25–36

Franke, G. (1989), Währungsrisiken, in: *Macharzina, K./Welge, M. K.* (Hrsg.), HWInt, Stuttgart, Sp. 2196–2213

Gebhardt, G. (1987), Vereinheitlichung der Recheneinheit durch Währungsumrechnung, in: *Castan, E./Heymann, G./Müller, E./Ordelheide, D./Scheffler, E.* (Hrsg.), Beck'sches Handbuch der Rechnungslegung, München fortlaufend, Beitrag C 310

George, A. M./Schroth, C. W. (1991), Managing foreign exchange for competitive advantages, in: Sloan Management Review 33, S. 105–116

Giddy, I. H. (1977a), A note on the macroeconomic assumptions of international financial management, in: Journal of Financial and Quantitative Analysis 12, S. 601–605

Giddy, I. H. (1977b), Exchange risk: whose view?, in: Financial Management 6, S. 23–33

Glaum, M. (1991), Finanzinnovationen und ihre Anwendung in internationalen Unternehmungen, dargestellt am Beispiel von Devisenoptionskontrakten, Diss., Gießen

Größl-Gschwendtner, I. (1991), Gesamtwirtschaftliche Ansätze der Wechselkursbestimmung, in: WISU 20, S. 127–132

Literatur

Hermann, A. (1988), Wechselkursrisiko und Unternehmensverhalten: Ergebnisse einer Befragung, Diskussionsbeiträge des Sonderforschungsbereichs „Internationalisierung der Wirtschaft" an der Universität Konstanz, Serie II, Nr. 64

Hindner, A. (1983), Wechselkursprognosen: Ansätze, Modelle und Erfolgsbeurteilung, Frankfurt am Main

Holland, J. (1986), International financial management, Oxford

Institut der Deutschen Wirtschaft (1990), Zahlen zur wirtschaftlichen Entwicklung der BRD, Köln

Jacque, L. L. (1981), Management of foreign exchange risk: a review article, in: Journal of International Business Studies 12, S. 81–101

Kersch, A. (1987), Wechselkursrisiken, internationaler Handel und Direktinvestitionen, Hamburg

Küting, K./Weber, C.-P. (1986), Der Konzernabschluß nach neuem Recht, Stuttgart

Leoni, W. (1989), Möglichkeiten der Wechselkursprognose: Empirische Untersuchungen zur Informationseffizienz des Devisenmarktes, Diss., Gießen

Logue, D. E./Oldfield, G. S. (1977), Managing foreign assets when foreign exchange markets are efficient, in: Financial Management 6, S. 16–22

Oxelheim, L. (1985), International financial market fluctuations: corporate forecasting and reporting problems, New York

Pausenberger, E. (1985), Das Währungsmanagement der internationalen Unternehmung, in: WISU 14, S. 541–547

Pausenberger, E./Völker, H. (1985), Praxis des internationalen Finanzmanagement, Wiesbaden

Rose, K. (1989), Theorie der Außenwirtschaft, 10. Aufl., München

Shapiro, A. C. (1986), Multinational financial management, 2. Aufl., London

Shapiro, A. C./Rutenberg, D. P. (1976), Managing exchange risks in a floating world, in: Financial Management 5, S. 48–58

Soenen, L. A./Aggarwal, R. (1989), Cash and foreign exchange management: theory and practice in three countries, in: Journal of Business Finance and Accounting 16, S. 599–619

Srinivasulu, S. L. (1981), Strategic response to foreign exchange risks, in: Columbia Journal of World Business 16, S. 13–23

Wihlborg, C. G.: Currency exposure: taxonomy and theory, in: *Levich, R. M./Wihlborg, C. G.* (Hrsg.), Exchange risk and exposure: current developments in international financial management, Lexington (Mass.), S. 23–44

Zieschang, M. (1990), Finanzmarktansätze der Wechselkurserklärung, Berlin

Stichwortverzeichnis

A

à meta-Geschäfte 405
Abnahmeverträge 548
Abschreibungen 207, 209
- Innenfinanzierungswirkung von 206
- Kapitalkosten der 218
- verrechnete 207
- Verrechnung von 206
Abschreibungsfinanzierung
- Kosten der 218
Abschreibungsgesellschaften 349, 371
Abschreibungsverrechnung 207
Absicherungseffizienz 704
Absicherungsfazilitäten 418
Absicherungsflexibilität 705
Abweichungsanalyse 422
Accounting-Exposure 767
Additional Margin 686, 688
Advance factoring 524 f.
AGB-Kontrolle 326
Agioemission 470
Aktienanalyse
- technische 755
- fundamentale 753
Aktienanlage 491
Aktiengattung 314, 317, 320 f.
Aktienindexfuture 726, 742 f.
Aktienoptionshandel 697
- börsenmäßiger 679 f.
Aktionär
- Klein- 6
- Mehrheits- 6
Aktionärsmessen 190
Aktionärsrechte 314, 316
- Vermögensrechte 314
- Verwaltungsrechte 316
Aktionärsstruktur 181
Aktionärsstrukturerhebung 179
aktuelle Geschäftslage 421
Akzeptantenwechsel 410
Akzeptkredit 410
Allgemeine Geschäftsbedingungen 403
Altersversorgung 231 f.
- betriebliche 230, 254
Altersversorgungsleistungen 230
Amerikanischer Tender 304
Amortisationsdauer 108 f.
Amtlicher Handel 293, 621

Analyse des Jahresabschlusses 422
Andienungspreis 501
Anlage
- grundsätze 482 ff.
- katalog 482
- politik 482
- strategien, passive 758
Anleger
- gesellschaften 374
- schutz 623, 640
- verein 374, 378
- versammlungen 375
Anleihe 446
- Annuitäten- 448
- Auslands- 446 f.
- Festzins- 447
- Cheapest-to-deliver- 691, 731, 737, 741
- Fremdwährungs- 466
- Going-Public Options- 306
- Industrie- 446
- Inlands- 446
- Options- 446, 470
- Wandel- 472
Annuität 104
Annuitäten-Anleihe 448
annuitätische Tilgung 411
Anreizsysteme 6
Ansprüche
- fest vereinbarte Zahlungs- 5
- Residual- 5 ff.
Anteilsübertragung 371, 373
Anwartschaftsphase 230, 232, 234 ff., 243, 246, 249, 251, 255, 256 f.
Anzahlungsgarantie 414
Arbeitsgruppe „Zweiter Börsenmarkt" 372, 378
Arbitrage 680, 703, 709 ff., 716
- cash and carry 732
- Index- 682
- reverse cash and carry 732
Arbitragemöglichkeit 440, 731
Argumentationswert 152
Arrangement on Guidelines for Officially Supported Export Credits (OECD-Consensus) 572
Ärzteverrechnungsstellen 521
Asset Allocation 757

Asset Backed Securities 435, 462
Asset Backed Wertpapiere 435
Asset Beta 143, 144, 146, 148
asset deal 388
Asymmetrische Informationsverteilung 626, 634, 636 f.
Auffanglinien 418
Aufwand 62
Aufwandsauszahlungen 31
Aufwendungen 204, 206 f.
Auktionsprinzip 682
Auktionssystem 760
Ausfallhaftung 414
Ausfuhrkredit-Gesellschaft mbH 417
Ausgaben 45
– Betriebs- 506
Ausgabenkonten 60
Auslandsanleihe 446 f.
Auslandsemission 306
Auslandsrisiko 406
Auslandsverbindlichkeiten 533
Auslandsverschuldung 533
Auslosungsrisiko 448
Ausschüttungskompetenz 262 f.
Ausschüttungspolitik 262, 264, 267 f., 271, 278, 282
– erhaltungsorientierte 266
– firmenbezogene 266
– Gewinn- 222 f.
– Irrelevanz der 267
– steuerorientierte 272
Ausschüttungsprämien 274
Ausschüttungssperre 264 f.
Aussonderungsrecht 512 f.
Auszahlungen 204, 207, 209
Auszahlungsminderung 413
Außenfinanzierung 44 ff., 49, 198 f., 215, 224, 402
Außenfinanzierungssaldo 46
Außenhandelsfinanzierung 558
– kurzfristige 559
– mittel- und langfristige 565
außerbörslicher Kapitalmarkt 626, vgl. auch Over-the-Counter-Märkte
Avalkredit 414

B

back up-Linien 418
Basiskonvergenz 688, 709, 711
Basispunkt-Methode 742
Basisrisiko 709 f., 730, 745
Bankauskunftsverfahren 404
Bankenprivileg 507
Bankers Acceptance 416
Bankgarantien im Außenhandel 568
Bankgeheimnis 404
Bankkonditionen 620
Bankkredite 559
Bankenmanagement 95
Barwert 451
Basis 709, 723, 729 ff., 759
– Carry- 730
– fall 100
– konvergenz 731, 734
– risiko 692
– Value- 730
BAV-Kennzahlen 463
Bedürfnisidentifikation 439
Begebungskonsortium 301
Beitragsaufkommen 479
Beitragseinnahmen 478
Belegschaftsaktien 193
Belegschaftsaktionäre 187
Beleihungsgrenze 412
Bereitstellungsprovision 408
Besicherung 420
Bestellerkredit 417, 567
Beta-Faktor 137, 139, 140, 143 ff., 184, 659, 729, 759
Betarisiko 743
Beteiligungen 491 f.
Beteiligungsgesellschaft 492
Beteiligungskapital 594, 600 ff.
Beteiligungsfinanzierung 588 f., 591 ff., 594 ff., 600 ff.
Betriebsausgabe 506
Betriebseinnahme 506
Betriebsergebnis 423
Betriebsführungsverträge 548
betriebsgewöhnliche Nutzungsdauer 506
Betriebsmittelkredit 408
Betriebsrisiken 541, 548
Bewegungsbilanz 28, 55, 58, 69
Bewegungsbilanzrechnung 88 f.
Bewertung der Sicherheiten 421
Bewertungsansätze für Financial Futures
– erwartungsbezogene 727 f.
– kapitalmarktbezogene 729
Bezugsrecht 472
Bezugsrechtsausschluß 472
Bietungsgarantie 414
Bilanz 54 f.
– Bewegungs- 28, 55, 58, 69
Bilanzanalyse 586
Bilanzierungshilfen 423
Binomialmodell 686, 711, 714
Black-Scholes-Optionspreismodell 430, 438, 711 ff.

Bodensatz 403
bond stripping 458
Bonitätsänderungsrisiko 465
Bonitätsanforderungen 525
Bonitätsbeurteilung 403
Bonitätsrisiko 452, 468, 473, 684
– Prämie für das 453
borrowing portfolio 135
Börsen 676
– aufsicht 678
– begriff 678, 681
– Computer- 681 f., 699, 705
– einführung 191, 289
– gesetz 676, 678 f., 681
– gurus 188
– handel 446
– Innovations- 307
– Präsenz- 682, 699
– Privat- 372
– recht 678
– reife 289
– segment 290, 292
– Termin- 671, 679, 681, 697 ff., 702, 706, 716
– zulassung 621
– zulassungsanforderungen 623
Branchen-Zeit-Vergleich 423
Branchenvergleich 423
bridge financing 409
Brutto-Cash-flow 423
Brutto-Leasing 503
Buchwertaufstockung (step-up) 388
bull floater 465
Bund-Future 691, 697 f., 700, 703
Bürgschaften 414, 656, 667
– selbstschuldnerische 414

C
Call-Rendite 460
Capital Asset Pricing Model (CAPM) 132, 137 f., 140, 148, 164 f. 281 f., 430, 436, 438, 728 f.
Carry Basis 730
cash and carry arbitrage 732
Cash-flow 26, 29, 164, 205, 214 f.
– Analyse 542
– betriebsbedingter 205
– Brutto- 205, 423
– Finanzierung 536
– Konzeption 221
– Netto- 205
– Unternehmens- und betrieblicher 205
Cash Flow Available for Debt Service 543
Cash Flow Related Lending 536

Cash Flow Statements 27, 28
Cash Mangement 88
– in der Praxis 94
Cash Settlement 726
Chance/Risiko-Position 586 ff.
Chartanalyse 185, 755
Cheapest-to-deliver- Anleihe (CTD) 691, 731, 737, 741 f.
Clearingkonzept 682
Clearing-Stelle 684, 688 f., 705 f.
Commercial Paper 14
competition effect 773
Computer
– börse 681 f., 699, 705
– handel 369
– programme 372
– technologie 435 f.
Confidential factoring 526
Contango 728
conversion effect 773 f.
Corporate Banks 4, 14, 96
Cost of Carry 709, 730 ff.
Cost-of-Carry-Ansatz 729 ff.
Countertrade 574
Covenants 412, 461
Covered warrants 680 f.
Creative Trade Financing 582
cross default clause 412
cross-border-Leasing 504
Cross-Hedge 733
Currency Futures 726 f., 732, 743 f.

D
Damnum 413
Dauerkonsortien 411
Deckungsrückstellung 481
Deckungsstock 482
deep discount bond 449, 470
Deferred Payment Credit 416
Delkredere
– Funktion 522, 525
– Risiko 522
– Satz 526
Deport 714 f.
Debt/Equity-Swaps 580
Deregulierung 369
Deutsche Terminbörse (DTB) 681 ff.
Devisenoptionsgeschäft 779, 784
Devisenoptionsmarkt 678
Devisentermingeschäfte 677, 706, 708, 714, 771 779, 784
Devisenterminhandel 705
Devisenterminmärkte 678
– außerbörsliche 726

Dienstleistungskomponente 499, 514
Differenz- und Termineinwand 679, 681
Differenzgeschäft 671, 706
dilution 470
direktes Leasing 502
Direktzusage 230 ff., 235, 249
Disagio 413, 449
– steuerliche Behandlung des 449
Disagiodarlehen 413
Discounted Cash-flow-Methode 164 ff.
Disintermediation 14
Diskontierung 780, 784
Diskontkredit 409
Diversifikation 133 f., 430 f., 438, 650, 724, 757
Dividenden 46, 49
– abschlag 281 f.
– kontinuität 263, 270
– politik 223, 262 f., 270 f., 280
– stripping 280
Dokumente 416
Dokumentenakkreditiv 561
Dokomenteninkasso 560
Dokumentengeschäft 560
double dip-Konstruktion 509
Drei-Monats-Zinsfuture 692
Drei-Stufen-Modell 369
Drei-Werte-Verfahren 126
Drittverwendungsfähigkeit 498 f.
Duplikation 712, 761
Duration 454, 663 f., 739 ff.
– modifizierte 456
– basierte Methode 739 ff., 746
durchschnittliche Zielinanspruchnahme der Abnehmer 424
DVFA/SG-Ergebnis 183, 753
dynamische Betrachtungsweise 422
dynamischer Verschuldungsgrad 424

E
Economic Exposure 768
Effektenkredit 409
Effektivklausel 415
Effektivrendite nach der „Praktiker-Formel" 451
Effektivverzinsung 107, 450
Efficient Frontier 430, 436, 438
Effiziente Portefeuilles 634
Effizienz 432
– Absicherungs- 704 f.
– Informations- 636, 682, 704 f., 777
Effizienzlinie 134 f.
Eigenfinanzierung 587
– externe 289
– interne 289
Eigenkapital 45 f., 586 f.
– ausstattung 346, 639
– beschaffung, externe 347, 621
– beschaffung, interne 347
– betriebswirtschaftliches 594, 609
– Funktion des 611 f., 615 f.
– lücke 624, 638
– markt, grauer 348
– quote 346, 366, 423, 623, 639
– steuerrechtliches 594, 609
eigenkapitalähnliche Mittel 388
Eigentum
– rechtliches 497
– wirtschaftliches 505 f., 508
– zivilrechtliches 505
Einkommenschance 586 ff.
Einnahmekonten 60
Einnahmen 45
– Betriebs- 506
Einreicherobligo 409
Eintrittswahrscheinlichkeit 123, 126 f.
Einzelbewertungsverfahren 153, 169 f.
Einzelrefinanzierungsdarlehen 489
Einzelvergleich 423
Electronic Banking 96
Elementarfaktoren 64
Emission 289
– Auslands- 306
– Erst- 289
– Fixkosten der 622
– Fremd- 301
– internationale 307
– Pari- 449, 470
– Selbst- 300
Emissionsbegleiter 293, 368, 379
Emissionsfunktion 288
Emissionskapital 368, 380
Emissionskonsortien 295
Emissionskonsortium 301
Emissionskosten 368
Emissionskredit 294
Emissionskurs 374, 377
Emissionspreis 297, 368
Emissionsprospekt 294, 448
Emissionsquote 297
Emissionsrendite 449 f.
Emissionsvolumen 296
Empfindlichkeitsanalysen 124 f., 544 f.
Endwert 102 f.
Entnahmegrößen 102 ff.
Entscheidungstheorie 127
Entscheidungsmatrix 127
Entwicklungsländer, Kredite für 534

Equity Beta 143 f., 147
Erbschaftsteuer 621
Erfolgsausgaben 45 f., 62
Erfolgseinnahmen 45 f., 61, 64
Erfolgsziel 53
Ergänzungsprojekt 101
Ergebnis je Aktie 753
Ergebnismatrix 127
Erlöse 211
ERP-Beteiligungsprogramm 351
Ersatzzeitpunkt, optimaler 113
Erstemission 289
Ertrag 61
Ertragseinzahlungen 31
Ertragsteuer 506
Ertragswert 153, 155 ff., 166 f., 168 ff., 172 f.
Erwartungswert 123, 626, 645 ff., 650, 665
Erwartungswerteffekt 607
Erwerb eigener Aktien 194
Escrow-Account 575
Ethik-Fonds 187
Euro Commercial Papers (ECP) 419
Euromarkt 417
European Bank for Reconstruction and Development 578
Existenzgründung 385
Expansion-Financing 356
Export-Factoring 563
Export-Leasing 503
Exporteurkredit 417
Exportvorfinanzierung 563
Exposure 767
Externe Eigenfinanzierung 289
Externe Eigenkapitalbeschaffung 347, 621

F
Factoring 520 ff., 780, 784
– Eigenservice 524
– Export- 563
– Fälligkeits- 524
– Standard- 524
Fair Value 708, 710, 730 ff., 734
Fakturierungspolitik 777
Familienunternehmen 621
FASB-Statement No. 95 27, 32
Fertigstellungsgarantie 546
Fertigstellungsrisiken 541, 546 f.
Festbesitz 181
Festsatzkredit 413
Festzinsanleihe 447
FIBOR 465

Financial engineering 558
Financial Forwards 723
Financial Futures 690, 720, 725 ff., 779
– Bewertungsansätze von 727 ff.
Financial Reporting 191
Finanzausgaben 46, 62
Finanzausgleich 91
Finanzcontrolling 27
Finanzeinnahmen 46, 62
Finanzflußrechnung 27
– interne 27
– externe 27
– im Konzern vgl. Konzern-Finanzierungsrechnungen
– segmentierte 40
– Simulationsmodelle für 40
Finanzierungsbegriff, kapitalwirtschaftlicher 497
Finanzierungs-Leasing 496, 499 f.
Finanzierungsbeiträge 482, 486 ff.
Finanzierungsentscheidungen 27
Finanzierungsersatz 520 f.
Finanzierungsformen 586 ff.
Finanzierungsfunktion 498, 500, 503
Finanzierungsinstitutionen
– supranationale 550
Finanzierungskontrakt 447
Finanzierungskonzept 551
Finanzierungskosten 230, 620 ff., 623, 625
Finanzierungskraft 520
Finanzierungsprojekt 100
Finanzierungsrechnungen 44
– im Konzern vgl. Konzern-Finanzierungsrechnungen
– Organisation der 89 ff.
Finanzierungstitel 447
Finanzierungsvertrag 447
Finanzierungswirkungen 210 f.
Finanzinnovationen
– Hervorbringen von 439, 442
– liquiditätserhöhende 432
– risikotransferierende 433
– transaktionskostenmindernde 432
Finanzinstitutionen 10
Finanzintermediäre 4, 10, 293, 402
– Transformationsleistungen der 10 f.
– Beratungsfunktion der 11 f.
Finanzinvestitionen 49
Finanzkontrakte 643 f.
– vom Optionstyp 644
– vom Versicherungstyp 644, 654, 656
Finanzkreislauf der Unternehmung 198 f.
– Schema des 201

Finanzmärkte 3 f., 10
Finanzmanagement 2 ff.
– Aufgabenbereich, primärer 7 f.
– Mittlerfunktion des 8 f.
Finanzmarktforschung 8
Finanzmarktsegment 622 ff.
Finanzplan 49, 56 f.
Finanzplanung 36
Finanzplatz Deutschland 180
Finanzrechnung 46 f., 53
Finanzterminkontrakte 722, 725 ff., vgl. auch Termingeschäfte
Finanztitel 643
– erster Ordnung 644
– höherer Ordnung 644
– zweiter Ordnung 644
Finanzwechsel 410
finanzwirtschaftliche Umsatzüberschußerzielung 202
finanzwirtschaftlicher Umsatzüberschuß 205, 221
Fisher-Effekt 775
– internationaler 775
Fisher-Gleichung 456
Fixgeschäfte 657, 660, 662
Fixkosten der Emission 622
Flexibilität 212 f.
Flexibilitätsaspekte 514
Floating Rate Bond 464
Floating Rate Note 464
Fonds 28, 491
– Ethik- 187
Force Majeure-Risiken 542, 550
Forderungsverkauf 508, 520
Forderungsverwertung 520
Forderungsverzicht mit Besserungsschein 599 f.
Forfaitierung 508, 520 ff., 565, 780, 784
Formelanlagepläne 761
forward rate 458
Forward-Märkte 676
Forwards 657
Free cash flow 9
Free float 760
Freiverkehr 293, 377
Fremdeinfluß 369
Fremdemission 301
Fremdfinanzierung 586 f., 598
Fremdkapital 45 f., 586 f., 594, 602 f.
– betriebswirtschaftliches 594, 609
– steuerrechtliches 594, 598, 609
Fremdwährungsanleihe 466
Fristentransformation 11, 403
FRS No. 1 28, 32, 33

full-pay-out-Vertrag 500
Funktionsausgliederung 526
Future Spread Margin 686
Future-Style-Verfahren 686
Futures 657
– Bewertung von 727 ff.
– Bund- 691, 697 f., 700, 703
– Currency- 726 f., 732, 743 f.
– DAX- 692
– Drei-Monats-Zins- 692
– Financial- 690, 722, 725 ff., 779
– Index- 692, 709
– Interest-Rate- 725 f., 735 ff.
– Stock-Index- 726, 731 f., 742 f.
– Währungs- 726 f. 742 ff.,

G
Garantie 414, 462, 667
– Anzahlungs- 414
– im Außenhandel 568
– Bietungs- 414
– Fertigstellungs- 546
– Gewährleistungs- 414
– Gewinn-Ausschüttungs- 377
– Kapitalanlage- 550
– Konnossements- 414
– Kreditversicherungs- 414
– Leistungs- 414
– Liefer- 414
– Vertragserfüllungs- 414
– Zoll- 414
Garantiemasse 480, 482
Garman/Kohlhagen-Modell 714
gebundener Finanzkredit 417
Gefährdungspotential 426
Geldentwertungsabschlag 162
Geldkonto 60
Geldvermögensbildung 479 f.
Gelegenheitsbanken 425
Gemeinschaftskredite 411
Genußrecht 321, 491, 594 ff.
Genußrechtsverhältnis 323
– Änderung 323
– Beendigung 325
– Begründung 323
– Kündigung 325
Genußschein 321 ff.
– sog. aktiengleicher Genußschein 328
– Bilanzierung 336
– Mitarbeitergenußschein 328
– Steuerrecht 337
Genußscheinbedingungen 326
Genußscheinberechtigter 330

Stichwortverzeichnis 793

- Schutz gegen mittelbare Verschlechterungen 331
- Schutz gegen unmittelbare Verschlechterungen 330
Genußscheinemittenten 322
Geregelter Markt 293, 621, 623
Gesamtbewertungsverfahren 153, 170
Gesamtkostenverfahren 49
Gesamtschulden-Umsatz-Relation 423
Geschäftsrisiko, allgemeines 665 f.
Gewährleistungen 414
Gewährleistungsgarantie 414
Gewerbeertragssteuer 241 ff., 251
Gewerbekapitalsteuer 241 ff., 251
Gewerbesteuer 507 f.
Gewinn
– Ausschüttungsgarantien 377
– ausschüttungspolitik 222 f.
– einbehaltung 46, 206
– obligation 466
– orientierung 9 f.
– steuern 113 ff.
– verkauf 273, 278
– verwendung 265
– verwendungspolitik 262, 273 f., 278, 280
– ziel 50 f.
Gewinn- und Verlustrechnung (GuV) 44, 47, 57
Glattstellung 724
Gläubigerkündigungsrecht 461, 465
Gläubigerleistungen 427
Gleichbehandlungserklärung 412
Gleichbehandlungsgrundsatz 317 ff.
GLOBEX 701
GmbH-Anteile 371 f.
Going public 289, 348
Going Public-Optionsanleihen 306
Goodwill, originärer 170
Grenzeinzahlung 111
grenzüberschreitendes Leasing 503 f.
Grenzpreis 152, 155
Großkreditgeschäft 404
Grundmietzeit 500 f., 506, 515
Grundsätze über das Eigenkapital und die Liquidität der Kreditinstitute 404
Gründungs- und Innovationsfinanzierung 354
Gütestempel 292
– funktion 12

H
Haus-auf-Haus-Ziehungen 410
Hausbank 425

Hedge
– Cross- 733
– Long- 724
– Makro- 733
– Mikro- 733
– Over- 745
– Perfect- 723
– Roll-over- 734
– Short- 724, 734
– Under- 745
Hedge Ratio 720, 734 ff.
– optimale 735 ff.
Hedge-Erfolg
– Messung 744 f.
– risikobezogener 744 ff.
Hedge-Portefeuille 738, 741, 743
Hedging 649 f., 654, 658 f., 666, 722 ff., 771, 777
– selektives 777
– Planung 733 f., 746
Hermes Kreditversicherung 784
– Fähigkeit 784
Hersteller-Leasing 502
Höchststimmrechte 187, 192
Holländischer Tender 304
Holzgeldaval 414
Homogenisierungseffekt 288
Hypothekendarlehen 487 f.

I
Illiquidität 44, 50
Immobilien-Leasing 503
Import-Leasing 503
Importkonkurrenten 773
Index-Arbitrage 682, 710 f.
Index-Future 692, 709
Indifferenzkurve 626
indirektes Leasing 502
Industrial Offset-Geschäfte 575
Industrieanleihe 446
Industriebeta 145
Industrieschuldscheindarlehen 490
Inflationsrate 775
Inflationsrisiko 464
Informations-Kostenfunktion 629 f., 636 ff.,
Informationsasymmetrie 13, 620, 623, 625 f., 628 f., 636 f., 639 f.
Informationsbörse 13, 636 ff.
Informationseffizienz 636, 682, 704 f., 777
Informationsgleichgewicht 628
Informationskosten 629, 635, 681, 705
Informationsmodell 679, 681

Informationsniveau 634
Informationspolitik 282, 625
Informationsproduktion 628, 630, 634
Informationsrichtlinie 193
Informationssignale 628
Informationstransformation 628 ff., 634 ff.,
Informationsunsicherheiten 628
Informationsverarbeitung 704
Inhaberpapier 446
Inlandsanleihe 446
Innenfinanzierung 45, 198 f., 202, 204, 206, 214, 224
– betriebswirtschaftliche Beurteilung der 212
– Formen der 198, 211, 215, 219
– Kosten der 217
– Rentabilitätswirkung der 213
– Steuern und - 219 f.
Innenfinanzierungsbeiträge 198, 204, 206
Innenfinanzierungssaldo 46 f.
Innenfinanzierungswirkung 204, 206
Innovation 385
– auslösende Faktoren 433
– effizienzerhöhende 432
– Produkt- 394
– Prozeß- 430 f., 433, 438, 443
Innovationsbörse 307
Innovationshilfen, staatliche 396
Innovationsphasen 432
Instrumente, derivative 671
– einfache 671
– zweifache 671
Inter-Banken-Informations- System (IBIS) 701
Interbankenhandel 676, 714
Interest Rate Futures 725 f., 735 ff.
Intermediärfunktion 402
International Finance Corporation (IFC) 577
internationale Emission 307
internationale Kreditfinanzierungen 417
Internationalisierung 2 f.
interne Eigenfinanzierung 289
interner Zinsfuß 106 f., 450
Intervallskala 128
Investitionsausgaben 62, 65
Investitionsbedarf 64
Investitionsfunktion 498
Investitionskette 109
– unendliche 112
Investitionsprojekt 100, 140, 144, 148

Investitionsrechnung 413
– Steuern in der 113 ff.
Investitionsrisiko 496, 499 f.
Investitionszulage 509
Investmentfonds 491
Investmentgesellschaften 15, 639
Investmentrecht 640
Investor Conference 190
Investoren, aktive 185
Investor Relations 189

J
Jahresgewinn, durchschnittlicher 105
Jahresüberschuß 50
Jour fixe 190
Junk bond 452

K
Kalkulationszins (-fuß) 140, 159
– einheitlicher 102, 109
Kalkulationszinsfüße, mehrere 115 ff.
Kapazitätserweiterungseffekt 207
Kapitalanlagen-Garantien 550
Kapitalbeteiligungsgesellschaft 13, 15 f., 348 ff., 367, 379, 639
– öffentlich geförderte 354
Kapitalbewegungen, betriebliche 199 f.
Kapitalerhöhung 297
– aus Gesellschaftsmitteln 278 f.
Kapitalflußrechnung 26, 58 f.
– im Konzern vgl. Konzern-Finanzierungsrechnungen
Kapitalfreisetzungseffekt 207
Kapitalgesellschaften
– personenbezogene 268 f., 273, 279
Kapitalkosten 137, 139 f., 144 ff., 213, 217, 223
– der Gewinneinbehaltung 219
– explizite 216, 218, 227
– implizite 216, 227
Kapitalkostensatz 164 ff.
Kapitalmarkt
– Reaktionen des 611 ff.
– vollkommener 102
Kapitalmarktlinie 136 f.
Kapitalmarkttheorie 129
Kapitalrentabilität, durchschnittliche 108
Kapitalsammelbecken 481
Kapitalstruktur 36, 611
– Irrelevanz der 612 f., 615
– problem 586
– Relevanz der 611 f.
– risiko 665 f.

Stichwortverzeichnis

Kapitalwert 104, 125, 129
- maximierung 269
- funktion 106, 110
Kapitalwiedergewinnungsfaktor 105
Kaufkraftparitätentheorie 775
Kaufoption 500, 657 f., 660 ff.
Kennzahlen 423
KG-Anteile 371 f.
klassisches Kreditgeschäft 407
kleine AG 369
Klientel-Effekte 280 ff.
kommerzielles Auslandsgeschäft 416
Kompensationsgeschäft 574
Konfliktvermutung 264
Konnossemente 416
Konnossementsgarantie 414
Konsortialgeschäft 405
Konsortialkredit 411
Konsortialvertrag 411
Konsortialvorbehalt 427
Konsortium 427, 411
- Begebungs- 301
- Dauer- 411
- Emissions- 301
- Übernahme- 301
Kontingentpolitik der Deutschen Bundesbank 410
Kontoform 47
Kontokorrentkredit 407
Kontrollüberzeugungen 188
Konversionsfaktoren 690, 710, 736 f.
Konversionsfaktormethode 736 f.
Konvertierungsrisiko 766, 783
Konvertierungs- und Transferrisiken 542
Konzern-Finanzierungsrechnungen
- „at equity" bewertete Beteiligung 76
- Ableitung aus dem Konzern-Jahresabschluß 70
- additive Ermittlung 71 f.
- Aufstellungsmöglichkeiten 70 ff.
- derivative Finanzierungsrechnung 70 f., 78
- Devisenzwangsbewirtschaftung 82
- externe Finanzierungsrechnungen 68 f.
- Gemeinschaftsunternehmen 76 f.
- Gestaltungsgrundsätze 69
- internationaler Konzern 77 ff.
- interne Finanzierungsrechnungen 68 f.
- Konsolidierung der Einzel-Finanzierungsrechnungen 72 f.
- Konsolidierungskreis, Abgrenzung 74
- Konsolidierungskreis, Änderung 74 f.
- nationaler Konzern 69 ff.
- quotale Konsolidierung von Gemeinschaftsunternehmen 76 f.
- Unterschiedsbetrag aus der Kapitalkonsolidierung 75 f.
- Währungen, nicht konvertierbare 82
- Währungsverhältnis
- nicht voll konvertibel 81
- voll konvertibel 77
- Welt-Finanzierungsrechnung 70
Konzernwechsel 410
Kooperationsbestrebungen 699 f.
Korrekturverfahren 124 ff., 129
Korrelation 626, 628 f., 633, 647, 649 f., 723, 739, 743
Korrelationsanalyse 649
Korrelationskoeffizient 648 f., 659, 738 f., 743
Kosten- und Erlös-Rechnung 44
Kostenvergleich 109
Kovarianz 648
Kreditadresse 425
Kreditarten
- Akzeptkredit 410
- Avalkredit 414
- Bankkredit 559
- Bestellerkredit 417, 567
- Betriebsmittelkredit 408
- Diskontkredit 409
- Effektenkredit 409
- Emissionskredit 294
- Exporteurkredit 417
- Festsatzkredit 413
- Finanzkredit, gebundener 417
- Gemeinschaftskredit 411
- Großkredit 404
- Kreditleihe 414
- Konsortialkredit 411
- Kontokorrentkredit 407
- Konvertierungskredit 766
- Kredite mit Endfälligkeit 412
- langfristiger Kredit 411
- Lieferkredit 565
- Lombardkredit 409
- Parallelkredit 411
- Projektkredite 567
- Realkredit 412
- Rembourskredit 416
- Roll-over-Kredit 418
- Saisonkredit 408
- Tilgungskredit 411
- Überbrückungskredit 409
- Überziehungskredit 409
- Wechselkredit 409
- Zusatzkredit 409

Kreditfähigkeit 419
Kreditfinanzierung 402, 588 f., 591 ff., 594 ff., 602 f.
– internationale 417
Kreditgeberrisiko 403
Kreditgeschäft, klassisches 407
Kreditinstitute 13 ff.
Kreditleihefigur 560, 567
Kreditlinien 567
Kreditmärkte 620
Kreditofferte 407
Kreditpotential 512
Kreditsicherheiten 461
Kreditsicherungsgarantie 414
Kreditverhältnis 407
Kreditversicherungen 427, 550
Kreditvertrag 403, 407
Kreditwesengesetz 404
Kreditwürdigkeit 419
– sachliche 420
Kreditwürdigkeitsprüfung 512, 527
Krise 425
Kündigungsoption 459
Kündigungsrecht 412
– der Anleiheschuldner 459
– außerordentliches 461
Kündigungsverhalten 474
Kurs-Gewinn-Verhältnis (KGV) 754
Kursindex 732
Kurssicherung 771, 777
– selektive 783
Kurssicherungsklausel 779
Kurswertmethode 735 f.

L

Ladescheine 416
Lagerumschlagshäufigkeit 424
Länderrisiko 406, 542, 549
langfristiger Kredit 411
Laufzeit, optimale 110 ff.
Leading & Lagging 778
Leasing 574
Leasingarten 496, 499 f., 502 ff.
Leasingangebot durch Banken 502
Leasingfähigkeit 498
Leasinggeschäft durch institutionelle Leasinggesellschaften 502
Leasingnehmerbonitätsrisiko 508
Leasingrate 506, 508
Leasingverpflichtung 512
Leasingvertrag 496
Lebensversicherung 478 ff., 482
Leerverkäufe 680, 698, 703
Leistungsgarantie 414

lending portfolio 135
Letztjahresgewinn 154
Leverage-Effekt 665 ff.
– Financial 609 ff.
– Operating 590, 609 ff.
Leveraged Buy Out 186
LIBOR 464
Liefergarantie 414
Lieferkredite 565
LIFFE 691, 697 f.
Limited Partnership 370 f.
Limited Recourse-Finanzierung 539
Lintner-Hypothese 283
Liquidationswert 169
Liquidität 44, 47, 50, 212, 484, 636, 677 f., 679, 681, 683, 692, 697, 700 ff., 705, 716 f.
– künstliche 520
Liquiditätsanalyse 509
Liquiditätsprämie 727 f.
Liquiditätssicherung 4 f.
– situative 4, 10
– strukturelle 9
Liquiditätssituation 115
Liquiditätsstand 422
Liquiditätsvorschau, kurzfristige 422
Liquiditätsziel 50 f., 53
Lohmann-Ruchti-Effekt 207
Lombardkredit 409
Long Hedge 724
Losgrößentransformation 11
Low Exercise Price Option 697

M

Maintenance Margin 688
Makro-Hedge 733
Management-Buy-In (MBI) 355, 384
Management-Buy-Out (MBO) 355, 384
Mangement-Gruppe 411
Mangementfehler 425
Mangementqualität 420
Margin- und Clearing-System 684, 686
Margin-Intervall 686, 688
Margins 684, 686
Mark-to-Market-Verfahren 686, 688, 706
Market-Maker 682 f., 697 f., 701, 705
Market-Maker-System 682 f., 760
Marktausgleichsfunktion 288
Marktkapitalisierung 181
Marktopportunitäten 439 ff.
Marktportefeuille 136 ff., 142, 148, 758
Marktregulierungen 436 f.
Marktrisiko 759

Marktschutzklausel 298
Markttranzparenz 435, 682, 705 f., 716
Marktversagen 292, 307, 626
Marktwert 451
– Steigerung des 6 f.
Marktwertmaximierung 269 ff.
Marktzutrittsbarrieren 623
Marktzutrittskosten 622 f.
Maschinen 64
MATIF 698
Maximum Spreads 682
Mehrstimmrechtsaktien 316, 318
Mergers and Acquisitions 349
Methode, tabellarische 173
Mietverlängerungsoption 501
Mikro-Hedge 733
Mindestzinssätze 573
Minimalkostenkombination 773
Mischfinanzierungen 573
Mischung und Streuung 484, 488
Mitarbeiterbeteiligung 379, 639
Mitbestimmung 369, 639
Mitgliedschaft 316, 321
Mittelherkunft 26, 28
mittelständische Unternehmen 620 f., 624 f., 637 f.
Mittelverwendung 26, 28
Mitunternehmerschaft 373
Mobilien-Leasing 503
Modellkonstruktion 230, 257
Moral Hazard-Phänomen 626
Multicurrency-Clause 418
Multilateral Investment Guarantee Agency 579
Multiple Component Facilities (MCF) 419
Multiple Options (Financing) Facilities (MOF/MOFF) 419
Mustererkennungsprozeduren 755

N
Nachbezugsrecht 315 f.
Nachfinanzierungsverpflichtungen 547
Namensschuldverschreibungen 485
Nearby-Kontrakte 734
Negativ Pledge-Clause 421
negative covenants 461
negative pledge 412
Negativrevers 412
Nennkapital, verdecktes 598 f.
Net Exposure 776
Netto-Leasing 503
Netto-Umlaufvermögen 31

Nettoeinnahmen, betriebliche 33
Nettosatz 408
Nettoverbindlichkeiten 424
neuronale Netze, künstliche 757
nicht-annuitätische Tilgung 411
Nichtbesicherungsklausel 412
Nominalwertmethode 735 f., 744
Non Recourse-Finanzierung 539
non-full-pay-out-Vertrag 500
normal backwardation 728
Note Issurance Facilities (NIF) 14, 419
Null-Kupon-Anleihe 449
Nutzenfunktion 631
Nutzungsdauer, betriebsgewöhnliche 506

O
Obligation 446
Off Balance Sheet Financing 536 f.
Öffnungsklausel 483, 488
ökonomisches Exposure 767 f., 772, 780, 783
Old-line-Factor 522
open-outcry 699
Operate-Leasing 499 f.
Opportunitätskosten 133, 139, 141, 148
Option 644, 660, 680 f., 683, 689
– Bund-Future- 692
– DAX- 692
– DAX-Future- 692
– Devisen- 779, 784
– Kauf- 500, 657 f., 660 ff.
– Rückkauf- 459
– Verkaufs- 657, 659 f., 662
– Währungs- 418, 461, 644
– Wertpapier- 644
Option Pricing Model 430, 438, 686, 711, 714
Optionsanleihe 446, 470
– Bilanzierung 449
Optionsdelta 712 ff.
Optionshandel 679 f., 683, 697, 702, 714
Optionspreistheorie 460, vgl. auch Option Pricing Model
Optionsrecht 459
Optionsschein 680
Optionsscheine
– Bewertung der 470
Orderlagerscheine 416
Orderpapier 446
Over-the-Counter-(OTC-)Märkte 671, 676 ff., 700, 702, 704 ff., 708, 716
Overhedge 745
ownership clause 412

P
Paketzuschlag 6
Parallelgeschäfte 574
Parallelkredit 411
pari passu Klausel 412, 421
pari pasu clause 412, 421
Pariemission 449, 470
participants 411
Passivierungspflicht 230
Passivierungswahlrecht 230
Patronatserklärung 462
pay-as-you-earn-Finanzierung 511
Payoff-Periode 108 f.
Pensions-Sicherungs-Verein 231, 249
– Beiträge 249
Pensionsrückstellung 230, 233 ff., 239
241 f., 246, 256
– Finanzierungswirkung von 230
Pensionverpflichtung
– Teilwert der 233 f.
Pensionszusage
– betriebliche 235
Perfect Hedging 723
Performance-Index 732
Personal 64
Personalkostenquote 423
Personensicherheiten 461
Petrodollars 192
Phasenmodell 157
Plan-Gewinn- und Verlustrechnung 38
Planabschluß 57
Planbilanz 38, 57, 62
Planung 422
– der Zahlungsströme 92
– finanzwirtschaftliche 7
– Planungszeitraum 89
– Prognoseprobleme 92
– Prognoseverfahren 93
– realwirtschaftliche 7
– rollierende 90
Planungshorizont 101
Planungsprämissen 422
Plazierungsrisiko 295
Poolbildung 411
Poolführer 427
Pools 427 f.
Portefeuille 133 ff., 647, 649 f., 663
– effizientes 758
– entscheidung 626, 630 f.
– risiko 631
– struktur 633
– theorien 184
Portfolio-Insurance 761

positive covenants 461
Präferenzfunktion 631
Prämie der Reinvestitionsrendite 728
Präsenzbörse 682, 699
Preisbildungsfunktion 705 f.
Preiselastizität der Nachfrage 781
Preisrisiko 295
Preissensitivitätsansatz 740
Premium Margin 686, 688
Price-Cash-Flow Ratio 183
Price-Earnings Ratio 182
Primärmarktfunktion 288
Primärplan 64
Prinzip der kaufmännischen Vorsicht 126
Privatbörsen 372
Privatplazierung 306, 348
Product Buy-Back 575
Produkt- und Prozeßangebot
– Vervollständigung des 433
Produktinnovation 394, 430 f., 433, 438, 440, 443
Produktdifferenzierung 781
Produktenabnahmegeschäfte 575
Produktionsfaktor 64
Produktionskoeffizienten 64
Programmhandel 711
Programmplanung 173
progressive Tilgung 411
Projektbeteiligte 546
Projektfinanzierung
– Anwendungsbereiche der 535
– Begriff 532
– Charakteristika 536
– historischer Ursprung 535
– Phasen der 540
– Risikobereiche 541
– Überwachung 552
Projektgesellschaft 537, 546 f.
Projektkredite 567
Projektvorschlag 7, 9
Prospekthaftung 295
Prozeßinnovation 430 f., 433, 438, 443
PSV-Beiträge 249
Publikumsfonds 15
Publikumskapitalgesellschaften 263
– börsennotierte 273, 279
Publizitätspflichten 368
Publizitätstransformation 11
Put-Call-Parität 713

Q
Quote des sonstigen Aufwandes 423 f.
Quotenfestlegung 411

Stichwortverzeichnis

R
Rangrücktrittsvereinbarungen 599 f.
Rating 406, 638
Rating-Agenturen 452
Realkredit 412
Realkreditgeschäft 488
Realsicherheiten 462
rechtliches Eigentum 497
Refinanzierung 508
Refinanzierung und Kreditwirtschaft 488
Regressionskoeffizient 738 f., 744
Regressionskoeffizienten-Methode 738 f., 746
Rembourskredit 416
Rendite 107
- Call- 460
- Effektiv- 451
- Emissions- 449 f.
Rendite-Risiko-Optimum 632
Rendite-Risiko-Parameter 625
Rendite-Risiko-Position 703 f., 706
Renditeunterschiede 453
Renditevorteil
- steuerlicher 607
Rentabilität 212, 483, 505, 758
- Kapital- 108
Rentenbarwertfaktor 105
Rentenmodell 157 f., 160, 162 f., 166 f.
Rentenoptionshandel 680, 702
Rentenphase 231 f., 235, 237, 239, 241, 243, 246, 249, 251, 254, 256 f.
Rentenzahlung 230, 235, 241, 243, 249
Replikation 440
Report 714
Restrisiko 745
Restwert 501, 510
Return of Investment 7
Return on Investment 7, 108, 413
Reversals 690
reverse cash and carry arbitrage 732
Reverse Floater 465 f.
Reverse Floating Rate Notes 465
Revolving Underwriting Facilities (RUF) 14, 419
Risiko 589 ff., 626, 628, 630 f., 758
- abschläge 125, 129
- abwälzung 724
- adjustierung 129
- aggregat 661, 663 f.
- analyse 127 f., 156, 166, 643, 649
- anpassung, Revision zur 760
- aspekte 514
- ausgleich 491

- aversion 728
- aversionsfunktion, relative 162 f.
- aversionsgrad 631, 635 f.
- aversionsparameter 631
- ballung 405
- begrenzung 724
- begriff 642, 645
- effizienz 670, 703, 706, 708
- einstellung 124, 435
- eliminierung 722
- indikator 645 f., 648, 650, 665
- kapital 586
- kapitalbereitstellung 576
- kompensation 649, 724
- kumulation 650
- management 642 f., 649, 666
- messung 642
- neutralität 727 f.
- nutzenfunktion 156, 162, 171
- nutzentheorie 123
- politik 643, 645, 651, 656
- präferenz 513, 607 ff.
- prämie 9, 129, 508 f., 621, 727 ff.
- rasterung 406
- reduktion 653 f., 656, 658, 660 f., 722
- situation 645
- steuerung 405
- streuung 367, 650, 663
- struktur 406
- transformation 11
- übernahme 538, 652
- verteilung 546
- vorsorge 724
- zerfällung 663
- zuschlag 125, 129, 157 ff., 167
Risiko(arten)
- Abbau- 541, 546
- Auslands- 406
- Auslosungs- 448
- Basis- 709 f., 730, 745
- Beta- 743
- Betriebs- 541, 548
- Bonitätsänderungs- 465
- Delkredere- 522
- diversifizierbares 758
- Einkommens- 586 ff.
- Einzel- 646, 661 ff., 667
- Fertigstellungs- 541, 546 f.
- Finanzierungs- 587, 591 ff.
- finanzwirtschaftliches 122, 590 ff.
- Force Majeure- 542, 550
- Geschäfts- 665 f.
- Inflations- 464
- Investitions- 496, 499 f., 587, 593

- Kapitalstruktur- 665 f.
- Konvertierungs- 542
- Kreditgeber- 403
- Länder- 406, 542, 549
- Leasingnehmerbonitäts- 508
- leistungswirtschaftliches 122, 590 ff.
- Markt- 759
- nicht diversifizierbares 758
- Plazierungs- 295
- Portefeuille- 631
- Preis- 295
- Reserve- 541, 546
- Transfer- 542
- und Allokationseffizienz 704
- Unternehmungs- 589 ff.
- verfahrenstechnisches 548
- Wechselkurs- 542, 550, 766 f., 776, 783
- Zinsänderungs- 403, 454, 464 f., 664, 726, 735, 741

risk adjusted net present value 129
Risk Sharing 536, 538 f.
Risk-Based-Margining 686
Risk-Management 403, 722, 742, 746
Rohertragsquote 423
Rohstoffprojekte 534
Roll-over-Hedge 734
Roll-over-Kredite 418
Rückkaufoption 459
Rückstellungen 208, 211, 217, vgl. auch Pensionsrückstellungen
- Bildung und Auflösung von 209, 235
- Deckungs- 481

S
sachliche Kreditwürdigkeit 420
Saisonkredit 408
Saldenausgleichsvereinbarung 427
sale-and-lease-back-Verfahren 502, 511
Scheck-Wechsel-Verfahren 410
Schuldenaufnahme, öffentl. 485
Schuldentilgungsdauer 424
Schuldscheindarlehen 485
- Industrie- 490
Schütt-aus/Hol-zurück-Verfahren 219 f., 272 ff., 279 f.
Screening 640
Securitization 14, 435
Seed-Money 356
Seedarlehen 535
Sekundärmarkt 677 f., 679, 681, 713
Sekundärmarktfunktion 288
Selbstemission 300
Selbstfinanzierung

- Eigenfinanzierung durch 222
- offene 207, 214, 220 f.
- optimale 220, 223
- stille 207, 213, 215
selbstschuldnerische Bürgschaft 414
Selektionsfunktion 288
self liquidating-Charakter 415
Sensitivitätsanalyse 124 f., 544 f.
Separationstheorem (Tobin) 135
Serviceleistung 515
share deal 388
Shareholder Orientation 5
Shareholder Value 164
Short Hedge 724, 734
Sicherheit 453, 483
Sicherheitentreuhänder 427
Sicherheitenüberprüfung 421
Sicherheitsäquivalent 129, 155 ff., 159 ff., 166
Sicherheitszinssatz 129
Sicherungsklauseln
- negative 463
- positive 463
Sicherungsrechte 461
Sicherungssysteme, staatl. 478
Signalling 628, 640
Signalling-Theorie 283 f.
Simulationsanalysen 545
Simulationsexperiment 127
Simulationsmodelle für Finanzflußrechnungen 40
sinking fund provisions 448
SOFFEX 697
Software, integrierte 94
Soll-Ist-Vergleich 422
Sonderabschreibung 509
Spanning 703
Sparprozeß 481
Spekulation 777
Spezialfonds 15
Spill-over-Effekte 433
Spin-off 385
Spread 682, 690
Spread Margin 686, 688
Spread Position 688
Staatliche Exportrisikogarantie- und Exportfinanzierungssysteme 570
Staffelform 47
Stagging 309
Stammaktien 314
stand by letter of credit 414, 570
stand by-Linien 418
Standard-Factoring 524
Standardabweichung 646, 648, 650, 665

standardisiertes Kreditgeschäft 415
Standardisierung 676 f., 679, 704 f., 716
Start-Up-Financing 356
Statement of Cash Flows 27
Steuerklientel-Effekte 280 ff.
Steuern in der Investitionsrechnung 113 ff.
Steuern und Innenfinanzierung 219
Steuerverschiebung 506
Steuervorteile 375 f.
Stille Gesellschaft 596 f.
stille Reserven 511
- finanzierungswirksame 211
Stillhalten (des Gläubigers) 427
Stillhalter 679 f., 683
Stock Index Futures 726, 731 f., 742 f.
Straddles 690, 703
Strangles 690, 703
Strategien
- konkave 761
- konvexe 761
strategisches Wechselkursrisikomanagement 780
Strukturierung von Bilanz und GuV-Rechnung 423
Strukturziffern 423
Stückzinsen 451
Stuttgarter Verfahren 171, 373 ff., 376
Substanzwert 169 f., 171
Substitutionalität 783
Suchkosten 288
Swap 678, 704
- Debt-Equity 580
- Währungs- 467, 565
- Zins- 468, 565
Swapbank 468
Swapsatz 714 f.
Swapsatzhypothese 775
Swap-Sekundärmärkte 469
Syndizierung 411
Synergieeffekt 155
Szenario-Technik 124, 126

T
Tagesfinanzstatus 95
Take-or-Pay Contracts 549
Take-Over-Versuche 185
Teilamortisationsvertrag 500, 507, 510, 514
- mit Andienungsrecht 501
- mit Kündigungsrecht 501
- mit Mehrerlösbeteiligung 501
Teilschuldverschreibung 446
Teilwert 249, 255

- Berechnung des 251
- der Pensionsverbindlichkeit 242
- der Pensionsverpflichtung 233 f.
- der Pensionszusage 233
Tenderverfahren
- amerikanisches 304
- holländisches 304
Terminbörse 671, 679, 681, 697 ff., 702, 706, 716
Termingeschäfte 655 f., 658, 660, 670, 676, 680, 699
- bedingte 657, 671
- Devisen- 677, 706, 708, 714, 771, 779, 784
- unbedingte 654, 656, 660, 667, 671
Terminkurs 716
Terminmärkte 671, 681, 703
Thesaurierungspolitik 262, 273 f., 278
Tilgung 448
- annuitätische 411
- nicht-annuitätische 411
- progressive 411
Tilgungsdarlehen 413
Tilgungskredit 411
Traditionspapiere 416
Trägheitsprojektion 154
Transaktions-Exposure 767, 770, 778, 780, 783
Transaktionseffizienz 705
Transaktionskosten 682 ff., 697 f., 703 ff., 710, 716
Transferable Loan Facilities (TLF) 418
Transferable Revolving Underwriting Facilities (TRUF) 419
Transferrisiko 468, 766, 783
Transformation
- Fristen- 11
- Losgrößen- 11
- Publizitäts- 11
- Risiko- 8 f., 11
- von Zahlungsströmen 8
Transformationsleistung 10 f.
Translations-Exposure 767 f., 783
Transparenz der Unternehmenssituation 426
Treuhandkonto 575
Treuhänder 549
Turn-Key-Vertrag 576

U
UBGG, Gesetz über Unternehmensbeteiligungsgesellschaften 357 ff.
Überbrückungskredit 409
Überlaufregelung 427

Übernahmekonsortium 301
Übernahmerichtlinie 193
Überschuldungskonkurs 51
Überschußbeteiligung 481, 483, 491
Überzeichnung 302
Überziehungskredit 409
Umkehrwechsel 410
Umplazierung 298
Umrechnungs-Exposure 767
Umsatzüberschuß, finanzwirtschaftlicher 205, 221
Umtauschwert 473
Umwandlung 369
Umwandlungskosten 369, 375
Umwandlungssteuern 369, 375
Umwechslungs-Exposure 767
Unabhängigkeit 212, 215
Underhedge 745
Underlying 736 f., 741, 743
Underpricing 303, 472
unfair calling 415
Ungewißheitssituationen 645
Universalbeteiligungsgesellschaften 354
Unsicherheit 122 ff., 129
Unterkapitalisierung 346
Unternehmensbeteiligungsgesellschaften 15 f., 348, 354, 621, 624, 639
Unternehmensbewertung 355
Unternehmenspräsentation 190
Unternehmenssteuerung 36
Unternehmensübernahmen 185
Unverfallbarkeit von Ansprüchen 257
Unverfallbarkeits-Regelungen 232

V
Value Basis 730
variable Finanzierungskosten 622
variable Sicherheiten 421
Varianz 645 f.
Varianzeffekt 607
Varianz-Minimierungssatz 723
Variation-Margin 688
Variationskoeffizient 650
Venture Capital-Finanzierung 305
Venture Capital-Gesellschaften 348 ff., 621, 623 f., 639 f.
Veränderungsbilanz 28, 69
Verbriefung 435, 446
Vereinsanteile 374
Verfahren der kritischen Werte 125
verfahrenstechnische Risiken 548
Vergangenheitsanalyse 154
Verkaufsoption 657, 659 f., 662
Vermögen, gebundenes 482, 491

Vermögensteuer 241 f., 507
Vermögensumschichtung 211
Verschuldungsgrad 511 f., 665 f.
– dynamischer 424
– optimaler 612 ff.
Versicherung 14 f.
– Aktiven- 655
– Aufwands- 655
– Erstrisiko- 656
– Ertrags- 655
– Franchise- 656
– Güter- 655
– Interessen-, unbegrenzte 655
– Personen- 655
Versicherungsaufsichtsgesetz (VAG) 482 f.
Versicherungsgesellschaften 639
Versicherungsprämie 761
Versicherungsverträge 654, 667
Vertragsabschlußwahrscheinlichkeit 11
Vertragserfüllungsgarantie 414
Vertretbarkeitsaussage 420
Verwaltungsaufwand 509
Verwässerungseffekt 470, 473
Verwendungszweck 420
Verzinsungsmaße 106 ff.
Volatilität 456
Vollamortisationsvertrag 500, 506 f., 514
– mit Option 500
– ohne Option 500
Vorauskauf-Transaktionen 574
Vorausklage 414
Vorfinanzierung 408
Vorzugsaktie 314 ff.
– Änderung 320
– bilanzrechtliche Behandlung 321
– Definition 314
– Entstehung 317
– ohne Stimmrecht 314 ff., 318, 321
– steuerrechtliche Behandlung 321
Vorzugsdividende 315

W
Wachstumsziel 51
Wahrscheinlichkeitsmessung, ordinale 128
Wahrscheinlichkeitsverteilung 127 f.
Währungsfragen 94
Währungsfuture 726 f., 742 ff.
Währungsmanagement 767, 783
Währungsoption 418, 461
Währungsrisiko 767
Währungsswap 467, 565, 779, 782

Wandelanleihe 472
Wandelschuldverschreibung 470
Wechsel 560
Wechseldiskont 521
Wechselkredit 409
Wechselkurse 764 f., 775
Wechselkursprognose 777, 783 f.
Wechselkursrisiko 542, 550, 766 f., 776, 783
Wechselkurssensitivität 783
Weltbilanz 768
Wertadditivität 146
Wertbeitrag 7
Wertbeständigkeit 499
Wertpapierbörsen 12 f., 288
Wertpapierleihe 732
Wertpapierlinie 137 f., 165
Wertschöpfungsrechnung 206
wirtschaftliches Eigentum 505 f., 508
Wirtschaftsprüfer 628, 640
Wohnungsbaufinanzierung 487
Wohnungsbestand 487
Worst case 123, 126, 686, 688

Y
yield to maturity 450

Z
Zahlungsbuchungen 60
Zahlungsgarantie 414
Zahlungskraft 520
Zahlungsreihe 100
Zahlungsstromrechnung 31, 88

Zeichnungspreis 302
Zeitreihenverfahren, statistisches 755
Zeitvergleich 422 f.
Zerobond 449
Zielinanspruchnahme bei Lieferanten 424
Zins-Volatilitätsfaktor, relativer 741
Zinsänderungsrisiko 403, 454, 464 f., 726, 735, 741
Zinsbegrenzungsklausel 465
Zinselastizität 736
Zinsen 46, 49
Zinserwartungshypothese 727
Zinsfuß
– interner 106 f., 450
– landesüblicher 159
Zinsrisiko 542, 550
Zinssätze 775
– periodenspezifische 458
Zinssatzparitätentheorie 772, 775, 779
Zinsstruktur, -kurve 451, 456, 727, 730, 737, 741
Zinsstundung 427
Zinsswap 468, 565
Zinsterminkontrakte 725 f., 730 f., 735 ff., 745 f.
Zinszahlungen 448
Zirkulationsfunktion 288
zivilrechtliches Eigentum 505
Zollgarantie 414
Zufallszahlengenerator 128
Zusatzkredit 409
Zwischenfinanzierung 408

Autorenverzeichnis

Adelberger, Otto L., Prof. Dr., Fachgebiet Finanzwirtschaft und finanzwirtschaftliches Rechnungswesen, Universität Gesamthochschule Essen
Backhaus, Klaus, Prof. Dr., Direktor des Betriebswirtschaftlichen Instituts für Anlagen und Systemtechnologien, Universität Münster
Ballwieser, Wolfgang, Prof. Dr., Lehrstuhl für Betriebswirtschaftslehre mit Schwerpunkt Rechnungswesen und Prüfung, Universität München
Bitz, Michael, Prof. Dr., Lehrstuhl für Betriebswirtschaftslehre, insb. Bank- und Finanzwirtschaft, Fernuniversität Hagen
Büschgen, Hans E., Prof. Dr., Lehrstuhl für Allgemeine Betriebswirtschaftslehre und Bankbetriebslehre, Universität zu Köln; Direktor des Instituts für Bankwirtschaft und Bankrecht an der Universität zu Köln, Abteilung Bankwirtschaft; Direktor des Forschungsinstituts für Leasing an der Universität zu Köln
Busse von Colbe, Walther, Prof. Dr. Dr. h. c., Direktor des Instituts für Unternehmensführung und Unternehmensforschung, Universität Bochum
Chmielewicz, Klaus, Prof. Dr., Lehrstuhl für Theoretische Betriebswirtschaftslehre III, Universität Bochum
Dirrigl, Hans, Prof. Dr., Lehrstuhl für Betriebswirtschaftslehre, insb. Controlling, Universität Bochum
Drukarczyk, Jochen, Prof. Dr., Fachbereich Wirtschaftswissenschaft, Institut für Betriebswirtschaftslehre, Universität Regensburg
Eisenführ, Franz, Prof. Dr., Lehrstuhl für Betriebswirtschaftslehre, Universität zu Köln
Elschen, Rainer, Prof. Dr., Lehrstuhl für Betriebswirtschaftslehre, insb. Betriebswirtschaftliche Steuerlehre, Universität Gesamthochschule Duisburg
Fanselow, Karl-Heinz, Geschäftsführer, Deutsche Beteiligungsgesellschaft mbH, Frankfurt am Main
Gebhardt, Günther, Prof. Dr., Professur für Rechnungswesen, Finanzierung und Kapitalmarktforschung, Universität Frankfurt am Main
Gerke, Wolfgang, Prof. Dr., Lehrstuhl für Allgemeine Betriebswirtschaftslehre, insb. Bank- und Börsenwesen, Universität Erlangen-Nürnberg
Glaum, Martin, Dr., Wiss. Assistent, Lehrstuhl für Betriebswirtschaftslehre VII, Universität Gießen
Hahn, Oswald, Prof. Dr., Lehrstuhl für Allgemeine Betriebswirtschaftslehre und Betriebswirtschaftslehre der Banken, Universität Erlangen-Nürnberg
Katschinski, Ralf, Dipl.-Kfm., Wiss. Assistent am Lehrstuhl für Bürgerliches Recht, Handelsrecht und Arbeitsrecht, Institut für Wirtschafts- und Steuerrecht, Universität Kiel
Korst, Helmut, Dipl.-Betriebsw., Leiter Rechnungswesen, VEBA AG, Düsseldorf
Kruschwitz, Lutz, Prof. Dr., Institut für Bank- und Finanzwirtschaft, Freie Universität Berlin
Leopold, Günter, Dr., Geschäftsführer, Deutsche Beteiligungsgesellschaft mbH, Frankfurt am Main; Mitglied des Vorstandes Deutsche Beteiligungs AG, Unternehmensbeteiligungsgesellschaft, Frankfurt am Main; Vorstandsvorsitzender Bundesverband Deutscher Kapitalbeteiligungsgesellschaften, German Venture Capital Association e.V. (BVK), Berlin
Loehr, Helmut, Mitglied des Vorstandes der Bayer AG, Leverkusen
Loistl, Otto, Prof. Dr., Institut für Finanzierung und Finanzmärkte, Wirtschaftsuniversität Wien

Meyer, Frieder, Dipl.-Kfm., Lehrstuhl für Betriebswirtschaftslehre, insb. Finanzierung, Universität Münster

Moser, Reinhard, Prof. Dr., Institut für Betriebswirtschaftslehre des Außenhandels, Wirtschaftsuniversität Wien

Pausenberger, Ehrenfried, Prof. Dr., Lehrstuhl für Betriebswirtschaftslehre VII, Universität Gießen

Ramsler, Martin, Dr., stellv. Direktor, Deutsche Bank AG, Frankfurt am Main

Rapp, Heinz-Werner, Dipl.-Kfm., Lehrstuhl für Allgemeine Betriebswirtschaftslehre, Finanzwirtschaft und Bankbetriebslehre II, Universität Mannheim

Reuter, Dieter, Prof. Dr., Lehrstuhl für Bürgerliches Recht, Handelsrecht und Arbeitsrecht, Institut für Wirtschafts- und Steuerrecht, Universität Kiel

Rösler, Peter, Dr., Deutsche Bank AG, Frankfurt am Main

Schiereck, Dirk, Dipl.-Vw., Lehrstuhl für Allgemeine Betriebswirtschaftslehre und Entscheidungsforschung, Universität Kiel

Schill, Jörg, Dr., Unternehmensberater, Berlin

Schwebler, Robert, Prof. Dr. Dr. h. c., Generaldirektor i.R., Karlsruher Lebensversicherung AG, Karlsruhe

Steiner, Manfred, Prof. Dr., Lehrstuhl für Betriebswirtschaftslehre, insb. Finanzierung, Universität Münster

Uekermann, Heinrich, Dr., Betriebswirtschaftliches Institut für Anlagen und Systemtechnologien, Universität Münster

Vollmer, Lothar, Prof. Dr., Lehrstuhl für Bürgerliches Recht, Handels-, Wirtschafts- und Agrarrecht, Universität Hohenheim, Suttgart

Wagner, Franz W., Prof. Dr., Lehrstuhl für Betriebswirtschaftliche Steuerlehre und Wirtschaftsprüfung, Universität Tübingen

Weber, Martin, Prof. Dr., Lehrstuhl für Allgemeine Betriebswirtschaftslehre und Entscheidungsforschung, Universität Kiel

Wittrock, Carsten, Dipl.-Kfm., Lehrstuhl für Betriebswirtschaftslehre, insb. Finanzierung, Universität Münster

v. Wysocki, Klaus, WP StB, Prof. Dr., Seminar für Wirtschaftsberatung und Revisionswesen, Universität München